KB239960

石門 李基東教授 停年紀念論叢

한국 고대사 연구의 현단계

논총간행위원회

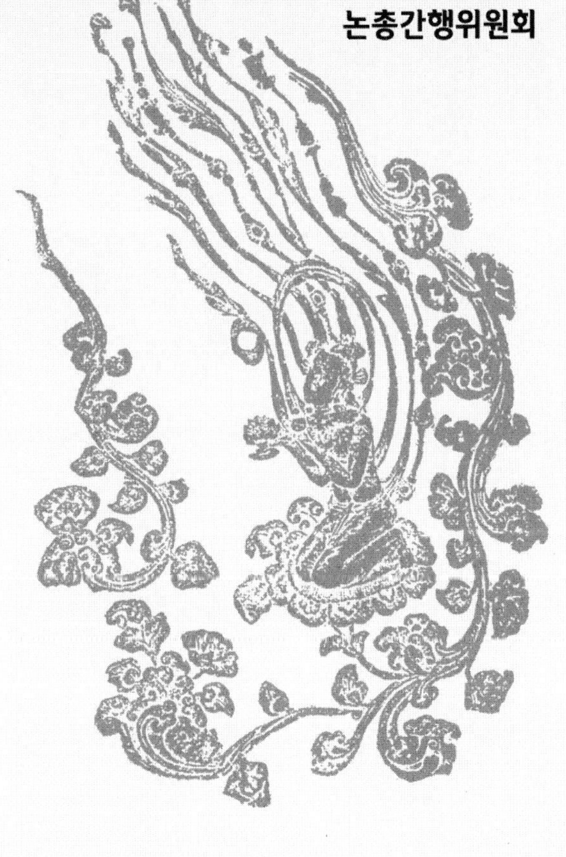

주류성출판사

石門 李基東教授 停年紀念論叢
한국고대사연구의 현단계

2009년 5월 20일 인쇄
2009년 5월 25일 발행

편 자 _ 석문이기동교수정년기념논총 간행위원회
발행인 _ 최병식
발 행 _ 도서출판 주류성
　　　　서울특별시 서초구 서초동 1305-5 주류성빌딩 14층
　　　　전화 : 02)3481-1024 / 전송 : 02)3482-0656
　　　　www.juluesung.co.kr
값 48,000원

ISBN 978-89-6246-016-2 93900

石門 李基東教授 停年紀念論叢 刊行委員會
위원장 _ 김상현
위 원 _ 권덕영, 김희만, 남종국, 박광열, 박남수
　　　　서인범, 양홍석, 엄성용, 연민수, 윤선태
　　　　이인철, 임돈희, 정병준, 주보돈, 최종규
　　　　(가나다순)

石門 李基東 先生

石門 李基東先生 略歷

1943년 10월 3일	서울시 종로구 운니동에서 부친 又石 李雨龍公(본관 固城)과 모친 鄭海天 여사(본관 河東)의 2남 2녀 중 장남으로 출생
1949년 9월	서울 용산구 靑坡국민학교 입학
1951년 4월	충북 청원군 玉山국민학교로 전학
1954년 4월	청파국민학교로 전학
1955년 3월	상기 교 졸업
1958년 3월	京畿중학교 졸업
1961년 3월	京畿고등학교 졸업
1961년 4월~1965년 2월	서울대학교 문리과대학 사학과 졸업(문학사)
1965년 2월	예비역 육군 소위로 임관
1965년 4월~1967년 4월	현역으로 소집되어 일선부대 근무
1967년 4월 23일	보병제1사단장 공로표창장
1968년 3월~1970년 2월	서울대학교 대학원 사학과 졸업(문학석사)
1968년 3월~1972년 2월	서울 마포구 崇文고등학교 교사
1972년 9월~1976년 2월	한국외국어대학 세계문화사 담당(시간강사)
1976년 5월~1979년 9월	경북대학교 인문대학 사학과 전임강사
1979년 10월~1983년 2월	경북대학교 인문대학 사학과 조교수
1981년 4월 10일	월봉기념사업회 月峰저작상 수상
1983년 3월~1988월 9월	동국대학교 문과대학 사학과 부교수
1986년 9월	문교부 국사교육심의위원

1988년 10월~2009년 2월   동국대학교 문과대학 사학과 교수

1997년 10월~2006년 10월   국사편찬위원회 위원

1999년 4월~2003년 4월   문화재위원회(제6분과) 위원

2000년 3월 1일   3·1문화재단 3·1문화상(인문·사회과학부문) 수상

2002년 5월~현재   문화관광부 동상·영정 심의위원

2004년 1월~2005년 12월   진단학회 회장

2005년 7월~현재   대한민국학술원 회원(인문·사회과학부 제3분과)

2008년 9월   동국대학교 문과대학 사학과 석좌교수

2009년 2월 28일   동국대학교 문과대학 사학과 교수 정년 퇴임

2009년 2월 28일   옥조근정훈장 수령

2009년 5월 7일   수당상(인문사회부문) 수상

石門 李基東先生 著述目錄

【저 서】

新羅 骨品制社會와 花郎徒, 韓國研究院, 1980. 11(一潮閣, 1984. 4)

韓國史講座(古代篇), 一潮閣, 1982. 8(李基白 선생과 공저)

悲劇의 軍人들(일본 陸士 출신의 역사), 一潮閣, 1982. 8

百濟史研究, 一潮閣, 1996. 12

新羅社會史研究, 一潮閣, 1997. 9

전환기의 韓國史學, 一潮閣, 1999. 8

백제의 역사, 주류성, 2006. 8

【번 역 서】

廣開土王碑의 探求(李進熙 저), 一潮閣, 1982. 5

日本人의 韓國觀(旗田巍 저), 一潮閣, 1983. 4

【논 문】

新羅 奈勿王系의 血緣意識, 歷史學報 제53·54합집, 1~38쪽, 1972. 6

中國史書에 보이는 百濟王 牟都에 대하여, 歷史學報 62, 19~34쪽, 1974. 6

新羅 中古時代 血族集團의 特質에 관한 諸問題, 震檀學報 40, 41~60쪽, 1975. 10

新羅 花郎徒의 起源에 대한 一考察, 歷史學報 69, 41~63쪽, 1976. 3

新羅 下代의 浿江鎭, 韓國學報 4, 2~21쪽, 1976. 9

新羅 骨品制연구의 현황과 그 과제, 歷史學報 74, 105~153쪽, 1977. 6

古朝鮮문제의 一考察, 大丘史學 제12·13합집, 23~31쪽, 1977. 11

新羅花郞徒の起源についての一考察, 韓 6-12, 韓國硏究院, 37~64쪽, 1977. 12

羅末麗初 近侍機構와 文翰機構의 擴張, 歷史學報 77, 17~65쪽, 1978. 3

新羅 官等制度의 성립연대 문제와 赤城碑의 발견, 歷史學報 78, 171~184쪽, 1978. 6

新羅 金入宅考, 震檀學報 45, 1~19쪽, 1978. 10

新羅 太祖 星漢의 문제와 興德王陵碑의 발견, 大丘史學 제15·16합집, 25~36쪽.
  1978. 12

日本陸士出身の系譜, 統一評論 154, 統一評論社, 1978

特集韓國史學界の「回顧と展望」-1977年度-, 韓 8-1, 韓國硏究院, 1979

雁鴨池에서 出土된 新羅木簡에 대하여, 慶北史學 1, 115~133쪽, 1979. 3

新羅 花郞徒의 社會學的 考察, 歷史學報 82, 1~38쪽, 1979. 6

고대국가의 역사인식, 韓國史論 6, 국사편찬위원회, 1~21쪽, 1979. 6

新羅 下代 賓貢及第者의 출현과 羅·唐文人의 交驩, 全海宗박사화갑기념논문집,
  一潮閣, 625~646쪽, 1979. 12

新羅 下代의 王位繼承과 政治過程, 歷史學報 85, 1~40쪽, 1980. 3

新羅 中代의 官僚制와 骨品制, 震檀學報 50, 37~54쪽, 1980. 10

新羅 衰亡史觀의 槪要, 韓㳓劤박사정년기념 사학논총, 지식산업사, 139~153쪽, 1981. 1

百濟 王室交代論에 대하여, 백제연구 12, 53~68쪽, 1981. 12

雁鴨池から出土した新羅木簡について, 國學院雜誌 83-6, 國學院大學, 31~45쪽,
  1982. 6

新羅의 骨品制度와 日本의 氏姓制度, 歷史學報 94·95, 133~159쪽, 1982. 9

羅唐關係的演變與賓貢及第者的出現, 朝鮮史通訊, 1984

九世紀時羅唐文人的交游, 朝鮮史通訊, 1984

新羅 上古의 전쟁과 遊戲, 南都泳박사화갑기념 사학논총, 태학사, 17~25쪽, 1984. 5

新羅社會와 花郞徒, 新羅文化 1, 27~41쪽, 1984. 12

于老傳說의 世界, 韓國古代의 國家와 社會, 183~201쪽, 일조각, 1985. 9

張保皐와 그의 海上王國, 張保皐의 新研究, 86～119쪽, 완도문화원, 1985. 10

新羅의 風土와 그 역사적 특성, 千寬宇선생환역기념 한국사학논총, 정음문화사, 243～261쪽, 1985. 12

廣開土王陵碑文에 보이는 百濟관계기사의 검토, 백제연구 17, 43～53쪽, 1986. 12

新羅社會와 佛敎, 佛敎와 諸科學, 東國大學校 出版部, 959～980쪽, 1987. 4

馬韓領域에서의 百濟의 成長, 마한·백제문화 10, 49～68쪽, 1987. 10

『三國遺事』による新羅史研究と敍述, アジア公論 16-3, アジア公論社, 1987

北韓에서의 古朝鮮 연구, 한국사 시민강좌 2, 일조각, 89～108쪽, 1988. 2

廣開土王陵碑 연구의 현황과 문제점, 한국사 시민강좌 3, 1～29쪽, 1988. 8

花郞像의 變遷에 관한 覺書, 신라문화 5, 103～119쪽, 1988. 12

한국 고대국가 형성사 연구의 현황과 과제, 산운사학 3, 41～69쪽, 1989. 5

百濟國의 政治理念에 대한 一考察, 진단학보 69, 1～15쪽, 1990. 6

百濟建國史의 二,三의 問題, 백제연구 21, 275～286쪽, 1990. 12

馬韓史 序章, 마한·백제문화 12, 99～104쪽, 1990. 12

新羅 興德王代의 政治와 社會, 국사관논총 21, 97～131쪽, 1991. 6

민중사학론, 현대 한국사학과 사관, 한림과학원, 160～211쪽, 1991. 8

武寧王陵 出土 誌石과 百濟史 硏究의 新展開, 백제문화 21, 31～42쪽, 1991. 12

金寬毅(한국의 역사가), 한국사 시민강좌 10, 117～134쪽, 1992. 2

日本統治下 韓國人 고급장교의 운명, 金昌洙교수화갑기념 사학논총, 범우사, 254～271쪽, 1992. 5

騎馬民族說에서의 韓·倭연합왕국론 비판, 한국사 시민강좌 11, 71～93쪽, 1992. 8

薛仲業과 淡海三船의 交歡, 역사학보 134·135합집, 305～317쪽, 1992. 9

現代 韓國社會와 風水地理說, 한국사 시민강좌 14, 123～134쪽, 1994. 2

新羅 花郞徒 연구의 現段階, 李基白先生古稀紀念韓國史學論叢(上), 151～177쪽, 1994. 10

韓國における古代·中世時代區分論の現狀, 古代文化 46-11, 古代學協會, 36~42쪽, 1994. 11

新羅·高麗交替期の韓國と平安京, 上田正昭 편, 平安京から京都へ, 小學館, 257~266쪽, 1994. 11

馬韓史의 上限과 下限, 金三龍박사고희기념논총 馬韓·百濟文化와 彌勒思想, 원광대출판국, 7~19쪽, 1994. 12

한국사 시대구분의 여러 유형과 문제점, 한국사 시대구분론, 한림과학원, 77~125쪽, 1995. 4

百濟社會의 地域共同體와 國家權力, 百濟硏究 26, 185~194쪽, 1996. 2

신라 하대의 사회변화, 한국사 11, 국사편찬위원회, 11~60쪽, 1996. 10

高句麗史 발전의 劃期로서의 4世紀, 東國史學 30, 1~22쪽, 1996. 12

新羅 中古期 淸道 山西지방의 전략적 중요성, 尹容鎭교수정년퇴임기념논총, 723~735쪽, 1996. 12

북한 역사학의 전개과정, 한국사 시민강좌 21, 1~42쪽, 1997. 8

羅末麗初 南中國 여러 나라와의 交涉, 歷史學報 155, 1~24쪽, 1997. 9

신라의 사회구조, 한국사 7, 국사편찬위원회, 243~271쪽, 1997. 12

新羅 聖德王代의 政治와 社會, 歷史學報 160, 1~18쪽, 1998. 12

성덕대왕신종 造成의 역사적 배경, 성덕대왕신종 종합논문집, 국립경주박물관, 33~51쪽, 1999. 2

민중문화운동론(특집 : 20세기 한국을 움직인 10대 사상), 한국사 시민강좌 25, 197~219쪽, 1999. 8

북한에서의 단군 연구와 그 숭앙운동, 한국사 시민강좌 27, 100~122쪽, 2000. 8

新羅의 國制改革과 骨品制的 權力構造의 諸問題, 東國史學 34, 1~18쪽, 2000. 12

新羅の國制改革と骨品制的權力構造の諸問題-日本律令國家との比較-, 國史學 173, 國史學會, 3~17쪽, 2001. 3

張保皐とその海上王國 (上), アジア遊學 26, 勉誠出版, 117~130쪽, 2001. 4

張保皐とその海上王國 (下), アジア遊學 27, 勉誠出版, 137~152쪽, 2001. 5

韓國 古代의 國家權力과 宗敎, 東國史學 35 · 36, 1~16쪽, 2001. 9

金庾信(특집 : 정신적 유산을 남긴 사람들), 한국사 시민강좌 30, 10~22쪽, 2002. 2

百濟史와 新羅史 연구의 새로운 進展, 東國史學 37, 3~19쪽, 2002. 3

張勉(특집 : 실패한 정치가들), 한국사 시민강좌 31, 162~182쪽, 2002. 8

고대 韓日 관계사의 새로운 照明을 앞두고, 한국고대사연구 27, 5~13쪽, 2002. 9

古代 동아시아 속의 百濟文化, 百濟文化 31, 1~9쪽, 2002. 12

민족학적으로 본 문화계통, 한국사 1, 국사편찬위원회, 110~140쪽, 2002. 12

新羅 上古史 研究의 問題狀況, 新羅文化 21, 7~16쪽, 2003. 1

한국인 기원 연구의 흐름, 한국사 시민강좌 32, 1~27쪽, 2003. 2

百濟 武寧王과 그 時代, 仁荷史學 10, 83~103쪽, 2003. 2

新羅 王權 研究의 몇가지 前提, 新羅文化 22, 1~15쪽, 2003. 8

國史(National History) ; 어떻게 쓸 것인가?, 제3회 韓 · 日 역사가회의 발표문,
 2003. 10

조지 A 피치(특집 : 한국을 사랑한 서양인), 한국사 시민강좌 34, 54~68쪽, 2004. 2

한국의 역사가 – 최치원, 한국사 시민강좌 35, 112~139쪽, 2004. 8

한국고대사에 있어서 益山문화권의 위치, 마한 · 백제연구 16, 55~64쪽, 2004

隋 · 唐의 帝國主義와 新羅 外交의 妙諦 –高句麗는 왜 멸망했는가?-, 新羅文化 24,
 1~16쪽, 2004. 8

신라의 對唐 군사동맹과 삼국통일, 한국사 시민강좌 36, 1~26쪽, 2005. 2

新羅 '中代' 序說–槿花鄕의 진실과 虛妄-, 新羅文化 25, 7~18쪽, 2005. 2

韓國民族史에서 본 夫餘, 한국고대사연구 37, 5~13쪽. 2005. 3

The Indigenous Religions of Silla ; Their Diversity and Durability, 하와이
 대학 *Korean Studies* vol.28, pp.49~74, 2005

9세기 신라사 이해의 기본과제 -왜 신라는 농민반란의 일격으로 쓰러졌는가?, 新羅
文化 26, 7~19쪽, 2005. 8

통일기 신라의 지방제도와 漢州, 鄕土서울 第66號, 서울特別市史編纂委, 209~223쪽,
2005

高句麗의 세력권 遼東에 대한 地政學的 고찰, 고구려연구 21, 291~300쪽,
2005. 12

後三國時代의 전개와 新羅의 終焉, 신라문화 27, 7~22쪽, 2006. 2

古代東アジア史料の世界, 일본 立敎대학 동아시아지역환경문제연구소 편찬, 『古代
文字史料の中心性と周緣性』, 春風社, 3~21쪽, 2006. 3

韓國古代의 국가권력과 水利시설, 啓明史學會 편, 『한·중·일의 고대 수리시설 비
교연구』, 계명대학교 출판부, 23~39쪽, 2007. 2

한국문화의 형성원리와 그 표현형식-외래문화의 토착화 현상에 대한 평가 문제-,
한국사 시민강좌 40, 일조각, 21~39쪽, 2007. 2

韓國古代木簡의 發見による新羅·百濟史硏究の新たな進展, 일본 早稻田대학 조선문
화연구소 편찬, 『韓國出土木簡の世界』, 雄山閣, 2~14쪽, 2007. 3

한국사상사 연구자로서의 이기백, 한림과학원 편, 『고병익·이기백의 학문과 역사
연구』, 한림대학교 출판부, 116~137쪽, 2007. 4

백제사의 특성, 충남 역사문화연구원 편, 『백제사 總論』, 29~55쪽, 2007. 6

9~12세기 韓國과 東아시아세계, 史學硏究 88, 3~37쪽, 2007. 12

比較史의 방법론과 世界史的 파악의 필요성-韓國古代史의 연구성과를 어떻게 발전
시킬 것인가-, 韓國古代史硏究 50, 한국고대사학회, 327~339쪽, 2008. 6

李應俊(특집 : 대한민국을 세운 사람들), 한국사 시민강좌 43, 135~152쪽, 2008. 8

내가 본 新羅史 연구의 世界, 新羅史學報 13, 新羅史學會, 257~295쪽, 2008. 8

소생하는 백제의 역사와 문화, 한국사 시민강좌 44, 1~26쪽, 2009. 2

賀　序

　　李基東 교수가 보람찬 교수생활을 정리하고 이제 後線으로 물러서게
되었다. 우렁찬 音聲이 곁들인 直說적 言行이나 遠近을 가리지 않고 걷기
를 즐겨 힘차게 내딛는 발걸음 등 모든 것이 예전 그대로인 듯싶지만, 李
교수도 흐르는 세월 속에서 停年退任이라는 피할 수 없는 關門을 거쳐서
학문과 인생의 새로운 道程에 섭어든 섯이다. 이 뜻 깊은 계세에 그를 바
르고 존경하는 후배 제자들이 記念論叢을 꾸며 봉정하게 되었으니, 이것
은 李 교수에게 큰 보람을 안겨주는 바로서 우리 학계의 慶事라 하겠다.
오랫동안 가까이에서 韓國史學에의 길을 함께 걸어온 同學으로서 깊은
感慨 속에 몇 마디 蕪辭로써 祝意를 표하고자 한다.

　　李 교수는 일찍부터 폭넓게 人文學의 소양을 쌓으면서 韓國史學에 뜻
을 두고 學究의 길에 매진하였다. 대학 때에는 학교신문에 寄稿하여 大家
스승의 학설을 비판하는 패기를 보여주었고, 대학원을 수료하면서는 歐

美의 社會人類學 이론을 원용해 新羅骨品制의 구성원리에 새롭게 접근하는 論考를 내놓아 주위의 경탄을 자아냈다. 그 후 慶北大를 거쳐 東國大에서의 긴 교수생활을 이어가기까지 30여 년간 오로지 연구실에만 파묻혀 古代史를 중심으로 韓國史 연구에 盡力하였다. 이로써 그는 원숙한 경지에 이르러 학문적 성취를 이룩하였고, 진정한 학자로서의 典範을 보여주었으며, 어려운 시기에 韓國古代史學이 흔들리지 않고 진전하도록 堡壘의 구실을 할 수 있었다.

韓國史學者로서의 李 교수의 학문세계는 역사학의 正道를 지키면서도 유달리 폭넓고 다채로운 모습을 보여준다. 여러 권의 重厚한 저서들이 말해주는 바와 같이 新羅史와 百濟史에 집중된 그의 연구는 참신한 착상과 철저한 實證에 입각해 韓國古代史의 新局面을 밝혀내고 그 체계를 새롭게 재구성하는 先導的인 것이었다. 그러한 가운데 특히 주목을 끄는 것은 엄박한 識見으로 比較史的 방법을 구사하여 값진 성과들을 거두었다는 점인데, 실상 작금의 韓國史學者로서 자연스럽게 東·西洋史를 넘나들며 그 연구 성과를 무리 없이 받아들여 參用하는 경우를 따로 찾아보기 어려우리라 생각된다. 뿐만 아니라, 李 교수의 역사적 관심사는 戰爭史, 現代史, 人物史 등 다양한 부문에 걸쳐 있으며, 스스로 外道라고 겸양하면서 간간이 내놓는 이 방면 저작이 정작 그의 학문을 풍요롭고 다양하게 해준다는 점도 유의할 대목이라 하겠다.

나와 李 교수는 격동의 1960년대에 같은 대학 캠퍼스에서 만나 함께 韓國史를 공부하는 學友로서 교유를 시작한 이래 지금까지 50년 가까운 세월이 흘렀다. 그 동안 우리는 학문적으로 서로를 勉勵하고, 學會의 업무를 분담하는 등 친밀하게 지냈다. 恩師 李基白 선생이 『한국사시민강좌』를 창간하자 함께 그 편집을 도왔고, 大恩師 李丙燾 선생의 『斗溪全集』 편찬에는 편집위원으로 同參하였다. 이처럼 오래 교유하면서 내게 비친 이교수의 성품은 剛·直과 誠·實로 설명할 수 있다. 그는 心志가 굳세고 主見이 뚜렷하면서, 行實은 곧고 꾸밈이 없다. 每事에 정성을 다해 믿음을 쌓으면서, 참되게 內實을 거둔다. 모임이 있을 적에 李 교수는 곧잘 硬性의 辯舌로 座中을 휘감기도 하지만, 惡好가 분명한 直言 속에서 진실과 信義를 느끼면서 모두 그와의 會同을 소중한 기억으로 남기게 된다. 그가 학계의 推重을 받는 所以는 출중한 업적과 더불어 이 같은 直實한 품행에 緣由하는 바 크다고 여겨진다.

이제 李 교수는 현직에서 물러나지만, 장차 자신이 오래 다듬어 온 연구계획을 차근차근 실행에 옮길 것으로 기대된다. 얼마 전 어려움을 극복하고 건강을 되찾게 한 강한 鬪志와 변함없는 학문적 열정이 制度的 속박에서 벗어난 그를 새로운 연구의 길로 인도할 것이다. 李 교수는 아무쪼록 自重自愛하여 그의 韓國史學이 집대성되기를 고대하는 우리 모두의 願望에 부응하시리라 확신한다. 아울러 韓國古代史 연구에 종사하는 國內外 많은 학자들의 정성이 담긴 특별한 이 記念論叢의 간행을 진심으로 축하하며, 이것이 韓國史學 발전에 크게 기여하리라 믿어 의심치 않는다. 거듭 李 교수의 健勝을 축원한다.

2009년 3월 일

閔　賢　九

차 례

石門 李基東先生 近影

石門 李基東先生 略曆

石門 李基東先生 著述目錄

賀序 / 민현구

제1장 초기국가의 형성

제2장 고대국가의 발전과 삼국의 정치 사회

제3장 동아시아 사회에서의 신라와 발해

제4장 중세 사회로의 전환

제 1 장 초기국가의 형성

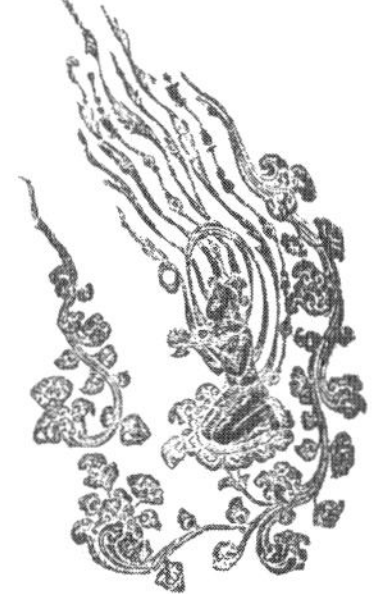

한국고대문화 형성에 미친 낙랑문화의 영향

김기섭*

目 次

Ⅰ. 머리말 - 낙랑군의 위치

서기전 108년, 漢이 고조선(衛滿朝鮮)을 멸망시켰다. 그리고 樂浪 · 眞番 · 臨屯 · 玄菟 등 4개의 郡을 설치하였다. 그러나 불과 20여년 뒤인 서기전 82년부터 진번군과 임둔군이 차례로 폐기되고, 서기전 75년에는 현도군마저 요동방면으로 후퇴하였다. 그렇다면 유일하게 제자리를 지킨 낙랑군은 어디에 있었을까. 두 가지 견해가 대립하고 있다.

낙랑군은 고조선의 마지막 수도인 王險城이 있던 곳에 설치되었다고 보는 것이 보통이다.[1] 그런데 왕검성은 지금의 중국 요령지역에 있었다는

---

* 서울시 한성백제박물관건립추진단

입장[2]과 지금의 평양지역에 있었다는 입장[3]이 맞서고 있다. 묘하게도 북한의 역사학계는 요령지역설을 주창하고, 남한학계의 대다수는 평양지역설을 따르는 형국이다.

낙랑군의 首府가 고조선의 수도였던 곳에 들어섰다는 사실은 매우 중요하다. 漢의 5만여 대군과 1년 동안 전투를 벌일 정도로 정치·경제력을 갖추었으며[4] 흉노의 왼팔에 비유[5]할 정도로 흉노와 긴밀한 유대를 맺으며[6] 북방문물을 접하고 받아들인 고조선의 사회·문화기반이 고스란히 낙랑군에 흡수되었을 것이기 때문이다.[7] 따라서 漢文化와 古朝鮮文化를 엄격히 나눈 뒤 대립적으로 파악하는 방법은 옳지 않다. 오히려 오랫동안 고유의 지역문화를 유지해온 곳에 새로운 정치세력과 문화요소들이 유입

---

1) 李丙燾, 1976, 「漢四郡 問題의 研究」, 『韓國古代史研究』, 박영사, 133쪽.
　　李鍾旭, 1993, 『古朝鮮史 研究』, 일조각, 260쪽.
　　盧泰敦, 1994, 「古朝鮮의 變遷」, 『檀君』, 서울대학교출판부, 37쪽.
　　한편, 고조선의 王險城은 서기전 107년에 함락되었으며, 그곳에 현도군이 설치되었다는 견해도 있다. 趙法鍾, 2000, 「樂浪郡의 崩壞時點과 王險城·樂浪郡의 位置」, 『韓國史研究』 110.
2) 리지린, 1963, 『고조선 연구』, 과학원출판사.
　　최택선·리란우, 1973, 『고조선 문제 연구』, 사회과학출판사.
　　리순진, 1983, 「우리나라 서북 지방의 나무곽무덤에 대한 연구」, 『고고민속론문집』 8.
　　윤내현, 1993, 『고조선연구』, 일지사.
　　복기대, 2003, 「朝陽지역의 西漢 유적에 관하여」, 『고구려연구』 15, 고구려연구회.
3) 도유호, 「왕검성의 위치」, 『문화유산』 1962-5.
　　서영수, 1988, 「고조선의 위치와 강역」, 『한국사 시민강좌』 2, 일조각.
　　盧泰敦, 1990, 「古朝鮮 中心地의 變遷에 관한 研究」, 『韓國史論』 23, 서울대 국사학과.
4) 『史記』 권 95 朝鮮傳.
5) "東伐朝鮮 起玄菟樂浪 以斷匈奴之左臂".(『漢書』 권 73, 韋賢傳)
6) 權五重, 1992, 『樂浪郡研究』, 일조각, 26~30쪽.
　　권오중, 2004, 「중국사에서의 낙랑군」, 『韓國古代史研究』 34, 24~25쪽.
7) 衛滿朝鮮의 細形銅劍文化와 漢문화가 복합되어 낙랑문화를 형성했다고 보기도 한다.
　　尹龍九, 1990, 「樂浪前期 郡縣支配勢力의 種族系統과 性格－土壙木槨墓의 분석을 중심으로－」, 『歷史學報』 126, 역사학회, 21~25쪽.

됨으로써 더욱 복합적이고 지역적 특색이 농후한 새 문화를 형성시켰다고 보아야 한다. 이것이 바로 낙랑문화를 막연히 漢文化 혹은 중국문화라고 단순 분류하기 어려운 이유이다.

낙랑군의 위치를 요령지역에 비정하는 학설은 일제시기 무자비한 발굴조사를 통해 거둔 일본의 학술성과에 대항하려는 노력이 무엇보다 군세다. 그로 인해 새로운 분석틀과 논리를 제시하는 성과를 거두었다. 그러나 시간이 지날수록 漢문화와 古朝鮮문화를 이분법적으로 파악하고 종족과 문화를 동질화하는 함정에 더 깊이 빠져들고 있다.[8]

고조선의 문화범위와 무관할 수 없는 大凌河유역(朝陽市 十二臺營子鄕)의 漢代 城址에서 「柳城」이라고 적힌 명문 기와가 발견되었으며 그로부터 동북쪽으로 1km정도 떨어진 곳에서는 같은 명문 기와를 구운 가마터가 발견되었다. 이에 중국학계에서는 동서 400m, 남북 400m 크기의 城址를 漢의 遼西郡 西部都尉가 주둔하던 柳城縣의 흔적으로 간주하였다.[9] 遼陽市에서는 戰國時代 후기부터 王莽 집권기까지 존속했던 마을과 묘지를 발굴 조사하였는데, 漢代의 마을유적에서 「昌平」이라는 글자가 새겨진 토기가 출토되었다. 중국학계는 遼東郡의 治所가 있던 襄平縣이 왕망 집권기에 昌平으로 개명되었다는 사실에 주목하여 遼陽지역을 요동군의 중심지로 간주하고 있다.[10] 또, 압록강 하구의 丹東市 교외에 위치한 漢代 城址에서는 「安平樂末央」이라는 명문 기와가 발견되었다. 이로써 지금의 압록강이 현도군에서 '서남쪽으로 흘러 서안평에 이르러 바다로 들어간다'는

---

8) 李成市, 2004, 「동아시아에서의 낙랑」, 『韓國古代史研究』 34, 8~9쪽.

9) 王鐘瀚·陳連開, 「戰國秦漢遼東遼西郡縣考略」, 『社會科學輯刊』 1979-4.
   王綿厚, 「兩漢時期遼寧建置述論」, 『東北地方史研究』 1985-1.
   遼寧人民出版社, 1985, 『遼寧風物志』.

10) 李文信, 「遼陽三道壕西漢村落遺址」, 『考古學報』 1957-1.
   中國社會科學院考古研究所, 1984, 『新中國的考古發現和研究』, 文物出版社.

馬訾水이며 단동시 일대가 遼東郡 西安平縣에 해당한다는 해석이 더욱 유력해졌다.[11] 이처럼 지금의 중국 요령성은 대부분이 漢의 遼東郡과 遼西郡의 흔적을 보여주고 있으며, 낙랑군 관련 地名을 적은 유물은 좀처럼 찾기 어렵다.[12]

한편, 1909년부터 꾸준히 발굴 조사해온 평양지역의 무덤과 토성에서는 낙랑 관련 유물이 상당수 출토되었다. 그 중 확실한 물증으로는 낙랑 관련 문자가 새겨진 印章·封泥·瓦塼 등이 있다. 封泥는 문서·물건을 우송할 때 내용 보안을 위해 표시하고 장치한 진흙덩어리이므로 일단 도착지에서 파괴·개봉하면 쓸모가 없어진다. 따라서 낙랑의 봉니는 낙랑 이외의 지역에서 발견되어야 하는데, 평양에서 「樂浪太守」「樂浪大尹」「朝鮮令」「朝鮮右尉」 등의 글자가 새겨진 封泥가 다수 출토되었다는 것은 평양이 낙랑일 수 없는 증거라고 보기도 한다. 그러나 중국 河南省 洛陽市에 위치한 漢代 河南縣城에서 「河南太守章」이라고 새겨진 봉니가 출토되었을 뿐 아니라 湖南省 長沙市의 馬王堆 1호묘에서는 물자를 보관할 때 봉니를 사용한 사례도 발견된 바 있어[13] 낙랑 땅에서 낙랑 봉니가 출토되는 것이 부자연스러운 일이 아님을 알 수 있다.

낙랑군의 위치와 낙랑문화의 특징·영향을 논할 때 특히 조심스러운 것은 그것이 자칫 근대의 제국주의 및 식민지 경험과 한데 어우러져 동일시 될 수 있기 때문이다. 고대 중국왕조의 낙랑군 설치·운영을 일방적 문화이입에 따른 타율적 역사발전으로만 해석하여 그 문화적 영향력을 과소평가하는 것이 곧 식민사학에 대적하는 길이라고 믿는 이들도 있다.

---

11) 曹汛, 「靉河尖故城和漢安平瓦當」, 『考古』 1980-6.
　　周振鶴, 1986, 「漢武帝朝鮮四郡考」, 『歷史地理』 4.
12) 谷豊信, 1987, 「樂浪郡の位置」, 『朝鮮史研究會論文集』 24, 綠蔭書房, 34쪽.
13) 谷豊信, 1987, 위의 논문, 35쪽.

물론 낙랑군은 무려 420년간 존속하면서 주변지역의 주민들을 억압하고 정치세력의 독자 발전을 가로막은 부정적 측면이 있다. 그러나 다른 한편으로는 그 기간동안 주변의 여러 종족과 정치세력이 낙랑군을 통해 중국문명과의 압도적인 문화격차를 줄이며 급속히 문명화하였다는 점에 주목할 수도 있다.[14] 낙랑문화를 단순히 420년간 지속된 중국의 주변부 문화로만 규정하지 않는다면, 그 이전의 고조선문화와 그 이후의 삼국문화를 연결하는 지역문화의 고리로서 새롭게 인식할 수 있을 것이다.

II. 낙랑문화의 내용과 특징

낙랑군의 치소를 지금의 평양지역에 비정하는 입장에서 보면, 서기전 1세기 초부터 서기 4세기 초까지 평양 일대에서 조성된 유적과 그로부터 출토된 유물은 대체로 낙랑문화의 특질을 담고 있는 셈이다. 따라서 여기에서는 낙랑군이 존속하던 시기에 평양지역의 사람들이 짓고 만들고 썼던 유적·유물을 차례대로 간단히 살펴봄으로써 낙랑문화의 특징적 요소를 찾고자 한다.

1. 성곽

평양특별시 락랑구역 락랑동의 대동강 남안 대지에는 낙랑군 시절의 치소로 널리 알려진 토성이 남아있다. 대지는 동·서·남의 3면에 펼쳐진 좁은 평야로 둘러싸여 있으며, 북쪽의 대동강과 접한 곳은 석회암으로 이루어진 자연단애이다. 대지(토성)와 가까운 동쪽 평야에는 멀리 石巖里

---

14) 李成市, 2004, 앞의 논문, 10~11쪽.

에서부터 북쪽으로 흐른 뒤 대동강으로 들어가는 작은 하천이 있고, 북쪽 단애에는 狗頭津이라는 인공의 작은 부두가 있다.

성벽은 土築이며, 평면 형태는 작은 단지를 닮았으나 정연하지 않다. 군데군데 경작과 가옥 건축으로 인해 성벽이 심하게 훼손되어 흔적을 찾을 수 없는 곳도 많다. 성의 크기는 둘레 약 1.5km로 추정된다.[15] 성문은 서·남·북쪽에서 각각 1개소씩 자취가 발견되었고, 동쪽은 작은 하천이 옹호하고 있는 탓인지 아무런 흔적도 발견되지 않았다.

성내의 지형은 동남쪽 구석이 표고 6m로서 가장 낮은 편이고, 서북쪽으로 갈수록 조금씩 높아지며 중앙에서 약간 서북쪽에 위치한 표고 23m의 고지에 이르는데, 높낮이의 기복이 일정치 않아 자못 복잡하다. 중앙부에서 동쪽으로 치우친 곳에도 1단의 높은 대지가 있다. 넓고 평탄해 성내에서 가장 좋은 위치로 꼽힌다. 이곳에는 중요한 건축물이 있었는지 기와편이 많이 출토되었는데, 「樂浪禮官」이라는 글자가 새겨진 기와들도 적지 않았다. 그리고 인근에서는 「樂浪太守章」이라고 새겨진 封泥가 출토된 바 있다.

지금까지 모두 5회의 발굴 조사를 통해 많은 유물이 출토되었지만 아직 정리되지 않아 알 수 없는 부분이 많다. 명문 기와와 봉니 이외에 주목되는 유물로는 前漢시기 銅鏃·錢貨·銅印·銅鉤 등이 있으며, 半兩錢을 제작하던 錢范도 1점 발견되었다. 半兩錢은 前漢 武帝 때의 鑄造가 마지막이어서 토성의 축조시기를 짐작케 한다.

한때 이 토성을 고조선의 마지막 왕성인 王險城으로 추정하기도 했으나, 『史記』 조선열전에 실린 기사에 따라 漢나라 군사들의 공격 방향을 따져보면 왕검성은 대동강 북쪽에 있었음을 알 수 있다.[16] 이에 이 토성

---

15) 조선유적유물도감 편찬위원회, 1989, 『조선유적유물도감(2)-고조선·부여·진국편』.

은 처음부터 낙랑군의 치소였을 개연성이 있는데, 낙랑군을 설치할 때부터 郡治였다는 견해[17]와 대동강 북안에 있던 郡治를 나중에 옮겨왔다는 견해[18]로 크게 나뉜다.

2. 무덤

대동강의 남쪽 평양특별시 락랑구역에는 약 3000여기의 무덤들이 낙랑토성을 둘러싸고 있다. 처음 이 지역을 발굴 조사하던 일제 때의 지명에 따라 貞柏里·石巖里·梧野里·南井里 등의 고분군으로 널리 알려진 곳이다. 이곳의 무덤은 대체로 낙랑군 시절에 축조한 것으로 알려진다.

지금까지의 조사결과에 따르면 락랑구역의 무덤들은 크게 보아 두 가지로 나뉜다. 수혈식의 木槨墓와 횡혈식의 塼室墓이다. 둘 다 중국의 전통적인 매장문화에 속하므로 그 연원은 漢(前漢·後漢)왕조임이 분명하다. 다만, 漢왕조 내부에서도 무덤의 형태와 조영방식이 지역에 따라 저마다 조금씩 달랐다는 점을 감안해야 한다. 가령, 漢代 초기의 중소형 목곽묘는 지역마다 戰國時代의 전통을 그대로 이어받아 건축자재 및 외형구조 등에서 지역 특색을 현저히 드러내고 있는데, 이러한 전통은 漢왕조의 통치체제가 전국 각지에 고루 미칠 때까지 유지되었다고 한다.[19]

낙랑 무덤을 축조시기에 따라 구분해보면, 前漢시기에는 목곽묘, 後漢

---

16) 도유호, 앞의 논문, 60~65쪽.

17) 關野貞 외, 1927, 『樂浪郡時代ノ遺蹟』, 朝鮮總督府, 13~15쪽.

18) 津田左右吉, 1964, 「浿水考」, 『津田左右吉全集』 11.

池內宏, 1951, 『滿鮮史研究-上世 第1冊』.

駒井和愛, 1964, 『樂浪郡治址』, 東京大學文學部.

駒井和愛, 1977, 「樂浪土城址の調査概報」, 『中國都城·渤海研究』, 雄山閣.

19) 黃曉芬, 2000, 『中國古代葬制の傳統と變革』, 勉誠社.

黃曉芬, 2005.10, 「漢墓와 樂浪분묘의 비교-樂浪분묘의 구조와 그 성격에 대하여-」, 『낙랑의 고고학』, 한국상고사학회 학술발표대회 발표요지문, 189쪽.

시기는 전실묘를 특징적인 묘제로 꼽을 수 있다. 물론, 後漢시기에도 목곽묘가 사라지는 것은 아니며, 전실묘가 새로 출현하여 일부지역에서 한동안 유행했다는 뜻이다. 연구자마다 세부편년에는 차이가 있지만, 출현순서가 대체로 單葬木槨墓 → 異穴合葬木槨墓 → 同穴合葬木槨墓 → 塼室墓라는 데에는 대다수가 공감한다. 대체로 서기전 2세기말부터 서기전 1세기전반기까지 유행한 장방형의 單葬木槨墓는 위만조선시기의 고분요소를 계승하여 무기·마구가 많고 漆器 등의 漢式 유물이 적으며, 서기전 1세기중엽부터 서기 1세기 중엽까지 성행한 合葬木槨墓 단계에서는 漆器·銅鏡 등의 漢式 유물이 다수 부장되었다고 한다. 다만 동혈합장목곽묘가 성행하는 서기 1세기 후반부터는 목곽의 규모가 축소되고 칠기 등의 漢式 유물 부장이 감소하였으며, 車馬具는 아예 부장하지 않는 방향으로 전개되었다. 그러나 塼室墓가 성행하는 서기 2세기 후반부터는 다시 칠기 부장이 증가하고 자그마한 明器用 車馬具를 만들어 넣는 현상이 3세기경까지 이어졌다고 한다.[20]

이처럼 낙랑 무덤은 중국문화의 영향을 뚜렷하게 보인다. 그런데 낙랑무덤의 주류랄 수 있는 평양지역의 木槨墓는 漢왕조의 중심무대인 黃河유역이 아니라 남쪽인 揚子江유역의 목곽묘 계통을 잇고 있다는 점이 이채롭다. 즉, 낙랑과 漢의 수도 洛陽을 연결하는 루트에는 둘을 연결할만한 유적이 없는 반면 江蘇省의 목곽묘와는 긴밀히 연결되는 것이다. 마침 낙랑무덤의 목관을 중국 江南지역에서 교역을 통해 들여온 기록과 실물이 있는데,[21] 이는 당연히 海路로 운반하였을 것이다.[22] 이러한 해석에 대해

---

20) 高久健二, 1995, 『樂浪古墳文化 研究』, 학연문화사 참조.

21) 原田淑人, 1940, 「漢代の木棺に就いて」, 『東亞古文化硏究』, 座佑宝刊行会, 457~467쪽.

22) 樋口隆康, 1975, 「樂浪文化の源流」, 『歷史と人物』9, 中央公論社 ; 1983, 『展望アジアの考古學』, 橿原考古學硏究所, 785~786쪽.

모든 학자의 의견이 일치하는 것은 아니지만, 대체로 대동강유역 목곽묘와 양자강유역 목곽묘의 친연성만큼은 인정되고 있다.[23] 이러한 사실은 낙랑무덤에서 출토되는 銅鏡 가운데 畫像鏡·畫文帶神獸鏡처럼 華南지역 계통의 동경이 많이 포함되어 있으며, 낙랑무덤 출토 칠기류도 湖南省·湖北省 다음으로 우수한 제품이 많아 華北의 漢墓 출토품을 오히려 웃돌고 있다는 점[24]을 감안할 때 더욱 시사하는 바가 크다.[25]

낙랑 전실묘는 지금까지 대략 350여기 정도가 알려져 있으나 사진·실측도를 통해 구조를 알 수 있는 것은 수십기에 불과하다. 그들을 墓室의 평면 형태로 구분하면 방형·장방형·세장방형으로 나눌 수 있는데, 낙랑지역에서는 방형이 압도적으로 많다.[26] 전실묘의 역사성을 분명하게 보여주는 것은 역시 紀年銘塼이다. 낙랑지역에서는 단실전실묘인 貞梧洞 31호분의 「興平二年」(195년)이 가장 이른 시기의 기년명이며, 축조기법 및 구조에 따른 편년상의 상한연대와도 대체로 일치한다.[27]

23) 南京博物館, 「江蘇盱眙東陽漢墓」, 『考古』 1979-5.
　　金元龍, 1986, 『韓國考古學槪說』, 일지사, 127쪽.
　　한편, 高久健二는 목관을 목곽의 중앙에 배치하는 A류는 華北계통, 목관을 목곽의 한쪽에 치우쳐 배치하는 B류는 華南계통으로 구분하였다. (高久健二, 앞의 책, 180~184쪽)
　　중국에서의 목곽묘 분포범위 및 특징에 대해서는 辛勇旻, 2000, 『漢代 木槨墓 研究』, 학연문화사 참조.
24) 樋口隆康, 앞의 논문, 786쪽.
25) 2007년 9월 13일(목) 올림픽파크텔에서 열린 국립문화재연구소 주최 학술회의 『風納土城 500년 백제왕도의 비젼과 과제』에서도 발표자 崔鍾圭는 "樂浪漆器의 연원이 양자강유역"이라고 발언하였다.
26) 洪潽植, 1993, 「樂浪塼築墓에 대한 一考察」, 『釜大史學』 17, 부산대 사학회, 3~4쪽.
27) 高久健二, 앞의 책, 189쪽.

3. 土器

종래 우리 학계는 낙랑토기를 접할 기회가 매우 적었다. 그래서 토기 분류와 분석은 으레 일본 혹은 북한 학계의 연구성과[28]에 의존하였다. 그런데 어떤 연구자는 낙랑토성 출토품만 대상으로 삼아 낙랑토기의 특징을 추출하는가 하면,[29] 어떤 연구자는 낙랑 무덤 출토품을 분류·분석에 주로 이용하는[30] 등 주안점이 서로 다르다. 그리하여 전자는 태토의 색깔과 조성에만 주목하고, 후자는 형태에만 집착하는 듯한 인상을 준다.

형태를 기준으로 삼을 경우, 낙랑토기를 대표하는 것은 역시 花盆形土器와 平底·圓底短頸壺이다. 화분형토기는 거친 점토에 활석을 비롯해 석영·장석·운모 등을 혼입한 심발형 모양의 토기로서 무덤에서 많이 출토되었는데, 滑石混入土器라고 부르기도 한다.[31] 화분형토기는 보통 기본틀을 만들고 포를 씌운 뒤 태토를 부착시켜가며 타날하는 이른바 형뜨기법이 일반적이다. 그리고 표면에는 활석 또는 운모 가루가 포함된 슬립을 입혀 광택이 나는 것이 많다. 봉산군 지탑리토성에서 출토된 화분형토기

---

28) 정찬영·황기덕·박진욱, 1971, 「기원전5–기원3세기 서북조선의 문화」, 『고고민속론문집』 3.
谷豊信, 1984, 「樂浪土城址出土の土器(上)」, 『東京大學文學部考古學研究室研究紀要』 3.
谷豊信, 1985, 「樂浪土城址出土の土器(中)」, 『東京大學文學部考古學研究室研究紀要』 4.
谷豊信, 1986, 「樂浪土城址出土の土器(下)」, 『東京大學文學部考古學研究室研究紀要』 5.
高久健二, 앞의 책.
29) 谷豊信, 앞의 논문(상)·(중)·(하).
鄭仁盛, 2004, 「樂浪土城의 土器」, 『韓國古代史研究』 34.
鄭仁盛, 2005, 「樂浪土器와 瓦器와의 제작기법」, 『낙랑의 고고학』, 한국상고사학회 학술발표대회 발표요지문, 10.
鄭仁盛, 2007, 「제1절. 북부지역」, 『한국 고고학 강의』, 한국고고학회.
30) 정찬영 등, 앞의 논문.
高久健二, 앞의 책.
31) 오영찬, 2001, 「낙랑토기의 제작기법」, 『낙랑』, 국립중앙박물관, 238쪽.

의 구연부편에서는 은색과 금색의 인위적인 채색이 뚜렷이 관찰된 바 있다.[32] 화분형토기는 구연단이 각지고 평저인 것이 전형인데, 이후 구연단이 휘며 외반하고 저부에 굽이 달리는 것으로 바뀐다.[33]

단경호는 모래가 거의 들어가지 않은 정선된 泥質 粘土로 만든 것이 많다. 그래서 태토를 기준으로 泥質系土器라고 분류·명명하기도 한다. 지금까지의 발굴조사 결과를 참조하면 화분형토기와 함께 가장 이른 시기부터 사용된 낙랑토기이며, 대개 성형한 뒤 타날하는 방법을 썼는데, 繩文打捺이 가장 많다. 바닥은 圓底에서 平底로 이행하는 경향이 있다. 평저단경호는 대부분 물레 위에서 성형하기 때문에 소용돌이와 같은 회전흔적이 뚜렷하게 남거나 기벽이 현저히 얇아진 특징을 보인다. 그리고 물레뽑기, 정지절삭흔, 회전절삭흔 등 다양한 기법들을 확인할 수 있다.

태토를 기준으로 분류할 경우, 낙랑토기는 이질계 토기, 활석혼입계 토기, 석영혼입계 토기 등으로 분류한다.[34] 이질계 토기에는 원통형·고배형 토기, 시루형 토기 등의 일상용기가 주류를 차지하며, 부뚜막형 토기, 耳杯 등의 부장용 토기도 소수 포함된다. 활석혼입계에는 鼎形土器 화분형토기 등 취사용 토기가 많다. 석영혼입계의 백색토기류는 대개 중대형의 저장용 토기이다.[35]

4. 漆器

낙랑문화의 특징과 계통은 역시 주로 무덤에서 대량으로 출토되는 칠기를 통해 가장 분명하게 드러난다. 『史記』 貨殖列傳에 의하면 漢나라 때

---

32) 오영찬, 위의 논문, 240쪽.
33) 정인성, 2007, 「제1절. 북부지역」, 『한국 고고학 강의』, 한국고고학회, 157쪽.
34) 谷豊信 및 鄭仁盛의 앞의 논문 참조.
35) 정인성, 앞의 논문, 156~157쪽.

칠기는 1개당 1,200錢을 호가하는 최고급품이었다. 당시 郡縣의 태수 녹봉(월급)이 1,800~3,000전이었으니 낙랑무덤 피장자의 재력을 다시 한번 짐작할 수 있다.[36)

漢代의 칠기 제작지는 南海郡의 番禺(지금의 廣州), 郁林郡의 蒲山(광서성 桂平), 城陽國의 莒縣(산동성 거현), 蜀郡의 成都 등이 널리 알려져 있다.[37) 그런데 낙랑무덤에서 출토된 칠기 중에는 「蜀郡西工」「廣漢郡工」「成都郡工」 등의 글자가 적힌 것들이 있다.[38) 아마도 양자강 상류의 四川省에서 제작되었기 때문일 것이다.[39) 특히, 蜀郡工官은 사은품을 많이 제작했다고 하는데, 그중에는 낙랑에서 주목한 것으로 보이는 것들도 있다.[40) 그리고 정백동 3호분에서 출토된 칠기들에는 그릇 안쪽에 붉은 글씨로 「周」, 「周氏」「大周」 등이 적혀 있었는데, 제작수법이 江蘇省의 胡揚 5호묘의 칠기와 유사해 華南지역 제작품일 것으로 짐작되고 있다.[41) 이밖에 낙랑의 특징적인 칠기로서 雙鳥文 漆耳杯가 평양 정백리 2·13호분, 석암리 6·194·201·205호분, 정오동1·6호분 등에서 출토되었는데, 형태 및 제작수법이 모두 貴州省·安徽省·江蘇省·甘肅省 등지의 무덤에서 출토된 漢代 칠기들은 같다.[42)

또 한가지 주목되는 사실은 평양지역에서 출토된 銅鏡 중에는 漆奩에 담겨 출토된 예가 적지 않은데, 칠렴은 華南지역 제작품이고 銅鏡은 山東

---

36) 정인성, 앞의 논문, 157쪽.

37) 王仲殊 ; 姜仁求 역주, 1993, 『漢代 考古學 槪說』, 학연문화사, 95~96쪽.

38) 李庚美, 1992, 「樂浪古墳出土 漆器에 대한 일고찰」, 『韓國上古史學報』 11.

39) 이송란, 2005, 「樂浪 貞栢洞3號墳과 37號墳의 남방계 獅子形 垂飾과 商人의 활동」, 한국미술사학회 발표논문, 29쪽.

40) 中村淸兄, 1940, 「樂浪漆器考」, 『考古學論叢』 15, 京都大學, 18쪽.

41) 李庚美, 앞의 논문, 50쪽.

42) 오영찬, 2006, 「낙랑 고분 출토 쌍조문 칠이배」, 『낙랑 문화 연구』, 동북아역사재단, 244~270쪽.

지역 제작품인 경우가 많다는 점이다. 동경의 크기에 맞춰 칠렴을 제작해야 하는 제작구조를 고려하여 동경 제작지인 산동지역에서 칠렴이 세트화되었을 것이며, 이를 春秋戰國期부터 활발히 활동해온 山東지역의 상인들이 낙랑지역에 유통시켰을 것이라고 추정하기도 한다.[43]

낙랑에서의 칠기 유행은 토기제작에도 영향을 미쳤다. 국립중앙박물관에 수장된 정백리 127·151호분 출토 塗漆平底壺와 傳평양출토 도칠평저호[44]는 매우 뚜렷한 사례이며, 石巖里 9·99호분 출토 평저호처럼 표면에 슬립을 입힌 경우도 칠기의 영향으로 추정된다.

이밖에 낙랑지역에서는 細形銅劍을 비롯한 청동기가 많이 출토되었다. 그 중에는 馬具와 車輿具가 적지 않았는데, 중국의 마구·거여구와는 형태가 조금씩 다르다. 금동제 馬面도 상당수 출토되었다. 철기는 劍·刀·戟·鉾·鏃·斧·鎌, U자형 삽날 등의 무기 및 농공구류가 다수 출토되었다.

樂浪郡시대에 한반도에서 낙랑문화의 존재감을 가장 분명하게 전한 것 중 하나는 역시 文字였을 것이다. 오늘날 낙랑의 문자 자료는 木簡·碑石·기와·벽돌·印章·封泥·칠기·銅鏡·銅錢 등 다양하다. 여기에는 人名·官名·地名·年號·吉祥句 등이 갖가지 모양의 漢字로 적혀 있는데, 당시로서는 정치·문화적 우월감을 과시하고 확인하는 가장 유효한 무기였을 것으로 짐작된다.

---

43) 이송란, 앞의 논문, 28~32쪽.
44) 국립중앙박물관, 2001, 『낙랑』, 151쪽의 사진 146번, 157쪽의 사진 154번.

Ⅲ. 낙랑계통 문화유적의 분포

낙랑군은 중국의 일반 군현과 비교할 때 크기·거리·위상 등 모든 면에서 주목받기 어려운 군이었다. 그러나 낙랑군이 수행한 역할은 중국왕조의 기대치를 훨씬 웃돌았다. 400여년간 대동강유역을 장악하고 주변지역을 통제함으로써 고조선 이후의 고대국가 성장을 수백년이나 지연시키고 중국 중심의 질서를 扶植하였기 때문이다.[45]

물론 토착사회의 반발은 거셌다. 낙랑사람 1,500명이 韓으로 끌려가 3년이나 노예생활을 했다는 廉斯鑡설화[46]에서 보듯 낙랑군의 주변 토착사회에 대한 지배력은 前漢 말기에 이미 한계를 드러냈다.[47] 이에 漢왕조는 漢 武帝 때의 고압적인 征伐論 대신 유화적인 羈縻策으로 대외정책을 취함으로써[48] 토착사회의 저항을 최소화하고, 낙랑군을 통해 朝貢형태의 公貿易뿐 아니라 상인 중심의 다양한 私貿易을 전개함으로써 낙랑군의 정치력을 성장시켰다.[49] 서기전 1세기 중엽부터 낙랑무덤에 漆器·銅鏡 등의 漢式 유물이 본격적으로 부장되기 시작하는 것[50]도 이러한 상황과 무관하지 않을 것이다.

낙랑군의 기미책에는 벼슬과 衣幘 賜與가 중요한 역할을 하였다. 토착

---

45) 權五重, 앞의 책, 167쪽.

46) 『三國志』 권 30, 魏書 東夷傳.

47) 徐榮洙, 1998, 「對外關係史에서 본 樂浪郡」, 『史學志』31, 檀國史學會, 18쪽.

48) 金翰奎, 1988, 「漢代의 天下思想과 羈縻之義」, 『中國의 天下思想』(全海宗외), 민음사.

49) 李鍾旭, 1994, 「韓·倭의 政治勢力과 樂浪郡·帶方郡의 關係」, 『韓日古代文化의 連繫』, 서울프레스.
　　李賢惠, 1998, 『韓國古代의 生産과 交易』, 일조각.

50) 이영훈, 1995, 「대동강유역의 낙랑목곽분에 대하여」, 『한민족과 북방과의 관계사연구』, 한국정신문화연구원, 20쪽.

사회가 漢의 문물과 官爵에 관심이 깊었음은 이미 玄菟郡과 고구려의 관계에서 분명하게 드러나는데,[51] 낙랑군도 역시 마찬가지 방법으로 韓을 회유하였다.[52] 낙랑군에서 衣幘을 받아간 韓人이 무려 천여명에 달한다는 기록을 남겼을 정도이다.[53] 韓人들이 줄지어 낙랑군으로 찾아간 이유는 아마도 衣幘 때문만은 아니었던 듯하다. 당시 중국에서 낙랑으로 들여온 주요 물품으로서 文房具를 비롯해 絹(山東)·棺材(江南)·布·漆器·銅鏡·馬面(서역)·玉·琉璃 등이 널리 알려져 있는데, 이중 일부는 낙랑군 주변의 토착사회로 分給·유통되었을 것이다.[54]

처음에는 낙랑군의 물자만 인근지역으로 유통되었지만 머지 않아 물건을 만드는 技術과 물건에 담긴 思惟體系마저 유포되었다. 그리하여 三韓지역의 세형동검문화도 낙랑문화와의 접촉을 통해 변용된 모습을 보여준다.[55] 주변지역에 미친 낙랑문화의 영향을 가장 잘 보여주는 것은 역시 무덤인데, 낙랑 목곽묘의 영향이 한반도 중·남부지역에서 확인된다.

가평 達田里에서는 기원 전후한 무렵에 만든 낙랑계통의 목관·목곽묘 5기가 발견 조사되었다. 한쪽 단벽에 부장칸을 설치한 구조였으며, 화분형토기·단경호 및 주조철부 등 대부분의 유물이 낙랑지역에서 제작되었을 것으로 추정된다.[56] 은반지가 출토된 원주 法泉里 24호분도 낙랑의 영

---

51) "漢時賜鼓吹伎人 常從玄菟郡受朝服衣幘 高句麗令主其名籍 後稍驕恣 不復詣郡 於東界築小城 置朝服衣幘其中 歲時來取之 今胡猶名此城爲幘溝漊 溝漊者句麗名城也"(『三國志』권 30, 魏書 東夷傳 高句麗)

52) "其俗好衣幘 下戶詣郡朝謁 皆假衣幘 自服印綬衣幘 千有餘人"(『三國志』, 권 30, 魏書 東夷傳 韓)

53) "韓 …… 漢時屬樂浪郡 四時朝謁"(『三國志』권 30, 魏書 東夷傳 韓)

54) 尹龍九, 1999, 「三韓의 朝貢貿易에 대한 一考察 －漢代 樂浪郡의 교역형태와 관련하여－」, 『歷史學報』162, 13쪽.

55) 李盛周, 1996, 「靑銅器時代 東아시아 世界體系와 韓半島의 文化變動」, 『韓國上古史學報』23, 42~57쪽.

향을 받은 목곽묘로 분류되며, 천안 청당동, 청주 송절동의 목관묘도 낙
랑과의 연관성이 지적되고 있다. 특히, 청주 송절동의 B지구 4호묘는 이
혈합장묘로서 평양지역의 합장목곽묘와 유사하다.

  남한지역에서 지금까지 낙랑계통 무덤이 가장 많이 발견된 곳은 대
구·경주·울산·김해 등지이다. 대표적인 낙랑계통 목곽묘로서 울산 하
대 1호묘, 울산 중산리 Ⅶ-4호묘, 김해 양동리 162·332호묘 등이 널리
알려져 있으며, 목관묘로는 대구 팔달동 5호묘, 경주 조양동 38호묘, 울
산 다운동 나-9호묘, 김해 양동리 70·427호묘, 창원 다호리 1호묘, 함
안 도항리 23호묘 등이 손꼽힌다.[57] 특히, 김해 양동리의 해발 90m 야트
막한 능선 위에 조성된 양동리고분군은 木棺墓→木槨墓→石槨墓로의 묘
제 변화과정이 잘 나타나 弁韓에서 加耶로의 사회발전을 시사하는 것으로
평가받고 있는데, 세형동검(427호묘)과 銅鏡·鐵鍑(162호묘)을 비롯한 낙
랑계통 유물은 물론 일본 彌生時代의 유물까지 출토되어 弁辰地域에서 생
산하는 鐵을 구하려 韓·濊·倭로부터 사람들이 왔으며 낙랑·대방군에
도 공급했다는 기록[58]을 뒷받침한다. 또, 창원 다호리에서는 부장갱이 있
는 장방형의 깊은 토광에 통나무를 파서 만든 구유형의 목관이나 상자형
목관을 안치한 목관묘 44기가 발굴 조사되었다. 유물은 漆鞘銅劍·鐵劍과
銅鐸·유리구슬·五銖錢·星雲文鏡·帶鉤·鑄造鐵斧·붓과 다양한 漆器
세트들이 출토되었는데, 상당수가 낙랑군을 통해 유통된 것으로 추정된
다.[59] 한편, 한강 하류지역에서는 가락동 2호분과 낙랑계통 토광묘의 연

---

56) 한림대학교박물관, 2003. 6, 『경춘선 복선전철 제6공구 가평역사부지내 문화유적
    발굴조사 지도위원회의 자료』.

57) 김길식, 2006, 「진·변한 지역 낙랑 문물의 유입 양상과 그 배경」, 『낙랑 문화 연
    구』, 동북아역사재단, 315~322쪽.

58) "國出鐵 韓濊倭皆從取之 諸市買皆用鐵 如中國用錢 又以供給二郡"(『三國志』권 30, 魏
    書 東夷傳)

관성이 지적된 바 있다.[60]

　비교 범위를 무덤에만 한정하지 않고 출토유물로 확대할 경우, 낙랑문화의 영향권은 대폭 확대되어 한반도와 일본열도 전역을 그 대상으로 하게 된다. 우선, 화분형토기와 평저단경호가 출토된 유적으로서 양양 柯坪里, 강릉 橋項里·安仁里, 동해 松亭洞 등 영동지역의 원삼국시대 주거지를 비롯해 포천 金珠里, 가평 大成里, 양평 兩水里 등지의 주거지와 화성 旗安里·堂下里의 제철유적이 있다.[61] 그리고 근래 호남지역 곳곳에서 출토되는 兩耳附壺를 낙랑토기의 영향으로 보는 견해,[62] 加耶토기의 기원을 낙랑 청동기 및 토기에 두는 견해,[63] 춘천 중도와 가평 마장리, 양양 가평리 등지에서 출토된 회흑색 무문토기를 낙랑토기의 영향으로 분류하는 견해,[64] 경기·전라지역에서 많이 출토되는 帶頸壺를 요동지방 및 낙랑의 대경호와 연관짓는 견해[65] 등에 주목하게 되면 유적을 일일이 열거하기도 어려울 정도이다.[66] 일본열도에서는 壹岐島의 하루노츠지[原の辻]유적

---

59) 李健茂·李榮勳·尹光鎭·申大坤, 1989, 「義昌 茶戶里遺蹟 發掘進展報告Ⅰ」, 『考古學誌』 1, 한국고고미술연구소.

　李健茂·尹光鎭·申大坤·金斗喆, 1991, 「義昌 茶戶里遺蹟 發掘進展報告Ⅱ」, 『考古學誌』 3, 한국고고미술연구소.

　李健茂·尹光鎭·申大坤·鄭聖喜, 1995, 「義昌 茶戶里遺蹟 發掘進展報告Ⅲ」, 『考古學誌』 5, 한국고고미술연구소.

　安在晧, 2000, 「昌原茶戶里遺跡의 編年」, 『韓國古代史와 考古學』, 학연문화사.

60) 姜仁求, 1984, 「漢江流域의 土築墓」, 『三國時代 墳丘墓研究』, 영남대학교 출판부, 11~40쪽.

61) 김무중, 2006, 「마한지역 낙랑계 유물의 전개 양상」, 『낙랑 문화 연구』, 동북아역사재단, 292~293쪽의 〈표 1〉 참조.

62) 金鍾萬, 1999, 「馬韓圈域 出土 兩耳附壺 小考」, 『考古學誌』 10, 한국고고미술연구소.

63) 朴廣春, 2000, 「加耶土器의 始原과 金海·釜山地域 土器編年再檢討」, 『嶺南考古學』 26, 영남고고학회.

64) 朴淳發, 1989, 「漢江流域 原三國時代의 土器의 樣相과 變遷」, 『韓國考古學報』 23.

65) 박순발, 2001, 「馬韓 對外交涉의 變遷과 百濟의 登場」, 『百濟研究』 33, 충남대학교 백제연구소.

에서 낙랑계통의 평저 단경호와 장경호가 출토되었고, 九州지역의 福岡
深江井牟・三雲番上유적과 長崎 카라카미유적 등에서 화분형토기와 碗形
토기가 다수 출토되었다.[67)

　토기의 제작기법이라는 측면에서 보면 영남지역의 이른바 瓦質土器와 陶
質土器는 낙랑의 泥質系 토기와 분명히 연관된다.[68) 그리고 한강유역에서
많이 출토되는 회백색의 백제토기들도 낙랑토기의 제작기법을 많이 따르
고 있다. 특히, 서울의 석촌동고분군・가락동 2호분, 천안 용원리고분군,
서산 부장리고분군, 해미 기지리 분구묘 등지에서 출토된 黑色磨硏土器는
중국제 청자의 분포범위와 대체로 일치한다는 점에서 낙랑의 漆器 혹은 塗
漆土器의 번안으로 생각되며, 모래 성분이 거의 들어가지 않은 고운 胎土의
회백색 토기에 검은 슬립을 입힌 토기들도 그 영향일 개연성이 높다. 이러
한 추정은 백제기와의 출현을 낙랑의 영향으로 보는 시각[69)과도 상통한다.

66) 지역별 유적・유물 현황에 대해서는 이재현, 2005, 「남한출토 낙랑관련 유물의 현
　　황과 성격」, 『낙랑의 고고학』, 한국상고사학회, 17~29쪽 참조.

67) 鄭仁盛, 2003, 「弁韓・加耶의 對外交涉-樂浪郡과의 교섭관계를 중심으로-」, 『가야
　　고고학의 새로운 조명』, 혜안, 543~553쪽.

68) 崔鍾圭, 1982, 「陶質土器 成立前夜의 展開」, 『韓國考古學報』 12.
　　申敬澈, 1982, 「釜山・慶南出土 瓦質系土器」, 『韓國考古學報』 12.
　　李盛周, 1991, 「原三國時代 土器의 類型・系譜・編年・生産體制」, 『韓國古代史論
　　叢』 2.
　　崔秉鉉, 1998, 「原三國 土器의 계통과 성격」, 『韓國考古學報』 38.

69) 龜田修一, 1984, 「百済漢城時代の瓦に関する覚書-石村洞4号墳出土例を中心として-
　　」, 『尹武炳博士回甲紀念論叢』.
　　龜田修一, 1995, 「朝鮮半島から日本への瓦の伝播」, 『激動の古代東アジア-6,7世紀を
　　中心に-』, 帝塚山考古学研究所.
　　權五榮, 「漢城 百濟期 기와의 製作傳統과 發展의 劃期」, 『古代東北 亞細亞 文物交流의
　　軸』, 2002, 충남대 백제연구소.
　　藤原隆夫, 2004, 「百濟 漢城時代 平瓦의 紹介」, 『百濟研究』 39, 충남대 백제연구소.
　　戶田有二, 2003, 「百濟における鐙瓦の三技法について」, 『人文学会紀要』 36, 国史館大学.

주변지역의 토착사회와 낙랑군 사회의 교섭을 가장 잘 보여주는 물품의 하나가 바로 銅鏡이다. 銅鏡은 당시 중국과 낙랑에서 化粧도구라는 실용적 측면이 강했던 반면, 토착사회에서는 종교적 주술이 가미된 대표적인 威勢品의 하나였다. 실용적 목적의 漢鏡이 토착사회로 전해지면서 首長의 무덤에만 묻히는 위세품으로 변한 것이다.[70] 前漢鏡과 倣製鏡이 출토된 유적으로는 익산 평장리유적, 창원 다호리 1호묘, 밀양 교동 목관묘, 경주 용전동 목관묘, 경산 임당E-58·138호묘, 영천 어은동, 김해 패총 등이 있으며, 대구 지산동유적과 경주 조양동 38호묘에서는 한곳에서만 4~6개씩 출토되기도 하였다. 그리고 後漢鏡과 倣製鏡은 김해의 양동리·내덕리·대성동 고분군에서 다량 출토되었다.[71] 전한경이 서기전 1세기 중·후반부터 서기 1세기대에 경북 내륙지역을 중심으로 출토되는데 반해, 후한경은 2세기 전·중엽에 김해지역을 분포 중심으로 삼고 있다는 점이 주목된다.[72]

이밖에 낙랑의 활동권역 및 문화 영향을 알려주는 유물로서 鐵莖銅鏃·銅錢·금박유리·車輿具 부속품 등을 들 수 있다. 그중 철경동촉은 화살촉의 날과 슴베를 각각 구리와 쇠로 만든 특이한 물품인데, 주로 생활유적이나 퇴적층에서 한 두 점씩 발견되었다. 철경동촉을 낙랑군이 자체적으로 생산했을 가능성이 엿보인다[73]는 점에서 낙랑군과 토착사회의 정치적 교섭에 쓰인 回賜品일 가능성이 있다.[74]

---

70) 安京淑, 1998,「多鈕鏡에서 漢鏡으로 轉換에 대한 研究」, 한양대학교 석사학위논문.
　　李在賢, 2000,「伽耶地域出土 銅鏡과 交易體系」,『韓國古代史論叢』9.
　　李賢惠, 2003,「한국 初期鐵器時代의 政治體 首長에 대한 고찰」,『歷史學報』180.
　　김길식, 앞의 논문, 352쪽.
71) 김길식, 위의 논문 352~353쪽.
72) 김길식, 위의 논문, 354쪽.
73) 鄭仁盛, 2002,「樂浪土城と靑銅鏃」,『東京大學文學部考古學研究室研究紀要』17.

IV. 낙랑문화와 한국 고대문화

서기전 108년 낙랑군이 처음 설치되었을 때 屬縣은 11개 현이었다. 그러나 곧 眞番郡·臨屯郡의 속현을 통합해 25현이 되었다.[75] 郡治가 있던 首縣은 朝鮮縣이었으며, 전체 인구는 62,812戶 406,748명이었다고 한다. 그런데 後漢 光武帝 때인 서기 30년경에 郡國의 都尉官을 폐지하면서 낙랑군을 18현으로 만들었다. 呑列縣부터 沃租縣까지 동부도위 관할의 7현을 폐지한 것이다. 이때 낙랑군의 인구는 61,492戶, 257,050명으로『後漢書』「郡國志」에 기록되어 있다. 서기 3세기말경 晉나라 때에는 낙랑군의 속현이 6縣으로 크게 감소하였다. 2세기말 3세기초엽에 산동반도-요동반도-한반도를 잇는 해상교통로를 장악한 遼東의 公孫氏정권이 낙랑군의 남부지역을 따로 떼어내 대방군을 신설했기 때문이다. 당시 대방군의 속현은 7개였으므로 2郡의 屬縣을 합치면 13현이 된다. 後漢代에 비하면 또 5현이 줄어든 셈이다. 이때 폐지된 縣들은 대개 대동강 북쪽에 위치하였으며, 바야흐로 고구려세력이 남하하고 있었기 때문이라고 풀이하기도 한다.[76]

비록 낙랑군의 정치·행정력은 시간이 흐를수록 축소되었지만 문화적 영향력은 오히려 더욱 커져갔다. 처음에는 정치·외교적 측면에서의 위세품 위주로 다소 일방적 문화접촉만 일어났으나 점차 일상생활 영역으

---

74) 이재현, 2005.10, 「남한출토 낙랑관련 유물의 현황과 성격」, 『낙랑의 고고학』, 한국상고사학회 학술발표대회 발표요지문, 25쪽.

75) "朝鮮·詂邯·浿水·含資·黏蟬·遂成·增地·帶方·駟望·海冥·列口·長岑·屯有·昭明·鏤方·提奚·渾彌·呑列·東暆·不而·蠶台·華麗·邪頭味·前莫·沃租縣"(『漢書』 권 28下, 地理志 권 8下, 樂浪郡)

76) 池內宏, 1951, 「樂浪郡考」, 『滿鮮史硏究』 上世 1책, 吉川弘文館, 58~59쪽.

로까지 접촉 범위가 확대된 것이다. 낙랑토기의 제작수법이 이른바 백제 토기 및 영남지역의 와질토기 형성에 큰 영향을 미쳤다는 사실이 이를 시 사한다. 특히, 최근 경기·충청지역에서 출토례가 증가하고 있는 흑색마 연토기와 표면에 검은 슬립을 입힌 회백색토기가 당시의 최고급품인 낙 랑 칠기를 본뜬 것이라면 낙랑문화는 삼국 초기의 생활문화에 막대한 영 향을 미쳤다고 해야 한다.

그런데 낙랑관련 유적·유물의 분포 범위를 통해 한가지 흥미로운 사 실이 드러났다. 서기전 2세기 말부터 서기 1세기경까지에 해당하는 낙랑 계통 유물은 북한강 상류지역과 영남 내륙지역, 동부 남해안지역에서 집 중 출토되며, 지리적으로 중국·낙랑과 가장 가까운 한반도 중서부지역 에서는 오히려 2세기경까지 관련 유적·유물을 찾기 어렵다는 점이다.[77] 이는 낙랑군이 인근 토착사회의 정치적 성장을 억누르고 원거리의 정치 세력을 회유하는 羈縻策을 썼기 때문일 것이다. 그리하여 원삼국시대 초 기 한강·금강유역에서의 정치체 성장은 상대적으로 낙동강유역에 비해 늦었을 개연성이 있다.

위의 고고학적 해석을 역사학적 해석으로 바꿀 경우, 낙랑군은 馬韓에 비해 辰·弁韓과 빈번히 우호적으로 교섭했다는 뜻이 된다. 그 이유에 대 해서는 다양한 분석이 가능하겠지만, 일단 馬韓은 箕子朝鮮의 마지막 왕 인 準王이 남하해서 세웠다는 전설[78]과 馬韓=辰國이라는 인식[79] 아래 있 었으며, 辰韓은 중국쪽의 변란을 피해 온 유민이라는 전설[80]과 朝鮮의 遺

---

77) 이재현, 앞의 논문, 28~29쪽.

78) "侯準旣僭號稱王 爲燕亡人衛滿所攻奪 將其左右宮人走入海 居韓地 自號韓王 其後絕滅 今韓人猶有奉其祭祀者"(『三國志』 권 30, 魏書 東夷傳 韓)

79) "馬韓 古之辰國也 韓有三種 馬韓最大 共立其種爲辰王"(『册府元龜』 권 956, 外臣部, 種族)

民이 신라의 근간이었다는 인식[81] 아래 있었다는 점을 감안할 수 있겠다. 즉, 위만조선에 의해 남쪽으로 밀려난 세력(馬韓)과 漢왕조의 郡縣에 의해 밀려난 세력(辰韓) 가운데 한군현에 토착세력으로 남아있던 사람들을 매개로 낙랑군과 활발히 교통한 것은 역시 後者라는 해석이다.

물론, 시기를 조금 더 내려 準王의 후손이 끊겼다는 기록에 의거해 기원전 2세기 말 위만조선의 멸망 및 한사군 설치로 인한 조선유민의 남하를 마한 성립의 계기로 볼 수도 있다.[82] 그러나 나중에 이주해온 辰韓 사람들이 마한 주민들을 '토착인'이라고 구별했다[83]는 점과 위만조선 멸망 이후 서기전 1세기경에는 辰韓 성립과 연관지을만한 유민 이동이 포착되지 않는다는 점에서 의문이 남는다. 三韓 성립을 古朝鮮 주민의 이동과 결부시킬 경우, 朝鮮相 歷谿卿 이야기[84]에서 보듯, 유이민 발생은 오히려 衛滿朝鮮 멸망기에 집중된다는 점에 유의해야 한다.

한편, 낙랑문화는 아이러니컬하게도 고구려·백제의 문화발전에도 큰 영향을 미쳤다는 점을 지적하고 싶다. 漢왕조의 古朝鮮 침공과 郡縣설치는 분명 한반도방면의 토착 정치세력에게 매우 큰 충격이었으며 내재적 발전을 가로막는 깊은 수렁이었다. 그리하여 고조선 멸망 이후 그만한 규

---

80) "其耆老傳世自言 古之亡人避秦役 來適韓國 馬韓割其東界地與之"(『三國志』 권 30, 魏書 東夷傳 韓)

81) "先是 朝鮮遺民 分居山谷之間 爲六村 一曰閼川楊山村 ……"(『三國史記』 권 1, 新羅本紀 1, 始祖赫居世居西干 즉위년)

82) 權五榮, 1996, 『三韓의 國에 대한 硏究』, 서울대학교 박사학위논문.
李賢惠, 1997, 「삼한의 정치와 사회」, 『한국사』 4, 국사편찬위원회.
박대재, 2005, 「三韓의 기원에 대한 사료적 검토」, 『韓國學報』 119.

83) 박대재, 2002, 「『三國志』 韓傳의 辰王에 대한 재인식」, 『韓國古代史硏究』 26.
박대재, 2006, 『고대한국 초기국가의 왕과 전쟁』, 경인문화사, 87쪽.

84) "魏略曰 初右渠未破時 朝鮮相歷谿卿以諫右渠不用 東之辰國 時民隨出居者二千餘戶 亦與朝鮮貢蕃不相往來"(『三國志』 권 30, 魏書 東夷傳 韓)

모의 정치세력이 출현하기까지 수백년이나 걸리는 대가를 치렀다. 그러나 일단 고구려·백제처럼 거대한 정치세력이 성장해 낙랑·대방군을 압도하게 된 뒤로는 오히려 낙랑문화와 주민들이 고구려·백제의 정치·경제·문화 속으로 흡수되면서 비약적 성장의 밑거름이 되었다. 4세기 무렵 지금의 황해도지역을 사이에 두고 각축을 벌인 고구려와 백제의 최대 관심사는 옛 낙랑의 영토와 주민이었으며, 결국 경쟁에서 승리한 고구려가 아예 수도마저 樂浪故地로 옮기고 한반도에서 주도권을 행사하였음은 널리 알려진 바이다.

V. 맺음말

우리 학계의 樂浪文化 연구는 이제 출발점을 막 벗어난 상태이다. 그나마도 일본학계의 각종 자료와 연구성과에 많이 의존하고 있어 안타깝다. 다행히 근래 남·북한 학자들이 직접 접촉하고 교류할 수 있는 기회가 점점 늘어나 조만간 자료 기근현상만큼은 해소될 것이라는 기대감을 높여주지만 아직 갈 길이 멀다.

낙랑문화 연구가 활기를 띠지 못하는 데에는 낙랑에 대한 우리의 오해도 한몫하는 것 같다. 漢의 낙랑군 설치를 근대 일본의 한국 병탄 및 朝鮮總督府 설치와 동질시하는 태도이다. 물론 해당 지역·주민을 억압하고 내재적 발전을 저해했다는 점에서는 서로 통하는 부분이 있다. 그러나 두 기관은 그것이 설치된 시기와 상황 및 운용방식이 서로 다르며, 무엇보다 근대의 산물인 民族 개념의 적용 여부가 다르다는 점을 감안해야 한다.

『三國史記』에 보이는 東扶餘, 北扶餘, 卒本扶餘의 자료 계통과 성격

임기환*

目　　次

Ⅰ. 머리말

고구려와 백제의 건국설화 관련 자료는 여러 계통이며 서로 다른 다양한 내용으로 전하고 있다.[1] 고구려의 건국설화 경우에도 시조 朱蒙의 出自 지역에 한정해서 보더라도 夫餘出自 傳承, 北夫餘出自 傳承, 東夫餘出自 傳承 등이 전해지고 있다. 백제의 건국설화 역시 溫祚 시조전승과 沸流 시조전승, 仇台 시조전승이 전해지는데, 각 전승마다 내세우고 있는 혈연적 계보가 다르다. 더욱 고구려의 주몽전승과 백제의 시조전승은 내용상 깊은 연관성을 맺고 있으며, 따라서 백제의 시조 전승에도 주몽의 출자에 대한 내용이 전해지고 있다.

---

* 서울교육대학교 교수

따라서 현재 전해지고 있는 고구려와 백제의 건국설화 자료의 계통성을 밝히는 것이 선행되어야 할 연구 주제의 하나로서, 이 글은 필자가 근자에 관심을 갖고 있는 『三國史記』 저본 자료의 계통성에 관한 문제의식에서 출발한다.[2] 다만 건국설화의 내용이 광범위하므로 이 글에서는 주몽과 온조 등 시조의 出自地로 나타나고 있는 東扶餘, 北扶餘 및 卒本扶餘에 한정한다. 그것도 東扶餘, 北扶餘, 卒本扶餘의 구체적인 역사적 실체에 대한 검토가 아니고, 이들 東扶餘, 北扶餘, 卒本扶餘 관련 자료의 계통성을 파악하고, 이들 자료가 『삼국사기』 고구려본기와 백제본기 등에 어떻게 반영되었는가 하는 점에 초점을 맞추도록 하겠다.

---

1) 고구려와 백제의 시조 전승에 대한 주요 연구 성과는 다음과 같다.

　盧明鎬, 1981, 「百濟의 東明神話와 東明廟」, 『歷史學研究』 X.

　金杜珍, 1991, 「百濟始祖 溫祚神話의 形成과 그 傳承」, 『韓國學論叢』 13.

　徐永大, 1997, 「高句麗 王室 始祖神話의 類型」, 『晩耕李忠熹先生華甲紀念 東西文化論叢』 Ⅱ.

　林起煥, 1998, 「百濟 始祖傳承의 형성과 변천에 관한 고찰」, 『百濟研究』 28.

　李成市, 1998, 「高句麗の建國傳說と王權」, 『古代東アジアの民族と國家』.

　盧泰敦, 1999, 「朱蒙의 出自傳承과 桂婁部의 起源」, 『韓國古代史論叢』 5 ; 1999, 「고구려사연구」 수록.

　金基興, 2001, 「高句麗 建國神話의 검토」, 『韓國史研究』 113.

　윤성룡, 2005, 「高句麗 建國神話와 祭儀」, 『韓國古代史研究』 39

　박현숙, 2005, 「백제 建國神話의 형성 과정과 그 의미」, 『한국고대사연구』 39.

2) 필자는 근자에 『三國史記』 본기 기사의 자료 성격을 구체적으로 검토하는 연구를 진행 중이다.

　임기환, 2005, 「廣開土王碑에 보이는 百濟 관련 기사의 검토」, 『漢城百濟 史料 研究』, 기전문화재연구원.

　임기환, 2006, 「高句麗本紀 전거자료의 계통과 성격」, 『韓國古代史研究』 42.

　임기환, 2007, 「웅진시기 백제와 고구려 대외관계 기사의 재검토」, 『百濟文化』 37, 공주대 백제문화연구소.

　임기환, 2008, 「동명신화의 전개와 변용」, 『부여사와 그 주변』, 동북아역사재단.

　임기환, 2008, 「삼국사기 백제본기 대외관계 기사의 재구성 시론」, 『한국고대사연구』 52, 한국고대사학회.

II. 고구려본기의 東扶餘, 北扶餘, 卒本扶餘

고구려 시조의 出自에 대한 가장 오래된 기록은 고구려의 金石文 자료
이다. 「廣開土王碑」의 주몽설화에는 주몽의 출자에 대해 "昔始祖鄒牟王之
創基也 出自北夫餘 天帝之子 母河伯女郎"라 하였으며, 「牟頭婁墓誌」에도
"河泊之孫 日月之子 鄒牟聖王 元出北夫餘"라고 하여 北扶餘 출자를 내세우
고 있다. 414년에 건립된 「광개토왕비」와 장수왕대의 것으로 추정되는
「모두루묘지」는 5세기 당대에 고구려인의 시조 出自에 대한 인식을 반영
하고 있다는 점에서 중요한 자료이다.

이외 5세기 당대의 고구려의 시조 출자설을 보여주는 자료는 『魏書』고
구려전에 전하는 주몽설화이다. 그 후 『周書』와 『北史』 고려전에도 주몽설
화가 전해지고 있지만, 그 내용이 소략하고 전체 줄거리가 『위서』의 그것과
그리 차이가 없다. 아마도 『위서』의 기사를 축약하여 게재하였을 가능성이
매우 높다. 『위서』 고구려전의 주몽설화는 「광개토왕비」와 거의 같은 5세기
전반에 고구려에서 전승되던 주몽설화의 반영이라고 할 수 있으며,[3] 그러
한 점에서 「광개토왕비」의 주몽설화와 비교 검토할 필요가 있다.

---

3) 『魏書』는 北齊의 魏收가 554년에 편찬한 史書로서, 고구려전에는 그 이전의 史書에서
는 볼 수 없는 새로운 자료가 많이 들어있다. 이는 北魏와 고구려의 활발한 교섭의
결과로 보이며, 특히 435년 李敖가 책봉사절로 고구려를 방문하여 수집한 자료에 힘
입은 바가 적지 않으리라 추정된다. 그중에서도 전혀 새로운 자료이면서 상당한 비
중으로 기술된 것이 건국설화로서의 주몽설화와 여기에 이어지는 고구려의 王系이
다. 이 새로운 자료가 『위서』에 나타나게 된 데에는 당시 고구려가 국가체제를 정비
하면서 새롭게 건국 始祖로부터 이어지는 왕실의 권위를 내세우고 이를 대외적으로
표방한 결과로 보인다.(임기환, 1998, 「4~6世紀 中國史書에 나타난 韓國古代史像」
『韓國古代史研究』 14, 171쪽)

『위서』 고구려전에서는 "高句麗者 出於夫餘 自言先祖朱蒙 朱蒙母河伯女"라고 하여 주몽의 출자를 夫餘로 기술하고 있다. 그런데 「광개토왕비」와 「모두루묘지」에 北扶餘 출자를 내세운 것으로 보아, 당시 고구려에서 北魏로 전해진 건국설화의 내용에도 북부여로 전해졌을 가능성이 충분히 있다. 그러나 당대 북위의 史家들이나 그 뒤 『위서』의 편찬자들은 고구려 건국설화의 북부여를 자신들이 이해하고 있는 『三國志』 부여전에 기술된 존재와 일치시켜 이해한 것으로 보인다.[4]

이와 같이 5세기 고구려인들은 시조 주몽의 出自地를 北扶餘로 내세우고 있었다. 그런데 뒤에 살펴볼 東扶餘 출자설과 관련하여 「광개토왕비」에 東扶餘의 존재가 등장하고 있다는 점이 유의된다. 즉 광개토왕 20년의 정벌 대상인 동부여는 "舊是鄒牟王屬民"으로서 시조의 출자지인 북부여와 명확하게 구분하여 인식되고 있었다.[5]

위와 같은 당대의 기록과는 달리 고려시대에 찬술된 『三國史記』 高句麗本紀(이하 고구려본기)의 주몽전승, 『東明王篇』에 인용된 「舊三國史」의 주몽전승, 그리고 『三國遺事』에 전하는 전승 등에서는 東扶餘 出自說이 주류를 이루고 있다.

그런데 현 『삼국사기』 고구려본기 기사를 보면 '東扶餘'라는 국명은 解夫婁의 동부여 천도 및 金蛙王 설화와 관련해서 한번만 등장할 뿐이고, 그 뒤의 기사에서는 모두 '扶餘'로 기록되어 있다. 다만 『삼국사기』 고구려

---

4) 노태돈은 북부여는 동부여를 전제로 한 표현으로서, 동부여에 대한 인식이 없는 중국의 사서에서는 북부여와 부여가 동일한 존재로 인식되고, 따라서 『위서』 등의 夫餘 출자설은 곧 北扶餘 출자설과 동일한 것으로 이해하였다.(노태돈, 1999, 앞의 논문, 42쪽)

5) "二十年庚戌東夫餘舊是鄒牟王屬民中叛不貢王躬率往討軍到餘城而餘口國駭口口口口口口口口王恩普覆於是旋還又其慕化隨官來者味仇婁鴨盧卑斯麻鴨盧椯社婁鴨盧肅斯舍鴨盧口口口鴨盧"(「광개토왕비」)

본기 유리왕 29년 6월에는 "矛川上有黑蛙與赤蛙羣鬪 黑蛙不勝死 議者曰 黑
北方之色 北扶餘破滅之徵也"라는 기사에 '北扶餘'가 보인다. 이 기사를 본
래 고구려의 시조 전승은 북부여 출자설에 입각하여 편술되었는데, 뒤에
그것에 동부여출자설이 첨가되었고 그것이 현전하는 『삼국사기』와 「구삼
구사」가 의거한 전승이 되는 과정을 보여주는 흔적으로 이해하는 견해도
있다.[6] 그러나 위 기사의 北扶餘는 고구려본기에서 전하는 건국설화 전체
계 속의 東扶餘와 동일한 존재로서, 별도의 北扶餘 인식을 드러내는 기사
는 아니라고 판단된다. '北扶餘'라는 국명이라기 보다는 '북쪽의 부여'로
해석하는 것이 옳을 것이다.[7]

이와 관련하여 고구려본기에 보이는 扶餘의 존재에 대해 좀더 살펴보
자. 고구려본기에는 동명왕에서 대무신왕으로 이어지는 건국설화의 東扶
餘를 제외하고, 태조왕 이후의 본기 기사에도 다수의 부여 관련 기사가
나타나고 있다.[8]

A-① 태조대왕 25년, 冬十月 扶餘使來 獻三角鹿長尾兎 王以爲瑞物 大赦

A-② 태조대왕 53년, 春正月 扶餘使來獻虎 長丈二 毛色甚明而無尾

A-③ 태조대왕 69년, 冬十月 王幸扶餘 祀太后廟 存問百姓窮困者 賜物有差 肅
　　　　慎使來 獻紫狐裘及白鷹白馬 王宴勞以遣之 十一月 王至白扶餘 王以遂成

---

6) 노태돈, 1999, 앞의 책, 34쪽.

7) 고구려본기 대무신왕 4년 12월의 "王出師伐扶餘 (중략) 有一人 身長九尺許 面白而目有
　光 拜王曰 臣是北溟人怪由 竊聞大王北伐扶餘 臣請從行 取扶餘王頭 王悅許之"이란 기사
　에서도 부여를 북쪽의 부여로 이해하고 있음을 엿볼 수 있다.
　이와 관련하여 북부여와 동부여라는 국명이 고구려를 기준으로한 방위에 따른 구분
　으로 보는 견해가 있다(노태돈, 앞의 논문). 그러나 현전하는 北扶餘, 東扶餘 관련 자
　료가 모두 고구려 계통의 전승 자료인지에 대해서는 엄밀한 검토가 요구된다.

8) 아래의 부여에 대한 서술은 임기환, 1987, 「고구려 초기의 지방통치체제」, 『박성봉
　화갑기념논총』, 27~29쪽 참조.

統軍國事

A-④ 태조대왕 69년, 十二月 王率馬韓穢貊一萬餘騎 進圍玄菟城 扶餘王遣子尉

　　 仇台 領兵二萬 與漢兵并力拒戰 我軍大敗

A-⑤ 태조대왕 70년, 王與馬韓穢貊侵遼東 扶餘王遣兵救破之

A-⑥ 서천왕 11년, 冬十月 肅愼來侵 屠害邊民 (중략) 王於是 遣達賈往伐之

　　 達賈出奇掩擊 拔檀盧城 殺酋長 遷六百餘家於扶餘南烏川 降部落六七所

　　 以爲附庸

위 사료를 보면 부여와 고구려의 관계에서 성격이 서로 다른 부여를 찾아볼 수 있다. 첫째는 고구려에 사신을 보내 조공한 부여이고(①②), 둘째는 고구려에 복속된 부여이며(③), 셋째는 한군현과 제휴하여 고구려와 대립한 부여이다(④⑤). 사료의 출전 계통으로 볼 때, ④ ⑤의 부여가 『後漢書』에서 전재한 것이며, 앞의 두 부여는 국내 古記類 즉 고구려 자체의 전승 기록에서 취한 것으로 짐작된다. ④의 부여는 중국과 외교관계를 갖는 국가로서 『後漢書』 동이전의 부여를 가르키는 것임이 틀림없다. 그러면 전자의 두 부여는 후자와 동일한 존재인가, 아니면 다른 제 2, 3의 부여일까.

기사 A-③을 보면 太祖王母가 부여인이기 때문에 태조왕이 부여에 행차하여 太后廟에 제사를 지내고 있다. 그런데 이때 "存間百姓窮困者 賜物有差"라는 태조왕의 행위로 볼 때, 이 부여를 독립국가로서 ④의 부여와 동일한 것으로 이해하기는 곤란하다. 특히 10~12월에 태조왕이 行幸했던 부여가 불과 1개월 만에 한군현과 손을 잡고 고구려와 대립하는 적대 세력으로 돌아섰다는 것은 쉽게 납득하기 어렵다. 따라서 ③과 ④의 부여는 서로 다른 두 개의 부여로 이해하는 것이 온당할 것이다. 즉 『후한서』의 부여(기사 ④⑤)와 다른 존재인 ③의 부여를 바로 동명왕~대무신왕대의 건국설화의 맥락에서 고구려와 부단히 접촉하는 동부여로 보는 것이 합리적이다. 사료 ①②의 부여는 고구려에 來朝하고 있는데, 이 역시 ③의 부여와 동일한 존재로 파악하는 것이 타당하며, 다만 대무신왕의 정벌 이후에도 일정하게 독립성을 유지하던 세력이 태조왕 69년 이전 어느 시기엔가 고구려에 대한 신속도가 높아졌던 것으로 이해된다.

즉 『후한서』에서 전재한 ④⑤의 부여를 제외한다면, 고구려본기에 반영되어 있는 고구려 자체 전승 기록을 통해서 볼 때, 초기에 고구려인에 의해 인식된 부여는 곧 건국설화에서부터 이어지는 동부여라는 단일한 존재임을 알 수 있다.

이 동부여의 위치는 어디였을까. 기사 ③을 보면 태조왕이 부여에 行幸하였을 때 肅愼의 사자가 來朝하고 있는데, 이는 숙신과 동부여가 가까운 거리에 있음을 보여준다. 기사 ⑥에서 達賈가 숙신부락을 정벌하여 6,7백여 家를 부여의 남쪽에 이주시켰다는 기록에서도 숙신과 인접한 부여의 존재를 확인할 수 있다.

숙신은 『삼국지』 동이전에 보이는 挹婁로 그 위치는 대략 두만강 이북 연해주 일대로 비정되며, 특히 고구려와 숙신의 접촉점은 東北大鎭인 新城을 거점으로한 두만강 하구 일대로 추측된다. 따라서 위 사료 태조왕(③)과 서천왕(⑥)에 보이는 부여의 위치도 이 일대를 크게 벗어나지 않을 것으로 추정된다.

이와 같이 고구려본기에 보이는 동부여의 존재는 단지 주몽왕~대무신왕대에 집중적으로 기술되어 있는 건국설화 상에서만 나타나는 것은 아니고, 건국설화의 맥락과는 무관한 태조왕이나 서천왕대의 기사에도 동부여의 존재와 연결되는 부여가 등장하고 있다. 이는 현 건국설화상의 동부여가 단지 동부여 계통의 설화가 후대에 고구려 건국설화와 결합되어 형성되었던 것이 아닐 가능성을 보여준다. 다만 이 글에서는 건국설화에 보이는 동부여의 존재 자체를 파악하려는 것이 아니기 때문에, 이에 대한 논의는 일단 여기서 접어둔다.

그런데 고구려본기와 「구삼국사」 이외에도 고구려의 주몽설화를 전하고 있는 또다른 전승 자료의 존재가 『삼국사기』에 나타나고 있다. 즉 『삼국사기』 地理志 有名未詳地分조의 편찬 자료에 전해진 주몽전승이 그것이다. 물론 구체적인 내용을 파악하기는 어렵지만, 이 글의 논의와 관련하여 시조의 출자설 여부에 대해서는 일단 짚고 넘어갈 필요가 있겠다.

『삼국사기』 지리지 有名未詳地分조에는 주몽설화에서 나오는 지명이 다수 수록되어 있다. 이 有名未詳地分을 편찬한 底本 자료는 현 『삼국사기』 고구려본기의 底本 자료이지만[9], 그 내용이 동일하지는 않다. 다만 여기서 구체적인 내용을 파악하기 어렵기 때문에, 지명을 중심으로 『동명왕편』에 인용된 「구삼국사」 및 『삼국사기』 고구려본기, 그리고 有名未詳地分조의 底本 자료를 서로 비교해 그 차이점을 살펴보자.

<표 1> 주몽설화 관련 자료 지명 비교표

지리지 有名未詳地分	고구려본기	구삼국사(동명왕편)
迦葉原	鯤淵	鯤淵
東牟河	迦葉原	迦葉原
優渤水	優渤水	熊心山
淹㴲水[或云蓋斯水]	熊心山	青河 [今鴨綠江也]
沸流水	鴨綠	熊心淵
薩水	淹㴲水 [或云蓋斯水在今鴨淥東北]	優渤水[優渤澤名 今在太伯山南]
毛屯谷	毛屯谷 [魏書云 至普述水]	淹滯[一名蓋斯水 在今鴨淥東北]
鶻嶺	卒本川 [魏書云 至紇升骨城]	(沸流王松讓)
龍山	沸流水	蟹原
松讓國	沸流國 (其國王松讓)	鶻嶺
荇人國	鶻嶺	龍山
	荇人國	
	龍山	

---

9) 임기환, 2006, 앞의 논문 참조.

<표 1>에서 고구려본기와 有名未詳地分조의 주몽설화에서 추출된 지명을 비교하면, 대부분이 일치하지만, 고구려본기에만 보이는 지명으로 鯤淵, 熊心山, 卒本川이 있고, 有名未詳地分조에는 東牟河, 薩水가 있다. 아마도 鯤淵, 熊心山은 고구려본기를 찬술할 때「구삼국사」에서 보완한 기사에 포함되어 있었을 것이다. 그리고 有名未詳地分조의 東牟河, 薩水는 고구려본기와「구삼국사」등 어떤 사서에서도 발견되지 않은 지명인데, 이는 有名未詳地分조의 저본 자료에 실려 있는 주몽설화의 내용 일부가 고구려본기 찬자에 의해 선택되지 않았음을 보여주는 사례이다.

有名未詳地分조의 지명과「구삼국사」의 지명을 비교하면,「구삼국사」에 보이지 않는 지명으로 毛屯谷이 있다. 즉 모둔곡 3인의 기록은 有名未詳地分조의 저본 자료에서 채택된 기사이다. 다음 고구려본기의 卒本, 卒本川은 有名未詳地分조와「구삼국사」에 보이지 않는다. 그러면 卒本은 또 다른 저본 자료에 근거한 것인지, 혹은 有名未詳地分조가 근거한 자료에 있는 지명인데 지리지 찬자가 有名未詳地分으로 분류하지 않은 경우가 될 터인데, 실상이 무엇인지는 알기 어렵다. 그런데 고구려본기의 毛屯谷, 卒本川이 모두『魏書』와 대교되어 "魏書云 至普述水" "魏書云 至紇升骨城"라는 분주 기사를 보입한 점을 고려하면, 卒本川이란 기사 역시 有名未詳地分조의 저본 자료에 본래 있었다고 봄이 타당하다.

다음 毛屯谷의 경우에도 고구려본기에 보이는 모둔곡의 분주 기사인 "魏書云 至普述水"을 有名未詳地分조에 기록하지 않은 것은 有名未詳地分조의 저본 자료에 없었거나, 있었다고 하더라도 毛屯谷과 普述水를 동일지역으로 취급하지 않은 지리지 撰者의 입장 때문에 기록되지 않을 수 있다. 지리지 찬자는 고구려조 앞부분의 기사에 보듯이『通典』을 통하여 普述水가 주몽이 남하하면서 지나간 지명임을 알고 있었다. 그러나 고구려본기에서 普述水, 紇升骨城을『魏書』를 통하여 대교 분주한 것과는 달리,

지리지의 찬자는 『通典』을 통해 對校하고 있다.[10) 따라서 고구려본기에 보이는 淹㴾水와 毛屯谷에 대한 두 개의 分註는 고구려본기 편찬자에 의해 이루어졌다고 봄이 타당하다. 이는 고구려본기의 주몽설화의 상당 부분이 『魏書』를 인용하고 있음에서도 방증된다.[11)

이상 여러 지명을 비교 검토한 바와 같이 고구려본기와 有名未詳地分조의 저본 자료 사이에는 주몽설화의 기술에서 일정한 차이가 있음을 엿볼 수 있다. 이는 고구려본기 편찬자가 주몽설화 부분을 편찬할 때, 有名未詳地分조의 저본 자료 이외에 「구삼국사」와 『魏書』 등을 참고한 결과이다. 毛屯谷, 卒本川 기사는 有名未詳地分조의 저본 자료에서, 鯤淵, 熊心山 기사 등은 「구삼국사」에서 인용하였던 것이다.

이와 같이 고구려본기의 편찬자들은 有名未詳地分조의 저본 자료 및 「구삼국사」의 기사, 그리고 『魏書』 고구려전 기사를 적절히 통합하여 현 고구려본기 동명왕본기의 주몽설화를 찬술하였다, 전체 구성에서 보면 앞의 東扶餘 설화 부분은 거의 「구삼국사」의 기사를 그대로 옮겼으며, 중간의 주몽 탄생부터 毛屯谷에 이르기까지의 기사는 『魏書』 고려전의 기사를 중심으로 찬술하였다. 그리고 毛屯谷 기사 뒤의 문장은 아마도 有名未詳地分조의 저본 자료에 의거한 것으로 추정된다. 따라서 『삼국사기』 고구려본기의 주몽설화를 분석할 때에는 각 기사의 계통에 따라 나누어 살펴야 할 것이다.

그러면 有名未詳地分조의 저본 자료에 전해지는 주몽 전승은 어떠한 내용으로 구성되어 있었을까. 〈표 1〉에서 有名未詳地分의 지명을 보면, 고

---

10) "按通典云 朱蒙以漢建昭二年 自北扶餘東南行 渡普述水 至紇升骨城居焉 號曰句麗 以高爲氏 古記云 朱蒙自扶餘逃難 至卒本 則紇升骨城·卒本 似一處也"(『삼국사기』 권 37, 지리지 4)

11) 위의 기술은 임기환, 2006, 앞의 논문 참조.

구려본기와 「구삼국사」에 보이는 鯤淵, 熊心山이 보이지 않는다. 鯤淵은 「구삼국사」의 전승에서는 金蛙王의 등장과 관련된 지명으로 즉 金蛙王 설화의 핵심적인 내용이다. 따라서 이 지명이 보이지 않는다는 것은 有名未詳地分조의 저본 자료에는 금와왕 관련 설화가 없었음을 뜻한다. 그러나 迦葉原이란 지명이 있기 때문에, 해부루의 동부여 천도와 관련된 기사는 있었음이 분명하다.

다음 有名未詳地分조에는 熊心山 기사가 없는데, 이 熊心山은 해부루설화와 관련된 지명이기 때문에, 有名未詳地分조의 저본 자료에는 해부루 설화가 없었음을 알 수 있다. 그리고 優渤水 기사는 위 세 자료에 모두 등장하는 바 有名未詳地分조의 저본 자료에도 金蛙王의 이름이 등장하는지는 알 수 없지만, 최소한 동부여왕과 河伯之女 柳花의 만남과 관련된 기사는 포함되어 있음을 짐작할 수 있다.

즉 有名未詳地分조의 저본 자료를 현 고구려본기의 건국설화와 비교해 보면 금와왕설화, 해모수설화는 포함되지 않고, 단지 해부루의 동부여 천도설화 및 동부여왕과 柳花가 만나고 이후 주몽의 탄생과 남하, 고구려의 건국으로 이어지는 줄거리를 갖고 있었음을 대략 짐작할 수 있다.

이와 같이 고구려본기 편찬자들이 저본으로 삼은 2종의 주몽전승에서는 주몽의 동부여 출자설만이 전해지고 있었다. 그런데 『삼국사기』에는 이와는 달리 북부여 출자설을 보여주는 단편적인 기사도 전하고 있다.

그런데 위 기사에서 인용하고 있는 『通典』의 원래 문장은 다음과 같다.

B-① 按通典云 朱蒙以漢建昭二年 自北扶餘東南行 渡普述水 至紇升骨城居焉 號
　　日句麗 以高爲氏 古記云 朱蒙自扶餘逃難 至卒本 則紇升骨城·卒本 似一處
　　也 (『삼국사기』 권 37, 地理志 4)

B-② 朱蒙棄夫餘 東南走渡普述水 至紇升骨城居焉 (『通典』 권 186, 東夷下, 高麗)

이 두 기사를 비교하면 다음과 같은 차이가 있다. 즉 『통전』에는 '以漢建昭二年'이라는 기년이 없으며, 또한 『통전』에는 단지 '夫餘'로만 되어 있는데, 지리지 편찬자는 '北扶餘'로 표기하고 있다. 즉 위 B-① 지리지 기사는 지리지 찬자가 갖고 있던 북부여 출자라는 선입관이 반영되어 있는 것이다.

그리고 이와 반대로 지리지 찬자는 동부여 혹은 북부여로 기록되어 있었음직한 古記를 인용하여 "朱蒙自扶餘逃難"라고 하여 단지 '扶餘'로만 기록하고 있다.[12] 그런데 이 B-①기사와 가장 유사한 기사는 『삼국사기』 백제본기 온조왕조의 "自北扶餘逃難 至卒本扶餘"(사료 D-①, E-②)라는 기사이다. 다만 두 기사에는 北扶餘/扶餘, 卒本扶餘/卒本의 차이가 있다. 위 古記가 어떤 자료인지 알 수 없지만, 백제본기 사료 E-② 기사의 저본 자료와 공유될 것으로 추정된다.

지리지 편찬자가 『통전』에 기술되지도 않은 '北扶餘'를 언급한 것에서 지리지 편찬자가 주몽의 북부여 출자와 관련된 자료를 보았음은 틀림없다. 그러면 그 자료는 과연 무엇일까.

이와 관련하여 『三國遺事』에 전하는 주몽설화를 살펴보자. 『삼국유사』에는 주몽설화 관련 자료가 북부여, 동부여, 고구려조로 나뉘어 기술되어 있다. 이 기사들은 내용상으로 보면 「구삼국사」 및 『삼국사기』 고구려본기에 전하는 주몽설화와 그리 다르지 않지만, 구체적으로는 일정한 차이점도 나타나고 있어, 또다른 주몽설화 관련 전승 자료의 존

---

12) 물론 현 고구려본기에서도 처음 동부여천도 기사 이외에는 모두 '부여'로 기록하고 있기 때문에 이를 단순 인용한다면 위 기사와 같이 "朱蒙自扶餘逃難 至卒本"라고 기록하는 것도 당연하다.

재를 시사한다.

> C-① 高句麗 卽卒本扶餘也 或云今和州 又成州等 皆誤矣 卒本州在遼東界 國
> 史高麗本記云 始祖東明聖帝姓言(高)氏 諱朱蒙 先是 北扶餘王解夫婁
> 旣避地于東扶餘 及夫婁薨 金蛙嗣位(하략) (『三國遺事』, 高句麗)
>
> C-② 壇君記云 君與西河河伯之女要親 有産子 名曰夫婁 今按此記 則解慕漱
> 私河伯之女 而後産朱蒙 壇君記云 産子名曰夫婁 夫婁與朱蒙異母兄弟也
> (『三國遺事』, 高句麗 分註)
>
> C-③ 卽東明帝爲卒本扶餘王之謂也 此卒本扶餘 亦是北扶餘之別都 故云扶餘
> 王也 寧稟離 乃夫婁王之異稱也 (『三國遺事』, 高句麗 分註)
>
> C-④ 北扶餘王解夫婁之相阿蘭弗 夢 天帝降而謂曰 將使吾子孫 立國於此 汝
> 其避之 東海之濱 有地名迦葉原 土壤膏腴 宜立王都 阿蘭弗勸王 移都於
> 彼 國號東扶餘(하략) (『三國遺事』, 東扶餘)
>
> C-⑤ 古記云 前漢書宣帝神爵三年壬戌四月八日 天帝降于訖升骨城 乘五龍車
> 立都稱王 國號北扶餘 自稱名解慕漱 生子名扶婁 以解爲氏焉 王後因上
> 帝之命 移都于東扶餘 東明帝繼北扶餘而興 立都于卒本州 爲卒本扶餘
> 卽高句麗之始祖 (『三國遺事』, 北扶餘)

C-①의 '國史高麗本記'는 곧 『삼국사기』 고구려본기를 가르키는 것으
로 그 문장과 내용이 전체적으로 거의 동일하다. 다만 ①의 첫머리 기사
는 고구려본기와는 다른 계통의 자료를 전해주고 있다. C-④도 고구려본
기에 의거한 것이 분명하다. 그리고 C-⑤의 '古記'가 어떤 史書를 가르
치는지는 불분명한데, 고구려본기나 「구삼국사」의 전승과는 내용상 일정
한 차이가 있다. 이 두 史書와는 또다른 저본 자료에 근거하였을 가능성
이 높다. 그리고 C-②의 壇君記나 C-③의 기록 역시 고구려본기와는 다
른 내용을 전하고 있다.

다만 위 『삼국유사』의 기사에서 공통점으로 나타나는 것은 北扶餘 인식

이다. 즉 ①②③은 고구려본기에 의거한 기사인데, 고구려본기에 "扶餘王 解夫婁"라고 되어 있음에도 『삼국유사』에는 '北扶餘王解夫婁'으로 기술하고 있다. 이는 편찬자인 一然이 갖고 있던 선입관에 의해 바뀐 것이다.

그러면 一然이 갖고 있던 '北扶餘王 解夫婁'라는 인식은 어느 자료에 근거한 것인가? 고구려본기 및 그 편찬의 저본 자료인 「구삼국사」, 지리지 有名未詳地分조의 저본 자료, 그리고 『魏書』 고려전 등 어디에도 '北扶餘'에 대한 인식은 찾아볼 수 없다. 一然의 '北扶餘' 인식은 다름 아닌 『삼국사기』 백제본기의 시조 전승과 관련된 자료에서 비롯한 것으로 추정된다.

III. 백제본기의 北扶餘, 卒本扶餘

백제본기에 전하는 시조 전승은 이른바 溫祚 전승과 沸流 전승 두 종이 있다. 이 두 전승은 모두 고구려의 시조 주몽전승과 밀접하게 연관이 되어 있으며, 내용상 주몽의 출자 혹은 온조와 비류의 혈연적 출자로서 북부여 및 졸본부여 등에 대한 기술을 포함하고 있다. 이에 대해 살펴보도록 하자.

D-① 百濟始祖 溫祚王 其父鄒牟 或云朱蒙 自北扶餘逃難 至卒本扶餘 扶餘王
無子 只有三女子 見朱蒙 知非常人 以第二女妻之 未幾 扶餘王薨 朱蒙
嗣位 生二子 長曰沸流 次曰溫祚 [或云 朱蒙到卒本 娶越郡女 生二子]
及朱蒙在北扶餘所生子來爲太子 沸流·溫祚 恐爲太子所不容 遂與烏
干·馬黎等十臣南行 百姓從之者多 遂至漢山 …… 改號百濟 其世系與
高句麗 同出扶餘 故以扶餘爲氏 (『삼국사기』, 백제본기, 溫祚王)

D-② 一云 始祖沸流王 其父優台 北扶餘王解扶婁庶孫 母召西奴 卒本人延陁
　　　勃之女 始歸于優台 生子二人 長日沸流 次日溫祚 優台死 寡居于卒本
　　　後朱蒙不容於扶餘 以前漢建昭二年 春二月 南奔至卒本 立都號高句麗
　　　娶召西奴爲妃 其於開基創業 頗有內助 故朱蒙寵接之特厚 待沸流等如
　　　己子 及朱蒙在扶餘所生禮氏子孺留來 立之爲太子 以至嗣位焉 於是 …
　　　南遊卜地 別立國都 (『삼국사기』, 백제본기, 溫祚王 分註)

위 기사에서 보듯이 백제본기의 시조전승은 주몽설화와 밀접하게 연관
되어 있다. 그런데 여기에는 공통적으로 北扶餘에 대한 인식이 드러난
다.[13] 溫祚 전승(D-①)의 경우에는 朱蒙이 北扶餘에서 남하하여 卒本扶餘
에 도착한 것으로 되어 있으며, 沸流 전승(D-②)의 경우에는 北扶餘王 解
扶婁의 존재를 언급하고 있다. 특히 비류전승에서는 解扶婁 - 優台로 이
어지는 나라를 北扶餘로, 주몽이 卒本으로 남하하기 이전의 출자지를 扶
餘로 구분하고 있다. 이러한 구분이 시조 출자지에 대한 철저한 인식과
관련된 구분인지는 불투명하지만, 위 기사 (D-②)에는 그 명칭이 명확하
게 구분되어 있다는 점이 유의된다.

이와 같이 온조와 비류의 혈연적 계승 관계를 다르게 인식하고 있는 온
조전승과 비류전승에서 모두 北扶餘를 시조의 父의 출자지로 인식하고 있
다는 점이 주목된다. 즉 백제인의 인식에서 백제의 궁극적 출자지는 北扶
餘이며, 북부여의 계승국이라는 의미를 강조하고 있음을 엿볼 수 있다.

그런데 앞 절에서 검토한 바와 같이 『삼국사기』 편찬 당시에는 고구려
본기에 전하는 朱蒙 전승이나 『구삼국사』 등 기타 고구려 계통의 시조
전승에는 모두 東扶餘 출자로 되어 있으며, 北扶餘 출자에 대한 인식을 보

---

13) 아래에서 검토하는 바와 같이 사료 D-①② 및 E-②③에서 보이는 백제의 시조 전
　　승에서는 東扶餘에 대한 인식이 없다는 점에서 고구려본기에 보이는 주몽신화와 큰
　　차이점이 있다는 점도 유의된다.

여주는 자료가 전혀 없다. 따라서 백제본기에 전하는 주몽의 北扶餘 출자설은 적어도 고구려계 전승 자료에 의거한 것이 아니며, 백제 자체의 전승 자료를 저본으로 한 것임을 알 수 있다. 즉 『삼국사기』나 『삼국유사』에 등장하는 주몽의 출자로서 北扶餘와 관련된 기사는 백제본기를 찬술하는 자료 즉 백제계 전승 자료에 의한 것이다.

한편 온조전승(D-①)에서는 주몽이 北扶餘에서 남하하여 卒本扶餘에 도착한 것으로 되어 있다. 卒本扶餘의 존재 역시 고구려본기 및 그 저본 자료에서는 보이지 않는 기사이다. 물론 고구려본기의 분주에도 卒本扶餘와 관련된 유일한 기사(E-①)가 보이지만, 이는 아래에서 검토하는 바와 같이 백제본기의 저본자료에 의거한 것이다. 따라서 北扶餘에 대한 인식과 관련하여 卒本扶餘에 대한 기사도 함께 검토할 필요가 있다.

E-① (始祖 東明聖王 姓高氏 諱朱蒙 一云鄒牟 一云衆解…) 一云 朱蒙至卒本
　　扶餘 王無子 見朱蒙 知非常人 以其女妻之 王薨 朱蒙嗣位 (『삼국사기』
　　고구려본기 東明聖王 分註)
E-② 百濟始祖 溫祚王 其父鄒牟 或云朱蒙 自北扶餘逃難 至卒本扶餘 扶餘王
　　無子 只有三女子 見朱蒙 知非常人 以第二女妻之 未幾扶餘王薨 朱蒙嗣
　　位 (『삼국사기』 백제본기 溫祚王)
E-③ 按古典記 東明王第三子溫祚 以前漢鴻嘉三年癸卯 自卒本夫餘 至慰禮城
　　立都稱王 (『삼국사기』 지리지)[14]

위 사료에서 보듯이 고구려본기 東明聖王 元年條에 分註로 실려있는 주몽전승의 異說(E-①)은 백제본기 溫祚王 원년조의 전승(E-②)의 첫머리

---

14) 동일한 문장이 『三國遺事』, 南扶餘 前百濟 北扶餘조에도 인용되어 있는데, 일연이
　　직접 古典記를 본 것인지, 아니면 『삼국사기』 지리지의 기사를 인용한 것인지는 알
　　수 없다.

와 매우 유사하다. 다만 주몽전승의 異說에는 卒本扶餘王의 3女 중 2女와 혼인하였다는 내용이 없다. 또 고구려본기 주몽전승에는 온조전승의 異 說인 越郡女에 대한 언급도 없다. 따라서 이 주몽전승의 異說(E-①)이 고 구려본기 편찬자가 직접 온조전승(E-②)에 의거하여 추가한 것이 아닐 가능성도 없지는 않다. 그러나 E-①의 문장이 E-②의 문장을 축약한 듯 한 인상을 줄 정도로 두 기사의 문장이 거의 동일함에서, 고구려본기의 주몽전승의 異說(E-①)은 고구려 계통의 전승 자료에 의한 것이 아니라, 백제본기 溫祚王 원년조의 저본 자료(E-②)에 의한 것임을 알 수 있다. 이는 사료 E-①에서 朱蒙의 이칭인 "一云鄒牟"가 사료 E-②의 "其父鄒 牟" 기사와 서로 대교되어 기술되었음에서도 방증된다.

다음 사료 E-③『古典記』기사에서도 卒本扶餘가 등장하는데, 이 역시 온조의 건국 사실을 언급하는 것으로 보아 백제의 시조 전승 관련 자료이 지, 결코 고구려의 주몽전승은 아니다. 여기서는 오히려 온조의 父가 朱 蒙이 아니라 東明王으로 표현된 점도 고려할 필요가 있다. 이『古典記』기 사는 현재 확인할 수 있는 온조전승으로서는 가장 오래된 것으로, 본래 백제측 전승에는 주몽이 아니라 東明으로 기록되었을 가능성도 보여 주 기 때문이다.

사료 E-②에서 卒本扶餘는 주몽이 北扶餘에서 남하하여 도착한 지역의 先主집단으로 등장한다. 그런데 이와는 달리 고구려 자체를 卒本扶餘로 보는 기사도 있다. 앞 절에서 살펴 본『삼국유사』고구려조 첫머리 기사 (C-①) 및 珠琳傳의 分註 기사(C-③), 그리고『삼국유사』北扶餘조(C- ⑤)의 기사가 그것이다. 그러나 이들 기사는 고구려본기 기사에 의거한 것으로 찬자인 一然의 선입관에 의해 문장이 개변된 것이다. 따라서 卒本 扶餘에 대한 저본 자료로 확인되는 것은 백제본기 온조왕조 기사(E-①) 와 古典記 기사(E-③) 뿐이다.

그러면 백제본기의 온조 전승에서 등장하는 卒本扶餘를 실제의 역사적 존재로 인정할 수 있을까. 백제의 시조 전승은 溫祚傳承, 沸流傳承, 仇台傳承, 都慕傳承 등 다양한 계통이 있으며, 그 시조 전승의 성립 과정도 현재로서 명확히 밝히기 어려운 주제이다. 따라서 이 글에서 이를 직접 검토하기는 어렵지만, 백제의 시조 전승이 백제 건국 세력의 역사적 경험을 그대로 반영한 결과물로 보기는 어렵다는 점을 지적하고자 한다.[15] 특히 백제의 온조 전승에서만 나타나는 卒本扶餘는 그 역사적 실체를 인정하기보다는 후대의 관념에서 일정한 내용이 윤색되어 나타난 결과로 보는 것이 타당할 것이다.

이상에 검토한 바와 같이 고구려본기의 주몽신화와 백제본기의 시조 전승에 보이는 주몽 관련 전승을 비교할 때 나타나는 큰 차이점은 다음과 같다. 첫째 백제본기의 주몽 관련 전승에는 北扶餘에 대한 인식이 있다는 점, 둘째 고구려본기의 주몽설화에 보이는 東扶餘에 대한 인식이 백제본기의 주몽 관련 전승에는 없다는 점, 세째 백제본기의 주몽 관련 전승 중에는 주몽의 도착지가 卒本만이 아니라 卒本扶餘라는 기사가 있다는 점이다.

이와 같이 『삼국사기』 고구려본기나 백제본기에 보이는 北扶餘와 卒本扶餘 관련 기사는 고구려측 전승 자료에서 찾아지는 것이 아니라, 백제측 전승 자료에서 비롯한다는 점은 北扶餘와 卒本扶餘의 실체에 대한 이해에서 매우 중요하다.

물론 고구려에서 北扶餘에 대한 인식이 없다는 뜻은 아니다. 5세기 고구려 금석문 자료인 「광개토왕비」 「모두루묘지」에는 北扶餘 출자설이 나타나고 있다. 그런데 이러한 고구려인의 시조 北扶餘 出自 의식은 어떤 이

---

15) 임기환, 1998, 앞의 논문.

유에서인지 후대에는 東扶餘 出自로 바뀌었으며,[16] 그러한 東扶餘 出自 의식을 반영하는 자료에 의하여 현 고구려본기의 주몽신화 및 「舊三國史」의 동명왕본기가 편찬되었던 것이다.

그리고 현재 『삼국사기』나 『삼국유사』 기사에 보이는 "朱蒙自北扶餘" 혹은 "北扶餘王解扶婁"라는 기사는 백제본기를 구성하는 백제측 전승 자료에 의거한 것이다. 즉 5세기 고구려의 金石文에 보이는 '北扶餘'와 『삼국사기』의 '北扶餘'는 그 인식 주체가 고구려와 백제로 명확하게 구분되고 있다는 점에 유의할 필요가 있다. 따라서 같은 北扶餘로 표기되었다고 하더라도 양자는 서로 다른 관점에서 접근 분석해야 할 것이다. 나아가 『삼국사기』의 卒本扶餘도 백제측 자료 계통이라는 점에서 北扶餘 인식과 더불어 하나의 맥락에서 검토하여야 할 것이다.

그러면 백제의 시조 전승에서 北扶餘와 卒本扶餘에 대한 인식은 언제 나타나게 되었을까. 5세기 금석문에서 확인되는 바와 같이 본래 고구려인이 갖고 있었던 북부여 시조 출자설을 백제에서는 멸망기까지 그대로 유지하고 있었던 것일까. 아니면 백제인은 고구려와는 다른 독자적인 북부여 출자설을 갖고 있었던 것일까. 현재 자료로서는 그 구체적인 맥락을 파악하기는 어렵다. 다만 北扶餘와 卒本扶餘라는 국명이 백제의 扶餘 계승의식을 드러내고 있다는 점에서, 백제인들이 갖고 있었던 北扶餘와 卒本扶餘에 대한 인식의 일면을 살펴보고자 한다.

현재 전하는 자료상으로는 백제 蓋鹵王이 北魏에 보낸 표문(472년)에서 "臣與高句麗 源出夫餘"고 말한 것이 부여계 出自 의식을 드러낸 가장 이른

---

16) 盧泰敦은 4세기 후반경에 고구려가 夫餘의 東明전승을 차용하여 『魏書』 고구려전과 廣開土王碑에 보이는 朱蒙전승이 성립하였으며, 解夫婁 - 金蛙 계통의 전승은 6세기 후반경에 東夫餘의 전승이 첨가된 결과로 보았다.(盧泰敦, 1999, 앞의 논문, 43~52쪽)

시기의 자료이다. 그러나 이 표문에서는 고구려도 마찬가지로 부여계 출자 국가라는 점을 밝히고 있기 때문에 본격적인 부여 계승의식을 드러냈다고 보기는 어렵다. 물론 부여 멸망 후[17] 백제가 고구려와 더불어 부여계 국가라는 인식을 대내외적으로 과시하려는 의도는 어느 정도 읽어낼 수 있다. 그리고 백제의 王姓이 夫餘氏라는 점도 부여 계승의식과 어느 정도 관련될 터인데, 그렇다면 대외적으로 왕실의 성씨를 扶餘氏로 표방한 근초고왕대 372년 이전에도 부여계 출자 의식 정도는 내세워졌을 가능성도 없지는 않다.[18]

그러나 백제가 부여 계승의식을 가장 분명하게 드러낸 것은 聖王이 泗沘 천도와 더불어 국호를 '南扶餘'로 칭하였다는 사실이다.[19] 천도 자체가 국가체제의 재정비를 추구하는 방식이기 때문에, 이 때 '南扶餘'라 칭하였다는 사실 자체가 국가의 면모를 일신하려는 의지를 보여주는 것이며,[20] 따라서 이 때 역사인식의 변화 가능성도 짐작해볼 수 있다.

이와 관련하여 『周書』『隋書』 등의 백제전에서 백제를 東明의 후예인 仇台가 세운 나라로서 夫餘의 별종이라는 기술이 나타나고 있는데, 이러한 기술 역시 이 시기 백제가 대외적으로 표방한 부여 계승의식과 연관지어 볼 수 있다. 『수서』 백제전의 東明神話는 『삼국지』나 『후한서』 부여전의

---

17) 夫餘는 346년에 前燕의 공격으로 5만명의 주민이 이주되는 등 거의 궤멸하였고, 일부세력이 農安 부근에서 그 명맥을 잇는 수준이었다.(盧泰敦, 1989, 「扶餘國의 境域과 그 變遷」, 『國史館論叢』 4) 따라서 百濟 등 주변 국가에게 이미 멸망한 국가로 받아들여졌을 것이다.

18) "遣使拜百濟王餘句爲鎭東將軍領樂浪太守"(『晉書』 권 9, 簡文帝紀, 咸安 2년(372) 6월)

19) "移都於泗沘 國號南扶餘"(『삼국사기』, 백제본기, 聖王 16년)

20) 『日本書紀』 권17, 繼體天皇 23年(529)조에는 聖王의 사비 천도 이전에도 백제가 스스로 夫餘라고 칭했던 흔적이 보인다. 이에 대해서는 정재윤, 2008, 「백제의 부여 계승의식과 그 의미」, 『부여사와 그 주변』, 동북아역사재단. 203쪽 참조.

동명신화와 대체로 일치한다. 이는 『수서』의 편찬자들이 백제가 부여의 별종이라는 인식을 갖고, 『삼국지』 등에 수록되어 있는 부여의 동명신화를 백제의 시조 전승에 추가하였을 가능성이 있다. 그런데 동명신화에 이어지는 仇台 시조전승은 어쨌든 백제로부터의 傳聞일 터인데, 거기에서 東明에 대한 언급이 없는데도 굳이 『수서』 편찬자들이 前史에서 동명신화를 찾아서 부회하였을까 의문이 든다.

『수서』 백제전은 백제에 관한 새로운 정보가 중심이 되어있고, 前史에서 그대로 전재된 기사는 찾기 어렵다. 이는 「隋東蕃風俗記」라는 새로운 자료를 토대로 기술하였기 때문으로 추정된다. 따라서 『수서』 백제전의 동명신화 역시 당시 어떤 형태로든지 간에 백제로부터 東明에 관한 傳聞이 있었던 결과로 보는 것이 타당하다.[21] 다만 백제의 시조 仇台의 선조인 東明이라는 이름이 중국에 알려진 후에, 『수서』 편찬자들이 『삼국지』 등 前史에서 東明의 기록을 찾아 부가한 것인지, 아니면 백제인 스스로가 부여의 동명신화를 자신의 시조전승의 일부로 재구성한 것인지는 좀 더 살펴볼 문제이지만 여기서 이를 검토하지는 않겠다.[22] 일단 6세기 경 백제가 스스로 東明의 후예임을 표방하는 부여 계승의식을 대외적으로 분명하게 내세우고 있었음은 충분히 인정할 수 있다.[23]

그러면 부여 계승의식으로서 '南扶餘'라는 국호가 갖는 의미를 검토해보자. 南扶餘는 곧 北扶餘의 상대적인 개념이다. 그 반대도 마찬가지이니,

---

21) 唐은 백제를 멸망시킨 후 東明州, 帶方州나 東明都督府의 설치를 의도하였다. 이러한 東明 · 帶方의 명칭은 仇台傳承과 깊이 관련된다. 이는 당시 백제와 동명 · 대방을 깊이 연관시키고 있는 중국인들의 관념을 엿볼 수 있는 자료이다. 따라서 仇台전승의 東明을 『隋書』 찬자들의 机上의 부회로 보기는 어려울 것이다.

22) 임기환, 1998, 앞의 논문 참조

23) 이 시기 백제의 부여계승의식에 대해서는 정재윤, 2008, 앞의 논문, 201~211쪽 참조.

백제측 전승자료에 보이는 "朱蒙自北扶餘逃難" 혹은 "北扶餘王解扶婁"라는 기사의 北扶餘는 곧 南扶餘인 백제의 혈통적 기원으로서의 의미를 갖게 된다. 그리고 이는 北扶餘의 정통성이 南扶餘에 이어진다는 인식으로 이어질 수 있다.

卒本扶餘도 南扶餘와 北扶餘의 또다른 상대 개념으로 파악하는 것이 합리적일 것이다. 즉 고구려 역시 扶餘 出自 의식을 내세우기 때문에 고구려도 또다른 扶餘가 될 수 있지만, 고구려는 어디까지는 卒本에서 일어난 扶餘, 즉 '卒本扶餘'일 뿐이라는 식으로 역사인식의 틀을 만들었을 것으로 추정된다. 즉 부여의 정통성은 어디까지나 北扶餘에서 '南扶餘=百濟'로 이어진다는 역사계승의식을 형성하였을 것이며, 이 점에서 '卒本扶餘'는 부여계승의식을 둘러싸고 고구려와 경쟁한 백제인들이 고구려를 扶餘의 방계 정도로 폄하하여 부르는 異稱으로서 만들어낸 국명으로 짐작된다. 이처럼 백제측 전승 자료에 나타나는 北扶餘, 卒本扶餘에 대한 관념은 대략 성왕대에 南扶餘를 국호로 칭하게 되는 부여계승의식이 밀접하게 연관된 결과물로 형성된 것으로 보인다.

IV. 맺음말

『삼국사기』 고구려본기 및 「구삼국사」 동명왕본기에서 시조 출자는 東扶餘로 기록되어 있다. 5세기 고구려 금석문에 나타나는 北扶餘 출자설이 고구려본기에 반영되지 않은 것은 전승 과정이야 어쨌든 고려시대에는 북부여 출자를 보여주는 고구려 계통의 시조 전승 자료가 전해지지 않았기 때문이다. 이와 관련하여 앞의 두 종의 史書 이외에 『삼국사기』 지리지 有名未詳地分條의 저본 자료에 전해지는 주몽설화도 동부여 출자설이 없음을 확인하였다. 즉 고려시대에는 주몽의 북부여 출자에 대한 자료가 없었을 뿐만 아니라, 고구려계 전승 자료에는 아예 북부여라는 국명 자체가 전해지지 않았던 것이다.

따라서 주몽의 북부여 출자 내지는 북부여에 대한 인식을 보여주는 『삼국사기』 및 『삼국유사』의 기록은 고구려의 전승이 아닌 백제계 시조 전승 자료에 의거한 것이다. 고구려본기의 주몽신화와 백제본기의 시조 전승에 보이는 북부여와 동부여, 졸본부여 관련 내용을 비교하면 다음과 같은 차이점이 나타난다. 즉 北扶餘 및 卒本扶餘에 대한 인식은 백제계 전승자료에만 보이고 있으며, 이와는 달리 東扶餘에 대한 인식은 고구려계 전승 자료에만 보이고 있기 때문에, 양자의 시조 전승이 내용상 맥락을 같이 하면서도 북부여 등의 인식에 큰 차이를 드러내고 있다.

따라서 5세기 고구려의 금석문에 보이는 '北扶餘'와 『삼국사기』 기사의 '北扶餘'는 그 인식 주체가 고구려와 백제로 명확하게 구분되고 있다는 점에서, 양자의 실체는 서로 다른 관점에서 접근해야 할 것이다. 또한 백제측 전승에서는 북부여와 졸본부여가 동일한 인식의 맥락에서 나타나고 있다는 점도 유의해야할 점이다.

이러한 점에서 백제측 전승자료에 보이는 북부여라는 개념은 백제가 칭한 바 있는 '南扶餘'라는 국호에 대한 상대적 개념으로 이해된다. 北扶餘는 곧 南扶餘인 백제의 혈통적 기원으로서의 의미를 갖게 되고, 이는 北扶餘의 정통성이 南扶餘에 이어진다는 인식의 반영물이다. 卒本扶餘도 南扶餘와 北扶餘의 또다른 상대 개념으로서, 부여계승의식을 둘러싸고 고구려와 경쟁한 백제인들이 고구려를 부여의 방계 정도로 폄하하여 부르는 異稱으로서 만들어낸 국명으로 짐작된다. 이처럼 백제측 전승 자료에 나타나는 北扶餘, 卒本扶餘에 대한 관념은 대략 성왕대에 南扶餘를 국호로 칭하게 되는 부여계승 의식과 밀접하게 연관된 결과물로 형성된 것이다.

마지막으로 근자에 고구려 초기사 연구에서 등장하는 졸본부여란 개념의 사용에 대해 문제를 제기하고자 한다. 즉 앞서 검토한 바와 같이 卒本扶餘는 백제측 전승자료에서만 나타나는 개념으로서, '卒本 땅의 扶餘'라는 뜻을 갖는 고구려 혹은 고구려의 기원지를 지칭하는 개념으로 추정하는 것이 현재 전해지는 관련 자료로서는 가장 합리적인 해석이다. 따라서 주몽이 고구려를 건국하기 이전의 卒本 지역의 정치체를 '卒本扶餘'라는 용어로 부르는 것은 옳지 않다고 본다. 물론 고구려가 건국되기 이전에 이 지역에 정치체가 있었음을 부정하는 것은 아니다. 그것이 갖는 실체와 관계없이 사료상에 나타나는 '卒本扶餘'가 그러한 정치체를 지칭하는 용어로 사용할 수 없음을 지적하고자 한다.

동예의 성장과 대외관계의 변화

文安植*

目　次

Ⅰ. 머리말

동예는 함남 남부지역과 강원 북부지역에 존재하던 정치체를 일컫는 명칭이다. 동예가 史書에 처음 등장한 것은 後漢이 낙랑 동부도위를 폐지한 A.D. 32년에 이르러서였다. 그 이전에 동해안지역 토착사회는 임둔으로 불렸는데, 중국 군현의 지배를 거치면서 동옥저와 동예로 분리되었다.

동예와 동옥저는 종족과 언어, 풍속 등의 면모가 비슷하였으며, 이들 외에도 동해안지역에는 '濊之古國'[1]으로 불리던 강릉 일대에 별도의 濊

---

* 조선대학교　사학과

1) 『三國史記』 권 35, 雜志 4, 地理 2, 溟州.

族集團이 존재하였다.[2] 또한 동예의 서쪽에 해당되는 태백산맥 너머에는 嶺西濊로 불리는 다른 濊系集團이 위치하였다.[3]

동예는 북방의 옥저, 남방의 예족집단, 서쪽의 영서예와 접하였다. 동예와 영서예의 관계에 대해서는『삼국사기』백제본기와 신라본기에 보이는 말갈의 실체와 관련하여 다양한 견해가 제기되었다.[4] 또한 동예의 남쪽에 위치하였던 남방의 예족집단에 대해서도 일부 검토가 이루어졌다.[5]

그러나 동예와 옥저, 영서예 및 남방의 예족집단의 관계는 해당 사료가 부족하여 실체가 잘 드러나지 않고 있다. 또한 영서예를 靺鞨·貊人,[6] 남방의 예족집단을 貊國[7]으로 표현하는 등 다양한 명칭으로 사용되어 혼란

---

2)『後漢書』권 85, 東夷列傳 75, 濊傳에는 남쪽으로는 辰韓과 접하였다는 기록이 남아 있다. 동예의 범위는 함남과 강원 북부의 동해안지역에 위치하였으며, 그 남쪽에는 동예와 구분되는 별도의 濊族集團이 존재하여 진한과 接境하였다(文安植, 2003,『한국고대사와 말갈』, 혜안, 160~167쪽).

3) 嶺西濊의 실체에 대해서는 다음의 글을 참조하기 바란다(文安植, 1996,「嶺西濊文化圈의 設定과 歷史地理的 背景」,『東國史學』30 및 尹善泰, 2001,「마한의 진왕과 신분활국」,『백제연구』34).

4)『삼국사기』百濟本紀와 新羅本紀에 보이는 말갈에 대하여 이견이 없지 않지만, 숙신 계통의 말갈과 구별되는 집단으로 파악하는 것이 일반적이다. 이에 대해서는 예족설((丁若鏞,「靺鞨考」,『與猶堂全書』; 津田左右吉, 1913,「好太王征服地域考」,『朝鮮歷史地理第一』; 申采浩, 1972,『丹齋申采浩全集』(상), 형설출판사), 옥저와 예맥 사이에 있던 별종설(安鼎福,「靺鞨考」,『東史綱目』4), 고구려 내의 말갈설(徐炳國, 1974,「靺鞨의 韓半島 南下」,『광운전자공과 대학논문집』3), 옥저설(채태형, 1992,「『三國史記』의 말갈관계 기사에 대하여」,『력사과학』3, 42쪽), 마한 소국설(尹善泰, 2001,「馬韓의 辰王과 臣濆沽國―領西濊 지역의 歷史的 推移와 관련하여」,『百濟研究』34, 16쪽) 등이 제기되었다. 그러나『三國史記』百濟本紀에 보이는 말갈은 남·북한강유역을 중심으로 영서지역에 거주한 貊系靺鞨(嶺西濊)이며, 新羅本紀에 보이는 말갈은 동해안 일대에서 신라와 대립한 濊系靺鞨(東濊)이었을 가능성이 높다(文安植, 1998,「『三國史記』羅·濟本紀 靺鞨 史料에 대하여」,『한국고대사연구』13).

5) 金澤均, 1997,「東濊考―강릉 濊國說과 관련하여―」,『강원문화연구』16 ; 文安植, 1998, 위의 글.

6)『三國史記』권 24, 百濟本紀 2, 責稽王 13年.

을 야기하고 있다. 그 외에도 동예와 남방 예족집단의 대립에 고구려와 신라가 개입되어 복잡한 양상을 띠고 전개되었다. 또한 영서예는 백제와 불가분의 관계를 맺고 있었다.

동예는 낙랑의 쇠퇴를 틈타 자립을 이룬 후 後漢 末에 이르러 고구려에 복속될 때까지 150여 년 동안 독립을 유지하였다. 동예는 A.D. 1세기 초반에 정치적 독립을 이룩한 후 주변의 옥저, 영서예, 남방의 예족집단과 다양한 관계를 맺었다. 그러나 동예는 낙랑군과 고구려라는 강대한 집단 사이에 위치하여 그들의 영향을 강하게 받을 수밖에 없었다.

동예는 옥저나 남방의 예족집단 등의 주변 세력과 다양한 관계를 맺고 고구려와 낙랑군의 압박과 간섭을 견디면서 성장 발전하였다. 그러나 동예가 옥저 등의 주변 집단이나 고구려 및 낙랑군과 맺은 대외관계에 대해서는 관련 사료가 부족하고 연구 성과가 미진한 상태에 놓여 있다.

지금까지 동예에 대한 연구는 통시대적인 검토,[8] 법과 신분,[9] 생활과 문화,[10] 사회와 경제,[11] 『三國史記』 백제본기에 보이는 말갈의 실체 문제[12] 등을 중심으로 이루어졌다. 또한 동예가 주변 국가나 집단과 맺은 대외관계에 대한 연구 역시 군사적 동원체계[13]나 통치방식의 검토[14] 등에 불과하였다.

---

7) 『三國史記』 권 1, 新羅本紀 1, 儒理王 17年.

8) 李丙燾, 1976, 「후방행렬사회의 扶餘·沃沮 및 東濊」, 『韓國古代史研究』, 박영사 ; 李賢惠, 1997, 「동예와 옥저」, 『한국사』 4, 국사편찬위원회.

9) 尹載秀, 1974, 「古代身分法史稿」, 『법사학연구』 창간호, 한국법사학회.

10) 鄭鍾秀, 1986, 「韓國 古代葬制에 對한 一考」, 『韓國民俗學』 19, 민속학회 ; 徐永大, 1992, 「東濊社會의 虎神崇拜에 대하여」, 『역사민속학』 2, 역사민속학회.

11) 윤내현, 1998, 「읍루·동옥저·동예의 사회」, 『한국열국사연구』, 지식산업사.

12) 俞元載, 1979, 「三國史記 僞靺鞨考」, 『史學研究』 2 ; 金澤均, 1997, 「東濊考」, 『강원문화연구』 16, 강원대 강원문화연구소.

13) 余昊奎, 1998, 「高句麗 初期 兵力動員體系」, 『軍史』 36, 국방군사연구소.

본고에서는 기존의 연구 성과를 바탕으로 동예가 주변 집단과 맺은 대외관계를 중심으로 그 흥망성쇠를 살펴보고자 한다. 이를 위해 동예와 옥저를 비롯한 주변 집단, 중국 군현 및 고구려 사이에 펼쳐진 대외관계의 시기별 양상과 변화 형태를 검토할 것이다. 그 외에 군현의 축출 이후 고구려의 남진정책과 신라의 북진정책 추진 과정에서 촉발된 동예를 비롯한 동해안지역 토착집단사이에서 벌어진 충돌 양상과 그 추이에 대해서도 고찰하고자 한다.

II. 중국 군현의 置廢와 동예의 성장

東濊[15]가 중국 군현의 정치적 간섭에서 벗어나 자립한 것은 後漢이 A.D. 32년에 樂浪 東部都尉를 폐지한 이후였다. 동해안지역 토착사회는 동부도위가 폐지되고 後漢의 영향력이 약화되자 독자적인 발전을 꾀하였다. 이와 관련하여 『後漢書』 濊傳과 『三國志』 濊傳에는 각각

A-1. 建武 6년에 (동부)도위의 관직을 폐지하고, 大嶺 동쪽의 지역을 포기하여 모든 땅을 그 지방의 우두머리(渠帥)들을 봉해 縣侯로 삼으니, 歲時 마다 모두 와서 朝賀하였다.[16]

14) 임기환, 1995, 「고구려 집권체제 성립과정의 연구」, 경희대 대학원, 박사학위논문 ; 김현숙, 1996, 「고구려 지방통치체제 연구」, 경북대 대학원 박사학위논문 ; 여호규, 1997, 「1~4세기 고구려 정치체제 연구」, 서울대 대학원, 박사학위논문.

15) 동예의 정식 명칭은 원래 濊이었다. 그러나 單單大嶺의 동쪽에 위치하여 일반적으로 東濊로 부르고 있다. 濊의 기원은 동해안지역에 거주하던 종족을 濊族 또는 濊貊族으로 불렀는데, 종족 명칭을 따서 국명을 칭하게 되었던 것으로 추정된다.

16) 『後漢書』 권 85, 東夷列傳 75, 濊.

A-2. 單單大山嶺의 서쪽은 낙랑에 소속되었으며, 嶺의 동쪽 7현은 동부도위가 통치하는 데 그 백성은 모두 濊人이다. 그 뒤 도위를 폐지하고 그들의 우두머리를 책봉하여 侯로 삼았다.[17]

라고 하여, 單單大嶺[18] 동쪽에 위치한 동해안지역이 자립하게 되었음을 보여준다. 동부도위가 폐지되면서 漢의 관직체계는 사라지고 관리 파견은 더 이상 이루어지지 않았으며, 토착세력의 수장층이 낙랑군과 조공 관계를 맺게 되었다.

後漢이 동부도위를 폐지하면서 토착 수장층이 통치의 전면에 나서게 되었다. 또한 後漢代에 이르러 동해안지역의 토착사회가 군현의 지배로부터 독립하면서 『後漢書』와 『三國志』 등의 史書에도 동예와 관련된 사실이 入傳되기에 이르렀다.[19]

이는 동해안지역의 토착사회를 『史記』와 『漢書』의 朝鮮傳에서는 임둔이라 지칭하였는데, 後漢代에 이르러 동예와 동옥저로 분리되었음을 의미한다. 동예와 동옥저는 언어와 풍습, 문화 등이 비슷한 동일한 갈래였다.[20] 따라서 동예와 동옥저의 분리는 漢의 간섭과 분열정책에 따른 외부

---

17) 『三國志』 권 30, 魏書 30, 烏丸鮮卑東夷傳 30, 濊.
18) 단단대령에 대해서는 백두산, 낭림산맥, 강원도 대관령, 요동반도의 천산산맥에 위치한 마천령 등으로 추정하고 있다. 그러나 낭림산맥에 위치한 설한령 혹은 황초령으로 보는 것일 일반적이다. 단단대령의 위치 비정에 대한 연구사 정리는 다음의 글을 참조하기 바란다(金侖禹, 1995, 「蓋馬大山과 單團大嶺에 관한 고찰」, 『民族文化』 18).
19) 『後漢書』는 南朝의 宋나라 范曄이 5세기 초에 편찬하였기 때문에 3세기 후반에 편찬된 『三國志』보다 후대에 저술되었다. 따라서 西晉의 陳壽(233~297)가 저술한 『三國志』 東夷列傳 濊傳이 동예와 관련된 사실을 기록한 최초의 史書라고 할 수 있다.
20) 『後漢書』 권 85, 東夷列傳 75, 東沃沮傳에 의하면 언어·음식·거처·의복이 고구려와 비슷하다고 하였으며, 濊傳에는 노인들이 자신들을 고구려와 같은 종족이라고

적인 영향력 행사에 의하여 이루어진 것으로 추정된다.

漢의 동해안지역에 대한 영향력 행사는 B.C. 128년에 濊君 南閭가 휘하의 28만 명을 이끌고 漢의 武帝에게 복속하여 滄海郡이 설치된 것이 계기가 되었다.[21] 창해군의 위치에 대해서는 함경북도,[22] 동가강 유역,[23] 동해와 접한 발해지역[24] 등으로 보고 있다. 그러나 창해군이 요동에서 동해안에 이르는 교통로를 관할한 사실을 고려하면,[25] 임둔을 비롯하여 혼강유역과 압록강유역에 분포하고 있던 여러 집단들이 그의 휘하에 포함된 것으로 추정된다.

漢은 임둔지역의 수장인 남려가 복속을 청하자 창해군을 설치하면서 토착집단 사이의 지배관계와 상관없이 다양한 계통의 주민을 그의 휘하로 파악하였다. 남려의 휘하로 편입된 집단은 동해안지역의 濊人을 중심으로 압록강유역과 혼강유역의 貊人까지 포함되었을 가능성이 높다.

예군 남려의 거주지는 임둔의 특정지역으로 생각되며, 『後漢書』 濊傳에

말하였다는 기록이 남아 있다. 따라서 동옥저와 동예는 종족과 풍습, 문화 등이 유사했던 것으로 판단된다.

21) 『後漢書』 권 85, 東夷列傳 75, 濊.

22) 池內宏, 1912, 「遼東の玄菟郡と其の屬縣」, 『朝鮮地理歷史硏究報告』 第16冊 ; 和田淸, 1951, 「玄菟郡考」, 『東方學』 1.

23) 李丙燾, 1976, 『한국고대사연구』, 박영사, 169~176쪽.

24) 王雷鳴編注, 1984, 『歷代食貨志注釋』, 893쪽 ; 권오중, 2000, 「창해군과 요동동부도위」, 『역사학보』 168.

25) 창해군의 설치 목적은 관할 주민을 통치하여 물적·인적자원을 수취하기 위한 것이 아니라, 요동에서 압록강유역을 거쳐 동해안지역에 이르는 교통로를 장악하고 토착민을 漢의 영향력 하에 묶어 두는 데 있었다. 이를 위하여 武帝는 창해군을 설치한 후 彭吳 등으로 하여금 요동군에서 동해안에 이르는 교통로를 뚫게 하였다(『史記』 권 30, 平準書 ; 『漢書』 권 24 下, 食貨志 4 下) 그러나 창해군을 실재하지 않는 지도상의 계획에 불과한 것으로 보는 견해도 없지 않다(李基白·李基東, 1982, 『한국사강좌 I -고대편』, 일조각, 64쪽 ; 김한규, 1999, 『한중관계사(1)』, 일조각, 126쪽).

南閭와 관련된 기사가 들어가 있는 사실을 통해 입증된다. 이는 동해안지역에 존재하던 정치체를 임둔이라 부르고, 그들의 수장은 濊人의 君長이라는 의미로 濊君으로 칭해졌음을 의미한다.

임둔이 문헌에 처음으로 등장한 것은 『史記』 朝鮮傳이다. 『史記』 朝鮮傳에는 위만이 고조선의 왕권을 차지한 B.C. 190년 무렵[26]에 임둔과 진번을 복속하여 그 영역이 사방 수천리가 되었다는 기록이 남아 있다.[27] 따라서 임둔은 위만이 등장하기 이전에 해당되는 B.C. 3세기 이전부터 존재하였던 것으로 판단된다.

임둔은 B.C. 3세기 이전에 출현하여 철기문화에 기반하여 성장하였다.[28] 임둔은 철기문화에 바탕을 두고 주변 국가와 접촉하면서 성장할 수 있었다. 임둔은 특정 종족이나 국가를 의미하는 정치체가 아니라 지역 개념으로 판단된다. 임둔은 동해안지역에 거주하던 濊族의 분포지역을 지칭하였는데, 그 범위는 대략 마천령 이남에서 '晉率善濊佰長銅印'[29]이 발견된 영일만 부근까지 해당된다.

그러나 B.C. 2세기 초에 위만의 정복을 받아 고조선에 복속되고 말았다. 임둔은 고조선의 지배 아래 놓이게 되면서 정치적 간섭을 받았지만, 선진문물을 받아들여 토착사회가 한층 발전할 수 있는 계기가 마련되었다. 이는 고조선의 영향력 하에 있던 진번지역과 임둔지역에서 비슷한 성

---

26) 漢은 위만이 고조선의 왕권을 차지하자 外臣으로 책봉하였는데, 그 시기는 대략 B.C.193~192년 무렵으로 보고 있다(국사편찬위원회, 1989, 『譯註 中國正史朝鮮傳』, 91쪽).

27) 『史記』 권 115, 列傳 55, 朝鮮傳.

28) 임둔지역 철기문화는 중국 戰國時代 말의 혼란기에 한반도 서북부지역 및 두만강유역으로 가장 먼저 전파되었다. 두만강유역의 철기문화는 중국을 통해 직접 전파되었으며, 동해안지역은 두만강유역과 한반도 서북지역을 거쳐 간접적으로 유입되었다(최몽룡 외, 1933, 『한강유역사』, 민음사, 202~209쪽).

29) 梅原末治, 1967, 「晉率善濊伯長銅印」, 『考古美術』 8-1 · 2.

격의 유물이 출토되는 것을 통해 입증된다.[30]

그러나 임둔지역은 B.C. 128년에 이르러 예군 남려가 漢에 복속을 청하면서 고조선의 지배를 벗어나게 되었다. 예군 남려가 漢에 복속한 것은 위만조선을 경유하여 간접적으로 중국과 관계를 가지는 데 불만을 가졌기 때문으로 보고 있다.[31]

南閭의 복속과 창해군 설치는 임둔이 옥저와 동예로 분리되는 계기가 되었다. 창해군의 治所는 북청의 청해토성으로 보기도 하지만,[32] 훗날 玄菟郡治가 들어선 함흥의 沃沮城에 두었을 가능성이 높다.[33] 창해군의 치소가 함흥지역에 설치된 것은 일찍부터 대외적으로 중심지 역할을 하였기 때문으로 판단된다.[34]

창해군의 설치를 전후하여 함흥지역은 임둔의 영향력에서 벗어나 독자적인 세력을 형성하였다. 고조선이 멸망된 후 漢四郡이 설치될 때 낙랑군과 진번군 및 임둔군은 B.C. 108년에 설치되고, 옥저지역을 중심으로 하여 현도군이 그 다음해에 설치된 것은 이와 무관하지 않다.[35]

---

30) 함흥 이화동 등지에서 출토된 B.C.2세기경의 청동기와 철기 유물들은 황해도 봉산군 송산리와 배천군 석산리 등지에서 출토되는 것과 유사한 면모를 보인다(李賢惠, 1997, 「동예와 옥저」, 『한국사』 4, 국사편찬위원회, 248쪽). 이들 유물은 평양을 거쳐 봉산과 함흥 일대로 유입되었을 가능성이 높다.

31) 이종욱, 1982, 「고구려 초기의 정치적 성장과 대중국관계의 전개」, 『동아사의 비교 연구』, 63쪽.

32) 도유호, 1962, 「진번과 옥저성의 위치」, 『문화유산』, 2쪽.

33) 창해군의 治所에 대하여 조선시대의 실학자인 安鼎福, 韓鎭書, 丁若鏞은 동해안 방면에서 찾았다(도유호, 1962, 앞의 논문, 2쪽). 滄海는 푸른 바다 즉, 동해를 의미하기 때문에 타당성이 높은 것으로 판단된다. 또한 『삼국사기』 태조왕 4년 조에도 동옥저를 장악하여 동쪽으로 창해에 이르렀다는 기록이 남아있는데(『三國史記』 권14, 高句麗本紀 2, 太祖王 4年), 고구려 역시 동해를 창해로 부르기도 하였음을 의미한다.

34) 金美炅, 2002, 앞의 논문, 28쪽.

임둔은 漢四郡이 설치되면서 임둔군과 현도군의 관할지역으로 분리되었지만, 그 상태는 얼마 오래가지 못하고 다시 통폐합되었다. 漢은 B.C. 82년에 진번과 임둔 2郡을 폐지하고, 그 관할 하에 있던 屬縣을 각각 낙랑군과 현도군으로 移屬하였다.

임둔군은 사라지고 그 관할 하에 있던 속현은 현도군이 총괄하게 되었다. 그러나 현도군이 B.C. 75년에 이르러 夷貊의 공격을 받아 고구려의 서북쪽으로 축출되면서 다시 변화가 일어났다. 현도군을 공격한 夷貊은 압록강유역과 혼강유역에 분포한 예맥집단으로 추정되며, 이들에 밀려 현도군은 설치된 지 불과 30여년 만에 소자하 유역의 新賓縣 永陵鎭古城으로 郡治를 옮겼다.[36]

현도군의 후퇴는 동해안지역의 군현 통치에 영향을 미치게 되었다. 현도군은 요동과 동해안을 연결하는 중간지대에 위치한 압록강유역과 혼강유역의 지배가 불가능하게 되면서 동해안지역을 통치할 수 없게 되었다. 당시 요동에서 동해안에 이르는 교통로는 먼저 심양-무순-신빈-통화를 거쳐 혼강을 따라 환인-집안으로 연결되었으며,[37] 집안에서 개마고원을 넘어 함흥으로 이어졌다.[38]

---

35) 낙랑군을 비롯하여 임둔군과 진번군은 고조선을 멸한 후 점령정책의 일환으로 설치되었지만, 현도군은 漢과 예맥집단 수장들의 타협에 의하여 설치되었다(김기흥, 1987, 「고구려의 성장과 대외무역」, 『한국사론』 16, 19쪽).

36) 李丙燾, 1976, 앞의 책, 195쪽.

37) 고구려시대에는 通和에서 혼강을 따라 남하하여 환인에 이르는 南道와 곧바로 집안으로 내려오는 길인 北道가 함께 이용되었다(여호규, 1995, 「3세기 후반~4세기 전반 고구려의 교통로와 지방통치조직-남도와 북도를 중심으로-」, 『한국사연구』 91).

38) 졸본에서 옥저로 가는 길은 압록강을 건너 독로강에 연하는 강계를 거쳐, 독로강의 지류인 남천의 계곡을 동으로 거슬러 牙得嶺을 넘는 루트와 강계에서 독로강의 본류를 따라 薛寒嶺을 넘어 장진강유역으로 나와 함흥에 도달하는 루트가 있었다(日野開三郎, 1988, 『東北アッア民族史』 上, 三一書房, 143쪽).

현도군이 신빈현 부근의 興京·老城 방면으로 밀려나면서 동해안지역은 樂浪 東部都尉가 신설되어 관할하게 되었다. 동부도위는 영동지역의 7현을 관할하였는데, 東暆·不而[39]·蠶臺·華麗·邪頭昧·前莫·夫租가 속하였다. 함흥에 위치한 부조현을 제외하고, 그 나머지 동부도위의 6현은 임둔군이 관할하던 지역으로 추정된다.

현도군이 폐지되고 신설된 동부도위는 임둔군 관할지역이 중심이 되었다. 동부도위가 설치되면서 武帝가 B.C. 108년에 현도군을 설치하여 그 속현으로 삼았던 지역은 부조현을 제외하고 대부분 방기되었다.[40] 또한 임둔군의 관할지역도 15현 중에서 9현은 포기되고 불내 등의 6현 만이 동부도위의 지배를 받게 되었다.

이와 관련하여 『漢書』 臣瓚註所引의 『茂陵書』에 임둔군이 15현이었다는 사실을 주목할 필요가 있다. 임둔군의 15현 중에서 동부도위는 6현을 관할 지역으로 편입하였고, 그 나머지 9현은 포기되어 군현의 지배를 벗어나게 되었다.

동부도위의 지배에서 벗어난 곳은 강릉을 포함한 남방의 濊地로 판단된다. 濊人이 거주한 남방 한계는 경북 영일에서 발견된 '晉率善濊佰長銅印'[41]의 존재로 볼 때 포항 부근으로 판단된다. 이들의 존재와 관련하여 『三國史記』 지리지에는 賈耽의 古今郡國志를 인용하여 新羅의 北界에 위치

---

39) 不而는 『三國志』 魏志 毋丘檢傳 및 東沃沮傳에는 不耐로 기록되어 있다.

40) 동해안지역의 토착사회는 불내를 비롯하여 6현이 위치한 동예지역이 중심이 되었다. 그 반면에 함흥 이북부터 마천령 이남에 속하는 지역은 부조현 만이 존속하였다. 이는 동해안지역에 거주하던 주민들의 인구 분포와도 밀접한 관계가 있다. 『三國志』 예전과 옥저전에는 戸數를 각각 2만호와 5천 호로 기록하고 있다. 부조현이 위치하였던 옥저지역 호수는 동예지역의 1/4에 불과하였다. 함흥에서 마천령 이남에 이르는 지역은 부조현을 제외하고 다른 군현이 들어설 만한 조건이 구비되지 못한 것으로 추정된다.

41) 梅原末治, 1967, 「晉率善濊伯長銅印」, 『考古美術』 8-1·2.

한 溟州(강릉)가 '濊之古國'임을 전하고 있다.[42] 그 외에 『三國史記』 新羅本紀 남해왕 16년 조에도 北溟(강릉) 사람이 밭을 갈다가 濊王의 印을 얻어 바쳤다는 기록이 남아 있다.[43]

그런데 동예의 남쪽에 거주하였던 濊人들은 인접한 사로국 중심의 진한세력과도 뚜렷이 구분되었다.[44] 524년(법흥왕 11)에 건립된 울진 봉평비에 의하면

B. 거벌모라 남미지(촌)에 별교령을 내렸다. 이는 본디 奴人(村)이다. 비록 이 노인촌에 왕이 前時에 대교법을 내렸으나 길이 좁고 험함을 믿고서 이야 은성 실견요성촌의 대군을 일으키고 右者와 같은 자들 일행이 여기에 이르렀다. 그리고 (실지군)주를 얕보고 왕을 깎아 내리고 헐뜯었으므로 태노촌은 공히 値 다섯을 부담하고 그 나머지의 노인촌은 여러 노인법에 따르게 하였다.[45]

라고 하여, 신라는 동해안의 濊人을 內地의 일반 백성과 구별하여 '奴人'으로 인식하였다.[46]

---

42) 『三國史記』 권 35, 雜志 4, 地埋 2, 溟州.

43) 『三國史記』 권 1, 新羅本紀 1, 南解王 16年.

44) 강릉을 중심으로 하였던 영동의 소위 '濊之古國'의 범위는 비록 후대의 사실이지만 신라 하대에 溟州君王 金周元의 식읍(『新增東國輿地勝覽』 권44, 江陵大都護府, 人物)으로 봉해진 강릉·양양·삼척·평해·울진 등지를 포함하여 濊王의 銅印이 발견된 영일을 남단으로 하였던 것으로 추정된다(文安植, 2003, 앞의 책, 162쪽).

45) 한국고대사회연구소, 1992, 「丹陽赤城碑」, 『譯註 韓國古代金石文』 Ⅱ, 가락국사적개발연구소, 35쪽.

46) 신라가 거벌모라에 거주하던 사람들을 奴人으로 인식한 것은 새로이 편입한 변방의 주민을 집단예민 같은 피복속민으로 파악했기 때문으로 보고 있다(朱甫暾, 1989, 「蔚珍鳳坪新羅碑와 法興王代 律令」, 『한국고대사연구』 2).

봉평비에 기록된 奴人의 존재는 진한연맹체를 모체로 하여 성장한 신라가 그 영역 밖의 거벌모라 지역에 거주하던 濊人을 오랫동안 차별적인 존재로 파악하였음을 의미한다. 이러한 차별적인 인식은 6세기에 이르러 지방관이 파견되고 일원적인 지배가 가능해지면서 점차 해소되어 갔다.[47]

남방에 거주하던 濊人의 활동에 관해서는 사료가 남아 있지 않아 자세한 상황을 알 수 없는 형편이다. 동예와 옥저는 중국군현과 오랫동안 밀접한 관계를 맺었기 때문에 『後漢書』와 『三國志』 동이열전에 입전되어 단편적이나마 사료를 남기게 되었다.

그 반면에 남방의 예족집단은 일찍 군현의 지배에서 벗어났고, 삼한사회와 필적할 만한 정치적 위상을 갖지 못했기 때문에 사료상의 공백으로 남게 되었다. 그럼에도 불구하고 이들은 신라가 동해안지역으로 진출하기 시작한 4세기 후반 이전에는 독자적인 정치체를 유지하면서 활동하였다. 이와 같이 동부도위의 관할지역은 현도군과 임둔군의 지배영역과 비교하면 대폭 축소되었다. 동부도위의 北界는 함남과 함북을 가로지르는 마천령이었고,[48] 그 南界는 남방의 예족사회와 접경을 이룬 강원도 고성 일대이었을 가능성이 높다. 이는 동해안지역에서 확인되는 고고유적과 유물의 양상을 통해서 확인된다.[49]

현도군이 폐지되고 낙랑 동부도위가 설치되면서 동해안지역 토착사회

---

47) 文安植, 2003, 앞의 책, 175쪽.
48) 마천령은 함경남도 단천시 용덕리와 함경북도 김책시 장현동 경계에 위치하며, 해발고도 709m에 이를 만큼 높아 구름과 맞닿을 것 같다는 데서 이름이 유래하였다.
49) 함남과 강원 해안지역에서 조사되고 있는 고고 자료를 보면 동일한 성격을 가진 유적들이 함흥을 중심으로 북쪽의 함남 신창에서 남쪽의 강원 문천에 걸쳐 남북 60~70km 범위에 걸쳐 있다. 이들 유적의 분포 양상은 임둔의 세력권을 반영하며, 그 중심지는 함흥과 금야(옛 영흥) 일대일 가능성을 보여준다(李賢惠, 1997, 앞의 글, 249쪽).

의 중심지는 다시 옛 임둔군의 관할지역이 되었다. 동부도위는 임둔군을 중심으로 하여 설치되었고, 부조현을 비롯한 현도군의 일부 지역이 포함되었다. 따라서 동부도위의 설치는 현도군의 폐지에 따른 임둔군의 사실상 부활로 판단된다.

동부도위가 설치되면서 동해안지역의 중심지는 東暆(덕원)에서 不耐(금야)로 옮겨졌다.[50] 동부도위는 不耐城을 治所로 활용하였는데, 동예의 초기 철기시대 대표적인 유적인 금야군 소라리토성이었을 가능성이 높다.[51] 동부도위는 중국이 兩漢 교체기의 혼란에 빠져 약화될 때까지 대략 100여 년 동안 유지되었다.

동해안지역의 토착사회는 동부도위의 지배를 받으면서 독자적인 성장이 억제되고 정치적 간섭을 받았다. 漢은 동부도위의 7현에 縣令·屬官을 직접 파견해 다스렸다.[52] 그러나 동부도위는 현지의 상황에 밝지 못했기 때문에 토착민을 활용할 수 밖에 없었다.[53] 또한 都尉體制는 수취 등의 측면에서 군현체제보다 완화된 지배형태였다.[54]

---

50) 池內宏, 1951, 『朝鮮史硏究』 上世第一册, 吉川弘文館, 140~142쪽. 그 외에 불내현의 위치를 안변 등으로 보는 견해도 없지 않다(李丙燾, 1976, 앞의 책, 196~208쪽).

51) 소라리토성은 영흥평야 가운데를 흐르는 용흥강 하류의 강변 언덕 위에 위치하고 있다. 토성 안에서 세형동검 판세 유물과 중국 진국계 철제도끼, 청동제 수레부속 등 여러 시기의 유물이 혼재되어 있다. 세형동검을 비롯한 청동유물과 철기 유물이 공반되는 것으로 보아 B.C. 1~2세기의 유적으로 판단된다(안영준, 1983, 「함경남도에서 새로 알려진 고대유물」, 『고고학자료집』 6). 또한 토성 내부와 주변 일대에서 청동단지, 귀달린 쇠단지 등이 발견되었고 토성에서 1km 떨어진 곳에서는 2개의 귀틀무덤이 조사되었는데, 이 유적들은 불내예국과 관련되는 것으로 판단된다.

52) 동예의 각 현에 縣令과 縣長이 파견된 사실은 문헌과 고고자료를 통해서 입증된다. 『漢書』 藝文志 詩賦조에는 東暆縣의 縣令으로 재직하였던 延年이 지은 賦 7편이 전하고, 평양에서는 '夫租長印'이 새겨진 도장을 부장한 부조현의 縣長 高常縣의 무덤이 발견되었다(과학백과사전출판사, 1983, 『고고학자료집』 6, 17~25쪽).

53) 權五重, 1992, 『낙랑군연구』, 일조각, 46~59쪽 ; 오영찬, 1996, 「낙랑군의 토착세력 재편과 지배구조」, 『한국사론』 35, 서울대 국사학과, 29~41쪽.

한편 동해안지역 토착사회는 낙랑을 통해 漢의 선진문물을 받아들여 성장에 유리한 여건이 조성된 측면도 무시할 수 없다. 토착사회의 발전은 『後漢書』 濊傳에

C. (濊가 漢에) 복속한 후부터 풍속이 점점 나빠짐에 따라, 법령도 점차 늘어나 60여 條나 되었다.[55]

라고 하였듯이, 풍속의 변화와 법령의 분화과정을 통해 유추된다. 풍속의 변화는 사회분화가 촉진되어 여러 계층 사이에 갈등이 심화되었음을 반영한다. 또한 법령의 증가는 동부도위의 지배체제가 정비되고 사회관계가 더 복잡하게 분화되었음을 의미한다.

그러나 토착사회의 성장과 발전은 낙랑 동부도위의 지배로부터 탈피라는 근본적인 조건이 갖추어지지 못하면 제약을 받을 수 밖에 없었다. 현도군을 서북으로 밀어내고 고구려를 건국한 압록강유역의 예맥집단과는 달리, 동해안지역의 토착사회는 낙랑 동부도위에 정면으로 맞설 만한 제반 여건을 갖추지 못하였다.

동해안지역 토착사회는 철기문화 수용과 선진적인 정치운영에 대한 경험을 축적하였지만, 군현에 맞서 독립을 달성할 만한 단계에 이르지는 못하였다. 동예로의 성장과 발전은 군현의 쇠퇴라는 외적인 조건의 충족을 기다려야 하였다.

---

54) 權五重, 1992, 위의 책, 42쪽. 한편 漢代의 신천지 개척에 따른 군현의 설치는 亭·鄕의 설치→都尉에 의한 관할구 설정→군현통치 단계를 밟아서 이루어졌고, 토착민의 저항에 따라 다시 역순으로 후퇴하기도 하였다(張春樹, 1967, 「漢代 河西四郡의 建置年代와 開拓過程의 推測」, 『歷史言語研究所集刊』 37).
55) 『後漢書』 권 85, 東夷列傳 75, 濊.

Ⅲ. 동예의 자립과 고구려의 진출

낙랑 동부도위의 지배력이 약화된 것은 兩漢의 교체에 따른 혼란기에 이르러서였다. 前漢 말기에 이르러 낙랑군은 약화되기 시작하였지만, 그 결정적인 계기는 王莽에 의한 新王朝(A.D. 8~24)의 건국이라 할 수 있다.

왕망의 개혁정치는 前漢 말기의 여러 모순과 사회문제를 해결하지 못하고 혼란만 가중시켰으며, 대외정책에도 실패하여 匈奴와 서역의 여러 나라가 離反하였다. 또한 왕망의 대외정책이 파탄나면서 고구려와 충돌을 야기하였고,[56] 後漢의 건국자 劉秀를 비롯한 각지의 호족들이 잇따라 거병함으로써 낙랑군에 대한 영향력 행사는 거의 불가능하게 되었다.

동해안지역의 토착사회는 군현의 약화에 편승하여 세력 재편이 일어나게 되었다. 이는 평양 정백동 1호분으로 알려진 夫租 薉君墓에서 출토된 鑄銀印章[57]을 통해서 입증된다. 부조 예군은 옥저지역 토착사회의 질서 재편 과정에서 몰락하여 평양으로 이주하였을 가능성이 높은 것으로 판단된다.[58]

---

56) 『後漢書』 권 85, 東夷列傳 75, 高句麗.

57) 이 銀印은 前漢 말기에 낙랑군 동부도위 부조현의 유력자에게 漢에서 하사한 것으로 보고 있다(이순진, 1974, 「부조예군무덤 발굴보고」, 『고고학자료집』 4, 사회과학출판사, 191쪽).

58) 부조 예군묘가 축조된 시기는 동일한 유물이 출토된 정백동 2호묘와 비슷한데, 高常賢의 무덤으로 알려진 2호묘는 永始 3년(B.C. 14)에 조성되었다(과학백과사전출판사, 1983, 『고고학자료집』 6, 17~25쪽). 부조 예군의 묘가 옥저 지역이 아니라 평양에 축조된 이유를 부조지역 주민들의 저항으로 축출된 것으로 보기도 한다(도유호, 1962, 앞의 글, 61쪽) 또한 漢이 부조 예군을 낙랑으로 이주시켜 토착사회와의 연결을 차단하고 옥저지역이 고구려에 의하여 통합되는 것을 막으려고 하였을 가능성도

부조 예군은 夫租縣을 책임지는 인물이었으나 낙랑의 지배력이 쇠퇴하자 정치적 영향력이 상실되어 평양으로 이주하였다. 낙랑군의 영향력 쇠퇴는 親郡縣系 집단의 입지를 약화시켜 부조 예군과 같은 인물들이 정치적 실권을 잃고 평양으로 이주하는 계기가 되었다.[59]

낙랑군은 본국이 군사적·재정적 지원을 못하게 되자 토착사회에 대한 영향력이 현저하게 위축되었다. 그러나 後漢이 건국되면서 상황이 반전되기 시작하였다. 後漢의 光武帝는 낙랑군에서 자립한 王調의 반란을 진압하기 위하여 군대를 파견하였다.

光武帝는 建武 6년(A.D. 30)에 王遵을 낙랑태수로 임명하여 군사를 거느리고 가서 王調를 치게 하였다. 王遵이 이끄는 군대가 요동에 이르자 낙랑의 三老이었던 王閎이 郡決曹吏 楊邑 등과 함께 王調를 죽이고 왕준을 맞아 들였다.[60]

이로써 王調의 반란이 종식되고 王遵이 태수로 부임하면서 낙랑군의 혼란 상태는 종식되었다. 王遵이 王閎과 楊邑 등의 도움을 받아 반란의 진압에는 성공했으나, 낙랑군의 세력은 약화되어 A.D. 32년에 이르러 동부도위는 폐지되고 남부도위마저 유명무실해졌다.

後漢은 동부도위를 폐지하면서 영동 7현을 포기하고, 토착민의 渠帥를 책봉하여 縣侯로 삼아 자치를 허락하는 방향으로 군현정책을 변화하였

없지 않다(서영수, 1987, 「삼국시대 한중외교의 전개와 성격」, 『고대한중관계사의 연구』, 삼지원, 110쪽). 이와는 달리 漢의 군현통치 강화 과정에서 부조지역 토착세력의 우두머리를 평양으로 이주시킨 것으로 이해하는 견해도 있다(김기흥, 1985, 「夫租薉君에 대한 일고찰」, 『한국사론』 12, 서울대 국사학과, 30쪽).

59) 부조현의 수장층이 낙랑군 치소로 스스로 이주한 것으로 보는 견해는 다음의 글을 참조하기 바란다.(剛崎敬, 1968, 「夫租薉君銀印をめぐる諸問題」, 『朝鮮學報』 46, 51쪽)

60) 『後漢書』 本紀 1 下, 光武帝紀 1 下.

다.[61] 이러한 조치는 토착사회의 성장이 두드러져 동부도위의 직접통치가 불가능하게 되었음을 반영한다.

낙랑의 지배에서 벗어난 동해안지역은 유력한 渠帥들이 자립하면서 연맹사회가 형성되기 시작하였다. 낙랑 동부도위가 폐지되면서 부조현을 중심으로 옥저, 그 남쪽의 강원 북부에서는 사두매·불내 등을 중심으로 동예가 일어났다.

동예와 동옥저는 함남 정평(금야와 함흥 사이)[62] 또는 영흥만(금야와 원산 사이)[63] 일대에서 경계를 이루었다. 또한 동예와 남방의 예족집단은 강원도 고성 일대에서 경계를 마주하였을 가능성이 높다. 따라서 동예의 영역은 낙랑 동부도위의 관할지역 중에서 부조(함흥)을 제외한 덕원·안변·영흥·문천 등의 함남 남부와 강원 북단으로 추정된다.

동예의 구심점 역할은 동부도위의 治所였던 불내국의 수장이 담당하게 되었다. 불내후는 다른 소국의 수장과는 달리 功曹나 主簿 등의 諸曹를 두고 下戶라고 불리는 피지배층을 통치하였다.[64] 그러나 동예는 불내후를 중심으로 군사권과 외교권을 중앙에 집중한 연맹왕국 단계에 이르지는 못하였다.

동예는 대군장이 없고 侯·邑君 등의 관직이 있어서 하호를 통치하는 단계에 머물렀다. 동예는 성읍국가를 벗어나 연맹왕국으로 발전하는 과도기에 이르렀다.[65] 동예의 각 소국에는 낙랑군에 의하여 縣侯에 봉해진

---

61) 『後漢書』 권 85, 東夷列傳 75, 濊.

62) 李丙燾, 1976, 앞의 책, 201~208쪽.

63) 이지린·강인숙, 1976, 『고구려역사』, 사회과학출판사, 67쪽.

64) 『三國志』 권 30, 魏書 30, 烏丸鮮卑東夷傳 30, 東沃沮.

65) 성읍국가는 여러 집단 가운데 우월한 집단을 중심으로 둘레에 성곽을 쌓고 각종 공공시설을 설치하여 하나의 독립된 국가를 이루었다. 地緣을 중심으로 성립된 성읍국가가 외형적으로 확대되면서 연맹왕국 혹은 영역국가를 형성하였다. 성읍국가들

수장층이 존재하였고, 그 밑에 있던 여러 읍락의 渠帥들은 스스로를 三老[66]라 칭하였다.[67]

불내후는 정식으로 稱王하지 못하고, 군현에서 책봉하면서 관직을 준 '侯'를 사용하였다. 또한 동예는 낙랑군에 의해 縣侯로 봉해진 여러 소국의 거수들이 歲時마다 군현을 예방하는 분할지배 상태에 놓여 있었다. 그 외에도 토착사회가 자립하게 되면서

D. 建武 6년에 변경의 郡을 줄였는데, 都尉도 이때 폐지되었다. 그후부터 縣에 있던 우두머리(渠帥)로 모두 縣侯로 삼으니, 불내·화려·옥저 등의 모든 현은 전부 侯國이 되었다. 이들 夷狄들은 서로 침입하여 싸웠으나, 오직 不耐濊侯 만이 오늘에 이르기까지 功曹나 主簿 등의 諸曹를 두었다.[68]

라고 하였듯이, 소국 또는 집단 별로 서로 침입하는 등 내부 충돌이 일어나고 있었다.

동예의 풍습에 이웃 부락을 침범하는 일이 발생하면 生口와 소·말을 이용해 보상한 責禍[69]가 있었던 것은 소국 사이에 충돌이 빈번하게 발생하였음을 반증한다. 동예는 토착사회가 발전하고 계층분화가 촉진되면서

이 몇 개 연합해서 성립된 것이 연맹왕국이며, 성읍국가는 여전히 독립적으로 존재하고 중대한 사안이 있을 경우에만 연맹을 통해 문제를 해결하였다(李基白, 1976, 『韓國史新論(개정판)』, 일조각, 25쪽 ; 千寬宇, 1976, 「三韓의 國家形成(上)」, 『韓國學報』 2, 6~18쪽).

66) 三老는 군의 삼로와 현의 삼로로 구분되는 데, 이들은 각각 해당 군과 현의 유력한 재지세력자이었다. 낙랑군은 이들을 삼로로 임명하여 군현지재 질서내로 편입시켰다(오영찬, 2006, 『낙랑군 연구』, 사계절, 118쪽).

67) 『三國志』 권 30, 魏書 30, 烏丸鮮卑東夷傳 30, 東沃沮.

68) 『後漢書』 권 85, 東夷列傳 75, 濊.

69) 『後漢書』 권 85, 東夷列傳 75, 濊.

발생한 소국 또는 읍락 사이의 갈등과 대립을 조절하는 과정에서 책화라는 사회적 풍습이 생겨난 것으로 추정된다.

동예는 고구려가 옥저지역 복속하면서 상황 변화가 일어나기 시작하였다. 고구려는 B.C. 37년 무렵에 주몽집단의 왕권 장악을 계기로 혼강유역과 압록강 중류지역을 석권하였다. 고구려의 동해안지역 진출은 대무신왕대에 이르러 본격화되었다.

대무신왕은 A.D. 37년에 함흥 부근에 위치한 낙랑국을 습격하여 멸망에 이르게 하였다.[70] 낙랑국의 위치에 대해서는 在沃沮說,[71] 在平壤說, 대동강유역,[72] 대동강 이북과 청천강 이남 사이의 지역 등으로 보고 있지만, 옥저지역에 존재하였을 가능성이 높은 것으로 판단된다.

고구려의 남진경략에 압박을 느낀 後漢은 A.D. 44년(대무신왕 27)에 낙랑군을 평정하고 치안을 회복한 후 살수 이남지역을 그 영역으로 정하였다.[73] 고구려는 후한이 낙랑을 평정하여 살수 이남을 장악하자 더 이상 내려올 수 없게 되었다.

그 대신에 고구려는 A.D. 56년(태조왕 4)에 동옥저를 복속하여 성읍으로 삼고 滄海에 이르게 되었다.[74] 고구려는 동옥저를 복속한 후

---

70) 『三國史記』 권 14, 高句麗本紀 2, 大武神王 20年.

71) 김미경, 1996, 「고구려의 낙랑·대방지역 진출과 그 지배형태」, 『學林』 17, 4쪽 ; 金賢淑, 1996, 「고구려 지방통치체제 연구」 경북대 박사학위논문, 36쪽 ; 文安植, 1997, 「三國史記 新羅本紀에 보이는 樂浪·靺鞨史料에 관한 검토」, 『전통문화연구』 5, 2쪽 ; 全德在, 2003, 「尼師今時期 新羅의 成長과 6部」, 『新羅文化』 21 ; 임기환, 2004, 「고구려와 낙랑군의 관계」, 『한국고대사연구』 34.

72) 李瀷, 『星湖僿說類選』 권 1 下, 天地 下, 地理門 四郡 ; 申采浩, 1978, 「朝鮮上古」, 『단재신채호전집』 上, 141쪽 ; 리지린, 1996, 「삼국사기를 통해 본 고조선의 위치」, 『력사과학』, 20쪽 ; 尹乃鉉, 1996, 「崔氏樂浪國興亡考」, 『김문경교수정년퇴임기념동아시아 연구논총』.

73) 『三國史記』 권 14, 高句麗本紀 2, 大武神王 27年.

E. 고구려는 그 중에서 大人을 두고 使者로 삼아 (토착 渠帥와) 함께 통치하게 하
   였다. 또 大加로 하여금 조세를 통괄 수납케 하여, 貊·布·魚·鹽·海草類
   등을 천리나 되는 거리에서 져서 나르게 하고, 또 동옥저의 미인을 보내게 하
   여 종이나 첩으로 삼았으니, 그들을 奴僕처럼 대우하였다.[75]

라고 하였듯이, 토착 수장층을 활용하여 공납을 매개로 하는 간접지배
를 실시하였다.

고구려는 동옥저를 장악하여 소금, 물고기, 해초류 등의 해산물을 공물
로 징수하였다. 동옥저는 고구려의 지배를 받게 되어 集安에 이르는 천리
길을 걸어 공물을 납부해야 하였다. 또한 고구려는 미인을 뽑아 종이나
첩으로 삼는 등 동옥저 사람들을 奴僕처럼 대우하였다.[76]

고구려가 동옥저를 복속한 후 실시한 공납지배는 동예의 수장층에게
경각심을 불러일으킬 만큼 가혹하였다. 낙랑이 동부도위를 폐지한 이후
토착집단의 수장층을 縣侯로 책봉하여 조공관계를 설정한 것과 비교할
때 고구려의 동옥저 지배양태는 차이를 보였다. 고구려가 옥저를 장악하
면서 함흥 일대까지 진출하여 가혹한 공납지배를 실시하자, 그 남쪽에 위
치한 동예는 위협을 느끼게 되었다.

동예는 고구려가 함흥지역으로 진출하여 옥저를 장악한 후에도 상당한
기간 동안 자립을 유지하였다. 그러나 동예가 욱일승천하는 고구려의 남
진에 독자적으로 맞서는 것은 역부족이었다. 동예의 수장층은 낙랑군과

---

74) 『三國史記』권 14, 高句麗本紀 2, 大武神王 56년.

75) 『三國志』권 30, 魏書 30, 烏丸鮮卑東夷傳 30, 東沃沮.

76) 고구려가 복속한 주변세력을 지배하는 방식은 邢部體制로 편제하는 경우와 이종
    족-속민지배로 편제하는 형태로 구분되었다(임기환, 1987, 「고구려 초기의 지방통
    치체제」, 『경희사학』 14).

유대관계를 강화하여 고구려의 남진정책에 맞서 나갔다.

한편 동예와 그 남방에 위치한 濊族集團은 각각 다른 길을 걷게 되었다. 동예의 각 소국들은 동부도위의 지배를 100년 가까이 받으면서 동일한 정치공동체라는 귀속의식 또는 정체성이 형성되었다. 이로 말미암아 동예와 남쪽의 濊族集團은 별도의 집단으로 완전히 분리되었다.

그런데 『三國史記』 新羅本紀에는 동예의 異稱으로 추정되는 靺鞨 관련 사료가 상당수 남아 있다. 또한 新羅本紀에는 동해안지역에서 활약한 말갈(또는 동예) 외에 맥국이라는 별도의 세력에 대한 기록이 남아 있다. 신라의 북변에서 활약한 말갈과 맥국은

F. 9월에 화려, 불내 두 현 사람들이 공모하여 기병을 거느리고 북쪽 국경을 침범하였다. 맥국의 우두머리가 군사로써 곡하 서쪽에서 요격하여 이를 이겼다. 왕이 기뻐하여 맥국으로 더불어 친교를 맺었다.[77]

라고 하였듯이, 상호 간에 격렬한 전투를 치르기도 하였다. 또한 맥국의 수장이 사냥을 하여 잡은 새와 짐승을 신라의 유리왕에게 헌상한 사례도 있었다.[78]

한편 맥인의 활동은 百濟本紀에도 보이는데

G. 가을 9월에 漢이 貊人을 데리고 와서 침략하므로 왕이 나가서 막다가 적병에게 살해되었다.[79]

---

77) 『三國史記』 권 1, 新羅本紀 1, 儒理王 17년.
78) 『三國史記』 권 1, 新羅本紀 1, 儒理王 19년.
79) 『三國史記』 권 24, 百濟本紀 2, 責稽王 13년.

라고 하였듯이, 중국세력과 연대하여 백제를 공격하기도 하였다. 百濟本紀에 보이는 맥인은 동해안지역에서 활약한 집단과 구분되는 嶺西濊로 판단된다.[80]

百濟本紀에 보이는 말갈은 맥인과 동일한 집단으로 嶺西濊를 지칭하며, 新羅本紀에 보이는 말갈은 그 남쪽에 위치한 맥국과는 다른 집단이었다. 즉, 新羅本紀의 말갈은 동예, 맥국은 강릉을 비롯한 남방의 濊族集團(이하 嶺東 貊國)을 지칭하는 것으로 추정된다.

동예와 맥국 사이에는 충돌과 대립이 발생하여 전쟁이 일어나기도 하였다. 또한 동예는 신라와의 충돌 과정에서 화려와 불내가 공동으로 출병하는 등 군사적 연대를 꾀하기도 하였다.[81] 그러나 동예는 맹주국이 휘하에 편입된 소국들의 군사권과 외교권을 장악한 연맹왕국 단계에 이르지 못하였다.

동예는 소국들의 통합을 이루지 못한 상태에서 고구려의 남진 압박과 군현의 정치적 간섭을 받아 성장에 부정적인 요소로 작용하였다. 고구려가 동옥저를 점령하여 동해안지역에 대한 영향력을 확대하자, 낙랑군은 동예 경영에 적극적인 노력을 기울였다.

낙랑군은 중국 본국의 지원과 후원이 약화된 상태에서 군현 유지에 필요한 물적·인적자원을 확보하기 위해 동예지역을 포기할 수 없었다. 낙랑군의 인구는 A.D. 2년의 상황을 전하는 『漢書』 地理志에 의하면 62,812호에 406,748명으로 기록되었는데[82] 그 중에서 동예는 2만호에 이를 정도의 적지 않은 규모를 유지하였다. 동부도위에 속하였던 동예는 낙랑군

---

80) 百濟本紀에 보이는 낙랑과 말갈의 실체에 대해서는 다음의 글을 참조하기 바란다 (文安植, 2006, 「백제 한성기 北界와 東界의 변천」, 『백제연구』 44).

81) 『三國史記』 권 1, 新羅本紀 1, 儒理王 17년.

82) 『漢書』 권 28 下, 地理志.

전체 戶口의 25%에 이르렀다.

그러나 낙랑군은 동예에 대하여 영향력이 쇠퇴하여 직접지배가 불가능하였기 때문에 조공관계 설정을 통한 간접지배에 만족하였다. 군현은 동부도위가 A.D. 32년에 폐지되면서 동예에 대한 직접적인 수취는 불가능하게 되었다. 그 대신에 낙랑과 동예 사이에는 조공무역이 활발해지게 되었다.[83] 동예의 특산물 중에서 단궁과 반어의 가죽 및 과하마 등은

H. 낙랑의 檀弓이 그 지역에서 산출된다. 바다에서는 班魚의 가죽이 산출되며, 땅은 기름지고 무늬 있는 표범이 많다. 또 果下馬가 나는데 후한의 桓帝 때 헌상하였다.[84]

라고 하였듯이, 중국에도 널리 알려진 명품이었다. 낙랑군은 동예의 토산물을 朝貢으로 제공받아 중국 본국에 보내거나 대외교역에 충당했던 것으로 판단된다. 또한 匈奴에서 濊地의 산물로 추정되는 薉裘가 발견[85]된 것은 특산물의 활용 가치를 보여준다.

그러나 동예의 자립은 오래가지 못하고 2세기 초반에 이르러 고구려의 적극적인 남진 경략에 직면하여 위태롭게 되었다. 고구려는 A.D. 118년(태조왕 66) 華麗城을 공격[86]하는 등 동예지역 진출을 본격적으로 시도하

---

83) 군현은 그 관할지역 내에 互市를 개설하여 토착세력과의 무역관계를 통하여 필요한 물자를 조달하기도 하였다(權五重, 1992, 『樂浪郡硏究』, 일조각, 83쪽). 또한 변방지역 군현의 上計吏(郡의 丞)는 屬吏를 거느리고 3년간의 計簿와 貢物을 수도로 보내는 임무를 맡았고, 이때 이들은 각종 하사품을 받은 외에 사사로이 상업활동을 통해 수익을 올릴 수 있었다(鎌田重雄, 1962, 「郡國の上計」, 『秦漢政治制度の硏究』, 369~412쪽).

84) 『三國志』 권 30, 魏書 30, 烏丸鮮卑東夷傳 30, 濊.

85) 『淮南子』 原道訓.

였다. 고구려는 동예를 장악하여 낙랑과 우호관계를 맺고 인적·물적 자원을 제공하는 것을 차단하려고 하였다.

그 외에도 고구려는 동예지역의 과하마, 반어피 등의 특산물을 획득하려고 하였다. 고구려는 서안평 등을 장악하지 못하여 서해 방면으로 진출이 어려웠기 때문에 해산물은 동해에서 조달하였다. 또한 고구려는 동예를 장악하여 東海岸路[87]를 통하여 진한세력과 접촉을 시도하였던 것으로 추정된다.

그러나 고구려의 동예지역 진출은 쉽지 않았다. 고구려와 동예는 지리적으로 멀리 떨어져 있었으며, 동예는 낙랑과 우호관계를 맺고 정치적 후원을 받고 있었다. 고구려가 동예를 장악한 것은 後漢 末에 해당되는 신대왕 때에 가능하게 되었다.[88]

고구려는 동예를 장악한 후 동옥저와 유사한 지배방식을 구사하였다. 고구려는 동옥저를 복속한 후 그 수장층을 내세워 간접지배를 구사하였듯이,[89] 동예에 대해서도 비슷한 형식을 취했을 가능성이 높다.

---

86) 『三國史記』 권 15, 高句麗本紀 3, 太祖王 66年.

87) 동해안로는 신석기시대 이래로 북방의 문화가 유입되는 중요한 통로로 계속이용되었다. 이 통로는 청동기시대를 거치면서 변함없이 이어졌으며, 근대에 이르서도 대동여지도를 보면 동해안로는 울산에서 원산을 거쳐 함경북도의 경흥까지 연결되었다고 한다(김세기, 2002, 「진·변한의 교통로」, 『진·변한사 연구』, 경상북도·계명대학교 한국학연구원).

88) 고구려는 태조왕 때부터 요동지역 진출을 본격적으로 추진하였으나, 차대왕이 146년에 즉위한 후 팽창정책을 중단하면서 20년 동안 後漢과 충돌을 자제하였다. 그러나 신대왕이 167년에 즉위하면서 고구려는 요동지역을 다시 빈번하게 공격하게 되었다. 그 외에도 신대왕은 선비족으로 추정되는 胡族의 복속을 받아 들였으며(『三國志』 권 30, 魏書 30, 烏丸鮮卑東夷傳 30, 高句麗), 요동지역을 공격을 전후하여 동해안으로 진출하여 동예를 점령한 것으로 추정된다. 고구려의 동예 진출과 대외정세의 변화에 대해서는 다음의 글을 참조하기 바란다(여호규, 2007, 「고구려 초기 對中戰爭의 전개과정과 그 성격」, 『東北亞歷史論叢』 15).

한편 고구려가 동예에 대하여 공납을 매개로 한 간접지배를 실시하였기 때문에 舊來의 토착질서는 온존될 수 있었다. 이는 3세기 중엽에 魏가 군현을 재편한 후 동예지역을 정벌하자 不耐侯 등이 고을을 들어 항복을 하였다는 사료[90]를 통해 입증된다.

고구려가 토착 수장층을 활용한 간접통치를 구사하였기 때문에 불내후 등은 여전히 지배권을 행사할 수 있었다. 불내후를 비롯한 동예의 수장층은 고구려에 맞서 저항하지 않고 협조하면서 기득권을 계속 유지하였다. 동예의 수장층은 고구려의 지배를 받으면서 우호관계를 유지하였다. 이는 동예가 고구려에 복속한 사실을 구실로 삼아 魏가 3세기 중엽에 군사 정벌을 단행한 사실[91]을 통해 유추된다.

IV. 고구려 · 낙랑군의 대립 격화와 동예의 추이

고구려의 동예 지배는 3세기 초반에 요동에 근거를 둔 公孫氏가 군현을 재편하면서 위기에 봉착하였다. 공손씨는 평양지역을 근거로 하던 낙랑군의 세력이 크게 약화되고, 고구려의 영향력이 확대되고 있던 상황에서 자비령 이남지역에 대방군을 설치하였다.[92]

---

89) 『後漢書』 권 85, 東夷列傳 75, 東沃沮.

90) 『後漢書』 권 85, 東夷列傳 75, 東沃沮.

91) 『三國志』 권 30, 魏書 30, 烏丸鮮卑東夷傳, 濊.

92) 대방군은 자비령 이남지역을 그 영역으로 하였다. 최초의 대방은 B.C. 108년에 설치된 漢四郡의 하나인 眞番郡 15屬縣의 帶方縣이었다. 대방현은 B.C. 82년 진번군의 7縣과 함께 낙랑군의 屬縣이 되어 南部都尉의 지배를 받게 되었다. 대방군을 이루었던 7縣은 대방현을 통치의 거점인 治所로 삼아 昭明 · 列口 · 長岑 · 含資 · 海冥 · 提奚로 구성되었다.

公孫氏는 낙랑군 재편과 대방군 신설을 통하여 영향력 확대에 나섰다.[93] 공손씨가 군현을 재편하기 이전의 상황은

H. 桓帝와 靈帝 말기에는 韓과 濊가 강성하여 군현이 제대로 통제하지 못하니, 많은 백성들이 韓國으로 유입되었다. 建安 年間에 公孫康이 屯有縣 이 남의 황무지를 분할하여 대방군으로 만들고, 公孫模와 張敞 등을 파견하여 漢의 유민을 모아 군대를 일으켜서 韓과 濊를 정벌하자, 옛 백성들이 차츰 돌아오고, 이 뒤에 倭와 韓은 드디어 대방에 복속되었다.[94]

라고 하였듯이, 낙랑군은 토착사회에 대한 통제 역할을 제대로 수행하지 못하였다. 그 뿐만 아니라 後漢이 멸망하고 중국 대륙의 각 지역에서 호족들이 竝起하면서 낙랑군은 태수를 비롯한 관리마저 파견될 수 없는 상태가 되었다.

이와 같은 상황은 공손씨가 公孫模와 張敞 등을 파견하여 군현지역을 재편하면서 변화되었다. 공손씨는 군현을 장악한 후 고구려의 남하에 대한 견제는 낙랑군, 백제를 비롯한 韓族勢力에 대한 관계는 대방군에서 전담하는 분담형태를 취하였다.[95]

---

93) 대방군 설치를 낙랑군의 실질적인 南遷 내지 終末로 이해하는 견해도 있지만(金元龍, 1976, 「樂浪 文化의 歷史的 位置」, 『한국 문화의 기원』, 166쪽), 그 후에도 鮮宇嗣·劉茂 등 낙랑태수 이름이 계속 역사서에 등장하고 있기 재고의 여지가 있다(李基白·李基東 共著, 1982, 앞의 책, 69~70쪽). 그러나 대동강 이북지역에 위치한 낙랑군의 屬縣이 점차 고구려의 세력권으로 편입되고 있었던 사실은 인정해도 좋을 듯하다(池內宏, 1951, 「公孫氏の帶方郡設置と曹魏の樂浪·帶方2郡」, 『滿鮮史研究』上世第一篇, 58~59쪽).

94) 『三國志』 권 30, 魏書 30, 烏丸鮮卑東夷傳 30, 韓.

95) 文安植, 1997, 「百濟의 對中國郡縣關係 一考察」, 『전통문화연구』 4, 조선대 전통문화연구소.

그러나 공손씨의 군현 장악과 대방군설치에도 불구하고 동예는 여전히 고구려의 지배 하에 놓여 있었다. 고구려의 동예 지배가 흔들린 것은 魏가 공손씨를 격파하고 고구려를 비롯한 동방사회에 대한 대대적인 침입을 감행한 이후였다. 魏는 고구려 동천왕이 서안평을 습격하는 등 요동 진출을 위한 적극적인 공세를 취하자,[96] 對吳抗爭의 배후 위협을 제거할 목적으로 동방침입을 추진하였다.

魏는 고구려와 옥저에 대해서는 幽州刺史 휘하의 주력군과 그 주변의 이민족, 요동군과 현도군의 군사를 동원하여 초토화 작전을 수행하였다. 魏軍은 고구려의 수도 환도성을 함락한 후 후퇴하는 동천왕을 쫓아 동옥저까지 공격하였다. 魏將 毌丘儉은 王頎를 보내 동천왕을 추격하여

J. 무구검이 고구려를 토벌할 때 고구려의 왕 宮이 옥저로 달아났으므로 군대를 진격시켜 그를 공격하게 되었고, 이에 옥저의 읍락도 모조리 파괴되고, 3천여 급이 목 베이거나 포로로 사로잡히니 宮은 북옥저로 달아났다.[97]

라고 하였듯이, 옥저를 철저히 짓밟았다. 그 반면에 동예에 대해서는 後漢 末에 이르러 상실한 영향력을 회복하기 위해 낙랑군과 대방군의 병력을 파견하여 위무작전을 수행하였다.

魏는 현토군과 대립하면서 성장한 고구려와 옥저를 파괴한 것에 그치지 않고, 동예마저 복속하여 그 세력을 크게 떨쳤다. 魏는 무구검이 주도한 군사작전을 통하여 고구려를 격파하고 그 지배 하에 있던 동예를 다시 장악하였다. 옥저가 위군 별동대로 구성된 추격군의 공격을 받아 많은 인

---

96) 『三國史記』 권 17, 高句麗本紀 5, 東川王 16年.
97) 『三國志』 권 30, 魏書 30, 烏丸鮮卑東夷傳, 東沃沮.

명 피해를 본 것과는 달리, 동예는 낙랑과 대방의 군사가 충돌하였기 때문에 참상은 겨우 면할 수 있었다.

낙랑과 대방의 병력은 동예를 군현의 지배하에 편입하기 위한 위무작전을 펼쳤다. 魏는 진번군이 폐지되면서 방기된 진한 8국은 대방군에 편입하고, 동부도위의 관할 하에 있던 7현이 폐지되면서 발흥한 동예지역은 낙랑군에 부속하려고 하였다. 그러나 魏의 대외정책은 백제가 주도한 한인동맹군[98]의 반격을 받아

K. 部從事 吳林은 낙랑이 본래 한국을 통치했다는 이유로 辰韓 八國을 분할하여 낙랑에 넣으려 하였다. 그 때 통역하는 관리가 말을 옮기면서 틀리게 설명하는 부분이 있었기 때문에, 臣智가 韓人들을 격분케 하여 대방군의 기리영을 공격하였다. 이 때 (帶方)太守 弓遵과 樂浪太守 劉茂가 군사를 일으켜 이들을 정벌하였는데, 弓遵은 전사하였으나 2郡은 마침내 韓을 멸하였다.[99]

라고 하였듯이, 군사적 충돌로 비화되었다. 사료 L에 보이는 군현과 韓

98) 군현과 전쟁을 주도한 한족세력의 수장을 백제의 고이왕으로 보는 것이 일반적이다(李丙燾, 1959, 『한국사』 고대편, 329~336쪽 ; 千寬宇, 1976, 「三國志韓傳의 재검토-'三韓考' 제2부」, 『진단학보』 41 ; 李基東, 1987, 「마한영역에서의 백제의 성장」, 『마한·백제문화』 10). 그러나 目支國 辰王(盧重國, 1988, 앞의 책, 91쪽 ; 俞元載, 1994, 「晋書의 馬韓과 百濟」, 『한국상고사학보』 17, 147쪽)으로 보는 견해도 없지 않다. 또한 진왕도 고이왕도 아닌 제3의 존재를 상정하여 군현과 인접한 한족사회 소국이었던 臣幘沾國 수장이 주체가 된 것으로 보는 견해도 있다(末松保和, 1954, 「新羅建國考」, 『新羅史の諸問題』, 東洋文庫, 518쪽 ; 武田幸男, 1990, 「위지동이전에 있어서 마한」, 『마한백제문화』 12, 46쪽/成合信之, 1974, 「三韓雜考-'魏志'韓傳にみえる辰王について」, 『學習院史學』 11, 623쪽 ; 尹龍九, 1998, 「"三國志" 韓傳 대외관계기사에 대한 일검토」, 『마한사연구』 백제사연구논총 6, 충남대 백제연구소, 98쪽).

99) 『三國志』 권 30, 魏書 30, 烏丸鮮卑東夷傳 30, 韓.

人 사이에 있어서 통역자간의 오해는 진한 8국의 영유권에 대한 입장 차이로 추정된다.

양측의 대립은 단순한 통역상의 의견 차이나 조공 관할기관 이전의 문제가 아니라 진한 8국을 둘러싸고 전개된 영유권 분쟁이었다. 魏는 대방군을 통해 진한 8국을 직접 지배하려고 하였다.[100] 魏는 대방군 관할의 7현 외에 그 남쪽에 위치한 진한 8국을 장악하여 진번군에 속하였던 모든 지역을 회복하려고 하였다.[101]

魏는 중국 삼국항쟁의 와중에 본국과 멀리 떨어진 낙랑군과 대방군을 통치하는 데 어려움을 느껴, 변방지역 군현의 유지에 필요한 물적 기반을 현지에서 해결하는 방식을 선호한 것으로 판단된다. 魏는 공손씨가 대방군을 설치한 후에 시도한 유민 推刷도 고려하였지만,[102] 그 동안 방치된

---

100) 분쟁의 초점이 되었던 진한 8국의 위치에 대해서는 예성강 이남의 경기지역(李丙燾, 1976, 앞의 책, 121쪽), 춘천에서 충주에 이르는 중부지역(崔海龍, 1997, 「辰韓聯盟의 形成과 變遷－下」, 『大丘史學』 53), 영남의 일부지역(池內宏, 1928, 「曹魏の東方經略」, 『滿鮮地理歷史研究報告』 12 ; 尹龍九, 1999, 「삼한의 對中交涉과 그 성격」, 『국사관논총』 85) 등으로 보고 있다. 그러나 춘천에서 충주에 이르는 지역은 貊系 穢貊 즉, 영서예의 거주지였기 때문에 진한 8국과는 무관한 곳이다. 또한 진한 8국을 영남의 일부 지역으로 보는 견해 역시 진한 12국과 연결하여 견강부회한 것에 불과하다. 따라서 진한 8국은 군현과 인접 지역으로 보는 것이 타당성이 높은 것으로 판단된다(文安植, 2002, 『백제의 영역확장과 지방통치』, 신서원, 63쪽).

101) 예성강 이남의 경기지역에는 한 때 漢四郡의 일부인 眞番郡이 설치된 적이 있다. 진번군이 관할한 지역의 정확한 범위를 알 수 없는 실정이지만, 『茂陵書』에는 그 전체 屬縣의 숫자를 15縣이라고 하였다. 漢 武帝 사후 변방지역 군현에 대한 축소정책이 시행되면서 진번군은 폐지되고, 그 일부는 낙랑남부도위로 이관되었다. 진번의 15縣 중에서 후일 대방군이 설치된 황해도 일대의 7縣을 제외한 나머지 8縣은 폐지되었는데, 분쟁이 야기된 진한 8국과 일치한다(李丙燾, 1976, 앞의 책, 121쪽).

102) 『三國志』 권 30, 魏書 30, 烏丸鮮卑東夷傳, 韓.

진한 8국을 회복하려고 하였다. 그러나 魏의 계획은 고구려군의 분전과
백제의 대방군 공격으로 무산되고 말았다.[103)

　한편 魏는 대방군의 남쪽에 위치한 진한 8국과 마찬가지로 동예에 대해
서도 유사한 계획을 갖고 있었다. 이는 魏가 동예를 다시 복속한 후

L. 正始 6년에 낙랑태수 劉茂와 대방태수 弓遵이 단단대령 동쪽의 濊가 고 구려
　에 복속하였다 하여 군대를 일으켜 정복하니, 不耐侯 등이 고을을 들어 항복하
　였다. 8년에는 조정에 와 조공하므로, 칙명으로 봉작을 不耐濊王으로 고쳐주
　었다. 백성들 사이에 섞여 살면서 계절마다 郡에 와서 朝謁 하였다. 2郡에 戰
　役이 있거나 조세를 거둘 일이 있으면 공급케 하고 使役을 시키니 마치 백성처
　럼 취급하였다.[104)

　라고 하였듯이, 경제적 · 군사적인 부담을 강요하여 군현의 주민과 흡
사한 직접적인 수취체계에 편입한 사실을 통해서 입증된다. 魏가 동예지
역을 장악한 후 수취체계에 편입시켰지만, 지방관 파견을 통한 직접지배
를 실시한 것은 아니었다.

　魏는 동방지역에 대한 군사작전이 소기의 목적을 거두지 못하자 군현
의 정치적 영향력을 유지하는 소극적인 방향으로 정책을 선회하였다. 魏

---

103) 기존의 연구에서는 백제를 비롯한 韓族勢力이 패배한 것으로 이해하는 것이 일반
　　적이다. 그러나 한족사회의 움직임을 실제 이상으로 강조할 필요가 없고『三國史
　　記』百濟本紀 고이왕 13년조에 보이듯이 전쟁을 주도하였던 백제의 眞忠이 右輔로
　　승진하는 것 등으로 볼 때 전쟁의 결과가 백제에 별다른 타격을 주지 못한 것으로
　　이해하는 경우도 없지 않다(金壽泰, 1998,「3세기 중 · 후반 백제의 발전과 馬韓」,
　　『마한사연구』백제연구논총 6, 충남대 백제연구소, 195쪽 ; 文安植, 2001,「百濟의
　　領域擴張과 邊方勢力의 推移」, 동국대 대학원, 박사학위논문, 59~66쪽).
104)『三國志』권 30, 魏書 30, 烏丸鮮卑東夷傳 30, 濊.

는 동예의 토착 수장층을 활용하여 간접지배를 실시하였다. 동예 역시 毌丘儉이 이끈 魏軍의 압도적인 무력과 동옥저의 피해 상황을 목도하였기 때문에 군현에 적극적인 저항을 꾀할 수 없었다.

동예는 연맹왕국 단계에 도달한 백제와는 달리 군현에 정면으로 맞서기에는 역부족이었다. 동예는 고구려의 지배에서 벗어나 군현에 조공하는 방식을 택하였다.[105] 군현 역시 동예에 대한 직접지배를 포기하고 정치적 영향력을 유지하는 것에 만족하였다.

魏는 毌丘儉이 주도한 전란이 끝나고 2년이 흐른 후 불내후가 조공하였을 때 봉작을 올려 不耐濊王으로 삼았다.[106] 그러나 불내예왕의 稱王에도 불구하고 동예가 연맹체에서 벗어나 연맹왕국으로 한 단계 더 발전한 것은 아니었다.

동예는 불내예왕과 그를 보좌하는 主簿 등의 관료, 下戶로 불리는 일반 백성 등으로 신분이 분화되어 있었다. 그러나 사료 L과 같이 不耐濊王은 일반 백성들 사이에 섞여 살았다.[107] 동예는 불내예왕을 위한 별도의 궁실이 마련되지 못할 정도로 수장층의 권위가 상대적으로 미약하였다.

또한 불내예왕의 稱王 역시 토착세력의 수장을 앞세워 군현지배의 효율성을 꾀하려는 낙랑군 대외정책의 소산물에 불과하였다. 魏는 동예와 관계를 돈독히 하기 위해 불내예왕의 정치적 권위를 높여 주는 등의 우대정

---

105) 당시에 평양에 위치한 낙랑 治所에서 嶺東地域의 동예로 가는 길은 원산에서 평양에 이르는 도로를 이용한 것이 일반적이었다. 낙랑은 황해도의 곡산에서 원산 방향으로 통하는 안전하고 가까운 도로를 이용하였다. 즉, 낙랑에서 동예로 가는 교통로는 평양에서 출발하여 동남쪽의 곡산 방면을 지나 원산으로 올라갔다가 남하하는 노선이었다.(李道學, 1997, 「고대국가의 성장과 교통로」, 『국사관논총』 74, 146쪽)
106) 『三國志』 권 30, 魏書 30, 烏丸鮮卑東夷傳 30, 濊.
107) 『三國志』 권 30, 魏書 30, 烏丸鮮卑東夷傳 30, 濊.

책을 펼쳤다.

魏는 무구검이 주도한 동방 침입의 군사적 성과에도 불구하고 고구려의 분전과 백제의 반격이라는 돌발 변수로 말미암아 동예에 대한 강압적인 정책을 펼치기 어려웠다. 魏가 불내후를 불내예왕으로 책봉한 것은 직접지배가 어려운 상태에서 수장층을 활용한 간접 통치방식을 택하였음을 의미한다.

한편 魏代에는 낙랑군과 대방군의 역할은 점차 축소되고, 요동에 위치한 幽州刺史가 동방 정책의 실제적 책임자로 부상하게 되었다. 그 결과 낙랑군이 관할하던 韓과 濊貊 등의 토착집단은 261년에 이르러

M. 景元 2년 가을 7월에 낙랑의 外夷인 韓과 穢貊이 각각 그 무리를 이끌고 조공하였다.[108]

라고 하였듯이, 낙랑군을 대신하여 幽州刺史나 魏 본국과 통교하기에 이르렀다. 원래 중국에 대한 조공은 낙랑 등의 군현을 예방하는 것으로 시작되었고, 군현은 이들을 맞이하여 그 업무를 주관하였다.

군현은 토착세력의 국왕이라든가 正使 또는 次使가 격식을 갖추고 조공사절을 이끌고 온 경우를 제외하고는 황제의 대리자 위치에서 자체적으로 업무를 처리하였다.[109] 그러나 魏代에 이르러 낙랑군의 통제를 받던 韓과 穢貊 등은 幽州까지 직접 왕래하여 조공하기에 이르렀다.[110]

---

108) 『三國志』 권 4, 魏書 4, 陳留王奐紀.
109) 權五重, 1992, 앞의 책, 162~163쪽.
110) 임기환, 2000, 「3세기~4세기초 위(魏)·진(晉)의 동방정책」, 『역사와 현실』 36, 한국역사연구회 ; 여호규, 2000, 「4세기 동아시아 국제질서와 고구려 대외정책의 변화」, 『역사와 현실』 36, 한국역사연구회.

사료 M에 보이는 낙랑의 통제를 받던 예맥은 동예를 지칭하는 것으로 추정된다. 예맥이 부여나 고구려를 가리킬 가능성도 없지 않지만, 양국은 낙랑군의 外夷에 속하기 보다는 주로 현도군과 관계를 맺어 왔다. 또한 『삼국사기』신라본기에는 동해안지역에 위치하면서 고구려와 함께 신라의 동북방을 침입하던 집단에 대한 사료가 남아 있는데, 이들을 濊貊·濊·靺鞨 등으로 다양하게 기록하고 있다.[111]

따라서 사료 M에 보이는 예맥은 동예로 추정되며, 불내후가 261년에 낙랑군을 벗어나 幽州刺史나 魏 조정에 조공한 사실이 特記된 것으로 판단된다. 동예에 대한 낙랑군의 정치적 영향력은 약화되었고, 동예는 낙랑을 벗어나 유주자사와 직접 접촉하기 시작하였다.

晉이 蜀과 吳를 멸망시키고 통일을 달성함에 따라 낙랑군과 대방군의 전략적 가치는 감소되었다.[112] 魏가 蜀·吳와 대치한 상황에서 남방물자에 관심을 가졌다면,[113] 西晉은 280년 대륙을 통일하면서 중국 자체 내에서 물자를 거의 자급할 수 있게 되어 대외교섭의 필요성이 감소되었다.[114] 낙랑군과 대방군은 동이교위부에 대부분의 역할을 이관하고 영향력이 크게 약화되었다.[115]

---

111) 文安植, 2003, 앞의 책, 191쪽.

112) 晉은 274년에 幽州를 분할하여 平州를 설치하면서 東夷校尉를 두었다. 그러나 요동 방면으로 선비 모용씨의 진출이 두드러지면서, 동이교위는 과거 선비를 감호하던 오환교위의 역할까지 겸유하는 등 그 활동의 폭이 확대되었다(權五重, 1987, 「樂浪郡을 통해 본 古代中國 內屬郡의 性格」, 서강대 박사학위논문, 114~118쪽). 동방정책의 중심은 이전의 '유주-낙랑·대방·현도'의 체계에서 동이교위가 직접 통괄하는 체계로 바뀌게 되었고, 현도·낙랑·대방은 이전의 중개 기능조차 상실하게 되었다(오영찬, 2006, 앞의 책, 219쪽).

113) 윤용구, 1999, 앞의 글, 118쪽.

114) 宣石悅, 2001, 『新羅國家成立過程研究』, 혜안, 104쪽.

115) 임기환, 2000, 앞의 글.

<표 > 馬韓 및 辰韓과 西晉의 교섭관계

연 대	武 帝 紀	馬 韓 條
咸寧 2년 2월(276)	東夷八國歸化	
咸寧 2년 7월(276)	東夷十七國內附	
咸寧 3년(277)	東夷三國	復來
咸寧 4년 3월(278)	東夷六國來獻	又請內附
咸寧 4년(278)	東夷九國內附	
太康 원년 6월(280)	東夷十國歸化	其主遣使入貢方物
太康 원년 7월(280)	東夷二十國朝獻	
太康 2년 3월(281)	東夷五國朝獻	其主遣使入貢方物
太康 2년 6월(281)	東夷五國內附	
太康 3년 9월(282)	東夷二十九國歸化	
太康 7년 8월(286)	東夷十一國內附	又頻至
太康 7년(286)	馬韓等十一國遣使來獻	
太康 8년 8월(287)	東夷二國內附	又頻至
太康 9년 9월(288)	東夷七國詣校尉內附	
太康 10년 5월(289)	東夷十一國內附	又頻至
太熙 원년 2월(290)	東夷七國朝貢	詣東夷校尉何龕上獻
永平 원년(291)	東夷十七國詣校尉內附	

　　동이교위는 낙랑군의 역할을 이관 받은 후 東夷諸族과 활발한 대외교섭을 추진하였다. 그 영향력은 張華가 282년에 幽州諸軍事에 임명되어 적극적인 撫納政策을 추진하면서 더욱 확대되었다.[116] 張華의 적극적인 대외정책 추진은 영산강유역에 위치한 新彌國이 그 예하의 20여 소국을 거느리고 조공하는 등의 두드러진 성과를 올렸다.[117]

　　장화의 교섭은 한반도 남단에 위치한 영산강유역 뿐만 아니라 영동 맥

---

116) 『晉書』 권 36, 列傳6, 張華.

117) 『晉書』 張華傳에 보이는 新彌國을 비롯한 20여 소국의 조공 관련 기사는 영산강유역의 토착집단이 晉과 접촉한 사실로 보고 있다(盧重國, 1988, 『백제정치사연구』, 일조각, 119~120쪽).

국에 해당하는 영일만 부근에도 그 흔적을 남기게 되었다. 영일에서 출토된 '晉率善穢佰長銅印'은 장화의 적극적인 撫納政策을 전후하여 영동 맥국의 濊人들이 晉과 활발하게 교섭한 사실을 반영한다.

晉代에 이르러 낙랑과 대방의 역할은 쇠퇴 일로에 놓이게 되었지만, 동부교위의 영향력은 한반도의 거의 모든 지역에 강력하게 미쳤다. 이는 『晉書』마한 조에 남아 있는 사절 파견 기사를 통해 확인된다.

앞의 도표와 같이 마한은 10여 차례 이상에 걸쳐 한반도를 벗어나 요동의 동이교위부로 사절을 파견하였다. 마한 외에도 진한이 태강 원년(280)과 2년 및 7년에 사절을 파견한 기록이 남아 있다.

동예 역시 마한이나 진한과 마찬가지지로 낙랑을 벗어나 요동의 동부교위까지 사절을 파견하였을 가능성이 없지 않다. 동예 혹은 예맥 등으로 표현된 직접적인 사료는 남아 있지 않지만, 東夷 七國 또는 東夷 3國 등에는 동예의 접촉에 관한 사항도 포함되었을 가능성이 없지 않다.[118]

그러나 晉이 8왕의 난(291~306)이 일어나 급격히 쇠약해지면서 동예를 비롯한 東夷諸族과의 대외관계는 변화가 일어나게 되었다. 晉은 290년에 이르러 惠帝가 즉위한 이후 조정내분과 황위계승분쟁으로 인해 약화되기 시작하였다. 서진이 약화되자 요동지역에서는 前燕 慕容廆가 영향력을 확대하여 동부교위와 낙랑군 및 대방군은 단절되기에 이르렀다.[119]

동예는 동이교위부와 접촉이 어렵게 되면서 낙랑군과 관계 개선을 시

---

118) 魏가 동부교위를 관할하던 景元 2년(261)에 동예가 파견한 사절은 낙랑의 外夷 穢貊으로 기록되어 있다.(『三國志』권 4, 魏書 4, 陳留王奐紀) 동예가 魏에 파견한 사절을 낙랑의 外夷로 기록한 사실을 고려하면, 晉代의 기록중에서 동이 7국 혹은 동이 3국 등에는 마한과 진한 외에도 동예가 포함되었을 가능성이 있다.

119) 晉의 平州 설치와 모용씨의 요동 진출 과정에서 대해서는 다음의 글을 참조하기 바란다.(공석구, 1991, 「고구려의 영역확장에 대한 연구」충남대 대학원 박사학위 논문 ; 임기환, 2000, 앞의 글 ; 여호규, 2000, 앞의 글)

도하였을 가능성이 높다. 그러나 낙랑군은 세력이 크게 약화되어 토착사회에 대한 영향력 회복은 불가능한 상태에 직면하였다. 낙랑군의 약화는 관할 주민의 숫자가 대폭 감소한 측면에서도 들어난다.

낙랑군의 호구와 주민은 後漢 때에 61, 492호 25만 7천명 이상을 상회하였다.[120] 그러나 晉代에 이르러 낙랑군의 戸數는 3,700戸에 불과할 정도로 크게 위축되었다.[121] 낙랑의 전성기 때와 비교하면 晉代의 호구는 겨우 6%에 불과할 만큼 축소되었다. 또한 낙랑군의 지배 범위 역시 크게 축소되었다.

낙랑군은 B.C. 108년에 설치될 때 11현으로 시작하여, 남부도위와 동부도위를 B.C. 82년에 설치하면서 진번군과 현도군에서 7현씩을 받아들여 25현을 관할하게 되었다. 그러나 A.D. 30년에 이르러 동부도위에 속하였던 7현을 폐지하면서 18현을 담당하게 되었다. 그 후 공손씨가 요동을 점거하면서 3세기 초에 7현을 분리하여 대방군을 세웠고, 대동강 이북의 5현은 고구려에 상실하여 겨우 6현(朝鮮·屯有·渾彌·遂成·鏤方·駟望) 만이 남게 되었다.

한편 낙랑군과 대방군이 주변의 토착사회에 영향력을 행사할 수 있었던 배경은 중앙정부의 권위와 중원지역과 연결되는 교역체계를 바탕으로 하였다. 그러나 북방민족이 요동을 차지하여 중원과 군현의 연결은 두절되고 교역체계는 붕괴되었다.

낙랑군은 중원과 연결이 두절된 데 이어 고구려의 공세에 직면하여

N. 建興 元年(313년)에 요동 사람 張統이 낙랑·대방의 2군을 근거지로 고구려

---

120) 『後漢書』 志 23, 郡國 5, 幽州 樂浪.
121) 『晉書』 志 14, 地理上, 幽州.

왕 을불리(미천왕)와 서로 공벌하기를 해를 거듭하다가, 낙랑 사람 王遵이 장
통을 설득하여 백성 천여 가를 이끌고 慕容廆에게 귀부하였다.[122]

라고 하였듯이, 요동 출신의 張統이 군현 내의 거주민을 동원하여 겨우
막아내고 있었다. 장통은 태수로 정식 임명된 인물은 아니었고, 낙랑군
또는 대방군 출신의 유력한 호족으로 추정된다. 晉이 약화되고 모용 선비
가 득세하면서 낙랑군은 본국과 단절되어 장통과 같은 지방 유력자에 의
해 장악되었다.

따라서 낙랑군은 동예에 대한 통제나 교역의 창구로서의 기능을 발
휘할 수 없게 되었다. 고구려가 낙랑군과 대방군을 축출한 것은 미천왕
14년(313)과 그 다음해에 이루어졌다.[123] 그러나 『資治通鑑』에는 291년
에 대방군이 철폐되어 옮겨졌다는 기사가 남아 있고,[124] 313년에 이르
러 사료 N과 같이 張統이 1천여 가를 이끌고 모용외에 투항한 것으로
되어 있다.

따라서 낙랑군과 대방군은 290년 무렵에 사실상 폐지되었고, 미천왕에
의하여 그 잔당이 요동으로 축출될 때까지 장통을 비롯한 호족 등에 의하
여 대동강 이남의 6현을 중심으로 그 명맥을 유지하였던 것으로 판단된다.

고구려는 미천왕이 낙랑군과 대방군을 313년과 314년에 축출하기 이
전에 대동강이북에 위치한 평양지역을 장악하였다. 낙랑군은 토성리토
성을 치소로 하였던 조선현을 비롯하여 대동강 남쪽만을 겨우 유지하
고 있었다.

미천왕은 302년에 3만 군사를 이끌고 현도군을 공격하여 사로잡은 8천

---

122) 『資治通鑑』 권 88 晉紀, 孝愍 上.
123) 『三國史記』 권 17, 高句麗本紀 5, 美川王 14 · 15년.
124) 『資治通鑑』 권 82, 晉紀 孝惠.

명을 평양으로 옮기기도 하였다.[125] 미천왕이 8천여 명에 이르는 대규모 포로를 평양성으로 옮긴 이유는 낙랑군이 약화되면서 주민들이 대거 이탈하여 거주민 숫자가 적었기 때문이다. 이는 고구려가 늦어도 302년 이전에 대동강 이북지역을 장악하여 영역으로 편제하였음을 의미한다.

고구려는 마침내 313년에 대동강 이남지역에 국한하여 영향력을 행사하고 있던 낙랑군과 대방군을 한반도에서 축출하는 데 성공하였다. 또한 고구려는 낙랑군의 축출을 전후하여 그 영향력 하에 있던 동예 복속을 추진하였다. 고구려는 미천왕대를 전후하여 다시 동예지역을 장악하였으며,[126] 광개토왕의 정복 활동 이전에는 직접적인 통치력이 미치는 영역으로 편제하였다.[127]

고구려는 동예를 복속하였으나 곧바로 지방관을 파견하여 직접지배를 실시하지 못하였고, 前代와 마찬가지로 토착 수장층을 활용한 간접지배를 꾀하였다. 이는 고구려가 낙랑군과 대방군을 차지한 이후 토착 호족세력을 이용하여 간접지배를 하였던 사례를 통해 유추된다.[128]

---

125) 『三國史記』권 17, 高句麗本紀 5, 美川王 3년.

126) 고구려가 미천왕대를 전후하여 동예지역을 장악한 사실을 보여주는 직접 사료는 남아 있지 않다. 다만 『晉書』지리지에 낙랑군의 統縣이 6縣, 戶數가 3,700이었다는 사료를 참조하면, 고구려가 대동강 이북지역에 위치한 낙랑군의 속현을 점령할 무렵에 동예도 함께 복속하였을 가능성이 높다.

127) 광개토왕릉비에 의하면 수묘호를 구민과 신민 출신으로 구별하였다. 구민수묘호는 광개토대왕 이전에 복속된 매구여민·동해가·돈성민·우성·비리성의 함경남도, 평양성의 평안도지역, 양곡·양성·안부연·개곡·신성·남소성의 요동지역 주민으로 충당되었다(林起煥, 1987, 「고구려 초기의 지방통치체제」, 『경희사학』 14, 58~63쪽). 반면에 신민 수묘호는 광개토대왕이 백제와의 전쟁에서 노획한 한족과 영서의 예족의 출신들을 원주지로부터 이주시켰다. 따라서 고구려는 늦어도 광개토왕의 등장 이전에 동예지역을 장악한 것으로 판단된다.

128) 미천왕이 313년에 군현을 축출한 후 그 옛 땅에 잔존한 중국계 호족세력은 독립적인 자치상태에 놓여 있었다. 이곳은 중국계 주민의 단순한 거주지역으로 변모되

고구려는 동예를 석권하는 데 그치고, 그 남방에 위치한 영동 맥국까지 영향력을 확대하지는 못하였다. 그 대신에 영동 맥국은 東海岸路를 따라 북상한 신라의 지배를 받게 되었다.[129] 신라의 영동 맥국 진출은 397년(내물왕 42)에 있었던 하슬라에 대한 구휼기사,[130] 실질국과 음즙벌국 사이의 영토 분쟁에 대한 개입[131]을 통하여 살펴볼 수 있다.

내물왕은 하슬라에 흉년이 들자 죄수를 사면하고 조세를 면제하였다. 내물왕이 하슬라를 구휼할 수 있었던 것은 신라가 북상하여 영역으로 편입하였기 때문에 가능하였다. 또한 신라는 실직국과 음즙벌국의 대립에 일정정도의 영향력을 미쳤다. 신라는 4세기 후반에 이르면 실직국이 위치한 삼척지방을 넘어 강릉의 하슬라까지 영향력을 확대하였다.

신라 역시 남방의 예인집단을 장악하여 곧바로 직접지배를 실시하지 못하였다. 당시의 복속은 곧 영토의 확장이 아니었기 때문에 토착세력은 신라의 종주권을 인정하면서 의례적인 공물을 납부하는 공납관계를 맺고 독자성을 유지할 수 있었다.[132]

한편 군현의 축출 이후 동해안지역의 토착사회는 충돌이 격화되기 시작하였다. 또한 고구려가 동예를 장악했음에도 불구하고 동예와 신라 사

었으며, 잔존한 호족들은 東晉 등 중국 남조와 교섭하면서 세력을 유지하였다. 이들은 대외교역과 정치적 활동에서 어느 정도의 독자성을 갖고 있었다(孔錫龜, 1990, 「德興里 壁畵古墳의 主人公과 그 性格」, 『백제연구』 21, 충남대 백제연구소).

129) 『삼국사기』에 의하면 신라는 탈해왕 때부터 주변 소국을 복속하기 시작하였고, 본격적인 세력확장은 파사왕(80~111) 때에 이르러 추진되었다. 신라가 경주를 벗어나 경상북도 일원을 완전히 편입한 것은 3세기 중엽에 이르러 가능하였다(千寬宇, 1993, 『古朝鮮史・三韓史硏究』, 일조각, 300쪽). 신라가 안강-포항을 거쳐 동해안을 따라 북상하기 시작한 것은 군현이 축출되면서 이루어졌다.

130) 『三國史記』 권 3, 新羅本紀 3, 奈勿尼師今 42년 7월.

131) 『三國史記』 권 1, 新羅本紀 1, 婆娑尼師今 23년.

132) 李宇泰, 1997, 「신라의 성립과 발전」, 『한국사』 7, 국사편찬위원회, 49쪽.

이에 대립이 일어났다. 사료 상으로 볼 때 신라와 동예(말갈) 사이의 대립이 일어난 것은 유리왕 17년 때가 처음이었다.[133]

그러나 신라와 동예의 대립 기사는 신라가 4세기 후반에 이르러 하슬라 지역을 복속한 후 조성된 갈등 관계를 반영하고 있다.[134] 동예가 신라를 침입한 목적은 주로 백성의 약탈뿐만 아니라 가축이나 재보획득, 풍부한 물산 등의 확보를 위한 것이었다.[135]

또한 동예는 신라가 남방의 영동 맥국을 장악하면서 북상한 후 위협을 가하자, 그에 대한 반격의 차원에서 신라를 침입하는 경우도 없지 않았다. 신라는 동예의 침입에 맞서 長嶺에 일차적인 방위망을 구축하였으며,[136] 군대를 동원하여 동예(말갈) 정벌을 논의한 바도 있었다.[137] 그러나 신라가 동예를 완전히 제압할 수 있을 만큼의 국력이 축적되지 못하여 실현되지 않았다.

동예와 신라의 대립은 고구려의 장수왕이 적극적인 남진정책을 추진하면서 변화가 일어났다. 장수왕은 남진정책을 추진하면서 동예를 앞세워 신라를 압박하였다. 장수왕은 동예의 병력을 동원하여 신라 북쪽의 변경에 위치한 실직성을 습격하였다.[138]

또한 고구려는 동예와 함께 호명성 등 일곱 성을 빼앗고 경주 북쪽에 인접한 미질부(포항시 흥해면)를 압박하였다.[139] 장수왕은 일시적으로 영

---

133) 『三國史記』 권 1, 新羅本紀 1, 儒理尼師今 17년.

134) 사료 상으로 볼 때 신라와 말갈의 대립은 2세기 초반부터 격화되었다. 그러나 양 세력의 사이에 벌어진 전쟁 사료는 신라가 4세기 후반 이후 강릉지역을 복속한 후 북방의 말갈세력(동예)과 대립관계가 조성된 사실을 반영하고 있다.(文安植, 2003, 앞의 책, 164쪽)

135) 『三國史記』 권 1, 新羅本紀 1, 祇摩尼師今 14년.

136) 『三國史記』 권 1, 新羅本紀 1, 逸聖尼師今 7년.

137) 『三國史記』 권 1, 新羅本紀 1, 逸聖尼師今 9년.

138) 『三國史記』 권 3, 新羅本紀 3, 慈悲麻立干 11년.

덕 계선까지 진출하여 옥저 및 동예와 남방의 예족집단이 거주하던 옛 임
둔지역의 대부분을 차지하게 되었다. 동예는 고구려에 복속된 후 신라 침
입을 위한 전위세력으로 전락되었다. 신라는 동예를 앞세운 고구려의 강
력한 남진정책에 밀려 고전을 면치 못하였다.[140]

V. 맺음말

동해안지역 토착사회가 史書에 처음으로 등장한 것은 臨屯이라는 이름
으로 B.C. 2세기 초반에 이르러서였다. 임둔은 동해안지역에 거주하던
濊族 또는 濊貊이라 불리던 종족이 거주하던 지역을 총칭한다. 임둔은
B.C. 190년 무렵에 이르러 고조선에 복속되어 그 영향력을 받았으며,
B.C. 128년에 濊君 남려가 漢의 武帝에 복속을 청한 것을 계기로 창해군
이 설치되었다.

창해군은 혼강유역과 압록강유역 및 동해안지역의 토착집단을 총괄하
였으며 그 治所를 함흥의 옥저성에 두었다. 그러나 창해군은 도로 개설
등에 필요한 막대한 경비 등이 부담되어 오래 지속되지 못하고 2년 만에
폐지되었다.

창해군의 설치는 임둔이 옥저와 동예로 분리되는 계기가 되었다. 武帝가
고조선을 멸하고 4군을 설치하면서 동해안지역에 현도군과 임둔군을 별도
로 설치한 것도 이와 관련이 있다. 漢은 창해군의 역할을 계승하기 위해 현

---

139) 『三國史記』 권 3, 新羅本紀 3, 炤知麻立干 3년.

140) 군현의 축출 이후 고구려와 신라의 동해안지역 진출과 동예의 동향에 대해서는
　　다음의 글을 참조하기 바란다.(文安植, 1998, 「『三國史記』 羅·濟本紀靺鞨史料에
　　대하여」, 『한국고대사연구』 13)

도군을 설치하여 치소를 옥저성에 두었고, 그 남쪽에 임둔군을 두었다.

그러나 B.C. 82년에 漢의 邊郡 축소정책에 따라 임둔군이 폐지되고 그 관할지역은 현도군에 속하게 되었다. 현도군마저 B.C. 75년에 폐지되면서 동해안지역 토착사회는 낙랑군 동부도위의 지배를 받게 되었다. 동부도위는 東暆·不耐·蠶臺·華麗·邪頭昧·前莫·夫租 7현을 두었는데, 함흥에 위치한 부조현을 제외하고 그 나머지 6현은 옛 임둔군의 속현이었다.

임둔군의 15현 중에서 6현은 동부도위에 속하였고, 그 나머지 9현은 방기되어 토착세력이 자립하게 되었다. 임둔의 남쪽 지역에 위치하였던 9현은 강원 해안지역과 경북 해안지역을 무대로 활약한 濊人이 거주하였다. 이들의 존재는 강릉을 '濊之古國'으로 칭하였다는 사료나 경북 영일에서 발견된 '晉率善濊佰長銅印'을 통해 입증된다. 『삼국사기』 신라본기 유리왕 조에는 이들의 실체를 貊國으로 기록하였다.

동해안지역 토착사회는 A.D.32년에 이르러 東部都尉가 폐지되고 後漢의 영향력이 약화되자 독자적인 발전을 꾀하였다. 동부도위는 後漢이 건국된 후 토착민의 渠帥를 책봉하여 縣侯로 삼아 자치를 인정하는 방향으로 군현정책이 변화되면서 폐지되었다.

낙랑의 지배에서 벗어난 동해안지역은 유력한 渠帥들이 자립하면서 연맹사회가 형성되기 시작하였다. 현도군의 치소가 위치하였던 함흥 일대를 중심으로 옥저가 일어났고, 그 남쪽의 한남 남부와 강원 북부지역을 중심으로 동예가 자립하였다. 동예는 강원도 고성 일대를 경계로 하여 남방의 영동 맥국과 경계하였다.

동예의 영역은 동부도위의 관할지역 중에서 부조(함흥)를 제외한 덕원·안변·영흥·문천 등의 함남 남부와 안변 등의 강원 북부 해안지역이 중심이 되었다. 동예의 구심점 역할은 동부도위의 治所였던 불내국의 수장이 담당하였으며, 그 중심지는 금야군 소라리토성이었다.

동예가 군현의 지배에서 벗어나 자립하면서 『後漢書』에 濊傳이 입전되기에 이르렀다. 예전이 정식으로 입전된 것은 동예가 정치적으로 자립하였음을 반영한다. 동예라는 명칭은 단단대령의 동쪽에 위치한 예족국가라는 의미로 사용되었는데, 단단대령은 낭림산맥의 고갯길인 설한령이나 황초령으로 판단된다.

동예는 정치적 자립을 이루면서 성읍국가를 벗어나 연맹왕국 단계로 접어드는 과도기 상태에 이르렀다. 동예는 2세기 후반까지 150여 년 동안 불내국을 중심으로 연맹체 사회를 이루면서 자립을 유지하였다. 동예는 고구려가 A.D. 1세기 중반에 동옥저를 점령하여 동해안지역에 대한 영향력을 확대하자 낙랑군과 연대하여 그 압력에 맞서 나갔다.

동예는 맹주국이었던 불내국이 주변 소국들의 통합을 이루지 못한 상태에서 고구려의 남진 압박과 낙랑군의 정치적 간섭을 받아 성장에 부정적인 요소로 작용되었다. 동예는 後漢 末에 이르러 중국 대륙이 혼란기에 접어들어 낙랑군이 쇠퇴하면서 고구려의 지배를 받게 되었다.

고구려의 신대왕은 167년에 즉위한 후 요동지역을 자주 공격하였면서 동해안으로도 진출하여 동예를 점령하였다. 동예의 정치적 자립은 끝나고 고구려의 지배를 받게 되었다. 고구려의 동예지역 지배는 오래 지속되지 못하고 3세기 중엽에 이르러 魏의 침입을 받아 낙랑군의 지배를 다시 받게 되었다.

魏는 군현을 재편하여 자비령 남쪽의 황해도 일대를 중심으로 대방군을 신설하였고, 동예를 그 영역으로 편입하여 통치기반을 강화하였다. 魏는 동예를 낙랑군에 편입하여 동예의 인적 자원과 풍부한 물산을 장악하려고 하였다. 그러나 고구려의 분전과 백제 고이왕이 주도한 한인동맹군의 공격을 받아 군현의 의도는 무산되고 말았다.

魏는 동예의 맹주국 수장이었던 不耐侯의 봉작을 不耐濊王으로 올려주는 등 회유책을 구사할 수 밖에 없었다. 불내예왕은 군사권과 외교권을 집중한 연맹왕국 단계의 수장의 지위에 이르지 못하였지만, 낙랑군의 후원을 받아 동해안지역의 맹주 역할을 하였다.

한편 魏代에 이르러 동예를 비롯한 東夷諸族의 대외관계는 낙랑군을 대신하여 遼西의 幽州刺史가 총괄하게 되었다. 魏·晉이 교체된 후에는 遼東으로 파견된 東夷校尉가 전담하였다. 이에 발맞추어 동예의 불내예왕은 낙랑군을 벗어나 요동의 동위교위부로 사절을 파견하였다.

그러나 동예는 290년대에 이르러 8왕의 난이 일어나 晉이 약화되면서 동이교위와 접촉이 어렵게 되었다. 또한 낙랑군은 북방민족 慕容 鮮卑가 요동과 요서지역에 세력을 확대함에 따라 중원 왕조의 지원을 받기 어렵게 되어 고구려에 의하여 축출되고 말았다.

동예는 군현의 축출을 전후하여 고구려의 지배를 받게 되었고, 그 남방의 濊族集團(嶺東 貊國)은 신라가 4세기 후반부터 북상하면서 점령해 나갔다. 그 과정에서 동예와 신라 사이에 충돌이 격화되기 시작하였고, 신라는 영동 맥국을 북방진출의 전위세력으로 활용하였다.

동예는 주민의 약탈, 가축이나 재보획득, 물산 확보를 위해 영동 맥국과 신라를 공격하였다. 동예는 신라가 영동 맥국으로 진출하면서 위협을 가하자, 그에 대한 반격의 차원에서 공격한 경우도 없지 않았다. 신라는 군대를 동원하여 동예 정벌을 꾀하였으나 국력이 미치지 못하여 실현되지 않았다.

동예와 신라의 대립은 고구려의 장수왕이 적극적인 남진정책을 추진하면서 변화가 일어났다. 장수왕은 남진정책을 추진하면서 동예를 앞세워 신라를 압박하였다. 그리하여 장수왕은 영덕 계선까지 진출하여 동예와 영동 맥국의 대부분 지역을 차지하게 되었다. 동예는 고구려에 복속된 후 신라 침입을 위한 전위세력으로 전락되고 말았다.

제2장 고대국가의 발전과 삼국의 정치 사회

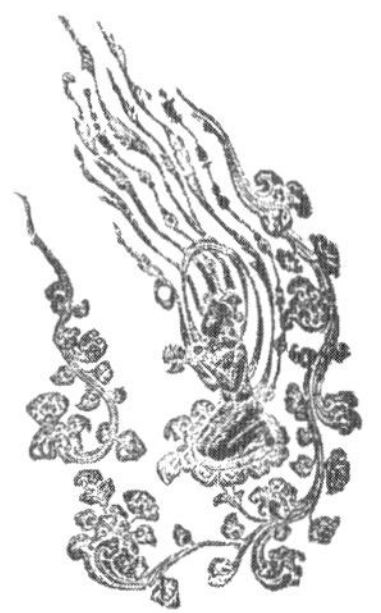

東アジアにおける高句麗の文明史的位相

李成市*

――――――― 目　次 ―――――――

はじめに

　高句麗史の帰属をめぐる論争は、韓国における中国「東北工程」の報道を契機に、**2003**年夏より始まり、今日では国際的にも注目されるところとなっている（1）。これまで私は、東アジアの境界領域に展開した古代の王朝国家の歴史的性格を様々な機会をとらえて論じてきたが、この問題をナショナル・ヒストリーの論理で議論する限り、論争の決着点は見いだせないというのが私の一貫した立場である（2）。

本稿は、国家間の歴史認識紛争として現象している個々の論争の是非を論じるの

＊ 日本 早稲田大学文学学術院

ではなく、むしろ、これを契機に古代史研究を多角的に議論するための方途を模索する試みでもある。そこで、まずは微細な観察から始まる出土文字資料の成果に依拠しながら高句麗の文字文化に着目し、さらには巨視的な文明史の観点を導入し、高句麗の歴史と文化を、中国文明の伝播と受容の過程に位置づけてみたいと思う。高句麗がはたした地域文化形成の媒介者としての重要性に留意することによって、東アジアという地域の特色と共に、この地域に果たした高句麗の文明史的な位相を求めてみたい。

I. 出土文字資料から見た高句麗の漢字文化

1970年代以降、韓国では、5〜6世紀の石碑や木簡の発見が相次ぎ、これらの石碑や木簡は、従来の編纂史料では知りえない事実を明らかにしてきた。とりわけ中原高句麗碑、丹陽赤城新羅碑、蔚珍鳳坪新羅碑、迎日冷水新羅碑の発見は、韓国古代史研究を大いに活気づけた。その一方で、同じ頃に慶州雁鴨池から約50点の木簡の出土が報告されたが、断片的であり、文字数が少ないこともあって、上記の石碑ほどには注目されることはなかった(3)。

雁鴨池における木簡発見から20年後、私は日本の木簡学会において、当時はいまだ100点に満たない段階の韓国出土木簡に関する研究発表を行った。日本や中国においては、すでに10万を単位にする木簡の出土点数があり、それらとの比較の視点から検討することによって、韓国出土木簡の特徴やその占める位置の重要性について喚起することが大きな目的であった(4)。

従来、日本の学界では日本木簡と中国木簡との間には、ほとんど関連性は見いだせないと言われてきた。実際に、木簡の形態も書式も全くと言っていいほどに異なる。それゆえ、日本古代史研究者は、日本木簡は日本列島で孤立して独自に形成され発展したものと固く信じてきた。上記の発表当時、韓国出土の木簡は100点程に過ぎなかったが、しかし数例ではあっても日本出土木簡と関連づけられそうな木簡が検出され、そのような点を具体的に指摘した。発表後には会場から、日本と韓国の両国で出土した木簡の類縁性についての新たな指摘があったものの、研究者の一部には日韓の木簡の間には、ほとんど関係は見出せないという厳しい意見もあった。

その後、韓国において新たな木簡の出土が続くなかで、2003年より早稲田大学朝鮮文化研究所は、韓国の国立文化財研究所および国立昌原文化財研究所との学術交流協定に基づく共同研究に着手し、韓国出土木簡に対する赤外線カメラによる調査に恵まれることになった。それによって、この数年のうちに、具体的に日韓における出土木簡の類似性を明確に指摘できる事例が数多く検出されるようになった (5)。

　注目すべきは、以上のような韓国出土木簡や石碑などの出土文字資料の検討を通じて、古代における漢字文化の伝播と受容の過程が明らかになってきたという点である。従来、日本の学界では当然のことのように、古代日本の漢字文化は、直接、渡来人（中国系人士）によって中国大陸からもたらされたと考えられきた。しかし近年では、韓半島の漢字文化を媒介にして漢字文化を受容した過程が5・6世紀の石碑や木簡によって学術的に裏づけられるようになってきた (6)。

　中国文明、とりわけ漢字文化が周辺諸地域に伝播・受容されていく過程には、必ず媒介者があるのであって、そのような媒介的な機能に注目する必要がある。韓半島と日本列島の間に、そのような関係が認められると言うに止まらず、さらに5世紀の中原高句麗碑や6世紀前半期の新羅碑を見てみると、明らかに新羅の漢字文化は 高句麗の漢字文化の 影響を受けていることが 容易に 理解できる (7)。

　とりわけ注目すべきは、その当時の新羅は中国王朝と直接的な交渉がほとんどない時代であったという事実である。そもそも、文字はまずは外交文書などによって外部（中国王朝）との交通に用いられ、その後、社会的な成熟と共に、文字はしだいに社会内部へと転化し、浸透していく (8)。しかしながら、そのような客観的な条件（中国王朝との文書を介した外交）がない時代に新羅においては、独自の文体をもつ石碑だけでなく、6世紀半ば頃の新羅木簡が咸安（旧安羅国）から現在までに 100 点以上出土している (9)。それらの木簡は、当時の新羅領域内の城・村からもたらされた穀物などの物資につけられていた荷札であった。つまり、中国との交渉をもたない当時の新羅において、社会内部に文字が広く流通していたことが判明しているのである (10)。

　これまで中国木簡とはほとんど結びつかなかった日本木簡は、6世紀中頃と推定される咸安城山山城木簡の形態や書式において酷似しており、明らかに城山山城木簡は、7世紀後半以降の日本木簡の先行形態であることを認めざるをえない (11)。新羅木簡が日本木簡の媒介的な役割をしていることが具体的な資料に即して見て取れるのである。

日韓における出土木簡の比較をとおして、日本の漢字文化は新羅を媒介に受容している可能性が明確になってきたのであるが、そのような新羅の漢字文化は、石碑の事例で明確であるように、高句麗の影響が濃厚である。それゆえ、新羅の漢字文化や日本の漢字文化は、元来、高句麗の漢字文化を媒介にしていたことになる。

　いまだに高句麗木簡は発見されるに至っていないが、私見によれば、日本木簡が中国木簡との間に関連性が見いだせない背景には、高句麗による漢字（中国）文化の選択的な受容があって、そのような変容のもとに高句麗で木簡が作られ、さらに新羅・百済などに受容されて変容していったことと関係があると推測している。将来に高句麗木簡が発見されれば、このような漢字文化の伝播と受容のプロセスを解明されることになるであろうと期待している（12）。

　東アジアの中で高句麗文化をどのように捉えるのかという課題に取り組むに際して、このような漢字文化の伝播と受容の問題を一つの突破口として取り上げてみたいのである。そもそも、こうした高句麗文化の位相というのは、多くの研究者にとっては、ことさら新しい面貌ではないかもしれない。しかしながら、重要な点は、具体的な出土文字資料に即して高句麗の漢字文化を議論できるようになってきたのは、韓国出土木簡の研究を契機に、この 4～5年の研究動向を前提にしているという事実である。

　このような観点から、いま問題として措定している高句麗の文明的な位相について私見を述べることにしたい。

II. 高句麗の地理的・生態的位置

　高句麗は、紀元前2・3世紀くらいから668年まで 800 年以上の歴史のある王朝であり、中国東北地方（吉林省・黒竜江省・遼寧省）からロシア沿海州、韓半島に至る広大な地域にその歴史を展開した。5世紀後半代の長寿王の時代には、南は小白山脈にまで及んでいたことは、中原高句麗碑や附近の遺跡によって知りうるので、最盛期には韓半島の南部地方まで政治圏に治めたとみられる。

　このような地域に展開した高句麗の歴史と文化を検討する際に、私が注目するのは、次の2点である。まず第一に、中国文明との関係で文化圏として高句麗が展開した地域の特徴についてである。高句麗以南の新羅、百済、倭といった古代国家が展開した地域の文化的特色は、在来の民族文化を保持しながら、どこよりも中国文明が及んで中国文明化した地域であるという事実である(13)。

　たとえば、高句麗の場合、小獣林王2年（372）に太学が設置された『三国史記』に伝わり、また五経（『詩経』『書経』『周易』『春秋』『礼記』）などの儒教経典や三史（『史記』『漢書』『東漢紀』、『三国志』などの史書や、『玉篇』『字統』などの字典や『文選』などの文学作品が高句麗において学ばれていたと中国正史に伝わる。百済、新羅、倭でも時期的には高句麗に遅れるが、このような中国の漢字、儒教さらには、漢訳仏教、律令の伝播と受容が認められる。こうした高句麗以南の地域における中国文明の伝播と受容については、日本の学界では西嶋定生氏による「東アジア世界論」（冊封体制論）という枠組みで理論化されており、その議論によれば、この中国文明が強く及んだ地域は「東辺諸国」と呼ばれている（14）。

　西嶋氏によれば、この「東辺諸国」に、他のどの地域よりも中国に起源する漢字・儒教・漢訳仏教・律令が伝わった理由として、この地域の君主と中国皇帝との間に官爵の授受を媒介にした君臣関係（冊封関係）が結ばれた事実が強調され、そのような政治関係が中国文明を波及させたと考えられている。

　この仮説は長い間、日本の学界で支持されてきたが、しかしながら、実際に検討してみると、この仮説の実証は不可能である。中国文明の伝播・受容と冊封関係の関係については、「東辺諸国」におい検証できるのは、ある特定の時期（6〜8世紀）と、限られた国（高句麗・百済・新羅・渤海・倭）の現象に過ぎない。さらに「東辺諸国」以外の中央アジアの諸民族との関係では、ほとんど検証できない（15）。要するに、西嶋氏の冊封体制という理論で、周辺諸地域における中国文明の伝播と受容を考えるには限界があるのである。

　むしろ、この地域を中国文明との関係で考えるのならば、中国東北地方、韓半島、日本列島にまたがる地域の特色は、もっと別なところにあると考えられる。特に高句麗が興起した地域は、いっそう顕著であって、その後、高句麗が歴史を展開した地域は、まさに漢の郡県が設置された地域と重なる（16）。紀元前108年から翌年にかけて、楽浪郡、玄菟郡、臨屯郡、真番郡が置かれ、その後、3世紀初めに公孫氏政権が平壌の南方に帯方郡を設置した。それらの郡県との対抗関係の中で、高句麗は強大化していった。

　すなわち、高句麗が後世に支配した主要な領域には、かつて中国の郡県が置かれ、いわば直接統治を受けているのである。秦漢時代における統治方式常識からすれば、郡県が設置されるということは、その地域はブルドーザーにかけられたように、従前の文化が根こそぎ絶えてしまうような状況になるのであって、これが「漢化」という現象である（17）。

　たとえば、長江流域の巴蜀の地は、黄河文明に匹敵するもう一つの文明が実在したのではないかとの指摘すらなされたことがあったように（18）、特色ある固有の文化が存在していた。そのような地域も、秦・漢王朝の郡県支配を受けると、従前の文化が消失し、漢化の波に飲まれてしまう（19）。それに対して、かつて漢四郡が置かれた地域では、楽浪郡や帯方郡が 313 年に滅びるが、それ以前から高句麗、百済といった民族国家が興起している。さらに 4 世紀中頃には、新羅や加耶といった朝鮮半島南部の国々の活動が顕著になっていく。

　それらの諸族が古代国家を形成していく過程で、漢字を受容し、漢字を媒介に儒教や律令や漢訳仏教などの中国文明を積極的に受容して民族国家を立ち上げていくことになる。要するに、中国の郡県支配を被りながらも、漢化せずに、中国文明化していくという特色ある地域である。高句麗は、このような地域的な特色をもつ代表的な存在であるという点をまず第一に指摘したい。

　第二に、高句麗の歴史と文化を考える際に注目されるのは、高句麗が歴史を展開した地域の地理的、生態的な位置についてである。妹尾達彦氏の指摘によれば、ユーラシア大陸からアフリカ大陸まで「アフロ・ユーラシア」の北緯 40 度前後には、歴史的な主要な都市が点在しているという（20）。たとえば、古代中国の二つの代表的な都市である長安と洛陽もそれに該当する。なぜ北緯 40 度前後の地帯に都市が点在しているかといえば、そこは 1 万キロを超す長大な農業と遊牧の境界線が走っており、農耕と遊牧の接点があったからであるとの指摘がある。人類は長い歴史を通じて、異なる生業の生産物を交換し合いながら生きてきたが、各々生態的な環境の異なる産物が境界地帯で交換されてきた。このような交易の場に都市が生まれ、政治権力が生じたのであって、まさに都市は異質なものが出会う場所であるというのである。

　妹尾氏によれば、北緯 40 度前後にある農業と遊牧の境界地帯こそが生態環境を南北に隔てさせると共に、南北の物流が出会う場所であり、そこに都市が生まれる。洛陽や長安、サマルカンド、バクダード、コンスタンチノープルをはじめとする諸都市は、そうした人間集団や文物、思想が出会い、せめぎあう場所であり、そのような歴史的な都市が広く「アフロ・ユーラシア」で形成されということを強調している。

　このような妹尾氏の仮説は高句麗の歴史や文化を検討する際に注目される。なぜならば、高句麗が朝鮮半島で活動をする主要な舞台は、まさに北緯 40 度前後に該当するからである。 高句麗中期の都・国内城（集安）と高句麗後期の都・長安城（平壌）は、各々北緯 41 度と 39 度にあたり、40 度を南北に一度ずつ挟んで位置している。高句麗は、そのような位置に政治拠点を置いて 発展した 国家であった。

　高句麗国家の中核を形成する時代を活写している 『三国志』 東夷伝には、 中国東北地方から 朝鮮半島、日本列島の 地域に生きた 諸民族の 習俗や生業がみごとに描かれている。その描写をみると、おおよそ北緯 39 度以北には、夫餘や高句麗、挹婁、東沃沮といった諸族がおり、北緯 39 度以南には、韓諸国（三韓）があって、さらに東海沿岸地域および太白山脈の山岳地帯には、 濊（穢）族が南北にひろく分布していたことがわかる。

　彼らの 生業は 多様であって、 おおよそ 朝鮮半島南部の 韓族は農耕であるが、一方、39 度以北はもちろん農耕も行われていたが、そのほかに牧畜や狩猟、川辺や海辺での漁労がなされていた。さらに高句麗の西北部には、広開土王碑に記されているように、 稗麗のような契丹系の 民族によって 遊牧がなされていた(21) 。

　高句麗が支配を及ぼしていた領域は、まさに異なる生業の人々が交わる地域であり、高句麗が王都を置いたところは、妹尾の指摘があるとおり、異なる生業の人々が接触する境界領域であり、結節点になっていたのである。特に平壌はまさにそのような地域として注目される。

　漢の武帝が、なぜ楽浪郡を平壌に設置したのかということを考えてみると、もちろん、それ以前に朝鮮国があって、平壌に王険城という政治中心が所在したのであるが、そのような平壌に楽浪郡を置いた理由については、妹尾氏の仮説を援用すれば、平壌を掌握するということは、中国東北地方から韓半島南部にかけてのヒトやモノの流れを掌握するという目的があったと推定されるのである。

　近代日本の歴史研究者たちは、漢四郡を近代植民地を投影し、その類推で捉えようとしたが、それは当時の実体から遊離しているように思われる。物流の拠点を押さえてヒトの流れ、モノの流れを掌握することに漢の武帝は強い関心を示

していたのであって、そのことは、同じく武帝時代における西域の河西四郡設置
や、南方の南海郡など九郡設置などの政策を見れば明らかである（22）。

　漢四郡のうち、楽浪郡以外の３郡は設置後、間もなくして原住民の反抗で廃
されたり、移置されたりしたが、平壌に設置された楽浪郡だけは、前漢、後漢、
公孫氏政権、魏、晋と王朝が替わっても維持され、420年にわたって存続し、この
地域に対して政治的に関与し続ける。ただ、その間には中国歴代王朝と楽浪との
関係には大きな変化があり、直接支配という言葉はふさわしいとは言いがたい。
高句麗は、百済と共に 313 年に楽浪郡を滅ぼすと、平壌の地をしっかりと確保し
ておき、やがて 427年には満を持していたかのように集安から平壌に都を移すこ
とになる。

　高句麗は、このような地理的、生態的な位置に展開した国家であったという
点が注目すべき第二に指摘したいことである。つまり、第一に、高句麗が展開し
た地域は、漢化ではない中国文明化が及ぶ地域であるということであり、第二に
、高句麗が歴史を展開した地域は、南北の生業が交わる境界領域であり、結節点
であるような地域であったということである。そのような地域に高句麗の歴史が
展開したのである（23）。

Ⅲ. 東アジアにおける高句麗史の位置

　以上のことを前提にして、高句麗の歴史と文化を東アジアの地域にどのよう
に位置づけるのかを考えてみたい。

　結論を先に述べれば、高句麗以南の地域は中国周辺諸国の中でも特に中国文
明の伝播、受容という点で、どこの地域よりも積極的な受容がみられた特別な地
域であり、中国文明がこの地域に伝播・受容されていく過程とは、高句麗を媒介
にして初めて可能になったというのが私の仮説である。

　高句麗は、中国諸王朝との接触と葛藤を繰り返しながら、高度で異質な中国
文明を、高句麗なりに取捨選択して受け止めたのであり、そのようにして高句麗
が受容した中国文明が高句麗の朝鮮半島南部への政治進出や、様々な高句麗の外
交活動を通して、百済や新羅、加耶、あるいは日本列島の倭という地域に伝播し
ていったのである。

　このようなとらえ方は、先に紹介した西嶋の冊封体制論とはかなり異なるも
のである。少なくとも中国文明が「東辺諸国」に伝播していく過程は、冊封とい

う中国皇帝との直接的な政治関係（君臣関係）を媒介とするものではない。

　しかしながら、注意しなければならないのは、広開土王碑や中原高句麗碑に見られるように、高句麗は自らを中心とする政治秩序（属民―朝貢関係）を作り上げ高句麗王は、あたかも中国皇帝のように、百済や新羅など周辺の諸国、諸族に対して支配関係を形成していた痕跡がみとめられる事実である。高句麗は、たとえば新羅を「東夷」とみなし、衣服を授与し、「朝貢」を 強制するなどして、自己を中心とするいわば 中華体制を 築いていたことが 同時代資料に 認められる（24）。

　このような高句麗の対外政策と、高句麗が受容した中国文明が周辺に伝播したこととの間に関連性がありえるので、正確に言えば、私の仮説が西嶋の冊封体制論と全く関係がないとは言えない。しかしながら、中国文明化のプロセスとは、中国皇帝との直接的な関係では解けないということだけは確かである。

　そのような高句麗の制度や文化の伝播の具体的な事例を挙げてみたい。日本史において推古大王 11 年（603）に冠位十二階が創設されたことはよく知られているが、その歴史的意義が東アジア史の規模で考えるという試みは積極的にはなされてこなかった（25）。

　いま高句麗の政治を参照することによって、冠位十二階の本質を位置づければ次のようになる。古代東アジア諸国の支配者集団は、王都に居住し、このような支配者集団は、いくつかの政治的・社会的な集団を形成し、それらは高句麗、百済、新羅では「部」を称していた。そうした「部」族は、部族相互間、あるいは部族内部に族制的な秩序をもつ政治集団であり、それらがいわば連合体をなしながら、支配共同体を形成していた（26）。

　王権の立場からみれば、こうした族制的秩序が堅固であっては、強力な王権を発揮することはできない。そこで、王権を強化するためには、「部」の族制的な身分秩序を超えた、王者の下に新たに個人的な身分秩序を別途に作らざるをえない。古代国家が王権を強化していく過程で、それまで王権を支えてきた基盤でもある族制的な秩序を保守する支配集団から超越してようとすれば、必然的に要請される新たな基盤としての身分制度こそが官位制であり、日本列島の倭王権の場合、それが 603 年に成立した冠位十二階であった。

　このような官位制は、高句麗においては、2 世紀末から 3 世紀ごろには原初的な形で成立し、300 年前後には 13 のランクをもつ官位制に整えられていたと推定されている（27）。この高句麗の官位制をモデルにして、百済では、6世紀に至って 16 等の官位制が、新羅では 520 年頃に 17 等の官位制を創設している（28）。こうした官位制の成立過程をみれば、東アジア的な観点から高句麗の官位制成立から、古代日本の冠位 12 階の成立までを、一連の過程として見通すことができる。すでに、百済、新羅の官位制が高句麗との関係で成立したことが指摘されているが（29）、それより以前に、古代日本の冠位 12 階がその構造上、高句麗の影響を受けているという指摘がある（30）。

　また、高句麗、百済、新羅、倭の4カ国における族制的身分制と関わって、高句麗に制度的な由来を求めることができる職位として、大対盧、大左平、上大等、大臣を例に挙げることができる。

　640年代に高句麗、百済、新羅、倭の諸国では、内乱が起こり、その内乱を収拾したものが権力を掌握し、中央集権的な諸政策を断行していく。すなわち、高句麗における淵蓋蘇文の乱（642 年）、百済における義慈王の高官追放（642 年）、倭国における乙巳の乱（645 年）、新羅における毗曇の乱（647年）が平壌、扶余、飛鳥、慶州の諸都市で続けざまに起きている。この事象を石母田正は「東アジアにおける権力集中現象」と命名したことがある（31）。

　これらの内乱の本質は、前述の官位制に関わっている。王者の側からの権力強化への志向としての官位制の内実化は容易ではない。旧来の部の実力者たちは、簡単にはその既得権を手放そうとはしないからである。それゆえ、王の下に一元的な身分制をめざした官位制は、その実施過程において族制的な拘束を受けざるをえない（32）。　その妥協策として、王を補弼する最高職位が高句麗、百済、新羅、倭に等しく認められる。それらが大対盧、大左平、上大等、大臣であった。

　たとえば、高句麗においては、大対盧が官位制の最上位に位置していた。しかし官位制の最上位に位置づけられながらも、大対盧は三年ごとに交替すると伝えられており、高句麗王は、武力で決定する大対盧の交替に際して一切の関与ができず、宮殿内で座視しているのみであったという33）。このような高句麗の大対盧に匹敵するのが、百済では大佐平、新羅では上大等と、倭では大臣（おおおみ）とよばれ、官位制の秩序を越えて存在していた。

　重要な点は、権力構造上の類似性のみならず、642年から647年までの四カ国の内乱は、内乱の鎮圧過程において、特定の人格に権力が集中し、大対盧・大佐平・上大等・大臣といった職位が一斉に空洞化している点である。職位が名目的に残ったとしても、その内実は空洞化させられて、かつての権力はもちえない職位に変質している。つまり、これらのほぼ同時期に発生した内乱の本質は何かというと、王権側からしてみれば、王権強化の過程で、族制的なものを除去していくような政治過程であったということになる。

　しかも興味深いことに、それらの職位は、高句麗の大対盧と新羅の上大等（上臣）、倭国の大臣は、言語学的にみれば、高句麗の大対盧に由来し、共通しているのである（34）。そうであるならば、これらの地域の国家の構造、政治、社会、文化の構造にいたるまで、高句麗と関連づけて考えることができるということになるであろう。

　さらに、この地域に共通に見られる中国律令の継受の問題は、とりわけ日本学界において大きな関心がよせられてきた重要な研究課題であった。近代日本における西洋法の継受と関わりながら、古代における中国と日本の律令比較研究が重視されてきた。しかし、その一方で、律令編纂が確認できない新羅は比較の対象外であるという考え方が非常に強い。新羅の律令は体系的なものであったのか、成文化されていたのか等々、検討しなければならない問題はあるが、法興王7年（520）に「律令を頒示した」とある『三国史記』の記事は、その内実をさらに検討すべきである（35）。

　というのも、この「頒示律令」という4字の意味内容を従来、日本の学界では軽視してきたのであるが、最近の出土木簡から見ても、律令の本質が個別人身支配だとすれば、この当時の新羅が地方民を一人ひとり把握していたことが木簡によってほぼ明らかになっており（36）、律令支配体制はそれなりに機能していたといえるからである。そのような新羅の律令制度がどこに由来するかといえば、当時の新羅が中国と没交渉であることからみて、高句麗に求めるほかないであろう。新羅は高句麗から律令（支配方式）制度を学んでいたのである。

　また、地方制度などについても、今日残っているわずかな史料からも、高句麗の制度が百済、新羅、さらに倭にも大きな影響を及ぼしていたことが分かっている（37）。地方制度の中でも、防御体制に関わる山城は、高句麗で発達するが、それらは、韓半島南部に波及し、さらに日本列島とりわけ西日本に及ぶ防御施設であった。

最後に高句麗の文字文化とその影響であるが、前章で述べたように、日本の学界では、日本列島の漢字文化は中国からの伝播・受容を最も重視して検討してきた。しかし、今後は韓国をはじめとして、北韓から木簡が出土すれば、さらに仔細に跡づけられるはずである。私見によれば、文体（所謂変体漢文）、造字、略字、用語、用字法、王の命令の書式、法令の宣布の方法（38）に至るまで、高句麗の漢字文化は、新羅、百済、加耶、倭国に多大な影響を及ぼしていたことを史料によって裏づけられるようになると思われる（39）。

　先に政治制度の一部に言及したが、高句麗の漢字文化の及ぼす範囲は、そもそも文字が時間と空間を超えて人間の意志の伝達を可能にするという文字の性格上、必然的に文字をもって表象する政治、社会、文化など、おおよそ人間の活動の諸方面に波及したはずである。したがって、高句麗の漢字文化とともに、様々な政治、社会制度や文化、思想などが韓半島の南部や列島の諸国に及んだものと推定される。

おわりに

　以上の３章にわたって、私は東アジアにおける高句麗の歴史と文化の位相を明らかにすべく、高句麗による中国文明の受容とその独自の変容が、東アジア諸国、諸族による中国文明受容の道を切り開いていった形勢について述べてきた。

　この地域の文化的な特長は、中国文明の枠組みを受容することによって、固有の文化を巧妙に保全させるというところに特徴がある。こうした文化状況は、漢化、中国化されていくというよりは、中国古代において多くの諸民族は漢化されて消滅したのであるから、むしろ文明化されたという点を積極的に評価すべきだろうと考える。

　高句麗が東アジアにおいて果たした役割とは、中国の文明化の媒介者としての役割であって、それは高句麗が置かれていた地政学的な条件にもよるであろうが、そのような媒介的な役割によって、韓半島南部の百済、新羅、加耶、日本列島の倭国の政治的な発展や、多様な文化の受容と展開があったとみられる。

　高句麗以南の地域には、中国文明が受容されながらも、漢化されることなく、そこに民族文化が保持され、一定の文化圏を形成させたことは、高句麗の中国文明の媒介者としての役割に起因するところが大きいと判断される。

最後に付言すべきは、文明の伝播と受容における媒介者の重要性についてである。中国文明が高句麗を媒介して、 韓半島南部の諸国に伝播、受容されたことを、単に「高句麗を経由してもたらされた」というように、矮小化してはならない。例えば、ヨーロッパの科学と哲学の発展は、 9 世紀以降のアラブ人によってアラビア語に翻訳され受容されたギリシャ語文献を抜きにしては、全くありえなかった事実を想起すればわかりやすい。この過程で留意しなければならないのは、W.M ontgomeryWatt が的確に指摘しているように、アラブ人はヨーロッパ人に対して、ギリシャ思想の単なる伝達者ではなく、正真正銘の担い手であり、学びとった諸学を維持したばかりでなく、その領域を拡大さえしたという事実である（40）。ヨーロッパ文明とは、ギリシャ・ローマの文明から直接受け継がれたのではなく、アラブ人を媒介にして新たな要素が加えられ、それによって初めて近世ヨーロッパ文明が形成された事実に鑑みれば、高句麗の新たな文化の創造者としての媒介的役割の重要性は、どれほど強調しても、しすぎることはないのである。

註 ________________

(1) このような問題を国際的に討議すべく、2008 年 8 月には、中国における東北工程の担当者を招き、高句麗に関する国際会議が開催され、南北韓、日本、中国、米国、カナダ、イタリアなど 7 ヶ国の研究者の発表と討議があった。本稿は、この時の発表文に基づきつつ加筆訂正した。ISKS Workshop on the Dongbci Gongcheng and Koguryo, The International Society for Korean Studies-North America Branch,University of British Columbia.

(2) 李成市『創られた古代』（図書出版三仁、ソウル,2001 年）。

(3) 李基東「木簡類」（文化広報部文化財管理局『雁鴨池発掘報告書』文化広報部文化財管理局,ソウル, 1978 年）。その後、雁鴨池木簡の全容が明らかにされたのは、 2007 年になってからである。慶州国立博物館『新羅文物研究』（1,国立慶州博物館, 慶州, 2007 年）参照。

(4) 李成市「韓国出土の古代木簡」（『木簡研究』19, 奈良, 1997 年）。

(5) 朝鮮文化研究所編『韓国出土木簡の世界』（雄山閣, 東京, 2006 年）。

(6) 李成市「古代朝鮮の文字文化」(平川南編『古代日本文字の来た道』大修館書店, 東京, 2005 年)、李成市「漢字受容と文字文化からみた楽浪地域文化— 6 世紀新羅の漢字文化を中心に」（早稲田大学アジア地域文化エンハンシング研究センター編 『アジア地域文化学の構築』

雄山閣, 東京, 2006 年）。

(7) 李成市「漢字受容と文字文化からみた楽浪地域文化—6 世紀新羅の漢字文化を中心に」（前掲書）。

(8) 文字の社会内部への転化が古代日本では 7 世紀後半になってのことであることについては、神野志隆光「文字とことば ・「日本語」として書くこと」（『万葉集研究』21, 東京, 1997 年）参照。

(9) 国立加耶文化財研究所・早稲田大学朝鮮文化研究所編『日韓共同研究資料集咸安城山山城木簡』（国立加耶文化財研究所、昌原、2007 年）。

(10) 李成市「朝鮮の文書行政—6 世紀の新羅」（平川南編『文字と古代日本』2，吉川弘文館, 東京, 2005 年）。

(11) 李成市「韓国木簡研究の現在—新羅木簡研究の成果を中心に」（工藤元男・李成市編『東アジア古代出土文字資料の研究』（雄山閣, 東京, 2009 年）。

(12) 広開土王碑にみられる法令宣布の方法に関して、高句麗における後漢の碑文受容の一面に言及したことがある。こうしたあり方は、木簡を用いた文書行政に必ず反映されていたと推測される。李成市「広開土王碑の建立目的に関する試論」（『韓国古代史研究』50, ソウル, 2008 年）。

(13) 「東アジア史の新しいアプローチ—「楽浪地域文化」の提唱」（『世界平和研究』32-4, 東京, 2006 年 11 月）。

(14) 西嶋定生『古代東アジア世界と日本』（岩波書店, 東京, 2000 年）。

(15) 李成市『東アジア文化圏の形成』（山川出版社, 東京, 2000 年）。

(16) 田中俊明「高句麗の興起と玄菟郡」（『朝鮮文化研究』1, 東京, 1994 年 3 月）。

(17) 漢化と中国文明化の違いについては、工藤元男「中国文明と四川モデル」（『韓国・日本・中国・モンゴル・英国五ヶ国国際学術大会東アジア歴史学新人研究者国際学術会議報告集』成均館大学, ソウル, 2009 年 1 月）を参照。

(18) 1986 年における長江上流域の四川省広漢市三星堆遺跡の発見は、「長江文明」の名をもって話題となった。ただ、その後、中原の黄河文明との関連も指摘されている。

(19) 工藤元男「秦の巴蜀支配と法制・郡県」（早稲田大学アジア地域文化エンハンシング研究センター編『アジア地域文化学の構築』雄山閣, 東京, 2006 年）。

(20) 妹尾達彦「中国の都城とアジア世界」（鈴木博之他編『シリーズ都市・建築・歴史 1 記念的建造物の成立』東大出版会、2006 年, 東京）。

(21) 広開土王碑によれば、広開土王は永楽 5 年（395）に稗麗と戦い、その戦果として多数の牛馬羊と共に、移動式可能住居「営」を6〜700を獲得したと記している。

(22) 周知のように、河西4郡が西域交易の窓口になり、南海郡など9郡が南シナ海一帯の南海貿易の拠点になった。

(23) 最近、妹尾達彦氏は唐王朝の国家構造を「農牧複合国家」と捉えうることを提唱している。そのような視角が有効であるとすれば、高句麗の5世紀後半以降の国家を捉える際にも、そのように規定しうるのではあるまいか。

(24) 酒寄雅志「華夷思想の諸相」（荒野泰典他編『アジアのなかの日本史Ⅴ』東大出版会, 東京, 1993年）。

(25) 宮崎市定「三韓時代の位階制度について」（『朝鮮学報』14, 天理, 1959 年）は、冠位十二階を朝鮮三国の官位制との関係で捉えようとした最初の研究であるが、国家構造に即した歴史的意義についての分析はない。

(26) 武田幸男「朝鮮三国の国家形成」（『朝鮮史研究会論文集』17, 東京, 1980 年）。

(27) 武田幸男「高句麗官位制の史的展開」（『高句麗史と東アジア』岩波書店, 東京, 1989 年）。

(28) 武田幸男「新羅官位制の成立」（旗田巍先生古稀記念会編『朝鮮歴史論集』上, 龍渓書舎, 東京, 1979 年）。

(29) 武田幸男「六世紀における朝鮮三国の国家体制」（井上光貞他編『東アジア世界における日本古代史講座』4, 学生社, 東京, 1980 年）。

(30) 宮崎市定「三韓時代の位階制度について」（前掲誌）。

(31) 石母田正『日本の古代国家』（岩波書店, 東京, 1971 年）。

(32) たとえば、蔚珍鳳坪新羅碑（524 年）には6部の中の一つである岑喙部の最上位に者に、族長を意味する「干支」が記されるのみであって、官位がない。

(33) 『翰苑』注所引『高麗記』。その考証については、吉田光男「『翰苑』注所引『高麗記』について」（『朝鮮学報』85, 天理, 1977 年 10 月）参照。

(34) 末松保和「新羅建国考」（『新羅史の諸問題』東洋文庫, 東京, 1954 年）、武田幸男「六世紀における朝鮮三国の国家体制」（前掲書）。

(35) これまでの議論については、李成市「東アジアからみた高句麗史の文明史的位相」（早稲田大学アジア地域文化エンハンシング研究センター編『アジア地域文化学の発展』雄山閣, 東京, 2006 年）参照。

(36) 李成市「朝鮮の文書行政─6世紀の新羅」（平川南編『文字と古代日本』2, 吉川弘文館, 東京, 2005 年）。

(37) 武田幸男「六世紀における朝鮮三国の国家体制」（前掲書）。

（38）李成市「広開土王碑の建立目的に関する試論」（前掲誌）。

（39）その概要については、李成市「古代朝鮮の文字文化」（前掲書）参照。

（40）W. Montgomery Watt　THE INFLUENCE OF ISLAM ON MEDIEVAL EUROPE　Edinburgh University Press Ltd.
1972（W.モンゴメリ・ワット三木亘訳『地中海世界のイスラム―ヨーロッパとの出会い』筑摩書店,東京,2008 年）

동북공정 이전 중국의 고구려귀속문제 연구

이인철*

Ⅰ. 머리말

고구려가 중국에 귀속된다는 주장의 전제는, 고구려는 국가가 아니라는 것이다. 고구려가 독립된 주권을 가진 국가라면 다른 국가에 귀속될 리가 없기 때문이다. 중국학자들이 고구려를 국가라고 부르지 않고, 지방정권이라고 부르는 이유도 바로 여기에 있다.

역사는 과거에 인간이 행한 행위 혹은 그에 관한 기록이기 때문에 행위자에 귀속된다. 따라서 고구려 역사도 그 행위자인 고구려에 귀속된다.

---

* 동북아역사재단 책임연구위원

고구려가 국가가 아닌 지방정권이라면 고구려 역사는 일차적으로 그 지방정권에 귀속되지만 그 지방정권이 속해있는 국가에 역사가 귀속된다. 중국학자들이 고구려를 중국고대의 소수민족지방정권이라고 말하는 배경에는 고구려라는 국가뿐 아니라 고구려역사까지도 중국에 귀속시키려는 의도가 자리하고 있다.

중국학자들이 고구려가 중국에 귀속된다고 처음으로 주장한 시기는 1940년대부터였다. 이 글에서는 1940년대부터 시작하여 동북공정이 시작된 2002년 이전까지를 대상으로 하여 중국학계의 고구려 귀속 주장을 4시기로 나누어 살펴보려고 한다. 먼저, 1940년대부터 1990년대 이전까지의 연구동향을 살펴볼 것이다. 이 시기는 고구려사에 대한 전문적인 연구가 거의 이루어지지 않은 가운데 단편적으로 고구려 귀속 문제를 언급하는 글들이 대부분이었다. 1990년대 이후에는 중국학계의 고구려사 연구가 활발하게 이루어지는데 一史兩用의 주장이 유행하던 1990년대 후반을 하나의 시기로 묶으면 그 이전 90년대 전반이 하나의 시기가 되고, 그 이후 동북공정 직전까지가 하나의 시기가 된다. 1990년부터 2001년까지를 3시기로 나누어 중국학계의 고구려귀속문제 연구동향을 살펴보려는 것이다.

필자는 이러한 중국학계의 고구려귀속문제 연구동향 정리가 관련 분야 연구자들에게 도움을 줌은 물론 마침내는 중국학계의 고구려사 인식을 바로 잡고, 고구려 국가와 역사를 지키는데 기여할 수 있을 것으로 기대한다.

II. 90년대 이전 고구려귀속문제에 관한 초보적 견해

근대에 와서 고구려귀속문제에 대해 가장 먼저 언급한 중국학자는 金毓黻이었다. 그는 『東北通史』 상편에서 고구려민족을 중국 고대동북민족 중의 하나로, 고구려사를 중국 東北專史로 규정했다.[1] 그는 또, 요동을 중국 군현 즉 중국 땅이라 하였고, 고구려는 기자가 책봉을 받은 곳이고 漢晉이 군현으로 삼았으므로 이를 정벌한 것은 잃어버린 옛 땅을 수복한 것이며, 고구려의 일족이 본래 부여에서 나왔으므로 중화민족의 일부라고 주장하였다.[2]

중화인민공화국 건립 후에는 고구려역사연구가 불충분하였다. 이로 인해 중국에서는 1950년대에서 70년대 전기까지 통사, 단대사, 세계사 저술에서 고구려귀속문제를 단편적으로 기술했다. 통사류에서 가장 영향이 큰 것은 范文瀾의 『中國通史』와 郭末若의 『中國史綱稿』이었다. 범문란은 고구려를 중국 현도군 관할 하의 일개 지방정권이었다고 서술하였지만, 수와 고구려의 전쟁에서는 고구려를 외국 즉 조선의 국가로 파악했다. 呂振羽의 『簡明中國通史』, 翦伯贊의 『中國史綱要』, 尙鉞의 『中國歷史綱要』에서는 고구려전기는 중국에 귀속되는 것으로, 후기는 중국에 속하지 않는다는 것을 아주 명확히 서술했다. 이로 인해 오래 동안 범문란 등이 고구려가 시종 중국에 귀속하지 않는다고 주장한 것으로 잘못 인식되었다.[3] 郭末若은 『中國史綱稿』 4책에서 한반도가 장기간 신라, 백제

---

1) 金毓黻, 1976, 『東北通史』, 52~80쪽.
2) 金毓黻, 1976, 위의 책, 296~344쪽.
   孫進己, 1994, 「高句麗的歸屬」 ; 孫進己 主編, 『東北亞民族史論研究』, 中州古籍出版社, 418~419쪽.

고구려 3개 국가로 분열되어 있었다고 보았다.[4] 1956년 서덕원이 편찬하여 요녕대학 교재로 발행한『세계중세사』도 기씨조선, 위만조선, 고구려를 모두 조선역사상의 왕조로 설명했다. 齊思和의『세계중세사강의』(1956), 孫秉瑩의『세계중세사강의』(1956), 동북사범대학역사계 세계고대중세기교연실의『세계중세기사』도 모두 고조선 고구려 문제를 이와 같이 처리했다.[5]

단대사 저작 중에는 楊志玖의『隋唐五代史綱要』(1955)에서는 고구려를 대외관계에서 동돌궐, 서역 등과 나란히 서술하였고, 岑仲勉의『隋唐史』(1957)에서는 수당의 대고구려전쟁을 다루었고, 呂思勉의『수당사』는 고구려를 돌궐, 토번 등과 나란히 다루었으며, 吳楓의 『隋唐五代史』(1958)는 수당의 고구려전쟁을 확장전쟁과 침략전쟁으로 성격을 규정하였다. 章群의『唐史』(1958)는 '盛唐의 대외관계'라는 표제 하에 고구려, 서역, 동돌궐, 토번의 일을 다루었고, 韓國磐의『隋唐五代史綱』에서는 수의 대외관계 중에서 고구려와 일본, 동남아 제국을 함께 나열하였다.[6] 1960년대에 나온 周一良・吳于廑 주편의『세계통사』는 기자의 조선건국 전설을 언급하고, 위씨조선과 신라, 백제, 고구려 삼국 시기를 서술하였다. 아주 명확한 것은 이 시기에 고구려 귀속문제에 관한 연구가 아직 진지하게 진행되지 않았다는 것이다.[7] 1963년에 출판의 王承禮・李健才 저술의『吉林歷史概要』는 고구려를 중국에 귀속시키지는 않고 여전히 조선에 귀속시키고, 고구려를 중국영토 위에 건립한 독립국가로 처리하였다.[8]

---

3) 孫泓, 2004,「中國學者高句麗歸屬研究綜述」,『高句麗研究』18, 253쪽.

4) 馬大正 外, 2001,『古代中國高句麗歷史叢論』, 323~324쪽.

5) 馬大正, 2004,「中國學者的高句麗歸屬研究評析」,『東北史地』1, 6쪽.

6) 馬大正 外, 2001, 앞의 책, 324~325쪽.

7) 馬大正 外, 2001, 위의 책, 325~326쪽.

8) 孫泓, 앞의 논문, 253쪽.

　　그러나 1977년에 손진기가 『東北民族史稿』에서 예맥족이 건립한 부여국, 고구려국은 줄곧 漢의 屬國이었다고 하고, 이로 인해 일찍이 중국의 일부분이 되었다고 처음으로 주장하였다. 고구려는 4세기에 낙랑군을 취한 후에 한반도의 1개 국가가 되었고, 중한 양국의 국토에 걸치게 되었다고 하고. 고구려멸망 후에 중국경내의 유민은 漢, 滿, 蒙 각족으로 들어가 중화민족의 일부가 되었고, 한반도 경내의 유민은 백제와 함께 신라에 통일되어 조선족으로 들어갔다고 주장하였다.

　　張博泉은 1981년에 출판한 『東北歷代疆域史』에서 '고구려는 남북조에서 후위, 북제, 북주의 藩附'였고, '수당의 고구려 전쟁은 요동고지의 수복'이라고 주장하였는데, 1985년에 출판된 張博泉의 『東北地方史稿』에서도 '고구려는 漢代의 군현 구역에서 발전하였고, 중국 군현의 관할 범위를 넘지 않았으며, 시종 일관 중원이나 중원북방 정권에 藩附하였다'고 하고, '수당의 고구려 원정도 통일적 다민족국가가 요동을 수복하여 군현으로 삼기 위한 전쟁이었고, 영토 확대를 위한 침략전쟁이 아니었다.'고 하고, 이 두 측면에서 보아 '고구려는 요동군현 지구를 점령하기 전에 당시 중국의 1개 민족으로 중원에 신속했고, 군현지구를 점유한 이후에도 중국왕조 밖의 독립국가가 아니었고, 중원에 칭신하고, 중원왕조의 책봉을 받았다.'고 서술했다.[9]

　　1987년에 손진기는 『동북민족원류』에서 "고구려는 중국 東北史 上의 일개 중요민족이고, 일찍이 중국동북지구에 출현하여, 한반도로 남천한 부분은 조선족에 들어가고, 동북지구에 거주한 부분은 지금의 중화 각족에 들어갔다"고 하였다.[10] 같은 해, 董方侖의 『東北史綱要』에서는 "고구려

---

9) 張博泉, 1985, 『東北地方史稿』, 吉林大學出版社, 116 · 165쪽.
　　孫泓, 위의 논문, 256쪽.
10) 孫泓, 위의 논문, 256쪽.

는 중원왕조 관할 하의 지방국가정권이고, 한나라 때부터 줄곧 중원왕조
와 藩附關係를 유지하였다"고 하였고, 1989년에 손진기 등이 편저로 출
판한 『東北歷史地理』에서도 고구려는 漢代에 정식으로 漢의 판도에 들어
와 설치 건립되었다고 하였다.[11]

　동시기의 민족사 저작들도 모두 고구려족을 중국역사상의 민족으로 인
정하였다. 1989년 徐杰舜의 『中國民族史論新編』[12], 1990년 翁獨健 주편의
『중국민족관계사강요』, 1990년 江應梁 주편의 『중국민족사』[13], 王鐘翰 주
편의 『중국민족사』 등이 그러한 저작이다. 다만, 당시의 세계사 저작들은
일본과 한국의 관점에 영향을 받아, 고구려를 한반도 상에 건립된 국가로
보았다.

　1990년, 孫玉良 · 李殿福이 발표한 「고구려와 중원왕조의 관계」에서는
"첫째, 고구려인 및 그 선민 예맥인은 옛적부터 중국 다민족 중의 일원이
다. 둘째, 고구려정권은 漢의 현도군 경내에 건립되었고 현도군의 관할에
귀속되었다. 한나라시기에 고구려현령이 그 명적을 주관하였다. 셋째, 고
구려의 역대 여러 왕은 모두 중원정권의 책봉을 받아 중원정권 관리구성
의 일원으로 되었고 중원정권을 대신하여 직접 본부의 인민을 관리하였
다. 넷째, 고구려의 여러 왕은 모두 중원정권에 사신을 보내어 조공하고
신하의 예절을 다하였으며, 그리고 조정의 回賜와 指令을 받았다. 다섯
째, 고구려정권은 종래로 중원정권과 예속관계를 이탈해 독립을 선포하
지 않았고 중원왕조도 종래로 고구려에 대한 관할을 방기한 적이 없었다.
여섯째, 고구려가 평양에 천도한 후, 중원과의 예속관계를 계속 보존하였
으며, 어떠한 실질적인 변화도 발생하지 않았다. 다만 고구려의 세력이

---

11) 孫泓, 위의 논문, 257쪽.

12) 徐杰舜, 1989, 『中國民族史論新編』, 115쪽.

13) 江應梁, 1990, 『中國民族史』上, 143쪽.

진일보 발전하고 그 관할범위가 확대되었을 뿐이다”는 견해를 제시했다.[14] 孫玉良·李殿福에 이르러 중국의 고구려귀속논리가 상당히 정리되었음을 알 수 있다.

요컨대, 1940년대에 김육불이 고구려를 중국고대의 지방정권으로 파악한 견해를 제시했지만, 1950년대에서 70년대에 이르기까지 고구려를 한국사에 넣어 서술한 경우가 많았다. 1977년에 손진기, 1981년에 장박천이 압록강을 기준으로 고구려가 중국과 조선에 나누어 속하는 것으로 설명했고, 1985년에는 장박천이 고구려가 중국사에만 속하는 것으로 설명했다. 그 후에도 고구려가 한국사에 속한다는 설명이 있었지만, 1990년에 孫玉良·李殿福이 고구려가 고대중국의 일부임을 명확히 하는 글을 발표하였다. 東北史를 연구하는 여러 가지 논저들이 보편적으로 고구려를 중국 동북의 소수민족으로 서술함에 따라 중국민족사의 저서들도 잇달아 고구려를 중국민족으로 처리하게 되었다.[15]

Ⅲ. 90년대 전반 고구려귀속문제 연구의 심화

90년대에는 고구려귀속에 대한 토론이 심화되었다. 고구려귀속에 대한 상세한 논증이 시작된 것이다.

1991년에 譚其驤은 “우리들은 현대의 중국인으로 옛 사람 마음속의 “중국”을 헤아려 중국의 범위를 삼을 수 없다.”고 선언하면서 “중국” 이 두 글자에 포함된 뜻은 본래 고정 불변의 것이 아니라 시대의 변화에 따

---

14) 孫玉良·李殿福, 1990,「高句麗同中原王朝的關係」,『博物館研究』1990, 3쪽.
15) 孫泓, 앞의 논문, 257~258쪽.

라 변화하는 것이고, 시대의 발전에 따라 발전하는 것이라 하였다. 담기양에 따르면, 춘추시기에 황하 중하류의 周왕조, 晉, 鄭, 齊, 魯, 宋, 衛 등의 국가들은 스스로를 중국이라고 생각하고, 秦, 楚, 吳, 越을 夷狄이라보아 중국으로 생각하지 않았다. 진한시기에는 秦楚의 땅을 중국의 일부로 보았고, 동진인은 16국을 夷狄으로 보아 外國으로 간주했다. 남북조시기에는 남조는 북조를 索虜로, 북조는 남조를 島夷로 부르고, 쌍방이모두 중국을 자처했다. 이연수의 남북사는 쌍방을 모두 중국의 일부분으로 보았다. 그러나 宋은 遼, 金, 夏를 외국으로 보아 이적으로 간주했다.하지만 元은 다시 요·금·하를 송과 함께 중국으로 간주했다고 한다.

담기양은 현대 중국인들은 옛 사람의 중국으로서 역사상의 중국을 삼을 수 없고, 또 오늘의 중국범위로서 역사상의 중국범위를 한정할 수도없다고 주장한다. 그러기 때문에 중국인들은 전체 역사시기를 채용해야하고, 전체 몇 천 년 역사발전에서 자연 형성된 중국을 역사상의 중국으로 삼아야 하는데, 18세기 중엽이후 1840년 이전의 중국범위가 바로 그것이라 하였다.[16]

이 같은 입장에서 담기양은 압록강 圖們江을 경계로 한 中朝國界는 자연적으로 형성 발전된 결과라 주장한다. 역사상의 고구려는 아주 일찍이는 전부 압록강 이북에 있었고, 상당한 시기에는 압록강 도문강 남북에있었고, 나중에는 전부 압록강 이남에 있었다고 한다. 압록강 이북에 있을 때에는 중국 경내의 일개 소수민족이 건립한 국가인데 건립부터 동한시기까지가 그에 해당한다고 한다. 압록강 북안 지금의 집안현 경내에 도

---

16) 譚其驤, 1981, 『歷史上的中國和中國歷代疆域』, 1981년 5월 북경 중국민족관계사연구 학술좌담회 발언 원고.

　譚其驤, 1991, 『中國邊疆史地研究』 1.

　楊春吉·耿鐵華, 2000, 『高句麗歸屬問題研究』, 33~36쪽.

읍을 건립하고 강역이 압록강 양안에 걸쳐 있을 때, 그 전체 국경을 모두 당시 중국 경내로 처리하고, 5세기에 평양으로 천도한 후에는 중국 경내의 소수민족 정권으로 파악할 수 없고, 이웃 나라로 처리해야 한다는 것이 담기양의 주장이다. 나아가 담기양은, 압록강 이남의 영토 뿐 아니라 압록강 이북, 요서 이동의 영토도 이웃 나라의 영토로 인정해야 한다고 주장하였다.[17]

담기양은 조선과 월남이 역대로 중원왕조에 칭신납공하고, 중원왕조의 봉작을 받아왔지만, 조선과 월남이 중국의 일부는 아니었음이 명백하다고 하였다. 그들은 명조와 청조의 관계에서 단지 소국과 대국의 관계였고, 번속국과 종주국의 관계였지, 그들이 명조의 지방, 청조의 지방은 아니었다는 것이다.[18]

1993년에 길림성 집안시에서 열린 북방민족문화국제학술회의 상에서는 朴時亨 등 북한학자들은 중국학자들이 제출한 "고구려가 중국 역사상의 소수민족"이라는 관점에 대하여 질문을 제기하고, 이는 역사를 위반한 것이라고 비판하였다. 당시 손진기가 일어나 "우리(중국인)들이 고구려를 중국의 것이라고 하는 것은 오늘의 강계에 근거한 것일 뿐 아니라, 역사상의 고구려가 장기간 우리나라(중국) 중앙황조에 예속되었기 때문이고, 고구려인의 후예는 조선족만이 아니라, 절대 대부분이 오늘의 중국 각 민족 중에 있기 때문"이라고 반박하는 사태가 발생하였다.[19]

1993년부터는 외국 학자들의 주장에 대응하기 위한 중국학자들의 고구려귀속에 대한 연구가 더욱 많아졌고 더욱 명확해졌다.[20] 1993년 4월에

---

17) 譚其驤, 위의 논문, 40쪽.
18) 譚其驤, 위의 논문, 41쪽.
19) 孫泓, 앞의 논문, 259쪽.
20) 위와 같음.

楊昭全이 고구려는 처음부터 끝까지 중국에 예속된 漢에서 당까지의 역대 중원왕조관할의 동북지구 소수족 지방정권으로 생각한다는 견해를 밝히고, 그 이유를 설명했는데, 孫玉良 · 李殿福의 견해와 유사하다. 다만, 고대정권의 귀속을 지금의 중국 국경을 기준으로 하는 것이 아니라 처음에 중국한대 현도군 경내에서 건국되어 멸망 시까지 중국요동지구를 점거하고 있었기에 이로 인하여 고구려국은 중국고대의 고구려족이 창건한 소수족지방정권이라는 것이라고 한 것과 고구려 문화는 중원왕조 문화의 영향을 깊이 받아 독특한 고구려 문화를 발전시킴으로서 중화민족문화의 1개 구성 부분을 이루었다고 한 부분은 새로운 주장이다. 양소전에 따르면 고구려는 절대 조선의 고대국가가 아니며, 시종 중국의 고대국가이고, 중국역대중원왕조관할의 소수족 지방정권이었다는 것이다.[21]

1994년에 손진기는 역사상으로 정권, 민족 귀속의 이론원칙을 확정하고, 건국이후 50년간에 걸친 이 문제 연구를 총결산하였다. 거기서 자신이 역사상 민족 정권귀속을 확정한 이론 원칙을 제시하고,[22] 이 문제에 관한 연구의 주장이 갈라지는 데에는 다음과 같은 몇 가지 원인이 있다고 지적하였다.

첫째, 중국 중앙황조에 대한 고구려의 예속관계를 보는 인식이 나누어지는 것은 칭신, 납공 및 책봉을 받은 것을 예속이라고 할 수 있는가에 있다.

둘째, 고구려가 어느 나라 경내에 건립되었는가에 있다.

---

21) 楊昭全, 1993, 「論高句麗歸屬」, 『韓國上古史學報』 13, 187~201쪽.
22) 孫進己, 1994, 「國家和民族的歸屬」, 『東北亞民族史論研究』, 中州古籍出版社.
　　孫進己 · 孫泓 編著, 1999, 『歷史上政權, 民族歸屬理論研究』, 沈陽東亞研究中心.

셋째, 왕씨고려와 고씨고려의 관계이다.[23]

넷째, 민족귀속과 정권귀속의 관계이다.

다섯째, 각 나라 역사상의 연구범위와 역사상의 민족과 정권의 귀속
에 대한 구별의 유무, 다른 인식이 있는가하는 문제이다.

여섯째, 어떻게 역사와 현실, 정치와 학술의 관계를 처리하겠는가하
는 문제이다.[24]

손진기는 고구려와 중국 사이에 반란과 복속 어느 쪽이 많았는가를 살
피기 위해 전쟁기간과 그렇지 않은 기간을 분석하였다. 그에 따르면, "동
한 180여 년 중에 고구려와 漢朝는 상호 간에 여러 차례 전쟁이 발생하였
는데, 총 10여차, 10여 년간을 차지하였고, 그 나머지 대부분의 시간에
고구려는 모두 한조에 신속하였고, 당시 漢의 일개 지방 민족정권이었다.
220년에서 426년 사이에 각 민족 사이에 상호 할거전쟁이 그치지 않을
때 고구려도 이 할거전쟁에 참여하였다. 그러나 지방정권과는 전쟁을 하
였을지라도 중앙정권에 대해서는 臣附하였다. 남북조시기에는 북조 뿐
아니라 남조에도 조공을 하고 책봉을 받았다. 이 때문에 이 시기에 고구
려가 중국의 일개 지방정권이었다는 데 조금도 의문이 없다. 수당과 고구
려 사이에 전쟁은 짧은 기간이었고, 나머지 평화관계가 유지되었으며 이
시기에 고구려는 수당에 조공을 하고 책봉을 받았다. 따라서 이 기간에
고구려는 역시 중국의 일개 지방 민족정권이었고, 수당의 대고구려전쟁
은 중국 국내의 통일전쟁이었고, 조선에 대한 침략전쟁이 아니었다. 이로
써 고구려는 역사상 일찍이 중국의 일개 변강민족 지방정권으로 생각된

---

23) 孫進己, 2001, 「高句麗歷史研究綜述」, 『社會科學戰線』 2, 189~191쪽.
24) 孫進己, 2001, 위의 논문, 189~191쪽.

것은 충분한 이유가 있다."고 하였다.

이어서 손진기는 고구려가 조선국가라는 주장에 대해서도 각기 다음과 같이 반론을 제기했다.

① 고구려는 조선국토 상에 건립된 국가이다.⇔ 고구려는 중국국토에서 건국되었고, 고구려가 반도 북부를 점유한 것은 3백년 정도이고, 중국 영토에는 800년가량 있었다.

② 고구려가 대동강 유역의 평양에 도읍을 하였으므로 조선국가다. ⇔ 평양에 천도한 것은 427년으로 241년간이며, 흘승골성 등 중국 영토에 있었던 시기는 464년으로 두 배나 된다.

③ 고구려의 자손이 오늘날 조선족이므로, 고구려는 조선국가이다. ⇔ 고구려인은 후에 4갈래로 나누어져 중원으로, 돌궐로, 말갈로, 신라로 들어갔고, 말갈로 들어간 자들은 발해가 망한 후에 한족으로 들어갔다. 총인구의 절반이상이 중국인으로 되었고, 조선족으로 된 것은 총인구에서 적은 부분이다. 그러므로 고구려는 중국인의 국가이다.

④ 10세기에 건국된 왕씨 고려가 고구려를 계승했다.⇔ 고려의 민족구성과 강역인구는 모두 고구려와 같지 않다. 국명이 같다는 것으로 영토의 전부를 계승한다면 완전 혼란이다. 고구려유민 다른 3갈래도 고구려 영토의 계승 권리를 갖는다.

⑤ 고구려인은 고조선인의 계승자이다.⇔ 기자조선은 商人 기자와 동이족이 樂浪夷를 기초로 건립한 것이다. 위씨조선은 연나라 사람 위만과 燕·齊·趙의 망명자들이 기자조선의 기초위에 건립한 것으로, 민족구성상에 있어서 맥인을 위주로 건립된 고구려와 조금도 계승관계가 없다.[25]

결국, 손진기는 1994년 당시까지 남북한 학자들이 제기한 주장에 대해 중국학자의 입장에서 강력한 반론을 제기하였던 것이다.

孫進己는 1994년에 발표한 「고구려귀속문제에 관한 몇 가지 쟁의초점」 이라는 글에서도 고구려의 귀속문제에 대해 북한학자들이 먼저 쟁의를 일으켰다고 하면서 고구려가 중국사에 귀속되어야 하는 이유를 설명했다. 그에 따르면, 고구려가 중국에 귀속되어야 하는 것은 현재의 疆界 뿐 아니라 역사상 고구려가 장기간 중국 중앙황조에 예속되었기 때문이라 하고, 고구려인의 후예가 조선족이기도 하지만 그 대부분은 지금의 중국 각 민족이기 때문에 중국사에 귀속된다고 한다.

다음으로, 고구려는 중국 땅에 건립되었다고 한다. 고구려는 기원전 107년에 정식으로 한 현도군의 1개현이 되었고, 졸본부여는 현도군의 관할 범위 내에 있었으며, 기원전 37년에 주몽이 졸본부여에 도달하여 고구려 5부를 통일하였는데, 이는 모두 당시 현도군의 땅, 지금의 중국 땅에서 진행된 것이며, 지금의 조선과는 전혀 관계가 없다고 한다.

고구려가 조선반도 북부로 진입하기 전에 반도 북부는 중국에 속하였다고 주장한다. 조선반도 북부는 晉의 낙랑군, 漢魏의 낙랑군이었고 그 이전은 漢의 위씨조선, 秦의 요동 外徼, 周와 燕의 속국─箕氏朝鮮에 귀속하였고, 거주한 사람들은 漢人과 그 先人이었기 때문에, 당시의 疆界를 기준으로 해도, 5세기 전후의 고구려는 모두 중국강토 상에 있는 중국지방정권이었다고 한다.

고구려는 중국역대 중앙정권에 귀속된 지방정권이며, 고구려민족 대부분은 중국고대의 일개 민족이고, 고구려인의 후예는 대부분 중국 각 민족 중에 있고, 지금의 조선족 중에 있지 않다고 한다. 또, 수당의 고구려 정

---

25) 孫進己, 1994, 「高句麗的歸屬」; 楊昭全 主編, 1998, 『中朝邊界研究文集』, 298~299쪽.

벌은 중국 국내 민족 간의 전쟁 즉 내전이며, 王氏高麗는 高氏高麗의 계승자가 아니라 한다.

끝으로, 역사상 중국이 원래 조선에 속한 영토를 침략하여 차지하고 있는가 아니면 조선이 원래 중국에 속한 영토를 차지하고 있는가를 묻고, 기자조선은 商의 귀족 기자가 세운 것이고, 위씨조선은 중국의 燕人과 齊, 越의 移民이 기초가 되어 건립한 것이며, 낙랑군은 500년 가까이 존속하였는데 그 민족이 한족의 일부분이었고, 고구려는 장기간 중국의 일개 지방정권이었기 때문에, 이는 모두 중국내부의 일이고 근본적으로 조선을 침략했다는 말은 성립하지 않는다고 하였다.

또, 지금의 조선족은 고대 한반도 남부의 삼한이 발전한 것으로 신라인이 핵심을 형성하였고, 그 후 신라, 왕씨고려, 이씨조선이 점차 북쪽으로 영토를 확장했다고 한다. 당이 패강 이남을 신라에게 주었고, 요가 압록강 이동 여진의 땅을 고려에게 주었으며, 명대에 또 지금의 도문강 이남의 땅을 조선에게 주어서, 비로소 지금의 중국과 조선의 국경이 형성되었다고 한다. 따라서 지금의 중조 국경은 비록 조선족이 부단히 북쪽으로 확장 발전한 결과이기는 하지만, 이는 당시 중국 역대 정부의 동의를 거쳤고, 중조 양국 정부의 승인을 받은 것이라 한다. 이에 조선과 한국학자들이 역사상의 귀속 문제를 가지고 중국의 영토를 조선의 영토라고 하는 것은 망령된 시도이며, 조선과 한국학자들이 딴 마음을 가지고 중국의 영토를 침략하려는 관점을 가지고 있으므로, 역사적 사실에 근거하여 이를 바로 잡아야 한다고 하였다.[26]

요컨대, 1990대 前半에도 고구려가 한국사에 속하는 것으로 서술한 경우도 있지만, 중국사에 속한다는 주장이 강화되었고, 그로 인하여 고구려귀

---

26) 孫進己, 1994, 「關于高句麗歸屬問題的幾個爭議焦点」, 『東北民族史研究』, 286~292쪽.

속문제에 대한 토론이 심화되었다. 담기양이 18세기 중엽이후 1840년 이전의 중국범위를 기준으로 역사를 서술할 것을 제의하였고, 평양천도 이후의 고구려는 이웃나라로 취급하여야 할 것임을 말하였다. 이에 영향을 받은 손진기가 일사양용을 주장하였지만, 양소전·손진기·유영지 등의 기본입장은 고구려는 중국고대의 소수민족지방정권이었다는 것이었다.

IV. 90년대 중반 이후 一史兩用 주장의 확산

1995년에 유자민은 「고구려국과 남북조의 관계」란 글에서 "지금의 국경에 걸쳐 있는 고대의 민족 혹은 국가에 대하여서는 응당 양국의 공동역사로 보아야 한다. 다만 양국의 공동역사로 서술할 때 그 역사의 진실한 정황에 근거하여 그 흐름을 밝히고 因果관계를 보는 것이다. 이 때문에 필자는 고구려의 역사는 응당 중, 조 두 나라의 공동 역사이며, 중국사로 쓸 수도 있고 조선사로도 쓸 수 있다."라 하였다.[27] 1995년에 유자민이 일사양용을 주장한 것이다.

유자민은 1996년에 나온 『高句麗歷史研究』에서도 "고구려는 역사상에서 오늘의 중조국계를 가로 넘은 고대 민족 혹 고대 국가이었고, 고구려의 역사존재는 중국역사와 유관할 뿐만 아니라, 조선역사와도 관련된다."고 하여,[28] 일사양용이 가능함을 되풀이 주장하였다.

1996년에 孫進己도 〈상해 국제역사지리 학술회의〉에서 "오랜 역사상에서 자연적으로 형성된 전통강역을 획분의 표준으로 하여, 기원 5세기이

---

27) 劉子敏, 1995, 「高句丽国与南北朝的关系」, 『中朝韩日关係史研究論叢』, 延边大学出版社 ; 孫進己·孫海, 1997, 『高句麗渤海研究集成(一)』, 189~196쪽.
28) 劉子敏, 1996, 『高句麗歷史研究』, 254~259쪽.

전의 고구려 수도는 중국의 전통강역에 있기에 응당 중국에 속하고, 기원 5세기이후 고구려가 평양으로 천도하였기에 응당 조선에 속한다."고 하였다.[29]

1998년, 손진기는 「중조한의 우호의 유지와 반도국세의 온정을 위해 역사상의 고구려의 귀속은 중조가 공유하는 것이 타당하다」란 글에서 "고구려를 단지 중국의 것이라고 말하고 조선과 전혀 관계가 없다고 말하는 것도 도가 지나친 것이다. 고구려의 후예 대부분이 비록 우리나라(중국) 각 민족 중에 들어왔지만, 상당한 부분이 오늘의 조선족 중에 들어간 것도 사실인 것이다. 고구려국은 비록 중국의 땅 위에서 일어났으나 후기에는 조선반도의 북부에 옮겨갔고 오늘의 조선 부분 토지를 점유하였고 평양에 천도하였는바, 이에 대해서도 명확한 역사기재가 있다. 고구려 문화 중에 漢문화의 성분이 상당히 크지만 또한 그 민족의 특징도 있으며, 그리고 일부분이 오늘의 조선에 받아들여진 사실이다. 이로 인하여, 고구려를 완전히 중국의 것이라고는 말할 수는 없으며, 응당 고구려는 중국과 조선이 공유하는 것이라고 말하여야 한다. 구체적으로 말해, 북부는 중국에 속하고 남부는 조선에 속하며, 전기는 중국에 속하고 후기는 조선에 속한다."[30] 유자민이 고구려역사가 중국과 조선에 속한다고 말하는 것에 비해, 손진기는 종래 자신의 견해와는 달리, 고구려 국가 자체가 중국과 조선이 공유하는 것이라 말하고 있는 것이다. 하지만 이러한 손진기의 주장은 뒤에 다시 한 번 바뀌게 된다.

이들 주장과는 달리 고구려가 한국의 고대국가라는 주장도 있다. 이런 견해를 가진 학자들은 고구려국이 스스로 건립되었고, 중원왕조와 평등

---

29) 孫泓, 앞의 논문, 265쪽.

30) 孫進己, 1998, 「爲維持中朝韓友好和半島國勢穩定歷史上高句麗的歸屬仍以中朝共有爲宜」, 『當代中國邊疆問題調研』; 孫泓, 2004, 앞의 논문, 266쪽.

한 외교관계를 유지하였고, 중원왕조의 책봉을 고구려 국가지위의 승인으로, 중국왕조와 고구려왕국의 전쟁을 침략과 반침략의 전쟁으로 간주한다. 楊昭全·韓儁光의 『中朝關係簡史』(요녕민족출판사, 1996) 길림사회과학원 한국독립운동연구중심의 『中朝關係通史』(길림인민출판사, 1996), 蔣非非 등의 『중한관계사·고대편』(사회과학문헌출판사) 등이 이에 속한다.[31]

1999년에도 劉子敏은 고구려의 역사는 의심할 것 없이 중조 양국의 공동역사이고, 양국은 자기의 국사를 쓸 때, 그 가운데 넣을 수 있는데, 이는 현재에 근거한 문제라 하였다. 또, 기자조선, 위씨조선, 한사군, 고구려 등은 모두 조선반도의 역사와 밀접한 상관이 있고, 그들의 역사는 조선반도역사의 일부분이고, 그들을 조선역사에 넣어 저술하는 것을 비난할 근거는 없다고 하였다.[32]

1999년에 姜孟山 역시 고구려사는 먼저 중국역사에도 속하나 조선역사에도 속한다고 주장하였다. 그 이유는 다음과 같다. "첫째 고구려가 몇백 년 동안 중국동북지구 뿐 아니라 한반도 중부에서 활동했고, 현재의 국경을 기준으로 할 때 고구려사는 양국 판도에 걸쳐 있는 역사이다. 둘째 427년 평양천도 후에 고구려의 정치·경제·문화의 중심이 한반도로 이동해가서 고구려 역사의 3분의 1이 조선반노를 중심으로 전개되었나. 셋째 고구려족이 적지 않은 사람이 신라민족에 융합되었고, 지금의 한민족과 혈연관계가 있으며, 일정한 문화계승성이 있다. 이러한 사실로 보아, 고구려사는 응당 조선역사에 속하는 일부분이다. 요컨대, 고구려사는

---

31) 馬大正 外, 2001, 앞의 책, 333~334쪽. 蔣非非·王小甫의 『中韓關係史』 古代卷에서는 위진, 남북조, 수당시기의 고구려사를 모두 대외관계로 서술하였다.

32) 劉子敏, 1999, 「關于高句麗政權及其領域的歷史歸屬問題之我見」, 『全國首屆高句麗學術研討會論文集』, 4~26쪽.

먼저 중국사이고, 그 다음으로 한국사이어서, 고구려사는 응당 '一史兩用'이다."라고 하였다.

그러나 강맹산은 역사를 서술할 때, 427년을 경계로 전기를 중국사로, 후기를 조선사로 쓰는 것은 역사유물주의에 부합하지 않는다고 말한다. 427년 평양천도 후에도 중국동북지구가 고구려의 주요 활동 지구였기에, 고구려사 전부를 중국 동북사에 넣어 서술해야 하고, 고구려사를 조선사에서 서술할 때에도 1국사를 자를 수 없기 때문에 조선사 중에도 응당 고구려 前期史를 서술해야 한다고 주장하였다.[33]

1999년에 張碧波는 "고구려는 高夷가 주체민족이고, 고구려정권은 중화역사의 일부분에 속하며 중원왕조 영속 하에 1개 지방정권이다. 고구려민족문화도 중화문화에 연원이 있고, 중화다원문화의 일원에 속하고, 삼한 신라-백제문화는 상관이 없다"고 하였다.[34]

徐德源은 1999년에 "서한 말년에 건립된 고구려정권은 최초로 현도군 고구려현 관할을 받는 지방왕국이었다. 고구려국은 장기간 고대중국역사상의 1개 소수민족지방왕국이었고, 그들의 역사는 중국역사의 1개 조성 부분이었으며, 그 역사상 강역은 모두 중국영토에 속하였다."고 하였다.[35]

1999년에 손진기 등이 쓴 『高句麗研究』 시리즈가 완성되는데, 그 중에 손진기·손홍이 저술한 『高句麗族史』는 고구려민족이 貊, 夷, 漢에서 기원하였고 고구려민족이 발전하는 중에 또 대량의 한족들을 융합하여 漢

---

33) 姜孟山, 1999, 「高句麗史的歸屬問題」, 『東疆學刊』 16-4, 38~41쪽.

34) 張碧波, 1999, 「略談古朝鮮,高句麗研究中的誤區」, 『東北民族與疆域研究動態』 ; 楊春吉·耿鐵華, 2000, 『高句麗歸屬問題研究』, 154~170쪽.

35) 徐德源, 1999, 「關于朝鮮半島早期史研究經受誤導的反思」, 『全國首屆高句麗學術研討會論文集』, 184~195쪽.

族을 주체로 하는 새로운 민족을 형성하였다고 보았다.[36)]

孫進己, 張春霞의 『高句麗國史』에서는 고구려국은 건립되면서부터 중국의 지방정권 즉 侯國이었다고 하고, 독립국가로 인정할 수는 없다고 하였다.[37)] 손진기, 손홍은 「고구려귀속문제에 대한 연구」에서 고구려귀속 연구의 상황을 상세하게 소개하고, 고구려귀속 문제에 대한 학자들의 인식을 종합하였다. 주요한 내용은 다음과 같다. "첫째, 중국학자들은 고구려가 장기간 중국에 귀속되었고 중국 동북의 한 개 소수민족정권이라는 것에 대해 이미 기본적 공통된 인식을 얻었다. 의견이 나뉘는 것은 고구려가 427년에 평양으로 천도한 후에 고구려의 귀속을 어떻게 보는가에 있다. 둘째는 조선학자들은 고구려가 조선국가라고 한다. 다른 견해가 나오는 관건은 역사상의 민족과 강계문제를 어떻게 보는 것과, 역사상의 민족과 정권 귀속의 이론표준을 어떻게 확정하는가에 있다"[38)]

요컨대, 1990년대 후반은 일사양용의 주장이 크게 유행한 시기였다. 유자민, 손진기, 강맹산이 일사양용을 주장하였는데, 이 시기에는 손진기가 특히 고구려귀속문제와 관련하여 정치한 이론적 연구를 진행하였다. 하지만, 이 시기에도 장박천, 장벽파, 서덕원은 고구려가 중국사에만 속하는 것임을 주장했다.

---

36) 孫泓, 앞의 논문, 267~268쪽.
37) 孫泓, 위의 논문, 268쪽.
38) 孫泓, 위의 논문, 269쪽.

Ⅴ. 2000년대 초 고구려의 중국귀속 주장 강화

張碧波는 2000년에 일사양용 주장을 비판하는 입장에서 정치중심과 그 이동을 가지고 민족과 그 정권의 귀속을 판단하는 기준안은 부정확하고, 역사사실에 부합하지 않는 것이라 주장하였다. 장수왕 15년(427)에 평양으로 천도하였으나 이 시기의 평양은 漢魏 낙랑군 강역 내이고, 313년에 고구려에 점거되었으나 중화 강역 안이었다고 한다. 평원왕 28년(586)에 장안성으로 천도하였으나 그 위치는 대동강유역이어서 이들 모두 한의 낙랑군 강역 내였다고 하고, 중화 강역 내에서 천도, 정치중심의 변동이 있을 지라도 그 민족귀속이 변하지 않고, 그 정권의 성질이 변하지 않는다고 한다. 원래 중화 강역 내의 민족지방정권에 속하였던 것이 어떻게 이웃나라로 변할 수 있는가, 중국사에서 어떻게 조선사로 변한다는 것인가 하고 반문을 제기하였다.

일사양용의 사관을 따르게 되면, 압록강 이북 요수 이동의 영토가 이웃나라의 영토가 되는 것으로 무단과 경솔함이 지나치며, 쉽고 경솔하게 국토를 타인에게 주는 것이라 하였다. 장벽파는 일사양용의 사관 혹은 사학원칙은 그 실질이 사학영역의 절충주의라고 비판하면서, 고구려는 먼저 중국사였을 뿐 아니라, 평양은 한 낙랑군의 강역 내이고, 속국 위씨조선의 강역 내이며, 기자조선 강역 내이므로 역시 중화역사강역내이고, 427년 고구려의 평양천도는 중화역사강역내의 정치 문화 중심 이동이고, 그 민족속성 정권성질은 변하지 않았으므로, 최종적으로 중화민족의 지방구역정권에 속한다고 말한다. 결국 장벽파는 종합적으로 일사양용 사관은 역사사실에 부합하지 않는 것이라 주장하였다.[39]

2000년에 발표된 張碧波의 이 논문은 그보다 2년 앞서 1998년 12월1일에서 5일까지 장춘 동북사범대학에서 거행된 학술회의에서 발표된 것이 었다. 이 회의에는 북경과 동북3성에서 70여명의 전문가들이 참석하여 40여 편의 논문을 발표하고 토론을 벌여, 고구려민족과 정권의 귀속에 관한 공통된 인식을 얻었다고 한다.[40] 高句麗民族의 귀속 문제에 관해 회의 참석자들은 고구려민족은 중국고대의 소수민족의 하나이고, 중화민족역사 발전상의 일원이라는 것에 인식을 같이하였는데 그 근거는 다음과 같은 것이다.

첫째, 고구려민족기원에 관해 여러 가지 설이 있지만 그들의 뿌리는 모두 중국에 있고, 모두 중국에서 태어나고 성장한 고대 민족이기 때문에 고구려 민족의 기원이 어느 민족에 있던지 간에 고구려민족은 중국고대소수민족 중의 하나이다.

둘째, 문화유형 상으로도 고구려민족은 중국에 속함을 증명할 수 있다.

셋째, 고구려족이 아직 정권을 건립하기 전에 그 거주 지구는 周秦 시기에 중국 동북범위 안에 있었고 당시 정권의 유효한 관할을 받았다. 한사군을 설치한 후에 그 族名으로서 한사군을 설치하고 효과적인 관리를 하였다. 고구려현은 곧바로 현도군과 요동군에 예속되어 부단히 표를 올려 칭신·조공하였다.

넷째, 고구려가 멸망한 후에 그 유민 대다수가 漢族으로 유입되었다.

회의참석자들은 고구려가 중국고대 중원왕조 밖의 독립국가가 아니라는데 공통된 인식을 얻었다.

회의에 참석한 전문 학자들은 또, 동북민족사연구 영역에서 고구려를 예로 삼아 민족정권귀속을 구분하는 표준을 제시하여 참고로 삼게 했다.

---

39) 張碧波, 2000, 「關于歷史上民族歸屬與疆域問題的再思考-兼評 '一史兩用' 史觀」, 『中國邊疆史地研究』 36, 1~9쪽.

40) 劉厚生·李德山·李彦平·孫力楠, 2000, 「尊重歷史 正視現實」 ; 劉厚生 主編, 2000, 『黑土地的古代文明』, 遠方出版社, 1~5쪽.

첫째 고구려민족의 기원 및 그 거주지는 모두 중국에 있고, 그들이 건립한 정권
은 중국역사상의 지방소수민족정권이다.

둘째, 지방민족정권은 역사상의 어느 한 단계의 어느 한 중원중앙왕조에 귀속
하여 관할을 받았으면 곧 그 중앙왕조에 마땅히 귀속된다.

셋째, 역사원형과 역사전승은 역사상의 소수민족정권의 귀속을 확정할 때에 구
분되어야 하고 혼동되어서는 안 된다. 고구려를 현대 中朝(韓) 양국 공유의 고민
족정권이라고 인식하는 것은 착오이다. 사실은 고구려민족과 정권은 완전히 중국
에 귀속되었고, 단지 나중의 그 유산은 중국과 조선 양국이 雙向 繼承하였다.[41]

학술회의 참석자들은 이러한 공통된 인식을 얻은 다음, 그것을 토대로
중앙정부에 연구비 지원을 요청하였고, 그 연구비지원 요청이 받아들여
진 것이 이른바 동북공정이었던 것으로 판단된다. 이 회의를 계기로, 중
국학계는 고구려가 전적으로 중국에 귀속되어야 한다는 주장으로 공통된
인식을 하게 되었던 것이다.

2000년에 李春祥은 正史 중에 高句麗傳을 설립한 것은 중앙황조가 고구
려를 자기에게 신속한 藩附政權으로 간주한 까닭이며, 사실상 고구려정권
은 확실히 중앙황조의 번부정권이고 이로 인해 12부 정사에 계속 傳이 세
워졌다고 하였다. 정사에 夷狄에 대한 기재는 사기에서 시작되고, 정사의
작자가 중원과 이적에 대해 통치와 반부의 관계로 인정한 것이며, 이는
중화일체의 사상의 영향에서 나온 것이고, 정사에 중화일체 사상이 체현
된 것이라 하였다.

고구려는 처음부터 끝까지 중앙황조에 예속된 변강소수민족정권이고,
중앙황조는 단지 그 칭신납공을 윤허하고, 책봉을 접수하며 反叛不臣을
윤허하지 않았다고 하고, 이러한 일개 반부정권은 정사에 기재됨이 매우

---

41) 위와 같음.

정상적이라 하였다.[42)

　秦陞陽은 2000년에 "고구려는 중화체제 중의 일원이고, 중국 고대사의 일개 구성성분이다. 시종 중원왕조와 宗藩 관계를 유지하였고, 최후로 당제국에 완전 귀속 병합되었다. 이런 종번 관계와 현대적의 의미의 국가와 국가 사이, 종주국과 식민지의 사이의 관계는 확연히 다르다. 현대적 관념으로 역사를 보아서는 안 된다. 現今의 국경을 기준으로 역사상의 귀속문제를 말하는 것은 근본적으로 잘못된 것이며 역사유물주의를 위반하는 것이고, 역사실제에 부합하지 않는다"고 하였다.[43) 하지만 그 자신의 주장 자체가 역사유물주의를 위반하고 있는 것으로 보인다.

　梁啓政 · 張韜은 2000년에 고구려귀속문제에 대해 중국학계가 기본적으로 달성한 하나의 공통된 인식은 고구려귀속문제는 고구려민족귀속과 고구려정권귀속 양방면의 내용으로 구성되어 있다고 하고, 고구려민족은 중국동북고대소수민족의 하나이고, 고구려정권은 중국 고대동북지구의 할거정권 혹은 지방소수민족정권이라 하였다. 이들에 따르면, 고구려민족기원에 관한 여러 설이 있지만 그들 민족이 어느 것이든 모두 중국고대소수민족 중의 하나라 한다. 427년 평양천도를 기준으로 양분하여 그 이전은 중국사, 그 이후는 한국사에 속한다는 견해가 있지만 천도가 고구려역사귀속에 어떤 영향도 없었기 때문에 이로서 고구려사의 귀속을 나누는 것은 마땅치 않다는 것이 이들의 주장이다.[44)

　馬大正은 2001년 『古代中國高句麗歷史叢論』 머리말에서 고구려역사연

---

42) 李春祥, 2000, 「從正史〈高句麗傳〉看高句麗政權的內屬性」; 楊春吉 · 耿鐵華, 2000, 『高句麗歸屬問題研究』, 121~127쪽.

43) 秦陞陽, 「隋唐君臣對高句麗歸屬問題的認識」; 楊春吉 · 耿鐵華, 2000, 『高句麗歸屬問題研究』, 128~132쪽.

44) 梁啓政 · 張韜, 2000, 「關于高句麗歸屬問題的文獻記載及說明」; 楊春吉 · 耿鐵華, 2000, 『高句麗歸屬問題研究』, 133~138쪽.

구에 관련된 몇 가지 문제를 논하였는데 그 내용은 다음과 같다. 첫째, 고구려는 중국동북역사상의 소수민족정권이라 주장한다. 고구려의 선인들은 아직 부락상태에 있을 때 周에 신하가 되어 복종하고 조공하였으며, 고구려는 한의 현도군에 속하였기 때문에, 漢 정부는 고구려현 지방 관리를 통하여 고구려인에 대해 실제 관할을 진행하였다고 한다. 기원전 37년에 고구려는 한의 현도군 관할 범위 내에 정권을 세웠는데, 사서에서는 고구려국이라 기록하였지만 실질상으로는 한의 현도군 내의 일개 소수민족정권이었다고 하였다.

둘째, 기원전 37년에 고구려가 건국하여 도읍한 紇升骨은 지금의 요령성 환인현 부근의 하고성자와 오녀산성인데, 고고조사와 발굴은 이 고구려 조기도성이 당시에 漢 현도군관할 범위에 속하였음을 증명한다고 주장하였다. 고구려가 존재한 705년간 도성을 여러 번 옮겼지만 그 정권의 성질에는 변화가 없어서 고구려는 응당 중국동북역사상의 소수민족정권이었다고 주장했다.

셋째, 고구려가 멸망한 후에 대부분의 유민이 漢族에 융합되어 들어갔기 때문에 고구려민족이 중국동북역사상의 소수민족이라는 것은 역사적 사실에 부합한다고 주장한다.[45]

끝으로, 고구려와 고려 그리고 조선족을 혼동해서는 안된다고 말한다.[46] 현대의 조선족은 고구려국가가 멸망한 이후에 장기간의 민족융합과 교류를 거친 후에 신라인을 주체로 형성되었고, 융합과정에서 조선반도의 소수고구려인의 후예, 발해인, 한인 등이 포함되었다는 것이다.[47]

李大龍은 2001년에 함께 펴낸 『古代中國高句麗歷史叢論』에서 고구려는

---

45) 馬大正, 2001, 앞의 책, 4~5쪽.
46) 馬大正, 위의 책, 8~11쪽.
47) 馬大正, 위의 책, 11~14쪽.

중국의 각 왕조와 신속관계를 유지하였고, 신속관계의 주요 표현이 조공과 책봉이었다고 주장하였다. 나아가 다음과 같은 근거를 들어 고구려를 중국의 지방정권이었다고 하였다. "① 강역 내에 건립된 변강소수민족의 지방정권이다. 고구려의 도성은 처음부터 말까지 모두 西漢 4郡의 범위를 벗어나지 못했다. ② 고구려 자신도 인정하는 지방정권이었다. 고구려는 서한왕조의 지방통치에 조금도 반항하지 않았다. 위진남북조시기에 고구려는 어느 하나의 정권을 택하여 칭신하지도 않았고, 독립정권이 되려고 하지도 않았다. 중국각왕조의 신하 봉호를 받았고, 그 번속국이었다. ③ 역대왕조의 통치자들도 고구려가 예전부터 중국의 것이라고 생각했다. 고려의 땅은 고죽국으로 주대에 기자를 봉하였고, 한대에 3군으로 나누었다는 裵矩의 말이나, 요동제성은 본 중국의 군현이었다는 상리현장의 말은 이 같은 사정을 반영한다. ④ 역대왕조는 고구려에 대하여 효과적인 통치를 하였다. 양진시기 이전에는 직접 관리하였고, 남북조에서 수왕조까지는 직접관리에서 기미통치로 가는 과도통치시기였고, 당왕조 이후는 기미통치에서 직접통치로 전환하는 시기였다. ⑤ 고구려관리체계의 발전 또한 고구려와 역대왕조와의 연원관계가 있었음을 말한다."[48]

徐德源은 2001년에 고구려는 서한 현도군 고구려현에서 일어났는데, 이 지방이 제일먼저 누구에게 속하였는가 하는 것이 고구려귀속을 확정하는 관건이라는 전제하에 箕氏朝鮮은 확실히 존재하였고, 先秦시기의 지방제후국이었고, 그 역사와 강역은 모두 고대 중국에 귀속된다고 주장하였다. 그에 따르면, 기씨조선 통치 권력을 계승한 위씨조선의 역사와 강역도 고대 중국에 귀속되고 나아가 위씨조선의 옛 영역에 설치된 현도군에서 일어난 고구려족과 그 왕국의 역사와 강역도 고대 중국에 귀속된다

---

48) 李大龍, 2001,「高句麗與兩漢至南北朝中央王朝的關係」; 馬大正 外, 위의 책, 184~231쪽.

고 한다.[49] 즉 고구려족은 처음부터 고대 중국 중앙정권 관할 하에서 활동한 소수민족이고, 고구려왕국은 최초로 고대 중국 縣級 정권 관할에 예속된 지방정권이었다는 것이다.[50]

孫進己는 2001년에 민족이 서로 같고, 국명이 서로 같고, 문화가 서로 같은 것으로 귀속을 확정할 수 없고, 단지 정치관할 및 강역 범위에 의거 정치귀속을 확정할 수 있다는 의견을 제시했다. 역사상 한 국가의 귀속은 그 주요 분포가 어느 국가의 전통강역 안에 있는가, 그 주요 예속이 어느 국가의 중앙정권에 있는 가에 따라 확정해야 한다는 주장이다.[51] 그는 또, 고구려와 중국 중앙황조와의 관계는 장기적인 빈번한 관계였고, 경제적인 왕래가 아니라 신속을 체현하는 납공이었고, 중국 중앙과 지방의 관직을 받았다고 한다. 이는 고구려가 스스로 중국의 지방정권임을 승인하였음을 의미한다는 것이다.[52]

손진기는 고구려의 대부분 토지와 인민은 모두 중국에 귀속되었고, 이는 역사발전의 객관적 사실이라고 하였다. 그러나 고구려 멸망 후에 부분적으로 토지와 인민이 신라에 귀속되고, 이후 왕씨고려, 이씨조선 및 지금의 조선이 계승하고 있다고 하면서, 이는 중조양국의 인민이 고구려 대한 雙向的 계승을 하고 있다는 사실을 의미한다고 하였다.[53]

一史兩用의 문제에 관해, 유자민, 서덕원, 강맹산이 고구려역사의 일사양용 문제를 제기했지만, 손진기 자신은 다음과 같이 생각한다고 하였다. "지금의 중국 疆界 내의 역사상의 정권과 민족은 모두 중국역사의 연구범

---

49) 徐德源, 2001, 「高句麗歷史與疆域歸屬問題補議」, 『社會科學戰線』 5期, 171~174쪽.
50) 徐德源, 위의 논문, 175~179쪽.
51) 孫進己, 2001, 「當前研究高句麗歸屬的幾個問題」, 『東疆學刊』 18, 20~21쪽.
52) 孫進己, 위의 논문, 21~22쪽.
53) 孫進己, 위의 논문, 23쪽.

위에 속한다. 그들이 당시에 중국 중앙정권에 예속되었는가의 여부 즉, 독립적인가 혹은 타국에 예속되었는가에 관계없이, 단지 중국강계 내에 있으면 모두 중국사의 범위에 들어간다. 기씨조선, 위씨조선, 고구려는 당시 조선에 속하였는가 여부에 관계없이 지금 조선사는 응당 이들 민족과 정권을 연구하고, 조선사에 넣어 서술할 수 있다. 이것이 위에서 말한 의미에서 일사양용이 완전히 가능하다는 의미이다."54) "다만 이들 정권과 민족이 조선사의 연구범위에 들어가기 때문에 곧 그들이 역사상으로 조선에 예속된다고 판정할 수는 없다. 이는 두개의 다른 문제이다. 조선사 중에서 이들 민족과 정권을 연구할 수 있으나 단지, 당시에 그들은 조선민족도 아니었고, 조선국가도 아니었다고 구체적으로 설명해야 하고, 당시에는 중국에 속하였고, 이들 토지와 인민 후에 어떻게 조선국가, 민족의 일부분으로 들어오게 되었는가를 설명해야 한다." "다른 나라의 강역 내에 있는 다른 나라의 민족과 정권을 본국 역사의 일부분으로 말하는 것은 다른 나라의 영토와 주권에 대한 침범에 속한다."55)는 것이 손진기의 주장이다.

요컨대, 장벽파가 일사양용의 주장은 정치중심과 그 이동을 가지고 민족과 그 정권의 귀속을 판단하는 기준안이라고 하면서 이에 따를 경우 압록강 이북 요서 이동의 영토가 이웃나라의 영토가 되는 것이라고 비판한 이후에 2000년과 2001년에 나온 중국학계의 논저들은 고구려정권과 역사가 중국에 귀속된다는 사실을 좀 더 치밀하고 다양한 근거를 들어 주장하는 분위기로 변하였다. 그 동안 일사양용을 주장해온 손진기 마저도 고구려는 역사상 중국의 지방민족정권이고, 그 역사는 조선사(한국사)에서 연구하고 서술할 수 있다고 자신의 주장을 수정하였다.

---

54) 孫進己, 위의 논문, 24쪽.
55) 孫進己, 위의 논문, 24쪽.

VI. 맺음말

중국학계의 고구려귀속문제 연구동향을 1940년대부터 동북공정이 시작되기 직전인 2001년까지를 4시기로 나누어 정리해 보았다.

먼저, 1940년대부터 1990년까지의 연구동향이다. 1940년대에 김육불이 처음으로 고구려가 중국고대의 지방정권이라는 견해를 제시했다. 하지만, 1950년대에서 70년대에 이르기까지 중국에서 나온 많은 저술들은 고구려를 한국사에 넣어 서술한 경우가 많았다. 1977년과 1981년에 와서야 손진기와 장박천이 각기 압록강을 기준으로 고구려가 중국과 조선에 나누어 속한다고 설명했고, 1985년에는 장박천이 고구려가 중국사에만 속하는 것으로 설명했다. 그 후에도 고구려가 한국사에 속한다는 설명이 있었지만, 1990년에 孫玉良·李殿福이 고구려가 고대중국의 일부임을 명확히 하는 글을 발표하였고, 같은 시기의 중국 동북사 저술들도 이러한 경향을 반영하고 있었다.

1990대 前半에도 고구려가 한국사에 속하는 것으로 서술한 경우도 있지만, 중국사에 속한다는 주장이 증가하고 있었고, 그로 인하여 고구려귀속문제에 대한 토론이 심화되었다. 담기양은 18세기 중엽이후 1840년 이전의 중국범위를 기준으로 역사를 서술할 것을 제의하였고, 평양천도 이후의 고구려는 이웃나라로 취급하여야 할 것임을 말하였다. 이에 영향을 받은 손진기가 일사양용을 주장하였지만, 양소전·손진기·유영지 등의 기본입장은 고구려는 중국고대의 소수민족지방정권이었다는 것이었다.

1990년대 후반은 일사양용의 주장이 크게 유행한 시기였다. 유자민, 손진기, 강맹산이 일사양용을 주장하였다. 특히 이 시기에는 손진기가 고구려귀속문제와 관련된 이론 연구를 치밀하게 진행하여 발표하였다. 하지

만, 같은 시기에도 장박천, 장벽파, 서덕원 등의 학자들은 고구려가 중국
사에만 속하는 것으로 주장했다.

2000년과 2001년에는 장벽파가 일사양용을 비판하고 나섰다. 그에 따
르면, 일사양용은 정치중심과 그 이동을 가지고 민족과 그 정권의 귀속을
판단하는 기준안이라고 하면서 그에 따를 경우 압록강 이북 요서 이동의
영토가 이웃나라의 영토가 되는 것이라고 비판하였다. 그 후, 2000년과
2001년에 나온 중국학계의 논저들은 고구려 역사가 중국사에 속한다는
사실을 좀 더 치밀하고 다양한 근거를 들어 주장하는 분위기로 변하였다.
일사양용을 주장해오던 손진기 마저도 고구려는 역사상 중국의 지방민족
정권이고, 그 역사는 한국사에서 연구하고 서술할 수 있다고 자신의 주장
을 수정하는 형편이었다.

이러한 중국학계의 연구동향을 배경으로 하여 2002년에 중국은 국가적
차원에서 동북공정을 추진하여 고구려가 고대중국의 일부임을 확실히 하
는 작업을 진행하였던 것이다.

북한의 고구려통일론

조인성*

Ⅰ. 머리말

　북한의 역사학계(이하 북한이라고 함)에서 고구려사를 매우 중시하고 있음은 널리 알려진 바와 같다. 특히 고구려의 대외투쟁사를 높이 평가하고 있는데, 그 의의는 다음과 같이 정리할 수 있다. 그들은 고구려가 漢을 비롯한 여러 세력과 투쟁한 끝에 고조선의 옛 땅을 회복하였다고 주장한다. 고구려가 고조선을 계승하였다는 것이다. 고구려는 삼국통일정책을 적극적으로 추진하였다고 한다. 비록 실패하였지만 삼국을 통일하려고 하였던 나라는 신라가 아닌 고구려였다고 보는 것이다. 고구려는 중국 방면의 여러 나라들의 침공을 물리침으로써 국토와 민족을 보호하였다고

---

* 경희대학교 사학과 교수

한다. 고구려가 민족의 자주성을 지켰다는 것이다.[1]

삼국 중 신라가 아닌 고구려가 삼국통일을 지향하고 그를 위한 정책을 추진하였다고 하는 북한의 주장은 신라통일론에 대하여 고구려통일론(이하 고구려통일론이라고 함)이라고 이름 붙일 수 있겠거니와, 고구려통일론은 김정일이 1960년 10월 29일에 발표하였다는 「삼국통일을 다시 검토할데 대하여」라는 논문에서 비롯되었다고 한다. 북한에서는 이 논문이 종래의 신라중심주의적 관점을 타파하고, 고구려중심의 새로운 '조선사' 체계를 수립하는 계기가 되었다고 하여 그 의의가 강조되고 있다.[2] 이 글에서는 북한의 고구려통일론에 대해 검토하려고 한다.

북한에서 신라의 삼국통일을 부정하고,[3] 고구려사를 통일 지향의 역사로 인식하고 있다는 점은 이미 지적된 바이다.[4] 다만 그 내용 소개에 미

---

1) 손영종, 1990, 『고구려사 1』, 과학백과사전종합출판사, 10~11쪽.

2) 이상 현명호, 1990, 『우리민족의 첫 통일국가 형성문제에 대한 연구』, 김일성종합대학출판사, 3~5쪽. 이 글에서는 2004년 조선노동당출판사에서 『삼국통일문제를 다시 검토할데 대하여』(1960년 10월 29일)라는 11쪽의 소책자로 발행된 것을 이용하였다.

3) 이에 대한 전론으로는 다음이 있다. 金瑛河, 1990, 「후기신라와 발해의 성립」, 안병우·도진순 편 『북한의 한국사 인식[Ⅰ]』, 한길사 ; 2007, 동 개고, 「북한학계의 후기신라와 발해론」, 『新羅中代社會研究』, 一志社 이외에도 李成市, 1988, 「발해사 연구에서의 국가와 민족 - '남북국시대' 론의 검토를 중심으로」, 『朝鮮史研究會論文集』 25 ; 박경희 옮김, 『만들어진 고대 - 근대 국민국가의 동아시아 이야기』, 삼인 : 조인성, 2007, 「남북국시대론 -1960년대 초 북한의 고대사인식을 중심으로-」, 『韓國古代史研究』 47 등이 참고된다. 한편, 자연히 고려의 통일이 중시되었는데 이에 대해서는 유경아, 2003, 「북한의 고려시대 정치사 연구동향」, 『북한의 한국사 연구 동향 고·중세편』, 국사편찬위원회가 참고된다.

4) 전호태, 1990, 「삼국시대에 대한 인식」, 『북한의 한국사인식[Ⅰ]』 ; 宋基豪, 1991, 「北韓의 渤海史·統一新羅史研究」, 歷史學會 編, 『北韓의 古代史研究』, 一潮閣, 167~173쪽 등이 참고된다. 필자는 최근 이러한 북한의 인식이 신채호로부터 영향을 받았을 것이라는 점을 검토한 바 있다. 조인성, 2009, 「신채호의 고구려사인식 - 북한에 미친 영향을 중심으로-」, 『東北亞歷史論叢』 23.

진한 부분이 있었다고 보인다. 이에 먼저 고구려통일론의 전개 양상을 정리해두려고 한다. 다음으로는 그 이론적 배경이 되었다고 하는 김정일 논문의 내용과 출현 경위 등에 대하여 살펴보려고 한다. 이상의 검토를 통해 북한의 고구려통일론이 갖는 의미를 어느 정도 짐작할 수 있지 않을까 한다.

II. 고구려통일론의 전개

고구려의 삼국통일정책에 대한 북한의 언급은 이미 1950년대 후반에 찾아볼 수 있다. 가령 장수왕이 평양으로 천도하고, "三國의 통합을 꾀하면서 백제와 신라에 대하여 전쟁을 일으켰다"고 하였던 것이 한 예일 것이다.[5] 그 이후 여러 통사에서 이에 대한 언급을 찾을 수 있는데, 1987년판 『조선통사』[6](이하 『조선통사』(87)이라고 함)에 전하는 고구려통일론의 내용을 정리하면 다음과 같다.

동족이 삼국으로 나뉘어 서로 충돌하였던 것은 민족의 통일적 발전에 지장을 초래하였고, 외세로부터 조국과 민족을 지키는 데에도 장애가 되었다. 그리하여 고구려는 일찍부터 국토통일을 지향하여 통일정책을 적극 추진하였으나 대륙 방면의 침략세력의 침공으로 여의치 못하였다.[7] 그 후 광개토왕대의 강성함을 배경으로 고구려는 삼국통일정책을 적극 추진하였는데, 이를 위해 평양에 천도하고, 백제의 한성을 함락하는 등

---

5) 조선 민주주의 인민 공화국 과학원 력사 연구소, 1956 ; 1958, 『조선통사 (상)』, 과학원출판소 ; 1959, 동 번인, 학우서방(동경), 40쪽.
6) 손영종.박영해, 1987, 『조선통사』, 사회과학출판사.
7) 『조선통사』(87), 94~95쪽.

큰 성과를 거두었다.[8) 그 결과 5세기 말~6세기 초 고구려의 남변은 서해
의 아산만에서 청주, 충주, 영주, 청송, 청하(영일군)를 연결하는 선에 이
르렀으며, 이로써 고구려의 영토는 당시 삼국 영토의 약 10분의 9를 차지
하며 통일 위업은 거의 완성단계에 이르렀다.[9) 하지만 수·당의 계속적
인 침략과 지배층의 내분으로 통일정책을 밀고 나갈 수 없었다.[10)

이상과 같은 이해는 기본적으로 이전 시기 고구려사 인식의 연장선상
에 있다고 할 수 있다. 예컨대『조선전사 3 중세편 고구려사』[11)(이하『조
선전사 3』이라고 함)에서도 평양천도를 "무엇보다도 세나라통일의 원대
한 리상을 실현하기 위해서"였다고 하고, 수백 년 동안 수도였던 국내성
을 떠나 평양으로 천도하였던 것은 삼국통일을 이루기 위한 고구려 지배
층의 굳은 결심을 보여 준다고 평가하였다.[12) 고구려의 통일 지향을 명백
히 하였던 것이다. 평양천도 후 남진정책을 보다 강화한 고구려가 한때
서해안의 아산으로부터 동해안의 영덕에 이르는 지역까지 차지함으로써
고구려에 의한 삼국통일의 정세가 되었다고 보았다.[13) 또 이로써 고구려
와 백제, 신라와의 접촉과 왕래가 더욱 긴밀하고 빈번해졌으며 선진적인
고구려의 여러 가지 제도와 문화가 백제와 신라에 큰 영향을 주어 삼국의
정치, 경제, 문화적 공통성을 강화하고 나아가서 삼국통일의 기운이 조성
되었다고 하였다.[14) 고구려의 제도와 문화를 중심으로 삼국의 공통성이
마련되었다고 한 점이 주목된다.

---

8)『조선통사』(87), 95~96쪽.

9)『조선통사』(87), 97쪽.

10)『조선통사』(87), 135~136쪽.

11) 1979,『조선전사 3-중세편 고구려사』, 과학, 백과사전출판사.

12)『조선전사 3』, 150~151쪽.

13)『조선전사 3』, 151쪽.

14)『조선전사 3』, 190~192쪽.

그런데 『조선통사』(87)의 제 3편 제 3장 제 4절의 제목은 "고구려에 의한 국토통일정책의 추진과 세나라의 호상관계"이며, 그 첫 번째 소절의 제목은 "고구려의 강성과 국토통일의 추진"이다. 이는 『조선전사 3』 제 5장 제 1절 "평양으로의 수도 옮김"과 제 6장 제 2절 "남쪽으로의 령토확장과 백제, 신라와의 관계" 등의 제하에서 고구려의 통일정책을 다루었던 것과 대비된다. 통사에 한정하여 본다면, 고구려의 삼국통일정책을 언급하면서 그것을 장절의 표제로 내세운 것은 이것이 처음이 아닌가 하거니와, 이는 이후에 나온 통사들에서도 그러하다. 『고구려사 1』의 제 5장은 "겨레와 강토를 통일하기 위한 고구려의 투쟁(4세기 말엽~6세기전반기)"이다. 『고구려편(조선전사 개정판) 3』[15](이하 『조선전사 개정판 3』이라고 함)의 제 5장은 "겨레와 강토를 통일하기 위한 고구려인민의 투쟁"인 것이다.

『조선통사』(87)에서부터 고구려 통일정책이 통사의 장절의 제목으로 등장하였다는 것은 고구려통일론이 1980년대 중반부터 본격적으로 대두하였음을 의미하는 것으로 생각할 수 있지 않을까 한다. 이와 아울러 또 다른 변화를 발견할 수 있다.

북한의 역사 관계 논저들에는 김일성과 김정일의 교시가 거의 빠짐없이 등장한다. 고구려의 통일정책과 관련하여 본다면 『조선전사 3』에는 김일성의 교시가 실려 있을 뿐 김정일의 교시는 찾을 수 없다. 반면 『조선통사』(87)의 고구려 통일정책에 대한 서술은 "고구려는 오래전부터 삼국의 통일을 중요한 정책으로 내세웠으며 삼국통일을 실현하기 위한 투쟁을 주변나라들의 침략을 반대하는 투쟁과 밀접히 결합시켜 힘있게 밀고 나갔다"고 하는 김정일의 교시로부터 시작한다.[16] 앞에서 소개한 『고구

---

15) 1991, 『고구려편(조선전사 개정판) 3』, 과학백과사전종합출판사.

려사 1』의 제 5장은 "고구려, 백제, 신라가운데서 삼국을 통일하려는 지향을 가지고 그것을 실현하기 위하여 줄기찬 투쟁을 벌려온 나라는 고구려였다"라는 김정일의 교시로부터 시작한다.[17] 『조선전사 개정판 3』의 제 5장은, 비록 김정일의 교시라는 것이 밝혀져 있지는 않지만, 앞에 든 그의 두 교시로부터 시작한다.[18]

고구려의 통일정책과 관련한 김정일의 교시가 통사에 등장하였던 것은 『조선통사』(87)부터였다. 이는 고구려통일론이 1980년대 중반부터 김정일의 교시에 기초하여 전개되었음을 의미하는 것으로 본다. 한편 내용적인 측면에서도 변화를 찾을 수 있다.

앞에 제시한 김정일의 교시에서 짐작할 수 있듯이 고구려통일론은 신라통일론의 부정과 짝하는 것이다. 『조선통사』(87)에서는 "…신라는 삼국을 통일하여 우리 나라를 강력한 통일국가로 만들려는 지향을 가지고있지 않았으며 삼국통일을 실현할만한 힘도 없었다. 신라통치배들은 다만 백제와 고구려를 침공하여 령토를 넓히려는 야망밖에 가지고있지 않았다"라고 하는 그의 교시를 내세우면서 신라통일론을 부정하였다. 신라의 지배층은 통일을 지향하지 않았는데, 그 증거는 고구려를 멸망시킨 후 대동강 이남과 이북을 신라와 당이 나눠 갖기로 한 신라-당 사이의 밀약이라고 하였다. 또 신라의 무력만으로써는 통일을 이룰 수 없었고, 외세를 끌어들여 민족 내부 문제를 해결하려고 한 점, 국토의 많은 부분을 외세에 넘겨주려고 한 것은 중대한 반민족적 범죄행위라고 규정하였다.[19] 그리고 고구려유민들의 반당투쟁이 성과를 거두지 못하였던 것은 신라 지

---

16) 『조선통사』(87), 94쪽.
17) 『고구려사 1』, 283쪽.
18) 『조선전사 개정판 3』, 100쪽.
19) 이상 『조선통사』(87), 135~136쪽.

배층이 당을 압록강 이북으로 몰아낸 다음에도 대동강 이남의 지배 통치에만 급급하였기 때문이라고 하였다.[20]

북한에서 신라의 삼국통일을 부정하고, 신라의 국토남부통합과 발해의 성립 혹은 후기신라와 발해로 파악하였음은 널리 알려진 바와 같다. 『조선전사 3』에서 신라의 지배층이 "민족의 내부문제에 외세를 끌어들이여 전쟁을 확대함으로써 인민들에게 헤아릴 수 없는 재난을 가져다주었으며 고구려, 백제 왕조가 망한 후에는 반침략투쟁을 중도에서 포기함으로써 국토완정을 위한 당시 인민들의 투쟁에 커다란 난관을 조성하였으며 그 후 나라의 력사발전에 부정적 영향을 주는 죄악을 저질렀다"고 하였는데,[21] 이는 앞에서 본 『조선통사』(87)의 주장과 상통한다.

하지만 이전의 견해는 신라의 삼국통일 시도마저 부정한 것은 아니었다. 가령 『조선전사 5』에서 왕권을 강화하려고 하였던 김춘추, 김유신을 비롯한 신흥귀족들의 지향은 "세 나라의 『통일』을 위한 전쟁과 그 후 당나라 침략자들을 몰아내기 위한 전쟁과정에서 현저히 실현"되었다고 한 것[22]이 예가 될 수 있다. 반면 앞에서 본 바와 같이 고구려통일론에서는 신라는 삼국을 통일하려는 의지도 능력도 없었으며, 오직 영토적 야심만을 갖고 있었다고 하여 그 시도조차 부정하였다는 점이 다르다.

한편 고구려의 통일정책은 성공을 거두지 못하였고, 신라와 발해가 양립한 이상 통일은 고려의 몫이 되었다. 『조선통사』(87) 제 5장 제 1절 "통일국가-고려의 출현. 봉건제도의 재편성"은 "원래 우리 민족은 수천년의 오랜 역사를 통하여 하나의 문화와 하나의 언어를 가지고 살아온 단일민

---

20) 『조선통사』(87), 141쪽. 그런데 이상과 같은 주장도, 곧 이어 볼 것이지만, 김정일 교시와 함께 그의 논문에서 찾을 수 있다.
21) 『조선전사 3』, 249쪽.
22) 1979, 『조선전사 5 중세편 발해 및 후기신라사』, 과학백과사전출판사, 184쪽.

족입니다"라는 김일성의 교시로부터 시작하여 고려의 통일로 민족의 단일성이 더욱 공고해졌다고 하였다. 그리고 경제와 문화의 통일적 발전과 민족 자주권 수호에 유리한 국면이 조성되었다고 하였는데,[23] 이는 『조선전사 6』의 평가와 대동소이하다.[24]

그런데 『조선통사』(87) 제 5장 제 1절의 첫 번째 소절인 "고려의 건국, 후삼국의 통합"은 다음과 같은 김정일의 교시로부터 시작한다. "동족의 나라들을 하나로 통합하려던 고구려의 지향은 10세기 초에 창건된 고려에 의하여 계승되었다. 고려는 신라가 차지하고있던 대동강이남지역의 주민들은 물론, 멀리 북쪽에서 이주하여온 발해의 유민들까지도 하나의 주권밑에 통합하였으며 광활한 고구려의 옛땅을 되찾기 위하여 힘찬 투쟁을 벌렸다. 고려라는 이름도 고구려에서 유래한 것이다." 이에 따라 "고려는 동족의 나라들을 하나로 통합하려는 고구려의 지향을 계승하여 그 실현을 위하여 투쟁하여온 우리 나라 력사상의 첫 통일국가였다"고 규정하였는데,[25] 이는 이전 통사들에서는 찾아볼 수 없는 대목이다. 종래에도 고려를 "력사상 첫 통일국가가 출현"이라고 평가하였지만,[26] 고려가 고구려의 통일지향을 계승하였다는 식의 평가는 찾을 수 없는 것이다.

---

23) 이상 『조선통사』(87), 185쪽.
24) 1980, 『조선전사 6 중세편』, 9~10쪽. 한편 『조선통사』(87)에 나오는 후삼국 통일의 의의(191쪽)는 『조선전사 6』의 그것(28~29쪽)과 거의 같다.
25) 『조선통사』(87), 186쪽.
26) 『조선전사 6』, 29쪽.

Ⅲ.「삼국통일을 다시 검토할데 대하여」

1. 내용

앞에서 든 김정일의 교시는 모두 그가 발표하였다는 논문「삼국통일을 다시 검토할데 대하여」에서 찾을 수 있다. 이에 우선 논문의 내용을 정리하고, 이에 대한 북한 측의 해설을 소개하기로 한다.[27]

논문은 "삼국통일문제는 우리 나라가 어느 때부터 통일국가를 이루고 발전되여 왔으며 우리 나라 력사의 흐름을 어떻게 보는가 하는 매우 중요한 문제"라고 하는 문제의식에서부터 시작한다. 삼국통일문제에 대한 해명이 '조선사'의 체계와 관련되는 매우 중요한 문제라는 것을 전제로 하였거니와, 과연 이 논문은 비단 삼국통일문제 뿐만 아니라 '조선사' 전 체계와 관련되고 있다.[28]

---

27) 현명호, 앞의 책은 이 논문에 의거하여 그 내용을 풀이하고 보충하면서 '첫 통일국가 형성문제'를 고찰한 것이다. 제1편 "우리 민족의 첫 통일국가 형성문제 해명의 출발점"에서는 '계루군왕' 칭호문제, '발해말갈'(말갈)문제, 이른바 '속말말갈' 설 등에 대한 해명을 통하여 발해가 고구려를 계승한 나라임을 밝힘으로써 신라통일론이 성립할 수 없다는 것을 확인하려고 하였다. 제2편의 제목은 "우리 민족의 첫 통일국가 형성문제의 빛나는 해명"인데, "고구려 중심의 새로운 력사서술체계의 확립"이라는 부제를 달았다. 특히 김정일의 논문을 보완하는 형식과 내용으로 구성되었다. 참고로 제2편의 목차를 소개하면 다음과 같다.
  1. '신라통일론'의 부당성에 대한 과학적해명
    1) 발해를 외면한 상태에서 삼국사기에 정착된 '신라통일론'
    2) 삼국사기 이후 답습되여온 '신라통일론'
    3) '신라통일론'의 부당성에 대한 과학적해명
  2. 우리 민족의 첫 통일국가 형성과정에 대한 과학적해명
    1) 삼국시기 고구려에 의한 삼국통일정책의 적극적추진
    2) 고려에 의한 고구려의 통일지향계승과 첫 통일국가의 출현
28) 국가 발생 이후 각 지역에서 발전하여온 동족의 나라들을 통일한 "첫 통일국가의 출현은 정치, 경제, 문화, 대외관계, 군사 등 국가사회생활의 모든 분야에 걸쳐 나

다음으로는 자료의 상황과 학계의 동향을 정리하였다. 즉 역사 자료에 신라가 삼국을 통일하였다고 되어 있는데, 학계에서는 이를 인정하여 역사 발전에서 신라가 매우 큰 역할을 한 것으로 보고, 신라사를 중심으로 7세기 전후사를 서술하고 있다는 것이다.[29]

다음으로는 자료에 대한 해석을 통해 신라통일론을 부정하였다. 그 논리는 다음과 같다. 첫째, 신라가 당과 연합하여 백제, 고구려를 멸망시켰으나 "하나의 통일적인 주권국가"를 세우지 못했다. 세 나라가 차지하였던 영토에 서로 다른 주권 국가인 발해와 신라가 존재하였다는 것이다. 둘째, "더우기 신라는 삼국을 통일하여 우리 나라를 강력한 통일국가로 만들려는 지향을 가지고있지 않았으며 삼국통일을 실현할만한 힘도 없었다. 신라통치배들은 다만 백제와 고구려를 침공하여 령토를 넓히려는 야망밖에 가지고있지 않았다고 하였다."[30] 그리하여 "력사적 사실은 신라가

라와 민족의 통일적발전과 자주성을 실현하기 위한 투쟁에서 하나의 큰 전환점"이라는 의의가 있다는 것이다.(현명호, 앞의 책, 4쪽)

29) 신라통일론에 따라 신라는 "민족사발전에 특출한 공헌을 한 나라"로 평가되고, 신라를 중심으로 민족사를 서술하여 삼국–통일신라–통일신라를 계승한 나라들로 체계화되었는데, 이는 학계가 "'삼국통일'을 표방하고 나선 신라통치배들의 사대배족적책동의 본질과 그것을 삼국사기 등 력사물편찬에서 '체계화' 하고 합리화한 신라중심주의자들의 죄악의 후과를 명백히 가려내지 못한 결과"였다고 한다.(현명호, 위의 책, 4~5쪽)

30) 이는 앞에서 소개한 김정일의 교시인데, 논의 편의상 다시 인용해두기로 한다. 한편 이에 대해서는 다시 다음과 같은 이유를 들었다. 첫째, 신라는 영토확장을 위해 당나라의 침략세력을 끌어들이는 "죄악적 행동을 감행"하였는데, 백제와 고구려를 멸망시킨 후 대동강 이남·이북 지역을 각각 영유하는 비밀협약을 맺었다고 하였다. 신라는 통일할 능력도 없었고, 통일을 지향하지도 않았다는 논리이다. 또 나당전쟁에서도 신라는 삼국의 전 영토와 주민을 통합하려고 하지 않았다고 하였다. 반당투쟁을 벌렸던 삼국의 인민들을 이끌고 삼국을 통일할 수도 있었지만, 대동강 이남 지역의 지배권만을 확보하려고 하였다는 것인데, 신라는 통일을 지향하지 않았으며, 영토적 야심만 갖고 있었다는 것이다. 앞에서 지적한 바와 같이 이상의 내용은 『조선통사』(87), 141쪽에 반영되었다.

삼국통일을 지향하지 않았으며 신라에 의하여 삼국이 통일되지 않았다는 것을 보여준다"고 결론을 내렸다.

이상과 같이 신라통일론을 부정한 위에 고구려통일론을 주장하였다. "고구려, 백제, 신라가운데서 삼국을 통일하려는 지향을 가지고 그것을 실현하기 위하여 줄기찬 투쟁을 벌려온 나라는 고구려였다. 고구려는 오래전부터 삼국의 통일을 중요한 정책으로 내세웠으며 삼국통일을 실현하기 위한 투쟁을 주변나라들의 침략을 반대하는 투쟁과 밀접히 결합하여 힘있게 밀고 나갔다."[31] 이어 "그리하여 고구려는 한때 온 겨레와 강토의 거의 대부분을 차지하였으며 백제와 신라는 일부 지역만 차지하고 있었다. 참으로 고구려는 삼국의 통일을 이룩하기 위한 투쟁을 주도적으로 이끌어온 나라였다"고 하였다. 삼국 중 통일을 지향하고, 그를 적극적으로 추진하였으며 거의 완성 단계에까지 이끈 것은 고구려였다는 것이다.[32]

고구려의 통일정책은 지배층의 내분과 나당 연합군의 공격으로 말미암아 실패하였지만, 그것은 고려에 계승되었다고 하였다. 즉 "동족의 나라들을 하나로 통합하려던 고구려의 지향은 10세기초에 창건된 고려에 의하여 계승되었다. 고려는 신라가 차지하고 있던 대동강이남지역의 주민들은 물론 멀리 북쪽에서 이주하여온 발해의 유민들까지도 하나의 주권 밑에 통합하였으며 광활한 고구려의 옛땅을 되찾기 위하여 힘찬 투쟁을 벌렸다. 고려라는 이름도 고구려에서 유래한것이다."[33] 이상으로써 고려

---

31) 역시 앞에 소개한 김정일의 교시이다.

32) 백제나 신라의 통치배들은 통치 영역을 넓히기 위하여 영토 확장을 꾀하였으나 삼국통일에 대해서는 엄두를 내지 못하였고, 또 그럴 능력도 갖지 못하였던 것과 비교된다고 하였다.(현명호, 앞의 책, 169쪽) 아울러 고구려의 발전된 제도와 문화가 백제와 신라에 영향을 주어 삼국의 문화는 점차 고구려화되었고, "민족의 단일성은 고구려를 중심으로 더욱 공고화되었다"고도 풀이하였다.(현명호, 위의 책, 171쪽) 이는 앞에서 소개한 『조선전사 3』의 내용과 상통한다.

는 첫 통일국가로서의 중대한 의의를 지니게 되었다는 것인데, 그 특징은 고구려의 통일지향이 고려에 계승되었다는 점이다.[34] 그리하여 "력사적 사실은 삼국시기 우리 나라의 력사는 신라를 중심으로 발전하여온 것이 아니라 고구려를 중심으로 발전하여왔다는 것을 보여주고 있다"고 고구려 중심의 '조선사' 체계의 수립을 제시하였다고 한다.[35]

이상과 같은 신라통일론의 부정에 따라 역사적 사실과 인물에 대한 재평가 필요하다고 하였다. 그것들은 다음과 같다. 첫째, 신라 "통치배들"들은 "동족의 나라인 백제, 고구려를 강점하고 저들의 통치를 유지확장"하려고 하였으므로 삼국통일에 대한 그들의 견해는 "호전성에 기초한 반동적인 것"이었다. 신라 지배층이 백제와 고구려를 공격한 것은 침략전쟁으로 보아야 하며, 김춘추와 김유신 등은 침략전쟁의 조직지휘자로서 부정적으로 평가되어야 한다는 것이다. 반면 이에 반대한 백제의 인민들과

---

33) 앞에서 소개한 김정일의 교시이다.

34) 발해와 후기신라는 상대방을 통합하지 못하였는데, 이러한 제한성은 고려에 의하여 극복되었다고 한다.(현명호, 앞의 책, 172쪽) 그에 따르면 발해는 고려와 마찬가지로 "고구려의 당당한 계승국"이었지만, 고구려의 통일지향을 확고히 계승하지 못하였다는 점에서 근본적인 차이가 있다고 한다.(위의 책, 174쪽) 고려가 고구려를 계승하였다고 보는 입장에서도 고려가 고구려의 통일지향을 이어받은 사실에 대해서는 알지 못하고 있었다고도 하였다.(위의 책, 175쪽) 한편 1960년대 초까지만 하여도 학계에서는 신라에 의한 삼국통일을 전제로 통일신라가 그 말기에 후삼국으로 갈라지게 되었고, 고려가 이 후삼국을 통합하여 국토의 재통일을 이루었다고 보았는데, 이는 신라의 삼국통일론에 근거한 것으로 잘못된 견해이며(위의 책, 175~176쪽), 위에서 본 김정일의 주장은 "후백제, 신라의 통합과 함께 발해유민의 포섭과 고구려 옛땅의 통합 특히 발해유민포섭과정을 통일과정의 한고리로 보아야 한다는 새로운 사상"이라는 것이다.(위의 책, 176쪽)

35) 삼국통일문제에서 더 나아가 "신라중심주의의 비과학성과 허황성이 드러나고 고구려중심의 참된 력사서술체계"가 새롭게 세워졌으며(현명호, 위의 책, 5쪽), 이는 "조국력사편사학상에 아로새겨져 영원토록 빛날 위대한 공적"이라고 하였다.(위의 책, 164~165)

군대의 투쟁 예컨대 백제군대와 계백의 투쟁은 긍정적으로 평가해야 한다고 한다. 둘째, 삼국의 인민들은 "대동강이남지역에서만 당의 군정을 철폐하려고 한 신라통치배들"과는 달리 마침내 당을 축출하였다. 이는 "침략자들에게 빼앗긴 자기의 강토와 겨레를 되찾기 위한 정의의 전쟁"이었다. 셋째, 종래 발해에 대하여 신라의 삼국통일을 취급하는 부분에서 간단히 언급하였는데 이는 잘못이다. "발해는 고구려유민들에 의하여 옛 고구려 땅에 세워진 강력한 주권국가로서 고구려의 문화를 계승발전시켰으며 우리 나라 북방 여러 나라들의 거듭되는 침입을 막고 나라와 겨레의 안전을 보장하는데 큰 기여를 하였다. 그런것만큼 7세기말부터 10세기초에 이르는 우리 나라 력사서술에서 발해를 신라와 함께 기본체계에서 취급하여야 한다." 그리고 통일신라라는 표현은 고쳐야 한다.

2. 출현 경위

김정일은 1960년 9월부터 1964년 3월까지 김일성종합대학 경제학부 정치경제학과 수학하였다.[36] 당시 그는 "과학리론분야와 교육분야에서 주체를 세우기 위한 사상리론활동"을 펼쳤다고 하는데,[37] 논문과 관련하여 다음과 같은 일화가 주목된다.

조선사 강좌 교원이 삼국의 역사에 대한 강의를 마치면서 〈신라에 의한 3국의 통일과 력사적 의의〉라고 하는 토론 제목을 제시하였는데, 학생들은 모두 신라의 활동을 긍정적으로 평가하였고, 김유신의 역할을 찬양하는 경우도 있었다고 한다.[38]

김정일은 이에 반대하였는데, 그 이유는 신라 지배층이 "신성한 우리

---

36) 최성, 2002, 『김정일과 현대북한정치사』, 382쪽.
37) 1982, 『인민의 지도자 1』, 조선로동당출판사 ; 1983, 동 번각, 시대사(동경), 416쪽.
38) 위의 책, 424쪽.

땅에 처음으로 외세를 끌어들인 사대주의의 첫 조상들"이라는 것이었다고 한다. 그는 다시 부연하기를 고구려, 백제, 신라 세 나라는 본래 동족의 나라들이었는데, 신라 지배층이 외세인 당나라침략자를 등에 업고 그 힘을 빌어 민족의 내부 문제를 해결하려고 하였으며, "그렇기 때문에 외적의 침략무력과 합세하여 동족의 나라를 멸망시킨 신라에 대하여 그리고 신라왕조의 외세의존정책을 앞장서서 집행한 김유신에 대해서도 응당 재평가"하여야 한다고 주장하였다는 것이다.[39]

김정일은 구체적인 사료를 들어 나당 관계도 분석하고, 외세를 끌어들인 부정적인 결과와 그로 인해 인민들이 겪었던 재난에 대해서도 언급한 후(단 그 구체적인 내용은 전하지 않는다) "지금까지 신라의 사대주의적인 죄행이 가리워지고 김유신이 감히 명장으로 평가되여온것은 력사를 서술하는 사람들이 사대주의사상에 물젖어있었기때문"이며, 남한에서 신라의 삼국통일을 역설하는 이유도 "외세에 빌붙어 모든 문제를 해결하려는 괴뢰도당의 반인민적인 책동을 합리화"하려는 데 있다고 지적하였다고 한다.[40]

이에 교원은 김정일로부터 토론원고를 받았다고 하는데, 표지에 토론제목은 없었고, 다만 그 기본취지만을 밝혀 놓은 듯 「통일에 대한 신라의 견해는 호전성에 기초하고있지 않는가?」, 『김유신평가문제』라고 적혀 있었다고 한다.[41]

논문은 "7세기를 전후한 시기에 우리 나라 력사를 학습하면서 학생들 사이에서 삼국통일에 대한 문제가 많이 토론되였다"는 구절로 시작된다. 그리고 앞에서 살펴 보았듯이 논문에서 삼국통일에 대한 신라 지배층의

---

39) 위의 책, 425쪽.
40) 위의 책, 426쪽.
41) 위의 책, 427쪽.

견해는 "호전성에 기초한 반동적인 것"이었다고 하였고, 김춘추와 김유신 등은 침략전쟁의 조직지휘자로서 부정적으로 평가하였다. 그렇다면 이 논문은 당시의 토론 원고였든지 혹은 토론 이후 그 내용을 정리한 것이라고 일단 생각할 수 있다.

김정일이 1960년~70년대에 발표했다고 하는 논문들은 1982년부터 『근로자』 등을 통하여 공표되기 시작하였다고 한다. 그런데 당시 김정일의 활동이 대외적으로 공개되지 않아서 논문 내용의 진실성과 가필 정도 등을 확인하기 대단히 어려우며, 따라서 이 논문들 중 많은 부분은 1차 자료로서 가치를 획득하기 어렵다고 평가된다.[42] 여기서 김일성종합대학 재학시절의 다음과 같은 일화를 떠올리게 된다.

김정일과 같은 학급 소속의 학생들이 "조선민족의 형성문제"를 둘러싸고 논쟁을 벌였다고 한다. 학생들은 민족이 자본주의시대에 와서야 비로소 형성된다는 "고전의 명제"에 입각해 주장을 펼쳤는데, 김정일이 "우리 민족은 예로부터 한피줄을 타고 같은 언어를 쓰며 한강토에서 살아온 단일민족이라고 하신 위대한 수령님의 교시"를 설명함으로써 논쟁을 종결시켰다고 한다.[43]

김정일의 「민족문제에 대하여 올바른 리해를 가질데 대하여(김일성종합대학 학생들과 한 담화 1960년 10월 4일)」라는 문건은 이와 관련된 것으로 보인다.[44] 이를 보면 김정일은 민족을 자본주의의 산물로 보았던 스탈린의 이론을 조선민족의 형성에 그대로 적용할 수 없다고 지적하였다

---

42) 이상 이종석(2000, 『새로 쓴 현대북한의 이해』, 58쪽)과 최성(앞의 책, 172쪽)은 김정일이 저작하였다는 대부분의 주요문건이 후계체제가 확고해진 1980년대 중후반 이후에 새로이 공개되었기 때문에 이러한 문건의 사실성 여부는 현재로서는 확인하기 힘들다고 하였다.

43) 『인민의 지도자 1』, 347~348쪽.

44) 김정일, 2006, 『민족문화유산과 민족적 전통에 대하여』, 조선로동당출판사. 이 책

고 한다. 그 이론은 분산성과 할거성을 특징으로 하는 봉건 사회를 경험하였던 유럽 여러 나라들의 민족형성과정을 연구하면서 도출된 것이기 때문에 그러하다는 것이었다. 그리고 이에 대한 해답을 "수령님의 로작"에서 찾아야 한다고 하였는데, "민족을 이루는 기본징표는 피줄, 언어, 지역의 공통성이며 이가운데서도 피줄과 언어의 공통성은 민족을 특징짓는 중요한 지표"이며, "조선민족은 예로부터 한강토안에서 한피줄을 타고 같은 말"을 하면서 살아왔다고 지적하였다고 한다.[45]

그런데 1960년대까지 북한의 민족개념은 스탈린의 정의에 따랐다고 한다. 즉 민족은 '언어, 영토, 경제생활, (문화의 공통성에 의하여 표현되는) 심리적 상태의 공통성에 기초하여 오랜 역사를 거쳐서 형성된 사람들의 공고한 집단'으로 규정되었다는 것이다. 1970년대에는 '언어, 지역, 경제생활, 혈통과 문화, 심리 등에서 공통성을 가진, 역사적으로 형성된 사람들의 공고한 집단'으로 규정되었는데, 민족구성요소로서 혈통이 추가된 점, 민족 개념을 구성하는 여러 요소들 중 언어의 공통성을 중시하였던 점이 특징이라고 한다. 1980년대에는 '핏줄과 언어, 영토와 문화의 공통성에 기초하여 역사적으로 형성된 생활단위이며 사람들의 공고한 집단'이라고 규정되었다. 여기에서 스탈린의 민족이론과 결별하게 되는데, 언어의 공통성을 중시하는 위에 경제생활의 공통성이 삭제되고, 핏줄을 강조하였다.[46]

이상과 같은 민족 개념의 변화를 보면 민족문제에 대한 담화에서 김정

___

에는 이외에도 김정일이 민족문화와 관련하여 김일성종합대학 학생들과 하였다는 담화 8편이 더 실려 있다.

45) 이상 『민족문화유산과 민족적 전통에 대하여』, 6~8쪽.

46) 이상 이종석, 앞의 책, 193~194쪽 ; 정성임, 2006, 「전통과 민족주의에 대한 인식」,『북한의 사상과 역사인식』,(세종연구소 북한연구센터 엮음), 195~197쪽.

일이 인용하였다는 김일성의 민족개념이 1980년대 북한의 그것과 거의 같다는 것을 알 수 있다. 이는 1980년대의 민족개념이 이미 1960년 이전 김일성에 의해 만들어졌고, 1960년 이후 김정일의 담화를 계기로 변화하기 시작하였다는 주장으로 보아 좋지 않을까.[47] 1950년대 중반 북한 학계에서는 '조선에서의 부르조아 민족형성'에 관한 활발한 논쟁이 있었고,[48] 이 사실은 담화에서도 지적되고 있다.[49] 그러므로 1960년 김일성종합대학에서 민족문제에 대한 토론이 있었고, 이를 김정일이 주도하였을 수도 있다. 단 민족문제에 대한 김정일의 담화는 1960년의 것이 아니라 그 후 아마도 1980년대에 만들어졌을 가능성을 배제할 수 없다. 김정일의 삼국통일에 대한 논문도 이와 같은 맥락에서 이해할 수 있을 것으로 생각한다.

『조선통사』(58)에서는 신라의 삼국통일을 인정하였다. 나아가 그 의의에 대하여 "조선 력사 발전에 있어 획기적인 사변"으로서 "조선 지역과 인민의 통일은 단일적인 조선 준민족(나로드노스치)의 급속한 형성과 그 발전"을 초래하였다고 평가하였다.[50]

이러한 인식은 『조선통사』(62)[51]에서 크게 변화하였다. 신라의 삼국통일은 부정되고, 발해의 성립이 중요시되기 시작하였다. 이 책의 제6장 "신라에 의한 국토남부의 통합과 고구려 고지에서의 발해국의 성립"에서

---

47) 이상에서 본 민족문제에 대한 김정일의 견해는 민족에 대한 이해와 조선민족형성에 대한 주체적 이해의 지침이 되었다고 평가되고 있다. (리상걸, 1984, 『사상리론의 영재(주체의 사상, 리론, 방법의 심화발전 1)』, 사회과학출판사, 27쪽)

48) 이종석, 앞의 책, 193쪽.

49) 『민족문화유산과 민족적 전통에 대하여』, 7쪽.

50) 『조선통사』(58), 98쪽.

51) 조선 민주주의 인민 공화국 과학원 력사 연구소, 1962, 『조선통사』(상), 과학원출판사.

알 수 있듯이 신라는 국토의 남부를 통합하였고, 북부에서 진국(발해)이 성립함으로써 "옛날 3국의 정립은 남북 2국의 량립"으로 변화되었다고 파악하였던 것이다.[52] 신라의 삼국통일이 부정되면서 고려의 통일이 중시되었다. 제8장 "고려에 의한 국토의 통일, 중앙집권체제의 발전"의 제1절은 "고려에 의한 통일정책의 촉진"이며, 제3절은 "고려에 의한 통일 위업의 완수"이다. 고려 태조 왕건은 "주체적인 력량에 의하여 통일 위업을 추진시켰으며 고구려 고지의 수복을 통일 위업 달성의 중요한 부분으로 간주"하였다고 보았다. 비록 그 뜻을 다 이루지는 못하였지만 "고구려 고지의 적지 않은 부분을 수복하여 조선 반도의 통일을 달성하였으며 발해 인민의 많은 부분이 고려에 인입되었다"고 하였다.[53]

　이러한 변화는 곧 '조선사' 체계의 일대 변화를 의미하는 것이었다.[54] 이점을 고려하면 1960년 김일성종합대학에서 신라의 삼국통일에 대한 토론이 행해졌고, 혹 김정일이 신라의 삼국통일에 대한 부정적 의견을 제출하였을 수도 있겠다. 단 그렇다고 하여 그 때의 토론 원고나 그것을 정리한 것이 곧 논문이라고는 생각되지 않는다. 그 내용을 보건대 1980년대까지의 북한학계의 연구 성과를 바탕으로 고구려통일론이 만들어졌을 것으

---

52) 『조선통사』(62), 173쪽. 단 신라의 통일의지나 '국토남부 통합'에 대한 평가가 부정적인 것만은 아니었다. 백제와 고구려를 멸망시키고 당을 몰아낸 후 신라는 옛 백제의 전 지역과 옛 고구려의 대동강 이남의 지역을 통합하였고, 이 과정에서 옛 백제의 유민 전부와 옛 고구려 유민의 상당수가 신라의 주민으로 융합되었다고 하였다. 신라는 삼국 전체의 지역과 주민들을 전부 통일하려던 목적을 완전히 달성하지 못하였는데, 이는 침략세력인 당을 '동맹자'로 끌어들인 결과였다고 보았다. 그러나 신라가 통일의 뜻을 완전히 져버린 것은 아니어서 전 고구려의 나머지 영역까지 통합하려는 희망을 버리지 않았으며, 이 희망은 그 후 "조선 인민들의 머리 속에 오래도록 남아 있었다"고 하였던 것이다. (앞과 같음, 167~168쪽)

53) 『조선통사』(62), 256쪽.

54) 이와 관련하여 이성시, 앞의 논문, 89~94쪽 참고.

로 생각하는 것이다. 당시 토론에서 김정일이 고구려의 통일의지나 정책, 발해 건국의 의의, 고려의 고구려 통일지향 계승 등에 대한 언급하였던 것으로 되어 있지 않다는 점에서 이를 반영하는 것이 아닐까 한다.

IV. 맺음말

앞에서 북한의 조선사 통사들을 중심으로 고구려통일론에 대하여 알아보았다. 그런데 연구서를 범위에 넣는다면 고구려통일론의 등장시기를 조금 더 좁혀 볼 수 있다. 채희국은 1982년 7월과 1985년 7월에 각기 다른 부제가 붙은 『고구려 력사 연구』를 출판하였다.[55] 『고구려 력사 연구』(82)에서는 주로 제 2장 "고구려의 강성"의 제 3절 "삼국통일의 성과적 추진"에서 고구려의 삼국통일 정책을 다루었다. 이 책에는 아직 이와 관련한 김정일의 교시는 실려 있지 않다. 그런데 『고구려력사』(85)에서는 큰 변화가 나타난다. 우선 부제에 "삼국통일을 위한 투쟁"이 들어 있다는 점이 주목된다, 제 2장을 "고구려에 의한 삼국통일정책의 성과적추진"으로 설정하고, 제 1절 "고구려의 남진", 제 2절 "삼국통일정책의 적극적추진", 제 3절 "고구려의 남쪽경계"에서 고구려 통일정책 추진과 그 성과를 자세히 다루었다. 그리고 이러한 연구는 기본적으로 김정일의 교시 다시 말해 「삼국통일을 다시 생각할데 대하여」에 제시된 바를 증명하는 형식으로 되어 있다. 그렇다면 고구려통일론은 1982년 7월 이후 1985년 7월

---

55) 1982, 『고구려 력사 연구-평양천도와 고구려의 강성-』, 김일성종합대학출판사. 1985, 『고구려력사연구 고구려건국과 삼국통일을 위한 투쟁, 성곽』 ; 1999, 백산자료원 영인.

이전 어느 시기에 완성되었던 것으로 보게 된다.

김정일은 1960년대 후반부터 조선노동당 중앙위원회의 중요 부서에 근무하면서 주체사상의 유일사상화와 체계화 작업을 주도하였다. 이러한 작업은 결국 그를 '수령' 김일성의 후계자로 부상시키는 중요한 계기가 되었다. 김정일은 1974년 2월에 북한권력의 핵심부인 조선노동당 중앙위원회 정치위원회의 위원이 되면서 후계자로 공인되었으며 그때부터 북한권력의 실제적인 제 2인자로서 조선노동당을 통해서 북한사회전반에 영향력을 행사하기 시작하였다.[56]

김정일은 1982년 3월 31일 김일성 탄생 70돌 기념 전국 주체사상토론회에서 「김일성의 주체사상에 대하여」라는 논문을 발표하였다. 이것은 이후 주체사상에 대한 체계화 작업이 '수령의 후계자'에 의해 진행되고 주체사상이 김일성사상과 동일시되던 것에서 김일성·김정일의 사상과 동일시되는 방향으로 전개되는 계기가 되었다는 점에 중요하게 평가되고 있다. 다시 말해 주체사상이 이제 '김일성·김정일 공동정권'의 통치이데올로기 즉 김일성·김정일주의화하였다는 것이다.[57]

이상과 같은 변화에 짝하여 김정일의 위대성을 드러내기 위한 작업이 펼쳐졌던 것으로 보인다. 가령 백두산 출생 신화의 조작이 단적인 예가 될 것이다. 지금 북한에서는 김정일이 옛 소련 영내에서 태어났다는 실체적 사실을 부정하고, 그의 출생지를 백두산의 밀영으로 못박고, 그가 태어났다는 귀틀집을 성역화하였다. 이 곳은 김일성의 고향인 만경대와 함께 '고향집'으로 불리며, 북한 주민들의 '혁명전통' 교육장으로 이용되고 있다고 한다. 그런데 1980년대 초반 북한의 이데올로그들은 김정일의

---

56) 이상 이종석, 앞의 책, 83쪽.
57) 이상 정성장, 2006, 「통치이념」, 『북한의 사상과 역사인식』, 47쪽.

백두산 출생 신화를 조작하는 것을 주저했으나 1984년 재일동포들이 쓴 전기인 『김정일지도자 1·2』부터 백두산 밀영 출생의 신화를 만들어 냈다고 한다.[58]

앞서 언급하였듯이 김정일이 1960년~70년대에 발표했다고 하는 저작들이 1982년부터 공표되기 시작하였던 것도 김정일체제를 공고히 하기 위한 수단의 하나였을 것으로 생각하거니와, 「삼국통일을 다시 생각할데 대하여」나 그에 기반한 고구려통일론 역시 그러하고 할 수 있다. 역시 앞에서 살펴 본 바이지만 고구려통일론은 삼국통일의 새로운 이해에서 더 나아가 "신라중심주의의 비과학성과 허황성"을 드러내고, "고구려중심의 참된 력사서술체계"를 수립한 공적, "조국력사편사학상에 아로새겨져 영원토록 빛날 위대한 공적"[59]을 김정일에게 돌리려는 의도에서 비롯된 것에 다름이 아닐 것으로 생각하는 것이다.

---

58) 이종석, 앞의 책, 492~493쪽.
59) 이상 앞의 주 35) 참고.

高句麗防禦體系의 變化樣相

표영관*

目　　次

Ⅰ. 序言

2000년대 초반 중국 사회과학원에 의해 주도된 동북공정은 한국사의 위기로 비춰지기도 했지만 반면 고구려 역사에 대한 관심의 확대라는 순기능적인 역할에 기여한 바도 크다. 물론 우리사회의 역사학 저변이 확대된 것에 기인한 결과이겠지만, 지난 100년 동안보다 더 많은 관련 연구성과가 몇 년 만에 쏟아져 나온 것만으로도 고구려사에 대한 관심과 우리 학계의 축적된 연구역량을 짐작하게 한다.

한국인에게 '고구려'는 역사와 민족의 자긍심을 대변하는 명제로 사용

---

* 강릉대학교 사학과

되어왔다. 중국과 호기를 다투었던 공격적 세력으로, 광활한 영토를 영위했던 제국으로 인식되어온 것이다.

이런 현상은 학술 면에서도 크게 다르지 않다. 근래에는 다양한 시각과 주제의 논고들이 나오고 있지만, 領域擴張史 등 고구려의 강성한 측면에 집중되어 온 것 같다.

실상 고구려는 건국 초부터 주변세력에게 강력한 도전을 받아왔다. 때론 國都가 함락당하고 때론 乞盟의 수모도 겪어야 했다. 그럼에도 불구하고 고구려가 5세기 이후 강력한 영역국가로 존재할 수 있었던 것은 원대한 민족성이니 강성대국이니 하는 근본을 타고나서가 아니라 전략적 특수성이 있었기 때문일 것이다. 그 요인을 기존의 공격지향성 해석에서 벗어나 방어적 요소에서 찾아보고자 한다.

'공격은 최선의 방어' 라는 명제가 있지만, 방어기능이 갖추어지지 않은 국가의 존속은 불가능하다. 특히 고구려는 건국이후 늘 전쟁 속에 있었기 때문에 고구려방어체계와 전략은 끊임없이 도전을 받으면서 독특한 양상으로 발전해 나갔을 것이다. 본고에서는 고구려의 방어체계의 변화를 단계별로 살펴봄으로써 그 각각의 기능과 나아가서 이후 발전에 어떻게 기여했는지를 살피게 될 것이다.

II. 初期 都城中心 防禦體系의 運用

국가기능 중 가장 중시되는 것 중 하나는 적으로 부터의 방어다. 국가발생기 대부분의 집단 거주지는 목책이 세워지거나 혹은 자연의 험고함에 의탁하여 도시가 조성되었다.

고구려도 최초방어형태는 대부분 초기국가와 마찬가지로 적의 침입을 쉽게 차단할 수 있는 강과 산등의 자연지형에 의탁했다. 건국과정 관련기록에 朱蒙일행은 卒本川에 이르러 토지의 비옥함과 山河의 험고함을 보고 도읍을 결정하였다고 했으며,[1]「廣開土王碑文」[2]에는 沸流谷忽本의 山上에 도읍을 세웠다고 기록하여, 水上에 임시로 거주하다가 이후 山上에 도읍한 것으로 볼 수 있다. 산상의 城은 五女山城으로 해발 820m 절벽 위에 위치하면서도 정상에는 둘레 2,000m가 넘는 넓은 개활지가 있는 완벽한 방어성이다.[3]

그런데 이 험고함은 국가운영에 있어서는 오히려 방해의 요소로 작용하기도 한다.[4] 이러한 약점을 보완하기 위해 고구려는 초기부터 平地城과 山城의 二重都城체계를 사용하였다. 현재, 위치에 대한 의견은 분분하지만 첫 도읍에도 평지성의 존재는 확연하며, 東明王 4년 7월에 궁실을 지었다는『삼국사기』기록 역시 평지성을 신축한 기사로 보인다. 즉 건국 후 점차 세력을 확대해나가면서 평지성을 운용한 것으로, 고구려는 최초 도읍부터 이미 평지성과 산성을 연계한 이른바 都城防禦體系를 시행했다고 추측된다.

두 번째 도읍인 國內城 지역에서는 도성방어체계가 보다 확실하게 나타난다. 集安지역은 蘆嶺山脈을 비롯한 험준한 산들에 둘러있으면서도 압록강유역의 비교적 넓은 충적평야에 위치하고 있는 盆地지형이다.[5] 국내성 遷都는 여러 이유가 있겠지만 방어의 요지라는 점이 크게 작용한 것 같다.

---

1)『三國史記』권 13, 高句麗本紀 1, 東明聖王.

2) 이후「王碑文」. 판독 : 水谷悌二郎, 1959,「好太王碑考」,『書品』100 ; 武田幸男, 1988,『廣開土王碑原石拓本集成』, 東京大學.

3) 王綿厚, 2002,『高句麗古城研究』, 文物出版社, 44쪽.

4) 노태돈, 1988,「고구려의 성립과 발전」,『한국고대사론』2, 2쪽 ; 여호규, 1998,「국내성기 고구려의 군사방어체계」,『한국군사사연구』, 국방군사연구소, 28~29쪽.

5) 劉明光 主編, 1998,『中國自然地理圖集』2, 中國地圖出版社, 119쪽.

그런데 유리왕은 천도를 계획하는 단계에 이미 尉那巖城을 축조했고 이는 왕궁인 국내성 인근에 전란에 대비한 방어용 산성을 쌓았다는 것을 의미한다. 위나암성은 일반적으로 국내성 약 2.5㎞ 거리의 山城子山城으로 비정된다. 위나암은 대무신왕 11년까지만 명칭이 사용되고, 이후는 丸都城이 등장하는 것을 보면 모두 산성자산성의 異稱으로 보인다.

①-1. 十一年秋七月 漢遼東太守將兵來伐……左輔乙豆智曰……大王閉城自
　　　固 待其師老 出而擊之可也 王然之 入尉邦巖城 固守數旬……漢人謂我
　　　巖石之地無水泉……宜取池中鯉魚 包以水草 兼旨酒若干 致犒漢軍……
　　　(『三國史記』권 14, 高句麗本紀 2, 大武神王 11년)

①-1은 도성방어체계의 운용을 보여준다. 漢軍의 내침에 대무신왕은 위나암에 들어가 수십일을 고수했다. 그런데 乙豆智의 의견에 왕이 별도의 절차 없이 위나암으로 입성한 것을 보건데 위나암성은 평시궁성과 별반 차이가 없는 戰時궁성으로 사용되었음을 짐작할 수 있다. 위나암은 암석의 땅으로 견고하며, 장기 守城戰에는 필수적인 水川도 있다고 했는데, 발굴조사결과 丸都山城內에 궁궐터와 병영터, 2개 이상의 샘물과 저수지, 그리고 경작지도 상당부분 있었던 것으로 밝혀졌다. 다수의 인원이 장기간 守成이 가능한 최적의 조건이다.[6]

大武神王이 위나암성에서 펼쳤던 고수작전은 고구려 도성방어의 전형적인 모습이다. 환도성은 이후 東川王代의 毌丘儉의 침입과 故國原王代 慕容皝의 來侵 등 平壤으로 천도하기 이전까지 中國세력의 대규모 침략에

---

6) 魏存成, 1999, 「吉林省內高句麗山城的現況和特征」, 『高句麗研究』 8, 고구려연구회,
　　20쪽.

대한 도성방어체계의 최종적인 防禦城으로 이용되었다.

초기 도성방어체계는 매우 효과적이었다. 新大王 8년(172)의 漢軍의 내침에 대한 방비를 보자.

①-2. 八年冬十一月 漢以大兵嚮我 王問群臣戰守孰便 衆議曰……且我國山險
而路隘 此所謂一夫當關 萬夫莫當者也……答夫曰……今漢人千里轉糧
不能持久 若我深溝高壘 淸野以待之 彼必不過旬月 饑困而歸 我以勁卒
薄之 可以得志 王然之 嬰城固守 漢人攻之不克 士卒饑餓 引還 答夫帥
數千騎追之……(『三國史記』권 16, 高句麗本紀 4, 新大王 8년 11월)

明臨答夫는 侵攻에 대비해서 垓子를 깊이하고 城을 높게 쌓은 후에 들을 비우는 이른바 淸野守城戰을 전개함으로써 漢軍이 스스로 공격을 포기하고 돌아가게 만들었다. 답부의 의견에서도 알 수 있듯이 이러한 방법은 많은 병사가 장거리 원정을 해왔을 때 매우 효과적이었다. 원정군은 고구려의 深山幽谷을 통과하면서 피로가 쌓였고, 무엇보다도 軍糧 조달이 어려워지자 더 이상 공격지속이 불가능해졌다.

그러나 이러한 淸野守城戰은 방어측면에서도 근본적으로 해결해야할 문제가 있다. 먼저 장기간의 공격에도 견딜 수 있을 만큼 견고한 城이 존재해야 하며, 두 번째로 전투이전에 백성과 식량을 城內로 완벽하게 옮길 수 있어야 한다. 五女山城과 丸都山城은 장기수성에 최적일 수 있다. 하지만 두 번째 조건은 항상 충족시킬 수 있는 것이 아니다. 특히 국가의 성장은 都市규모와 民戶의 數的 증가를 의미하고, 이러한 변화는 결국 짧은 시간동안 모두가 대피하는 것을 사실상 불가능하게 했을 것이다. 또한 적군의 식량, 軍資가 지속적으로 보급된다면 성안에서의 수비는 오히려 孤立無援의 치명적 결과를 가져올 수 있다.

　국가의 성장은 방어지역이 광범위하게 넓어지는 것도 의미한다. 고구려도 초기 소국단계에서 벗어나면서 왕궁만을 수비하는 소극적인 방어체계로는 국가방위에 한계를 느꼈을 것이다. 방어체계의 변화는 다시 ①-2에서 찾을 수 있다. 衆議는 고구려의 산세가 험하고 통로는 자연적으로 막혀있기 때문에 그 사이의 요새 하나가 방어에 주요할 것이라고 했다. 즉 도성 이전에 進入路 상에서 적을 차단하자는 것이다. 당시에는 청야수성이 채택되었고 이 의견은 불허되었지만 현재 關隘를 비롯한 遮斷城들이 國內城 진입 주요도로상에서 발견되고 있는 것으로 보아, 정확한 시기를 알 수는 없지만 최초 도성방어체계의 보완목적으로 이 시점 이후, 차단시설이 점차 조성되었음을 짐작할 수 있다.

　국내성기 進出路上 관방시설 중 대표적인 것으로 南道의 望波嶺關隘와 北道 상의 關馬墻山城 등이 있다.[7] 望波嶺關隘는 集安市 서북쪽 약 50km에 있으며,[8] 渾江에서 新開河를 거슬러 集安으로 통하는 교통로상 요충지에 위치해 있다.[9] 또 關馬墻山城도 通化에서 集安으로 가는 주요 통로상 가장 좁은 지형에 축조되었다.[10] 좁은 협곡사이에 축조되어 있지만, 城 내부의 지세는 평탄하고 水原도 풍부하여 상당수의 군사가 주둔하기에도 적합하다.[11] 이들 차단성들은 집안으로 진출하기 위해서는 반드시 거쳐야 하는 도로상 최적지에 위치해 있다. 3세기 중반이후 중국세력과의 전투는 國都가 아닌 중간지역에서 벌어지는데, 차단시설을 쌓고 국도외부에서 적을 막는 방어체계의 변화가 전투지역 변동의 가장 큰 원인으로 보

---

7) 吉林省博物館輯安考古隊 輯安縣文物管理所, 1964, 「吉林輯安高句麗南道和北道上的關隘和城堡」, 『考古』 1964-2, 76~78쪽.
8) 吉林省文物志編委會, 1984, 『集安縣文物志』, 76쪽.
9) 李殿福 ; 車勇杰 · 金仁經 譯, 1994, 『中國內의 高句麗遺蹟』, 학연문화사, 40쪽.
10) 여호규, 1998, 『高句麗 城』 I, 國防軍史研究所, 109쪽.
11) 吉林省文物志編委會, 1984, 위의 책, 73쪽.

인다.

　그러나 차단시설 설치도 적군의 도성 침입을 일부분 저지할 수는 있어도, 결과적으로는 역시 도성만이 보호받는 소극적인 방어형태이다. 古今을 막론하고 首都는 국가의 핵심이지만 도성방어체계는 王室과 都城기능 일부만이 방어의 목적이 되다 보니, 敵軍을 끌어들여 기다려야 하는 형태가 된다. 또 도성에서도 왕궁과 방어시설이 분리되어 있어서 궁성과 주요시설, 주민을 적극적으로 보호할 수가 없다. 이원적인 수도방어체제는 적을 퇴각시켰다 해도 首都施設이 파괴되기 마련이다.[12] 이런 면에서, 586년 도시 전체가 하나의 城壁으로 쌓인 長安城으로 移都한 원인이 도성방어체계의 결함을 극복하기 위해서라는 의견은 주목할 만하다.[13] 즉 平壤城은 大城山城-安鶴宮의 이원체제였다가, 北城, 內城, 中城, 外城 등이 하나의 성벽으로 구성된 長安城으로 移都한 것이다.

　고구려는 도성방어체계만으로는 주변세력의 성장과 공격을 감당할 수 없었다. 246년 毌丘儉의 來侵 때에는 防禦城인 丸都城과 원 宮城이었던 國內城 모두가 다시 도읍할 수 없을 정도까지 파괴되었다. 성격이 조금 다르긴 하지만 342년 慕容皝의 침공 때에는 적군을 예상하고 진입로에서 방어하려 하였으나, 예상 진로를 잘못 파악해서 역시 宮城인 國內城과 최종 防禦城인 丸都山城이 모두 파괴되는 것을 경험해야 했다. 보다 본질적이고 적극적인 방어를 행할 필요가 있었던 것이다. 바로 防禦線의 構築이다.

---

12) 사회과학원력사연구소, 1979, 『조선전사』 3, 과학백과사전출판사, 178쪽.
13) 신형식, 2000, 「도성체제」, 『고구려산성과 해양방어체제 연구』, 백산, 62쪽.

Ⅲ. 領域擴張과 攻勢的 防禦形態로서의 防禦線

1. Rome의 Limes와 高句麗의 領域認識

고대 로마의 경우 '요새화 된 국경선'이라는 의미의 리메스(limes)를 건설하였다.[14] '리메스'는 로마 帝政 初期에는 단순히 좁은 길을 의미했으나 차츰 敵地에 대한 군사행동을 개시할 때 군대가 닦은 길을 뜻하게 되었고, 이후 경계초소나 신호탑을 갖춘 軍道를, 그리고 마지막에는 帝國 國境을 뜻하기에 이르렀다.

로마가 계속 확대될 때에는 정지된 국경은 존재하지 않았으나, 확대가 정지되자 국경이라는 개념이 형성되었다. 하천이나 산맥 등과 같은 자연 차단물이 존재하지 않는 지역에는 Domitianus 황제 이후, 石壁·울타리·水路·堡壘 등의 人造 遮斷物을 築造하게 되었다. Britannia에 구축한 Hadrianus 防壁과 Antoninus 防壁, Donau 江 상류와 Rhein 江 상류를 연결하는 울타리, Numidia의 水路 등이 대표적인 예이다.[15]

리메스는 통치의 한계지점을 나타내는 것은 아니며 전면의 적으로부터 방어의 목적과 함께 공세적인 목적을 포함하였다.[16] 萬里長城 역시 ¾방어적이며 ¾공세적 성격이다.[17] 각 防壁에서 군사행동을 위한 로마의 군사도로는 4,080로마 마일(약 1만km)에 달했으며 불과 4~5마일 거리마다 驛站을 두어 신속한 명령전달과 정보입수에도 도움을 주었다.[18] 로마는

---

14) John Keegan ; 유병진 역, 1996, 『세계전쟁사』, 까치, 214쪽.
15) A.J. Toynbee, 1975, 『역사의 연구(A Study of History)』 6권, 東西文化社, 43~47쪽.
16) A.J. Toynbee ; 간행회 역, 1975, 위의 책 8권, 493~494쪽.
17) John Keegan ; 유병진 역, 1996, 위의 책, 214~216쪽.

정복전쟁 도중에 전방에 據點을 두고 이들을 연결하여 境界線을 만들고 그 경계 안쪽에 도로망을 만든 것이다. 도로망은 각 거점간의 연락 및 보급로로 사용되어 방어시 공격군으로부터의 고립을 방지할 수 있고, 방어선 밖 적에 대한 원정시에는 군사의 행군과 보급이 빠르고 안정적으로 지원 받을 수 있을 역할을 했을 것이다.

高句麗의 경우에도 防禦線이 구축된다면, 서북방면으로는 中國세력에 대한 방어와 함께 대륙으로의 진출도 가능하게 한다. 또 남방으로도 百濟·新羅의 北上을 막는 한편 고구려의 南進 작전도 효과적으로 진행할 수 있었을 것이다.

방어선은 최소한의 國境線이기도 하다. 국경선은 국가 간 경계이며 영역을 나타낸다. 고구려는 隋 京觀을 唐이 허물어버리자 千里長城을 쌓았다.[19] 적어도 이때의 천리장성이 고구려의 영역을 확인해 주는 唐과의 국경이며, 전략적 방어선이라는 것은 분명하다. 이런 광범위한 영역 관념은 국가발생 초기부터 있었던 것은 아니며 언제부터 생겨난 것인지 분명치는 않다. 하지만 일반적으로 영역관념은 집권적 고대국가 체제가 성립하고 새로운 獲得地에 대한 지배체제가 정비되는 시점, 즉 지방관이 파견되는 행정구역이 설치되고 租稅를 收取하는 직접 지배가 시작되면서 성립된다고 할 때[20] 고구려에도 대략 3세기 중·후반 무렵에는 영역의식이 생긴 것으로 보인다.

---

18) Edward Gibbon ; 윤수인·김희용 역, 2008, 『로마제국 쇠망사(The History of the Decline and Fall of the Roman Empire)』, 민음사, 55~57쪽.

19) 『三國史記』 권 20, 高句麗本紀 8, 營留王 14년.

20) 김창석, 2005, 「古代 領域관념의 형성과 王土意識」, 『한국사연구』 129, 한국사연구회, 17~18쪽.

②-1. ……又其諸大城置辱薩比都督 諸城置處閭區刺史亦謂之道使 道使治所
　　　名之曰備 諸少城置何邏達比長史 又城置婁肖比縣令……以皂衣頭大兄
　　　以上爲之……(『翰苑』 권 30, 蕃夷部 高麗)

②-2. 四十六年春三月 王東巡柵城至柵城西罽山 獲白鹿及至柵城 與羣臣宴飮
　　　賜柵城守吏物段有差 遂紀功於岩乃還 冬十月 王至自柵城(『三國史記』
　　　권 15, 高句麗本紀 3, 大祖大王 46년, 3월)

②-3. 二年秋八月 慕容廆來侵 王欲往新城避賊 行至鵠林 慕容廆知王出引兵
　　　追之 將及王懼 時新城宰北部小兄高奴子 領五百騎迎王 逢賊奮擊之廆
　　　軍敗退 王喜加高奴子爵爲大兄 兼賜鵠林爲食邑……(『三國史記』 권 17,
　　　高句麗本紀 5, 烽上王 2년, 秋 8월)

②-1에서 고구려는 城의 크기에 따라서 차등적으로 관리를 두고 있다. 관리가 파견되는 시점은 정확히 알 수는 없지만, ②-2에서 보면 大祖大王 시기에 변방인 柵城을 지키는 관리를 두었으며, 적어도 ②-3의 新城宰, 小兄이나 大兄의 명칭으로 보아 3세기 중·후반 무렵에는 地方官의 모습이 확인된다.

영역의식이 발생했다면 全 국가적인 방어가 요구되었을 것이며 고구려는 전술한 소극적 首都防禦體系의 약점을 보완하기 위해서라도 이 무렵부터는 국경에서부터 적극적 방어, 즉 防禦線 구축을 시도했을 것이라고 추측된다. 이 방어선은 遼東防禦線으로 물리적으로는 7세기 중반 千里長城으로 완성된 것이라 생각된다.

그렇다면 왜 遼東일까. 요하 중·하류의 東岸은 지류가 많이 발달되어 있고 잦은 홍수로 비옥한 충적평지가 넓게 형성되어 있다. 또 다량의 토사가 유입되는 요동만에는 광대한 삼각주가 형성되어 있으며 강우와 기온이 농사에 적합하다.[21]

고구려는 기록에서 나타나듯이 부지런하게 농사를 지어도 배불리 먹지

못하고, 節食하는 습관이 있을 정도로 척박한 땅이었기 때문에[22] 늘 沃土
가 필요했다. 요동의 넓은 평야와 撫順일대에서 다량 생산되는 鐵은 매력
적인 요소였음에 분명하다.

그러나 요동 장악은 鐵의 생산이나 농사가 용이한 일개 평야만을 확보
하는 단순한 문제는 아니었다. 요동은 중국세력의 침입을 효과적으로 막
을 수 있는 경계이다. 지정학적으로 滿洲와 華北지방, 그리고 한반도 북
부를 연결하는 길목으로서 육로 교통의 요지일 뿐만 아니라 해양 전략적
의미도 커서 바다를 통해 中國南部 지역을 비롯한 원거리 외교와 무역에
도 상당한 이점이 있다.[23]

종래의 연구들은 영역확장에만 주목해서 요동이 확보된 4세기까지를
對中國 정복활동이라고 보았으며, 방어선 개념은 千里長城을 축조함으로
써 도입된 것으로 파악하고 있다. 그러나 요동 확보 시도는 이전 방어체
계를 보완하고 방어선 구축하기 위한 노력으로 보아야 한다. 都城防禦가
소극적인 방어 성격이라면 遼東공략 기간은 적극적 최일선 방어를 시행
했다는 의미가 있다.

2. 遼東防禦線 構築試圖와 失敗

고구려의 방어체계가 변화한 시점은 언제일까. 기록상 고구려가 요동
지역을 처음 공격한 것은 105년이지만,[24] 이 사건을 防禦線構築 의도로
보기는 어렵다. 다만 방어선 구축을 위해서는 적어도 한 개 이상의 據點

---

21) 潭其驤 主編, 1988, 『中國歷史地圖集』 東北篇, 中央民族學園出版社, 370~372쪽.

22) "多大山深谷……少田業 力作不足以自資 故其俗節於飲食"(『後漢書』 권 85, 東夷列傳
   75, 高句驪)

23) 윤명철, 2003, 『고구려 해양사 연구』, 사계절, 86~91쪽.

24) 『三國史記』 권 15, 高句麗本紀 3, 大祖大王 53년. "和帝元興元年春 復入遼東 寇略六縣
   太守耿夔擊破之"(『後漢書』 권 85, 東夷列傳 75, 句驪)

이 필수적인데, 요동방어선 구축시도의 시점은 바로 新城이라는 거점기지의 출현으로 짐작해 볼 수 있다. 신성은 高句麗史 기록상 가장 많이 등장하는 城 중 하나일 만큼 핵심지역이다. 667년 唐 李世勣은 고구려를 침공하면서, 勝戰을 위해서는 신성함락이 필수적으로 선행되어야 한다고 언급했다.[25) 신성함락이후 16개 城이 잇달아 함락된 사실은 신성의 전략적 중요성을 가늠하게 한다.

신성은 일반적으로 撫順市에 위치한 高爾山城으로 비정 된다.[26) 고이산성은 北部渾河 北岸에 둘레가 4km인 상당히 큰 규모의 山城이다.[27) 이곳은 요동평원에서 고구려 초기 중심지인 鴨綠江 중류일대로 진입하는 길목일 뿐 아니라 여러 방면으로 나아갈 수 있는 중요지점이다.[28)

『三國史記』에 고구려 新城이 처음 등장하는 것은 西川王 7년(276)이다. 서천왕은 기록상 두 번 新城으로 행차했다. 특이한 것은 왕이 신성에서 각각 4개월, 7개월[29) 동안이나 장기체류하고 있다는 점이다. 大祖大王이 7개월가량 柵城 巡狩한 사례가 있기는 하지만,[30) 卒本 始朝廟 祭祀를 위한 기간이 한달 내외이고,[31) 狩獵은 5일 이하가 상례라고 볼 때[32) 서천왕의

---

25) 『三國史記』 권 22, 高句麗本紀 10, 寶藏王 26년.

26) 1933년 渡邊三三이 발견, 처음 新城으로 比定(1933, 「高句麗の新城」, 『奉天圖書館叢刊』 10).

27) 王綿厚, 2002, 『高句麗古城研究』, 文物出版社, 68~72쪽.

28) 여호규, 1999, 『高句麗城』 Ⅱ, 國防軍史研究所, 135쪽.

29) 『三國史記』 권 17, 高句麗本紀 5, 西川王 7, 19년.

30) ②-2에서 大祖大王은 柵城으로 巡狩했는데 狩獵하며 도착 후 宴會를 열고, 物品을 하사하고 그 功을 적어 紀功石을 세운 뒤 還都했다. 柵城巡狩는 1회며 "紀功"을 했다는 것을 보아도 遠征의 의미가 크다.

31) 『三國史記』의 始朝廟 祭祀行幸은 新大王 3년 9~10월, 故國原王 2년 2~3월, 安藏王 3年 4~5월, 平原王 2년 3~4월로 평균 한 달 소요.

32) 『三國史記』 권 13, 高句麗本紀 1, 琉璃明王 22년, 12월조에 '5일이 지나도 돌아오지 않았다'를 보면 전렵은 5일 이내의 기간.

신성 체류는 비정상적으로 긴 기간이다. 烽上王도 즉위 직후인 293년에 新城으로 갔는데, 군사접경지에 왕이 수차 장기간 순행한 것은 군사훈련을 시찰하고 독려함으로써 신성을 방어선 구축의 첫 번째 단계인 거점기지화 하려는 목적이라고 생각된다.

그렇다면 서천왕, 봉상왕대에 據點城이 등장하는 것은 왜일까. 고구려는 건국이래 소국을 병합하거나 州·郡·縣을 상대하여 전쟁을 해왔다. 그러나 東川王 20년(246) 毌丘儉의 대규모 침공을 받자 都城이 함락 당하고 王이 피난하는 상황에 처했다. 丸都城은 다시 도읍할 수 없을 정도로 파괴되었고 새로 平壤城을 쌓고 백성과 宗廟社稷을 옮기기까지 해야 했다. 고구려는 이 충격으로 이전 수도방어체계의 부적합함을 보완하여 새로운 방어체계를 계획했을 것으로 보인다.

새로운 체계는 主戰線의 최전방 요지에 거점성을 축조하고 방어선을 구축하여 접경에서부터 방어하는 방식으로 생각된다. 都城 안에서 防禦城으로 옮겨 방어하는 방식이나, 도성 진입 經路에서 저지하는 것보다 강화된 방식이다. 이후 시기 중국세력과의 첫 交戰이 대부분 新城에서 벌어지는 것을 보더라도[33] 고구려의 방어체계는 이전 都城防禦 형태에서 변화했음을 짐작할 수 있다.

특히 慕容氏가 점차 세력을 확장하여 北中國과 遼東지역도 장악하자 서천왕과 봉상왕은 신성을 요동선점과 방어를 위한 거점 守備城으로 이용하려던 것으로 보인다.

---

33) 339년 前燕 慕容皝(『晋書』 권 109, 慕容皝載記), 400년 後燕 慕容盛(『資治通鑑』 권 111, 晋紀 33, 隆安 4年 2月), 551년 突厥(『三國史記』 권 19, 高句麗本紀 7, 陽原王 7 年), 645년 唐 李勣(『新唐書』 권 220, 列傳 145, 東夷 高麗), 647년 唐 李勣(『新唐書』 권 220, 列傳 145, 東夷 高麗), 654년 契丹(『新唐書』 권 220, 列傳 145, 東夷 高麗), 655 年, 唐軍(『新唐書』 권 220, 列傳 145, 東夷 高麗), 667년 唐 李勣(『舊唐書』 권 199, 下 列傳 149, 東夷 高麗).

②-3를 보면 293년 봉상왕은 신성으로 행하다가 慕容廆의 추격을 받았고, 영접을 위해 나온 新城宰 北部小兄 高奴子에 의해서 구출되었다. 고노자는 騎兵 500명과 함께 나갔는데, 이때의 기병은 戰時募兵이 아니라 常主 군사이다. 일반적으로 步騎는 함께 구성되며, 보병이 倍數이상 많다. 이렇게 본다면 新城內의 군사는 단일 城의 병력으로는 상당한 수준이다. 고노자가 新城太守 된 이후로는 慕容廆가 더 이상 침범하지 못했다는 것 역시[34] 완비된 신성의 방어 효과로 보인다. 물론 신성의 위치와 성격에 다소 논란이 있지만,[35] 新城은 據點 수비성으로 西川王代부터 축조, 보강된 것이다.

高句麗는 311년 西安平을 확보한다.[36] 西安平城은 丹東市 靉河尖古城으로 비정되는데,[37] 서안평이 위치한 압록강 하구는 그 중요성이 매우 크다. 압록강을 거슬러 올라가면 國都 國內城으로 직행할 수 있고, 고구려 입장에서는 바다를 이용하기 위한 出海口인 셈이다. 또 樂浪과 帶方郡이 중국과 통하는 陸路이며 동시에 黃海北部 沿岸航路를 관장하는 海路上의 중요지역이기도 하다.

서안평은 요동방어선 구축에 어떤 역할을 하고 있는가? 이 문제도 新城 據點 기지화의 원인이 되었던 毌丘儉의 侵攻이 단서를 제공한다.

관구검 침공에는 복잡한 문제가 얽혀있지만 직접적인 빌미가 된 것은 242년 고구려의 서안평 공격이었다.[38] 고구려가 처음 서안평을 공격한 것

---

34) 『三國史記』 권 17, 高句麗本紀 5, 烽上王 5년, 추 8월.
35) 新城이 高爾山城을 지칭하는 논거는 표영관, 2003, 『4세기 고구려 방어체계의 형성 과정』, 동국대학교 석사학위논문, 20~22쪽에서 다룬 바 있다.
36) 『三國史記』 권 17, 高句麗本紀 5, 美川王 12년, 추 8월.
37) 王金波, 1981, 「丹東市 靉河尖 漢城址的初步探索」, 『遼寧省考古・博物館學會成立大會會刊』.
　　王綿厚, 1994, 「東北戰國和漢城的考古發見」, 『秦漢東北史』, 遼寧人民出版社.

은 146년 大祖大王代의 일이지만,[39] 이후 고구려가 계속해서 점유했는지는 불분명하다. 하지만 吳와의 통교가 서안평 이외에서는 불가능한 상황임을 감안하면, 적어도 235년과[40] 236년[41] 吳의 使臣이 당도한 몇 년간은 고구려 세력 하에 있음을 짐작할 수 있다. 吳와의 마지막 來往이 있었던 237년 이후, 고구려가 탈환 시도를 했던 242년 사이에 서안평은 魏가 점유한 것으로 보인다.

당시 遼東과 樂浪郡은 公孫氏 세력이 장악하고 있었다. 魏는 고구려로부터 서안평을 획득하고 景初 年間(237~239) 중에 公孫氏 세력하의 樂浪郡과 帶方郡을 접수했다.[42] 이때 吳는 魏를 공동으로 공격하자는 사신을 보내지만 고구려는 吳와 斷交하고 魏와 우호관계를 맺는다.[43] 더욱이 238년 魏가 公孫淵 토벌에 나서자 助力軍을 파병하기까지 한다.[44] 아마도 고구려는 吳와의 斷交와 公孫氏 토벌 共助의 대가로 遼東의 일부를 약속 받았는지도 모른다. 그러나 魏가 공손씨를 토벌한 이후 戰利 약속을 지키지 않자 다시 吳와의 연합을 위해 서안평을 공격했던 것으로 생각된다.

魏는 이에 대해 고구려를 대대적으로 공격함으로써 후사를 없애고자 했다. 서안평은 요동과 별개로 볼 수 없는 延長線上에 있다. 고구려는 요동확보를 위해 원거리에 있는 吳와의 공조보다 魏에 협력하는 것이 도움이 될 것이라 판단한 듯한데, 정작 魏와의 완충역할을 하던 요동지

---

38) 『三國史記』 권 17, 高句麗本紀 5, 東川王 16년.

39) 『三國史記』 권 15, 高句麗本紀 3, 大祖大王 94년 8월.

40) 吳의 孫權 사신이 安平口로 입국 東川王을 單于로 임명(『三國志』 권 47, 吳書 2, 吳主傳 2).

41) 『三國史記』 권 17, 高句麗本紀 5, 東川王 10년, 춘 2월.

42) 烏丸鮮卑東夷傳 韓條 "景初中 明帝密遣帶方太守劉昕 樂浪太守鮮于嗣越海定二郡 諸韓國臣智加賜邑君印綬 其次與邑長"(『三國志』 권 30, 魏書 30).

43) 『三國史記』 권 17, 高句麗本紀 5, 東川王 8년, 11년.

44) 『三國史記』 권 17, 高句麗本紀 5, 東川王 12년.

역 公孫氏가 제거되자 고구려에 대한 위험요소는 오히려 증가된 형세가 되었다.

실제로 魏와의 관계악화는 國都陷落이라는 초유의 결과로 나타났고 고구려는 요동지역 방어선 구축이 절실해졌다. 때문에 고구려는 요동과 西南 진출에 큰 장애가 되었던 서안평을 공격했는데 魏는 이를 坐視하지 않고 대규모 공격을 행한 것이다. 고구려는 이 실패 이후 앞서 언급한 新城을 거점으로 하는 요동방어선 구축 시도를 했고, 311년이 되서야 서안평을 획득하게 되었다. 서안평의 확보는 바다를 통한 원거리 외교를 가능하게 함으로써 北中國 세력을 견제하는 효과와 함께, 배후에 있는 樂浪·帶方을 중국세력과 분리시키는 효과를 주었다. 이에 따라 美川王은 313년에는 樂浪, 314년에는 帶方을 차례로 공격하고 한반도 내에서 逐出했다.[45]

이에 앞서 고구려는 302년에 玄菟郡을 공격하여 8천명의 주민을 平壤으로 移住시켰다.[46] 이때의 平壤은 毌丘儉의 侵攻으로 백성과 宗社를 옮긴 평양과 더불어 문제가 되고 있지만 낙랑축출을 위한 거점기지조성의 일환으로 현 평양인근이라고 생각된다.[47]

고구려는 315년 다시 玄菟城을 공격하여 大勝을 거두었다.[48] 西安平 확보나 요동방면 진출 등의 전과는 요동지역에 대한 西晉의 영향력 붕괴가 주요했다. 西晉은 前趙에 의해 수도 洛陽을 점령당하고 316년 長安도 함락됨으로써 완전히 멸망하였다. 하지만 서진의 붕괴는 고구려 입장에서는 오히려 防禦線의 필요성을 부른 문제이기도 했다. 전대에 걸쳐 적대적인 慕容氏는 점차 세력을 확장하여 요동에서 서진을 압도했으며 이것이 위

---

45) 『三國史記』 권 17, 高句麗本紀 5, 美川王 14년 10월·15년 9월.
46) 『三國史記』 권 17, 高句麗本紀 5, 美川王 3년 9월.
47) 평양의 위치비정에 대해서는 표영관, 앞의 논문 25~26쪽에서 다룬 바 있다.
48) 『三國史記』 권 17, 高句麗本紀 5, 美川王 16년 춘 2월.

기감을 고조시킨 것이다.

미천왕이 수차 요동을 공격했을 때 慕容廆가 이를 제압하지 못한 것을 보면,[49] 고구려의 요동방어선 구축시도는 초기에는 성공적이었다. 그러나 3국 연합의 실패로 주도권은 곧 慕容氏에게 넘어가게 되었다. 319년 고구려는 段部·宇文部와 연합하여 慕容廆가 있는 棘城을 공격하려 했으나, 연합이 깨지면서 단부와 高句麗軍은 퇴군하고 우문부만 독전하다가 대패하였다. 연합을 주도했던 崔毖는 고구려로 도주했고 모용외는 慕容仁을 통해 요동을 鎭守하게 하였다. 고구려에게도 보복으로 河城을 공격하여 1000여 戶를 棘城으로 압송했다. 악조건 속에서도 미천왕은 요동방어선 확보 시도를 멈추지는 않았고[50] 慕容翰과 慕容仁의 공격에는 乞盟을 청해야 했지만 포기하지는 않았다.[51]

美川王代 高句麗는 遼東防禦線 構築에는 실패했지만, 西安平을 확보하고 樂浪과 帶方을 배후에서 제거함으로써 평양을 이후 남방의 거점으로 이용할 수 있는 기반을 마련했고 遼東으로 진출하는 첫 단계를 실현했다.

3. 前燕의 來侵과 丸都中心 防禦

끊임없이 遼東防禦線 構築을 시도하면서 前燕과의 一戰은 불가피해 졌다. 慕容皝은 342년, 5만 5전명의 군사를 이끌고 南·北道, 두 방향으로 고구려를 침공해서 丸都城과 國內城을 파괴하기에 이른다. 그런데 이때 고구려는 전쟁이 임박하자 환도성을 修葺하고, 移居하는 등 도성방어를 준비한다. 그렇다면 왜 전술한 방식을 포기하고, 이미 많은 문제점이 노출된 都城防禦로 회귀했는가라는 의문이 생긴다. 그 답은 당시 복잡한 국

---

49) "位宮玄孫乙弗利頻寇遼東廆不能制"(『北史』 권 94, 列傳 82, 高麗)

50) 이상 『三國史記』 권 17, 高句麗本紀 5, 美川王 20년 동 12월.

51) 이듬해에도 재차 요동을 공격. 『三國史記』 권 17, 高句麗本紀 5, 美川王 21년 동 12월.

제관계에서 찾을 수 있다.

慕容廆가 죽고 慕容皝이 嗣位하자 慕容氏 내부는 극심한 분열 모습을 보인다.[52] 특히 慕容仁은 스스로 遼東公이라 칭하고 宇文部, 鮮卑의 협조를 받아 모용황에게 대항했으나,[53] 336년 토벌군에 의해 죽임을 당하고[54] 모용황은 337년 스스로를 燕王으로 격상시켰다.[55]

그런데 段部가 慕容部를 압박하고 宇文部가 이에 동조하는 상황이 되자, 모용황은 後趙의 石虎와 연합해서[56] 338년 3월 遼西지역 段部를 멸한다.[57] 戰後 모용황이 後趙에 대한 遼西지역 분배 및 戰利品에 대한 약속을 지키지 않자[58] 연합은 깨지고 전쟁이 시작되었는데, 이때 後趙는 모용씨와 대대로 적대관계에 있던 고구려와 동맹을 맺고 고구려에 軍糧을 비축하는 등 군사적으로도 공조했다.[59] 이 현상은 235~240년 무렵의 국제관

---

52) 『資治通鑑』 권 95, 晋紀 17, 咸和 8년 10월조에는 慕容皝이 嗣位한 직후 國人이 두려워하고 많은 문제가 야기되었다고 한다. 형제간의 왕권쟁투도 그 하나로 慕容皝의 시기를 산 慕容翰은 段遼로 奔走하고 慕容昭는 살해당했으며 慕容仁은 이때부터(334년) 모용황과 충돌하였다.

53) "……仁於是盡有遼左之地 自稱車騎將軍 平州刺史 遼東公 宇文歸 段遼及鮮卑諸部並爲之援"(『晋書』 권 109, 載記慕容皝 9)

54) "皝先爲斬其帳下之叛者 然後賜仁死……壽充奔高麗"(『資治通鑑』 권 95, 晋紀17, 成帝咸康2년 정월)

55) "封奕等以皝任重位輕 宜稱燕王 皝於是以咸康三年僭卽王位 赦其境內"(『晋書』 권 109, 載記 9, 慕容皝)

56) "段遼遣其將李詠夜襲武興 遇雨 引還 都尉張萌追擊 擒詠. 段蘭擁衆數萬屯于曲水亭 將攻柳城 宇文歸入寇安晋 爲蘭聲援" 및 "皝以段遼屢爲邊患 遣將軍宋回稱藩于石季龍 請師討遼"(『晋書』 권 109, 載記 9, 慕容皝)

57) "慕容皝及後趙滅遼西分其地"(『晋略』 本紀 3, 「元帝」 咸康 4年 3月)

58) "……以皝掠段氏人民 畜産 不待趙師至而北歸也"(『資治通鑑』 권 96, 晋紀 18, 咸康 4年 胡三省 註)

59) "…… 又以船三百艘運穀三十萬斛詣高句麗 使典農中郎將王典帥衆萬餘屯田海濱……"(『資治通鑑』 권 96, 晋紀 18, 咸康 4년 (338년) 5월) ; 고구려 後趙 遣使는 330년(『三國史記』 高句麗 本紀 5, 美川王 31년)

계와도 흡사하다. 당시 南中國의 吳와 북중국의 魏가 遼河流域을 두고 고구려와 연합하려고 했고 당시 고구려는 吳와는 斷交하고 魏와 연합하여 遼東을 장악하고 있던 公孫氏 세력을 토벌했었다. 반면 338년에는 南中國의 後趙와 연합하게 된 것이다. 그러나 後趙軍은 338년 12월 前燕의 慕容恪에게 大敗하고[60] 그 여파로 고구려 역시 이듬해 新城을 공격당했고 故國原王은 前燕에게 乞盟할 수밖에 없었다.[61] 이 화맹을 양측의 이해관계가 합치한 결과로 볼 수도 있으나,[62] 이때 新城은 상당한 피해를 입은 것으로 추정된다. 이후 전연이 침공한 342년, 345년[63] 전투에는, 신성후방에 蘇子河를 따라 축조된 木底城과 南蘇城이 등장하고 신성은 보이지 않는다. 이 시점에 기능을 상실한 것이다. 거점기지가 기능을 상실했다면 연계된 방어선 역할도 기대할 수 없다.

고구려는 연합세력이 상실되고 방어체계까지 무력해지자 전쟁을 피하려 했다. 340년 前例없이 世子를 前燕에 朝覲케한 것 역시 같은 맥락으로 보인다. 하지만 전쟁이 불가피해지자 차선책으로 기존의 都城防禦를 준비한 것이라 생각된다. 高句麗는 먼저 342년 2월 丸都城을 수리하고 國內城을 다시 쌓은 후, 8월에는 왕이 환도성에 移居함으로써 전쟁 대비를 마쳤다.[64]

고구려는 전연의 침공을 예상하고 대비했음에도 都城을 함락 당했다. 보편적으로 비슷한 군사력이라면 방어가 유리하지만, 비등한 군사에도 불구하고[65] 完敗한 것은 방어체계의 허점 때문이었다. 前燕軍의 先鋒將 慕

---

60) "……皝遣子恪伏兵密雲 麻秋統衆三萬迎遼 爲恪所襲 死者十六七秋步遁而歸……"(『晋書』 권 106, 石季龍載記)

61) 『三國史記』 권 18, 高句麗 本紀 6, 故國原王 9년.

62) 강선, 2001, 「고구려와 전연관계」, 『고구려연구』 11, 고구려연구회, 10쪽.

63) 『三國史記』 권 18, 高句麗 本紀 6, 故國原王 15년 10월.

64) 『三國史記』 권 18, 高句麗 本紀 6, 故國原王 12년.

容翰은 이런 약점을 간파했다. 그는 고구려와 밀접한 段部, 宇文部에서 7년간 머물렀는데 이때 고구려의 地理, 防禦體系, 戰略등을 습득한 것으로 보인다.[66] 특히 丸都城에 이르는 두 길을 설명하면서 "出其不意 北都不足取也", '불의에 나가면 北都(丸都)는 애써 취할 것도 못 된다' 라고 하여 主力軍을 피해서 都城까지만 이르면 쉽게 함락시킬 수 있다고 말했다. 실제로 전투에서 慕容皝軍은 南道에서 승리를 거두면서 쉽게 丸都에 입성했다. 당시 고구려는 南道와 北道 두 곳 모두에 병력을 배치하기는 했어도, 연계가 되지 않은 상태에서 弱卒인 南道 守備軍이 敗하자 國都까지 함락당하는 상황이 된 것이다.

수도를 함락 당했지만 고구려군의 회복은 비교적 빨랐다. 前燕도 이를 우려하여 美川王 屍身, 質子를 끌고 갔고,[67] 王母送還을 늦춘 이유 역시 같다. 毌丘儉 侵攻時에도 丸都城이 함락되었지만, 이때보다 피해가 적었던 것은 비록 완벽한 防禦線防禦는 아니었지만, 都城만을 수비하던 방식에서 벗어나 전방에서부터 敵軍을 방어했고, 결과적으로 北道에 배치된 高句麗 主力軍은 대부분 유지되었기 때문이다.

고구려의 회복이 가속화되자, 전연은 345년 다시 南蘇城을 공격해 駐屯兵을 두고 돌아갔다. 355년 王母를 보내며 封爵을 준 이후 前燕과 무력충돌은 전하지 않는다. 이것은 朝貢·册封 관계를 통해 얻는 實利가 양측 모두 최선이기 때문이었다.[68] 이후 前燕은 중국 남방진출에 주력해서 東晉

---

65) 前燕軍은 南道 4만, 北道 1만 5천 合5만 5천, 高句麗軍은 北道에만 5만, 南道에도 약간 명.

66) 지배선, 1986, 『中世東北亞史研究』, 一潮閣, 89~90쪽.

67) 『三國史記』 권 18, 高句麗本紀 6, 故國原王 12년.

68) 여호규는 355년 이후 前燕이 東巡하지 않은 것은 인질과, 책봉관계 체결로 위험요소가 사라진 원인이라 설명하지만(2000, 「4세기 동아시아 국제질서와 고구려대외정책의 변화」, 『역사와 현실』 36, 53쪽), 당시 前燕이 남방전선을 형성하여 여력이 없었음도 고려되어야 한다.

을 남방으로 밀어내고 洛陽을 함락시키기도 했다. 그러나 東晉의 반격과 前秦의 확대로 그 세가 급격히 약화되었다. 이것은 고구려의 활동방향도 변화할 수 있는 계기가 되었다. 고국원왕 재위기간은 전연이 가장 강성하기도 했고, 樂浪·帶方 故地에서 百濟와 대치를 시작함으로써 고구려는 西北과 南, 양방향에서 압박을 받았다. 고국원왕은 즉위 직후 요동방면뿐만 아니라 남방으로도 방비를 강화했다. 334년 平壤城 증축도 그 일환으로 보인다. 전진 거점의 정비는 적의 침입에 대비한 방어강화로 볼 수 있다.[69] 고국원왕은 새로 획득한 平壤城을 南方進出과 방어선 구축을 위한 거점기지로 준비한 것이다.

IV. 南方進出과 防禦線 確保

1. 禮成江防禦線 構築

防禦線 構築은 방어만이 아니라 영역확장에도 중요한 역할을 한다. 특히 大同江 南岸처럼 새로운 지역을 확보하기 위해서 방어선은 필수적이다.

故國原王 39년(369) 雉壤전투로 남방방어선 구축이 시작되었다. 이 사건이 百濟와의 첫 교전이라고 단정할 수는 없다. 낙랑·대방의 잔존세력이 있다하더라도 314년 이후 고구려와 백제는 대치를 시작하였으며 충돌은 불가피했을 것이기 때문이다.

355년 이후 前燕은 中國 南方進出에 전력하면서 高句麗와는 마찰이 완화되었고, 이것은 고구려가 남방전략을 세울 수 있었던 계기였다. 고구려

---

69) 陽原王 3년 白巖城·新城을 改築, 修葺. 陽原王 7년 突厥兵의 主攻擊地도 白巖城·新城.

는 이 기간 동안 美川王이후 계획된 새로운 남방 방어체계를 추진고 雉壤 진출 시도로 표면화되었다.

　현재 陸路로 서울에서 平壤으로 간다면 開城을 지나 白川부근에서 禮成江을 건너 平山, 沙里院을 거쳐 大同江을 건너는 京義線 鐵道路가 가장 용이 하다. 또 海路를 이용한다면 한강하구에서 江華, 喬桐島를 지나고 京畿灣을 통과한 후 甕津, 長山串을 거쳐 南浦에서 大同江을 따라 올라가야 한다. 그런데 현 黃海南道 白川지역인 치양은[70] 개성에서 옹진반도로 가는 길목, 연백평야에 자리한 요충지인 것이다. 北上하는 육로상의 중요지점이기도 하지만 禮成江 河口에 위치하여 예성강과 한강의 出海口를 감시, 차단할 수 있는 海路上의 중요지역이기도 하다.

　『삼국사기』 백제본기에는 369년에 고국원왕이 步騎 2만을 거느리고 치양에 주둔하자 백제군은 지름길로 치양에 도착, 습격해서 대승했다고 기록하고 있다.[71] 기록대로라면 치양에 常住하는 백제병력은 소수, 또는 없는 것이 된다. 고구려군은 백제 주력군을 공격했던 것은 아니다. 격전장이 된 치양은 옛 帶方郡 지역이었는데, 고구려가 대방을 축출한 이후로 백제가 선점하고 있었다. 고구려의 南伐은 일회성 침탈이 아닌, 要地에 駐屯함으로써 防禦線을 構築하려는 목적이었으나, 백제의 빠르고 강력한 대응으로 실패한 것이다.

　두 세력이 새롭게 대치하게 되면 그곳에 關防施設을 축조해야 하는 것은 당연하다. 이것이 새로운 防禦線이자 國境이며 세력 균형 여하에 따라서는 변동도 가능하다. 고구려는 대동강 유역으로 진출하면서 백제와 대치하게 되었고, 예성강 유역에 첫 번째 방어선 구축을 시도했던 것으로 보인다. 이곳 방어선에도 앞서 강조되어진 바처럼 군사거점성의 존재가

---

70) "白川郡本高句麗刀臘縣 一云雉嶽城……"(『新增東國輿地勝覽』 권 43, 黃海道 白川郡)
71) 『三國史記』 권 24, 百濟本紀 2, 近肖古王 24년.

필수적인데 치양을 선택한 것이 아닌가 생각된다. 물론 평양이 존재하지만, 평양은 군사거점 성격 외에도 남방의 國都역활을 하는 최대거점으로 보아야 한다.[72]

첫 실패이후 高句麗는 오히려 곤란을 겪게 되었다. 371년 고구려는 백제에 군사를 파견했다가 또 다시 매복하고 있던 백제군에게 패하고 平壤城까지 逆攻을 당하면서 故國原王이 戰死하기에 이른다.[73] 이때 평양성은 遼東의 新城처럼 남방 최종거점이었으며 故國原王은 평양에 居留하다가 백제의 공격을 받아 전사한 것이다.

禮成江防禦線 구축시도는 앞서 美川王의 遼東防禦線 構築 시도와 흡사하다. 그런데 先攻을 했음에도 水谷城까지 함락 당하는 등 쉽게 패배하고 이후 전투에서도 劣勢를 면치 못한 것은 백제가 군사적으로 약체가 아니었다는 것이다. 종래 고구려가 前燕의 멸망 시점에, '西進 기회가 막혔기 때문에 쉬운 南進을 추구했다'거나,[74] '西進보다 南進을 추구했다'[75]는 의견들은 재고의 여지가 있다. 雉壤진출 시도는 새로운 방어선을 구축하려는데 목적이 있다.

방어선 구축 실패와 고국원왕의 戰死는 고구려 사회에 충격과 혼란을 주었음이 자명하다. 이때 遼東지역은 前燕을 멸망시킨 前秦이 장악하고

---

72) 新羅는 高句麗가 平壤城에 民과 廟社를 옮긴 직후인 東川王 22년 2월과, 廣開土王이 평양에 머물렀던 광개토왕 9년에 遣使하였다. 故國壤王 9년 수호 등도 평양에서 이뤄졌을 가능성이 있다.

73) 『三國史記』 권 24, 百濟本紀 2, 近肖古王 26년.

74) 末松保和, 1965, 「高句麗 攻守의 形勢」, 『靑丘史草』 1, 100~101쪽 ; 공석구는 慕容皝 侵攻으로 회복이 어려워 40年間 遼東진출 의도가 없었고 회의와 한계를 느껴 南進으로 선회, 百濟를 공격했다고 보고 있다.(1998, 『고구려 영역 확장사연구』, 서경문화사, 198쪽)

75) 박성봉, 2000, 「고구려발전의 방향성 문제」, 『高句麗 南進 經營史의 研究』, 백산, 11~12쪽.

있었는데, 小獸林王은 前秦과의 긴밀한 관계를 통해 이 난관을 극복하고
자 했다. 고구려는 요동을 장악한 세력과 항상 무력으로 충돌하였는데 前
秦과는 한차례의 무력충돌도 없이 화평을 유지했다. 小獸林王은 우호관계
를 보다 긴밀히 하기 위해 적극적인 외교를 했고, 결과적으로 그 판단은
적절했다. 西北方의 안정은 國力의 낭비를 막아 南方방어선 구축에 치중
할 수 있었고, 또 前秦의 문물 유입은 왕이 戰死하고 동요된 民心을 안정
시키는 데에도 기여했을 것이다. 이 기간 중 백제와는 계속해서 一進一退
를 거듭하는 攻防戰이 진행되었다.

소수림왕은 백제 견제를 위해서 新羅를 이용하기도 했다. 동맹을 유지
하던 신라와 백제는 373년 백제 禿山城主의 신라 來投 사건으로 급속하게
악화되었다.[76] 반면 신라의 사신이 377년 고구려사절과 함께 前秦에 入貢
한 것을 보면 이미 일종의 密約을 맺은 것 같다.[77] 이 관계는 450년 悉直
城主의 高句麗 邊將 被殺사건 전까지 지속되었다.[78]

이 무렵 中國에서는 또 다시 세력변동이 있게 된다. 前秦은 383년 東晋
원정에 나섰다가 참패하였다.[79] 이 과정에서 慕容皝의 아들 慕容垂가 前
秦에서 이탈해서, 세력을 규합해 384년 後燕을 세웠다.[80] 前秦의 요동 지
배가 사실상 상실되면서 西北方面의 안정은 깨지고, 고구려는 다시 慕容
氏와 대치하는 상황이 되었다.

고구려 입장에서는 요동방어선 확보 요구가 다시금 시급해진 것이다.

---

76) 『三國史記』 권 3, 新羅本紀 3, 奈勿尼師今 18년.

77) 『資治通鑑』 권 104, 晋紀 26, 太元 2년 1월.

78) 『三國史記』 高句麗本紀 長壽王 28年(440), 新羅本紀와 비교할 때, 장수왕 38년(450)
으로 추정.

79) "……死者相枕 堅爲流矢所中 單騎遁還於淮北……"(『晋書』 권 114, 載記 14, 苻堅 下 太元
8년)

80) "甲申 燕元元年 晉太元九年 正月……"(『十六國春秋輯補』 권 43, 後燕錄 2, 慕容垂)

이에 故國壤王은 385년 6월에 遼東을 습격해서 遼東과 玄菟를 함락시키고 남녀 1만 명을 노획했다.[81] 요동습격은 요동방어선 구축에 대한 의지 표명과 後燕의 세력 확장에 대한 무력시위였다. 이에 후연에서도 같은 해 11월 다시 2郡을 탈환했다.[82] 이후 廣開土王代 전까지 두 세력간 충돌은 보이지 않는다. 이것은 남방방어선 구축을 염두에 둔 고구려의 입장이기도 하지만, 내분과 東晋, 北魏와 전쟁을 하고 있던 후연의 입장이기도 했다. 양방면 분쟁이 불가피한 상황에서 고구려는 남방방어선 구축을 위한 백제 집중 공세에 더 주력한 것으로 볼 수 있다. 하지만 당시 고구려는 극심한 가뭄과 기근으로 인하여[83] 대규모 군사를 동원할 능력이 저하되면서 방어선을 구축하는데 실패했다.[84]

廣開土王은 卽位와 동시에 百濟와 全面戰을 시작했고 392년 百濟로부터 石峴城을 비롯한 10개의 성을 攻取하였다.[85] 석현성은 한강과 임진강 사이로 보거나,[86] 경기도 開豊郡 靑石洞으로 보기도 한다.[87] 이 전투를 통해 漢水 北岸의 여러 부족이 함락되었다는 내용으로 미루어 볼 때 고구려가 한강 인근까지 진출하였으며 이때 비로소 浿水(禮成江)유역 방어선 구축이 가능했던 것으로 보인다. 연이어 攻取한 關彌城은 대개 喬桐島에 위치한 것으로 비정 되는데,[88] 이곳은 앞서 雉壤이 가진 해양 지리적 이점을

---

81) 『三國史記』권 18, 高句麗本紀 6, 故國壤王 2년 하 6월.

82) 『三國史記』권 18, 高句麗本紀 6, 故國壤王 2년 동 11월.

83) 『三國史記』권 18, 高句麗本紀 6, 故國壤王 5·6년. 동년 新羅도 흉작(新羅本紀 3 奈勿尼師今 34년)

84) 『三國史記』권 24, 百濟本紀 2, 近肖古王 30년에도 水谷城 탈환 보복이 흉년으로 불가했다.

85) 『三國史記』권 25, 百濟本紀 3, 辰斯王 8년.

86) 池內宏, 1927, 「高句麗滅亡後遺民反亂及び唐新羅關係」, 『滿鮮地理歷史硏究報告』12, 東京大.

87) 이병도 譯註, 1996, 『三國史記』下, 을유, 48쪽.

동일하게 가지고 있는 전략적 요지로서 浿水방어선을 해양에서 지원해 주는 역할을 한다. 또 「王碑文」 永樂6年條에서 확인되는 水軍의 집결, 보급지 역할도 했을 것으로 본다.[89]

남방방어선은 國南七城을 축조하면서[90] 구체화되었다. 기왕의 연구에서 7성을 白川 雉岳山城, 延安 鳳勢山城, 海州 首陽山城, 甕津古城 등으로 비정했고,[91] 이들은 모두 해안에 인접하여 황해도 남부해안을 강화하기 위해 쌓은 것으로 파악했었다.[92] 하지만 성을 쌓아 백제를 방비하려는 목적이라면, 백제군이 자주 이용하는 주요 공격로에 설치했다고 보는 것이 옳다. 각각의 성들은 평양으로 진출하는 요소에 축조되어 서북방면에서 國內城 진입을 차단하는 체계와 유사한 築次防禦 형태로 조성되었을 것으로 추정된다. 또 향후 南進을 위한 高句麗軍의 원활한 이동을 위해서라도 교통로상에 설치한 거점들로 보는 것이 합당하다.[93]

또 9개나 되는 寺刹을 平壤에 創建한 것은 평양의 본격 적인 都市化로 볼 수 있으며, 이 역시 기본 방어선이 구축되면서 가능했다.[94] 평양의 기능 확대는 이후 고구려가 평양으로 遷都하는데 기반이 되었다고 생각된다.

---

88) 이병도 譯註, 1996, 앞의 책 下, 48쪽.
한편 禮成江 중류 南岸의 關彌嶺에 축조된 城으로 보는 견해(이도학, 1990, 「百濟關彌城에 관한 一考察」, 『伽倻通信』 19 · 20)도 있다.

89) 윤명철, 2003, 앞의 책, 177~178쪽.

90) 『三國史記』 권 18, 高句麗本紀 6, 廣開土王 3년 8월.

91) 동일계통 高句麗式 紅瓦片이 출토.(손영종, 1990, 『고구려사』, 과학백과사전종합출판, 298~299쪽)

92) 손영종(1990, 위의 책, 298쪽) ; 윤명철, 오순제(『고구려산성과 해양방어체제 연구』).

93) 서흥 대현산성, 평산 태백산성, 봉산 휴류산성, 재령 장수산성, 해주 지성산성, 치악산성, 곡산 십곡성 등 교통로상의 성들은 이전시기 축조된 것으로 보아 배제되었으나(손영종, 1990, 위의 책, 298쪽), 이 성들로 볼 수도 있다.

94) 『三國史記』 권 18, 高句麗本紀 6, 廣開土王 2년 · 16년의 "宮闕增修"도 平壤城으로 생각된다.

高句麗가 浿水邊 10城을 획득하고 禮成江防禦線을 構築한 이래로 百濟는 실질적으로 이 방어선을 넘지 못한다. 특히 고구려의 南境이 關彌城·石 峴城 등으로 새롭게 재편되었고, 백제가 관미성 탈환을 시도할 때 糧道가 이어지지 못하였다는 것을 보면[95] 주변지역도 이미 고구려의 영향 하에 있음을 알 수 있다. 國南 7城 축조 이후인 395년의 기록도 역시 戰線이 浿 水에 고착되어 있음을 말해준다.[96]

고구려는 방어선 구축의 성공으로 원활한 補給路와 進軍路를 확보하게 되었으며 水軍의 해상작전도 용이해졌다. 이를 기반으로 광개토왕은 396 년, 대규모 백제공격에 나서 승리를 거두었다. 수군을 포함한 고구려군은 백제의 도성까지 진출해 항복을 받고 많은 공물과 城村, 그리고 볼모를 잡아오는 등, 백제에 심각한 피해를 주었다.[97]

2. 遼東防禦線 確保와 防禦體系의 完成

西北方面에서도 늦어도 398년을 전후해서 遼東防禦線의 윤곽이 확고히 되었다고 보여진다. 이때 慕容寶는 遼東, 帶方에 대한 고구려의 점유권을 인정하고 있다.[98] 또 405년 慕容熙가 遼東城을 공격한 것을 보더라도,[99] 고구려의 요동 진출과 방어선 확보는 이미 이루어진 것을 알 수 있다.[100] 그렇다면 고구려의 요동 진출은 어느 시점에 가능할 수 있었을까.

---

95) 『三國史記』 권 25, 百濟本紀 3, 阿莘王 2년.

96) 『三國史記』 권 25, 百濟本紀 3, 阿莘王 4년 8월; 11월.

97) 「王碑文」 永樂 6년.

98) "垂子寶以句麗王安爲平州牧 封遼東帶方二國王 始置長史 司馬參軍官 後略有遼東郡"(『北 史』 권 94, 高麗傳). 慕容寶 재위기간 396년~398년.

99) 『三國史記』 권 18, 高句麗本紀 6, 廣開土王 14년.

100) 遼東郡公의 封號는 長壽王代이므로 이전 遼東進出은 허구라는 견해도 있으나(王健 群; 임동석 역, 1985, 『廣開土王碑研究』, 역민사, 229~230쪽), 위 『北史』의 기록은 참고되지 않은 듯하다.

앞서 광개토왕은 395년, 碑麗遠征에 나섰다. 원정은 남방의 방어체계가 완성되는 단계에서 진행되었고, 西北방면에서도 방어선을 확고히 하기 위한 목적으로 보인다. 「王碑文」에는 395년 碑麗를 토벌하고 鹽水까지 나아갔으며 襄平道와 力城, 北豊에 이르러 돌아왔다고 기재되어 있다.[101] 비려는 명확치 않으나 대체로 遼河 중상류 서쪽의 契丹 一族으로 보인다.[102] 이때의 원정지역이 모두 고구려의 영토로 지속된 것은 아닌 듯 하나 후연을 압박하는 소득이 있었음은 분명하다. 다만, 力城과 北豊등의 지역을 순회하며 土境을 遊覽했다는 것을 보면, 이 지역은 고구려의 영토가 된 것으로 보인다. 力城은 遼東郡에 속해있고,[103] 고구려는 이 시기를 전후해서 요동지역을 장악해 나가고 있는 것이다.[104]

고구려는 후연의 혼란 중에 요동방면의 영토들을 蠶食해나간 것이 아닌가 한다. 당시 後燕은 前燕代의 영역을 회복하려고 노력하고 있었다. 그러나 後燕은 설립 직후 西燕이 분리되고,[105] 慕容寶시기에는 南燕이 이탈함으로써 세력이 급격히 약화되었다.[106] 후연 내부 모반도 끊이지 않아 慕容寶가 3년 만에 암살당한다. 특히 후연은 393년 11월부터 西燕이 멸망하는 394년 8월까지 서쪽으로 군사력을 집결시켜 전쟁 중이었고, 西燕과

---

101) "永樂五年歲在乙未王以碑麗不□□人躬率往討過富山負山至鹽水……過襄平道東來□城力城北豊王備獵遊觀土境田獵而還"(「王碑文」永樂 5년)

102) 武田幸男, 1979, 「廣開土王碑からみた高句麗の領域支配」, 『東洋文化研究所紀要』 78, 東京大學東洋文化研究所, 107쪽.
천관우, 1979, 「廣開土王陵碑再論」, 『全海宗博士華甲紀念史學論叢』, 521쪽.

103) "遼東郡 襄平(東夷校尉所居)汝 居就樂就安市西安平新昌力城"(『晉書』 권 14, 志 4, 平州遼東郡)

104) 「王碑文」의 襄平道 역시 東夷校尉의 居所인 襄平을 지칭 혹은 관련이 있다고 본다.

105) 385년 慕容沖이 阿房에서 皇帝로 즉위한 西燕.(『晉書』 권 101, 載記 第一)

106) 397년 慕容寶는 龍城으로 분주했고, 南燕은 中山에서 개창했으나 北魏의 공격을 받아 鄴으로 쫓겨나 後燕은 南北으로 二分.(『晉書』 권 10, 安帝紀 隆安 원년 5월 및 10월)

동맹관계에 있던 北魏와 395년 3월부터 전쟁에 돌입했다. 이런 시점에서 광개토왕은 395년 碑麗 토벌을 빌미로 후연의 세력 공백이 된 요동지역을 순회하며 이들 지역을 점유하고 防禦線을 구축한 것이다.

高句麗가 燕을 대하는 것이 태만했다는 사실에서 알 수 있듯이,[107] 이 기간 모종의 관계변화가 있었으며 그것은 바로 고구려의 요동방어선 확보라고 생각된다. 요동방어선을 확보한 뒤의 고구려와 후연은 이미 이전의 관계가 아니다. 慕容盛은 이것을 口實삼아 같은 해인 400년에 新城과 南蘇城을 일시적으로 함락시켰다.[108] 당시 고구려는 신라를 구원하기 위해 5만 군사를 洛東江 전선에 투입한 상태이기 때문에 곧바로 반격에 나설 여유가 없었다.[109]

고구려의 반격은 402년 宿軍城 공격으로 시작된다. 平州刺史의 治所인 숙군성은 後燕의 都城인 龍城 부근으로[110] 고구려는 평주자사 慕容歸를 奔走하게 하는 대승을 거두었다. 고구려는 후연을 강하게 압박하고, 요동방어선을 보다 공고히 했다고 보인다. 404년 공격에도 후연은 마땅히 고구려에 대한 대응을 하지 못하고 있다. 405년 1월 後燕王 慕容熙는 축소되가는 영토를 북방에서라도 회복하려는 의도로 遼東城을 공략했지만 실패하고, 406년 1월의 마지막 전투에서도 패배했다. 이런 상황을 감안하면 「王碑文」 영락 17년(407)條의 불분명한 攻破 대상은 後燕일 가능성도 있지만,[111] 百濟・倭등 남방세력일 가능성이 크다. 후연의 붕괴 징조는 이미 여러 군데서 나타나고 있으며 결정적으로 苻后의 奢侈와 慕容熙의 失政으

---

107) "高句麗王安事燕禮慢"(『資治通鑑』 권 111, 晋紀 33, 隆安 4년 정월)

108) 『三國史記』 권 80, 高句麗 本紀 6, 廣開土王 9년.

109) 이기동, 1996, 「高句麗史 발전의 劃期로서의 4世紀」, 『東國史學』 30, 9쪽.

110) 이병도 譯註, 1996, 위의 책 上, 419쪽.

111) 천관우, 1991, 「廣開土王陵碑文 再論」, 『伽倻史研究』, 一潮閣.

로 407년 자멸하였기 때문이다.[112]

후연의 멸망과 함께 408년 北燕이 설립되고, 서북방면에서 군사적 안정을 가지게 된다. 北燕 이후 北中國의 覇者가 된 北魏와는 잠시 외교적 마찰은 있었으나 서북방면에서 중국세력과의 물리적 충돌은 200여 년 동안 없었다.

고구려는 409년 國東에 禿山등 6개의 성을 쌓았다.[113] 國東이라는 표현이 문제가 되지만, 평양의 民戶를 徙民하는 것이나, 이어 광개토왕이 南巡하는 것으로 보아 이 6城 역시 394년의 7城과 함께 백제를 대비한 남방방어선을 보다 강화하려는 성격이라고 볼 수도 있다.

남방방어선 鞏固化는 平壤遷都를 가능하게 했고, 실질적인 南進으로 그 결실을 보았다. 이후 고구려의 방어체계는 방어선과 영토 내부에 遮斷城들이 보강되어 조밀하게 배치되었고, 해양활동이 빈번해지면서 水路를 이용한 침입을 차단하기 위한 해양방어체계가 보완되기도 하였다.

방어선의 확립과정은 외부의 적으로부터 국가를 보호하는 기본기능 외에도 4세기 이후 고구려 영역확장의 근간이 되는 탁월한 전략이었다는 점에서 그 의미가 크다고 할 것이다.

V. 結言

현존 關防施設 유적으로 살펴볼 때 高句麗의 防禦體系는 매우 복잡하지

---

112) "及苻氏死……輼車高大 毁城門而出 長老相謂曰 慕容氏自毁其門 將不入矣 中衛將軍馮跋兄弟閉門拒熙 執而殺之"(『魏書』 권 95, 徒何慕容廆傳 附慕容熙傳)
113) 『三國史記』 권 18, 高句麗本紀 6, 廣開土王 18년.

만 有機的으로 연결되어 있으며, 千里長城을 축조한 기록도 확인된다. 이러한 방어시설들은 일시에 조성된 것은 아니며 국가의 성장과 주변세력 관계에 따라 범위나 체계도 변화하였음이 분명하다.

살펴본 바대로 고구려 방어체계는 단계별로 변화하였는데, 첫째 소국 단계에서는 都城防禦體系였다. 淸野守城戰으로 대표되는 도성방어는 초기에는 효과적이었으나, 王城만이 보호대상이라는 한계를 가지고 있었다. 이에 都城防禦를 보강하여 關隘, 遮斷城들을 도로상에 배치했지만 근본적으로 국가전체를 보호할 수는 없었다.

고구려 방어체계 세 번째 단계는 최전방 防禦線 방어형태로 생각된다. 물리적인 방어선은 고구려말 천리장성으로 완성되지만 고구려는 이미 4세기경부터 방어선 구축을 시도했고 그것은 첫 번째로 영역관념과 전국가적인 방어를 의미하는 것이며, 둘째로 영역확장을 위한 공세적 방어 전략을 의미하는 것이다. 이때의 방어선은 정지된 것이 아니라 계속 변화하며 확장될 수 있었을 것이다. 본문에서 미처 다루지 못했으나, 한반도 중남부에서 발견되는 고구려의 관방시설들이 소규모 보루형태가 많은 점도 방어선 형성과정의 거점화 작업이 아닌가 막연한 추론을 하고 있다.

이후 고구려는 복잡한 국제관계속에서 서북방과 남방전선을 확고한 방어선 전략으로 지켜내며 나아가 영역확장도 이룰 수 있었을 것으로 생각한다.

사료의 부족을 핑계 삼아 본고에서의 논지 전개가 추론을 바탕으로 이루어졌고, 자칫 선학들의 연구에 누가되는 억지상상이 된 것이 아닌지 송구스럽다. 잘못된 추론에 대한 질타는 감사히 수렴하며 다루지 못한 부분은 별고로 본격적인 검토를 하고자 한다.

백제왕실교체설의 재검토

강종훈*

Ⅰ. 머리말

백제사는 흔히들 '미스터리의 역사'라고 한다. 실상이 제대로 밝혀져 있지 않고, 또 밝히기가 매우 어렵다는 의미에서 그런 말을 하는 것이라 여겨진다. 실상 파악을 어렵게 만드는 주요 원인으로는 무엇보다도 관련 자료의 부족을 꼽지 않을 수 없다. 그렇지만 남아 전하는 자료들조차도 혼란과 착종이 심해 도대체 어떤 것이 진실인지를 파악해내기가 곤란한 것도 그에 못지않은 중요한 원인이 된다.

---

* 대구가톨릭대 역사교육과 교수

본고에서 다루고자 하는 왕실 교체의 문제는 백제사의 최대 미스터리 가운데 하나이다. 주지하다시피 신라에서는 초기에 박, 석, 김의 3성 족단이 왕위를 교대로 차지하면서 왕실 교체가 여러 차례 있었음이 『삼국사기』에 드러나 있다. 고구려의 경우에는 『삼국사기』를 통해서는 분명히 알기가 어렵지만, 중국측 역사서인 『삼국지』 위서 동이전의 기록을 통해 소노부에서 계루부로의 왕실 교체가 이른 시기에 있었음을 확인할 수 있다. 이러한 이웃 나라들의 사례를 감안할 때, 비록 『삼국사기』나 중국측 기록에 뚜렷이 나타나 있지는 않다고 하더라도, 백제에서도 어느 시기엔가 왕실의 교체가 있었을 개연성은 충분히 상정해 볼 수 있다. 특히 백제의 시조 설화가 한 가지가 아니라 여러 가지의 각기 다른 전승으로 남아 전하고 있음을 상기한다면, 그럴 가능성은 더욱 높아진다고 해야 할 것이다. 서로 다른 사람을 건국의 시조로 내세우는 전승이 남아 있다는 것은 백제에서도 적어도 한 차례 이상 왕실의 교체가 있었을 것을 짐작케 하기에 충분하기 때문이다.

지금까지 이 문제를 놓고 우리 학계에서 여러 차례 논의가 이루어진 바 있다.[1] 그러나 그 논의를 통해 문제 해결의 실마리가 풀리기보다는 오히려 더욱 복잡해지는 양상이다. 심한 경우 관련 자료의 자의적 해석을 바탕으로 사실과는 전혀 다른 역사상이 창출되기도 하였다. 이에 본고에서는 기존의 논의들을 비판적으로 검토하면서, 이 문제에 어떤 식으로 접근

---

1) 千寬宇, 1976, 「三韓의 國家 形成」, 『韓國學報』 2·3 ; 1989, 『古朝鮮史·三韓史硏究』, 일조각.
  李基東, 1981, 「百濟王室 交代論에 대하여」, 『百濟硏究』 12 ; 1996, 『百濟史硏究』, 일조각.
  盧重國, 1983, 「解氏와 扶餘氏의 王室交替와 初期百濟의 成長」, 『金哲埈博士華甲紀念史學論叢』, 지식산업사.
  李道學, 1990, 「百濟의 起源과 國家形成에 관한 재검토」, 『한국 고대국가의 형성』, 민음사.

하는 것이 합리적 이해를 가능하게 할지 고민해보고자 한다.

논지 전개는 먼저 각각의 시조 전승이 시사하는 바가 무엇인지를 살펴보고, 왕실교체설과 관련하여 그동안 어떻게 논의가 진행되어 왔는지를 점검해 본 후, 실제로 왕실의 교체가 있었을 것으로 여겨지는 시기와 왕실 교체의 배경 등을 규명해 보는 순서로 이루어질 것이다.

관련 자료가 크게 부족한 상태이기에, 본고의 논의 역시 추론의 한계를 근본적으로 벗어날 수는 없다. 잘못 이해한 부분과 지나친 추론에 대해서는 기탄없는 질정이 있기를 바란다.

II. 백제 시조 전승의 검토

『삼국사기』 백제본기의 첫 부분은 백제를 세운 시조에 관한 이야기로 시작한다. 많은 사람들이 상식적으로 알고 있듯이, 거기서 백제의 시조는 온조로 나온다. 고구려의 시조인 주몽이 북부여에서 내려와 졸본 지역 왕의 둘째 딸을 아내로 맞아 두 아들을 낳았는데, 맏아들이 비류이고 둘째 아들이 온조였다고 한다. 주몽이 왕위에 오른 후 이복형에 해당하는 유류가 태자가 되자 비류와 온조는 핍박을 받을까 두려워 열 명의 신하와 더불어 남쪽으로 내려와, 비류는 바닷가의 미추홀(지금의 인천)에 정착하고 온조는 한수 남쪽의 위례성(지금의 서울시 강동구)에 따로 도읍을 정하여 '십제(十濟)'라는 나라를 세웠다고 전한다. 얼마 후 비류가 죽자 온조는 미추홀로 갔던 비류 세력까지 흡수하여 국호를 '백제(百濟)'로 바꾸고, 그 세계(世系)가 고구려와 더불어 부여에서 같이 나왔기 때문에 '부여(扶餘)'를 성씨로 삼았다고 한다.

열 명의 신하의 보좌를 받았기 때문에 애초에 국호를 '십제'라고 했다는 것은 백제의 한자적 의미에 구애되어 후대에 꾸며진 이야기에 불과하므로 크게 괘념할 필요가 없다고 여겨지지만, 백제를 세운 시조가 고구려로부터 내려왔다는 것은 이 설화의 뼈대에 해당하는 것이어서 일단 역사적 사실을 일정하게 반영하는 것으로 받아들이지 않으면 안된다. 다만 그렇다 하더라도 온조 설화의 마지막 부분에서 "고구려와 더불어 부여에서 같이 나왔기 때문에 '부여'를 성씨로 하였다."고 언급한 것은, 추측컨대 백제본기 개로왕 18년(472)조에 인용된 북위에 보낸 국서에서 "고구려와 더불어 근원이 부여에서 나왔다(臣與高句麗源出扶餘)."고 한 내용을 참고하여 후대에 추가되었을 가능성이 매우 농후하므로, 섣불리 백제 초기부터 왕실의 성이 '부여'씨였을 것으로 속단하는 것은 위험하다.[2]

그런데, 『삼국사기』는 온조를 시조로 내세우는 전승 다음에 할주의 형식으로 또다른 시조 전승을 함께 전하고 있다. 즉 백제의 시조를 온조가 아니라 비류라고 내세우는 이른바 비류 설화가 그것이다. 이에 의하면, 백제의 시조는 비류왕으로 그 아버지는 우태(優台)인데 북부여왕 해부루(解夫婁)의 서손이었고, 어머니는 졸본 사람 연타발의 딸 소서노(召西奴)였다. 소서노가 처음 우태에게 시집가서 아들 둘을 낳았는데, 맏아들이 비류이고, 둘째 아들이 온조였다. 우태가 일찍 죽은 후 소서노는 졸본에서 과부로 지내다가, 주몽이 부여로부터 도망와서 졸본 땅에 고구려를 세우자 주몽에게 재가하여 왕비가 되었다. 주몽은 소서노의 자식들인 비류와 온조를 친자식처럼 대하였으나, 정작 부여에 있을 때 낳은 아들 유류

가 고구려로 내려오자 그를 태자로 삼아 왕위를 잇게 하였다. 이에 불만을 품은 비류는 아우인 온조와 함께 무리를 거느리고 패수와 대수 두 강을 건너 미추홀에 이르러 살았다고 한다.

앞서 백제의 시조를 온조로 제시했던 『삼국사기』가 온조 설화의 바로 뒷부분에 비류를 시조로 하는 전승을 함께 실어놓았다는 것은 얼핏 이해하기 힘든 면이 있다. 아마도 『삼국사기』의 편찬자들이 공식적으로는 온조가 백제의 건국 시조임을 인정하면서도 모종의 자료를 통해 비류 설화를 새로 접하고 혼란스러움 속에 함께 실어놓았을 것으로 추측되는데,[3] 온조가 아닌 비류가 백제의 시조였다는 전승이 남아 전해졌다는 것 자체가 백제 초기의 왕위 계승이 『삼국사기』에서 전하는 것처럼 일원적이거나 단순하지는 않았음을 웅변하는 것이라 할 수 있다.

어쨌든 온조 설화와 비류 설화의 병존은 백제 초기사의 전개 과정에서 온조를 시조로 표방하는 세력과 비류를 시조로 내세우는 세력이 서로 쌍벽을 이루며 존재하였을 가능성을 시사해주는 것이며, 양자 모두에서 공통적으로 제시되어 있듯이 백제 건국의 주체 세력은 한강 하류 지역에 선주해 있던 토착 세력이 아니라 고구려로부터 남하한 이주민 세력이었음도 분명하다고 하겠다.

한편 『삼국사기』에서는 비류 설화를 수록한 뒤, 역시 할주의 형태로 또

---

3) 필자는 『삼국사기』에 실린 비류 설화의 원 출처를 통일신라시기에 김대문이 지었다고 전하는 『한산기』로 추정하고 있다(강종훈, 2006, 「삼국사기 백제본기의 사료 계통과 그 성격」, 『한국고대사연구』 42, 92쪽). 백제 당시에 만들어진 사서에서 건국 시조를 둘로 전하지는 않았을 것이고, 백제 멸망 이후 어느 시기엔가 새로운 경로로 비류 설화가 채록되어 고려 시대까지 전해지다가 『삼국사기』 편찬 시 자료로 이용되었을 것으로 보는 것이다. 8세기 초에 한산주 도독으로 부임한 김대문이 한산주 관할 하의 매소홀현 즉 과거의 미추홀 지역의 전승을 수집하는 과정에서 미추홀에 도읍을 정하고 나라를 세웠다고 하는 비류 설화를 접하게 되었을 가능성이 크고, 그것이 『한산기』에 실렸다가 결국 『삼국사기』에까지 전록된 것으로 추측된다.

하나의 시조 전승을 부기하고 있다. 중국의 역사책 『북사(北史)』와 『수서(隋書)』에 기록된 것을 인용한 것인데, 백제의 시조가 온조나 비류가 아니라 '구태(仇台)'라는 새로운 인물이라는 것이다. 내용을 자세히 살펴보면, 부여의 시조 동명(東明)의 후손인 구태라는 자가 '대방의 옛 땅(帶方故地)'에 처음 백제를 세웠다고 한다. 그 뒤에는 후한의 요동태수였던 공손도가 그 딸을 주어 아내로 삼게 하였다는 내용이 덧붙어 있는데, 이는 『삼국지』 위서 동이전 부여조에 보이는 부여의 왕 '위구태(尉仇台)'와 구태를 혼동한 데서 비롯된 두찬일 뿐 백제와는 직접 관련이 없는 것이다.

『삼국사기』를 비롯한 우리측 문헌 기록에만 보이는 온조 설화나 비류 설화와 달리 구태 설화는 현존 자료에 의거할 때 중국측 기록에서 연원한 것으로, 앞의 두 설화와는 분명히 계통을 달리하는 것이라 할 수 있다. 그렇지만 중국의 역사가들이 백제의 시조 전승을 일부러 조작해냈을 까닭은 없으므로, 이는 백제인들의 왕실 시조 인식을 반영하는 것으로 보아야 마땅하다.

구태 설화는 6세기 후반의 백제 사정을 전해주는 『주서(周書)』에서부터 이미 모습을 보이기 시작했는데,[4] 적어도 사비도읍기에는 백제 왕실의 공식적인 시조 전승이었을 가능성이 크다. 널리 알려진 바와 같이 백제는 성왕대인 538년에 웅진에서 사비로 수도를 옮기면서 국호를 '남부여(南扶餘)'로 바꾸는 등 부여 계승 의식을 강하게 드러냈다. 구태 설화는 백제 왕실의 출자를 고구려에서 찾지 않고 부여에 직접 연결시키는 것이 특징인바, 4세기 후반 이후의 장기간에 걸친 고구려와의 적대 관계를 감안하

---

4) 『주서』 백제전에는 "백제의 선대는 마한에 속해 있었는데, 부여의 별종으로 구태라는 자가 있어 대방의 옛 땅에서 처음 나라를 세웠다, …… 해마다 네 번씩 시조인 구태의 사당에 제사를 지낸다."라는 기록이 실려 있다. 구태와 구태묘에 관한 기록은 이밖에 『한원(翰苑)』 백제조에서도 찾아진다.

면 고구려 대신 부여를 시조의 출신지로 내세우는 것이 어쩌면 당시 백제 사회에서는 당연한 일이었는지도 모른다.

아무튼 구태 설화는 온조와 비류 외에 백제의 시조로 거론된 인물이 또 한 명 존재했음을 보여주는 동시에 어느 시기엔가 왕실의 교체가 있었을 가능성을 더욱 높여주는 것이라 하지 않을 수 없다.[5]

Ⅲ. 왕실교체설을 둘러싼 기존의 논의

지금까지 살펴본 바와 같이 백제에서는 다양한 시조 전승이 존재하였고, 그것은 한 차례 이상의 왕실 교체를 시사하는 중요한 근거가 되고 있다. 우리 학계에서는 이런 점에 착안하여 왕실 교체의 시기와 배경을 탐색하는 논고들이 이미 여러 편 나온 바 있는데,[6] 여기서 그 주장의 대강을 간략하게 정리해 보도록 하자.

『삼국사기』 백제본기 초기 기록의 분석을 통해 왕실교체설을 가장 먼저 거론한 연구자는 천관우였다. 그는 온조를 시조로 하는 전승과 비류를

---

5) 백제의 시조 전승으로는 지금까지 살펴본 세 가지 뿐만 아니라 일본측 문헌 자료인 『속일본기(續日本紀)』 연력(延曆) 9년 추7월조에 보이는 '도모(都慕)' 전승이 있고, 『삼국사기』 제사지에 나오는 '동명(東明)' 전승과 '우태(優台)' 전승이 있다. 이 가운데 후자의 두 전승은 온조 설화와 비류 설화에서 각기 온조의 아버지로 설정된 주몽과 비류의 아버지로 알려진 우태를 시조로 인식한 것이어서, 사실상 온조 설화나 비류 설화와 별개의 독자성을 지닌 것으로 보기는 어렵다. 전자의 도모 전승 역시 고구려의 시조인 추모 즉 주몽이나 부여의 시조인 동명을 시조로 내세운 것이라고 생각되므로, 위에서 거론한 온조 설화와 비류 설화, 그리고 구태 설화와 따로 구분되는 것으로 취급할 필요는 없다고 판단된다. 따라서 본고에서는 도모, 동명, 우태 전승을 백제의 시조 전승으로 인정은 하지만, 따로 검토 대상으로 삼지 않는다.
6) 앞의 주 1) 참조.

시조로 하는 전승이 함께 남아 전해진 것을 볼 때 백제 초기의 양대 지배 세력으로 주몽-온조계와 우태-비류계가 병립하였음을 알 수 있다고 하면서, 온조계로 계승되던 왕위가 제8대 고이왕대에 이르러 비류계로 넘어간 것으로 파악하였다.

그가 고이왕을 온조계가 아닌 비류계로 파악한 이유는 첫째, 『삼국사기』 백제본기 고이왕 즉위조에 고이왕을 개루왕의 제2자이면서 초고왕의 '모제(母弟)'라고 하였는데 여기서 모제를 동복(同腹)의 아우라는 의미가 아니라 '모(母)의 제(弟)' 즉 외삼촌으로 본다면 왕계가 달라진 것으로 볼 여지가 생긴다는 것이며, 둘째로는 고이왕대에 '왕제(王弟)'로 '우수(優壽)'라는 인물이 보이는바 이때의 '우(優)'는 다른 사례를 볼 때 당시 고이왕을 대표로 하는 왕실의 성씨였음이 분명하고,[7] 이는 고이왕이 부여씨인 온조계와는 다른 계보에 속하는 인물임을 시사하는 것으로 볼 수 있다는 것이다. 그리고 우씨는 바로 우태의 계보임을 나타내는 것이므로, 고이왕을 우태-비류계의 인물로 보는 것이 합당하다는 결론을 도출해내고 있다.

그는 고이계의 왕위 계승이 13대 근초고왕대에 이르러서 끝나고 다시 온조를 시조로 하는 부여씨 왕실이 부활한 것으로 보았는데, 그것은 근초고왕과 그의 아들인 근구수왕의 이름이 고이왕보다 앞선 시기의 온조 계통의 왕이 분명한 초고왕과 구수왕의 이름에서 따온 것이 확실하기 때문에, 근초고왕의 등장은 곧 온조계가 비류계를 밀어내고 다시 왕위를 장악했음을 드러내는 것으로 볼 수 있다는 것이다. 결국 천관우의 주장은, 4세기 중엽 이전 시기만을 대상으로 할 때, 백제의 왕위는 온조계에서 비

---

7) 우수 외에 고이왕대에 내법좌평을 지냈다고 하는 우두(優豆)와 비류왕대에 왕의 서제(庶弟)로서 내신좌평에 임명되었다가 반란을 일으킨 우복(優福)이 '우' 씨 성을 칭한 인물로 파악되고 있다.

류계로, 다시 비류계에서 온조계로 두 차례에 걸쳐 옮겨갔다는 것으로 정리될 수 있겠다.

이같은 내용의 천관우의 왕실교체설은 두 가지 점에서 문제를 안고 있다고 여겨진다. 먼저 고이왕이 초고왕의 '모제'로 나오는 것을 통상적인 이해 방식에서처럼 '어머니가 같은 아우'로 보지 않고, '어머니의 동생'이라고 보는 것은 억지 주장에 불과하다는 것이다. 여러 가지 점을 고려할 때, 고이왕이 초고왕의 동생이었을 가능성은 극히 낮다고 여겨지지만,[8] 그렇다고 '모제'의 의미를 바꾸어가면서까지 사료를 자의적으로 해석하는 것은 곤란하다. 그리고 비류계의 성씨로 우씨를 새로이 찾아내면서 온조계의 성씨는 『삼국사기』의 기록에 따라 부여씨일 것으로 쉽게 단정지은 것도 사료 비판을 제대로 하지 않은 결과이다.

그렇지만 천관우의 설은 백제의 시조가 온조와 비류로 나누어 전하는 것이 역사적으로 어떤 의미를 담고 있는지를 정확하게 파악한 것으로서, 연구사적으로 큰 의의를 지니는 것은 분명하다. 그의 뒤를 이어 백제 초기 왕실의 교체 가능성을 적극적으로 타진한 연구자들은 대부분 그의 연구 결과에서 결정적으로 힘을 얻었다고 해도 과언이 아니다.

다음으로 이기동은 천관우의 신설에 자극받아, 기왕에 4세기 중엽 근초

---

8) 『삼국사기』에 의할 때, 고이왕은 234년에 즉위하여 286년에 사망하였다. 그런데 그의 아버지라고 되어 있는 개루왕은 128년에 즉위하여 166년에 죽은 것으로 되어 있다. 개루왕이 사망한 해에 고이왕이 출생하였다고 가정하더라도, 고이왕은 무려 120년을 생존한 것이 된다. 물론 백제본기의 초기 기록의 기년이 실제보다 인상되었을 가능성을 염두에 두어야겠지만, 개루왕의 제2자, 초고왕의 모제라고 전하는 계보 자체가 조작되었을 가능성도 배제할 수 없다. 특히 백제본기에서 전왕의 '제2자'로 기록된 사례 가운데에는 실제로 둘째 아들인 것이 아니라 아예 계보를 달리 하는 인물인 경우가 많다는 연구 결과를 참고하면(김기섭, 1993, 「한성시대 백제의 왕계에 대하여」, 『한국사연구』 83), 고이왕이 개루왕과는 부자 관계, 초고왕과는 형제 관계에 있었던 인물이 결코 아니었을 가능성은 매우 크다.

고왕의 등장을 정복왕조의 출현이라고 본 외국 학자들의 견해들을 함께 소개하면서, 백제사에서의 왕실 교체 가능성을 탐색하였다. 그는 고이왕의 즉위를 비류계에 의한 왕실의 교체로 해석한 천관우의 주장에 대해 설득력이 있다고 보면서도, 근초고왕의 계통은 천관우와는 달리 온조계가 아닌 전혀 새로운 세력에서 찾을 수도 있음을 내비쳤다. 본고에서는 그가 소개한 외국 학자들의 견해를 중심으로 이 문제를 정리해보기로 한다.[9]

우선 일본인 학자 이나바 이와키치(稻葉岩吉)는 285년 무렵에 선비족 모용씨에게 격파당한 부여의 잔당이 동옥저 지방으로 도망쳐서, 그곳에 한동안 정착해 있다가 4세기 초에 동아시아의 민족이동기를 맞아 다시 대방으로 진출하여 백제를 건국한 것으로 보았다. 그의 스승인 시라토리 쿠라키치(白鳥庫吉)도 285년 모용씨에 격파된 뒤 옥저에 피난하고 있던 부여 왕가의 일족이 314년경 대방군이 복멸되자 인근에 있던 예맥과 함께 서진하여 대방군 땅을 획득하기 위한 일종의 국제전에 참가하였던바, 마침 이곳으로 북상하여 온 한족(韓族) 중의 최유력자인 백제의 걸사(乞師) 요청을 받아들여 이를 구원하고 끝내는 양족이 연합하여 통일국가로서의 백제를 형성하였다고 주장하였다. 그리고 새로운 국가의 주권은 평화적으로 부여족의 손에 넘어갔으므로 백제라는 국명은 예전처럼 답습하게 되었고, 부여족은 상부를, 한족(韓族)은 하부를 구성하게 되었다는 것이다. 그 후 스에마츠 야스카즈(末松保和) 역시 만주에서 격파당한 부여의 일파가 옥저로 유입하고, 거기서 다시 서남방에 진입하여 마한의 한 소국인 백제국(伯濟國)에 거하여 마한 통일의 주도권을 장악하였으며, 그 일단의 성취가 350년경의 백제 건국이라고 단정하였다. 그리고 오카다 히데히로(岡田英弘)는 중국측 사서에 백제의 시조로 전하는 구태를 4세기

___

9) 이하 외국 학자들의 견해는 이기동, 1996, 앞의 책, 133~138쪽에 의거하여 정리.

전반에 고구려의 미천왕에 의해 대방군의 옛 땅에 파견된 군사령관으로 보고, 342년 모용씨의 전연(前燕)의 공격을 받아 고구려가 큰 타격을 입은 것을 틈타서 자립하여 백제를 건국했다는 설을 내놓기도 했다.

이같은 일본 학계의 여러 가설 가운데 스에마츠의 설이 가디너(Kenneth H.J. Gardiner)에게 그대로 이어졌고, 한국에 유학을 한 바 있는 레디아드(Gari K. Ledyard)도 4세기 중엽에 모용씨의 전연의 압박에 견디지 못한 부여 사람들이 한반도로 이동하여 마한 땅을 점령하고 백제 왕국을 이루었다는 주장을 펼치기도 했다.[10]

이상에서 살펴본 외국 학자들의 견해는 4세기 중엽 이전의 백제사는 전설에 불과할 뿐 역사적 사실로는 인정할 수 없다는 이른바 『삼국사기』 초기 기록 불신론을 바탕으로 한 것인데, 『일본서기』나 『진서』 등의 외국 사서에 최초로 실존이 확인되는 근초고왕 이전의 백제왕들을 모두 가공의 인물일 것으로 본다는 점에서, 왕실교체설이라기보다는 차라리 백제 건국 관련 가설이라고 불러야 적당할지도 모르겠다. 『삼국사기』에 대한 극단적인 불신론은 실상 합리적 이해를 가장한 사료 말살에 지나지 않지만, 아무튼 근초고왕을 새로운 왕조의 개창자라고 강조하고 있는 것은 왕실교체설과 관련하여 일단 주목을 해둘 필요가 있다.

다음으로 노중국은 『삼국사기』 초기 기록을 비판적으로 수용하는 입장

---

10) 최근 미국인 학자 베스트(Jonathan W. Best)는 3세기 말에서 4세기 초에 걸친 시기에 고구려의 내정이 불안했음을 지적하면서, 특히 봉상왕이 피살되고 미천왕이 즉위하는 과정에서 전자의 혈족 가운데 일부가 후자에 의한 살해의 위협을 피해 남하했을 가능성이 있다고 보고, 이것이 곧 『삼국사기』의 온조 설화로 꾸며진 것이 아닐까 추측하기도 했다(Jonathan W. Best, 2006, *A History of the Early Korean Kingdom of Paekche*, Harvard University Press, 25~28쪽). 부여족의 직접적인 남하를 상정하는 앞선 견해들과는 다르지만, 4세기에 이르러서야 백제가 본격적으로 모습을 드러냈다고 보는 관점은 일맥상통하다고 할 수 있다.

에서 백제 초기의 왕실 교체 가능성을 찾아보았다. 그에 의하면, 백제 초기의 왕성으로는 『삼국사기』에 전하는 '부여씨'와 『삼국유사』에 보이는 '해씨'의 두 가지가 모두 해당되며, 그 대신 천관우가 비류계의 성씨로 추정한 '우씨'는 왕성으로 볼 수 없다는 것이다.[11] 그는 비류계의 성씨를 해씨로 보고, 온조계의 성씨는 『삼국사기』에 전하는 것처럼 부여씨라고 단정한 후, 2대 다루왕부터 4대 개루왕까지를 해씨 왕 즉 비류계 왕으로 추측하였다. 그리고 5대 초고왕부터가 부여씨를 칭한 온조계 왕이라고 추정하면서, 부여씨 세력이 해씨를 누르고 연맹장의 자리를 차지하여 세습하게 되자 그들의 시조인 온조를 백제의 시조로 올리면서 온조 중심으로 왕계를 일원화했을 것으로 보았다.

노중국의 견해는 백제 초기사의 전개 과정을 온조계와 비류계의 경쟁 관계 속에서 파악하고 양자 사이에 왕실 교체가 이루어졌다고 보는 점에서 기본적으로 천관우의 설을 잇는 것이지만, 비류계의 성씨를 다르게 설정하고, 고이왕을 비류계로 보지 않고 부여씨를 칭한 온조계로서 초고왕의 직계가 아닌 방계의 인물로 인식한다는 점에서 큰 차이가 있다. 그의 주장처럼 비류계의 성씨가 해씨였을지, 그리고 고이왕이 비류계가 아닌 온조계에 속한 인물이었을지는 좀더 정밀한 검토가 필요하다.

마지막으로 이도학이 제시한 설에 대해 살펴볼 차례인데, 일단 그의 설은 우리 학계의 논의 가운데서는 가장 파격적임을 미리 말하지 않을 수 없다. 그의 주장에 따르면, 4세기 전반까지 백제 건국의 주체 세력은 만주 지역에 존재하였다고 한다. 중국의 역사책 『진서』와 『자치통감』에는 345년 이전에 백제가 만주 지역에서 활동했음을 전하는 기사가 있고,[12]

---

11) 그는 '우수'나 '우두', '우복'을 성씨가 포함되지 않은 단순한 이름으로만 보고 있다.(노중국, 1983, 앞의 논문, 114~115쪽)

『송서』 등에도 백제가 본래 고구려와 함께 요동의 동쪽 천여 리에 있었다고 기록되어 있는바, 이것은 그동안 우리의 상식처럼 백제가 한강 유역에만 있었던 것이 아니라 만주 지역에도 자리잡고 있었음을 보여준다는 것이다. 3세기의 한반도 상황을 알려주는 『삼국지』 위서 동이전에 마한의 한 소국으로 나오는 백제국(伯濟國)은 만주 지역의 백제와 계통을 같이 하는 무리가 미리 한강 유역으로 내려와 정착하여 세운 나라이며, 4세기 중엽에 만주 지역의 백제가 선비족 모용씨의 압박과 고구려의 세력 팽창에 밀려 다시 남하해 오면서, 선주 세력인 백제국(伯濟國)과 후래 세력인 백제(百濟)가 후자의 주도하에 통합하여 강력한 힘을 갖춘 정복왕조로 거듭날 수 있었고, 4세기 후반 백제의 마한 정벌과 가야 지역으로의 영향력 확대 등이 이런 배경에서 가능하였다는 것이다. 그리고 선주 백제국 세력은 『삼국사기』에 온조 계통으로 나오는 집단이며, 후래 백제 세력은 같은 책에서 비류 계통으로 전하는 집단이라는 것이다.

대체로 4세기 중엽 근초고왕의 출현이 만주 지역 백제 세력의 남하와 관련이 있다는 주장인데, 『삼국사기』 백제본기 초기 기록을 불신하는 입장에 서 있어, 앞서 소개한 일본 학자들을 중심으로 한 외국 학자들의 백제 건국 관련 가설과, 논지의 상세함과 소략함의 차이는 있지만, 매우 흡사함을 쉽게 알아차릴 수 있다. 이도학은 설화상 고구려로부터 내려왔다고 하는 온조와 비류조차도 고구려계가 아니라 부여계라고 주장하며, 현재 서울의 석촌동 일대에 남아 있는 고구려 양식의 계단식 적석총의 연대도 4세기 후반 이전으로 올라가는 것은 없고, 부여 계통인 이들이 계단식

---

12) 『진서』의 모용황(慕容皝) 재기(載記)에는 345년 무렵 전연의 수도에 고구려와 선비족 우문부, 단부의 포로와 함께 백제의 포로가 있었다는 기사가 보이고, 『자치통감』의 진(晉) 목제 영화 2년(346)조에는 이보다 앞선 시기에 부여가 녹산에 거하다가 백제의 침략을 받아 쇠약해졌다는 내용의 기사가 있다.

적석총을 남긴 것은 만주 지역 백제의 거주 공간이 지금의 혼강 유역인 비류수 지역으로서 적석총 분포권에 들어 있었기 때문에 충분히 가능한 일이라고 부연하고 있다.[13]

그의 논지는 『삼국사기』 백제본기 초기 기록의 사실성을 부정하는 입장에서 출발하고 있어, 일단 많은 논란이 불가피하다. 아울러 『진서』와 『자치통감』에 보이는 4세기 전반의 백제 관련 기사들이 과연 만주 지역 백제의 존재를 입증하는 자료가 될 수 있는지도 커다란 논란거리이다. 이 기사들은 당시 한반도 중부에 자리잡고 있던 백제가 바다를 건너가 만주 지역에서까지 일시적으로 활동한 적이 있음을 보여주는 자료로도 충분히 활용이 가능하기 때문이다. 그리고 그의 주장대로라면 비류 계통의 왕에 해당하는 근초고왕이 왜 하필 설화상의 비류(沸流)로 추정한 비류왕(比流王)보다 앞선 시기의 왕으로서 그가 온조계 백제국의 왕으로 여기는 초고왕의 이름과 유사한지에 대해서도 납득할 만한 설명이 더 필요하다.

이상에서 백제왕실교체설과 관련하여 주목해야 할 자료들과 그간의 논의 내용들에 대해 검토해 보았다. 관련 자료들도 혼란스럽지만, 기존의 논의 역시 제각각이어서 갈피를 잡기가 어려울 것이다. 이하에서는 그동안 왕실 교체와 관련하여 집중적으로 주목을 받았던 고이왕대와 근초고왕대를 중심으로, 과연 왕실 교체가 이 시기에 있었는지, 있었다면 어떤 형태로 이루어진 것인지를 궁구해 보도록 하자.

---

13) 그는 비류수 상류에 있었던 것으로 추정되는 비류국을 만주 지역의 비류계 백제와 연관시키고 있다(이도학, 1990, 앞의 논문, 156~157쪽), 그런데 비류수 상류 일대는 흔히 고구려 5부 가운데 하나인 소노부의 영역 범위로 파악되고 있다. 따라서 그의 주장을 따른다면, 소노부 내에 또는 그 근처에 '백제'라는 독자적 명칭을 사용하면서 부여계를 표방하던 집단이 있었고, 그들이 4세기 중엽에 한강 유역으로 남하하여, 먼저 내려와 있던 같은 계통의 백제국 지배층이 알고는 있었으나 사용하지 않고 있던, 적석총이라는 묘제를 새로이 파급시켰다는 이야기가 된다.

IV. 고이왕의 즉위와 왕실 교체

먼저 고이왕의 경우부터 살펴보면, 천관우의 지적과 같이 이 시기에 왕실의 교체가 있었을 가능성이 매우 높다.

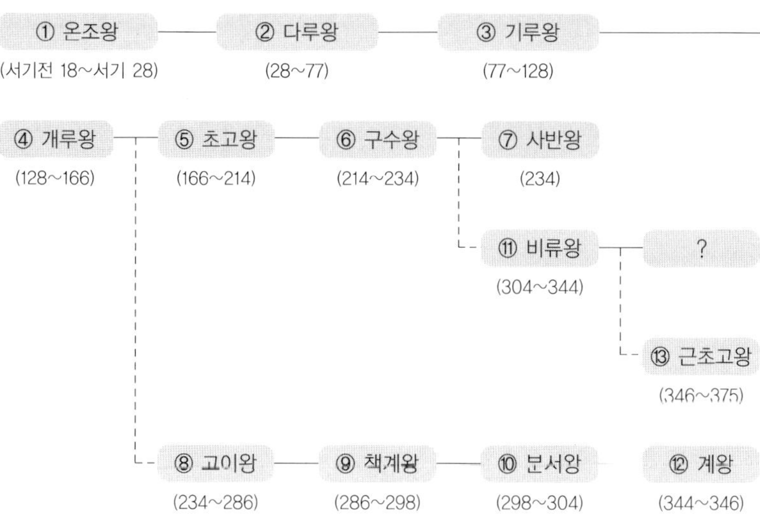

〈삼국사기에 전하는 백제 초기의 왕위 계승 순서〉

일단 계보상으로 고이왕은 이전의 왕계와 분명히 구별된다. 그가 개루왕의 둘째 아들이고 초고왕의 아우였다는 『삼국사기』의 기록은 당사자들의 재위년수와 생몰 연대 등을 비교할 때 사실일 가능성이 거의 없다. 그리고 초고왕의 이름은 나중에 근초고왕에 의해 반복되어 나타나는바, 이는 후자가 전자의 계보를 잇는다는 것을 공개적으로 표명하는 의미와 함께 고이왕으로부터 계왕까지 이어져 내려온 이전 왕계와의 단절을 선포하는 의미를 지니는 것이다. 결국 고이왕계는 백제 초기 왕실 계보에서 고립되어 존재하는 셈이 되며, 온조로부터 다루, 기루, 개루를 거쳐 초고, 구수, 사반으로 이어진 이전의 왕실 계보와는, 애초에 시조를 달리 하는 독자적 계보이든 아니면 직계로부터 중간에 갈라져 나온 방계이든 간에, 뚜렷이 구분되는 왕계인 것은 틀림없다.

그런데 앞서도 거론한 바 있듯이, 백제에서 온조와 비류를 각각 시조로 내세우는 전승이 병존하였다는 사실은 온조계만 줄곧 왕위를 차지한 것이 아니라 어느 시기엔가 비류계로 왕실의 교체가 있었음을 시사하는 것이다. 그렇지 않다면, 비류 시조 전승은 아예 만들어질 수도 없고, 후대에 전해질 수도 없다. 그를 시조로 받드는 집단이 백제의 최고 지배층 즉 왕실을 이룬 적이 없는 상황에서 그가 백제의 시조라는 전승이 생겨나고 유포될 리는 만무하기 때문이다.

그렇다면 어느 시점에서 비류를 시조로 하는 집단이 왕위를 차지하게 된 것일까? 이에 대한 답을 근초고왕보다 늦은 시기에서 찾기는 어렵다. 근초고왕 이후의 백제왕들은, 중간에 계보가 불분명한 경우가 일부 있기는 하지만, 전체적으로 보아 부여씨를 자신의 성으로 삼은 왕들이었고, 비류 계통의 왕이라고 추정할 수 있는 인물은 없다.[14] 이는 곧 비류계에

---

14) 천관우는 웅진 천도 직후 왕위에 올랐던 문주왕과 그 아들 삼근왕, 그리고 일본에 파견되었던 곤지의 아들로 삼근왕의 뒤를 이어 백제의 왕이 되었던 동성왕 등을 부여씨로 보지 않고, 비류계인 우씨였을 가능성을 고려하고 있다.(천관우, 1989, 앞의 책, 330~333쪽 참조) 중국측 사서에 모도(牟都)와 모대(牟大)로 나오는 백제왕을 각각 문주왕과 동성왕으로 비정하면서, 그 이름이 앞뒤의 다른 왕들이나 왕족들의 이름에서 흔히 보이는 '여(餘)○'의 형식으로 나오지 않는 것이 곧 왕실의 또 한 차례 교체를 암시하며, 이때의 새로운 왕실은 바로 비류-고이 계통의 우씨 왕실이었을 지도 모른다고 추측하였다. 웅진 도읍기 초반에 일시적으로 왕실이 바뀌었을 가능

의한 왕실의 교체 시점은 근초고왕 이전일 것임을 말해주는 것이고, 그 시기에 왕실의 교체와 관련이 있을 만한 사건은 이전의 왕들과 계보가 다른 고이왕의 즉위 외에 따로 없기에 고이왕이 곧 비류 계통의 최초의 백제왕이라는 결론에 이르게 된다.

고이왕은 사실 성씨에 있어서도 온조계로는 보기 어려운 인물이다. 그의 성씨에 대해서는 『삼국사기』에 직접적인 언급이 없으나, 앞서 거론한 것처럼 그 아우의 이름이 '우수(優壽)'로 나옴을 볼 때, 고이왕의 성씨가 '우(優)' 씨였을 가능성이 결코 작지 않다. 노중국 등은 '우수'에서의 '우'를 성씨로 볼 수 없다는 입장이지만, 『삼국사기』 백제본기의 일반적인 인명 표기례를 보면, 해씨 성의 해루(解婁), 해구(解仇), 진씨 성의 진회(眞會), 진과(眞果), 진충(眞忠), 진물(眞勿), 진가(眞可), 진의(眞義), 진정(眞淨)에서처럼 '한 글자의 성+한 글자의 이름'이 일반적이기 때문에, 우수의 경우에 있어서도 '우'를 성으로 보는 것이 합리적이다. 우수뿐만 아니라 우두, 우복 등의 인명이 함께 전해지는 것 역시 '우'를 단순히 이름의 첫 글자로만 파악하는 것을 곤란하게 만드는 것이다.[15]

이처럼 고이왕의 성씨가 '우' 씨였다면, 그는 성씨가 부여씨 혹은 해씨로 전해지고 있는 온조계에 속한 인물이 될 수 없다. 아울러 '우'라는 성씨의 기원을 고려함에 있어, 천관우의 지적과 마찬가지로 비류 설화에서

성을 지적한 것은 매우 흥미롭기는 하지만, 그렇다고 해서 모도와 모대가 비류-고이 계통이라고 단정할 수 있는 근거는 전혀 없다.

15) '우○'의 인명은 백제본기 무령왕 즉위년 11월조에 고구려의 수곡성을 공격했다는 백제 장수 '우영(優永)'의 사례에서도 찾아진다. 한편 『송서』 백제전에는 458년에 백제의 개로왕이 남조의 송에 사신을 보내어 왕족 및 귀족 11명의 관작을 정식으로 승인해줄 것을 요청한 기사가 실려 있는데, 그 11명 가운데 '우서(于西)'라는 인물이 포함되어 있다. 글자가 비록 다르기는 하지만 음이 서로 같음을 볼 때, 여기서의 성씨 '우(于)'가 『삼국사기』에 나오는 '우(優)' 씨와 동일한 것임을 짐작하기는 어렵지 않다.

비류의 생부로 나온 '우태'와의 관련성을 상정해보지 않을 수 없다. 우태의 '우'가 원래부터 성씨였다고 생각되지는 않지만, 후대에 그의 후손들이 자신들의 정체성을 확립해가는 과정에서 혈통이 본래 우태로부터 나왔음을 들어 스스로 '우'를 족단의 성씨로 내세웠을 가능성은 배제할 수 없다.

한편 앞 장에서 정리한 것처럼, 노중국은 제2대 다루왕과 3대 기루왕, 4대 개루왕을 비류계로 보고, 이들의 성씨를 해씨라고 추측한 바 있다. 이들 세 왕만 왕명에 '루'자를 공유하고 있는데, 그것은 비류의 '류'자와 음이 통하는 것이어서 이들을 모두 비류계 왕으로 추정할 수 있다는 것이며, 비류 설화에서 우태가 북부여왕 해부루의 서손(庶孫)이라고 했으므로 비류 집단의 성씨가 해씨일 수 있다는 것이다. 그리고 5대 초고왕에 이르러 부여씨로 왕실이 교체되었으며, 고이왕은 비류계가 아닌 온조계의 인물로서 성씨는 자연히 부여씨였을 것으로 보았다.

그러나 그의 주장대로 고이왕이 초고왕과 함께 온조계의 인물이었다고 한다면, 굳이 비류계 해씨의 왕이라는 개루왕으로부터 갈라져 나온 것처럼 계보가 만들어져야 할 이유가 없다. 오히려 초고왕으로부터 갈라져 나와 초고왕의 아들인 구수왕과 형제 관계를 이루는 것처럼 계보가 만들어지는 것이 합리적이다. 그리고 개루왕은 초고왕과 구수왕이 그랬던 것처럼 후대 왕에 의해 왕명이 다시 사용되었다. 『삼국사기』 백제본기에 의하면, 제21대 개로왕은 '근개루왕'이라고도 불렸다. 이는 개로왕이 초기 왕실 계보상의 개루왕을 계승하겠다는 의미에서 왕명을 정한 것이라 할 수 있는데, 개루왕이 만약 비류계였다면, 온조계를 표방한 근초고왕으로부터 거의 직계로 이어져 온 계보에 속한 인물로서 비류계와는 전혀 무관한 개로왕이 왜 하필 개루왕의 계승을 표방했을까.

요컨대 개루왕은 비류계라고 보기 어려우며, 초고왕의 즉위를 비류계에서 온조계로의 왕실 교체로 보는 것 역시 타당하다고 여겨지지 않는다. 다만 노중국이 개루왕과 그 이전의 기루왕, 다루왕의 성씨를 부여씨가 아닌 해씨로 본 것은 재고할 가치가 충분히 있다고 생각되는데, 이들뿐 아니라 초기 왕실 계보상의 온조계 왕들 전체의 성씨로 해씨를 고려할 필요가 있다고 판단된다.[16]

지금까지 고이왕의 즉위를 백제 초기의 왕실 교체와 연관지어 고찰했는데, 고이계의 왕위 계승과 관련하여 한 가지 더 살펴볼 것이 있다. 그것은 제11대 비류왕(比流王)의 계보상의 위치에 관한 것으로, 그는 『삼국사기』에서 구수왕의 둘째 아들이자 근초고왕의 아버지라고 전해지고 있다. 이를 사실로 받아들일 경우, 그의 즉위 역시 일종의 왕실 교체로 볼 여지가 있다.

그런데 비류왕의 이름은 비류계의 시조인 비류(沸流)와 음이 같다. 그리고 그는 고이, 책계, 분서로 이어진 비류계의 왕위를 계승하였고, 그의 뒤를 이어 다시 분서왕의 아들로서 비류계인 계왕이 즉위하였다. 더구나 『삼국사기』에는 그의 재위 18년에 비류계임이 분명한 우복(優福)이라는 인물을 내신좌평으로 임명하였다고 기록되어 있는데, 여기서 우복은 왕의 '서제(庶弟)'였다고 나온다. 이런 점들을 감안하면, 비류왕은 온조계라기보다는 오히려 비류계로 분류되어야 마땅한 인물이다. 구수왕의 '제2자'라고 되어 있는 것도, 앞서 지적한 바 있듯이 '제2자'로 표현된 다른 사례들을 볼 때, 실제 부자 관계가 아닐 가능성이 높다.[17]

그렇지만 후대에 왕실 계보가 정리될 때 어쨌든 온조계의 인물로 표시되었다는 것은 그가 혈통상으로 비류계와 온조계 사이에서 애매모호한

---

16) 이렇게 볼 경우, 『삼국유사』에서 백제 왕성을 '해씨'라고 언급한 것과 같은 결과를 얻게 되는데, 좀더 세밀한 고찰은 추후의 과제로 미뤄둔다.
17) 김기섭, 1993, 앞의 논문, 7~13쪽.

위치에 있었을 가능성을 암시한다. 당시 사람들에게 비류계의 인물로 받아들여지면서도 실제 혈통은 온조계에 속했을 수도 있다는 말이다.[18] 비류왕이라는 왕명은 그런 계보상의 약점 내지는 한계를 이겨내기 위해 스스로 비류계의 조상인 비류를 계승하겠다는 의미로 지어낸 것일지도 모른다. 자료가 없으므로 더 이상의 추측은 곤란하지만, 여하튼 비류왕의 즉위는, 그가 정녕 온조-초고계의 혈통을 지녔다고 하더라도 비류계 왕실의 중단과 온조계 왕실의 부활을 표방한 것은 아니기 때문에, 왕실의 교체라고 말하기는 어렵다.

V. 근초고왕의 즉위와 왕실 교체

다음으로 그동안 많은 연구자들이 왕실 교체의 시기로 주목해 온 근초고왕대의 사정을 검토해보기로 하자.

앞서도 거론한 바 있지만, 일본인 학자들을 비롯한 외국 학자들은 근초고왕의 즉위를 사실상의 백제사의 출발이라고 보고 있다. 국내 학자로서 이도학도 만주 지역으로부터 백제가 남하함에 따라 본래 한강 유역의 소국이었던 백제국이 정복국가로서 거듭난 시기가 근초고왕대라고 하여, 의미를 크게 부여하고 있다.

그러나 결론적으로 말해 이러한 주장들은 받아들여질 수 없다. 3세기에 이미 백제가 한강 유역에 자리잡고 있었음은 중국의 역사책 『삼국지』가 입증하고 있는바, 이 시기의 마한 소국으로서의 백제국과 『진서』나 『일본

---

18) 예컨대 생부는 온조계 인물이었으나 어떤 사정에 의해 어머니가 비류계의 왕족과 혼인하게 되면서 유복자의 형태로 출생하였을 경우, 생존 시의 계보는 온조계가 아니라 비류계에 속했을 수 있다.

서기』 등에 4세기 중엽을 전후하여 모습을 보이는 백제가 연속성이 없는 별개의 존재라고 보는 것은 한마디로 넌센스이다. 아울러 만주 지역에서의 백제의 존재는, 그 설의 주창자는 입증이 가능하다고 하겠지만, 여러 정황을 볼 때 설정 자체가 무리이다. 우선 관련 사료 해석에서의 타당성 여부가 가장 큰 문제가 될 것이고, 4세기 전반에 부여를 쇠약하게 만들 정도로 강한 힘을 가졌던 세력이라면 3~4세기의 만주 지역의 상황을 전하는 중국측 기록 등에 보다 뚜렷한 실체를 갖고 자주 등장하는 것이 순리인데, 전혀 그렇지 않다는 것이 또한 문제이다. 아울러 비록 부여계로 설정했다고 하더라도, 부여와는 적대 관계에 있었다는 백제가 정작 한반도 중부 지역으로 내려온 이후에 왕실의 성으로 다른 성도 아닌 '부여' 씨를 썼다는 것도 쉽게 납득이 되지 않는 대목이다.

이처럼 정복왕조설의 범주에 드는 기존의 논의들이 결정적인 결함을 안고 있기는 하지만, 어쨌든 그들의 주장처럼 근초고왕대에 백제 왕실의 교체가 있었다는 것은 의심의 여지가 없다. 고이왕으로부터 시작된 비류계의 왕위 계승이 종식되고, 온조계인 초고왕의 계승을 표방한 왕이 새로이 등장한 것은 그 자체 왕실의 교체를 의미하기 때문이다.

그런데 온조 설화와 비류 설화 외에 또 하나의 백제 시조 전승인 구태 설화를 통해서도 이 시기 백제 왕실의 교체 사실과 그 배경에 대한 정보를 얻을 수 있다. 중국측 사서에 전하는 구태 설화에서는 부여의 시조인 동명의 후예로 구태라는 자가 대방고지(帶方故地), 다시 말해 과거 대방이 있었던 땅에 처음 백제를 세웠다고 되어 있다. 여기서 주목해야 할 점은 백제가 건국된 곳을 '대방고지'로 표현하였다는 것이다. 일단 대방이 언급되었다는 것은 구태 설화가 제시하는 시대 배경이 온조 설화나 비류 설화에서의 시대 배경에 비해 뒷 시기라는 것을 의미한다. 나아가 '고지' 즉 옛 땅이라고 적어놓은 것을 보면, 대방군이 존재할 당시가 아니라 그

것이 사라지고 난 뒤의 상황임을 분명히 보여준다. 이는 구태에 의한 백제의 건국이 4세기 초 대방군의 소멸 이후라는 점을 말해주는 것이다.

4세기 이전에 백제가 국가로 성립해 있었음은 재언을 요하지 않지만, 구태가 4세기 이후 어느 시점에 백제를 세웠다고 하는 구태 설화 역시 백제 후기의 왕실의 시조 인식을 보여주는 것이기 때문에 역사성을 섣불리 부정할 수 없다. 그렇다면 구태 설화는 4세기 이후 언젠가 구태가 예전부터 존재하던 백제에서 새로운 왕실을 개창한 사실을 알려주는 전승으로 이해하는 것이 합리적이다.

이렇게 볼 때, 구태에 의해 왕실이 교체된 시점을 어디서 찾을 수 있을까? 당연히 근초고왕을 주목하지 않을 수 없다. 근초고왕은 『삼국사기』에는 비류왕의 ‘제2자’로 기록되어 있는데, 그것은 계보상의 조작 가능성을 당연히 염두에 두어야 한다. 비류왕과 어떤 관계를 가졌을 가능성마저 배제할 수는 없으나, 실제로 그의 친아들이라고 단정짓는 것은 곤란하다는 말이다.

대신 우리가 주목해야 할 것은 『진서』 간문제기(簡文帝紀) 함안(咸安) 2년(372) 6월조에 보이는 ‘백제왕 여구(餘句)’라는 이름이다. 이것은 우리측 문헌 기록과 중국측 문헌 기록을 통틀어 백제의 왕성으로 ‘여’씨 곧 부여씨가 확실하게 등장하는 첫 사례이다. 앞서도 지적한 바 있듯이 『삼국사기』에서는 시조 온조왕의 성씨가 부여씨이고 그 이후의 왕들이 죄다 부여씨인 것처럼 서술하고 있으나, 이는 편찬자의 오해에서 비롯된 두찬의 사례일 가능성이 높기 때문에 신뢰할만한 것이 되지 못한다.

여하튼 『진서』에 보이는 백제왕 여구는 연대를 대조해 볼 때 우리측 기록의 근초고왕을 가리키는 것이 틀림없는데, 그의 이름에 구태의 구(仇)와 음이 같은 ‘구(句)’가 들어 있는 것을 소홀히 넘길 수는 없다. ‘여구(餘仇)’가 아니라 ‘여구(餘句)’이니 구태와는 상관이 없다고 할지 모르겠지만, 여기서 '구(仇)'의 본래 의미가 '원수', '원망하다'는 등의 썩 좋지 않은 것임을 상기할 필요가 있다. 백제가 동진과 처음으로 정식 통교를 하면서, 외교 문서상에 근초고왕의 이름을 나쁜 어감의 글자로 적었을 리는 없다고 보아야 한다. 참고로 5세기에 왜왕들이 송에 표문을 올리면서 마한(馬韓)을 '모한(慕韓)'으로, 진한(辰韓)을 '진한(秦韓)'으로 적어 가능한 한 좋은 어감의 글자나 중국과 관련이 있는 글자를 쓰려고 했다는 사실은 근초고왕의 경우를 이해하는 데에도 도움이 될 것이다. '구(句)'는 딱부러지게 좋은 의미를 갖는 글자는 아니지만, 자획이 비교적 단순하여 왕의 이름을 음차로 표현하는 데 좋은 대안은 될 수 있었다고 여겨진다.[19]

요컨대 근초고왕의 이름인 '여구(餘句)'는 '부여구태'를 축약한 것일 가능성이 매우 크며, 이는 달리 말해서 구태 설화의 주인공인 구태가 바로 근초고왕이었다는 이야기가 된다. 이와 관련하여 근초고왕 이후 그 이름에서 구태와 관련이 있을 만한 백제의 왕이 따로 없다는 것도 함께 고려될 필요가 있을 것이다.[20]

---

19) '仇'와 '句'가 오늘날 우리 발음으로는 다 같이 '구'이지만, 4세기 당시에도 음이 같았다고 볼 수 있을까라는 의문이 제기될 수 있다. 고대 한자음 연구에 획기적인 업적을 남겼다고 평가되는 칼그렌의 연구에 의하면, 6세기경의 중국어(Ancient Chinese)에서는 '仇'와 '句'가 각각 'giəu'와 'kəu'(혹은 'kiu')로 발음되었을 가능성이 크다고 하며, 현대 광동어에서는 둘 다 'kau'로 발음한다고 한다(칼그렌, 1975, 『漢字古音辭典』, 139·161쪽). 이를 감안하면, 근초고왕 시기에 양자의 발음이, 설령 꼭 같지는 않았을지라도, 서로 통할 정도였음은 충분히 인정할 수 있다. 아울러 왜 5왕의 상표문에 보이는 '慕韓'과 '秦韓'에서 '慕'와 '秦'은 칼그렌의 추정으로는 당시 발음이 각기 'muo'와 'dzien'인데, 그것들의 원래 표기인 '馬'와 '辰'의 발음은 'ma'와 'zien'으로 추정되고 있어, 역시 완전한 일치를 보이지는 않음을 유념할 필요도 있다.
20) 그동안 구태의 실체를 '우태' 또는 '고이'로 파악하는 견해들이 있었다. 전자는 '仇台'와 '優台'가 음이나 자형상 서로 유사하다는 데서 비롯된 것이고(천관우,

구태 즉 근초고왕의 즉위는 백제사에서 또 하나의 새로운 왕실의 출현을 의미하는 것이었다. 비록 근초고왕이라는 이름을 통해서 이전의 온조계인 초고왕을 계승하겠다는 뜻을 드러냈다고는 해도, 초고왕을 잇겠다고 표방한 것 자체가 거꾸로 생각하면, 비류왕이 정통 비류계가 아닌 것처럼, 정통 온조계가 아님을 시사하는 것이라 할 수 있다. 어떻든 간에 근초고왕의 즉위는 표면적으로는 온조계 왕실의 부활이라는 의미를 지니는 것이면서, 실상은 부여씨를 칭하는 부여 계통의 새로운 왕실의 시작이라는 의미를 갖는 것이라 할 수 있겠다.

그렇다면 이처럼 부여씨를 왕성으로 사용하는 세력이 백제 사회에 갑자기 등장하게 된 배경은 도대체 무엇일까?

이에 대한 답을 현존 사료상에서 확실하게 찾아내기란 사실상 불가능하다. 다만 단편적인 기록들을 퍼즐 맞추듯이 연관지어 본다면, 어느 정도 그림은 나올 수 있다고 본다. 그 기록들이란 일찍이 이도학이 만주 백제의 존재 증거로 제시한 『진서』와 『자치통감』에서의 백제 관련 기사들이다.

이들 기사에 의하면, 백제는 345년 이전에 만주 지역에서 군사 활동을 벌였다.[21] 이 군사 활동의 배경과 실상은 앞으로 더 규명되어야 할 과제

1989, 앞의 책, 334쪽), 후자는 '仇'(ku)와 '古'(ko, ku)가 같은 음이고, '台'도 원음이 '이'로서 '爾'와 같은 음이어서 결국 '구태'는 '고이'가 된다고 파악함에서 나온 것이다(李丙燾, 1959, 『韓國史 -古代篇』, 震檀學會, 351쪽). 그러나 이러한 주장들은 모두 설득력을 지니기 어렵다. 우태의 경우, 비류 설화에 의거할 때 이미 졸본 지역에서 사망한 존재로 설정되어 있으므로, 그가 한강 유역에 출현하여 백제를 세운 시조가 될 수는 없다. 고이 역시 '台'의 원음이 '이'보다는 '치'에 더 가까울 수 있어 일단 구태와 고이의 음운상의 연결 관계가 의심될뿐더러, 대방군 소멸 이후 구태의 등장이라는 중국측 사서에서의 전승 내용과 분명한 괴리를 보이기 때문에, 구태를 고이로 보는 것은 타당하지 않다.

21) 앞의 주 12)의 내용 참조.

이지만, 한강 유역에 자리잡고 있던 백제가 어떤 계기에 의해, 마치 왜병이 바다를 건너 한반도 남부 지역에 들어와 군사 활동을 감행한 것처럼, 황해 연안을 타고 북상하여 만주 지역에서 군사 활동을 펼쳤던 것으로 여겨진다. 아마도 처음에는 부여를 공격하여 부락을 흩어지게 하는 등 성공적인 작전을 수행했으나, 얼마 후 전연과의 대결에서 패퇴하여 많은 포로를 내게 되었던 것 같다.[22]

근초고왕 즉 구태는 혹시 부여 왕족의 일원으로, 백제에 의해 부여가 공격을 받았을 때 백제에 항복을 했거나 포로가 된 인물이었을지도 모르겠다. 어떤 경로를 통해서건 구태는 『주서』나 『수서』 등에 기록된 바와 같이 부여로부터 백제로 건너오게 되었던 것이고, 당시 흔히 있는 일이었지만, 본국 부여에서의 지위로 인해 곧바로 백제의 지배층으로 흡수되었으리라 여겨진다.[23] 대체로 그 시기는 4세기 전반의 비류왕대였으리라 추정되는데, 그가 백제 사회에 뿌리를 내리는 과정에서 비류왕 또는 그 가까운 친족과의 사이에 모종의 관계, 예컨대 양부(養父)-양자(養子) 관계 등이 형성되었을 수도 있다. 그리고 자신의 능력과 자질을 바탕으로

---

22) 이 기사들의 사료적 신빙성을 둘러싸고 그동안 많은 논란이 있었는데, 대체로 『진서』 기사에서의 백제는 '부여'의 오기(誤記)로, 『자치통감』 기사에서의 백제는 '고구려'의 오기로 보는 연구자들이 많다. 그렇지만 이러한 불신론은 선입견에 좌우된 자의적 해석에서 나온 것일 뿐, 실상 아무 근거가 없는 것이다. 『진서』 모용황 재기에 실린 기사의 경우, 모용황의 기실참군으로 있던 봉유의 상소문 내용을 전재한 것의 일부로서, 1차 사료적 성격을 지닌다. 따라서 당대의 상황을 제대로 반영한 기록으로 보는 것이 합당한데도, 연구자의 편의에 따라 원사료의 내용을 다른 것으로 바꾸어 이해하면서 그 사료적 가치를 부정하려 한다면, 이는 제대로 된 사료 비판이라고 할 수가 없다.

23) 부여는 346년에 전연의 공격을 받아 멸망하게 되는데, 그 왕족들이 전연의 지배층으로 포섭되어 이후 전진, 후연에 이르기까지 '여(餘)' 씨 성을 칭하며 주요 관직을 맡아 활동한 사실이 『진서』와 『자치통감』 등에 실려 있음은 이미 널리 알려진 바이다. 백제로 들어온 부여 왕족들 역시 그러했을 것은 두말할 나위가 없다.

백제 초기의 유력 성씨였던 해씨나 진씨 등의 세력을 자신의 후원 세력으로 포섭해 갔다면, 비류왕이 죽고 또 비류 계통의 왕인 계왕 역시 곧바로 사망하는 정치적 변동의 시기에 여러 정치 세력 간의 갈등을 조정하면서 백제의 최고 지배자의 위치에 오를 대안적 존재로 부각되는 것도 얼마든지 가능했을 것이다. 그는 비류왕과의 인연을 통해 비류계 우씨 세력으로부터 용인을 얻어내는 한편, 이전의 온조계 초고왕의 계승을 표방하면서 온조 계통의 세력의 지원을 유도하고, 혼인을 통해 또 다른 유력 정치 세력으로서의 진씨 세력의 힘을 끌어낼 수 있었던 것이 아닐까 추측해본다.[24] 외부로부터 유입된 인물이나 그 후손이 왕과 같은 최고 지배자의 자리에까지 오른 예로는 이미 고구려의 시조 주몽의 경우에서 확인이 되고, 5세기 초인 407년에 후연의 왕으로 즉위한 고구려 계통의 인물 모용운(慕容雲)의 경우에서도 찾아진다.[25]

근초고왕의 등장은 백제사의 전개 과정에서 일대 분기점을 이루는 정치적 격변이었다. 기존의 온조계와 비류계를 중심으로 짜여졌던 지배 세

---

24) 『삼국사기』 백제본기 근초고왕 2년조를 보면, 진정(眞淨)이라는 인물을 조정좌평으로 삼았는데, 그는 왕후의 친척으로서 성품이 사납고 어질지 못하였으며, 권세를 믿고 제 마음대로 하니 나라 사람들이 미워하였다는 기록이 있다. 이를 통해 근초고왕의 왕비가 진씨 출신이었음을 확인할 수 있고, 또 즉위 초기로 정권이 아직 안정되지 못한 시기에는 근초고왕이 자신의 후원 세력인 진씨 세력을 적절히 제어하지 못하였음을 알 수 있다. 근초고왕대의 대대적인 영역 확장은 이러한 상황을 타개하고 왕권을 강화시키려는 의도에서 시작된 것일지도 모르겠다.

25) 모용운은 본래 고운(高雲)이라는 이름을 쓰던 고구려 왕족 계통의 인물이었다. 조부가 전연의 고구려 침략 때 포로로 붙잡혀 가면서 대대로 전연과 후연의 조정에서 봉사하게 되었는데, 고운 자신이 후연의 왕 모용보의 양자가 되면서 정치적 입지를 키웠고, 407년에 후연왕 모용희가 살해된 후 풍발의 도움을 받아 마침내 왕의 자리에 올랐다, 그는 즉위 후 국호를 '대연(大燕)'이라고 하였으며 성씨를 다시 고씨로 바꾸었으나, 사실상 후연의 마지막 왕이었다. 『자치통감』에서는 후연을 멸망시키고 성립한 북연의 첫 왕으로 취급하기도 한다.

력의 구도에 큰 변화가 생겼고, 비록 이전 왕실의 부흥을 표방하였으나 실제로는 새로운 왕실의 출발이었으며, 자신들의 출자를 고구려에서 찾는 이전의 왕실들과는 달리 부여에 그 근원을 두는 왕실이 이때부터 본격적으로 시작되었던 것이다. 이미 앞에서 거론한 바와 같이 6세기 중엽에 근초고왕의 후손인 성왕은 국호를 백제에서 남부여로 바꾸고 온조나 비류 대신 구태를 시조로 받드는 새로운 왕실 시조 인식을 파급시켜 나갔으니,[26] 예전에 비해 백제사의 출발점을 늦추어 잡는 것이 되었으나 부여사와 백제사의 연관 고리는 더욱 강화되었던 것이다.

VI. 맺음말

지금까지 백제 왕실의 교체를 둘러싼 그동안의 논의를 점검해 보면서, 필자 나름의 견해를 밝혀보았다. 기존의 연구 성과를 수용한 것도 있지만, 전체적으로 보면 전혀 새로운 그림이 그려진 것을 느낄 수 있을 것이다. 앞서도 말했듯이 자료의 부족으로 인해 본고의 논의 역시 가설의 범주를 벗어나기 어려움을 잘 안다. 향후 더욱 정밀한 추론과 합리적인 사료 활용을 통해 이 문제에 관한 한 가설의 딱지를 떼는 연구 성과가 나오기를 기대하면서, 본고에서 거론한 내용을 중심으로 백제 초기사를 정리해보기로 한다.

우선 백제의 시조 전승으로 온조 설화와 비류 설화가 함께 전하는 것은 어느 때인가 왕실의 교체가 있었음을 입증하는 것이 분명하다. 각기 다른

---

26) 이는 사실 비슷한 시기에 신라에서 김씨 시조 인식이 강화되어가던 것과 궤를 같이 하는 것으로 판단된다.(강종훈, 1994, 「신궁의 설치를 통해 본 마립간시기의 신라」, 『한국고대사논총』 6, 가락국사적개발연구원)

지역에서 개별적으로 성장하고 있던 온조 집단과 비류 집단이 백제라는 이름으로 통합되면서,[27] 온조계와 비류계를 두 축으로 하는 지배 세력의 편성이 있었을 것이다. 양자의 경쟁 속에 전개되던 백제 초기사는 비류계의 고이왕이 온조계 왕실을 중단시키고 새로운 왕실을 개창하면서 진행의 방향을 바꾸게 된다.

그러나 비류 계통의 백제 왕실은 얼마 후 온조계를 표방한 근초고왕의 등장과 함께 막을 내리게 되는데, 이것이 곧 백제의 시조 전승 가운데 온조 설화가 주류적 위치를 차지하게 되는 계기가 되었을 것이다. 근초고왕 대에는 '서기(書記)'라는 이름으로 당시까지의 백제 역사가 정리되는 기회가 있었던바, 그때 비류를 시조로 하는 전승은 잠복하게 되고, 대신 온조를 시조로 내세우는 전승이 국가의 공식적인 시조 전승으로 자리를 잡았을 것으로 판단된다.[28]

한편 근초고왕의 즉위는 새로운 세력의 백제 유입으로 인한 또 한 차례의 왕실 교체를 의미하였다. 근초고왕은 백제 후기의 시조 전승에 보이는 구태와 동일 인물로 파악되는데, 원래 만주 지역의 부여의 왕족으로 있다가 4세기 전반 백제군의 만주 일대로의 출병과 부여 공격을 계기로 백제에 들어오게 되었던 것 같다. 그는 내막을 자세히 알 수 없는 정치적 상황속에서 백제의 왕으로 즉위하게 되는데, 이전의 왕실인 온조계의 부활을 내세웠으나 실제로는 그 자신을 시조로 하는 새로운 왕실의 출발이었다. 바로 이 점이 그의 후손들에 의해 강조되면서, 특히 6세기 이후에, 그는

---

27) 양 세력이 통합된 시기는 확실하게 알 수 없지만, 왕실 계보상으로 볼 때 고이왕의 아버지로 설정된 개루왕의 재위 시기이거나 아니면 그 다음 왕으로서 고이왕의 형으로 가탁된 초고왕의 재위 시기였을 가능성이 크다고 여겨진다.

28) 그러나 비류를 백제의 시조라고 보는 전승은 비류계의 원근거지였던 미추홀을 중심으로 계속 남아 있었을 것이며, 그것이 후대에 김대문 등에 의해 채록되어 오늘날 『삼국사기』를 통해 전해지고 있다고 할 수 있다.

백제의 시조로서 확고한 위상을 갖게 된 것으로 보인다.

사실 백제 왕실의 교체에 관한 기존의 논의에서는 5~6세기에도 왕실의 교체가 또 있었을 것으로 보는 견해가 있었으나, 본고에서는 그 문제를 다루지 않았다. 그럴 가능성 자체를 닫을 필요는 없다고 보지만, 근초고왕 이전 시기인 초기에 왕실 교체가 실제로 있었는지가 그동안의 논의에서 핵심을 이루었기 때문이었다. 백제 후기의 왕실 교체의 가능성에 대해서는 추후에 다시 검토할 기회를 갖고자 한다.

風納城의 築造技法에서 聯想 *

崔鍾圭 **

Ⅰ. 머리말

최근의 본격적인 조사에서 알려진 風納城의 城內部 地區分割, 주요건물 배치 및 城墻의 구조는 初期國家 研究에 많은 자료를 제공해 주고 있다. 이 일련의 자료에 대해 조사 담당자들이 많은 성과를 이루어 내었으며 자료의 중요성에 비추어 볼 때 앞으로도 다각적인 검토가 필요하다.

필자가 흥미를 가지고 있는 부분은 城墻 墙体의 축조기법이다. 여기에 대해서도 조사자의 상세한 연구[1]가 있었으며 뒤이은 연구[2]에서 새로운

---

* 이 글은 풍납토성 발굴 10주년 기념 제 16회 문화재연구 국제학술대회(2007년) 席上 에서 「風納土城의 築造技法」이라는 題下로 발표한 것을 改稿한 것이다.

** 경남고고학연구소 연구원

각도가 제시되었다. 필자도 필자 나름의 의견[3]을 제시해 본 바가 있으나 標的에 이르기까지에는 아직도 많은 旅程이 남아 있는 것 같다. 무엇보다도 切開調査가 東墻의 2個所에 불과하고, 斷面調査인 점이며 平面調査가 없었다. 類例가 많지 않는 종류의 유구에 대한 局所部의 조사인 점에서 전체적인 모습을 찾아 내기는 어려운 점이다.

自然提防帶라는 開放地에 입지한 그 사실 자체만으로도 特徵的인 風納城의 立地가 招來한 技術上의 難點은 많다. 이런 난점을 해결코자 노력했던 風納城 築造者의 고민을 城墻 斷面圖에 입각하여 살펴보고자 한다. 보고서의 斷面圖와 記述에 입각하여 類例를 중국에서 찾아 이를 範疇化하여 對比를 시도하고자 한다.

行論에 앞서 미리 알려 두고 싶은 것은 필자는 風納城 發掘現場을 參觀하지 못했다는 점이다. 보지도 못한 현장에 대해 行論하는 것은 위험한 일이고 또 필자도 좋아하지 않는 바이나 報告者의 상세한 報告文 記述과 精密한 圖面은 많은 障碍를 극복하게 해 주었으며 風納城으로 接近할 수 있는 勇氣를 주었다. 한편으로는 風納城과 같은 복잡한 토층을 實見하였다면 起筆할 엄두조차 내지 못하였을 것이라는 생각도 든다. 實見하지 않았기에 起筆할 엄두를 내었던 것으로, 盲人摸象의 愚를 범하기가 십중팔구이나 盲人按摩의 利를 얻을 수 있는 부분이 있다면 天幸이라 할 수 있겠다.

---

1) 國立文化財研究所, 2002, 『風納土城 2』.
　申熙權, 2004, 「風納土城の構造と築造技法に對する小考」, 『大阪府立狹山池博物館研究報告 1』.
2) 沈正輔, 2003, 「風納洞 百濟土城의 築造技法에 대한 考察」, 『서울 風納洞 百濟土城研究 國際學術세미나』, 東洋考古學研究所.
3) 崔鍾圭, 2005, 「鳳凰土城의 特徵에 대한 摸索」, 『鳳凰土城』, 慶南考古學研究所.

II. 風納城 축조에 驅使된 技法들

河岸의 開放地에 城墻을 축조하는 것은 여러 가지 기술적인 難關이 많은데 그 중에서도 중요한 것은 築成한 흙이 미끌리지 않도록 조치를 마련하는 것으로 보인다. 이를 위해서 여러 가지 장치를 고안해야 할 것으로 豫斷되며 이런 관점에 입각하여 관련 증거를 찾아내고자 한다.

1. 基槽

開放地에서의 盛土에 있어 難題 중의 하나가 依託할 곳이 마땅치 않는 점이다. 山地이라면 ㄴ字形으로 切土하면 바로 단단한 岩盤面을 만들어 낼 수 있고 이 다음 여기에 의탁하여 쌓아 올리는 內托法으로 해결할 수 있으나 開放地에서는 이러한 역할을 해 주는 것이 마땅치 않다. 이런 脈絡에서 고안된 장치가 基槽이며, 生土나 이에 준하는 굳은 地面에 沿하여 盛土하고자 하는 意圖이다.

風納土城 墻体 築成作業의 基點으로서, 基槽가 존재한 것으로 상정하고자 한다. 그 候補로서 A지점에서는 墻心의 東端 아래쪽에 깔려 있는 ㄴ字形 切土部(Ⅱ′-1土壘[4] 하단 경계부, 도 1-1, 1-2 및 1-3의 a)와 Ⅲ土壘 基底部에 있는 溝(도 1-1 및 1-2의 b)를 들고 싶다. 이 兩者의 존재에서 이곳은 墻芯의 左右에 基槽를 마련한 것으로 볼 수 있겠다.

---

4) 土壘는 완성된 하나의 城墻을 지칭하므로 風納城이란 하나의 전체 중에서 局部를 가르킬 때는 부적합할 수 있다. 그렇지만 이에 대신할 수 있는 용어도 찾기 어렵다. 版塊란 용어도 있으나 風納城에서는 일정한 共性을 가진 版塊의 集合이 土壘인 점에서는 이 용어 역시 대입하기 어렵다. 일단 보고자의 用字에 따르고자 하며 필요할 때는 兩者를 倂記하도록 하겠다.

B지점에서는 보고자가 언급한 있는 U字形 溝, 즉 墻心의 西端 아래쪽에 위치한 溝(Ⅱ토루 하단부, 도 3-1 및 3-2의 a) 및 墻芯에서 동쪽으로 떨어져 있는 Ⅲ′토루 하단부가 위치한 溝(도 3-1 및 3-2의 b)이다. 즉 風納城에서는 墻体의 內·外部에 각각 1個所의 基槽가 있는 셈이며 규모는 다르다.

A지점 東端의 基槽(도 1-1의 a)는 生土層(가, 나, 다층)과 整地層을 切土한 다음 그 내부를 메웠는데, 경사면을 따라 퇴축하면서 경사를 죽인 다음 水平的으로 퇴축하였다. 對向하는 곳인 장심의 西端(도 1-1의 b)은 미발굴된 곳이 많아 확실치 않으나 整地層을 斜直으로 굴착한 U字形 溝였던 곳으로 추정되며, 그 내부는 水平狀으로 퇴축하였다. A지점에서 확인된 兩處가 현재 상태는 ㄴ字形 절토부이기는 하나 원래는 U字形 基槽이었을 가능성을 배제하지 못한다. 東端 ㄴ字形 절토부의 東端이 Ⅱ′-1 토루나 Ⅱ′-2 토루 축조시 제거되었을 가능성을 배제하기 못하기 때문이다. 한편 西端에서는 미발굴 지점이 있어 확인할 수 없으나 원래부터 東端과 對를 이루었을 가능성이 있다.

B지점 墻芯의 西端에 깔려 있는 基槽(도 3-1 및 3-2의 a)는 生土層(가, 나, 다층)을 파들어 간 것으로, 내부를 水平狀으로 퇴축하였다. 基槽는 바닥까지 조사되지 못하였으나 어느 정도 깊이가 있었던 것으로 보인다. 이와 마주하는 東端의 基槽(도 3-1 및 3-2의 b)도 생토층을 파들어 간 것이다. 倒梯形 坑이고 淺坑이며 바닥에는 凹凸이 있다. 그 내부의 흙은 U字狀으로 퇴축되어 있고 흙의 성분은 西端 기조 내부 흙과 비슷하다.

이상에서 살펴 본 4개소의 基槽 중 B지점 墻芯 西端 아래쪽의 것이 본격적인 基槽이고 나머지는 흔적이다. 특히 A지점(도 1) 墻心 東端 아래쪽에 위치한 L자형 切土部는 원래의 모습이 아니라 變形된 것으로 보인다.

즉 원래는 槽였는데 Ⅱ′-1 토루 및 Ⅱ′-2 토루를 축조하면서 溝의 一側面이 切土되어 버린 것으로 보인다. 이것은 墻心 밑에 있는 갈색뻘층의 水平運動 防止를 固定과 墻芯의 基礎의 역할을 하는 것으로 보인다.

A지점에서는 墻芯의 성외측 아래 단에 基槽가 위치한 것에 비해 성내측의 기조는 墻芯에서 떨어져 있다. 한편, B지점에서는 墻芯의 성내측 아래 단에 기조가 위치한 것에 비해 성외측의 기조는 장심에서 떨어져 있다. 이 같은 不規則性[5]이 意圖를 가진 것인지 偶然인지는 자료의 蓄積이 필요하다.

中國의 城墻에서 基槽가 검출되는 것은 新石器時代부터로, 仰韶文化의 河南省 鄭州 西山遺跡에서 검출되어 世人의 耳目을 집중시킨 바 있으며 龍山文化의 山西省 陶寺遺跡[6](도 6-5)에서도 검출된다. 夏代의 城址에서는 鄭州 大師姑에서와 같이 검출되는 예도 있고, 夏縣 東下馮처럼 검출되지 않는 예도 있다. 商代의 黃河流域에서는 검출되는 것과 그렇지 않은 예가 있는데, 이를 時間的인 흐름으로 보는 입장[7]도 있다. 이들 중 墻芯이 基槽의 가운데 위치하고 있고, 偃師商城(도 6-1)처럼 基槽를 중심으로 墻体를 築成해 올라간 것과 吳城처럼 墻芯에서 비켜나 城墻의 一端에 겹치는 예가 있으나 風納城과 꼭 같은 예는 검출되지 않았다.

---

5) 발표문에서는 "A · B 지점 모두 城內側 基槽들은 墻心의 一端을 고정시켜 주는 역할을 하고 城外側 基槽들은 墻心에서 일정한 거리를 두고 있다"라고 誤記되었다. 이곳을 빌어 필자의 誤認을 수정코자 한다.

6) 中國社會科學院考古研究所山西隊 外, 2005, 「山西襄汾陶寺城址2002年發掘報告」, 『考古學報』 2005-3.

7) 袁廣闊 · 侯毅, 2007, 「從城墻体築技術看早商諸城址的相對年代問題」, 『文物』 2007-12. 여기서는 無基槽→淺基槽→深基槽 순으로 변화하는 것으로 보고 있다.

2. 擋土墻

基槽를 되메우는 작업의 관찰에서 눈에 띄는 부분이 B지점 Ⅱ 토루 하단부와 A지점 Ⅲ 토루이다. 前者는 墻芯과 B지점 Ⅲ 토루에 의해 變形이 심하기는 하나 원래의 모습을 복원(도 3-1 및 3-2의 a와 도 3-3)해 보면 倒凸字形墻이 된다. 이것의 東側을 잘라내고 嵌入된 것이 墻芯의 西端이다. 이로 볼 때 墻芯은 이 倒凸字形墻에 依支하여 築成된 것임을 알 수 있다. 또 이 倒凸字形墻의 西半部를 L字形으로 切土해 버리고 이것에 의지하여 B지점 Ⅲ 토루를 築成해 올라갔음도 확인된다. 後者(도 1-1 및 1-2의 b)는 명확하게 변별해 내기가 곤란한 점이 있으나 토층관계에서 볼 때 東半部와 西半部로 구분되며 동반부는 Ⅲ 토루 基底部를 이루고 있다. 양자는 서로 다른 성질이다. 이로 볼 때 원래 倒凸字形墻(도 1-3)이 있었던 것이 Ⅲ 토루 축조를 위한 기초로서 東半部를 切土해 내고 여기에 Ⅲ 토루의 基部가 嵌入된 것임을 알 수 있다. 즉, 西半部가 倒凸字形 擋土墻의 殘存部[8]이다.

위의 2가지 事例에서 基槽에 이은 支持壁의 존재를 확인할 수 있었고, 築成의 初期段階에는 많은 役割을 한 것으로 보인다. 이것에 의지하여 墻芯을 축성한다든가 墻芯에 가까운 墻體를 축성하였던 것이다. 이것의 存在가 주목되지 않았던 것은 嵌入式築成의 결과 切土되어 原形을 상실한 것에 있는 것으로 보인다. 필자는 이런 역할의 倒凸字形 土墻을 擋土墻이라고 가칭하고자 한다.

필자가 擋土墻의 존재를 상정하게 된 것은 河南省 淮陽 平粮臺[9] 예(도

---

8) A지점 墻芯의 東端에 위치해 있는 基槽(현재는 L자형 切土部처럼 남아 있다)도 基槽 內部에 흙으로 되메우면서 倒凸字形 擋土墻을 마련했을 가능성이 있으나 이곳은 基槽마저 반이상이 切土된 관계로 확인할 수 없다.

9) 河南省文物研究所 外, 1983, 「河南淮陽平粮臺龍山文化城址試掘簡報」, 『文物』 1983-3.

5-1의 V印)에서이다. 이것은 龍山文化期 城墙으로 墙体의 片側에만 小版築擋土墙을 마련한 다음 이를 基點으로 하여 堆築하여 築成해 올라가는 小版築堆築法으로 墙体를 완성하였다. 그리고 이와 꼭 같지는 않지만 비슷한 역할을 하였던 것으로 보이는 鄭州 大師姑(도 6-3)의 夯 7이다. 江蘇 連運港 藤花落유적의 淺基槽 내부에서 검출된 壟狀墙心도 같은 역할을 하는 것으로 보인다.

鄭州商城에서는 基槽가 확인되지 않았다. 鄭州商城 보고자는 主城墙 축조에 앞서 護城坡(圖 6-4의 a)를 먼저 축조하여 여기에 의지하여 主城墙(도 6-4의 b)을 축조해 낸 것으로 이해하였다. 즉, 護城坡가 擋土墙[10]의 役割을 한 셈이다. 이 점은 필자의 擋土墙과 상통하는 바이어서 필자가 鄭州商城 보고서를 읽으면서 당시에 충분히 熟知하여야 할 바였으나 原義를 충분히 이해하지 못하였다. 필자의 未成熟을 자인하는 바이다.

3. 壓迫固定盛土

報告者가 지적한 바와 같이, A지점 Ⅰ-2土壘(도 1-1 및 1-2의 c) 및 B지점 Ⅲ土壘·同 Ⅳ土壘의 基底部(도 3-1 및 3-2의 c와 d)는 칼로 잘라 낸 것처럼 옆으로 길게 늘어져 있는 것이 특징이다. 또 흙을 쌓아 올리는 방법도 단일 종류의 흙을 다져 올리거나 무질서하게 쏟아 부어 堆築을 한 다음 이것이 일정한 높이에 이른 다음 版築으로 전화하는 방식을 취하고 있다. 즉 하나의 土壘(版塊)에 版築과 堆築이라는 2가지의 盛土法이 사용되었다. 그리고 基底部의 中心이 土壘의 中軸線 외측에 위치하는 것이 특

---

10) 이와 같은 鄭州商城 보고자의 견해에 대해 護城坡가 直角三角形이어서 三角形의 斜邊이 模板을 지탱해 줄 수 있는지와 外張力의 衝擊을 받을 수 있는지에 의문을 표시하는 입장도 있다.
　張玉石, 2004,「中國古代版築技術研究」,『中原文物』2004-2.

징이다.

　이와 같은 현상을 이루게 하기 위해서는 토루(版塊) 中軸線의 외측에서부터 基底部를 얕고 넓게 작업하다가 차츰 좁혀 들어와 토루(版塊)를 축성해 올라갔을 가능성과 基底部에서부터 수직으로 토루(版塊)를 築成해 올라간 다음 斜方向으로 切土[11]해 내었을 가능성 등의 2가지가 상정된다. 이 중 어떤 방법으로 축성한 결과인지는 특정하기가 곤란하지만 風納城에서는 후술할 Stopper에 切土가 가해지는 등 切土技法이 많이 사용되는 점에서 볼 때 後者의 가능성이 더 높은 것으로 보인다. 이와 동일하지는 않지만 비슷한 양상은 中國 河南 淮陽 平粮臺(도 5-1)와 鄭州 大師姑(도 6-3)에서 보인다. 後者[12]의 晩期 城墻(二里頭文化 第 2段과 第 3段 사이)인 夯 3, 2, 1의 回填土 部位가 이 예에 속하는 것으로 보이는데 여기서는 基底部가 基槽를 가진 점이 風納城과 다르나 版塊의 中軸線 바깥에 위치한 基底部의 위치 및 版塊 中央部와 基底部간의 盛土 方法[13]이 다른 점은 비슷하다. 그리고 四川省 新津 宝墩[14]에서도 이런 현상이 관찰된다. 이것이 어떤 機能을 가진 것인지는 특정하기 곤란하나 토층의 양상에서 보건대, 最小限 後來의 토루(版塊)가 先在 토루(版塊)의 基底部 直上部에 위치하여 밟고 올라가는 형국이어서 後來 토루의 무게가 先在 토루의 基底部를 壓迫 固定시켜 주는 역할이 상정된다.

---

11) 이 두가지 가능성 모두 組版의 구체적인 방법은 불명이나 적어도 墙芯쪽으로 依支하면서 그 反對쪽은 遞減하는 組版을 하였던 것은 분명하다.
12) 鄭州市文物考古硏究所, 2004, 『鄭州 大師姑』, 科學出版社.
13) 大師姑의 基底部에는 여러 설질의 흙을 혼합한 흙으로 되메우고 있으며 夯打를 가하지 않았으나 이 部位의 상위부터는 夯打를 가하였다.
14) 成都市文物考古工作隊, 1997, 「四川新津縣宝墩遺址調査與試掘」, 『考古』 1997-1.

4. Stopper

風納城의 A지점 城內側에서는 1-2 토루 · Ⅱ 토루(도 1-1 및 1-2의 d
와 e) 및 Ⅲ 토루에서, 城外側에서는 Ⅱ′-1 토루(도 1-2의 f) 및 Ⅱ′-2 토
루(도 1-2 및 1-3의 g)에서 逆傾斜를 가진 토루(版塊)가 검출되었다. 특
히 주목되는 것은 Ⅱ′-2 토루인데 다른 예들은 組版 내의 흙의 傾斜을 달
리하여 타격을 가하면 발생될 수 있을 정도의 銳角인데 비해 이 예는 傾
斜角이 鈍角이고 면적이 넓어서 組版 내부에서의 調整만으로 이루어질 수
없는 문제이다.

이 2가지 예 모두 墙芯에 대해서는 鈍角이다. 일반적으로 墙芯에 대하
여 銳角으로 護城坡를 부가하는 예가 많은 점에서 볼 때 특이한 현상으로
보인다. 즉, 전체 城墙의 경사에서 볼 때 逆傾斜이다. 이처럼 水平的으로
築成된 墙芯에 대해 鈍角의 版塊가 의미하는 바가 무엇인지 쉽게 특정할
수 없다. 나타나 있는 상태는 墙芯을 가운데 두고 兩側에서 墙芯을 조여
주듯이 끼고 있는 형상이며 이 兩側 版塊의 傾斜方向이 墙芯과는 다르다.
風納城의 城墙의 技法을 분석하면서 느낀 의문은 이 같은 巨大 城墙을 固
定하는 장치가 보이지 않는 점이다.

築成해 올라간 墙体가 가지는 構造的인 弱點은 版塊간의 接合이 좋지 못
하여 斷層現象이 생겨 版塊가 遊離되거나 각 層간의 결합이 좋지 못하여
水平으로 인한 밀림이 생기는 경우이다. 中原지역의 夯土 城墙에서는 夯
築이나 搗築의 결과 아래층에서는 夯窩가 생기고 이를 위층의 타격 時에
메워 주게 되므로 결합이 强化된다. 즉, 下層의 上面에 나있는 夯窩가 凹
의 역할을 하고 이 위를 덮는 層의 下面이 凸의 역할을 하게 되어 凹凸이
結合하는 상태가 된다.

堆築에서 水平運動의 방지책이 마련된 예로는 湖南 炭河里 西周城址[15](도
6-2)를 들 수 있다. 이곳의 墙体 주성분은 礫石이어서 堆築한 경우 構造的

인 약점을 보완하기 위한 방책이 필요하며, 이를 위해서 墻体의 主體인 墻2 및 4(礫石堆積), 8(夯築), 9(堆築)의 一邊을 墻5·墻6·墻7이 막고 있으며, 墻体가 거의 완성된 다음에도 G1·墻3(夯築)이 파들어가 쐐기와 같은 役割을 하여 墻体인 2, 4, 8, 9가 밀리지 않게 해 주고 있다.

風納城에서는 이와 같은 브레이크 장치도 보이지 않으며 夯築이나 搗築을 하지 않았으로 夯窩와 같은 凹凸結合의 브레이크 장치도 없다. 이런 점에서 주목되는 것이 상술한 逆傾斜이다. 이와 같이 傾斜가 變換되어 있으면 水平으로 전해져 오는 運動量을 弱化시키거나 相殺시킬 수 있다. 따라서 이 逆傾斜는 制動裝置의 일환으로 만들어진 것으로 보고 싶다.

그리고 A지점 Ⅱ´-2 토루와 같은 逆傾斜는 쉽게 操作해 낼 수 있는 경사가 아니어서 만들어 내는 방법에 대해서 앞으로 유례의 수집이 필요하다. 일단 필자가 상정할 수 있는 방법은 墻芯의 인근에 이것과 對를 이루는 假墻体를 하나 더 만든다면 이 같은 逆傾斜를 만들어 낼 수 있다는 것이다. 이 다음, 造山해 낸 이 假墻体의 上位 대부분을 切土해 내 버리는 것이다. 이를 위해서는 상당한 노동력의 投下[16]가 필요하다. 이 방법은 湖北 陰湘城[17] 제2기 城墻의 土層 狀態(도 5-4 및 5-5)에서 상정해 보았다. 그리고 陰湘城의 T3과 T4 사이의 경사진 소규모 版築은 風納城 城外側 Ⅲ´-1 토루와 比肩될 수 있다.

이상에서 필자는 이와 같은 逆傾斜를 墻体의 미끌림을 방지해 주는 브

---

15) 湖南省文物考古研究所 外, 2006,「湖南寧鄕炭河里西周城址與墓葬發掘簡報」,「文物」 2006-6.

16) 이 뿐만 아니라 假墻体를 造山하기 위해서도 상당한 量의 生土를 切土해 냈음도 알 수 있다.

17) 岡村秀典·張緒球 編, 1996,「湖北陰湘城遺址研究」,「東方學報」69.
荊州博物館·福岡敎育委員會, 1997,「湖北荊州市陰湘城遺址東城墻發掘簡報」,「考古」 1997-5.

레이크와 같은 역할을 하는 것으로 보아 이를 Stopper라고 명명하고자 한다. 한편 어떤 이유에서인지는 모르겠으나 B지점에서는 Stopper-逆傾斜 盛土가 검출되지 않았다.

5. 墙心附加式 墙体

風納城의 城墙은 墙芯을 중심으로 數回에 걸쳐 토루(版塊)를 附加하여 現在 보이는 것과 같은 墙体를 완성하였음은 조사자에 의해 밝혀졌고 다른 연구자들도 이를 인정하고 있다. 韓國의 土城은 일반적으로는 天安 木川土城이나 梁山 蓴池里土城과 같이 대면적의 墙芯이 있고 그 좌우에 護城坡를 부가하는 형태가 대부분이다. 중국에서도 中原지역에는 鄭州商城(도 6-4), 東下馮, 偃師商城 등에서 알 수 있듯이 主城墙의 좌우에 護城坡가 부가되는 정도이고 仰韶文化의 西山遺跡이나 龍山文化의 古城寨의 성장도 이와 같다. 풍납성에서는 墙芯에서 성 내측까지는 5-6회 부가[18]되어 있다. 이 같은 墙体는 풍납성의 특징 중의 하나라고 할 수 있겠다. 이것에 기준하여 造語하자면 風納城의 墙体의 종류는 墙心附加式이라고 할 수 있겠다.

風納城 B지점에서는 墙芯이 가장 높으며 좌우에 부가되는 版塊들은 이보다 키가 낮아지는 형국이다. 전체적으로 볼 때 垂直方向으로 竝列 附加되는 것으로 볼 수 있어 垂直附加形이라 부를 수 있다. 유례로서는 鄭州 大師姑(도 6-3)를 들 수 있다.

---

18) 그런데 구체적인 附加方法이나 附加過程은 불명한 점이 많다. 예를 들면 부가과정에서 어느 정도의 休止期(工事完了)가 있었는지는 밝혀내기가 어렵다. 축성의 기법에서 나오는 차이를 기준하는 방법도 있으나 城墙 築成에서 여러 가지 人間集團을 동원하였다면, 區間마다 築造技法이 다를 수도 있어 이것이 어느 정도까지 유효한 것인지는 헤아릴 방법이 없다.

이에 비해 戰國 中期의 中國 湖南 里耶城은 넓이 15m의 基槽를 메운 다음 그 가운데에 폭 3m 내외의 墻芯을 세우고 이 좌우를 水平으로 축성하여 墻体를 완성하였다. 보고문[19]에는 夯築이란 표현을 사용하기는 하나 夯窩는 검출되지 않았다고 明言하고 있으며 板子로 두드린 흔적이 있다고 기술하는 것으로 보아 拍打에 의한 堆築으로 축성한 것 같다. 이 종류는 水平附加形이라 부를 수 있겠다.

四川省 溫江 魚鳧村城[20]은 台形으로 조성된 墻基의 頂部에 墻芯을 축성한 다음 墻芯의 頂部에서 그 좌우의 경사면을 따라 端을 派出[21]시키는 형태를 반복(도 5-2)하여 城墻을 완성한 것이다. 派出附加形이라 부를 수 있으며 양파의 단면과 비슷하다. 風納城 A지점의 墻芯은 키가 낮아 左右에 附加된 토루(版塊)들이 墻芯을 올라타고 있는 형태이어서 같은 형태에 속하는 것으로 보인다. 淮陽 平糧台(도 5-1)도 이 범주에 들어간다.

이상에서 風納城의 墻芯附加에는 2종류의 방법이 사용되었음을 확인할 있다. 이 2종류의 방법은 중원지방에도 유례가 있으나 중원지방 중에서도 핵심에서 비켜난 지역이나 長江流域과 연결이 강조되는 경우이어서 將來 風納城의 原型을 찾는 작업시 참고가 될 것이다.

6. 組版과 削土

版築을 위한 틀-模板의 형태를 알 수 있는 실마리는 아무것도 남아 있지 않다. 남겨진 土層의 형상에서 推測해 보는 방법밖에 없다. 墻芯은 組

---

19) 湖南省文物考古硏究所, 2006, 『里耶發掘報告』, 岳麓書社.
20) 成都市文物考古工作隊 外, 1998, 「四川省溫江縣魚鳧村遺址調査與試掘」, 『文物』 1998-12.
21) 湧水로 基底部가 조사되지 못하였으므로 墻基의 頂部에서 파출되어 내려온 것인지 아니면 그 逆인지는 단언하기 곤란하다. 단 基底部쪽으로 갈수록 弧狀部의 폭이 좁은 점에서 위에서 아래로 내려온 것으로 생각해 보았다.

立이 自由로운 模板[22]으로 築成해 올라가면서 規模를 遞減시키는 방법을 상정하고 싶다. 이 결과 생기는 階段은 墻芯이 完成된 다음 삽으로 도려낸 것으로 보인다. 이런 방법을 생각하게 된 것은 墻芯의 토층들이 水平으로 뻗어 나가는 상태를 보이면서 중단되어 있기 때문이다.

완성된 墻芯을 중심으로 각 토루(版塊)를 附加方法에 대해서도 接近할 실마리가 없다. 가장 바람직한 자료는 旣築成 土壘와 新築할 土壘간을 連結하기 위해 旣築成된 토루에 支持木 내지 버팀목을 박았던 흔적인 橫孔-加固木痕이 검출되는 경우인데 여기서는 확인되지 않았다.

다음으로 주목하고 싶은 것은 토루간에 보이는 정연한 斜線과 段線(階段狀을 이룬 線)이다. 斜線으로서는 A지점(도 1-2 및 1-3의 h와 i) 및 B지점(도 3-2의 e)와 같은 것으로, 이와 같은 샤프한 斜線은 盛土할 사용한 組版-模板을 떼어낸 상태 그대로는 아니다. 삽과 같은 도구로 흙을 깎아낸 결과로 보인다. 그리고 B지점 Ⅳ 토루의 외벽은 急斜面을 이루는데 이 역시 模板을 떼어낸 상태 그대로는 아니다. 한편 段線(도 1-2의 j 및 도 3-2의 f)도 마찬가지의 방법으로 깎아낸 것으로 보이며, 특히 이것은 土壘간의 結合에 있어 가장 安定的인 방법이다.

이와 같은 점들 및 風納城이 가진 특징 중의 하나인 柱穴 列이 검출되지 않는 점을 고려한다면 旣築成된 墻心에 평면형태가 ㄷ字形이 되도록 組版한 판틀을 사용한 것으로 보인다. 즉, 兩長板(裁)과 片口만 막고(橫頭) 또 다른 片口를 開放시킨 형태의 模板이다. 이와 같은 模板의 開放部를 墻芯

---

22) 模板을 固定을 위한 장치인 楨榦을 세웠던 柱穴 등이 여기서는 검출되지 않은 점에 근거하여 상정해 보았다. 물론 일반적인 사례에서는 楨榦을 사용하였다 하더라도 발굴에서 그 흔적을 쉽게 검출될 수 있는 것은 아니지만 풍납성의 장심은 회황색 내지 황갈색의 사질점토층인 관계로 만약 사용했다면 쉽게 검출될 수 있지 않았을 까 한다.

에 덧대어 墙体를 築成해 올라간 것으로 보인다. 이 판틀은 柱穴 列이 검출되지 않은 점을 고려해 볼 때 上·下가 開放되어 있고 非固定이어야 할 것 같다. 그리고 組版은 垂直으로 이루어지는 것이 아니라 墙芯의 傾斜에 順應하여 위로 갈수록 墙芯쪽으로 遞減되도록 組版된 것으로 보인다.

이렇게 상정하게 된 이유는 B지점 g(도 3-2 및 도 4-2. Ⅱ' 토루), i(도 3-2. Ⅱ-1 토루), j(도 3-2 및 4-5. Ⅲ 토루) 및 A지점 k와 I(k는 도 1-2 및 4-4, 1 은 도 1-2 및 4-4, 兩者 모두 Ⅲ 토루에 속하나 工程은 달랐을 가능성이 있다)에서는 수평적인 토층이 墙芯쪽으로 反轉하여 올라가는 현상이 관찰되기 때문이다. 이것은 흙을 다질 때 上部에서 아래로 打擊力이 가해지게 되면 下部에서 이에 대한 反撥力과 外張力이 생기게 되며, 이 결과 端部에서는 흙이 밀려올라가게 되는 결과인 것으로 추측된다. 模板을 제거하면 墙芯쪽의 反轉土는 이미 정리할 수 없게 되어 우리가 발굴에서 관찰할 수 있으며, 그 반대쪽은 切土로 정리할 수 있어 우리가 관찰할 수 없게 되는 것이다.

이와 같이 模板에 의한 築成 즉, 版築된 것은 A지점 城內側의 墙芯에서 Ⅲ 토루까지이고, A지점 城外側에서는 관찰되지 않는다. B지점 城內側에서는 墙芯에서 Ⅳ 토루까지이고, B지점의 성외측에서는 Ⅲ'-2 토루까지 이어져 성외측에 판축이 보이지 않는 A지점과는 대조를 이룬다.

A지점의 성외측 Ⅱ'-1 토루와 Ⅱ'-2 토루는 堆築으로 축성하였으나 전술한 바와 같이 造山하여 堆築한 다음 깎아내는 방법을 취하였다. A지점 성내측의 Ⅳ, Ⅴ, Ⅵ 토루는 堆築하였는데, 후술하다시피 Ⅴ 토루의 축성방법은 Ⅳ, Ⅵ 토루와는 다르다. 그리고 이 三者의 토층은 서로 물려 있어 連續作業으로 축성된 것임을 알 수 있다. B지점 城內側에서는 Ⅴ 토루, 城外側의 Ⅲ' 토루 하단부 1 및 Ⅳ' 토루가 퇴축으로 축성한 것으로 보인다. 이들은 비록 堆築되었지만 전혀 統制裝置가 없었던 것은 아닌 것 같

다. B지점의 Ⅴ 토루는 Ⅵ 토루의 石築과 그 직전에 있는 말목[23]이 統制機能을 할 수 있으며, B지점 城外側인 Ⅲ' 토루 하단부 1의 경우 板子와 같은 道具가 막아 주지 않고는 축성하기 곤란하다.

7. 打法

墙体를 築成해 올라가는 구체적인 방법 즉 어떤 道具를 흙을 다졌던 것인지를 짐작할 수 있는 실마리는 검출되지 않았다. 中原지역 城墙에서 검출되는 集束木棍에 의한 夯打 내지 搗築은 사용되지 않았던 것으로 보인다. 이 기법의 특징적인 흔적인 夯窩[24]나 均等한 水平帶가 풍납성에서는 관찰되지 않는다.

厚薄이 균등하지도 않고 수평을 이루지도 않지만 나름대로의 질서도 관찰되며 보고자의 관찰에 따르면 일정 수준 이상의 强度를 가진 層이 많다고 한다. 이런 점에서 볼 때 조판 속에 흙을 붓고는 拍子와 같은 木板으로 어느 정도 흙의 面을 고루면서 打擊을 가하는 방법-拍打는 채용되어졌던 것으로 보인다. 흙을 솥아 붓고 마는 堆築으로는 이와 같은 强度나 土層帶를 이루기 어렵다. 한편 A지점 내벽 5土壘 뻘층내에서 검출된 발자국에서 볼 때 발로 밟는 踏築도 竝用되지 않았을까 한다.

8. 二極對比

風納城 城墙 중 版築部와 中原의 夯土城墙과를 비교해 볼 때 摘出되는

---

23) 이 말목 자체만으로는 흙을 통제할 수 없겠으나 판자와 함께 조립다면 기능을 할 수 있는 것으로 보인다. 이와 같이 堆築에서 擋土의 역할을 한 板子의 흔적은 輝縣孟庄의 龍山時代 城墙에서 검출된 바 있다.
河南省文物考古研究所 編, 2003, 『輝縣孟庄』, 中州古籍出版社, 圖65.

24) 扶餘 金剛寺址에서 검출된 바 있으며 조건이 양호하거나 事前의 戰略이 완비될 경우 검출될 수도 있다.

특징 중의 하나가 粘·砂交互層이다. 이 현상은 木川土城, 扶蘇山城 및 蕈
池里土城 등에서 알 수 있듯이 우리나라 土城[25]에서 자주 보인다. 한편 中
原에서는 약간의 변화는 있기는 하지만 기본적으로 동일 성질의 흙(粘質
土)으로 反復[26]하여 築成[27]해 올라간 것이다. 이에 비해 風納城 版築部의
축성에서는 自然的으로 存在한 흙을 探取하여 그대로 사용한 것이 아니라
이러한 흙들을 혼합하여 미리 調劑해 둔 2系統의 흙-粘土系(粘質土를 包
含)와 砂土系(砂質土를 포함)를 번갈아 사용하여 築成해 올라 간 점이다.

중원 이외의 지역으로 눈을 돌려보면 西域에 있는 漢代의 墻塞[28]들에
는 점토와 蘆葦를 交互로 깔아 墻体을 완성한 예가 있으며 商代에 속하
는 淸江 吳城[29]에서는 紅褐土, 生土, 이 兩者를 혼합한 흙 및 白膏泥를 적
당한 순번으로 교차 사용하면서 築成하였다. 그렇지만 類例가 많지 않은
것 같다.

粘土와 砂土라는 二極對比는 어떤 意圖가 있는 것으로 보여지기는 하고
一見 構造的인 强化를 꾀하기 위한 방책인 것 같으나 현재로서는 어떤 機
能的인 特性을 가졌다고 단언하기란 어렵다.

---

25) 朝鮮墓의 墓壙 내부에서도 보인다.
　　崔鍾圭, 2004, 「朝鮮墓 餘滴」, 『晉州 武村Ⅱ-高麗·朝鮮墓群(2)』, 慶南考古學研究所.
26) 西安 일대의 秦漢遺跡들-阿房宮址, 上林苑址(漢)에는 현 지표에서 약 1m정도인 곳
　　에 粘土帶를 한층 돌린 예는 있으나 이를 제외하고는 동일 성격의 흙을 반복적으로
　　쌓아 올렸다.
27) 그렇지만 斷定的으로 말하기는 곤란한 부분이 있다. 필자의 識見에 限界가 있으며
　　明記하고 있지는 않으나 臨淄故城의 單家庄2号墓 封土의 護坡의 사진(보고서 채판 9
　　의 2)에서 보건대 粘土系와 砂土系가 交互로 존재하고 있는 것은 풍납성과 같은 현
　　상으로 보인다. 그리고 單家庄2호묘 層面의 上部에 白粉을 바른 예가 있다고 한다.
　　山東省文物考古研究所, 2007, 『臨淄齊墓(第1集)』, 文物出版社.
28) 吳礽驤, 2005, 『河西漢塞調查與研究』, 文物出版社.
29) 江西省文物考古研究所 外, 2005, 『吳城』, 科學出版社.

9. 깍지土層

이것은 필자가 造語한 것으로 하나의 層位 중에 같은 性質의 흙이나 다른 성질의 흙이 서로 交叉되어 흡사 손 깍지처럼 보이는 현상에 지칭하는 말이다. 풍납성 A지점에서는 퇴축인 성내측의 Ⅳ 토루(도 1-2 및 4-3의 m)에서 보이며 B지점에서는 版築인 Ⅱ-2 토루(도 3-2 및 4-5의 k), Ⅱ' 토루(도 4-2의 l) 및 Ⅲ'-1 토루 그리고 퇴축인 Ⅴ 토루에서 보인다. 版築에서 깍지土層이 보인다는 것은 특징적이라 할 수 있다. 이 현상이 일어난 원인은 版 내부에서 흙을 채우고 미쳐 고루기도 전에 다지는 작업에 돌입한 결과이다. 즉 일부 工人은 한쪽에서 흙을 깔고 다른 工人은 한 層面이 다 갈리기도 전에 다지는 작업에 들어 간 결과이다. 심한 경우, 한 層面이 완성되기도 전에 다른 層面의 흙을 깔고 다져 버려 層面이 交叉되는 예까지 보인다. 堆築部에서 생긴 깍지토층도 마찬가지의 결과에서 생긴 것으로 보인다.

중국의 판축에서 이런 깍지土層은 예가 적으며 版築이 전형적으로 발달하였던 중원을 벗어난 주변지역[30]에서 소수 확인(도 4-6)된다.

10. 拉木의 用途

風納城 각 토루 중 가장 특징적인 것은 A지점 Ⅴ 토루(도 2-1)이다. 이 段의 築成 材料는 뻘 흙이다. 이 같은 水分 많은 材料를 統制하는 데 있어 일반적인 방법을 사용해서는 圓滑하게 그 목적을 이루기가 어렵다. 非常의 方法이 필요한 것으로 상정된다. 이를 위한 非常의 道具가 이 土壘 내에서 검출된 拉木[31](길이 약 200cm의 잘 다듬은 角材)으로 생각된다. 이

---

30) 福建省博物院 外, 2004, 『武夷山城村漢城遺址發掘報告 1980~1996』, 福建人民出版社.
31) 申熙權, 2007, 『韓國漢城百濟都城的形成及發展過程研究』, 中國社會科學院研究生院博士學位論文.

것의 長軸은 城墻의 走向과는 直角을 이룬다. 그리고 城墻의 走向을 따라 8列이 확인되었는데 列間의 간격은 약 110㎝이다. 各 列은 一行의 拉木으로만 된 것이 아니라 2行 以上의 拉木(도 2-3)이 연결된 것도 있으며 이 경우 前行의 尾部가 後行의 頭部 위에 올라탔으며 兩者의 卯孔에 맞추어 장부(垂直木)로 연결하는 樺卯法으로 고정시켰다. 이 장부는 길어서 上1段(第 1段)의 것이 그대로 내려 와 上3段(第 3段)의 것과 연결되는 것도 있다고 한다.

이러한 拉木의 重疊이 A지점 V 土壘의 성토층 속에서 上·下로 5段이 검출되었다고 하므로 이 점과 上述한 수평으로 2行 以上(도 2-1 및 2-3) 확인되는 점을 고려하면 A지점 V 토루의 대부분이 拉木의 架構 범위와 중복됨을 알 수 있다. 즉 이 점은 A지점 V 土壘의 성토층과 拉木이 架構된 空間이 일치됨을 말해 주는 것이어서 양자 간에는 相關關係가 있음을 알 수 있다. 즉 築成에 拉木이 사용된 것으로 추측할 수 있겠다.

寡聞이지만 中國 城墻 중에서 風納城처럼 墻体 내부에서 拉木이 검출된 예도 없으며 拉木을 사용한 것으로 볼 수 있는 積極的인 자료가 검출된 것도 없다. 城墻 이외의 자료로는 시기가 내려오는 것이기는 하나 浙江省 杭州 錢氏 捍海塘(도 2-4)유적이 있다. 여기서는 拉木[32]이 上·下로 3段 以上 그리고 長軸으로는 2行 정도가 연결되어 있어 風納土城의 狀況과 비슷한 점이 있다.

捍海塘에서는 堤防의 兩坡에 拉木이 설치되어 있는데 外坡(물과 접하는 측면)에는 堤防 本體의 流失을 방지하기 위하여 4列의 木椿과 2列의 滉柱 및 대나무 껍질로 울타리를 區劃을 하고 木椿간에는 그냥 돌을, 木椿과 滉柱간에는 돌을 대바구니(竹籠沈石)에 담아서 채워 넣었다. 拉木은 돌을

---

32) 浙江省文物考古研究所, 1985, 「五代錢氏捍海塘發掘簡報」, 『文物』 1985-4.

채우는 작업과정 중에 설치하여 木椿, 대나무 울타리, 滉柱 그리고 捍海塘 本體 4者 間의 결합을 强化해 주는 固定具의 역할을 한 것 같으며 최종적으로 이 拉木으로 마감하고 있다.

五代 錢氏 捍海塘의 양상을 염두에 두고 A지점 5土壘의 축성의 과정을 추정해 보면, 먼저 Ⅴ 토루의 아래층에 下一段 拉木群을 설치하여 고정하여 一定한 구간으로 분할한 다음 여기에 有機質로 된 광주리나 울타리[33]를 짰다. 이 광주리의 내부에 뻘흙을 약 10㎝ 정도 깔고는 1~2㎝ 정도의 敷葉層을 깔고 다시 그 위를 뻘흙으로 까는 식으로 되풀이하였다. 盛土가 광주리의 入口에 도달하면 下二段 拉木群을 설치하는 식으로 하여 최후의 段(5個段, 전체적으로는 2行5段)까지 이르렀던 것으로 추측된다. 拉木 架構한 것은 뻘흙을 統制하기 위해 마련했던 裝置였던 것이다. 즉 뻘흙이란 特殊 材料를 효과적으로 統制하기 위해서 小區間으로 分割하여 區間統制를 위한 裝置로 보인다.

이 토루 내부에서 확인된 敷葉層(12개층)은 특징적이다. 이것이 어떤 용도 내지 기능을 가졌는지는 다각적으로 검토해 볼 필요가 있다. 이것이 力學的인 機能을 가진 것으로 보아 敷葉工法을 염두에 두는 연구자도 있다. 그런데 우리나라에서 검출된 예들은 모두 뻘흙에 관련된 사례[34]가 많다. 風納城에서도 이 土壘에서만 보이는 극히 限定的인 사안이며 또 이곳이 토루 중의 低位도 아닌 점에서 볼 때 特殊的인 사안에 대처하기 위한 특수적인 조치로 보고싶다. 여기서의 특수한 사항이란 단지 水分이 많은 뻘흙으로 성토하였다는 것이어서 필자는 層間의 隔離나 作業者와의 粘着防止를 위한 散草法에 비중을 두고 싶다. 만약 土壤强化라는 特殊機能이

---

33) 요즘의 가비안工法과 비슷한 기능을 한 것으로 보인다.
34) 慶南考古學硏究所, 2005, 『鳳凰土城』.

敷葉工法에 있었다면, 全 城墻 築成에 대해 사용할 바인 것이다.

11. 散水 및 暗渠

A지점 성내측 6土壘(도 2-1)의 上部에서는 段差를 가진 3段의 敷石施設(도 2-2)이 검출되었다. 이와 연결되는 곳에는 積石施設이 확인되었는데 6土壘의 西端에 해당된다. 즉 6土壘는 積石시설을 기준하여 築成하기 시작하였거나 아니면 6土壘의 西端을 잘라낸 다음 積石施設을 설치하였을 가능성이 있는데 현재로서는 이 2가지 가능성 중 어떤 하나를 特定하기 어렵다. 工程의 順序는 파악하기 어렵지만 機能으로 볼 때 城墻의 最終的인 裝置 즉 마감시설인 것은 의심의 여지가 없다.

上段의 敷石(폭 90㎝)은 지름 10㎝ 내외의 강돌을 한 겹 깔았으며 中段과 下段도 비슷한 양상이다. 上·中·下段의 敷石 위에 적갈색 점토를 한 벌 얇게 덮었다고 하며 下段 敷石에는 배수홈이 8列이 있다고 한다. 報告者는 敷石의 기능을 墻体 流失防止와 배수기능을 가진 것으로 보았다.

필자도 보고자의 견해에 동의하면서 부연하자면 강돌을 깔고 그 위를 점토로 被覆한 것은 遮斷의 효과를 기도한 것이므로 雨水의 墻体에로의 滲入防止와 表層水의 滲出抑制를 노린 것이 아닐까 한다. 동시에 表層水를 中段 敷石으로 誘導한 다음 여기서 다시 下段 敷石들 사이에 존재하는 木桶[35] 혹은 排水槽를 통해 최종적으로 積石으로 이르도록 한 시설인 것으로 보인다. 즉 이 3個 段의 敷石施設은 城墻의 走向에서 直角方向으로 表層

---

35) 최근 확인된 金海 栗下遺跡에서는 道路의 基底部에 中層水를 배출하기 위한 施設이 檢出되었다. 이 시설은 半截한 통나무의 내부를 파내어 만든 木槽를 놓고 그 주위에 돌들을 놓아 木槽를 고정시킨 것이다. 만약 이 木槽가 腐敗되어 사라진다면 풍납성 下段敷石들 사이처럼 가운데가 비는 형상이 될 것이다. 이로 볼 때 원래는 풍납성의 下段敷石層에서도 이와 같은 木槽 내지는 木桶(木槽로 조립한 管)이 존재하였던 것으로 추정된다.

水를 分散시키는 散水의 機能을 가진 것으로 보인다. 그리고 敷石이 없는 부분을 고려해 볼 때 排水槽간의 間隔은 약 40cm로 보이며 下段만큼 密集的이지는 않지만 敷石 사이에서 갈라진 틈이 있는 것으로 보아 상단과 중단에도 존재했을 것으로 보인다.

한편 積石은 깊이 약 1.7m, 넓이 2m 이상으로 큰 割石과 소형의 礫石으로 채워져 있었다고 한다. 큰 割石들이 사용되었으나 結構한 것이 아니므로 築臺로 볼 수 없지만 墻体의 基底部가 밀려나오지 못하게 하는 抑止力은 인정된다. 동시에 中層水의 滲出도 容易하다. 이 점과 大·小石이 혼재해 있어 空隙이 많은 점 및 散水施設과 연결되어 있는 점들을 고려해 볼 때 築臺의 機能을 겸한 暗渠시설이었을 가능성을 타진해 보고 싶다. 즉 城墙의 走向과 平行으로 마련된 것으로 敷石施設에서 유도된 表層水와 積石 中位에서 滲入되어 온 中層水를 모은 다음 특정한 곳에서 墙体 밖으로 배출시키는 暗渠狀管路와 같은 기능을 한 것으로 보인다.

III. 原型探索

築成技法을 검토하면서 제기되는 문제 중의 하나가 風納城의 原型을 어디에서 찾을 수 있는 것인가 하는 점이다. 行論에서 짐작되듯이 風納城의 축조에 驅使된 여러 기법 중 중국과 연결되는 部分要素는 많다. 여기서 일보 전진하여 中國의 어느 지역인가 하는 것을 特定해 내어야 할 필요가 있다.

風納城 축조의 여러 기법들은 行論에서 알 수 있듯이 중국의 중원지역보다는 揚子江 일대의 지역과 유사하다. 四川 新津宝墩·溫江魚鳧村의 堆築과 墙芯附加式 城墙, 湖北 陰湘城의 堆築, 湖南 炭河里西周城址의

Stopper, 杭州 錢氏捍海塘의 拉木 등이 그것이다. 물론, 中原에서도 鄭韓故城의 墙体 附加, 大師姑의 Stopper나 壓迫固定盛土 등은 적극적으로 고려에 넣어야 할 부분이다. 그렇지만 전자에는 더 많은 유사성을 摘出할 수 있다.

중국 남방지역과 관계에서는 直接交流와 間接交流의 2가지 가능성이 존재하며 어느 一方일 수도 있고 兩者의 混合일 수도 있다. 風納城이 大土木工事임과 함께 고려에 넣어야 하는 것은 당시의 國際關係와 國際交流일 것이다. 직접교류의 예로서 들 수 있는 것이 風納城에서 많이 출토된 三國·六朝靑磁의 적극 평가해야 하지 않을까 한다. 이들 靑磁는 單發的이고 一回性이 아니라 連續的[36]인 점에서 볼 때 그곳과 恒常的인 연결이 존재했을 가능성이 상정된다. 이 경우 필요한 物資나 技術이 전달될 수 있는 管路가 마련될 수 있는 것으로 보이며 이와 같이 하여 技術이나 人的往來 특히, 工人의 왕래를 결과 風納城 축조에 보이는 중국 남방계 기술이 출현하게 되었지 않았나 생각된다.

間接交流의 가능성으로서 주목하고 싶은 것은 帶方郡과의 관계이다. 대방군의 성립과 더불어 남부지방에 영향력을 적극 행사하며 황해도 일대에 漢人의 무덤들이 발견[37]되며 冬壽와 같은 漢人 망명자의 존재도 확인되므로 이들과 함께 工人도 동반되어 왔거나 土木技術을 숙지하는 분위기[38]가 조성되었다가 어떤 契機로 이런 기술들이 남쪽으로 전해졌을 가능성도 고려에 넣어야 한다. 특히, 京畿道 華城 旗安里[39]에서는 樂帶地域과

---

36) 權五榮, 1988, 「4世紀代 百濟의 地方統制方式 一例-東晉靑磁의 流入經緯를 中心으로-」, 『韓國史論』 18.

    權五榮, 2002, 「풍납토성 출토 외래유물에 대한 검토」, 『百濟研究』 36.

37) 오영찬, 2006, 「공손씨정권의 대방군설치」, 『낙랑군 연구』, 사계절.

38) 대방군의 縣城 축조와 같은 토목공사에 관여한 자의 존재도 상정할 수 있다.

39) 金武重, 2004, 「華城 旗安里製鐵遺跡 出土 樂浪系土器에 대하여」, 『百濟研究』 40.

관련된 유적이 검출되고 있다.

IV. 築城의 回次

이상에서 風納城 墙体 築造 기법에 대하여 나름대로의 견해를 피력해 보았다. 자료의 증가에 따라 많은 수정이 필요한 것으로 보인다. 그리고 아직도 미해결인 문제들도 많다. 한 예가 墙体를 改修한 回數이다. 이 문제는 風納城처럼 墙心附加式 城墙에서는 구분해 내기 어려운 점이 있다.

이와 같은 불리를 감안하면서 이때까지 살펴본 技法에 근거하여 築成回次에 대해 시도해 보고자 한다. A지점에서는 城內側에서는 墙芯에서 Ⅲ토루까지가 版築되어 있으며 하나의 일관된 工程으로 볼 수 있겠다. 그 다음으로 Ⅳ·Ⅴ·Ⅵ 토루가 모두 堆築되어 있으며 토층이 서로 물려져 있어 분리할 수 없는 하나의 공정으로 판단된다. 따라서 A지점 성내측은 2回의 큰 공사로 완성되었음을 알 수 있다. 그리고 兩者間의 境界線인 Ⅲ·Ⅳ 토루간에는 Ⅲ 토루의 西端[40]이 人爲的으로 제거된 부자연스러움을 보이고 있고 이와 連接하는 Ⅳ 토루의 東端[41]은 Ⅳ 토루 本體의 築法인 堆築이 아니라 版築이다. 이로 볼 때 回次가 다른 공사를 실시하기 전에 먼저 준비 단계가 있었음을 알 수 있다. 보고자도 Ⅲ 토루 上面에 石列層[42]이 있었다고 한다. 한편 城外側에서는 墙芯과 원래 連接된 것으로 볼 수

---

40) Ⅲ토루는 東, 中, 西端의 3개의 토루가 合成된 것이다. 즉 이 Ⅲ版塊는 3개의 版塊가 합성된 것이다. 그리고 西端의 版塊는 거의 대부분이 잘려져 나간 것으로 보인다.

41) Ⅳ토루(版塊)도 2개의 토루(版塊)가 합성된 것으로 東端은 版築되었고 대부분을 차지하는 西쪽은 堆築되었다.

42) 國立文化財研究所, 2002, 『風納土城 2』, 69쪽.

있는 土壘가 確認되지 않으며 현재는 Ⅱ'-1 토루와 Ⅱ'-2 토루가 연접되어 있는데 퇴축인 점이 주목된다. 물론 단순히 퇴축인 점에서 原墻体가 아니라고 부정할 수는 없는 것이나 이 두 土壘가 東端部의 基槽를 半破시켰으며 날카로운 傾斜角을 가진 점에서 볼 때 原墻体를 들어내고 부가된 것으로 보인다. 특히 Ⅱ'-2 토루의 경사는 가파르고 생토층을 대대적으로 제거하고 있어 墻体修理에 관련된 것으로 보여진다. 따라서 A지점 성외측은 2回의 큰 工事로 완성시킨 것으로 판단된다. 단 이곳에서의 第2回의 공사는 部分 修理인 점에서 볼 때 連續 回次에서 제외될 가능성도 있다. 이렇게 되면 1回次가 되어 후술할 B지점 성외측이 1回次의 공사로 완성된 것과 整合된다. 좌우간 현존 墻体의 완성이란 관점에서 보면, 2회의 工事로 이와 같은 墻体를 완성시킨 것이다.

B지점 城內側에서는 墻芯에서 Ⅳ 토루까지가 版築되어 있으며 연속작업으로 보여진다. Ⅴ 토루는 堆築이며 Ⅳ 토루에 급경사를 주면서 깍아낸 점에서 별도의 공정으로 보고자 한다. Ⅵ 토루와 積石部 및 葺石部는 一連作業이었을 것으로 보인다. 즉 城內側은 2回의 공사로 완성한 것으로 볼 수 있다. 한편 城外側은 Ⅳ' 토루와 葺石部까지의 토층이 서로 물려 있어 단 1回의 連續作業 결과로 城墻을 완성한 것으로 생각된다.

A·B지점의 관찰결과는 완전히 整合되지는 않아 혼란스러운 점이 있으며 또 2個所의 단면을 가지고 논하는 점도 무리가 따른다. 그리고 版築과 堆築이 근본적으로 어떤 심각한 차이를 반영하는 것인지는 자신이 없으나 A·B 양측의 관찰 결과에 입각해 볼 때 많으면 2回의 공사로 이와 같은 巨大한 城牆을 築成한 것이 된다. 그리고 B지점의 결과를 놓고 볼 때 風納城이 현재와 같은 威容을 갖추는 것은 第1回次의 工事이다.

V. 맺음말

 이상에서 관찰에서 풍납성은 출현 당초부터 대규모 土木工事의 결과 탄생한 것으로 申熙權 文(2007)에서 밝혀졌듯이 백제의 王城이다. 이에 필자는 이 風納土城을 일반적인 土城의 班列에서 제외시킬 것을 건의하고 싶다. 즉 이 城을 이때까지 친숙하게 불러 왔던 風納土城에서 土字를 빼고 싶다. 이렇게 하면 慶州의 半月城, 集安의 國內城과 같은 班列에 들어가는 風納城이 되며 보다 百濟 王都에 걸맞게 되지 않을까 한다. 慶州의 半月城을 半月土城이라고 부르지 않듯이, 漢 長安城을 長安土城이라 부르지 않듯이.

謝辭

필자처럼 淺薄한 자가 선생님에 대해 함부로 술회하는 것도 실례가 되는 것임을 알고 있으나 이 자리에서 용납되리라 생각되어 한마디만 하고자 한다. 筆者가 職業 研究者의 길을 가고자 마음을 정하면서부터 많은 苦痛을 느꼈지만 동시에 훌륭한 師匠을 모시는 幸運도 함께 하였다. 李基東선생님도 筆者의 師匠 숭의 한 분이다. 필자의 고통스러운 시기에 따뜻한 눈길로 지켜보아 주신 점에 고마움을 느꼈으며 그 분의 표정에 보이는 精深에서 많은 용기를 느낄 수 있었다.

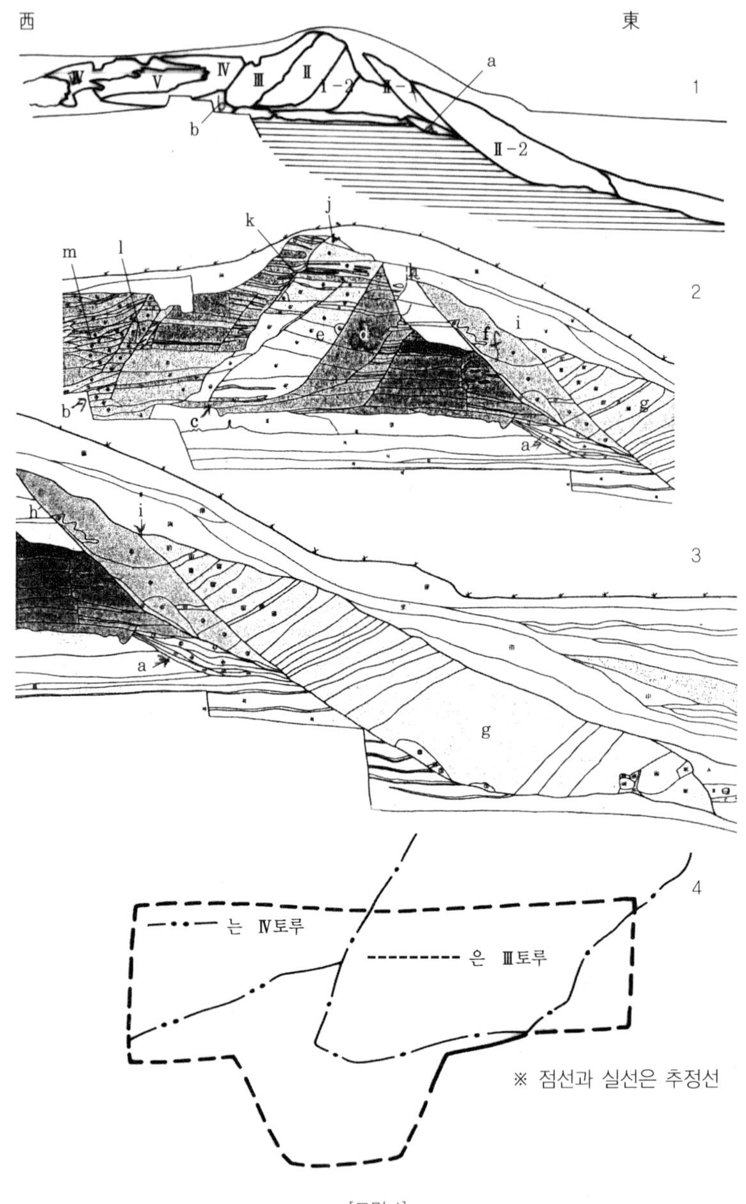

[도면 1]

1. 풍납성 A지점 성장 개략도 2. 同 세부 3. 同 Ⅱ´-2 4. 同 墻芯 서측 墻土墻 추정도

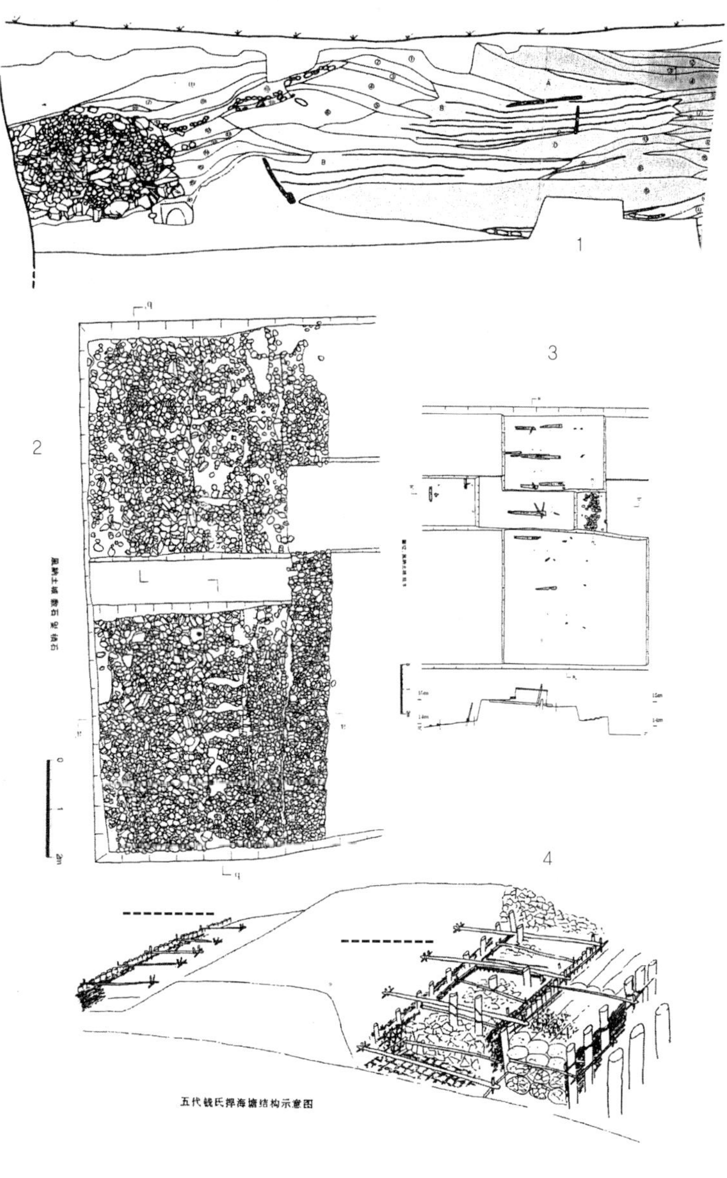

[도면 2]
1. 풍납성 A지점 Ⅱ토루 2. 同 부석 3. 同 拉木 4. 錢氏 捍海塘

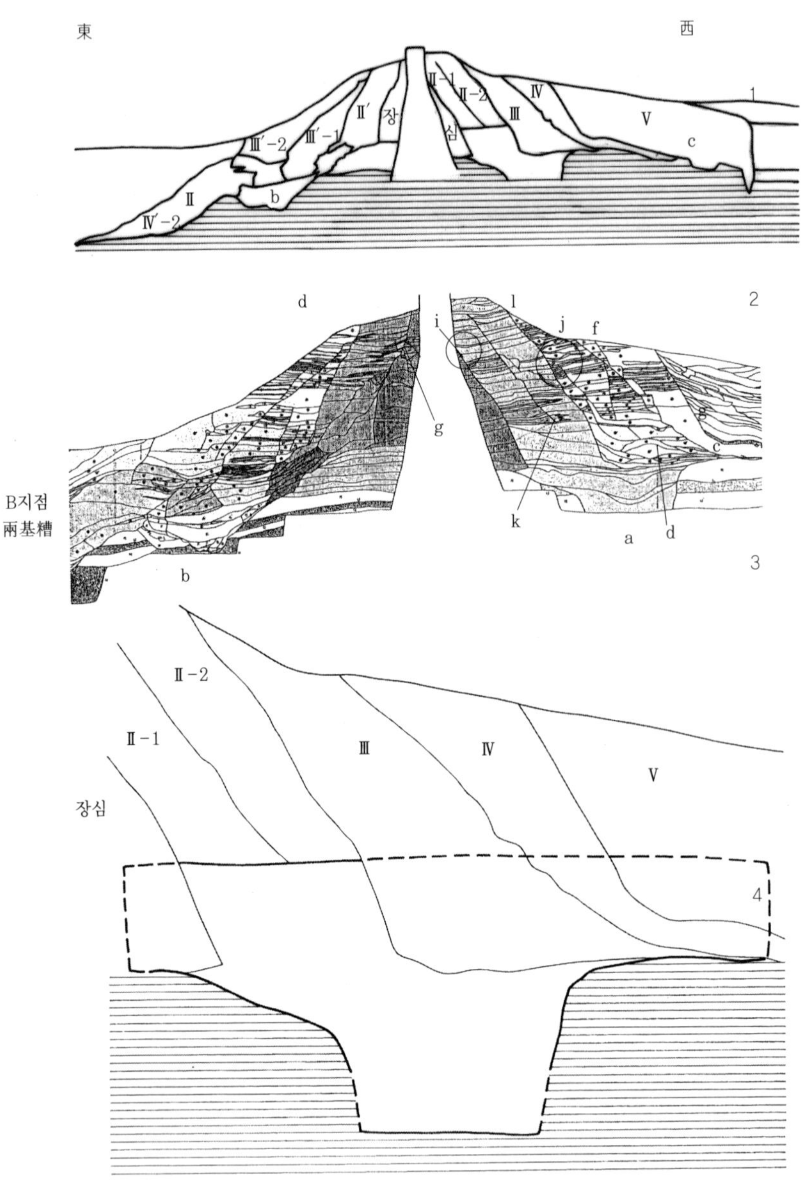

[도면 3]
1. 풍납성 B지점 성장 개략도 2. 同 세부 3. 同 墻芯 西端 墻土墻 추정도

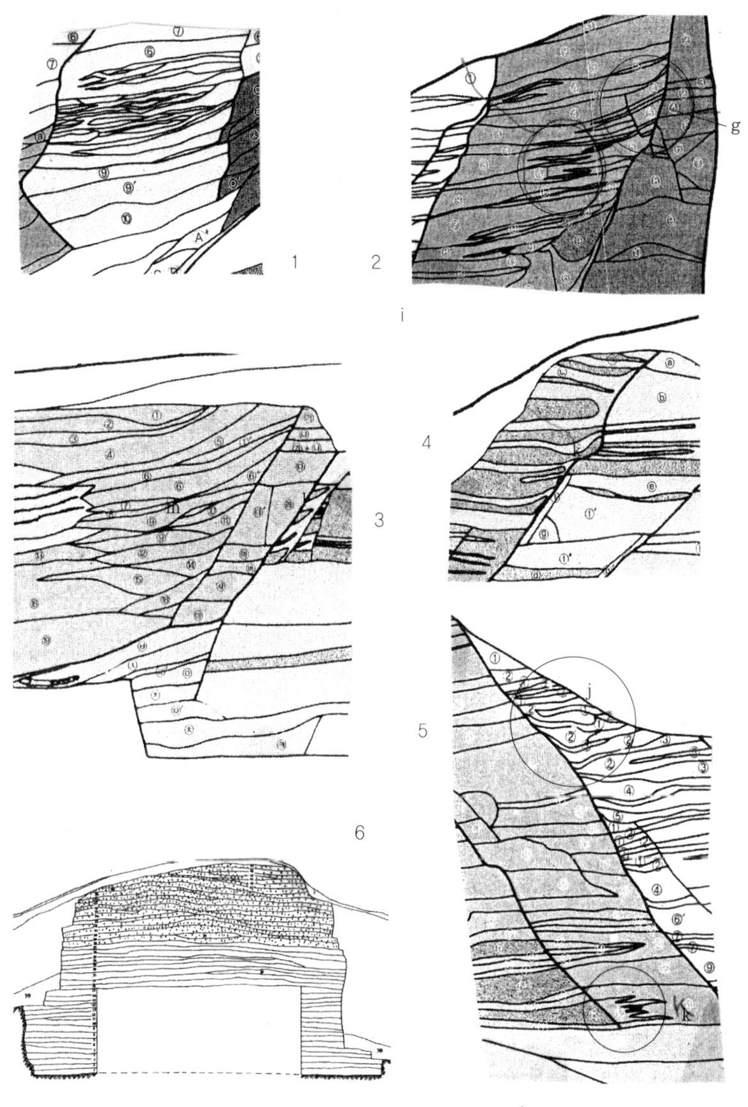

[도면 4]
1. 풍납성 B지점 Ⅲ′-1 토루 2. 同 B지점 Ⅱ′ 토루 3. 同 A지점 Ⅲ·Ⅳ토루 4. 同 Ⅲ토루
5. 同 B지점 Ⅱ-2·Ⅲ-토루 6. 武夷山 城村

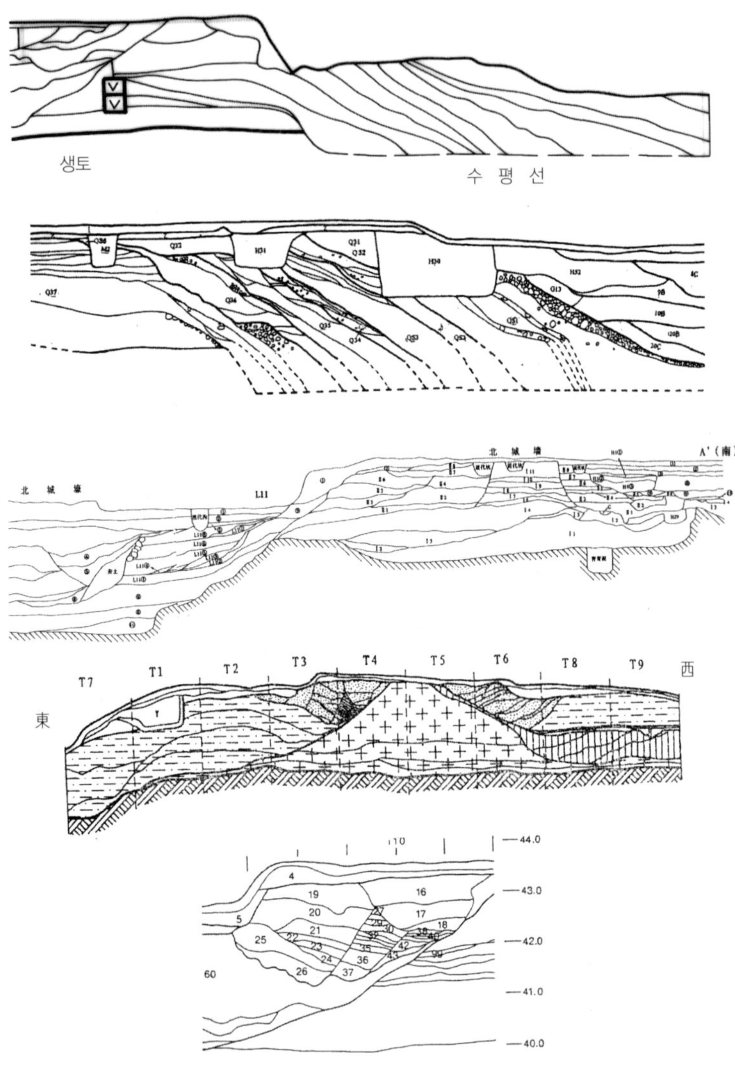

[도면 5]
1. 平糧台 2. 四川 魚鳧村 3. 里耶城 4. 陰湘城 5. 同 T3 및 T4 구간 확대도

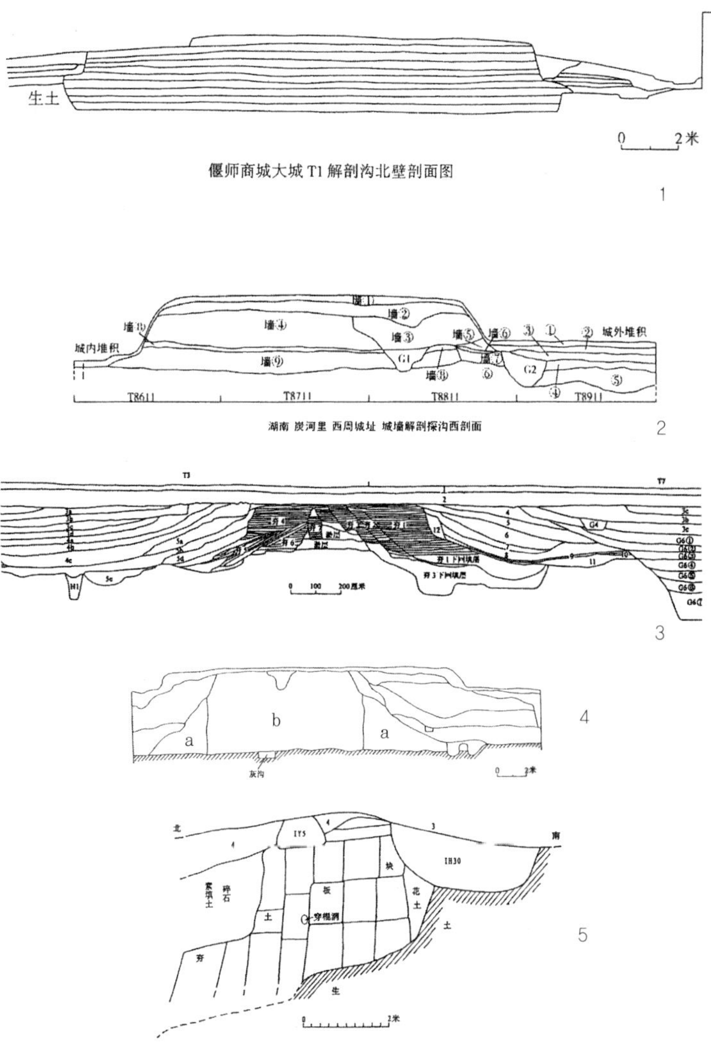

[도면 6]
1. 偃師商域大城 단면도 2. 湖南 炭可里城址 3. 大師姑 4. 鄭州商域 5. 陶寺

백제의 기문·대사 점령과 그 의미

宣石悅*

Ⅰ. 머리말

　백제는 4세기 후반 한반도 남부와 일본열도의 왜 등 여러 세력과 교섭을 선개하여 세력을 신장하고 북방의 강대한 세력인 고구려와 경쟁하였다. 475년 수도 한성의 함락으로 인해 웅진으로 천도한 이후 백제의 대외정책은 커다란 변화가 일어났다. 4세기 후반 이래 백제는 고구려에 대항하기 위하여 가야·왜 등과 외교 및 경제교류 등의 친선관계를 지속해 왔으나, 웅진천도 이후 정치적·군사적인 대외정책으로 바뀌었다. 그것은 백제가 주변 세력과 친선관계를 유지하고 힘을 결집하였으나, 고구려의 위협을 극

──────────────

* 부산대학교 사학과

복하지 못한 데에 있었다. 6세기 전반 백제는 가야의 기문·대사 지역을 장악하게 된 것도 이와 같은 문제를 해결하기 위한 것으로 생각된다.

6세기 중엽 백제가 기문·대사 지역을 장악하여 가야지역으로 진출하고 정치적·군사적 영향력을 행사한 점에 대해서는 대부분의 연구자는 정설로 인정하고 있다. 백제가 기문·대사 지역을 장악한 이유에 대해 기문·대사 지역이 대가야의 국제항구 내지 외교통로이기 때문이라고 이해하는 것도 일반적이다. 교통지리적인 관점에서 볼 때 기문·대사 지역은 대가야의 외교관문으로 보기에는 무언가 석연치 않는 점이 있다. 고령의 대가야와 섬진강유역의 기문·대사 지역의 지리적인 관계는 교통상 매우 불편한 것으로 생각된다. 고령지역은 낙동강 본류에서 지류인 회천으로 들어가는 곳에 있어 큰 강을 따라 바다로 나아갈 수 있는 교통이 편리한 곳이다. 그럼에도 불구하고 대가야가 낙동강의 지류인 황강을 지나 지리산을 돌아 남원·하동으로 멀고먼 길을 통해 대외교섭을 전개하였다는 것은 납득하기 어렵다. 기왕의 연구에 있어 대가야의 교섭통로에 대한 근거는 『日本書紀』에 두고 있으며, 특히 백제가 기문·대사 지역을 장악한 사실에 주목한 결과이다.

본고에서는 백제가 기문·대사 지역을 장악하게 된 배경과 그 과정을 살펴보고, 그것이 백제와 가야의 관계에 어떠한 의미를 가지는가를 다음과 같이 추구해 보겠다.

본고에서 4세기 후반부터 백제의 대외교섭을 살펴보려는 것은 『일본서기』 신공기에 대해서는 4세기의 사실로 보거나 6세기 전후의 사실로 보는 현격한 시각 차이가 있기 때문이다. 신공기의 기록은 7세기 이후 형성된 왜의 번국관에 입각하여 서술되고 있어 엄밀한 분석이 필요하다는 사실은 일반적인 것이다. 즉 신공기에는 한반도와의 관련 기록이 외교교섭과 군사행위의 기록이 혼착되어 있어 이에 대한 분석과 필자의 시각을 제시하는 것이 필요하다. 이를 통하여 4세기 후반의 사실과 6세기 전후의 사실로 구분하고 그 차이점을 구명한 다음에 백제가 기문 대사를 점령한 의미를 추구하겠다.

II. 기문·대사 진출 이전 백제의 대외교섭

1. 4세기 후반 백제의 동맹 모색

4세기 초 낙랑군과 대방군이 고구려에 의해 타멸되었는데, 이로써 백제는 고구려와 국경을 접하게 되었다. 백제는 고구려의 위력에 대해 위기감을 느끼고 대응책을 강구하였는데, 그것은 이전부터 교류해온 한반도 남부 여러 세력과의 관계를 발판으로 일본열도에까지 교섭을 전개하였다.

가) 1 斯摩宿禰를 卓淳國에 보내었는데 이때 卓淳王 末錦 旱岐가 斯摩宿禰에 알리기를 "甲子年 7월에 百濟人 久氏·彌州流·莫古 세 사람이 우리나라에 와서 말하기를 '百濟王이 東方에 日本이라는 貴國이 있다는 것을 듣고 우리를 보내어 귀국에 통교히도록 히는 고로 道路를 구하여 이 땅에 왔다고 하니, 만약 우리가 길을 가르쳐 주어 통하게 해준다면 우리 [백제]王은 그대의 나라 왕에게 덕이 깊다고 여길 것이다.'라고 하였다." …… 이에 爾波移가 받들어 일을 행하고 돌아와 志摩宿禰에게 고하니 문득 [志摩宿禰가] 卓淳에서 돌아왔다.[1]

가) 2 百濟王이 久氏·彌州流·莫古로 하여금 일본에 보내었다. 이때 新羅國 調使 久氏와 함께 찾아왔다. …… 百濟의 貢物은 적고 좋지 못하니 久氏 등에게 [까닭을] 물으니 대답하기를 "우리가 길을 잃어 沙比新羅에 이르

---

1) 『日本書紀』 권 9, 神功紀, 46년 3월.

렀더니 新羅人이 우리들을 잡아 가두고 …… 우리의 공물을 빼앗아 자기 나라의 貢物로 하고 新羅의 하찮은 물품을 바꿔쳐서 저희 나라의 공물로 하였습니다." [2]

가) 3 荒田別·鹿我別로 將軍으로 삼아 久氐 등과 함께 군사를 거느리고 바다를 건너 卓淳國에 이르러 新羅를 습격하려 하였다. …… 新羅를 쳐서 격파하고 比自㶱·南加羅·㖨國·安羅·多羅·卓淳·加羅 등 7國을 평정하였다. 그리고 군사를 옮겨 서쪽으로 돌아 古奚津에 이르러 南蠻의 忱彌多禮를 함락하여 百濟에 하사하였다. 이에 百濟王 肖古 및 王子 貴須가 또한 군사를 거느리고 와서 만났다. [3]

위 기록은 연구자들 사이에 사료의 신빙성 여부로 논란이 있다. 그런데 이 시기의 百濟가 加耶에 진출하였는지의 여부에 대해서는 논의가 부분한데, 그것을 잠시 언급하겠다. 加羅 7國 정벌설화의 주체를 倭가 아닌 百濟가 加耶에 진출한 사실로 보고 百濟는 加耶 지역을 군사적으로 정복하고 附庸勢力化 하였다고 보기도 하였다. [4] 또 百濟의 군사행동을 정벌이 아닌 교역을 촉구하기 위한 무력시위로 인식하거나 [5] 그 지배에 관한 실제를 영토적 지배가 아닌 공납적 지배였다고 보기도 한다. [6] 한편 사료적 가치에 의문이 많은 『日本書紀』에 대해 武烈紀 이전의 기사에 대해서는 신빙성이 없는 것으로 보아 위의 神功紀 기사는 믿을 수 없고 고고학적 자료에서도 지배의 증거가 나타나지 않으므로, 百濟의 加耶 진출시기에 대해

---

2) 『日本書紀』 권 9, 神功紀, 47년 4월.

3) 『日本書紀』 권 9, 神功紀, 49년 3월.

4) 金鉉球, 1993, 『任那日本府研究』, 일조각, 34쪽.
  『加耶史研究 -大加耶의 政治와 文化-』(1995, 慶尙北道)에도 이 견해를 지지하고 있다.(朱甫暾, 李文基)

5) 李熙眞, 1994, 「4세기 중엽의 加耶征伐」, 『韓國史研究』 86, 1~27쪽.

6) 李道學, 1994, 『百濟 고대국가 연구』, 일지사, 192~196쪽.

6세기 초의 己汶·帶沙에서의 충돌 이후부터로 보기도 하였다.[7]

그러나 『日本書紀』의 기록이 부정적인 의미가 많이 포함되어 있다 하더라도, 일반적으로 신빙성이 인정되고 있는 欽明紀 기사에서 聖王이 옛날 우리의 선조 速古王(근초고왕)과 貴首王(근구수왕) 때에 가야의 여러 나라들과 교통하여 수호하였다고 하여 근초고왕대의 사실을 언급하고 있는 부분이라면,[8] 기년상 사료적 가치의 신빙성이 어려운 부분의 기사도 후대의 기록과 엄밀하게 대조하여 합리적인 해석을 시도해 볼 필요가 있을 것이다. 神功紀의 기록 가운데 믿을 수 있는 것은 사료 가)1 百濟와 倭의 교섭 개시기록과 가)2의 공물탈취 기록이었으며, 가)3의 기록은 임나일본부 설치를 조작하기 위해 6세기의 사실을 부회한 것으로 보았다. 百濟와 倭의 교섭상에 매개가 된 것은 卓淳國이었다. 이는 加耶와 倭의 입장에서 보면 3세기 말 이후 두절된 중국과의 교섭이 百濟를 통해 재개된 것이며, 한편으로 百濟는 교역에 의한 물자 확보를 통해 당시 위협받고 있었던 고구려에 대응할 수 있는 정치적 목적도 내포되어 있었다. 新羅는 소위 남해안교섭체계의 성립으로 인하여 한반도 남부지역에서 고립되어 갔고[9] 이를 극복하기 위하여 高句麗와 연계하는 한편, 가)2의 공물탈취사건에서

---

7) 金泰植, 1993, 『加耶聯盟史』, 일조각, 234쪽.

8) "聖明王曰 昔我先祖速古王·貴首王之世 安羅·加羅·卓淳旱岐等 初遣使相通 後結親好 以爲子弟 冀可恒隆"(『日本書紀』 권 19, 欽明紀, 2년 4월)

9) 백제가 신라에 우호를 요구하여 일정기간 유지된 것으로 보는 것이 일반적이다. 366년과 368년 백제가 두 차례에 걸쳐 신라에 우호의 사신을 파견하였으나, 373년 백제 독산성주가 신라로 내투함으로써 양국간의 우호가 결렬되었다고 보았다. 신라는 북중국 전진에 377년 381년 두 차례에 걸쳐 사신을 파견한 것으로 되어 있고, 392년에는 신라가 왕족 실성을 볼모로 삼아 고구려에 보내었다. 그런데 백제와 신라의 우호가 결렬된 사건의 독산성은 한북, 즉 한강 이북에 위치한 것이므로 4세기 후반 당시 백제 장수가 백성을 거느리고 신라로 도망한 것으로 믿기 어렵다. 이러한 일련의 기록을 종합해 볼 때 백제가 신라를 동맹세력으로 끌어들이려 하였으나, 신라는 오히려 고구려와 관계를 선택한 것으로 생각된다.

보듯이 남해안교섭체계의 전개를 저지하려고 하였다. 이러한 와중에 倭는 加耶의 협조를 얻어 신라를 공격하였고, 고구려도 남부지역에서 백제를 중심으로 하는 동맹세력의 확대를 방지하고자 新羅 구원이라는 南征을 시도한 것이었다. 이 南征으로 인하여 任那加羅는 쇠퇴하고 加耶 지역은 새로운 변화를 맞이하게 되었을 뿐만 아니라 백제 신라도 새로운 국면으로 접어들게 되었다.

400년 新羅救援戰 이후 가장 심각한 타격을 받은 백제는 새로이 국면타개책을 강구하였다. 기존의 백제·가야·왜 동맹체제에 신라를 끌어들이는 방법이었다. 당시 신라는 고구려에 의해 보다 직접적인 위협을 받고 있었다. 高句麗는 新羅 영토 내에 군대를 주둔시키고 新羅의 국정에 대한 이모저모를 모두 파악하고 있으면서 高句麗 자국에 유리한 방향으로 내정을 간섭하였을 것이다. 이듬해 401년 高句麗는 볼모 實聖을 新羅로 돌아가게 한 후 奈勿王을 밀어내고 王位에 즉위하도록 하였다.[10] 이로써 신라는 고구려의 내정간섭이 더욱 심화되어 친고구려의 실성왕마저도 축출하고 내물왕 직계의 눌지를 왕으로 세웠던 것이다. 이로 인해 신라 지배층은 정치적 자각이 대대적으로 일어나 갈문왕제의 개혁 등 왕권을 정점으로 하여 결속을 도모하는 한편,[11] 백제의 외교적 접근을 받아들여 양국은 433년에 드디어 동맹의 결실을 맺게 되었다.

---

10) 『三國史記』新羅本紀의 일련의 기록을 검토해 보면, 400년에 奈勿王이 항상 타던 말이 슬피 울었다고 하고 다음해에는 高句麗에 볼모로 간 實聖이 新羅로 돌아 왔으며 그 다음해에 奈勿王이 사망하였다고 기록되어 있음이 참조된다. 여기서 짐작할 수 있듯이 實聖王은 高句麗에 볼모로 체재하고 있으면서 자신과 친밀한 高句麗人을 확보해 두었음을 엿볼 수 있다. 高句麗가 實聖王을 新羅王으로 옹립한 것은 高句麗의 볼모 출신인 實聖王이 자국과의 상호관계에 유익한 인물로 판단하였기 때문인 것으로 이해된다.

11) 宣石悅, 2003, 「麻立干時期의 王權과 葛文王」, 『新羅文化』22, 95~103쪽.

2. 웅진천도 이후 백제의 대외교섭

나제동맹의 결성에도 불구하고 백제의 상황은 남정 이전보다는 그다지 나아지지 않았다. 고구려의 남정의 결과 가야 제국의 주축이었던 임나가라(김해)[12]가 쇠퇴함으로써 5세기 중엽까지 가야 세력의 재편 현상이 일어나, 백제와 가야세력의 동맹은 고구려에 대응하는데 효과적이지 못하였다. 왜의 경우에도 세 차례에 걸쳐 용병을 파견하였다가 고구려에게 당

---

12) 임나가라의 위치 비정에 대해서는 김해설, 고령설, 임나(창원)와 가라(김해)의 합칭설 등으로 대별된다. 대표적인 견해만 제시하면 다음과 같다.

① 김해설 : 池內宏, 1922, 『日本上代史の一研究』, 吉川弘文館, 75쪽 ; 末松保和, 1954, 『任那興亡史』, 國書刊行會, 72~75쪽 ; 三品彰英, 1971, 『日本書紀朝鮮關係記事考證』 上, 吉川弘文館, 7~8쪽 ; 朴時亨, 1966, 『광개토왕릉비』, 사회과학원출판사, 194쪽 ; 金廷鶴, 1975, 『任那と日本』, 小學館, 231쪽 ; 王健群, 林東錫 역, 1985, 『광개토왕비 연구』, 역민사, 266쪽 ; 李亨求・朴魯姬, 1986, 『廣開土大王陵碑新研究』, 同和出版公社, 89쪽 ; 鈴木靖民, 1988, 「好太王碑の倭の記事と倭の實體」, 『好太王碑と集安の壁畵古墳』, 木耳社, 57쪽 ; 山尾幸久, 1989, 『古代の日朝關係』, 塙書房, 78쪽 ; 高寬敏, 1990, 「永樂十年, 高句麗廣開土王の新羅救援戰について」, 『朝鮮史硏究會論文集』 27, 157쪽 ; 田中俊明, 1992, 『大加耶聯盟の興亡と‘任那’ー加耶琴だけが殘った』, 吉川弘文館, 32쪽.

② 고령설 : 鮎貝房之進, 『雜攷』 7, 上권, 52~53쪽 ; 李丙燾, 1952, 『韓國史(古代篇)』, 震檀學會 ; 1975, 『韓國古代史研究』, 박영사, 304쪽 ; 丁仲煥, 1962, 『加羅史草』, 釜山大學校 韓日文化研究所, 144~145쪽 ; 千寬宇, 1971, 「復原加耶史」 中, 월간동아 (1990, 『加耶史研究』, 27쪽) ; 李永植, 1993, 『加耶諸國と任那日本府』, 吉川弘文館, 171쪽 ; 金鉉球, 1993, 『任那日本府研究ー韓半島南部經營論批判ー』, 一潮閣, 98쪽.

③ 합칭설 : 金泰植, 1994, 「廣開土王陵碑文의 任那加羅와 ‘安羅人戍兵’」, 『韓國古代史論叢』 6, 62~86쪽.

필자는 김해설에 동의한다. 왜냐하면 일본열도에서 바다를 건너 온 왜병이 고구려군에 쫓겨 여러 방면으로 퇴각하였을 것이고 임나가라로 퇴각한 외병의 경우에도 당연히 바다에 연한 장소로 가야하므로, 임나가라는 김해로 비정되어야 한다. 『三國史記』 신라본기의 왜는 분명히 바다를 건너온 것으로 보이므로(宣石悅, 2008, 「삼국사기 신라본기에 보이는 왜의 실체」, 『인문학논총』 13-1, 경성대학교, 17~19쪽), 만약 임나가라를 고령으로 비정할 경우 가야=왜인설을 지지하는 결과를 초래할 오류를 범하게 된다.

한 참패의 여파로 일본열도의 정세는 불안정하였으며, 중국 남조와의 외교를 전개하는 정도의 선에 그치고 정세를 관망하였을 뿐 백제에 대한 지원책은 더 이상 생각할 수 없었을 것이다. 그것은 백제 개로왕이 왕제 곤지를 왜에 보내어 외교를 전개하였으나, 왜에서는 이렇다 할 움직임이 없었던 점이 이를 뒷받침하는 것이다. 결과적으로 백제는 475년 고구려 장수왕의 공격을 받아 수도 한성을 함락당하고 웅진으로 천도하는 위기를 맞이하게 되었다.

웅진천도 이후 백제는 왕권을 둘러싼 내분이 있었다. 웅진천도를 주도한 문주왕이 재위 3년만에 사망하고 어린 삼근왕도 재위 3년만에 사망하여 천도 초기부터 정국이 불안하였다. 뒤이어 국왕으로 즉위한 동성왕은 국력 회복에 전력을 기울였으나, 아직 국력의 기반이 회복되지 않은 단계에서 무리하게 강행한 정책이 오히려 역효과를 가져와 유력한 귀족인 백가의 반란이 일어나고 그 와중에 시해되었다. 이러한 정국 불안 속에 등장한 무령왕대에 이르러 정국은 수습되어 갔다. 무령왕은 개로왕의 적자로서 왕위계승의 정당성을 확보하여 왕위를 계승함으로써 백제의 귀족층은 왕권을 정점으로 세력이 결집될 수 있었다.[13]

---

13) 기록에 의하면 성왕의 아버지 무령왕의 출자 전승은 세 가지로 전해지고 있다. 『삼국사기』에는 개로왕의 손자인 동성왕의 둘째 아들이 무령왕으로 되어 있고(동 권 26, 百濟本紀 4 武寧王 즉위), 『일본서기』에는 개로왕의 아들인 무령왕으로(동 권 14, 雄略紀, 5년 4월 및 6월), 『일본서기』에 인용된 『백제신찬』에는 곤지의 아들이며 동성왕의 이복형으로서 무령왕이 기록되어 있어(동 권 16, 武烈紀, 4년 是歲條 所引 『百濟新撰』) 무령왕의 출자에 대한 혼란이 빚어졌다. 『삼국사기』의 경우 무령왕을 앞 왕인 동성왕의 아들로 되어 있는 점은 다른 전승 기록과 비교해 볼 때 전혀 틀린 것으로 생각된다. 이와 유사한 예는 신라본기에도 보인다. 지증왕의 아버지에 대한 전승에서 문제가 되는 것은 『삼국사기』의 習寶葛文王과 『삼국유사』의 期寶葛文王이 동일인인가 아닌가의 여부이다. 1980년대 말에 신라의 금석문이 연이어 발견되었는데, 바로 영일냉수리신라비가 이에 대한 해결의 실마리를 제공하였다. 영일냉수리신라비에 前世의 두 王으로 나오는 인물 가운데 斯夫智王은 마립간시기의

4세기 후반부터 전개된 백제의 대외교섭은 가야 · 왜를 중심으로 전개되었으나, 웅진천도 이후 백제의 대외교섭은 주로 신라와 연계하여 고구려의 위협에 대응하는 체제로 전환하였다. 백제는 웅진천도 이후에도 계속적으로 고구려의 위협을 받고 있었다. 476년 문주왕의 남조 宋에의 사신 파견, 484년 동성왕의 南齊에의 사신 파견이 고구려 수군의 방해로 인하여 백제의 대중국교섭은 무산되었다. 또한 백제와 고구려 양국은 지속적으로 충돌하였는데, 고구려는 말갈을 동원하기도 하였다. 482년의 한산성 공격, 503년의 마수책 · 고목성 공격, 506년의 고목성 공략, 507년 횡악 전투 등은 고구려가 말갈을 동원하거나 말갈군을 이끌고 백제를 공격한 것이다. 고구려는 495년의 치양성 전투와 512년의 가불성 · 원산성 전투만이 단독으로 백제를 공격한 것이며, 507년 횡악 전투는 고구려가 말갈과 공모한 것을 제외하면 대부분 말갈 단독으로 백제와 전투한 것이다. 521년 무령왕이 남조 梁

어느 왕에도 해당되지 않는다. 영일냉수리신라비에 의하면 斯夫智王의 '斯' 표기와 같은 표기는 신라 중앙의 6부 가운데 하나인 斯彼[部]가 기재되어 있다. 斯彼[部]는 習比部에 비정되어지므로(宣石悅, 1990, 「迎日冷水里新羅碑에 보이는 官等, 官職 문제」, 『韓國古代史研究』 3, 184쪽), 斯夫智王의 '斯'는 '習'으로 이해할 수 있어 斯夫智王은 습보갈문왕으로 비정할 수 있다. 이와 같이 분석해 볼 때 문제의 기보갈문왕의 '期'는 '斯'의 오기로 이해된다. 그리므로 지증왕의 계보는 내물왕 – 습보갈문왕 – 지증왕으로 되는데, 위의 두 문헌의 문제점을 재해석할 수 있다. 『삼국사기』의 경우 지증왕이 내물왕의 증손이라는 계보전승은 잘못된 것이지만, 내물왕 – 습보갈문왕 – 지증왕이라는 인명 전승은 정확한 것이다. 『삼국유사』의 경우 습보를 기보라고 인명이 잘못 전승된 결함은 있으나, 계보전승만은 확실하다. 『삼국사기』에는 지증왕이 앞 왕인 소지왕의 재종제 즉 6촌 동생으로 되어 있지만(『三國史記』 권 4, 新羅本紀 4, 智證王 즉위), 소지왕은 내물왕의 증손이며 지증왕은 내물왕의 손자이므로 소지왕의 종숙부가 되어 6촌 동생이라는 전승은 잘못된 것이다. 이와 같이 『삼국사기』에는 왕위계승상에서의 정당성을 부여하려는 목적에서 전왕과 신왕의 혈연관계를 상정하는 경우가 있으면서도 전체 계보 전승은 정확하게 되어 있는 측면을 엿볼 수 있다. 다시 말하면 무령왕의 계보도 『三國史記』 보다 백제 고유의 전승인 『백제신찬』의 기록이 정확한 것이다.

에 사신을 파견하여 '고구려를 累破하였음'[14]을 강조한 것은 단 몇 차례의 전투만을 의미하는 것이 아니라, 고구려가 말갈과 공모한 것 외에 말갈 단독의 백제 침공도 포함되는 것으로 생각한다.[15]

이에 대해 백제는 동맹을 맺은 신라와 연계하여 고구려의 위협을 극복할 수 있었다. 말갈의 침공이 있은 직후 백제는 485년 신라에의 聘問, 493년 신라 왕녀와의 혼인 등을 통해 신라와 우호를 강화하고 481년과 494년 고구려의 신라 침공에 대한 군사 지원, 495년 고구려의 백제 침공에 대한 신라의 군사 지원 등 상호 군사적 지원을 전개하였다.

나) 1의 기록에 보이듯이 481년 고구려의 대대적인 신라 침공에서는 백제뿐 아니라 특히 대가야까지 합세하여 신라를 구원한 점은 5세기 후반 당시 한반도 중남부의 정세가 단순히 나제동맹으로 고구려의 위협을 극복한 것이 아니라, 4세기 후반부터 지속된 동맹체제 가운데 광개토왕 남정 이후 왜를 제외하고 가야 세력도 일정 정도의 역할을 담당한 것으로 판단된다. 이와 같이 5세기 후반 한반도 중남부의 세력 형세는 북방의 고구려에 대응하기 위한 자구의 노력이라 해야 할 것이다.

---

14) 『三國史記』 권 26, 百濟本紀 4, 武寧王 21년 11월.

15) 宣石悅, 2006, 「『三國史記』 百濟·新羅 本紀에 보이는 靺鞨 認識」, 『지역과 역사』 19, 25~27쪽.

16) 『三國史記』 권 3, 新羅本紀 3, 炤知麻立干 3년 3월.

Ⅲ. 백제의 기문·대사 진출과정

1. 5세기 말 백제의 가야 진출 시도

앞 장에서 살펴보았듯이 4세기 후반 백제가 고구려의 위협에 대응하기 위해 결성되었던 백제-가야-왜 동맹체제는 광개토왕의 남정으로 일본열도의 왜가 탈락하여 와해되고 5세기 중엽 이후 새로이 신라가 참여하게 됨으로써 고구려의 위협은 어느 정도 해소되어 소강상태에 들어간 것이다.

5세기에 이르러 백제는 남조의 東晋·宋으로의 사신 파견뿐 아니라 472년 북조의 北魏로의 사신 파견 등 중국과의 교섭을 통하여 고구려의 위협을 외교적으로 해결하려 하였으나, 475년 수도 한성이 함락됨으로써 외교교섭은 실패로 끝났다. 웅진천도 이후에도 백제는 남조와의 외교교섭이 전개되었으나, 고구려의 방해로 제대로 수행되지 못하였다. 한편으로 백제는 476년 남방의 탐라와도 교섭이 이루어지고 498년에는 동성왕이 적극적으로 추진하였다. 이는 백제가 해양을 통한 대외교류를 확대하기 위한 노력의 일환일 뿐만 아니라 광개토왕 남정 이후 소원해진 일본열도 왜와의 교섭을 새로운 루트를 통하여 시도하려 한 것으로 생각된다. 일본열도의 왜는 여러 세력으로 존재하였는데, 기내의 야마토왜는 백제와 교섭하였다. 전통적으로 한반도의 세력들과 지속적으로 교섭한 것은 규슈세력이었으며, 그 가운데 玄界灘 연안세력에서 有明海 연안세력으로 對韓半島 교섭주도세력이 교체되었으며, 영산강세력과도 교섭활동이 강화되었다.[17]

---

17) 白石太一郎, 2004, 「もう一つの倭·韓交易ルート」, 『國立歷史民俗博物館研究報告』 110, 487~497쪽.

이러한 와중에 백제는 새로운 정세 변화를 맞이하면서 한반도 남부에 대한 대응책을 강구하게 되었는데, 그것은 다음의 기록을 통해 살펴볼 수 있다.

다) 1 紀生磐宿禰는 任那에 의거하면서 高麗[필자주 : 고구려, 이하 고구려]와 서로 통하여, 장차 서쪽에서 삼한의 왕이 되고자 하여 관부를 정비하고 스스로 神聖이라 칭하였다. 임나의 佐魯 那奇他甲背 등의 계책을 써서 爾林[이림은 고구려 땅이다.]에서 百濟의 適莫爾解를 죽이고, 帶山城을 쌓아 동쪽 길을 막아 지켜 군량을 운반하는 나루를 차단하여 군대가 굶주려 고통스럽게 하였다. 백제의 왕이 크게 노하여 領軍 古爾解와 內頭 莫古解 등을 보내어 무리를 거느리고 帶山에 나아가 공격하게 하였다. 이에 생반숙녜는 군사를 나아가게 하여 맞받아 싸워 사기가 왕성하여 향하는 곳마다 모두 깨뜨리니 일당백이었다. 얼마 있다가 군사가 거의 힘이 다하여 일이 이루어지지 않음을 알고, 임나에서 돌아왔다. 이로 인하여 백제국은 좌로 나기타갑배 등 300여 명을 죽였다.[18]

위 기사는 기생반숙녜가 임나에 머물면서 고구려와 교통하여 백제의 남방진출을 저지하고자 하였는데, 임나의 재지지배세력의 계책을 활용하여 백제를 공격함으로써 충돌이 야기되었다는 것이다. 이에 백제는 군대를 파견하여 그들의 거점을 공격하여 격파하고 임나의 재지세력을 타멸하고 있다.

이 기록에 대해 왜가 가야지역에 대해 군사적으로 개입하였음을 상정한 해석이 있지만,[19] 백제가 제압한 대상은 기생반숙녜가 아니라 나기타

---

18) 『日本書紀』권 15, 顯宗紀, 3년(487) 是歲.
19) 末松保和, 1971, 『任那興亡史』, 吉川弘文館, 105~106쪽.

갑배 등 300여 명의 재지세력이라는 점을 참고하면 『日本書紀』 찬자의 조작으로 보이므로 이는 수긍할 수 없다. 또한 문제의 기사는 왜인 기생반 숙녜가 다스리는 가야지역이라고[20] 볼 수도 없으며, 나기타갑배가 주체로 되는 재지세력에 대해 백제 세력의 남진과정을 반영하는 것으로 이해해야 할 것이다. 이 사건을 섬진강 유역에 대한 백제의 남하과정에서 일어난 것으로 파악하여 백제와 가야만의 문제로 국한시키는 견해도 있으나,[21] 나기타갑배의 활동이 상징하는 반백제적인 분위기는 인정할 수 있고 또한 이림이 고구려 땅이라는 사실을 달리 부정할 만한 근거가 없는 한 고구려와의 관련성을 완전히 배제할 수는 없을 듯하다.

여기서의 문제는 고구려 땅이라고 명시된 이림과 백제군과 대치하고 있는 帶山城의 위치 비정에 대한 것이다. 먼저 이림의 위치에 대해서는 충남 예산 대흥으로 보는 견해가 유력한 견해로 되어 있다.[22] 나기타갑배 등이 이림 부근에서 대산성을 쌓고 백제가 동쪽 길로 나아가는 것을 막았다고 하는 점을 참조해야 할 것이고, 또한 중원고구려비의 新羅土內幢主의 존재를 감안하면 5세기 후반 고구려는 충주지역을 남방 거점으로 하면서 신라 영내의 주요 거점에 군사를 주둔시키고 있었음을 유의해야 할 것이다.

이렇게 볼 때 사건이 일어난 지역은 전북 동부지역에 해당되는 것으로 볼 수 있나. 백제가 전북 동부지역으로 진출하는 통로에 대해서는 충남 서해안을 통해 전북 내륙으로 들어가는 루트와 웅진에서 내륙으로 나아가 전북지역으로 진출하는 루트를 상정할 수 있다. 이림과 대산성의 위치

---

20) 坂本太郎 校注, 1965, 『日本書紀』上, 1965, 640쪽.
21) 延敏洙, 1990, 「六世紀前半 加耶諸國을 둘러싼 百濟·新羅의 動向 −소위 '任那日本府' 說의 究明을 위한 序章−」, 『新羅文化』 7, 東國大 新羅文化研究所 ; 1998, 『고대한 일관계사』, 혜안, 169쪽.
22) 鮎貝房之進, 1937, 「日本書紀朝鮮地名攷」, 『雜攷』 7 하권, 115~117쪽.

가 전북 동부의 내륙지역인 점, 이림이 고구려의 땅이라고 할 경우 당시 고구려가 신라 영내에 군대를 주둔하고 있었던 상황 등을 고려해 보면 백제의 전북 동부 내륙으로의 진출 경로는 후자의 내륙을 통한 것으로 볼 수 있다.[23] 그리고 501년 동성왕이 탄현에 책을 설치한 조처가 신라에 대비한 것[24]이라고 한 점은 무언가 석연치 않은 의문이 든다. 당시 백제와 신라는 동맹을 맺고 고구려의 위협에 대비하고 있는 상황에서 백제가 책을 설치하여 신라에 대비한 것이 아니라 고구려가 동쪽에서 백제를 위협할 수 있는 가능성이 더 클 것이다.

앞 절의 나) 1 기사에서 보듯이 481년 고구려가 신라를 대대적으로 공격하여 신라의 왕도에 가까운 미질부 즉 흥해에까지 진격하자 백제와 대가야가 신라를 구원하였다는 사실이 그것을 방증해 주는 것이다. 481년 고구려의 신라 침공은 전쟁의 규모를 고려해 보면 단순히 일시적인 전투 상황이 아니라 장기간에 걸친 전쟁이었고, 524년에 건립된 울진봉평신라비의 내용을 참조하면 신라 북방의 위협이 그 후에도 상시 존재하고 있었던 것이다. 이와 같은 위협 속에서 백제도 또한 고구려의 위협에 대응하기 위하여 소백산맥 방면으로부터 고구려의 위협을 대비하기 위해 탄현에 책을 설치하였던 것이며, 또한 다)1의 기록과 같이 전북 동부의 재지 세력이 인접한 고구려와 결탁하여 백제의 위협에 대응하려는 상황에서 백제는 군사적 대응을 전개한 것으로 볼 수 있을 것이다.

4세기 후반 백제는 고구려의 위협에 대응하기 위하여 한반도 남부의 여러 세력과 손을 잡고 가야를 매개로 하여 일본열도의 왜와도 동맹을 맺었

---

23) 백제 수도 웅진에서 전북 동부지역으로 나아가는 구체적인 경로는 공주→논산→진안군 용담 월계리산성→장수군 산서면 등으로 추정할 수 있다(郭長根, 2006, 「웅진기 백제와 가야의 역학관계 연구」, 『百濟研究』 44, 99쪽).

24) 『三國史記』 권 26, 百濟本紀 4, 東城王 23년 7월.

다. 400년 전후 고구려 광개토왕의 남정으로 인하여 임나가라의 쇠퇴에 의한 가야지역의 세력 재편과 아울러 일본열도 내의 정세는 불안하게 되어 백제·가야·왜 동맹은 와해되었고, 이에 백제는 다시 신라와 동맹을 맺어 기존의 가야를 포함하는 한반도 중남부 여러 세력의 대고구려 공수동맹을 구축하게 되었다. 이러한 노력에도 불구하고 백제는 고구려의 침공으로 수도 한성이 함락되고 남쪽 금강유역의 웅진으로 천도하게 되었으며, 동성왕대에 이르러 백제는 약화되고 위축된 국력을 신장하고 세력의 확장을 꾀한 것이 위의 사건으로 연결되었던 것이다.

2. 6세기 초 백제의 기문·대사 진출

앞서 보았듯이 백제는 전북 동부지역으로 세력을 확장하였지만, 웅진을 거점으로 하는 국가체제로서는 한성시기의 국력을 능가할 만큼 신장시킬 수 있는 대안을 마련하지 못하여 새로운 대책이 필요하였을 것이다. 그것은 다름 아닌 가야로의 세력 확대였으며, 첫 시도가 섬진강유역의 기문·대사로의 진출이다.

백제는 4세기 후반부터 백제·가야·왜 동맹을 결성하여 고구려에 대응하였는데, 이는 외교적 교섭을 통한 지원세력의 결집이라는 정책을 지속적으로 취해온 것이었다. 그러나 웅진천도 이후 종래 외교 중심의 대외정책에서 탈피하여 군사적 진출을 통한 세력의 확대를 도모하는 방향으로 전환하였으며, 앞 절에서 보았듯이 대산성 전투는 그러한 정책 변화를 보여주는 군사행위라고 할 수 있을 것이다.

라) 1 사자를 백제에 보내었다.[分註: 百濟本紀에 말하기를 '久羅麻致支彌가 日本에서 왔다.'라고 하는데, 잘 알 수가 없다.] 任那의 日本 縣邑에 있는 백제의 백성에 부랑·도망하여 貫籍이 끊어진지 3~4代가 되는 자를 골

라내고 아울러 백제로 옮겨 관적에 속하게 하다.[25]

라) 2 百濟가 사신을 보내어 調를 바치다. 따로 표를 올려 任那國의 上哆唎·
　　下哆唎·沙陀·牟婁 4縣을 청하다. 哆利國守 穗積臣押山이 아뢰기를 "이
　　4縣은 백제와 가까이 붙어 있고 일본과는 멀리 떨어져 있습니다. ……
　　표에 의거하여 任那 4縣을 주다.[26]

위의 두 기사는 상호 관련이 되는 연결 기사로서 『일본서기』 찬자의
윤색을 제거하고 라)1의 경우 6세기 초에서 3-4세대를 소급하면 5세기
전·중반에 걸친 시기에 해당되므로, 그 시기에 '가물어 곡식이 익지 않
았으므로 백성들이 굶주려 신라로 흘러 들어간 자가 많았다[27]' 라고 한
기록과 같이 백제에서는 백성들의 유망기사가 몇 차례 보이고 있어 시기
적으로 부합한다고 볼 수 있다. 물론 해당 기록은 백제의 백성이 고구려
나 신라로 유망한 사실만을 기록한 것이므로 가야에로의 유망 기록은 찾
아볼 수 없지만, 그것은 『삼국사기』 삼국본기의 특성상의 문제일 뿐 백
제와 친선관계에 있었던 가야지역으로도 이주나 유망이 있었음은 추정
가능하다. 또한 고고학 자료를 통해 볼 때 이 시기 대가야유적에서 백제
계 위세품이 보이는 점도 양국의 교류에 의한 주민 교통도 충분히 예상
된다.[28] 백제는 앞서 전북 동북 내륙지역으로 진출한 이후 계속 남진하여
대가야지역에 있던 백제 유민들을 다시 초치하여 대가야와의 갈등이 예
상되는 것이며, 라)2 기록의 임나 4현 할양은 왜가 백제에 주었다기보다
는 백제가 해당지역을 차지하고자 하는 의도가 내포되어 있는 것으로 이

---

25) 『日本書紀』 권 17, 繼體紀, 3년(509) 2월.
26) 『日本書紀』 권 17 繼體紀, 6년(512) 12월.
27) 『三國史記』 권 25, 百濟本紀 3, 毗有王 21년.
28) 李漢祥, 「加耶의 威勢品 生産과 流通」, 『가야 고고학의 새로운 조명』, 혜안, 2003,
　　654~681쪽.

해된다. 이와 같은 맥락에서 볼 때 위의 기사를 다음의『일본서기』계체기에 보이는 백제의 기문·대사 점령사건과 연결시키는 견해가 어느 정도 타당하다고 생각한다.[29]

라) 3 ① 백제가 姐彌文貴 장군·州利卽爾 장군을 穗積臣押山에 딸려 보내 五經博士 段楊爾를 바치다. 따로 아뢰기를 "伴跛國이 약탈한 저희 나라 己汶의 땅을 빼앗았습니다. 엎드려 청하건대 천은으로 판단하여 다시 본래대로 속하게 하도록 청합니다."라 하다.[30]

② 조정에서 百濟의 姐彌文貴 장군, 斯羅의 汶得至, 安羅의 辛己奚·賁巴委佐, 伴跛의 旣殿奚·竹汶至 등을 줄세우고 은칙을 내려 己汶·帶沙를 백제에 주다.[31]

③ 伴跛國이 戢支를 보내어 진기한 보물을 바치고 己汶 땅을 청하였으나 끝내 주지 않았다.[32]

④ 伴跛는 子吞·帶沙에 城을 쌓고 滿奚와 연결하고 烽候와 邸閣을 설치하여 日本에 대비하다. 또 爾列比·麻須比에 성을 쌓고, 麻且奚·推封에 걸치게 하다. 士卒과 兵器를 모아 新羅를 핍박하여 남녀 백성을 납치하고 촌읍을 약탈하여 흉한 형세가 더해질수록 남겨진 것이 없었다.[33]

---

29) 森俊道, 1983,「任那日本府の加不至費直」,『東アジアの古代文化』37, 44~45쪽.
　　全榮來, 1985,「百濟 南方境域의 변천」,『千寬宇先生還歷紀念 韓國史學論叢』, 45~147쪽.
　　延敏洙, 앞의 책, 167~172쪽.
　　李根雨, 1994,『日本書紀에 引用된 百濟三書에 관한 研究』, 韓國精神文化研究院 박사학위논문, 160쪽.
30)『日本書紀』권 17, 繼體紀, 7년(513) 6월.
31)『日本書紀』권 17, 繼體紀, 7년(513) 11월.
32)『日本書紀』권 17, 繼體紀, 7년(513) 是月.
33)『日本書紀』권 17, 繼體紀, 8년(514) 3월.

⑤ 백제의 사자 文貴 장군 등이 귀국하기를 청하다. 이에 조칙으로 物
部連을 딸려 보내어 돌아가게 하다(『日本書紀』卷 17, 繼體紀 9년
(515) 2월). 沙都嶋에 이르니 伴跛人이 한을 품고 독을 머금어 강성
함을 믿고 포악하여 제멋대로 한다는 것을 전해 듣다. 物部連은 水兵
5백명을 거느리고 곧장 帶沙江에 이르다. 文貴 장군은 신라로부터
돌아가다.[34]

⑥ 物部連이 帶沙江에서 엿새 동안 머무르다. 伴跛가 군사를 일으켜 쳐
서 옷을 벗기고 가지고 있는 물건을 빼앗고 막사를 불태우다. 物部
連 등은 두려워 도망하여 겨우 목숨을 보전하여 汶慕羅에 머물다.[35]

⑦ 백제가 前部의 木刕麻甲背를 보내어 物部連 등을 己汶에서 위로하고
이끌어 입국시키다. 군신이 각기 옷과 재물 비단을 내어 國物에 더
하여 조정에 쌓아놓고 위문함이 은근하였고, 보상과 녹이 매우 많
다.[36]

⑧ 백제가 州利卽次 장군을 보내 物部連을 따라가게 하여 己汶의 땅을
준 것을 사례하다. 따로 오경박사 漢高安茂를 바치고 박사 段楊爾를
대신해줄 것을 청하니 그에 따라 교대하다.[37]

⑨ 백제왕이 下哆唎國守 穗積押山臣에게 이르기를 “무릇 조공하는 사자
는 늘 嶋曲[分註: 바다 섬의 굽은 부리를 말한다. 속칭 미사키라 한
다.]을 피하려다 풍파에 괴롭다. 이로 인해 가져간 물건이 젖어 모두
상하여 알아볼 수 없다. 加羅의 多沙津을 조공하는 길로 삼을 것을
청한다.” 이로써 押山臣이 들은대로 주상하다.[38]

⑩ 物部伊勢連父根 · 吉士老 등을 보내 ‘津’을 백제왕에게 주다. 이에 加
羅王이 칙사에게 이르기를 “이 나루는 관가를 둔 이래로 조공하는

---

34) 『日本書紀』 권 17, 繼體紀, 9년(515) 是月.
35) 『日本書紀』 권 17, 繼體紀, 9년(515) 4월.
36) 『日本書紀』 권 17, 繼體紀, 10년(516) 5월.
37) 『日本書紀』 권 17, 繼體紀, 10년(516) 9월.
38) 『日本書紀』 권 17, 繼體紀, 23년(529) 3월.

나루였다. 어찌 문득 다시 이웃나라 에 주는가? 처음에 봉해준 것을 어길 수 있는가?" 칙사 父根 등은 이로 인해 면전에서 주기 어려워 물러나 大嶋로 돌아와 따로 錄史를 보내어 결국 扶余[=백제]에게 주다. 이 때문에 加羅는 斯羅와 한패가 되어 日本을 원망하다. 加羅王은 신라의 王女에 장가들어 드디어 자식을 두었다.[39]

라) 3의 일련의 기사는 백제가 기문 대사를 점령한 사실을 말해주고 있는 것이지만, 사료상으로는 왜가 백제에게 할양해주고 대가야의 반환 요구를 거절하고 있는 것으로 되어 있다. 이들 일련의 기록에 대해 왜가 개입된 기사들에 대해 사료비판을 간략히 개진해 보면 다음과 같다. ①의 경우 백제가 왜에게 기문의 땅을 요구하는 대가로 오경박사를 바쳤다는 점, 이와 관련된 기사로서 ⑧의 오경박사를 교체 한 점이 백제가 왜의 기문대사 요구와는 무관한 것으로 보인다. ②의 경우 왜가 백제 신라 안라 반파 등의 사신을 입회시켜 기문 대사를 백제에게 하사한다는 형식은 『일본서기』에 상투적으로 보이는 표현으로 7세기 이후 왜가 인식하는 것으로 한반도 제국에 대한 蕃國觀을 내세우는 문구에 불과하다. 이와 연관하여 ① ⑤ ⑥ ⑦ ⑧ ⑨ ⑩의 기사들에서 보이는 내용은 이전부터 백제와 왜가 관행적으로 취해온 외교 교섭을 나타내는 것에 불과하며, 그 사실을 왜의 입장에서 시술하였을 뿐이다. ③을 비롯하여 ④ ⑤ ⑥ ⑦의 일련의 기사에서 왜의 조처에 대해 대가야가 반발하는 대응책을 강구하는 기록은 대가야가 왜가 아닌 백제에 대한 대응으로 전환하여 이해해야 한다.

이들을 종합해 볼 때, 위의 일련의 기사들은 백제가 기문 대사를 점령한 사실을 중심으로 하면서 왜가 백제와 교섭하는 데 있어 대사지역이 교섭의 중간기착지로서 부각되고 있는 것이다. 가장 주목되는 기사는 ⑨의

---

39) 『日本書紀』 권 17, 繼體紀, 23년(529) 是月.

기사로서 백제가 왜에 대한 조공루트로서가 아니라 왜가 백제와 교섭할 경우 백제로 가는데 편의를 제공받을 수 있는 거점으로 활용하기에 용이한 이점을 백제가 제공해 줄 수 있는 것으로 해석된다. 이와 연동되어 ⑩의 기사에서는 앞서 서술된 대가야와 관련된 기사들과 연결해 볼 경우 왜가 대가야 등의 사신이 보는 앞에서 백제에게 다사진을 주지 못하고 따로 백제 사신에게 하락한다는 표현 역시 蕃國觀에 입각한 형식적인 역사서술의 편린일 뿐 사실로 볼 수 없고, 당시 야마토 왜가 일본열도의 형세를 의식하고 있었다고 생각한다. 일본열도에서 여러 왜 세력 가운데 가야와 지속적으로 교섭을 전개해온 규슈의 세력은 야마토 왜의 대백제 외교가 규슈의 중개를 거치지 않고 직접적으로 연결하려는 의도에 대한 반발이 야기될 우려를 가지고 있었기 때문에 그와 같은 표현을 썼던 것으로 보인다. 이러한 우려는 결과적으로 이와이 전쟁으로 진행되었을 것이다. 백제의 입장에서 본다면 이상에서 살펴본 바에서 한 가지 짚고 넘어가야 할 부분이 있다. 일반적으로 대가야의 대외교섭창구를 다사진으로 보고 고령에서 기문 대사를 거쳐간 것으로 보는 것이 일반적인 통설이지만, 필자는 이에 대해 달리 생각한다.

대가야의 중심인 고령은 낙동강의 본류와 합류되는 지점에 위치하고 있으므로 낙동강 수로를 이용하여 남해로 나와 중국이나 일본열도로 가는 것이 가장 용이한 교섭루트로 볼 수 있다. 그럼에도 불구하고 대가야가 멀고도 지리한 섬진강 수계를 거쳐 하동의 다사진에 까지 나아가 중국이나 일본열도로 간다는 것은 교통지리적인 관점에도 납득이 가지 않는 것이다. 물론 낙동강 하류는 400년 고구려 광개토왕의 남정에 의해 낙동강 동안에 신라가 진출하고 그 서안에 가야 세력이 대치하는 상황으로 전개되고 있다 하더라도, 대가야가 고령에서 낙동강 수로를 통해 대외교섭을 전개하는 것이 불가능하다고 인식하는 것은 너무나도 현대적 국경개념으로 해석한 것이 아닐까.

고고학적 연구성과에 의하면 5세기 이후 가야지역의 낙동강 하류유역이나 남해안에는 왜계 유물이나 고분 등이 발견되고 있음은 주목된다. 광개토왕 남정 이후 가야지역에서 대왜교섭의 구심점이 사라지고 세력 재편이 이루어져 가는 상황에서도 가야지역에 왜계유물의 존재가 일본열도의 여러 지역에 있었던 왜인의 가야 이주와 양자간의 다양한 교류를 말해주고 있는 것이다.[40] 이는 섬진강 수계를 통한 대가야의 대외교섭 통로를 재검토하게 하는 증좌라고 할 수 있다.

IV. 맺음말

이상에서 백제가 섬진강 수계의 기문 대사를 점령한 과정을 살펴보았는데, 이를 요약하면 다음과 같다.

『일본서기』 신공기에는 본 주제와 관련된 기록이 있어 이에 대한 사료비판을 시도하였다. 신공기의 기록은 7세기 이후 형성된 왜의 번국관에 입각하여 서술되고 있어 엄밀한 분석이 필요하다는 사실은 일반적인 것이다. 즉 신공기에는 한반도와의 관련 기록이 4세기대의 사실로 이해되는 부분도 있고 5세기 6세기에 해당되는 사실도 있으므로, 본고에서는 4세기 후반 근초고왕대부터 백제의 대외교섭에 대해 살펴보았다. 4세기 후반부터 백제의 한반도 남부의 가야와 교섭하고 이를 매개로 일본열도의 왜와도 통교하였는데, 이는 군사적 행위로서가 아니라 외교적 수단을 통해 전개된 것이다. 신공기의 군사적 활동기록은 4세기대의 사실이 아

---

40) 홍보식, 2006, 「한반도 남부지역의 왜계 요소」, 『한국고대사연구』 44, 37~55쪽.

니라 웅진천도 이후 백제의 위기타개책의 일환으로서 한반도 남부지역에 대해 군사적 진출을 꾀한 것으로 기년을 수정하여 이해하였다. 이러한 신 공기의 기록을 5세기 말 6세기 초에 해당되는 『일본서기』의 관련 기록과 대조하여 보면 백제의 행위는 기문 대사의 점령으로 일단락되며 이후 백 제의 목표는 가야지역에로의 진출로 귀결된다.

6세기 초 백제가 기문 대사로 진출한 역사적 의미는 기존의 통설과 같 이 대가야의 대외교섭 창구인 대사지역을 장악하여 대가야를 압박하려는 의도는 아니라고 보았다. 5세기 말 백제가 군사적 수단을 동원하여 전북 동부지역을 장악한 것은 그 곳의 재지세력이 고구려와 연계하려는 것을 차단하여 4세기 중엽 이후부터 상존해온 고구려의 위협을 극복하려 한 바와 같이 웅진천도 이후 고구려의 새로운 시도에 대한 대응이었다. 그리 고 백제의 기문 대사 점령은 대왜교섭을 보다 원활하게 추진하기 위하여 중간 거점을 확보하려는 것이며, 이는 고구려가 수군으로서 서해안을 장 악하여 백제의 대외교섭을 방해한 데 대한 새로운 대응책이었다. 백제는 웅진으로부터 출발하는 대왜교섭을 고구려에 의해 저지당하는 데 대한 대책으로서 기문대사를 점령하였던 것으로 이해하였다.

いわゆる「任那4県割譲」記事の新解釈

田中俊明*

目 次

はじめに

［史料1］『日本書紀』継体6年（512）条には

冬十二月、百済遣使貢調。別表請任那国上哆唎・下哆唎・娑陀・牟婁、四県。哆唎国守穂積臣押山奏曰、此四県、近連百済、遠隔日本。旦暮易通、鶏犬難別。今賜百済、合為同国、固存之策、無以過此。然縦賜合国、後世猶危。況為異場、幾年能守。大伴大連金村、具得是言、同議而奏。廼以物部大連麁鹿火、宛宣勅使。物部大連、方欲発向難波館、宣勅於百済客。其妻固要曰、夫住吉大神、初以海表金銀之国、高麗・百済・新羅・任那等、授記胎中誉田天皇。故大后息長足姫尊、與大臣武内宿祢、毎国初置官家、為海表之蕃屏、其来尚矣。抑有由焉。縦削賜他、違本区域。綿

* 日本 滋賀県立大学

世之刺、詎離於口。大連報日、教示合理、恐背天勅。其妻切諫云、称疾莫宣。大連
依諫。由是、改使而宣勅。付賜物并制旨、依表賜任那四県。大兄皇子、前有縁事、
不関賜国、晩知宣勅。驚悔欲改。令日、自胎中之帝、置官家之国、軽随蕃乞、輒爾
賜乎。乃遣日鷹吉士、改宣百済客。使者答啓、父天皇、図計便宜、勅賜既畢。子皇
子、豈違帝勅、妄改而令。必是虚也。縦是実者、特杖大頭打、孰與特杖小頭打痛乎
、遂罷。於是、或有流言日、大伴大連、與哆唎国守穂積臣押山、受百済之略矣。

　（冬十二月、百済は使者を派遣して貢調させた。そして別に表文を送ってきて、任
那国の上哆唎・下哆唎・娑陀・牟婁の四県を要求した。哆唎国守穂積臣押山が奏し
て言った。「この四県は、百済とは近く連らなっており、日本とは遠く隔っており
ます。朝や暮れに百済とは通じやすく、鶏や犬も区別しがたい距離であります。今
、百済に賜わって、ひとつの国に合わせたならば、そもそもそれを存続させる策と
してはそれ以上のものはありません。たとえ賜わって国を合わせても、後世にはな
お危険もあります。まして合わさないままにしておけば、いったい何年守ることが
できましょうか」と。大伴大連金村がこの発言を受けて、賛成の意を表明した。そ
こで物部大連麁鹿火を宣勅使に宛てた。物部大連は難波館に向かって出発し、百済
の客に勅を宣べようとした。しかしその妻が強く諫めて言った。「そもそも住吉大
神は、最初、海表の金銀の国である高麗・百済・新羅・任那等を胎中誉田天皇に授
記されました。そのため大后息長足姫尊は、大臣武内宿祢とともに、国ごとに初め
て官家を置き、海表の藩屏とされたのです。その由来は古いもので、その理由もあ
るのです。もしそれを削って、他の国に賜るようなことがあれば、もとの区画と異
なることになります。のちの世にまでそしりをうけつづけることでありましょう」
と。大連が答えて言った。「教え示すことは理にかなっているが、天皇の勅に背く
ことを恐れる」と。その妻が懇切に諫めて言った。「病気と称して、宣べてはいけ
ません」と。大連は　諫めに従っ　た。そのため、改めて使者を送って、勅を宣べ、
賜物および制旨を与え表によって任那の四県を賜わった。大兄皇子（のちの安閑）
は別の仕事があって、国を賜うときに関与しておらず、遅くに宣勅を知った。驚き
悔やみ、改めたいと思った。そこで命令して言った。胎中帝（応神）以来、官家を
置いている国を、軽々しく蕃国の要請に従って、容易に賜わってよいのか」と。そ
して日鷹吉士を派遣し、改めて百済の客に宣べた。使者が答えて言った。「父天皇
が便宜を計って、勅し賜わって、すでにおわりました。子である皇子がどうして帝
勅を違えて、妄りに改めて命令しようとするのでしょうか。必らずやこれは偽りで

　しょう。もしそれが本当ならば、大きな頭の杖で打つのと、小さい頭の杖で打つのと、どちらが痛いでしょうか」と。遂に帰っていった。この時になって、あるものが流言して言った。「大伴大連と哆唎国守穂積臣押山とは、百済の賄賂を受け取った」と。

　という記事がある。一般に「任那4県割譲」の記事として知られているものである（以下、割譲記事とよぶ）。

　これに従えば、「任那4県」の地は、日本の天皇の直轄地（官家）であったが、百済がその地を賜与して欲しいと要求し、哆唎国守穂積臣押山がそれに口添えをし、さらに大伴大連金村が賛成したことにより、百済に賜与することになった。そのことを伝える使者に任命された物部大連麁鹿火は、その妻が止めたので辞退し、かわりのものが難波館にいる百済の使者に伝えた。その後、そのことを知った大兄皇子が反対し、自分の意見を百済使に伝えさせたが、百済使は、父の天皇が決めたことを子の皇子がいまさら改めることができようか、と拒否し、帰国した。大伴大連と穂積臣押山は、百済から賄賂を受け取っていたという流言がされるようになった、という。

　かつては、『日本書紀』が伝えるままに、日本の天皇は、朝鮮半島に直轄地（ミヤケ）を持っていた、と考えていたため、この記事についても、記されているとおり、ミヤケの一部である「任那4県」の地をこのとき百済に賜与した、と認めてきた。しかし、直轄地を持っていたこと自体が疑われるようになり、この記事も、およそ事実を伝えたものとは異なる、というように理解が変わってきた。

　この記事につづく継体7年〜10年条には、ほぼ似たようなかたちで、百済が「もと百済の己汶」の地を天皇（継体）に要求し、天皇もそれを認めた、と記しているが、わたしはかつて、それが事実とは大きく異なるものであることを明らかにしたことがある（1）。すなわち、己汶とは、百済の領地でも倭と関わる地でもなく、独立した国であり、その状態で、大加耶を中心とする諸国連合（わたしは大加耶連盟と呼んでいる）に加わっていたということ、および、百済がそこに進出してこようとしたため、盟主大加耶を中心にして、連合諸国がそれに対抗したが、結局は、百済の前に屈することになり、己汶が奪い取られてしまったということを明らかにしたのである。

　そして、それと対比すれば、それに先立つこの「任那4県」についても、現実には、百済が実力で、その地を領有するようになったことを、『日本書紀』的な表現で記している、と明確に指摘することができると考えた。

　しかし、改めて、その記事自体を検討してみたところ（2）、別の解釈ができるようになった。ここでは、その新たな解釈について述べることにしたい。

I. 割譲記事の史料系統

　割譲記事を検討する上で、それにつづく、いわゆる己汶・多沙をめぐる記事との対比が不可欠である。そこで、まず己汶・多沙をめぐる記事を掲げることにしたい。

　［史料2］『日本書紀』継体7年（513）〜10年（516）条
　七年夏六月、百済遣姐弥文貴将軍・州利即爾将軍、副穂積臣押山【百済本記云、委意斯移麻岐弥】。貢五経博士段楊爾。別奏云、伴跛国略奪臣国己汶之地。伏願、天恩判還本属。……

　冬十一月辛亥朔乙卯、於朝庭、引列百済姐弥文貴将軍、斯羅汶得至、安羅辛巳奚及賁巴委佐、伴跛既殿奚及竹汶至等、奉宣恩勅。以己汶・滞沙、賜百済国。

　是月、伴跛国、遣戢支献珍宝、乞己汶之地。而終不賜。……

　八年……三月、伴跛築城於子呑・帯沙、而連満奚、置烽候邸閣、以備日本。復築城於爾列比・麻須比、而絙麻且奚・推封。聚士卒兵器、以逼新羅。駈略子女、剥掠村邑。凶勢所加、罕有遺類。夫暴虐奢侈、悩害侵凌、誅殺尤多。不可詳載。

　九年春二月甲戌朔丁丑、百済使者文貴将軍等請罷。仍勅、副物部連【闕名】遣罷帰之【百済本記云、物部至々連】。

　是月、到于沙都島、伝聞伴跛人、懐恨衝毒、恃強縦虐。故物部連、率舟師五百、直詣帯沙江。文貴将軍、自新羅去。

　夏四月、物部連於帯沙江停住六日。伴跛興師往伐。逼脱衣裳、劫掠所齎、尽焼帷幕。物部連等、怖畏逃遁。僅存身命、泊汶慕羅【汶慕羅嶋名也】。

　十年夏五月、百済遣前部木劦不麻甲背、迎労物部連等於己汶、而引導入国。群臣各出衣裳斧鉄帛布、助加国物、積置朝庭。慰問愍懃。賞禄優節。

　秋九月、百済遣州利即次将軍、副物部連来、謝賜己汶之地。別貢五経博士漢高安茂、請代博士段楊爾。依請代之。

　戊寅、百済遣灼莫古将軍・日本斯那奴阿比多、副高麗使安定等、来朝結好。

（ａ）七年（５１３）夏六月、百済が倭に対して姐彌文貴将軍・州利即爾将軍を派遣し穂積臣押山【百済本記には「委意斯移麻岐彌」とある】にしたがわせて五経博士段楊爾を貢上し、「伴跛の国が、わが国の己汶の地を略奪しました。伏して願いもうしあげます。天恩をもちまして本属に還していただきますように」と要請してきた。

（ｂ）冬十一月乙卯、朝廷に百済の姐彌文貴将軍、斯羅の汶得至・安羅の辛巳奚と賁巴委佐、それに伴跛の既殿奚・竹汶至らを召集し、勅を宣べて己汶・滯沙を百済国に賜わった。

（ｃ）その月、伴跛も倭に使者戟支を派遣し、珍宝を献じて己汶の地を乞うたが、倭は拒否した。

（ｄ）そこで伴跛は、八年（５１４）三月、子呑・帯沙に築城し、満奚に連らね、烽台や邸閣を置いて日本に備えた。また爾列比・麻須比に築城して麻且奚・推封と連係させ、士卒・兵器をあつめて新羅にせまった。子女・村邑を略奪し、残すものがなにもなかった。その暴虐ぶりはつまびらかに載せることができない。

（ｅ）九年（５１５）二月丁丑、百済の使者文貴将軍らが帰国したいというので、倭は物部連【名前の記録がない】らをそわせた【百済本記には「物部至至連」とある】。

（ｆ）その月、物部連らは沙都嶋に至り、伴跛のうらみが強く、好き勝手に残虐なことをすると伝え聞いて、船団５００を率いて、すぐに帯沙江に停泊した。百済の文貴将軍は新羅を経由して帰国した。

（ｇ）夏四月、　物部連は帯沙江に　６日間停泊した。　伴跛は軍を発して攻撃した。（中略）物部連らは恐れて逃げ出し、命からがら汶慕羅【汶慕羅は嶋の名である】にしりぞいた。

（ｈ）十年（５１６）夏五月、百済は、前部木刕不麻甲背を派遣して、物部連らを己汶まで迎えに来て、百済につれかえった。

（ｉ）秋九月、百済は倭に州利即次将軍を派遣して物部連を送ってきた。そして己汶の地を賜わったことを感謝し、五経博士漢高安茂をさきの段楊爾と交代させることを要請してきた。その要請を受けて、交代させた。

［史料３］『日本書紀』継体２３年（５２９）条
百済王謂下哆唎国守穂積押山臣曰、夫朝貢使者、恆避嶋曲【謂海中嶋曲崎岸也。俗

　　云美佐祁】。毎苦風波。因茲湿所齎全壊无色。請以加羅多沙津、為臣朝貢津路。是
　　以押山臣為請聞奏。
　　是月、遣物部伊勢連父根・吉士老等、以津賜百済王。於是加羅王謂勅使云、此津従
　　置官家以来、為臣朝貢津渉。安得輒改賜隣国。違元所封限地。勅使父根等因斯難以
　　面賜、却還大島。別遣録史、果賜扶余。

　　（春三月、百済王が、下哆唎国守の穂積押山臣にいった。「朝貢の使者は、つねに
　　岬を避けようとしていつも風波に苦しんでいます。そのため貢物を濡らしたり壊し
　　たりしています。加羅の多沙津をわが　国の　朝貢の津路となすことを請い願いあげ
　　ます」と。そこで押山臣は、その要請を奏上した。この月、物部伊勢連父根・吉士
　　老らを派遣し、津を百済王に賜わろうとした。そのとき、加羅王は、勅使にいった。
　　「この津は、　官家を置いていらい、　わたしどもが朝貢する港であります。　どうし
　　てたやすく隣国に賜うことができましょうか。もともと封じられた地分とは違うこ
　　とになります」と。勅使の父根らは、これによってこの場でちょくせつ賜うのはむ
　　ずかしいとみて、大嶋にしりぞき、べつに録史を派遣し、けっきょく扶餘（百済）
　　に賜わった。）

　さて、まず割譲記事に「哆唎国守穂積臣押山」という人物が登場するが、継体
紀７年６月条には「穂積臣押山」、さらに継体紀２３年３月条には「下哆唎国守
穂積押山臣」がみえており、それらはいずれも同じ人物を指しているものと考え
られる。
　ところが、継体７年６月条には　「百済本記に云わく、「委意斯移麻岐彌」と」
という分註があり、もともと　「百済本記」　に登場する「委（倭）の意斯移麻岐彌」
を、　日本名にしたものであるとわかる。　では、なぜ初出の６年１２月条に、そ
うした分註をつけないのか。もし６年１２月条も、「百済本記」に基づくもので
あるならば、当然、そこにつけるべき註である。
　このことは、とりもなおさず、割譲記事が、「百済本記」に基づく記事ではな
いことを示すものといわなければならない。
　つとに、坂本太郎は、「この記事は、実際はかなりの時間的経過をとった事実
を圧縮して、十二月の一条にかけたものである。したがって、原史料のなまのお
もかげはなく、編修上の整理がこまごまと重ねられたものと思われる。その原史
料には百済本紀もあれば、日本の記録もあったらしい」と総括したあと、「これ

が日本の記録によっていることを傍証するものとして穂積臣押山の書き方がある。ここでは押山は哆唎国守穂積臣押山と二ヵ所も自信をもって書かれているが、つぎの七年紀にもこの人は出る。七年紀では、百済の姐弥文貴将軍、洲利即爾将軍という使と共に、穂積臣押山が日本に使いしたことになっており、その押山の下に分註して「百済本記云。委意斯移麻岐彌」とある。これは七年紀が百済本記によって書かれたことを示すと共に、穂積臣押山は百済本記には「委意斯移麻岐彌」（ワノオシヤマノキミ）とあったことを示すのである。そして書紀編者はこれを穂積臣押山と解釈して本文にはそう書いたが、多少の疑いを存したので、原文を分註に残したのである。しかし考えて見れば、六年には堂々と押山を出しているのに、つづく七年にこのような危惧を示すのはおかしい。私は、それは全く原史料の相違によるものと思う。六年紀は日本の史料にはっきり穂積臣押山と書いてあったのであろう。だから編者には問題がなかったのである。七年紀の史料は百済本記しかない。そこで、ここでは百済本記に対するいちおうの操作を試みたのである。六年紀に日本の史料を使ったということは、このことで推し量られるのである。このようにいっても、六年紀が日本の史料ばかりであったとは思われない。任那四県の一々の名称などは百済本記によるものであり、押山の、この地を百済に賜うことを得策とするあたりの百済本位の言説も、百済本記によるものらしい。両史料を適宜に按配して、この記事は作られたものと考えられるのである」とする（3）。

それに対して熊谷公男は、「哆唎国守穂積臣押山奏曰」以下を日本側の史料によったものとみたうえで、冒頭部分については、「百済の遣使記事であることと、「上哆唎・下哆唎・娑陀・牟婁」という半島の地名が出てくることからみて、百済系の史料とみてさしつかえない。継体紀は、周知のように、『百済本記』を多用しているので、これもおそらくは『百済本記』によったもので、六年四月という年紀も同史料のものにしたがったのであろう」としている（4）。

しかし、「半島の地名」そのものを百済系の史料に由来するとみるのはいいとして、この記事自体がそのまま「百済本記」からの引用であるかといえば、やはり先にあげた点が疑問として残る。そのような地名は、あとで追記することが可能であり、むしろ「百済本記」からの引用ではないとみるべきである。

II. 割譲記事の新解釈

　このように、割譲記事がもし、「百済本記」にもとづくものでないとすれば、その紀年に信頼すべき点はないことになる。

　それが己汶をめぐる記事に先立つ、継体紀6年条に置かれている点は、大いに注目する必要がある。極めて意図的なものというべきである。加耶の西北に位置する己汶よりも前に「百済が要求した」ところとして、4県の地をとらえているということである。

　これは、百済が、己汶に進出する前に、日本の天皇が、そこに至るまでの地域を、割譲した、というかたちをとりたい、ということであろう。

　己汶は、百済の主張では「臣が国の己汶の地」である。いっぽう多沙は、同じく百済王が「加羅の多沙津」としている。現実には、いずれも、独立した加耶の国であったが、『日本書紀』の立場としても、いずれも「任那の官家」に含めていないことは確かである。その意味で、「任那4県」とは、明確に異なる。そのような、「百済の己汶」「加羅の多沙津」を、「百済に賜わる」よりも前に、「官家」つまり直轄地である四県の地を、割譲した、とすることが、天皇の国外領土政策観としても、必要な図式であったのであろう。

　そのような点からすれば、「任那4県」は、必ずしも、512年に百済が領有化したと考える必要がない。現実には、512年に至るまでに、百済が徐々に獲得してきた地域を、ここで一括して、それはもともと天皇の直轄地であり、それを与えたのである、と記しただけのことであろう。

　そのように考えるために、考えておくべき問題がいくつかある。まず、穂積臣押山は、「哆唎国守」または「下哆唎国守」であったとするが、それはいったいどのような地位であったのか。熊谷公男によれば「「国守」が大宝令制にはじまる官職名と考えられることをふまえると、最終的には『書紀』編者が「任那」を官家とみなす国家的立場から官家にはミコトモチ＝国司が派遣されるべきものと考えてこのように表記したのではないかと思われる」とする（5）。

　しかしもし、地方官として哆唎の統治をしていた、ということにしたいのであれば、「割譲」したあとにもなお、その地位で呼んでいるのは矛盾ではないか。

　下賜したあとにも、哆唎国守は、その地位のままで登場する。それは、その地位が、その名のとおり「国守」ではなく、つまりその地の支配とは関わりなく、つづけることのできる地位であることを示すものと考えるべきである。例えば、倭国内における、哆唎国の担当者、というように。

　次に、大伴金村の問題がある。欽明紀元年（５４０）条に、次のような記事がある［史料４］。

　　九月乙亥朔己卯、幸難波祝津宮。大伴大連金村・許勢臣稲持・物部大連尾輿等従焉。
　　天皇問諸臣曰、幾許軍卒、伐得新羅。物部大連尾輿等奏曰、少許軍卒、不可易征。
　　曩者男大迹天皇六年、百済遣使、表請任那上哆唎・下哆唎・娑陀・牟婁、四県。
　　大伴大連金村、輒依表請、許賜所求。由是、新羅怨曠積年。不可軽爾而伐。於是大
　　伴大連金村、居住吉宅、称疾不朝。天皇遣青海夫人勾子、慰問慇懃。大連怖謝曰、
　　臣所疾者、非余事也。今諸臣等謂臣滅任那。故恐怖不朝耳。乃以鞍馬贈使、厚相資
　　敬。青海夫人、依実顕奏。詔曰、久竭忠誠。莫恤衆口。遂不為罪、優寵弥深。

　ここには、物部大連尾輿らが、大伴金村の「任那」に関する失政を糾弾し、そのため金村は病気と称して自宅をでなかった、とある。これによれば、大伴金村が、４県の地を百済の表請に従って賜与することを認めた、というように、割譲記事に対応する内容となっている。しかしだからといって、そうした事実があったことを前提にする必要はない。そもそも「賜与」したということ自体、虚偽なのであり、この記事全体も、割譲記事と対応させるべく造られた記事とみるべきであろう。物部氏と大伴氏とは対立しており、大伴氏を批判するのはありうることであるが、金村はそのことで批判されたということではなく、「任那」対策全般であり、また外交方針の転換によるとの意見もある（６）。

　また、「史料１」と「史料２」とでは、百済から五経博士が送られているという大きな違いがある。これ以後、百済から倭へ、次のような先進学術がつづけて提供されている。

　　○　扶南財物（欽明紀４年条）

　　○　東城子言（欽明紀８年条）

　　○　釈迦仏金銅像一躯・幡蓋若干・経論若干巻（欽明紀１３年条）

　　○　医博士・易博士・暦博士等（欽明紀１４年条）

　　○　固徳馬丁安・僧道深等七人（欽明紀１５年条）

　　○　徳率東城子莫古・五経博士王柳貴・僧曇慧等九人（同上）

○　易博士施徳王道良・暦博士固徳王保孫・医博士奈率王有悆陀・採薬師施徳潘量豊
　　　・固徳丁有陀・楽人施徳三斤・季徳己麻次・季徳進奴・対徳進陀（同上）

中には、具体的な技術・学術内容について明記されないものもあるが、五経博士
・医博士・易博士・暦博士・採薬師・楽人・仏教・僧侶などは明記されている。
これを検討した平野邦雄は、それがほぼ信頼できるものであると考定している
（7）。その点でも、6年条には疑念が残るのである。

Ⅲ. 四県の位置

　割譲記事を以上のように解釈すれば、事実に対する認識も大いに変えなければ
ならない。つまり、百済が512年に獲得した地域、というものではなく、その
年に至るまでに獲得してきた地域であるというように。つまり、ある特定の年に
、というのでなく、それ以上に長い期間をかけて獲得してきたものを一括して述
べたというように理解するのである。

　では、その地域は、具体的にどこであろうか。まず注意を要するのは、「県」
の意味である。押山の哆唎国守という地位からみれば、哆唎は「国」とも認識す
べき広さを持っているもので、「県」という語から得られる一般的イメージとは
異なるというべきである。『日本書紀』には、県について同様な点を示唆する記
事がある。

［史料5］『日本書紀』継体紀23年（529）春3月条（史料3からつづく）
　　由是加羅結儻新羅、生怨日本。加羅王娶新羅王女、遂有児息。新羅初送女時、并遣
　　百人為女従。受而散置諸県、令着新羅衣冠。阿利斯等嗔其変服、遣使徴還。新羅大
　　羞黷欲還女日、前承汝聘吾便許婚。今既若斯、請還王女。加羅己富利知伽【未詳】
　　報云、配合夫婦、安得更離。亦有息児、棄之何往。遂於所経抜刀伽・古跋・布那牟
　　羅三城。亦抜北境五城。
　　（これによって、加羅は、新羅と結び、日本に怨みを生じた。加羅の王は、新羅の
　　王女を娶ってついに児息をもうけた。新羅が最初に女を送ってきたとき、いっしょ
　　に従者を百人遣わしてきた。〔加羅ではこれら従者を〕受けて〔加羅の服装をさせ
　　たうえで〕諸県に散置した。〔ところが新羅側では、ひそかに従者たちに〕新羅の
　　衣冠を着せさせた。阿利斯等は、〔従者たちが加羅の服装から、新羅の衣冠へと〕

その服を変えたことを怒り、使者を遣わして従者たちを徴還させた。新羅ではおお
いに恥じて、かえって女をとりもどしたいと思い、いった。「まえにあなたの求婚
をうけて、わたしも結婚を許したのである。ところがいま、このような事態になっ
た。王女を還してもらいたい」と。加羅の己富利知伽がそれにこたえて、「夫婦に
配合し、どうしていまさら離すことができようか。また児息もできている。それを
棄ててどこに行くというのか」と言った。そこでついに、通過するところで、刀伽
・古跛・布那牟羅の三城を抜き、また北境の五城を抜いた。）

ここに、加羅（大加耶）が、新羅が送ってきた百人の女従を「諸県に散置した」
とあるが、それは大加耶国内の「諸県」なのか、大加耶連盟内の「諸県」なのか
、解釈が２通り可能である。いずれにしても、「県」とするのは、新羅人による
認識であるとみる必要はあるが、後者であれば、実際には諸国とすべきところを
諸県と記しているということになる。

　従って、「県」とあることをもとに狭い地域でなければならないと考えるとす
れば、それは史料的におかしいことになる。むしろ、広い地域を想定しなければ
ならないのである。現実に、百済が己汶・多沙という加耶地域に進出してくる前
に、領有したであろう、広い地域とはいったいどこにあたるのか、という視座が
必要である。

　そこで使われている「任那」は、加耶と互換可能な語ではない。もちろん「任
那」とは、『広開土王碑』の「任那加羅」が示すように、金官国の別名といえる
ものであるが、『日本書紀』では、独自の多様な使い方をしている。そこで注目
すべきは、『日本書紀』雄略紀２１年（４７７）の次の記事である［史料６］。

春三月、天皇聞百済為高麗所破、以久麻那利賜汶洲王、救興其国。時人皆 云、百済国、
雖属既亡、聚憂倉下、実頼於天皇、更造其国【汶洲王蓋鹵王母弟也。日本旧記云、以久
麻那利、賜末多王。蓋是誤也。久麻那利者、任那国下哆呼唎県之別邑也】。
（春三月、天皇は、百済が高麗に破られたのを聞いて、久麻那利を汶洲王に賜わり、そ
の国を救い興させようとした。その当時の人々がみな言った。百済の国は、すでに滅ん
でしまって嘆き憂えていたが、実に天皇に頼って、あらためてその国を造った、と【汶
洲王は蓋鹵王の母弟である。日本旧記には「久麻那利を末多王に賜わった」と言ってい
るが、それは恐らく間違いである。久麻那利は任那国の下哆呼唎県の別邑である】）。

ここに「久麻那利は、任那国の下哆呼唎県の別邑である」としている。この久麻那利とは、百済が都とした熊津（公州）のことである。つまり、公州が「任那国の下哆呼唎県の別邑である」といっているのである。「別邑」をどう考えるかにもよるが「任那国」の一部であると考えていたことは認めなければならない。もっとも、「久麻那利」とは継体紀２３年夏４月条にみえる「熊川」のことである、と勘違いして、その説明をつけたにすぎない、とみる考えもある。古訓では「くまなれ」と読ませており、その現在地は、慶尚南道鎮海市熊川で、いまなお熊川の名が残っている。しかしそこであれば、その説明に問題がないかといえば、そうでもない。「下哆呼唎」とは「任那４県」のひとつである「下哆唎」のことであり、だからこそ、その熊川附近を「下哆唎」にあてる意見もあったのであるが（8）、そこでは「任那４県」の位置としてはおかしいことになる。つまり、「熊川」と勘違いした、という見方をすれば、うまく整合するかというと、そうではないのである。そうであれば、ほんらい熊津を指しているはずであり、そのまま受け取っておいても、おかしくはない。ややあいまいな例ともいえるが、「任那」が、単に加耶に置き換わることばとは限らない例ととらえておきたい。

　さて、「任那４県」の位置を考えるうえで、もうひとつ重要な史料がある。それは、［史料2］として掲げた継体紀の記事のうちの次の箇所である。

八年……三月、伴跛築城於子呑・帯沙、而連満奚、置烽候邸閣、以備日本。復築城於爾列比・麻須比、而絚麻且奚・推封。聚士卒兵器、以逼新羅。駈略子女、剥掠村邑。凶勢所加、罕有遺類。夫暴虐奢侈、悩害侵凌、誅殺尤多。不可詳載。

ここには「伴跛が子呑・帯沙に築城して、満奚と連係し、日本に備えた」という記事と、「爾列比・麻須比に築城して麻且奚・推封に連係し、新羅にせまった」という記事である。わたしはこの前者の記事について、百済の己汶侵攻に際しての伴跛すなわち大加耶の処置ととらえた。つまり、大加耶連盟に属する子呑・帯沙に築城して防御ラインをつくり、さらにそれを満奚にまでのばし、己汶から侵攻してくる百済に対して、一歩下がったところで、防ぎ止めようとしたものと考えた。もちろん「日本に備えた」とあるのは、「百済の備えた」とすべきものを改変しているということである。いっぽう後者については、このときに、新羅との間で戦端が開かれてはおらず、のちに大加耶・新羅間の婚姻同盟が破綻したあとの記事が混入しているものととらえ、ただし述べているのは、前者と同様に、爾列比・麻須比という連盟諸国に築城し、それを麻且奚・推封にまでのばして防御ラインをつくったものととらえた。

　さてここにみえる「満奚」であるが、それは蟾津江よりも以西で考える必要がある。子呑は居昌であり、帯沙は河東である。特にその城というのは、蟾津江沿いにある姑蘇城を指すのではないかと考えられるが、いずれにしても、居昌から蟾津江東側の河東地方へと結ぶラインであり、それを延長させたところに「満奚」があったと考えなければならないためである。　そして、　その「満奚」は、後者の例からみても、大加耶連盟に属しているのではなく、まさに「連係」勢力である。

　後者の例では、爾列比・麻須比に築城し、それをさらに麻且奚・推封にのばした防御ラインということであるが、爾列比・麻須比は、全栄来によれば、それぞれ宜寧・三嘉にあてている（9）。わたしも、細部に異論はあるが、ほぼそれでよいと考える。

　そこに築城して連係したという麻且奚・推封であるが、麻且奚はわからないものの、推封は、玄風説と密陽説がある（10）。玄風説のほうは古名「推良火」、密陽のほうは「推火」をそれぞれもとにしてあてているのであるが、これだけであれば、どちらもすてがたい。ただ、新羅の行動に対抗して、築城し、連係したという状況のなかで考えるべきことはいうまでもない。もし密陽説がただしければ、新羅の北上をさえぎって、おおきく横の連係を考えたということになる。そのばあい、密陽がなお、新羅に征服されないで独立した勢力として残っていたかどうかが問題となる。『日本書紀』の欽明紀で、最後まで残っていた加耶諸国のひとつとしてみえる卒麻が、密陽の南の金海郡生林面であるとすれば、ここで密陽が登場してもふしぎではない。わたしは密陽説でよいと考える（11）。

　わたしは、これらの地名について、大加耶が築城した爾列比・麻須比は、連盟内に属するものであるが、それ以外は、連盟外のものであると考える。連盟外の独立した勢力であった麻且奚・推封も、新羅と対抗していたもので、それゆえに大加耶はそれと連係をはかろうとしたのである。

ということで、「満奚」は、大加耶連盟に属してはいないが、それと連係して、百済と対抗する勢力であり、かつ位置的には蟾津江よりも西側で考えなければならないということになる。鮎貝房之進は、つとに光陽の馬老にあてている12）。

　さて、「任那４県」の位置であるが、当初、いくつかの説が主張されたが、昨今では、末松保和のやや古い案と、全栄来のそれ以後の案のふたつに収束してきたように思う。

末松保和案（13）
　　哆唎：栄山江東岸　　武珍（光州）・月奈（霊巌）・丘斯珍兮（珍原）
　　裟陀：求禮　　　『勝覽』求礼縣古跡條の「沙等村部曲」（或いは沙図）
　　牟婁：栄山江西岸　　武尸伊（霊光）・毛良夫里（高敞）・勿阿兮（務安）
全栄來案（14）
　　上哆唎・下哆唎：麗水半島（古名猿村）・突山島（突山）
　　裟陀：順天（沙平）
　　牟婁：光陽（馬老）

　しかし、ここまで検討してきた史料的条件からすれば、「任那４県」とは、百済が５１２年に獲得した地域、というものではなく、そこに至るまでに長い期間にわたって、獲得してきた地域であり、「県」という語から得られる一般的イメージとは異なって、むしろ「国」とも認識すべき広さを持っているものである。しかも、蟾津江以西の地域は、百済の己汶・多沙進出に際して、大加耶と連係して百済と対抗した勢力であり、当然のことながら、百済が領有したとしても、多沙進出以後とみるべきである。

　そのような条件からすれば、全栄來の所説のように、蟾津江以西の狭い範囲に集中させる考え方は、およそ成り立ちがたいといわなければならない。百済が、長い期間をかけて領有を進めてきた、広い地域というのは、末松保和が指摘するような、およそ全羅南道一帯に広がるようなものと考えたほうが、ふさわしいのである。

ただしわたしは、末松の比定案のうち、裟陀を求禮にあてる考えには従えない。求禮は、蟾津江流域であり、己汶・帯沙進出より先に、そこを領有していたとは見がたいからである。咸平には沙乃浦があり、茂長には沙島という郡名が残っており、わたしは、咸平・茂長にあてたほうがよいと考える。哆唎を上下に分けて示せば、およそ次のようになる。

上哆唎	霊巌
下哆唎	光州
娑陀	咸平・茂長
牟婁	霊光・務安

　これは、栄山江流域を中心として、そこから少し広がるような範囲、ということである。わたしは、そこが「任那4県」の地であり、百済が、熊津遷都以後、長い時間をかけて領有するに至ったところであると考える。

おわりに

　このようにわたしは、百済が、五一二年に至るまでに徐々に、それらの地を確保してきたと考える。そこで考えておかなければならないのは、それらの地に、前方後円墳があることである。

韓国の前方後円墳は、現在一三基ほどが知られているが、ほとんど全羅南道に集中している。そしてそのような墳墓形式は、明らかに倭人と関わるものである。

　その被葬者をめぐって議論が分かれている。大きくは、在地首長とみる説と、倭人とみる説に分かれる。倭人説では、百済に仕えている倭人、つまり百済がこの地の領域化をすすめるにあたって派遣した倭系官僚、と交易などでこの地に移住してきた倭人、とに分かれよう (15) 。

　この地が「官家」つまり天皇の直轄地でないことは当然であるが、倭と関わりがなかったわけではない。上記のように、穂積臣押山（穂積押山臣）は、倭国内における、哆唎国の担当者、というような地位にあったと想定した。倭としても、そのような対応をしていたということになる。

　それらの地域の首長たちは、倭とも百済とも関わりを持っていた。いわば等距離的な関係を保ってきた。そこへ百済が強圧的に進出してきた。前方後円墳が、そのような状況のもとで造られた、という点は、問題がないと考えられる。

　わたしは、被葬者は基本的に在地の首長であると考えている (16) 。例えば倭系の百済官僚の墓、という場合、百済はどれほどの倭人を前方後円墳のある地域に配置したと考えるのであろうか。在地勢力を抑えるために派遣された彼らが、ここに大きな勢力を保つかたちで留まって、死後に墓が造られるようになるには、相当の集団であったと考えなければならないが、わたしにはそれが想像できない。百済にとって、在地勢力を抑えるために派遣した倭人たちがそこに勢力を扶植することが、都合がよいのであろうか。

　いずれにしても、倭が関わりをもっていた全羅南道地方も、さらに加耶西部地方も、六世紀になると、百済が実力でしだいしだいに領有化をすすめてきたのである。そして、ここで重要な加耶南部地域であるが、いっぽうの新羅が、洛東江を越えてそこに進出するのは、それとはわずかの時間差でしかなかった。

　また、全榮來が 4 県の地として比定した全羅南道の東部地域は、そこに大加耶とも連係する満奚もあり、百済の多沙進出以後に、西進するかたちで領有化していったものと考えられる。

註 ───────────

（1）田中『大加耶連盟の興亡と「任那」』吉川弘文館、1992 年。

（2）わたしの上記のような理解は、その記事自体を検討して得たものではなかった。しかし、近年発表された熊谷公男「いわゆる「任那四県割譲」の再検討」（『東北学院論集』歴史学・地理学第 39 号、2005 年 3 月）に啓発され、改めて直接検討をしてみたものである。

（3）坂本太郎「継体紀の史料批判」（『坂本太郎著作集』第二巻、吉川弘文館、1988 年）。

（4）熊谷公男「いわゆる「任那四県割譲」の再検討」（前出）。

（5）熊谷公男「いわゆる「任那四県割譲」の再検討」（前出）。

（6）熊谷公男「いわゆる「任那四県割譲」の再検討」（前出）。
　　八木充「大伴金村の失脚」（『日本書紀研究』第一冊、塙書房、1964 年）も参照。

（7）平野邦雄『大化前代政治過程の研究』吉川弘文館、1985 年。

（8）例えば、三品彰英『日本書紀朝鮮関係記事考證』下巻（天山舎、2002 年）p.179 では、熊川の対岸巨済島に比定している。

（9）全榮來「百濟南方境域の変遷」（『千寛宇先生還暦紀念韓国史学論叢』正音文化社、1985年）。

（10）末松保和『任那興亡史』吉川弘文館、1956 再刊。

（11）田中『大加耶連盟の興亡と「任那」』（前出）。

（12）鮎貝房之進『日本書紀朝鮮地名攷』国書刊行会、1971 年復刻。

（13）末松保和『任那興亡史』（前出）。

（14）全榮來「百濟南方境域の変遷」（前出）。

（15）諸説については、朴天秀『加耶と倭』（講談社メチエ、2007）を参照。

（16）田中俊明「栄山江流域における前方後円形古墳の性格」（『地方史と地方文化』3 巻 1 号、歴史文化学会、木浦、2000）。

백제 毗有王代 대외정책과 정국운영

朱聖智*

目　次

Ⅰ. 머리말

　4세기 근초고왕과 근구수왕의 치세 이후 백제의 정치상황은 큰 변화에 직면한다. 침류왕의 즉위와 단명은 정국운영에 불안요인을 제공하였다. 침류왕은 근초고왕과 근구수왕에서 이어지는 부자상속 체계를 확보하며 즉위하였던 것 같다. 그렇지만 침류왕 사후 진사왕으로부터 시작되는 한성시대 후반의 정치상황은 정쟁의 와중에 놓이게 되었다. 진사왕에서 개로왕에 이르기까지 모든 왕대에 정변이 있었던 것으로 생각되며, 이러한 백제의 정치변동은 대외정책에 영향을 주었다. 이러한 혼란 중에 즉위하

---

* 국사편찬위원회 사료연구위원

였던 비유왕은 주변국과의 대외관계를 재정립하면서 내부의 혼란을 가라 앉히고 왕권을 강화하려는 노력이 보인다. 그동안 신라와 유지하고 있던 강한 대립관계가 軟化되고, 전통적 동맹관계에 있던 왜국과의 관계는 소원해졌다.

5세기 한성시대에 대한 연구는 백제의 대외관계가 관심의 대상이었다. 그중 비유왕대에 대한 연구는 주로 433년(비유왕 7)에 성립했다고 보는 소위 "羅濟同盟"에 대한 연구[1]와 5세기의 백제 외교사를 다루면서 진행된 부분적인 연구[2]가 대부분이다.

사실 대외정책이란 국내적인 영향을 무시하고 진행시킬 수 없으며, 국가 간의 영향을 무시하면서 국내정치를 진행시킬 수도 없다고 한다.[3] 그렇기 때문에 비유왕대의 대외관계 변화가 갖는 의미, 다시말해서 대외정책이 국내정치에 미친 영향에 대해서 논하고자 한다. 이를 위하여 정변과 대외정책의 상관관계가 크다고 판단되는 아신왕과 전지왕대의 정국운영에 대해서 살펴보고, 비유왕대의 대외정책 변화가 야기한 국내정치변동

---

1) 김병주, 1984, 「나제동맹에 관한 연구」, 『한국사연구』 46, 한국사연구회 ; 양기석, 1994, 「5~6세기 전반 신라와 백제의 관계」, 『신라문화제학술발표회논문집』 15, 신라문화선양회 · 경주시 ; 정운룡, 1996, 「나제동맹기 신라와 백제」, 『백산학보』 46, 백산학회 ; 정재윤, 2001, 「웅진시대 백제와 신라의 관계에 대한 고찰-나제동맹에 대한 비판적 검토-」, 『호서고고학』 4 · 5합 ; 주보돈, 2003, 「웅진도읍기 백제와 신라의 관계」, 『古代 東亞細亞와 百濟』, 충남대학교 백제연구소 편, 도서출판 서경 ; 熊谷公男, 2006, 「5세기 왜 · 백제관계와 나제동맹」, 『백제연구』 44 ; Jonathan Best, 김종선 역, 2000, 「백제 · 신라사이의 불호와 분쟁의 역사적 기원에 관하여」, 『아시아문화』 15, 한림대 아시아문화연구소.
2) 김량훈, 2007, 「4~5세기 남부가야제국과 백제의 교섭 추이」, 『역사와 경계』 65, 부산경남사학회 ; 박윤선, 2006, 「5세기 중후반 백제의 대외관계」, 『역사와 현실』 63 ; 양기석, 1990, 「百濟專制王權成立過程研究」, 단국대 박사학위논문 ; 문동석, 2008, 「5세기 한성백제의 정치동향과 대외관계」, 『향토서울』 72 ; 이재석, 2004, 「5세기 백제와 왜국의 관계」, 『백제연구』 40.
3) 渡辺昭辺夫 편, 권호연 옮김, 1992, 『국제정치이론』, 한울아카데미, 144쪽.

에 대해서 규명해보고자 한다.

II. 4세기 말 5세기 초의 대외관계 변화

1. 아신왕대 정치변동과 대외정책

阿莘王代의 정국변화를 살펴보자. 아신왕대의 정국운영은 즉위과정에서부터 정변의 가능성이 보인다. 다음은 아신왕의 즉위에 대한 기록이다. 『三國史記』 기록인 사료 A-1에서 아신왕은 "장성함에 뜻과 기개가 빼

A-1. 阿莘王[혹은 阿芳이라고도 한다]은 침류왕의 맏아들이다. 처음 漢城의 別宮에서 태어났을 때 신비로운 광채가 밤에 비치었다. 장성함에 뜻과 기개가 빼어났으며, 매 사냥과 말타기를 좋아했다. 왕이 죽었을 때 나이가 어렸기 때문에 숙부 진사가 왕위를 이었는데 8년에 죽자 즉위하였다.(『三國史記』 권 25, 백제본기 3, 阿莘王 즉위년)

A-2. 이 해 백제의 진사왕이 왕위에 있으면서 貴國(日本)의 天皇에게 예의를 잃었으므로, 紀角宿禰·羽田矢代宿禰·石川宿禰·菟木宿禰를 파견하여 그 무례함을 책망하였다. 이로 말미암아 백제국에서는 진사왕을 죽여 사죄하였다. 紀角宿禰 등은 阿花를 왕으로 세우고 돌아왔다.(『日本書紀』 권 10, 應神天皇 3년)[4]

어났으며 매 사냥과 말타기를 좋아했다"라고 하여 국왕이 가져야할 정신적 신체적 조건을 두루 갖추고 있다. 그리고 善射와 騎馬능력에 대한 내

---

4) 『日本書紀』에 대한 번역은 『일본육국사 한국관계기사』 역주(1994, 가락국사적개발연구원, 국사편찬위원회 한국사데이터베이스, http://www.history.go.kr/url.jsp?ID=NIKH.DB-jm_001, accessed 2009.4.20)를 따랐다.

용은 아신왕이 군사적 능력을 겸비하였다는 것이다. 또한 아신왕의 탄생 시 "별궁에서 광채가 있었다"는 것처럼 비범한 탄생은 즉위과정에서 진사왕으로부터 왕위를 되찾아야 한다는 정당성의 암시이다. 『日本書紀』 신공기 65년조의 기록에서는 진사왕이 아신의 연소함을 이유로 왕권을 빼앗았다고 기록되어 있어서, 아신왕의 왕위 재탈환 과정이 정변임을 반증하고 있다. 사실 진사왕대 후반, 田獵의 증가와 關彌城의 상실[5] 등 국정운영의 실패가 나타난다. 그리고 진사왕이 狗原의 전렵기간 중에 죽는 것역시 정변에 의하여 아신왕이 즉위하였음을 반증한다.

아신왕 즉위 직후의 인사를 보면, 재위 2년(393) 1월에 東明廟에 배알하고, 南壇에서 천지에 제사를 지내면서 장인 眞武를 左將으로 삼고,[6] 재위 3년(394) 元子 腆支를 태자로 삼고, 庶弟 洪을 내신좌평으로 등용[7]하였다. 좌장은 당시에 실질적으로 군사권을 장악하고 있었던 것으로 보인다. 진사왕 6년에 眞嘉謨가 병관좌평에 임명되어 진사왕의 정국운영을 보필하였으나, 고구려·말갈의 계속된 공격에 효과적으로 대응하지 못한 이유로 실질적인 군사권 장악에는 실패하였다. 이는 4세기말 백제사에서 실질적인 군사권이 좌장에서 병관좌평으로 완전하게 전이되지 못했다고 판단할 수 있는 유력한 근거가 된다.[8] 사료 A-2의 『日本書紀』의 기록에서도 아신왕의 즉위에는 왜가 적지 않은 역할을 하였던 것을 보면 왜세력

---

5) 관미성의 함락은 백제 지배층의 극심한 동요현상을 가져오는 결정적인 계기가 되었다고 한다.(이도학, 1990, 「한성후기의 백제 왕권과 지배체제 정비」, 『백제논총』 2, 290쪽)

6) "春正月 謁東明廟 又祭天地於南壇 拜眞武爲左將 委以兵馬事 武王之親舅 沈毅有大略 時人服之"(『三國史記』 권 25, 백제본기 3, 아신왕 2년)

7) "春二月 立元子腆支爲太子 大赦 拜庶弟洪爲內臣佐平"(『三國史記』 권 25, 백제본기 3, 아신왕 3년 2월)

8) 좌장에서 병관좌평으로 군사권의 이양에 대해서는 『백제의 정치제도와 군사 - 백제문화사대계 연구총서 8』(2007, 충청남도역사문화원, 295~308쪽) 참조.

과 함께, 진무로 대변되는 외척 진씨세력 그리고 庶弟 洪으로 대표되는 근친왕족이 공조하여 아신왕을 옹립시켰다고 생각된다.

따라서 아신왕과 근친왕족 그리고 진무 중심의 진씨세력은 왜와의 대외관계에 적극적이었다. 특히 『日本書紀』에서 아신왕 즉위 시 왜가 "진사왕의 왜에 대한 무례"를 빌미로 개입하고 있었던 것은 진사왕대의 대왜관계는 소극적이었다고 판단케 한다. 삼국유사에도 진사왕 6년(390, 내물왕 35) 왜국 사신이 신라에 오자 왕자 未斯欣을 質로 파견한 사실[9]이 보인다. 신라는 백제와 왜와의 관계가 소원해진 틈을 타서 왜국과의 관계개선에 적극적이었다고 생각된다. 그래서 진씨세력, 근친왕족과 왜세력의 연합에 의해 창출된 아신왕 정권에서는 왜와의 관계가 더욱 적극적으로 변화하였을 것이다.

하지만 아신왕은 국정파트너로서 진씨세력의 등용과 왜국과의 관계개선에 모두 실패한 듯하다. 좌장 진무는 병관좌평이 되는 재위 7년(398)전까지 5번의 대고구려전투[10]에서 모두 패배하였다. 그럼에도 불구하고 진

---

9) "第十七那密王卽位三十六年庚寅 倭王遣使來朝曰 寡君聞大王之神聖 使臣等以告百濟之罪 於大王也 願大王遣一王子 表誠心於寡君也, 於是 王使第三子美海[一作未吐喜]以聘於"(『三國遺事』 권 1, 紀異 1 奈勿王 金堤上)
미사흔의 질자 파견에 대해서는 거듭되는 왜의 침입을 저지함과 동시에 대립관계에 있던 백제와 왜국의 동맹체제를 견제하기 위한 전략적 수단으로 평가된다.(村上四男, 1982, 「堤上傳をめぐって-新羅の建國初期における對外關係の一齣」, 『韓國文化』 4-12, 35쪽) 그러나 미사흔의 왜국 파견을 신라의 전략상 필요에 따른 結好使로 판단되는 견해도 있다. 즉 지배집단 내부의 정적을 제거하거나 국외로 추방하는 수단으로 활용될 수도 있다는 것이다. 내물왕대 미사흔의 왜국파견(390), 實聖의 고구려파견(392), 실성왕대 卜好의 고구려파견(412) 사실은 정적 관계를 둘러싼 정치적인 송환이지, 왜국과의 관계개선을 위한 것은 아니라고 한다. 또한 눌지왕 즉위 후 두 동생을 고구려와 왜국에서 소환한 것은 이들이 더이상 새로운 왕권의 경쟁자가 아님을 반증한다고 하였다. 이로서 내물~눌지왕대 質의 파견이 더 이상 국제관계의 개선에 효과적이지 않았을 것이라고 하였다.(이강래, 2004, 「《三國史記》의 왜 인식-신라사의 경험을 토대로」, 『한국사상사학회』 22, 22~23쪽)

무는 병관좌평으로 승진하고 沙豆가 좌장으로 임명된다.[11] 사두의 좌장 임명은 근초고왕 이후 진씨집단 이외의 새로운 세력이 등장하여 정국운영에 적극적으로 참여하고 있었음을 나타내며, 동시에 진무의 승진은 고구려전에서의 연패에 대한 책임 추궁의 성격을 지닌 것으로 이해된다.[12] 즉 사두에게 군사적 실권이 집중되면서 진무에게는 일선후퇴의 인사조치가 이루어졌다. 이에 따라서 진씨집단에서 주도적으로 전개하였던 대왜정책은 수정할 수 밖에 없었다. 그 결과 397년(아신왕 6) 태자 전지가 왜국에 결호사로 파견되었다. 아신왕 즉위 과정에서 왜세력이 직접적으로 간섭하였는데도 진씨세력은 왜국과 어느정도 거리를 두고 있었던 것 같다. 태자 전지의 질자 파견에 대한 『日本書紀』의 기록은 다음과 같다.

> B. 8년(397) 봄 3월에 百濟人이 來朝하였다.[『百濟記』에는, "阿花王이 왕위에 있으면서 貴國에 예의를 갖추지 않았으므로 (日本이) 우리의 枕彌多禮 및

---

10) "(393)秋八月 王謂武曰 關彌城者 我北鄙之襟要也 今爲高句麗所有 此寡人之所痛惜 而卿之所宜用心而雪恥也 遂謀將兵一萬 伐高句麗南鄙 武身先士卒 以冒矢石 意復石峴等五城 先圍關彌城 麗人嬰城固守 武以糧道不繼 引而歸"(『三國史記』 권 25, 백제본기 3, 아신왕 2년 8월)

"(394)秋七月 與高句麗戰於水谷城下 敗績"(동왕 3년 7월)

"(395)秋八月 王命左將眞武等 伐高句麗 麗王談德 親帥兵七千 陣於浿水之上拒戰 我軍大敗 死者八千人"(동왕 4년 8월)

"以六年(396)丙申 王躬率□軍 討伐殘國 軍□□首 攻取寧八城 曰模盧城 各模盧城 幹氐利城 □□城 閣彌城 牟盧城 彌沙城 □舍蔦城 阿旦城 古利城 □利城 雜珍城 ……(하략)" 廣開土王陵碑(광개토왕릉비의 번역은 『譯註 韓國古代金石文』 第1册[1992, 가락국사적개발연구원, 국사편찬위원회 한국사데이터베이스 http://www.history.go.kr/ url.jsp?ID=NIKH.DB-gs_kr_001_0010_0010, accessed 2009.4.25]를 따랐다)

11) "(398)春二月 以眞武爲兵官佐平 沙豆爲左將"(『三國史記』 권 25, 백제본기 3, 아신왕 7년 2월)

12) 문동석, 1996, 「4~5세기 백제 정치제의 변동」, 『한국고대사연구』 9, 198~204쪽.

峴南·支侵·谷那·東韓의 땅을 빼앗았다. 이에 왕자 直支를 天朝(일본조
정)에 보내어 先王의 우호를 닦게 하였다"고 되어 있다.](『日本書紀』 권10
應神天皇 8년 3월)

사료 B에서 "귀국에 예의를 갖추지 않았다"라는 내용은 액면 그대로
받아들일 수 없지만, 적어도 아신왕의 즉위에 공헌한 왜국에 대해서 백제
가 적극적이지 못했음을 알려준다. 한편 진사왕 말년 관미성 상실 후 백
제는 고구려와의 전투에서 패배하고, 396년 광개토왕의 한성 강습이라는
악재를 만났다. 이와 같은 고구려와의 전쟁에 대한 대처는 왜국관계를 소
홀하게 하였던 것으로 생각된다. 그래서 397년 전지를 왜국에 파견하고,
이듬해 소원해진 왜국관계의 당사자인 眞武를 승진이라는 이름으로 일선
에서 물러나게 함으로써 국제관계의 회복을 노렸다. 그런데 전술한 주)9
에서는 신라가 질자를 파견한 목적으로 주변국과의 관계개선에 머무르지
않고 당시 정적제거의 의미가 있었던 견해를 살펴보았다. 같은 맥락에서
아신왕대 진씨세력이 전지의 왜국파견을 주도함으로써, 잠재적 정적의
제거라는 성과를 달성하고자 하였다.[13] 진씨세력은 아신왕이 즉위 후 태
자 책봉과 庶弟 洪 등용으로 근친왕족의 영향력 확대를 우려했을 것이다.
또한 고구려선에서의 패배가 진씨세력의 입지를 더욱 흔들고 있었다. 이
에 진씨세력은 아신왕의 태자로서 잠재적 정적인 전지를 대왜관계의 개
선이라는 미명하에 왜국으로 보냄으로써 국내 정적을 제거하려 하였다.
한편 전지의 왜국 파견을 후계자에 대한 신변보호라는 측면에서 이루어
졌다고 보는 견해도 있다.[14] 그러나 아신왕 즉위 후 내신좌평으로 임명된

---

13) 이강래, 2004, 위의 논문, 23~24쪽.
14) 연민수, 1997, 「백제의 대왜외교와 왕족−백제 외교사의 일특질−」, 『백제연구』 27,
    199쪽.

庶弟 洪은 왕과 태자의 지근거리에서 보필 하였을텐데, 굳이 신변보호를 이유로 태자를 왜국으로 파견할 필요가 있었을까 한다. 아울러 태자 전지의 渡倭 당시 왜국 역시 백제의 관계소홀에 대한 불만이 있었는데, 불만이 있던 곳에 신변을 의탁하기에는 위험하였을 것이다. 그렇기 때문에 전지를 왜국에 파견한 것은 당면한 고구려와의 전투에서의 응원군이 필요하기 때문이며, 더불어 당시 유력귀족인 진씨세력의 잠재적 정적이 될 수 있다는 전제하에 眞武에 의하여 주도된 조치라고 생각된다.

한편 전지의 渡倭 이후 백제와 왜국과의 관계는 호전되었다. 『三國史記』와 광개토왕릉비에서는 아신왕대 후반기 백제와 왜국과의 관계가 증가하였다.[15] 이후 진무의 병관좌평 임명으로 실질적 군사권은 沙豆에게 옮겨가고, 내신좌평 洪과 왕제 訓解 등 왕족중심의 권력을 만들어갔다. 아신왕이 죽은 직후 태자가 왜에 있었을 때, 왕제 訓解는 섭정을 하면서 태자에게 양위하고자 하였다. 이에 訓解의 정치적 좌표는 왕족중심을 향해 서 있었다. 반면 訓解를 죽이고 왕위를 찬탈하려고 했던 蝶禮에게는 진씨세력의 후원이 있었다고 추측된다.[16] 진씨세력은 아신왕대 후반 권력을 상실했지만 전지왕 즉위시 왕족 중 季弟 蝶禮를 지원함으로써 다시 한번 권력을 창출하려 했던 것 같다. 하지만 실패하여 웅진시대에 이르기까지 진씨세력은 史書에 이름을 올리지 못하게 되었다.

---

15) "九年(399)己亥 百殘違誓與倭和通……"(廣開土王陵碑)

　"(402)五月 遣使倭國求大珠"(『三國史記』 권 25, 백제본기 3, 아신왕 11년 5월)

　"十二年(403) 春二月 倭國使者至 王迎勞之特厚"(『三國史記』 권 25, 백제본기 3, 아신왕 12년 2월)

　"十四年(404)甲辰 而倭不軌 侵入帶方界 □□□□□ 石城□連船□□□ 王躬率……"(廣開土王陵碑)

16) 양기석, 1990, 박사학위논문, 81쪽.

2. 전지왕대 대외정책 변화와 정국운영

다음으로 전지왕(405.9~420.3)의 정국운영에 대하여 살펴보자.

C-1. 14년에 왕이 죽자 왕의 둘째 동생 訓解가 攝政하면서 태자의 환국을 기
　　다렸는데, 막내 동생 蝶禮가 훈해를 죽이고 스스로 왕이 되었다. 전지
　　가 왜국에서 訃音을 듣고 소리내어 울며 귀국하기를 청하니 왜왕이 병
　　사 100명으로써 호위해 보냈다. 국경에 이르자 한성인 解忠이 와서 고
　　하였다. '대왕이 죽자 왕의 동생 蝶禮가 형을 죽이고 스스로 왕이 되었
　　습니다. 원컨대 태자는 경솔히 들어가지 마십시오.' 전지는 倭人을 머
　　물러 두어 자기를 호위하게 하고, 바다의 섬에 의거하여 기다렸더니,
　　國人들이 蝶禮를 죽이고 전지를 맞아 왕위에 오르게 하였다.(『三國史
　　記』 권 25, 백제본기 3 腆支王 즉위)
C-2. 이 해 百濟의 阿花王이 죽었다. 天皇은 直支王을 불러, '그대는 본국으
　　로 돌아가서 왕위를 잇도록 하라'고 말하였다. 그리고 東韓의 땅을 주
　　어 보냈다.[東韓은 甘羅城·高難城·爾林城이다](『日本書紀』 권 10, 應
　　神天皇 16년)

　사료 C군은 전지왕의 즉위에 대한 내용이다. 여기에서 왜국 병사 100
人을 보내 전지왕의 歸國路를 호위를 지시한 내용은 왜국이 왕위계승에
일정부분 간섭한 결과가 된다. 그리고 蝶禮를 죽이고 전지왕을 맞이한 세
력으로 解忠을 비롯한 해씨세력이 있다. 전지왕의 즉위는 왜세력의 군사
적 도움과 해씨세력의 내부적 도움으로 가능했으리라 생각된다. 전지왕
은 즉위 직후 漢城人 解忠을 달솔로 삼을 뿐 아니라 한성의 租 1천섬을 줄
정도[17]로 해씨세력을 새롭게 중앙에 등장시켰다. 그렇지만 解忠의 경우

---

17) "(406)秋九月 以解忠爲達率 賜漢城租一千石"(『三國史記』 권 25, 백제본기 3, 전지왕 2
　　년 9월)

는 즉위와 직접적인 관계에 있으면서도 중용되지 않은 점이 특이하다. 진사왕의 즉위를 도왔을 것으로 생각되는 眞嘉謨는 달솔로 임명(진사왕 3)되었다가, 병관좌평으로 승진(진사왕 6)하였던 사례와는 달리 해충의 경우는 달솔로 임명되는 것에 그친다. 해충의 경우는 전지왕의 즉위시 蝶禮의 반역을 알리는 중요한 역할을 하였지만, 결정적으로 즉위시켰던 國人에는 포함되지 않았을 것으로 생각된다. 재위 3년(407)에는 庶弟 餘信을 내신좌평으로, 解須를 내법좌평으로, 解丘를 병관좌평으로 삼았다.[18] 그렇다면 전지왕을 즉위시킨 國人세력은 근친왕족(餘信)과 解須·解丘의 해씨세력으로 생각된다. 특히 解須·解丘의 해씨세력은 모두 왕의 외척이라는 점에서, 이들은 근친왕족과 외척세력으로 구성된 지원군이 있었다고 하겠다. 이 중에서 해씨세력 중 解須가 禮儀를 담당하는 내법좌평에 오르고 庶弟 餘信은 수석좌평인 내신좌평에 오른다. 解須가 담당하였던 내법좌평은 교육, 종교 그리고 외교의 업무를 맡고 있다.[19] 解須가 내법좌평으로 보임된 후 409년 왜의 사신이 도착하자 크게 厚待한 점으로 본다면, 외교사절에 대한 의례를 담당하였던 解須는 친왜계 세력으로 분류할 수 있을 것이다. 따라서 전지왕 초기의 정국 주도세력 중 외척세력의 외교적 성향은 '친왜'로 볼 수 있다. 또한 왕비 八須夫人이 왕자 久爾辛을 낳은 것으로 보아, 왕비는 전지왕의 왜국 체재 시 동반하였던 것으로 생각된다. 따라서 해씨가 외척이었다는 점에서 왕비는 해씨집단의 사람이었을 것으로 생각된다. 그렇다면 왜국에서 전지의 태자비로서 함께 체류하였던 八須夫人을 통해서 친왜계 해씨를 상정할 수 있다. 따라서 전지왕 즉위 직후 정국운영의 주체는 친왜계 해씨세력이라 볼 수 있다.

---

18) "(407)春二月 拜庶弟餘信爲內臣佐平 解須爲內法佐平 解丘爲兵官佐平 皆王戚也"(『三國史記』 권 25, 백제본기 3, 전지왕 3년 2월)
19) 이종욱, 1976, 「백제의 좌평」, 『진단학보』 45, 32~33쪽.

한편 전지왕의 정국운영 방식은 부왕 아신왕의 전례에 따라 근친왕족 餘信을 내신좌평에 그리고 왕비족 解丘를 병관좌평으로 삼고 더불어 解須를 내법좌평으로 삼았다. 그렇지만 아신왕이 근친왕족과 진씨세력의 세력균형을 이용한 정국운영에 실패한 것 특히 전지왕 본인이 왜국으로 파견되어 권력의 중심부에서 배제되고 있었던 것을 경험했기 때문에, "上佐平"이라는 제도를 만들어 근친왕족에 힘을 실어준다.[20] 이와 같이 근친왕족과 왕비족 혹은 유력귀족의 연합정권에서는 근친왕족-내신좌평, 유력귀족-병관좌평의 공식이 아신왕 이후의 백제사에서는 적용되었던 것 같다. 예컨대 한성함락 이후 국가적 위기에서 웅진으로 천도한 상황에서 文周王 역시 解仇-병관좌평, 王弟 昆支-내신좌평의 체제[21]로 웅진시대를 시작하였다.

또한 전지왕은 적극적인 외교정책으로 대고구려전선의 형성과 정국운영의 주도권을 확보하려고 한 것 같다. 특히 대중교섭의 등장은 384년(침류왕 1)[22] 이후 22년만에 처음으로 나타난다. 다음은 전지왕 이후 대중관계 기사와 대왜관계 기사이다.

D-1. (406)2월에 사신을 晉에 보내 조공하였다.(『三國史記』 권 25, 백제본기 3, 전지왕 2년 2월)

D-2. (416)東晉의 安帝가 사신을 보내 왕을 册命하여 使持節都督 百濟諸軍事 鎭東將軍 百濟王으로 삼았다.(『三國史記』 권 25, 백제본기 3, 전지왕 12년)

---

20) "(408)春正月 拜餘信爲上佐平 委以軍國政事 上佐平之職 始於此 若今之冢宰"(『三國史記』 권 25, 백제본기 3, 전지왕 4년 1월)
21) 『三國史記』 권 26, 백제본기 4, 문주왕 2년 8월, 3년 4월.
22) 『三國史記』 권 25, 백제본기 3, 침류왕 즉위년 7월.

D-3. 義熙(406~418, 東晉 安帝) 연간에 王 餘映(전지왕)이, 宋 元嘉
(424~453, 文帝) 연간에 王 餘毗(비유왕)가 사신을 보내어 生口를 진헌
하였다.(『梁書』 권 54, 列傳 48, 諸夷 百濟)[23]

D-4. (420)永初元年 7월 …… 征東將軍 高句麗王 高璉(장수왕)의 작호를 征東
大將軍으로 올리고, 鎭東將軍 百濟王 扶餘映(전지왕)의 작호를 鎭東大將
軍으로 올렸다.(『南史』 권 1, 宋本紀 永初元年 7월)

D-5. (424)小帝 景平 2年, 映(전지왕)이 長史 張威를 파견하여 조정에 공물을
바쳤다.(『宋書』 권 97, 列傳 57, 夷蠻 東夷 百濟)

D-6. (425)元嘉 2년 太祖가 다음과 같은 詔書를 내렸다. …… 兼謁者 閭丘恩
子와 兼副謁者 丁敬子 …… 그 후 백제는 해마다 사신을 보내어 표문을
올리고 방물을 바쳤다.(『宋書』 권 97, 列傳 57, 夷蠻 東夷 百濟)

E-1. (409)왜국이 사신을 파견하여 夜明珠를 보내니 왕이 후한 예로 대접하
였다.(『三國史記』 권 25, 백제본기 3, 전지왕 5년)

E-2. (418)여름에 사신을 왜국에 파견하여 흰 면포 열 필을 보냈다.(『三國史
記』 권 25, 백제본기 3, 전지왕 14년 여름)

위의 사료 D군은 전지왕, 구이신왕대의 대중관계기사이고, 사료 E군은
대왜관계기사이다. 전지왕대의 사료 D-1, D-2, E 등에서처럼 『三國史
記』의 기록으로만 판단하면 중국·왜국 각각 2건씩 동등하게 기록되어
있다. 특히 사료 D-2는 백제 사상 중국으로부터 처음으로 책봉을 받는
기사다. 전지왕대 대외정책은 주변국에 대한 적극적인 백제의 역량 홍보
에 있었던 것으로 생각된다. 그런데 전지왕대의 외국관계기사에서는 외
교정책의 변화가 보인다. 전술하였듯이 전지왕의 즉위 초기 친왜계 해씨

---

23) 이하 중국측 사료의 인용은 『한국고대사료집성-중국편』 2(2006, 국사편찬위원회,
국사편찬위원회 한국사데이터베이스 http://www.history.go.kr/url.jsp?ID=
NIKH.DB-ko, accessed 2009.4.25)를 참고하였다.

세력으로 인하여 대왜관계가 더욱 돈독해졌을 것으로 생각된다. 하지만 사료 D-1에서 보는 것처럼 즉위 직후에 왜국이 아닌 중국에 사신을 보내고 있는데, 이것은 해씨세력 보다는 근친왕족을 중심으로한 왕권파에 의하여 추진된 것으로 생각된다. 왜국의 비중이 높은 즉위년조에 기사에서 볼 수 있듯이, 즉위 이후 왜국과의 관계가 부각될 수 있는 상황에서 사료가 E-1, 2에서처럼 409년(재위 5) 418년(재위 14)에 불과한 것은 전지왕대 초기 대외정책의 변경을 추측할 수 있다. 다시말해서 대왜관계의 중심에 있는 해씨세력에 대한 견제수단으로서 대중교섭을 전개하였다고 생각된다.

게다가 413년(전지왕 9 : 장수왕 1) 고구려가 동진의 안제로부터 책봉을 받는 사건이 발생한다.[24] 또한 같은해 왜가 고구려와 함께 동진에 사신을 보냈다.[25] 이에 자극을 받은 백제는 406년부터 동진과의 관계를 재개한 이후 지속적인 책봉노력으로 사료 D-2에서처럼 416년(전지왕 12)에 책봉을 받는데 성공한다. 이후 백제는 고구려와의 대외활동에서의 경쟁에 매진한 것으로 생각된다. 그래서 전지왕의 대외정책은 안으로 친왜계 해씨세력의 견제를 위하여 대중교섭을 단행하고, 밖으로는 국제사회에서 고구려와의 경쟁을 위해서 책봉 등 대중외교의 비중을 두었던 것으로 보인다.

그런데 전지왕대로 기록된 D-4, 5의 책봉 및 견사 기사에 대해서는 이견이 있다. D-4의 기록은 420년 7월의 기사인데 사실 전지왕은 420년 3

---

24) "高句驪王高璉 晋安帝 義熙九年 遣長史高翼奉表獻赭白馬 以璉爲使持節督營州諸軍事征東將軍高句驪王樂浪公"(『宋書』卷 97, 列傳 57, 夷蠻 東夷 高句驪 :『三國史記』권 18, 고구려본기 6 長壽王 원년)

25) "(義熙九年:413) 是歲 高句麗倭國及西南夷銅頭大師並獻方物"(『晉書』권 10, 帝紀 10 安帝 義熙 9년)

월에 죽고 이때는 久爾辛王代이다. 그럼에도 불구하고 宋의 武帝는 扶餘映 즉 전지왕에 대해서 책봉의 승작을 승인하였다. 宋왕조는 420년 6월에 개창되어 주변제국에 관례적인 책봉을 부여하였는데, 이 기사에 나타나는 책봉의 승급 역시 그러한 관례에 따라 이루어진 것으로 보인다. 때문에 실제의 대외관계를 방증하는 사실로 보기에는 어렵다.[26] 그렇지만 백제의 견사조공이 사실여부야 어쨌든 간에 宋으로부터 책봉의 승급이 주어진 것만큼은 사실로 보인다. 백제사에서 군왕이 사망했음에도 불구하고 중국에서는 왕을 여전히 생존한 것으로 오인하여 책봉한 사례[27]가 있어서 D-4 내용 중 책봉 승작의 주인공은 구이신왕이 아니라 사망한 전지왕이 맞다.

그리고 사료 D-5에서 보이는 424년 전지왕의 견사조공에 대해서, 小帝가 경평 2년 6월에 죽으므로 전지왕이 소제가 죽기 전인 6월 이전에 사신을 파견한 사실로 파악하기도 한다. 따라서 이때까지 전지왕이 생존했던 것으로 보고, 구이신왕의 재위기간을 424~427년으로 재조정한 견해도 있다.[28] 그렇지만 전지왕 생존설은 『三國史記』 기록과 어긋나며, 424년 6월 이전에 사신을 보내고 곧바로 죽어 구이신왕이 즉위한다는 연관성을 밝혀내지 못한다. 그런데 이 기사는 『宋書』 고구려전에 기록된 424년 장

---

26) 이기동은 송의 건국 후 21일만에 관례적으로 부여되는 책봉기사를 백제의 견사조공과는 관계없는 것으로 파악하면서, 실제로 21일만에 축하사절이 도착하기도 어려웠다고 하였다.(1974, 「중국사서에 보이는 백제왕 모도에 대해서」, 『역사학보』 62, 24~25쪽)

27) 東城王이 501년 12월에 죽었음에도(『三國史記』 권 26, 백제본기 4, 동성왕 23년 12월), 梁 武帝 天監元年(502) 4월 餘大를 征東大將軍으로 진호(『梁書』 권 2, 본기 2, 武帝 中 戊辰)하였다. 이러한 사후 책봉 진호의 기록은 대체로 중국에서 왕조가 새롭게 개창되어 축하적인 의미를 갖는다.(이기동, 1974, 위의 논문, 25쪽)

28) 노중국, 1988, 『백제정치사연구』, 138쪽.

수왕이 사신을 파견한 "璉遣長史馬婁等詣闕獻方物"[29]의 기사와 거의 같은 구조로 이루어졌다. 또 사료 D-6에서 425년 宋의 文帝가 백제에는 兼謁者 閻丘恩子와 兼副謁者 丁敬子를 보내고, 고구려에는 謁者 朱邵伯과 副謁者 王邵子를 보내어 詔書를 보내는데[30], 이 역시 문장의 구조와 내용이 서로 유사하다. 사료 D-5, 6에서 보이는 백제와 송과의 기사는 모두 고구려와 동일하게 처리되었다. 이와 같은 사료 D-5는 425년 宋의 文帝가 "兼謁者 閻丘恩子와 兼副謁者 丁敬子"를 백제에 파견하기 위한 명분을 만들기 위해 고구려의 견사조공기사[31]에 맞춰 첨가된 기사처럼 보인다. 또한 사료 D-6 말미에서 "백제가 이후로 계속 방물을 바쳤다"고 전하기 때문에 이것이 송과 백제의 교섭기사 중 최초의 것일 가능성이 높다. 425년의 이 기사를 계기로 대중교섭은 백제의 정치사에서 특정한 목적을 달성하기 위해 시도된 정책이라기 보다는 정례화된 사행으로 이해된다.

전지왕대 정국운영은 어느정도 안정화 단계에 들어섰다고 볼 수 있는데, 그 요인을 다음의 몇가지로 정의할 수 있다. 첫 번째 전지왕대에 유례없는 평화기가 등장하였다는 것이다. 『三國史記』 백제본기의 기록에 의하면 아신왕 12년(403) 신라와의 전쟁기사 이후 개로왕 15년(469)까지 전쟁기사 보이지 않았다. 두 번째 당시의 국제적 환경이 변동기에 있었다는 것이다. 즉 420년 6월 東晉이 멸망하고 宋이 개창되며, 440년 北涼이 멸망하고 北魏에 의해 북중국이 안정화 되었다. 여기에 전지왕 12년(416)

---

29) 『宋書』 권 97, 列傳 57, 夷蠻 東夷, 高句麗 少帝 景平 2年.

30) "少帝 景平二年 璉遣長史馬婁等詣闕獻方物 遣使慰勞之日 皇帝問使持節 · 散騎常侍 · 都督營 平二州諸軍事 · 征東大將軍 · 高句驪王 · 樂浪公 纂戎東服 庸績繼軌 厥惠旣彰 款誠亦著 踰遼越海 納貢本朝 朕以不德 忝承鴻緒 永懷先蹤 思覃遺澤 今遣謁者朱邵伯 · 副謁者王邵子等 宣旨慰勞 其茂康惠政 永隆厥功 式昭往命 稱朕意焉"(『宋書』 권 97, 列傳 57,夷蠻 東夷 高句麗 少帝 景平 2年)

31) 『宋書』 권 4, 本紀 4, 少帝 景平2年 春2月 乙巳.

동진으로부터의 책봉이 이루어지며, 왜 역시 413년으로부터 동진-송과의 교섭이 진행된다. 특히 421년부터는 소위 倭5王의 국제관계가 성립되어 동아시아 국제질서에 왜가 적극적으로 활동하였다. 이와 같은 국제적 변동기는 백제가 외교정책을 통해서 국내 정국을 안정화시킬 수 있는 호기였다. 세 번째 국내 유력세력의 기반인 대외관계를 융통성있게 진행함으로서 친왜적 성향을 갖고있는 해씨세력의 비대를 억제할 수 있었다. 마지막으로 국내적으로 아신왕의 정국운영을 경험한 전지왕이 근친왕족의 힘을 이용하여 유력귀족인 해씨의 세력을 억제하면서 안정적으로 정국을 운영할 수 있었다. 이상과 같은 국제환경의 변화와 대외정책 수립 과정에서 국내정치 안정은 전지왕 초기의 불안한 정권을 안정적으로 유지할 수 있던 원인으로 보인다. 이에 따라 전지왕대 대외정책의 변화는 대중외교와 대왜외교를 적절하게 활용하여 국내 정국을 효과적으로 운영하는데 활용되었다.

III. 비유왕대의 정치변동과 대외정책의 변화

비유왕대의 정치변동을 살펴보기에 앞서 구이신왕대의 정국에 대해 살펴볼 필요가 있다. 『三國史記』에 기록된 구이신왕 관련 기사는 즉위와 죽음관련 기사만 존재하며 재위가 8년이라는 사실밖에 없다.

F. 25년(420) 百濟의 直支王이 죽었다. 곧 아들 久爾辛이 왕위에 올랐다. 왕은 나이가 어렸으므로 木滿致가 國政을 잡았는데, 왕의 어머니와 서로 정을 통하여 무례한 행동이 많았다. 天皇은 이 말을 듣고 그를 불렀다[『百濟記』에는, '木滿致는 木羅斤資가 新羅를 칠 때에 그 나라의 여자를 아내로 맞

아 낳은 사람이다. 아버지의 功으로 任那에서 專橫하다가 우리나라로 들
어왔다. 貴國(日本)에 갔다가 돌아와 天朝의 명을 받들어 우리나라의 국정
을 잡았는데, 권세의 높기가 세상을 덮을 정도였다. 그러나 天朝에서는 그
의 횡포함을 듣고 그를 불렀다' 라고 되어 있다].(『日本書紀』 권 10, 웅략
천황 25년)

G. (427) 비유왕은 구이신왕의 장자이다. [혹 이르기를 전지왕의 서자라고
하는데 어느것이 옳은지 알 수 없다] 용모가 아름답고 언변이 좋아 사람
들이 추대하고 존중하였다. 구이신왕이 죽자 즉위하였다.(『三國史記』 권
25, 백제본기 3, 비유왕 즉위)

사료 F는 『日本書紀』에 기록된 구이신왕의 즉위 사정에 대한 기록이다.
전지왕 사후 구이신왕의 즉위에서는 왕위계승을 둘러싼 정쟁의 흔적을
살펴볼 수는 없다. 다만 木滿致의 등장이 주목된다. 구이신왕은 전지왕
즉위조에 기록에 의하면 405년에 태어났다. 그래서 부왕이 죽은 420년은
16세에 해당된다. 『日本書紀』의 기록을 참고한다면 아직 왕이 어렸으므로
王母 八須夫人이 섭정을 하고 있는 듯하다. 그리고 목만치의 국정장악 기
사와 왕모와 사통했다는 기사로 보면, 섭정 중인 왕모와 목만치로 이어지
는 세력이 형성되었다고 볼 수 있다.[32] 왕모 八須夫人은 전지왕이 왜국에
체류할 때 동행했는데, 이때 가야지역과 신라공격에 공헌이 있는 木羅斤
資[33]의 목씨세력과 연결된 것 같다. 한편 구이신왕대의 정국주도 세력으
로 왕모-목씨세력 이외에도 근친왕족 餘信과 내법좌평 解須를 들 수 있
다. 해씨세력은 전지왕 후반 정쟁으로 일선에서 물러난 느낌이지만, 상좌
평 여신은 왕족으로서의 권력은 유지하고 있었다. 하지만 왕모-목씨세력

---

32) 양기석, 1990, 앞의 논문, 81쪽.
33) 『日本書紀』 권 9, 神功王后 49년 3월, 62년.

의 전황에는 이렇다 할 대책을 마련하지 못했다.

구이신왕대의 정국운영을 추정해 볼 수 있는 사료로는 앞서 살펴본 D-4, 5, 6의 대중관계 기사가 있다. 그러나 D-4(420년 책봉)와 D-5(424년 견사조공)의 기사는 사실로 보기 어려운 측면이 있고, D-6(425년 책봉)의 기사로 판단하면 구이신왕 6년(425) 이후 대중교섭이 활발해지는 경향이 있다. 이러한 대중관계의 증가는 왜국과의 관계를 급속도로 냉각시켰다. 사료 F에서 보이듯이 천황의 목만치 소환은 그대로 인식하기 어렵다 하더라도 백제와 왜국 사이의 이상기류를 반증한다. 그리고 421년 왜왕 讚이 宋에 조공하는 등, 왜5왕의 활발한 대중외교가 전개된다. 이러한 왜의 대중외교는 백제와의 관계가 소원해진 틈을 타서 중국과 직접적인 통교를 통해 자국의 입지를 강화하려는 의도로 파악된다. 특히 438년 왜왕 珍이 책봉을 요청한 6국제군사(倭, 百濟, 新羅, 任那, 秦韓, 慕韓)에 대하여 고구려를 제외하고 한반도 남부에 대한 軍政權을 인증 받으려는 것으로 이해하기도 한다. 즉 宋으로부터 고구려와 동격의 관작을 승인받아서 한반도 남부에 대한 군정권을 공인받고 고구려에 대한 대항의식을 확인하기 위한 조치라고 한다.[34] 한반도 남부지역에 대한 군정권이 실제적이든 관념적이든 간에 이의 인증을 위한 조처를 왜왕 珍이 추진 것은 430년대 이후 급냉한 백제와 왜의 국제관계를 보여준다. 다시 말해서 비유왕의 친신라정책으로 433년 대고구려전선에 신라가 들어서려는 시점에서, 전통적 우방국이었고 백제의 정국운영에서 첫 번째 고려 대상이었던 왜의 독자화 노선으로도 생각된다.

구이신왕대의 정국운영은 사료의 영성함으로 그 내막을 정확하게 밝혀내긴 어렵지만 대왜관계 보다는 대중관계에 집중하였다. 이로 인해 전통

---

34) 熊谷公男, 2001, 『日本の歷史 03 大王か天皇らへ』, 講談社, 71~79쪽.

적 우방국이었던 왜국의 독자적 국제활동을 지켜보는 상황을 초래하였으며, 왕비와 목만치세력의 연합에 의하여 기존 근친왕족과 해씨세력이 제압당하였다.

사료 G에서는 비유왕의 출자가 구이신왕의 장자 혹은 전지왕의 서자라고 되어 있다. 다시말하면 구이신왕의 王弟일 수 있다.[35] 그리고 용모와 언변 그리고 사람들의 추대를 받았다는 점에서는 임금으로서의 성품을 갖추고 있었다는 내용이다. 출자와 성품에 대한 내용으로 보면 비유왕이 구이신왕의 아들로서 단순하게 왕위에 오른 것 같지는 않다. 즉 비유왕은 전왕 구이신왕대 권력을 전횡하였던 목씨세력에 대하여 실정을 빌미로 정변을 일으켜 왕위에 옹립되었다.[36] 즉위 직후인 2년(428) 2월에 4部를 순행하여 백성을 달래고 있는 모습은 왕위쟁탈전에서의 모습을 지우고 성군으로서의 자질을 내세우려는 광경으로 생각된다. 이 정변은 비유왕측에는 전지왕의 즉위를 도왔던 근친왕족 餘信과 해씨세력 解須가 참여했던 것으로 보인다. 왕 즉위 3년 여신의 죽음을 이어 해수가 상좌평으로 승진하고 있는 점에서도 그들이 비유왕을 즉위시켰던 것으로 추측할 수 있다.

한편 비유왕 즉위 직후인 2년 2월에 왜국 사신이 종자 50인을 대동하고 나타나는데, 흡사 전지왕의 歸國路 호위를 위하여 왜의 병사 100인이 扈從한 것과 비교된다. 즉 왜국에서 보낸 사신 일행의 성격은 정변에 성공하였던 비유왕 연합세력을 지원하기 위한 것으로 생각된다. 특히 연합세력 중 해씨세력이 그 주된 대상인 것 같다. 해씨는 전지왕대부터 친왜계

---

35) 비유왕은 구이신왕의 아들이 아닌 왕제로 추정된다. 구이신왕이 23세에 죽는데 15세에 아들을 낳았더라도 비유왕은 9세에 즉위한다. 그런데 9세의 어린나이의 왕에게 "용모가 아름답고 구변이 있어 사람들이 추앙하며 존경하였다"라는 미사어구를 붙이기는 어렵다. 따라서 비유왕의 계보에 대해서는 『三國史記』 割註가 정확하다.(이도학, 1984, 「한성말 웅진시대 백제왕계의 검토」, 『한국사연구』 45, 7쪽)
36) 문동석, 2007, 『백제지배세력연구』, 108~113쪽.

세력으로 분류될 만큼 대왜외교에서 비중있는 역할을 하였는데, 비유왕 즉위 초기 이들 세력을 지원하기 위하여 왜의 시위병력이 파견된 것같다. 따라서 비유왕대의 대외관계는 초기 군사적 동맹 강화 측면에서 대왜외교가 중심이었던 것 같다.[37] 하지만 428년으로 기년이 조정되는 『日本書紀』 응신기 39년조 王妹 新齊都媛을 왜로 보내는 기사[38] 이후 곤지가 일본으로 파견되는 461년(개로왕 7)까지 백제와 왜 사이의 교섭관계가 없는 점을 계기로 당시 두 나라의 관계가 냉각기에 있었던 것으로 추측하기도 한다.[39]

비유왕 즉위 직후 왜의 지원을 받아 빠르게 정국을 안정시킨 인물은 상좌평 解須이다. 그런데 해수는 전지왕대부터 친왜계로 분류되던 인물이었고, 구이신왕대 상대적으로 위축된 대왜관계를 회복하였다. 따라서 비유왕대 초기 해씨세력은 왜국과의 관계를 분리해서 생각할 수는 없다.

『三國史記』에 기록된 비유왕대의 사료를 분석하면 7년 신라에 請和하고, 8년에는 물적 교류를 동반한 상호교류를 시행한다. 또 9~13년까지는 『三國史記』 내에 기사가 없으며, 14년의 기사는 천문현상(일식)과 송에

---

37) 비유왕 2년(428)의 왜 사신 내방기사 이후 의자왕 13년(653)까지 『三國史記』에 교섭관계가 나타나지 않고 있음을 이유로 백제와 왜와의 관계에 이상 징후가 나타났다고 하는 견해도 있다.(신형식, 1971, 「신라왕위계승고」, 『혜암류홍렬박사화갑기념논총』, 74쪽) 그러나 430~460년대까지는 모르겠지만 비유왕 이후 백제사를 통틀어 왜와의 관계가 어색했다고 판단할 근거는 없다.

38) "九年春二月 百濟直支王 遣其妹新齊都媛以令仕 爰新齊都媛 率七婦女 而來歸焉"(『日本書紀』 권 10, 응신천황 39년 2월)

39) 熊谷公男, 2006, 「5세기 왜·백제관계와 나제동맹」, 『백제연구』 44, 179~180쪽. 熊谷은 백제와 왜 사이의 관계가 소원해진 이유에 대해서 신공기 49·62년조와 응신기 25년조의 기사를 2주갑이 아니라 3주갑으로 조정한 견해(山尾行久, 1989, 『古代の日韓關係』, 塙書房)를 받아들여, 442년(응신 62) 木羅斤資가 신라와 대가야에서 활약한 것으로 이해하였다. 즉 백제와 왜는 가야를 둘러싼 무력충돌을 갖게 되는데, 이것은 428년 이후 백제와 왜 사이의 관계가 냉각된 결과라고 하였다.

대한 조공기사이다. 다시 15~20년까지 『三國史記』 내에 기사가 없으며 21년의 기사는 화재와 천재지변(가뭄) 그리고 신라로 유망한 탈출민 기사가 나타난다. 또다시 22~27년까지 기사가 없으며 28~29년의 기사는 천재지변(가뭄), 천문현상, 왕의 전렵기사 밖에는 없다. 결국 9년부터 28년까지의 『三國史記』 기사는 천재지변, 천문현상 등의 기사가 대종이었다. 이와 같은 것은 구이신왕과 개로왕 즉위 초기의 기록이 상당히 영성하다는 것과 연관되어 당시의 정국 불안을 암시하는 것으로 생각된다. 특히 재위 7·8년(433·434) 기사에서는 신라와의 관계가 새롭게 조망되고 있기 때문에, 이후에 13년(439)까지 『三國史記』 기록이 없는 점은 친신라정책으로 인하여 백제정치사가 급변하였음을 나타내고 있는 것은 아닐까고 생각한다. 즉 비유왕 8년(434) 이후 친신라정책이 백제의 정치사에서 화두가 되었을 것이다.

비유왕의 친신라정책을 계기로 두 나라가 대립적 관계에서 벗어나고 있음은 사실이다. 비유왕 7년(433)의 請和기사를 시작으로 소위 羅濟同盟을 상정하기도 한다.[40] 그러나 소위 "동맹"의 결성 이후에도 여전히 고구려의 영향력이 신라에 남아있어서, 동맹의 결성 그 자체로 이해하기는 곤란하다는 견해도 있다.[41] 고구려의 백제 공격시 신라가 군사원조를 했던 455년(눌지왕 39) 10월까지 동맹의 결과로 인한 상호 지원의 내용이 나타나지 않고 있으며, 464년 신라에 존속하였던 고구려의 군사고문단이 축출된 것[42] 등으로 보아 433년을 동맹의 결성시점으로 볼 수 있는 근거는

---

40) 金秉柱, 1986, 「나제동맹에 관한 연구」, 『한국사연구』 46.
41) 정운용, 1996, 「나제동맹기 신라와 백제관계」, 『백산학보』 46, 88~90쪽.
　　정재윤, 2001, 「웅진시대 백제와 신라의 관계에 대한 고찰-나제동맹에 대한 비판적 검토」, 『호서고고학』 4·5, 72쪽.
42) 『日本書紀』 권 14, 雄略天皇 8년 2월.

없다.[43] 따라서 433·434년 백제와 신라의 連和기사는 두 나라가 군사적 협력으로 단초를 열은 셈이고, 5세기를 지나면서 신라가 고구려의 속박으로부터 벗어나면서 협력의 수위가 점차 강화되었다.

백제가 신라와 連和하고자 한 이유는 주지하는 것처럼 대고구려전선의 형성이다.[44] 신라 눌지왕 2년(418)에 卜好가 고구려로부터 귀국하자, 424년(눌지왕 8 : 장수왕 12) 고구려에서는 신라사신을 특히 후대하였다.[45] 고구려는 광개토왕 이래 계속되었던 質을 매개로 한 신라와의 동맹관계가 복호의 귀국으로 말미암아 동맹에 대한 위협적인 요소로 작용하리라 판단하고, 회유정책을 폈던 것으로 이해된다. 한편 433·434년에 신라가 백제와 連和정책을 취하자 고구려의 입장에서는 신라의 이탈을 우려할 수밖에 없었으나, 435년 北魏와의 교류에서 보이듯이 北燕에 대한 처리문제로 북방에 전념할 수 밖에 없는 상황이었다. 이러한 고구려의 상황은 438년 북연-송-고구려의 국제문제 해결로 일단락 되고[46], 439년부터는

---

43) 따라서 동맹이라는 포괄적 개념의 용어 대신 "협력관계"(정재윤, 2001, 앞의 논문, 86쪽) "나제상호방위조약"(Jonathan Best, 김종선 역, 2000, 앞의 논문, 260쪽) 혹은 더 구체적으로 "군사동맹"(熊谷公男, 2006, 앞의 논문, 182쪽)을 사용하는 견해도 나왔다. 전반적으로 나제동맹에 대해서는 이를 단순한 협력관계로 보는 의견(정재윤)과, 나제동맹 자체는 인정하면서도 구체적으로 군사동맹을 의미하며 동맹의 시점에 대해서 재해석해야 한다는 의견(정운용)으로 나뉜다.

44) 김병주, 1986, 앞의 논문, 31~37쪽.
백제의 입장에서 가야와 왜의 군사적 지원만으로는 대고구려전선을 형성하는데 부족하다고 판단하고 신라와의 교류에 나섰다고 한다.(박윤선, 2007, 「5세기 중후반 백제의 대외관계」, 『역사와 현실』 63, 221쪽)

45) 『三國史記』 권 3, 신라본기 3, 눌지왕 8년. 권 18 고구려본기 6, 장수왕 12년.
한편 卜好의 귀국을 삼국유사의 내용처럼 425년으로 보는 견해도 있다. 고구려의 도움으로 즉위한 눌지왕이 이듬해 고구려 배제의 목적으로 복호를 귀국시켰을리 없다는 것이다. 따라서 복호의 귀국은 삼국유사의 425년으로 이해하고 있다.(장창은, 2004, 「신라 눌지왕대 고구려세력의 축출과 배경」, 『한국고대사연구』 33, 224~225쪽)

북위와의 교류만 나타난다. 신라는 430년대 국제정세의 틈을 타서 고구려의 간섭을 피해 백제와의 連和에 성공하였던 것이다. 또한 눌지왕대 왜의 신라 공격 및 침구가 대폭 증가한 상황에서 433년~464까지 신라의 관심은 왜의 공격에 대한 대응뿐이었고, 이의 해결을 위해 외교적 노력으로서 백제와의 연화책을 선택하였다.

비유왕은 7·8년 신라와의 관계를 새롭게 정립하면서 즉위 초부터 권력을 가지고 있던 친왜계 해씨집단의 영향력을 점차 소멸시키고 왕권을 강화시켜 나간 것으로 보인다. 이때 비유왕이 해씨세력으로부터 국정운영권한을 이전받는 과정에서 비유왕을 지원한 세력도 있었을 것이다. 이들이 백제의 친신라정책을 주도한 세력으로 이해된다. 비유왕 29년(455) 기사에서 보면 3월 왕이 전렵을 가고 9월 흑룡이 출현하자 왕이 죽는다. 여기에서 전렵과 흑룡출현, 왕의 죽음 사이에는 특별한 관계가 있어 마치 전렵 이후 정변으로 인하여 비유왕의 죽음이 야기된 것으로 생각된다.[47] "예사롭지 않은" 비유왕의 죽음을 통해서 일군의 귀족과 비유왕을 지원하는 세력 간의 갈등이 유발되었을 가능성이 크다.[48] 그렇다면 개로왕 역시 정변에 의해 왕위에 올랐을 것이고, 개로왕 즉위 초 기사가 전무한 것도 이러한 정변의 영향으로 보인다. 개로왕 21년(475) 기사에서는 부왕 비유왕의 능원이 "해골은 맨땅에 임시로 매장되어 있다"라고 하였다.[49]

---

46) 『三國史記』 권 18, 고구려본기 6, 장수왕 26년 3월.

47) 정재윤, 1999, 「웅진시대 백제정치사의 전개와 그 특성」, 서강대 박사학위논문, 18 쪽. 여기에서는 비유왕이 전지왕의 서자라는 점을 들어 정통왕위계승자를 추대한 다는 명분으로 정변이 일어났을 가능성을 제기하였다.

48) 비유왕 말년 정변의 주체를 해씨세력으로 파악하고, 해씨세력은 결국 정변에 실패하였다고 하였다.(문안식, 2005, 「개로왕의 왕권강화와 국정운영의 변화에 대하여-개로왕의 전제왕권 지향과 좌절을 중심으로」, 『사학연구』 78, 47쪽) 그러나 개로왕 21년 부왕의 능묘에 대한 언급에서 나타나듯이, 일군의 귀족은 왕을 죽이고 정변에 성공한 것처럼 보인다.

개로왕의 즉위과정에서 정변이 있었고 부왕인 비유왕은 이때 희생된 것을 알 수 있다. 백제에서 고구려로 망명하여 개로왕을 죽인 再曾傑婁와 古爾萬年 등의 귀족이 즉위 초기에 숙청되었다는 견해가 있다.[50] 이러한 견해가 용인된다면 개로왕의 즉위 과정에서 나타난 정변의 주인공은 비유왕계 귀족으로서 재증걸루, 고이만년을 들 수 있고, 개로왕 옹립세력으로 沐今·麋貴·于西[51] 등의 신진세력으로 볼 수 있다. 이들 중 비유왕계의 귀족은 아마 비유왕의 친신라정책을 도왔던 인물들로 보인다. 재증걸루와 고이만년이 430년대 해씨세력의 소멸을 야기했던 친신라정책의 주역으로 판단할 유력한 근거는 없다. 하지만 비유왕의 측근으로서 친신라정책을 전개하면서 친왜계 해씨세력을 약화시킨 주역 중 하나로서 비해씨세력연합이라 규정할 수 있겠다.

H-1. (429)이달에 백제왕이 사신을 보내어 방물을 헌상하였다.(『宋書』 권 5, 本紀 5, 文帝 元嘉 6년 7월)

---

49) 『三國史記』 권 25, 백제본기 3, 개로왕 21년.
  개로왕은 전제적 왕권을 강화하고 있지만, 재위 21년까지 부왕의 분묘를 정비하지 못할 정도였다면 아직까지도 부왕을 죽이고 개로왕을 옹립한 세력과의 관계를 청산하지 못한 것 같다.
50) 문동석, 2008, 앞의 논문, 24쪽.
51) 『宋書』 권 97, 列傳 57, 夷蠻 東夷 百濟조에서 효문제 대명2년(458) 개로왕이 보낸 표문의 내용 왕족인 여씨와 함께 등장한 목금, 미귀, 우서 등 비왕족의 이름이 보인다. 이들과 왕족은 모두 '충성'을 담보로 개로왕에게 중용되어 관작이 요청된다. 따라서 개로왕 초기 왕을 옹립하였던 세력으로 파악할 수 있겠다. "大明 2년, 餘慶이 사신을 보내어 표문을 올려 말하기를, …… 行冠軍將軍 右賢王 餘紀 등 11명은 충성스럽고 부지런하여 높은 지위에 나아감이 …… 行冠軍將軍 右賢王 餘紀를 冠軍將軍으로 삼고, 行征虜將軍 左賢王 餘昆과 行征虜將軍 餘暈를 모두 征虜將軍으로, 行輔國將軍 餘都와 餘乂를 모두 輔國將軍으로, 行龍驤將軍 沐衿과 餘爵을 모두 龍驤將軍으로, 行寧朔將軍 餘流와 麋貴를 모두 寧朔將軍으로, 行建武將軍 于西와 餘婁를 모두 建武將軍으로 삼았다."

H-2. (430)여름 4월에 宋 文皇帝는 왕이 다시 職貢을 닦았기 때문에 사신을
　　　보내 先王 映의 작호로 책봉해 주었다.[전지왕 12년(416)에 동진이 册
　　　命하여 使持節 都督百濟諸軍事 鎭東將軍 百濟王으로 삼았다.]"(『三國史
　　　記』 권 25, 백제본기 3, 비유왕 4년 4월)

H-3. (440)겨울 10월에 사신을 宋에 보내 조공하였다.(『三國史記』 권 25, 백
　　　제본기 3, 비유왕 14년 10월)

H-4. (443)이해, 河西國 · 高麗國 · 百濟國 · 倭國이 사신을 보내어 방물을 바
　　　쳤다.(『宋書』 권 5, 本紀 5, 文帝 元嘉 12년)

H-5. (450)元嘉 27년 餘毗가 방물을 바치며, 國書를 올려 사사로이 臺使 馮野
　　　夫를 西河太守로 삼을 것을 추인해 주고, 표문으로 易林 · 式占 및 腰弩
　　　를 요구하자 太祖는 모두 들어 주었다.(『宋書』 권 97, 列傳 57, 夷蠻 東
　　　夷 百濟)

　사료 H群에서는 구이신왕대 이후 정례화된 견사조공과 백제왕에 대한
책봉기사가 보인다. 그런데 비유왕 24년(450)의 대중관계는 정치 · 외교
적 측면보다는 교역적 측면에 집중한 것으로 이해하기도 한다.[52] 그러나
문물교류의 양상이 사료상에 노출되었다고 나머지 정치외교적 측면이 강
한 교류를 모두 문화교류의 방편으로만 생각하기는 어렵다. 또한 동진계
도자를 수입하여 백제가 지방지배의 방편으로 이용했다는 선례[53]도 있기
때문에, 문화교류로 수입된 문물이 정치적으로 활용되기도 하는 실정이
다. 그래서 문물의 교류라는 것은 정치 · 외교적 교류와 동반되는 것이지
이를 별도로 분리해서 생각할 수는 없다. 특히 450년 수입품 중 腰弩는

---

52) 문동석, 2008, 앞의 논문, 20쪽.
53) 권오영, 1988, 「4세기 百濟의 地方統制方式 一例 −東晋靑磁의 流入經緯를 中心으
　　　로」, 『한국사론』 18, 서울대 국사학과.

무기로서 백제가 고구려와의 전쟁에서 군사적 우위를 점하려는 목적으로 수입된 신무기로 추정하기도 한다.[54] 비유왕대의 대중교역의 특징은 문물교류를 동반한 정치·외교적인 교류로서 정례화된 견사조공으로 정의할 수 있겠다. 한편으로는 고구려가 이 시기 남중국(동진, 송)과 상호교류가 급격히 증가하고 있는 상황에서 이를 인식하고 있던 백제가 송과 교류만을 목적으로 교섭하였다고 판단하기는 어렵다. 거기에 구이신왕대 이후 늘어난 왜국과 송과의 외교도 의식하고 있었을 것이므로, 비유왕대 대중교섭의 한 측면으로서 고구려·왜와의 경쟁적 외교전으로 이해해야 할 것이다.

IV. 맺음말

이상에서 4세기 말에서 5세기 전반에 이르는 백제의 정국운영의 주체와 그에 따라 변동되는 대외정책을 살펴보았다.

아신왕대의 정국을 주도했던 세력은 근친왕족과 친왜계 진씨세력으로 판단된다. 아신왕은 근친왕족의 힘을 바탕으로 왕권을 강화하고 외척인 진씨세력과의 세력균형을 이루고자 하였으나, 진씨세력은 잠재적 정적이었던 태자 전지를 왜에 파견하여 정국운영의 주도권을 장악한다. 하지만 眞武를 중심으로 한 진씨세력은 대고구려전투에서의 연패와 渡倭한 태자 전지의 대왜외교 성과 등의 이유로 인하여 결국 몰락하고 웅진시대가 되어서야 다시 중앙에 등장한다.

---

54) 박윤선, 2006, 「5세기 중반~7세기 백제의 대외관계」, 숙명여대 박사학위논문, 41~45쪽.

전지왕 역시 정변의 과정을 거치면서 왕위를 계승하는데, 이에 결정적인 역할을 한 세력은 國人세력 해씨로 보인다. 解須·解丘의 해씨가 외척이고 왕비 八須夫人이 태자 전지와 함께 왜국에 체류하였기 때문에 해씨세력은 친왜계 세력으로 분류된다. 전지왕은 즉위 후 부왕 아신왕대의 전례에 따라 근친왕족을 등용하여 해씨세력과 세력균형을 도모한다. 그리고 대고구려전선의 강화라는 측면에서 대중교섭의 빈도가 늘어나게 되는데, 친왜적 해씨세력에 대한 견제의 성격도 포함되었다.

구이신왕은 『三國史記』에 기록이 없는 점과 『日本書紀』의 기록으로 보아 재위기간 동안 정치변동이 극심했을 것으로 생각되며, 그 중심에는 섭정중인 왕모와 결탁한 목씨세력(木滿致)이 있다. 이들에 의한 전횡으로 백제의 정치가 불안해지고 결국 정변에 의해 비유왕이 즉위하게 된다.

비유왕대의 정국의 운영은 즉위 직후 중용되는 근친왕족과 해씨세력이 주도했다. 그러나 왜국의 군사적 역할이 상대적으로 줄어든 상황에서 대외관계로 판단했을 때, 433·434년 비유왕의 친신라정책은 대고구려전선을 형성하는 데 필요한 새로운 파트너를 찾았던 것으로 보인다. 아울러 비유왕을 옹립했던 해씨세력의 비대를 막고 왕권중심의 정국운영을 주도하기 위하여, 비유왕은 비해씨세력연합과 함께 친왜계 해씨세력을 축출하였는데, 이 과정에서 친신라정책이 활용되었다.

아신왕대로부터 국제관계를 중심으로 권력이 양산된 백제의 내부에서 이와 같은 대외관계의 획기적인 변화는 지배세력의 내부갈등을 야기하였다. 결국 개로왕의 옹립을 탄생시킨 비유왕 말년의 정변은 친신라계의 非해씨세력연합에 불만을 품은 친왜계 세력의 갈등으로 이해된다.

백제 문주왕의 즉위와 웅진천도

김주성*

Ⅰ. 머리말

475년 9월 고구려는 백제의 한성을 공격하여 7일만에 한성을 공략하고 개로왕을 패사시키는 등 혁혁한 전공을 세웠다. 이 전투는 동북아시아에서 고구려의 위상을 제고시켰으며, 나아가 북위의 고구려에 대한 태도를 격상시키는 계기가 되었다. 한편 백제에서는 문주왕이 즉위하였으며, 웅진으로 수도를 옮겼다. 바야흐로 백제는 수난의 시대로 접어들었으며, 웅진시대의 서막을 여는 계기가 되었다.

웅진시대는 63년이라는 짧은 시기였지만, 해명되어야 할 문제는 그 어

---

* 전주교육대학교 사회교육과 교수

느 시기보다도 많다. 우선 웅진시기의 한강유역은 어느 국가에 귀속되고 있었는가이다. 지금까지의 통설에 따르면 551년 백제와 신라가 합동작전으로 한강유역을 회복할 때까지 당연 고구려가 한강유역을 차지하고 있었다고 한다. 그런데 웅진시대『삼국사기』기록에 의하면 백제가 여전히 한강유역을 차지하고 있는 듯한 기사가 실려있다. 최근에는 이를 근거로 한강유역은 고구려와 백제의 점이지대로 설정하는 견해가 나오기도 했으며, 시간의 흐름에 따라 때로는 고구려가, 때로는 백제가 한강유역을 점령했다는 식의 견해도 나오고 있다. 이와 함께『삼국사기』권 26, 동성왕 10년조의 북위의 침공을 물리쳤다는 전투의 실재 문제와 전투주체의 문제도 논쟁의 대상이 되고 있다. 또 개로왕대부터 보이는 왕·후·태수제에 대한 문제, 웅진시대 왕궁의 위치문제 등 해결되어야 할 문제가 여전히 많이 남아있다.

특히 최근에는 웅진천도가 비상시국에 처한 백제가 임시적으로 천도한 곳이라는 견해와는 달리 준비된 천도였다는 견해가 나오고 있다. 이렇게 웅진시대에 여러 가지 문제가 해결되지 못한 채 남아있는 중요한 이유는 사료의 부족에 있다는 것은 두말할 나위가 없다. 부족한 사료를 메꾸기 위한 고고학 발굴은 대단히 중요하다. 최근 공주의 수촌리고분과 서산 부장리 고분에서는 금동관과 금동신발, 환두대도 등이 발견되었다. 이들 고분의 발견으로 웅진천도에 대한 새로운 해석들이 나오고 있다. 문주왕은 다른 지역이 아닌 왜 웅진을 천도지로 택했을까라는 궁금증이 생기게 된다.

이와 아울러 475년 고구려는 한성을 공략한 다음 백제군을 조금만 더 몰아쳤다면 백제를 다시 회복하기 어려운 상황으로까지 몰고 갈 수 있었을 것이다. 그럼에도 불구하고 고구려는 일단 군대를 철수했다. 장수왕과 본대만의 귀환인지, 아니면 모든 고구려군이 완전 철수했는지에 대한 논의도 진행중이다. 아무튼 고구려는 왜 한성만을 공략하고 돌아갔는지 궁금해진다. 여기에서는 문주왕의 즉위 과정을 사료 검토를 통해서 되돌아보면서 왜 웅진이 새로운 천도지로 부상했으며, 고구려군의 철수 이유에 대하여 알아보도록 하겠다.

II. 문주왕의 즉위과정 검토

475년 고구려 장수왕은 백제를 침공하여 한성을 점령하고 개로왕을 살해하는 전과를 올렸다. 개로왕이 죽자 문주왕이 즉위하였다. 개로왕과 문주왕, 동성왕, 곤지, 무녕왕의 혈연관계에 대해서는 일찍이 많은 관심이 표명되었으며, 이제 정리된 느낌이 든다.[1] 비유왕은 개로왕, 곤지, 문주왕의 아들을 두었으며, 그 중 개로왕이 장자이며, 곤지와 문주왕은 개로왕의 동생이었다고 한다. 무녕왕과 동성왕은 곤지의 아들로 무녕왕이 동성왕의 형이었다고 한다.[2] 이렇게 그들의 혈연관계는 정리되고 있지만, 당시의 정치적 상황에 대한 해석은 그 다양성으로 인하여 웅진천도 직후의 상황만큼이나 혼란스러울 정도이다. 이를 풀어가는 열쇠는 아무래도 기본 사료를 면밀하게 검토하는 데에서부터 출발하여야 하지 않을까 싶다.

개로왕대 고구려 장수왕의 백제 침공에 대해서는 삼국사기 고구려·백제·신라본기에 기록이 남아있다. 침공의 당사자인 고구려본기에서는

---

1) 그 단서는 이기동, 1974, 「中國 史書에 보이는 百濟王 牟都에 대하여」, 『역사학보』 62.(1996, 『백제사연구』에 재수록)에서 비롯되었다. 이기동은 牟大를 동성왕, 牟都를 문주왕, 458년 개로왕이 중국에 賜除를 신청한 11명중 餘昆을 昆支로 비정하였다.

2) 이도학, 1984, 「한성말 웅진시대 백제왕계의 검토」, 『한국사연구』 45, 양기석, 1991, 「백제 웅진시대와 무녕왕」, 『백제무녕왕릉』.

① 九月 王帥兵三萬侵百濟 陷王所都漢城 殺其王扶餘慶 虜男女八千而歸(고구려
　　본기 6, 장수왕 63년)

이라 하였다. 짧막하지만 장수왕은 3만의 병력을 거느리고 백제 수도인
한성을 공략하고 백제 왕인 개로왕을 살해하고 남녀 8천인을 포로로 잡
아 돌아갔다라고 하여 상당히 구체적인 정보를 전해주고 있다. 8천명의
포로에 대해서는 이 기록에서만 찾아진다. 8천명의 포로에 대한 기록도
상당한 신빙성이 있다고 여겨진다. 사비시대 도성에는

都下有萬家(『周書』 百濟傳)

이라 하여 만가가 있었다고 한다. 1가를 5명으로 잡는다면 5만명이 도
성에 살고 있었다는 말이다. 한성시대에는 아마도 만가보다는 훨씬 적은
인구가 거주하고 있었다고 생각된다. 그 중에서 8천명을 데리고 갔다는
것이다. 유력한 인사 거의 모두를 데리고 갔다고 하겠다. 고구려 군대 철
군 후 남은 사람들도 대부분 한성을 떠나 이동했을 것이다.

修茸大豆山城 移漢北民戶(『삼국사기』 권 26, 문주왕 2년 2월)

위 사료의 한북민호들은 원래 북부를 기반으로 하고 있던 해씨 세력 휘
하에 있던 민호를 새로운 해씨 세력기반인 대두산성으로 이동시킨 것으
로 해석되고 있다.[3] 아마도 살아남은 한성 주민들은 이런 저런 연고로 흩
어졌다가 다시 재배치되었을 것으로 여겨진다.[4] 이때 한성은 거의 비어

---

3) 이기백, 1978, 「웅진시대 백제의 귀족세력」, 『백제연구』 9, 12~13쪽.

있는 상태라고 해도 과언이 아니었을 것이다. 이것을 『일본서기』에서는

二十年 冬 高麗王大發軍兵 伐盡百濟 爰有少許遺衆聚居倉下 兵糧旣盡 憂泣玆深
於是高麗諸將言於王曰 百濟心計非常 臣每見之 不覺自失 恐更蔓生 請遂除之 王曰
不可矣 寡人聞 百濟者 日本國之官家 所由來遠久矣 又其王入仕天皇 四隣之所共識
也 遂止之(百濟記云 蓋鹵王乙卯 冬 狛大軍來 攻大城七日七夜 王城降陷 遂失尉禮
國王及大后王子等皆沒敵手)(『일본서기』 권 14, 웅략 20년[476] 병진)

이라 하여 소수의 남은 무리가 창고 아래에 모여들었는데, 군량은 바닥
나고 근심이 매우 깊었다는 식으로 표현해주고 있다. 이 기록의 연대는
웅략 20년으로 476년이다. 그러나 이어지는 사료 백제기에서는 '乙卯冬'
이라고 하여 475년의 일이었음을 알려주고 있다. 이 기사는 고구려가 백
제를 침공한 475년의 상황을 전해주고 있다고 하겠다. 아무튼 고구려 측
의 기록은 장수왕의 전승을 지극히 건조하게 전해주고 있다. 전쟁에 대한
좀 더 자세한 기록을 남겼으면 하는 아쉬움마저 남는다.

고구려의 기록에 비해 신라의 기록은 객관적인 입장을 취한 듯 하면서
도 신라가 백제를 구원하기 위해 구원병을 파견했다는 점을 강조해주는
느낌을 준다.

② 秋七月 高句麗王巨璉 親率兵攻百濟 百濟王慶遣子文周求援 王出兵救之 未至
百濟已陷 慶亦被害(『삼국사기』 권 3, 자비마립간 17년[474])

신라가 구원병을 파견했으나 안타깝게도 시간상으로 늦어 백제의 불행

---

4) 이기백, 1978, 위의 논문, 14~15쪽. 진씨의 세력기반을 한성으로 추리하면서, 웅진
   시대 한성으로 불리웠던 곳을 직산으로 추론하였다.

을 막지 못했다는 아쉬움을 느끼게 해주는 기록이다. 이 기록에서도 장수왕이 백제를 친정했다고 하여 장수왕의 친정이 사실이었음을 알 수 있다. 그런데 이 기록의 연대는 474년 7월로 되어 있다. 고구려나 뒤에 살펴 볼 백제의 기록에는 475년 9월로 되어 있다. 아마도 연대는 고구려나 백제 측의 기록이 일치하여 475년이 맞을 것이다. 그러나 7월과 9월의 문제는 뒤에 다시 논의하겠다.

고구려의 지극히 건조한 전승기록과 신라의 객관적인 듯 하면서도 백제를 도와주었다는 은근한 자부심을 표현한 기록과는 달리 패배자인 백제의 기록은 의외로 많다.

③ 二十一年 秋九月 麗王巨璉帥兵三萬 來圍王都漢城 王閉城門 不能出戰 麗人 分兵爲四道 夾攻 又乘風縱火 焚燒城門 人心危懼 或有欲出降者 王窘不知所 圖 領數十騎 出門西走 麗人追而害之

④ 至是 高句麗 對盧齊于・再曾桀婁・古尒萬年(再曾・古尒 皆複姓)等帥兵 來攻北城 七日而拔之 移攻南城 城中危恐 王出逃 麗將桀婁等 見王下馬拜己 向王面三唾之 乃數其罪 縛送於阿且城阿旦城下戕之 桀婁・萬年 本國人也 獲罪逃竄高句麗

⑤ 近蓋婁聞之 謂子文周曰 予愚而不明 信用姦人之言 以至於此 民殘而兵弱 雖 有危事 誰肯爲我力戰 吾當死於社稷 汝在此俱死無益也 盍避難以續國系焉 文周乃與木劦滿致・祖彌桀取(木劦・祖彌 皆複姓 隋書 以木劦爲二姓 未知 孰是)南行焉

⑥ 文周王(或作汶州) 蓋鹵王之子也 初毗有王薨 蓋鹵嗣位 文周輔之 位至上佐 平 蓋鹵在位二十一年 高句麗來侵 圍漢城 蓋鹵嬰城自固 使文周求救於新羅 得兵一萬廻 麗兵雖退 城破王死 遂卽位 性柔不斷 而亦愛民 百姓愛之 冬十 月 移都於熊津

사료 ③은 고구려가 한성을 공격해온 상황을 매우 자세하게 서술해주고 있으며, 개로왕의 피난 상황을 서술해주고 있다. 사료 ③에서도 장수왕의 친정이었으며, 고구려가 3만의 병력을 동원했다고 서술하여, 백제측 기록과 고구려측 기록이 일치하고 있다. 이로써 고구려가 475년 백제의 공략시 동원한 병력이 3만이었음을 확정지을 수 있다. 고구려의 공격에 대해서 개로왕은 성문을 닫아걸고 방어전으로 일관하였음을 알려준다. 이것은 사료 ⑤에서 '蓋鹵嬰城自固'라고 한 기록에서도 확인된다. 이때 고구려는 군사를 4방면으로 나누어 화공을 감행했었다. 이 작전은 대단히 주효하여 사료 ④와 일본서기에 인용된 백제기 사료에 의하면 7일만에 대성이 함락되었다고 하였다. 고구려의 한성 공격이 시작된 7일 사이에 문주가 성을 빠져 나와 신라에 구원병을 요청하러 갔으며, 한달도 채 못되는 시간에 신라는 1만의 군대를 동원하여 백제를 구원하기 위하여 출동하였다는 것이다. 이것은 아무래도 시간상으로 너무 촉박한 것으로 생각하기 어려운 사건 전개 과정이라고 하겠다. 고구려가 4도 방면으로 공격했다는 것은 풍납토성으로 추정되는 북성을 에워싸고 4면에서 화공했다는 의미일 것으로 해석된다. 어느 쪽으로 고구려 화공을 뚫고 문주왕이 한성을 탈출하여 신라에 구원을 요청하러 갔는지는 모르겠지만, 시간상으로 너무 족박하다는 느낌을 지울 수가 없다. 그런데 사료 ②의 신라측 기록에 7월이라는 시점은 이런 점에서 주목된다. 아마도 고구려 장수왕이 3만의 군대를 동원하기 위해서는 상당한 시간이 소요되었을 것이다. 그리고 3만의 군대가 기동하여 한성에 도달하기까지 백제의 북방 방어선을 거쳐야 하는 만큼 어느 정도의 시간이 소요되었을 것은 분명하다. 즉 백제의 개로왕은 장수왕이 친히 거느린 3만의 병력을 대적하기에는 힘들 것으로 판단하여 일찍 신라의 도움을 요청했을 것으로 여겨진다. 그 시기가 475년 7월이었던 것으로 판단된다. 신라의 구원병을 기다리면서

한성 내외에서 협공을 가하면 장수왕의 공격을 물리칠 수 있을 것으로 판
단했었던 것은 아니었을까. 이런 사정도 장수왕으로 하여금 7일 동안 밤
낮으로 화공을 가하여 속전속결을 택했었던 하나의 배경이 되었다고 추
측된다.

다음으로 사료 ⑤에 의하면 개로왕은 왕궁에서 죽을 것을 다짐하고 있
으나, 사료 ③과 ④에 의하면 개로왕은 출성하여 도피하고 있다. 개로왕
이 도피했다는 것이 오히려 사실에 가까울 것이다. 이때 개로왕을 호위하
였던 병사가 수십기였다는 것은 553년 성왕이 왕자 창이 고구려를 공격
하고 전승했다는 소식을 듣고 위로하려고 갔었을 때 步騎 50인을 데리고
갔었다는 사실과 상당히 유사하다는 점도 주목된다. 아마 이 50인은 국왕
의 경호원들이었다고 짐작된다. 이때 개로왕과 수십인의 호위병은 결국
고구려 군대에 잡혀 개로왕은 아차성에까지 압송되어 그곳에서 죽임을
당하였던 것으로 생각된다.

이어서 사료 ⑤에서는 다른 사료에서는 보이지 않는 것이 있다. 그것은
문주가 피난하여 국계를 이으라는 개로왕의 말과 함께 문주가 목협만치
와 조미걸취와 함께 남쪽으로 내려갔다는 것이다. 이것은 다른 어떤 사료
에서도 찾기 어렵다. 구체적으로 언제 문주는 남쪽으로 내려갔을까. 문주
가 475년 7월 신라에 구원병을 요청하러 갔었으며, 사료 ⑥에 의하면 그
결과 그는 9월에 1만의 신라군을 거느리고 백제의 한성으로 돌아왔다. 한
성으로 돌아온 문주가 목협만치와 조미걸취와 함께 다시 남쪽으로 내려
갔다는 의미로 받아들여진다. 그러나 사료 ②에 의하면 구원병이 도착하
기 전에 백제는 함락되고 개로왕은 피살되었다고 하였다. 구원병이 한성
으로 향하는 도중 어느 곳에서 한성이 함락되고, 개로왕 피살 소식을 들
었다는 것으로 해석된다. 그 소식을 접한 문주와 구원병은 어떻게 행동했
을까. 계속 한성으로 군대를 거느리고 갔을까, 아니면 소식을 접한 그 곳

에서 신라군은 신라로 귀환하고 문주만이 한성으로 되돌아왔을까, 아니면 신라군은 신라로 귀환하고 문주는 남쪽 웅진으로 피신했을까. 신라의 구원병은 개로왕을 보호하고, 한성을 지키기위해 파견되었다. 그런데 이미 그 목적을 상실해버렸다. 목적을 상실한 구원병이 한성까지 진군하여 무엇을 얻을 수 있었을까. 신라군의 입장에서는 고구려군과 조우하여 목숨을 건 전투를 할 이유가 없어진 셈이다. 그리고 신라의 입장에서도 고구려의 비위를 괜스레 건드릴 이유도 없었다. 이런 저런 이유로 신라군은 한성까지 진군하지 않았을 가능성이 크다.[5] 그리고 문주도 앞에서 서술했듯이 8천명의 포로와 백성들의 이주로 텅 비다시피한 한성에 굳이 입성해야 할 이유도 없었다고 생각된다.

그러면 사료 ⑥에서 문주가 한성까지 갔다가 다시 웅진으로 천도했다는 기술은 어떻게 된 것일까. 사료 ⑥은 문주왕의 즉위년 기사이다. 문주왕이 어떻게 왕위에 올랐는가를 기술해주고 있다. 문주왕의 왕위 즉위 정당성을 기술해주는 부분이라고 할 수 있다. 문주왕은 신라의 구원군이 돌아가자 그대로 웅진으로 이동해 왕위에 올랐던 것이다. 이에 왕위 즉위에 대한 정당성이 필요했다. 그 정당성을 우선 한성으로 돌아가 그곳에서 왕위에 즉위하여 웅진으로 천도했으며,[6] 백성들을 사랑하고 백성들이 문주왕을 사랑했다는 식의 기술이 이루어진 것으로 파악된다. 구원군을 이끌고 자신의 임무를 다했으나, 한성은 파괴되고 국왕이 죽었으니 자신이 왕위에 올랐다는 것이다. 사료 ⑤에서는 문주왕의 왕위계승을 더

---

5) 근래의 연구에서는 신라군 1만명이 문주왕의 즉위에 큰 도움이 되었다는 인식이 널리 통용되고 있다. 신라군이 백제 왕위 즉위에까지 영향을 미칠 정도였다면, 백제는 신라로부터 암묵적으로 커다란 압력을 받았다고 생각된다. 그러나 웅진시대 초기 신라의 영향력을 생각게 해주는 사료는 찾아보기 어렵다.

6) 田中俊明은 이 사료를 기계적으로 사료를 앞뒤로 연결시키는 사료조작으로 파악하고 있다.(2002, 「百濟都城と公山城」, 『백제문화』 31, 124쪽)

욱 세련되게 조작하고 있다. 사료 ⑤에서는 '난을 피해 국계를 이으라'고 하여, 도림설화를 통하여 개로왕의 유지로 문주왕이 즉위했다는 것이다. 문주왕은 왕위즉위에 대한 정당성을 확보함과 동시에 아들 삼근을 태자로 책봉하여 다음 왕위계승 문제까지 확실하게 해두었다. 특히 고구려의 침공으로 개로왕 및 왕비, 왕자 등이 모두 몰살당한 상황에서, 곤지의 귀국과 내신좌평 수락은 문주왕의 왕위 계승에 대한 정당성을 더욱 확고하게 해주는 계기가 되었다. 곤지는 개로왕의 동생이면서 문주왕과 형제관계에 있었던 인물로 왜에 파견되어 하내지방에서 상당한 세력기반을 형성하였던 인물이다. 당시 병관좌평으로 임명되었던 해구는 문주왕의 즉위에 상당한 불만이 있었던 듯하다. 곤지의 죽음과 함께 해구는 '擅權亂法 有無君之心'이라고 하였다. 해구는 결국 문주왕을 죽이고 말았다. 이것은 웅진천도 직후 나타난 정치적 혼란인데, 그 가장 핵심은 왕위계승에 정당성이 결여되어 있었으며, 이 틈을 노린 해구의 권력장악에 있었다.

문주왕은 고구려의 백제 침공시 혼동의 와중에 위치하면서 왕위에까지 오를 수 있었으나, 강력한 해구의 세력을 제압하지 못하고, 결국 그에 의해 살해되었다. 문주왕의 최대 치적은 웅진으로의 천도이다. 문주왕은 왜 웅진으로 수도를 옮겼을까라는 의문을 해결해가도록 하자.

Ⅲ. 웅진으로의 천도

문주왕은 475년 고구려의 침공으로 목협만치와 조미걸취의 도움을 받아 웅진으로 천도하였다. 왜 하필 웅진이었을까. 이 점에 대해서는 지금까지 몇 가지 견해가 제시되었다.

먼저 웅진의 지리적인 이점을 지적한 견해를 들 수 있다. 한성 이남에서 고구려를 막을 수 있는 자연의 장벽인 차령과 금강으로 둘러싸여 있으면서 동으로는 계룡산이 막아주는 전략적 방어에 적합한 웅진이 택해졌다. 이와 아울러 금강을 활용한 교통로로서의 중요성을 지적한 견해이다.[7]

다음으로는 정치세력과의 역관계에서 추론한 견해를 들 수 있다. 정치세력의 역관계란 우선 웅진을 토착기반으로 한 세력이 있었으며, 이들이 웅진으로의 천도를 주도하였을 것이다라는 가설이다. 이 중 특이한 견해를 제시한 사람은 이남석이다. 이남석은 웅진지역에서는 천도이전의 유물과 유적을 찾기 힘든 사실에 주목하여, 웅진을 기반으로하는 토착세력은 없었다고 전제하였다. 이것을 주목한 백제가 웅진으로 천도하였을 것이라는 견해를 제사하였다.[8] 상당히 흥미로운 견해였던 관계로 많은 사람들에게 영향을 미쳤다. 최근 공주 의당 수촌리고분의 발견으로 그 중요성이 떨어지기는 했지만 주목할 만한 견해였다.

수촌리고분의 피장자를 백씨로 보는 견해와 목씨로 보는 견해가 나와 있다. 백씨로 보는 견해는 웅진을 토착기반으로 했다는 이기백의 논리를 받아들인 견해이며, 목씨로 보는 견해는 문주왕을 도와 남천했다는 목협만치의 세력기반으로 보는 견해이다. 수촌리고분 세력을 백씨와 목씨로 직결시킬 수 있는 것인지는 아직 확실하지 않다. 수촌리고분에 대한 새로운 견해가 나오고 있기 때문이다. 수촌리고분 사이의 간격이 너무 좁아 각각의 분구를 가지고 있었다기 보다는 차라리 한 분구내의 다른 묘역으로 파악하는 다장묘 형식으로 파악하였다. 그리고 금동제품에 보이는 투조·선조·타출 등의 기술은 웅진천도 이후에 지방으로 확산되어 갔으

---

7) 유원재, 1997, 『웅진백제사연구』, 18쪽.
8) 이남석, 1997, 「웅진지역 백제유적의 존재의미」, 『백제문화』 26.

며, 아울러 부장된 중국제 수입자기는 상당한 전세기간을 거쳐 부장된 것으로 파악하였다. 이런 근거로 수촌리고분을 5세기 후반에서 말엽사이에 조성된 것으로 파악하였다.[9]

이와는 달리 웅진천도 직후의 정치세력 판도를 기준으로 역으로 웅진천도를 추정해보는 견해도 있다. 웅진천도 직후 연신과 결탁한 해구의 집권을 기준으로 해씨세력이 웅진천도의 주도세력 중의 하나이었다는 견해이다.[10]

세 번째로 웅진지역이 한성시대부터 중요한 지역으로 인식되고 있었다는 견해이다. 한성시대에 웅진은 담로로 지정되었다거나 왕·후가 파견된 지역이라고 추정하는 견해이다.[11] 아무래도 웅진천도가 급작스럽게 이루어진 점을 고려해본다면, 이 견해가 나름대로 타당성이 있지 않는가 싶다.

문주왕이 왜 웅진으로 천도했을까라는 문제는 웅진의 지형적인 요인, 정치세력의 역관계, 한성시대부터의 인식 등이 혼합되었다는 표현이 더 적절할 것이다. 문제는 어느 요인이 가장 크게 작용했을까라는 것이다. 개로왕은 고구려의 남침 대비에 적극적이었다고 한다. 개로왕이 실시한 좌·우현왕제를 중앙 정부의 통치력이 크게 미치지 않는 지역을 조직화하여 고구려의 남침을 저지하는데 그 목적으로 파악한 견해도 있다. 아울러 개로왕은 신라·송·왜와의 관계를 통하여 고구려를 간접적으로 압박하였다고 한다.[12] 뿐만 아니라 472년 개로왕은 북위에 친서를 보내 고구려를 공격해 줄 것을 강력하게 요구하였다. 여기에서 개로왕은 "원한을 맺고 화를 연속함이 30여년, 재물이 다하고 힘이 다하여 점차 저전로 쇠약해졌다. 만일 황제의 인자와 간절한 긍휼이 멀리 미치지 않는 곳이 없

---

9) 강인구, 2008, 「공주수촌리 백제고분의 고찰」, 『한국학논총』 30.
10) 정재윤, 1999, 『웅진시대 백제 정치사의 전개와 그 특성』, 서강대 박사학위논문, 52쪽.
11) 김영관, 2000, 「百濟의 熊津遷都 背景과 漢城經營」, 『忠北史學』 11 · 12.
12) 정재윤, 1999, 앞의 논문, 31쪽

다면 속히 장수를 보내어 우리나라를 와서 구해주소서"라고 하면서 북위의 도움을 간절히 바라고 있다. 이렇게까지 고구려의 침공을 예견하였던 개로왕이었기 때문에, 그는 蛇城에서 崇山北에 이르는 둑을 쌓아 한강의 범람으로 인하여 발생되는 민가의 피해를 보호하였을 뿐만 아니라 고구려의 남침에 대비한 저지선을 확립하였다. 이런 과정속에서 개로왕은 만약 도성이 함락된 이후 국가를 유지할 후방기지 확보에도 당연 신경을 썼을 것으로 짐작된다. 적절한 후방기지로는 여러 곳이 선정되었을 것이지만, 실제로 천도가 이루어진 웅진이 가장 유력한 곳이었다고 생각된다. 아마도 웅진의 방어적 이점과 교통상의 편의점 등의 지리적인 조건이 가장 먼저 고려되었을 것이다.

이렇게 생각해 본다면 문주왕의 웅진천도는 우발적으로 이루어진 천도가 아닌 국가비상시 예정된 계획에 따라 일부 진행된 것으로 파악된다. 아마 개로왕은 자신이 죽고 남천하는 비상 계획을 세우지는 않았을 것이다. 개로왕의 죽음은 의도되지 않은 우발적인 죽음이었을 가능성이 크다. 이에 문주왕은 비상계획에 따라 미리 예정되어진 적절한 장소로 남천하였다고 여겨진다. 이때 문주왕을 도와 웅진천도를 보좌해주었던 목협만치나 조미걸취의 도움을 전제로 웅진을 목씨의 세력기반으로 추리해보는 것은 일정 정도 일리는 있다고 보지만 큰 요인으로 작용했다고 보기에는 어려움이 있다. 목협만치나 조미걸취 등이 웅진으로의 천도에 반대를 했다면, 문주왕의 웅진천도는 당연 커다란 장애를 받았을 것이다. 그런데 국가 비상시국에 문주왕을 따라 신라청병을 갈 정도의 사람들이라면 평소 문주왕과의 인간관계가 돈독했던 사람들이었을 것이며, 문주왕의 의사에 거스를 정도의 사람들은 아니었을 것이다. 아울러 목씨의 세력기반이 웅진이었다고 한다면 다음 사항도 고려되어야 할 것이다. 웅진천도 직후 권력을 잡은 사람은 해구였다. 해구는 내신좌평인 곤지가 죽자 '擅權

難法 有無君之心'이 되었다고 한다. 아마도 해구와 곤지와의 권력투쟁에서 해구가 승리한 결과일 것이다. 이 무렵 쯤에 목협만치는 도왜하여 일본서기에 소아만지로 나타난다고 한다.[13] 고구려 침공시 문주왕을 도와 신라에게 청병요청을 같이 떠났을 정도의 문주왕 측근이었던 목협만치였다. 또 그의 세력기반이었던 웅진으로까지 천도하였다면, 문주왕은 목협만치의 도움이 절실하였을 시기이다. 바로 그 시기에 어떤 이유가 되었든 그를 도왜시켰다는 것은 상당한 결단을 요구하는 일이다. 목협만치의 도왜가 사실이라면 아마도 웅진이 그의 세력기반이었다는 가능성은 그만큼 줄어들게 된다. 하지만 그 가능성도 앞으로 고고학 발굴에 기대하면서 열어둘 필요성은 있다. 수촌리고분의 피장자는 백씨 세력이었을 가능성과 목씨일 가능성도 있으며, 여전히 둘 중의 어느 세력도 아닐 수도 있다.

수촌리고분의 조성시기가 웅진천도 이전이라고 한다면, 수촌리 피장자들은 국가비상계획에 의거하여 화려한 부장품을 사여받을 만큼 중앙정부로부터 대접을 받았을 것이다. 이에 반해 수촌리고분의 조성시기가 웅진천도 이후라고 한다면 수촌리 피장자들은 천도직후 화려한 부장품을 사여받을 정도로 세력을 급성장했다고 볼 수 있다. 하여튼 이들이 백씨라고 한다면 동성왕대의 백가를 주목하지 않을 수 없다. 백가는 동성왕 8년(486) 2월에 위사좌평으로 임명되었다. 웅진으로 천도한지 대략 10년만의 일이다. 10년 동안에 웅진의 토착세력이 중앙정계의 좌평으로까지 승진하는 일은 충분히 이해될 수 있다.

웅진으로의 천도가 완전 우발적인 일이 아니었으며, 국가비상시 계획에 의하여 일정 부분 이루어졌음을 살펴보았다. 다음으로 고구려군이 한성을 공략한 다음 왜 철군했을까의 문제를 다루어보고자 한다.

---

13) 김현구, 2007, 「백제의 木滿致와 蘇我滿智」, 『일본역사연구』 25, 25~27쪽.

IV. 고구려군의 철군

한성을 격파하고 개로왕을 살해했던 고구려가 그 여력을 몰아 조금만 더 백제를 압박하였다면 백제 부흥의 씨앗은 발아되기 어려웠을 것이다. 그런데도 고구려군은 한성 공략 후 철군하였다. 물론 고구려군이 완전 철군했느냐, 아니면 일부 철군했느냐 라는 문제는 여전히 논쟁중이지만 하여튼 고구려군의 본대는 철군했다. 고구려로서는 아쉬움이 많이 남았을 것이고, 백제로서는 천만 다행인 셈이었다. 그러면 고구려군은 왜 철군했는가 라는 의문이 당연히 제기된다.

이 문제에 대한 부분적인 언급은 많다. 장수왕의 백제 공격 목적이 수도의 함락과 일정한 지역을 차지하는 것에 한정되었음을 시사한다라는 견해는[14] 정곡을 찌른 것이다. 시각은 올바로 정립되었다고 보이나, 문제는 왜 그랬을까라는 점이다. 이런 시각하에서 북위의 동향을 지적한 것은 적절한 지적이었다고 하겠다. 장기전으로 돌입할 경우 북위의 개입 가능성은 높았으며, 북위와 백제의 연결을 차단하기 위한 목적으로 광개토왕이 낙동강유역에 파견한 5만에 미치지 못하는 3만의 병력을 파견한 것은 단기전을 염두에 장수왕의 복안이었다는 것이다.[15]

472년 백제는 북위에 上表하였다. 여기에서 백제는 북위에게 고구려를 공격해달라고 요청하였다. 백제가 교류 한번 없던 북위에게 고구려 공략을 요청했던 것은 백제의 무리한 요구였음은 틀림없다. 하지만 북위 자신은

---

14) 노중국, 2004, 「한성백제의 몰락과 수도 이전」, 『향토서울』 64, 65쪽.

15) 노태돈, 1999, 『고구려사연구』, 362~363쪽. 최근 노태돈씨는 「고구려의 한성 지역 병탄과 그 지배 양태」(2005, 『향토서울』 66)에서 이 문제를 전적으로 다루면서 자신의 종전의 견해를 다시 강조해 주었다.

부인했지만, 440년 북위가 백제에게 사신을 파견했을 가능성을 지적한 백
제의 상표문을 신뢰한다면, 북위는 백제와 교류를 원했다. 아마도 이것은
북위의 고구려를 견제하기 위한 수단이었을 것이다. 그러나 30여년이 지난
472년에 백제가 북위에 보낸 상표문에 대한 북위의 태도는 이해하기 어려
운 점이 있다. 472년 북위는 백제에 답신 사절을 파견하면서 고구려를 거
쳐 가도록 하였다. 고구려가 이를 받아들이지 않을 것은 너무도 당연하다.
마치 백제가 우리에게 이렇게 군사요청을 해왔는데 알고 있어라 하는 태도
였다. 북위는 사신 소안을 해로를 통하여 파견하려고 하였으나, 태풍으로
결국 파견하지 못하였다. 이에 개로왕은 북위에의 조공을 단절했다고 한
다. 북위는 태풍을 핑계로 사신을 파견하지 않았던 것이다. 결국 북위는
백제와의 교류를 원하지 않았다고 하겠다. 고구려에게 백제가 상표한 사실
을 알려주면서 백제에 사신 파견을 포기했다는 것은 마치 고구려에게 백제
와 북위와는 아무 상관이 없으니 백제에 분풀이를 해도 우리는 상관하지
않겠다는 의미로도 받아들여진다. 즉 북위는 고구려에게 백제 공격을 유도
하는 듯한 인상을 준다는 점이다. 고구려가 백제 공격에 신경을 쓰는 동안
북위는 고구려를 공략하겠다는 전략이었는지도 모르겠다.

이 전략을 알아차린 장수왕은 섣불리 백제를 공격하지 않았다. 장수왕
은 한성공략을 위해 상당한 공력을 들였다. 도림을 파견하여 백제의 내정
을 흔들어 놓았던 것은 유명하다. 장수왕은 한성공략을 위해 북위에 대해
시도 계략을 펼쳤을 깃이라는 견해도 있다. 우신 징수왕은 472년부터 5년
간은 한 해에 두 번씩 북위에 사신을 파견하였다. 또 『위서』 정준전의 기
사를 존중하여 延興(471~475)末, 대략 474년을 전후한 시기에 장수왕이
북위에 2차 혼인 논의를 제의하였다는 것이다.[16) 이것은 문명태후가 장

---

16) 박정기, 2006, 「5~6세기 高句麗와 北魏 관계의 추이 —북위 文昭皇后 高氏의 등장과

수왕에게 요구한 혼인요청을 2차에 걸친 것으로 파악한 것이다. 다음 기사인 『위서』 정준전의

> 延興末 고려왕 璉이 掖庭에 納女를 구하니 顯祖가 허락하였다. (중략) 駿이 璉을 위하여 오고감이 經年인지라, 신의를 지키라 璉을 책망하니 璉이 그 분을 참지 못하여 駿의 從子 酒食을 끊어 준을 핍박하여 욕보이고자 하였으나 감히 害하지는 못하였다. 때마침 顯祖가 붕어하여 이에 돌아와서 秘書令을 제수받았다.(『위서』 권 60, 열전 48 정준)

내용을 존중한다면 연흥말년의 청혼은 장수왕이 요구하였으며, 이를 위해 파견된 정준은 475년 고구려에 있었음이 분명하다. 북위의 사신을 평양에 두고, 장수왕이 친정을 단행했다는 것은 북위를 무시했을 뿐만 아니라 북위에 대한 경고의 의미도 다분히 포함되었다고 파악된다. 이렇게 백제를 공략한 고구려는 북위의 위협을 고려하지 않을 수 없었다. 전쟁종심이 깊어질수록 고구려는 북위의 위협에 노출될 가능성이 깊었다.[17]

V. 맺음말

지금까지 고구려의 한성공략과 개로왕의 피살로 야기된 문주왕의 즉위와 웅진천도에 대하여 살펴보았다. 문주왕의 즉위과정을 살펴보면서 삼국사기 백제본기 문주왕 즉위조의 기록을 액면 그대로 믿기에는 당시의 상황을 고려해볼 때 이해되기 어려운 점이 많다. 이에 그 사료는 후대에

관련하여-」, 『지역과역사』 19, 110~111쪽.
17) 박경철, 2003, 「고구려 '한성강습'의 재인식」, 『민족문화연구』 38.

문주왕의 즉위를 정당화시키고자 하는 의도에서 조작된 점이 있었음을 살펴보았다. 이를 확인하기 위하여 고구려 침공과 한성함락과 개로왕 피살에 관련된 사료를 차례로 살펴보았다.

이어서 웅진으로의 천도에 대하여 살펴보았다. 웅진으로의 천도를 우발적인 것으로 보는 견해와 준비된 천도로 보는 견해가 있다. 필자는 준비된 천도로 기울어지면서 국가비상시국의 예비된 계획에 따라 웅진천도가 이루어진 것으로 파악해보았다. 왜 하필 웅진이었을까의 문제를 담로 혹은 왕·후제 실시 지역으로 파악하여, 한성시대부터 웅진을 중요시 여긴 결과로 파악하였다.

이어서 웅진천도가 가능했던 것은 고구려의 철군이라는 외적 변수에 대하여 살펴보았다. 고구려는 북위의 위협에 대비하여 단기전을 수행하려고 하였다. 고구려는 백제침공을 틈 탄 북위의 위협에 왕비 납비를 자청하여 북위 환심을 유지시키면서, 전쟁 종심을 최대한 짧게 만들어야 할 필요성이 있었다. 장수왕은 이것을 성공적으로 수행하였다.

職名·官等·地名·人名을 통해 본 6세기 신라의 漢文字 정착

朱甫暾*

目　次

Ⅰ. 머리말

『梁書』新羅傳에는 신라인들이 6세기 초까지 문자를 전혀 알지 못한 것처럼 기록하고 있다.[1] 물론 이 기사가 당시의 실상 그대로를 的確하게 전하고 있지 못함은 자명한 일이다. 503년의 迎日冷水里新羅碑처럼 6세기 초에 작성된 금석문이 문자의 존재를 뚜렷이 입증하여 주기 때문이다. 다만 6세기 초까지 신라에서는 그처럼 문자가 없었다고 중국인에게 인식될

---

* 경북대학교 사학과 교수

1) "無文字 刻木爲信 語言待百濟而後通焉"(『梁書』 권 54, 新羅傳)

정도로[2] 문자의 구사 능력상에서 일정한 한계가 있었음도 또한 쉬이 부정할 수 없는 사실이다. 그 점은 냉수리비와 함께 524년의 蔚珍鳳坪新羅碑나 525년의 蔚州川前里書石 등을 통하여 확연히 드러난다. 거기에서 쓰인 문장은 語順과 함께 사용된 용어 등으로 미루어 보면 정식의 한문이라 단정하기는 매우 곤란한 측면이 엿보인다. 그래서 당시 중국인의 눈에는 마치 문자가 없는 듯이 비쳐졌던 것은 일견 당연한 일이기도 하다.

그런데 그로부터 수십 년의 세월이 흐른 뒤인 眞興王代(540~575)에 이르면 양상은 판이하게 달라진다. 561년에 세워진 昌寧碑를 비롯하여 이 시기 전후의 몇몇 碑文은 정식의 한문이라 단정하여도 좋을 정도로 대단히 정치하고 세련되었을 뿐만 아니라 심지어는 儒敎經典의 특정 구절까지 인용할 정도여서 그 동안 수준이 크게 향상되었음을 보여 준다. 이는 비교적 짧은 기간에 신라의 한문자 구사 능력이 급속히 신장되었음을 뜻하는 명백한 증거라 하겠다. 그보다 약간 앞서는 시기이지만 진흥왕 6년(545) 신라가 처음으로 國史의 편찬을 시도하려 한 것도 그런 기반이 마련된 데서 비로소 가능한 일이었다. 한편 백년쯤 지난 7세기 후반에 이르러서는 文武王陵碑나 金仁問碑에 드러나듯이 완벽한 한문을 구사할 정도의 수준에 도달하였다. 이제 문장은 물론이고 내용도 확연하게 달라졌다. 신라 문화가 절정기에 도달하였다는 聖德王代(702~741)에 이르러서는 마침내 한문자의 본산인 唐에서 조차도 신라를 君子之國이라 높여 부르면서 '書記'가 자신들과 비슷함을 솔직하게 인정해 줄 정도였다.[3]

---

2) 『梁書』新羅傳의 '語言待百濟而後通焉'라는 기사나「梁職貢圖」百濟國使條의 기사에서 드러나듯이 신라는 백제를 매개로 양나라와 통교하였다. 따라서 널리 알려진 대로 신라 관련 제반 정보는 백제를 통하여 전해진 것이다. 당시 전달 과정에서 백제에 의해 왜곡된 정보가 신라를 그렇게 인식하는 데에 큰 몫을 차지하였을 듯하다.
3) 『舊唐書』권 199, 新羅傳.

이런 저간의 흐름을 일별하면 신라의 한문자 발달 과정에서 6세기는 각별히 주목해 볼 만한 대상이 되는 시기라 여겨진다. 이 기간 동안 비약적이라고 단언하여도 지나치지 않을 정도로 한문자 수준이 급격히 향상되어 갔기 때문이다. 아마도 그 배경에는 佛教의 수용과 확산이란 커다란 사상적 변동이 자리하고 있는 것으로[4] 짐작된다. 그 동안의 연구 동향을 일별하면 한문자 구사 능력이 향상되어 간 구체적인 추이에 대해서는 별반 관심을 기울이지는 않았던 것 같다.[5] 따라서 여기서는 그 점을 염두에 두면서 한문자가 점차적인 과정을 밟아 정착되어 가는 과정을 좀 구체적으로 더듬어 보고자 한다.

다만 전반을 다루기보다는 6세기 인명기재방식에서 하나의 묶음으로 동원된 관직, 관등, 출신지명, 인명의 표기상에 나타나는 변화를 실마리로 삼아 접근해 보기로 하겠다. 이는 한문자 확산의 추이를 구체적으로 점검할 수 있는 하나의 방편이 될 터이기 때문이다. 景德王代(742-764)에 전국의 郡縣을 대상으로 실시된 지명의 漢式化는 바로 그런 추세의 최종적인 도달점이었다.

II. 6세기의 人名記載方式

한반도에 한문자가 처음으로 전래된 시점은 잘 알 수가 없으나 戰國시

---

4) 朱甫暾, 2002, 「新羅의 漢文字 정착과정과 佛敎受容」, 『금석문과 신라사』, 지식산업사, 403쪽.

5) 宋基豪, 2002, 「고대의 문자생활 -비교와 시기구분」, 『강좌 한국고대사』 5와 같은 두드러진 업적이 있기는 하나 대체로 한국고대사 전반의 큰 흐름만을 다루고 있을 따름이다.

대 중국 계통 철기의 수용과 밀접하게 관련된다고 봄이[6] 일반적이다. 이처럼 한자는 철기 등 다른 문화를 매개로 유입된 이후 여러 분야에 걸쳐 엄청난 영향을 미치게 되지만 국가별로 혹은 시기별로 그리고 왕경이나 지방 등 지역에 따라 같은 시기라도 그 정도가 한결같지는 않았다. 이를 테면 고구려나 백제의 경우 이미 4세기 후반에 율령을 반포하고 불교를 公認하며 국가적 차원에서 太學과 같은 유학 교육 기관까지 두는 등 비교적 이른 시기부터 漢文字의 능력을 제고시키기 위한 제도적 노력을 꾸준히 기울였다. 5세기 초에 세워진 廣開土王碑나 4세기 후반으로 추정되는 백제 七支刀는 그런 성과를 단적으로 증명하여 주는 사례들이다. 아마도 고구려나 백제가 4세기 무렵부터 중국으로부터 爵號를 받게 되는 것도 그런 배경이 전제되었기에 가능한 일이었다. 고구려나 백제는 비교적 이른 시기부터 한문자 수용과 정착에 적극적이었고 그 결과 선진문물도 함께 입수함으로써 마침내 여기저기에 산재한 여러 정치세력을 先導해 나갈 수 있었던 것이다.

그에 견주어 신라의 경우에는 한문자의 수용과 정착이 매우 늦게 그리고 더디게 진행되었다. 앞서 언급하였듯이 6세기 초에 이르기까지도 중국인의 시각으로는 마치 신라에 문자 자체가 아예 없는 것으로 비처질 정도였다. 거기에는 신라의 사신을 안내·통역하고 그 내부 사정을 梁나라에 중개하는 역할을 맡은 백제의 입장이 강하게 스며든 탓도 물론 당연히 자용하였겠지만 사실 냉수리비와 봉평비에서 저절로 드러나듯이 6세기 초에 이르기까지 신라의 한문자 구사 능력은 실제로 그리 높은 편이 못되었다. 당시까지도 수용 이후 겨우 초기적 모습이 정착되어 가는 도정에

---

6) 이에 대해서는 黃渭周, 1996, 「漢文字의 受容時期와 初期定着過程(1)」, 『漢文敎育硏究』 10, 및 宋基豪 위의 논문 참조.

있었다고 단언하여도 좋을 듯하다. 다만 520년에 律令이 반포되고 나아가 528년 佛敎가 공인되면서 이를 계기로 비로소 신라의 한문자 수준은 급속하게 향상되어 갔던 것이다.

사실 신라가 삼국을 통합한 이후 새로 출범시킨 지배체제를 상당한 기간 동안 안정적으로 유지해 갈 수 있었던 기반은 물론 성공적인 정책 덕분이기도 하였으나 특히 불교와 같은 사상과 문화의 공통성도 적지 않게 작용하였을 터이다. 그 가운데 하나로 文字의 공유 및 그에 대한 통일적 시책 마련도 놓칠 수가 없는 대상이다. 문무왕 5년(665) 度量衡의 정비 등을 통하여[7] 백제 멸망 후 경제적 기반의 이질성 극복을 위해 노력하였다. 삼국 통합을 달성한 후 지배체제를 새롭게 정비해 가면서 문자를 통일하려는 정책도 동시에 추진하였던 것 같다. 薛聰의 업적은 그런 사정의 일단을 시사하여 주는 사례이다. 그가 문자와 관련하여 수행한 역할은 대략 '以方言讀九經 訓導後生 至今學者宗之 又能屬文'이라[8] 한 데서 확인된다. 여기서 말하는 '方言'이나 '屬文'이 지칭하는 구체적인 내용을 둘러싸고서는 크게 논란되어 정설이 없는 실정이지만 아마도 그 속에는 삼국간 차이가 나는 문자 체계 이를테면 吏讀를 통일적으로 정리한 점도 포함된다고 하여 그렇게 실상과 어긋나지는 않을 듯하다. 이런 문자의 통일정책이 최종적으로 도달한 지점에 경덕왕대의 전국적인 지명 한식화가 놓여 있는 것으로 보인다. 그로써 통일기 문자 체계의 정리는 큰 단락이 지어졌다.

여기서는 그와 같은 대략적 흐름을 염두에 두면서 주로 6세기에 한정하여 한문자가 정착되어 가는 양상을 좀 더 세밀하게 추적해 보고자 한다.

---

7)『三國史記』권 6, 新羅本紀, 文武王 5년.
8)『三國史記』권 46, 薛聰傳.

그 구체적 과정을 전체적으로 다룰 여지는 없다. 그래서 관직(관등), 지명, 인명 등이 漢化되어 가는 양상을 매개 고리로 삼아서 접근해 보려 한다. 6세기에는 그들이 인명표기상에서 언제나 하나의 세트로 사용되었기 때문이다.

6세기에 만들어진 금석문을 살피면 人名을 기재하는 방식에는 거의 예외가 없다고 단정하여도 좋을 정도로 定型化되어 있었음이 확인된다. 당시 어떤 대상 인물을 기록할 때 그를 다른 사람과 구별하기 위한 목적에서 職名(官職)-出身地名(部名)-人名-官等名의 순서로 기재함이 일반적이었다. 이런 기본적 형식에 대해서는 예외가 전혀 없다시피 하였다. 다만 6세기 초에 작성된 냉수리비는 그와 같은 정형화가 이루어지기 바로 직전의 것이어서 약간의 차이가 난다. 따라서 정형화된 형태가 아니라 초기적인 모습을 간직하고 있으므로 이로부터 그 정립 과정을 유추해 내는 데 약간의 도움을 받을 수 있다.

냉수리비 단계에는 아직 官府는 물론이고 官職도 별로 설치되지 않은 상태였다. 그리고 17등 관등(京位)도 완전하게 갖추어지지 못하였다. 그 까닭으로 인명기재방식이 6세기 금석문상에서 널리 확인되는 정형화된 방식과는 사뭇 달랐던 것이다. 거기에서는 여러 명이 같은 역할을 맡았을 경우 동일한 부에 소속한 사람에 대해서는 한데 묶어서 部別(출신지별)로 열거하였다. 이는 6세기 초 당시 다른 어떤 것보다도 소속한 部名(왕도의 출신지)을 가장 중시하였음을 시사한다. 이 부는 왕도의 행정 구분 단위가 아니었으며 상당할 정도로 독자성을 지닌 單位政治體로[9] 기능하는 성격의 것이었다. 部를 중심으로 운영되던 지배체제를 흔히 部體制라 일컫는 주된 근거의 하나도 바로 이런 데서 찾아진다. 다만 6부라고 통칭하더

---

9) 盧泰敦, 1975, 「三國時代의 部에 관한 연구」, 『韓國史論』 2, 서울대.

라도 그들 각각의 사이에는 우열의 격차가 뚜렷하였고 그에 따라 일정한 서열이 명확하게 설정되어 있었다. 그래서 부별의 서열을 기준 삼아 인명을 한데 묶어 열거하였던 것이다.

그런데 관료조직의 정비와 함께 17등 관등제가 완성되고 나아가 국왕을 정점으로 하는 중앙집권적 지배체제가 차츰 갖추어져 가자 部의 성격도 일변하거니와 그에 어울리게 인명을 열거하는 방식도 근본적으로 달라졌다. 이제는 관직과 관등도 동시에 고려되어야 하였으므로 일정하게 정형화한 형식이 새로이 요구되었던 것이다. 이처럼 정형화한 인명기재 방식으로 쓰인 가장 최초의 사례는 봉평비이다. 따라서 냉수리비 이후 봉평비에 이르는 사이의 어느 시점에 그런 원칙이 정립된 것으로 여겨진다. 아마 17등 관등제가 완비되었다고 판단되는 520년의 율령 반포 시점이 그와 연관되지 않을까 싶다. 이후 여러 사람을 열거할 때에는 그런 정형화된 형식에 바탕하면서도 職名이 바로 앞 사람과 동일하면 그를 생략하였고, 또 직명에 이어 기재하는 출신지명이 앞 사람과 같을 경우에도 이를 되풀이 기재하지 않았다. 뒤에 쓰인 인물의 직명이 앞 사람과 다를 때에도 만약 출신지명이 같으면 뒷사람의 그것은 생략함이 또 다른 하나의 원칙이었다. 관등의 경우는 어떤 경우라도 생략하지 않고 꼭 기재한 것도 지켜진 하나의 원칙이었다.

이처럼 관직을 비롯하여 출신지명, 인명, 관등의 순서로 기재하는 정형화된 방식은 개인을 중심에 놓고 볼 때 각각이 차지하는 비중이나 내포된 의미가 한결같지 않았음을 시사한다. 가령 관직은 國家가 부여한 것이므로 개인을 제약하는 가장 큰 공간적 범위의 것에 속한다. 그를 인명표기에서 앞세운 것은 국가라는 가장 큰 규모의 공동체로서 현실적으로 작용하는 힘과 함께 상징성이 깃들어 있기 때문이 아니었을까 싶다. 기왕에 소속의 部가 자리하던 위치는 그것으로 대체된 것이다. 이는 部보다 국가가 한층 중시되었음을 나타내어 주는 대목이다. 出身地名(部名)을 관직명 다음으로 기재한 것은 그것이 국가 속의 어떤 일정 영역으로서 보다 작은 공동체로서 그만큼 미치는 힘이나 기능이 약화되었기 때문으로 보인다. 물론 개인의 입장에서 보면 그와 오히려 가까웠음을 의미하기도 한다. 바로 앞사람과 소속 부명(출신지)이 같을 경우 반드시 생략한 것은 같은 공동체 단위에 소속한다는 서로 간의 일체감이나 공동귀속감을 드러내어 보이기 위한 것이 아니었을까 싶다. 이는 아직도 기존의 부가 가진 성격이 완전히 해소되기 않고 부분적이나마 작용하고 있던 데서 말미암은 것으로 보인다. 한편 官等의 경우는 국가로부터 부여받은 점에서는 관직과 마찬가지 성격의 것이다. 그러나 관직이 주로 개인이 담당할 기능이나 역할을 나타낸다면 관등은 어디까지나 관료 조직상에서 그가 차지하는 서열을 명시적으로 드러내어 주는 성질의 것이어서 인명 뒤에 기재하되 어떤 경우라도 생략하지 않았다고 여겨진다.

어떻든 6세기 인명을 표기하는 방식은 개인을 중심에 놓고 볼 때 가장 큰 국가공동체로부터 지역공동체, 그 다음 개인의 순서였다. 어쩌면 개인보다도 상위의 소속공동체를 우선시하려던 당시의 관행을 그런 기재순서에 나타내었다고 풀이된다. 개인은 상급의 지역공동체에, 지역공동체는 상위의 국가공동체에 소속하였다는 의식의 발로였다. 개인(혈연조직 포함)은 아직 자립성이 매우 취약한 상태였으며 따라서 크게는 국가공동체에, 직계는 지역공동체에 예속된 존재에 불과하다고 인식되었다.

국가공동체 내의 지역은 크게는 왕경과 지방으로 구분되어 있었고, 그들 각각은 다시 여러 지역 소공동체로 나뉘었으며 이는 하위 단위로 다시 더 세분되어 있었다. 개인을 가장 큰 규모에서 제약하는 단위는 국가이고 그 다음은 지역공동체였던 셈이다. 관직 다음에 출신지명을 기재하여 서로가 구별되도록 하였던 것도 그 때문이었다. 출신지가 같을 경우 생략한

것은 역으로 소속 집단(공동체)에 대한 강한 歸屬性을 의도적으로 드러내
려 한 방편이 아니었던가 싶다. 이후 중앙집권화의 진전으로 관료조직이
크게 정비되고 그 속에서 관료 개인의 역할과 위상이 강화되어 가자 그런
정형화가 저절로 무너지게 되는 것도 그와 같은 내부적 관계망의 근본적
변화와 어떤 상관성이 있는 것으로 풀이된다.

　여하튼 6세기를 통하여 인명기재방식이 일정하게 정형화되어 있었다는
것은 당시의 어떤 내재된 실상을 반영한다. 그런데 이런 정형화된 인명기
재방식 속에서도 한자의 사용 양상을 보면 어떤 미묘한 변화가 감지된다.
시간이 흐르면서 한자의 표기상에서 달라져 가는 모습이 약간씩 간취되
는 것이다. 아래에서는 관직과 관등, 지명, 그리고 인명의 표기상에 나타
나는 변화 양상을 매개로 삼아 한문자가 정착되어 가는 실상을 구체적으
로 추적해 보기로 하겠다.

Ⅲ. 職名 및 官等과 한문자

　4세기 전반 무렵 경주에 자리한 斯盧國은 자신도 그 일원으로 소속된
이른바 辰韓聯盟體의 구성 세력을 정치적으로 통합함으로써 새로운 형태
와 성격의 신라국가로 탈바꿈하였다. 慶州盆地를 주된 기반으로 삼아 성
장·발전한 정치세력인 사로가 이제 새로운 면모에 어울리는 국명으로서
新羅를 함께 사용하기 시작하였다. 그런데 사로와 신라의 두 국호에 내재
된 의미는 같지가 않았으며 현저하게 차이가 났다. 사로가 오로지 경주
일대만을 지칭하는 국명이었다면 신라는 당연히 그 핵심으로 하여 상당
히 넓은 인근 지역을 포괄하는 領域國家임을 나타낸 국호였다.[10) 말하자
면 신라가 廣域을 뜻한다면 사로는 그를 구성한 일부분에 지나지 않았던

셈이다.

그런데 斯盧라는 단어 자체가 구체적으로 어떤 의미를 갖고 있었던 것인 지는 잘 알 수가 없다. 사로가 신라의 정치적 중심지인 王都로 기능함으로써 그 자체는 마침내 서울(수도)을 뜻하는 徐那伐(徐伐)이라는 이름으로 변환되지만[11] 원래부터 그런 뜻을 내재한 것은 아니었다. 사로에는 본래 어떤 뜻이 담겨져 있었겠지만 단지 한자의 음만을 빌어 그렇게 그를 표현하였으므로 현재로서는 더 이상 구체적 의미 추적은 불가능하다. 그에 비하여 신라라는 국호는 뒷날 신라인들 스스로가 ‘德業日新網羅四方’에서 기원하였다고 뜻풀이 하였듯이[12] 순수한 한문식이었음이 확실하다. 단순히 한자의 음만을 빌려 표현한 사로가 형태와 성격이 현격하게 다른 새로운 정치체로 탈바꿈하면서 한문식의 신라라는 국호를 창안함으로써 대내외적으로 새로운 시대의 출범을 선언하였던 것이다. 아직 내부적으로는 사로란 국호가 존속한 상태였으므로 신라는 주로 대외적인 용도였다. 이는 냉수리비에서 국내용으로서 斯盧(羅)가 사용된 점과 함께 고구려의 광개토왕비문 및 倭의 5왕 작호에 신라가 사용된 사실 등으로 미루어 짐작된다. 사로가 주축이 되어 辰韓이라는 연맹체로부터 새로운 정치체가 탄생되었음을 대외적으로 널리 알리기 위하여 국제무대에서 통용될 수 있는 한문식의 국호로서 신라를 考案하였던 것이다. 백제의 유래가 ‘百家濟海’에서 비롯한 것으로 해석되고,[13] ‘높은(곳에 위치한) 城’을 의미하는 국호 고구려의 ‘高’가 ‘下’에 반대되는 개념으로[14] 사용된 한문식

---

10) 朱甫暾, 1998, 「新羅 國號의 確定과 民意識의 성장」, 『新羅 地方統治體制의 整備過程과 村落』, 신서원 참조.

11) 『三國遺事』 紀異2, 新羅始祖 赫居世王條 所引의 夾註.

12) 『三國史記』 권 4, 新羅本紀, 智證麻立干 4년.

13) 『隋書』 권 81, 百濟傳.

이었던 것과 마찬가지였다고 하겠다. 이런 정황으로 미루어 짐작하면 당시 사람들이 신라식에 견주어 한문식의 국호가 한층 선진적이며 우위에 있다는 인식을 갖기 시작하였던 것이 아닌가 싶다. 그 점은 새로이 설치되는 관부와 관직이 모두 한문식인 사실에서도 유추된다.

광대한 영역을 가진 신라가 출범한 이후 점차적 과정을 밟아 내부체제를 정비하면서 중앙집권화를 도모해 가거니와 그를 달성하기 위한 수단의 하나로서 제도 정비에 크게 주력하였다. 다만 4~5세기에는 아직 뚜렷하게 독립된 官府는 설치되지 않았던 듯하다. 기록상으로는 몇 가지 사례가 언뜻 확인되지만 이를 액면 그대로 받아들이기에는 약간의 문제가 뒤따른다. 당시는 아직 체계적인 관료조직 정비를 통하여 새로운 정치체를 운영하는 방식이 정립된 것 같지는 않다. 아마도 국왕인 麻立干을 정점으로 하는 會議體를 통하여 신라국가의 중대한 일들이 결정되고 그에 따라 하급의 집행 단위가 임시로 구성되어 실천에 옮기는 방식의 운영체계가 갖추어지지 않았을까 싶다. 당시 회의체는 흔히 諸干會議로 불리거니와 이는 뒷날 중앙집권화된 단계의 회의체인 이른바 和白會議의 모태가 되었다. 그 구성원으로 참여하는 干이라 칭하는 세력이 중앙은 물론이고 지방유력자까지도 포함하는 매우 넓은 범위였다는 데에 중요한 시대적 특징이 엿보인다. 이는 아직도 지방 세력이 신라로 편입되기는 하였으나 기존의 독자적 기반을 상당 부분 유지하였음을 반영하여 준다. 마립간이 주재하던 회의에는 중앙은 물론이고 지방에서 干을 칭하던 유력자가 별다른

---

14) 고구려의 경우에 성을 의미하는 고구려어인 句麗와 高의 훈을 결합하여 국호로 사용하였으나 5세기의 장수왕대에는 그를 축약하면서도 순수한 한문식의 의미를 지닌 高麗로 고친 것으로 보인다. 이에 대해서는 金鎭熙, 1989, 『高句麗國號表記의 變遷에 관한 고찰』, 嶺南大敎育大學院碩士學位論文 및 鄭求福, 1992, 「高句麗의 '高麗' 國號에 대한 一考」, 『湖西史學』 19 · 20 참조.

차별을 받지 않고도 참여한 시기였다.

당시는 그리 명확하지는 않지만 干을 근간으로 하여 약간의 분화만이 이루어진 상태였던 듯하다. 제간회의에서 결정된 주요 사항은 그와는 별개로 선임된 약간 지위가 낮은 인물들에 의해 실무적으로 처리되었다. 그런 사정의 일단을 단편적이나마 전해 주는 것이 바로 냉수리비와 봉평비이다. 거기에는 국가의 중대 사안을 결정하는 집단과 그를 실행에 옮기는 집행 집단의 두 그룹으로 크게 나뉘어져 있다. 전자가 干을 칭하는 일군의 지배집단이라면, 후자를 대표하는 실무적 성격의 직책은 대체로 奈麻(혹은 그 이하)를 칭하였던 것으로 보인다. 당시 나마 등도 관료조직상의 等級이나 서열을 나타내는 성격을 가지면서 어떤 직책으로서의 성격을 동시에 지닌 말하자면 아직 관직과 관등이 미분화된 상태의 칭호였다.

이상의 사례로 미루어 4–5세기에는 국왕을 정점으로 한 관료체계는 干을 칭하는 일군과 나마 혹은 그 이하를 칭하는 일군의 기본적 두 그룹으로 구성되어 있었다고 하겠다. 나마에 내재된 원래의 의미는 잘 알 수가 없지만 干은 널리 알려져 있듯이 加와 마찬가지로 首長이나 족장을 의미하는 북방계통의 단어이다. 그런 측면에서 양자는 모두 신라식의 용어를 한자의 음을 빌려 표현한 셈이 된다. 당시 왕호인 마립간에서도 그런 사정의 일단이 드러난다. 麻立은 흔히 지적되듯이 머리(頭)나 마루(宗)의 뜻으로서 한자의 음만을 빌려 나타낸 표현이다. 따라서 신라란 국호를 제외하고는 한자의 음을 빌리는 방식이 일반적으로 통용되고 있었다고 하겠다.

그런 전반적인 사정에 비추어 주목해 볼 점은 가장 이른 시기에 출현하는 지방관명이 순수한 한문식의 용어로 표현되었다는 사실이다. 이를테면 道使, 幢主, 軍主들을 그런 사례의 대표로 손꼽을 수 있다. 이들은 모두 신라 자체에서 창안한 관명이 아니라 외부로부터 차용된 것이라는 데에 특징이 찾아진다. 다만 지방민 가운데 가장 유력한 자에게 주어진 村主의 경우[15] 고구려나 백제의 영향을 받은 것인지 어떤지는 단정할 수 없지만 지금까지의 자료에 의하는 한 두 나라에는 아직 전혀 사례가 찾아지지 않으므로 일단 신라의 독자적 創案이라 보아도 무방할 것 같다. 이들은 대체로 5세기 말의 어느 시점에 성립한 것이다. 지방관명이 외국의 영향을 받아 출현하였으면서도 촌주와 같이 지방의 최고 유력자를 대상으로 삼아 주어진 하위직에 대해서는 독창적인 한문식의 관직을 사용하였음은 매우 특징적인 현상이다. 외국의 제도를 모방하던 경향성 속에서도 부분적이나마 독창성이 추구되던 사정의 일단을 보여 준다. 마치 사로와 함께 신라가 통용되던 상황과 비슷한 측면이다.

이들 지방 관련 관직이 한문식인 점은 17관등의 원초적 형태인 干과 奈麻가 신라식인 것과는 극히 대조적이다. 아마도 후자가 전자보다 먼저 성립되었던 사실을 보여 주는 것 같다. 순 한문식인 지방관명은 어느 시기부터 고구려 혹은 백제와 접촉하여 그 제도를 그대로 수용하였다. 이것도 한문식의 신라란 국호를 창안한 것과 같은 맥락이다. 기존에 존재하던 것과는 다르게 시기가 점차 내려오면서 새로이 외부로부터 수용하거나 자체에서 만든 경우에는 순수한 한문식을 도입하려 함이 전반적인 추세였던 것 같다. 지방관명을 고구려나 백제로부터 굳이 도입한 것은 영역을 확장해 가면서 새로이 확보된 주민을 신라민으로 적절하게 포섭해내기 위한 필요성에서 가능하면 신라식을 지양하고 피복속민들에게도 그들의 역할이 쉽게 전달되도록 할 목적에서 한문식을 도입한 것이 아닌가 싶다. 말하자면 유독 지방과 관련된 직명에만 이른 시기부터 순 한문식이 채용

---

15) 촌주가 최초로 보이는 사례는 냉수리비이므로 5세기의 어느 시점에 두어진 것은 분명하다. 따라서 幢主나 軍主의 사례를 모방하여 (自然)村의 지배자를 가리키기 위하여 신라에서 창안한 것으로 보인다.

된 것은 복속민을 의식한 데서 말미암은 조치로 여겨진다.

그런데 이미 사용하여 오던 신라식의 경우는 그 뒤 한문식의 영향을 받으면서도 일시에 바꾸지 않고 基調는 그대로 유지하면서 서서히 변용하는 방식으로 운용하였다. 말하자면 기존의 틀은 고수하면서도 부분적으로는 외부로부터 영향을 받아들여 한문식을 사용하기 시작한 것이다. 이는 신라가 새로운 제도를 운용하려 할 때 흔히 보이는 현상이다. 그런 사정의 일단에 대해서는 먼저 王號를 통하여도 확인된다.

4세기 중엽 이후 신라가 성립하면서 그에 어울리게 왕호를 사로국왕을 의미하는 尼師今 대신 麻立干이라 칭하였다. 그런데 이후의 금석문상에서는 마립간이 보이지 않고 대신 寐錦이란 왕호가 몇 차례 확인된다.[16] 이 매금의 실체를 둘러싸고서 여러 가지로 논란되고 있지만 대체로 마립간의 異表記로 봄이 일반적이다. 그것은 여하튼 『三國史記』에 따르면[17] 智證麻立干 4년(503)에는 群臣의 요청으로 중국식 왕호를 도입하여 王이라 칭하였다고 한다. 그럼에도 그 후의 봉평비에는 국왕을 王이라 부르지 않고 대신 寐錦王이라 일컫고 있다. 이는 신라식의 매금과 한문식의 왕이 결합된 왕호인 셈이다. 중국식 왕호를 수용하면서도 즉각 (大)王으로 바꾼 것이 아니라 둘을 결합한 혼합식의 중간 단계를 거쳤다는 사실을 보여 준다.[18] 말하자면 새로운 제도를 수용하면서도 이미 신라식이 존재할 경우 거기에 한문식을 배합하는 형식이 성행하였음을 뜻한다. 이와 유사한 사례는 이후 6세기의 관등제 운용에서도 확인된다.

5세기까지는 특정한 직책을 말하는 관직과 서열을 나타내는 官等은 아

---

16) 寐錦은 廣開土王碑를 비롯하여 中原高句麗碑 등의 금석문 뿐만 아니라 신라 말기의 금석문과 『日本書紀』에도 보인다.

17) 『三國史記』 권 4, 新羅本紀 4, 智證麻立干 4년.

18) 葛文王의 갈문이 뜻하는 바는 잘 알 수가 없지만 이도 또한 매금왕과 같은 사례이다.

직 미분화된 상태였다. 국왕을 정점으로 하는 일원적인 관등제가 아니라 각 부별 단위로 기능하는 다원적인 성격의 관등제가 운용되고 있었다. 6세기의 법흥왕대에 이르러서 비로소 국왕을 정점으로 해서 1등인 伊(一)伐干 이하 造位(先沮知)에 이르기까지 전체 17등급으로 이루어진 일원적 형태의 관등제가 성립한 것이다. 이를 흔히 京位制라 부르고 있다. 경위는 원칙적으로 왕경인만을 대상으로 하여 설정된 관등이었다. 한편 신라에서는 특징적으로 경위제와는 별개로 지방민을 대상으로 한 外位 11등 체계를 마련하여 운용하였다. 말하자면 7세기 후반에 이르기까지는 경위와 외위로 이원화된 관등 체계를 설정하였던 것이다. 이는 관등제가 骨品制라는 왕경인 중심의 신분제와 밀접하게 연계되어 운영된 데서 비롯한 결과였다. 왕경의 지배자 집단이 자신들을 지방민과 구별하여 다른 신분 질서에 넣어 다룸으로써 특권을 유지하려는 의도에서였다. 그런데 양자는 성립과 분화의 방식 및 과정에서 뚜렷한 차이를 드러내었다.

경위 17등 체계는 크게 干群과 非干群으로 나뉘며 상위 부분이 먼저 성립하였고 그로부터 하위로 下向分化하여 완성되었다. 가령 상위의 간군이 먼저 만들어졌고 하위의 비간군이 나중에 분화함으로써 마침내 17등으로 정비된 것이었다.[19] 그런데 상위의 간군경위는 기본적으로 干을 근간으로 一伐, 一尺, 波珍(海), 阿尺 등 신라식 용어를 머리에 붙여서 분화시켰음이 주목된다. 그리하여 王을 최고의 干을 뜻하는 麻立干이라 칭하면서 그 하위에 여러 분화된 간들을 배치한 것이었다. 다만 5등인 大阿尺干만은 예외적으로 아척간을 기본형으로 삼고 여기에 한문식의 大를 활용하는 방식을 취하였다. 9개의 干群京位 가운데 유일한 사례인 셈인데 이는

---

19) 朱甫暾, 1990, 「6세기초 新羅王權의 位相과 官等制의 成立」, 『歷史敎育論集』 13 · 14 참조.

대아척간이 가장 뒤늦게 성립하였음을 시사한다.

그와는 달리 하위에 이를수록 大小를 활용하여 구분하는 양상을 보인다. 이를테면 奈麻에서 大奈麻가, 舍知에서 大舍가 분화하면서 그 자체는 小舍로 정리되고, 이어서 大鳥와 小鳥가 동시에 분리·성립하였다. 奈麻, 舍, 鳥가 지닌 원래의 뜻은 잘 알 수는 없지만 전체적으로 이들 非干群京位는 신라식을 기본형으로 하고 그 위에 大小의 한문식이 결합함으로써 성립되었음을 보여 준다. 이는 17등 경위 전부가 일시에 성립한 것이 아니라 점차적인 과정을 밟아 이루어졌으며 따라서 그 시점에 차이가 남을 의미하는 것이기도 하다. 아무래도 신라식의 성립이 빠르다면 그를 기본으로 하고 한문식이 결합된 형식은 약간 뒤늦었다고 해야겠다. 17관등제가 성립하기 이전인 냉수리비에 한문식을 가미한 관등이 하나도 보이지 않음은 그를 방증한다. 이로써 보면 신라식과 한문식 양자가 결합한 형식은 순수한 한문식의 성립 과정에서 과도기적으로 출현한 형식이었다고 하겠다. 가장 상위라 할 角干에서 분화한 非常位의 특수 관등인 大角干이나 太大角干이 뒤늦게 성립한 사실도 그런 사정을 헤아리는 데 참고가 된다. 이와 비슷한 양상은 外位를 통하여 좀더 구체적으로 확인된다.

외위는 嶽干, 述干, 高干, 貴干, 撰(選)干, 上干, (下)干 등 7개의 干群과 一伐, 一尺, 彼日, 阿尺 등 4개의 비간군 도합 11등 체계로 이루어졌다. 양자는 명칭상에서 뚜렷이 대비된다. 외위의 비간군이 경위와 마찬가지로 신라식이라면 간군은 한문식으로 분화되어 성립하였다. 경위의 경우와 비교하면 정반대의 현상인 셈이다. 외위는 제7등인 干 이하 최하위 阿尺에 이르는 5등급이 기본적 골간으로 되어 있다. 이들은 냉수리비와 봉평비에 의하는 한 대체로 520년 율령이 반포될 즈음에는 이미 성립되어 있었음이 확실하다. 그와는 달리 간군외위는 이후 550년대에 이르기까지 신라가 영역을 확장해 나가는 과정에서 새로이 편입된 지역(주로 加耶)

제세력)의 지배세력을 포섭해 내기 위한 목적에서 하나하나씩 설치해 가면서 성립하였다. 아마도 가야를 완전히 복속하여 신라의 주변에 소규모의 독립된 정치세력이 완전히 해소된 시점에 이르러 11등 체계로 완성된 것으로 보인다.[20] 내용상으로나 표기상으로 미루어 볼 때 외위는 경위보다 뒤늦게 완성된 것임이 명백하다. 이는 간군외위가 전부 한문식 용어를 취하였다는 사실에서 뚜렷하게 드러나는 사실이다. 간군외위 중에서도 嶽, 高, 貴, 上, 下와 같이 대체적으로 음과 훈을 고려한 전형적인 한문식이 있는가 하면 述이나[21] 撰처럼[22] 훈차표기라 여겨지는 경우도 있다. 어쩌면 이는 양자의 성립 시점이나 배경이 차이가 났던 데서 기인한 것일지도 모르겠다.

그런데 6세기 이후 전혀 달라진 정치적·사회적 환경에 부응하여 새로운 관직이나 관부가 두어질 때는 전부 한문식을 취하였다는 점은 주목되는 사실이다. 가령 兵部와 兵部令을 비롯하여 上大等, 稟主나 執事部, 調府 등등을 대표적 사례로 손꼽을 있다. 다만 상대등의 경우 等을 기본으로 大等, 上大等으로 분화해 간 것으로 보는 입장도 있으나[23] 이는 等의 해석 여하에 따라 다른 풀이가 가능하다. 等은 단순히 복수의 존칭 어미로도 여겨지기 때문이다. 그것은 여하튼 6세기에 들어와 새로이 두어진 관부나 관직은 대부분 한문식을 채택하였다고 하여도 지나치지가 않나. 이는 제도가 점차적인 과정을 밟아 漢式化하고 있었던 사정을 그대로 전해 준다.

---

20) 위와 같음.

21) 述의 의미에 대해 嶽가 마찬가지로 산이 높다는 의미로 보는 견해가 있다(金哲竣,). 그러나 述의 원래 훈이 '짓다' '가리다' 이고 나아가 뒤의 撰干의 撰도 바로 그와 같은 뜻을 지녔음을 아울러 고려하면 찬과 술의 뜻은 달리 이해되어야 할지 모른다.

22) 撰은 選으로도 쓰였으므로 이 자체는 '짓는다', '가린다' 는 의미일 듯하다.

23) 李基白, 1974, 「大等考」, 『新羅政治社會史研究』, 一潮閣, 68쪽.

이상과 같이 보면 관직과 관등의 성립 및 정비 과정상에서는 일정한 경향성이 엿보인다. 처음에는 순수하게 한자의 음만을 빌린 신라식이 주류였다가 이후 한동안 그를 기본으로 하면서 차츰 大小나 上下를 덧붙여 부분적으로 혼합식의 용어로 분화시켰다가 마침내 순한문식으로 바꾸어 갔다는 사실이다. 전체적으로 보면 음과 훈을 동시에 나타내는 한문식으로 정리되는 경향이었다. 다만 처음 신라식으로 성립한 직명이나 관명은 그것이 존속하는 한 뒷날 지명과 관직이 전반적으로 한문식으로 바뀔 때에도 줄곧 그대로 유지된 점이 특징적이다. 이런 현상은 지명이나 인명을 표기할 때에도 여실히 드러나는 사실이다.

IV. 地名과 한문자

이미 언급하였듯이 6세기에는 인명의 바로 앞에 출신지명(部名)을 반드시 붙여야 할 정도로 그것이 중시되었다. 아직 血緣性을 나타내는 姓이 출현하지 않았다는 사실을 상기하면 지명은 차라리 그런 기능을 대행한 것이 아닌가 싶기도 하다. 그런 측면에서 당시 지명은 밑바탕에 혈연성을 내재하고 있으면서 동시에 상위의 지연공동체적 성격을 강하게 표방하고 있었던 셈이다. 지연공동체 속에서 점차 혈연을 단위로 하는 소공동체의 비중과 중요성이 부상해 가던 추세였지만 아직은 혈연성을 내재한 지연성이 강인하게 유지되던 상황이었던 것이다.

한자가 수용되어 쑙을 이용하여 가장 먼저 나타내고자 한 대상의 하나가 일상생활과 직결된 지명일 것 같다. 6세기 초 이후의 금석문에 나타나는 대부분의 지명이 신라식으로 이루어져 있음은 그를 시사하여 준다. 이런 사정은 무엇보다도 먼저 王京 6部를 통하여 뚜렷이 확인할 수가 있다.

신라 왕경은 여섯 개의 하위 집단으로 이루어져 있었다. 이들 여섯 집단은 사로국을 구성하는 邑落을 근간으로 성립한 것이었다. 이들은 원래 擬制的인 혈연성을 강하게 지닌 族團이었다. 그 까닭으로 아직 姓이 사용되기 이전에는 그 대용으로 사용될 정도였다. 그러다가 6세기 전반 무렵에 이르러서는 거기에 내재된 혈연성이 크게 약화·탈각되면서 왕도의 행정 구획으로 성격이 확연히 변모하게 되었다. 그래서 흔히 같은 6부라도 성격을 그 전후로 나누어서 이해하려 한다.[24]

이들 여섯 족단은 문헌 기록상에서는 梁部, 沙梁部, 牟梁部, 本彼部, 習比部, 漢祇部로 나타난다. 이들에 처음부터 部가 따라붙은 것은 아니었다. 그러다가 어느 시점에 고구려나 백제의 영향을 받아 나름의 성격을 드러내기 위하여 部란 용어를 덧붙여서 사용하기 시작하였다. 냉수리비에는 部가 붙어 있지 않는 반면 20여년 뒤의 봉평비에 부가 보이는 것으로 미루어 그 사이의 어느 시점에 部가 처음으로 도입되지 않았을까 싶다. 어쩌면 이것은 17등 관등제가 성립되고 인명기재방식이 정형화된 사정과도 관련이 있을지 모르겠다. 이후 금석문상에 部를 붙이는 것이 일반적 양상이었으나 간혹 생략되기도 하였다. 部가 뒤따라 붙으면서 이제 6개 족단이 지닌 의제적 혈연성은 차츰 약화되어 갔고 대신 지연성의 부분이 강화되는 경향성을 띄었다. 이는 부를 구성하던 하위의 소단위인 가계별 혈연성이 부상하는 계기로 되지 않았을까 싶다.

그런데 왕도를 구성하는 이들 6개의 집단 가운데 梁을 語尾로 가진 3집단은 당대의 금석문상에서는 각기 喙, 沙喙, 牟喙이라는 이름으로 표기되었다. 이로 보면 아마 처음의 喙이란 글자는 뒷날 어떤 필요성에 의해 다

---

24) 이와 관련한 전반적인 동향에 대해서는 朱甫暾, 2006, 「신라의 部와 部體制」, 『釜大史學』 30 참조.

시 정리되면서 梁으로 일괄 바뀌는 변용의 과정을 거쳤던 것 같다. 그래서 문헌기록상으로는 그것이 일체 梁으로 나타나지만 금석문에 의하면 원래의 정식 글자는 喙이었다. 喙은 신라에서 만들어낸 造字였음이 확실하다. 宋代의 孫穆이란 인물이 12세기 초 고려에 사신의 일원으로 왔다가 돌아가서 쓴 『鷄林類事』에 의하면 '鷄曰喙音達'이라 하여 고려에서는 닭(鷄)을 '喙'이라 표기하고 이를 '달'이라 읽었다고 한다. 이로 보면 喙이란 글자는 신라에서 만들어져 늦어도 고려 중기까지 통용되던 글자로서 닭을 뜻하는 글자였다고 하겠다.

『三國遺事』紀異2 辰韓條에는 崔致遠의 주장을 인용하여 신라 6부 가운데 沙梁 등은 원래 涿水에서 유래한 것이라 해석하고 나아가 그 음이 道였다고 풀이하였다. 梁이 탁수에서 따온 것이라고 한 사실로 미루어 짐작하면 그 발음이 '탁'으로도 불렸음은 확실하다. 722년의 경주 關門城城壁 石刻에서 押梁을 押喙이라 표기한 사실로 보아도 梁을 '탁'이라고도 발음하였음이 증명된다.

이상과 같이 보면 喙과 梁은 같은 단어로서 '달'의 음과 함께 '탁'의 음도 동시가 갖고 있었다고 하여도 좋을 듯하다. 그런데 현재 닭을 지역에 따라 '닥'이라고도 하고 때로는 '달'이라고도 발음하는 것은 그와 밀접한 관련이 있다. 앞서 언급하였듯이 梁은 원래 喙이었으며 그 뜻은 鷄였다. 따라서 喙을 훈독하여 '탁', '달' 등으로 발음하였고 梁은 그와 비슷하게 '도'라고 발음되므로 문헌상에서는 喙 대신에 梁이란 글자로 대체하였던 것이다. 그런데 16세기에 편찬된 崔世珍의 『訓蒙字會』에 따르면 梁은 '(징검)돌' 량으로서 돌로서 발음된다. '돌'이 '달'과 같은 발음임은 물론이다. 그것은 여하튼 喙이나 梁 어느 쪽으로 표기하든 그 뜻은 닭이며 발음은 '달' 또는 '닥'이었음에는 변함이 없다. 한편 沙喙(梁)의 沙나 牟喙의 牟가 가진 구체적 의미는 잘 알 수가 없지만 신라어를 음차 혹은 훈차한 것은 의심의 여지가 없다고 하겠다.

경주의 정치적 중심지에 해당하는 月城의 부근에 始林이라 불리는 숲이 있었는데 그곳에서 김씨의 시조인 閼智가 닭의 울음소리와 함께 탄생하자 鷄林이라 고쳐 불렀다고[25] 한다. 이 계림은 곧 신라의 또 다른 국호로서 이후 오래도록 사용되었지만 김씨 族團이 닭과 긴밀히 연관된 데서 비롯한 것으로 보인다. 신라가 닭을 神으로 여겨 숭배하였다고 한 사실로[26] 미루어 짐작하면 김씨는 닭을 조상으로 섬긴 토템족임이 확실하다. 그렇다면 喙은 곧 닭으로서 이는 김씨를 상징적으로 드러낸 표현임이 분명하다. 따라서 김씨는 6부 가운데 喙을 칭하는 족단과 연관된 것임은 의심의 여지가 없겠다. 어쩌면 沙喙과 牟喙은 거기에서 분화하였을 가능성이 높다.[27]

이처럼 신라가 한자를 수용하면서 가장 먼저 표기한 대상 가운데 하나였을 6부에 대해 순수한 신라식 이름으로 나타내었다. 이후 이들 집단에 部가 붙고 다시 그것이 왕도의 행정구획으로 바뀌면서도 그 표기방식에서는 아무런 변화가 없었다. 전국의 郡縣地名을 전체적으로 漢式化한 8세기 중엽의 경덕왕대 이후조차도 여전히 바뀌지 않았던 점이 특이하다. 같은 部名이 신라가 멸망할 때까지도 오랜 강인한 전통성은 그대로 고수되고 있었던 것이다.

그와는 정반대로 部의 하위 단위에서는 이른 시기부터 어떤 커다란 변화가 감지된다. 6部는 각기 里를 구성의 하위 단위로 하였다. 南山新城碑에 의하면 喙部의 아래에 主刀里가 보이는 데서 확인된다. 문헌 기록에 따

---

25) 『三國史記』 권 1, 新羅本紀 1, 脫解尼師今 9년.

26) 『三國遺事』 義解 5, 歸竺諸師.

27) 朱甫暾, 1992, 「삼국시대의 貴族과 身分制 - 新羅를 중심으로 -」, 『韓國社會發展史論』, 一潮閣, 참조.

르면 왕경 6부에는 전체 35리[28] 혹은 55리가[29] 있었던 것으로 전한다. 이는 아마도 전체 里의 수가 시종일관 일정하지 않았음을 시사해 주는 사실이다. 중간의 어느 특정 시점에는 35리로 일단 정리되었다가 왕도가 인구 증가로 차츰 팽창하여 마침내는 55개로까지 늘어나지 않았을까 싶기도 하다. 어느 쪽이라도 6부 각각을 구성하는 里의 수는 동일하지 않았으며 구성 인구수나 면적에 따라 차이가 났음을 보여 준다.

이처럼 부를 구성한 里의 수적인 변화와 함께 명칭상의 새로운 경향성은 최근 출토된 月城垓字木簡에서 찾아진다. 여기에는 仲里, 上里, 新里 등 기존 문헌상에서는 보이지 않는 몇 개의 새로운 里名이 확인된다. 이들 仲, 上, 新 등이 붙은 里는 모두 한문식의 새로운 지명임이 틀림없다. 내용상으로 보아 그들과 함께 下里는 물론이고 東·西·南·北의 방위로 나타낸 里名도[30] 존재하였을 가능성이 상정된다.

그렇게 보면 里名의 경우도 처음에는 부명처럼 신라식이었지만 새로 신설되는 里의 경우에는 차츰 한식명으로 대체되기 시작하였음을 알 수 있다. 상위의 부명이 성립기부터 멸망기까지 줄곧 전통적인 신라식으로 고수되었던 것과는 극히 대조적인 현상이다. 월성해자목간의 제작 연대를 현재로서는 명확하게 가늠하기란 어렵지만 대체로 6-7세기 어간의 통일기 이전으로 비정되고 있다. 따라서 새로이 설치되는 한식화한 里名이 처음 설치되는 시점도 6세기 무렵부터로 약간 올려 잡아도 그리 어긋나지는 않을 듯하다. 그를 방증하여 주는 시례기 지방의 村名에 보이는 뚜렷한 한식화의 경향이다.

6세기 초 국가에서 파악한 지방의 단위는 크게 둘로 나뉜다. 하나는 지

---

28)『三國史記』권 34, 地理志 新羅疆界.

29)『三國遺事』紀異 2, 辰韓.

30)『三國史記』권 48, 百結先生傳.

방통치의 據點地域이라 할 곳으로서 이곳에는 軍主를 비롯하여 道使나 幢主 등의 지방관이 파견되었다. 이들은 官衙가 소재한 곳이 어디냐에 따라 다시 구분되어 城 혹은 村이 붙여지기도 하였다. 때로는 城村 어느 쪽도 전혀 붙이지 않고서 표기하였다. 다른 하나는 이들 거점지역을 구성하는 하위의 단위이다. 이들은 언제나 모두 村名으로만 불리었다. 같은 지역명이라도 양자는 차원을 달리하므로 이를 분간하기 위하여 흔히 편의상 전자의 촌에 대해 城을 포함하여 行城城村이라 일컫고, 후자를 自然村이라 이름 붙여 구별한다. 그런 정황의 일단은 이미 남산선성비 제9비에서 확인된 바 있으나 근자에 출토되어 국내외적으로 크게 주목 받고 있는 경남 咸安의 城山山城木簡을 통해서 다시 한번 입증되었다.

성산선성목간은 1992년 처음 20여 점이 소개된 이후 발굴 때마다 계속 출토되어 현재까지 문자의 존재가 뚜렷한 것만 전체 대략 이백 수십여 점을 헤아리게 되었다. 최근의 발굴 성과에 따르면 목간은 일정하게 같은 層位에서만 출토되므로[31] 그 수가 한층 더 늘어날 것으로 전망되고 있다. 이 목간 자료에는 비록 단편적이기는 하지만 다양한 종류의 정보가 담겨져 있으므로 장차 다각도의 접근이 긴요하다. 논자에 따라 목간의 작성 시점이나 성격에 대해서 약간의 견해 차이는 있지만 대체로 560년 무렵의 것으로 보는 데에는 별다른 異見이 없다.

성선산성목간에는 초기의 한문자 정착 과정과 관련하여 주목해 볼 만한 다양한 최신의 정보가 담겨져 있다. 이미 다른 자료를 통하여 널리 알려져 논란되어온 本彼(波)나 奴人과 같은 몇몇 용어도 새롭게 보이므로 장차 이들에 대한 전면적인 재검토가 요망된다. 한편 그와는 달리 阿那와

---

31) 이성준, 2007, 「함안 성산산성 목간집중출토지 발굴조사 성과」, 『함안 성산산성 출토목간』, 국립가야문화재연구소』, 130~132쪽.

末那와 같은 기존 자료에는 전혀 보이지 않던 새로운 용어도 등장하므로
이에 대해서도 관심을 기울일 필요가 있다. 이런 점들은 젖혀두더라도 특
히 지금까지 알려진 것보다도 한층 더 많은 수의 지명이 보이는 寶庫라
할 만하다. 따라서 본 목간은 앞으로 지명 연구에 큰 비중을 차지할 것임
이 확실하다. 그 점을 고려하면서 잠시 이 목간에 보이는 村名에 주목해
보고자 한다.

성산산성목간을 一覽하면 행정성촌에 해당하는 지명의 말미는 城이나
伐로 표기되어 있고 村으로 표기되지 않았음이 특징적이다. 다만 예외적
으로 행정성촌을 鄒文이라고도 하면서 동시에 추문촌이라고도 한 사례가
찾아진다. 이보다 약간 앞서는 550년의 丹陽新羅赤城碑에는 鄒文村이 보
이므로 일견 추문은 추문촌에서 단순히 촌을 생략한 형태로 여겨질 수 있
다. 그러나 같은 목간에서 추문이라 하면서도 또 다시 굳이 추문촌이라고
도 표기한 것은 양자를 구별하기 위한 의도가 짙게 내재된 듯하다. 같은
목간에서 그처럼 사용된 사례가 달리 없기 때문이다. 특히 하나의 목간을
앞면에는 巴珎兮城이라 하면서 그 뒷면에서는 다시 하위의 巴珎兮村이라
표기하여 구별한 것은 양자의 격이 동일하지 않고 달랐기 때문이다. 이런
현상은 591년의 南山新城碑 제9비에서도 이미 확인된 바 있다. 여기서는
행정성촌인 伊同城에 소속한 중심 자연촌을 伊同村이라 이름하였다. 그렇
다면 추문과 추문촌 양자도 엄연히 구별된 단위였다고 보아 무방하겠다.
추문이 행정성촌이라면 추문촌은 그에 소속된 하위의 자연촌이었기 때문
에 그렇게 표기한 것이 아닌가 여겨진다. 그렇다면 성산산성목간에서는
행정성촌에 대해서는 어떤 경우라도 村을 붙이지 않았다고 말할 수 있다.
말하자면 이 목간에서 일단 村이 붙어 있는 것은 전부 자연촌을 지칭한다
고 단정하여도 무방하리라 생각된다. 반면 행정성촌에 대해서는 아무것
도 붙이지 않거나 아니면 甘文城, 及伐城, 陳城, 巴珎兮城처럼 성을 붙여

나타내었던 것이다.

그것은 여하튼 성산산성목간에는 적지 않은 행정성촌과 함께 비교적 많은 수의 자연촌명이 동시에 등장한다. 그런데 행정성촌명은 대부분 신라식의 표기라는 데에 커다란 특징이 엿보인다. 앞서 언급한 몇몇 城들을 비롯하여 그밖에 仇利伐, 仇伐(丘伐?), 赤伐, 古阤, 夷津, 須伐, 鄒文, 勿思伐 등을 행정성촌의 사례들로 손꼽을 수 있다. 이들이 거의 모두 신라식의 표기로 되어 있다. 다만 陳城의 경우는 약간의 문제가 제기될 대상이 된다. 진성의 정확한 위치는 달리 기록이 보이지 않으므로 잘 알 수가 없는 상황이다. 굳이 연결시킨다면 『三國遺事』 紀異2의 眞興王條에 백제가 공격하는 대상으로 보이는 珍城에 해당될지도 모르겠다. 양자의 발음이 똑같기 때문이다. 진흥왕조의 기사는 내용으로 보아 554년 백제와 신라 두 나라 사이에 벌어진 一大激戰인 소위 管山城 싸움과 관련이 있는 듯하다. 만약 陳城이 珍城과 동일한 지명이라면 원래 진성은 백제 소속이었다가 신라 영역으로 편입되면서 여전히 이름을 그대로 사용한 것일지도 모른다. 이는 國原이 원래 고구려성이었지만 신라에 편입된 뒤 오래도록 그대로 통용된 점이나 漢城이 백제가 먼저 칭하였으나 신라에서 그대로 수용하여 사용한 것과 마찬가지 양상이라 하겠다.

지방의 거점인 행정성촌은 이처럼 신라식의 고유한 명칭을 그대로 사용함이 일반적 경향이었음은 확실하다. 이들 지명은 甘文이란 행정성촌이 본래 邑落國家인 甘文國에서 유래하였음을 고려하면 신라에 편입되기 이전의 지명을 그대로 채용한 데서 비롯한 것으로 보인다. 신라가 새로운 영역을 확보하면서 기존의 지명을 그대로 사용하는 경향이 상당히 강하였음을 보여 주는 현상이다. 이는 새로운 복속지에 대해 오래도록 그 기반을 해체하지 않고 온존해 둔 상태에서 간접지배를 시도한 사실과도 밀접하게 연관될 듯하다. 지역 주민을 신라민으로 새로 편입하면서 그들을 회유 포섭해내기 위하여 기존의 지역 명칭을 그대로 존속시켜 준 것이라 생각되기 때문이다.

그런데 자연촌명의 경우에는 그와 양상이 자못 다른 면이 발견된다. 성산산성목간에 나타나는 자연촌명은 크게 신라 固有式과 한문식으로 나누어 볼 수 있다. 이를테면 上彡者村, 干好△村, 伊骨利村, 鳥欣弥村, 一骨利村, 肪谷村, 阿卜智村, 比尸河村, 伊夫兮村, 礼彡利村, 上莫村, 伊失兮村, 勿利村, 次次支村, 支鳥村, 杉伐支村, 赤伐支村, 小伊伐支村 등등의 여러 사례가 보이는데 이들은 대체로 전자에 속하는 것으로 분류된다. 반면 大村, 新村, 陽村, 眞村, 密村, 鳥村, 栗村, 石村, 買谷村 등은 후자에 속하는 사례로 손꼽을 수 있는데 이들은 거의 대부분 한 글자씩으로 되어 있음이 특징적이다. 전체적인 수치는 후자에 비하여 전자가 훨씬 많다.

이런 정황으로 미루어 볼 때 지명에는 신라 고유식이 주류였음에 비해 한문식이 뒤늦게 생겨나기 시작하였다고 추정하여도 무방하지 싶다. 이는 자연촌명보다 상위의 행정성촌명이 거의 대부분 신라 고유식이었음과 뚜렷이 대조되는 사실이다. 가장 하위의 단위에서부터 한문식의 지명이 차츰 만들어져 가는 양상을 유추해 낼 수가 있는 것이다. 한문식 자연촌명은 기존의 촌명을 그처럼 바꾼 데서 비롯한 것이 아니라 개발을 통하여 새로이 지역을 편제한 데서 말미암은 것으로 보인다. 앞서 본 왕경의 里名과도 극히 유사한 측면이 간취된다. 한문식의 촌명 작성에 국가의 입김이 강하게 미쳤음을 뜻히는 대목이다. 이미도 국기의 적극적 주도 이래 자연촌이 개발된 탓에 새로운 한문식의 촌명을 채택한 것으로 보인다. 그래서 이들을 기존의 고유한 자연촌과 구별하여 의도적으로 만들어졌다는 의미에서 計劃村이라 이름 하여도[32] 무방할지 모르겠다. 통일 이전 이들

---

32) 計劃村에 대해서는 金在弘, 2003, 「新羅 統一期 專制王權의 강화와 村落支配」, 『新羅

자연촌에는 비록 지방관이 파견되지는 않았지만 냉수리비나 적성비에서 알 수 있듯이 당해촌 출신의 유력자를 使人으로 임명하여 지방통치에 적극 활용하였던 것 같다. 성산산성목간에 보이는 '大村主'란 직명에서 알 수 있듯이 새로이 설정된 大村의 유력자를 村主로 임명하여 지방행정에 활용하는 새로운 양상도 파악된다. 이는 다른 한편 기존 자연촌에도 국가의 권력 침투가 깊숙이 진행되던 실상을 암시하는 것이다.

이처럼 새로이 설치하는 말단의 자연촌명에서부터 한문식 지명을 먼저 사용하기 시작하였다. 기실 503년의 냉수리비에 보이는 珍而麻村이 만일 '珍'과 '麻'의 생산과 관련하여 그렇게 명명된 촌명이라면 이런 명칭이 가장 초기적인 모습일지도 모르겠다. 이후 새로이 개발된 촌에 대해 그 성격과 관련한 지명을 전형적인 한문식으로 지음으로써 기존의 전통적인 촌명과를 구별하려고 하였던 것이다. 그 점은 통일기에 이르러 특히 두드러졌다. 서울 舍堂洞에 소재한 통일기 新羅窯址 출토의 有頸大壺片에 '… 縣器村何支爲…'라 한 명문이 새겨져 있다. 逸名의 縣 아래에 예속되어 있으면서 토기를 전문적으로 생산하는 자연촌을 器村이라고 명명함으로써 그 성격을 구체적으로 드러낸 촌명을 사용할 정도에 이르렀다. 이런 경향성은 이미 6세기부터 진행된 것으로서 이후에 한층 더 증가되어 갔을 터이다. 이는 『三國史記』 권 37 地理志 有名未詳地分條에 보이는 '神鶴村', '翔鸞村', '鳳庭村', '飛龍村' 등의 사례에서 뚜렷이 확인된다.

요컨대 6세기의 금석문상에 보이는 지명 사례를 통람하면 신라 고유식의 지명이 주류를 이루었지만 국가에서 파악하여 편제한 가장 하위 단위인 자연촌에서부터 한문식의 지명이 새롭게 사용되기 시작하였음이 확인

文化』 22 및 朱甫暾, 2007, 「韓國 古代 村落史硏究의 進展을 위하여」, 『한국고대사연구』 48, 42쪽 참조.

된다. 아마도 그런 경향은 점차적으로 확대되어 간 듯하다. 이는 가장 상위의 지방행정단위인 州名에서도 유사한 변화가 나타난 데서 짐작되는 사실이다.

州라는 행정단위가 최초로 사용된 용례는 505년에 두어진 悉直(支)州로 기록되어 있다. 그러나 이때에 설치된 주는 그 성격이 후대 9州와 같은 광역적인 그것과는 내재된 의미상 크게 차이가 난다. 당시 군대가 주둔하는 곳 자체를 흔히 停이라 일컬었거니와 초기의 州도 바로 중앙군이 파견된 군사주둔지였으므로 그렇게 표기되었으나 사실상은 停이었던 셈이다. 그 뒤 하위에 郡縣을 배속시킨 가장 넓은 행정단위로서의 州는 진흥왕 13년(551)에 이르러서[33] 처음 두어졌다. 왕경을 기준으로 북쪽 방면의 낙동강 중상류 일대를 관장하던 정치적·군사적 성격의 上州가 그것이다. 州治는 지금의 尙州에 소재하였다. 그에 대응되는 낙동강 중·하류를 관할한 下州가 등장하는 것은 상주보다 4년 늦은 진흥왕 16년(555)의 일이었다.[34] 州名을 각기 上·下州로 명명한 것은 그 자체 거점지역과는 다른 성격이었기 때문이다. 새로이 개발되어 설치된 自然村名을 한문식 지명으로 짓던 것과 일맥상통한다. 진흥왕 14년(553)에는 신라가 한강 유역으로 진출하여 한성 지역을 수중에 넣으면서 그를 新州라 명명한 것도[35] 같은 맥락으로 이해된다. 아마도 주명과 자연촌명의 한식화는 비슷한 시기에 함께 진행되지 않았을까 싶다.

이상과 같이 왕경이건 지방이건 가릴 것 없이 원래는 단순히 한자의 음을 빌린 신라 고유식 지명이 일반적이었으나 6세기부터 한문식의 지명이 차츰 사용되기 시작하였다. 다만 기존의 고유식 지명을 당장 한문식으로

---

33) 『三國史記』 권 40, 雜志 職官 下, 六停.

34) 위와 같음.

35) 『三國史記』 권 4, 新羅本紀 4, 眞興王 14년.

고치기보다는 새로이 설정되는 지명에 한정하여 취해진 조치였다. 새로이 영토로 편입된 백제와 고구려 지역에 대해서는 원래 사용되고 있던 한문식 지명을 바꾸지 않고 그대로 이어서 사용하였다. 이는 읍락국가가 신라에 편입된 이후 그 국명이 지역명으로 존치된 것과 비슷한 양상이다.

6세기 이후 한문식 지명 사용은 차츰 늘어나다가 경덕왕대에 이르러서는 전국에 걸쳐 통일성을 기하기 위하여 郡縣名까지도 일시에 한화한 것으로 보인다. 그럼에도 왕경의 6部名은 굳이 한문식으로 바꾸지 않고 그대로 고수되었음은 각별히 주목되는 사실이다. 이는 이른 시기에 출현한 17관등명을 멸망할 때까지도 한문식으로 바꾸지 않고 그대로 유지해간 것과도 유사하다. 그와 비슷한 양상은 人名을 통해서도 확인할 수 있다.

V. 人名과 한문자

인명은 개개인 각자의 정체성을 드러내어 서로 간을 구별하기 위한 수단으로 사용하는 표지이다. 따라서 거기에는 개인별로 지닌 외모상 특징이나 특성을 나타내는 표현이 들어가기 마련이다. 그런데 이미 언급한 바처럼 지명이나 관직명과 마찬가지로 인명도 처음에는 신라 고유식으로 짓다가 점차 한문식으로 바뀌어져 갔다. 아마 다른 무엇보다도 인명은 가장 뒤 뒤늦게 그와 같은 한식화가 진행된 대상이 아닐까 싶다.

지금까지 알려진 6세기의 금석문을 일별하면 무수하게 많은 인명이 등장한다. 그들을 크게 분류하면 왕경인과 지방민으로 나뉜다. 왕경인이라도 다시 男女의 性別이나 신분의 고하에 따라 인명의 작성 방식에서 일정하게 차이가 났음이 확인된다. 한편 지방민은 거의 대부분 남성 뿐이지만 이름을 짓는 방식도 신분에 따라 혹은 지역에 따라 각기 약간씩 다른 특성을 보이는 듯하다. 그렇지만 전체적으로 한문식 인명은 거의 없고 대부분이 신라 고유식임은 특징적이라고 손꼽을 수 있는 사항이다.

단일 자료로서 인명이 가장 많이 등장하는 것은 아무래도 성산산성목간이 아닐까 싶다. 다만 이곳에는 왕경인은 단 한 사람도 찾을 수 없으며 전부 지방민뿐이다. 이들은 가운데 한문식으로 볼 만한 인명은 아직껏 단 한 사례도 찾아지지 않는다. 그곳에 한문식의 自然村名이 몇 사례 보이는 사정에 견주어 보면 지방민 인명의 한식화가 가장 늦게 진행되었음이 저절로 드러난다. 그로부터 국가권력의 침투가 지역공동체를 대상으로 먼저 진행되었고 개인을 대상으로 한 人身的 지배에까지 미치는 데에는 상대적으로 시간이 걸렸음을 시사 받는다. 한편 지방민에 비하면 왕경인의 한식화는 상대적으로 빨리 진행된 편에 속한다. 극히 부분적이기는 하지만 6세기 전반부터 그런 조짐이 감지되기 때문이다.

6세기에 들어와 한식화한 인명으로 가장 먼저 찾아지는 사례는 法興王이라는 왕명이다. 법흥왕의 원래 이름은 539년의 蔚州川前里書石 追銘에 보이는 牟卽智이다. 그것이 중국의 사서에서는 募秦으로[36] 표기되었다. 募秦이 牟卽(智)의 이표기임은 의심의 여지가 없다. 이를 다시 한문식으로 고쳐서 표기한 것이 原宗이다.[37] 그렇지만 당시의 일반적인 경향으로 미루어 原宗은 당대적인 표현으로 보기는 어렵다. 아마도 뒷날 한식화한 인명이 일반적이라고 해도 좋을 정도로 크게 진전된 이후에 이르러 그처럼 표기해야 할 필요성에 따라 모즉지의 원뜻을 최대한 살려내어 한문식으로 나타낸 것이 아닐까 싶다. 그 점은 異斯夫나 居柒夫의 사례에서도 뚜렷이 확인된다. 이사부는 한문식으로 苔宗이라 불리었다.[38] 苔의 훈은 이끼

---

36)『梁書』권 54, 新羅傳.
37)『三國史記』권 4, 新羅本紀 4, 法興王 卽位年.
38)『三國史記』권 44, 異斯夫傳.

이며 중세어로는 '이사'이므로 異斯가 바로 그것을 뜻하는 신라어임을 짐작할 수가 있다. 異斯의 표기는 오로지 발음만 일치하면 그만이지 어떤 글자를 쓰든지 그것은 별로 문제로 삼지 않았다. 이는 550년의 단양신라 적성비에 伊史(夫智)라 표기된 데서 미루어 짐작된다. 태종은 당대에 사용된 것이 아니라 뒷날 어느 시기에 이사부의 뜻을 근가로 한문식으로 고쳐진 것이다. 거칠부의 경우도 그와 사정이 똑 같았다. 거칠부를 한문식으로는 荒宗이라 표기하였다.[39) 荒의 훈이 '거칠'이므로 居柒은 곧 그를 뜻하는 신라어임을 단번에 짐작할 수가 있다. 居柒夫는 眞興王昌寧碑에 居七夫라 표기되어 있으므로 이것도 역시 발음만 일치하면 어떤 한자를 사용하더라도 무방하였음을 보여 주는 실례이다. 황종도 뒷날 거칠부를 굳이 한문식으로 그렇게 표현한 데서 비롯한 것임은 물론이다. 그밖에 素那를 金川, 沈那를 煌川, 强首를 牛頭라 한문식으로 표기한 것도 비슷한 사례로 손꼽을 수 있다.

요컨대 6세기에는 신라 고유식의 이름이 일반적이었다. 다만 일부 한문식의 一名이 보이는 것은 당대적인 표현으로 함께 사용되었다기보다는 뒷날 한문식의 이름이 일반화되어 가자 그 뜻을 바탕으로 訓借하여 바꾸어서 표기한 데서 비롯한 것이다.

牟卽智가 신라 고유식 이름이라면 법흥왕은 535년의 蔚州川前里書石 乙卯銘에 보이는 최초의 한문식 이름이다. 다만 아직은 법흥왕명이 한문식으로 지어진 최초의 이름이라 단정할 근거는 없으므로 일단 이를 하한으로 한다고 보아야겠다. 503년의 영일냉수리신라비나 524년의 울진봉평신라비에도 다수의 인명이 보이지만 후대처럼 정상적인 한문식이라 단정할 만한 사례는 거의 찾아지지가 않는다. 물론 子宿智, 只心智, 頭腹智, 吉先

智, 勿力智처럼 한문식을 따르고자 한 흔적이 엿보이기는 하지만 그 뜻이 선뜻 드러나지가 않으므로 아직 이들을 정식의 한문식이라 단정하기는 곤란하다. 냉수리비에는 典事人으로서 耽須道使란 직명을 소지한 心訾公 이란 인물의 이름을 한문식에 가까운 사례로 손꼽을 수가 있다. 당시 일 반적으로 귀족의 인명 어미에 智를 사용한 것과는 달리 公을 사용한 것이 특이하며[40] 의미심장하다. 특별히 의도적으로 그처럼 公을 語尾로 쓴 것 으로 미루어 일반적인 신라식 이름에 대신하여 한문식으로 바뀌어져 가 는 어떤 경향성을 읽어낼 수가 있다. 다만 이들은 본격적인 한문식 이름 이 아니라 어떤 과도기적인 분위기를 반영한다. 따라서 현재로서는 잠정 적으로 法興王을 명백한 최초의 정식 한문식 이름이라 단언하여도 그리 어긋나지는 않을 듯하다.

다 아는 바처럼 法興王代에는 律令이 반포되고 또 佛敎가 공인되었다. 따라서 법흥왕의 '法'이 가리키는 의미가 律法(律令)일 수도 있고 동시에 佛法일 수도 있겠다. 그런데 바로 그 을묘명에는 2인의 승려가 보일 뿐만 아니라 명문 자체가 그들에 의해 작성되었다고 여겨지므로 법흥왕의 법 을 일단 불법이라 보는 편이 적절할 것 같다. 그렇다면 법흥왕은 불교가 공인된 이후 불려지기 시작한 왕명이라고 보아도 무방하겠다. 이후 왕위 를 승계한 왕들은 모두 그를 본받아 眞興王, 眞智王, 眞平王, 善德王, 眞德 王 등 불교식의 왕명을 사용하거니와 그래서 이 시기를 흔히 佛敎式王名 時代라 일컫고 있는 것이다. 따라서 신라에서 정식의 한문식 이름으로 지 어진 최초의 사례를 법흥왕으로 보아도 무방하겠다. 전후 상황으로 보아 불교의 공인으로 말미암아 비로소 한문식 인명을 사용하기 시작한 듯하다.

---

40) 이밖에도 봉평비에는 書人이라는 직명을 가진 牟珍斯利公이란 이름이 보인다. 서
   인이라는 직명이 公을 사용한 것과 관련하여 예사롭게 보이지가 않는다.

그런데 같은 銘文에 보이는 두 승려들의 이름이 比丘僧 安及以와 沙彌僧 首乃至로서 뒷날의 정식 승려의 法名과는 약간 차이가 난다. 아마도 아직 불교식 법명이 널리 확산되기 이전의 과도기적인 상태에서 지어진 이름들이 아닌가 싶다. 568년의 眞興王巡狩碑 黃草嶺碑와 磨雲嶺碑에는 沙門道人으로서 法藏과 慧忍이라는 2인의 승려가 보이거니와 이들은 불교식 법명이다. 578년의 大邱戊戌塢作碑에도 都唯那라는 승직을 가진 寶藏과 慧藏이라는 2인의 승려가 보이는데 이들도 역시 흔히 보이는 법명들이다. 따라서 불교 수용 초기에 잠시 과도기적인 형식의 법명을 거쳐 곧 정식의 불교식 이름이 정착되었음을 쉬이 판단할 수가 있다.

이처럼 신라에서 한문식의 이름을 짓기 시작한 것은 불교 수용과 밀접한 관련이 있다. 그러나 이후 단양신라적성비나 진흥왕순수비에 보이는 金庾信의 할아버지인 (金)武力 등의 사례와 같이 부분적으로는 한문식의 이름을 사용한 듯한 흔적이 보이지만 달리 뚜렷한 예가 더 이상 찾아지지 않으므로 별로 유행되었다고 보기는 어렵겠다. 다만 불교가 확산되고 중앙집권적 지배체제가 갖추어지면서 그런 경향은 지배귀족의 일각에서 서서히 진행되어간 것으로 보인다. 그처럼 한문식 이름자의 사용이 차츰 늘어나면서 두 가지 두드러진 경향성이 새롭게 나타난다. 이 점은 당시의 정치적·사상적 동향과 관련하여 주목해 볼 필요가 있다.

첫째는 이름을 전적으로 불교식으로 짓는 경우이다. 이미 언급하였듯이 승려는 물론이고 법흥왕과 진흥왕 등의 王名을 비롯하여 銅輪과 舍輪(鐵輪) 등 왕족의 이름을 손꼽을 수 있다. 그밖에 불교와 일정하게 관련 있는 인물들의 경우 그런 이름을 특별히 선호하였던 것 같다. 이를테면 斯多含, 龍樹, 毗曇, 金剛 등이 언뜻 문헌상에서 찾아진다. 이들은 대부분 佛經에 등장하거나 아니면 불교와 밀접하게 관련되어 활약한 특정 인명들을 원용한 것이다. 둘째는 단순한 한문식에 머물지 않고 그를 뛰어넘어

儒敎式의 이름을 모방하여 짓는 경우이다. 이를테면 金后稷, 金庾信, 金春秋, 金仁問, 金文王 등을 대표적인 사례로 손꼽을 수 있다. 이들도 역시 불교식과 마찬가지로 대부분 이미 존재한 이름을 특별히 원용한 것들이다.

양자의 이름자 속에는 단순한 한문식의 차용이라는 외형적 수준 이상의 어떤 사상적 지향성까지 내포하고 있다고 느껴진다. 한 걸음 더 나아가 말한다면 불교식 이름의 채택에는 불교적 지배이데올로기의 추구를 통하여 정치이상을 실현하려는 의식이 내재되어 있다면 유교적인 이름을 지은 사람들은 그를 매개로 한 王道政治의 이상을 꿈꾸려는 입장을 지니고 있었던 것이 아닌가 싶다.[41]

대체로 불교가 受容, 公認되면서 그 영향을 받아 인명의 한식화가 이루어지기 시작하였다. 다만 주로 왕도에 거주하는 지배집단부터 그와 같은 경향성을 먼저 보였다. 반면 지방민이나 여성들의 경우에는 오래도록 신라 고유식의 이름이 그대로 고수되었다. 종래 귀족들의 이름 말미에는 거의 대부분이라고 하여도 무방할 정도로 (夫)智란 글자가 따라다녔다. 이를 아무에게나 붙이지 않고 상당한 고위의 관등을 보유한 인물에만 한정하여 사용한 것으로 미루어 볼 때 尊稱을 뜻함이 확실하다. 대체로 한문식으로 나타낼 때 그것이 宗이란 단어로 대체되는 것으로 미루어 원래 '으뜸'이라는 의미가 내재된 것이 아닌가 싶기도 하다. 이 존칭 어미의 (夫)智가 姓이 도입되고 동시에 인명이 전반적으로 한문식으로 전환되면서 서서히 소멸되어 간 것으로 보인다. 이를테면 春秋도 일시 관행에 따라 春秋智라 불리기도 하였음은[42] 그를 방증하는 사례이다. 그렇다면 일단 한문식 이름 자체가 먼저 지배집단 일각에서만 각별히 사용된 것으로

---

41) 이에 대해서는 朱甫暾, 2007, 「金庾信의 政治志向」, 『新羅史學報』 11 참조.
42) 『日本書紀』 권 26, 齊明紀 6년 추 7월.

여겨진다. 그 뒤 차츰 하급의 귀족들에게도 확산되어 간 것이다. 그러나 일반민들이 한문식의 성과 이름을 갖게 된 것은 한층 더 먼 훗날의 일이었다.

요컨대 이름자는 관직이나 관명 그리고 지명에 비하여서는 한식화가 상대적으로 뒤늦게 진행되었지만 오히려 어떤 지향성이 강하게 스며들어 있었다는 데에 큰 특징이 있다고 하겠다. 다만 이후 오래도록 신라 고유식 이름도 계속하여 사용되었고 한문식이 일반화되는 데에는 상당한 기간이 소요되었다.

VI. 나머지 말

한문자의 정착과 발달 과정에 대해서는 다양한 각도에서 추구해 볼 여지가 있지만 여기서는 편의상 6세기에 정형화된 인명기재방식을 실마리로 삼아 관직과 관등, 지명, 인명을 대상으로 한문자가 정착되어 가는 양상의 일단을 추적해 보고자 하였다. 그 결과 초기에는 한자의 픔을 빌려 신라 고유식으로 표현하다가 그 다음 단계에는 양자를 결합하는 과도기를 거쳐 마짐내 순수한 한분자 표기 방식을 늘려갔음이 확인된다. 관직이나 지명에서는 비교적 이른 시기부터 한문식의 표기가 수용되었으나 인명 표기의 한식화는 가장 뒤늦었다. 그럼에도 거기에는 어떤 지향성이 내재된 것이 특징적인 면이다. 이는 곧 한문자의 구사 능력이 상당한 수준에 도달하였음을 뜻하는 사실이기도 하다.

이처럼 6세기에 이르러 신라의 한문자 활용 수준은 급속히 향상되었다. 그 추이를 살피면 비교적 짧은 시간에 고구려나 백제를 따라 잡아갔던 것이 확인된다. 그런 밑바탕이 마련되어 있었기에 중국에 유학하지 않은 元

曉가 7세기 중엽 독자적인 敎學思想을 꽃피울 수 있었던 것이다. 당과의 전쟁을 치루는 과정에서 미묘한 표현이 담긴 외교문서를 그와 대등하게 작성, 교환할 능력을 갖춘 强首가 돌연히 출현한 것이 아니라 그런 배경이 깔려 있었기에 가능한 일이었다. 통일 이후 왕도정치를 이상으로 한 유교적 관료국가 건설의 꿈을 꿀 수 있게 된 배경도 바로 그와 같은 발전을 전제로 한 것이었다. 唐이 8세기에 신라를 君子之國으로 인정한 것은 그런 사정을 일단을 여실히 반영한다. 경덕왕대에 일시에 전체적인 한화작업을 추진하게 되는 것도 그런 역량이 충분히 축적된 데서 가능하였다.

이처럼 6세기에 한문을 구사할 수 있는 능력이 크게 형상된 것은 불교의 공인과 그 확산이 밑바탕에 크게 작용하였다. 불교 경전을 제대로 이해하기 위해서는 한결 높은 수준의 한문자 습득이 불가피하였기 때문이다. 나아가 당시 중앙집권화를 지향하면서 추진된 관료제의 적극적인 수용과 외교적 교섭의 고조는 그를 추동하는 데 크게 영향을 미쳤다. 한문자는 물론이고 유학적 소양을 갖춘 인재가 절실히 요구되는 시대적 상황이었다. 이런 제반 사정은 급속하게 한문자의 확산을 가져오는 배경으로 깊이 작용하였던 것이다.

新羅 月城垓子에서 출토한 '2호 木簡'에 대하여

李京燮*

目　次

I. 머리말

신라의 宮城이었던 月城의 방어시설인 垓子[1]에서는 1985년부터 1986년에 걸친 발굴조사 과정에서 신라 中古期의 木簡이 출토되었다. 당시 발굴조사의 보고서는 1990년 간행되었으나,[2] 목간에 대한 내용은 누락되었다

---

* 동국대학교 사학과

1) 해자는 조선시대 이후부터 垓子로 표기되다가 구한말이 되면서 垓字도 함께 사용되었던 것으로 보이는데, 국립경주문화재연구소에서는 2004년에 『月城垓子 發掘調查報告書』Ⅱ(본문)를 간행하면서 『韓國漢字語辭典』에 근거하여 이전 보고서의 垓字 표기를 垓子로 수정하였다.

2) 문화재연구소 경주고적발굴조사단, 1990, 『月城垓字 發掘調查報告書』Ⅰ.

가 2006년 말에 와서야 목간 전체의 사진자료와 내용에 대해 공식적인 보고가 이루어졌다.[3] 이러한 사정에서도 1990년대 중반 이후 목간을 직접 관찰한 연구자들에 의해 단편적이나마 그 내용이 알려지기 시작했으며,[4] 2004년에 국립창원문화재연구소에서 간행한 『韓國의 古代木簡』에 墨書가 남아 있는 대부분의 월성해자 목간 사진이 수록되면서 본격적인 연구가 진행되었다.

특히 월성해자 목간 가운데 '2호 목간'[5]의 경우 묵서의 상태가 양호할 뿐만 아니라 그 내용에서도 지금까지 알려진 한국의 고대목간 가운데 문서목간의 대표적인 것으로 지목되어 연구자들의 많은 관심을 받았다.[6] 최근 들어서는 한국 고대사의 영역에서만이 아니라 고대 국어의 吏讀와 表記法의 역사를 추구하는 데에도 好材의 자료로 인식되고 있으며,[7] 고대

---

3) 국립경주문화재연구소, 2006, 『月城垓子 發掘調査報告書』 II (고찰).

4) 金昌鎬, 1995, 「古新羅의 都城制 문제」, 『신라문화제학술발표회논문집』 16 ; 이상준, 1997, 「경주 월성의 변천과정에 관한 소고」, 『영남고고학』 21 ; 李成市, 1997, 「韓國 出土木簡について」, 『木簡研究』 19 ; 李成市, 2000, 「韓國木簡연구의 현황과 咸安城山 山城 출토의 木簡」, 『한국고대사연구』 19 ; 李容鉉, 2002, 「경주월성해자」, 『韓國古代 木簡研究』, 고려대학교 박사학위논문.

5) 지금까지 연구자들은 국립창원문화재연구소, 2004, 『韓國의 古代木簡』의 목간 번호 를 인용해 월성해자 2호 목간을 월성해자 149호(번) 목간으로 불렀는데 2006년에 정 식보고서가 간행되었기 때문에 보고서의 목간번호를 따르도록 하겠다. 『한국의 고 대목간』은 유적의 구분 없이 번호를 부여했기 때문에 성산산성 목간처럼 같은 유적 에서 새롭게 출토되는 목간의 번호를 매기기 곤란한 사정이 있다. 향후 발굴되는 목 간 또한 발굴조사기관에 의해 유적별 번호 부여가 이루어지는 것이 타당하다고 생 각된다.

6) 윤선태, 2005, 「월성해자 출토 신라 문서목간」, 『역사와 현실』 56 ; 李成市, 2005, 「朝鮮의 文書行政」, 『文字と古代日本』 2 ; 이용현, 2006, 「목간류」, 『월성해자 발굴조 사보고서』 II (고찰), 국립경주문화재연구소 ; 深津行德, 2006, 『古代東アジアの書 體・書風』, 『文字と古代日本』 5, 吉川弘文館 ; 이용현, 2007, 「월성해자 목간2(사진집 149)의 해석 모색」(한국고대사학회 정기발표회 발표문).

일본의 목간이나[8] 고대 일본어와의[9] 비교연구에도 언급되고 있다.

이러한 연구성과들을 통하여 목간의 이해를 위한 기초적인 의문들이 다수 해결되었지만 이 과정에서 목간의 판독과 해석, 성격 등을 둘러싸고 여러 가지 論點들이 형성되기도 하였다. 월성해자 2호 목간은 신라의 文書行政이나 고대 國語史, 나아가 고대 한일 목간의 비교연구에서 중요한 指標가 되는 자료이기 때문에 지금까지의 연구성과들을 정리하고 문제의 지점을 확인하는 것은 나름대로 의미가 있는 작업이 될 것이다.

이 글에서는 이러한 문제의식으로 지금까지 진행된 월성해자 2호 목간 이해의 다양한 視點을 정리하고, 일부 지점에서 필자의 견해를 보완하고자 하는 목적에서 작성되었다.

II. 判讀과 解釋

월성해자 2호 목간은 四角柱 형태의 다면목간으로 4면 전체에 먹으로 쓴 36자 정도의 글자가 남아 있다. 다른 목간들에 견주어 묵서의 상태가 양호해서 『한국의 고대목간』에 게재된 사진만으로도 글자를 판독할 수

---

7) 金永旭, 2007, 「韓國古代木簡의 國語史的 檢討」, 『한국고대목간과 동아시아세계』, 한국목간학회 제1회 국제학술대회 발표문 ; 정재영, 2008 「月城垓子 149號 木簡에 나타나는 吏讀에 대하여」, 『목간과 문자』 창간호.

8) 三上喜孝, 2006, 「文書樣式「牒」の受容をめぐる一考察」, 『山形大學 歷史・地理・人類學論集』 7 ; 市大樹, 2008, 「慶州月城垓字出土の四面墨書木簡」, 『日韓文化財論集』 Ⅰ, 奈良文化財研究所 編.

9) 犬飼隆, 2005, 「森ノ内遺跡出土手紙木簡の書記樣態」, 『木簡による日本語書記史』, 笠間書院 및 2006, 「日本語を文字で書く」, 『列島の古代史』 6, 岩波書店 ; 沖森卓也, 2006, 「漢文の受容と訓讀」, 『文字と古代日本』 5, 吉川弘文館.

있기 때문에 이 목간을 다루었던 대부분의 연구에서는 판독문이 제시되고 있다.

그런데 목간의 판독을 살펴보기에 앞서 목간면의 순서에 대한 논란을 살펴 볼 필요가 있다. 처음 이 목간의 판독을 제시했던 연구에서 4-3-2-1면[10] 혹은 3-2-1-4면[11]의 순서로 보았던 것에 대하여 이를 비판하고 1-2-3-4면으로 보는 의견이 제시되었기 때문이다.[12] 윤선태는 김해 봉황동 출토 논어목간을 근거로 오른쪽에서 왼쪽으로 한자를 쓰는 점과 2호 목간의 해석을 통하여 목간의 제1면을 확정하였다. 이후 대부분의 연구자들이 윤선태의 견해를 받아들이고 있는데 필자 또한 목간의 순서는 1-2-3-4면으로 보는 것이 타당하다고 생각한다.

이제 2호 목간의 판독 私見을 제시한 후 異見이 있는 문자들을 정리해 보도록 하겠다.

　– 월성해자 2호 목간의 판독

　　1면　　大鳥知郎足下万拜白之

　　2면　　經中入用思買白不踤紙一二斤

　　3면　　牒垂賜敎在之 後事者命盡

　　4면　　使內　　　　　　　　크기 : 191×11×12㎜

시금까지의 판독에서 문제가 되는 글자를 정리하면 다음의 표와 같다.[14]

---

10) 李成市, 2000, 앞의 논문.

11) 李成市, 2005, 앞의 논문 ; 三上喜孝, 2006, 앞의 논문.

12) 윤선태, 2005, 앞의 논문, 134~135쪽.

13) 국립창원문화재연구소, 2004, 『韓國의 古代木簡』, 158~161쪽, 목간번호 149.

1면   2면   3면   4면

〈그림 1〉 월성해자 출토 2호 목간의 적외선사진[13]

〈표〉 월성해자 2호 목간의 판독 비교

	글자	연 구 자	비 고
1면-②	烏	李成市, 深津行德, 三上喜孝, 이용현, 市大樹	
	鳥	윤선태, 김영욱, 정재영	
1면-⑧	拜	윤선태, 정재영, 市大樹	
	引	李成市, 深津行德, 三上喜孝, 이용현, 김영욱	
1면-⑩	之	정재영(口訣字 'ㅣ'의 原字로 봄), 윤선태	
	了	李成市, 深津行德, 三上喜孝, (이용현 未詳)	
	ㅣ	김영욱	釋讀 口訣
	々	市大樹	踊字
2면-⑨	雖	윤선태, 김영욱, 정재영,	
	雖	李成市, 深津行德, 三上喜孝, 이용현, 市大樹	
2면-⑬	斤	李成市, 三上喜孝, 이용현, 市大樹	
	个	윤선태, 김영욱, 정재영(혹은 亇)	
	斗	深津行德	
4면-②	內	李成市, 윤선태, 三上喜孝, 김영욱, 정재영, 市大樹	
	官	深津行德, (이용현 未詳)	

먼저 1면-②는 鳥와 鳥로 보는 견해로 나뉘는데 목간의 해석에서 大鳥知郎은 문서의 受信者에 해당한다. 大鳥知郎으로 보는 경우 大鳥를 관등으로 이해하고 있으며, 大鳥知郎에서는 인명으로 간주하는 것에서 차이가 난다. 大鳥知郎으로 판독하면 이 목간의 年代를 추정하는데 유력한 단서가 된다(3장 참조). '大鳥(知)'라는 官等이 존재했던 사실에서 鳥라고 읽는 것이 타당할 것이다.

1면-⑧은 拜와 刂으로 판독되었는데, 刂으로 볼 경우 万刂을 人名으로 이해하고 2호 목간의 발신자로 본다. 拜로 판독하면 '万拜하며 아룁니다(白之)'로 해석되며, 이러한 표현은 고대 중국의 簡牘[15]이나 일본의 목간[16]에서도 겸양적인 표현으로 확인할 수 있다. 묵서의 右方邊 字形에 굴곡이 있는 것으로 보아 '刂'의 초서 자형으로 보기는 어려울 듯하다. 拜로 판독하는 것이 타당해 보인다.[17]

1면-⑩은 지금까지 가장 다양한 판독안이 제시된 글자인데, 최근 이에 대해 매우 주목되는 견해가 제기되었다. 정재영은 '白刂'의 '刂'는 釋讀口訣 자료에 많이 보이는 口訣字 '刂'(-다)와 관련이 있는 것으로 보고 '刂'를 '之'의 草書로 보았다. '…白刂'는 결국 '…白之'이며 '之'가 문장 종결사로 사용되었다는 것이다. 그리고 최근 공개된 안압지 목간의 '洗宅白之' 용례를 함께 거론하였다.[18] 판독의 근거로 제시한 草書 字形이나

---

14) 수정판독안을 제출한 연구자는 최종적인 견해에 따라 정리한 것이다.

15) 이균명, 2007, 「한중간독비교연구-중국 간독의 분류설명에 따라-」, 『한국고대목간과 고대 동아시아세계의 문화교류』, 한국목간학회 제1회 국제학술대회, 188~189쪽.

16) '-拜白之'의 형식은 고대 한일 간의 공통하는 겸양 표현 양식으로 보인다.

17) 필자의 경우 이전 연구에서 '刂'으로 판독하였으나(2008, 「신라 월성해자 목간의 출토상황과 월성 주변의 경관 변화」, 『한국고대사연구』 49, 160쪽) 재검토 후 '拜'로 수정하였다.

18) 정재영, 2008 앞의 논문, 96~97쪽. 이후 윤선태도 이 견해를 수용하여 이 부분의

'白之'의 해석 등으로 보아 '之'로 판독하고 해석하는 것이 가장 무난하
다고 생각한다.

2면-⑨는 躧와 雖로 판독되는데 묵서 상태로 보아 躧로 보는 것이 자연
스러울 듯하다. '白不躧紙'는 經에 들여 쓰기 위해서 구매한 종이의 종류
라고 추정된다.

2면-⑬은 斤, 个, 斗의 세 자로 판독되었다. 현재 묵서의 자형으로 보아
세 가지 모두 가능성이 있다고 생각되는데 구입하는 白不躧紙의 수량을
표기하는 단위로 사용되었다. 斗는 주로 곡식 등의 容量을 헤아리는 데
사용된 것으로 종이의 단위로 보기는 어려울 듯하다. 个는 수효의 의미가
있으며 낱으로 된 물건이나 사람의 수를 세는 데 주로 사용되었다.[19] 斤
의 경우 전근대사회에서 품목의 질량 단위로 종이의 무게를 헤아릴 때 사
용되기도 하였다.[20] 斤으로 판독하는 것이 문맥상 타당할 것이다.

4면-②는 內와 官으로 판독되는데, 앞선 연구들에서 지적되었던 것처
럼 '內'자 밑의 묵흔은 붓이 돌아갈 때 남은 흔적으로 보아야 할 것이다.

이상으로 월성해자 2호 목간의 판독에 문제가 되는 글자들을 정리해 보
았다. 판독상의 차이는 목간 성격에 대한 異見와 더불어 내용의 해석에도
다양한 차이를 드러내는데 이 글에서 모두 언급할 여유는 없다. 이에 대
해서는 특히 해석의 문제를 비교하여 정리한 선행 연구가 있으므로 이를
참고하기 바란다.[21]

지금까지 판독과 해석에 대한 선행연구들을 토대로 필자의 해석을 정

판독을 새롭게 수정하였다(2008, 「목간으로 본 한자문화의 수용과 변용」, 『新羅文
化』 32, 192~197쪽).

19) 『三國遺事』 권 2, 紀異 元聖大王조에 여의주의 개수를 헤아릴 때 个를 사용한 용례
가 확인된다.

20) 박성훈 편, 1998, 『單位語辭典』, 민중서림, 79~80쪽.

21) 정재영, 2008, 앞의 논문, 98~104쪽.

리하면 다음과 같다. 목간의 연대와 성격, 고대 일본 목간과의 비교에 대한 논지 전개를 이에 기반하여 진행할 것이다.

- 월성해자 2호 목간 해석

1면　대오지랑 족하에게 萬拜하며 아룁니다.

2면　經에 넣어 쓰려고 구매하는 白不躍紙(흰 不躍紙?) 한두 斤(혹은 12斤)

3면　牒을 내리신 명령[敎]이 있었습니다. 뒤의 일은 명한 대로 다 하였습니다.

4면　使內 (시킨 대로 처리했습니다. 일을 완료했다는 의미인 듯함)

Ⅲ. 목간의 年代

이 목간은 신라 월성해자의 발굴조사를 통하여 출토하였기 때문에 해자가 존속했던 시기의 유물이다. 월성 주변의 해자는 남천과 그 지류에 의한 자연적인 해자, 월성 북쪽 성벽 기저부를 따라 부정형의 못을 파고 냇돌로 호안을 구축한 연못형 해자, 이후 연못형 해자 일부를 메우고 화강암으로 정연하게 쌓은 석축해자로 구분된다.[22] 신라의 삼국통일 이후 해자의 방어적 기능이 상실되자 서쪽의 1·2·3호 해자는 메워지면서 그 방면으로 관아시설물이 조영되었고, 월성의 정문 쪽에 위치한 4·5호 해자 그리고 동궁과 안압지 방면의 현재 복원된 석축해자는 월성의 造景을 위한 석축해자로 정비되었다.[23]

---

22) 李相俊, 1997, 「慶州 月城의 變遷過程에 대한 小考」, 『嶺南考古學』 21.

지금까지의 연구성과에 따르면 연못형 해자의 존속 시기는 해자유적의 변천과 토기 및 수막새로 대표되는 共伴遺物의 연대관에 의하여 5세기 후반에서 7세기 중후반으로 생각된다.[24]

이에 따라 월성해자 목간은 통일 직후에 메워진 1호 해자에서 출토하였기 때문에 그 기초적인 연대는 자연스럽게 5세기 후반에서 7세기 중후반으로 비정되었다. 그러나 목간에는 절대적인 연대를 비정할 만한 年紀나 干支 등이 확인되지 않아 개별 목간의 연대 비정은 어려운 실정이다. 이후 연구에서도 월성해자 목간의 연대에 관해서는 대개 6세기 초에서 7세기 말로 간주하고 있다.[25]

그러나 2호 목간의 경우 목간에 남겨진 묵서의 내용을 고려해 보면 보다 세부적인 연대를 추정할 수 있는 여지가 없지 않다. 지금까지는 주로 월성해자의 매립 시기와 목간에서 확인되는 借字表記法을 근거로 7세기 후반대의 목간으로 보았는데,[26] 목간 1면에 묵서된 大鳥知郎의 분석을 통하여 2호 목간의 연대를 살펴보도록 하겠다.

大鳥知郎이라고 판독했던 연구자들의 경우 大鳥를 신라의 京位 17官等 가운데 제15관등으로 이해하고 있지만 大鳥의 뒷부분인 知郎에 대해서는 그다지 주목하지 않았다. 신라의 京位를 설명하고 있는 『三國史記』의 職官志에는 15관능인 大鳥를 大鳥知라고도 하였음이 확인된다.[27] 『삼국사

---

23) 이경섭, 2008, 「新羅 月城垓子 木簡의 출토상황과 月城 周邊의 景觀 변화」, 『한국고대사연구』 49, 168~177쪽.

24) 李相俊, 1997, 앞의 논문 ; 김낙중, 1998, 「新羅 月城의 性格과 變遷」, 『韓國上古史學報』 27.

25) 윤선태, 2005, 앞의 논문 ; 이용현, 2006, 앞의 논문.

26) 윤선태, 2008, 앞의 논문, 193쪽. 그러나 여기에서 언급한 7세기 후반 借字表記法의 구체적인 실제는 전혀 언급하지 않고 있어 어떤 근거인지는 알 수 없다.

27) "十五日大鳥[或云大鳥知]"(『삼국사기』 권 38, 志 7 職官 上).

기」직관지의 관등 서술에서 註로 표기된 것은 이전 시대의 표기를 언급한 경우이다. 大烏의 경우 원래 大烏知로 불리다가 후대에 大烏로 정착하였음을 알 수 있다. 그렇다면 2호 목간의 大烏知郎은 '大烏知+郎'의 구조로 이루어진 표현이며, 大烏가 大烏知로 표기되던 시기의 연대관을 가진다.

신라 중고기의 금석문 자료를 통하여 관등 표기의 변천을 시기별로 살펴볼 수 있는데, 대오의 경우 大烏第(「永川菁堤碑 丙辰銘」: 536)→大烏之(「丹陽赤城碑」: 550년 경)→大烏(「南山新城碑 제3비」: 591)로의 변화과정이 확인되고 있다. 일종의 官等語尾에 해당하는 第, 之가 탈락하고 있는 것이다. 경위 제12관등인 大舍 이하의 관등에는 대오의 경우처럼 帝智, 智, 第, 之 등의 어미가 사용되고 있는데「창령비」(561)에 大舍로 표기된 이후에는 이들 帝智, 智, 第, 之의 어미는 등장하지 않는다. 마찬가지로 干群 관등의 경우에도「赤城碑」를 하한으로「昌寧碑」단계에서부터는 干支라고 표현되던 것에서 支가 탈락하고 있다. 경위 관등의 이같은 표기 양상을 염두에 두면 관등체계가 재정비되어 어미가 탈락하는 시기는「赤城碑」(550년 경)에서「昌寧碑」(561)가 세워지던 진흥왕대의 시기였음을 알 수 있다. 이러한 관등 표기의 변천을 기준으로 보면 大烏知郎이라는 표기를 사용했던 2호 목간의 하한은 561년이 된다. 결국 2호 목간은 561년을 전후한 시기에 제작되어 사용되었다고 할 수 있다.

어기서 남은 의문은 大烏知의 뒤에 붙은 郎의 표기인데, 郎은 竹悲=竹悲郎의 표현에서처럼 존칭의 의미로 사용된 것으로 보인다. 문제는 지금까지의 금석문 등에서 관등의 뒤에 郎의 표현을 쓴 사례를 찾기는 어렵지만, 「蔚州川前里書石」己未年(법흥왕 29년, 539) 追銘의 '徒夫知王子郎'[28]의 표현에 견주어 보면 大烏知郎과 같은 표현이 당대에 사용되었을 가능성이 크다. 금석문 자료에서 이같은 표현을 찾을 수 없는 이유는 주로 국왕의 巡幸이나 敎 혹은 국가적인 사업 등을 기록하기 위해 제작된 성격이 강하기 때문에 관등 뒤에 郎과 같은 존칭을 표현하기는 어려웠기 때문으로 생각된다. 그러나 2호 목간의 경우 官司 내에서 상급자에게 보고하기 위한 문서로 작성되기 때문에 大鳥知郎과 같은 표현을 충분히 사용할 수 있었다고 보인다.

2호 목간의 연대를 비정한 또 다른 연구에서는 6세기 금석문에서 확인되는 文體와 用字法이 2호 목간의 그것과 유사한 사실을 지적하며 중심연대를 6세기 후반으로 지적한 바 있다.[29] 여기에서는 「壬申誓記石」(552 추정), 「戊戌塢作碑」(578), 「남산신성비」(591) 등에서 확인되는 之, 在, 者 등의 사용이 2호 목간의 그것과 유사하다는 점을 지적하고 있다. 사실 이 문제의 논의는 고대 국어학의 연구성과를 염두에 두고서 진행되어야 하는데, 이와 관련해서는 최근 정재영의 연구가 참고가 된다.[30] 2호 목간은 우리말 어순의 吏讀文으로 작성되었으며, 처격조사 '-中'(-에), 주제표지 '-者'(-는), 존경법의 선어말어미 '-賜-'(-시-), 선어말어미 '-在-'(-겨-), 문장종결어미 '-之'(-다) 등이 확인된다고 한다. 나아가 목간 1면의 마지막 부분을 '白ㅣ'로 읽고 'ㅣ'를 口訣字와 직접적으로 관련이 있는 것으로 보았다.[31] 그리고 2호 목간의 연대를 7세기 후반으로 추정하고, 2호 목간을 薛聰이 吏讀를 지었다는 문헌자료들의 기록을 뒷받침하는 직접적인 자료라고 강조하였다. 그러나 '-中'(-에), '-者'(-는), '-賜-'(-시-), '-在-'(-겨-), '-之'(-다) 등의 용례는 이용현도 지적하였듯이

---

28) 이문기, 1992, 『譯註 韓國古代金石文』Ⅱ, 한국고대사회연구소 편, 159~162쪽. 판독상의 난맥이 없지 않으나 王子郎으로 판독하는 것이 타당해 보인다.

29) 이용현, 2007, 앞의 발표요지, 7~8쪽.

30) 정재영, 2008, 앞의 논문.

31) 김영욱은 'ㅣ'를 완전한 석독구결로 보았지만(2007, 앞의 발표문), 정재영은 구결자 'ㅣ'와 관련이 있다고 언급하고서 구결인지 분명히 언급하지는 않았다.

6세기의 금석문에서 이미 확인되고 있으므로[32] 7세기 후반을 목간의 연대로 볼 만한 근거로는 합당하지 않아 보인다. 씨는 2호 목간을 吏讀의 집대성자인 薛聰의 시대와 연계해서 설명하려는 의도인 듯 하지만 목간 연대의 하한인 해자가 매립되는 시기와 薛聰이 왕성하게 활동하던 신문왕~성덕왕대 또한 정확하게 부합하지는 않는다. 결국 2호 목간의 연대를 7세기 후반으로 추정할 만한 근거는 찾아보기 어렵다고 말할 수 있다.

IV. 목간의 性格과 文書行政

처음 이 목간에 주목하여 내용을 소개했던 李成市는 '牒' 이라는 글자에 주목해 牒의 문서양식으로 官府 간에 종이 구입과 관련되어 사용된 公的인 문서로 파악한 바 있다.[33] 이 경우 아래와 같이 목간을 해석하였다.

3면　　牒함. 내리신 敎가 있었다. 後事는 명한 대로 다하도록
2면　　經中 入用하려고 생각하여 산다고 아뢰다. 그렇지 않았더라
　　　　도 紙 一二斤
1면　　대오지랑의 족하인 萬𢀜이 아뢰어 마치다.
4면　　使內 (의미 불명)

특히 '대오지랑의 족하인 萬𢀜이 이뢰어 마치다' 라는 내용에서 이 목간은 관부 간에 교환되었던 牒이며, 종이의 구입청구를 위한 寫經所 관계문

---

32) 이용현, 2007, 앞의 발표문.
33) 이성시, 2000, 앞의 논문, 86~87쪽 및 2005, 앞의 논문, 172쪽. 2000년의 논문에서는 목간의 판독을 4-3-2-1면 순서로 하였는데, 2005년의 논문에서 3-2-1-4면으로 수정하였다. 아래의 해석문은 후자의 것이다.

서라고 추정하였다. 이후 三上喜孝도 李成市의 판독 순서에 따르면서 첩식 문서목간설을 본격적으로 제기하였다.[34] 해석은 3면으로 본 1면의 부분에서 조금 차이가 있다.

> 3면　牒함. 내리신 敎가 있었다. 後事는 명한 대로 다하도록
> 2면　經中 入用하려고 생각하여 산다고 아뢰다. 그렇지 않았더라
> 　　　도 紙 一二斤
> 1면　대오지랑 족하께 萬引이 아뢰어 마치다.
> 4면　使內

　이렇게 해석할 경우 대오지랑이 문서의 수신자, 만인이 그 발신자에 해당되어 문서의 受發관계가 분명하게 되는데 그러할 경우 첩식 문서로 보기에 용이함이 있다. 三上喜孝는 2호 목간을 첩의 문서양식에 기인하는 문서목간이라 보고, 내용은 이성시와 마찬가지로 사경에 필요한 종이의 구입 청구를 위한 것으로 추정하였다. 그리고 이러한 첩식 문서양식이 대오지랑과 만인이라는 개인과 개인 간의 上申문서로 사용되었던 것에서 7세기 후반 이후 확인되는 일본의 첩식 목간과 8세기 공식령의 첩식 규정에도 영향을 주었던 것으로 보았다. 唐 公式令에 규정된 중국의 첩식 문서의 경우 官司의 下達문서임에 비해 일본의 養老公式令 牒式 규정은 관인 개인의 上申문서로 규정되어 있으며[35] 7세기 후반부터 확인되는 고대 일

---

34) 三上喜孝, 2006, 앞의 논문.
35) 『養老令』 公式令 14 牒式 條
　　牒式
　　牒云云 謹牒
　　年 月 日　其官位姓名牒
　　右內外官人主典以上 緣事申牒諸司式 〈三位以上 去名〉 若有人物名數者 件人物於前

본의 牒式 木簡과의 유사성을 주목하였기 때문이다.

그런데 2호 목간을 첩식 문서목간으로 볼 수 있을지는 의문이 남는다. 이는 목간의 성격에 대한 문제인데, 사실 2호 목간 자체에서 첩식 문서목간으로 보는 중요한 근거는 3면의 '牒' 자라고 생각된다. 일본의 첩식 목간에서는 牒이나 謹牒 등의 형태로 문장에 書寫되는 경우가 많기 때문이다.

李成市와 三上喜孝는 '牒'을 '牒하다'로 해석하고 있는데, 이는 당과 일본의 律令에서 규정하는 牒式의 '牒한다'라는 의미를 그대로 借用한 해석에 불과하다. 대부분의 한국인 연구자들이 해석하였던 것처럼 '牒垂賜教在之'는 정해진 書寫규정이라고 할 수 있는 첩식과 같은 서식이 아니라 韓國語順에 따른 이두식 표기가 그대로 반영된, '첩(牒)을 내리신 명령(教)이 있었습니다'라고 읽는 것이 자연스럽다. 즉 牒으로 教가 내려진 사실을 의미한다. 그렇다면 牒은 무엇이었을까. 牒은 『說文解字』에 따르면 札이며, 札은 牒으로 설명되고 있다. 즉 여기서 札=牒은 簡牘을 의미하는 표현에 다름 아니다.[36] 이 관점에서 보면 2호 목간의 牒은 목간으로 내려졌는데[牒垂賜], 이 牒 목간에 행정상의 명령[教]이 기입되어 있었다고 생각된다. 이러한 추정을 뒷받침하는 자료가 바로 '典大等教事' 목간으로 널리 알려진 월성해자 12호 목간이다.

- 월성해자 12호 목간의 판독

1 四月一日典太等教事

2 爲舌日故爲□教事□　　　크기 : 244×40~51㎜

---

36) 漢代를 전후한 시기의 문헌을 검토하면서 이미 당시에 簡策(簡牘)을 구별하는 표현이 일치하지 않는다는 지적이 있다(王國維 原著, 胡平生·馬月華 校注, 2004, 『『簡牘檢署故』校注』, 上海古籍出版社, 6~14쪽). 대체로 점차 簡, 牘, 策, 札, 牒 등은 木簡[簡牘]의 의미로 통용되었던 것 같다.

12호 목간은 〈그림 2〉[37]에서처럼 書寫面은 나무의 원형에서 껍질만을 조금 다듬어 내고 아래위 부분은 돌려서 尖形으로 만든 圓柱形 목간이다. 이러한 형태의 목간은 일본에서는 찾아보기 힘들며 한국에서도 지금까지는 월성해자 목간에서 6점 정도 확인된다. 목간의 묵서는 적어도 3행 이상 확인되지만 어느 정도 판독 가능한 것은 위에 제시한 2행 정도 뿐이다. 목간의 정면은 '四月一日典太等教事'로 시작하는 부분일 것이다. 여기에서 주목되는 것은 教事이다.「廣開土王碑」이래로 주로 금석문 자료에서 확인되는 教(事)는 왕의 명령을 표현하는 것으로 이해하는 경향이 있었으나, 12호 목간을 통하여 왕에게만 국한되는 것이 아니라 행정 계통상의 명령을 일반적으로 표현할 때에도 사용되고 있음이 분명해졌다. 典大等은 執事部의 中侍가 설치되기 전까지 전신인 稟主의 장관이었기 때문이다. 이 12호 목간은 전대등이 내린 행정상의 어떤 명령을 묵서한 목간이었을 가능성이 높다.

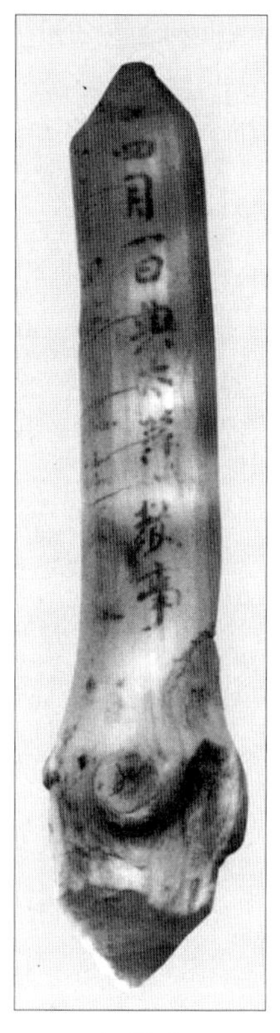

〈그림 2〉
월성해자 12호 목간

그렇다고 한다면 2호 목간 牒垂賜教在之에서의 教는 教事가 묵서된 12호 목간처럼 문서(목간)으로 발급되었다고 생각하는 것이 자연스럽다. 이때 발급되는 문서목간이 2호 목간에서 牒으로 표현된 것으로 보인다.

지금까지 牒垂賜教在之의 해석과 牒과 教의 관계를 해명하면서 2호 목간을 上申의 의미를 자체적으로 내포한 牒式 문서의 牒으로 보기는 어렵

---

37) 국립창원문화재연구소, 2004, 『韓國의 古代木簡』, 174쪽, 목간번호 153.

다는 점을 지적하였다.[38] 첩식 문서로 보기는 어렵지만 2호 목간의 성격 자체는 관사 내에서나 관사와 관사 사이의[39] 상급(자)에게 행정 명령에의 결과를 보고했던 上申문서였음은 분명해 보인다. 문서의 내용을 염두에 두고서 행정상의 과정을 정리하면 아래와 같다.

> ① 經에 넣어 쓸 白不躇紙를 사라는 명령이 下達 (牒으로 표현된 문서목간)
> ② 명령 집행의 실무 담당자가 일의 처리를 진행함
> ③ 결과가 大鳥知郎에게 보고됨 (문서목간으로 보고, 2호 목간)

이 과정에서 종이를 사라는 명령이 내려올 때와 그에 따라 일의 처리를 끝낸 후 보고할 때 두 번에 걸쳐 문서가 작성되어 기능하고 있다. 앞 장에서 살펴본 것처럼 2호 목간의 연대를 6세기 중반 이전이라고 본다면 이 당시에 이미 국가행정의 과정에서 文書主義에 입각한 문서행정 기법이 광범위하게 도입되었음을 의미한다. 2호 목간의 시대는 560년대에 제작되어 운용되었던 성산산성 출토 목간의 연대와 거의 일치하고 있다. 짐꼬리표(荷札)목간과 文書標識목간에 내재된 지배의 구조는 개별 人民과 戶에 대한 籍帳制적인 지배와 이들로부터의 수취물을 철저하게 관리할 수 있는 문서행정이 관철되지 않고서는 현실에서 구현되기는 불가능하였다고 생각된다. 이러한 양상이 신라의 지방사회에서 전개되고 있을 때라면 신라 왕경의 궁

---

38) 정재영은 완벽한 牒의 문서 형식으로 보지 않고서 부서 내부에서나 동급의 관련 부서 간에 주고받은 문서로 추정한다(2008, 앞의 논문, 104쪽).

39) 이 목간의 문구만으로는 이것이 관사 내에서 상급자가 명령을 내리고 그 하급자가 일의 처리를 끝낸 후 보고하였던 것인지, 관사와 관사 간의 업무 명령에 대한 결과 보고인지 확정짓기 곤란하다. 대오지랑이 일 처리에 대한 보고를 받는 것은 확실하지만 그것이 관사 내외의 어떤 관계에서 이루어지고 있는지 추정하기가 불가능하기 때문이다.

성인 월성 주변에서 이루어지는 문서행정의 수준 또한 상당한 경지에 도달해 있었다고 생각되는 것이다. 이러한 추정을 분명하게 말하는 자료가 바로 월성해자 2호 목간인 것이다. 이와 더불어 신라가 545년(진흥왕 6년) 國史를 편찬한 점, 「순수비」·「적성비」·「창령비」와 같은 진흥왕대 立碑의 문화, 565년(진흥왕 26년) 陳을 통한 대규모 불교 경전의 유입 등으로 볼 때 신라의 문자 상황이 진흥왕대를 경과하면서 정치·경제·문화의 다방면에 걸쳐 안정적인 기반을 이미 구축하고 있었던 것으로 이해된다.

다만 선행연구에서 이미 지적하였듯이 2호 목간을 통해서 보면 당시 행정명령이 광범위한 영역에서 문자로 표현되고는 있지만 口頭形式的인 측면이 강했음을 암시하고 있다. 즉 보다 세밀한 律令에 의해 규정되어 嚴整한 서식을 갖춘 文書式의 체제까지를 완성시켰던 시기는 아니었다.[40] 이러한 월성해자 2호 목간의 위치를 대비해 볼 수 있는 목간 자료가 최근에 새롭게 공개되었다.

〈그림 3〉의 목간은 경주 안압지에서 출토했던 목간으로 그동안 적외선 사진 등을 이용한 판독이 이루어지지 않아 자료의 이용이 불가능하였는데, 국립경주박물관에서 목간의 적외선 촬영을 비롯한 재조사를 거쳐 최근 공개된 것이다.[41]

- 『신라문물연구』 게재 안압지 목간의 판독
    (1면)　洗宅白之 二典前 四□子頭身沐浴□□木松茵
    (2면)　　　□迎□入日□□
    (3면)　　　　　十一月廿七日典□　思林　　크기 : 318×28×15mm

---

40) 윤선태, 2005, 앞의 논문, 137쪽.
41) 함순섭, 2007, 「국립경주박물관 소장 안압지 목간의 새로운 판독」, 『신라문물연구』
　　창간호, 143쪽. 여기에는 목간의 적외선 사진과 이를 반전시킨 사진 그리고 판독이

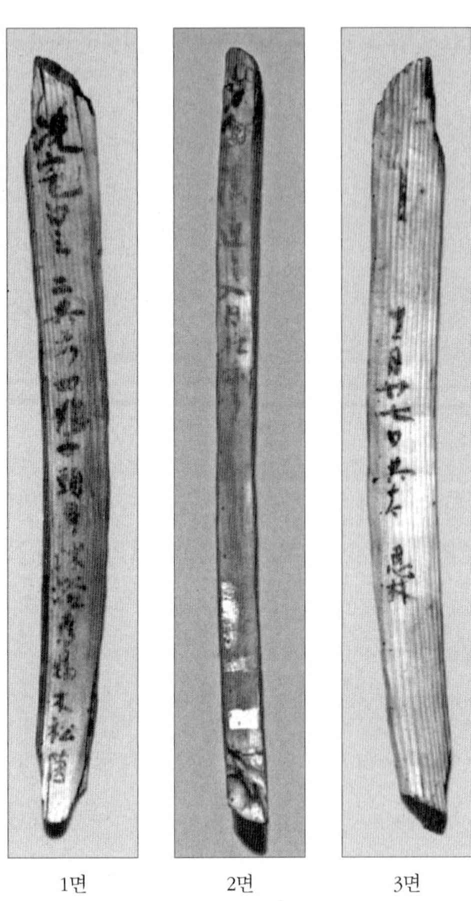

〈그림 3〉 안압지 출토 목간

목간은 4면의 디면목간 형테이며 3면에 묵서가 있다. 2장에서 언급했듯이 이 목간 1면의 洗宅白之가 확인됨에 따라서 월성해자 2호 목간 1면의 白之 판독이 분명해진 측면이 있다. 윤선태는 나아가 묵서의 내용을 발신자(洗宅), 수신자(二典), 문서본문(四□子~入日□□), 문서작성 시점

____

게재되어 있다.

(十一月廿七日), 문서작성 담당자(典□ 思林)로 구분하고 '세택이 아룁니다. 二典 앞 / 四□子~入日□□했음 / 11월 27일 典□ 思林'으로 해석하였다. 그리고 이같은 서식을 당의 公式令이나 일본 養老令 移·牒·符·解式의 기록 방식과 상통하는 점을 지적하면서도 移나 解와 같은 令制 하의 문서명칭을 사용하지 않고 '白之'와 같은 차자표기가 서사되고 있는 것에서 당 공식령의 영향을 받았지만 신라 문서식의 새로운 정립일 가능성이 높다고 보았다.[42]

이러한 지적은 비록 월성해자 2호 목간과 새롭게 공개된 안압지 목간만으로 추정한 견해이지만, 문서행정 서식상 변화의 의미를 부여하고 한자를 이용한 문자문화의 내부화 과정을 적절하게 간파했던 것으로 생각된다. 이에 대하여 고대 일본의 목간에 나타나는 문자 양상에도 신라사회 나아가 고대 한국의 이러한 노력이 인간들의 교류에 기반하여 고대 일본에도 적지 않은 영향을 미친 정황에 대하여 附言해 보고 싶다. 특히 월성해자 2호 목간은 이 문제를 살펴보는 데 몇 가지 중요한 시사점을 남기고 있다고 생각한다.

V. 고대 일본 목간과의 비교

고대 일본과 한국의 목간에 나타나는 역사적 흐름에 대한 인식은 이미 목간 연구의 초기 단계에서 제기되어 왔다. 중국에서 기원한 漢字와 簡牘의 문화는 먼저 중국 郡縣이 설치되었던 한반도 북서부지역에 직접적으로 유입되었다가 이후 한반도 남부와 일본 열도에까지 전파되었고 특히

---

42) 윤선태, 2008, 앞의 논문, 194~196쪽.

이후 목간의 문화가 전개되는 시기가 한국과 일본이 비슷하다고 생각되기 때문이다.

중국의 간독문화는 漢代를 정점으로 南北朝시대를 경과하면서 점차 종이의 문화로 변화되어 갔지만 한국과 일본의 경우 출토된 목간 자료로 볼 때 6세기 이후에서 8~9세기에 이르기까지 광범위하게 목간이 사용되었음을 알 수 있다. 그리고 현재로서는 한국이 6세기 전반 무렵의 목간부터[43] 확인되고 있으며, 일본은 7세기 중후반의 목간이 최고의 자료로 알려지고 있다. 향후 발굴조사의 성과에 의해 목간 자료의 상한은 더욱 올라갈 가능성이 크다. 시기적으로 근사한 목간 자료의 연대는 개별 목간의 비교·검토를 통하여 고대 한일 목간의 공통성과 그 차이를 究明하기에 적합한 상황이라고 할 수 있다.

고대 일본의 목간을 포함한 문자문화 유입에 대해서는 한반도지역이 주요 경로였음은 분명한데[44] 그 이면에는 渡來人이라고 불리는, 한반도지역에서 일본열도로 이주해간 인간집단이 존재한다.[45] 이들 가운데 지배와 관련된 문서행정의 기술을 지닌 자들이 5세기 후반이나 6세기 중반 무렵부터는 倭 王權 등에 직접적으로 유입되어 문자기술을 이용한 人民의 지배를 조금씩 진전시켜 나갔던 것으로 보인다.[46] 이와 반대로 자료상으로 확인하기는 곤란하지만 고대 일본에서 加耶나 百濟 등 고대 한국의 국가에 파견되거나 이주했던 인간들이 되돌아가 문자기술의 습득과 전파에

---

43) 월성해자 목간의 경우 확정적이진 않지만 5세기 말의 유물로 볼 수 있는 여지가 있다(이경섭, 2008, 앞의 논문).

44) 平川南 編, 2005, 『古代日本 文字の來た道』, 大修館書店.

45) 關晃, 1956, 『歸化人』, 至文堂 ; 上田正昭, 1965, 『歸化人』, 中央公論社 ; 平野邦雄, 1993, 『歸化人と古代國家』, 吉川弘文館 ; 田中史生, 2005, 『倭國と渡來人－交錯する「內」と「外」－』, 吉川弘文館.

46) 加藤謙吉, 2002, 『大和政權とフミヒト制』, 吉川弘文館.

기여했을 가능성도 전혀 배제할 수 없다.

이같은 인식을 토대로 고대 한일 목간의 비교를 통하여 7세기 고대 일본의 지방 출토 목간과 한국의 목간이 많은 공통점을 보이고 있다는 점이 지적되고 있는데[47] 월성해자 2호 목간이 일본의 첩식문서와 공통한다는 연구가 대표적이다. 그러나 4장에서 살펴보았던 것처럼 일본의 첩식문서와의 공통점보다는 1면의 '某足下白'이라는 형식이 고대 일본의 '某前申(白)' 형식의 문서목간들과 비슷한 점을 지적하며 그 淵源일 가능성이 높다고 본 견해가 타당하다고 생각된다.[48] 이미 일본에서는 藤原宮 목간의 발굴 당시부터 '某前申(白)'이 묵서된 문서목간이 다수 발견되어 주목을 끌었는데,[49] 이같은 서식은 중국 六朝시대의 書狀 내지는 문서에 기원하며 한반도를 거쳐서 유입되었다는 견해가 유력하였다.[50] 그러나 이 당시만 해도 출토된 한국 목간이 거의 없었기 때문에 실물자료를 통하여 논증되지는 않았으나 월성해자 2호 목간이 출토됨으로 인해 '某前申(白)' 형식 문서목간의 기원과 전파의 양상도 명확해진 것으로 보인다.

그런데 좀 더 세부적으로 살펴보면, 월성해자 2호 목간의 大鳥知郎足下萬拜白之에서 '白之' 용례가 일본의 목간에서 확인되는 점이 주목된다.

---

47) 平川南, 2003, 「屋代遺跡群木簡のひろがり」, 『古代地方木簡の研究』, 吉川弘文館 ; 三上喜孝, 2006, 앞의 논문 ; 三上喜孝, 2008, 「일본 고대 목간의 계보」, 『木簡과 文字』 창간호.

48) 윤선태, 2005, 앞의 논문, 133~138쪽 ; 2008, 앞의 논문, 193~194쪽. 처음 일본 某前申(白) 목간의 사례를 한국 출토 목간(이성산성 출토 戊辰年 목간)과 비교한 연구자는 李成市였다(1997, 「韓國出土木簡について」, 『木簡研究』 19).

49) 奈良國立文化財研究所 編, 1978, 「藤原宮木簡の記載形式について」, 『藤原宮木簡』 1(解說), 31~35쪽.

50) 東野治之, 1983, 「木簡に現われた '某の前に申す' という形式の文書について」, 『日本古代木簡の研究』, 塙書房.

- 藤原宮 출토 목간[51]

- 御門方大夫前白上毛野殿被
- 鳥草六十斤□□頓首白之　　　　　　　　219×24×3mm

- 埼玉縣 小敷田유적 출토 1호 목간[52]
- □□直許在□□代等言而布四枚乞是寵命座而
- □乎善問賜欲白之　　　　　　　　　　(400)×28×5mm

- 埼玉縣 小敷田유적 출토 5호 목간[53]
- 今貴大德若子御前頓首拜白之　　　　　378×28×3mm

　　먼저 藤原宮 목간은 대표적인 '(某)前白' 형식의 문서목간임을 알 수 있는데, 뒷면 마지막의 頓首白之라는 표현이 주목을 끈다. 頓首는 某前白 목간에서 관용적인 표현으로 자주 사용되고 있으며 白之가 뒤에 붙어 '머리를 조아리며 아룁니다'라고 해석된다. 여기에서 之는 월성해자 2호 목간의 白之, 敎在之의 문장종결사 '-之'의 용법과 일치한다. 이같은 용법은 고대 한국에서 先行하고 이후 일본에 영향을 미쳤던 것으로 보인다.[54]

　　小敷田유적 출토 1호 목간은 8세기 초를 전후한 시기의 연대로 비정되는데, 상부가 소실되어 전체적인 내용을 확인하기 곤란하지만 대개 布 四

---

51) 이 목간은 원래 奈良國立文化財研究所, 1978, 『藤原宮木簡』 I의 9호 목간으로 보고되었다. 당시에는 뒷면의 문자를 판독하지 못했으나 나중에 추가 판독된 것이다. 奈良國立文化財研究所의 木簡database에서 확인하였다.

52) 판독과 내용은 木簡學會 編, 1985, 『木簡研究』 7, 77~79쪽 ; 1990, 『日本古代木簡選』, 200쪽 참조. 목간번호는 『목간연구』에 따랐다.

53) 위의 주와 같음. 『木簡研究』 등 이전의 연구에서는 뒷면의 마지막 글자를 云으로 판독하였는데, 이 글에서는 之로 판독하고서 수정하였다.

54) 藤本幸夫, 1996, 「古代朝鮮の言語と文字文化」, 『日本の古代』 14, 中央公論社 ; 犬飼隆, 2006, 「日本語を文字で書く」, 『列島の古代史―言語と文字―』 6, 岩波書店.

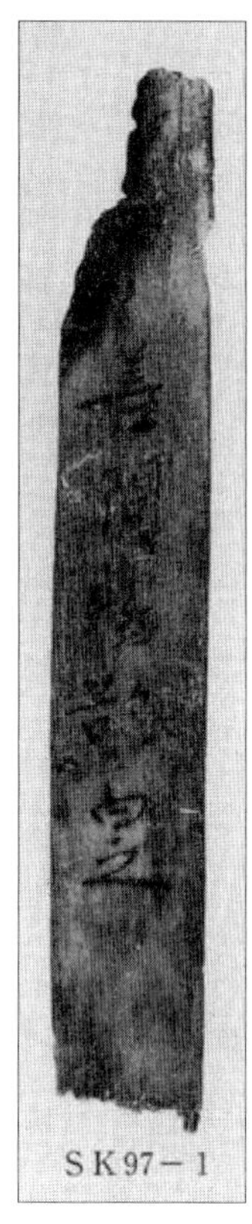
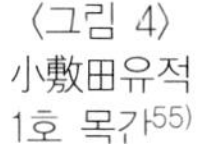

〈그림 4〉
小敷田유적
1호 목간[55]

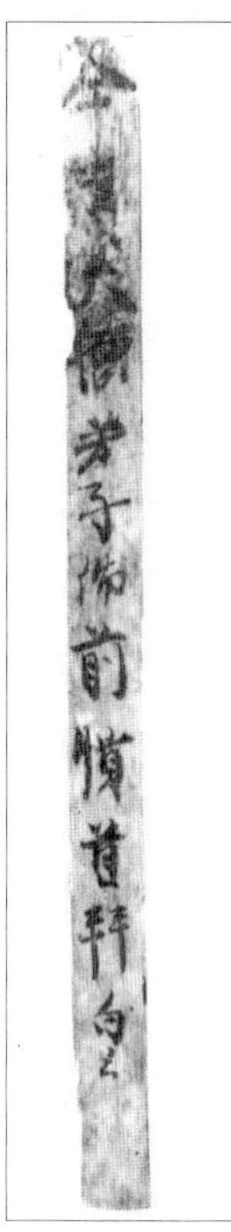

〈그림 5〉
小敷田유적
5호 목간[56]

枚를 청구하는 문서라고 생각된다. 뒷면의 남은 부분은 '…(를) 잘 물으시기를 원컨대 사룁니다.' 정도로 해석할 수 있다. 마찬가지로 之가 문장 종결사로 사용되었다. 여기에서 하나 더 주목되는 것이 '賜'의 용법이다. 이미 3장에서 2호 목간의 牒垂賜 부분의 賜가 존경법의 선어말어미 '-賜-'(-시-)로 사용되었고, '첩을 내리신'으로 해석하였다. 상급자의 행위에 대한 존칭용법으로 사용된 것이다. 이러한 용법이 고대 일본에서도 비교적 이른 시기의 자료에 해당하는 「法隆寺金堂藥師如來像光背銘」(607)에서 '勞賜時(힘쓰실 때에)'와 같이 사용되고 있으며, 上申의 의미가 있는 某前白 목간에서도 자주 확인된다. 小敷前유적 출토 1호 목간의 賜도 이와 같은 용법으로 사용되었다.

앞면 1행에 今貴大德若子御前頓首拜白之가 묵서된 小敷田유적 5호 목간은 마지막 글자를 云에서 之로 새롭게 판독하였다. 자형을 云으로 볼 수

---

55) 埼玉縣埋葬文化財調査事業團, 1992, 『小敷田遺跡』(遺構遺物編 第Ⅰ分冊), 圖版 小敷田遺跡出土木簡(裏). 〈그림 4〉는 1호 목간 뒷면의 묵서가 있는 부분이다. 문자가 없이 파손된 부분은 생략하였다.

56) 埼玉縣埋葬文化財調査事業團, 1992, 위의 책, 圖版 小敷田遺跡出土木簡(表).

도 있겠지만 之로 판독해도 문제는 없어 보인다. 앞 장에서 새롭게 소개된 안압지 목간의 洗宅白之의 '之'와 흡사하다. 그리고 같은 유적 출토의 1호 목간에서 확인되는 白之 용례도 참고하면 之로 판독해야 할 듯하다. 寡聞일지 모르나 일본 목간과 한국의 자료에서 동사 뒤에 붙어 종결형의 云이 사용된 것은 찾아보기 힘들기 때문이기도 하다. 小敷田 5호 목간은 '今貴하신 대덕약자 御前에 머리를 조아려 절하며 아룁니다' 정도로 해석되는데 이는 월성해자 2호 목간의 '대오지랑 족하에게 万拜하며 아룁니다'라는 문장구조와 거의 일치한다. 御前이라는 표현은 藤原宮, 石神유적, 屋代유적, 飛鳥池유적 등 출토의 목간에서 다수 확인되므로 주로 8세기 초 이전에 많이 사용된 듯하다.

지금까지 白之의 용례를 중심으로 賜, 之의 용법까지 월성해자 2호 목간에 나타나는 특징들을 고대 일본 목간의 사례와 비교해 보았다. 이외에도 이 월성해자 2호 목간에서는 '牒垂賜敎在之 後事者命盡'에서 확인되듯이 문장과 문장 사이의 띄어쓰기가 확인되는데, 이같은 의도적인 띄어쓰기[空隔]에 주목하여 고대 한일 간 書記樣態의 공통점을 밝힌 연구가 제기되기도 하였다.[57]

이를 통하여 월성해자 2호 목간은 고대 한일 간 목간의 문자문화를 비교하는 데 매우 중요한 자료임이 다시 한번 확인되었다. 목간이나 종이에 문자를 쓰는 행위는 외부의 문자인 한자를 이용해 의사를 표현하고 소통하는 행위이다. 그렇기 때문에 고대의 한국이나 일본인들에게는 쉽지 않은 과정일 수밖에 없었다. 이러한 외부의 문자를 해당 사회에서 적절하게 사용하기 위하여 각 지역의 언어 사정에 걸맞는 노력이 동반되었는데, 고

---

57) 犬飼隆, 2005, 「森ノ內遺跡出土手紙木簡の書記樣態」, 『木簡による日本語書記史』, 笠間書院.

대 한국에서는 한자를 이용해 우리말을 기록하던 표기법인 借字表記法이 발생하여 전개되었다. 이는 처음에 고유명사의 어휘를 표기하는 수준에서 시작되었으며, 이후 變體漢文 혹은 初期 吏讀의 단계[58]를 거쳐 吏讀와 口訣, 鄕札의 단계로 전개되어 갔다.[59]

고대 일본의 경우도 한자를 일본어에 적용시킨 고대 한국의 차자표기법과 유사한 일본어 표기법이 문자생활의 초기에 사용되었는데,[60] 이 과정에서 비슷한 역사적 경험을 체험했던 고대 한국의 영향을 일정 부분 받아들였다고 생각된다.

바로 이같은 역사적 흐름의 이면에 고대 한국에서 일본으로 이주했던 인간집단들의 문자문화가 존재했던 것이며, 그 구체적인 자료가 바로 새롭게 출토하고 있는 목간과 같은 자료라고 할 수 있을 것이다.[61] 현재로서는 월성해자 2호 목간이 이와 같은 사정의 정점에 위치하고 있음을 부인할 수 없다고 생각된다.

---

58) 이 단계의 初期 吏讀는 變體漢文, 俗漢文, 韓化漢文 등으로 표현되기도 한다.

59) 南豊鉉, 1981, 「漢字·漢文의 受容과 借字表記法의 發達」, 『韓國古代文化와 隣接文化와의 關係』, 韓國精神文化研究院 ; 南豊鉉, 2000, 『이두연구』, 태학사 ; 정광, 2003, 「韓半島에서 漢字의 受容과 借字表記의 變遷」, 『口訣研究』 11 ; 南豊鉉, 2006, 「上古時代에 있어서 借字表記法의 發達」, 『口訣研究』 16.

60) 일본 고대사의 시각에서 일본어 표현의 변천을 살펴본 연구에 따르면 대략 漢字(漢文)→和化漢文(變體漢文)→宣命體→假名文의 흐름으로 전개되었던 것으로 보고 있다 (東野治之, 1993, 「日本語論—漢字·漢文の受容と展開—」, 『新版 古代の日本』 1(古代史總論), 角川書店, 55쪽). 고대 일본의 문자 표현과 관련한 내용은 平川南·沖森卓也·榮原永遠男·山中章 編, 2006, 『文字と古代日本』 5(文字表現の獲得), 吉川弘文館 참조.

61) 李京燮, 2009, 「고대 韓日 목간의 비교」, 『新羅 中古期 木簡의 研究』, 동국대학교 박사학위논문.

VI. 맺음말

지금까지 월성해자에서 출토한 2호 목간의 내용을 분석하여 먼저 6세기 중후반 이전에 목간이 제작되어 사용되었음을 지적하였다. 大烏知郞의 표기가 大烏知/郞의 구조로 이루어졌다고 보고 中古期 신라의 관등 표기 변천을 근거로 삼았다. 그리고 목간의 성격을 牒과 敎의 관계에 천착하여 官司 내 혹은 官司와 官司 사이에서 상급자에게 행정 명령의 시행 결과를 보고했던 上申문서였음을 분명히 하였다. 이 과정에서 牒을 '牒한다'의 의미에 근거하여 牒式 文書로 보는 견해를 비판하였다. 牒은 札의 의미와 동일하며, 명령인 敎가 牒(=札) 즉 文書(木簡)으로 下達되었다고 보았으며, 이같은 문서행정이 관철되는 6세기 중엽 신라국가의 모습을 성산산성 목간 등에서 나타나는 同時代 문자상황과 견주어 보기도 하였다. 그리고 월성해자 2호 목간에 나타나는 書記樣態와 고대 일본 목간에서 확인되는 공통의 요소들을 몇 가지 언급해 보았다. 이에 대해서는 이미 단편적으로나마 많은 언급이 있었는데, 본고에서는 白之의 용례 비교에 주력하였다. 그리고 두 나라 문자문화의 내면에 한일 간 移住民집단의 존재가 상정되는데 이에 대해서는 후일 別稿에서 다룰 예정이다.

월성해자 2호 목간은 비록 斷簡의 자료에 불과하지만 신라의 文書行政과 言語 연구, 나아가 고대 한일의 목간을 비교할 수 있는 유력한 指標임을 확인할 수 있었다. 이러한 사실은 목간 연구의 진정한 성과를 위해서는 목간의 時代相과 國語史의 흐름, 나아가 일본과 중국 木簡學의 성과들에 대해서도 間斷없이 精進해야 함을 雄辯하고 있다.

『해동고승전』 법운전의 찬술

곽승훈*

目　次

Ⅰ. 머리말

　고려 후기 高宗의 왕명을 받들어 찬술된 『海東高僧傳』에 대해서는 기왕의 연구를 통하여 많은 이해를 얻을 수 있었다. 이에 의하면 覺訓은 찬술을 위해 많은 참고문헌을 살폈으면서도 그것들을 밝혀준 곳도 있지만 그 자세한 상황을 밝히지 않았다. 또한 이들 각각의 사료들에 대한 고증이나 판단을 소홀히 한 점도 있는데 이는 뒤이어 편찬되는 『三國遺事』의 저자 一然에 의해 이미 신랄한 비판을 받기도 했다. 그 결과 역사서술에 있어 사료의 비판이나 검토보다는 문학적 표현과 潤文에 치우치게 되어 역사

---

* 순천대 HK연구원

서로서의 가치를 약화시켜주게 되었다는 비판이 나오게 되었다.[1]

선학들의 주장들처럼 사료에 대한 비판 없이 사료들을 集成하여 서술한 각훈의 태도는 전체적으로는 미흡한 면도 없지 않다. 하지만 이제는 선학들의 연구성과를 바탕으로 각 전기마다의 상세한 연구를 통하여 『해동고승전』이 가지는 가치를 재조명할 필요가 있다. 이는 각훈이 각각의 전기를 찬술하면서 나름대로 기준을 갖고 사료의 取捨선택을 하였을 것이고, 또한 그것은 그의 관점이 반영된 것이기 때문이다. 단지 그 판단의 기준을 명시하지 않음으로 해서 史料에 대한 考證을 소홀히 한 것처럼 보여진 것이 아닌가 한다. 따라서 각각의 전기들을 상세히 분석하게 되면 『해동고승전』에 대해 점차적으로 새로운 이해를 얻어 나갈 수 있지 않을까 한다. 이 같은 판단에서 이 글에서는 法雲傳을 살피고자 한다.

이 글에서는 먼저 법운전의 내용을 검토하면서 찬술에 인용한 자료들을 살피고자 한다. 이어 내용에 나타난 찬술경향을 정리한 다음, 각훈이 법운전을 찬술한 의도를 살피어 글을 맺고자 한다.

II. 찬술 내용과 인용 자료

각훈은 법운전을 찬술하면서 『삼국사기』(권 4, 신라본기 4, 진흥왕)에 실린 기사를 중심으로 찬술하는 한편으로 『시경』이니 『논어』·『한서』 등

---

1) 金相鉉, 1984, 「『해동고승전』의 사학사적 성격」, 『藍史 鄭在覺博士古稀記念 東洋學論叢』, 高麗苑, 187~194쪽.
金炯佑, 1984, 「『해동고승전』에 대한 재검토」, 『素軒 南都泳博士華甲紀念 史學論叢』, 太學社, 107~113쪽.
張輝玉, 1991, 『海東高僧傳연구』, 民族社, 30~34쪽.

에 이르기까지 여러 문헌에 실린 고사들을 참고하였다.[2] 이에 찬술된 내용을 다음의 다섯 가지 주제로 나누어 살피고자 한다.

1. 법운의 가계와 인품

속명을 삼맥종이라 하고, 시호를 진흥이라 하였다. 법흥왕의 아우 갈문왕의 아들로서 어머니는 김씨다. 태어나 7세에 즉위하였다. 매우 관대하고 인자하였으며, (정사를) 공경히 하여 (백성들의) 신뢰를 받았다. 善한 일을 들으면 놀란 듯이 (행하였고) 惡을 제거하는 것에 가장 힘썼다.[3]

위에서 "매우 관대하고 인자하였으며, (정사를) 공경히 하여 (백성들의) 신뢰를 받았다. 善한 일을 들으면 놀란 듯이 (행하였고) 惡을 제거하는 것에 가장 힘썼다."는 문장을 제외한 부분은 『삼국사기』를 거의 그대로 인용한 것이 확인된다.[4] 나머지는 『서경』과 『논어』 등에서 인용한 古事로 각훈이 윤색한 내용이다.

여기서는 진흥왕의 가계와 인품을 설명하였다. 진흥왕이 법흥왕의 아우 갈문왕의 아들이 되어 조카임을 밝혀주었다. 진흥왕의 인품이 관대하

---

2) 본 연구는 법운전을 전반적으로 검토하기 때문에 인용 내용의 전거가(『海東高僧傳』 권 1, 法雲傳) 반복되는데, 번거로움을 피해 여기서는 생략한다. 그리고 법운전의 원문과 해석은 다음의 세 문헌을 참고 판단하여 필자가 재정리 하였다. 역자마다의 장·단점은 물론 관점에 따라 다른 점이 있으므로 연구자들은 잘 살펴야 한다.
　金達鎭 譯, 1972, 「海東高僧傳」, 『韓國의 思想 大全集』 2, 同和出版公社.
　李炳薰 譯, 1975, 『海東高僧傳』, 乙酉文化社.
　장휘옥, 위의 책.
3) "俗名彡麥宗 諡曰眞興 而法興王弟葛文王之子也 母金氏 生七歲位即 克寬克仁 敬事而信 聞善若驚 除惡務本"
4) "眞興王立 諱彡麥宗 時年七歲 法興王弟葛文王立宗之子也 母夫人金氏 法興王之女 妃朴氏 思道夫人 王幼少 王太后攝政"(『三國史記』 권 4, 眞興王)

고 인자하여 백성들의 신뢰를 얻었으며, 또한 善을 행하고 惡을 제거 하는 것에 힘을 쏟았음을 밝혀 놓았다. 이를 설명하기 위해 각훈은 여러 경서에 실린 古事를 인용하였다. 이를 살펴보기로 한다.

먼저 '매우 관대하고 인자하였다' 는 것은 『서경』의 「仲虺之誥」에서 인용한 것이다.[5] 湯임금이 폭군 桀을 친 것에 후회를 하자, 仲虺가 그것이 올바른 일이었음을 밝힌 부분으로, 인용구는 임금이 솔선수범하여 모범을 보였고 그래서 백성들이 믿게 되었다는 내용이다. 原典의 내용은 탕임금이 노래와 女色을 가까이 하지 않고, 재물과 이익을 불리지 않으며, 덕과 공이 많은 사람에게는 벼슬을 내리고, 사람을 쓸 때에는 자신과 같이 대우하고, 허물을 고치는 것에 주저하지 않고, 관대하고 어지셔서 만백성들이 밝게 믿도록 하였다는 것이다.

다음 '정사를 공경히 다스려 백성들의 신뢰를 받았다' 고 한 것은 『논어』 「學而」에서 인용한 것이다.[6] 이 내용은 공자가 千乘의 나라를 다스리는 제후의 자격을 말한 것이다. 그것은 제후가 모든 일을 공경히 행하여 백성들이 믿을 수 있도록 해야 하며, 또 씀씀이를 절도 있게 하여 백성을 사랑해야 하며, 백성을 부리기를 때를 맞추어 해야 한다는 내용이다.

다음 '착한 일을 들으면 놀란 듯이 행하였다' 는 문장은 善을 열심히 실천한 것을 강조하는 뜻으로서 유학자들이 즐겨 사용하는 글귀의 하나였

---

5) 장휘옥, 앞의 책, 164쪽.
　　"惟王不邇聲色 不殖貨利 德懋懋官 功懋懋賞 用人惟己 改過不吝 克寬克仁 彰信兆民"(『書經』 尙書 仲虺之誥 ; 車相轅 譯著, 『新完譯 書經』, 明文堂, 1984, 113~116쪽)
　　또한 이 고사는 법공전의 주인공인 법흥왕 역시 같은 구절을 인용하고 있어 흥미롭다. 단 법공전에서는 彰信兆民이 인용되어 있다. 이로서 보아 이는 각훈이 직접 윤문한 것으로 판단된다.
6) "子曰 道千乘之國 敬事而信 節用而愛人 使民以時"(『논어』 권 1, 學而 ; 韓相甲 譯, 1982, 『論語 · 中庸』, 三省出版社, 39~40쪽)

던 것 같다.[7] 이 가운데 '놀란 듯이 행하였다(若驚)'는 『노자』 「寵辱」에 있는 글귀에서 나온 것이다.[8] 「총욕」의 내용은 이렇다. 사람들은 부귀영화를 좋은 것이라 생각해서 놀라고, 빈천굴욕을 나쁜 것이라 여기어서 놀

<hr>

7) "太常博士王彦威又疏曰 古之聖王立諡法者, 所以彰善惡, 垂勸誡 使一字之褒 賞逾紱冕 一言之貶 辱過朝市 此有國之典禮 陛下勸懲之大柄也 … 伏以陛下自臨宸辰 懋建大中 聞善 若驚 從諫不倦 況當統天立極之始 所謂執法慎名之時 一垂恩光 大啓僥倖"(『舊唐書』 권 156, 列傳 106 于頔)

"丙寅 …… 兵部郎中 知兗州韓授上言 邇者亢旱傷稼 天其或者以陛下春秋鼎盛 兆民樂業 萬一聖心忽生驕佚 故暫加災眚 用儆睿聰 昔魏鄭公對唐太宗曰 貞觀之初 聞善若驚 五六年 間 猶悅以從諫 自茲厥後 漸惡直言 此譏其漸怠於政也 臣伏睹先帝享國久長 未嘗一日曠于 萬幾 願陛下守太祖之丕圖 遵太宗之遺訓 兢兢業業 無怠無荒 臣又聞治國在遠佞人 今朝廷 無邪佞之徒 然事生隱微 宜防未兆 勿使小人乘間而進 居安念危 在治防亂 天下幸甚 疏奏 召援歸闕 授史館修撰"(『續資治通鑑』 권 22, 宋紀 22 咸平 3년 12월)

위는 중국의 사례인데, 내용을 보면 군주들이 신하들의 간언을 잘 수용하는 표현으로 나타났다. 이로서 보면 각훈 역시 진흥왕이 간언을 잘 수용한 왕으로서의 모습을 나타내고자 하였음을 알겠다. 이에 대해서는 金興三 선생님의(한국학중앙연구원) 교시를 받았다.

다음은 우리나라의 사례인데, 처음 것은 위와 마찬가지로 군주를 대상으로 한 것이며, 나머지는 개인의 성품을 설명한 것임을 알 수 있다.(한국고전번역원 itkc.or.kr 참조)

"不淫於色 身不懷於安 朝夕勤志恤民之羸 聞善若驚 有過必悛 是故得民以濟其志 今吾聞 未嘗好罷民力以成私好 縱過而黧諫"(李敏敍, 『西河先生集』 권 6, 疏箚 陳戒辭職疏 正言 時乙未, 1701)

"提要鉤玄 日經日史 待人以恕 接物以和 聞善若驚 疾惡如虎 淸修苦節 立懦廉頑 不出軒 屛 長臥一至 崇禎日月 獨照光"(金坽, 『溪巖先生文集』 권 6, 附錄 祭文 鄕校儒生李長亨 等, 1772)

"歎於不匱 將使立誠斯應 一州敦百行之原 聞善若驚 千室篤三綱之首 山陽禮訓 豈設誠而 後行 嶺表華風 未移書而可拓"(任叔英, 『疏菴先生集』 권 5, 序 送守夢鄭公 燁 赴襄陽序, 19세기경)

"持滿以謙 絶意麗附 富而能約 貴而若卑 聞善若驚 疾惡如讐 倜儻瓌瑋 獨立無黨 秉文兼 武 身都將相 金甌將卜"(徐渻, 『藥峯遺稿』 권 4, 附錄 祭文 觀察使李景稷)

8) "寵辱若驚 貴大患若身 何謂寵辱 若驚 寵爲上 辱爲下 得之若驚 失之若驚 是謂寵辱若驚 何謂貴大患若身 吾所以有大患者 爲吾有身 及吾無身 吾有何患 故貴以身爲天下者 可以寄 於天下 愛以身爲天下者 乃可以託於天下"(『道德經』 寵辱 ; 朴一峰 譯著, 『老子道德經』, 育文社, 1992, 43~46쪽)

란다. 그래서 이것들을 얻고 잃음에 모두 놀라게 한다. 또한 큰 재앙인 부귀영화를 자기 몸처럼 귀하게 여기는데, 이는 나에게 몸이 있다고 생각하기 때문이다. 왜냐하면 나에게 몸이 없으면 나에게 무슨 재앙이 있겠는가? 그러므로 내 몸을 귀하게 여기거나 사랑하며 천하를 다스리는 사람이라면, 가히 천하를 맡길 수 있다는 내용이다.

이어 "惡을 제거하는 것에 가장 힘썼다."고 한 부분은 『書經』「泰誓」에서 인용한 것이다.[9] 태서의 내용은 무왕이 受 즉 폭군 紂의 정벌에 임하여 부하들에게 선전을 다짐한 것이다. 여기서 무왕은 옛 사람의 말을 들어 "우리를 어루만져 주면 임금이지만, 우리를 학대하면 원수다"라고 하면서 외로운 남자(獨夫) 受는 크게 위압을 일삼고 있어, 부하들 대대로 원수임을 강조한다.[10] 이처럼 대대로 원수가 되므로 무왕은 德을 심을 때에는 자라도록 힘쓰고, 악을 없앨 때에는 뿌리째 뽑도록 힘써야 함을 강조하게 된다. 나아가 무왕은 아버지 문왕의 덕망이 해와 달이 비추시는 것과 같이 크게 세상을 비추어 서쪽 땅을 밝힌 까닭에 주나라가 많은 나라들을 크게 받아들일 수 있게 되었음을 말한다. 또한 무왕은 겸손하여 수를 이기는 것은 자신의 武威 때문이 아니라 돌아가신 아버지 문왕께서 죄가 없으시기 때문이고, 수가 이기게 된다면, 문왕께 죄가 있어서가 아니라 자신이 훌륭하지 못한 때문이라고 한다.

여기서는 진흥왕을 관대하고 인자하여 정사를 공경히 하여 백성들로부터 믿음을 얻은 군주로서, 또 선을 행하고 악을 제거한 것에 힘을 쓴 군주

---

9) "古人有言曰 撫我則后 虐我則讎 獨夫受洪惟作威 乃汝世讎 樹德務滋 除惡務本 肆予小子 誕以爾衆士殄殲乃讎, 爾衆士其尙迪果毅 以登乃辟 功多有厚賞"(『書經』권 4, 周書 泰誓下 ; 차상원 역저, 앞의 책, 176~178쪽)

10) 獨夫가 강조된 것은 백성들로부터 신뢰를 얻지 못하고 있는 군주임을 알려준다. 이로서 각훈은 군주는 백성들로부터 신뢰를 얻어야 한다는 생각을 기본 바탕으로 지니고 있었음을 짐작할 수 있다.

로서 설명하였다. 이는 유교에서의 군주상이 아닐 수 없겠다.

2. 진흥왕의 불교 弘布와 국사 편찬

7년 흥륜사가 완성되니 사람들에게 출가하여 승니가 됨을 허락하였다.

8년 대아찬 거칠부 등에게 명하여 문사들을 널리 모아 『국사』를 편찬케 하였다.

10년 양나라에서 사신과 각덕을 보내면서 부처님 사리도 함께 보내었다. (이
　　에) 왕은 여러 신하들에게 흥륜사 앞길까지 나가 받들어 맞이하게 하였
　　다.

14년 유사에게 명하여 월성 동쪽에 신궁을 짓게 하였는데, 황룡이 그 땅에서
　　나타났다. 왕은 이를 의아히 여겨 불사로 고치게 하고 황룡사라 이름지
　　었다.

26년 진나라에서 사신 유사와 승려 명관을 보내면서 불교의 경론 700여 권을
　　보내 왔다.

27년 기원·실제 두 절이 창건되고, 황룡사도 또한 완공되었다.

33년 10월에 전사한 군인들을 위하여 외사에서 팔관재회를 베풀고 7일 만에
　　마쳤다.

35년에는 황룡사이 장륙상을 주조하였다. 혹 전히기를 이육윙이 띄운 배가
　　황금을 싣고 사포로 들어왔으므로 (그것을) 가져와서 주조하였다고 하
　　는데, 이 말은 「자장전」에 있다.

36년 장륙상에서 눈물이 나와 발꿈치까지 흘러내렸다.[11]

---

11) "七年 興輪寺成 許人出家爲僧尼 八年命大阿餐柒夫等 廣集文士 修撰國史 十年 梁遣使
　　與入學僧覺德送佛舍利 王使群臣奉迎興輪寺前路 十四年 命有司 築新宮於月城東 黃龍見
　　其地 王疑之 改爲佛寺 號曰黃龍 二十六年 陳遣使劉思及僧明觀 送釋氏經論七百餘卷 二
　　十七年 祇園實際二寺成 而黃龍亦畢功 三十三年十月爲戰死士卒 設八關齋會於外寺 七日
　　乃罷 三十五年 鑄黃龍寺丈六像 或傳阿育王所泛船 載黃金至絲浦 輸入而鑄焉 語在慈藏傳
　　三十六年 丈六出淚至踵"

위에서 "혹 전하기를 아육왕이 띄운 배가 황금을 싣고 사포로 들어왔으므로 (그것을) 가져와서 주조하였다고 하는데, 이 말은 「자장전」에 있다."고 한 부분을 제외하면, 『삼국사기』 진흥왕조에 실린 내용 가운데 불교와 관련된 기사를 망라하여 거의 그대로 인용한 것이다.[12] 아육왕이 보낸 황금을 갖고 불상을 만든 기사가 「자장전」에 있다고 하였는데, 이것은 독립된 자장의 전기가 아니라 『해동고승전』 속의 「자장전」으로 봄이 옳을 듯하다. 이 장육상의 조성 기사는 『삼국유사』에도 실려있는데, 사포에 도착했다고 하는 기록이 일치한다. 또한 주성에 사용된 구리와 금의 양이 『삼국사기』에 실린 기록과 일치하고 있다.[13] 이 점에서 보아 각훈은 일연이 본 문헌과 동일하거나 아님 그것을 재인용한 문헌을 토대로 수록하였을 것이라 여겨진다.

이 경우 우선 생각되어지는 것이 「자장전」과 「황룡사기」다. 전자로서의

---

12) "五年 春二月 興輪寺成 三月 許人出家爲僧尼奉佛

　　六年 秋七月 伊湌 異斯夫奏曰 國史者 記君臣之善惡 示褒貶於萬代 不有修撰 後代何觀 王深然之 命大阿湌 居柒夫等 廣集文士 俾之修撰

　　十年 春 梁遣使與入學僧覺德 送佛舍利 王使百官奉迎興輪寺前路

　　十四年 春二月 王命所司築新宮於月城東 黃龍見其地 王疑之 改爲佛寺 賜號曰皇龍.

　　二十六年 九月 陳遣使劉思與僧明觀來聘 送釋氏經論千七百餘卷

　　二十七年 春二月 祇園實際二寺成 立王子銅輪爲王太子 遣使於陳 貢方物 皇龍寺畢功

　　三十三年 冬十月二十日 爲戰死士卒 設八關筵會於外寺 七日罷

　　三十五年 春三月 鑄成皇龍寺丈六像 銅重三萬五千七十斤 鍍金重一萬一百九十八分

　　三十六年 春夏旱 皇龍寺丈六像出淚至踵"

13) "新羅第二十四眞興王卽位十四年癸酉二月 將築紫宮於龍宮南 有黃龍現其地 乃改置爲佛寺 號黃龍寺. 至己丑年 周圍墻宇 至十七年方畢. 未幾 海南有一巨舫 來泊於河曲縣之絲浦(今蔚州谷浦也) 撿看有牒文云 西竺阿育王 聚黃鐵五萬七千斤·黃金三萬分(別傳云 鐵四十萬七千斤·金一千兩 恐誤. 或云三萬七千斤) 將鑄釋迦三尊像 未就 載舡泛海而祝曰 願到有緣國土 成丈六尊容. 幷載模樣一佛二菩薩像. 縣吏具狀上聞 勅使卜其縣之城東爽塏之地 創東竺寺 邀安其三尊 輸其金鐵於京師 以大建六年甲午三月(寺中記云 癸巳十月十七日) 鑄成丈六尊像 一鼓而就 重三萬五千七十斤 入黃金一萬一百九十八分 二菩薩入鐵一萬二千斤 黃金一萬一百三十六分 安於皇龍寺"(『삼국유사』 권 3, 탑상 4, 황룡사장육)

「자장전」에는 수록되지 않았을 것으로 보아진다.[14] 자장이 황룡사와 관련된 것은 9층탑 조성이기 때문이다. 황룡사의 사적을 적은 「황룡사기」에는 분명 기록이 있었을 것이다.[15] 그런데 「황룡사기」의 하나인 사중기에서는 계사년 10월로 되어 있고 이는 『삼국유사』의 註에서 소개되고 있다.[16] 이러고 보면 사포에 도착한 황철과 관련된 『삼국유사』의 본문 기록은 「황룡사기」가 아님을 알 수 있다. 이에 따라 아육왕이 보낸 황철로 장육상을 조성한 기록은 「자장전」「황룡사기」『삼국사기』 등이 아닌 제 3의 기록에서 말미암은 것임을 알 수 있다.[17]

흥륜사의 완성을 진흥왕 7년, 거칠부의 국사 편찬을 8년이라고 한 것은 『삼국사기』의 기록으로 볼 때, 5년과 6년의 잘못으로 이미 잘 알려진 사실이다. 이는 각훈의 착오이거나, 轉寫者가 옮겨 적는 과정에서 생겨난 오류일 것이다. 국사 편찬은 불교와 관련이 없는 것으로 볼 수도 있는데 이를 수록한 것은 역사가로서의 각훈의 의식을 잘 보여준다.

황룡사장육상의 조성인연기사를 「자장전」 편에 수록한 것은 다소 의외다. 각훈이 『삼국사기』에 실린 내용을 바탕으로 서술하게 되면서, 다른

---

14) 이에 대해서는 곽승훈, 1992, 『統一新羅時代 僧傳의 著述과 그 意義』, 『韓國學報』 69, 一志社 ; 2006, 『新羅 古文獻 硏究』, 韓國史學, 52~56쪽 참조.

15) 이에 대해서는 곽승훈, 1992, 「통일신라시대 사지편찬」, 『韓國史學史學報』 9, 한국사학사학회 ; 위의 책, 102~109쪽 참조.

16) 주 13)의 음영 부분 참조.

17) 우선 연상되는 것으로 통일신라시대에 이루어진 古本 「殊異傳」을 들 수 있겠다.(『三國遺事』 권 4, 義解 5, 圓光西學) 여기에는 진흥왕이 독립된 전기로 수록된 내용이 있기 때문이다.("按阿道碑 法興王出家 法名法雲 字法空 今按國史及殊異傳 分立二傳 諸好古者 請詳檢焉":『海東高僧傳』 권 1, 法空傳) 이를 통해 왕이 출가한 사실이 들어 있음이 확인된다.(곽승훈, 2008, 「『해동고승전』 법공전의 찬술」, 『韓國史學史學報』 17, 한국사학사학회, 19~22쪽) 그리고 법공전에는 흥륜사의 창건 사실도 들어 있으므로, 진흥왕의 출가사실을 전하는 법운전에 황룡사는 물론 장육상의 조성 또한 마찬가지로 있었을 것임은 거의 의심의 여지가 없다고 생각된다.

문헌에 있는 장육상 조성기사를 수록하지 않으려 했음을 알려준다. 사실 장육상의 조성은 자장과 직접적인 관계가 없으며, 진흥왕과 관계가 깊은 것이다. 그럼에도 불구하고 이를 「자장전」에 수록한 것은 각훈이 황룡사 조성이 지니는 가치를 구층탑에 두고 있었음을 짐작케 한다. 이는 신라의 삼국통일을 염두에 둔 것이 아닐 수 없다.[18]

여기서는 거칠부의 국사편찬을 비롯하여 황룡사의 창건과 장육상의 조성, 불교 경전의 수입, 팔관재 행사의 개최 등 진흥왕대에 일어난 불사활동과 신이내용을 담았다.

3. 화랑제도의 창시와 후인들의 평가

37년 처음으로 원화를 받들어 선랑으로 삼았다. 처음에 군신들은 인재를 알아보지 못하여 근심하던 끝에 많은 사람들을 무리지어 놀게 하여, 그들의 행실을 보아 천거하여 쓰고자 하였다. 드디어 미녀 두 사람을 가려 뽑아 남무와 준정이라 하였으며, 무리를 3백 명이나 모았다. 두 여자는 서로 미모를 다투다가 준정이 남무를 유인하여 억지로 술을 권하여 취하게 한 뒤 강물에 던져 죽여 버렸으므로, 무리들은 화목을 잃고 흩어져 버렸다. 그 뒤에는 미모의 남자를 뽑아 곱게 단장시켜 받들어 화랑으로 삼으니 무리들이 운집하였다. 그들은 혹 도의로써 서로 탁마하고 혹은 노래와 풍류로써 서로 즐겼으며, 산수를 찾아다니면서 유람하였으니 먼 곳이라도 이르지 않는 곳이 없었다. 이로 인하여 사람의 옳고 그름을 알게 되고, 그 중에서 좋은 사람을 가려 뽑아 이를 조정에 천거하였다.

---

18) 중복을 피하고자 한 때문이기도 하지만 비중을 자장에게로 옮겨 놓았다고 할 것이다. 한편 김상현은 여기서의 「자장전」을 원효가 지은 「자장전」이 아닌가 하였다.(김상현, 1984, 앞의 논문, 188쪽) 그는 「五臺山月精寺事蹟」에 실린 "當有造塔立像之因云(出元曉所撰本傳)"이라고 한 내용을 토대로 주장하였다. 「자장전」을 원효가 지을 가능성이 없지 않으나, 『삼국유사』에 실린 내용과 유사하고 또한 사용된 용어가 일부 다른 점이 있어 좀더 상세한 고찰이 필요하다.

그러므로 김대문의 『화랑세기』에 이르기를 "어진 재상과 충성된 신하들이 여기서 빠져나오고, 좋은 장수와 용맹스런 군사들이 이로 인하여 배출되었다." 하였다. 최치원의 「난랑비서」에 이르기를 "나라에 현묘한 도가 있으니 이를 풍류라 한다. 이것은 실로 3교를 포함한 것으로 모든 백성을 상대로 교화하였다. 또한 그들은 들어오면 집에서 효도하고 나가면 나라에 충성하였으니, 노나라 사구의 뜻이었고, 무위의 사태에 몸을 처하고 무언의 가르침을 행하였으니 주나라 주사의 종지였으며, 모든 악한 일은 하지 않고 모든 착한 일만 받들어 행하였으니 축건태자의 교화였다."라고 하였다. 또 당나라의 영호징은 『신라국기』에 이르기를 "귀인들의 자제 중 아름다운 자를 뽑아 분을 바르고 곱게 단장하여 받들었으며, 이름을 화랑이라 하고 나라 사람들이 다 받들어 섬겼다."고 하였다.[19] 이는 대개 왕의 정치를 돕기 위한 방편이었다. 선랑이었던 원화로부터 신라 말에 이르기까지 무릇 200여 명이 나왔는데, 그 중에서 4仙이 가장 어질었으니, 저 『세기』 중에 설하는 바와 같다.[20]

위에서 "이는 대개 왕의 정치를 돕기 위한 방편이었다. …… 저 『세기』 중에 설하는 바와 같다"는 기사를 제외하면 모두가 『삼국사기』 진흥왕조의 기록을 수용한 것이다. 화랑의 창시와 관련한 기록으로 많은 양을 그

---

19) 이는 신라국기의 저자인 顧愔을 착기하여 『人中遺事』의 저자인 영호징으로 잘못해 놓았던 김부식의 과오를 그대로 답습한 것이다.(김형우, 1984, 앞의 논문 111쪽 및 김상현, 1984, 위의 논문, 188쪽)

20) "三十七年 始奉原花爲仙郞 初君臣 病無以知人 欲使類聚群遊. 以觀其行義 舉而用之 遂簡美女二人 曰南無. 曰俊貞 聚徒三百餘人 二女爭娟 貞引南無 強勸酒醉 而投河殺之 徒人失和而罷 其後選取美貌男子 傅粉飾之 奉爲花郞 徒衆雲集 或相磨以道義 或相悅以歌樂 娛遊山水 無遠不至 因此知人之邪正 擇其善者 薦之於朝

故金大問世記云 賢佐忠臣 從此而秀 良將猛卒 由是而生 崔致遠鸞郞碑序曰 國有玄妙之道 曰風流 實乃包含三敎 接化群生 且如入則孝於家 出則忠於國 魯司寇之旨也 處無爲之事 行不言之敎 周柱史之宗也 諸惡莫作 衆善奉行 竺乾太子之化也 又唐令狐澄 新羅國記云 擇貴人子弟之美者 傅粉粧飾而奉之 名曰花郞 國人皆尊事之 此蓋王化之方便也 自原郞至羅末 凡二百餘人 其中四仙最賢 且如世記中"

대로 수록한 것은 각훈이 화랑의 활동을 중요시하였음을 알겠다.[21]

위에서는 처음에 원화를 두었다가 不和에 이르자 폐지하고 화랑제도를 두어 성공한 사실을 담았다. 화랑제도에 대해 김대문은 훌륭한 인재가 양성되었음을, 최치원은 그러한 화랑을 길러낸 사상적 배경으로 유도불의 삼교포함사상을 지적하였다.[22] 더욱 「신라국기」에서는 백성들이 화랑을 받들어 섬겼다고 하였다. 이를 바탕으로 각훈은 화랑제도가 왕이 교화를 펼치는 방편 가운데 하나였음을 설명하였다.

원랑으로부터 신라 말에 이르기까지 200여 명이 나왔다는 표현으로 보아 김대문의 『화랑세기』 외에 다시 편찬된 화랑의 전기가 있었을 법한데, 또한 알 수 없다. 『화랑세기』를 각훈이 직접 보았는지는 확언하기 어렵다.[23] 4仙은 永郎·述郎·安祥·南郎 등 네 명을 말하는데, 이를 유독 언급한 것 또한 주목된다. 이들의 활동은 비석으로 새겨져 여기저기에 전하고 있을 정도로 행적이 많다.[24]

---

21) "三十七年 春 始奉源花 初 君臣病無以知人 欲使類聚群遊 以觀其行義 然後擧而用之 遂簡美女二人 一曰南毛 一曰俊貞 聚徒三百餘人 二女爭娟相妬 俊貞引南毛於私第 强勸酒至醉 曳而投河水以殺之 俊貞伏誅 徒人失和罷散 其後 更取美貌男子 粧飾之 名花郎以奉之 徒衆雲集 或相磨以道義 或相悅以歌樂 遊娛山水 無遠不至 因此知其人邪正 擇其善者 薦之於朝 故金大問花郎世記曰 賢佐忠臣 從此而秀 良將勇卒 由是而生 崔致遠鸞郎碑序曰 國有玄妙之道 曰風流 設敎之源 備詳仙史 實乃包含三敎 接化群生 且如入則孝於家 出則忠於國 魯司寇之旨也 處無爲之事 行不言之敎 周柱史之宗也 諸惡莫作 諸善奉行 竺乾太子之化也 唐令狐澄新羅國記曰 擇貴人子弟之美者 傳粉粧飾之 名曰花郎 國人皆尊事之也"(『삼국사기』 권 4, 진흥왕)

22) 이를 보통 삼교일치사상으로 말하여 왔는데, 이는 알맞은 표현이 아니다. 여기서는 최치원의 글에 따라 삼교포함사상으로 바꾸어 보았다. 이에 있어서도 김홍삼 선생님의 교시를 받았다.

23) 이에 대해 김상현은 각훈이 『화랑세기』를 직접 보고 적어 놓은 것이라고 보았다.(앞의 논문, 188쪽) 가능성이 높은데 앞으로 좀더 살필 필요가 있다.

24) 사선에 대해서는 여러 의견이 있다고 한다. 이에 대해서는 다음의 글 참조.

4. 법운의 출가와 입적

왕은 어린 나이로 즉위하여 一心으로 부처님을 받들다가 말년에 이르러 머리 깎고 스님이 되어 법복을 입고 스스로 법운이라 이름하였다. 금지해야 할 계율을 받아 지니고, 세 가지 업을 청정히 하였으며, 마침내 세상을 마치셨다. 그가 돌아가시자 나라사람들은 애공사 북쪽 봉우리에 예의를 갖추어 장사지냈다. 이 해에 안함법사가 수나라에서 왔으니, '안함전'에서 말하겠다.[25]

여기서 "금지해야 할 계율을 받아 지니고, 세 가지 업을 청정히 하였으며"라고 한 부분은 각훈이 윤색한 것이다. 그리고 나머지는 『삼국사기』의 내용을 바탕으로 가감한 것이다.[26]

비록 말년이지만 진흥왕의 출가에 대한 이 기사는 『삼국사기』에서 비롯된 것으로, 이는 僧傳을 구성하는 근거가 되었다. 그리고 법흥왕의 법호와 관련하여 법공과 법운에 대한 혼동이 있음은 각훈이 법공전에서 밝힌 바 있다.[27] 각훈은 이들 가운데 『삼국사기』와 「수이전」의 기록을 신용

黃浿江, 1975, 『新羅佛敎說話硏究』, 一志社, 269~271쪽.

鮎貝房之進, 1932, 「花郞考」, 『雜攷』 4, 12~19쪽.

三品彰英 著 ; 李元浩 譯, 1995, 『新羅花郞의 硏究』, 집문당, 111~121쪽.

사선비에 대해서는 곽승훈, 2004, 「문헌에 실린 신라 금석문 연구」, 『實學思想硏究』 26 ; 2006, 『신라 금석문 연구』, 한국사학, 54·59쪽 참조.

25) "王幼年卽祚 一心奉佛 至末年祝髮爲浮屠 被法服自號法雲 受持禁戒 三業淸淨 遂以終焉 及其薨也 國人以禮葬于哀公寺之北峰 是歲安含法師至自隋 至安含傳辨之"(『삼국사기』 권 4, 진흥왕 37년)

26) "安弘法師入隋求法 與胡僧毗摩羅等二僧廻 上稜伽勝鬘 秋八月 王薨 謚曰眞興 葬于哀公寺北峯 王幼年卽位 一心奉佛 至末年祝髮 被僧衣 自號法雲 以終其身 王妃亦効 住永興寺 及其薨也 國人以禮葬之"

27) 주 17 참조. 한편 신종원은 진흥왕의 출가 사실에(至末年祝髮, 被僧衣) 대해 捨身으로 보았다(1992, 「6세기의 신라불교」, 『신라초기불교사연구』, 민족사, 197~202쪽) 이는 사신을 할 때 국왕이 승복을 입는 점, 재위시 세 차례에 걸친 改元이 있는 점, 梁 武帝가 보살을 칭하고 보살계를 받은 점 등으로 미루어 짐작할 수 있다. 그리고 이것은 중국 남조불교의 영향을 받은 것으로 짐작하였다. 이는 날카로운 안목에서

하여 법운의 전기를 편성하였는데, 이는 正史를 우선하는 그의 의도가 담긴 것이다. 그리고 안함법사가 진흥왕 37년(567)에 귀국하였다고 하였는데, 정작 『해동고승전』 「안함전」에서는 진평왕 27년(605)으로 되어 있다.[28]

5. 각훈의 찬

찬하여 말한다. 풍속은 사람과 관계됨이 크다 하겠다. 왕이 당시의 풍속을 고치고자 하면 마치 물이 아래로 흐르는 것과 같았으니, 그 패연함을 누가 막을 수 있겠는가? 처음에 진흥왕이 이미 불교를 숭상하여 화랑들의 놀이를 베푸시니, 나라 사람들이 즐거이 쫓아 본받기를 마치 보물의 집으로 달려가고 봄의 누각에 오르듯 하였다. 그 귀추를 요약해 보면, 선으로 옮기고 의로 옮겨서, 점차 대도로 나아가게 하는 데 있을 뿐이다.

저 한나라 애제는 부질없이 여색만을 좋아했기 때문에, 반고는 이르기를 "보드랍고 아름다운 것이 사람의 마음을 쏠리게 함은 비단 여자만이 아니라 남색도 또한 그러하다"고 하였다. 이것을 평하여 화랑의 이야기와 같다고 말할 수는 없다.[29]

비롯된 것으로 앞으로의 연구에 많은 시사를 던져주며, 매우 옳은 지적이 아닐 수 없다.

28) 이는 각훈이 사료에 대한 엄격한 고증을 행하지 못한 사례로 비판되고 있다.(김상현, 1984, 앞의 논문, 193쪽) 여기서의 안함전은 독립된 자료가 아닌 『해동고승전』의 안함전을 가리키는 것이 옳다고 본다. 이렇듯 찬술에 참고한 문헌과 다소 어긋나는 기록이 있다. 이는 아무래도 현재 전하는 판본이 제대로 다듬어지기 이전의 초고본이 아니었나 하는 생각을 갖게 한다. 이 점은 앞으로 주시하여 살필 일이다.

29) "贊曰 風俗之於人 大矣哉 王者欲移易於當世 如水之就下 沛然執禦哉 始眞興 旣崇像敎 設花郞之遊 國人樂從倣效 如趨寶肆 如登春臺 要其歸 在乎遷善徙義 鴻漸於大道而已 彼漢哀帝 徒以色是愛 故班固曰 柔曼之傾人意 非特女徒 蓋亦有男色焉 評之不可同日而語矣"

위 내용은 각훈의 찬으로 진흥왕대 화랑의 창시를 높이 평가하는 내용이다. "보드랍고 아름다운 것이 사람의 마음을 쏠리게 함은 비단 여자만이 아니라 남색도 또한 그러하다"고 한 내용은 『漢書』에서 인용한 것이다.[30]

여기서 각훈은 진흥왕이 풍속을 고치고자 한 뜻을 높이 샀는데, 그것은 불교의 가르침을 전하는 것이었다. 화랑이 불교의 숭상으로부터 시작되고 그것을 백성들이 따라 쫓게 되어 물흐르듯 교화가 잘 이루어지게 되었음을 말하고 있다. 선에서 의로 대도로 나아간다고 하였는데, 이는 각훈이 3교 속에서도 불교를 출발점으로 하여 그 우월성을 강조하고 있음을 잘 알려준다.

이처럼 각훈은 진흥왕대의 화랑제도가 갖는 의미를 찬양하고자 『한서』의 古事를 인용하였다. 『한서』의 이야기는 贊에 있는 부분으로, 董賢에 대한 설명이다.

동현은 일찍이 太子舍人이 되어 어린 哀帝를 보필하였었다. 이후 애제가 즉위하고 2년 여를 지난 뒤 황제가 그를 알아보고 黃門郎에 임명하였으며, 이로부터 총애가 시작되었다. 그가 황제의 총애를 받게 된 것은 용모가 美麗한 때문이었다. 그에 대한 황제의 총애가 날로 심하여져 駙馬都尉侍中에 올랐으며, 나아갈 때에는 수레를 타고 들어 올 때는 좌우를 거느렸다. 한 달 사이에 상으로 下賜받은 것이 수 萬이요, 貴함은 조정에 진동하였다. 항시 황제와 더불어 눕고 일어났다. 한 번은 서재의 침상에서 잠을 청한 일이 있었는데, 동현이 황제의 소매 한 쪽을 베고 누워있었다. 이에 황제는 그의 잠을 깨우지 않고자 하여 이내 옷소매를 자르고 일어났다. 황제의 은혜와 사랑이 이에 이르렀다. 더욱 그가 귀가하는 것을 아쉬

---

30) "柔曼之傾意 非獨女德 蓋亦有男色焉"(『漢書』 권93, 佞幸傳 贊 ; 장휘옥, 앞의 책, 182쪽)

워하여 동현의 가족을 궁궐에 불러들이었고, 딸은 昭儀가 되어 온가족이 아침부터 저녁까지 황제와 함께 생활했다.

황제의 총애를 바탕으로 동현의 가족과 인척은 고위직을 차지하였으며, 家僮과 奴僕들도 하사품을 받았는데, 그의 집에는 갖추지 못한 것이 없었다고 한다(無不備具). 東平王 雲이 제사를 지내 저주한 사건이 발각되었는데, 황제는 이것을 기회로 동현을 승진시키고자 하여 그의 공으로 돌리어 제후로 임명하였다. 이를 두고 승상 王嘉가 의심하였는데 諫爭이 일어나 도리어 그가 연좌되어 獄死하였다. 황제의 외삼촌으로 大司馬인 丁明이 황제가 동현을 지나치게 총애하는 것에 대해 여러 번 간언을 하였다. 황제는 동평왕의 저주사건에 대한 책임을 물어 면직시키고 동현을 그 자리에 앉혔다. 이 때 그의 나이 22세였다. 이 때 승상 孔光은 그와 같이 三公의 지위에 있었다. 하지만 그는 동현으로부터 혐의를 받을까 두려워 공손히 하여 자리를 도모했다. 이로서 동현은 人主와 더불어 권력을 같이 했다고 『한서』는 기록하고 있다(賢繇是權人主侔矣).

애제가 죽은 뒤 太后가 尚書를 시켜 동현이 황제의 병을 잘 돌보지 않았다고 조사할 것을 지시하였다. 王莽이 그 책임을 물어 파직할 것을 청하였다. 이를 전해들은 동현은 먼저 부인과 함께 자살하였는데, 왕망은 혹 거짓이 아닌가 하여 무덤을 파서 확인까지 하였다. 이후 그의 가족들도 대부분 처벌받았으며, 그로 인해 관직에 오른 사람들은 모두 면직되었다.[31]

이처럼 동현의 美麗한 용모에 빠져 정사를 그르친 애제의 행동은 결국 漢나라를 기울게 하여 亡國의 지름길로 나아가게 하였다. 그렇지만 신라에서 미려한 용모를 보고 화랑을 뽑았으나, 나라를 발전시키는 계기가 되

---

31) 『漢書』 권 93, 佞幸傳 董賢 ; 中華書局, 3733~3741쪽.

었다. 따라서 신라의 화랑선발은 애제의 남색과는 결단코 같지 않음을 역
설하였다.

Ⅲ. 찬술의 경향과 의도

법운전의 주인공은 진흥왕인데, 그가 승전에 실린 것은 『삼국사기』에
출가한 사실이 기록된 때문이다. 그의 출가는 국왕출가라는 사실 하나 만
으로서도 흥미롭고 의미있는 찬술대상이었을 것이다. 이를 잘 나타내기
위해 각훈은 여러 고전에 있는 고사를 인용하여 찬술하였다. 여기에는 각
훈의 어떤 의도가 숨겨진 듯한데, 이를 알기 위해 내용에 나타난 찬술 경
향을 알아본다.

첫째, 善을 두드러지게 강조하면서, 유교의 선을 불교의 선으로 옮겨놓
았다.[32]

진흥왕이 선을 들으면 놀라듯이 행하고 악을 제거하는 것에 힘쓴 군주
로(聞善若驚 除惡務本), 국사의 편찬이 君臣의 善惡을 기록하여 후대에 보
이기 위한 것, 화랑제도가 사람의 바르고 그른 것을 알아 선한 자를 가려
조정에 천거하는 것(因此知人之邪止 擇其善者 薦之於朝) 능이다. 이들 세
사례는 善과 惡을 대비시킨 것으로 유교에서의 선이라 하겠으나, 각훈은
이를 불교식으로 해석을 가한 것으로 볼 수 있다.[33] 이는 각훈이 화랑도
를 평가하는 과정에서 잘 나타나고 있다. 화랑도가 선을 받드는 것은 석
가모니의 교화이며(衆善奉行 竺乾太子之化也), 화랑도의 놀이 행위는 백성

---

32) 善에 대한 주목은 金興三 선생님의(한국학중앙연구원) 교시를 받았다.
33) 인간에게서 선과 악의 관념이 오로지 유교에서 비롯된다고 볼 수 없지만, 경서의
   내용에서 비롯한 것이므로 유교의 선이라 하여 무리는 없을 것 같다.

들을 義로 나아가게 했는데, 이는 선으로부터 옮겨진 것이다(花郎之遊 國
人樂從倣效 … 在乎遷善徙義). 나아가 진흥왕은 만년에 출가를 하였는데,
이 역시 선으로서 지극한 사례가 아닐 수 없다.[34]

둘째, 진흥왕의 弘法活動과 불교의 神異를 강조하였다.

진흥왕은 궁궐을 지으려 하였다가 황룡이 나타나자 계획을 바꾸어 황
룡사를 조성하였으며, 인도의 아육왕이 보낸 황철을 가지고 장육상을 조
성하였다. 양나라에서 유학승 각덕을 통하여 사리를 보내오자 신하들을
흥륜사 앞길에 보내어 맞이하였으며, 뒤에 진나라에서 역시 유학승 명관
을 통하여 불교의 경론을 보내왔다.[35] 이외에도 진흥왕은 기원사·실제
사를 창건하고, 전사한 군인들을 위하여 팔관재를 지냈다. 진흥왕의 승하
에 앞서 장육상에서 눈물이 나온 신이는 국왕과 장육상을 일체화시킨 것
이다. 진흥왕의 홍법활동은 왕의 출가로 인하여 그 절정을 이룬다.

셋째, 백성들로부터 믿음을 듬뿍 받고 있는 군주로서의 진흥왕을 강조
하였다.

이를 위해 각훈은 여러 경전에 실린 고사를 인용 설명하였다. 『서경』에
서 탕임금은 덕과 공이 많은 사람에게는 벼슬을 내리고, 사람을 쓸 때에
는 자신과 같이 대우하고, 허물을 고치는 것에 주저하지 않았다. 이처럼

---

34) 眞定法師가 출가와 효도 사이에서 고민하였는데, 여기에서 출가가 바로 선임을 알
    수 있다.(李基白, 1983, 「新羅佛敎에서의 孝觀念」, 『東亞研究』 2 ; 1986, 『新羅思想史
    研究』, 일조각)

35) 각훈은 각덕이 처음으로 사리를 전하고 불도를 펼치어 게으른 사람들까지 불도에
    귀의케 한 사실과, 명관이 경론을 수입하여 경전이 제대로 갖추어진 사실을 설명하
    여 진흥왕대에 불교가 크게 홍포된 의미를 강조하였다.("此亦舍利之始也 昔僧會適吳
    求伸七日 方値神驗 師當人主已信之際 隨上國重使 來儀本國 了無艱导 又以法水 普潤海
    表 使懶夫立 表皆懷欲往之志 其功利復 何勝道哉 後二十六年 陳遣使劉思及入學僧明觀
    送釋氏經論 無慮二千七百餘卷 初則新羅法化初張 經像多闕 至是班班將大備焉";『海東
    高僧傳』 권 2, 覺德明觀傳)

관대하고 어지셔서 만백성들이 밝게 믿게 되었다(克寬克仁 彰信兆民).『논어』에서 千乘의 나라를 다스리는 제후는 모든 일을 공경히 행하여 백성들이 믿을 수 있도록 해야 했다(敬事而信). 또 씀씀이를 절도 있게 하여 백성을 사랑해야 하며, 백성을 부리기를 때를 맞추어 했다.『주역』에서는 내 몸을 귀하게 여기거나 사랑하며 천하를 다스리는 사람이라면, 가히 천하를 맡길 수 있음을 말하였다(若驚).『서경』에서 무왕은 선을 행하는 한편으로, 악을 제거하는 것에도 힘을 쏟았다(除惡務本). 또한 그는 폭군 걸을 치면서 이기면 공로가 문왕의 덕이요, 지는 것은 자신에게 허물이 있기 때문이라 하였다. 이로서 각훈은 진흥왕을 백성들의 신뢰를 얻은 훌륭한 군주로서의 모습을 강조하였다.

넷째, 진흥왕이 원화를 폐지하고 설치한 화랑제도가 신라사에서 지니는 역사적 의의를 강조하였다.

처음 설치된 원화제도는 여성들의 투기로 실패하자, 다시 남자들을 선발 화랑과 낭도로 구성된 조직체를 만들고 운영하여 성공하였다. 정치적으로는 어진 재상과 충성된 신하들이 여기서 나오고, 좋은 장수와 용맹스런 군사들이 이로 인하여 배출되었다. 사상적 배경으로 유교의 효도와 충성, 도교의 무위의 사태에 몸을 처하고 무언행, 불교의 선행 등 삼교포함 사상으로서의 소화와 그 의미가 강조되었다. 이것이 결국 나라의 발전을 가져왔다.

다섯째, 법운전은『삼국사기』진흥왕본기에 실린 내용을 중심으로 찬술하면서 다른 승려들의 활동과 관련된 사실은 해당 승려들의 전기에 수록하였다.

황룡사 장육상의 상세한 조성연기는 자장전에 수록하였다. 그리고 원광법사가 화랑 귀산에게 준 세속오계는 원광전에 수록하였으며, 안함이 수나라로부터 돌아 온 사실은 안함전에 수록하였음을 밝혔다. 각덕이 전한 사리와 불도 홍포의 의미, 그리고 명관의 경론 수입으로 경전이 빠진 것을 비로소 갖추게 된 의미는 각덕명관전에 수록하여 놓았다. 이로서 법운전의 서술을 간략히 하였다. 다만 장육상의 조성은 자장과 관계가 별로 없으며, 조성의 주체는 진흥왕이므로 법운전에 수록되는 편이 타당하다고 할 수 있다. 이 점은 같이 편년체로 된 법공전이 여러 전기에 실린 내용을 망라하여 체계적으로 서술한 모습과는 다르다.

찬술자인 각훈에 대해서는 자세한 이력은 알 수 없다. 그가 우세승통이었다는 점과 학문과 문장에 조예가 깊어 문인들과 많은 교류가 있었음이 확인되고 있을 뿐이다. 그가 법운전을 찬술하면서 유교 경전을 인용한 것은 유학에 학문적 깊이가 있었기 때문이다.[36] 그리고 그가 살고 있던 당시는 武人政權시기였다. 군주를 무시하고 무력으로 권력을 장악한 무인들이 득세를 하는 모습은 결코 불교계로서도 받아들이기 어려운 것이었다. 따라서 법운전의 찬술에서 군신간의 관계를 어떤 의도로 서술해 놓았을까 궁금하지 않을 수 없다. 또한 진흥왕이 출가한 사실은 고승전에 입전하는 계기도 되었지만, 국왕의 弘法活動이 지니는 가치를 말하고자 한 것이다. 이제 이를 차례로 살피어 정리해본다.

첫째, 백성들의 신뢰를 얻을 수 있는 방편으로서 군주의 불사활동을 강조하고자 하였다. 각훈은 진흥왕의 인품을 설명하면서 여러 경서에 있는 고사를 인용하였다. 그것들은 백성들로부터 신뢰를 얻어야 하는 덕목들로, 군주가 솔선수범하여 의로운 활동을 펼쳐야 하는 것이었다. 그런데 법운전에 서술된 진흥왕의 활동은 사실 모두가 佛事活動이었다. 황룡사의 창건과 장육상의 조성, 기원·실제사의 창건, 사리와 경전의 도입, 팔관

---

36) 김상현, 1984, 앞의 논문, 76~180쪽.
　　김형우, 1984, 앞의 논문, 104~107쪽.
　　장휘옥, 1991, 앞의 책, 45~48쪽.

재 행사 등이 그러한 예이다. 또한 진흥왕의 말년이지만 출가하는 모습도 군주로서의 독실한 신앙으로서의 모범이 아닐 수 없다. 이 같은 불사활동을 통하여 진흥왕이 백성들로부터 신뢰를 얻었으므로, 각훈 또한 마찬가지로 그것을 나타내고자 하였다고 판단된다.

둘째, 이처럼 군주가 백성들의 신뢰를 얻은 까닭으로 나라가 발전하였음을 역설하였다.

漢나라 哀帝는 美麗한 용모를 지닌 동현에 이끌려 지나치게 총애하여 나라를 기울게 하였다. 신라의 화랑제도 역시 미려한 용모를 지닌 남자를 뽑았지만, 男色이 아니었으며 또 나라를 망하게 한 것이 아니었다. 도리어 신라를 발전케 하는 계기가 되었다. 당시 왕이 풍속을 고치고자 하면 물이 아래로 흐르듯 백성들에게 이어졌다. 백성들이 국왕을 신뢰하여 따른 것은 위에서 살핀 바와 같이 불사활동을 통한 교화 때문이었다. 신라의 화랑은 불교의 가르침을 바탕으로 만들어졌고, 하여 백성들은 즐거이 쫓아 본받아 행하였다. 따라서 같은 미려한 모습이 애제 때의 경우처럼 망국에 이르는 것이 아니었다. 불교의 가르침을 바탕으로 하였기 때문이다.

각훈은 바로 이 점을 곧 불교를 바탕으로 한 교화가 갖추어질 때 나라가 발전하게 됨을 역설하려 하였던 것이다. 또한 이것은 국가불교의 모습을 강조한 것이라 하겠다.[37]

셋째, 삼교포함의 조화사상을 받아들이면서도 불교 교화의 우수성을 역설하였다.

각훈은 진흥왕 35년에 설치한 화랑제도에 대한 평가에서 최치원이 유불도 3교를 망라하여 찬양한 것을 받아들였다. 하지만 각훈은 찬을 통하여 화랑의 활동이 불교 숭상으로부터 시작된 것이고 이를 나라 사람들이

---

37) 장휘옥, 1991, 위의 책, 39~40쪽.

본받았음을 강조하였다. 결국 이는 그 흐름의 요점에는 善으로 옮겨지고 義로 옮겨져서 大道로 나갔다고 함에서 잘 드러난다. 따라서 3교 가운데 불교가 중심이 되어야 바람직한 결과를 얻게 됨을 부연하였다.

　이상과 같은 모든 점은 군주가 중심이 되어 불사활동을 일으켜 모범을 보이게 되면, 백성들에 대한 교화가 이루어지고 마침내는 나라의 발전이 잘 일어날 수 있음을 나타내려 했다고 할 것이다. 불교에서의 불사활동은 善이다. 진흥왕은 불사활동을 통하여 善을 행하였고, 이로 말미암아 백성들은 왕을 신뢰하고 따랐으며, 그 결과 풍속이 물흐르듯 고쳐져 敎化가 잘 이루어졌다. 물론 이것은 그가 생각한 국가불교로서 또 이상적인 불교국가로서의 모범적인 모습의 하나였을 것이다.[38] 이로서 볼 때 법운전에서 각훈이 佛敎의 善을 통한 敎化를 儒敎의 仁을 통한 敎化와 同一視하였다고 여겨진다. 또한 이는 儒佛이 다르지 않음을 천명하고자 한 것이라 하겠다.[39]

---

38) 이 같은 의도는 법공전과 비교해 볼 때, 불교의 위대함을 강조한 점과 이상적인 불교국가의 모습을 알리고자 한 사실과 유교 경전 속의 고사를 인용 유교와 불교의 지향하는 바가 같음을 나타내려 한 것에서는 대체로 같다.(곽승훈, 2008, 「『해동고승전』 법공전의 찬술」, 『韓國史學史學報』 17, 한국사학사학회, 29~32쪽) 다른 점은 법공전이 주로 군신관계의 조화를 부각시켰다면, 법운전에서는 진흥왕대의 불사활동과 화랑제도의 창시를 통하여 백성들을 교화하여 그들로부터 신뢰를 얻었음을 강조하여 성격이 다소 다름을 나타내었다. 하지만 이는 법흥왕대에는 불교의 수용 여부가, 진흥왕대에는 불교를 홍포하는 것이어서 그 분위기가 달라서였을 것이다.

39) 유교 경전을 인용한 것에 대해 김형우는 각훈이 자신의 識見과 筆力을 자랑하려 한 것이라기보다는 당시 유학이 성행한 까닭이며, 이전 역사가들의 論贊이 대부분 褒貶을 목적으로 한 유교윤리적 평가와 중국 중심의 禮論으로 始終된 때문이라고 하였다. 또한 이것은 각훈의 의식이 유교적 교훈에 깊이 젖어 있었음을 뜻하기도 하거니와, 이 경향은 고려 중기에 있어서의 유교정치이념, 나아가서는 문신귀족의 지배체제와 共生共榮의 관계에서 나타난 것이라고 하였다.(김형우, 1984, 앞의 논문, 109~111쪽)

IV. 맺음말

각훈은 법운전을 찬술하면서 『삼국사기』 진흥왕본기에 실린 기사를 중심으로 찬술하는 한편으로 『서경』이나 『논어』·『한서』 등에 이르기까지 여러 문헌에 실린 고사들을 참고하였다.

이를 바탕으로 각훈은 법운전을 법운의 가계와 인품 진흥왕의 불교 弘布와 국사 편찬, 화랑제도의 창시와 후인들의 평가, 법운의 출가와 입적, 각훈의 찬 등 다섯 가지 주제로 나누어 살폈다.

먼저 진흥왕의 인품은 관대하고 인자하여 정사를 공경히 하여 백성들로부터 믿음을 얻은 군주로서, 또 선을 행하고 악을 제거한 것에 힘을 쓴 군주로서 설명하였다.

다음 진흥왕의 弘法活動과 불교의 神異를 설명하였다. 황룡사와 장육상의 조성, 유학승 각덕과 명관이 사리와 경론을 들여오고, 기원사·실제사의 창건, 전사한 군인들을 위한 팔관재 행사를 베풀었다. 황룡사 장육상에서 눈물이 나온 다음 해 국왕이 승하했는데, 이 신이는 국왕과 장육상을 일체화시킨 것이다. 또한 진흥왕은 국사를 편찬하여 군신의 善惡을 밝혔다.

원화를 두었다가 不和에 이르자 폐지하고 화랑제도를 두어 성공한 사실을 담았다. 이에 대해 김대문은 훌륭한 인재가 양성되었음을, 최치원은 그것의 사상적 배경으로 유도불의 삼교포함사상을 지적하였다. 나아가 각훈은 화랑제도가 신라사에서 갖는 의의를 높이 평가했다. 진흥왕이 풍속을 고치고자 하였는데, 그것은 불교의 가르침을 받아들이는 것이었다. 바로 그러한 계기를 이룬 것은 화랑제도로 말미암아서였고, 그로부터 백성들이 따라 쫓게 되어 물흐르듯 교화가 잘 이루어졌음을 설명하였다.

법운전의 주인공은 진흥왕인데, 그가 승전에 실린 것은 『삼국사기』에 출가한 사실이 기록된 때문이다. 그의 출가는 국왕출가라는 사실 하나 만으로서도 흥미롭고 의미있는 찬술대상이었을 것이다. 이에 나타난 찬술 경향은 대략 다음과 같다.

먼저 善을 두드러지게 강조하면서, 유교의 선을 불교의 선으로 옮겨놓았다. 예컨대 화랑도가 善을 받드는 것은 석가모니의 교화이며, 화랑도의 놀이 행위는 백성들을 義로 나아가게 했는데, 이는 선으로부터 옮겨진 것이다. 다음 진흥왕의 弘法活動과 불교의 神異를 강조하였다. 황룡사와 장육상의 조성, 중국으로부터 사리와 경론의 수입 등이 그렇다. 진흥왕의 승하에 앞서 장육상에서 눈물이 나온 신이가 있었으며, 왕의 출가로 인하여 홍법활동의 절정을 이룬다.

그 결과 백성들로부터 믿음을 듬뿍 받고 있는 군주로서의 진흥왕을 강조하였다. 『서경』에서 탕임금이 모범을 보여 만백성들이 밝게 믿게 된 사례, 『논어』에서 제후는 모든 일을 공경히 행하여 백성들이 믿을 수 있도록 한 사례 등에서 알 수 있다. 또한 화랑제도가 신라사에서 지니는 역사적 의의를 강조하였다. 정치적으로는 어진 재상과 충성된 신하들이 여기서 나오고, 좋은 장수와 용맹스런 군사들이 이로 인하여 배출되었다. 결국 화랑제도는 나라의 발전을 가져왔다.

이로서 미루어 보건대 각훈이 법운전을 찬술하고자 한 의도는 이상적인 불교국기로서의 모습과 디불이 불교의 우월성을 니다내고자 하였던 것 같다.

법운전 속의 진흥왕은 백성들로부터 신뢰를 얻고 있었는데, 그는 황룡사의 창건과 장육상의 조성을 비롯 경전의 도입 팔관재 행사 등 불사활동이었다. 따라서 각훈은 군주의 불사활동이 백성들로부터 신뢰를 받을 수 있는 방편임을 말하려 하였음을 짐작할 수 있다.

삼교포함의 조화사상을 받아들이면서도 불교 교화의 우수성을 역설하였다. 이는 화랑의 활동이 불교 숭상으로부터 시작되고, 이를 나라 사람들이 본받았음을 강조한 사실에서 짐작할 수 있다. 이는 각훈이 그 흐름의 요점에는 善으로 옮겨지고 義로 옮겨져서 大道로 나갔다고 함에서 잘 드러난다.

군주의 불사활동을 통한 교화는 백성들의 신뢰를 얻게 되고, 그로인하여 나라가 발전하였음을 역설하였다. 漢나라 哀帝는 美麗한 용모를 지닌 동현을 지나치게 총애하여 나라를 기울게 하였다. 하지만 신라의 화랑은 불교의 가르침을 바탕으로 만들어졌고, 백성들이 즐거이 본받아 행하여 교화가 잘 이루어졌다. 그 결과 신라는 발전을 이루었다.

이상과 같은 점에서 보아 결국 법운전에서 각훈은 군주가 중심이 되어 불사활동을 일으켜 모범을 보이게 되면, 백성들에 대한 교화가 이루어지고 마침내는 나라의 발전이 잘 이루어질 것임을 나타내려 했다고 하겠다. 물론 이것은 그가 생각한 국가불교로서 또 이상적인 불교국가로서의 모범적인 모습의 하나였을 것이다. 이로서 보아 각훈은 佛敎의 善을 통한 敎化와 儒敎의 仁을 통한 敎化를 同一視하였다고 여겨진다. 또한 이는 儒佛이 다르지 않음을 천명하고자 한 것이 아닐 수 없다. 그렇지만 그의 사상적 저변에는 불교의 가르침이 우월하다는 입장이 여전히 있었다.

新羅의 官府와 官職制

金羲滿 *

—— 目　次 ——

Ⅰ. 머리말

『三國史記』 職官志에는 신라의 관부와 관직제를 이해할 수 있는 많은 사료가 성리되어 있다. 또한 新羅本紀에는 각 왕별로 그에 관한 자료가 산재되어 있는 바, 이들 자료는 지금까지 다양한 시각에서 많은 연구가 이루어져[1] 관부와 관직제에 대한 여러 문제가 해명되었다고 할 수 있다.

---

* 成和大學 敎養科 敎授

1) 李基白, 1974, 『新羅政治社會史研究』；李基東, 1980, 『新羅 骨品制社會와 花郞徒』；申瀅植, 1984, 『韓國古代史의 新研究』；李仁哲, 1993, 『新羅政治制度史研究』；井上秀雄, 1974, 『新羅史基礎研究』；倉本一宏, 1997, 『日本古代國家成立期의 政權構造』；한국고대사학회, 2007, 『한국고대사 연구의 새 동향』 등에 여러 편의 논고가 있어 참고가 된다.

사실 고대의 정치체제는 왕과 귀족이라는 양대 정치세력을 중심으로 운영되었다. 처음에는 지배세력 전체의 합의기관인 귀족회의를 중심으로 운영되다가 집권체제가 확립됨에 따라 왕권으로 표상되는 국가권력을 실현하는 場인 관부와 관직을 중심으로 운영되었다. 이에 따라 귀족회의의 권한은 점차 왕권을 실현하는 각 관부로 분산되고 귀족들은 특정 관직에 취임하여 국가권력을 구현하는 매개체가 된다. 관부와 관직 등 특정 직능을 분장하는 정치기구는 집권체제의 정비와 함께 설치된다고 하겠다.[2]

6세기 초 지증왕·법흥왕대의 개혁정책은 중앙집권화를 추진하는 과정에서 관등제의 성립과 관직 및 관부의 설치가 기본 골격을 갖추어 나가기 시작하였다. 이들 관부와 관직의 설치는 왕권 강화를 전제로 하는 관료조직을 양성하는데 일조하였으며, 그를 통해 중앙집권적 정치체제가 중고에서 그 체제가 마련되고, 이후 중대를 거치면서 그 토대가 확고하게 이루어졌던 것으로 볼 수 있다.

그런데 신라의 관부가 통일 이후 몇 가지 변화를 보이는 바, 하나는 관원의 수가 증가한다는 점이며, 다른 하나는 관직제도의 정비가 통일신라의 관직체계 전체의 완성을 뜻한다는 점이다. 물론 이러한 관부들은 6세기 이후부터 통일을 전후한 시기를 거쳐 신라가 멸망할 때까지 유지되며, 그 과정에 등장하는 많은 관부와 관직들은 연속선상에서 파악할 필요가 있다.

여기서는 신라의 관부와 관직제에 대하여 재검토를 시도해보고자 한다. 그동안 신라의 관부와 관직에 대해서는 매우 다양한 견해가[3] 제기되

---

2) 金羲滿, 2003, 「新羅의 王權과 官職制」, 『新羅文化』 22, 142쪽.

3) 李仁哲, 1993, 「新羅 中央行政官府의 組織과 運營」, 『新羅政治制度史研究』, 22~53쪽 ; 하일식, 1996, 「신라 정치체제의 운영원리」, 『역사와 현실』 20, 11~38쪽 등에 연구 성과가 반영되어 있어 참고가 된다.

어 많은 연구가 진행되었다. 그러나 그 가운데에는 이들 전체를 파악한 연구라기보다는 부분적인 검토를[4] 통해 전체를 인식하려는 경향이 없지 않았다고 생각된다. 그것은 신라 관부와 그에 상응하는 관직과 관원에 대한 구체적 파악보다는 커다란 틀 안에서 이해하였기 때문이며, 따라서 부분적으로 수정되거나 새로운 접근을 시도할 필요성이 제기된다. 이에 아직 충분히 검토되지 못한 부분을 중심으로 서술해보고자 한다.

신라의 관부는 관등과 관직을 중심으로 시작하여 점차 새로운 관부가 마련되고, 필요에 따라 관직과 관원을 포함하는 체계화작업을 통해 정비되기에 이른다. 이 글에서는 그 가운데 관부의 설치과정과 시기문제, 관부의 운영과 정비과정, 그리고 관부와 관직제와의 상관관계 등을 중심으로 살펴봄으로써, 신라 관제의 운영과 체계화과정 등의 이해에 다소나마 도움이 되었으면 한다.

II. 官府의 設置過程

『三國史記』 職官志의 구성을 보면, 上卷에서는 상대등·집사성·병부 능 신라의 주요 중앙행정관부를, 中卷에서는 신라 宮內府에 해당하는 내성 소속의 관부명을 수록하였으며, 下卷에서는 시위부를 비롯한 신라의 군사제도와 州 도독 이하 현령에 이르기까지의 지방의 각급 관원, 그리고 갈문왕 이하 20여 개의 未詳 관명을 수록하고[5] 있다.

직관지 상에는 모두 44개의 신라 중앙관부가 수록되어 있으며, 여기에

---

4) 李基白, 1974, 「稟主考」, 『新羅政治社會史研究』, 134~148쪽.
5) 李基東, 1980, 「新羅 官職制度의 特性」, 『三國史記 志의 新研究』, 111쪽.

는 집사부를 비롯한 4개의 部와 10개의 府, 그리고 다수의 典과 署가 포함된다. 그러나 사료가 극히 제한적일 뿐만 아니라 이들 관부의 고유한 職掌이 한정적으로 서술되어 있다. 직관지 중에는 총 115개의 궁정관부가 수록되어 있으며, 여기에는 內省 계통의 71개 관부와 御龍省 계통의 35개 관부와 東宮 계통의 9개 관부 등으로 구분할 수 있다.

이들 신라의 관부는 주지하듯이 어느 한 시기에 성립된 것은 아니었다. 즉, 법흥왕 3년(516)에 兵部가 설치된 이후 신문왕 6년(686)에 例作府가 성립될 때까지 170여 년의 시간이 소요되었다. 이는 그 자체로서 신라의 내재적인 성장과 외형적인 발전과정을 보여주는 것이다.

이로써 신라 관부는 중앙관부에 있어서 部와 府로 구별하며, 신라의 14관부 중에서 병부, 집사부, 창부, 예부 등 4部를 제외한 10개의 관청은 府로 표기한다는 것이다. 4부는 大輔나 稟主 등과 같이 전시대의 제도에서 分化 또는 연결되고 있으며, 이들은 部族的 傳統을 지닌 관부로서 府보다는 한 단계 높은 기관을[6] 뜻한다. 따라서 10府는 순수 행정기관으로서 집사부·창부·병부의 지휘를 받는 관청일 가능성이 크며, 位和府·例作府 등은 집사부의 감독을 받았다고 할 수 있으며, 船府·乘府 등은 병부의 지휘를 받았을 가능성이 크며, 領客府와 工匠府는 禮部의 지휘를, 調府는 倉部의 통제를 받았다는[7] 것이다.

신라 관부의 설치시기를 중심으로 정리해 보면 크게 네 시기로[8] 구분할 수 있을 것이다. 즉, 중고기의 초창기인 法興工·眞興王代에는 병부·

---

6) 部는 府보다 설치시기가 대체로 앞서고 또한 정치적인 비중도 높았던 관부로 보면서, 13개의 중심 관부가 병렬적으로 나열된 것을 신라 관제의 특징으로 보기도 한다 (주보돈, 1995, 「남북국시대의 지배체제와 정치」, 『한국사』 3, 306~307쪽).

7) 신형식, 1985, 「新羅의 統治構造」, 『新羅史』, 127쪽.

8) 李基白, 앞의 논문, 140쪽.

사정부 · 품주가 설치되어 왕권강화의 기본적 요소를 구비하였으며, 발전기인 眞平王代는 그 필수적인 관부인 위화부 · 조부 · 승부 · 예부 · 영객부 등이 갖추어지고, 이어 정리기인 眞德王代에는 집사부 · 창부 · 좌이방부가 두어지면서 명실상부한 관부가 이루어지게 된다. 이는 그 자체 왕권확립의 과정과 궤를 같이하고 있으며, 이를 기반으로 중대인 文武王과 神文王代를 거치면서 완성단계에 도달하였다는 것이다.

신라의 관부는 6세기 초 이후 공식적인 기록에 등장한다. 물론 이것은 신라 내부의 필요성에서 왕권의 성장과정에 따라 성립 · 분화한 것이다. 특히 智證王 이후 정복과정이 적극화되었고, 羅濟同盟으로 어느 정도 고구려의 정치적 압력을 벗어나면서 신라는 제도를 설치 · 분화하기 시작하였으며, 아울러 통치체제의 발달은 경제적 발전과 그 궤를 같이하면서 신라의 성장에 적극적이었을 것으로 보인다. 이는 그 시기의 신라에서 농업 생산력이 성장하였으며, 교역활동도 그 전시기에 비해서 활발하였음이 확인되고 있다.

여기서는 이러한 신라의 성장 · 발전과 연관하여 주목되는 관부의 설치과정을 기왕의 연구를 기초로[9] 새로이 접근해보고자 한다. 그것은 신라 주요 관부의 설치과정이 신라사 이해의 기본이 됨에도 불구하고 그 자체 부분적으로 수정과 새로운 접근이 필요하다고 판단되기 때문이다. 우선 지금까지 신라 주요 관부의 설치과정을 대변하고 있는 내용을 알기 쉽게 정리한 것을 표로 살펴보면 다음과 같다.

---

9) 註) 1의 참고문헌 외에도 三池賢一, 1971~1972, 「新羅內廷官制考」(上 · 下), 『朝鮮學報』 61 · 62에서 세밀하게 각종 관부에 대한 종합적인 서술이 있어 참고가 된다.

〈新羅 主要 官府 設置過程〉[10]

時　　　期	設 置 年 代	官　府　名
草　創　期	法興王　3年(516)	兵　　部
	眞興王　5年(544)	司　正　府
	眞興王　26年(565)	稟　　主
發　展　期	眞平王　3年(581)	位　和　府
	眞平王　6年(584)	調　　府
	眞平王　6年(584)	乘　　府
	眞平王　8年(586)	禮　　部
	眞平王　43年(621)	領　客　府
整　理　期	眞德王　5年(651)	執　事　部
	眞德王　5年(651)	倉　　部
	眞德王　5年(651)	左　理　方　府
完　成　期	文武王　3年(663)	船　　府
	文武王　7年(667)	右　理　方　府
	文武王　17年(677)	左　司　祿　館
	文武王　21年(681)	右　司　祿　館
	神文王　2年(682)	國　　學
	神文王　6年(686)	例　作　府

　　우선 兵部에 대한 논의부터 시작해보면, 직관지에는 令 1인이 법흥왕 3년에 처음으로 설치된 것으로 기재되어 있으나, 신라본기에는 법흥왕 4년 4월에 비로소 병부를 두었다고 서술하고 있다. 물론 이에 대해서는 이미 언급이 있어 논의의 여지가 없으나, 관부의 설치와 관련된 그 시작은 이렇듯 다양하게 접근할 필요성을 제기하고 있다.

　　司正府를 살펴보면 令 1인은 태종 6년에 설치하였으나, 卿 2인은 이미 진흥왕 5년에 두어졌으며 문무왕 15년에 1인을 더하였다고 기재되어 있다. 이는 병부에 대한 서술이 令 1인에 대한 것이라면, 여기 사정부는 그

---

10) 李基白, 앞의 논문, 141쪽의 표를 인용하였다.

대상이 슈이 아니라 卿에 대한 설치시기이므로 이에 대한 의미도 새로이 파악해볼 여지가 없지 않다.

稟主에 대한 설치 문제도 그 실체는 執事部에서 찾아진다. 이에 따르면 본 명칭이 품주 또는 祖主인데 진덕왕 5년에 집사부로 고치고, 중시 1인도 그 해에 두었다고 기재되어 있다. 그런데 우리가 논의하는 품주는 사실 典大等 2인이 진흥왕 26년에 두어졌다는 그 기사에 의거한 것이다. 이는 품주와 집사부의 상관관계를 보다 분명히 할 필요성이 있으며, 중시와 전대등도 실제 이원적인 모습이라고 하겠다.

位和府는 진평왕 3년에 처음으로 설치하였으며 이는 지금의 吏部와 같은 것이라고 언급하고 있다. 그런데 진평왕 3년에 설치하였다고 기재되었을 뿐, 그 아래에 나열된 금하신, 상당, 대사, 그리고 사에 해당하는 내용 중 그것이 진평왕이라고 언급되어 있는 것은 아무데도 없다. 이러한 예는 뒤에서도 찾아진다.

船府에 대한 내용을 보면 그 처음에 전에는 병부의 대감과 제감으로서 舟楫에 관한 일을 관장하게 하였다가 문무왕 18년에 따로 선부를 설치하였다는 기사가 찾아진다. 이에 대한 부분도 신라본기 진평왕 5년 정월 조에 선부서의 대감과 제감 각 1인씩을 처음으로 두었다고 기재되어 있어 사실상 선부의 실지 언내가 앞낭겨셔야 할 것이다.

調府는 진평왕 6년에 설치하였으나, 슈 2인은 진덕왕 5년에 두었으며, 卿 2인은 문무왕 15년에 1인을 더하고 大舍 2인은 진덕왕이 두었으며, 舍知 1인은 신문왕 5년에 두었고, 史는 8인이었는데 효소왕 4년에 2인을 더하였다는 내용뿐이다. 이는 앞에서도 언급했듯이 관부는 설치하였으나 실제 운영은 그 이후인 진덕왕[11]이나 진덕왕 5년으로 보는 것이 보다 합

---

11) 대개 진덕왕이라고 기록된 내용이 여럿 보이는 바, 이를 검토해 보면 그 시기가 2

리적이지 않을까 생각한다.

乘府는 슈 2인을 진평왕 6년에 두었으며 이어 보이는 卿 2인은 문무왕 15년에 1인을 더하고 있으며, 대사나 사지 그리고 사에 대한 내용 중 그 설치 연대를 정확히 기재하지 않고 있다. 다만 사는 9인이었는데 문무왕 11년에 3인을 더하였다는 것으로 보아 사 9인은 문무왕 11년 이전 어느 시기에 설치된 것으로 볼 수 있다. 그렇다면 경, 대사, 사지는 언제 설치된 것일까? 진평왕 6년 슈 2인이 설치되면서 슈과 더불어 史 도 두었을 가능성도 있으나, 경과 대사, 사지 등이 진덕왕 2년 내지 5년에 설치되었을 가능성이 높은 것으로 보아 사도 진덕왕대로 비정하고 싶다.

그것은 『三國史記』 職官志에는 일정한 서식이랄까 그 체계가 어느 정도 통일적으로 반영되어 있다고 생각하기 때문이다. 다시 말해, 관부를 서술하는 가운데 뒤의 내용 중 불완전한 형식은 그 앞에 보이는 관부의 그것과 거의 연속선상에서 서술되고 있음을 확인하기가 어렵지 않다는 것이다.

禮部가 乘府보다 앞에 기재되어 있는데 그를 보면 영 2인은 진평왕 8년으로, 경 2인은 진덕왕 2년 또는 5년으로, 대사 2인은 진덕왕 5년으로, 사지는 1인으로 기재되어 있으나, 이 또한 앞의 대사에 보이는 진덕왕 5년의 생략으로 볼 수 있을 것이다. 이는 그 다음에 보이는 사를 보면 쉽게 이해할 수 있다고 본다. 즉, 사는 8인이었는데 진덕왕 5년에 3인을 더하였다는 것으로 보아 사 8인은 진덕왕 5년 이전의 어느 시기인 진평왕 8년이나 진덕왕 2년으로 볼 수 있는 바, 필자는 진덕왕 2년으로 보고 싶은 것이다.

다음으로 內省에 대한 언급을 해야 하겠다. 실제 위의 도표에는 내성이 빠져있는데 그것은 아마도 내성의 존재를 잊은 결과가[12] 아닐까 한다. 내

년이었을 개연성이 높다.

성은 진평왕 7년에 3宮에 각각 私臣을 두었다고 했으나, 진평왕 44년에 이르러 1인으로 三宮을 겸장하게 하였으며, 그 연한도 규정하지 않았으며, 監 2인과 대사 1인, 사지 1인으로 구성되었다. 이 내성은 진평왕 7년에 3인으로 이루어졌다가 그 44년에 1인으로 통합된 것을 보면 당시 내성 사신의 존재는 다른 어떤 관부의 長보다 그 권한이나 역할에 있어서 결코 뒤지지 않는 것임을 알 수 있다.

領客府에 대해서는 우리가 관심을 가져볼 만하다. 즉, 그 내용을 보면 본명은 倭典이었는데 진평왕 13년에 영객부영 2인을 두었으며, 그 43년에 領客典으로 개칭하였으며, 뒤에 또 다른 왜전을 설치하였다고 기재되어 있다. 그런데 그 내용을 좀 더 자세히 살펴보면, 영 2인을 진덕왕 5년에 두었으며, 경 2인은 문무왕 15년에 1인을 더하였고, 대사와 사지는 그 설치 연대에 대해서는 정확히 기재되어 있지 않는 것으로 보아 앞의 진덕왕 5년에 두어졌다고 보는 것에 이론이 없을 듯싶다.

이로써 보면, 실제 領客府는 처음에 倭典으로 운영되었으며, 이후 진덕왕대에 영 2인을 둠으로써 영객부로서의 역할을 하였다고 보인다. 따라서 실제 영객부는 진덕왕 5년 이후 그 운영 실체를 확인할 수 있다고 보는 것이 보다 합리적이 아닐까 생각한다. 職官志에는 왜전에 대한 항목이 있는데 애석하게도 그 부분에 왜전 이하 14부서는 관원의 수가 闕하였다는[13] 기사가 보임으로 그 실체 규명에 어려움이 존재한다.

그리고 완성기에 보이는 船府는 앞에서 언급했듯이 진평왕 11년에 설치·운영되었으며 신문왕 2년에 설치된 國學에 대해서도 이미 그 설치 연대가 진덕왕 5년으로 비정된 바, 실제 운영은 진덕왕대에 이루어졌으며,

---

12) 물론 內省은 職官志의 구성상 上과 中으로 구분되어 있으며, 관부의 성격도 다르지만 진평왕대의 정치사회상을 살피는데 중요한 요소로 생각하여 첨가하였다.

13) 『三國史記』 권 39, 雜志 8, 職官 中.

체계화된 국학의 운영은 신문왕 2년으로 보는 것이 합당한 것으로 볼 수 있다.

이상의 논의를 좀 더 구체적으로 이해하기 쉽게 도표로 작성해보면 다음과 같다. 물론 앞에서 제시한 신라 주요 관부 설치과정의 도표와 이 도표와는 큰 차이가 없어 보일 수도 있다. 그러나 세부 사항을 올바로 전제해야만 그 정확한 근거와 당시의 정치사회 상황을 규명하는데 도움이 될 수 있을 것이다.

〈新羅 官府의 設置過程〉

時 期	設 置 年 代	官 府 名	官 職 名	
草創期	法興王 3年(516)	兵　　部	令	1人
	眞興王 5年(544)	司 正 府	卿	2人
	眞興王 26年(565)	稟　　主	典大等	2人
發展期	眞平王 3年(581)	位 和 府	設 置	
	眞平王 6年(584)	調　　府	設 置	
	眞平王 6年(584)	乘　　府	令	2人
	眞平王 7年(585)	內　　省	私臣	3人
	眞平王 8年(586)	禮　　部	令	2人
	眞平王 11年(589)	船　　府	弟監	2人
	眞平王 13年(591)	倭　　典	設 置	
整理期	眞德王 5年(651)	領 客 府	令	2人
	眞德王 5年(651)	執 事 部	中侍	1人
	眞德王 5年(651)	倉　　部	令	2人
	眞德王 5年(651)	左理方府	令	2人
	眞德王 5年(651)	國　　學	大舍2人 博士助敎	
完成期	文武王 3年(663)	船　　府	卿	2人
	文武王 7年(667)	右理方府	令	2人
	文武王 17年(677)	左司祿館	監	1人
	文武王 21年(681)	右司祿館	監	1人
	神文王 2年(682)	國　　學	卿	1人
	神文王 5年(686)	例 作 府	卿	2人

Ⅲ. 官府의 整備過程

신라 관부의 정비과정은 『三國史記』 職官志 (上)에 기록된 관부 가운데 그 명칭이 部 혹은 府로 기재되어 있는 관부를 중심으로 살펴볼 것이다. 그것은 이미 이에 대한 연구가 진행된 연유도 있겠지만, 실제 이 관부에서 그 정비과정의 면모를 확인할 수 있기 때문이기도 하다.[14]

사실 법흥왕과 진덕여왕대 사이에 이미 집사부와 병부, 조부, 예부, 창부 등의 중앙관부를 설치하였고, 신문왕대에는 공장부와 예작부를 설치하여 중앙관부를 체계적으로 완비하였음은 다 아는 사실이다. 그러나 그 과정 중에 수정, 보완해야할 문제점도 찾아지기 때문에 이를 좀 더 세부적으로 검토해보려는 것이다.

執事部는 앞에서도 언급했듯이 본명이 稟主로, 典大等이 진흥왕 26년(565)에 설치되었으며, 진평왕 6년(584)에 調府가 설치되면서 품주가 관장하던 貢賦를 담당하게 되었으며, 진덕왕 5년(651)에 이르러 집사부와 倉部로 분리되었다. 이러한 집사부는 진덕왕 5년에 중시-전대등-대사-사의 4등관제로 정비되었고 신문왕 5년(685)에 사지가 설치됨으로써 5등관제로 정비되었다.

이후 이러한 기본 틀은 신라 관부의 관제 정비과정의 모델로서 작용하였으며, 대개 그 전체적인 이해에 적지않은 도움이 되고 있다. 그러나 그 자체 품주에서 조부, 그리고 집사부로 변모를 하면서 진덕왕과 신문왕대

---

14) 倉本一宏, 1997, 『日本古代國家成立期의 政權構造』, 269~270쪽에서 각 관부의 설치 시기에 따라 나타나는 양상을 정리한 바, 관부, 장관, 차관이 거의 동시에 설치된 경우, 관부와 장관 등이 차관에 먼저 설치된 경우 등 6가지 유형을 정리하고 있어 참조가 된다.

의 설치와 정비과정을 도외시할 수 없는 한계도 내포하고 있음을 부인할
수 없는 것이다. 다시 말해, 집사부에 보이는 4등관제는 진덕왕 5년에 당
시 최고의 관부였기 때문에 그러한 관직체계가 기준이 될 수 있었다는 것
이지, 다른 관부와 비교해보면 결코 그 자체 정형이었다고 하기에는 문제
가 있다는 것이다.

兵部의 정비과정은 그 자체 시원적인 모습을 담고 있다. 병부는 職官志
에 법흥왕 3년(516)에 영 1인을 두었다고 하나, 『三國史記』新羅本紀에는
법흥왕 4년(517)에 설치한 것으로 기재되어 있다. 이를 3년에 병부령을
두어 병부의 설치를 위한 준비 작업을 하고 그 결과로서 이듬해에 병부가
설치되었다고 이해하기도[15] 한다.

병부의 弟監은 진평왕 11년(589)에, 大監은 진평왕 45년(623)에 설치되
었으며, 병부의 부속관서로 되어 있는 船府署의 대감과 제감은 진평왕 5
년(583)으로 기재되어 있어 그 연대에 의문이 없지 않다. 이러한 병부는
영-대감-제감-사의 4등관제로 정비되었으며, 문무왕 11년(671)에 弩幢
과 동 12년에 弩舍知가 설치됨으로써 6등관제의 형태를 띠게 된다. 노당
의 관등이 사와 같게 되어 있는 사실을 감안하면 병부도 5등관제로 정비
되고 있다는[16] 견해도 참고할 수 있으나, 그 설치시기로 보아 6등관제로
정비되었다고 보는 편이 합리적일 듯싶다..

그런데 여기에 보이는 弩舍知는 앞에서 살펴본 신문왕 5년에 설치된 사
지와 같은 관직임을 확인할 수 있다. 단지 사지라 하지 않고 노사지라 하
고 있음이 다를 뿐이다. 이는 지금까지 5등관제의 기본 틀을 신문왕 5년
을 기점으로 이해하는 전제에 의문을 제기할 수 있는 하나의 근거로 제기

---

15) 李仁哲, 1993, 앞의 논문, 30쪽.
16) 李仁哲, 1993, 위의 논문, 31쪽.

해볼 수 있을 것이다.

倉部는 진덕왕 5년(651)에 집사부와 함께 품주에서 분치된 것으로, 그 기본 틀도 영-경-대사-사의 구조로 되어 있으며, 효소왕 8년(699)에 租舍知가 두어짐으로써 5등관제의 정비가 획일화된 것이 아님을 알 수 있는 사료가 된다. 조사지도 위에서 본 노사지와 함께 사지의 일원으로 볼 수 있으며, 아마도 사지의 원형이 아닌가 한다. 그것은 직관지를 후대에 일괄하여 사지로 기록하는 가운데 그 두 가지가 관제의 편린이 남아 전하는 자료로서 이해하는 것이 가능할 것이다.

禮部는 사실 신라 관부 가운데 가장 흥미로운 부분[17] 중 하나이다. 그것은 그 내용 가운데 새로운 이해가 가능하다고 보이는 항목이 여럿 보이기 때문이다. 그 기사를 보면 令 2인은 진평왕 8년(586)에 설치되었다고 기재되어 있으며, 卿 2인은 진덕왕 2년(648) 또는 5년에 두었다고 되어 있으며, 大舍 2인은 진덕왕 5년에 설치한 것으로 기록되고 있다. 그런데 舍知 1인과 史 8인의 설치에 대한 기록은 어디에도 없다.

다시 말해, 사지 1인은 경덕왕 때 司禮로 고치고 뒤에 다시 사지로 불렀으며, 사 8인은 진덕왕 5년에 3인을 더하였다는 기사가 보일 뿐이다. 지금까지 사지에 대한 연구는 품주에 대한 논의를 하면서 집사부가 설치되는 진덕왕 5년에 중시가 설치되고 신문왕 5년에 사지가 신설되었다는 기본 논지를 근거로, 이후 사지는 뚜렷한 기사가 보이지 않을 때는 으레 신문왕 5년으로 획일화한 것이[18] 사실이다.

또한 사 8인에 대한 설치시기도 그 근거가 제시되지 않은 관계로 이를 획정할 수 있는 방안도 마련되어 있지 않다. 그러나 『三國史記』 新羅本紀

---

17) 金義滿, 2003, 앞의 논문, 152~154쪽.
18) 李仁哲, 앞의 논문, 30~41쪽.

나 職官志의 기록은 나름대로 일관된 편집방침에 따라 만들어진 관계로 그 내용을 분석해보면 대체적인 선후관계를 알 수 있다. 사 8인도 그 시기를 거슬러 진평왕 8년으로 볼 수도 있으나, 진덕왕 5년에 3인을 더하였다는 기사로 보아 진덕왕 2년으로 보는 것이 합리적일 것이다.[19]

調府는 新羅本紀에는 진평왕 6년 3월 조부령 1인을 두어 貢賦를 맡게 했다고 기록되어 있으나, 職官志에는 진평왕 6년(584)에 설치되었다고 전할 뿐, 영 2인은 진덕왕 5년으로 기재되어 있다. 이를 진평왕 6년에 영 1인이 두어지고, 진덕왕 5년에 한 명이 더 추가된 사실을 職官志에서는 착오를 일으켜 진덕왕 5년에 조부령 2인이 모두 설치되었다고 기록하지 않았나 한다고[20] 추정하기도 하였다.

그러나 이러한 사실은 調府에서만 있는 것이 아님을 유념해야 한다. 즉, 位和府를 보면 진평왕 3년에 설치되었다고 기재되어 있을 뿐 실제 그 운용을 담당하던 금하신, 상당, 대사, 사에 대한 기사 가운데 이와 연관 지을 수 있는 내용은 어디에도 찾아볼 수 없다. 따라서 조부와 위화부에 대한 설치 기사는 그 자체 관부를 설치하기는 하였으나, 그에 상응하는 관원은 당시 사회상황과 연계하여 조정되었다고 이해하는 것이 바람직하다고 본다.

乘府는 영 2인이 진평왕 6년에 두어졌으며, 경 2인이 문무왕 15년에 1인을 더하고, 대사 2인은 경덕왕이 主簿로 고쳤다가 뒤에 다시 대사로, 사지 1인은 경덕왕이 司牧으로 고쳤다가 뒤에 다시 사지로, 사는 9인이었는데 문무왕 11년에 3인을 더하였다는 기록이 보인다. 그런데 승부는 職

---

19) 史의 始置年代는 어디에도 분명히 적힌 데가 없으므로 알 수 없으나, 진덕왕 5년(651)과 진평왕 11년(589) 그리고 진흥왕 26년(565) 등 그 설치시기에 대한 논의(李基白, 1974, 「新羅 執事部의 成立」, 『新羅政治社會史研究』, 154쪽)는 다양하다.
20) 李仁哲, 앞의 논문, 33쪽.

官志에서 禮部 다음에 기록이 되어 있는 관부로 그 내용도 職官志의 편제상 일정한 영향을 받았다고 보는 것이 순리적이다.

다시 말해, 승부는 영 2인이 진평왕 6년에 두어졌으며, 경 이하의 관직 또한 그 당시에 설치되었다고 인식할 수도 있다. 그러나 경 2인을 보면 문무왕 15년에 1인을 더하는 것으로 보아 진평왕대로 보는 것보다 그 이전 어느 시기를 선정하는 것이 좋아 보인다. 즉, 禮部의 경을 보면 진덕왕 2년 또는 5년, 대사가 진덕왕 5년, 그리고 사가 진덕왕 5년에 3인을 더하는 것으로 보아 乘府의 경 이하의 관직은 진덕왕대에 설치되었다고 볼 수 있다.

司正府는 영 1인이 태종무열왕 6년에 설치되었으나, 경 2인은 진흥왕 5년에 설치되었으며, 1인은 문무왕 15년에 더해지고 있다. 그런데 佐 2인과 대사 2인 그리고 사 10인의 설치시기는 언제쯤이었을까 궁금해진다. 여기서 먼저 사 10인의 설치 뒤에 5인이 문무왕 11년에 더해지는 것으로 보아 10인은 진흥왕 5년으로 보는 것이 옳지 않을까 한다. 그리고 佐와 대사는 그 설치연대가 전하지 않지만, 태종무열왕 6년으로 보는 것이 순리적일 것이다.

例作府는 영 1인이 신문왕 6년에 설치되고 있는데, 경 2인은 신문왕이 설치하였다고만 기재되어 있어 그 정확한 연대를 확인할 수 없다. 이를 신문왕 6년으로 통일하여 이해할 수도 있으나, 職官志에 보면 정확한 연대를 기재하거나 아니면 무슨 왕으로만 기재한 경우를 볼 수 있는데 이는 저간의 사정을 반영하고 있음에 틀림없다고 본다. 다시 말해, 신문왕 6년과 그냥 신문왕이라고 기록한 것에는 일정한 차이가 있다고 보는 것이다. 그렇다면 신문왕이라고 기재한 그 시기는 언제쯤일까. 크게 신문왕 2년과 5년으로 볼 수 있는 바, 5년으로 보는 것이 타당할 듯싶다. 그것은 例作府가 신문왕 5년에 경 이하의 관직이 먼저 두어졌으며, 1년 후에 장관인 영이 설치되면서 조직화된 것으로 볼 수 있기 때문이다.

領客府는 본래 倭典이었는데, 진평왕 43년(621)에 領客典으로 개칭하였으며, 영 2인은 진덕왕 5년에 두었다고 기록되어 있다. 그런데 新羅本紀에는 진평왕 13년 2월 영객부령 2인을 두었다고 기재되어 있다. 이를 보면 진평왕 13년, 43년, 진덕왕 5년 등으로 혼란스럽다. 아마도 진평왕 13년 때는 倭典으로 운영되다가 그 43년에 領客典으로 개칭하였으며, 비로소 진덕왕 5년에 영 2인을 두었다고 보는 것이 어떨까 싶다. 경 2인은 문무왕 15년에 1인을 더하고 있는 것으로 볼 때 그 이전 시기인 진덕왕 5년에 설치된 것으로 보이며, 대사, 사지, 사 등도 진덕왕 5년에 두어진 것이 아닌가 한다.

이상을 종합해보면 몇 가지 큰 흐름이 찾아진다. 우선 『三國史記』 職官志를 살펴보면 신라 관직체계의 정비과정에 대하여 어느 정도 상세히 알수 있다. 이 職官志 기사는 신라 中代 後半의 사정을 담지하고 있는 것으로 보이는데, 이 가운데 중요한 관부나 관직의 설치 연대와 조직 및 그 기능을 파악할 수 있는 자료라고 하겠다.

관부와 관직 등 특정 직능을 분장하는 정치기구는 집권체제의 정비와 함께 설치된다. 그 이전에도 관부와 관직이 명확한 개념을 가지지 못한 채 존재하기도 했으며, 관직은 관등적 성격이 강한 상태로 혼재되어 있었으며, 관부는 그 기능이 未分化된 성격을 지니기도 하였다. 그러나 점차 신라의 행정관서는 상위 관직이 먼저 설치된 다음, 官府가 정식으로 설치되고 또 하위 관직을 차츰 충원하면서 독립적인 행정체계를 갖추었는데, 관직체계는 中古期에 4단계로 분화되었다가 中代에 이르러서는 5단계로 완성되었다고[21] 한다.

---

21) 李基白, 앞의 책, 154쪽
　　李基東, 1984, 앞의 책, 122~124쪽.

이러한 과정을 이해하기 위하여 5단계의 관직체계에 보이는 관직의 설치와 연관된 기사를, 그 연대가 이른 것부터 우선하여 살펴볼 필요가 있을 것이다.

먼저 長官에 해당하는 令의 관련기사를 보면 법흥왕 3년에 설치되고 있으며, 次官級에 해당하는 卿은 司正府에 설치되고 있는데 그 시점이 진흥왕 5년이다. 즉, 令이 법흥왕 3년(516)에 설치되고 나서 진흥왕 5년(544)에는 다시 卿이 등장하는 것으로 보아 신라의 관직체계가 상위 관직에서 하위 관직으로 增置되고 있음을 알 수 있다.

令의 관직에는 다양한 형태의 관등이 규정되어 있어 한편으로는 혼란스러운 듯이 보이지만, 그만큼 신라 官府에서 또는 관직체계상으로 보아도 중요성이 있었음을 방증해 주는 것이 아닌가 한다. 다음의 卿이나 大舍는 令에 비해 간략한 형태의 규정이 보이는데, 이 또한 업무나 책임의 중요성과도 연관이 있어 보인다. 그리고 舍知와 史는 단지 舍知~大舍, 先沮知~大舍라고 하여 그 하한선은 다르게 되어 있지만, 상한선은 같은 大舍 관등으로 규정하고 있음을 볼 수 있다. 따라서 신라 官府의 설치와 관직체계와의 관계, 그리고 관등 규정은 상위 관직에 우선하여 적용되었음을 알 수 있다.[22]

그리고 大舍는 진덕왕 5년에 두어지며, 舍知는 신문왕 5년에 설치되며, 말단기구인 史는 진덕왕 5년에 3인을 더한 것으로 보아 그 이전 어느 시기에 설치된 것을 알 수 있다. 이로써 볼 때 大舍는 진덕왕 5년에, 史는 진덕왕 5년 이전에 설치되지만, 舍知는 신문왕 5년에 설치되어 그 시기가 가장 늦게 되어 있다.

이러한 사실에 의문을 제기할 수 있는 다음의 기사는 주목된다.

---

22) 金羲滿, 2002, 「新羅 官職制의 成立과 運營」, 『東國史學』 37.

禮部 令二人 眞平王八年置 位與兵部令同 卿二人 眞德王二年(一云 五年)置 文
武王十五年加一人 位與調府卿同 大舍二人 眞德王五年置 景德王改爲主簿 後
復稱大舍 位與調府大舍同 舍知一人 景德王改爲司禮 後復稱舍知 位與調府舍
知同 史八人 眞德王五年加三人 位與調府史同[23]

이 기사를 보면 예부의 令이 진평왕 8년에 설치되고, 卿은 진덕왕 2년
(또는 5년)에 두어지며, 大舍는 진덕왕 5년이라고 기재하여 각기 그 연대
가 다른 것을 기록하고 있다. 그런데 그 다음에 보이는 舍知는 경덕왕대
에 사례로 고치고 후에 다시 사지가 되었다는 것인데, 여기에는 그 설치
연대가 누락 내지는 생략되어 있다고 할 수 있다. 이를 검토해 보면 누락
이라고 하기보다는 아마 생략으로 볼 수 있는 바, 그것은 위의 대사와 그
내용이 같기 때문에 이처럼 기재한 것이 아닌가 한다.

『三國史記』職官志에 보이는 관직체계를 살펴보면 크게 세 종류로 분류
할 수 있는데, 일반 행정관부의 경우 令-卿-大舍-舍知-史로 이어지는 관
직체계가 운영되었다. 그리고 寺院成典은 衿荷臣-上堂-赤位-靑位-史로
이어지는 관직체계를 가지고 있었다. 武官의 경우 將軍-大監-弟監-少
監-(卒)로 이어지는 관직이 설치·운용되었다.[24] 이들 관직체계의 서술
양상을 보면 논리 정연한 모습을 쉽게 살필 수 있다. 즉, 앞의 내용과 동
일한 기사는 생략하거나 같다는 의미의 '同' 자를 표시함으로써 한 시기
에 일정한 체계에 의해 서술되었음을 볼 수 있다.

그동안 관직체계가 4단계에서 5단계로의 분화가 가능하였던 것은 舍知
의 설치로 말미암은 것이었다. 다시 말해, 신문왕 5년(685)에 비로소 보

---

23)『三國史記』권 38, 雜志 職官 上.
24) 李鍾旭, 1999,「骨品制의 運用」,『新羅骨品制研究』, 402쪽.

이는 『三國史記』의 '舍知二人 神文王五年置'의 舍知를 중심으로 5단계의 관직체계가 완성된 것으로 본 바, 신문왕 5년에 舍知가 설치된 것은 執事部와 調府에서였으며, 兵部에는 弩舍知가 문무왕 12년(672)에, 倉部에서는 租舍知가 孝昭王 8년(699)에 설치되었다는 것이다. 이러한 舍知가 神文王 때에 설치됨으로써 관부의 관직체계가 정비되기에 이르렀다는 것인데, 이는 문제가 있음을 이미 지적한 바가 있다.[25]

따라서 唐制의 의식적인 도입이라 보이는 舍知는 眞德王 5년에 제일급 관부의 조직을 종전의 4단계 조직에서 5단계 조직으로 확충하였다고 할 수 있다. 즉, 眞德王代 초기까지만 해도 제일급 관부의 관원조직은 슈-卿(兵部만은 大監)-大舍-史의 4단계였는데, 大舍와 史의 중간에 舍知職을 신설하여 결국 슈-卿-大舍-舍知-史의 5단계 조직으로 완성하였던 것이다. 이 5단계조직은 실로 唐의 6典조직에 있어 尙書-侍郎-郎中-員外郎-主事의 그것에 상응하는 것으로 볼 수 있다.

그렇다면 사지는 왜 만들었을까 궁금하지 않을 수 없다. 이에 대해서는 '5등관제를 채택한 목적은 3등관 大舍와 4등관 舍知의 직무가 그렇게 명확하게 분장되어 있지 않은 것으로 미루어 짐작하면, 물론 업무의 증가로 말미암은 관료조직의 확대에 기인한 면도 있겠지만, 실제로는 전쟁을 통해 늘어난 관료예비군을 보충하기 위한 목적이 있었을 것으로 보인다. 통일 이후 5등관인 史가 많이 늘어난 것도 그와 맥락을 같이 한다.'[26]라고 하여 신문왕 5년에 사지가 두어진 상태에서 그 의미를 해석하고 있다.

그러나 4등관인 사지가 그 이전인 진덕왕 5년에 일부 설치되었다는 점은 그 설치가 가지는 또 다른 의미가 있었다고 할 수 있다. 즉, 왕권의 강

---

25) 金羲滿, 2003, 앞의 논문, 153쪽.
26) 주보돈, 1995, 「남북국시대의 지배체제와 정치」, 『한국사』 3, 305쪽.

화를 위한 새로운 관직체계를 확립하려는 의지와 업무의 분장을 통한 관료조직의 확대가 본래의 의미였다고 할 수 있다. 이후 신문왕 5년에 완성된 관직체계를 마련함으로써 이제는 명실상부한 왕권의 강화가 확립되었던 것으로 볼 수 있지 않나 한다.

그 후 경덕왕 18년(759)의 漢化政策이나 혜공왕 12년(776)의 復古政策 등 일련의 정치적 개혁이 추진되었으나, 통치체제의 기본 골격은 신문왕 대에서 크게 벗어나지 않았음을 확인할 수 있다.

지금까지 설명한 내용을 이해하기 쉽게 도표로 정리하면 다음과 같다.

〈新羅 官府의 整備過程〉

官 府 名	官 職 名	設 置 年 代	
執 事 部	中侍	眞德王	5年
	典大等	眞興王	26年
	大舍	眞平王	11年
	舍知	神文王	5年
	史	眞平王	11年(?)
兵 部	令	法興王	3年
	大監	眞平王	45年
	弟監	眞平王	11年
	弩舍知	文武王	12年
	弩幢	文武王	11年
	史	眞平王	11年(?)
禮 部	令	眞平王	8年
	卿	眞德王	2年(5年)
	大舍	眞德王	5年
	舍知	眞德王	5年
	史	眞德王	5年
倉 部	令	眞德王	5年
	卿	眞德王	5年
	大舍	眞德王	2年(?)
	租舍知	孝昭王	8年
	史	眞德王	2年(?)

즉, 兵部는 영-대감-제감-노사지-노당-사의 6등관제로 정비되었으며, 집사부는 실제로 통일을 전후한 시기의 관제 모델로서 중시-전대등-대사-사지-사의 5등관제이다. 이는 영-경-대사-사의 4등관제가 통일 이전에 정비되었으며, 신문왕 5년에 사지가 신설됨으로써 5등관제가 통일 이후 비로소 완성되었다는 것이다. 그러나 앞에서 살펴본 禮部의 사료 검토를 통해 사지가 일관되게 신문왕 5년이라는 시기로 통일될 수 없다는 것을 검증해 보았다.

이는 倉部의 예를 통해서도 알 수 있는데 여기서도 영-경-대사-조사지-사로 5등관제를 보여주고는 있지만, 조사지는 위의 兵部에 보이는 노사지가 문무왕 12년이라는 점을 보아도 그것이 통일된 형태는 아니었을 것으로 보는 것이 합리적일 것이다. 이러한 예는 乘府에서도 진덕왕 5년으로 볼 수 있는 가능성을 찾을 수 있으며, 領客府 또한 그러한 개연성이 높다.

IV. 官府와 官職制

앞에서 살펴본 관부의 설치와 정비과정에서 우리는 각 관부의 설치시기가 매우 다양함을 확인할 수 있었다. 그 가운데 관부만 설치되기도 하고 관부의 長인 슈이 먼저 설치되기도 하고, 또는 당시 관부의 長이었을 것으로 보이는 卿이 먼저 설치되었다가 뒤에 다시 슈이 설치되는 등 그 상황이 각 관부마다 동일하지 않았음을 알 수 있다. 이는 아마도 각 관부의 필요성과 중요성, 다시 말해 그 역할과 비중 등에 따라 그에 상응하는 관직과 관원이 수시로 설치되거나 增置 또는 減員되는 등 다양성을 확인할 수 있었다.

신라의 중앙행정조직은 크게 행정관부 44개, 내정관부 115개, 그리고

僧職의 政官府 9개 등 170여 관부로 구성되어 있었다. 중앙최고기관인 部와 府는 그 성격이 백제·고구려는 물론 당나라와도 다른 기관이었다고도[27] 한다. 4개의 部 중에서 집사부와 창부는 품주에서 분리된 것이며, 병부는 최고의 관부였으며, 예부는 국학·음성서·전사서·사범서 등 所屬 官府를 갖고 있어, 4部는 10府보다 상위기관으로 인식하고 있기도 하다.

이를 좀 더 구체적으로 살펴보기 위하여 각 관부가 설치되는 시기를 중심으로 관직제의 운영양상을 파악해보고자 한다. 즉, 『三國史記』新羅本紀와 職官志에 보이는 관부와 관직제의 대응관계를 시기별로 분석하여 그 전개과정을 보다 소상하게 정리하려는 것이다.

먼저 법흥왕대부터 살펴보면 그 3년에 兵部에 슈 1인이 두어지고 있다. 이는 지증왕대 이후 신라의 영역확대와 그에 따른 군사적 수요의 필요에 따라 우선 설치되었다고 본다. 그러나 법흥왕대의 다른 시기에 보이는 관부나 관직제의 변화는 더 이상 찾아지지 않는다. 물론 아직 이 시기는 관등과 관직 등이 중심적으로 작용하였으며, 관부의 설치나 본격적인 관직체계는 이후의 과제로 작용한다.

진흥왕대는 왕 5년에 兵部에 다시 슈 1인이 추가되었으며, 그 해에 司正府에 卿 2인이 설치되고 있으며, 26년에는 稟主에 典大等 2인이 두어지고 있음을 알 수 있다. 이는 법흥왕대에 마련된 兵部에 새로이 1인이 추가됨으로써 그 강화작업이 진행되고 있음을 볼 수 있으며, 司正府가 설치되어 卿 2인이 배치되는 것으로 보아 관부의 설치와 더불어 거기에 속하는 관원에 대한 관리 감독과 연관[28] 지어 볼 수 있다. 그리고 품주가 신설되면서 국왕의 家臣的 존재로서 재정을 담당하였다.

---

27) 申瀅植, 1998, 「중앙통치조직의 정비」, 『한국사』 9, 116쪽.
28) 李基東, 1984, 앞의 논문, 124~127쪽.

진평왕대는 3년에 位和府를 설치하고 6년에 調府를 두었으며, 그 해에 乘府를 신설하여 영 2인을, 8년에도 禮部에 영 2인을 두는 등 보다 다양한 관부와 관직을 마련하고 있다. 11년에는 船府에 제감 2인을, 稟主에 대사 2인을 두었으며, 13년 2월에는 領客府에 영 2인을 두었다고 기재되어 있으며, 43년에는 領客典으로 개칭하고 있음도 확인할 수 있다. 45년에는 船府에 대감 2인을 보강하는 것으로 보아 兵部 소속의 선부에 중점을 두고 있음도 살필 수 있다.

진덕왕대는 보다 본격적인 작업이 진행되는 바, 이는 지금까지 법흥왕, 진흥왕, 진평왕대의 관부나 관직의 이해에서 다소 소홀시 되었던 점을 해소할 수 있는 방증자료로서 이용 가능한 것이 아닌가 한다. 여기서는 다소 장황하지만, 관부를 중심으로 그 설치시기와 관직의 추이를 소개해볼 것이다.

執事部가 5년에 신설되면서 중시 1인이, 그 해에 位和府에 대사 2인이, 調府에는 영 2인이, 乘府에는 2년인지 5년인지 경 2인이, 마찬가지로 禮部에도 경 2인이 배치되고 있다. 5년에 領客府에 경 2인이 두어지며, 倉部는 관사가 분치되어 영과 경에 각각 2인씩이 두어지며, 같은 해에 左理方府에 영 2인이, 또 國學에 대사 2인과 박사와 조교 약간 명 등이 두어지며, 工匠府와 彩典에도 주서 2인이 각각 설치되고 있음을 알 수 있다.

이는 진덕왕 2년 내지 5년에 실제 신라 관부의 대다수 관부가 설치되거나 그에 따른 관직과 관원이 대폭 확충되고 있음을 확인할 수 있다. 이는 이 시기가 신라 관부에 있어서 비록 그것이 중국의 영향이었다고 하더라도 하나의 劃期가[29] 아닌가 생각한다. 이러한 점은 『三國史記』 新羅本紀나 職官志를 인식함에 있어서 결코 간과할 수 없으며, 이후 관부와 관직을

---

29) 이와 관련하여 신라의 융성기를 650년 경부터 918년으로 이해하는 저술(李玉 著 ; 金容權 譯, 1982, 『朝鮮史』, 39쪽)이 있어 참고가 된다.

파악할 때도 유념해야할 부분이라고 하겠다.

태종무열왕 6년에는 兵部에 다시 영 1인이 추가되고 있으며, 이 해에 司正府에 영 1인이 설치되고, 15년에는 兵部에 대감 1인이 두어지고 있다. 이는 당시의 상황으로 볼 때 兵部의 중요성 내지 필요성이 절감되었을 것이며, 司正府에 장관을 설치하는 것으로 보아 행정적인 기강 확립에 보다 중점을 두고 있음을 알 수 있다.

문무왕대에 이르면 또다시 관부와 관직의 대폭적인 확충이 일어난다. 마찬가지로 좀 장황할 수 있겠지만, 이해를 돕기 위하여 그 과정을 열거해 보기로 한다. 兵部에 12년 노사지 1인을 두었으며, 11년에 사 2인을, 12년에 사 3인을 각기 추가하고 있으며, 11년에 노당 1인을 설치하기도 한다.

司正府에는 15년에 경 1인을 추가하고 있으며, 11년에 사 5인을 두었으며, 執事部에 11년 사 6인을, 調府에 15년 경 1인을 추가하고, 乘府에 15년 경 1인을 추가하였으며, 11년 사 3인을 추가하였다. 禮部에 15년 경 1인을 추가하였으며, 領客府에 15년 경 1인을, 執事部에 11년 사 6인을, 倉部에 15년 경 1인을, 11년에 사 6인을, 12년에 사 7인을 추가하고[30] 있다.

그런데 여기서 주목되는 것은 문무왕대의 관부에 따른 관직의 설치는 설치 그 자체라기보다는 추가적 성격이 상당히 많았음을 확인할 수 있다는 점이다. 우선 11년과 12년에는 史가 9차례에 걸쳐 추가되고 있으며, 15년에는 5번에 걸쳐 卿이 각각 1인씩 공통적으로 추가되고 있음을 파악해볼 수 있다.

이외에도 문무왕대의 기록을 보면 左理方府에 18년 경 1인이 추가되었으며, 또한 船府가 설치되어 영 1인이, 경 2인, 대사 2인, 사지 1인, 사 8

---

30) 이러한 창부의 관원이 증가하고 있는 것을 신라의 율령체제가 한층 발전하고 있음을 나타낸다고 인식하는 견해(井上秀雄, 1972, 『古代朝鮮』)도 찾아진다.

인 등이 문무왕 3년에 설치되며, 右理方府는 7년에 영 2인, 경 2인, 좌 2인, 대사 2인, 사 10인 등이 설치되며, 左司祿館은 17년에 감 1인, 주서 2인, 사 4인 등이, 右司祿館은 21년에 동일한 관직과 관원이 설치되었다.

이는 지금까지 신라 관부와 관직을 설명할 때 지나치게 官制改革이라는 틀에서 이해하여 실제 관부의 운용과는 다소 거리감이 있는 외피적인 요소로만 파악한 것이 아닌가 생각된다. 즉, 각 왕대의 개혁적 성향 내지 관부의 기본 틀을 중심으로 인식하여 실제 운용에서 어떤 작용을 하였는지에 대한 분석에는 소홀하였다고 본다.

신문왕대는 관제개혁뿐만 아니라 관직체계의 완성이란 측면에서 매우 주목받았던 왕대였다. 그 내용을 살펴보면 執事部가 5년에 사지 2인을 두었으며, 位和府는 2년에 금하신 2인을, 5년에 1인을 추가하였으며, 2년에 상당 2인을 두었으며, 調府는 5년에 사지 1인을, 執事部는 5년에 사지 2인을 설치하였으며, 船府는 8년에 경 1인을, 원년에는 사 2인을 추가하였으며, 國學은 2년에 경 1인을, 例作府는 5년에 경 2인을, 6년에 영 1인을 두었으며, 工匠府와 彩典은 각각 2년에 監 1인씩을 두기도 하였다.

사실상 신라 관부의 설치와 정비과정에서 주목되는 시기는 대개 신문왕대로 한정해도 그다지 크게 틀리지는 않을 것이다. 그러나 그 이후의 왕대에서도 몇 가지 점에서 특이한 사항을 찾을 수 있다. 즉, 효소왕대는 調府가 4년에 사 2인을, 8년에 조사지 1인과 사 1인을 추가하고 있으며, 성덕왕대는 位和府가 2년에 상당 1인을 추가하고 있으며, 경덕왕대는 倉部에 11년 사 3인이 두어지며, 혜공왕대는 倉部에 12년 사 8인이, 國學에는 원년에 사 2인이 추가되기도 한다.

다음으로 원성왕대에는 左理方府에 13년 사 5인이 감해지며, 애장왕대는 6년 船府에 사 2인이 감해지며, 例作府에는 6년 대사 2인이 감해지는 과정을 확인할 수 있다. 이는 지금까지 각 관부에서 새로이 설치하거나 아니면 추가하거나 하면서 관부가 늘어났으며, 자연스레 그에 따른 관직과 관원이 확장되었으나, 원성왕대와 애장왕대에 이르러서는 비록 大舍와 史라는 어찌 보면 관직체계상 다소 낮은 관직일지라도 그것이 처음으로 감소되고 있음을 보면서 신라사회의 변화를 엿볼 수 있는 계기의 하나가[31] 아닐까 한다.

V. 맺음말

　지금까지 『三國史記』 新羅本紀와 職官志에 보이는 신라의 관부와 관직제의 운영 양상을 관부의 설치와 정비과정 그리고 관부와 관직제의 상관관계 등을 살펴보았다. 이들 자료는 지금까지 다양한 시각에서 많은 연구가 이루어져 사실 관부와 관직제에 대한 여러 문제가 해명되었다고 할 수 있다. 그러나 세부적으로 검토하면서 실제 그 운영과정 중에 나타나는 양상은 재검토해볼 여지가 없지 않다고 생각하였다.

　물론 신라 초기에는 지배세력 전체의 합의기관인 귀족회의를 중심으로 사회가 운영되다가 점차 집권체제가 확립됨에 따라 왕권으로 표상되는 국가권력을 실현하는 場인 관부와 관직제 중심으로 운영되었다. 이에 따라 귀족회의의 권한은 점차 왕권을 실현하는 각 관부로 분산되고, 귀족들은 특정 관직에 취임하여 국가권력을 구현하는 매개체가 되었던 것이다. 이후 관부와 관직 등 특정 직능을 분장하는 정치기구는 왕권중심의 집권체제 정비와 그 궤를 같이하여 점차 다양한 형태로 설치되었다고 할 수 있다.

---

31) 8세기 말부터 상급관청의 정원이 삭감되기 시작한 것을 신라 율령체제의 몰락을 이야기해주는 지표로 보는 견해(井上秀雄, 1972, 위의 책)도 참고가 된다.

그동안 신라의 관부와 관직에 대해서는 매우 다양한 견해가 제기되어 많은 연구가 진행되었으나, 그 전체를 파악한 연구라기보다는 부분적인 검토로 전체를 인식하는 경향이 많았다고 생각된다. 그것은 신라 관부와 그에 상응하는 관직과 관원에 대한 구체적 파악보다는 커다란 틀 안에서 이해하였기 때문에 부분적으로 수정되거나 새로운 접근을 시도할 필요성이 제기되었다. 따라서 그 전체를 아우르는 검토가 시도된다면 그 다양성이 표출되리라 생각한 것이다.

앞에서 살펴본 내용을 정리하는 것으로 맺음말을 대신하고자 한다. 먼저 관부의 설치과정과 시기문제에서는 관부의 설치과정을 편의상 4 시기로 나누어 이해하고 있는 바, 그 자체 신라사 인식의 기본 틀을 제공하고 있다. 그러나 그 세세한 설치시기는 『三國史記』 新羅本紀와 職官志 등에 보이는 내용을 점검한 후에 그 시기를 획정하였으면 하는 아쉬움이 남는다.

다음으로 관부의 운영과 정비과정에서는 집사부의 관직체계가 관직제의 운영양상을 대변하고 있는 바, 그 자체 다른 관부의 관직체계와 비교해 볼 때 일정한 한계가 찾아짐으로써 그 다양성을 위해 여러 자료를 검토한 결과 병부의 노사지와 조부의 조사지 그리고 진덕왕대로 비정하는데 기준점을 제공하는 예부의 기사는 신라 관부의 체계화를 위해서도 새로운 검토가 필요한 부분임을 적시하려고 하였다.

그 다음으로 관부와 관직제와의 상관관계는 지금까지 왕권과 개별 관부와의 연관성에 초점을 맞춰 대세적인 이해를 유도하였으나, 관부와 관직제의 운영 실태를 중심으로 접근해본 결과 각 관부의 중요성에도 불구하고 개별 관직과 관원의 다양성은 신라사회의 역동성을 이해하는데 문제점이 노정되었다고 생각한다. 이는 관직과 관원의 증가뿐만이 아니라 감소되는 과정을 통해서도 신라사회의 내면을 확인할 수 있는 계기가 되었다고 할 수 있다.

新羅 中古期 末의 政治 狀況에 대한 非葛藤論的 理解
-新羅 中古期 支配集團의 政治過程에 대한 새로운 理解 Ⅱ-

金炳坤*

Ⅰ. 머리말

본 논문은 필자가 근래 中古期를 대상으로 발표한 논문[1]의 연속선상에 있다. 기 논문에서는 진지왕과 진평왕대를 중심으로 기존 연구자들이 지닌 갈등론적 시각과 다른 입장에서 이 시기를 이해해 보았다. 주지하다시피 법흥왕대로부터 진덕여왕대까지의 중고기는 가계 의식의 구체화에 따라 왕실 집단 내에서 혈연관계의 分枝化가 등장하였다. 특히 분지화된 왕실 집단이 왕위 계승을 놓고 경쟁하거나 또는 왕권을 견제 내지 이에 도

---

* 동국대학교 사학과

1) 金炳坤, 2004, 「新羅 中古期 支配 集團의 政治 過程에 대한 새로운 理解 Ⅰ」, 『史學研究』 76, 1~31쪽.

전할 수 있는 진골귀족이 왕실과 갈등을 일으켰던 것도 정치권력 속성상 당연하다. 그러므로 갈등과 대립적 시각을 바탕으로 중고기 주요 지배 집단 간의 정치 과정을 이해하는 것이 일반적 경향일 수밖에 없었다.

그럼에도 불구하고 항상 왕실과 진골귀족들 간의 관계가 대립적으로만 설명될 경우, 우리는 실재했던 당시대의 사실을 간과할 수 있다. 특히 정치학자 듀베르제가 "정치란 시간과 장소를 막론하고 서로 상반되는 양면성-기본적으로 투쟁과 전투의 모습 및 공동성을 보장하기 위한 질서와 정의를 이행하려는 노력-을 가지고 있다는 사실이야말로 정치의 본질이며, 또한 그 참된 의의이다."라고 언급한 것에서[2] 우리는 다양한 역사 해석을 시도해 볼 필요를 느끼게 된다. 곧 정치가 항상 갈등적이기 보다는 때에 따라 일반적 이익과 공공의 복지를 보장해 주는 것이라는 또 다른 이해 방식을 통해 이 시기의 정치 상황을 살펴 볼 필요가 있기 때문이다.

II. (聖骨男盡) 善德女王과 大臣 乙祭 및 上大等 毗曇

본격적인 논지 전개에 앞서 전편 논문을 간단히 소개하겠다. 이는 본편 논지의 원만한 이해와 더불어 본고에서 살펴보고자 하는 선덕 · 진덕여왕 대의 정치 상황이 이전 시대와 일정정도 연속선상에 있거나 비교될만한 부분이 존재하기 때문이다.

전편에서는 진흥왕의 차자인 舍輪(제25대 진지왕)이 태자이자 친형인 銅輪이 무死한 까닭에 즉위하였는데, 당시 사륜은 왕위 계승 후보자 중에

---

2) Maurice Duverger, 1966, *The Idea of Politics*, London : Methuen & Co.,
   Ltd., Introduction, xiii.

서 동일 조건이면 연장자의 繼位를 우선하는 전통에 기인하여 왕위 계승의 우선권 내지 정통성을 가진 인물로 판단하였다. 또한 사륜이 즉위하는 데 결정적인 기여를 한 사람은 통설적으로 인정받던 상대등 거칠부가 아니라, 그의 父로서 말년에 불법에 귀의한 진흥왕이었음을 부각시켜 보았다. 오히려 거칠부는 진흥왕의 총신이었던 그의 경력과 성향을 높이 평가받아 진흥왕의 배려로 신왕의 즉위와 더불어 상대등에 취임하여 국정을 총괄, 진지왕의 최대 조력자로서의 역할을 수행했던 것으로 보았다. 그러나 이러한 거칠부의 보필에도 불구하고 결국 개인적 자질이 부족한 진지왕은 '政亂荒淫'으로 국인들에 의해 폐위되었으며 더불어 친왕적인 거칠부도 정치적 운명을 같이할 수밖에 없었다.

결과적으로 진지왕은 국인들에 의해 폐위되고 태자 동륜의 아들인 백정(제26대 진평왕)이 즉위하였다. 학계에서는 대체로 거칠부의 정국 운영에 불만을 가진 동륜태자계의 반발로 이해하며, 당시 진평왕을 즉위시키는데 앞장 선 인물로 진평왕대 초기 요직을 차지한 弩里夫·首乙夫·金后稷 등을 주목한다. 필자 역시 이들의 역할은 의심하지 않으나 이들의 행적이 정통성에 결함이 있는 진지왕에 대한 도전이거나 또는 실권을 장악하여 왕권을 견제하면서 정국을 운영하려는 입장으로 이해하기 보다는 신라의 미래를 위해 '정난황음'의 진지왕을 퇴위시킨 반진지왕계의 움직임으로 파악한다.

사실 진지왕을 폐위시킨 국인들은 진지왕계의 완전한 제거나 왕위 자체에 대한 쟁탈을 시도하지 않았다. 그러므로 그의 아들 金龍樹(春)이 중앙 정치계에서 전적으로 배제 내지 도태되지 않고, 진평왕대는 물론 선덕여왕대에 이르기까지 나름대로 정치적 활동을 보여줄 수 있었다.[3] 더불

---

3) 갈등론적 시각에서 볼 때, 폐위당한 진지왕의 아들 김용수가 중앙 정계에서 축출되

어 폐위를 주도한 인물들이 직접 왕위에 오르려 하지 않고 포괄적으로 사
륜과 同系(진흥왕계)인 약관의 백정을 즉위시켰다. 곧 노리부 등이 진지
왕을 폐위시키고 진평왕을 추대한 것은 결코 중고기 왕권 자체에 대한 도
전이 아니었던 것이다. 오히려 그들은 친왕적인 경향을 가졌고 진평왕에
대한 적극적인 지원을 통해 국가의 내적인 안정을 도모하였다. 진평왕 초
기 이루어진 관부 설치와 이에 따른 왕권 강화는 초기 요직을 차지한 상
기 인물들의 추진과 지원에 따른 결과로 볼 수밖에 없기 때문이다.

실제 진평왕은 폐위된 진지왕과 달리 국인들의 바램대로 재위 기간 상
당한 치적을 이룩해 내었다. 그럼에도 불구하고 그의 말년이나 다를 바
없는 53년(631) 柒宿과 石品의 모반이 있었다. 모반의 원인을 진평왕의
왕권 강화 정책 자체에 대한 반발이라거나[4] 김유신과 같은 신귀족의 득
세에 대한 발발로서[5] 이해하기도 하나 대체로 신라 역사상 유례가 없는
여왕의 즉위 자체에 대한 반발로서 파악되며,[6] 필자 역시 이에 동의한다.

지 않고 진평·선덕여왕대 伊湌의 관등을 소유하고 여러 직무를 수행할 수 있었던
것에 대해서도 학계는 의아하게 생각하는 측면이 있었다. 이러한 납득하기 어려운
현상이 나타난 것도 진지왕의 폐위 자체가 국인과 왕실과의 치열한 갈등과 대립의
결과가 아니라 왕위 교체가 어느 정도 무난하게 이루어진 결과에서 비롯된 것으로
여겨진다.

4) 朱甫暾, 1979, 「新羅 中古의 地方統治組織」, 『韓國史研究』 23, 26쪽.
   朴海鉉, 1988, 「新羅 眞平王代 政治勢力의 推移 −王權强化와 관련하여−」, 『全南史學』
   2, 20쪽.
   李晶淑, 1995, 『新羅 眞平王代의 王權 硏究』, 이화여대박사학위논문, 43쪽.
5) 申瀅植, 1983, 「金庾信 家門의 成立과 活動」, 『梨花史學研究』 13·14, 303쪽.
   金瑛河, 1988, 「新羅 中古期의 政治過程試論−中代王權成立의 理解를 위한 前提−」, 『泰
   東古典研究』 4, 22~23·29쪽.
6) 三池賢一, 1974, 「『日本書紀』 "金春秋の來朝"記事について」, 『古代の日本と朝鮮』,
   208쪽.
   丁仲煥, 1977, 「毗曇·廉宗亂의 原因考」, 『東亞論叢』 14, 10쪽.
   李鍾旭, 1980, 『新羅上代王位繼承研究』, 嶺南大出版部, 182~183쪽.

곧 고구려 및 백제와 치열한 전쟁이 지속되고 있는 상황에서 소위 여왕의 즉위에 긍정적일 수 없었던 인사들의 반발에서 비롯되었다고 볼 수 있을 듯하다.[7]

그러면 본격적으로 선덕여왕대의 정치 상황을 살펴보자. 우선 신라 역사상 여성이 왕위에 오른 예가 없었으므로 여왕 즉위의 당위성이 요구되었다. 그러므로 德曼에게 '聖骨男盡'[8]이라는 왕위 계승에 대한 혈통상의 유일성과 후대 '知幾三事'로 상징되는 뛰어난 예지력[9] 및 '王薨無子'나 '국인 추대[國人立]'와 더불어 '聖祖皇姑'라는 존호를 받았다는[10] 등으로 서술된 다양한 명분이 부각 내지 창출되었다.

이러한 것들은 선덕여왕의 즉위가 쉽지 않았음을 반증한다. 동시에 무자였던 진평왕은 그의 장녀인 선덕의 즉위를 위해 노력했었던 결과이기도 하다. 아마 '國人立'의 서술도 진평왕대 이루어진 왕권의 고양 및 칠숙과 석품의 모반 결과를 잘 알고 있는 국인이 진평왕의 遺詔를 기반으로 당연한 동의를 했던 결과일 것이다.

특히 선덕여왕 즉위에 있어서 가장 핵심적이며 고대 사학계의 주목을 받아 온 '성골남진'은 진평왕이 직계 장녀를 왕위에 오르게 하기 위해 창

朱甫暾, 1994, 「毗曇의 亂과 善德王代 政治運營」, 『李基白先生古稀紀念 韓國史學論叢(上)-古代篇·高麗時代篇-』, 一潮閣, 220쪽.

鄭容淑, 1994, 「新羅 善德王代의 정국동향과 毗曇의 亂」, 『李基白先生古稀紀念 韓國史學論叢(上)-古代篇·高麗時代篇-』, 一潮閣, 243쪽.

李晶淑, 1999, 「眞平王 末期의 政局과 善德王의 即位」, 『白山學報』 52 ; 2000, 『新羅의 建國과 社會史 硏究』, 184~185쪽.

金德源, 2000, 「金龍春의 生涯와 活動」, 『明知史論』 11·12, 174쪽.

7) 金炳坤, 2004, 앞의 글, 1~31쪽.
8) 『三國遺事』 권 1, 王曆 1, 第27 善德女王.
9) 『三國遺事』 권 1, 紀異 1, 善德王 知幾三事.
10) 『三國史記』 권 5, 善德王 원년.

출된 작위적인 신분 관념으로 여겨진다. 간단하게나마 지금까지 이루어진 성골과 진골의 실체에 대한 연구 경향을 살펴보자. 일찍이 族內婚的인 중고기 신라 왕실 계보에 대한 분석을 바탕으로 母系에 의한 出生에 성골과 진골이 구별된다는 견해가 제시되었고,[11] 이러한 연장선상에서 婚姻 또는 出系의 차이를 논하거나[12] 성골은 실재하지 않았다는 입장에서 追尊說이 제시되기도 했다.[13] 국내 학계의 연구는 신라 왕실의 친족 집단에 대한 고찰로부터 시작하였으며[14] 역시 성골과 진골 문제가 논란의 핵심이었다.[15] 근래 성골은 혈족집단의 문제가 아니라 현왕과 왕위계승의 자격자(直子 또는 現王의 弟)에 대한 현재적 신분 개념으로, 그 지위의 변화에 따라 변동 가능한 신분이라는 견해도 제시되기에 이르렀다.[16]

11) 今西龍, 1933, 「新羅骨品考」, 『史林』 7-1, 1922 ; 『新羅史研究』, 近澤書店, 189~238쪽.
　　今西龍, 1933, 「新羅骨品「聖而」考(未定稿)」, 앞의 책, 239~246쪽.
12) 三品彰英, 1963, 「骨品制社會」, 『古代史講座』 7, 174~209쪽.
　　井上秀雄, 1965, 「新羅の骨品制度」, 『歷史學研究』 304, 40~51쪽.
　　井上秀雄, 1968, 「新羅朴氏王系の成立-骨品制の再檢討」, 『朝鮮學報』 47 ; 1974, 『新羅史基礎研究』, 東出版, 331~374쪽.
　　武田幸男, 1965, 「新羅の骨品體制社會」, 『歷史學研究』 299, 1~13쪽.
　　金在鵬, 1974, 「新羅骨品制の研究」, 『韓』 3-4, 30~58쪽.
13) 池內宏, 1941, 「新羅の骨品制と王統」, 『東洋學報』 28-3, 327~360쪽.
　　武田幸男, 1975, 「新羅骨品制の再檢討」, 『東洋文化研究所紀要』 67, 111~214쪽.
14) 金哲埈, 1968, 「新羅時代의 親族集團」, 『韓國史研究』 1, 63~78쪽.
15) 丁仲煥, 1969, 「新羅聖骨考」, 『李弘稙博士回甲紀念 韓國史學論叢』, 33~52쪽.
　　李基東, 1972, 「新羅 奈勿王系의 血緣意識」, 『歷史學報』 53・54 ; 1984, 『新羅骨品制社會와 花郞徒』, 一潮閣, 54~90쪽.
　　文暻鉉, 1976, 「新羅王族의 骨制」, 『大丘史學』 11 ; 1983, 『新羅史研究』, 慶北大 出版部.
　　申東河, 1979, 「新羅骨品制의 形成過程」, 『韓國史論』 5, 서울대, 38~43쪽.
　　李鍾旭, 1983, 「新羅 中古時代의 骨品制」, 『歷史學報』 99・100, 50~56쪽.
　　田美姬, 1998, 「新羅의 聖骨과 眞骨-그 實體와 王統의 骨轉換의 의미」, 『韓國史研究』 102, 115~142쪽.
16) 徐毅植, 1994, 「新羅 上代의 王位繼承과 聖骨」, 『韓國史研究』 86, 72~90쪽.
　　徐毅植, 2007, 「新羅 '上代' 葛文王의 冊封과 聖骨」, 『歷史敎育』 104, 29~30쪽.

성골과 진골의 실체 문제를 정식으로 논한 바 없지만 필자는 '聖骨生成'의 측면을 주목한 이해가 과거 사실에 보다 적중한 것으로 생각한다.[17] 곧 신라 중고기 신라 왕실의 혈족 집단 내의 여러 家系가 分枝化되며, 진흥왕의 직계인 銅輪太子의 直系卑屬으로 구성된 小리니이지集團(진평왕계)이 배타적으로 여타 왕실 집단이 소유한 진골보다 더 상위의 신분 계급인 성골을 주창한 것이라는 견해에[18] 동의한다. 이러한 성골 관념의 창출 이외의 방식으로는 선덕여왕의 즉위전후 시기 성골 남진이라는 血緣的 擬制를 합리화시킬 수 있는 방법이 없다고 판단하기 때문이다. 그것은 족내혼이나 족강의 방식으로 접근할 때, 선덕이 성골이라면 그의 숙부인 伯飯(眞正葛文王)·國飯(眞安葛文王) 그리고 선덕의 親妹인 天明 그리고 천명과 혼인한 사륜의 아들 김용수와 둘 사이에서 태어난 김춘추 등이 모두 성골로 이해될 수 있기 때문이다.

『삼국유사』에 의하면 선덕은 飮葛文王을 배필로 삼았다고 한다.[19] 학계에서는 법흥왕의 딸 김씨와 입종갈문왕의 혼인 그리고 김씨 만호부인과 동륜태자의 혼인을 감안하고, '飮'과 '飯'의 글자체의 유사함 그리고 진덕의 친부 국반을 제외하면 음갈문왕은 진평왕의 아우인 백반으로 비정할 수밖에 없다. 그런데 진평왕이 성골이라면 동일한 부모를 가진 그의 형제늘도 성골이고, 그런 까닭에 선덕이 음갈문왕을 배필로 삼을 수 있었다. 이러한 상황에서 음갈문왕이나 그의 아우 국반이 진평왕보다 먼저 죽었다면 진골남진이 성립될 수 있다.

그러나 같은 조건으로 선덕이 성골이라면 당연히 그의 친누이 천명도

---

17) 井上秀雄, 1974, 앞의 논문, 1965 ; 앞의 책, 309쪽.
　　李基東, 1972, 앞의 논문 ; 1984, 앞의 책, 86~89쪽.
18) 李基東, 1972, 위의 논문.
19) 『三國遺事』 권 1, 王曆 1, 第27 善德女王.

성골이며, 그와 혼인한 진지왕의 아들 김용수도 성골일 수밖에 없다. 그런데 김용수는 선덕여왕대 일정 이상의 정치 활동을 전개하고 있어,[20] 선덕 여왕 즉위기 생존해 있었을 뿐만 아니라 연령대 역시 큰 차이가 없었을 것이다. 더불어 김용수와 천명 사이에서 태어난 김춘추도 그의 부모가 모두 성골로 판단되므로 당연히 성골로 인정받아야만 한다. 김춘추도 선덕여왕과 진덕여왕 2대에 걸쳐 활발한 정치 외교 활동을 전개하고 있어서 선덕여왕 즉위기에 생존해 있었다. 그럼에도 불구하고 김춘추는 『삼국사기』와 『삼국유사』에 모두 진골로 표기되어 있다.

이외에도 많은 논란거리가 있다. 선덕여왕 즉위기 백반이나 국반의 생존 여부와 이들이 과연 성골에 포함될 수 있는지, 또한 이들이 성골이 아니라면 진덕의 골은 무엇인지, 더욱이 국반의 딸인 진덕여왕은 결과적으로 방계인데다가 어머니가 박씨인데도 성골왕이라 할 수 있는지, 그렇다면 『삼국사기』나 『삼국유사』에서 무열왕 즉위 이전의 왕들은 모두 성골이라고 하였지만 이러한 기록의 사료적 진실성을 믿을 수 있는지, 더불어 진덕의 경우(부는 국반, 모는 박씨 月明夫人)와 흡사하게 진지왕과 혼인하여 김용수를 낳은 친모가 박씨인 것 등도 상호간에 맞물려 다양한 논란을 제시할 수 있다.

결과적으로 당시 왕실이 행하던 족내혼의 입장에서 선덕여왕 즉위기 성골 남진이라고 주장할 수 있는 혈연관계의 성립은 그의 숙부인 백반과 국빈이 모두 죽었다고 히더라도 김용수와 그의 아들 김춘추가 생존해 있었으므로 불가능하다. 자연히 성골의 범주에 김용수와 그와 결혼한 천명 그리고 둘 사이에서 태어난 김춘추 등은 포함되지 않았다는 것이다. 이러

---

20) "遣伊飡 水品 龍樹 巡撫州縣"(『三國史記』 권 5, 善德王 4년 10월.)
　　"伊干龍春 一作龍樹 幹蠱率小匠二百人"(『三國遺事』 권 3, 塔像 4, 皇龍寺九層塔.)

한 여건에서 상기의 다양한 논란과 상관없이 선덕여왕 즉위기 성골 남진을 합리적으로 설명할 수 있는 방법은 오로지 진흥왕-동륜태자-진평왕-선덕여왕으로 연결되는 4명의 동륜계 직계 비속만이 성골이라는 극히 배타적인 가계의식을 기반으로 할 때 가능하다. 아마도 이러한 성골관념의 창출은 진평왕대 이루어진 사상적 차원의 왕권 강화를 위한 釋迦族 표방의 연장선상에 있으며, 결과적으로 장녀 덕만을 왕위에 즉위시키는 중요 배경이 되었을 것이다.

이외에도 즉위 직후의 정치 상황으로 大臣 乙祭에게 摠持國政케 하였다는 내용도 주목된다. 이 기사는 진지왕대부터 상례화된 신왕 즉위 직후의 상대등 임명 기사로 판단되지만,[21] 여타 기록과 다르게 서술되어 있어 정치를 보좌하는 후견인이었다거나[22] 실질적인 왕의 역할을 했다는[23] 등의 논란을 야기했다. 문맥을 표현 그대로 이해한다면, 대신 을제에게 국정을

<hr>

21) 李基白, 1962, 「上大等考」, 『歷史學報』 19 ; 1974, 『新羅政治社會史研究』, 一潮閣, 97쪽.
    田鳳德, 1956, 「新羅 最高官職上大等論」, 『法曹協會雜誌』 5-1 · 2 · 3, 22 ; 1968, 『韓國法制史研究』, 서울大 出版部, 323쪽.
    金瑛河, 1988, 앞의 논문, 26~27쪽.
    朴海鉉, 1988, 「新羅 眞平王代 政治勢力의 推移-王權强化와 관련하여-」, 『全南史學』 2, 20쪽.
    朴勇國, 2000, 「善德王代 初의 政治的 實狀」, 『慶北史學』 23, 267쪽.
22) 李明植, 1990, 「新羅 中古期의 王權强化過程」, 『歷史敎育論集』 13 · 14, 327쪽 ; 1992, 『新羅政治史研究』, 螢雪出版社, 106~107쪽.
    高慶錫, 1994, 「毗曇의 亂의 성격 문제」, 『韓國古代史論叢』 7, 265쪽.
    李龍寬, 1995, 「善德女王代 慈藏의 政治的 活動」, 『嶺東文化』 6, 11~12쪽.
    李晶淑, 1999, 앞의 논문, 223쪽.
    朴淳敎, 1999, 『金春秋의 執權過程 硏究』, 慶北大 博士學位論文, 233쪽.
    조범환, 2000, 『우리 역사의 여왕들』, 책세상, 30쪽.
23) 辛鍾遠, 1996, 「『三國遺事』 善德王知幾三事의 몇 가지 問題」, 『新羅와 狼山』, 新羅文化宣揚會, 65쪽 ; 2004, 『삼국유사 새로 읽기 1-기이편-』, 일지사, 144쪽.

총괄토록 하는 것으로 대리정치의 분위기가 강하다. 을제 관련 기사는 본
내용이 유일하므로[24] 그의 정치적 경력이나 행적에 대해서 더 이상의 고
찰이 불가능하다.

　다만 진평왕이 장수하였던 까닭에 덕만은 제법 연로한 나이로 즉위했
다고 여겨진다. 그럼에도 을제에게 총지국사케 하였음은 을제의 연령이
덕만보다 많았음을 시사한다. 『삼국사기』 신라본기의 상대등 임명 기록
을 보면 대체로 전임자의 사망 사실을 명기하는 경우가 일반적이어서 의
문이 남지만, 을제가 상대등이었다면 선덕왕 5년(636) 춘정월 행해진 이
찬 水品의 상대등 임명은 을제의 사망을 전제로 한다. 결과적으로 대신
을제는 선덕여왕 즉위년 이미 고령의 나이로 정계의 중심에 서있던 것으
로 이해되며, 그것은 진평왕대부터 진평왕의 조력자로써 꾸준한 정치적
행적을 가졌기 때문에 가능했을 것이다. 그렇다면 을제의 총지국정은 진
평왕의 정치적 배려의 결과로 이해될 수 있다. 곧 연륜은 갖추었으나 실
질적인 정치 경륜이 부족한 선덕여왕의 원만한 국정 운영과[25] 여왕 즉위

---

24) 대신 을제(고유식 이름)는 『삼국유사』 왕력편에 선덕여왕의 배필이라 알려진 飮葛
　　文王(불교식 이름)이자 『삼국사기』상의 상대등 關川(한자식 이름)으로, 이 세 사람
　　을 동일 인물로 추정하는 견해(朴南守, 1992, 「新羅 和白會議 機能과 性格」, 『水邨朴
　　永錫教授華甲紀念 韓國史學論叢』上, 228쪽의 주 83)도 있다.
　　그러나 음갈문왕은 진평왕의 아우(伯飯)일 가능성이 많을 뿐 아니라 고령으로 추정
　　되는데, 선덕여왕 5년 이찬 수품의 상대등 임명 기사와의 상관성 및 무열왕 즉위시
　　까지 생존(알천의 왕위 사양)하였다고 보는 것 등의 무리한 부분이 많아 채택하지
　　않는다.
25) 선덕이 즉위 이전부터 副王的인 존재로 진평왕을 보좌하며 대리청정 내지 정치적
　　훈련을 받았을 것이라는 견해들도 있다.
　　朴淳教, 1999, 앞의 논문, 69쪽.
　　조범환, 2000, 앞의 책, 27쪽.
　　김기흥, 2000, 『천년의 왕국 신라』, 창작과 비평사, 228쪽.
　　金德原, 2007, 『新羅中古政治史研究』, 景仁文化社, 150~151쪽.

에 불만을 가진 진골 귀족과의 타협이나[26] 갈등을 해소하기 위한 안전장치로 이해될 수 있다.

이러한 연장선상에서 주목되는 것은 선덕왕대의 정치 상황이 진지왕대와 일부 유사한 점이 있다는 것이다. 우선 진지왕의 전왕인 진흥왕대는 병부령 설치·국사편찬·황룡사 창건 등을 통한 왕권 강화를 도모했고 고구려의 광개토대왕에 비교될 만큼의 영토 팽창을 이룩하여 국가 권력이 고양되는 시기였다. 선덕여왕의 전왕인 진평왕대도 왕권 강화를 위한 다양한 관부 설치를 통해 정치 개혁에 성공했고, 조부인 진흥왕이 개척한 강역을 新羅化[內地化]하여 그 행적이 마치 고구려의 長壽王에 비교될 만하다. 곧 전왕들은 모두 성공한 군왕이었다. 반면 진지왕과 선덕여왕의 행적은 전왕과 비교될 수 없다. 더불어 진흥왕의 차자였던 진지왕의 즉위에 대해 논란이 있는 것처럼, 선덕여왕의 즉위 과정도 전술한 바와 같이 순탄하지 않았다. 이외에도 진지왕은 즉위 원년 이찬 거칠부를 상대등으로 삼아 '委以國事'했다고 하였고, 선덕여왕은 을제로 하여금 '摠持國政'케 하였음도 유사하다.[27]

물론 두 왕의 재위 기간은 진지왕은 4년이고 선덕여왕은 16년으로 제법 큰 차이가 있지만, 주목할 만한 정치 개혁이나 왕권 강화의 흔적은 눈에 띄지 않는다. 반면 두 왕대의 국가적 안위는 안정적이지 않았다. 정사인 『삼국사기』 신라본기의 기사를 바탕으로, 이러한 상황을 산술적으로 파악해 보자. 진지왕 재위기의 기사는 7건이며 상대등 임명, 신궁 친사

---

26) 朱甫暾, 1994, 앞의 논문, 226~227쪽.

27) 정용숙은 선덕여왕의 치세를 3기로 나누고 제Ⅰ기(대민 위무와 종교 행사를 통한 민심 안정 및 왕권의 신성화 단계)와 Ⅱ기(국정 전반에 걸친 친정 체제 구축)의 기점을 상대등 교체(을제→수품)에 따른 친정의 실시로 본다(鄭容淑, 1994, 앞의 논문, 245~250쪽).

및 죄인 대사(이상 정치 관련 기사 2건), 陳에 사신 파견(외교 기사), 축성 기사를 제외하고 나머지 3건은 백제와의 교전기사인데 그다지 성공적이지 않다.

선덕여왕 치세에도 신라의 국가적 안위가 매우 위급했음은 주지의 사실이다. 선덕여왕 재위 16년 동안 기록된 총 47건의 각종 기사를 분류하면, 정치 관련 기사(관직 임명) 11건, 천재지변 6건, 사신 파견 11건(唐 10건 ; 고구려 1건), 불교 관련 기사 6건(구법승 파견 및 사찰 건립), 고구려·백제와의 교전 기사 12건, 반란 기사 1건 등으로 대분된다. 이 가운데서 불안정한 내부 정세를 암시하는 천재지변기사와 외침에 따른 국가 안위를 외교적으로 해결하려는 사신 파견 기사, 그리고 김유신의 승전이 돋보이나 전반적으로 외침의 압박에 시달리는 고구려·백제와의 교전 기사를 합치면 총29건에 이른다. 60%가 넘는 기사가 신라의 국가적 안위가 결코 안정적이지 못했음을 직간접적으로 반증한다. 최종적으로 성패의 차이는 있지만 진지왕은 말년 '정난황음'이란 비난을 받으며, 국인들에 의해 폐위되었다. 그런데 선덕여왕도 말년에 '女主不能善理'를 이유로 상대등 毗曇과 廉宗 등이 거병하여 이 와중에 선덕여왕이 세상을 달리하기도 했다. 이와 같이 두 왕 모두 치세 말기로 가며 정치적 상황이 매우 불안했던 것도 유사하다.

선덕여왕 치세 말년에 발생된 정계 제2인자 상대등 비담의 난을 좀 더 고칠해 보자. 우선 학계에서는 상대등 비담의 난과 전술한 진평왕 말년 칠숙의 반란이 지닌 정치적 속성을 동일시하는 경향이 있다. 곧 왕실에 대한 진골 귀족의 도전이며 두 난 이후 모두 여왕이 즉위한다는 공통점이 있는 등 학계에서는 이 두 난을 연속성있게 비교 평가한다.[28]

그런데 선덕여왕 말년에 발생한 비담의 난은 진평왕대 일어난 칠숙의 반란과 다른 시각에서 바라볼 부분도 있다. 왕권 안정기의 진평왕 말년과

29) 국내외적으로 곤경에 처한 선덕여왕 말년의 정치 상황은 오히려 상반된다. 더욱이 칠숙은 이찬의 신분을 가지고 있었으며 반란의 원인이 불분명하지만, 고양된 진평왕대의 왕권 자체에 대한 도전은 쉽지 않았다. 반면 비담은 이찬이면서도 반란을 일으키기 직전에 상대등으로 임명되었다. 비담의 상대등 임명은 당시 진골귀족의 이익을 대표하면서 임명되었거나,[30] 선덕여왕의 최측근으로서 여왕의 선택에 따른 결과였을 것이다. 그러나 선출 과정과 상관없이 국가적 위기 상황에서 그가 상대등에 취임했다면, 그가 가장 최우선으로 삼아야할 과제는 선덕여왕을 보필하면서 백제 침략으로부터 야기된 비상 사태를 극복하는 것이다.

그럼에도 불구하고 비담은 '여주불능선리'라는 구체적인 이유를 천명하며 반란을 일으켰다. 당시 반란의 원인에 대해 학계는 다양한 견해를 제시하고 있지만,[31] 기록에 비담이 이러한 주장을 한 이유는 명료하다. 첫째 의자왕 즉위 2년부터 가속화된 백제의 대대적인 침략으로 국가의 운명이 매우 위태로웠다는 현실과[32] 이러한 백제의 침략을 막고자 행해

---

28) 李基東, 1972, 앞의 논문 ; 1984, 앞의 책, 83쪽.
　　李鍾旭, 1980, 「新羅 中古時代의 聖骨」, 『震檀學報』 50, 20쪽.
　　金瑛河, 1988, 앞의 논문, 31쪽 ; 2002, 앞의 책, 265쪽.
　　金德原, 2007, 앞의 책, 139~141쪽.

29) 예외적으로 칠숙의 난은 진평왕 말년의 빈번한 전쟁 및 흉년과 기근 등으로 사회적 불안 요소가 증가하며 왕권에 도전하였던 것으로 이해하기도 하지만(姜聲媛, 1983, 「新羅時代 叛逆의 歷史的 性格」, 『韓國史研究』 43, 29쪽), 삼국시대 전쟁과 기근 등이 겹치어 일어나는 일은 다반사였으며 그때마다 반란이 일어난 것은 아니었다.

30) 鄭容淑, 1994, 앞의 논문, 245쪽.

31) 그 내적 원인에 대해 왕위 계승에 대한 불만, 정치세력간의 갈등, 신·구귀족의 대립, 여왕 즉위에 대한 불만, 중앙귀족과 지방세력 간의 충돌, 진덕왕의 능력 부족, 부 세력의 반란 등 다양한 견해들이 있으나 일일이 소개하지 않는다. 이에 대한 연구사적 정리는 김덕원의 책(2007, 앞의 책, 211~212쪽) 참고.

32) 『三國史記』 권 5, 新羅本紀 5, 善德王 11년.
　　『三國史記』 권 28, 百濟本紀 6, 義慈王 2년.

진 대당외교의 과정에서 유발된 당 태종의 '爾國以婦人爲主 爲鄰國輕侮 失主延寇 靡歲休寧'이라는 외교적 발언이[33] 그것이다. 곧 당시 비담은 비상시국을 극복해 나가는데 여왕의 존재를 긍정할 수 없었던 것이다.

기록에 따르면 반란 당시 여왕이 머무는 월성과 반란군이 주둔하는 명활성에서 공방을 십일이나 했지만 풀리지 않았으며 월성에 별이 떨어지는 흉조가 있었고[34] 난이 실패한 후, 연좌되어 죽은 이가 30명이었다는 것은[35] 반란군의 기세가 상당하였음을 보여준다. 더구나 당시 비담이 지닌 직책은 진골귀족의 대표인 상대등이었다. 이러한 기사들은 대체로 비담이 반란을 일으켰을 때 이에 동조하는 진골 귀족들이 많았으며, 이는 신라 지배층 중에서 '여주불능선리'에 공감하는 무리들이 다수였음을 시사한다.[36] 진평왕의 후반과 달리 선덕여왕이 다스리던 신라의 국가적 위기는 그만큼 대내외적으로 심대했다. 아마 당시 비담의 난이 성공하였다면 선덕은 마치 진지왕처럼 국인들에 의한 폐위로 기록되었을 여지가 있다.

Ⅲ. 眞德女王과 上大等 閼川 및 伊飡 金春秋

백제와 고구려의 계속된 군사적 압박으로 한반도상에서 고립된 신라가 유일하게 의지할 수 있는 나라는 당이었다. 그러나 당 태종으로부터 여주에 대한 비우호적 발언이 전해진 이후, 상대등 비담이 '여주불능선리'를 기치로 반란을 일으켰다. 이렇게 신라는 안팎으로 '여주'에 대해 부정적

---

33) 『三國史記』 권 5, 新羅本紀 5, 善德王 12년.
34) 『三國史記』 권 41, 列傳 1, 金庾信 上.
35) 『三國史記』 권 5, 新羅本紀 5, 眞德王 원년.
36) 朱甫暾, 1994, 앞의 논문, 209쪽.

인식이 대세였지만, 결과적으로 난의 와중에 선덕이 죽고 뒤를 이어 또 여왕이 즉위하였다. 그러므로 신라의 급박했던 대내외적인 상황과 분위기를 고려해 볼 때, 진덕여왕의 즉위는 그다지 자연스럽지 않다.

주지하다시피 진덕여왕은 선덕여왕의 숙부 국반의 딸로서 남녀를 떠나 직계장자상속제에 입각해 볼 때, 방계 혈통에 불과해 혈연적 정통성에 관한한 사륜보다도 결함이 많다. 동시에 전술한 바와 같이 성골의 범주에 포함되지 못했을 가능성도 높다. 또한 지기삼사로 상징되는 선덕여왕과 비교해 볼 때, 진덕여왕은 그녀의 즉위를 합리화 내지 정당화 줄만한 흔적이나 노력도 남아 있지 않다. 오히려 『삼국유사』 진덕왕조의 구성을 보면 전반부에는 당주에게 보낸 太平歌와 후반부에는 亏知巖 회의 내용으로 이루어져 있는데,[37] 이는 진덕왕대의 정치 상황이 친당적이며 국정 운영에 진골귀족들의 발언이 강했음을 반영하고 있는 듯하다.

그러므로 진덕여왕의 즉위에는 적극적인 후원 집단의 상정이 가능하다.[38] 이러한 시각에서 진덕의 즉위에 가장 큰 영향력을 행사한 사람으로 우선 선덕여왕을 들 수 있다. 비담의 난 와중에 죽은 선덕여왕은 그 사유가 명확치 않지만, 진지왕의 경우처럼 선덕도 죽는 날자가 이례적으로 명기되어 있어[39] 주목된다. 그런데 선덕여왕은 지기삼사 중의 하나로 자신의 숙는 일자와 장지를 예견한 바 있어, 이 기사를 통해 병사했거나[40] 자

---

37) 『三國遺事』 권 1, 紀異 1, 眞德王.

38) 진덕왕의 즉위 자체가 기본적으로 여왕의 권위를 기반으로 하였으며, 비담의 난 이후 김춘추와 김유신 등의 女主支持勢力이 실권을 장악하였지만 이것도 진덕왕의 권위에 의존한 형태에 불과하다는 견해도 있다.(朴勇國, 1996, 「新羅 中代 支配勢力의 形成過程과 그 性格」, 『慶尙史學』 12, 22쪽 ; 2005, 「新羅의 660년 百濟戰役에 대한 考察」, 『白山學報』 73, 87~88쪽)

39) 『三國史記』 권 5, 新羅本紀 5, 善德王 16년 정월 8일.

40) 李昊榮, 1997, 『新羅의 三國統合과 麗·濟의 敗亡原因研究』, 書景文化社, 96쪽.

연사했을[41) 가능성이 제시되어 있다. 그러므로 선덕은 죽기 전에 진덕을 후계자로 임명하자, 정상적인 왕위 계승이 불가능한 경우 왕위 계승의 제일후보자인 상대등 비담이 이에 불만을 갖고 '여주불능선리'를 표방하며 반란을 일으켰다는 것이다.[42)

이외에도 진덕여왕의 즉위와 보좌에 중요한 역할을 수행한 인물은 비담의 난을 진압하는데 공이 큰 김유신과 그와 결탁되어 있는 김춘추 그리고 원년 상대등에 임명된 알천 등을 들 수 있다. 우선 비담의 난을 진압한 김유신이 진덕여왕의 즉위에 핵심적 역할을 했음은 논란의 여지가 없다. 그러므로 여기서는 상대적으로 크게 주목받지 못했던 상대등 알천을 주목해 보자.[43) 알천은 선덕여왕 5년부터 행적이 확인된다. 바로 선덕여왕 지기삼사 중의 두 번째인 女根谷에 잠복중인 백제군을 섬멸하는데 신라군을 지휘한 인물이 바로 알천(각간·장군)이다.[44) 이듬해 6년 7월에는 대장군으로 임명되었으며 7년 10월~11월에는 고구려의 칠중성 침략으로 야기된 백성들의 동요를 위무하고 고구려군을 격퇴한 바 있다.[45) 진덕왕 원년 비담의 난을 진압한 직후인 2월 그를 상대등으로 임명하는 기사가 배치되어 있다.[46) 이후 진덕여왕이 죽고 군신들이 알천에게 섭정을 요청했지만, 왕의 자리를 김춘추에게 사양함으로써 김춘추의 즉위를 가능케

---

41) 朱甫暾, 1994, 앞의 논문, 212~214쪽.
　　鄭容淑, 1994, 앞의 논문, 255쪽.
42) 朱甫暾, 1994, 앞의 논문, 212~215쪽.
43) 閼川이라는 이름은 후대 梁部의 모태가 된 육촌의 하나인 閼川楊山村의 촌명과 상관성이 있을 수 있는데, 왕경 주변에 흐르는 알천이 『삼국사기』에 보일 뿐더러 이곳에서 자주 열병이 행해진 바 있다.
44) 『三國遺事』 권 1, 紀異 1, 善德王知幾三事.
45) 이상 『三國史記』 권 5, 善德王 5년 5월·6년 7월·7년 10월~11월.
46) 『三國史記』 권 5, 眞德王 원년 2월.

하였다.[47] 또한 그는 진덕왕대 국사를 의논하기 위해 개최된 남산 亐知巖 회의시 참석한 인물인 알천공·林宗公·述宗公·虎林公(자장의 부)·廉長公·庾信公의 6인 가운데 좌장이었다.[48]

알천에 대한 이와 같은 기록은 『삼국사기』와 『삼국유사』에 실린 다수의 인물 중 그 행적이 제법 자세하며 횟수도 많은 편이다. 이를 보면 그는 선덕여왕대부터 군권의 핵심에 가까운 인물로써 대장군의 직책을 가지고 있었다. 당시 대장군은 알천과 김유신(선덕왕 13년 7월)만이 확인되며 임명 시기는 알천이 김유신보다 7년 앞서 있다. 더불어 비담의 난을 진압한 직후 상대등(진덕여왕 1년 ; 647)으로 임명되는 것으로 보아 김유신 못지 않게 난을 진압하는데 공헌했음을 알 수 있다. 더욱이 김유신이 무열왕 7년(660)에 이르러서야 상대등에 임명되고 있는 것을 감안할 때, 알천이 차지하는 진골 귀족 내 서열상의 우위를 알 수 있다. 이는 진덕왕대 행해진 오지암회의에서 그가 수석의 자리에 있었음에서도 파악된다. 그리고 진덕여왕의 사후 군신들이 신왕을 결정하는 과정에서 형식적으로나마 그에게 먼저 섭정을 요청했었는데, 이는 그가 당시 상대등이었을 뿐만 아니라 서열상·연령상의 우위를 지녔기 때문일 것이다. 곧 당시 대장군 김유신과 결탁하고 대내외적으로 정치적 역량을 발휘하여 실권을 장악해 가던 심춘추 못지않은 정치적 위상을 알천이 소유했음을 알려준다.

『삼국사기』 신라본기 선덕~진덕여왕대의 기사를 보면, 외교 일선에는 金春秋가 백제 및 고구려와의 군사적 충돌에는 金庾信의 활약상이 주를 이룬다. 이는 당시 이들의 행적이 중요한 의미를 갖기 때문이기도 하지만 진덕여왕의 사후 개창된 중대 왕실이 바로 김춘추와 김유신의 합작품인

---

47) 『三國史記』 권 5, 太宗武烈王 卽位年.
48) 『三國遺事』 권 1, 紀異 1, 眞德王.

까닭에 이들의 행적이 더욱 부각될 수 있었을 것이다. 이러한 와중에서도 단편적이나마 알천의 행적을 이상과 같이 파악할 수 있다는 것은 알천이 선덕여왕대로부터 왕실 친화적이었으며, 진덕여왕의 즉위와 이후 국정 운영에 영향력이 상당했었음을 시사한다.

결국 진덕여왕은 주변 인물들의 조력 속에 즉위한 것으로 판단되는데, 이러한 양상은 진지왕을 퇴위시킨 국인들에 의해 추대받아 즉위한 진평왕과 유사한 부분이 있다. 더 나아가 상술한 선덕여왕대가 진지왕대와 흡사한 것처럼, 진덕여왕대의 정치 상황이 진평왕대와 일부 흡사하다는 점은 역시 주목할 만하다. 우선 양 왕대에 걸쳐 다수의 관부가 설치되어 국가 통치 체제의 안정 및 왕권 강화에 이바지하였다.

먼저 간단하게나마 진평왕대의 관부 설치를 살펴보면 位和府(3년 ; 581)·調府·乘府(이상 6년 ; 584)·禮部(8년 ; 586)가 설치된[49] 전기와 領客部(43년 ; 621)가 설치된[50] 후기로 나뉘며, 신라사에 있어서 관부 설치의 소위 Ⅰ기(草創期)라고 규정되던 법흥·진흥왕대를 이은 Ⅱ기(發展期)로 이해된다.[51] 이러한 진평왕대 관제 조직상의 발전기에는 새로운 관부가 다양하게 창설되어 관청간의 분업체제가 확립되고,[52] 실무를 담당하는 하급관직의 설치로 소속 관원의 조직화 경향이 뚜렷하게 나타난다고 한다.[53]

그런데 진덕여왕대에는 일련의 한화 정책이 추진되며 더불어 진평왕대 이루어진 상기 관부의 인적 구성을 확대하고 신설 관부를 설치하는 노력

---

49) 이상 『三國史記』 권 4, 眞平王 3년·6년·8년.

50) 『三國史記』 권 38, 雜志 7, 職官 上.

51) 李基白, 1964, 「稟主考」, 『李相佰博士回甲紀念論叢』 ; 1974, 『新羅政治社會史研究』, 一潮閣, 141쪽.

52) 木村誠, 1976, 「6世紀新羅における骨品制の成立」, 『歷史學研究』 428, 22~26쪽.

53) 三池賢一, 1975, 「新羅官制と社會身分」, 『日本史研究』 150·151, 83~85쪽.

이 크게 등장한다. 우선 김춘추가 입당하여 國學에 가서 釋奠과 講論을 참관하였고, 당의 衣服制를 수용하였다. 또한 진골로서 작위를 가진 자에게 牙笏을 쥐게 하였으며, 당의 연호 永徽를 받아들였고, 朝元殿에서 賀正의 禮를 시작했다.[54] 더불어 진덕여왕대에는 여러 부서에 인적 구성을 확충하는데 이를 간추리면, 예부에 卿과 大舍를 2명씩 그리고 史는 3명을, 조부에 令과 대사를 2명씩, 영객전에 령을 2명 추가하였다.[55] 그리고 진덕여왕대 개편 내지 신설된 관부를 보면 5년 기존의 稟主를 執事部라 고치고 執事中侍를 두어 기밀업무를 관장케 했다.[56] 더불어 품주가 담당하던 업무를 분장하여 倉部를 설치 여기에 령과 경 대사를 각각 2명씩 두었다. 또한 左理方府를 신설하고 령과 경 그리고 左를 각각 2명씩 두었으며[57] 侍衛府를 설치했다.[58] 이러한 관부의 분장 및 신설 관부 등의 관제 개혁을 학계에서는 Ⅲ기(整理期)로 이해하며[59] 통합적인 관부의 업무를 세분화시키는 특징이 보인다.[60] 당시의 관제 개혁은 당과의 적극적인 외교 관계 속에 이루어졌고 관부 명칭을 보면 한화 정책의 일환임을 알 수 있다.[61]

그런데 관부 설치가 많았다는 외형적 공통점 외에도 내적으로도 이것

---

54) 『三國史記』 권 5, 眞德王 2년 · 3년 · 4년 · 5년.

55) 이상 『三國史記』 권 38, 雜志 7, 職官 上.

56) 『三國史記』 권 5, 眞德王 4년 2월.

57) 이상 『三國史記』 권 38, 雜志 7, 職官 上.

58) 『三國史記』 권 40, 雜志 9, 職官 下.

59) 李基白, 1964, 앞의 논문 ; 1974, 앞의 책, 141쪽.

60) 權悳永, 1997, 『古代韓中外交史』, 一潮閣, 271쪽.

61) 신라시대 관직제도의 정비와 발전에 대해서는 다음의 글 참고.

李基東, 1991, 「新羅 官職制度의 特性」, 『新羅文化祭學術發表會論文集』 2, 111~124쪽.

金羲滿, 2002, 「新羅 官職制의 成立과 運營」, 『東國史學』 37, 135~164쪽.

金羲滿, 2003, 「新羅의 王權과 官職制」, 『新羅文化』 22, 141~161쪽.

을 추진한 핵심 집단이 바로 왕 자신이 아니라 그를 보좌 내지 당시 정책을 주도했던 진골귀족이라는 것에 숨어있는 공통점이 있다. 먼저 진평왕은 정난황음한 진지왕을 폐위시킨 국인들에 의해 추대되었다. 진평왕은 즉위 시 10세 초반의 어린 나이로 추정된다.[62] 그런데 진평왕대 이루어진 관부 설치는 3년부터 8년 사이에 대부분 이루어졌다. 10대 초반의 어린 나이로 추대되어 왕위에 오른 진평왕이 혼자만의 역량으로 이러한 관부 설치를 이룩했다고 보기 어렵다. 그러므로 즉위 직후 상대등과 병부령 등의 요직을 차지했던 노리부·수을부·김후직 등의 소수 진골 귀족들이 주도적인 역할을 수행했을 것으로 파악된다. 진평왕대 초기의 관부 설치는 당시 국가 체제의 정비와 왕권 강화의 일환임은 논란의 여지가 없다. 그렇다면 노리부 등이 궁극적으로 추구한 바는 당시 중고기 왕실에 대한 도전 내지 진골 귀족의 영향력 확대가 아니라, 바로 진평왕을 보필하면서 국가 체제의 안정을 도모하기 위한 노력이었다고 이해할 수 있다.

진덕여왕대 한화 정책의 일환으로 이루어진 관부 확충과 신설 관부 등장을 주도한 인물도 여왕 자신이었을 것으로 생각되지 않는다. 상술한 바와 같이 진덕여왕은 여주불능선리를 주장하며 벌어진 비담의 난 와중에 왕당파의 도움으로 즉위하였을 뿐만 아니라 자체적인 정통성에도 결함이 있었다. 그러므로 즉위 직후부터 왕권 강화를 위한 다양한 노력이 필요하였을 것이다. 그런데 지금까지 남아 있는 당시 기사를 보면,[63] 한화 정책과 그 연장선상에 있는 관제 개편 및 신설을 가장 주도적으로 추진한 인

---

62) 鄭孝雲, 1986, 「新羅 中古時代의 王權의 改元에 관한 研究」, 『考古歷史學報』 2, 13~17쪽.
  金德源, 2000, 「金龍春의 生涯와 活動」, 『明知史論』 11·12, 156쪽.
63) 『三國史記』 권 5, 眞德王 2년 ; 권 33, 雜志 2, 色服.

물은 김춘추와 김유신 일파라고 이해하는데 논란이 없다.[64]

한편 당의 의관제와 아홀 법식의 도입에는 입당구법승 자장도 일정 이상의 역할을 수행하였다.[65] 진골 혈통의 자장은 門人僧 實 등 십여인과 입당 구법하였는데, 당태종의 특별한 후원을 받아가며 光德坊의 勝光別院에 머무른 바 있다. 이후 선덕왕의 귀국 요청을 받아들인 당태종의 교서에 의해 당 황실로부터의 전폭적인 환대 속에 귀국하였다.[66] 자장은 귀국 후 傳敎 活動에 매진하며, 승단의 행정 실무를 위해 교단 정비를 이룩하는 등 다양한 활동을 전개하였다.[67] 특히 왕실의 최고 자문가로써 선덕여왕 대에는 황룡사 구층탑의 건립[68] 및 선덕여왕이 刹利種임을 주장하여 국가

---

64) 李丙燾, 1981, 『韓國史 古代篇』, 震檀學會, 505~506쪽.
李基白, 1964, 「新羅 執事部의 成立」, 『震檀學報』 25 · 26 · 27 ; 1974, 앞의 책, 153쪽.
申瀅植, 1977, 「武烈王系의 成立과 活動」, 『韓國史論叢』 2 ; 1984, 『韓國古代史의 新研究』, 一潮閣, 117쪽.
金德原, 2007, 앞의 책, 235~241쪽.

65) 『三國遺事』 권 1, 紀異 1, 太宗春秋公 ; 『三國遺事』 권 4, 義解 5, 慈藏定律.

66) 『三國遺事』 권 4, 義解 5, 慈藏定律.

67) 자장에 대한 연구 성과 역시 다대하며 그의 활동 및 평가에 대해서는 다음의 글을 주로 참고할 수 있다.
蔡印幻, 1982, 「慈藏의 戒律과 戒壇 創設」, 『東國思想』 15.
鄭柄朝, 1987, 「慈藏과 文殊信仰」, 『新羅文化』 3 · 4.
李基白, 1986, 「皇龍寺와 그 創建」, 『新羅思想史研究』, 일지사.
金相鉉, 1980, 「新羅三寶의 成立과 그 意義」, 『東國史學』 14.
金相鉉, 1995, 「慈藏의 政治外交的 役割」, 『佛敎文化研究』 4 ; 1999, 『신라의 사상과 문화』, 일지사.
辛鍾遠, 1982, 「慈藏의 佛敎思想에 대한 再檢討-新羅佛敎 初期戒律의 意義-」, 『韓國史研究』 39.
신종원, 1998, 「신라불국토 사상의 완성자, 자장(慈藏)」, 『신라 최초의 고승들』, 민족사.
南東信, 1992, 「慈藏의 佛敎思想과 佛敎治國策」, 『韓國史研究』 76.
蔡尙植, 1995, 「慈藏의 교단 정비와 僧官制」, 『佛敎文化研究』 4.

의 안녕과 왕실의 권위를 고양하였다.[69] 또한 진덕여왕대에는 中國式 衣冠制와 年號의 도입을 건의하고 김춘추가 이를 실무적으로 진행시켜 나당동맹의 성립에 기여한 바 있다.[70] 그러므로 학계에서는 진덕여왕대의 관제 개편 및 신설에 외교적으로 김춘추와 자장의 역할이 컸다고 주목해 왔던 것이다.

그런데 신라 내부적으로 상대등인 알천의 역할도 인정해야만 한다. 신라본기에 따르면 즉위 이전 김춘추의 활동은 대체적으로 고구려와 당과의 외교 전면에서 활동했음을 기록하고 있을 뿐 그의 내정 활동에 대해서 별 다른 기록이 없다. 더욱이 그는 이찬의 관등을 소유했음만이 명기되었을 뿐[71] 구체적으로 소유한 관직도 확인되지 않는다. 그나마 『삼국유사』에 선덕여왕이 남산에 갔을 때, 김춘추가 모시고 따라 갔었다는 정도만의 기사가 있을 뿐이다.[72]

반면 알천은 대장군이면서도 진덕여왕의 즉위와 더불어 상대등에 임명되었던 점이 주목된다. 어떤 성향을 가진 인물이 임명되느냐에 따라 다를 수 있지만, 일반적으로 상대등은 진골 귀족을 대표하는 직책이다. 진덕여왕대 이룩된 다양한 관제 개혁은 국가 체제의 정비 및 왕권의 안정과 직결되지만 동시에 왕권을 견제하려는 진골 귀족들에게는 부정적으로 인식될 수 있다. 그러나 이러한 관제 개혁이 성공적으로 이루어졌음은 당시 진골 귀족들이 이를 긍정하였기 때문이다.

그렇다면 당시 대장군이자 상대등이며 (오지암의) 군신회의 좌장이었

---

68) 『三國史記』권 5, 善德王 14년 3월.
69) 『三國遺事』권 3, 塔像 4, 皇龍寺九層塔.
70) 金相鉉, 1995, 앞의 논문 ; 1999, 앞의 책, 35~45쪽.
71) 『三國史記』권 5, 善德王 11년 8월 · 眞德王 2년 · 권 42, 列傳 2, 金庾信 中.
72) 『三國遺事』권 1, 紀異 1, 太宗春秋公.

던 알천의 정치적 경향을 어느 정도 추정할 수 있다.[73] 곧 그는 당시 추대로 왕위에 오른 진덕여왕을 대변하여 귀족들에게 왕실의 입장을 이해시키고 진골귀족들의 불만을 무마하는데 노력했거나 또는 김춘추 등이 주도하는 관제 개혁에 적극적으로 호응했던 것이다. 그러므로 진덕여왕대의 관제 개혁이 이룩되는데 일조하였고, 그의 정치적 역량과 경륜이 인정되어 진덕여왕 사후 군신들이 그에게 관례적이나마 섭정을 권하였을 정도의 위상을 유지할 수 있었을 것이다.

이와 같이 진덕여왕은 조력자의 도움으로 즉위하였고, 또 당대 이루어진 관제 개혁의 주체도 김춘추·자장·알천 등이었다는 점이 진평왕대와 비교될 만하다. 물론 구체적으로는 차이점이 더 많다. 진평왕은 어린 나이에 즉위한 데다가 재위기간이 53년에 이를 정도로 장구했다. 뿐만 아니라 친정이 시작된 이후 주도적으로 국정을 운영하고 상당한 치적을 이룩했다. 그러나 진덕여왕은 장성해서 즉위한 탓인지 재위 기간도 7년에 불과하며 국정 운영의 중심축이 되지도 못하였다.

그러므로 비담의 난을 계기로 진덕여왕대 김춘추와 김유신 등으로 대표되는 신귀족세력이 정국의 주도권을 완전히 장악하였다거나,[74] 진덕왕대를 무열왕계의 정책시험기라고 파악하거나,[75] 진덕여왕대는 무열왕이 즉위할 때까지의 과도적인 성격을 지닌다거나,[76] 또는 김춘추가 진덕왕을 추대한 것은 진덕왕이 고령이었기에 차기를 대비하는 자신감이 내포되어 있었을 것이라는[77] 견해들이 제시되었다. 이는 중고기를 왕실과 진

---

73) 『삼국유사』의 진덕왕조에 기록된 오지암회의의 개최시기를 선덕여왕 초년으로 보는 견해(박남수, 1992, 앞의 논문, 222~229쪽)가 있지만, 채택하지 않는다.

74) 井上秀雄, 1962, 「新羅政治體制의 變遷過程」, 『古代史講座』 4, 207~208쪽.
　　李基白, 1964, 앞의 논문 ; 1974, 앞의 책, 153쪽

75) 申瀅植, 1977, 앞의 논문 ; 1984, 앞의 책, 117쪽

76) 文暻鉉, 1981, 「三國統一과 新金氏家門－金庾信 祖孫 四代의 貢獻－」, 『軍史』 2, 58쪽.

골귀족의 대립기이자 동시에 진골 귀족 내부에서 신·구 귀족 간의 갈등기로 이해하고, 진덕여왕 이후 왕계의 변화 속에 무열왕이 즉위하였던 결과론적인 사실에서 비롯된 견해들이다.

그러나 왕실과 진골귀족간의 갈등론적 시각에서 중고기를 이해하는 기존 학계의 일반적 접근 방식과 달리, 진평왕대 초기 이루어진 관제 개혁의 주체와 목적에 대한 필자의 비갈등론적 시각의 동일선상에서 진덕여왕대의 관제 개혁이나 정치 상황이 이해될 수 있다. 비담의 난 발생시 친왕파였으며 성공적으로 난을 진압한 이후 정치적 주도권을 확보한 김춘추와 김유신 그리고 알천 등은 '여주불능선리'에 동의하지 않았지만, 당시 신라가 국가적 위기 상황에 처했었음은 모두 동의하였다. 그러므로 그들은 선덕여왕의 즉위 이후 외부로부터의 군사적 위협으로부터 난국을 타개하기 위해, 진덕여왕을 보필하며 다양한 노력—적극적인 대당 외교, 한화를 통한 국가 체제의 정비, 왕권 강화 및 여왕에 대한 진골귀족의 불만 무마 등—을 전개, 결과적으로 국가의 운명을 보존하는데 성공했던 것이다.

IV. 맺음말 - 비갈등론적 시각에서 본 중고기 말

근대 정치학의 시조인 마키아벨리에 의하면 "君主는 자비롭고 신의가 있으며, 인정있고 경건하고 공명정대해야 한다. 또한 실제로 그렇게 행동해야 하지만, 그러한 덕과 반대되는 일을 해야 할 필요가 있을 때는 그 반대쪽으로 전환할 수 있어야 하며, 또한 능숙하게 해낼 수 있다는 마음가

---

77) 朴淳敎, 1999, 『金春秋의 執權過程 硏究』, 慶北大 博士學位論文, 187쪽.

짐이 되어 있어야 한다."라고 언급하였다.[78] 이러한 주장이 시사하는 바는 한 나라의 王이 제 역할을 수행하고 지위를 유지하기 위해 때로 무자비하고 신의를 어기며 몰인정하고 공명정대하지 않아도 된다는 것이다. 특히 야욕을 가진 신하가 왕위를 찬탈하려 도전하는 경우, 이러한 무자비한 정치력이 발휘되어야 할 것이다. 또한 君主政에 강한 애착을 가졌던 영국의 정치학자 홉스 역시 권력의 추구를 인간의 일반적 성향, 즉 인간의 욕망들 중에서 가장 강력한 것으로 파악한다. 심지어 이 힘(권력)에 대한 욕구를 "죽음에 이르러서야 비로소 소멸되는 인간의 영속적이고 부단한 의욕의 대상이다."라고까지 언급하였다.[79]

이상과 같은 정의에서 알 수 있듯이 일국에 최고 권력을 지닌 왕이나 또는 왕권을 견제 내지 왕권에 도전할 수 있는 귀족들이 지닌 기본적 욕구는 권력에 대한 무한한 집착이다. 더욱이 신라사에 있어서 중고기는 누대에 걸쳐 관제의 지속적 정비에 따른 왕권 강화가 이루어졌는데, 이는 바로 군왕의 지배력을 확대하려는 노력이었다. 그러나 이러한 이면에는 권력에 대한 동일한 기본적 욕구를 지닌 진골귀족과의 갈등과 마찰이 항상 잠복해 있었을 뿐만 아니라 이것이 실제 표출되기도 했다. 이러한 입장을 가장 제대로 반영하는 사건이 선덕여왕 말년 '여주불능선리'를 표방하며 난을 일으킨 상대등 비담의 행동이다.

그러나 이러한 비담의 난을 진압하며 여왕의 신변 보호는 물론 국가의 안전 및 발전을 도모한 김춘추 · 김유신 · 알천 등의 행적도 동시에 확인된다. 곧 인간의 권력에 대한 기본적 욕구에 앞서는 공동의 정의와 국가의 안녕을 도모하는 노력도 나타났던 것이다. 물론 타인의 이익은 그것으

---

78) 마키아벨리 ; 이상두 옮김, 1975, 『Il principe 군주론』, 범우사, 124쪽.
79) Thomas Hobbes, 1994, *Leviathan*, by Hackett Publishing Company, Inc., Indianapolis, Cambridge, 74~78쪽.

로 자기의 이익을 확보할 수 있다고 믿을 때만 옹호한다는 시각에서의 이해도 가능하다.[80] 그러므로 김춘추 등의 이러한 행동을 내심 개인적 야심을 묻어둔 것이라 비하할 수 있지만, 이들의 행적(특히 알천의 경우)이 동시기의 비담 등과 구별되는 것도 사실이다.

대체로 이러한 상황이 전개될 수 있었던 것은 진흥왕의 한강유역 확보 이후, 신라가 려·제 양국의 협공에 시달리며 지정학적으로 한반도상에 고립된 상황이 크게 작용하였다. 그러므로 진골귀족들은 진흥왕의 뒤를 이었으나 '정난황음'한 진지왕을 폐위시키고 약관의 진평왕을 보필하며 관제 설치 등의 왕권 강화를 통해 국정의 안정과 국가 발전을 기하였다. 더욱이 선덕여왕 후반기에 본격화된 신라에 대한 백제 의자왕의 대대적인 공세는 신라 지배층의 단합을 더욱 필요하게 만들기도 했다.

물론 이러한 와중에도 진평왕 말기 칠숙과 석품의 모반이 발각되었고, 그 뒤를 이은 선덕여왕 말년 비담과 염종 등이 兵難을 일으키기도 했다. 그렇지만 이 시기에는 다수의 진골귀족(진지왕대의 거칠부 / 진평왕대의 노리부·수을부·김후직 / 선덕여왕대의 을제·알천 / 진덕여왕대의 알천·김춘추·김유신·자장)들이 친왕적인 성향을 바탕으로 관제 설치 및 정비를 통해 정치 조직의 안정과 왕권 강화를 추진하고 결과적으로 국가의 안위를 도모하고자 노력하던 모습도 누차 확인된다.

결과적으로 중고기 신라가 큰 위기에 처했을 시, 진골 귀족들은 최고 정치 권력에 대한 직접적인 도전 또는 체제 안정과 왕권의 강화를 통한 국가적 위기 탈출이라는 두 가지 상반된 방식으로 그들의 생각과 행동을 표출하였다. 그런데 지금까지 학계에서는 중고기를 갈등론적 시각에서

---

80) 스피노자 ; 김성근 옮김, 2001, 「제7장 군주국가에 관하여(2)」, 『국가론』, 서문당, 113쪽.

왕권과 진골 귀족 또는 진골 상호간의 대립적 관계로 주목하는 경향이 일반적이었다. 이러한 경향은 진지왕이 국인들에 의해 폐위되었던 사실과 두 명의 여왕이 즉위하기 직전 반란이 모색 또는 실제 발생했던 사실에서 기인했다.

그러나 진지왕을 폐위시킨 국인들은 오히려 약관의 진평왕을 보필하며 관제 신설을 통해 정치 조직의 안정과 왕권 강화를 이룩하였고, 선덕·진덕 여왕을 보필하며 비담의 난을 진압한 일단의 귀족들도 진평왕대와 비교될 만한 관제 개편 및 왕권 강화를 위해 진력하였다. 이들의 행적은 동시기 왕권에 도전했던 칠숙 석품 그리고 비담 염종과 구별되며, 오히려 신라 중고기 정치사에 있어서 매우 주목할 만한 업적을 이룩하였다고 하겠다.

많은 정치학자들이 이야기하듯 인간이 권력 지향적인 욕망을 소유하고 있음은 분명하지만 동시에 공동성을 보장하기 위한 질서와 정의를 이행하기 위한 노력을 전개하는 것도 사실이다. 더욱이 국가가 외부로부터의 크나큰 위협에 직면할 때 후자적인 속성이 더욱 부각될 수도 있다. 그러므로 우리는 중고기 신라사 연구에 있어서 진골귀족들에 의해 이루어진 일반적 이익과 공공복지를 확보하기 위한 노력을 주목하고, 갈등론적 시각에서 벗어난 새로운 시각에서 이 시기의 정치 상황을 주목해 볼 필요가 있는 것이다.

『文館詞林』 소재 「貞觀年中撫慰新羅王詔」의 분석과 羅唐關係

최현화*

目　　次

Ⅰ. 머리말

『文館飼林』에는 당으로부터 新羅에게 전달된 「貞觀年中撫慰新羅王詔」(이하 「신라왕조」)라는 제복의 조서가 완문의 형태로 수록되어 있다.[1] 당

---

* 동국대학교 사학과

1) 『文館詞林』 권 664, 詔 34 撫邊 「貞觀年中撫慰新羅王詔一首」. 『문관사림』은 당고종 顯敬3년(658)에 許敬宗이 찬술한 시문집으로 「신라왕조」 이외에도 「貞觀年中撫慰百濟王詔一首」, 「後魏孝文帝與高句麗王雲詔一首」 등 삼국에게 발급된 조서가 수록되어 있다. 『문관사림』의 전래과정이나 판본 등에 대해서는 黃渭周, 1991, 「文館詞林의 實體」, 『韓國의 哲學』 19 ; 朱甫暾, 1992, 「《文館詞林》에 보이는 韓國古代史 관련 外交文書」, 『慶北史學』 15 ; 石見淸裕, 2004, 「唐・太宗期の韓半島三國と中國との外交交涉史料」, 『日本研究』 22, 한국외국어대학교 일본연구소 참조.

시 당과 주변제국들 사이에는 表文과 勅書라 불리는 외교문서가 공식적 의사소통 수단으로 사용되었다. 이들은 당시의 양국관계뿐만 아니라 국 제정세를 단적으로 보여주는 증거로서, 국제정세가 복잡한 시기에는 이 들 외교문서의 교환이 더욱 중요한 의미를 가지고 있었다. 이러한 의미에 서 이 조서는 삼국간 치열한 대결을 벌였던 7세기 중엽 신라의 唐에 대한 접근을 당시의 생생한 자료 그대로 보여주는 귀중한 자료라 할 것이다.

「신라왕조」는 645년 초 당태종의 고구려 공격 직전에 발급되었다. 신라 의 입장에서 볼 때 이 시점은 당과의 동맹이 결성되기 직전에 해당한다. 신라의 대당접근과 그로 인한 동맹의 결성 과정은 결코 순조롭지만은 않 았다. 신라의 대당청병은 백제의 대대적 공세로 대내외적 위기에 직면하 게 되면서, 이를 외교적 노력으로 타개하기 위해 본격적으로 시작되었다. 이것이 643년 9월의 청병이다. 그런데 당은 신라의 청병을 받아주지 않았 고, 오히려 여왕의 존재에 대해 문제를 제기함으로써 신라 내부의 분열을 야기하였다. 이러한 상황에서 신라가 648년 당과 동맹을 맺게 되는 것이 므로 그 사이에 양국관계, 엄밀히 말하면 당의 태도에 변화가 있었음을 추측하게 한다.

기존 연구에서는 이러한 변화에 대해서 그다지 주목하지 않았다. 단지 동맹이 성사되는 과정을 각 시기의 계기적 변화에 대한 분석없이, 일괄적 으로 김춘추가 주도한 신라 외교의 승리로 기술하는 경향이 있었다.[2] 당 과의 외교에서 삼국 중 신라가 가장 적극적이었고 그에 따라 당연히 당도

---

2) 申瀅植, 1997, 「신라의 대외관계」, 『한국사』 7, 국사편찬위원회, 130~131쪽 ; 李昊 榮, 1982, 「麗·濟連和說의 檢討」, 『慶熙史學』 9·10합, 24쪽 및 1998, 「삼국통일」, 『한국사』 8, 국사편찬위원회, 28~31쪽 ; 金翰奎, 1999, 「高句麗가 遼東에 雄據한 시 기의 韓中關係」, 『한중관계사』Ⅰ, 아르케, 199~200쪽 ; 山尾幸久, 1989, 「任那の調の 實態と性格」, 『古代の日朝關係』, 塙書房, 1989, 341~342쪽.

시종일관 친신라적 성향을 가지고 있었던 것처럼 이해하였다. 이는 이 시기 양국관계를 보여주는 대부분의 자료가 단편적인 조공기사에 한정되어 있어 이러한 부분에 대한 접근이 이루어지지 못했기 때문이다. 「신라왕조」는 이러한 사료상의 한계에서 벗어나 이 시기 신라와 당의 관계를 보다 입체적으로 살펴볼 수 있게 하는 내용을 포함하고 있다.

「신라왕조」는 「貞觀年中撫慰百濟王詔」(이하 「백제왕조」)와 함께 일찍부터 일본인 연구자들에 의해 唐代 조서 연구의 대표 자료로서 慰勞制書의 문서형식을 밝혀내는 데 활용되었다.[3] 이 경우 정작 문서의 내용이나 그 속에 보이는 국가간의 관계 및 국제정세는 등한시되는 경향이 있었다. 한편 한국사 연구자들은 일제시대에 조선사편수회에서 소개한 「백제왕조」와 「신라왕조」[4]를 바탕으로 조서에 등장하는 '三韓'이라는 용어에 집중하거나[5] 640년대 당을 둘러싼 신라와 백제의 외교경쟁을 설명하는 데 단편적으로 인용하였다.[6] 또한 삼국의 대당외교 연구에서 이 조서의 중요성을 환기시키며 작성시기 및 내용분석 등 기초적 이해와 함께, 「백제왕조」와의 비교연구 필요성을 제기하기도 하였으나[7] 전문에 대한

---

3) 金子修一, 1974, 「唐代の國際文書の型式について」, 『史學雜誌』 제83편 10호 ; 山田英雄, 1974, 『日本考古學·古史論集』(1987, 「口唐羅渤間の國書について」, 『日本古代史攷』 재수록) ; 金子修一, 2001, 「唐代の国際文書形式」, 『隋唐の国際秩序と東アジア』, 名著刊行會 ; 山内晋次, 2003, 「唐朝の国際秩序と日本─外交文書形式の分析を通して─」, 『奈良平安期の日本と東アジア』, 吉川弘文館.

4) 朝鮮史編修會 編, 1932, 『朝鮮史』 제1편 제3권, 朝鮮總督府.

5) 盧泰敦, 1982, 「三韓에 대한 認識의 變遷」, 『韓國史硏究』 38.

6) 權悳永, 1997, 「遣唐使 관련 기록의 검토」, 『古代韓中外交史』, 일조각 ; 金壽泰, 1991, 「百濟의 滅亡과 唐」, 『百濟硏究』 22 및 2004, 「삼국의 외교적 협력과 경쟁─7세기 신라와 백제의 외교전을 중심으로─」, 『新羅文化』 24 ; 최현화, 2003, 「7세기 중엽 羅唐關係에 관한 考察」, 『史學研究』 73 ; 정동준, 2006, 「7세기 중반 백제의 대외정책」, 『역사와 현실』 61.

7) 주보돈, 앞의 논문.

세밀한 분석이나 양자의 비교를 통한 국제관계의 고찰은 아직 미진한 편이다.[8]

이 글은 643년 이후 신라와 당의 관계 변화를 「신라왕조」의 분석을 통해 살펴보고자 한다. 이는 곧 그 이후 나당동맹으로 연결되는 양국의 결합 과정을 고찰하는 작업이 될 것이다. 물론 이러한 접근은 「신라왕조」와 「백제왕조」의 비교 분석을 통해 보다 선명하게 이루어질 것이다. 다만 이 글에서는 그러한 선행작업으로서 「신라왕조」를 분석하는 데 역점을 두고자 한다. 이를 위해 우선 「신라왕조」의 원문을 분석하여 그 발급 배경을 밝히고, 신라의 대당접근 방식을 살펴보도록 하겠다. 아울러 이를 통해 당이 가지고 있던 신라와 백제 양국에 대한 입장도 확인할 것이다.

II. 「貞觀年中撫慰新羅王詔」의 내용

「신라왕조」의 전체적인 해석은 石見淸裕가 자세하게 한 바 있으므로[9] 생략하고 내용에 따라 단락을 나누어 대강의 흐름을 살피고자 한다.

(A) 皇帝問杜國 · 樂浪郡王 · 新羅王金善德.

(B) 朕祗膺靈命, 君臨區宇, 矜惕之懷, 無忘於夙夜, 撫育之志, 寧隔於遐邇. 萬方有罪, 情深納隍, 一物失所, 坐以待旦.

(C) 高麗恃其險阻, 肆行凶慝, 數動干戈, 侵王境界. 朕愍王在遠遭其充斥, 頻命行人示其利害. 而凶愚之性, 莫肯悛革. 故違朕命, 曾不休兵. 加以

---

8) 최근에 石見淸裕가 이러한 입장에서 전체적인 원문 번역과 시대적 배경을 고찰한 바 있다.(2004, 앞의 논문)
9) 石見淸裕, 위의 논문 참조.

莫離支蓋蘇文苞藏禍心, 乃殺害徧於忠良, 凶虐被其土境. 逆亂旣甚, 罪
釁難容. 朕是以大發師徒, 往申弔伐, 拯彼國之危急, 濟遼左之塗炭. 剋
定之期, 在於旦夕.

(D) 去年, 王使人金多遂還日, 具有璽書, 以水軍方欲進路, 令王遣大達官,
將領人船, 來相迎引. 訝王比來, 絶無消息, 爲是被高麗斷截, 爲是不遣
使來, 引領東顧, 每勞虛想. 前本欲令禮部尙書 · 江夏郡王道宗, 總統水
軍. 今道宗別有任使. 仍先令光祿大夫 · 刑部尙書張亮總統舟艦, 又令特
進 · 太子詹事 · 英國公李勣亦爲大總管, 董牽士馬, 並水陸俱進, 直指賊
庭. 計四月上旬之內, 當入高麗之境. 若同惡相濟, 敢拒王師, 便肆軍威,
俾無遺類. 王與高麗怨隙旣重, 所部之兵, 想裝束久. 辦宜與左驍衛長史
任義方相知, 早令募集應行兵馬, 並宜受張亮等處分.

(E) 朕仍令行軍總管 · 守右驍衛將軍 · 東平郡開國公程名振等, 爲張亮前軍,
并遣朝散大夫莊元表, 副使右衛勳衛旅師段智君等, 使往彼國. 元表等至
日, 王卽宜遣使到亮等軍所, 共爲期會. 仍須遣使, 速來奏.

(F) 朕今六合之師, 百道俱進. 或鐵騎如雲越襄平而電擊, 或戈船連軸汎滄波
而風掃. 華夷響會, 遠近勠力, 以此破陣, 何陣不摧, 以此攻城, 何城不
剋. 朕卽以今月十二日, 發洛陽至幽州. 便當東巡遼左, 觀省風俗, 親問
疾苦, 戮渠魁之多罪, 解黎庶之倒懸, 被以朝恩, 播玆愷澤. 當令三韓之
吏人, 五郡士庶, 永息風塵之警, 長保丘山之安. 王早著迺誠, 每盡藩禮.
干戈所臨, 爲王除害. 忻悅之情, 固當何已. 所遣之兵, 宜簡精銳. 破賊
之日, 若能立功, 具錄聞奏. 當加褒墿.

(G) 春序稍暖, 想比無恙, 境屬之內, 當並平安. 自外並元表所具. 并寄王信
物如別.

우선 (A) 부분은 冒頭 부분으로, '皇帝問某'로 시작하는 당대 慰勞制書
의 전형적인 양식을 따르고 있다. 당에서 외국에게 수여된 외교문서는 이
른바 王言이라고 불리는 황제의 문서[10] 중에서 위로제서와 論事勅書였다.

위로제서와 논사칙서의 서식은 용도에 따라 이른바 大事와 小事로 구분되어 사용되었다.[11] 「신라왕조」와 「백제왕조」는 위로제서의 형태를 띠고 있는 것은 결국 당태종이 발급한 두 조서가 大事에 해당하는 중대한 사안을 담고 있었기 때문이다. 이후 당현종이 聖德王에게 보낸 외교문서가 논사칙서의 형태인 것[12]과 비교하면 당의 입장에서 볼 때 이 시기 발급된 외교문서가 얼마나 중대하였는지를 확인할 수 있다. 당대의 외교문서에 대한 연구에 따르면 위로제서와 논사칙서의 구분은 원칙적으로 용도에 따른 것이기는 하나 실제로는 당의 주변제국에 대한 당시의 평가를 기준으로 하여, 당이 볼 때 큰 세력을 가졌거나 중요도가 높다고 판단되는 국가에 대해서는 위로제서, 통상의 조공국 등에게는 논사칙서가 발급되었다고 한다.[13] 그러므로 각 시기마다 정세의 변화에 따라 당이 인식하는 특정국가나 사건의 중요성에 따라 발급 서식이 달라질 수 있는 것이다. 이후 신라왕에게 논사칙서 형태의 외교문서가 전달된 것은 더 이상 양국간에 이전과 같이 긴박한 상황이 전개되지 않았고 통상의 관계유지를 목적으로 한 외교문서의 교환만 이루어졌기 때문일 것이다. 이 당시 신라와 백제에게 전달된 조서는 당태종의 고구려 공격이라는 중대한 계획을 앞두고 양국의 군사적 지원을 요청하는 목적을 가지고 작성되었다. 따라서 당연히 '대사'에 사용되는 위로제서 형식을 채택한 것이다.

(B) 부분은 조서의 서두에 일반적으로 사용되는 관용문구로서, 각종 경전과 고사를 인용하여 황제 지배를 정당화하는 수식으로 일관하고 있다.

---

10) 『大唐六典』 권 9, 中書省 中書令.

11) 中村裕一, 2003, 『隋唐王言の硏究』, 汲古書院, 221~222쪽.

12) 당으로부터 신라에 발급된 조서는 石見淸裕, 1991, 「唐朝發給の國書一覽」, 『アジア遊學』 3, 40~46쪽 표를 참조.

13) 中村裕一, 앞의 책, 221~222쪽.

황제가 신령을 받들어 천하에 군림하면서 만물을 애석하게 여기고 무육하려는 마음이 있고, 만방에 죄가 있으면 마음 깊게 고민하고 일물이라도 본래 있어야 하는 곳을 잃으면 그것을 해결하기 위해 앉은 채로 아침까지 고민을 한다는 내용이다.

(C) 부분은 고구려 공격의 당위성을 설명하는 구절이다. 신라가 계속 당에 청병을 하면서 호소했듯 고구려가 지세가 험한 것을 믿고 자주 전쟁을 일으켜 신라의 국경을 침략하였고, 그에 따라 당은 고구려에 여러 차례 사신을 파견하여 그를 중지하라 하였으나 고구려는 그치지 않았다. 이에 더해 막리지 연개소문이 쿠데타를 일으켜 왕을 살해하는 사건까지 벌어지게 되자 더 이상 이를 두고 볼 수 없어서 군사를 일으키게 되었다는 것이다.

당이 이와 같은 고구려 공격의 명분을 제시한 것은 이미 오래되었다. 당태종이 고구려 공격의사를 처음 드러낼 때에는 과거 요동의 영유권이 중국에 있었다는 점만이 강조되었다. 그러다가 642년 10월 연개소문의 쿠데타 이후 왕을 시해한 悖逆無道한 叛臣을 처단해야 한다는 명분이 추가되었고, 643년 9월 신라의 청병을 계기로는 위기에 처한 藩臣을 구하기 위해 무력을 행사해야 한다는 명분이 차례로 확보되었다.[14] 사료 (C) 부분에서는 당의 본래 목적인 첫 번째 명분은 보이지 않고 이를 분식하여 정당화한 반역자 주살과 번신 구제만이 명분으로 제시되고 있다. 즉 이러한 명분들은 출병의 원인을 고구려에게 돌려 당이 본래 품고 있는 고구려 영토에 대한 욕심을 숨기는 데 이용되고 있는 것이다. 이후 당은 고구려에 대한 군사행동 논의나 실행 때 신라를 보호한다는 명분을 가장 우선시하게 된다. 이러한 모습은 이 조서뿐 아니라 이보다 앞서 644년 7월 당태

---

14) 최현화, 앞의 논문, 38쪽 참조.

종이 고구려 출병을 앞두고 당 내부에 내린 조서에도 공격의 가장 큰 이유를 고구려가 번신으로서 우호를 다지지 않고 신라를 침입하는 것이라 명시하고 있는 예에서도 확인된다.[15]

(D)는 신라에게 실제 고구려 공격의 진행 상황을 통보하고 그에 따라 신라의 지원을 요청하는 부분이다. 우선 작년 당에 온 신라 사신 金多逐에게 '璽書'를 내려 고구려 공격 계획을 밝히고 신라의 지원을 약속받았던 정황을 전하고, 이후 연락이 두절되어 걱정하였다는 언급을 하였다. 더불어 645년 조서 발급 시점에 당초 계획이 약간 수정되어 원래 수군대총관으로 임명하려던 道宗 대신 張亮을 임명하였고, 그를 육군대총관 李勣과 함께 파견하였으며 그들의 고구려 국경 도착이 4월 상순 안으로 예정되어 있다는 사실을 알렸다. 그에 덧붙여서 신라는 左驍衛長史 任義方과 함께 조속히 파견할 병마를 모집하고 또한 장량 등의 처분을 따를 것을 통보하고 있다.

(E)는 당태종이 程名振 등을 장량의 선봉군으로 삼았고, 아울러 신라로 朝散大夫 莊元表와 副使 右衛勳衛旅師 段智君 등을 파견하니 이들이 도착하면 신라왕은 곧 장량의 주둔지에 사람을 보내 함께 이후 계획을 마련하고, 이어서 반드시 당에 사신을 보내 보고할 것을 지시하고 있다.

(F) 부분은 대고구려전에서의 승리를 자신하면서 당태종이 조서가 발급된 달 12일에 洛陽을 출발하여 幽州로 향할 계획이라는 것을 밝히며, 그 목적은 역시 앞에서도 언급했듯 도탄에 빠진 고구려 사람들을 보살피고 역적의 죄를 물어 당조정의 은혜가 두루 미치게 하는 것이며, 전쟁을 지속하고 있는 삼국의 백성들을 평안하게 하는 데 있다는 점을 재차 강조하였다. 또한 신라는 당의 충실한 蕃國이라는 점을 부언하며 고구려 공격

---

15) 『冊府元龜』 권 985, 外臣部 征討 4.

시에 정예군을 선발하여 파견할 것을 당부하고 전쟁이 끝난 후 공을 보고하면 포상하겠다고 하고 있다.

(G)는 조서의 마지막 부분으로서 의례적인 인사말과 함께 조서 외의 상세한 사정은 신라로 파견된 장원표에게 직접 전달하게 할 것이고 아울러 신라왕에게 주는 信物을 별지로 덧붙인다는 내용이다.

이상으로 조서의 대강을 살펴보았다. 이 조서는 당태종이 고구려 공격을 앞두고 신라에게 군사적 지원을 요청할 목적으로 작성되었다. 따라서 조서 작성 당시 고구려 원정군의 편성과 파견 일정, 그에 따라 신라에게 하달된 명령이 주내용을 이루고 있다. (D)부터 (G)까지는 이러한 내용으로 채워져 있다. 따라서 일반적인 조서에서 흔히 볼 수 있는 각종 전적을 인용한 수식어구는 사용이 극히 한정되어 있고 실제 신라가 지원병을 파견할 때 알아야 하는 당군에 대한 정보와 수행해야 하는 임무 등 실무적인 내용에 더 많은 비중을 두고 있다.[16] 이 사료에서 이러한 내용을 뽑아보면, 신라가 알아야 하는 정보는 ①이미 수륙원정군을 편성·파견함, ②4월 상순에 수륙원정군의 고구려 영내 진입 예정, ③장량의 선봉군으로 정명진 등을 임명함, ④장원표·단지군 등을 사신으로 신라에 파견함, ⑤조서의 작성 달 12일에 당태종이 낙양을 떠나 유주로 향할 예정 등이다. 신라가 수행해야 하는 임부는 ①군사지원을 위해 조속히 파견할 兵馬를 모집하고, ②전쟁이 개시되면 장량의 지휘하에서 지원하는 것이다. 또한 이 조서를 전달받고 나서는 ①장량의 주둔지에 사람을 보내어 軍期를 확정하고, ②사신을 통해 이를 당에 알려야 하는 것이었다.

이와 같이 당의 조서는 비교적 자세한 정보를 전달하고 있다. 그러나 수륙원정군의 도착 예정 날짜나 당태종의 낙양 출발 시점 등의 내용은 포

---

16) 石見淸裕, 2004, 앞의 논문, 16~18쪽.

함되어 있으나 수군의 도착지라든가 하는 실제 공동군사의 활동을 하기 위해 필수적인 정보는 보이지 않는다. 이는 중간에 이 문서가 신라로 전달되지 못하고 누설될 경우 당의 진군계획 자체에 큰 차질이 빚어질 수 있으므로 이를 고려했기 때문이라 생각한다. (D) 부분에서 밝혔듯이 당에서는 전년도 김다수 파견 이후 신라로부터의 연락두절이 고구려에 의한 입당로 차단 때문이라 생각하고 있었다. 이처럼 당시 고구려에 의한 사신의 나포나 억류 가능성이 높았다. 이러한 상황이었기 때문에 조서에는 그러한 내용까지는 수록하지 않았던 것이다. 보다 자세한 내용은 아마도 조서를 가지고 신라로 파견된 장원표에 의해 직접 전달되었을 것이다.

Ⅲ. 645년 唐의 高句麗侵攻 이전 羅唐關係

당에서 고구려 공격 계획이 본격적으로 실행되기 시작한 것은 신라에 대한 침략을 중지하라는 당태종의 조서를 고구려가 받아들이지 않은 사건이 계기가 되었다. 司農丞 相里玄獎은 643년 9월 당을 떠나 다음해 정월에 평양에 도착하여 당태종의 뜻을 전하였고, 연개소문이 이를 거부하자 2월에 귀국하여 당태종에게 이러한 사실을 보고하였다.[17]

(貞觀)17년에 使臣을 보내어 "고려와 백제가 여러 차례 번갈아 공습을 하여 수십 城을 잃었는데, 두 나라 군대가 연합하여 臣의 社稷을 없애려 합니다. 삼가 陪臣을 보내어 大國에 보고를 하오니, 약간의 군사로나마 구원해 주시기 바랍니다"라고 上言하였다. 太宗은 相里玄獎을 보내어 고구려에 "신라는

---

17) 『구당서』 권 199, 열전 149 동이 신라 정관17년.
　　『자치통감』 권 196, 당기 12 태종 정관17년 9월 경진.

나의 명령에 따르는 나라로서 朝獻을 빼놓지 않았다. 그대 나라와 백제는 함께 마땅히 무기를 거두어 들여야 할 것이다. 만약 다시 공격을 한다면 내년에 군사를 내어 너희 나라를 칠 것이다"라는 璽書를 내렸다.[18]

이때 상리현장이 가지고 간 조서에는 "만약 다시 공격을 한다면 내년에 군사를 내어 너희 나라를 칠 것이다"라고 하는 경고 문구가 포함되어 있었다. 『資治通鑑』을 보면 상리현장의 보고를 받은 당태종이 곧바로 조정의 대신들과 논의하여 고구려 공격을 결정하는 기사가[19] 이어지고 있다.

643년 상리현장의 파견은 바로 그해 9월 "백제가 대야성을 비롯한 국서의 40여 성을 공취하고 고구려와 동맹하여 신라의 조공로를 끊으려 한다"는 신라의 구원요청에 따른 것이었다. 그런데 이때의 사신파견은 당태종이 신라의 청병에 대해 여왕의 존재에 거부감을 드러내며 부정적인 태도를 드러냈다는 유명한 일화가 전해지고 있는 사건이다. 이로 인해 신라에서 여왕을 반대하는 세력의 발언권이 높아지며 내부의 혼란이 가중되었다고 이해하는 것이 일반적이다. 당태종은 신라 사신을 대면한 자리에서는 군사지원을 사실상 거절하는 의사를 표명했지만[20] 실제로는 그 대신 사신을 보내 백제와 고구려를 중재함으로써 소극적이기는 하지만 신라의 부탁을 사실상 받아들였다. 당이 구축하고자 하는 세계질서를 유지하기 위해서는 조공이라는 행위가 필수적이기 때문에 고구려가 신라의 입당로를 끊으려 한다는 사실에 대해서 좌시할 수만은 없었던 것이다. 이

---

18) 『구당서』 권 199, 열전 동이 신라 정관17년.
19) 『자치통감』 권 197, 당기 13 정관17년 9월 庚辰. 『구당서』 권 3, 太宗本紀 下 정관18년 2월 을사에도 이와 동일한 기사가 수록되어 있다.
20) 이때의 거부는 전해 12월 김춘추의 고구려행에 대한 반감에서 기인한 것으로 보인다.(최현화, 앞의 논문, 38~39쪽 참조)

것이 상리현장을 파견하는 소극적 대응의 결과를 낳았다고 생각한다.

이 소극적 대응의 이면에는 당의 또다른 의도가 개입되었음을 확인할 수 있다. 실제 643년 조서의 내용을 보면 이 시점에 이미 당은 고구려 공격을 계획하고 있었던 사실이 드러난다. 조서의 내용 중 '내년'이라고 하는 구체적 시점이 명시되어 있는 점이 그러하다. 그리고 『삼국사기』 고구려본기에는 신라의 청병 사신이 파견되기 3달 전인 643년 6월 당태종이 거란·말갈을 시켜 고구려를 공격할 계획을 놓고 대신들의 의견을 물은 기사가 수록[21]되어 있다. 물론 이때의 논의는 장손무기의 만류를 태종이 받아들이는 것으로 마무리되었지만 여기에서 이 시점 당태종이 고구려 공격을 계획하고 있었음을 확인할 수 있다. 이러한 배경에서 신라의 청병을 거절하였지만 사신을 보내 고구려에게 경고를 한 것이다. 여기에서 또 한 가지 주목되는 것은 신라사신이 청병 때 한 발언을 그대로 거론하고 있다는 점이다.

앞서 언급했듯 당은 신라에 대한 군사적 지원을 거절했지만 이를 통해 그 당시 준비하고 있던 고구려 공격에 신라가 제시한 명분을 추가하였고, 고구려에게 대신라 공세 중단을 명령하면 당연히 이를 거부하리라는 예상을 미리 염두에 두고서 사신을 파견한 것이다. 즉 상리현장의 파견은 전쟁개시의 빌미를 잡기 위한 것이었다. 그 이전까지 당은 고구려의 신라 공격에 대해 이렇게 강경한 발언을 한 적이 없었다.

그런데 신라의 청병 시점이 643년 9월이라는 점은 당시의 상황을 고려할 때 선뜻 이해하기 어렵다. 이 시기 신라의 급박한 상황을 고려하면 너무 늦은 것이 아닌가 하는 느낌이 들기 때문이다. 신라는 642년 백제의 공세로 타격을 입고 국가적 위기를 해결하기 위해 그해 겨울 김춘추가 직

---

21) 『삼국사기』 권 21, 고구려본기 9 보장왕2년 6월.

접 고구려에 가서 외교적 해결책을 구하려 했다. 이점을 상기한다면, 그 사이 시간적 간극이 너무 길다고 판단된다. 643년에는 9월의 사신파견 이외에 정월 하정사의 파견[22] 사실이 확인된다. 따라서 이때 청병이 이루어졌다고 해도 전혀 무리가 없을 것이다. 그러나 이 시점에는 청병이 이루어지지 않고 단순히 하정사의 임무만을 수행했던 것[23] 같다. 그 원인은 고구려로 간 김춘추가 아직 귀국하지 못하고 있었던 사정 때문이 아닌가 한다.[24] 고구려와의 동맹 성사 여부에 따라 이후 당에 대한 입장도 결정될 것인데, 김춘추가 1월 당시 귀국하지 못했다면 신라 내에서 아직 그러한 합의가 이루어질 수 없었을 것이다.[25] 따라서 정월의 하정사 같은 경우 당에 군사적 요청을 수행하지 못할 수밖에 없었다.

김춘추가 귀국한 직후에도 대당 사신파견은 곧바로 이루어지지 않는다. 이것은 아마 김춘추가 대고구려 동맹 교섭에 실패한 뒤 당을 확실한 우방으로 포섭하기 위해 조금 더 국제정세를 관망하면서 계책 마련에 신중을 기했기 때문이라 생각된다. 9월의 청병사는 3월 당에 유학중인 慈藏이 귀국하고 난 뒤 파견되었을 것이 분명하다. 자장의 귀국은 신라왕의 요청에 따라 급하게 이루어졌으므로, 이후 대당청병에 유리한 정보를 수

---

22) 『삼국사기』 권 3, 신라본기 5, 선덕왕 12년 정월.
23) 권덕영, 앞의 책, 23~24쪽 및 李成市, 1995, 「新羅僧·慈藏の政治外交上の役割」, 『朝鮮文化研究』 2(1998, 『古代東アジアの民族と國家』, 岩波書店 재수록), 74쪽. 이들은 하정사의 임무와 당에 유학중인 자장의 귀국을 요청하는 임무를 띠고 있었을 것이라 추측하고 있다.
24) 『삼국사기』 권 41, 열전 1, 김유신 (상)에는 김춘추가 고구려로 간 지 2달이 지나도 돌아오지 않았다는 사실을 수록하고 있다.
25) 김춘추가 정월에 신라에 있었다고 하더라도 하정례를 위해 당에 파견된 사신은 입당 시일을 고려하여 3~4개월 전에는 미리 출발하였을 것(권덕영, 「遣唐使의 往復行路」, 앞의 책, 227~228쪽 참조)이므로 당시 신라의 당에 대한 입장은 결정되지 못한 상태였을 것이다.

집하기 위해 당시 당의 내부사정에 밝은 자장을 귀국하게 했을 가능성은 충분하다. 신라는 자장으로부터 당이 본격적으로 고구려 공격을 준비하려 한다는 내부 소식을 접하게 되었을 것이고, 이러한 상황을 충분히 활용하기 위해 청병사에게 백제와 고구려가 연화하였다는 사실을 강조하였을 것이다. 신라가 당에게 고구려 공격을 요청한 것은 당태종 초년[26] 이후 처음이었다. 백제 같은 경우는 간간히 당에게 그 침략을 보고하였지만[27] 고구려에 대해서는 직접적으로 언급하지 않은 듯하다. 이렇게 본다면 결국 신라의 청병이 당의 고구려 공격에 도화선을 당겼다고 말할 수 있다.

이러한 배경에서 「신라왕조」가 작성되었다. 조서에는 발급 시점을 구체적으로 보여주는 구절이 명시되어 있다. (F)의 '朕即以今月十二日, 發洛陽至幽州'이다. 즉 이 조서는 당태종이 낙양에서 출발하기로 계획한 '今月 12일' 이전에 작성되었음을 알 수 있다. 여기에서 금월은 2월이다. 당태종이 낙양에서 실제 출발한 시점을 중국측의 자료에서 찾아보면 2월 庚戌[28]로 되어 있고, 이는 조서에 수록된 12일[29]에 해당한다. 따라서 이 조

---

26) 신라는 진평왕 30년(608)과 33년(611) 2차례 수에 고구려 정벌을 청한 바 있었다. 당이 건국된 후에는 진평왕이 47년(625) 11월에 당에 사신을 보내 고구려의 조공로 봉쇄를 호소하여 그 결과 朱子奢의 고구려 파견이 이루어진 이후 당에 고구려 정벌을 요청한 예는 보이지 않는다.

27) 『삼국사기』 권 27, 백제본기 5, 무왕 28년조에는 백제가 신라의 변경을 공격하자 신라에서 당에 위급함을 보고 하였고 이에 따라 백제가 공격을 중단한 사실을 전하고 있고, 8월에 조카 福信을 당에 보내 조공했을 때 당태종이 백제와 신라가 대대로 원수가 되어 서로 빈번히 침략·토벌한다라고 하면서 화해를 권하라는 조서를 내렸지만 서로 원수로 대하는 것은 예전과 같았다는 내용이 기록되어 있다. 이러한 예를 보더라도 신라와 백제가 서로 빈번하게 상대방의 공격을 당에게 보고하고 있었을 것이라 짐작된다.

28) 『구당서』 권 3, 태종본기 하, 정관19년 2월 경술.
『자치통감』 권 197, 당기 13 태종 정관19년 2월 경술.

서는 2월 상순에 작성되었음[30]이 분명하다.

　이와 같이 계획한 날짜와 실행 날짜가 정확하게 일치하는 것에서 알 수 있듯 「신라왕조」에 수록된 고구려 공격 계획은 상당히 정확한 정보임을 확인할 수 있다. 조서에서 보이는 원정군의 편성이나 진격시점을 실제 고구려 공격의 실행 과정과 대조해 보면 정확하게 일치하고 있다. 단적인 예로 사료 (D)에 수륙원정군의 고구려 국경 도착이 4월 상순 안으로 예정되어 있다고 하는데, 실제 당군의 활동을 보면 4월 1일(戊戌朔)에 李勣이 요수를 건너 玄菟에 이르렀고 5일(壬寅)에는 요동도부대총관 道宗이 신성에 이르러 공격하였고, 營州都督 張儉이 胡兵을 이끌고 요수를 건너 건안성을 공격하였다. 또한 수군도 정확한 도착시점은 알 수 없으나 3월에 장량의 군선이 바다를 건너 26일(癸亥)에는 卑沙城을 공격하고 있음이 확인된다.[31] 즉 조서에서 제시하고 있는 기한과 대체로 일치하고 있다. 따라서 다른 사서에 보이지 않고 「신라왕조」에만 보이는 내용들도 그 신뢰도를 높게 평가할 수 있을 것이다.

　이처럼 신라에게 자세한 공격계획이 전달되었다는 것은 그에 앞서 이미 양국 사이에 출병에 대한 합의가 있었음을 전제로 한다. 「신라왕조」의 작성 전, 신라의 사신이 파견되었을 때 미리 합의가 있었을 것으로 판단된다. 사료 (D)에서 알 수 있듯 신라에게는 644년 김다수가 당에 갔을 때에도 고구려 공격과 관련된 조서가 발급되었다. 따라서 당은 사실상 이 시점 이전에 신라의 청병을 받아들여 공동의 군사행동 계획을 수립한 것이다. 『삼국사기』의 기록을 보면 신라는 643년 11월[32]과 644년 1월[33]에

---

29) 陳垣, 1925, 『二十史朔閏表』를 기준으로 환산한 날짜이다.

30) 주보돈, 앞의 논문, 164쪽 및 石見淸裕, 2004, 18~19쪽.

31) 이는 『자치통감』 권 197, 당기 13 정관19년 4월조의 기록을 토대로 하였으며, 일자는 『二十史朔閏表』(陳垣, 1925)를 기준으로 확인한 것이다.

사신을 보냈다. 이때의 사신파견 목적이 청병이라는 것은 의심할 여지가 없다. 특히 643년 11월의 사신은 백제의 당항성 공격을 계기로 파견되었다. 같은 해 9월에 당태종의 청병 거절이 있었지만 신라에서는 청병을 계속하고 있는 것이다. 사실 이때의 청병은 상리현장의 파견이라는 당의 대응도 어느 정도 자극이 되었으리라 생각할 수 있다. 신라의 군사요청을 앞으로 당이 받아줄 가능성을 보여주었기 때문이다. 644년 1월의 사신은 하정사 임무 외의 다른 활동을 보여주는 기록이 없지만 그때의 정황으로 보아 당태종과 대면하여 군사를 요청했을 가능성이 높다.[34] 이러한 신라의 지속적 청병은 고구려 공격을 앞두고 있는 당에게 상당히 매력적인 제안으로 받아들여졌을 것이다. 이 시기 신라는 이미 준비중인 고구려 공격을 당에게 부추기면서 백제에 대해서는 고구려와 밀통하고 있다는 점을 강조하여 그 대상 속에 포함시키려 하였던 것이다.

Ⅳ. 644년 金多遂의 入唐과 그 목적

645년 발급된 조서의 내용에서 또 한 가지 주목되는 것은 신라 사신 金多遂라는 인물이 받아갔다고 하는 조서의 존재이다. 김다수는 『삼국사기』를 비롯한 한국 사서에서는 보이지 않고 「신라왕조」와 『日本書紀』[35]에

---

32) 『삼국사기』 권 28, 백제본기 6, 의자왕 3년 11월.

33) 『삼국사기』 권 5, 신라본기 5, 선덕왕 13년.
　　『册府元龜』 권 970, 외신부 조공 3 정관18년 정월.

34) 권덕영은 이때의 사신을 신라왕조에 보이는 金多遂로 판단했다.(1997, 「三國時代의 遣唐使 관련기록」, 『古代韓中外交史』, 24~25쪽) 그러나 조서의 내용을 보면 2월 이후에 파견된 사신으로 보인다. 이에 대해서는 다음장에서 자세하게 서술하겠다.

서만 존재를 확인할 수 있다. 김다수는 644년에는 당에, 649년에는 일본
에 파견되었다. 신라가 삼국내의 고립을 벗어나기 위해 외교적 탈출구 모
색에 전념하던 시기에 최전선에서 활약하던 인물이라 할 수 있다. 그의
활동에 대해서는 기록의 부재로 자세히 알 수 없지만 이 시기 신라의 외
교가 김춘추에 의해 주도되고 있었던 상황을 감안하면 김다수도 역시 김
춘추에 의해 파견된 인물이고, 사행의 목적은 당연히 대당청병에 있었을
것이라 추측된다. 특히 김다수는 그 행로가 김춘추와 겹치고 있어 당시
신라가 추구하고 있는 외교에서 중요한 역할을 하고 있는 점이 확인된다.

　우선 644년 김다수에게 발급된 조서의 내용을 유추해보겠다. 김다수의
대당파견은 청병을 목적으로 했다고 판단되므로 그 결과로 발급된 조서
의 내용에는 당연히 645년 신라왕조와 마찬가지로 실제 군사활동에 대한
당의 지시사항이 주를 이루고 있었으리라 추측된다. 이러한 점은「신라왕
조」의 내용 중에서도 확인된다. 즉 사료 (D)의 ‘去年, 王使人金多遂還日,
具有璽書, 以水軍方欲進路, 令王遣大達官, 將領人船, 來相迎引’이라는 구절
이 그것이다. 이를 보면 644년 김다수가 귀국하는 날에 새서를 갖추어서
‘수군이 바야흐로 출정하려 하니 신라왕으로 하여금 대달관을 보내 인선
을 이끌고 와서 서로 맞이하게 하였다’는 것이다. 즉 새서의 목적이 여기
에서 드러난다.

　또한 다른 내용은 그 뒤에 이어지는 ‘前本欲令禮部尙書·江夏郡王道宗,
總統水軍. 今道宗別有任使. 仍先令光祿大夫·刑部尙書張亮總統舟艦, ……’
라는 구절을 통해서 파악할 수 있다. 이 구절에서 ‘前本欲’과 ‘今’이라는
단어에 집중해 보면 현재(645년 2월)와 과거(644년 김다수 파견 시점)에

---

35) “是歲, 新羅王遣沙喙部沙湌金多遂爲質, 從者三十七人.”(『日本書紀』권 25, 孝德紀 大
　　化 5년)

변화가 있었음을 알 수 있다. 즉 본래 수군대총관으로 예부상서·강하군왕 도종을 임명하려고 하였는데 지금은 도종에게 다른 일이 있어서 광록대부·형부상서 장량을 수군대총관에 임명하게 되었다는 사실이다. 따라서 김다수에게 전달된 조서에는 과거의 내용을 포함한 원정군의 편성계획이 수록되었을 가능성이 높다. 신라에게 만약 전의 대총관에 대한 정보가 전달되지 않았다면 645년의 「신라왕조」에 굳이 최종 계획상의 대총관이 아닌 인물의 사정에 대해서 수록할 필요는 없었을 것이다. 당은 이전에 김다수에 의해 전달된 조서의 변경사실을 재차 통보해야 했을 것이다. 특히 신라의 지원군은 수군대총관의 지휘하에서 임무를 수행해야 하기 때문에 그 변경사항의 전달은 중요한 문제였다.

마지막으로 김다수의 조서가 내려진 후 연락이 없어 걱정했다는 부분으로 보아 새서를 받으면 답신하라는 당부가 있었을 것으로 추측해 볼 수 있다. 이러한 추측은 「신라왕조」에도 (E)부분과 같이 사신이 도착하면 당에 보고하라는 지시가 덧붙여 있는 것이 참고가 된다.

그러면 김다수는 과연 어느 시점에 입당한 것인가. 「신라왕조」에는 '前年' 즉 644년에 당에 파견되었다고 한다. 『삼국사기』를 보면 644년에 신라에서 당에 파견된 사신은 정월의 하정사 밖에 없다.[36] 이 하정사를 김다수로 파악한 견해도 있으나,[37] 이후 별도로 파견된 사신으로 보아야 할 것 같다. 위에서 살펴보았듯이 김다수가 가져간 조서의 내용에 구체적인 고구려 공격 계획이 포함되어 있다. 이는 당연히 당에서 고구려 공격 계획이 이미 수립된 상황에서나 가능한 일이다. 앞장에서 살펴본 바와 같이 고구려 공격 계획은 상리현장이 당에 귀국한 2월 이후부터 본격화되므로

---

36) 『冊府元龜』 권 970, 외신부, 조공 3, 정관19년 정월 庚午朔조에도 백제 태자 부여강신과 신라의 조공 사실이 확인된다.
37) 권덕영, 앞의 책, 24~25쪽.

김다수는 하정사가 아닌 그 이후에 파견된 사신임이 분명하다. 하정사가 파견된 해에 재차 사신 파견이 이루어졌다는 것은 역시 김다수의 사행이 의례적인 데에 있지 않음을 짐작하게 해준다. 이때의 사행은 당연히 당에 고구려 공격을 요청하기 위하여 이루어졌을 것이다.

그런데 김다수의 파견시점을 조금 더 구체적으로 유추해볼 수 있는 구절을 조서의 내용에서 찾을 수 있다. 바로 (D)의 道宗 관련 부분이다. 조서의 내용에서 알 수 있듯 김다수가 입당한 시점에는 수군대총관으로 도종을 임명할 계획이었다. 그런데 645년 하정사가 파견되었을 때는 이 계획이 약간 수정되어 그 자리를 장량이 대신하였다. 이도종은 당 종실 인물로서 여러 차례 돌궐·토욕혼 등의 정벌에 참전하여 공을 세웠고, 당태종이 "지금 명장은 이세적·이도종·설만철 3인뿐이다"[38]라 평가할 정도로 두터운 신임을 받는 인물이었다. 실제 고구려 공격에서 그가 맡은 직임은 이적을 보좌하는 遼東道副大總官이었다.[39] 이러한 인물이 대총관에 임명되지 못했던 이유는 조서의 표현대로 '今道宗別有任使'였기 때문이다. 여기에서 도종이 맡은 다른 임무가 무엇인지 분명하게 서술하고 있는 자료가 없어 확언할 수는 없다. 다만 『신당서』 권91, 열전3 宗室 江夏王道宗에 다음과 같은 내용이 수록되어 있어 대략의 사정을 짐작할 수 있게 한다.

황제가 장차 고구려를 치려고 먼저 營州都督 張儉과 輕騎를 보내어 요하를 건너 형세를 살펴보게 하였는데, 장검이 두려워하여 깊게 들어가지 못하였다.

---

38) "三月, 辛卯, 以左衛將軍薛萬徹守石衛大將軍. 上嘗謂侍臣曰, '於今名將, 惟世勣·道宗·萬徹三人而已, 世勣·道宗不能大勝, 亦不大敗, 萬徹非大勝則大敗.'"(『자치통감』 권 197, 당기 13 정관18년조)

39) 『구당서』 권 3, 태종본기 하, 정관19년 및 권 199, 열전 149, 동이 고구려 정관19년조.

도종이 百騎를 이끌고 가기를 청하여 황제가 허락하니, 그 돌아오는 날을 기약하여 말하기를 "신은 20일 행을 청합니다. 10일을 머물러 산천을 살펴보고 돌아와 천자를 뵐 수 있을 것입니다"라고 하였다. 인하여 말과 병기를 준비하여 南山을 지나 賊地로 들어가서 易險을 자세히 보고 진을 만들기 편한 곳을 헤아렸다. 장차 돌아오려 하는데 마침 고구려병이 그 길을 막아 곧 샛길로 달려서, 황제 알현을 기한에 맞춰 하였다. 황제가 "孟賁과 夏育의 용맹함이 어찌 이를 뛰어넘겠는가"라고 하고, 금 50근과 견 1000필을 하사하였다. 이에 李勣과 더불어 조서를 내려 선봉으로 삼아, 요하를 건너 蓋牟城을 공취하게 하였다.[40]

당태종이 고구려 공격을 앞두고 영주도독 張儉에게 輕騎를 이끌고 요수를 건너 형세를 미리 살피고 오게 하였는데 장검이 이를 수행하지 못하게 되자 도종이 대신 갈 것을 자청하였던 것이다. 장검의 파견은 7월 23일의 일이고,[41] 요수를 건너지 못해서 낙양으로 소환된 것은 11월이다.[42] 낙양으로 소환된 정확한 시점을 알 수 없으나 『자치통감』을 보면 장검이 태종과 대면하여 요동지역의 지세를 보고하는 기사가 11월 壬申(2일)과 甲午(24일) 사이에 배치되어 있다. 이를 기준으로 하면 장검은 늦어도 11월 24일 이전에는 낙양으로 돌아온 것이 된다. 따라서 도종이 별도의 일을 맡아 장량이 수군대총관에 임명되었다는 것은 바로 이러한 이유 때문이라 판단된다.[43] 수륙원정군의 파견을 눈앞에 둔 시점에 도종이 장검이 실

---

40) "帝將討高麗, 先遣營州都督張儉輕騎度遼規形勢, 儉畏, 不敢深入. 道宗請以百騎往, 帝許之, 約其還, 曰 '臣請二十日行, 留十日覽觀山川, 得還見天子.' 因秣馬束兵, 旁南山入賊地, 相易險, 度營陣便處. 將還, 會高麗兵斷其路, 更走間道, 謁帝如期. 帝曰 '賁·育之勇何以過.' 賜金五十斤, 絹千匹. 乃詔與李勣爲前鋒, 濟遼, 拔蓋牟城."

41) 『자치통감』 권 197, 당기 13, 정관18년 7월 甲午.

42) 『자치통감』 권 197, 당기 13, 정관18년 11월.

행하지 못한 임무를 수행하겠다고 자청하여 가게 되면서 기한 안에 못 돌아올지도 모르기 때문에 수군대총관이 바뀌게 된 것이 아닌가 한다. 기록이 없어 도종이 출발한 시점을 정확하게 알 수는 없지만 당태종에게 30일을 기약하고 갔다 왔고, 돌아온 뒤에 이적과 함께 조서를 받아 선봉군으로 임명되었다는 사실로 보아 넉넉히 잡아도 10월초에는 요동으로 출발했을 것으로 보인다. 이렇게 볼 수 있다면 김다수가 파견되었을 때에는 수군대총관으로 도종이 내정되어 있었으므로 그의 입당은 도종의 요동 파견 전인 10월 이전에 이루어졌다고 보아야 할 것이다. 따라서 김다수의 입당 시점을 당에서 고구려원정 계획이 수립되기 시작하는 2월 이후부터 10월 이전 사이로 좁힐 수 있다. 그 사이에 신라는 김다수를 파견하여 당으로부터 구체적 고구려 공격 계획을 전달받은 것이다.

이와 같이 644년 이미 당은 신라에게 고구려 공격계획을 알리고 김다수에게 새서로 군사지원을 부탁하였으나, 이러한 언질은 백제에게 전혀 전달되지 않았다. 이는 수 양제 때 고구려 공격시 백제의 군기 요청에 응해 尙書起部郎 席律을 백제에 파견하였던 것[44]과는 대조적이다. 백제는 당대에 들어서도 고구려 정벌을 요청하였으나 이에 대한 당의 신뢰를 얻어내지 못했던 것 같다. 이처럼 당이 백제를 신뢰하지 않게 된 원인은 백

---

43) 石見淸裕는 도종의 '別有任使'를 요동도부대총관 임명되어 이적의 선봉군으로 파견되는 것으로 파악하였다(위의 논문, 17쪽). 그러나 도종의 요동도부대총관 임명과 장량의 수군대총관 임명은 같은 시점에 이루어진 것이었다(『구당서』 권 3, 태종본기 하 정관18년). 따라서 도종과 같은 명장을 단순히 부대총관으로 직무를 변경하기 위해서 변경하였다는 것은 이해하기 힘들다. 수륙원정군의 편성 계획이 마련되고 있었던 사이에 도종에게 무엇인가 다른 임무가 주어져 수군대총관으로 임명하기 힘든 상황에 놓이게 되었을 것으로 보는 편이 보다 설득력이 있을 듯하다. 물론 도종이 요동 정세 파악을 성공리에 마치고 돌아오자 그의 요동에 대한 정보를 활용하기 위해 이적의 선봉군으로 계획을 급변경했을 가능성도 있다.

44) 『삼국사기』 권 27, 백제본기 5 무왕12년 2월.

제가 고구려와 밀통하고 있다는 신라의 보고에 있다고 생각된다. 신라의 이와 같은 보고로 644년 상리현장이 파견되자 백제는 바로 표문을 당에 보내 해명하였지만[45] 그 후에도 백제에게는 출병조서가 내려지지 않는다. 이러한 사실은 「백제왕조」의 기록에서도 입증된다.

전에 신라가 표로 '왕과 고구려가 매번 군사를 일으키고 朝旨를 받들지 않고 함께 신라를 침범한다'고 칭하는 것을 들었다. 짐은 곧 왕이 반드시 고구려와 협계하고 있다고 의심하였다. 왕의 지금 올린 표를 보고 또 강신에게 물어보니 왕은 고구려와 아당이 되지 않았다고 하니, 이미 이와 같은 것은 내가 바라는 바와 잘 맞는다. 강신이 또한 왕의 뜻을 말하여, 굳게 병사를 내어 즉 官軍과 더불어 凶惡을 함께 칠 것을 청하였다. 짐이 지금 군사를 일으켜 본래 殺君之賊을 주살하려 하였는데, 왕의 뜻이 忠正에 있고 情節이 忠勇하여 이미 짐이 품은 바를 말하니 기쁠 뿐이다. 발하는 병사는 마땅히 張亮의 처분을 따를 것이고, 만약 적을 토벌하는 날에 능히 공훈을 세우는 자가 있으면, 왕은 마땅히 기록하여 아뢰라. 褒獎을 더할 것이다.[46]

즉 645년 1월 부여강신이 와서 해명을 하자 비로소 당이 오해를 풀고 출병 계획을 알리고 있는 것이다. 또한 『삼국사기』 백제본기에는 645년 5년 5월 "왕은 당나라 태종이 몸소 고구려를 정벌하려고 신라의 군사를 징

---

45) "春正月 遣使入唐朝貢 太宗遣司農丞相里玄獎 告諭兩國 王奉表陳謝"(『삼국사기』 권 28, 백제본기 6 의자왕4년) '왕이 표를 받들어 사례하였다'라고 표현되어 있지만 이 표에는 신라의 보고에 대한 해명이 주를 이루고 있었을 것이다.

46) "前得新羅表稱, 王與高麗, 每興士衆, 不遵朝旨, 同侵新羅. 朕便疑王必與高麗協契. 覽王今表及問康信, 王與高麗不爲阿黨, 旣能如此, 良副所望. 康信又述王意, 固請發兵, 卽與官軍, 同伐凶惡. 朕今興動甲兵, 本誅殺君之賊, 王志存忠正, 情節鷹鸇, 旣稱 朕懷, 欽歎無已. 所發之兵, 宜受張亮處分, 若討賊之日, 能立功勳, 王宜錄奏, 當加褒 獎"

발한다는 말을 듣고 그 틈을 타서 신라의 일곱 성을 습격하여 빼앗으니
신라에서는 김유신을 보내어 침범해왔다"[47]라는 기사가 수록되어 있다.
이 기록은 백제의 신라 공격 시점인 5월을 기준으로 일괄해서 수록된 것
으로, 앞부분에 위치한 당의 고구려 공격과 신라의 지원에 관한 정보 입
수는 실제 그보다 이른 시기의 일로 판단된다. 이는 아마도 그해 부여강
신이 조서를 가지고 귀국하면서 알게 된 사실이라 생각된다.

이처럼 백제가 당의 사정에 어두웠던 이유는 그 사이 사신의 파견이 이
루어지지 않았기 때문이다. 644년부터 645년 정월 사이에 당에 파견된
백제 사신은 644년 하정사뿐이다. 상리현장이 가져온 조서가 백제에 전
달된 뒤 백제가 사죄의 글을 올렸다는 기록으로 미루어 최소한 그 이후에
파견된 사신이 있었다고[48] 가정할 수도 있다. 그러나 한편으로는 상리현
장에게 직접 표를 주어 전달하게 했을 가능성도 배제할 수 없으므로 섣부
르게 사신의 존재를 인정하기는 어렵다. 이 문제의 결정은 차치하고라도
백제와 당 사이는 그 이후부터 다음해 1월 부여강신이 파견되기 전까지
사신교환이 없었다. 이러한 상황에서 백제는 신라와 달리 그 이전에는 당
의 출병에 대한 정보를 전달받지 못하고 있었던 것이다.

그런데 여기에서 한 가지 주목되는 것은 김다수의 입당 시점이 바로
백제와 당의 관계가 공백상태로 놓여 있던 시기와 겹쳐진다는 사실이
다. 이때 신라는 김다수를 통해 당에 더욱 적극적으로 '백제가 고구려
와 阿黨'이라는 사실을 강조했을 것이다. 이로 인해 당은 백제에 대한

---

47) 『삼국사기』 권 28, 백제본기 6, 의자왕 5년 5월.

48) 상리현장의 고구려 도착이 정월에 이루어졌으므로 백제에 당태종의 조서가 전달된
것은 그 이후였을 것이다. 따라서 그에 대한 사죄의 글은 하정사 파견 후에나 보내
졌을 것이다. 주보돈은 상리현장 파견에 대한 회신의 형식으로 645년 1월 부여강
신이 파견된 것이라 추단하였다.(주보돈, 앞의 논문, 166쪽) 그러나 백제본기에 그
직후 사죄의 표를 올린 기록이 있으므로 그렇게 보기는 어려울 듯하다.

불신을 더욱 키워갔고, 그 대신 신라와 밀착된 관계를 유지하고자 하였을 것이다.

이보다 약간 뒤인 7월 당태종의 고구려 출병 준비 시점에 당 내부에 반포된 조서를 보아도 이러한 상황을 짐작할 수 있다. 이 조서는 앞서 언급한 營州都督 張儉을 미리 고구려에 정탐병으로 파견하면서 내린 조서인데,[49] 여기에는 그 명분으로 '백제와 고구려가 신라를 자주 침략한다'는 내용이 거론되고 있다. 즉 "百濟高麗恃其僻遠, 每動甲兵侵逼新羅, 日蹙百姓塗炭. 遣使請援道路相望. 朕情深愍念, 爰命使者, 詔彼兩蕃, 戢兵敦好. 而高麗姦武, 攻擊未已. 若不拯救, 豈濟倒懸…"이라 하고 있다. 이를 통해 7월 시점에도 당은 백제의 해명을 받아들이기는커녕 신라의 보고와 마찬가지로 백제에 대해 여전히 부정적 인식을 갖고 있음을 알 수 있다. 즉 최소한 이 시기까지 당은 백제도 고구려와 동일하게 적대적 존재로 인식하였던 것으로 추측된다. 이러한 추측은 11월에 당태종이 수륙 원정군을 임명하여 파견한 뒤 본격적 출병을 앞두고 내린 手詔에[50] 백제 관련 내용이 포함되어 있지 않다는 점과 12월에 "諸君과 신라·백제·奚·거란에게 詔를 내려 길을 나누어 고구려를 공격하게 했다"라는 기록[51]을 보아도 알 수 있다. 12월에 과연 백제에게 고구려 공격 조서가 보내졌는가 하는 데는 의문의 여지가 있으나, 잘못된 기록이라고 하더라도 최

---

49) 『册府元龜』 권 985, 外臣部, 征討 4, 정관18년 7월. 『자치통감』 권 197, 당기 13 정관18년 11월 甲午에는, "下詔遣營州都督張儉等帥幽·營二都督兵及契丹·奚·靺鞨先擊遼東以觀其勢"라 하여 이때 장검 등에게 내려진 조서임을 알 수 있다.

50) 『문관사림』 권 662, 詔 32, 征伐 上 「太宗文皇帝伐遼手詔一首」. 이 조서는 『자치통감』에도 주요 문구만 발췌되어 수록되어 있다. 양자를 대조해본 결과 내용이 일치하고 있으므로 동일한 수조라 생각된다.

51) 『구당서』 권 3, 태종본기 하, 정관18년 12월 갑인.
『자치통감』 권 197, 당기 13 태종 정관18년 12월 갑인.

소한 당이 이 시기에 들어서는 백제에 대한 의구심을 접고 있었다는 사실이 반영된 것으로 볼 수 있지 않을까 한다.

백제는 이와 같은 상황을 미처 인지하지 못하고 있다가 늦게나마 당의 이러한 동향을 입수하고 나서 시급히 645년의 하정사로 부여강신을 파견하여 이를 해결하려 한 것 같다. 부여강신이 정월에 당에 도착했으므로 백제에서 表文을 작성하고 사절단을 파견한 시점은 그 전년도 하순이었을 것으로 보인다.

부여강신의 주임무는 「백제왕조」에서 드러나듯이 백제가 고구려와 연화하고 있지 않다는 사실을 밝히고 백제도 늦게나마 신라와 마찬가지로 당의 고구려 공격에 참여하겠다는 의사를 전달하는 것이었다. 『책부원귀』에 부여강신의 신분이 백제태자라 명시되어 있는 것도[52] 당시 당이 백제에게 가지고 있는 의심의 심각성을 고려한 때문이 아닌가 한다. 부여강신이 실제 태자였을 가능성은 희박하지만 이처럼 높은 신분의 인물을 당에 사신으로 파견한 것은 640년 고구려가 태자 桓權을 보내 관계개선을 꾀한 사례와 같은 맥락에서 이해할 수 있다.

따라서 당은 644년 7월까지 백제가 고구려와 밀통하고 있다고 의심하고 있었고, 이러한 배경에서 백제에게는 고구려 공격계획이 담긴 조서를 보내지 않았다. 이보다 한참 후의 일이기는 하나 659년 당이 백제 공격계획을 실행하기 전에 일본과 백제가 통하고 있어 계획이 누설될 수 있다는 이유로, 조공온 일본사신을 억류하고 귀국하지 못하게 한 사건이 있었다.[53] 이러한 상황과 비슷한 경우라고 이해할 수 있다.

---

52) 『册府元龜』 권 970, 외신부 조공 3, 정관19년 정월 경오.
53) 『일본서기』 권 26, 齊明紀 5년 7월.

Ⅴ. 맺음말

이 글은 「貞觀年中撫慰新羅王詔」의 분석을 통해서 643년 9월부터 645년 2월까지 신라의 대당접근과 그에 따른 관계 변화를 살펴보았다. 이는 나당동맹이 맺어지기까지의 과정을 계기적으로 파악해보려는 의도에서 시작된 것으로, 한때 647년 9월 청병을 거절하여 신라에 대해 부정적인 입장을 보였던 당이 이후 어떠한 과정을 거쳐 신라를 동맹의 대상으로 선택하게 되는가 하는 부분을 밝히는 데 주력하였다.

신라가 국가적 위기 상황을 타개하기 위해 시도한 643년 9월의 대당청병은 거절되었지만 당은 상리현장을 고구려와 백제에 파견함으로써 신라의 요청을 소극적으로나마 받아들였다. 이는 당시 고구려 공격을 준비하고 있었던 당의 사정에 따른 것이었다. 신라는 당의 이러한 상황을 간파하고 이후에도 군사지원을 계속 요청하였다. 그 결과 고구려에 대한 공동 군사 활동을 지시하는 「신라왕조」가 발급되었다.

「신라왕조」에는 고구려 공격의 세밀한 계획이 담겨져 있다. 「신라왕조」의 수륙원정군 편성이나 군기, 당태종의 행보 등에 대한 기록을 이후 실제 공격이 실행될 때 당군의 활동과 비교해보면 그 정확성을 확인할 수 있다. 따라서 이 조서는 신라군에 대한 직접적인 군사명령의 성격을 지니고 있었다고 해도 좋을 것이다. 이러한 점을 고려하면 이 시기에 양국은 이미 군사동맹 단계에 들어서고 있었다고 생각된다. 일시적인 지원병 파견이지만 이미 양국 간에는 군사지원이 합의된 상태였고 그러한 상황에서 실행 명령인 조서가 하달된 것이기 때문이다.

나아가 「신라왕조」의 내용을 통해 644년 당에 파견된 김다수의 존재가 확인되는데 그 입당시기는 644년 2월에서 10월 사이인 것으로 추정된다.

그리고 그가 귀국할 때 가지고 간 조서에는 고구려 공격과 관련된 정보가 수록되어 있었다고 판단되므로 나당간의 군사동맹의 기원 시점은 이때부터라고 보아도 좋을 것이다.

반면 백제는 645년 1월 이전에는 당의 고구려 공격과 관련된 어떠한 계획도 전달받지 못하고 있었다. 이러한 모습은 「신라왕조」와 비슷한 시기에 발급된 「백제왕조」의 내용을 통해서 확인된다. 이는 643년 9월 이후 계속된 신라의 백제와 고구려 연화 주장에 따른 것으로, 644년 초에 백제는 이를 당에 한 차례 해명한 뒤 이러한 상황을 방관하여 당의 의심이 계속되었기 때문이다.

따라서 단지 고구려 공격 직전에 양국 모두에게 군사지원을 요구하는 조서가 발급되었다는 사실만을 가지고 당의 입장이 아직 신라와 백제 어느 쪽으로도 기울어지지 않았다거나 645년 이전에 당과의 관계에서 백제가 우위를 점했다고 보기는 어렵다. 이러한 해석은 두 조서의 내용, 특히 신라왕조의 내용을 분석해 본 결과 재고를 요한다. 644년 이후 당은 신라와 군사적 밀착관계에 돌입하고 있었던 것과 달리, 백제에 대해서는 여전히 의심을 거두지 않았고 이러한 모습은 최소한 그해 7월까지 계속된다고 판단되기 때문이다. 실제 7월에 요동으로 정탐병을 파견하면서 내렸던 출정 조서에는 여전히 백제와 고구려가 연화하여 신라를 공격하고 있다는 명분을 제시하고 있는 것을 보더라도 당의 신라와 백제에 대한 분명한 인식 차이를 알 수 있다.

임전무퇴의 사회사
-원술을 중심으로-

김수태*

Ⅰ. 문제의 제기

최근에 들어와서 신라 중고기의 유교에 대한 관심이 높아지고 있다.[1] 지금까지 중고기의 유교에 대한 연구가 그다지 깊이 있게 천착되지 못하였다는 것을 비판한 것이다. 이에 유교가 보급되면서 법흥왕대 박사가 설치되었고, 진평왕대 위화부의 설치를 통해 유교이념이 확산되었으며, 당시 유교적 이름이 지어지기 시작한 사실 등을 주목하였다. 이러한 검토를 통해서 신라 중고기의 유교에 대한 새로운 접근이 가능하게 되었다고 말

---

* 충남대학교 국사학과 교수

1) 노중국, 2008, 「신라 중고기 유학사상의 수용과 확산」, 『대구사학회』 93.

할 수 있을 것이다.

그러나 신라 중고기의 유교에 대한 새로운 의미 부여는 너무 지나치게 강조할 필요가 없을 것이다. 중고기에 들어와서 젊은이들 사이에서 유교 경전을 배워야 한다는 것이 시대적 분위기로 자리를 잡아 가고 있었다고 하더라도, 진평왕대의 세속오계가 잘 보여주고 있듯이 이들 덕목이 당시의 신라 사회가 요구하는 덕목을 유교의 그것으로 표현한 것이기 때문에 일정한 제한을 가지고 있었던 것이다.[2] 또한 유불 혹은 유불선 혼용의 특징을 가지고 있다는 점에서도 파악된다.[3] 따라서 최근에 이루어진 연구들은 기존의 견해를 보충 혹은 보강하였다는 점에서 그 의미를 찾아야 하지 않을까 한다.[4]

이와 달리 신라 중대에 들어오면 유교가 성장하여 사상계에 독자적인 지위를 확보하게 되었다는 여러 증거들을 찾아볼 수 있다.[5] 유학자를 확인할 수가 있으며, 이들의 사상이나 신분층까지를 확인할 수 있는 것이다. 또한 불교와 구별되면서 불교에 비판적이었다는 점에서 유불이 분리되는 모습도 살펴볼 수가 있다.[6] 그리고 이렇게 성장한 신라의 유교는 고려에 계승 발전되어 나갔던 것이다.

이와 같이 신라 중고기의 유교와 중대의 유교가 일정한 차이를 보여주

---

2) 이기백, 1973, 「유교 수용의 초기 형태」, 『한국민족사상사대계』 2 ; 1986, 『신라사상사연구』.

3) 노중국, 2008, 앞의 논문, 36~37쪽 및 주보돈, 2001, 「신라의 한문자 정착과정과 불교수용」, 『영남학』 1 ; 2002, 『금석문과 신라사』, 409쪽.

4) 김수태, 2008, 「한국 고대 유가의 사회사상」, 『한국유학사상사대계 – 사회사상편』.

5) 이기백, 1970, 「신라 골품체제하의 유교적 정치이념」, 『대동문화연구』 6·7 ; 앞의 책 및 1974, 「통일신라기 유교사상의 성격」, 『한국민족사상사대계』 3 ; 1995, 『한국고대사론』.

6) 주보돈, 2001, 앞의 논문, 415쪽.

는 양상은 유교에 대한 이해의 차이에서도 검토할 수 있지 않을까 한다. 다시 말해서 중고기의 유교에서 중대의 유교로의 전환은 그 내용에서 일정한 차이를 보여줄 뿐만 아니라, 그것으로 말미암아 사회적 갈등까지를 일으켰던 것으로 보인다. 무엇보다 신라 중고기의 유교가 공동체적 관념에 밑받침된 국가적인 결속의 매개체로서의 구실을 담당하였다는 점에서[7] 중대의 시작과 함께 그에 대한 반발이 일어났다는 점에서 새로운 양상을 찾아볼 수 있기 때문이다. 특히 세속오계의 하나인 임전무퇴와 관련해서이다. 중고기 신라에서 당연히 받아들여졌던 임전무퇴의 정신이 중대에 들어와서는 신라인들에게 더 이상 그대로 타당한 것으로 받아들여지지 않았던 것이다. 이때 임전무퇴는 충만 아니라 신과 효 사상과도 관련되어 있다는 점에서 중고기의 유교가 강조한 덕목의 내용까지도 변화시키는 데에 커다란 영향을 주었던 것으로 보인다.

이 글에서는 중고기의 유교에서 중대의 유교로 전환되는 과정 속에서 일어난 갈등 양상을 김유신의 아들인 원술을 통해서 구체적으로 검토해보고자 한다.[8] 원술은 나당전쟁에서 임전무퇴하지 않은 잘못으로 많은 어려움을 겪은 인물이었다. 이때 원술은 신라 사회에서 임전무퇴가 더 이상 사회적 의미를 가지지 않게 되는 과정을 보여주고 있다. 이를 통해서 신라의 중고기 말에서 중대로 전환되는 시기에 특정 사상이 가지고 있는 경직성이 한 인물의 일생에 중대한 영향을 끼쳤던 문제점을 또한 살펴볼 수 있을 것이다.

---

7) 이기백, 1973, 앞의 논문, 207쪽.

8) 원술에 대해서는 김수태, 2007, 「원술의 눈물」, 『프린스턴 한겨레문화』 2에서 간단히 다룬 바가 있다. 이 글에 각주를 첨부하고 내용을 보충하여 작성한 것이 본 고이다.

II. 나당전쟁과 원술

『삼국사기』의 김유신전은 원술의 활동을 구체적으로 알려주고 있다. 그는 김유신의 둘째 아들이었다. 어머니인 지소부인은 태종 무열왕의 셋째 딸로서, 문무왕의 누이이다. 이때 그는 문무왕의 조카가 된다. 당시 그는 나이가 든 아버지 김유신을 대신해서 군사적으로 크게 활약한 인물이었다.

원술의 군사적 활동은 나당전쟁과 깊은 관련이 있다. 고구려가 멸망된 이후 신라와 당나라는 함께 고구려 부흥운동을 진압하려고 하였다.[9] 그러나 당나라가 처음의 약속과 달리 옛 백제지역을 차지하고, 신라까지 지배하려고 하자 신라는 고구려의 부흥운동을 진압하려던 정책을 바꾸어 그들과 연결을 가졌다. 그리고 옛 백제지역을 실질적으로 지배하려고 시도하였다. 이러한 신라의 새로운 움직임은 결국 당나라와의 전쟁을 일으키게 되었다. 여기에서 원술의 군사적 활동을 찾아볼 수 있게 된다.

원술의 참여는 문무왕대 나당전쟁이 본격화되는 672년에서 찾아진다. 신라와 당나라는 672년 8월에 들어와서 황해도 서흥에서 규모를 갖춘 정면승부를 벌이게 되는데, 이른바 석문 전투이다.[10]

처음 문무왕 법민이 고구려의 반란민들을 받아들이고 게다가 백제의 옛 땅에 웅거해 점유하니, 당 고종이 크게 노하여 군사를 보내와 토벌하였다. 당의 군사와 말갈이 석문(오늘날의 서흥)의 들에 군영을 세우니 왕은 장군 의

---

9) 김수태, 1994, 「통일기 신라의 고구려유민지배」, 『이기백 고희기념 사학논총』.
10) 석문전투에 대해서는 서영교, 2006, 「당군의 침공과 신라의 응전」, 『나당전쟁사 연구』, 149~154쪽.

복과 춘장 등을 보내 막게 하여 대방의 들에 군영을 짓게 되었다. 이때 장창당만이 홀로 진영을 따로 했다가 우연히 당나라 군사 3천명을 만나 붙잡아서 대장군의 군영에 압송하였다. 그러자 여러 부대가 다들 말하기를 "장창당이 홀로 자리를 잡아 공을 이루었으니 반드시 후한 상이 있을 것이다. 우리들은 적절히 주둔하지 못해 한갓 수고로웠을 뿐이다"라고 하여 마침내 각각 군사를 나누어 흩어졌다. 당나라 군사와 말갈이 우리 부대들이 미처 진용을 갖추지 못한 틈을 타 공격하니, 우리 편이 크게 패하고 장군 효천과 의문 등은 전사하였다. 유신의 아들 원술은 비장으로서 역시 싸우다 죽고자 했으나, 그 막료 담릉이 저지하면서 말하기를 "대장부는 죽는 것 자체를 어려워하는 것이 아니라 죽을 자리를 정하는 것을 어렵게 여기는 것입니다. 만약 죽고서도 이루는 것이 없다면 차라리 살아서 뒷날의 공적을 도모하는 것만 못할 것입니다."라고 하였다. 원술은 이에 대답하기를 "남아는 구차스럽게 살지 않는 것이거늘 장차 무슨 낯으로 내 아버지를 뵈올 것인가"하고, 문득 말을 채찍질해 달려 나갔으나 담릉이 고삐를 잡고 놓아주지 않아 마침내 죽지 못하고 상장군을 따라 무이령으로 탈출하였다.(『삼국사기』 권 43, 김유신전 하)

석문 전투에 원술은 비장으로 참여하였다. 이 전투에서 신라는 기선을 제압하였다. 주요 군부대의 하나인 장창당이 당나라 병사 3천명을 사로잡았기 때문이다. 그러나 장창당의 공로를 시기한 다른 부대원들이 전공을 얻기 위해서 각각 군사를 나누어 흩어졌다. 그 바람에 당나라가 미처 진용을 제대로 갖추지 못한 신라군을 공격하자, 신라는 크게 패배하고 말았다. 그 결과 원술은 멸악산맥으로 보이는 무이령으로 탈출하였다.

이후 원술은 675년 10월 임진강변에 위치한 매소성 전투에 참여하고 있다.

A-① 을해 년(675)이 되어 당나라 군사가 와서 매소천성을 공격하자, 원술이

이를 듣고 죽음으로써 지난날의 치욕을 씻고자 하여 마침내 힘써 싸워 그
공로로 포상을 받게 되었으나, 부모에게 받아들여지지 못한 것을 분하고
한스럽게 여겨 벼슬하지 않고 일생을 마쳤다.(『삼국사기』 권 43, 김유신
전 하)

② 고종이 이근행을 안동진무대사로 삼아 매소성에 주둔시켰는데, (신라군
과) 3번을 싸워 그 때마다 신라군을 패퇴시켰다. 그러자 문무왕이 사신
을 보내 사죄를 했는데, 공물의 짐바리가 줄을 이었다.(『신당서』 신라
전)

③ 9월 29일에 이근행이 군사 20만 명을 거느리고 매소성에 주둔하였는
데, 우리의 군사가 공격하여 쫓고 말 30,380필을 얻었으며, 그 밖에 병
기도 이만큼 되었다.(『삼국사기』 권 7, 문무왕 15년 9월)

원술은 신라군의 어려움을 듣게 되자 석문 전투에서의 패배를 씻기 위
해서 연천의 매소성 전투에 참여하였다. 매소성 전투는 천성 전투에 이어
벌어진 신라와 당나라의 전투였다. 당시 당나라는 671년 이래 신라와 치
열한 접전을 벌였으나, 전선은 임진강 유역에 고착되었다. 한반도 전체를
장악하기 힘들다고 판단한 당나라는 매소성 일대에 주둔하면서 신라 경
략을 모색하였던 것이다.[11]

초기의 매소성 전투는 신라에 불리하였다. 신라군은 이근행이 주둔한
매소성을 3차례나 공격했다. 그러나 모두 패하여 퇴각하였다. 패전은 문
무왕이 당에 사죄사를 보낼 정도로 심각했다. 하지만 675년 9월에 들어와
서 사정은 크게 달라졌다. 두 가지 요인을 들 수 있다. 우선 신라가 임진
강 하구의 천성 전투에서 승리하였던 것이다. 신라가 천성 전투를 통해서

____

11) 이상훈, 2007, 「당의 군사전략을 통해 본 나당전쟁기의 매소성 전투」, 『신라문화』
29, 114쪽.

설인귀의 보급함대를 격파함으로써 이근행이 거느린 군대의 자유로운 활동이 매우 어려워지게 된 것이다.[12] 이제 신라는 이를 바탕으로 매소성 전투에서도 승리할 수 있었다.[13]

여기에는 석문 전투에서 패배하였던 원술의 매소성 전투 참여도 크게 작용하였다. 김유신전은 매소성 전투에서의 원술의 활동을 특별히 기록하고 있는 것이다. 당시 정규군 소속이 아니었을 원술이 죽음을 각오하고 벌인 군사적 활동으로 인하여 신라군은 당나라 군대를 이길 수 있었다고 말한다. 당시 매소성에는 20만 명으로 언급될 정도의 대규모 당나라 병력이 주둔하고 있었다. 그러나 신라는 당나라 군대를 쫓아내고, 3만 필에 달하는 말과, 그에 해당되는 병기를 노획할 수 있었다. 이 전투에서 원술이 공이 있어 상을 받았다고 한다. 그러므로 매소성 전투에서 초기의 전세 불리를 후반에 만회하여 승리로 이끄는데 원술의 군사적 활약이 의미가 있었음을 전해주고 있는 것으로 생각된다.

나당전쟁은 676년의 기벌포 전투를 통해서 당나라 군대가 한반도에서 완전히 물러남으로써 전쟁이 끝나게 되지만, 매소성 전투는 이후의 나당전쟁에 큰 영향을 주었던 전투였던 것이다. 이는 나당전쟁의 흐름을 신라 쪽으로 기울도록 만든 중요한 전투라고 할 수 있다. 그만큼 매소성 전투는 나당전쟁의 분수령으로 인식되는 전쟁이었다.[14] 그러므로 원술은 나당전쟁기간 동안 벌어진 전쟁에서 군사적으로 중요한 역할을 담당한 인물임을 알 수 있다고 하겠다.

---

12) 서영교, 2006, 「소강과 반전」, 앞의 책, 233~238쪽. 그러나 이상훈은 이를 비판하면서 전투부대로 보고 있다(2006, 앞의 논문, 110쪽)

13) 서영교, 2006, 「서역정세의 변화와 휴전」, 위의 책, 265~268쪽.

14) 이상훈은 매소성 전투 이후 당나라의 신라 공격이 오히려 공세적이었다는 점에서 매소성 전투를 살피고 있으나 따르지 않는다(2007, 앞의 논문, 22~23 · 114쪽). 그러나 그것은 매소성 전투의 패배를 만회하려는 움직임으로 이해된다.

Ⅲ. 임전무퇴의 새로운 이해

나당전쟁에서 크게 활약한 원술의 삶이 비극으로 그치게 된 것은 다름이 아니라 부모에게서 버림받음으로써 일어났다. 그것은 석문 전투에서 그가 죽지 않고 도망하여 살아왔다는 사실 때문이었다.

대장군 일행은 몸을 숨기고 잠행해 수도에 들어왔다. 대왕이 그 소식을 듣고 유신에게 물었다. "아군의 패배가 이와 같으니 어찌할꼬?" "당나라 사람들의 계략을 예측할 길이 없으니 마땅히 장수와 병사들로 하여금 요해지를 지키게 하십시오. 단 원술은 왕명을 욕되게 하였을 뿐만 아니라, 가훈 역시 저버렸으니 베어야 옳습니다." 그러나 대왕은 "원술 비장에게만 유독 무거운 형벌을 내릴 수는 없다"하고 사면하였다. 원술은 부끄럽고도 두려워 감히 아버지를 뵙지 못하고 시골로 달아나 숨었다. 아버지가 돌아가신 뒤 돌아와 어머니를 뵈려 하자, 어머니가 이르기를 "여인에게는 세 가지의 좇아야 할 의리가 있거니와, 지금 이미 홀로 되었으니 마땅히 아들을 따라야 하겠지만, 원술 같은 놈은 이미 돌아가신 남편에게서 아들 취급을 받지 못했거늘 내가 어찌 그 어미가 될 수 있겠는가"하고 끝내 만나주지 않았다. 원술은 통곡하면서 가슴을 치고 길길이 날뛰며 떠나지 못했으나, 부인은 끝까지 그를 보지 않았다. 원술이 탄식해 말하기를 "담릉 때문에 잘못하여 이 지경에 이르렀구나."하고 태백산으로 들어갔다.(『삼국사기』 권 43, 김유신전 하)

석문전투에서 패배한 원술은 무이령을 거쳐, 대장군 일행을 따라 몸을 숨기고 경주로 돌아왔던 것으로 보인다. 그러나 이들이 돌아오자마자 석문 전투의 패전 책임에 대한 논의가 문무왕과 김유신 사이에 이루어졌다. 왜냐하면 석문 전투의 패배가 신라에 미친 영향은 너무나 컸기 때문이다. 앞으로 당나라와의 전쟁에서 과연 신라가 이길 수가 있는가 하는 문제와 직결되어 있었던 것이다.[15] 여기에서 김유신은 원술의 처형을 주장한다. 김유신은 자기의 잘못이 아니고 막료인 담릉 때문에 일어난 일이라고 설명하는 원술의 변명을 받아들이지 않았다.

이에 대해서 문무왕은 원술에게만 무거운 형벌을 내릴 수 없다고 하면서 사면을 시켜주었다. 그러나 김유신은 그를 아들로 대해주지 않았다. 이에 원술은 부끄럽고도 두려워 아버지를 뵙지 못하고 시골로 달아나 숨었다고 한다. 그것은 김유신이 죽을 때까지 계속되었다. 이후 김유신이 죽자 원술은 다시 돌아와서 어머니를 보고자 하였으나, 지소부인 역시 원술이 김유신에게서 아들 취급을 받지 못했다는 점을 들어 그의 어머니가 될 수 없다고 하면서 끝내 만나주지 않았다. 그리하여 원술은 태백산으로 들어가 은거하였다. 이후 매소성 전투가 벌어지자, 원술은 다시 자기의 죽음으로써만이 치욕을 벗어날 수 있는 길이라고 생각하며 전투에 참여하였으나, 공로만 세웠을 뿐 상황은 전혀 달라지지 않았다. 결국 그는 부모에게 받아들여지지 못한 것을 한스럽게 여겨 벼슬하지 않고 일생을 마치게 되었다.

이와 같이 부모로부터 버림을 받는 비극적인 최후를 맞이하게 된 원술의 잘못은 무엇일까. 김유신은 왕명을 욕되게 하였을 뿐만 아니라, 가훈 역시 저버렸다고 그 원인을 이야기한다. 그가 전쟁에 나아가 힘써 싸워 죽지 않고 돌아왔다는, 다시 말해서 임전무퇴의 정신을 지키지 않았다는 것이다. 널리 알려진 것처럼 임전무퇴의 정신은 원광의 세속오계에서 네 번째로 강조되고 있는 덕목이었다. 그런데 세속오계는 앞서 언급한 것처럼 신라인들이 그 당시 사회질서의 유지와 관련해서 지켜지기를 요구하는 덕목을 유교의 용어를 빌어 표현한 것이었다. 김유신의 동생인 김흠순

---

15) 서영교, 2006, 앞의 책, 154~156쪽.

의 손자인 김영윤은 임전무퇴와 연결되는 것으로,

> 영윤이 "전쟁에 임하여 용맹이 없는 것은 『예경』에서 경계한 바요, 나아감
> 이 있고 물러섬이 없는 것은 사졸의 떳떳한 일이다. 장부가 일에 당하여 스
> 스로 결정할 것이니 어찌 반드시 여러 사람이 하는 대로 따를까 보냐" 하고,
> 적진으로 달려가 싸우다가 죽었다.(『삼국사기』 권 47, 김영윤전)

라고 하여, 전쟁에 나가서 용기가 없으면 안 된다는 사실을 『예경』에서
찾고 있다. 그런데 『예경』은 전쟁에 나아가 용기가 없음은 효가 아니다
라는 사실을 함께 언급하고 있다.[16] 그러므로 원술이 전쟁에 나아가 죽지
않고 돌아왔음은 바로 가훈, 그것의 바탕인 효의 정신을 어긴 것이 된다.

한편 원술의 행위는 가훈을 어긴 것으로만 그치는 것이 아니라 왕명을
또한 욕되게 하였다고 김유신은 말한다. 여기에서 왕명이란 바로 충과 관
련되는 것이 아닐까 한다. 일반적으로 임전무퇴의 덕목이 강조된 것은 중
고기의 정복전쟁의 수행에서 필수적인 것으로 이해되어왔으며, 충과 관
련시켜 이해하였다.[17] 그리고 그것을 당시의 공동체적 정신의 짙은 잔영
에서도 찾아볼 수가 있다고 하면서 보다 구체적으로는 군제의 특징과 관
련하여 설명한다. 골품제에 의해서 신분적으로 특전을 받게 되어 있는 왕
경인들이 주된 구성원인 신라의 중앙군은 자기네가 무장할 수 있는 것을
괴로운 의무라기보다는 명예로운 권리로 생각하는 명망군제의 성격을 가
지고 있었기 때문에 그 결과 국가를 위하여 전쟁에 임하여 목숨을 돌보지

---

16) 여기에 대해서는 김영하, 2005, 「유학의 수용과 지배윤리」, 『한국고대사연구』 40 ;
   2007, 『신라중대사회연구』, 218~219쪽을 참고할 것. 또한 김복순, 2008, 「김유신
   (595~673)활동의 사상적 배경」, 『신라문화』 31, 83~86쪽에서는 김유신 집안의 가
   훈으로서의 임전무퇴를 설명하고 있다.
17) 이기백, 앞의 논문, 203쪽에서 '임전무퇴란 교훈에 따라서 용감한 전사를 하여 결
   국은 충을 실천한 사실'을 지적하고 있다.

않고 강력한 전투력을 발휘하며 용감하게 싸워 전사하였다는 것이다.[18] 『삼국사기』 열전의 제47권에 실린 인물들은 이에 대한 많은 사례들을 전해주고 있다.[19]

그러나 임전무퇴의 정신은 효와 충이 상호관계를 맺는 중요한 연결고리로 작용하고 있어 주목된다. 사실 삼국시대의 경우 효와 충의 상호관계에 대해서는 충분하게 검토되지 않았다. 때문에 세속오계를 분석하는 가운데에서도 두 번째 덕목으로 지목된 '사친이효(효로써 어버이를 섬기는 것)'에 대해서는 자세히 다루어지지 않으면서, 당시 삼국시대에서는 효란 그리 큰 관심의 대상이 되었던 것 같지가 않다고까지 언급되었다.[20] 즉 통일 뒤에 가서야 효자에 대한 표창이 나오게 된다는 데에 주목하였다. 이에 충과 신의 두 가지 요소가 중고기 신라사회를 움직이는 중요한 덕목으로 크게 강조되었다. 그러나 『효경』의 수용에서 보이듯 신라 중고기에서도 효에 대한 관심이 높았던 것이 사실이다.[21]

특히 임전무퇴가 효와 연결된다는 사실은 김유신과 김흠순의 말을 통해서도 이를 구체적으로 들어볼 수 있다.

B-① 유신이 당시 중당당주로 있었는데, 아버지 앞으로 나아가 투구를 벗고

---

18) 이기백, 1977, 「한국의 전통사회와 병제」, 『한국학보』 6 ; 1978, 『한국사학의 방향』, 196~198쪽.

19) 강종훈, 2004, 「7세기 통일전쟁기의 순국 인물 분석」, 『삼국사기 열전을 통해 본 신라의 인물』(『신라문화제 학술논문집』 25). 그러나 이때 단순하게 순국주의만으로 설명하기는 어렵지 않을까 한다. 최근 순국주의에 대한 새로운 관심으로는 나희라, 2008, 「7세기 전쟁의 확대와 신라인의 생사관」, 한국고대사학회 제 104회 발표문이 있다.

20) 이기백, 앞의 논문, 204쪽.

21) 여기에 대해서는 노용필, 2007, 「신라시대 '효경'의 수용과 그 사회적 의의」, 『이기백 고희기념 사학논총』 ; 『한국고대사회사상사탐구』가 많은 참고가 된다.

고하기를 우리 군사가 패하였습니다. 제가 평생 충과 효로서 살기를
스스로 기약하였으니 전쟁에 임하여 용감하지 않을 수 없습니다.(『삼
국사기』 권 41, 김유신 상)

② 신하된 이에게는 충성보다 귀중한 것이 없고, 자식의 도리로는 효도만
한 것이 없다. 이 위기를 당해 목숨을 바친다면 충성과 효도가 함께 온
전히 갖추어지리라. (『삼국사기』 권 47, 김영윤전)

김유신이 "전쟁에 임하여 용감하지 않을 수 없다"라고 언급한 것은 바
로 임전무퇴를 말한다. 이때 임전무퇴가 스스로 살기를 기약한 충과 효와
관련이 있음을 말하고 있는 것이다. 또한 신라군과 백제군이 황산벌에서
전투를 벌였을 때 신라군의 전세가 불리해지자, 김흠순은 아들 반굴을 불
러 위의 내용을 말하였다. 반굴은 아버지의 말을 따라 곧바로 적진에 들
어가 힘써 싸우다 죽었는데, 이로써 전세를 바꿀 수가 있었다. 이것은 충
과 효 모두를 보전하는 이른바 '충효 양전론'이라고 할 수 있다.[22] 이와
같이 효와 충은 임전무퇴의 정신을 통해서 서로 깊이 연결되어 있다고 할
수 있는데, 이러한 점에서 세속오계를 새롭게 이해할 수 있을 것이다.

영윤이 떠날 때에 사람들에게 이르기를 "내가 이번에 나가서, 종족과 붕우
들로 하여금 악명을 듣지 않게 하겠다."고 하였다.(『삼국사기』 권 47, 김영윤
전)

그러나 효와 직결되는 임전무퇴의 정신은, 그것에 그치지 않고 더 나아
가 그것이 신까지도 관련되는 문제라는 사실을 또한 주목해야 할 것이다.
김영윤은 전쟁터로 떠날 때 사람들에게 내가 이번 길에서 우리 가문과
벗들에게 좋지 못한 소문이 들리지 않도록 하겠다고 말하였다. 이것은 가

---

22) 김영하, 2007, 앞의 논문, 218 · 230~231쪽.

문에 대한 효만이 아니라 붕우들에 대한 신(믿음)을 저버리지 않겠다는 의사표시라고 할 수 있다. 이들을 부끄럽게 하는 나쁜 이름을 남기지 않겠다는 것이다. 이를 통해서도 김유신이 원술과 관련해서 지적한 임전무퇴와 효 및 충과의 상호관계만이 아니라, 신과의 상호관계도 구체적으로 이해할 수 있다고 하겠다.

이에 김영윤은 붕우와 맺은 신의 윤리를 지키려고 역시 전장에서 죽음으로써 가문을 보전하였다. 그가 그만큼 소문을 의식하고 두려워하였다는 사실은 공동체를 의식하고 있음을 보여주는 것이다. 때문에 삼국통일 직후 원술의 죽음에서 보이듯, 임전무퇴하지 않는 사람은 신라 사회의 공동체 구성원으로서 온전한 대우를 받을 수 없었을 것이다. 그만큼 공동체와 집단의 윤리가 작용한 것으로 거기에 대한 배반은 죽음이라는 제재로 결말이 났다고 하겠다. 즉 임전무퇴의 정신은 세속오계 안에서 충과, 효, 신과 서로 분리된 것이 아니라 긴밀하게 유기적으로 연결되고 있음을 알 수 있기 때문이다.

그런데 신라 중고기 이래 중대 초에 이르기까지 이러한 측면을 가장 강조한 집단은 김유신 가문이라고 말할 수 있다. 이러한 상황에서 김유신은 둘째 아들인 원술이 전쟁에서 죽지 않고 돌아오자 심각한 고민에 빠지게 되었을 것이다.

거열주의 대감인 아진함 일길찬이 상장군에게 "공 등은 힘을 다하여 빨리 가라. 내 나이 이미 70이니 얼마나 더 살 수 있으랴? 이때야말로 나의 죽을 날이다" 하며, 창을 비껴들고 진중으로 돌입하여 전사)하였는데, 그 아들이 역시 따라 죽었다.(『삼국사기』 권 43, 김유신전 하)

석문 전투에서 패배한 상장군 일행이 무이령으로 나오자 당나라 군대가 이를 추격하였다. 이때 거열주의 대감 아진함은 상장군의 퇴로를 열어

주기 위해서 나이가 일흔이어서 더 이상 살 수 없다고 하면서 당나라 군사와 싸워 전사하고, 그의 아들 역시 아버지를 따라 죽었던 사실도 고려되었을 것이다. 때문에 이를 그대로 받아들일 경우 그의 아들만이 아니라 그 역시 신라 사회로부터 공격받을 수 있는 대상이 될 수 있었던 것이다. 그러므로 석문 전투의 패배 책임을 논의할 때 김유신은 원술의 생존이 신라사회에 미칠 영향을 충분히 염두에 두면서, 비록 비장의 직에 있었다고는 하지만, 그의 처형을 강하게 주장하였던 것이 아닐까 생각한다.

그리고 지소부인 역시 이러한 김유신의 의도를 따라 원술을 계속적으로 용납하지 않았을 것이다. 즉 김유신은 원술의 처형을 통해서 삼국통일을 이룬 신라사회가 지향해야 할 덕목을 계속해서 강조하고자 했던 것으로 보인다. 한편으로 이를 통해서 가야계 출신인 김유신은 자신이 이룬 신라사회에서의 위치나 세력을 그대로 유지하려고 하였던 측면도 작용하였을 것이다. 그러므로 여기에서 석문 전투에서 살아남은 원술의 비극적인 삶이 시작되었다고 하겠다. 그의 가문이 그렇게 강조하고, 또한 신라 사회 전체가 지향하고 있던 가치에 의하여 한 개인의 운명이 결정되었던 것이다.

IV. 임전무퇴의 의미 상실

김유신 가문을 비롯해서 당시 신라사회가 추구했던 이러한 덕목이란 삼국통일과 함께 새로운 변화를 필요로 했던 것이 아닐까 생각한다. 오랜 기간에 걸쳐 진행되었던 삼국통일전쟁이 끝나고, 뒤이은 나당전쟁에서도 승리한 이후 다가온 평화는 전쟁과 관련된 임전무퇴의 정신을 신라인들에게 계속적으로 요구하는 것을 어렵게 만들었을 것이기 때문이다.

무엇보다도 삼국시대, 특히 신라 중고기에 추구되었던 유교는 잘 지적되고 있듯이 아직 그 자신의 독자적인 위치를 정립하지 못한 상태에 있었으며, 그보다는 오히려 고유한 전통적 사상과 밀접한 연관성을 갖고 있었음을 지적하지 않을 수 없기 때문이다. 유교 수용의 초기 형태로서 신라 중고기 이래 삼국통일 전쟁기에 이르기까지 필요로 하는 신라 사회의 덕목이나 이념을 유교적 개념을 빌어서 표현했던 것이었다.

뿐만 아니라 당시에 강조된 유교란 국가 전체의 것으로, 이 점에서 공동체적인 관념이 짙게 작용하고 있었던 것도 또 다른 문제로 지적할 수 있기 때문이다. 이 당시에 가장 중요한 가치로 지목된 충이나 신은 신라인 자신이 포함된 국가에 대한 공동체적 관념과 밀접한 관계를 가지고 있었던 것이었다.

때문에 이러한 양상은 이미 중고기 말에서나 중대 초에 유교적 가치관을 둘러싸고 일어난 충돌에서도 찾아볼 수 있다고 하겠다. 우선 검군의 사례라고 할 수 있다.[23] 진평왕대 사량궁의 사인이었던 검군은 49년(627) 8월에 서리가 내려 기근이 들자 궁중의 여러 사인들이 창고의 곡식을 훔쳐서 나누었는데, 검군만이 홀로 받지 않았다. 사인들이 여러 사람들이 다 받는데, 왜 그대만이 거절하느냐고 하자 그것이 진실로 의가 아니기 때문이라고 대답하였다. 그러나 그는 이러한 사실을 고발하지 않았다. 이때 그 이유는 차마할 수 없는 정 때문이었다고 말한다. 그래서 사인들은 검군을 죽이지 않으면 비밀이 샐 것이라고 생각하여 그를 부르자, 그는 도망가지 않고 그들이 술에 탄 독약을 억지로 먹고 죽었다.

이때 검군과 다른 사인들 사이에 의와 정의 문제가 대립하고 있다.

---

23) 검군에 대해서는 김기흥, 1992, 「『삼국사기』 검군전에 보이는 7세기 초의 사회상」, 『박영석 기념 사학논총』을 참고할 것.

군자의 말에 검군은 죽지 않을 데 죽었으니 태산을 홍모보다도 가벼이 할 수 있다고 한다.(『삼국사기』 권 48, 검군전)

군자란 유교와 관련된 용어로서, 당시 유교에 깊은 관심을 두고 공부하던 사람들을 일컬었을 것이다. 군자라는 호칭으로 이들은 다른 사람들과 구별되고 있었다. 이때 죽음을 선택한 검군의 행동을 비판된 점으로 보아 의란 유교적 덕목이었을 것으로 보인다. 이들은 검군이 유교적 가르침을 따르지 않는 것을 안타까워하였던 것이다.

그러나 정의 경우에는 동료 간의 도리, 동료 간의 의리로 이해된다고 하는 점에서 당시 공동체적 관념의 구체적인 사례를 확인할 수 있다고 하겠다. 국가라는 공동체를 위하는 것보다 동료들 간의 의리에 더욱 충실하였다는 점이 그것을 잘 말하여준다고 하겠다. 검군은 유교적인 가치와 전통적인 가치 사이에서 고민을 하다가 마침내 전통적인 가치를 따르고 말았다.[24]

충과 효의 윤리적 상호관계에서도 엿볼 수 있을 것이다. 중고기 이래 전시에서는 국사를 위한 충이 가사에 대한 효보다 우선하는 방향에서 실천되었지만, 중대에 들어와서는 그 양상이 달라진다는 것이다. 국사에 소홀했던 이유로 친족과 함께 처형된 진주의 아들 풍훈이 설인귀가 이끄는 당나라 군대의 향도로 신라에 쳐들어온 일을 이와 같은 각도에서 파악하고 있다. 그의 반신라적 행위는 충효의 가치가 상충할 때에 충보다 효에 우선한 윤리의식에서 연유한 것으로 이해하고 있다.[25]

이러한 관점에서 임전무퇴의 계명을 지키지 않음으로써 야기된 원술의 삶을 새롭게 이해할 수 있지 않을까 한다. 원술의 막료인 담릉의 말을 통

---

24) 『삼국사기』 48, 실혜전에 나오는 실혜의 좌천도 그와 같은 측면에서 이해할 수 있을 것이다.
25) 김영하, 2007, 앞의 논문, 219 · 231쪽.

해서 살펴볼 수 있을 것이다. 원술이 석문 전투에서 싸우다 죽고자 하였을 때 그는 "대장부가 죽는 것 자체를 어려워하는 것이 아니라 죽을 자리를 정하는 것을 어렵게 여기는 것이라고 말한다. 그리고 만약 죽고서도 이루는 것이 없다면 차라리 살아서 뒷날의 공적을 도모하는 것만 못할 것"이라고 충고한다. 이것은 임전무퇴의 정신과는 크게 다른 내용이라고 할 수 있다. 다시 말해서 죽음으로써 쉽게 끝을 내는 것만이 능사인가 하는 의문을 제기한 것이다. 그러므로 중고기 이래로 장기적으로 전쟁이 일어나면서 사람들로 하여금 생명을 잃도록 만들었던 임전무퇴의 정신이 여전히 유효한 것인가에 대한 새로운 논의가 서서히 일어났던 것으로 보인다.

이러한 논의의 단편을 현재 모두 자세히 살필 수는 없다. 우선 문무왕의 결정에서도 엿볼 수 있지 않을까 한다. 그는 김유신이 원술의 처형을 주장하자, 오히려 그의 죄를 사면시켜 주었다. 모든 상황을 고려하지 않는 것은 지나치다는 입장이었을 것이다. 이미 임전무퇴와 관련하여 다양한 논의가 일어나고 있었음을 암시해주는 것이라고 할 수 있다. 여기에서 임전무퇴의 정신을 따라 죽음을 선택하면서 아들에게는 따르지 말기를 요구한 비녕자의 말을 떠올릴 필요가 있을 것이다.

나는 오늘 위로는 나라를 위하고, 아래로는 나를 알아주는 이를 위해 죽으려 한다. 내 아들 거진이 비록 어리지만 장렬한 뜻이 있으니 반드시 나와 함께 죽으려 할 것이다. 만약 아비와 아들이 함께 목숨을 버리면 집안사람이 장차 누구를 의지하겠느냐? 네가 거진과 함께 내 해골을 잘 거두어 돌아가서 제 어미의 마음을 위로하게 하여라.(『삼국사기』 권 47, 비녕자전)

647년 김유신과 함께 전투에 참여한 비녕자 역시 충과 신을 언급하면서 자기의 죽음을 선택한다. 그러나 그는 자기의 아들인 거진이 그 길을 따르기를 요구하지 않는다. 그것을 종인 합절에게 부탁하였다. 이에 거진이 아버지 비녕자가 죽는 모습을 보고 달려가고자 하였을 때 합절은 간청하였다. "이제 자식이 아버지의 명을 어기고 어머니의 사랑을 저버린다면 효라고 할 수 있습니까?" 라고 물으면서 말고삐를 붙들고 놓아주지 않았다.

그러나 거진은 "아버지가 죽는 것을 보면서도 구차하게 사는 것이 어찌 효자라 하겠느냐"라고 반문하면서 합절의 팔을 자르고 나아가 따라서 죽었다. 거진은 아버지인 비녕자의 말을 따르지 않았다. 효보다 충을 우선시 하였던 것이라고 할 수 있다. 임전무퇴와 관련해서 효와 충의 문제가 그만큼 복잡한 양상으로 전개되고 있는 것이다. 김유신이 이들 세 사람의 죽음을 깊이 애도할 정도로 비록 결과는 같아졌지만, 아들이 함께 죽는 문제에 대해서 비녕자는 가족의 문제를 내세우면서 다른 의견을 제시하였던 것으로 이해된다. 이것은 자기 한 사람의 죽음으로 국가에 대한 충성을 다하였다는 것을 말하는 것으로 보인다. 따라서 자식까지 그의 뒤를 따라 무의미하게 죽는 것보다는 어떤 방식으로든 자식이 우선은 살아남아야 한다는 생명과 처를 비롯한 남은 가족에 대한 존중이 여기에 작용한 것으로 생각된다.

이러한 사례는 신문왕대 보덕국민들이 반란을 일으키자 김영윤이 참여한 전투에서 전술을 논의하였을 때의 일에서도 찾아볼 수 있다. 궁지에 몰린 적을 쫓지 말고 기다리는 것도 좋다는 새로운 의견이 제시되었음에도 불구하고 김영윤은 혼자서 이를 수긍하지 않고 싸우려 하였다. 이에 그의 종자가 나서 김영윤에게 "어찌 지금 여러 장군들이 다 같이 구차하게 살기를 탐하고 목숨을 아끼는 무리들이겠습니까?"라고 하면서 홀로 곧장 나아가는 것은 옳지 못하다고 건의하였다. 그럼에도 불구하고 그는 『예경』을 언급하면서 사졸에게는 전진이 있을 뿐 후퇴가 없는 것이 떳떳한 본분임을 강조하고 죽었다. 이와 같이 당시 임전무퇴의 정신을 주장하는 사람이 혼자였다는 사실이 강조될 정도로, 임전무퇴는 이미 다른 사람들을 누르는 명분으로만 작용하였을 뿐, 전혀 융통성이 없는 지경에까지 이르게 되었음을 보여준다고 하겠다.

그러므로 이와 같이 변화되는 시대적 분위기 속에서 담릉은 석문 전투에서 패배하였을 때 원술에게 새로운 의견을 제시하였던 것이 아닐까 한다. 담릉 역시 말고삐를 잡고 놓아주지 않았지만, 원술은 거진처럼 팔을 자르지 않고 그의 말을 따랐던 것이다. 원술에 대한 기록은 원술이 그를 비극으로 이끈 담릉을 비난하는 것으로 되어 있지만, 비극적인 삶을 살았던 원술을 위해서 그렇게 서술되었을 것으로 생각한다. 그것은 어쩌면 전투에서의 패배를 맛본 원술이 선택해야 할 합리적인 길이었을지도 모른다. 그 역시 아진함의 경우처럼 군대의 퇴로를 열기 위한 것이 아니라면 그것을 헛된 죽음으로 여겼을 것이다. 이후 그가 담릉의 말처럼 나당전쟁의 또 다른 전투에서 공로를 도모하는 것에서 충분히 엿볼 수 있는 것이 아닌가 한다. 그러나 안타깝게도 원술의 시도는 받아들여지지 않았다. 그것은 김유신에게 결코 받아들여질 수 없는 일이었던 것이다.

V. 개인의 자각과 효 관념의 변화

그러면 이러한 충돌이 일어나게 된 배경은 어디에 있을 것인가. 다름 아니라 삼국시대에서 통일신라시대로 넘어오면서 공동체 의식은 소멸되고 약화되는 반면, 사람들의 개인적인 자각이 크게 일어나고 있는 변화상을 보여주고 있었다는 사실에 그 원인을 찾아볼 수 있을 것이다. 한국사의 큰 흐름에서 볼 때 통일신라시대는 국가라는 공동체의 시대에서 개인의 시대로 변화되는 계기가 서서히 마련되고 있는 시점이었다.

그러한 변화의 움직임을 불교에서 찾아볼 수 있다. 『삼국유사』에 실린 불교 사료들은 대부분 통일신라시대의 개인적 신앙에 대한 이야기들을 전해주고 있다고 한다. 즉 국가를 위한 불교가 아니라, 개인적인 신앙을 위한 불교, 개인의 구원을 위한 불교로서의 불교신앙의 독자성에 대해서 강한 자각심을 가지는 그런 일들이 많이 적혀 있다는 것이다. 이를 호국 신앙에서 개인 신앙으로 전환되었다고 말한다. 이런 원인에 대해서 통일 신라시대에 전제정치가 행해지면서 사회적인 분화작용이 일어나는데 그 것에 기본적인 원인이 있다고 설명한다. 전제주의 체제가 생기면 오히려 더 단결이 되기보다는, 일반 국민들의 민심이라는 입장에서 볼 때에는 오 히려 정부에서 이반되어 국가를 위한 신앙 보다는 나 개인을 위한 신앙이 더 증가하게 된다는 것이다. 따라서 통일신라시대가 되면 삼국시대에 있 던 공동체 의식이 소멸되고 약화되는 반면에, 개인적인 신앙이 성장하는 현상을 보게 된다는 것이다. 이에 국가적 권력과 불교적 신앙이 힘겨루기 를 하게 되는데, 이러한 현상이 나타나게 된 것은 바로 개인의 정신적 자 각에 바탕을 두고 있다는 것이다.[26]

그런데 유교에서도 그러한 변화가 함께 나타났던 것이 아닐까 생각한 다. 물론 통일신라시대가 되었다고 해서 불교나 유교가 국가와 전혀 동떨 어진 존재였다고 말할 수는 절대로 없을 것이다. 때문에 신라 사회의 가 치나 덕목을 단순히 유교적인 용어를 빌어서 이해하는 단계를 벗어나 개

---

26) 이기백, 2003, 「신라 불교에서의 국가와 개인의 문제」 : 2003, 『한국고전연구』. 노 태돈 역시 중고기에 비족적인, 비지역적인 새로운 형의 인간관계에 의한 집단의 형 성이 이루어지고 있음을 확인할 수 있다고 한다. 그러나 그 뚜렷한 변화는 역시 중 대에서 찾고 있다. 사상적인 측면에선 불교사상의 광범한 보급과 이해에 따라 빈민 이나 노비도 해탈할 수 있다는 믿음이 널리 퍼지는 등 개체에 대한 자각과 인식이 심화되어졌다고 말한다 (1978, 「나대의 문객」, 『한국사연구』 21 · 21, 17~26쪽).

인의 자각이 바탕이 되는 유교의 새로운 변화가 나타났을 것으로 생각된다. 무엇보다 유교에 대한 새로운 이해와 요구가 증가하였을 것임이 분명하기 때문이다.[27]

중고기 이래 중대 초에 이르기까지 유교가 이처럼 국가라는 공동체와 관련해서 긴밀하게 연결되는 것과는 달리 개인에게서 새로운 움직임을 찾아볼 수 있는 것은 바로 유학자인 강수의 삶을 통해서이다. 그는 『효경』을 크게 강조하였는데, 여기에서 무엇보다도 주목해야 할 것은 그가 부모의 말을 그대로 따르지 않았다는 사실이다. 『효경』 간쟁편에 잘 나오는 내용으로 단순히 부의 명령에 무조건적으로 순종하는 것만이 아니라, 적극적으로 간쟁하여서라도 부모가 불의하지 않도록 함이 올바른 태도임을 말하고 있는 것이다.[28] 즉 그는 입신과 행도를 통해서 후세에 부모를 드러내는 것이 효의 끝임을 강조하였다. 이에 신분이 낮은 여자와의 혼인 대신에 아마도 같은 신분의 다른 여인과의 새로운 혼인을 요구하는 부모의 명을 유교의 이름으로 순종하지 않고, 그것을 거절하는 것이 결코 불효가 아니라고 보았다. 결국은 자신이 공부한 바 있는 『효경』의 내용을 그대로 실천하면 된다는 것으로 설명을 한다. 중고기에 들어온 『효경』이 신라사회에 적극적으로 수용되는 양상을 보여주는 것이라고 하겠다. 그리고 이것은 담릉의 말에 나오듯이 의미 없는 죽음이 아니라, 무언가 공적을 세우면 된다는 원술

---

27) 노태돈은 1978, 위의 논문, 26~28쪽에서 비족적인, 비지역적인 보편적 차원의 정치사상으로서 유교 정치이념이 신라 지식인들에게 새 시대의 비전으로서 제시되었음도 이와 관련해서 지적한다. 불교와 함께 유교에서도 나타난 이러한 제반 움직임과 변화가 족적 질서를 해체시켜 나갔고, 족적 굴레에서 벗어난 혹은 방기되어진 많은 개인들을 창출했다고 한다. 그러나 이것이 중앙만이 아니라 지방으로까지 확산되어 나가면서 지방에서도 유력한 개인들이 점차 유력한 인물을 중심으로 결합하여 새로운 정치세력으로 인간집단을 형성한 것은 하대로 파악한다.
28) 『효경』에서의 간쟁에 대해서는 노용필, 2007, 앞의 논문, 231~233쪽.

의 태도와도 어느 정도 연결된다고 할 수 있다. 그 결과 절대적 순종만을 요구한 김유신에 의하여 비극적인 삶을 살아간 원술과는 달리 강수는 그의 의사대로 새로운 길을 열어 나갈 수 있었던 것이다.

신라 중고기에서 중대로 넘어가는 새로운 전환기에 비극적인 일생을 보여준 원술의 삶은 사회 전체를 그렇게 일사분란하게 하나의 가치지향으로 묶어둘 필요가 있었을까 하는 부분에 대해 많은 질문을 던져주고 있다. 시대의 변화되는 흐름을 이해하지 못하고 어쩔 수 없이 하나의 가치만을 고집스럽게 주장해야만 했던 김유신의 모습과, 그 근본정신을 지키면서도 새롭게 변화시켜 보고자 노력했던 둘째 아들인 원술의 대비되는 모습이 그것을 잘 보여준다고 하겠다. 또한 지소부인이 삼종지도를 이야기하면서 유교를 크게 강조하고 있지만, 그녀의 설명이 유교에 대한 올바른 이해라고도 볼 수 없기 때문이다.

그러므로 아버지의 정치적 위치를 이어받았던 첫째 아들인 삼광과는 다른 길을 걸었던 원술의 삶은 유교적 가치의 수용을 둘러싼 김유신 가문의 갈등뿐만이 아니라, 통일기 신라 유교의 새로운 변화를 낳도록 해준 중요한 한 바탕이 되었음을 보여주는 것이 아닐까 하는 생각을 갖게 한다. "통곡하면서 가슴을 치고 길길이 날뛰며 떠나지 못했다."고 표현될 정도로 자식의 마음을 헤아려주지 않는 원술의 부모에 대한 원망이 가지는 역사적 의미가 바로 여기에 있다고 하겠다. 이런 점에서 중고기 말 이래 중요한 주제로 대두된 효란 무엇일까 라는 질문이 신라가 삼국을 통일하고 당나라와의 전쟁에서 승리한 중대에 들어와서 임전무퇴를 통해서 다시 물어졌던 것이다.

新羅의 佛敎와 花郞徒

리차드 맥브라이드*

Ⅰ. 머리말

6세기 중엽 한반도 남동부 지역에 위치한 신라는 중국식 대승불교를 국가 종교로 수용하였으며 화랑제도의 기틀을 갖추었다. 신라 역사에서 6세기는 중대한 변화의 시기였다. 고구려의 절충식 모델을 좇아 수용한 중국식 정부 조직, 金官伽倻(本伽倻)와 大伽倻 지역 및 전략적으로 중요한 한강 유역으로의 영토 확장, 불교에 대한 왕실의 전폭적인 지원 등은 法

---

* 미국 브리감 영 대학교(하와이) 조교수

興王(재위 514~540)과 眞興王(재위 540~576)대를 대표하는 특징들이다. 불교와 화랑제도는 신라의 정치와 문화적 발전에 큰 공헌을 하였다. 신라 불교와 화랑도의 상관성에 대해서는 지금까지 다양한 측면에서 많은 연구가 이루어졌다.[1]

화랑에 대한 이해는 대개 삼국시대 이후 고려시대(918~1392)에 편찬된 자료에 보이는 전설이나 설화, 또는 몇몇 단편적인 기록에 기초한다. 이를테면 12세기 중엽(1136~1145)에 金富軾(1075~1151)이 편찬한 『三國史記』, 覺訓이 1215년에 편찬한 『海東高僧傳』, 一然(1206~1289)이 지은 『三國遺事』가 대표적이다.[2] 『三國史記』에서는 화랑의 武士的 성격을 강조한다. 이로써 신라사회에서 화랑들이 맡았던 역할을 유교적 시각에서 설명하기도 한다. 그런데 『삼국유사』에서는 화랑의 관습과 불교신앙 사이의 연관성을 눈에 띄게 강조한다.[3] 화랑에 대한 기록들은 모두 피상적이거나 너무 간결하거나 또는 기껏해야 암시해주는 정도이므로 다양하게 해석될 수 있다.[4] 일부 학자들은 진흥왕 때 불교를 장려하기 위한 목적으로

---

1) 三品彰英, 1943, 『新羅花郎の研究』, 三星堂 ; 1974, 『三品彰英論文集』 6, 平凡社, 257~272쪽에 재수록 ; 金庠基, 1969, 「花郎과 彌勒信仰에 對하여」, 『李弘植博士甲回紀念韓國史學論叢』, 신구문화사, 3~12쪽 ; 金煐泰, 1970, 「僧侶郎徒考: 花郎道와의 佛教關係一考察」, 『佛教學報』 7, 255~274쪽 ; 徐閏吉, 1975, 「新羅彌陀思想」, 『韓國佛教思想史: 崇山朴吉眞博士華甲紀念』, 원불교사상연구원, 287~304쪽 ; 金相鉉, 1999, 『신라의 사상과 문화』, 일지사, 478~545쪽.

2) 본고에서 『삼국사기』는 李丙燾 편, 1977, 『삼국사기』, 을유문화사를, 『해동고승전』과 『삼국유사』는 高楠順次郎 外 편, 1924~1932[~1935], 『大正新修大藏經』, 大正一切経刊行会 수록 本을 참조하였다. 『大正新修大藏經』 수록 자료의 인용표기는 원전의 제목, 원전 권수, 大(正新修大藏經)의 수록 번호, 권수, 쪽수(좌우 표기) 등의 순서로 하였다. 『해동고승전』 2, 大2065, 50.1019c ; 『삼국유사』 3, 大2039, 49.994c~995a.

3) 김상현, 1999, 앞의 책, 523~535쪽.

4) 러트(Rutt) 신부는 화랑 관련 문헌자료들이 안고 있는 많은 문제점을 지적하고, 불교와의 관련성을 위시하여 서로 다른 수많은 해석들을 검토한 바 있다. Richard Rutt, 1961, The Flower Boys of Silla (Hwarang): Notes on the Sources,

미륵불을 본 따 화랑도를 창설하였다는 해석에 대해 매우 회의적이다.[5] 그러나 화랑도를 창제한 진흥왕은 재위 말년에 승려의 法服을 입고 출가하여 法雲이라 일컬어진 것으로 알려진 인물이다.[6] 한편 산악숭배나 도교적 신선 관념과 관련될 듯한 자료들로 인하여, 많은 학자들은 화랑을 토착적 샤머니즘이나 도교와 관련하여 해석하려는 경향을 보인다. 그렇지만 몇몇 일화에 보이듯이, 불교 특히 미륵신앙은 화랑도에서 큰 비중을 차지하기 때문에 불교의 역할을 무시할 수 없다고 본다.

본고에서는 불교와 화랑도의 관련성을 몇 가지 측면에서 살피되, 그 둘의 복합 관계를 보다 분명히 하기 위해 자료에 대한 비판적 분석을 바탕으로 하여 일부 추론을 시도할 것이다. 먼저, 金庚信(595~673)과 八關會 관련 기록을 토대로 화랑과 미륵신앙의 관련성을 다양하게 살피고, 아울러 圓光(640년 경 사망)의 세속오계와의 관련성을 천착할 것이다. 다음으로는, 화랑과 승려의 관계를 살핌으로써, 소위 ‘僧侶郎徒’라는 말이 나오는 자료를 분석할 것이다. 마지막으로, 자연경관을 찾아 유람하는 관습이 갖는 중요성에 대해서도 추론을 시도할 것이다. 본고에서는 논란이 되고 있는 『花郎世紀』 필사본 자료는 다루지 않을 것이다. 왜냐하면, 필자와 다른 학자들이 이미 이 문제를 다룬 바 있기 때문이기도 하지만, 그 필사본은 金大問이 쓴 『花郎世紀』를 필사한 것이 아니라 식민지시기에 만들어진 것으로 보이기 때문이다.[7]

Transactions of the Royal Asiatic Society, Korea Branch 38, pp.1~66 참조.

5) 金光永, 1958, 「花郎道 創設에 對한 小考」, 『東國思想』 1, 24~34쪽, 특히 32쪽 참조.

6) 『삼국사기』 4:40 (진흥왕 37년).

7) 福士滋稔, 1992, 「花郎世紀にみられる新羅仏教事情」, 『印度学仏教学研究』 40-2, 125~128쪽; McBride, 2007, Silla Buddhism and the Hwarang segi Manuscripts, *Korean Studies* 31, pp.19~38.

II. 화랑과 미륵신앙

신라에서 미륵불 숭배를 전하는 가장 오래된 기록에는 화랑 이야기도 함께 나온다. 귀족 엘리트 출신 청소년들로 이루어진 화랑에는 종교적 기능과 군사적 기능이 있었는데, 주로 고구려나 백제 등 주변국의 침입으로부터 나라를 지키는 임무와 관련된 기능이었다. 미륵신앙 관련 기록들은 6세기 후반부터 7세기 중엽에 신라인들이 화랑을 미륵불의 화신으로 여겼음을 잘 보여준다. 더욱이 신라 귀족들 사이에는 護國에 기여한 자에게는 미륵불이 아들을 점지해 준다는 믿음이 팽배해 있었던 것으로 보인다. 화랑 집단의 이름들 중에도 미륵신앙과의 강한 연관성을 시사해주는 예가 있다.

『삼국유사』에는 6세기 후반 眞智王(재위 576~579) 때 興輪寺의 眞慈라는 승려가 미륵불을 더 가까이서 섬길 수 있게 미륵불이 화랑으로 직접 현신해주도록 미륵불상 앞에서 간절히 빌었다는 이야기가 전해온다. 그렇게 날마다 열성으로 빌기를 계속하였더니, 마침내 환상 중에 어떤 승려가 나타나 이르기를 熊川(현재 충청북도 公州지역으로, 당시에는 백제의 영토)에 있는 水原寺로 가면 미륵불을 보게 될 것이라 하였다. 그 사찰의 문에서 만난 한 친절한 미소년이 眞慈에게 자기의 숙소를 보여주었다. 그 소년이 미륵불인 줄 알아채지 못한 진자는 그런 친절함을 오히려 이상하게 여겼다. 이에 소년은 자기도 신라의 도읍으로부터 왔기에 친절히 대한다고 설명해 주었다. 잠시 후 진자는 미륵불을 만나보고 싶은 간절한 소망을 그 절의 승려들에게 말했는데, 예로부터 지혜의 본거지로 알려진 남쪽의 千山에 가서 山靈에게 물어보라는 조언을 들었다. 진자가 산에 도착하자 노인의 모습을 한 산령이 나타나 자기는 이미 절 입구에서 미륵불을 만났다고 알려주었다. 이에 진자가 서둘러 문쪽으로 되돌아갔으나 때는 이미 늦어 그 소년은 보이지 않았다. 소년도 신라의 도읍에서 왔다던 말을 떠올린 진자는 아마도 그곳에서 소년을 다시 만날 수 있으리라 생각하였다. 從者들의 도움을 받아 도읍 주변의 고을들을 찾아보다가, 마침내 후에 靈妙寺가 들어설 자리의 북동쪽에 위치한 어느 나무 아래에서 소년을 발견하였다.[8] 진자는 소년이 곧 미륵불이라고 하면서 소년의 가족관계를 물어보았다. 소년은 자기 이름은 未尸지만,[9] 어려서 고아가 되었으므로 姓은 모른다고 하였다. 진자가 소년을 가마에 태워 궁으로 데려가자, 왕은 진자를 크게 예우하여 國仙, 곧 화랑의 우두머리로 삼았다. 이후 7년에 걸쳐 뛰어난 가르침과 인격으로 미시가 다른 소년들로부터 큰 존경을 받았다는 이야기로 막을 내린다.[10]

『삼국유사』에 보이는 國仙이라는 단어는 화랑의 지도자를 가리킨다. 단, 전체 화랑의 우두머리인지, 일부 화랑 집단의 우두머리인지 정확히 가려내기는 불가능하다. 대개 '영원'이나 '초월적 존재'의 의미로 받아들여지는 仙이라는 글자를 놓고 많은 학자들은 도교와 관련하여 설명한다.[11] 그렇지만, 國仙이라는 표현이 『삼국사기』를 비롯하여 고려시대에 나온 다른 기록들에는 보이지 않는 점으로 미루어 볼 때, 이 단어는 아마

---

8) 영묘사는 宣德王(재위 632~647) 때 창건되었다.(『삼국유사』 3, 大2039, 49.991b)

9) 한국 학자들 사이에는 미시를 '밀'이나 '미리'로 읽어야 한다는 논의가 있는데, 둘 다 '미륵'의 어원에 보다 가깝다. '밀'에 대해서는 Rutt, 1961, 앞의 책, p. 27; 梁柱東, 1954, 『古歌研究』, 박문출판사, 91쪽 참조. '미리'에 대한 논의로는 김상기, 「화랑과 미륵신앙에 대하여」, 3~12쪽.

10) 『삼국유사』 3, 大2039, 49.994c~995b. 이 이야기의 영어 번역은 McBride, 2003, The Vision-Quest Motif in Narrative Literature on the Buddhist Traditions of Silla, *Korean Studies* 27, pp.25~27 참조.

11) 三品彰英, 1974, 앞의 책, 234쪽; 傅勤家, 1937, 『中國道教史』, 商務印書館 ; 1989, 『民國叢書』 第1 編13, 上海書店에 재수록, 179~191쪽.

도 일연이 만들어냈을 가능성이 크다. 반면에 '네 명의 화랑'을 뜻하는 四仙이나 화랑을 뜻하는 仙郞이라는 단어는 고려시대의 기록들에서 공통적으로 발견된다. 이점은 후대의 기록자들이 화랑을 보다 도교적으로 해석하였을 가능성을 시사해준다.[12] 그러나 화랑을 도교적으로만 풀이하는 것에는 한계가 있다. 왜냐하면 『삼국유사』와 『삼국사기』 모두 화랑이 갖고 있는 유교 및 불교와의 관련을 강조하기 때문이다. 승려 眞慈에 대해서는 비록 아무 것도 알려진 바 없지만, 그의 傳記에 담겨있는 내용으로부터 추론이 가능하다. 진자는, 법흥왕이 세운 흥륜사 소재 미륵불상에 직접 다가갈 수 있었고, 또한 왕실의 가마를 타고 왕을 직접 알현할 수 있었으므로 성골이나 진골출신으로 방계 왕족이 아니었나 한다. 이에 흥륜사의 대표 불상은 아마도 미륵보살상이었을 것이다. 진자의 일화는 신라가 미륵신앙과 관련 있었음을 보여주며, 한국적 특성인 미륵불의 현세 현신과 엘리트 소년으로 구성된 화랑도 사이의 관련성을 분명하게 보여준다.

놀랍게도 眞慈가 보여준 미륵불 숭배 신앙에는 국제적인 성격과 불교 전래 이전 한국 고유의 종교적인 측면이 공존한다. 진자의 꿈에 나타난 승려는 진자에게 미륵을 만나려면 백제 영토 안에 있는 어떤 사찰로 가라고 조언하였다. 그곳에서 진자가 마주친 미륵은 신라의 화랑을 이끌기에 알맞은 소년의 모습으로 현신한 미륵이었다. 또한 진자가 처음에 소년의 모습을 한 미륵을 알아보지 못했을 때, 백제의 승려들은 진자더러 그 지역의 한 山神을 방문하도록 안내하였다. 이렇듯 한국의 自然神靈들은 한

---

12) 仙郞이라는 칭호에 대하여 李基東은 "고려시대 사람들은 화랑의 풍습과 전통을 동경하였으므로 그들을 선랑이라고 불렀으나, 이는 기억의 대상으로서만 그랬을 뿐이다. 화랑은 현실 세계를 초월하기 위해 만들어졌고, 결국에는 신성한 존재 또는 신선으로 변모되었다."고 하였다. (이기동, 1984, 『新羅骨品制社會와 花郞徒』, 일조각, 119쪽)

국인들이 불교신앙을 갖는데 도움을 주고 있다. 이야기상으로는 未尸 소년도 眞慈처럼 신라 도읍 출신이라고 자세히 나와 있지만, 귀족 출신이었을 고아 소년이 혼자서 그렇게 멀리까지 가서 방황하고 있었다는 것은 좀 이상하다. 당시 신라 승려들은 아마도 백제의 미륵신앙이 더 뛰어나다고 믿었거나 또는 백제풍의 미륵신앙을 발전시키고 싶었기에 그것을 신라로 가져오려 했을지도 모른다. 그래도 나중에 그 소년이 신라 도성에 소재한 靈妙寺 근처의 한 나무 아래에서 노는 모습으로 다시 등장하는 것으로 보아, 소년과 신라와의 관계는 확실해진다. 一然에 따르면, 진자가 소년을 두 번째로 보았던 그 나무는 신라 사람들에게 유명해져, 見郞樹, 즉 '소년(화랑)을 보는 나무'로 불렸으며, 좀 더 우아한 표현으로는 似如樹(類似나무)나 印如樹(印象나무)로도 불렸다.[13] 신라에 불교가 들어오기 전부터 이미 신성시되던 특정 나무들은 불교적 의미로도 여전히 숭배의 대상이 되었다. 이는 그 나뭇가에서 깨달음을 얻을 수 있다거나 부처가 될 수 있다는 등, 장소로서의 중요성 때문이었던 것으로 생각된다.

이렇듯 화랑과 연관 있는 미륵신앙은 강한 아들을 얻거나 나라를 지키고자 하는 오랜 염원과도 관련이 있었던 것으로 보인다. 신라의 귀족들은 귀족 출신 소년의 무덤가에 미륵불을 세워 그 죽은 소년과 인연을 맺음으로써, 불교의 윤회설에 따라 그 죽은 소년이 자기 아들로 다시 태어나기를 바라는 믿음을 드러내었다. 따라서 이런 인연으로 태어난 아들은 곧 미륵의 화신으로 간주되었다. 600년 무렵에 활동한 述宗公의 일화는 6세기 후반이나 7세기 초엽에 유행하였을 이런 추세를 상징적으로 잘 보여준다.

述宗公은 朔州(현재 강원도 지역)의 도독이 되어 임지로 가고 있었다.

---

13)『삼국유사』4, 大2039, 49.995b.

당시 그 지역에는 무장한 반란세력이 출몰하였으므로 약 3,000명의 병사들이 그를 호위하였다. 그들이 竹늪嶺에 도착했을 때 마침 신실한 불교 신자인 한 居士가 고갯길을 수리하고 있었다. 술종공은 그 거사에게 감명을 받았고, 거사는 술종공이 마음에 들었다. 그래서 그들은 서로 인연을 맺고 헤어졌다. 부임한 지 한 달 후에, 술종공과 그의 아내는 죽지령에서 만났던 바로 그 거사가 술종공 내외의 방으로 들어오는 꿈을 똑같이 꾸었다. 꿈이 이상하여 술종공은 그 안부를 묻기 위해 전령을 파견하였고, 그 거사가 며칠 전에 죽은 것을 알게 되었다. 전령의 보고를 통해 술종공은 거사가 죽은 날이 바로 자기가 꿈을 꾼 날임을 확인하였다. 술종공은 병사들을 보내 그 소년을 죽지령의 북쪽 꼭대기에 잘 묻고 그 무덤 앞에 미륵석상을 세우도록 하였다. 술종공의 아내는 꿈을 꾼 바로 그날 임신하였고, 마침내 아들을 낳았다. 술종공 부부는 그 아이의 이름을 竹늪라 하였다.[14] 후에 죽지는 화랑이 되었고, 군사령관과 정부의 관리로서 나라를 위해 훌륭한 일을 많이 하였다.[15] 그런데 이 일화에 나오는 몇몇 표현은 시사해주는 바가 있다. 『삼국유사』에 따르면, 술종공은 朔州 '都督'에 임명되었고, '兵亂' 중이었기 때문에 군사들의 호위를 받으며 부임하였다. 이때 삭주는 얼마 전 진흥왕 때 고구려와의 전쟁을 통해 신라가 새로이 확보한 북쪽 국경 일대도 관할하고 있었다. 그렇다면, '兵亂 중의 무리들'은 아마도 고구려 군사들 및 고구려 영향 하에 있던 말갈족을, 술종공을 호위한 '3천 병사'는 새로 획득한 영토를 지키기 위한 군인들을 가리킬 것이다. 그런 지역의 도독으로 임명된 점으로 볼 때, 술종공은 아마도 진골 출신이었을 것이다. 이런 추론은 군 지휘관을 귀족출신 중에서 임명

---

14) 양주동은 竹늪의 한국어 발음을 '대마라'로 풀이하였다.(양주동, 1954, 앞의 책, 69쪽 이하)

15) 『삼국유사』 2, 大2039, 49.973b~974b.

하던 당시 제도와 잘 부합한다. 술종공이 미륵상을 세운 장소인 죽지령도 당연히 삭주 관할 지역이었을 것이므로, 신라의 도성으로부터 북쪽으로 멀리 떨어진 이런 오지에까지 미륵신앙이 전파되었음을 잘 보여준다. 이러한 미륵신앙은 미륵의 화신같은 소년들이 외부의 침입으로부터 신라를 방어하기 위해 신라 전역 어디에서나 태어날 수 있었다는 점에서 중요한 의미를 갖는다. 미륵이 현세에 강림한다는 신앙은 신라 귀족층의 특권을 드러내는 것으로 여겨진다.

화랑과 미륵신앙 사이의 깊은 연관성은 화랑이 곧 미륵의 화신이라는 생각에 기초한다. 불교 경전에 따르면, 미륵불은 佛法이 쇠퇴하는 시기에 兜率天으로부터 지상으로 강림하여 불교에서 말하는 평화와 번영의 새 시대를 열 부처를 일컫는다. 불교 경전에서는 지상에서 미륵불의 현신을 보기 위해서는 헌신적인 종교적 실천이 필요하다고 강조한다. 한국과 중국에서는 대체로 이런 불교적 헌신을 정치적 목적으로 수용하였는데, 신라에서는 반대 형태로도 나타났다. 고대 중국의 경우, 반도들은 평민들의 지지를 최대한으로 끌어내기 위해 종종 현신한 미륵이라 자처하였다.[16] 중국 당나라의 則天武后(武曌, 재위 690~705)가 미륵의 현신을 예표하는 보살이라 자처함으로써 왕권의 찬탈을 정당화한 사실은 널리 알려져 있다. 그럼에도, 왕조의 정통성 강화에 미륵신앙이 어떤 역할을 하였는지에

---

16) 몇 가지 예를 들면 다음과 같다. 重松俊章, 1931, 「唐宋時代の彌勒匪」 『史淵』 3, 74~75쪽 ; 塚本善隆, 1942, 『支那佛教史研究：北魏篇』, 弘文堂, 248 · 256 · 259~260 · 265~266쪽 ; Daniel L. Overmyer, 1976, *Folk Buddhist Religion: Dissenting Sects in Late Traditional China*, Cambridge, Mass. : Harvard University Press, pp.80~88 ; 速水侑, 1971, 『彌勒信仰 : もう一つの浄土信仰』, 評論社 ; 金岡照光, 1979, 「敦煌文獻より見たる彌勒信仰の一側面」, 『東方宗教』 53, 22~48쪽 ; 氣賀沢保規, 1981, 「隋末彌勒教の乱をめぐる一考察」, 『仏教史學研究』 23-1, 15~32쪽 ; 宮田登 編, 1984, 『彌勒信仰』 民衆宗教史叢書 8, 雄山閣出版.

대한 기존 연구는 그리 많지 않다.[17) 신라의 귀족들은 귀족으로서의 정치적 · 사회적 영향력을 유지하기 위한 목적으로 미륵이 지상에 현신한다는 믿음을 적절히 이용하였다. 실제로 신라에서 화랑으로서의 미륵은 새 왕조를 창건하지 않는다. 기존의 귀족층을 지지하며, 신라의 틀 안에서 평화와 번영을 추구한다. 이런 면에서 앞서 살핀 未尸의 예는 미륵으로 직접 현신한 경우지만, 모든 화랑은 사실상 미륵을 상징한다고 할 수 있다.

Ⅲ. 김유신과 미륵신앙

미륵의 형상은 金庾信이 속해 있던 화랑 집단에서도 유행하였다. 김유신은 진골 신분의 귀족으로, 그의 매제인 金春秋(604~661)와 함께 고구려와 백제를 정복하기 위한 나당연합이라는 계획을 구상하였으며, 후에 김춘추(太宗武烈王, 재위 654~661)의 즉위를 도모하여 성사시킨 인물이다.[18) 15세 때 화랑이 된 김유신은 곧 龍華香徒라고 불리는 큰 무리를 이루었다. 이 화랑집단의 명칭은 미륵신앙과 직접 관련이 있다. 용 · 꽃 · 열망의 뜻을 담고 있는 이 명칭은 곧 미륵의 菩提樹(nāgapuṣpa, 龍華)를 암시한다. 또한 '香徒'가 祭香을 올리는 사람임을 고려할 때, 김유신과 그의 낭도들은 장차 미륵불이 佛法의 부흥을 설파하고 평화의 천년왕국을 이 땅에서 선포할 집회로 알려진 삼중집회(미륵이 부처가 되면 세가지 무

---

17) Antonino Forte, 1976, *Political Propaganda and Ideology in China at the End of the Seventh Century*, Instituto Universitario Orientale Seminario di Studi Asiatci.

18) 김유신 및 그의 역사적 중요성에 대한 보다 상세한 논의는 Richard D. McBride II, August 1998, *Hidden Agendas in the Life Writings of Kim Yusin*, *Acta Koreana* 1, pp.101~142 참조.

리들에게 불법을 설교할 것임)를 동경하여 거기에 참석하기로 서로 맹세했음을 시사해준다.[19] 김유신이 17세가 되던 611년에 신라의 모든 적들, 곧 고구려, 백제, 말갈이 침입해 들어왔다. 김유신은 홀로 中岳의 험한 바위산으로 가 齋戒하고 금식하면서 자신의 護國 열망에 대해 신의 응답을 받기 위해 기도하였다. 그러자 한 노인이 나타나 "나는 거처가 따로 없다. 나는 業의 緣을 따라 가기도 하고 멈추기도 한다. 나의 이름은 難勝이다"라고 말하였다. 김유신은 그 노인에게 나라를 지키고 쇄신할 수 있는 가르침을 구하였다. 이에 노인은 秘法을 가르쳐주고는 색색의 찬란한 빛과 함께 사라졌다.[20]

화랑 김유신은 신라의 명산들을 돌며 노래, 춤, 건강, 미모, 자연의 玩味法 등을 종교적 수련에 가깝도록 연마하였다. 필자의 생각에, 이 일화에 나오는 中岳은 후대에 제정되는 五岳 중의 하나로, 현재 경상북도 대구 인근의 八公山에 소재했을 것으로 보인다. 그러나 이 중악을 경주의 서쪽에 위치한 斷石山으로 보는 견해도 있다. 왜냐하면 조선시대(1392~1910)의 한 지명색인에 김유신이 단석산에서 神劍으로 바위들을 베는 수련을 했다는 기록이 있기 때문이다. 그런가 하면, 신라 초기의 세

---

19) 『彌勒下生經』, 大453, 14.421a~423b ; 『彌勒下生成佛經』, 大454, 14.423c·425c.

20) 『삼국사기』 41:394. 이 일화의 영어 번역은 McBride, 1998, 앞의 논문, pp.110~111 참조.

21) 中岳을 단석산으로 보는 설에 대해서는 鄭永鎬, 1972, 「金庾信의 百濟攻略路 硏究」 『史學誌』 6, 31~32쪽 ; 김상기, 「화랑과 미륵사상에 대하여」, 62~64쪽 참조. 아울러 1957, 『新增東國輿地勝覽』 21:7b2~4, 동국문화사 참조. 반면에, 이병도는 이 일화는 통일 이전의 일이므로 여기서의 中岳은 초기 신라의 세 聖山, 즉 奈歷, 骨火, 穴禮 중 하나가 확실하다고 하였다. 그는 骨火를 지금의 金剛山이자 세 성산 중 北岳으로 상정할 경우, 현재 淸道郡 소재 烏禮山으로 추정되는 穴禮가 '中岳'일 가능성이 가장 높다고 하였다.(이병도 역주, 1977, 『국역 삼국사기』, 을유문화사, 615, n. 4 참조) 金思燁도 오례산을 중악으로 봄으로써 이병도의 설을 따랐다.(김사엽 역주, 1997, 『三国史記 完訳』, 明石書店, 716 n. 3)

聖山 중 하나일 것이라는 주장도 있다.[21] 그렇지만 대구 근처의 팔공산일 가능성이 가장 크다. 『삼국사기』에는 신라 초기의 세 聖山이 전혀 이런 식으로 언급되지 않았을 뿐만 아니라, 김유신의 단석산 일화도 秘法이 곧 神劍이라는 전제 하에서만 가능하기 때문이다. 또한 같은 조선시대 자료에는 경주의 남쪽 인근에 위치한 咽薄山에 얽힌 전설이 실려 있는데, 寶劍을 찬 김유신이 그 산의 한 굴에 들어가 향을 피우고 하늘에 빌어서 그 기도의 응답으로 兵法을 받았다고 전한다.[22] 김유신의 공적에 대해서는 많은 이야기들이 회자되었을 것이다. 결국 일화에 나오는 中岳을 통일신라 때 제정된 五岳 중에서 실제로 가운데 위치한 산의 봉우리로 보는 해석이 가장 합리적일 것이다.[23]

한편, 김유신에게 나타난 難勝이라는 노인은 미륵 또는 중악의 산신으로 볼 수 있다. 불교의 緣에 따라 거처도 없이 발길 닿는 대로 떠돈다는 난승의 말은 김부식이 난승을 명실상부한 靈的 스승(kalyanamitra, 善友)으로 보았거나, 아니면 불교의 숭고한 이상을 추구한 자로 보았음을 시사해준다. 비록 미륵이 직접 顯示하는 설정이 좀 더 드라마틱하겠지만, 난승 노인의 특징으로 볼 때 그는 老僧 또는 시중드는 보살의 모습으로 나타난 山神일 것이다. 왜냐하면, 당시에 만들어진 半跏思惟 미륵보살상 및 더 이전의 중국 일화들에서 보이듯이, 신라의 미륵은 소년의 모습으로 더 자주 등장하기 때문이다. 노인이 전했다는 秘法은 해석하기 어려운데, 아마도 특별한 다라니경을 의미하거나 신라의 안녕을 기원하는 주술일

---

22) 『신증동국여지승람』 21:7b5~6.

23) 『삼국사기』 32:314; McBride, 1998, 앞의 논문, 110~113쪽. 文暻鉉과 車長燮 또한 중악을 팔공산에 비정한다.(문경현·차장섭, 2005, 『花郎 遺蹟地의 調査 研究』, 경북대학교 인문과학연구소, 45쪽). 중악의 위치 비정에 대한 기존 연구 정리로는 같은 책, 144~157쪽 참조.

것으로 여겨진다.

IV. 화랑과 八關會

百高座講會와 함께 팔관회는 신라가 한강 유역을 장악한 551년 이후 신라로 이주한 고구려 승려 惠亮에 의해 신라에 전래되었다. 신라의 첫 번째 팔관회는 전몰한 병사들을 위하여 572년 음력 10월에 정확한 이름이 알려지지 않은 한 外寺에서 열려, 이레 동안 계속되었다.[24] 梁武帝(재위 502~549)는 백성들의 죄를 속하고 재앙을 피할 목적으로 八關齋會라 불리는 비슷한 행사를 거행하였다.[25]

阿含經(Āgama)은 八齋戒(aṣṭāṅga-samanvāgata-upavāsa)가 평신도들, 특히 왕을 위한 특별 법회임을 시사해주는데, 법회 동안에 참석자들은 승려로서 특정 기간 동안 지켜야 할 여덟 가지 禁戒를 지키고 금식함으로써 스스로 헌신하였다. 그 계율들 중에는 평신도들(在家)을 위한 다섯 가지 禁戒, 즉 살인, 음란, 음주, 도둑질, 거짓말 금지 등이 포함되었다. 나머지 세 개의 금계에 대해서는 기록들이 일치하지 않는데, 아마도 사치스러운 의식주 생활, 지나친 몸치장, 지나친 歌舞 관람, 안락한 침상에서의 수면, 오후 식사 등을 삼가는 내용이 들어 있었을 것이다. 동아시아에서는 서품을 받은 남녀 승려들은 매달 두 번씩 7일째 날과 15일째 날에 열리는 특별 법회(poṣadha, 布薩)에서 수도 계율(upasaṃpadā, 具

---

24) 『삼국사기』 4:40 (진흥왕 33년).

25) 李箕永, 1982, 『韓國佛敎硏究』, 한국불교연구원, 221쪽 ; Kim Jongmyung, 1994, *Buddhist Rituals in Medieval Korea (918~1392)*, Ph.D dissertation, UCLA, pp.98~102.

足戒)을 반복 학습하고 그 실천에 전념하였다. 비구승을 대상으로 한 계율은 모두 250가지, 비구니를 위해서는 348가지의 계율이 있었는데, 布薩 법회에서는 이 모든 계율들이 하나하나 낭독되었다.

신라의 법회가 어떤 내용으로 구성되었는지 분명히 알 수는 없지만, 학자들은 대체로 왕에게 권위를 부여하고 나라의 번성을 추구하는 취지로 법회가 열렸을 것으로 본다. 며칠 동안 이런 禁戒를 따르려는 취지의 금식이 며칠간 계속되다가 법회는 곧 호화스러운 연회로 바뀌는데, 연회 중에 법회의 후원자인 왕실은 승려들과 사찰에 막대한 헌물을 기부하곤 하였다. 이 법회에는 왕과 조정의 복을 구하기 위한 경전 낭독과 佛法 설파와 같은 祭典的 측면뿐만 아니라 요란한 가무와 같은 祝典의 일면도 있었다. 비록 문헌적 증거는 없을지라도, 이 축전 성격의 법회에서는 화랑이 어떤 역할을 수행했던 것으로 보인다. 신라의 법회는 장차 도래할 미륵불을 왕이 숭배하는 의식과 관련되었을 것이다. 왜냐하면 미륵보살에 관한 대승불교 경전들은 八關齋의 개최를 장려하고 있는데, 팔관재는 같은 법회인 팔관회의 또 다른 이름이기 때문이다.²⁶⁾ 화랑이 종종 미륵의 화신으로 받아들여진 점이나 미륵신앙을 다룬 일화들이 대개 화랑도를 함께 다룬 점 등으로 미루어 볼 때, 화랑이 이 법회에서 어떤 역할을 했을 것으로 추정하는 것은 그다지 어려운 일이 아니다. 신라의 법회는 정기적으로, 아마 연례행사로 열렸을 것 같다. 그렇지만 『삼국유사』에 따르면, 646년에 완성된 黃龍寺 9층목탑을 기리는 의미에서 한 번 더 열렸음을 알 수 있다.²⁷⁾ 後高句麗(901~918)를 세운 弓裔(?~918)도 898년에 팔관회를 열었다.²⁸⁾ 고려왕조(918~1392)를 창건한 王建(877~943)도 전통에 따라 918

---

26) 『觀彌勒菩薩上生兜率天經』 大452, 14.420a15 ; 『彌勒下生經』 大453, 14.422c27 ; 『彌勒大成佛經』 大456, 14.432a8-9.

27) 『삼국유사』 3, 大2039, 49.990c (황룡사9층탑).

년 음력 11월에 첫 팔관회를 열었고, 그것은 곧 고려 조정이 개최하는 정기적인 불교 의식으로 자리 잡았다.[29]

주지하듯이, 943년에 공표된 것으로 추정되는 태조 왕건(재위 918~943)의 유명한 訓要十條에는 팔관회의 내용에 대한 간략한 정보가 담겨 있는데, 팔관회에 섞여있는 불교적 요소를 다음과 같이 잘 보여준다.

> 짐은 燃燈會와 八關會 등 두 법회가 종교적으로 매우 중요하다고 생각한다. 첫째는 부처를 예배하는 일이요, 둘째는 天靈, 성스러운 五嶽 및 그 밖의 名山大川의 신들, 그리고 龍神을 경배하는 일이다. 장차 간신들이 이 제전을 폐지하거나 고치자고 주장할지도 모른다. 그러나 어떤 변경도 불가하다.[30]

그런가 하면, 조선 초기에 편찬된 『東文選』에는 고려 仁宗(재위 1123~1146) 때 활동한 것으로 보이는 郭東珣이라는 사람이 쓴 陳賀의 글이 실려 있는데, 화랑을 암시하는 명칭인 仙郞으로 불리는 어떤 사람이 왕의 후원으로 열린 한 팔관회에서 춤을 추었다는 내용을 담고 있다.[31] 또한, 이보다 앞선 993년에 金知白이라는 한 관리가 成宗(재위 981~997)에게 현안 문제를 제기하면서 "先王들이 행하던 燃燈, 八官, 仙郞 등의 일을 행하십시오. 다른 나라의 이상한 제도를 따르지 말고, 나라를 보존하

---

28) 『삼국사기』 50:452 (궁예).

29) 『삼국유사』 3, 大2039, 49.990c18~19 ; 安啓賢, 1956, 「八關會考」, 『東國史學』 4, 31~54쪽. 고려시대의 팔관회에 대해서는 Kim Jongmyung, Buddhist Rituals, pp. 170~192 ; 安智源, 2005, 『고려의 국가 불교의례와 문화 : 연등·팔관회와 제석도량을 중심으로』, 서울대학교 출판부, 119~224쪽 참조.

30) 1972, 『高麗史』, 아세아문화사, 2:16a (태조 26년).

31) 1999, 『東文選』, 『影印標點東文選』, 민족문화추진회, 31:21b-23a. 130권으로 된 『동문선』의 초간본은 徐居正 (1420~1488) 등이 1478년에 편찬하였다. 1517년에는 3권을 추가하여 『續東文選』으로 중간되었으며, 1713년에 35권을 더 추가하여 『新撰東文選』이라는 제목으로 다시 편찬되었다.

십시오. 이것이 폐하께서 태평을 이루시는 방법입니까?"라고 하였다.[32]
김지백의 이런 항의는 당시 사람들이 고려의 전통을 버리고 중국의 풍속
을 따르려는 왕에게 불만을 갖고 있었음을 시사해준다. 필자를 포함한 일
부 학자들이 김지백의 상소에 나오는 八關과 仙郎을 서로 분리하여 해석
하는데 반해, 다른 학자들은 '仙郎들의 팔관회'라고 해석한다.[33] 고려시
대의 자료들이 팔관회에서 화랑처럼 보이는 미소년들이 참석하여 춤을
추었음을 시사해주지만, 그들이 신라시대에도 같은 방식으로 팔관회에
참가하였다고 확신할 수는 없다. 그래도 이런 방증들을 토대로 하여, 팔
관회가 처음 열린 572년 당시부터 화랑이 팔관회와 깊은 관련이 있었을
것으로 보는 학자도 있다.[34]

신라시대에 개최된 거의 모든 팔관회의 개최 장소로 추정되는 黃龍寺가
화랑과 관련이 있다는 증거가 있다. 李仁老(1152~1220)가 지은 『破閑集』
의 증보판으로 볼 수 있는 崔滋(1188~1260)의 『補閑集』에 따르면, 옛날에
[古] 仙徒들이 어떤 사원에 雨花門이라는 문을 세웠다.[35] 황룡사는 신라
제일의 사찰이었으므로 화랑들은 당연히 황룡사를 후원하였을 것이다.
그러나 그 문을 선립한 때가 신라 시기라는 확증은 없다.

---

32) 1991, 『고려사』 94:3b (徐熙) ; 『高麗史節要』, 명문당, 2:51b (성종 12/10). 35권으
로 구성된 『고려사절요』는 金宗瑞(1390~1453) 주도하에 1452년에 편찬되었다.

33) 三品彰英이 두 단어를 연결하는데(1943, 앞의 책, 273~286쪽) 반해, 김상현은 분리
하여 해석한다.(1999, 위의 책, 522~523쪽)

34) 안계현, 1956, 앞의 논문, 35쪽.

35) 1972, 『補閑集』, 『波閑集/補閑集』, 아세아문화사, 1:77. 또한 문경현 · 차장섭, 『화
랑 유적지 조사 연구』, 49쪽 참조.

V. 원광법사의 세속오계

『삼국사기』 같은 옛 자료들과 현대 학자들은 화랑의 尚武的 성격을 강조하는 경향이 있다. 崔南善(1890~1957)을 위시하여 일제강점기의 한국인 학자들은 민족주의적 시각을 가지고 화랑을 고대 한국의 武士道(일본어 발음으로 '부시도')를 이룬 戰士로 이해하였다. 그래도 최남선은 신라의 戰士인 貴山의 사례에 근거하여 그러한 결론을 내렸는데, 이는 당시 일제가 선전한 일본 무사도의 영향을 받은 것으로 생각된다.

화랑은 흔히 世俗五戒로 알려진 불교식 계율과 깊은 관련이 있었다.[36] 이 계율은 골품제 신라사회에서 화랑의 도덕적 버팀목 역할을 했을 것으로 이해되어 왔다. 그렇지만 현존 자료에서 드러나듯이, 화랑으로 알려진 인물이 그 계율을 그대로 지켜 행했다는 증거는 어디에도 없다. 세속오계는 貴山이라는 이름을 가진 귀족 출신 소년의 傳記에서 처음 등장한다. 귀산은 친구 箒項과 함께 당시 저명한 승려인 圓光法師(640년경 사망)로부터 조언을 듣길 갈구하였는데, 원광은 6세기 초엽에 몇 년 동안 중국에서 불교를 학습한 승려였다.[37] 그들은 道를 배우길 갈망하였는데, 그것은

---

36) 李瑄根, 1950, 『花郎道研究』, 해동문화사 ; 이선근, 1999, 「화랑도와 삼국통일」, 『교양국사총서』 6, 세종대왕기념사업회, 74~76쪽. 남한의 민족주의 역사학들에게 세속오계와 화랑도의 연관성은 매우 중요한 주제다. 이에 대해서는 1998, *A Handbook of Korea*, Korean Overseas Cultural and Information Service, p.54 참조.

37) 지금은 남아있지 않은 『新羅殊異傳』의 발췌본과 『삼국사기』와 『삼국유사』에 실린 이야기에 주로 근거하여, 한국인 학자들 대부분은 원광의 생몰연대를 555~638로 추정한다. 이 기간 중인 589년에 원광은 隨나라(581~619)에 건너갔다가 600년에 귀국했다고 알려져 있다. 이 자료에 대한 논의로는 崔鉛植(실수로 崔鈆植으로 출판), 1995, 「圓光의 생애와 사상 : 三國遺事 圓光傳의 분석을 중심으로」, 『泰東古典

스스로 도덕적 수양을 닦아 세속 선비앞에서 부끄럽지 않기 위함이었다.
원광이 제시한 오계의 내용은 다음과 같다.

1. 군주는 충성으로 섬길 것
2. 부모는 효도로 섬길 것
3. 친구는 신의로 사귈 것
4. 전쟁에 임해선 물러섬이 없을 것
5. 살생을 함에는 가림이 있을 것[38]

그런데 귀산의 전기 어디에서도 화랑이라는 단어는 발견되지 않으며,
『삼국사기』, 『삼국유사』, 『해동고승전』 어디에도 귀산이나 추항을 화랑이
라고 한 기록은 전혀 없다. 이기백은 화랑과 세속오계의 관련성을 보여주
는 문헌 증거는 비록 없을지라도 세속오계가 화랑정신을 표현한 것이 분
명하다고 하였는데, 이것이 아마도 현대 학자들의 해석 중 가장 합리적이
라 생각된다. 반면에, 러트(Rutt)는 세속오계가 화랑제도 자체보다는 당
대의 분위기를 반영한 규범으로 이해하고자 하였다.[39] 세속오계의 모호

研究』 12, 3~37쪽, 특히 13~25쪽 참조. 그러나 649년에 道宣이 완성하고 후에 수
정한 『續高僧傳』에 따르면, 원광은 630년에 99세의 나이로 죽었다. 또한 원광은 아
마도 559년과 565년 사이 25세 되던 해에 남조의 陳나라로 처음 입국하였고, 589
년에 진나라가 망한 후 수나라의 도읍인 長安으로 갔다가 600년 무렵에 신라도 돌
아온 것으로 되어 있다.(『續高僧傳』 13, 大2060, 50.523c~524b) 신라의 불교를 배
태시킨 원광에 대해서는 좀 더 정치한 연구가 필요하다. 辛鐘遠은 한국 자료와 중
국 자료의 적절한 조화를 시도하면서, 一然이 시사한 바를 따라 왜 원광이 죽은 해
를 왜 640년보다 10년 앞으로 설정해야 하는지 의문을 제기하였다. 신종원, 1992,
『新羅初期佛教史研究』, 민족사, 212~216쪽 참조). 필자는 대체로 이 연도 수정에 동
의한다. 다만 원광이 560년대 초반에 진나라에 들어갔다가 후에 수나라고 갔다는
『續高僧傳』의 기록은 정확하다는 것을 강조하고 싶다.

38) 『삼국사기』 45:425 ; 『해동고승전』 2, 大2065, 50.1021b ; 『삼국유사』 4, 大2039,
49.1002c~1003a.

한 기능이나 목적에 대하여, 이기동은 세속오계를 신라의 골품제나 화랑제의 주요 특징으로 보지 않는다.[40] 좀 더 최근에는 이종욱이 세속오계는 화랑만을 위한 규범이라기보다는 당시 전체 신라사회를 위한 규범이었을 것이라는 견해를 피력하였다.[41]

VI. 승려와 화랑도

불교 승려들이 화랑의 스승이거나 낭도임을 보여주는 일화들이 더러 있다. 김영태는 불경에 나타난 특정 부처들과 侍者들의 관계에 주목하여, '僧侶郎徒'란 부처의 시자와 마찬가지로 각 화랑 집단에 한 명의 승려가 딸려 있었음을 보여주는 것으로 이해하였다.[42] 승려낭도의 가장 이른 사례는 앞서 다룬 眞慈의 경우이다. 전술하였듯이, 진자는 미륵상 앞에서 보살이 화랑으로 현신하기를 빌었는데, 그것은 그 화랑을 섬기기 위함이었다. 실제로 진자는 화랑 未尸가 國仙으로 있던 7년 동안 그를 보좌하였다. 이 이야기는 진자가 실제로 미시의 낭도이자 일종의 정신적 스승으로

---

39) 李基白, 1961, 『國史新論』, 태성사, 258쪽 이하 참조. 이 내용의 의역은 Rutt, 1961, 앞의 책, pp.62~63 참조. 흥미롭게도, 이기백은 1967년과 1976년에 일조각에서 나온 수정증보판 『韓國史新論』에서 "이 화랑도는 未成年集團이라는 공동체적 유제를 이용하였다는 데에 특색이 있다. 씨족사회의 미성년집단에 있어서 그랬던 것과 같이, 여기서는 국가가 필요로 하는 道義를 연마하였다. 화랑도가 7세기 초에 圓光이 가르친 世俗五戒를 받들었다고 믿어지는 것이 이를 말해준다"고 함으로써 당시의 통설을 부정하였다. (Lee Ki-baik, 1984, *New History of Korea*, trans. Edward W. Wagner, Harvard University Press, p.35).
40) 이기동, 『신라골품제사회와 화랑도』, 305~365.
41) 李鍾旭, 1999, 『新羅骨品制研究』, 일조각, 351쪽.
42) 김영태, 1970, 앞의 논문, 255~274쪽.

서 미시를 보좌했을 가능성을 강하게 시사해준다. 특히 미시에게 그가 미륵임을 일깨워주는 것이 진자의 일이었다는 점에서 더욱 그렇다. 결정적이지는 않지만 그래도 승려와 화랑의 관련성을 희미하게나마 알려주는 흥미로운 일화들이 더러 있다. 이 소절에서는 그 중 가장 시사해주는 바가 크면서도 동시에 의문스러운 일화 몇 가지를 분석하고자 한다.

眞平王(재위 579~632) 재위 초엽에 승려 惠宿은 국선 好世郞의 낭도였다. 혜숙이 호세랑의 보좌를 그만두자 그의 이름은 화랑과 낭도들의 명부인 黃卷에서 삭제되었다. 이후로 그는 安康의 赤善村이라는 외진 마을에 정착하여 약 20년 동안 살았다. 김영태는 혜숙이 호세랑을 보좌할 당시에 승려였다고 주장하지만, 필자는 이에 회의적이다.[43] 당시 진자가 불교신도였을 수는 있지만, 승려라기보다는 일반 낭도로서 호세랑을 보좌했으며, 서품받지 않은 소년 승려로서 정결한 삶을 추구도록 이미 예정되어 있던 沙門(śramaṇa) 생활을 하기 위해 나중에 보좌를 그만두었다고 보는 것이 더 타당할 것이다. 이런 해석이 아마 실제로도 맞을 것이다. 왜냐하면 중국에서와 마찬가지로 신라에서도 절대 다수의 승려들이 사문이었던 것으로 보이기 때문이다.[44] 또한, 7세기 중엽에 중국에서 신라로 돌아온 名僧 慈藏(650~655 사이에 사망)의 감독 하에 창건된 通度寺에서 첫 번째 戒壇을 완성하기 오래 전에 이미 혜숙이 활동하고 있었던 점을 고려

---

43) 김영태, 1970, 위의 논문, 260쪽. 김상현도 이에 동의하는 것 같다.(김상현, 1999, 앞의 책, 517쪽)

44) 신라의 경우에 이는 1차 차료의 부족으로 인해 논란의 여지가 크다. 이런 이유로, 필자는 이 문제에 대해 좀 더 신중하고자 한다. 당대 중국의 경우에는 등록되지 않은 비구승과 비구니가 전체 승려의 50%나 차지했을 것으로 보인다. (Jacques Gernet, 1995, *Buddhism in Chinese Society: An Economic History from the Fifth to the Tenth Centuries*, trans. Franciscus Verellen, Columbia University Press, pp.11~12).

할 때, 혜숙은 具足戒를 받은 승려는 아니었을 것이다. 혜숙이 고구려나 백제에서 승려의 서품을 받았을 가능성도 있으나, 실제로 그랬다는 증거는 없으며, 그럴 특별한 이유도 찾을 수 없다.

그럼에도, 혜숙이 화랑과 맺은 관계는 여기서 끝나지 않았다. 진평왕 재위 후반에 그는 다른 국선 瞿旵公을 따르기 위해 은둔 생활을 접었다. 이번에는 혜숙이 승려였음이 분명하며, 그는 말을 타고 사냥에 나선 구참공을 뛰어서 따라가기 위해 옷을 벗어부쳤다. 언덕들을 넘으면서 오래도록 즐겁게 따라오는 혜숙의 모습에 구참공은 기뻐하였다. 그들이 휴식을 취하며 식사를 하기 위해 멈추었을 때 혜숙은 자기 살점을 베어내어 공에게 바치면서 살생을 하지 말도록 권면하였다. '살점'은 은유적 표현인데, 이런 표현은 불교의 傳承에도 자주 나온다.[45] 이 이야기를 전해 듣고 놀란 진평왕은 전령을 보내 혜숙을 궁으로 초대하였다. 혜숙은 정결[齋戒]과 불결의 개념과 관련하여 그 전령을 혼동케 하려고 도술을 이용하였으며, 왕의 초대를 정중히 거절하였다.[46] 전승에 의하면, 혜숙은 현재 경상남도 晉州에 해당되는 康州의 경계에 阿彌陀寺를 세웠다.[47] 비록 확증은 없으나, 일부 학자들은 혜숙이 그 절 주위의 평민들에게 '아미타불'의 이름을 주문처럼 외우도록 가르쳤을 것으로 본다.[48] 그러므로 필자가 보기

---

45) 尸毘王의 이야기 참조.(『賢愚經』 1, 大202, 4.351c5~352b8, 특히 352a 8~9). 이 자료를 알려준 버스웰(Robert E. Buswell, Jr.) 교수에게 감사한다.

46) 『삼국유사』 4, 大2039, 49.1005a~1006a.

47) 『삼국유사』 5, 大2039, 49.1012a.

48) 미나모토 히로유키는 그의 논문 Characteristics of Pure Land Buddhism of Silla, in Lewis R. Lancaster and C.S. Yu, eds., 1991, *Assimilation of Buddhism in Korea: Religious Maturity and Innovation in the Silla Dynasty*, Asian Humanities Press, pp. 134에서 혜숙의 이야기를 아미타신앙과 관련있는 것으로 분류한다. 피터 리(Peter H. Lee)는 혜숙이 사람들에게 아미타불의 이름을 소리 내어 외우도록 가르쳤을 것으로 본다.(Peter H. Lee, ed.,

에, 혜숙에 관한 이런 이야기들은 주로 불교의 우월성이나 화랑도의 기본
정신에 스며든 불교의 가르침을 강조하려는 의도로 만들어진 듯하다.

승려 轉密에 관한 일화는 승려와 화랑이 직접 관련을 맺고 있었음을 보
여주는 또 다른 예이다. 전밀의 일화는 진골 출신 귀족 金歆雲의 이야기
중에 들어있는데, 김흠운은 奈密王(奈勿王, 재위 356~402)의 18대 손으
로, 太宗武烈王(재위 654~661) 재위 2년째인 655년에 백제와의 전쟁 중
에 용감히 싸우다 전사한 인물이다. 소년이었을 때 김흠운은 승려 전밀과
함께 文努郎의 낭도였다. 어느 날 문노랑의 다른 낭도들이 예전에 전쟁터
에서 죽은 한 낭도에 대해 말해주었다. 이야기를 듣자 김흠운은 슬픔에
겨워 울기 시작하였다. 이때 전밀이 그를 바라보며 예언하기를 "이 사람
은 전투에 나가면 반드시 돌아오지 못할 것이다."라고 하였다. 전밀의 이
예언은 여러 해 후에 백제와 벌어진 陽山 전투에서 그대로 이루어졌다.[49]

孝昭王(재위 692~702) 때인 693년에 국선이 된 夫禮公에게는 천 명의
낭도가 있었는데, 부례공이 가장 총애한 낭도는 安常이었다. 안상이 승려
임을 알려주는 단서는 이야기의 막바지에 겨우 나온다. 694년 봄에 夫禮
는 신라의 북변으로 유람을 떠났다가 그곳에서 말갈로 추정되는 적의 공
격을 받았다. 부례는 사로잡혔고, 잡히지 않은 낭도들은 소지품을 다 내
팽개치고는 집으로 도주하였다. 그러나 안상은 북쪽으로 적을 추적하였
다. 이때 경주에서는 신라가 노획한 가야금과 피리가 보관되어 있던 寶庫
위로 신비한 구름이 나타났다. 왕이 조사관들을 보냈는데, 그들은 그 소
중한 악기들이 없어진 것을 알고 경악하였다. 부례공을 잃어 그렇지 않아
도 슬픔에 잠겨있던 하던 왕은 이제 더욱 의기소침하여, 악기를 찾아오면

1993, *The Sourcebook of Korean Civilization, Volume 1: From Early
Times to the Sixteenth Century*, Columbia University Press, p.192 참조)

49) 『삼국사기』 47:437~438 (김흠운).

크게 포상하겠다고 공포하였다. 부례의 부모는 신라 도성의 바로 북쪽에 있는 金剛嶺의 양지바른 곳에 위치한 栢栗寺로 가 그곳에 있는 대비관음불상(Avalokiteśvara) 앞에서 며칠 밤 동안 성심으로 기도하였다. 그러자 없어졌던 두 개의 보물 비파와 피리가 향로상 위에 문득 나타났고, 부례와 안상도 자비의 보살상 뒤로부터 나타났다. 부례와 안상은 신라의 승려 모습으로 나타난 대비관음보살의 기적같은 도움에 힘입어 무사히 신라로 돌아올 수 있었다. 가야금과 피리도 돌아왔으므로, 왕은 부례와 그 부모의 관등을 올려 대각간으로 삼았고, 안상은 大統으로 삼았다.[50]

月明은 鄕歌로 유명한데, 景德王(재위 742~765) 때 활동한 승려다. 혜숙과 마찬가지로, 어려서는 國仙의 낭도였는데, 필자 생각으로는 당시 월명은 아직 승려가 아니었을 것이다.[51] 760년 봄에 두 개의 태양이 하늘에 떠 있기를 열흘 동안 지속하니 나라에 큰 소동이 있었다. 이에 한 日官이 권하기를 이런 기이한 현상을 끝내기 위해서는 緣僧을 초빙하여 꽃을 흩뿌리는 내용의 노래를 지어 부르게 하면 될 것이라 하였다. 이에 왕은 朝元殿에 특별 제단을 배설하고, 靑陽樓로 가서 인연 있는 승려가 오기를 기다렸다. 그때 월명은 어떤 둑길을 남쪽 방향으로 걷고 있었는데, 왕은 시종들을 시켜 그를 데려와, 그에게 臺를 준비하고 노래를 짓도록 하였다. 이에 월명은 자기는 국선의 무리에 속해 있어서 방언으로 향가를 짓는 법은 알지만 聲梵(Sanskrit)은 잘 모른다고 하였다. 여기서 聲梵은 아마도 다라니 주문을 외는 것을 가리키는 듯하다. 왕은 이미 인연 있는 중으로 선택되었으니 향가로 지어도 좋다고 하였고, 이에 월명은 兜率歌를 지었다. 일연은 이 도솔가를 鄕札로 기록하고 풀이는 한문으로 하였다. 점성

---

50) 『삼국유사』 4, 大2039, 49.992c~993a.
51) 김영태는 월명이 승려임과 동시에 낭도였다고 주장한다.(김영태, 1970, 앞의 논문, 261쪽)

가의 지시대로 월명은 즉흥적으로 散花歌라는 또 다른 향가를 지었다는
데, 내용은 전하는 않다. 하늘에 나타난 변괴는 곧 사라졌다. 이에 왕은
월명에게 고급 茶 한 봉과 108개의 수정구슬로 만든 염주를 하사하였다.
문득 한 미소년이 차와 염주를 들고 궁궐의 서쪽 小門에 나타났다. 월명
은 그 소년을 왕비의 侍童이라 여겼고, 왕은 명월의 從者일 것으로 생각
하였다. 그러나 둘 다 맞지 않았다. 왕은 시종더러 그 소년을 따라가게 하
였다. 그러나 소년은 內院의 탑 안으로 사라졌고, 차와 염주는 남쪽 벽화
의 미륵상 바로 앞에서 발견되었다. 이 일로 인해 월명은 유명해졌고, 왕
으로부터 큰 표창을 받았다.[52]

　　승려 忠談도 경덕왕 때 활동하였다. 충담도 주로 향가 때문에 알려진
인물인데, 그는 경주에 있는 南山의 三花嶺 꼭대기에 봉안된 한 미륵세존
에게 茶를 정기적으로 공양하였다. 전승에 의하면, 승려 生義는 어떤 꿈
을 꾼 후에 약 100년 전인 643년에 땅에 묻혔던 미륵불상을 발견하였다.
필자가 보기에, 땅속에서 불상을 발견하는 이야기가 동아시아의 불교 문
헌에 흔히 나오는 점을 고려할 때, 그런 이적을 직접 보여주려는 목적으
로 生義 스스로 또는 다른 승려가 그 미륵불상을 묻었을 것 같다. 그렇지
만 술종공의 경우에도 보이듯이, 아들 얻기를 간구하던 어떤 귀족이 土室
에 봉안한 미륵불상을 생의가 (우연히) 발견했을 가능성도 있다. 러트
(Rutt)는 三花嶺이 화랑의 기념물이 있던 곳일 수도 있다고 하였는데, 三
花라는 이름이 그 곳을 유람했을 것으로 알려진 세 명의 화랑을 암시하기
때문이다.[53] 경주의 남산은 미륵과 밀접한 관련이 있는데, 한 골짜기는
이름이 彌勒谷일 정도다. 삼화령은 이 골짜기의 바로 북쪽에 있으며, 여

---

52) 『삼국유사』 5, 大2039, 49.1013a~b.
53) Rutt, 1961, 앞의 책, p.51.

기가 바로 충담이 매년 3월 3일과 9월 9일에 미륵불상에게 차를 공양하러 갔던 곳이다.[54]

충담은 耆婆郞의 진면목을 드러내기 위해 그를 찬미하는 향가를 지은 것으로도 잘 알려져 있다. 양주동은 耆婆가 신라 발음으로 '길보'일 것으로 추정하였지만,[55] 기파는 오히려 불교 이름인 지바(Jīva)나 지바카(Jīvaka)의 한국식 발음인 것 같다. 이런 이름은 불교 문헌에 많이 나온다. 지바(耆婆)는 하늘에서 帝釋(Śakra, Indra)를 섬기는 서열 10위의 諸神들 중 한 신의 이름이다. 아마도 기파라는 이름은 아마도 지바카(耆婆伽)를 암시하는 의미로 지어진 듯하다. 지바카는 채식주의를 고양한 한 왕자의 양아들이었는데, 그에 관한 이야기에 따르면 그는 먹기 위해 生物을 죽이는 자는 누구나 선업을 쌓기보다는 다섯 종류의 악업을 쌓을 것이라고 설파하였다. 그러나 '지바카'라는 이름은 阿毘達磨(Abhidharma) 문헌자료에도 和尙이나 阿羅漢의 이름으로 나온다.[56] 어쨌든 耆婆의 부모는 신실한 불교도였을 것이고, 기파 자신도 아마 마찬가지였을 것이다. 충담사의 향가에서 기파는 花判을 가리킨다. 많은 학자들은 일반적으로 화판이 신라의 직함인 蘇判과 구조상 유사하다는 점에 근거하여 화판을 화랑

---

54) McBride, 2008, *Domesticating the Dharma: Buddhist Cults and the Hwaŏm Synthesis in Silla Korea*, University of Hawai'i Press, pp.50~52.

55) 양주동, 1954, 앞의 책, 319쪽 ; Rutt, 1961, 앞의 책, p.43.

56) 하위 神들의 이름에 대해서는 『長阿含經』(Dīrghāgama) 20, 大1, 1.132b를, 채식주의론자에 대해서는 『增壹阿含經』(Ekottarāgama) 39, 大125, 2.762a7~763a를, 和尙(upādhyāya)에 대해서는 『阿毘曇毘婆沙論』(Abhidharmavibhāsā) 10, 大1546, 28.65a를, 阿羅漢에 대해서는 『阿毘曇毘婆沙論』 25, 大1546, 28.182a 참조. 또한 유명한 인도어 번역가인 쿠마라지바(Kumārajīva, 343~413)의 漢譯 이름 鳩摩羅什(Jiumoluoshi) 중 마지막 두 글자 羅什에서도 발견된다. 그러나 쿠마라지바의 이름은 鳩摩羅耆婆 또는 究摩羅耆婆로 한역되기도 한다.(『大智度論』 1, 大1509, 25.57a 및 100, 大1509, 25.756c9 참조)

의 우두머리를 칭하는 신라 고유의 명칭으로 해석한다.[57] 김영태는 기파를 국선으로 보고, 충담은 승려낭도였을 것으로 본다.[58] 필자가 보기에, 충담과 기파 사이에는 어떤 연관이 있었을 수도 있지만 확신할 수는 없다. 충담이 기파랑을 보좌했다고 단언하는 것이 어떤 면으로는 논리적일지라도, 동아시아사회에서 발견되는 讚歌들 대부분은 그 대상이 죽은 지 오래 후에 지어졌다. 그러나 향가는 전부를 합해도 그 수가 너무 적을 뿐만 아니라 그 만들어진 시기나 유래를 알 수 있는 것도 그 수가 적기 때문에, 아마도 기파랑의 생존 시나 사망 직후의 어느 시점에 충담이 讚耆婆郞歌를 지었다고 보는 것이 합리적이다.

승려 範敎는 후일 景文王(재위 861~875)이 된 화랑 膺廉과 매우 가까웠다. 『삼국사기』에 따르면, 범교는 신라 도성에 있는 興輪寺에 거주하였다.[59] 『삼국유사』에 의하면, 방계 왕족 출신인 응렴은 18세 때 국선이 되었다. 20세가 되던 해에 (『삼국사기』에는 15세) 憲安王(재위 857~861)이 응렴에게 나라를 돌아다니다가 이상한 일을 보았는지 물었다. 응렴은 각각 겸손하고 검소하고 근면한 세 사람에 대해 간략히 설명하되, 그런 정경이 모두 왕의 선정 덕분이라는 뉘앙스를 풍겼다. 이에 왕은 두 공주 중 한 명과 결혼할 수 있는 상을 응렴에게 베풀었다. 언니는 박색이었으나, 아우는 아름다웠다. 이 소식에 응렴의 부모는 기뻐하였다. 가족들을 다 모아놓고 부모는 응렴이 둘째 공주와 결혼하도록 종용하였다. 그때 모든 낭도의 우두머리인 範敎가 이 소식을 듣고는 응렴의 집으로 찾아가 그에게 왕이 정녕 응렴을 사위로 맞으려 하는지 물었다. 응렴은 그렇다고 답

---

57) 이런 견해를 처음 피력한 학자는 아마도 小倉進平였을 것이다. 그렇지만 본고에서는 양주동, 1954, 앞의 책, 372~374쪽 및 김상현, 1999, 앞의 책, 509쪽.

58) 김영태, 1970, 앞의 논문, 263쪽.

59) 『삼국사기』 11:114~115 (헌안왕 4년).

하였다. 그렇다면 어느 공주와 결혼하길 원하는지 범교가 다시 묻자, 음
겸은 부모님이 둘째 공주와 결혼하길 강력히 원하신다고 답하였다. 이에
범교는 "公이 아우를 선택한다면 나는 당신 면전에서 죽겠지만, 언니를
택한다면 공에게 반드시 세 가지 좋은 일이 있을 것입니다."라고 하였다.
응렴은 승려 범교의 조언을 따르기로 작정하였다. 왕도 기뻐하였다. 결혼
을 한 지 석 달 만에 왕은 병이 위독해져, 응렴을 후계자로 지명하였다.
왕은 죽은 지 며칠 후에 장사되었다. 응렴이 즉위하자 범교는 왕을 찾아
가 자신이 예언한 세 가지 좋은 일이 어떻게 실현되었는지 설명하였다.
첫째는 공주와 결혼한 덕분에 왕위에 올랐다는 것이고, 둘째는 이제 미모
의 둘째 공주와도 결혼할 수 있게 되었다는 것이고, 셋째는 언니를 택함
으로써 선왕 부부를 기쁘게 해드렸다는 것이다.[60]

　범교의 경우는 화랑을 따르게 된 승려낭도들 가운데 아마도 가장 확실
한 예일 것이다. 또한 범교의 사례가 시기적으로 가장 후대라는 점도 주
목할 필요가 있는데, 그때는 불교가 신라의 사회와 문화에 이전의 어느시
대보다 더 깊이 뿌리를 내리던 9세기 후반이었다. 그렇지만, 7세기 전반
무렵의 승려였던 轉密의 경우도 여러 면에서 범교의 예와 유사하다. 그도
승려이자 동시에 낭도였지만, 그의 의견은 주목받지 못했다. 이 두 승려
와 관련한 자료는 극히 제한적이지만, 그래도 둘 다 화랑의 정신적 스승
이었음을 강하게 시사해준다. 그런데 단편적인 자료일망정 너무나 흥미
로운 내용이라 그대로 믿고 싶을지라도, 모든 개개 화랑 집단에 승려가
한 명씩 배속되어 있었다는 확증은 없다. 다만 어떤 화랑들의 낭도 중에
는 승려들이 포함되어 있었고, 그들은 대개 정신적 조언자로서 화랑을 보
좌했을 가능성은 충분하다. 그러나 혜숙과 월명의 경우를 보면, 젊어서

---

60)『삼국유사』2, 大2039, 49.976a~b.

화랑이거나 낭도였던 자가 후에 그걸 그만두고 승려가 되어, 화랑도에서 배우고 익힌 가무와 향가 실력을 승려로서 종교적으로 활용하기도 했던 것 같다. 이와 비슷한 예로는 귀족 출신 승려 자장을 들 수 있다. 자장의 본명은 善宗郎인데, '郎'이 화랑의 이름 뒤에 붙는 접미사 호칭으로 『삼국유사』에 흔히 나오는 점으로 미루어 볼 때, '선종랑'이라는 이름은 그가 젊을 때 언젠가 화랑이었음을 강하게 시사해준다. 미시랑, 호세랑, 부례랑 등이 다 그런 예다.[61]

VII. 승려, 화랑, 유람

승려와 화랑의 관련성은 너무나 명백하여 오히려 종종 간과되기도 하는데, 이 둘의 가장 공통적인 관행은 나라의 명산과 여타 빼어난 명승을 遊覽하는 일이다. 그런데 공통점 못지않게 다른 점도 있다. 화랑이 일정 기간 동안 명승지를 유람하며 노래를 부르고 춤을 추는데 비해, 아마도 화랑이나 낭도 신분으로 그런 곳을 전에 방문한 적이 있을 승려들은 궁극적으로는 암자나 절에 항구적인 거처를 정하고 그 지역을 주도적으로 장악한다. 그럼에도 불구하고, 탁발승은 정해진 거처 없이 이리저리 떠돌아야 한다는 생각은 불교의 전승에서 오랜 역사를 갖고 있는데, 부다(부처)가 제자들을 出家 생활로 내보냈다는 전설까지 거슬러 올라가며, 이후로 모든 아시아 불교문명권에서 공통적으로 행해져 왔다. 대승불교를 발전

---

61) 『삼국유사』 4, 大2039, 49.1005a.

62) 승려의 경력에서 유람이 갖는 중요성에 대해서는 Robert E. Buswell, Jr., 1992, *The Zen Monastic Experience: Buddhist Practice in Contemporary Korea*, Princeton University Press, pp.68~90.

시킨 동아시아 국가들의 경우, 만물의 공허함과 무상함을 좀 더 분명하게 깨닫기 위해 승려들은 봄과 가을에 의무적으로 이곳저곳을 순회하며 유람한다.[62] 6세기 무렵 중국의 불교 자료들에 따르면, 미륵신앙이 애초에 사람들의 관심을 끈 것은 바로 불교의 至善(도교라면 仙)을 열망하는 자라면 누구나 그렇게 될 수 있고, 도교의 신선이 하늘에서 살듯이 누구나 미륵보살과 함께 살 수 있다는 믿음이었다.[63] 이런 動因은, 일부 학자들이 '주술적'이라고 평하지만, 대승불교 문헌자료에 분명히 드러날 뿐만 아니라 지식의 습득을 강조하는 신라의 불교 전통에서도 중요한 요소 중 하나로 알려져 있다.[64]

영원한 방랑과 禮樂 및 禹王의 걸음걸이 같은 춤, 그리고 昆侖山·巫山·五臺山·五岳과 같은 聖山에서 신을 만나길 갈구하는 귀족 출신 젊은이들 등에 관한 신화와 설화가 北魏(386~534)에서 매우 중요시되고 널리 유행한 점을 고려할 때, 이런 신화나 이야기들이 6세기까지는 한반도에도 알려졌음이 분명하다.[65] 한 예로, 정교하게 도안된 蓬萊山 이야기가 백제의 청동향로와 土瓦의 銘文 형태로 발견되는데, 이는 南朝와의 관계를 보여주는 중요한 자료다. 음악, 춤, 유랑, 山間 隱身 등 화랑의 많은 특징들도 바로 이런 신화에서 잘 보인다.

그러나 비교적 좁은 신라의 범주를 넘어 보다 넓은 세상을 보기 위해 유람이나 모험이 필요하다는 생각은 신라의 젊은이들 사이에 편만해 있었거나, 적어도 대화의 공통 주제였을 것이다. 아래에 제시할 삼국사기에 나오는 두 이야기는 화랑에 대해서는 전혀 언급이 없지만, 그들이 신봉하

---

63) 塚本善隆, 1979, 『中国仏教通史』 수정판, 春秋社, 560~561쪽.

64) McBride, 2003, 앞의 논문, pp.16~47.

65) 服部克彦, 1977, 「北魏洛陽時代にみる神仙思想」, 『道教研究論集 : 道教の思想と文化: 吉岡博士還暦記念』, 国書刊行会, 193~212쪽.

는 중국적 생각이나 사상이 신라의 형편에 맞게 계속 동화되고 있었음을 시사해준다.

진평왕 재위 9년째인 587년 가을에 大世와 仇柒 두 남자가 바다로 나갔다. 대세는 내물왕의 7대손이자 伊湌 冬臺의 아들이었다. 그는 다른 사람보다 자질이 준수하고 야망이 큰 젊은이였다. 동료 승려인 淡水와 대화하던 중에 그는 "내가 만약 신라의 산곡에서 일생을 보낸다면, 滄海의 광대함과 山林의 고요와 광활함을 모르는 연못 속의 고기나 조롱 속의 새와 무엇이 다르겠는가? 나는 뗏목을 타고 바다를 건너 吳越에 들어가 스승을 찾고 名山의 道를 물어보고자 한다. 이 평범한 뼈(凡人)를 면하여 신선(의 도)을 배울 수 있다면, 훌쩍 바람을 타고 曠蕩空虛한 上空 밖으로 날아갈 터이니, 이야말로 천하의 奇遊요 壯觀일 것이다. 그대는 능히 나의 뜻을 따르겠는가?"라고 물었다. 그러나 담수는 내켜하지 않았고, 대사는 다른 친구를 찾아 떠났다. 마침 고결한 성품을 갖추었다고 알려진 구칠이라는 사람을 만났고, 그들은 남산에 있는 절로 놀러갔다. 홀연히 풍우가 일어나니 낙엽이 마당의 괸 물웅덩이에 떴다. 그러자 대세가 구칠에게 말하기를 "나는 그대와 함께 西遊할 뜻이 있다. 이제 각기 낙엽 하나씩 취해 그것을 배라고 가정하고 누가 앞서 가고 누가 뒤에 갈지 (점을 쳐)보자."고 하였다. 잠시 후 대세의 잎이 먼저 왔다. 그는 "내가 먼저 가야 할 것이다."라고 웃으며 말하였다. 그러자 구칠이 불만스럽게 이르기를 "나도 또한 남아인데 왜 그대 혼자만 갈 수 있겠는가?"라고 하였다. 이에 대세는 신라 밖의 세상을 보고자 하는 꿈을 구칠과 함께 이룰 수 있겠다는 생각이 들었고, 마침내 함께 비밀리에 계획을 세웠다. 결국 그들은 南海에서 배를 타고 떠났는데, 그들의 소식은 전혀 알려진 바 없다.[66]

---

66) 『삼국사기』 4:41~42 (진평왕 9년).

대세가 담수한테 중국에 함께 가자고 설득하는 대화 내용은 필자가 앞서 시사한 몇 가지 주제를 담고 있는 것 같다. 12세기에 김부식의 감수를 받은 이 내용은 6세기와 7세기 무렵에 중국 문화권에서 공통적으로 보이는 종교적 요소들과 잘 어울리는데, 불교와 도교의 경계가 모호하다는 점이 바로 그것이다. 대세와 구칠이 휴식을 취하며 대화를 나누기 위해 남산에 위치한 불교사원으로 간 것도 주목할 만하다.

진평왕 재위 중에 제5 居烈郎, 제6 實處郎(突處郎으로도 불림), 제7 寶同郎 등 세 화랑은 그들의 낭도들과 함께 楓岳(현재 북한 소재 金剛山)으로 유람할 계획을 세웠다. 그러나 혜성이 하늘에 나타나 특별한 星座를 범하자 낭도들은 불안해 하였고, 이에 화랑들은 유람을 취소할 수밖에 없었다. 그때 融天이라는 승려가 자신이 지은 향가를 불렀더니 하늘의 변괴는 없어졌고, 일본 군병의 침략도 격퇴하였다. 그래서 불길한 조짐이 도리어 나라의 복이 되었다. 왕은 기쁨에 겨워 화랑들을 유람하도록 보냈다.[67] 여기서 중요한 점은 이 이야기가 7세기 전반에 화랑들이 금강산에 대해 흥미를 갖고 있었다는 것이다. 뒤이어 나오는 거의 모든 정보는 그런 흥미가 불교와 관련이 있음을 잘 보여준다. 7세기 후반이나 8세기 전반에 이미 중국 華嚴宗의 지도자 法藏(643~712)은 금강산을 화엄경에 法盛菩薩(法起)의 거처로 나와 있는 산으로 알고 있었다. 이런 위치 비정은 중국의 화엄경 전문 해석자 澄觀(720/38~837/838)이 쓴 후대 문헌에도 그대로 이어졌다. 澄觀은 아마도 신라로부터 온 한국인 승려로부터, 특히 法藏이 당나라 도성에서 智儼(602~668)의 제자로 있을 때 함께 하였던 義湘(625~702)으로부터 금강산에 대해 들었을 것이다.[68] 이와 관련하여 후대

---

67) 『삼국유사』 5, 大2039, 49.1015a.

68) 금강산에 대해 보다 상세한 불교 자료는 McBride, 2008, 앞의 논문, pp.131~133 ;『신증동국여지승람』 47:12b4 (표훈) 참조.

의 한 한국 자료는 의상의 몇몇 제자들은 7세기 말이나 8세기 초 무렵에 자신들을 위한 암자를 산에 세웠다고 전한다. 『삼국유사』도 8세기 중엽에 활동한 신라의 名僧 眞表가 모든 명산을 순례하고 仙溪山의 不思議菴에 거처를 정했다고 전한다. 그러나 미륵불을 만나고자 하는 열망으로 인해 그는 현재 충청북도 소재 邊山의 靈山寺로 거처를 옮겼다가, 결국에는 금강산으로 유람을 떠나 770년에 楓岳에 鉢淵寺를 세웠다.[69]

9세기 중반 景文王 때 국선 邀元郞은 譽昕, 桂元, 叔宗 등 세 화랑과 함께 현재 강원도 通川郡의 북한 지역 동해안가 금강산의 바로 북쪽에 위치한 金蘭을 유람하였다. 이들은 아마도 조선시대 자료에 叢石亭으로 나오는 지역을 유람하였을 것이다. '바위가 군집한 정자' 라는 의미의 총석정은 해안을 따라 물속에서 솟아나온 18개의 바위기둥이 절묘하게 모여 장관을 이루는 곳이다. 이를 내려다 볼 수 있는 총석정은 四仙峰이라 불리는 봉우리 위에 있는데, 사선봉은 述郞, 南郞, 永郞, 安祥 등 네 명의 화랑을 암시한다.[70] 네 화랑은 『삼국유사』나 『삼국사기』에는 四仙에 대한 언급이 없고, 주로 고려 및 조선시대 자료에 나온다.[71] 이곳은 오래도록 화랑들이 관심을 가지던 장소였고, 693년에 국선 부례가 낭도들과 이곳에서 놀다가 북쪽의 적들에게 붙잡힌 바 있다.[72] 이곳에서 네 화랑은 암암리에 왕을 도와 나라를 다스릴 뜻을 세웠다. 그들은 노래 세 수를 짓고, 舍知 心弼로 하여금 그 노래들을 두루마리에 쓰게 하고는 이를 당대의 名僧 大炬和尙 에게 보내 곡을 짓도록 하였다. 첫째는 玄琴抱曲, 둘째는 大道曲, 셋째는 問群曲이다.[73] 이 일화는 적어도 신라 말기에는 많은 화랑과

---

69) 『삼국유사』 4, T 2039.49.1007b~1009a. 진표의 유람에 대해서는 McBride, 2008, 앞의 논문, pp.47~50 참조.

70) 『신증동국여지승람』 45:21a~23b (총석정). 이것은 關東八景 중 하나이다.

71) 이 네 화랑에 대한 개괄적 정보는 김상현, 1999, 앞의 책, 535~544쪽 참조.

승려들이 긴밀한 협력관계에 있었음을 시사해준다는 점에서 중요하다. 더 흥미로운 점은 곡조를 만드는 일이 승려에게 주어졌다는 것인데, 이는 신라의 승려들이 불법을 설파하는데 있어서 신라의 고유 방언으로 지어진 향가를 이용하였음을 잘 보여준다. 한국과 중국의 불교 문헌에 따르면, 귀족 출신 신라 승려들은 중국과 한반도에 있는 몇몇 빼어난 명승을 유람하면서 보살이나 어떤 초자연적 존재의 顯示를 목도하는 등 비상한 경험을 하였다. 예를 들어, 『續高僧傳』에는 자장이 당나라에 유학하여 당나라 도성인 長安의 남쪽에 위치한 終南山의 雲際寺에 머물기 전에도 이미 신라의 명산에서 은거할 곳을 찾았다는 기록이 나온다.[74] 신라 하대부터 일연이 활동하던 때까지 널리 읽혔을 것으로 보이는 자장의 別傳에 나오는 좀 더 상세한 기술에 근거한 『삼국유사』에는 자장이 북중국에 있는 五臺山(Wutai shan)에서 지혜의 보살인 文殊菩薩을 보았고, 이를 본 따 현재 강원도 溟洲에 있는 웅장한 산을 五臺山으로 정했다는 기록이 있다.[75] 또한 『宋高僧傳』에 따르면, 義湘(625~702)은 경상북도 榮州에 있는 鳳凰山 중턱 아름다운 곳에 浮石寺를 지었는데, 그곳에서는 小白山脈의 절경을 잘 볼 수 있다.[76] 뿐만 아니라, 의상은 현재 강원도 江陵 근처의 해안을 따라 있는 명승지에서 긍휼의 보살인 관세음보살(Avalokiteśvara)의 현시를 목도하고 洛山寺를 창건하였다.[77]

---

72) 『삼국유사』 4, 大2039, 49.992c.

73) 『삼국유사』 2, T 2039, 49.976b

74) 『續高僧傳』 24, 大2060, 50.639a~640a.

75) 『삼국유사』 3, 大2039, 49. 990c2~991a(황룡사9층탑) ; 998b~999c (臺山五萬眞身) ; 1000a~b (臺山月精寺五類聖衆) ; 4, 大2039, 49.1005a13~1006a (慈藏正律). McBride, 2003, 앞의 논문, pp. 27~35도 참조.

76) 『宋高僧傳』 4, 大2061, 50.729a~c.

77) 『삼국유사』 3, 大2039, 49.996c. 또한 McBride, 2008, 앞의 논문, pp.72~74 참조

　8세기 초에 神文王(재위 681~691)에게는 두 아들이 있었다. 장자 寶川이 태자였으나, 그 아우 孝明은 나중에 왕위에 올라 孝昭王(재위 691~702)이 되었다. 하루는 두 왕자가 각기 천 명의 무리를 거느리고 河西府로 유람을 떠났다.[78] 지방 사령관인 角干 世獻의 거처에서 그날 밤을 묵은 후 그들은 오지로 들어가 省烏坪이라는 곳에서 며칠 동안 즐거이 유람하였다. 그러다가 그들은 문득 왕자 신분의 속세를 떠나 佛者의 길을 따르기로 은밀히 약속하였다. 이를 아무에게도 알리지 않은 채 그들은 오대산으로 들어가 은신하였다. 시위하던 무리들은 두 왕자의 행방을 몰라 끝내는 도성으로 돌아올 수밖에 없었다. 두 형제는 寶川庵이라는 허름한 거처를 만들고 산의 다섯 봉우리에서 부지런히 淨業을 닦으며 온갖 神들의 현시를 체험하였다.[79]

　이 두 왕자가 화랑이라고 명시한 기록은 없다. 그렇지만 일연은 처음에 이 두 형제가 큰 무리를 이끌고 溟洲의 산으로 유람을 떠날 때 그들 형제를 큰 화랑 집단의 우두머리로 묘사한다. 명주 지역은 693년에 있었던 국선 부례의 경우에서 보이듯이, 새로 등장한 渤海(698~926)와 접하고 있어 위험이 도사린 국경지대였다. 왕자 출신 승려 寶川은 암자와 사당을 건축하는데 필요한 안내지침서와 호국과 화엄종의 진작을 위한 복잡한 불교 의례를 수행하기 위한 지침서들을 오대산의 다섯 봉우리에 남겼다.[80]

---

78) 필자는 이 기사에 나오는 淨神王이 그의 묘호인 神文과 그의 본래 이름인 日照가 합성된 것이라고 한 일연의 행간주석을 그대로 따른다.(『삼국유사』 3, 大2039, 49.998c)

79) 『삼국유사』 3, 大2039, 49.998b~c (臺山五萬眞身).

80) McBride, 2008, 앞의 논문, pp.110~116.

VIII. 맺음말

신라 말기에 崔致遠 (857~908 이후)은 그의 「鸞郞碑序」에서 화랑제도가 유교 · 불교 · 도교의 가르침을 서로 결합함으로써 인간의 본성을 바꿀 수 있는 심오하고도 숭고한 방법이라고 언급하였다.[81] 화랑에 대한 최치원의 이런 미사여구적 진단에는 그의 당나라 경험이 어느 정도 반영되었을 것이다. 그래도 신라의 화랑제도와 불교 사이의 밀접한 관련성을 전하는 것으로 보아, 그가 사실을 지나치게 과장하여 기술한 것 같지는 않다.

화랑은 미륵신앙과 밀접한 관련이 있었다. 늦어도 6세기 후반에 이미 한 화랑이 보살로 현시하여 彌勒仙花라는 칭호를 받았다는 기록이 있다. 귀족들은 화랑으로서 나라에 기여할 미륵불 같은 아들을 얻고자 하는 마음에 미륵불상을 땅에 파묻곤 하였다. 김유신이 이끌던 낭도 집단의 이름은 먼 미래에 미륵불이 보리[菩提]를 이룰 장소의 이름을 연상시킨다. 미륵신앙과 관련된 세 개의 경전이 모두 팔관회의 개최를 중시하는 점으로 보아, 일부 화랑은 미륵불의 대리자로서 팔관회 중 불교의식의 막바지 연회에서 공연을 했다고 볼 수 있다. 그런 의식이 신라시대에도 행하여졌는지 여부는 기록이 없어 확언할 수 없으나, 화랑처럼 보이는 미소년들이 고려시대에 거행된 몇몇 행사에서 축제의 일환으로 춤을 추었다는 기록은 있다.

원광이 두 신라 젊은이에게 주었다는 세속오계가 화랑과 직접 관련되었다는 확증도 없다 그렇지만 신라시대 내내 (특히 6세기부터 9세기) 화랑과 승려 사이에 밀접한 관계가 있었음을 알려주는 자료는 매우 많다.

---

81) 『삼국사기』 4:40.

문헌자료의 전통적 해석을 따를 경우, 승려가 특정의 우두머리 화랑의 정신적 스승이나 보좌진으로 종사한 몇몇 사례를 발견할 수 있다. 그러나 화랑에 대한 현존 자료는 너무 간결하다는 문제로 인해, 승려가 각각의 모든 화랑을 보좌했다고 볼 수 있는 증거는 없다. 그럴지라도 승려와 화랑 모두 자기들이 상호 경쟁적이거나 보완적인 어떤 조직에 속해있다고 생각하지 않은 것은 분명해 보인다. 화랑의 대부분은, 또는 적어도 많은 수의 화랑은 불교신자였으며, 『삼국유사』에 기록된 화랑의 미덕과 영웅담이나 국왕을 지지하는 내용의 일화와 노랫말들은 佛法을 전하는데 있어서 고유의 음악과 향가가 중요한 역할을 했음을 생생히 보여준다.

명승지를 유람하거나 명산대천을 순례하는 관습에 있어서도 승려와 화랑은 서로 연관이 있다. 중요한 차이라면 화랑이 낭도를 이끌고 비교적 단기간에 걸쳐 명승지를 방문하는데 비하여, 승려와 제자들은 그곳에 항구적인 거처를 정하고 사원을 세운다는 것이다. 자연을 숭배하는 고래의 전통은 물질적 有形文化뿐만 아니라 중국의 신화나 설화 등 문헌자료로 인해 보다 더 탄탄해졌음이 분명한데, 이런 유의 중국의 이야기는 대개 중국문화권 내의 명산에 살며 영원히 죽지 않는다는 신선 같은 초월적 존재 및 그들의 가무와 혼인, 유랑과 은둔 등을 다루고 있다. 그렇지만 승려나 화랑 어느 쪽도 그런 전래 관습을 독점적으로 실천하지는 않았다. 왜냐하면 『삼국유사』에 나오는 대세와 구칠의 사례와 비슷한 일화들을 고려해 볼 때, 그런 열망이 당시 신라의 엘리트사회에 두루 퍼져있었다고 보이기 때문이다. 6세기 후반에서 7세기 전반에 승려와 화랑은 모두 금강산에 대해 큰 관심을 보였다. 그러나 시간이 흐르면서 승려들이 명산을 주도하기 시작하였고, 이런 관습은 급기야 불교의 한 규범이 되어 화엄경에는 산이 곧 法起菩薩(Dharmodgata)의 본향으로 기록되었다. 이에 화랑의 유람지는 더 북쪽으로 올라갔으니, 해안을 따라 18개의 절묘한 자연석이 줄지어 서있는 金蘭 등지도 포함되었다. 김유신은 하늘에 맹서한 후에 초월적 존재의 현신을 보았다. 그렇지만 모든 화랑이 유람 중에 산신의 현신을 보길 갈망하였는지는 분명하지 않다. 반면에 승려들이 유랑 중에 문수보살(Mañjuśrī)·미륵보살(Maitreya)·관세음보살(Avalokiteśvara)의 신비로운 顯示를 체험하고 보살의 예언을 받거나 자신의 영적인 성장 과정을 인정받으려 애썼음은 분명한 사실이다. 많은 경우에 이런 열망의 성과는 거의 같았으니, 곧 諸佛과 諸神을 보호함으로써 신라왕국의 세속적인 번영을 보장받으려 한 것이 바로 그것이다.

崔致遠의 鸞郞碑序와 花郞 관련 諸名稱의 갈래

朴南守*

Ⅰ. 머리말

한국고대사학계는 이른바 '필사본 『花郞世紀』'의 진위문제를 둘러싸고 18년여에 걸친 지리한 논쟁을 거쳤다. 그 과정에서 '필사본 『花郞世紀』'에 보이는 신라사회의 난혼과 모계적인 습속, 화랑도의 제사집단으로서의 성격을 당연시하고자 하는 경향이 없지 않았다. 이러한 화랑의 이미지는 '필사본 『花郞世紀』'의 원저자 朴昌和가 일제 강점기 일본학자들의 화랑상을 소설화 것이었다고 본다.[1] 이에 대한 반성으로 2008년 5월 10일

―――――――――

* 국사편찬위원회 자료정보실장

한국고대사학회에서는 「신라 화랑도」라는 주제하에 종합 심포지움을 개최하였다.[2] 이는 그동안 왜곡된 화랑상을 바르게 구현하고자 한 것으로서, 화랑도 관련 자료의 면밀한 검토와 화랑제의 변화과정을 추구해야 한다는 문제가 쟁점으로 부각되었다.

일찍이 신라의 화랑상은 『三國史記』・『三國遺事』의 기사를 바탕으로 '仁信, 社交性 등 인격의 힘이나 혹은 方正한 氣象, 우아한 容貌 등에 의해 낭도의 환심을 얻고 있는 존재로서 서리를 이겨내는 꿋꿋한 기상을 지닌 청년'으로 일컬어져 왔다.[3] 그런데 화랑의 사상적 배경이나 기원과 관련하여서는 논자의 관점에 따라 유교・불교・도교적 성격이나, 무격적 성격 또는 산신신앙과의 관련을 강조한다. 어떠한 관점이든 간에 전통적인 사상과 유교・불교・도교와의 습합을 일컫지만, 화랑도의 성격을 어떻게 이해하느냐에 따라 그 습합된 사상의 내용을 달리 보고 있는 실정이다.

화랑도 연구 초창기의 일인학자들은 화랑도의 도교적인 성격과 관련하여 墨學에서 나온 遊俠派의 遺風에 결부시키거나,[4] 유불선 3교의 사상을 습합시켜 당시의 귀족 및 서민의 통합, 국가적 훈령의 한 방책으로서 화랑도를 제정한 것으로 보았다.[5] 또한 화랑도와 미륵신앙의 관련은 그 위에 걸친 옷에 불과하다는 관점에서 풍류, 풍월주 등에서 볼 수 있는 중국

---

1) 朴南守, 2007, 「신발견 朴昌和의 『花郎世紀』殘本과 '鄕歌' 一首」, 『東國史學』 43.
2) 韓國古代史學會, 2008. 5. 10. 13:30~18:00, 『제102회 한국고대사학회 정기발표회-신라의 화랑도』, 경북대학교 인문대 학술회의실.
3) 李基東, 1978, 「新羅 花郎徒의 社會學的 考察」, 『歷史學報』 82 ; 1984, 『新羅骨品制社會와 花郎徒』, 一潮閣, 361~363쪽.
4) 鮎貝房之進, 1932, 「花郎攷」, 國書刊行會 ; 1985, 『花郎攷・白丁攷・奴婢攷』, 民俗苑, 90~91쪽. 이에 대해서는 '중고기 화랑도의 성격과는 크게 어긋나며, 화랑도가 하대에 들어가 진골귀족들의 문객적, 사병적 성격을 띠는 집단으로 변질된 상태에서나 알맞은 견해' 라는 유력한 반론이 있었다.(李基東, 위의 글 ; 위의 책, 363쪽)
5) 八百谷孝保, 「新羅社會と淨土敎」, 『史潮』 제7년 제4호, 1937, 157~158쪽.

의 신선취미와 함께 승려낭도의 주술적 성격에서 무속교와 불교가 습합된 것으로 보기도 하였다.[6]

그후 우리 학자들에 의해 연구가 진전되면서 화랑도가 우리의 전통적인 두레로부터 연원하지만 世俗五戒로 상징되는 유교적 덕목에 바탕한 것으로 이해하거나,[7] 부족국가 이래의 전통적인 가치관과 유교·불교의 수용으로 인한 유불혼합의 윤리관이 계기적으로 합치되어 성립된 것으로 설명하기도 하고,[8] 불교적 관점에서 미륵신앙이 결합된 것으로 보기도 한다.[9] 이에 대해서는 화랑도가 미륵신앙과 일정한 관계를 맺고 있다 하더라도 화랑도 운동 그 자체를 미륵신앙과 결부된 메시아주의 운동으로 파악하기는 어렵다 하고, 삼한시대 청소년 조직의 무격적인 산악숭배에 바탕한 샤머니즘이 불교와 습합되었다가 다시 유교에 대한 지식이 첨가된 것으로 이해하기도 한다.[10] 그밖의 화랑도 기원과 형성을 정신사적 측

---

6) 三品彰英, 1943, 「花郎習俗の推移とその變質」, 『新羅花郎の研究』, 平凡社 ; 李元浩 역, 1995, 『新羅花郎의 研究』, 集文堂, 146 · 214~216 · 258~270쪽.

7) 李丙燾, 1987, 「三國時代의 儒學」, 『韓國儒學史』, 아세아문화사, 44쪽.
   金忠烈, 1989, 「花郎五戒와 三敎思想의 現實的 具現」, 『新羅文化祭 學術發表會論文集』 10, 127~136쪽.

8) 金哲埈, 1971, 「三國時代의 禮俗과 儒敎思想」, 『大東文化研究』 6 · 7 ; 1975, 『韓國古代社會研究』, 知識産業社, 208 · 210~211쪽.

9) 金煐泰, 1966, 「彌勒仙花攷」, 『佛敎學報』 33 ; 1987, 『新羅佛敎研究』, 民族文化社.
   田村圓澄, 1974, 「半跏思惟像과 聖德太子信仰」, 『韓日古代文化交涉史研究』, 58~59쪽 ; 1977, 「半跏像の流傳」, 『大和古寺大觀』 1, 付錄 Ⅳ, 3쪽.
   李基白, 1975, 「新羅 初期佛敎와 貴族勢力」, 『震檀學報』 40 ; 1986, 『新羅佛敎思想史研究』, 一潮閣, 82~83쪽.
   金惠婉, 1978, 「新羅의 花郎과 彌勒信仰의 관계에 대한 研究」, 『成大史林』 3, 19~25쪽.
   鄭雲龍, 1995, 「新羅 花郎制 成立의 政治史的 意義」, 『화랑문화의 신연구』, 140~141쪽.

10) 李基東, 1994, 「新羅 花郎徒 연구의 現段階」, 『李基白先生古稀紀念 韓國史學論叢』 ; 1997, 『新羅社會史研究』, 一潮閣, 245쪽.

면에서 찾아야 한다는 관점에서 씨족사회의 공동체 정신에서 기원을 찾
거나 이미 유불선 3교의 정신을 포함한 이외에 독특한 한 개의 성격을 가
진 것으로 풀이하기도 한다.[11]

사실 『삼국사기』의 화랑도 기사가 유교적 忠義를 강조한 것이라면, 『삼
국유사』 화랑도 관계기사는 불교적 측면 특히 미륵신앙과의 관련성과 향
가에 나타난 주술적 성격, 그리고 화랑들의 山水遊娛에 관한 많은 기록을
보여준다.[12] 따라서 논자가 어떠한 사료에 근거하였느냐에 따라 화랑도
를 이해하는 관점에 차이가 있게 마련이고, 더욱이 『三國史記』에 인용된
崔致遠의 「鸞郎碑序」에 '풍류도가 三敎를 포함하는 것'으로 전하고 있어,
그 성격을 이해하기 어렵게 한다.

따라서 화랑도의 성격을 이해하기 위해서는 각 사서의 화랑도 관련 기
록이 어느 시기의 인식을 반영하느냐 하는 문제를 해결하여야 할 것이다.
그런데 각 시기별 사서에 따라 花郎과 國仙, 仙郎, 風月主, 風月道, 風流道
등의 명칭이 서로 섞인 채로 전하고 있어, 그 갈래를 나누고 각 명칭의 연
원과 상호관계를 명확히 할 필요가 있다.

이에 본고는 먼저 그 서술시기가 분명한 崔致遠의 「鸞郎碑序」를 중심으
로 '玄妙之道'와 '風流'의 성격, 三敎 융회의 사상적 배경과 『仙史』의 성
격을 검토하여 신라 하대 화랑도에 관한 인식내용을 밝힘으로써 화랑도

---

11) 洪淳昶, 1971, 「新羅 花郎道의 硏究 ―그 역사적 형성과정을 중심으로―」, 『新羅伽倻
　　文化』 3, 70~77쪽.
　　金凡父, 1966, 「風流精神과 新羅文化」, 『韓國思想史 古代篇』, 260~261쪽.
　　이에 대해서는 공동체 정신의 본질이나 최치원의 이른바 玄妙之道에 대한 실체를
　　설명하지 못한 점이 있다는 비판이 있었다.(李基東, 1978, 앞의 글 ; 1984, 앞의 책,
　　350쪽)

12) 金相鉉, 1989, 「高麗時代의 花郎認識」, 『新羅文化祭 學術發表會論文集』 10,
　　224~226쪽.

이해를 위한 지표로 삼고자 한다. 다음으로 이를 바탕으로 『삼국사기』·『삼국유사』 등 각종 사서에 나타난 화랑도 관련 용어, 곧 화랑과 선랑, 국선, 풍월주의 상호 관계와 생성시기를 검토하고, 풍월도와 관련된 몇 가지 문제를 제기함으로써 화랑도 인식의 변화과정을 살피고자 한다. 이로써 신라 화랑도의 이해에 대한 진전이 있기를 기대한다.

II. 崔致遠의 鸞郎碑序와 風流道

『三國史記』 新羅本紀 眞興王 37년조에는 화랑 제정기사와 함께 崔致遠의 鸞郎碑序를 인용하였다.

　　崔致遠의 鸞郎碑序에 이르기를, "나라에는 '玄妙之道'가 있는데 '風流'라고 한다. 가르침을 베푼 근원은 『仙史』에 갖추어 자세히 기록되었다. 실로 이는 三敎를 포함하여 群生을 接化한다. 또 '집에 들어가서는 효도하고, 나라에 나아가서는 충성하는 것'은 魯의 司寇 孔子의 취지이다. '無爲之事에 처하여 不言之敎를 행히는 것'은 周의 柱史 老子이 종지이다. '諸惡을 짓지 말고 諸善을 받들어 행하라는 것'은 竺乾太子 釋迦의 교화이다"라고 하였다.(『三國史記』 권 4, 新羅本紀 4, 眞興王 37년)

　　위의 기사에서 崔致遠이 작성한 「鸞郎碑序」에는 신라에 '玄妙之道'가 있는데 이를 '風流'라 일컬었고, 그 가르침의 근원은 『仙史』라는 책에 실려 있으며 유교·불교·도교의 三敎를 포함한다는 것이다. 사실 이 기록만을 가지고 풍류도가 화랑과 어떠한 관련이 있는지 이해하기는 어려울 것이다. 그런데 『三國史記』 찬자는 이 기사를 金大問의 '어질게 보좌하는 忠臣이 이로부터 빼어났고, 훌륭한 장수와 용감한 병졸이 이로부터 나타났다'는 『花郎世記』의 기사와 顧愔의 "귀족의 자제 중 아름다운 이를 택하여 분을 바르고 곱게 꾸며서 花郎이라 이름하였는데, 나라 사람들이 모두 그를 높이 받들어 섬겼다"는 『新羅國記』의 기사[13] 사이에 배치하였다. 이는 김부식이 최치원의 「鸞郎碑序」를 화랑 관련 기사로 인식하고 서술하였음을 의미한다.

鸞郎은 김부식과 동시대에 활동했던 郭東珣의 「八關會仙郎賀表」에 原郎과 함께 회자되던 신라의 대표적인 花郎이었다.[14] 또한 신라 효소왕대에 활동한 것으로 추정되는 永郎의 碑銘에 관한 고려·조선시대의 전승은[15] 신라의 화랑들 가운데 대표적인 화랑들의 경우 별도의 비문을 세웠던 사실을 보여준다. 그리고 李仁老(1152~1220)는 "오직 四仙의 門徒가 가장 번성하여 碑를 세우기까지 하였다"고 기술하였다.[16] 따라서 최치원이 「鸞郎碑序」를 찬술하였다는 것은, 鸞郎이 신라의 대표적 화랑으로 꼽혔던 사실을 의미한다. 이들 화랑의 비는 四仙이나 鸞郎의 행적을 현창하기 위한 것이었음은 물론일 것이다.

난랑이 화랑이었고 그를 현창하기 위해 세운 비의 제명을 「鸞郎碑」라 하였다면, 서문의 '玄妙之道 日風流'는 화랑과 모종의 관련을 갖는 구절

---

13) 『三國史記』에는 『新羅國記』를 『三國史記』 권 4, 新羅本紀 4, 眞興王 37년조 등 모두 세 곳에서 인용하였는데, 令狐澄의 저작으로 소개하였다. 그러나 이는 『三國史記』 찬자가 令狐澄의 『大中遺事』에 인용된 『新羅國記』를 재인용하면서 나타난 착오로 인정되며(池內宏, 1937, 「新羅の花郎について」, 『東洋學報』 24-1, 4쪽 ; 岡田英弘, 「新羅國記と大中遺事について」, 『朝鮮學報』 2, 1951, 103~118쪽), 『新唐書』 藝文志의 기사로부터 혜공왕 4년(768) 歸崇敬을 따라 신라에 다녀간 顧愔의 저작으로 확인된다.(朴南守, 1992, 「新羅 和白會議 關係記事의 檢討」, 『何石金昌洙教授 華甲記念 史學論叢』, 28쪽)

14) "五百歲而名世出 有原郎鸞郎之謫仙 探奇選勝而得逍遙遊 踵門入室者 以千萬數"(郭東珣, 「八關會仙郎賀表」, 『東文選』 권 31, 表箋)

15) 金相鉉, 1989, 앞의 글, 233~237쪽.

16) 『破閑集』 권 下, 李仁老.

임에 틀림 없다. '玄妙'는 『仙史』라는 서책명과 함께 도가적 색조를 느끼게 하는 표현이라 할 수도 있다.[17] 최치원이 찬술한 「崇福寺碑」에서는 화랑도를 '玄風'[18]이라 일컫기도 하였다. 그런데 최치원은 불교를 설명하는 데 있어서도 "부처님께서 心法을 말씀하신 데에 이르러서는 심오하고 또 심오해서(玄之又玄) 이름하고자 하나 이름을 붙일 수 없으며 설명하고자 해도 설명을 할 수 없다"라고 하여 서슴없이 老子의 『道德經』 1章 體道편의 "玄之又玄"의 구절을 그대로 인용하였다. 또한 "멀리서 妙道를 전해와서 널리 우리 나라를 빛나게 한 것이 어찌 다른 사람이겠는가. 선사가 바로 그분이다"라고 하여 禪宗을 妙道로 표현하였다.[19] 그밖에도 불교의 진리를 찾는 것을 '探玄'[20]으로, 불교를 '玄慈'로,[21] 선종을 '玄契'라고도[22] 일컬었다. 이러한 최치원의 필법은 禪宗을 道家의 용어로써 풀이한

---

17) 李基東, 1988, 「花郎像의 變遷에 관한 覺書」, 『新羅文化』 5 ; 1997, 『新羅社會史研究』, 一潮閣, 298~299쪽.

18) 朝鮮總督府 편, 1919, 『朝鮮金石總覽』 上, 121쪽에는 '玄風', 許興植 編, 1984, 『韓國金石全文』 古代篇, 亞細亞文化社, 241쪽과 韓國古代社會研究所 편, 1992, 『譯註 韓國古代金石文』 제3권, 254쪽에는 '風流'라 하였다. 그런데 『朝鮮金石總覽』 편찬 당시 「崇福寺碑文」은 龜岩寺 소장 寫本만이 전하였던 것인데(朝鮮總督府 편, 위의 책 上, 120쪽), 『韓國金石全文』에서 '玄風'을 '風流'로 바꾼 전말을 밝히지 않고 있어 그 자세한 내용을 확인할 수 없으나 玄風을 風流(花郎)로 이해한 데서 온 오류가 아닌가 하며, 『譯註 韓國古代金石文』 또한 『韓國金石全文』의 오류를 답습한 것으로 이해된다.
李基東, 1979, 「新羅社會와 花郎徒 －身分制社會에서의 靑少年運動－」, 『新羅文化』 1 ; 1997, 『新羅社會史研究』, 一潮閣, 284쪽.
崔致遠 撰, 「崇福寺碑」, 李智冠 역주, 1993, 『譯註 歷代高僧碑文－新羅篇－』, 伽山佛教文化研究院, 254쪽.

19) 崔致遠 撰, 「雙溪寺 眞鑑禪師大空塔碑」, 朝鮮總督府 편, 1919, 『朝鮮金石總覽』 上, 67쪽.

20) 崔致遠 撰, 위의 글, 68쪽.

21) 崔致遠 撰, 위의 글, 69쪽.

22) '玄契'란 '禪理를 깨달아 見性하였다'는 말로, 禪宗을 뜻한다.(崔致遠 撰, 「聞慶 鳳巖

전통으로 이해된다.[23] 이러한 용례로 보아 「鸞郎碑序」에서의 '玄妙之道'를 딱히 도가적인 성격으로 규정하기보다는, 오히려 '깊은 道' 또는 '심오한 道' 정도로 새겨야 할 것이다.

그런데 '風流'는 「鸞郎碑序」에서만 화랑도를 지칭한 명칭으로 나타나고 있어, '風流道'란 명칭이 있었는지는 의문이다. 고려 후기의 문인 崔瀣(1287~1340)는 仙郎의 풍속을 소개하면서 "其風流起自新羅時"라 하였고,[24] 『高麗史』 閔頔傳에는 "其風起自新羅"[25]라고 하였다. 여기에서의 '其風流'나 '其風' 등은 최치원의 '風流'와 흡사한 면을 보이지만, 仙郎을 받드는 '기풍의 흐름' 또는 '풍조' 정도로 이해된다. 그런데 『三國遺事』 孝昭王代 竹旨朗조에 '風流黃券'[26]이란 명칭이 있고 보면 「鸞郎碑序」의 '風流'란 화랑도를 지칭한 명칭으로 사용하였다고 보는 것이 옳을 듯하며, 崔瀣 등이 일컬은 '其風流' 등도 최치원의 '風流(道)'와 모종의 관련에서 비롯하지 않았을까 추측된다.

다만 위의 기사로만은 그 명칭을 언제부터 어떻게 사용하였는지 분명

寺智證大師寂照塔碑文」, 李智冠 譯註, 앞의 책, 302쪽)

23) 신라 하대 금석문에서도 그러한 사례를 살필 수 있다. 곧 禪宗의 이치를 『道德經』에 비추어 설명하고 禪宗을 '無爲任運之宗'으로 풀이한 것(金穎 撰, 「寶林寺 普照禪師彰聖塔碑」, 朝鮮總督府 편, 앞의 책, 61~62쪽)을 비롯하여 崔致遠이 찬술한 비명 가운데 『道德經』의 "夫道不遠人"의 구절을 그대로 인용하여 불교와 유교를 설명한 것(崔致遠 撰, 「雙溪寺 眞鑑禪師大空塔碑」, 朝鮮總督府 편, 위의 책, 67쪽), '道不遠人'을 뜻하는 '道豈遠'의 용례(崔致遠 撰, 「聖住寺 朗慧和尙白月葆光塔碑」, 朝鮮總督府 편, 위의 책, 80쪽), 그리고 禪宗의 종취를 '無爲之益'으로 설명한 사례(崔致遠 撰, 「鳳巖寺 智證大師寂照塔碑」, 朝鮮總督府 편, 위의 책, 90쪽) 등을 들 수 있다.

24) "東方故俗 男子有年 必從僧 習句讀 有首面姸好者 僧與俗皆奉之號曰仙郎 聚徒或之於百千 其風流起自新羅時…"(崔瀣, 『拙稿千百』 권 2, 故密直宰相閔公)

25) "國俗幼必從僧習句讀 有面首者僧俗皆奉之 號曰仙郎 聚徒或至千百 其風起自新羅"(『高麗史』 권 108, 列傳 21, 閔宗儒 附 閔頔)

26) 『三國遺事』 권 2, 紀異 2, 孝昭王代 竹旨朗.

하지 않다. 지적되듯이 『三國遺事』 孝昭王代 竹旨朗조는 朔州와 都督, 富山城 등의 명칭으로부터 원성왕대 이후 어느 시기에 서술된 기록을 바탕으로 찬술되었던 것으로 여겨지므로,[27] '風流黃券'의 명칭 또한 신라 하대에 사용되던 용어가 아니었는가 짐작된다. 곧 죽지랑조의 '風流黃券'은 같은 책 二惠同塵조의 "釋惠宿 沉光於好世郎徒 郎旣讓名黃卷"의 '黃券'과 함께 화랑도의 명부 정도로 이해되는데, 죽지랑조에서만 '風流黃券'이라 일컬은 것은 아무래도 죽지랑 관련기사가 씌여진 당대의 사실을 반영한 것으로 풀이되기 때문이다.

'風流'라는 용례를 『三國遺事』 가운데 찾는다면, 彌勒仙花 未尸郎 眞慈師조에서 미시랑이 화랑이 되어 '風流耀世'[28]하였다는 데서 살필 수 있다. 이때는 지증왕대로서, 彌勒仙花 未尸郎 眞慈師조에 보이는 '風月道'라는 별개의 명칭이 있었다. 따라서 이 무렵 풍월도를 받드는 국선(화랑)의 활동을 '風流耀世'로 일컬었거나, 아니면 彌勒仙花 未尸郎 眞慈師조를 찬술할 당시의 용법이 반영되었을 것으로 보인다. 진자사와 미시랑 관련 일화는 김대문의 『花郎世記』에 없었던 것으로서 眞慈傳과 같은 승려의 전기나 眞慈가 속했던 興輪寺 寺誌를 바탕으로 저술되었을 것이라는 지적이 있는 것을 보면,[29] 비교적 후대에 국선(화랑)의 활동을 風流로 일컬은 관념이 생겨나면서 그 명칭이 '吟諷詠月'의 의미를 피하여 風流道라는 이름

---

27) 『三國遺事』 권 2, 紀異 2, 孝昭王代 竹旨朗에 보이는 朔州는 경덕왕 16년에 首若州를, 都督은 원성왕 원년에 기왕의 摠管을 고친 이름이며, 富山城은 문무왕 3년(663)에 축조된 것이다. 그러므로 『三國遺事』 죽지랑조의 기록은 원성왕대 이후 어느 시기에 서술된 기록을 바탕으로 찬술되었음을 보여주는 것으로 보아 좋을 것이다.(朴南守, 2008, 「신라 중고기 花郎의 出身 家系와 花郎徒 운영의 변화」, 『한국고대사연구』 51, 146쪽)

28) 『三國遺事』 권 3, 興法 3, 彌勒仙花 未尸郎 眞慈師.

29) 金基興, 2003, 「화랑설치에 관한 諸 史書의 기사 검토」, 『歷史敎育』 88, 125쪽.

으로 변개된 것이 아닌가 생각해 볼 수 있다.

신라 하대의 風流에 대한 관념은 헌강대왕과 지증대사의 '心'에 대한 법문의 과정에서 살필 수 있다. 곧 헌강대왕이 '心'을 물으니 지증대사가 말없이 몸을 구부려 맑은 못의 달을 보자, 헌강왕이 '부처님이 꽃을 들어 보였다고 전하는 바의 風流가 진실로 이에 부합하도다'라고 일컬었다고 한다.30) 물론 여기에서의 '풍류'를 '遺風餘流'로 풀이하기도 하나,31) '부처가 연꽃을 들자 그 제자 가섭이 미소로 응답한 것'을 풍류라 지칭하고, 지증대사의 무언의 법문이 이와 짝하는 것으로 칭하였음을 볼 수 있다. 이렇듯이 최치원이 헌강왕의 일화로써 일컬은 '風流'는 현묘한 도를 운위하는 멋스러움을 갖춘 것이었다. 따라서 최치원이 일컬은 '風流(道)'는 신라 하대 三敎融會의 사조가 만연한 가운데, 지증대사의 無言의 法問을 風流로 일컫던 그러한 관념을 투영한 명칭으로 생각할 수 있을 것이다.

風流道는 道家와는 구별되면서 儒·佛·道의 三敎를 포함하는 별개의 '玄妙한 道'였다. 주지하듯이 崔致遠은 風流道를 三敎, 곧 儒敎의 '忠孝', 道敎의 '無爲之事에 처하여 不言之敎를 행하는 것', 그리고 불교의 '諸善奉行'을 포함하여 群生을 接化하는 것으로 이해하였다. 이에 대하여 기왕의 연구자들은, 신라 하대에 花郞徒가 三敎와 接化된 사실을 인정하여 그 의미를 살피거나32) 최치원이 신라 사회의 계기적 발전과정에 대한 견해를 화랑의 사례에 비추어 평가한 것이라고 보는 관점,33) 그리고 불교사상

---

30) "金仙花□[目] 所傳風流 □□[固協]於此"(崔致遠 撰, 「鳳巖寺 智證大師寂照塔碑」, 朝鮮總督府 編, 앞의 책, 94쪽)

31) 崔致遠 撰, 「鳳巖寺 智證大師塔碑」; 南東信 譯, 1992, 『譯註 韓國古代金石文』 제3권, 207쪽.

32) 鮎貝房之進은 화랑도가 삼교와 접화함으로써 퇴폐된 것으로 보았다.(鮎貝房之進, 앞의 책 ; 1985, 앞의 책, 101~102쪽) 末松保和와 文明大는 화랑도의 三敎接化를 唐末의 禪宗 자체가 불교의 老莊的인 형태로 變質된 점과 관련하여 신라에도 그러한 풍

에 기반하여 평가한 최치원 개인의 風流道觀으로 보거나[34] 최치원이 신라 하대의 정치적 상황과 관련하여 三敎에 대한 관심을 화랑도에 가탁한 것으로[35] 보기도 한다.

그런데 최치원은 그의 四山碑銘 곳곳에서 三敎에 관한 자신의 견해를 밝힌 바 있다. 곧 「雙溪寺 眞鑑禪師塔碑」(887)에서 儒·佛의 드러낸 이치는 다르지만 돌아가는 바가 하나인 것으로 보았으며,[36] 「聖住寺 朗慧和尙塔碑」(890)에서는 헌강왕이 '유교의 三畏[天命·大人·聖人]를 불교의 三歸依[佛·法·僧]에, 유교의 五常을 불교의 五戒와 같은 것'으로 설명하면

조가 성행한 결과로 보았다.(末松保和, 1954, 『新羅史の諸問題』, 457쪽 : 文明大, 「新羅 法相宗(瑜伽宗)의 成立問題와 그 美術(上)」, 『歷史學報』 62, 1974, 89~90쪽)

33) 金哲埈은 '가장 기본적인 부족국가시대의 전통적인 체질 위에서 불교의 영향을 받았으며, 고대국가의 발전 과정에 따라 불교와 섞여 들어온 유교사상의 영향을 받고, 그 다음 羅末에 와서는 도교사상의 영향을 받은 것'을 최치원이 花郞의 例에서 돌아본 것에 지나지 않은 것으로 보았다.(金哲埈, 1971, 앞의 글 ; 앞의 책, 212쪽)

34) 金煐泰는 풍류도의 사상적 기반을 불교에서 찾으면서, 崔致遠이 당시의 신앙·사상계를 대표하던 三敎의 장점을 風流道가 모두 갖추었음을 찬미하고자 한 것이라고 보았다.(金煐泰, 1969, 「僧侶郞徒攷」, 『佛敎學報』 7 ; 앞의 책, 84쪽).

35) 李基白은 최치원이 3교의 융합에 관심을 가진 것은 신라 말기에 급격히 정치·사회적 변동으로 말미암아 순수한 儒敎的인 정치이념을 펴나갈 수 없는 상황에서 유학자들이 공통석으로 느끼고 있던 일종의 좌절감의 소산일 따름이며, 이는 그 자체 사상의 혼돈, 혼미를 드러내는 이외에 다름 아니라고 평가하였다.(李基白, 「新羅 骨品體制下의 儒敎的 政治理念」, 『대동문화연구』 6 · 7, 1970 ; 『新羅思想史研究』, 一潮閣, 1986, 235~236쪽) 한편 李基東은 최치원의 三敎評으로부터 화랑정신의 도교적인 색조가 강하게 느껴지지만, 신라 하대 농민반란에 의해서 초래된 전국적인 내란 상태 속에서 심리적 위기를 맞은 최치원이 유교·불교·도교를 일체적으로 수용하려던 이상을 화랑도에 가탁하여 표현한 것에 불과한 것으로 평가하였다.(李基東, 1978, 앞의 글 ; 1984, 앞의 책, 349~350쪽 : 1994, 「新羅 花郞徒 연구의 現段階」, 『李基白先生古稀紀念 韓國史學論叢』 ; 1997, 『新羅社會史研究』, 一潮閣, 243~245쪽.)

36) "故廬峰慧遠著論謂 如來之與周孔 發致雖殊 所歸一揆 體極不兼應者 物不能兼受故也 沈約有云 孔發其端 釋窮其致 眞可謂識其大者 始可與言至道矣"(崔致遠 撰, 「雙溪寺 眞鑑禪師大空塔碑」, 朝鮮總督府 편, 앞의 책, 67쪽)

서, '유교의 王道를 실천하는 것이 바로 佛心에 부합'한 것이라 하였다.[37] 「鳳巖寺 智證大師塔碑」(893)에서는 '仁心이 곧 부처'라 하여 부처의 이름을 '能仁'이라 하는 것도 유교와 불교가 상통한 것을 보여주지만, '불교는 淨域에 나타난다'하였다. 또한 그 詞에서는 '공자와 노자의 敎가 천하의 본보기이지만, 석가에 미치지 못한다'는 관점을 보였다.[38] 특히 최치원은 경문왕을 유교·불교·도교 三敎를 융회한 이로서 꼽고,[39] 「崇福寺碑」(896)에서 경문왕이 玉鹿과 玄風 곧 국학과 화랑의 기풍을 드날렸으며, 어짊으로써 백성을 편안케 하고 道로써 다스려 인륜의 떨어진 도리를 회복시켜 국가의 이로움을 가져왔다고 평가하였다.[40] 이러한 최치원의 필법과 삼교에 대한 관점으로 보아, 난랑비에서 일컬은 삼교란 유교·불교·도교를 지칭하며, 풍류도가 삼교를 포함하여 群生을 接化하는 도인데, 이를 실천한 모범으로서 경문왕을 꼽았음을 알 수 있다.

요컨대 최치원은 당대의 정치가 삼교를 포함해야 한다고 생각하였고, 이를 정치에서 실천하는 것이 백성을 편안하게 하고 국가에 이익이 된다고 보았다. 이러한 최치원의 정치관은 그에게만 한정되지 않고 신라 하대

---

37) "太傅王覽 謂介弟南宮相曰 三畏比三歸 五常均五戒 能踐王道 是符佛心"(崔致遠 撰, 「聖住寺 朗慧和尙白月葆光塔碑」, 朝鮮總督府 편, 앞의 책, 79쪽)

38) "敍曰 五常分位 配動方者曰仁心 三敎立名 顯淨域者曰佛 仁心卽佛 佛目能仁則也 … 其詞曰 麟聖依仁仍據德 鹿仙知白能守黑 二敎徒稱天下式 螺髻眞人難确力 十萬里外鏡西域 一千年後燭東國"(崔致遠 撰, 「鳳巖寺 智證大師寂照塔碑」, 朝鮮總督府 編, 앞의 책, 88·95쪽)

39) "贈大師景文大王 心融鼎敎"에서 '心融鼎敎'는 '마음이 儒佛仙의 三敎를 융합하여 동일한 진리로 본다'는 의미이다.(崔致遠 撰, 「鳳巖寺 智證大師寂照塔碑文」, 李智冠 역주, 앞의 책, 315쪽)

40) "伏惟 先大王[景文王] 虹渚騰輝 鼇岑降跡 始馳名於玉鹿 別振玄風 俄綰職於金貂 肅淸海俗 據龍田而種德 捿鳳沼以沃心 發言則仁者安人 謀政乃導之以道 八柄之重權咸擧 四維之墜緖斯張 歷試諸難 利有攸徃"(崔致遠 撰, 「崇福寺碑」, 朝鮮總督府 편, 앞의 책, 121~122쪽)

지식인들의 일반적인 사조가 아니었을까 생각된다. 곧 崔彦撝는 「淨土寺 法鏡大師慈燈塔碑銘」(943)에서 '孔子는 仁義의 근원을 말하였고, 老子는 玄虛의 이치를 풀이하였지만, 불교의 이치에는 미치지 못한다'는 관점에 서 '玄宗[선종]의 이치가 너무 현묘하여 孔·老·莊子가 각기 자신의 敎인 一方에만 집착하여 마침내 三敎가 서로 통해서 돌아오지 못한다'고[41] 평 가한 바 있다. 이는 최치원이 儒佛道 三敎 가운데 불교를 우위에 두고 '三 敎가 융회해야 한다'고 한 것과 서로 통한다. 최치원·최언위로 대표되는 신라 말 고려 초 지식인들의 三敎 融會의 사상은, 고려 성종 원년 최승로 가 올린 時務 28조 가운데, 불교를 '修身의 本行'으로 유교를 '理國의 근 원'으로 여기고 '3교에는 각각의 所業이 있으니 행하는 자가 섞어 하나로 할 수 없다'고[42] 주장한 것과는 사뭇 다름을 알 수 있다.

한편 최치원은 풍류도의 가르침의 근원이 『仙史』에 갖추어 자세히 기록 되었다고 하였다. 『仙史』란 신선의 역사 정도로 이해되는데,[43] 고려 인종 때의 郭東珣의 「八關會仙郎賀表」에는 '저 藐姑射山에 있다는 神人은 바로 우리 月城의 四子[네 화랑]인가 합니다. 風流가 역대에 전해 왔고, 制作이

---

41) "故知儒風則詩惟三百 老敎則經乃五千 孔譚仁義之源 聃演玄虛之理 然而雖念忘▨ 敢言 得理 此則 域中之敎方内之譚 曷若正覺道成 知一心之可得 眞如性淨 在三際之非殊 … 至 道希夷 匪稱謂之能鑒 玄宗杳邈 非名言之所銓 於是 各守一隅 難通三 返笙蹄之"(崔彦撝 撰, 「淨土寺 法鏡大師慈燈塔碑」, 朝鮮總督府 편, 앞의 책, 150쪽)

42) "崇信佛法 雖非不善 … 臣聞 人之禍福貴賤 皆禀於有生之初 當順受之 況崇佛敎者 只種 來生因果 鮮有益於見報 理國之要恐 不在此 且三敎各有所業 而行之者 不可混而一之也 行釋敎者 修身之本行 儒敎者理國之源 修身是來生之資 理國乃今日之務 今日至近 來生至 遠 舍近求遠 不亦謬乎"(『高麗史』 권 93, 列傳 6, 崔承老)

43) 鮎貝房之進은 최치원 당시 보통 仙郎을 칭함으로 해서 『花郎世記』를 『仙史』로 일컬 은 것으로 보았다.(鮎貝房之進, 1985, 앞의 책, 50~51쪽) 그러나 김부식은 『화랑세 기』를 직접 참고하였고, 최치원의 『仙史』는 후술하듯이 동시기의 仙籍, 仙記 등과 함께 유포된 서책으로서 『花郎世記』와는 성격을 달리한다는 점에서 별도의 서책류 로 보아야 할 것이다.

本朝에 와서 경신되었으니, 조상들이 즐겼고 상하가 화목하였습니다' 라고 기술하였다. 郭東珣이 '역대에 전해 온 風流' 라고 일컬은 것은 최치원의 '玄妙之道로서의 風流'와 상통한 것으로 이해된다. 또한 '原郎 · 鸞郎 같은 謫仙'의 기사에 뒤이어 보이는 '鷄林의 仙籍'은 신라 때부터 전해온 서책으로서, 최치원이 '風流道의 가르침을 베푼 근원이 갖추어 자세히 기록되었다는 『仙史』'와 일맥상통한 것으로 여겨진다. 또한 진성여왕 4년(890)에 건립된 「月光寺 圓朗禪師塔碑」에는 月嶽山의 이름을 전하는 『仙記』라는 서책이 있었다고 하는데,[44] 이는 신라 하대에 풍류도와 관련되었을 仙風의 서책이 상당수 유포되었음을 보여준다.

이러한 서책이 최치원 당대에 유포된 데는 당시 지식인들이 儒 · 佛을 기초로 道家的 교양을 익혔던 사례를 통하여서도 살필 수 있다. 곧 慧徹의 아버지가 어려서 洙泗(공자)의 발자취를 탐착하였고 자라서는 노자와 장자의 말을 익혔으며, 그의 할아버지도 마찬가지로 관직에 나아가지 않고 거문고와 술잔으로 스스로를 벗하였다는 것이나,[45] 경문왕이 3교에 융회하였고 '계림의 지경은 오산의 곁에 있으며, 옛부터 仙과 儒에 기특한 이가 많았다'는 것,[46] 그리고 법경대사의 아버지 德順이 '특히 老子와 周易에 정통하였고, 거문고와 詩를 좋아하였다' 는[47] 등의 사례는 신라 말 고려 초기 지식인들의 정신적 사조를 짐작케 한다. 더욱이 당시 신라 사회에는 아직 道觀이 없었던 만큼 도관을 중심으로 한 道敎로서의 신비주의보다는 일종 교양으로서 道家의 저술을 익히고 도가적 생활을 즐겼던 것

---

44) "□夏夜□月嶽神官來請 … 別封此山 表元勳也 曾授錄於金剛 又傳名於仙記 …"(金穎 撰, 「月光寺 圓朗禪師大寶禪光塔碑」, 朝鮮總督府 편, 앞의 책, 85쪽)
45) 崔賀 撰, 「大安寺寂忍禪師 照輪淸淨塔碑」, 朝鮮總督府 편, 위의 책, 117쪽.
46) 崔致遠 撰, 「鳳巖寺 智證大師寂照塔碑」, 朝鮮總督府 편, 위의 책, 92 · 95쪽.
47) 崔彦撝 撰, 「淨土寺 法鏡大師慈燈塔碑」, 朝鮮總督府 편, 위의 책, 151쪽.

으로 여겨진다.[48]

그러므로 최치원이 풍류도를 도가적인 것으로 보지 않고 三敎를 융회한 것으로 풀이한 것은 풍류도를 고유의 선풍으로 이해한 때문으로 이해된다. 비교적 후대의 일이지만 이규보와 교유한 바 있는 空空上人 景照는 '花郎의 仙風'을 중국의 周漢이나 唐宋에서 볼 수 없는 독자적이고 전통적인 것으로 이해하였다.[49] 화랑을 우리 고유의 것으로 인식한 것은 고려 후기에 국한되지는 않을 것이고, 고려 전기에 仙郎의 풍습을 진작시키고자 하는 노력으로 나타나고, 최치원이 이른 '風流道의 三敎 포함 評' 또한 우리 고유의 '玄妙한 道'임을 드러내고자 하는 의도였다고 여겨진다. 따라서 최치원이 인용한 『仙史』를 비롯하여 곽동순이 상고하였다는 鷄林의 『仙籍』, 「月光寺 圓朗禪師塔碑」에 보이는 『仙記』 등은 우리 고유의 仙風인 風流道의 연원을 밝힌 서책으로 보아야 할 것이다.

III. 花郎 관련 諸名稱의 갈래와 風月道

신라 하대에 유포되었던 『仙史』나 『仙籍』·『仙記』 등은 우리 고유의 仙風인 풍류도의 연원을 밝힌 서책으로 이해된다. 이들 서책은 분명히 김대문의 『花郎世記』나 『三國史記』에 보이는 傳記類[50]와는 계통이나 성격을

---

48) 『宋史』 권 487, 高麗傳에는 고려의 도성에 70군데의 사찰이 있으나 道觀은 없었고, 예종 때에 송나라에서 道士를 파견함으로써 비로소 福源院이란 도관이 생겼다고 한 바, 신라 말 고려 초의 지식인들은 老莊사상을 일종 교양으로서 익혔던 것이라 할 것이다.

49) "…… 仙風舊莫聞周漢 近古猶難覯宋唐 國有四郎眞似玉 聲傳萬古動如簧 ……"(『東國李相國集』 권 9, 古律詩 五十八首 次韻空空上人 贈朴少年五十韻)

50) 『三國史記』 권 47, 列傳 7, 金歆運전에 '三代花郎 無慮二百餘人 而芳名美事 具如傳記'

달리하는 것으로 생각된다. 곧 『花郎世記』와 傳記類 등에서의 ‘花郎’을
『仙史』와 『仙籍』·『仙記』에서는 ‘仙’으로 서술하였을 것으로 생각되기 때
문이다.

그런데 김대문 당대에 『花郎世記』로서 題名을 삼았던 명칭이 『仙史』로
바뀐 데는 나름대로의 이유가 있었을 것으로 보인다. 더욱이 최치원은 풍
류도를 서술하면서 그 가르침의 연원이 『仙史』에 기록되었음을 분명히 밝
혔다. 이는 화랑을 ‘仙’으로 인식하였음을 반영하며, 『花郎世記』 등을 바
탕으로 서술한 『三國史記』 내의 ‘花郎’ 관련 서술 내용과는 차이가 있다.
그런데 『三國遺事』에는 國仙이 등장하고, 彌勒仙花 未尸郎 眞慈師조에서는
‘國仙’과 ‘花郎’을 병기하였음을 살필 수 있다. 또한 『海東高僧傳』에서는
原花를 仙郎으로 표기하면서 花郎을 언급하였다. 한편 고려시대의 기록에
서는 仙郎과 함께 四仙 등에 관한 많은 기록을 살필 수 있으며, 『三國史節
要』·『東國通鑑』 등 조선시대 사서에는 ‘風月主→源花→花郎’으로의 발전
과정을 제시하였음을 볼 수 있다.

國仙의 ‘仙’이 가지는 의미에 대한 해석은 논자의 관점에 따라 道敎, 彌
勒, 山神思想 등과 연관지우는 등의 견해 차이를 보인다.[51] 이에 따라 花
郎, 國仙, 風月主 모두 신라시대에 사용된 용어라는 견해가[52] 있는 한편으

라 이르고, 『花郎世記』가 저술된 효소왕대 이후 9세기 화랑인 明基, 安樂, 膺廉, 孝
宗郎 등의 화랑 관련 행적을 『三國史記』에 전하고 있는 데서도 확인된다.(金相鉉,
1989, 앞의 글, 221쪽)

51) 三品彰英은 신선사상에 윤색되어 나타난 國仙이란 호칭은 고려 때에 쓰인 것으로,
『삼국유사』에서는 신라의 화랑에 대신하여 고려적인 호칭인 國仙을 사용한 것으로
보았다.(三品彰英, 앞의 글, 앞의 책 ; 李元浩 역, 앞의 책, 237~239쪽) 이에 대해 金
煐泰는 國仙의 仙은 불가에서 佛彌을 仙으로 일컫는 용례라 지적하고 國仙은 나라
의 彌勒佛이라는 의미로 쓰인 것(金煐泰, 1966, 앞의 글 ; 앞의 책, 75쪽)으로 이해
하였다.

52) 鮎貝房之進, 앞의 책 ; 1985, 앞의 책, 41~52쪽.

로 花郎 이외에 國仙, 風月主 등은 고려시대에 사용되었다고 보기도[53] 한
다. 또한 국선이란 여러 화랑을 거느린 일종 대표 화랑으로서 풀이하거
나,[54] 이들 명칭의 차이는 조직 구성상의 차이보다는 오히려 사료 계통의
차이에서 비롯한 것으로서[55] 국선을 화랑의 이칭으로 이해하기도 한
다.[56] 그리고 國仙이란 이름은 道敎의 영향이 강한 듯하지만 화랑도 본래
의 성격이 크게 변질된 후대에 들어와 예전의 화랑을 懷舊하는 마음에서
부회한 것에 지나지 않는다고 풀이하기도 한다.[57] 특히 화랑을 이칭으로
보는 관점은 『삼국유사』에서 花郎이라는 명칭을 國仙이라는 명칭으로 대
부분 통일해서 사용하면서도 고려시대에 두루 사용했던 仙郎이란 명칭은
단 한 번도 쓰지 않았으며, 만일 국선이 존재했다면 울주 천전리서석 등

金雲學, 1974, 「花郎徒와 佛敎思想」, 『東國思想』 7, 13쪽.

金相鉉, 1989, 앞의 글, 226쪽.

鄭雲龍, 앞의 글, 135쪽.

53) 三品彰英, 앞의 글, 앞의 책 ; 李元浩 역, 앞의 책, 235~238쪽.

54) 김유신이 『삼국사기』와 『삼국유사』에 각각 화랑과 국선으로 나타난 점에 주목하
여, 김유신은 15세에 화랑이 되었다가 18세에 국선이 되었던 것으로 풀이하고, 이
로 볼 때에 구선은 화랑의 대표자라는 의미가 된다고 보았다 (田村圓澄, 1987, 「三
國遺事와 佛敎」, 『삼국유사의 종합적 검토』, 한국정신문화연구원, 221쪽 : 金煐泰,
1966, 앞의 글 ; 앞의 책, 80쪽 : 車柱環, 1989, 「花郎徒와 神仙思想」, 『新羅文化祭學
術發表會論文集』 10, 39쪽 : 李鍾旭, 1989, 「新羅 花郎徒의 編成과 組織·變遷」, 『新
羅文化祭學術發表會論文集』 10, 251쪽 : 尹榮玉, 1989, 「花郎의 詩歌」, 『新羅文化祭學
術發表會論文集』 10, 165~166쪽 : 鄭雲龍, 앞의 글, 134~135쪽)

55) 金哲埈, 앞의 글, 210쪽.

洪淳昶, 1989, 「花郎과 新羅의 政治社會」, 『新羅文化祭學術發表會論文集』 10,
95~96쪽.

金貞淑, 1996, 「新羅 花郎의 생활사 연구」, 『화랑문화의 신연구』, 문덕사, 471쪽.

56) 金相鉉, 1991, 「花郎에 관한 諸名稱의 檢討」, 『新羅文化祭學術發表會論文集』 12.
228쪽.

朱甫暾, 1997, 「新羅 花郎徒 硏究의 現況과 課題」, 『啓明史學』 8, 96~97·123쪽.

57) 李基東, 1994, 앞의 글 ; 1997, 앞의 책, 245쪽.

의 금석문에도 국선의 이름이 나타나야 할 것인데 그러한 흔적이 보이지 않는다는 데에 있다.[58] 다만 國仙이란 명칭이 신라 때부터 쓰였던 호칭인지 고려시대에 나타난 것인지에 대해서는 아직 논의의 여지가 있다.[59]

확인할 수 있는 한, 김대문이 『花郎世記』를 찬술할 당시까지는 여타의 명칭보다는 '화랑'으로 일컬었던 것으로 보는 것이 온당할 듯하다. 이는 신라 경덕왕 때에 유행한 「讚耆婆郞歌」에서 화랑을 '花判'으로 일컬은 데서도 짐작할 수 있다.[60] 그런데 최치원의 「鸞郎碑序」에서는 화랑도의 역사를 '仙史'로 표현하였고, 고려 초에는 영랑 등 네 화랑을 '四仙'으로 일컬었다. 또한 고려시대의 각종 자료에는 國仙과 仙郎을 병기하였음을 볼 수 있다. 따라서 신라 경덕왕대 이후 어느 시기엔가부터 화랑을 '仙'으로 인식하는 관념이 생겼고, 그러한 관념이 최치원 당대에 '仙史' 등의 서책에 반영된 것으로 생각된다.

먼저 『三國史記』에는 원화를 폐지한 후 花郎을 설치하면서부터 모두 花郎으로 명칭을 통일하여 서술하였다. 이는 진흥왕 37년조에 인용된 화랑도 제정 기사나 중고기 화랑 관련기사의 경우 『花郎世記』를 참조하였고, 『花郎世記』 이후 화랑도 관련 기사는 三代 花郎들의 기록을 실은 傳記類를 바탕으로 서술하였던 것으로 보이는 바, 이들 자료에 모두 花郎으로 서술되었던 때문이 아닐까 생각된다.

『海東高僧傳』은 대체로 『三國史記』 진흥왕 37년조 화랑제정 기사와 김

---

58) 朱甫暾, 앞의 글, 96~97쪽.

59) 金相鉉, 1991, 앞의 글, 143쪽.

60) 梁柱東은 花郎의 長, 혹은 花郎의 判官으로 풀이하였는데(梁柱東, 『古歌研究』, 372~374쪽), 김완진은 '곳갈(帽)'로 훈독하고 '하늘 높이 솟은 잣나무 윗가지 부분이 耆郎의 모습의 고갈처럼 보이는 것을 노래'한 것으로 풀이하였다.(金完鎭, 1980, 『鄕歌解讀法研究』, 서울대 출판부, 90쪽) 필자는 讚耆婆郞歌를 화랑의 기상을 노래한 것으로 이해하여 일단 양주동의 설을 따른다.

흠운열전의 사론을 다시 정리한 것으로 여겨진다.[61] 이에 따르면 原花를 仙郎으로,[62] 花郎은 그대로 화랑으로 서술하면서도 신라 말까지 200여 명의 화랑이 있었는데 그 가운데 四仙이 가장 뛰어나며, 이들 기록이 '世記' 곧 김대문의 『花郎世記』에 기록된 것으로 서술하였다. 신라 말까지 200여 명의 화랑이 『花郎世記』에 실려 있다는 것 자체도 잘못이거니와,[63] 原花를 仙郎으로 보고, 花郎을 四仙에 비교한 것 자체에 대한 근거가 전혀 보이지 않는다. 이는 후술하듯이 覺訓이 고려시대의 國仙-仙郎의 인식을 바탕으로 『三國史記』 기사를 재정리하면서 花郎과 四仙을 혼돈하여 함께 서술한 데서 빚어진 오류가 아닌가 생각된다.

한편 『삼국유사』彌勒仙花 未尸郎 眞慈師조에서는 원화제를 폐지하여 花郎을 설치하고 설원랑을 國仙으로 삼았는데 이것이 '花郎國仙'의 시초라고 하였다. 또한 진자사가, 미륵선화의 花郎으로 현신할 것을 기도하여 미시랑을 얻어 돌아오자, 국왕이 미시랑을 존경하고 사랑하여 國仙으로 삼았다는 것이다. 『삼국유사』에는 미시랑을 포함하여 모두 19명의 '國

---

61) 金相鉉, 1989, 앞의 글, 222쪽.

62) 『海東高僧傳』流通 釋法雲條의 '始奉原花爲仙郎'에 대해서는 고려시대 사람들의 道家的 理解로서 '고려시대 사람들은 화랑의 유풍을 흠모하여 이를 仙郎이라고 이름 붙이기도 하였으니, 이는 어디까지나 懷舊의 대상에 지나지 않았을 뿐이며, 화랑은 바야흐로 현실세계에서 떠난 신선으로 화하고 말았던 것'이라 보기도 하고(李基東, 1988, 앞의 글 ; 1997, 앞의 책, 303쪽), 『海東高僧傳』이 『三國史記』와 동일한 사료를 보고 작성하였는데, 오히려 『삼국사기』에는 '爲仙郎' 부분이 빠졌다고 풀이하거나(鄭雲龍, 앞의 글, 134쪽), '仙郎'이란 표현 자체가 고려시대에 이르러 사용되었을 가능성이 높으므로 『海東高僧傳』 편찬시 삽입되었을 가능성을 상정해야 한다는 견해가 있다.(朱甫暾, 앞의 글, 95쪽) 또한 『海東高僧傳』流通 釋法雲條의 원화에 뒤이어 나오는 화랑도 모두 仙郎인 셈으로 仙道나 仙徒에 속해 중심적으로 활동하는 젊은이를 말하는 것으로 이해하기도 한다.(金基興, 앞의 글, 120쪽)

63) 김기흥은 『해동고승전』을 편찬하면서 김대문의 『花郎世記』를 직접 보고 『삼국사기』 진흥왕 37년조 화랑관련 내용을 수정 보완하였을 가능성은 거의 없다고 보았다.(金基興, 앞의 글, 119~122쪽)

仙'을 살필 수 있는데,[64] 國仙이란 명칭은 고려시대 각종 자료에 仙郎과 함께 자주 등장하고 있어 주목된다.

먼저 고려시대의 仙郎은 미혼의 귀족자제를 일컫는 명칭으로[65] 顯宗 2년(1011)에 조성된 「開心寺石塔記」에서도 확인된다.[66] 고려 후기 崔瀣나 閔頔 또한 仙郎의 풍속을 신라로부터 유래한 것으로 인식하였다.[67] 사실 선랑의 풍속은 신라 화랑도의 전통을 승계한 것으로 인정된다.

고려 초기의 지배층은 仙郎을 燃燈會·八關會와 함께 일종 國風·風俗·國粹로서 자부하였으며, 특히 난국에 즈음하여 화랑정신에 입각하여 타개해 나갈 것을 주장하였다.[68] 태조 원년 中冬에 팔관회를 개최하면서 신라 고사에 따라 백희가무와 사선악부를 연희한 것이나,[69] 이때에 양가 자제 4명을 뽑아 예의를 입혀 열을 지어 뜰에서 춤추게 하였다는 데서[70] 그 유행을 볼 수 있다. 또한 태조의 십훈요에서도 불사인 연등회와 함께 天靈 및 五嶽名山大川, 龍神를 섬기는 팔관회를 끊이지 않고 계속 이어가라는 유훈을 내린 바 있다.[71] 성종 때에는 李知白이 거란의 공격에 대하여 가볍게 땅을 떼어주는 것보다는 오히려 선대로부터 전하여 오던 燃

---

64) 金相鉉, 1989, 앞의 글, 227쪽.

65) "騶使 與仙郎相類 大抵皆未娶之人 在貴家子弟 則稱仙郎 故其衣 或紗 或羅 皆皁也 又有一等縿袖烏巾 卽庶官小吏之奴 名騶使者也"(徐兢, 『高麗圖經』 권 21, 「隷 騶使條)

66) 「開心寺石塔記」, 朝鮮總督府 편, 1919, 『朝鮮金石總覽』上, 234쪽.

67) "東方故俗 男子有年 必從僧 習句讀 有首面姸好者 僧與俗 皆奉之 號曰仙郎 聚徒 或之於百千 其風流起自新羅時…"(崔瀣, 『拙稿千百』 권 2, 故密直宰相閔公)
"國俗 幼必從僧 習句讀 有面首者 僧俗皆奉之 號曰仙郎 聚徒 或至千百 其風起自新羅"(『高麗史』 권 108, 列傳 21, 閔宗儒 附 閔頔)

68) 李基東, 1988, 앞의 글 ; 1997, 앞의 책, 300~301쪽.
金相鉉, 1989, 앞의 글, 219~220쪽.

69) 『高麗史』 권 69, 志 23, 禮 11, 嘉禮雜儀 仲冬八關會儀.

70) 『破閑集』 권 下.

71) 『高麗史』 권 2, 世家 2, 太祖 2, 태조 26년 夏 4월.

燈·八關·仙郞 등 행사를 다시금 거행하여 국가를 보전할 것을 주청한 바 있다.[72)

이로써 보건대 仙郞은 '선대로부터 전하여 오던 행사' 또는 '신라시대에 크게 유행하던 仙風'으로 인식하였고, 그 명칭 또한 신라시대로부터 유래하였을 가능성이 높다. 최치원이 일컬은 『仙史』에는 고려시대에 일컫던 仙郞 등의 명칭이 이미 있었다고 보아야 할 것인데, 고려 태조 원년 팔관회의 '四仙樂部'의 명칭은 영랑 등 네 화랑을 '仙'으로 일컬었음을 반영하며,[73) 신라 중고기부터 하대에 이르기까지의 각종 명문을 보여주는 川前里書石銘文에서 '仙郞'을 살필 수 있는 것은[74) 그러한 사실을 증거한다.

그런데 인종 때에 활동한 곽동순의 「八關會仙郞賀表」에서는, 화랑을 '謫仙'으로, 그들의 행적을 '蓬萊宮闕에서 유유자적 노닐었으니' '神藥을 먹고 신선이 되어 훨훨 다 날아가니' 등으로 표현하고 있다. 이는 고려 인종 무렵에 이르러 우리 고유의 仙風이 이미 도가적 신선풍으로 바뀐 것이 아닌가 추측하게 한다.[75) 인종의 뒤를 이은 의종은 동왕 22년(1168)에 新令을 내리면서 근래에 개경과 서경의 팔관회가 날로 쇠퇴하니 이제부터 팔관회에는 양반가의 재산이 풍요로운 집을 미리 仙家로 정하여 仙風을 지키고 숭상할 것을 명하였다.[76) 이처럼 예종대 이후 팔관회의 행사가

---

72) 『高麗史』 권 94, 列傳 7, 徐熙.

73) 鮎貝房之進은 『高麗史』 徐熙傳의 사례로써, 태조 때의 팔관회에 仙郞이 참여하였음을 지적한 바 있다.(鮎貝房之進, 앞의 책 ; 1985, 앞의 책, 46~47쪽)

74) 「蔚州川前里書石」, 黃壽永 編, 1976, 『韓國金石遺文』, 一志社, 29쪽.

75) 金相鉉은 난랑을 謫仙, 곧 세속에 내려온 仙人으로 서술하였다는 점은 아무래도 화랑을 도가적 시각으로 본 결과일 것으로 지적한 바 있다.(金相鉉, 1989, 앞의 글, 238쪽)

76) "一遵尙仙風 昔新羅仙風大行 由是龍天歡悅 民物安寧 故祖宗以來 崇尙其風 久矣 近來兩京八關之會 日減舊格 遺風漸衰 自今八關會 預擇兩班家産饒足者 定爲仙家 依行古風致

도가적 신선류의 성격을 띠게 된 데는 아무래도 예종대에 중국의 道士가 고려에 처음으로 들어옴으로써 道觀이 설치된 사실과[77] 무관하지 않으리라 생각한다. 이후 仙郎은 고려시대 유교적 정치이념의 강조와 제술업에서 詩·賦·訟을 중시하는 풍조와 함께 도가적 음풍영월의 대상으로서 일컫게 되고, 조선시대로 이어져 도가적 신선류의 이미지를 담게 되었다고 본다.

여기에서 仙郎이란 명칭의 연원은, 화랑도 제정 당시 花郎을 彌勒仙花의 현신으로 보는 관념에서 비롯된 것이 아닌가 생각해 볼 수 있다. 곧 『삼국유사』에는 진흥왕이 '天性이 멋스러워 神仙을 크게 숭상하여' 화랑도를 제정하였고 일연은 『三國遺事』 편찬 당시에도 神仙을 彌勒仙花라고 일컬었다고 하였다.[78] 그런데 경주 단석산 서쪽의 상인암 남암에서 발견된 '神仙寺'란 명문,[79] 그리고 신선사의 주존이 중고기에 조성된 彌勒佛이라는 점에서, 신라 중고기에도 彌勒을 神仙으로 지칭하였음을 인정할 수 있다.[80]

특히 『삼국유사』 진자사 미시랑조에서 보듯이 화랑을 미륵선화의 화신으로 보는 관념에서 화랑 또한 미륵과 동일하게 신선 또는 미륵선화로 일컬었을 가능성이 높다. 이러한 관념은 신라 하대 仙風이 성행하면서 '遊娛山水' 등을 즐기는 仙郎으로 일컬어지지 않았을까 추측된다. 곧 중고기

使人天咸悅"(『高麗史』 권 18, 世家 18, 毅宗 2, 毅宗 22년 戊子)

77) 본 논문 각주 48 참조.

78) 『三國遺事』 권 3, 塔像 4, 彌勒仙花 未尸郎 眞慈師.

79) "…… 仍於山巖下創造伽籃曰靈虛名神仙寺作」彌勒石像一區高三丈菩薩二區明示微妙相相」端嚴銘曰常樂 ……"(「新羅斷石山神仙寺造像銘記」, 黃壽永 編, 앞의 책, 244쪽)

80) 金煐泰, 1966, 앞의 글 ; 앞의 책, 74~75쪽.
辛鍾遠, 1994, 「斷石山 神仙寺造像銘記에 보이는 彌勒信仰集團에 대하여」, 『歷史學報』 143, 6쪽.

에 화랑과 함께 칭해졌을 '神仙' 또는 '彌勒仙花'가 仙風의 성행으로 본래의 미륵을 지칭하던 용어 가운데 '仙'만을 취하고, 귀족의 미혼 남자를 지칭하던 '郎'과[81] 합성하여 '仙郎'이란 명칭이 나타난 것으로 추정된다.[82] 이러한 과정은 물론 風流道란 이름이 등장하는 것과 흐름을 같이할 것이다.

한편 國仙의 명칭은 고려 예종 11년(1116) 4월 예종이 제문을 내리면서 '이른바 國仙의 일은 근래 仕路가 많아져 대략 구하는 자가 없으니 大官의 자손으로 하여금 행하도록 하라'는 데서 살필 수 있다.[83] 이는 예종 당시에 國仙을 出仕路의 하나로 인식하였고, 국선의 제도 또한 이미 오래된 것임을 보여준다. 그런데 『高麗史』閔頔傳에 따르면, 仙郎은 어린 귀족 자제들 가운데 뛰어난 자로서 僧俗들이 받들어 따르는 무리가 천백에 이르렀고, 이를 국왕이 인정할 때에 國仙이 되었다는 것이다.[84] 이는 고려시대에 仙郎을 '미혼의 귀족자제들이 句讀을 익히고 무리를 거느리는 존재'로서, 國仙을 '선랑 가운데 뛰어난 자를 국왕이 임명한 자'로 뚜렷이 구분하였던 사실을 보여준다.

그런데 일연은 『三國遺事』 미시랑 진자사조에서 '화랑을 제정하고 설원

---

81) 朴南守, 2008, 앞의 글, 129쪽.

82) 鄭雲龍은, 화랑 관련 명칭들이 원화→화랑→국선의 순서로 진흥왕 37년까지 시차를 두면서 생겨난 것으로 보고, 화랑국선 곧 국선화랑의 본래 명칭은 국선이었는데, 국선화랑의 국선과 화랑에서 한 자씩 취하여 선화 · 선랑이라 부르기도 하였을 것으로 보았다.(鄭雲龍, 앞의 글, 133~135쪽)

83) "四仙之跡 所宜加榮 依而行之 不敢失也 況圓丘大廟社稷籍田及諸園陵者 國家敬重之所也 其管勾員吏以時修葺 無使弊虧 所謂國仙之事 比來仕路多門 略無求者 宜令大官子孫行之"(『高麗史』 권 14, 世家 14, 睿宗 3, 예종 11년 4월 庚辰)

84) "國俗 幼必從僧習句讀 有面首者 僧俗皆奉之 號曰仙郎 聚徒或至千百 其風起自新羅 頔十歲出就僧舍學性敏悟 受書旋通其義眉宇如畫風儀秀雅 見者皆愛之 忠烈聞之召見宮中目爲國仙 登第補東宮僚屬"(『高麗史』 권 108, 列傳 21, 閔宗儒 附 閔頔)

랑을 국선으로 삼았다' 하고, 진자사가 '미륵선화가 화랑으로 현신하기를 기원하고 미시랑을 국왕에게 보여 국선을 삼게 하였다'는 과정은, 閔頎이 선랑에서 국선이 되는 과정과 동일하다. 이는 『삼국유사』의 '花郎－國仙'의 관계가 고려시대 '仙郎－國仙'과 상통함을 의미한다. 따라서 일연은 고려의 선랑을 『삼국유사』의 화랑에 비정하고, 고려의 국선에 상응하는 존재로서 『삼국유사』의 '국선'을 서술하였던 것으로 보인다.[85] 이로써 『삼국사기』의 화랑은 『삼국유사』에서 일괄하여 '국선'으로 바뀌었고, 고려의 선랑에 짝하는 존재로서 왕에게 임명받지 않은 화랑이 상정된 것이다. 그 결과 미시랑 진자사조의 '花郎國仙'의 기사가 등장하고, 진자사가 미륵의 현신으로서의 花郎을 祈求하여 그를 찾음으로써 국왕에 의해 國仙에 임명된 것으로 서술하였던 것이다.[86] 요컨대 일연은 고려시대 仙郎－國仙의 인식체계하에서 『삼국유사』의 國仙 관계 기사를 서술한 것으로 보아야 할 것이며, '花郎國仙' 기사는 花郎과 國仙을 동일시하거나 부연 설명하였다기보다는 고려시대 '仙郎－國仙'에 상응하여 구분한 개념이라고 할 것이다.

---

85) 鮎貝房之進은 仙郎과 國仙이 신라시대에 이미 존재한 명칭으로 보는 관점에서 時人이 받든 화랑을 仙郎으로, 국왕(조정)이 받든 화랑을 國仙으로 구분하고, 이를 고려시대의 풍속과 동일한 것임을 지적한 바 있다.(鮎貝房之進, 앞의 책 ; 1985, 앞의 책, 48~53쪽) 그러나 『화랑세기』를 참조한 『삼국사기』에 仙郎이나 國仙의 이름이 보이지 않는 것이나, 『삼국유사』에 선랑의 명칭이 보이지 않는 것으로 보아 『三國遺事』의 國仙은 고려시대의 인식이 투영된 것으로 보아야 할 것이다.

86) 이에 대하여 鄭雲龍은 진흥왕 37년 이전 일반인(時人)이 추대하던 화랑이 존재하다가, 진흥왕 37년에는 그 가운데 국왕, 국가에서 임명한 國仙이 시작된 것으로 보았다.(鄭雲龍, 앞의 글, 135쪽) 朱甫暾은 '花郎國仙之始'란 표현으로 보아 화랑과 국선이 동일시되었음을 알 수 있고, 화랑이었던 김유신을 『삼국유사』에서 굳이 국선이라 하였던 것도 이를 방증한다고 이해하였다.(朱甫暾, 앞의 글, 121~123쪽) 金相鉉은 일연이 사용한 國仙이란 명칭은 花郎이란 명칭과 동일한 의미를 가진 異稱인 것으로 추정하였다.(金相鉉, 1989, 앞의 글, 228쪽)

風流와 비슷한 명칭으로서 '風月道'가 있었다. 곧 『三國遺事』 미시랑 진자사조에는 "원화를 폐지시켰다. 그 후 여러 해 만에 왕은 또 나라를 흥하게 하려면 반드시 風月道를 먼저 일으켜야 된다고 생각하여, 良家의 덕행 있는 사내를 뽑아 그 명칭을 고쳐 花郎이라 하였다. 처음으로 薛原郎을 받들어 國仙으로 삼으니, 이것이 花郎國仙의 시초다"[87]라고 하여, 화랑의 제정이 풍월도에 바탕하였음을 기술하였다.[88] 이에 대해서는 풍류도와 풍월도를 화랑도가 폐지된 후대의 변화된 의미가 투영된 명칭으로 보거나,[89] 花郎制로 개편하기 이전인 源花制의 시행 시기에도 風月道라는 명칭이 사용되었을 가능성이 있으며 풍월도와 풍류도가 같은 뜻으로 쓰였던 것으로 이해하기도 한다.[90]

조선시대의 사서 『三國史節要』(1476), 『東國通鑑』(1484), 『東國輿地勝覽』(1486)에는 源花 이전에 風月主가 있었던 것으로 기록하고 있다. 이는 『東京雜記』(1669), 李瀷(1681~1763)의 『星湖僿說』, 『東史綱目』(1778)에 그대로 계승되었다.[91] 특히 『동국통감』 진흥왕 37년조 화랑설치 기사를 『삼국유사』의 기사를 윤색하여 서술한 것으로 보고, 風月主는 風月道와 花主에 바탕한 造語로 보거나[92] 源花를 고친 이름으로 보기도 한다.[93] 또한 풍월주란 神妙之道인 風流道의 소유자로 國仙을 지칭한다고 보거나,[94] 『三

---

87) 『三國遺事』 권 3, 興法 3, 彌勒仙花 未尸郎 眞慈師.

88) 金基興은, 풍월도 관련 기록은 일연의 작문일 수도 있으나 다른 자료에서 옮겼을 가능성이 있으며, 진흥왕이 신선이나 풍월도에 대한 충분한 이해를 갖고 나라를 다스리는 방편으로 적극 이용했던 것으로 이해하였다.(金基興, 앞의 글. 124쪽)

89) 鮎貝房之進, 앞의 책 ; 1985, 앞의 책, 170쪽.

90) 金相鉉, 1991, 앞의 글, 130~131쪽.

91) 金相鉉, 1991, 위의 글, 138~139쪽.

92) 鮎貝房之進, 앞의 책 ; 1985, 앞의 책, 55~56쪽.

93) 金基興, 앞의 글, 130쪽.

94) 洪淳昶, 1989, 앞의 글, 96쪽.

國史節要』와 『東國通鑑』의 기록을 따르면서 풍월주란 풍월도와 관련된 기록으로서 신라시대에는 일정한 시점에 여러 명의 화랑이 있었고, 그들 가운데 국선이나 풍월주가 뽑혔으며, 풍월주와 국선은 서로 계통을 달리하는 별개의 화랑도 집단인데, 경우에 따라 풍월주와 국선을 겸할 수 있었다고도 한다.[95]

『三國史記』권 48, 劒君傳에는 "나는 近郎의 徒에 이름을 두고, 風月之庭에서 수행하고 있으므로"라고 하였는 바, 風月道란 명칭이 중고기에 사용되었을 가능성을 보여준다. 사실 花郎徒란 '花郎之徒'로 일컬은 데서 비롯한 것으로서 현대 역사가들이 붙인 명칭이라 할 수 있는데, 이들 화랑의 무리를 모이게 하였던 사상적 기조는 風月道에 있었다고 생각된다. 곧 풍월도의 기치 아래 '花郎 ○○'를 중심으로 모인 '○○郎의 무리' 정도로 일컬었던 것으로 이해된다.[96]

따라서 『三國遺事』의 화랑제정 기사를 따른다면, 진흥왕은 원화제를 시행하다가 이를 폐지한 후 본래 존재했던 風月道를 일으켜 화랑제를 시행하였다고 이해된다. 그런데 風月道와 관련하여 고려 仁宗 때의 郭東珣의 「八關會仙郎賀表」의 다음 구절을 주목할 수 있다.

5백년간에 花郎들이 배출되니 原郎·鸞郎같은 謫仙들이 명승지를 두루 찾아 逍遙하여 노닐었고, 踵門入室한 자가 천이며 만으로 헤아렸습니다. …… 鷄林의 仙籍을 상고하니 위는 東月, 아래는 西月로서[按仙籍於鷄林上東月而下西月], "내가 만든 이 법을 옛법으로 삼아서 해마다 한 번씩 일부러 상례를 삼

---

95) 李鍾旭, 1996, 「新羅 中古時代의 花郎徒」, 『省谷論叢』 27-4, 9·14~15쪽.

96) 金相鉉은, 풍월도와 풍류도는 같은 뜻으로 쓰였다 전제하고 역사학계가 대부분 花郎徒라는 용어를 사용하면서도 그 지도이념인 風流道라는 용어를 사용하지 않은 것은 유감이라는 견해를 피력한 바 있다.(金相鉉, 1991, 앞의 글, 133쪽)

거라”고 자손에게 물려주시니, 史册에 뚜렷이 실려 있습니다.(郭東珣, 「八關會仙郎賀表」, 『東文選』 권 31, 表箋)

위의 기사에서 ‘위는 東月, 아래는 西月로서’는 鷄林의 仙籍에 실린 것이며, ‘내가 만든 이 법을 옛 법으로 삼아서 해마다 한 번씩 일부러 상례를 삼거라’는 부분은 史册에 전하는 태조의 유훈으로 판단된다. 다만 鷄林의 仙籍에서 이른 東月과 西月의 ‘月’은 풍월의 ‘月’과 관련되는 것이 아닐까 생각해 볼 수 있다.

『隋書』 이래 『北史』, 『舊唐書』, 『新唐書』에는 “매년 정월 초하루 아침에 서로 축하하며 국왕은 群官들에게 연회를 베푸는데 …… 그 날 日月神에게 배례한다. 8월 보름에는 樂을 베풀고, 관리들로 하여금 활쏘기를 시켜 말과 베를 상으로 내린다”는 풍속을 전한다. 『隋書』 新羅傳의 풍속 관련 기사는 진평왕 때의 수나라 사신의 견문을 바탕으로 하여 서술된 것으로서 신라 중고기의 사정을 보여준다.[97) 그러므로 ‘風月道’의 명칭이 신라의 전통적인 것이라면, 신라의 日月神을 섬기는 풍속과 모종의 관련이 있지 않을까 생각된다. 仙籍의 東月과 西月은 화랑 제정 이전에 두 명의 源花를 두었다는 사실에 비교되며, 이들이 연회에서 歌舞 등을 연출하고 日月神을 모시는 의례에 어떠한 역할을 상정할 수 있을 듯하다.

『삼국사기』 유리이사금 9년조의 嘉俳 기사에서, 6부를 둘로 나누어 王女 2명으로 하여금 부내 여자를 거느리고 길쌈을 하게 하고 이를 마친 후에 大部의 뜰에서 술과 가무를 즐겼다는 전승[98) 또한 신라의 日月神을 섬긴 풍속과 관련될 듯하다. 특히 2명의 왕녀는 2명의 源花와 鷄林仙籍의 東月·西月에 상응하는 면이 있고, 그 모임이 8월 한가위를 위한 행사였던

----

97) 朴南守, 1992, 앞의 글, 24~25쪽.

것으로 생각되기 때문이다. 아무래도 嘉俳 기사에 보이는 大部의 명칭은 중고기에 나타나는 이름으로서,[99] 중고기의 사정을 보여주는 『隋書』 新羅傳의 8월 한가위 행사를 예비하는 행사로 보아 좋을 듯하다. 사실 신라의 日月神을 섬기는 풍습과 8월 한가위 행사는 일맥상통하는 면이 있고, 후일 화랑도의 수련덕목인 '相悅以歌樂'과도 어울린다. 더욱이 화랑의 사상적 배경을 일컫는 명칭이 풍월도라는 점에서 그 상관성이 깊지 않나 생각되며, 혹 『崇福寺碑』에서 진성여왕을 '月姉妹'라 일컫은 것도 바로 신라의 이러한 전통과 관련되지 않을까 추리할 수 있을 듯하다.

風月道는 이후 신라 하대 무렵 仙郎의 명칭이 나타나는 것과 함께 風流道란 이름으로 바뀐 것으로 생각된다. 앞서 살폈듯이 화랑의 활동을 風流로 일컫은 관념이 생겨나면서 그 명칭이 '吟諷詠月'의 의미를 피하여 風流라는 이름으로 변개된 것으로 생각되기 때문이다. 이에 조선 전기의 사서 편찬자들은 風月道와 源花, 花郎을 동일선상에서 이해함으로써 풍월도를 이끄는 존재로서 風月主를 상정하고,[100] '풍월주-원화-화랑'이라

---

98) 三品彰英은 신라의 嘉俳에 주목하여, '두 왕녀에 의해 통솔된 6부의 여자집회의 조직은 두 귀족 소년을 받들어 결당한 화랑조직과 유사하며, 길쌈은 성년집회의 표상임과 동시에 신을 제사하는 것과 유관했던 것'이라고 지적한 바 있다.(三品彰英, 「花郎の傅粉粧飾」, 앞의 책 ; 李元浩 역, 앞의 책, 108쪽)

99) 大部는 국왕 관장하의 부를 일컫는 명칭으로 생각되는데, 이를 통할하였을 大宮의 명칭은 진평왕 7년(585) 대궁·양궁·사량궁에 각각 私臣을 설치한 데서 처음으로 보인다. 중고기 금석문에서 국왕은 탁부 출신으로 나타나는데, 「단양적성비」 단계부터 국왕의 출신부가 사라지고 국왕은 신료들과 구분되는 존재로 부각되었다. 6부의 각 궁과 달리 大宮이 나타난 것도 이러한 흐름에서 이해할 수 있는 바(朴南守, 1996, 「신라의 성장과 수공업 경영형태」, 『신라수공업사』, 56~57쪽), 大部 또한 국왕의 출신부가 사라진 「단양적성비」 단계에서 나타난 명칭으로 보는 것이 타당할 것으로 생각한다.

100) 鮎貝房之進은 『동국통감』 진흥왕 37년조 화랑설치 기사를 『삼국유사』의 윤색으로 파악하면서, 風月主를 『東國通鑑』 찬자의 造語로 보았으며(鮎貝房之進, 앞의 책 ; 1985, 앞의 책, 55~56쪽), 김상현은 『삼국사기』 및 『해동고승전』이 김대문의 『화

는 변천과정의 틀을 제시한 것이라 풀이된다.

IV. 맺음말

필자는 『삼국사기』·『삼국유사』를 비롯하여 당대의 사정을 보여주는 「鸞郎碑序」나 금석문 및 관련 자료를 통하여 花郎을 어떻게 인식하고 변화하였는가를 추적하였다. 그러나 이러한 시도는 필자의 독창적인 것은 아니고, 이미 화랑도에 대한 종합적인 연구 성과를 쌓은 선학들에 의해 행해진 바 있다.

三品彰英은, 삼한시대 원시남자집회로부터 유래한 화랑도가 마립간시대에 샤머니즘을 바탕으로 한 여성화랑집회로서의 源花制로 성립되었고, 신라 발전 융성기에 샤머니즘과 불교가 습합된 화랑도로 발전하였으며, 다시 신라 말기에 도교의 영향으로 仙郎·國仙·仙官·仙人 등의 명칭이 나타나 고려시대에 이르기까지 일컬어졌고, 조선조 이후 무격적인 성격으로 변질되었다고 보았다.[101] 李基東은 화랑도 제정으로부터 약 1백년간을 화랑 역사상의 하나의 전형으로서 原像을 이룬다고 보았다. 곧 국난기를 맞은 신라의 화랑도는 무사도의 발양이라는 시대정신의 구현에 선도자적 역할을 수행하였으나, 삼국통일 이후 오로지 歌舞 일변도의 놀이에 치중하게 되었고, 국학의 발달로 화랑도의 특권의식이 감퇴되었다는 것

랑세기』를 참고했음에도 풍월주에 관한 기사가 보이지 않으므로, 『삼국사절요』·『동국통감』의 風月主 관계기사는 신빙성이 약한 것으로 이해하였다.(金相鉉, 1991, 앞의 글, 140쪽)

101) 三品彰英, 1943, 「花郎習俗の歷史的眺望と一般男子集會」 ; 李元浩 역, 앞의 책, 266쪽.

이다. 고려시대에 들어와서 지배층은 國風, 國粹로서 화랑도를 진작시키
고자 하였으나 화랑도 본래의 모습과는 동떨어진 축제의 장식물에 불과
한 존재였고, 仙郎이란 명칭 또한 懷舊의 대상으로서 바야흐로 현실세계
에서 떠난 神仙으로 변화한 것으로 보았다. 또한 화랑이란 語義는 歌舞를
전업으로 하는 部類에 대한 賤稱으로 바뀌었던 바, 이러한 인식은 조선시
대에 이어져 '凡博士·巫女·花郎等'의 병칭으로 일컫게 되었다고 이해하
였다.[102]

사실 필자의 이번 작업은 선학들의 인식의 틀을 크게 벗어나지 못한 것
이지만, 최치원의 「鸞郎碑序」에 대한 이해나 風流道의 의미, 신라 하대의
정신적 사조와 관련한 문제 등을 재검토하고, 그동안 불분명했던 花郎과
國仙, 仙郎의 관계, 풍월도와 풍월주, 풍류도에 대한 문제를 천착했다는
데에 의의를 두고자 한다. 이제 본 소론에서 검토한 결과를 바탕으로 화
랑 관련 명칭과 그 인식의 변화 과정을 정리함으로써 맺음말에 대신하고
자 한다.

먼저 신라의 전통적인 風月道는, 고려 仁宗 때의 郭東珣의 「八關會仙郎
賀表」의 '鷄林의 仙籍을 상고하니 위는 東月, 아래는 西月로서'라는 구절
로부터 그 단서를 살폈다. 이에 풍월도는 『隋書』 新羅傳의 日月神을 섬기
는 풍속과 관련될 가능성이 높으며, 『삼국사기』 유리왕대의 嘉俳 풍속과
도 관련되는 것으로 이해하였다.

풍월도의 이념하에 진흥왕이 화랑제를 시행한 이후 '화랑'을 미륵선화
의 현신으로 인식함으로써 '神仙'의 이름이 '화랑'과 함께 일컬어졌던 것
으로 보았다. 이는 『三國遺事』 未尸郎 眞慈師조의 '神仙曰彌勒仙花'라는
구절과 경주 단석산 남암에서 발견된 '神仙寺'란 명문으로부터 확인할 수

---

102) 李基東, 1988, 앞의 글 ; 1997, 앞의 책, 306~307쪽.

있었다. 이러한 관념은 신라 하대에 사회전반으로 도가적 사조가 유행하면서 종래 화랑을 '神仙' 또는 '彌勒仙花'로 일컫던 용어 가운데 '仙'만을 취하여 귀족의 미혼 남자를 지칭하던 '郞'과 합성된 '仙郞'이란 명칭으로 바뀌고, 종래의 風月道 또한 風流道로 일컬어지면서 三敎 融會의 고유의 仙風으로 인식되었던 것으로 보인다.

이러한 양상은 川前里書石銘文의 '仙郞'이나 고려 태조 원년에 개최된 팔관회의 '四仙樂部'의 명칭에서 살필 수 있었다. 최치원의 「鸞郞碑序」에 보이는 '玄妙之道'는 그러한 인식의 반영이었고, 풍류도에 대한 최치원의 '三敎融會의 評' 또한 신라 말 고려 초 지식인들의 정치관과 사조를 반영하는 것으로서, 고려 성종대에 崔承老가 불교를 '修身의 本行'으로, 유교를 '理國의 근원'으로 여기는 관념과 차이가 있었다.

한편 고려시대에는 신라 하대로부터 유래한 仙郞과 이와 관련된 國仙의 명칭이 널리 사용되었는데, 고려시대의 仙郞이란 '미혼의 귀족자제들이 句讀을 익히고 무리를 거느리는 존재'로서, 國仙은 '선랑 가운데 뛰어난 자를 국왕이 임명한 자'로서 구분하여 사용되었다. 이는 『三國遺事』 未尸郞 眞慈師條에서 화랑도의 연원을 밝히면서 '花郞國仙'이라 일컫고, 진자사가 미륵선화의 현신으로서 화랑의 출현을 기도하여, 미시랑이 국선으로 되었던 과정과 동일한 것이었다. 곧 『삼국유사』의 '花郞-國仙'의 관계는 고려시대 '仙郞-國仙'과 상통한 것으로서, 일연은 고려시대 仙郞-國仙의 인식에서 『삼국유사』의 國仙 관계 기사를 서술하였으며, '花郞國仙' 기사는 花郞과 國仙을 동일시하거나 부연 설명하였다기보다는 고려시대 '仙郞-國仙'에 상응하여 구분한 개념이었음을 알 수 있었다.

그런데 고려 초기의 지배층은 仙郞을 燃燈會·八關會와 함께 일종 國風, 風俗, 國粹로서 자부하였으며, 특히 난국에 즈음하여 화랑정신에 입각하여 타개해 나가고자 하였다. 이때는 仙郞을 '선대로부터 전하여 오던 행사' 또는 중국의 도가류와는 다른 '신라시대에 크게 유행하던 仙風'으로 인식하였다. 그러나 예종 때에 중국의 道士가 고려에 처음으로 들어와 道觀이 설치되고, 고려시대의 유교적 정치이념의 강제와 제술업에서 詩·賦·訟을 중시하는 풍조로 인하여 仙郎을 도가적 음풍영월의 대상으로서 일컫게 됨으로써, 조선시대로 이어져 도가적 신선류의 이미지를 담게 되었다고 본다.

특히 조선 전기의 사서 편찬자들은 仙郎과 國仙을 도가적 신선류로 인식함과 동시에 풍월도와 원화, 화랑을 동일선상에서 이해함으로써 풍월도를 이끄는 존재로서 풍월주를 상정한 것으로 이해되었다. 이에 '풍월주-원화-화랑' 이라는 변천과정의 틀을 제시하였지만, 화랑은 원래의 이미지를 상실하여 '博士·巫女·花郎'의 병칭으로 일컫게 되었다. 조선 후기에 들어서면서 화랑은 이제 역사가들에게서나 일컬어지는 존재였고, 현실 사회에서는 巫覡的인 존재로 변화함으로써 일제강점기 일본학자들에게 '朝鮮의 奇俗' 등으로 인식되었던 것이다.

제3장 동아시아 사회에서의 신라와 발해

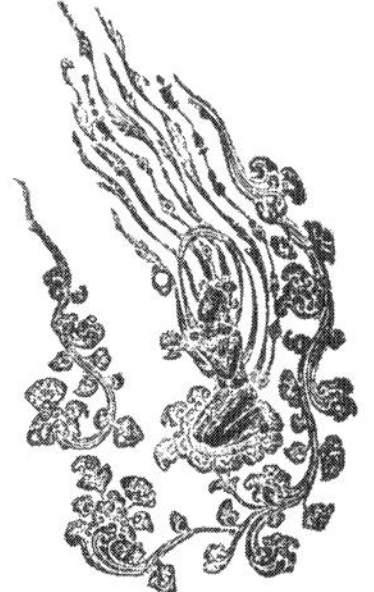

統一新羅의 王室과 內省
-「所內」와 「官」을 실마리로-

木村 誠*

目 次

Ⅰ. 머리말

주지하는 바와 같이 『三國史記』 권 6, 新羅本紀 6, 文武王 9년조에는 다음과 같은 기사가 있다.

頒馬阹凡[1]一百七十四所. 屬所內二十二, 官十. 賜庾信太大角干六, 仁問太角干五, 角干七人各三, 伊湌五人各二, 蘇判四人各二, 波珍湌六人 大阿湌十二人各一. 以下七十四所, 隨宜賜之.

---

* 日本 首都大學東京 교수

1) 「凡」은 版本에는 「九」로 되어 있지만, 「凡」의 잘못된 표기이다.(李丙燾 校勘, 1977, 『三國史記』, 乙酉文化社, 65쪽)

馬阹는 「馬의 阹 (우리)」 즉 放牧地를 의미하며, 文武王9년은 669년에 해당한다. 이 해에 新羅는 방목지 174所를 「所內」 이하에게 分與했던 것이다.

669年은 高句麗 멸망의 다음 해로, 9年 前의 660年에는 百濟가 멸망했었다. 新羅로서는 오랫동안 계속되었던 삼국항쟁이 일단락한 직후로, 그 승리의 여운 속에서 馬阹 分與가 행해졌던 것이 주목된다. 그 馬阹는 아마도 百濟나 高句麗의 영역에 있었던 것이었을 것이다. 新羅는 새롭게 획득한 馬阹를 庾信을 비롯한 고관들에게 나누어 주어 논공행상에 이용했던 것으로 이해된다. 고관들로서는 馬阹가 중요한 경제적 기반의 하나가 되었을 것은 상상하기 어렵지 않다.[2] 그러한 의미에서 이 기사는 진골층을 중심으로 하는 新羅 고위·고관들의 사회적, 경제적 립장을 말해주고 있는 것으로서 귀중한 사료인 것이다.

그런데, 이 기사에서 하나 더 주목되는 것은 馬阹 分與의 대상이 개인에게 한정되지 않았다는 점이다. 기사에 보이는 「屬」과 「賜」의 구별이 그것을 말해주고 있다. 보면 알 수 있듯이, 「賜」는 개인에게의 賜與를 의미하고 있기 때문에 그것과 구별되는 「屬」은 개인 이외에의 귀속을 나타내는 것이다.[3] 내역은 「所內」가 22所, 「官」이 10所이다.

같이 馬阹의 소유 주체로서 병기된 「所內」와 「官」 중에, 후자가 국가기구인 관청을 의미하고 있는 것은 명백하다. 10所의 馬阹가 이 때에 官廳의 所有가 된 것이다. 官有의 馬阹라고 불러도 문제가 없다. 다만, 여기에서는 단지 「官」으로 되어 있을 뿐, 그것이 어떠한 관청이었는지, 그 구체적인 명칭은 기재되어 있지 않다. 과연 馬阹가 복수의 관청에 분여되었는

---

2) 盧泰敦, 1978, 「統一期 貴族의 經濟基盤」, 『한국사』 3, 國史編纂委員會編, 153~154쪽.

3) 河日植, 1997, 「新羅統一期의 王室直轄地와 郡縣制-菁堤碑 貞元銘의 力役運營 事例 分析-」, 『東方學志』 97, 延世大學校國學研究院, 7쪽.

지, 혹은 특정의 한 관청에 집중적으로 귀속했는지, 사료는 아무것도 말해주고 있지 않다.

한편, 「所內」에 대해서는 內省의 別表記로 보는 濱田耕策의 견해가 있고, 濱田說을 비판하여 王有 또는 왕실직속인 것을 나타내는 것으로 보는 河日植의 설이 있어 주목된다.[4] 「所內」=內省說에 입각한다면 內省은 「官」 즉 일반적인 관청과는 구별되는 특수한 존재였다고 이해하는 것이 가능할 것이다. 또 「所內」=王有・王室直屬說에 입각한다면 174所 중 가장 많은 馬阹를 귀속시킨 국왕・왕실의 모습이 잘 나타나게 된다. 官有에 대한 王有 馬阹의 성립이며, 國王・王室이야 말로 바로 최대의 마거소유자였었던 것이 명확해진다.

후술하듯이 「內」字에 주목하면, 「所內」가 왕실에 관련된 용어인 것은 쉽게 이해할 수 있다. 문제는, 그것을 왕실 그 자체로 볼 것인가, 혹은 왕실의 일상서무를 관할하는 內省[5]도 포함한 뜻으로 볼 것인가에 있다. 다시 말하면, 그것은 新羅의 왕실과 그 왕실의 일상을 지탱한 관청이었던 내성과의 관계를 어떻게 파악하는가의 문제이다. 위의 마거 분여 기사에 있어서 「所內」와 「官」의 관계는, 그것을 우리들에게 묻고 있는 것으로 생각된다.

이하, 본고에서는 이러한 문제 의식에 입각하여 마거 분여 기사에 보이는 「所內」와 「官」의 실체를 검토하는 것을 실마리로 하여 통일기 신라에 있어서 왕실과 내성과의 관계를 생각해 보기로 하겠다.

---

4) 濱田耕策, 1986, 「〈新羅村落文書〉研究の成果と課題」, 唐代史研究會編, 『律令制―中國朝鮮の法と國家』, 汲古書院, 日本, 595~596쪽 및 河日植, 1997, 위의 논문, 5~13쪽.

5) 新羅의 內省에 대해서는 三池賢一, 1971・1972, 「新羅內廷官制考」上・下, 『朝鮮學報』 61・62, 朝鮮學會, 日本 및 李仁哲, 1993, 「新羅 內廷官府의 組織과 運營」, 『新羅政治制度史研究』, 一志社 參照.

II. 馬阹 分與 記事의 分析

먼저 사료를 새롭게 제시하여 기사의 내용과 그 의미하는 것을 확인해
보도록 하자.

A. 頒馬阹凡一百七十四所. 屬所內二十二, 官十. 賜庾信太大角干六, 仁問太角干
　　五, 角干七人各三, 伊湌五人各二, 蘇判四人各二, 波珍湌六人 · 大阿湌十二人
　　各一. 以下七十四所, 隨宜賜之.

馬阹의 總數는 174所로, 이것을 「所內」「官」을 합쳐 32所, 庾信 以下 高
官들에게 68所를 각각 分與한 것을 確認할 수 있다. 마지막의 74所에 대해
서는 分與의 對象이 기재되어 있지 않으나, 「적절하게 이것을 사여한다」
라고 되어 있듯이, 今後 適宜 分與할 豫定인 것, 그리고 「사여한다(賜)」라
고 되어 있는 것에서 그것이 庾信 以下 高官들과 마찬가지로 個人에게의
賜與에 한정되어 있었던 것이 명백하다. 馬阹 分與의 中心은 壓倒的으로
個人에게의 賜與에 있었고, 前述했듯이, 그 目的이 對百濟 · 高句麗戰 勝利
의 論功行賞에 있었던 것을 理解할 수 있는 것이다.

그러나 이것을 반대로 보면, 마거 분여를 실시함에 있어서 개인에게의
론공행상과 병행해서 「所內」와 「官」에 합계 32소의 마거가 분여된 것, 그
리고 그것은 庾信 이하 고관들에게 사여된 마거 68所의 반수 가까이에 이
르고 있던 점이 중시되어지는 것이다. 게다가 32所 중 3분의 2 이상이
「所內」에 귀속한 것이다. 마거 분여를 하는 데에 있어서 「所內」가 가장 많
은 마거를 취득한 것이 무엇보다도 주목되는 것이다.

이것도 주지한 바와 같지만, 「所內」의 용례는 실은 사료A 이외에도 2건
정도 있어 그 실체 구명에 실마리를 제공해 준다. 하나는 『三國史記』 권

39, 雜志 8, 職官中에,

　　B. 所內學生, 聖德王二十(721)年置.

　라는 기사이고, 다른 하나는 「永川菁堤碑貞元銘」(後揭)에 보이는 所內使
이다.

　사료B는 소내학생 설치(721年)를 전하는 기사이다. 所內學生은 內省에
소속된 학생이고, 같은 內省 소속의 詳文師 아래에 속한 학생으로 여겨진
다.[6] 詳文師는 『三國史記』권 8, 新羅本紀 8, 聖德王 13년(714)조에, "二月,
改詳文師爲通文博士, 以掌書表事"라고 되어 있는 것에서, 왕에게 近侍해서
書表의 관한 일을 관장하는 관직이었던 것을 알 수 있다. 따라서 그 밑에
놓여졌던 「所內學生」도 詳文師(通文博士) 양성을 목표로 했던 것으로 이
해되어 진다. 단, 內省에는 그 밖에 天文博士, 醫學, 律令典博士 등의 職掌
도 있어, 그 밑에서 天文·醫學·律令 등을 배우는 학생의 존재가 상정되
기 때문에, 所內學生은 그러한 제학생의 총칭이었을 가능성도 배제하기가
힘들다. 이에 본고에서는, 所內學生은 書表의 작성법과 왕실·왕궁에 관
련된 諸法·諸制度를 배우는 학생의 총칭이었다고 해석하기로 하겠다. 어
쨌든 그것은 詳文師 등 內省所屬의 전문집단을 양성하는 것이었고, 그 때
문에 內省의 관할하에 놓여져서 관료 일반을 양성하는 국학의 학생과는
구별된 것이다.

　또 「永川菁堤碑貞元銘」은 「貞元十四年(798)」의 紀年을 명기한 명문이며,
이 해 행해진 菁堤(灌漑用堤防)의 修築 당시에 所內使가 주도적 역할을 수
행한 것을 전하고 있다. 소내사는 중앙에서 임시로 파견된 사자로 생각되

---

6) 三池賢一, 1972, 위의 논문 下, 23~24쪽.

는데, 지방소재의 관개시설 수축에 「所內」가 적극적으로 관여한 점이 주목된다. 마거도 청제와 마찬가지로 아마 지방에 존재했을 터이기 때문에, 청제와 「所內」을 관련짓는 것은, 마거와 「所內」의 관계를 생각하는 데에 많은 참고가 되는 것이다.

이와 같이 「所內」의 용례는 사료 A도 포함해서 이 3例밖에 없지만, 그 시기는 669년부터 798년의 약 130년한에 걸쳐 있었고, 당시 신라에서 「所內」의 호칭이 널리 사용되고 있었던 것을 알 수가 있다. 그리고 이들 용례를 근거로 해서 「所內」를 내성의 별표기라고 이해한 것이 濱田耕策였다. "官에 대치하는 所內와, 後의 국학의 학생에 대응하는 所內學生의 例에서, 이 소내라고 하는 것은 왕실관계의 서정전반을 통할하는 內省의 別表記임에 틀림없다"[7]라는 것이다. 이에 대해 內省도 엄연한 국가의 공적 기관임을 강조하는 河日植은, 마거 사여의 대상인 개인은 물론 관청과도 구별되는 실체로서 국왕·왕실을 상정한 후에, "所內라는 표현은 단순히 왕실과 관련된 업무를 관장하는 특정 관부가 아니라 '王有'에 속한, 또는 '王室' 직속의 어떤 것을 통칭하는 데 사용되었다고 보는 것이 타당하다"[8]라고 주장했던 것이다.

양자는 모두 경청해야 할 견해이지만, 濱田說에 있어서는 內省과 「官」과의 관계가 음미되지 않은 채 「所內」를 內省의 별표기로 단정한 점에 아쉬움이 남는다. 「聖德大王神鍾銘」(771)에는, 주종사업 참여자의 歷名 부분에 "檢校使·兵部令·兼殿中令·司馭府令·修城府令·監四天王寺府令·幷檢校眞智大王寺使·上相·大角干 臣金邕"[9]이라고 기록되어 있어, 殿中令(內省長官)이 겸직으로서 다른 관직과 同列로 취급되고 있다. 역시 河日

---

7) 濱田耕策, 1986, 앞의 논문, 595쪽.

8) 河日植, 1997, 앞의 논문, 11쪽.

9) 黃壽永, 1976, 『韓國金石遺文』, 一志社, 285쪽.

植이 말한 대로 內省은 어디까지나 「官」의 일원으로서 인식되고 있었던 것이 아닐까. 또 河日植 說에 있어서도, 王有·王室直屬을 표현하는 것으로 하고 있을 뿐, 「所內」 자체에 조직적 실체를 인정하지 않는 點이 미심쩍다. 「官」과 庚信 이하의 고관과 마찬가지로, 「所內」도 마거 소유의 주체로서 무엇인가 실체를 가진 것으로 보는 것이 자연스러운 이해가 아닐까 생각하는 것이다.

원래 「所內」라는 것은 「안」을 말하는 것이기 때문에, 그 본질이 「內」에 있는 것은 명확하다. 그리고 「內」의 字義는 일반적으로는 궁중·宮禁을 의미하고, 그것은 『三國史記』에도 다음과 같이 확인할 수 있다.

C. ① 王叔父彦昇與弟伊湌悌邕將兵入內, 作亂弑王 (『三國史記』 권 10, 新羅本紀 10·哀莊王 10(809)년).

② 初興德王之薨也, 其堂弟均貞, 堂弟之子悌隆, 皆欲爲君. 於是, 侍中金明·阿湌利弘·裴萱伯等奉悌隆, 阿湌祐徵與姪禮徵及金陽奉其父均貞, 一時入內相戰 (『三國史記』 권 10, 新羅本紀 10, 僖康王 卽位記).

③ 王素與角干魏弘通. 至是常入內用事 (『三國史記』 권 11, 新羅本紀 11, 眞聖王 2(888)년)

④ 冬十月, 立憲康王庶子嶢爲太子. (中略) 及長體貌魁傑, 名曰嶢. 眞聖聞之, 喚入內(『三國史記』 권 11, 新羅本紀 11, 眞聖王 9(895)년)

모두 9세기의 기사인데, 「入內」라는 것은 글자 그대로 「內」, 즉 宮中·宮禁에 들어가는 것을 의미한다. 그 때문에 「內」는 피비린내 나는 왕위쟁탈의 장소이기도 했고(C-①②), 왕과 통한 간신이 정권을 전횡하는 장소이기도 했으며(C-③), 때로는 왕과 태자의 회견의 장소가 되는 곳이기도 했다(C-④). 그리고 이 「內」의 시설적 측면을 구체적으로 나타내는 것이 『三國史記』에 빈출하는 「宮室」·「宮闕」·「王宮」·「宮」이라는 표기이다. 때로는 그 명칭이 구체적으로 전해지는 경우도 있어, 「內」의 실체를 이해하는 데에 있어서 시사하는 점이 큰데, 그러한 중에서도 다음의 사료는 특히 중요하다.

D. ① 二月, 以伊飡龍樹爲內省私臣. 初王七(585)年, 大宮·梁宮·沙梁宮三所, 各置私臣. 至是置內省私臣一人, 兼掌三宮 (『三國史記』권 4, 新羅本紀 4, 眞平王 44(622)년조).
　② 論功, 中分本彼宮財貨·田莊·奴僕, 以賜庾信·仁問 (『三國史記』권 6, 新羅本紀 6, 文武王 2(662)년)

D-①은 內省의 연혁 기사이다. 이것에 의하면 內省은 大宮·梁宮·沙梁宮의 3궁에 사신을 1인씩 배치한 것에서 시작을 하여(585年), 얼마 후에 3인의 私臣을 1인으로 줄이고 3宮을 兼掌시킴으로써 조직으로서의 확립을 본 것이다(622年). 大宮 이하 3宮은 그 명칭에서 보면 국왕·왕비 이하 왕족의 거소(王宮)인 것은 틀림이 없다. 內省은 그 3宮을 관장하는 관청인 것이며, 內省의 「內」는 이들 王宮＝「內」을 포함하고, 또 그것이 「所內」의 「內」에 통하는 것임은 명백하다. 앞에서 본 소내학생도 왕궁 近侍者를 양성하는 것이기 때문에 「所內」라고 칭하고 내성에 소속시켰던 것이다. 더 이야기하면, 內省에는 이 밖에도 內省 관하의 제관원의 감찰에 해당하는 內司正典이 설치되어 있었으며, 『三國史記』권 9, 新羅本紀 9, 景德王 17년(758)조에 "夏四月, 選醫官精究者, 充內供奉"이라고 있는 것처럼, 內供奉의 직도 확인할 수 있다.[10] 이들 「內」도 王宮으로서의 「內」를 의미하고 있던 것으로 보아 좋을 것이다.

　그리고 이러한 王宮＝「內」가 상당한 경제적 기반을 가지고 있던 것을

---

10) 「內供奉」은 御龍省 관하 「供奉醫師」에 대응하는 것으로 생각된다.(三池賢一, 1972,

전하는 것이 D-②이다. 本彼宮은 梁宮·沙梁宮과 같이 신라 6부에 유래하는 명칭을 띠고 있어, 3宮에 필적하는 왕궁으로 생각된다. 그 本彼宮이 財貨·田莊·奴僕을 보유하고 있었던 것이다. 그것들은 本彼宮의 일상적 운영에 부가결한 경제적 기반이었던 것으로, 시기에 따라 그 補充·强化가 계획되어 있던 것에 틀림이 없다. D-②는 本彼宮에 마거가 있었던 것을 전하고 있지는 않지만, 田莊과 함께 마거가 존재했다고 해도 이상하지는 않다.

이상에서 사료 A가 전하는 「所內」는 大宮·梁宮·沙梁宮과 本彼宮이라는 王宮을 의미하며, 「所內」에 귀속한 마거는 이러한 왕궁 소속의 마거를 지칭한 것으로 이해하고 싶다. 그리고 왕궁 소속의 마거는, 곧 왕실 소속의 마거, 즉 왕유의 마거인 것이다.

Ⅲ. 月城 垓子 출토 2호 목간의 분석

이상과 같이 사료 A의 「所內」를 王室[11]·王宮으로 이해한 경우, 그것과 대비적으로 병기된 「官」의 실체를 어떻게 생각하는가 하는 새로운 문제가 생긴다. 이미 서술했듯이 「官」은 관료기구를 지칭하는 것이 명백하며, 그렇다고 하면 내성 이하의 관청이 이것에 해당하는 것이 되는데, 거기에 귀속되는 마거는 어떠한 관청에 배분된 것일까. 마거 10소는 복수의 관청에 배분하기에는 너무 적지 않을까. 이러한 의문을 지울 수가 없는 것이

앞의 논문 下, 47~48쪽) 또 「雙谿寺眞鑑禪師大空塔碑」(887년)에서는 「內供奉一吉干 楊晉方」(朝鮮總督府, 1919, 『朝鮮金石總覽』 上, 70쪽)의 예가 있다.

11) 韓國精神文化硏究院, 1997, 『譯注三國史記』 3(注釋編 上), 217쪽 註140도 「所內는 왕 실을 가리키는 것으로 보인다」라고 해석하고 있다.

다.이 점에 관해서 중요한 시사를 제공해주는 것이 경주 월성 해자 출토 2호 목간이다. 그 해석문을 제시하면 다음과 같다.[12]

E. Ⅰ 使官
　　Ⅱ 大鳥知郎足下萬行白
　　Ⅲ 經中入用思買白不踓紙一二个
　　Ⅳ 牒垂賜教在之 後事者命盡

　본 목간은 사면체의 봉상목간(觚)이며, 작성년대는 해자의 존속시기인 6~7세기로 추정되고 있다[13]. 또 4면 전부에 묵서가 있고, 기록과 문서를 기재한 문서 목간류로 되어 있다. 여기에서는 보고서에 따라서 「使官」이

---

12) 본 해석문은 國立慶州文化財研究所, 2006, 『月城垓子 發掘調査報告書Ⅱ-고찰-』에 게재된 적외선 사진을 기초로, 종래의 해석문을 참고로 해서 작성했다. 또 목간 번호는 國立昌原文化財研究所, 2004, 『韓國의 古代木簡』의 번호(149號)를 사용하는 연구자가 많지만, 본고에서는 보고서의 번호에 따랐다. 한편 이 보고서의 「Ⅱ-3,목간류」(著者 李鎔賢) 이외에 본 목간에 관한 주요한 연구를 들면 다음과 같다.
李成市, 2000, 「韓國木簡연구의 현황과 咸安 城山山城출토의 木簡」, 『韓國古代史研究』 19.
李成市, 2005, 「朝鮮の文書行政」, 『文字と古代日本』 2(文字による交流), 吉川弘文館, 日本.
尹善泰, 2005, 「월성해자 출토 신라 문서목간」, 『역사와 현실』 56, 한국역사연구회.
深津行德, 2006, 「古代東アジアの書體・書風」, 『文字と古代日本』 5(文字表現の獲得), 吉川弘文館, 日本, 240~247쪽.
三上喜孝, 2006, 「文書様式「牒」の受容をめぐる一考察」, 『山形大學歷史・地理・人類學論集』 7, 山形大學歷史・地理・人類學研究會, 日本.
金永旭, 2007, 「古代 韓國木簡에 보이는 釋讀表記에 대하여」, 『한국고대목간과 고대 동아시아세계의 문화교류』, 2007 한국목간학회 제1회 국제학술대회 논문집.
鄭在永, 2008, 「月城垓子 149號 木簡에 나타나는 吏讀에 대하여-薛聰當代의 吏讀資料를 중심으로-」, 『木簡과 文字』 창간호, 韓國木簡學會.
13) 尹善泰, 2005, 위의 논문, 116~119쪽.
國立慶州文化財研究所, 2006, 前揭報告書, 214~215쪽.

라고 墨書된 면을 Ⅰ로 해서, 이하 시계방향으로 Ⅳ까지 번호를 붙였다. 묵서는 선명하고 판독은 비교적 용이하다. 그 때문에 본고에서는 결론만을 제시하고 해석문의 異同[14]에 관해서는 생략하지만, 내용의 이해와 깊이 관련된 다음의 세 문자에 대해서는 간단하게 사견을 이야기하겠다.

第1은 第Ⅰ面 第2字(以下, Ⅰ-2로 略記함)의 「官」이다. 종래 「內」 또는 「官」으로 읽혀져 왔지만, 「內」로 보는 경향이 많다. 제1·2획은 확실히 「內」字의 특징을 나타내고 있지만, 제3획 이후는 「內」의 필획과는 명백하게 다르다. 「內」로 읽을 경우, 그것을 붓의 흐름에 의해 생긴 것으로 보지만, 부자연스럽다고 말하지 않을 수 없다. 전체적 특징은 「內」보다 「官」에 가까우며, 본고에서는 「官」의 해석문에 따랐다.[15] 이 「官」은 사료A의 「官」과 통하는 것일 것이다. 그 의미하는 것은 후술한다.

제2는 Ⅱ-8 「行」이다. 「行」이외에 「引」「拜」으로 보는 案도 있지만, 자형에서 판단해서 「行」로 판독된다.[16] 「萬行」으로 읽어서 인명으로 보는 것이 자연스러운 해석일 것이다.

제3은 Ⅱ-9 「白」의 밑에 길게 늘어진 墨蹟의 해석이다. 종래는 이것을 「了」「之」 등으로 해석해서, 일단 문장이 여기서 끝나는 것으로 보는 것이 일반적이었다. 그러나 Ⅲ-7 「白」과 비교하면 명백해지듯이, 문제의 묵적은 「白」의 최종획을 밑으로 늘어뜨린 것으로, 이것을 독립 문자로 보는 것은 불가능하다. 따라서 Ⅱ는 9字째의 「白」으로 끝난다고 보는 것이 옳

---

14) 종래 역문의 異同에 대해서는, 國立慶州文化財硏究所, 2006, 前揭報告書, 183~191쪽 및 鄭在永, 2008, 앞의 논문, 95~98쪽에 상세하다.

15) 深津行德, 2006, 前揭論文, 240~247쪽. 한편 平川南도 2005年 1月 22日에 열린 패널 디스커션 「韓國出土木簡의世界Ⅱ」에서 「官」字가 적당하다고 발언했다(朝鮮文化硏究所, 2007, 『韓國出土木簡의世界』, 雄山閣, 日本, 365쪽).

16) 손환일, 2004, 「경주 지역 출토 목간의 석문」, 한국고대사학회 2004년 12월 월례발표회 발표문도 「行」으로 석문하는데, 필자는 아직 보지 못했다.

다. 「白」은 「말하다(言)」의 겸양어인 「아뢰다(申)」를 의미하므로, 그 最終 畫을 이와같이 길게 늘어뜨린 것은 「申」의 內容을 그 다음에 서술하는 것을 나타내기 위해서였을 것이다. 정형적인 문서에 사용되는 일종의 부호로 보아 두겠다.[17]

한편, 본 목간의 해석에 있어서 최대의 문제가 되는 것은, 사면의 어디가 제1면이고 어느 방향으로 읽는가 하는 점이다. 지금까지의 견해를 위 해석문의 번호를 사용해서 나타내면, Ⅰ→Ⅳ→Ⅲ→Ⅱ(A說), Ⅳ→Ⅲ→Ⅱ→Ⅰ(B說), Ⅱ→Ⅲ→Ⅳ→Ⅰ(C說) 3개의 해석이 제시되어 있다.[18] 읽는 방향은 오른쪽 방향(시계방향, C설)으로도 왼쪽 방향(반시계방향, A·B설)으로도 해석되어, 제Ⅰ면에 대해서는 Ⅰ, Ⅱ, Ⅳ 3개의 해석이 제시되어 있다. 단, B·C 說을 지지하는 논자가 많아, 지금으로써는 이 2개 안이 유력하다.

이러한 견해의 差異는 내용의 이해와 밀접하게 관련되어 있기 때문에, 그 시비를 가리는 것이 용이하지 않다. 그러나 읽는 방향에 대해서는 한자를 쓰는 방향과 같은 오른쪽에서 왼쪽으로 진행하는 것으로 보는 것이 자연스러울 것이다. 이 점에 대해서 尹善泰가, 金海 鳳凰臺 出土의 論語木簡의 서식에 비추어, 오른쪽에서 왼쪽으로 읽어야 한다고 주장하고 있는데 그것에 따르고 싶다.[19] 단, 尹說에서는 Ⅱ를 제Ⅰ면으로 해서 Ⅱ→Ⅲ→Ⅳ→Ⅰ(C說)의 순서로 보지만, 사견으로는 「使官」의 2글자가 기재되어 있는 Ⅰ을

---

17) 尹善泰, 2007, 「韓國 古代文字資料의 符號와 空隔」, 『古代韓日의 言語와 文字』, 2007 韓日國際發表論文集도, 문제의 墨蹟을 「白」의 최종획을 길게 늘어뜨린 것이며, 「白」이 Ⅱ행째의 최후의 문자인 것을 확정하기 위한 공백 처리방식이라고 주장하고 있는데, 필자는 아직 보지 못했다.

18) 國立慶州文化財研究所, 2006, 앞의 책, 183~185쪽 및 鄭在永, 2008, 앞의 논문, 98~101쪽이, 종래의 석독을 잘 정리해 놓았기 때문에 참조하기를 바란다.

19) 尹善泰, 2005, 앞의 논문, 134쪽.

第Ⅰ面으로 해서 Ⅰ→Ⅱ→Ⅲ→Ⅳ으로 읽는다. 그 이유는 다음과 같다.

사면에 연속해서 기재된 문장을 어디에서부터 읽기 시작하는가는, 어디에서 끝나는 가 하는 문제와 표리를 이루고 있다. 따라서 이 문제는 문장의 처음 또는 마지막 중의 하나를 정하는 것으로 귀결된다. 그렇게 생각해서 먼저 눈에 들어오는 것은 Ⅰ이 「使官」의 2글자만으로 끝나고, 이하가 공백으로 되어 있다는 사실이다. 다른 3면 전부가 목간의 하단부까지 墨書가 미치고 있는 것과 좋은 대조를 이루고 있다. 이곳을 문장의 말미로 하는 것은 언뜻 보아서 자연스러운 해석으로 말할 수 있다. B설과 C설이 여기에 해당한다. 단, B설은 Ⅳ에서 Ⅰ로의 왼쪽방향으로, 그리고 C설은 Ⅱ에서 Ⅰ로의 오른쪽방향으로 각각 정반대로 읽고 있다.

이 중 C설은 Ⅰ를 「使內」로 釋文하고, 게다가 그것을 이두문의 종결형으로 간주한다.[20] 私見은 이것을 「使官」으로 釋文하기 때문에 이 설에는 따를 수 없지만, 일보 양보해서 「使內」로 읽는다고 하더라도 이것을 이두문으로 보는 것은 곤란하다. 「使內之」와 같이 종결어미 「之」를 동반한다면 조금 가능성이 있을 지 몰라도,[21] 「使內」 자체를 종결형으로 사용한 예는 달리 없기 때문이다.[22]

B설도 마찬가지로 「使內」의 釋文을 채용하고 있고, 게다가 왼쪽방향으로 읽고 있기 때문에, 私見과는 일치하지 않지만, Ⅳ-1 「牒」을 문장의 시작으로 보는 점이 주목된다.[23] 그것에 의하면 본 목간은 관청한에 주고받은 「牒」으로, 종이의 구입 청구를 위한 사경소 관계문서로 추정되고 있는

---

20) 예를 들어 尹善泰, 2005, 앞의 논문, 135~136쪽은 Ⅳ面부터 「後事者命盡使內」로 연결해서 읽어, 「後에 일을 命과 같이 다 시켰습니다」로 석독하고, 鄭在永, 2008, 앞의 논문, 103쪽은 動名詞語尾가 생략된 것으로 보아 「하게 할 것」으로 석독하고 있다.

21) 뒤에 서술한 「永川菁堤碑貞元銘」에 「起使內之」라는 종결형의 용례가 있다.

22) 國立慶州文化財硏究所, 2006, 앞의 책, 186쪽.

23) 李成市, 2005, 앞의 논문, 172쪽.

것이다. 목간의 성격을 명확하게 규정한 점에서 중요한 견해이지만, 말미의 「使內」에 대해서는 의미 불명으로 하고 있을 뿐, 이렇다 할 만한 해석은 제시하고 있지 않다. B설의 경우에는 「牒」의 내용은 Ⅳ→Ⅲ→Ⅱ로 완결하고 있으며, 그것은 Ⅱ-9「白」의 最終畫을 「了」로 釋文하는 것과 관계가 있다. 문장을 왼쪽 방향으로 읽는 것도 그 때문일 것이다. 「牒」에서 시작해서 「了」에서 끝나는 일련의 문장으로 판단한 것으로 생각된다. 그러나 이 방식에 따르는 한, 文末의 「使內」는 무척이나 부각된 존재가 되지 않을 수가 없다. Ⅰ을 文末로 보는 것은 역시 부자연스러운 것이다.[24]

하단부에 커다란 공백부가 있는 Ⅰ을 본목간의 최종면으로 보는 것이 곤란하다면, 과감하게 이것을 제1면으로 해보는 것은 어떨까. 즉「使官」은 글의 末尾가 아니라 글의 모두에 해당하는 부분으로 보는 것이다. 이 가설에 기초해서 해석을 해보면 다음과 같이 된다.[25]

Ⅰ 官に使わす.
Ⅱ 大鳥知郎の足下に萬行白す.
Ⅲ 經に入用と思い, 買い白せし不 躍 紙一, 二个,
Ⅳ 牒して垂(くだ)し賜うこと, 敎せり. 後事は命を盡くさんことを.

---

24) 그것은 Ⅰ을 「使官」으로 석문해도 똑같다. 또 B설과는 반대로 오른쪽 방향으로 읽어도 의미가 알기 어려울 뿐으로, 지지하기 어렵다. 어쨌든 본 목간을 「牒」자부터 읽기 시작하는 것은 곤란하다.

25) Ⅰ을 第1面으로 하는 理解는 이미 李成市, 2000, 앞의 논문에 의해 제시되어 있지만, 「使內」의 釋文에 입각한 解釋이다. 또 深津行德, 2006, 앞의 논문, 246~247쪽은 「使官」의 釋文을 채용한 다음에 Ⅰ을 第1面으로 하고 있는데, 아쉬운 것은 왼쪽 방향으로 읽었기 때문에 문장의 뜻을 정확하게 파악하고 있다고는 말하기 어렵다. 私見은 이러한 선행 연구에 의거하면서 그 수정을 시도한 것이다. 한편 이하의 行論에 있어서는, 종래 제설과의 異同을 하나하나 명기해야 하지만 번잡하기 때문에 생략했다. 관계자의 너그러운 용서를 바랄 뿐이다.

먼저 I의 「使官」은 "官に使わす(官에 보낸다)"로 읽어, 본 목간을 「官」에 보내는 것을 말한것으로 해석된다. 문서 전체의 제기이며, 封書에서 말하는 「表書」에 상당한다. 다음에 II는 문서의 수취인과 발신인을 구체적으로 기재한 부분이다. 이미 설이 나와 있듯이, 「大鳥知郎」이 수취인이고 「萬行」이 발신인이다. 또 전술한대로 「白」은 「말하다(言)」의 겸양어인 「아뢰다(申)」를 의미하고 그 최종획을 길게 늘어뜨린 것은 「申」의 내용을 이하에 기재하는 것을 나타내기 위한 부호이다. 여기까지는 말하자면 정형화된 文言일 것이다. 먼저 「使官」이라고 題記를 기재하고, 그것을 전제로 수취인(人名＋足下)과 발신인(人名＋白)을 기재한 다음에, 마지막으로 「白」의 최종획을 늘어뜨려서 다음에 본문이 이어지는 것을 나타낸 것이다.

그 본문에 해당하는 것이 III의 「經中」에서 IV의 「敎在之」까지이다. 먼저 III의 「經中入用思」는 「經に入用と思い(經의 작성에 필요하다고 생각해서)」로 읽는 종래의 해석을 지지하고 싶다. 문제는 그 다음의 「買白不雖紙一二个」이다. 지금까지는 「買白」을 「사려고 생각해서 아뢰다」로 읽거나, 또는 「不雖紙」를 종이의 種類로 간주하여,[26] 「白い不雖紙(흰 不雖紙)」를 「一, 二个」「買う(사다)」로 석독하는것이 일반적이였다. 어느 경우에도 「經」(寫經)에 필요한 종이의 구입을 청구한 것으로 이해하는 것이지만, 본고에서는 「白」을 「買」에 붙인 겸양의 조사로 해석해서, 「買い白せし(구매한)不雖紙一, 二个」로 석독했다. 즉, 사경에 필요한 종이는 이미 모두 구입한 것으로 이해하는 것이다. 이와 같이 읽는 것은, 실은 다음의 IV面의 이해와 밀접하게 관련된다.

---

26) 「不雖紙」는 종이의 種類를 나타내는 말일 것이다. 「雖」는 「밟다」를 의미하니까, 「不雖紙」는 「밟지 않은 종이」가 된다. 단 그것이 어떠한 종이인지는 알 수 없다. 한편 鄭在永, 2008, 앞의 논문, 102쪽은 「搗砧하지 않은 닥종이」 또는 「기름을 먹지 않은 흰색 楮紙」로 類推하고 있다.

Ⅳ「牒垂賜敎在之 後事者命盡」은 「之」와 「後」의 사이에 半字分 정도의 공백이 있어, 그곳에 문장이 끊겨 있는 것은 명백하다. 본고가 「經中」에서 「敎在之」까지를 본문으로 하는 것은 그 때문이며, 「牒垂賜敎在之」는 Ⅲ面부터 계속되는 일련의 문장으로서 석독하는 것이 적당할 것이다. 먼저 최후의 「在之」는 종결형의 이두문으로 이해할 수 있기 때문에, 「敎在之」는 「敎せり(敎했다·敎하다)」로 해석된다.[27]「經中……牒垂賜」에 나타난 사안을 「敎」의 형식으로 하달한 것이다. 또 「牒」은 전술한대로 관청안에서 주고받는 문서 양식의 「牒」을 지칭하기 때문에, 「官廳에 通達한다」라는 의미일 것이다. 문제는 「垂賜」인데, 종래에는 「牒」 혹은 「敎」를 내린 것으로 이해되어 왔다. 그러나 둘 다 「牒」과 「敎」, 또 나중에 나오는 「命」과의 관련을 整合的으로 이해하는 것이 곤란하다. 그래서 본고에서는 「垂(내리다)」라는 것의 목적어는 「牒」도 「敎」도 아닌 Ⅲ면에 기재된 「紙」이라고 해석한 것이다. 즉, 관청에 통달한 다음에 희망하는 관청이 있으면 「不踔紙」를 「一, 二个」 하사한다고 읽은 것이다. 아마도 사경용으로 구입한 「不踔紙」가 남거나 하는 어떤 사정에 의해 불필요하게 되었기 때문에 하사한 것일 게다.

마지막으로 Ⅳ의 후반부 「後事者命盡」인데, 「後事者」는 문자대로 「後의 일」로, 여기에서는 「不踔紙」를 구체적으로 하사하는 작업을 지칭하는 것으로 해석된다. 또 「命盡」에 관해서는 종래와는 달리 「命を盡くす(진심을 다하다)」로 해석했다. 「後의 處理는 맡길테니까 정성을 다해서 일을 하도록」 요청한 것으로 생각된다. 아마도 명령문과 의뢰문의 문말에 놓는 정형적인 문언일 것이다. 이상의 역독을 현대어로 고치면 다음과 같다.

---

27)「新羅華嚴經寫經跋文」(754年)에 「進在之」(木村誠, 2004, 『古代朝鮮の國家と社會』, 吉川弘文館, 日本, 271·302쪽)의, 또 「新羅禪林院鍾」(804년)에 「成內在之」(黃壽永, 1976, 앞의 책, 286쪽)의 용례가 있다.

Ⅰ. 관에 전달한다.

Ⅱ. 大鳥知郎께 萬行이 아룁니다.

Ⅲ. 寫經에 入用하려고 산 不踓紙一, 二箇를,

Ⅳ. (官廳에)通達해서 (必要로 하는 곳이 있으면) 하사하라는 교시가 있었습
니다. 후에는 정성을 다해서 일을 하도록.

본 목간은 萬行이 大鳥知郎에게 보낸 문서목간이며, 그 내용은 사경용
지를 하사할 용의가 있음을 전한 것이다. 게다가 題記에 使官이라고 되어
있듯이, 그것은 「官」에 보낸 것이며, 그 때문에 大鳥知郎은 「官」에 속한
인물로 간주된다. 이에 대해 萬行은 어떠한 인물이었을까. 萬行도 大鳥知
郎과 같이 「官」에 속했던 것일까. 아마 그렇지는 않았을 것이다. 萬行도
「官」側의 인물이었다면, 이 목간은 「官」에서 「官」으로 전달된 것이 되지
만, 그 경우에는 사관이라고 일부러 기입할 필요가 없었을 것이다.[28] 목
간의 행선지가 혼동되지 않도록 관청명과 部司名을 구체적으로 기입하면
되는 것으로, 使官과 같이 일반적 · 추상적인 題記는 불필요하다. 使官의
題記는 목간의 발신인이 「官」 이외의 인물이었던 것을 나타낸다고 이해되
는 것이다.

그러면 그것은 도대체 어디였을까. 萬行은 어떠한 조직에 속해 있었고,
어떠한 권한 아래에서 사경용지의 하사를 「官」에 通達할 수 있었을까. 목
간의 내용에 입각해서 말하면, 그 조직 · 권한은 사경용지 하사의 주체가
되고, 게다가 그 의사를 「敎」를 통해서 나타내 보일 수 있는 곳이 아니면
안된다. 그것은 王室 · 王宮 외에는 달리 없을 것이다.[29] 사료 A에서 보았

---

28) 深津行德, 2006, 앞의 논문, 247쪽은 「官」의 구체적인 이름이 없는 이유로, 목간이
관소속의 役人 사이에서 주고받은 경우를 상정하고 있는데, 그렇다고 한다면 題記
에 使官으로 기재할 필요도 없을 것이다.

던 「所內」(「內」)이다. 즉, 본 목간은 「所內」에서 「官」에 보낸 것으로 해석할 수 있는 것이다.

이렇게 생각한다면, 題記에 「官」의 이름이 기재되지 않은 것도 실은 의미가 있었던 것이라는 생각에 도달하게 되는 것이다. 다만, 使官으로만 표기하고 거기에 「官」의 구체적 명칭이 기재되지 않은 것은 「所內」에 있어서 「官」의 이름 생략이 가능했기 때문이었을 것이다. 바꾸어 말하자면 「所內」에 있어서 「官」은 어떤 특정의 「官」밖에 없는 것이다. 다름이 아니라 그것은, 왕실·왕궁의 일상서무를 담당하는 부서, 즉 內省이다.

앞에서 보았듯이, 본 목간의 Ⅰ·Ⅱ面은 題記와 수취인·발신인으로 된 정형적인 서식으로 구성되어 있었는데, 그것은 「所內」(王室·王宮)와 「官」(內省)의 사이에서 일상적으로 주고받는 문서목간의 서식이었던 것이다. 아마도 萬行은 王室·王宮에 近侍하는 舍人[30] 중 한 명으로, 그 萬行이 왕족의 敎를 받아 본 목간을 기초해 內省의 官人인 大鳥知郎에게 보낸 것일 것이다.[31]

---

29) 「典大等敎事」(「月城垓子出土12號木簡」, 國立慶州文化財研究所, 2006, 앞의 책)의 例에서 보듯이, 新羅에 있어서 「敎」가 반드시 「王命」을 의미한다고는 할 수 없다. 또 6세기의 신라에서는, 「敎」는 왕을 중심으로 하는 교사 집단에 의해 내려지는 국가적 명령을 의미했다(木村誠, 2004, 앞의 책, 20~24쪽). 따라서 「敎」를 「王命」에 한정해서 이해하는 것은 불가능하지만, 그렇다고 해도 누구나가 「敎」를 내리는 주체가 될 수 있었던 것이 아닐 것이다. 본고에서는, 「敎」는 신라왕과 왕족 그리고 典大等 등의 한정된 고관이 내리는 명령으로 이해해 두겠다.

30) 「三國史記」 권 48, 實兮傳에서는, "實兮, 大舍純德之子也. 性剛直, 不可屈以非義. 眞平王時爲上舍人. 時下舍人珍堤, 其爲人便佞, 爲王所嬖. 雖與實兮同寮, 臨時互相是非"라고 되어 있다. 또 같은 책, 劍君傳에서도, "劍君, 仇文大舍之子, 爲沙梁宮舍人. 建福四十四年丁亥(628·眞平王49年) 秋八月, 隕霜殺諸穀, 明季春夏大飢, 民賣子而食. 於時宮中諸舍人同謀, 盜唱翳倉穀分之, 劍君獨不受"라고 되어 있다.

31) 추측을 대담하게 한다면, 「官」에서 「所內」에 목간을 보내는 경우에는 「使內」로 제기한 것이 아닐까. 또 Ⅰ-2의 「官」자가 언뜻 보면 「內」자로도 읽을 수 있는 것은 萬

이상, 월성해자 출토 2호 목간에도 「所內」와 「官」의 관계가 농후하게
투영되어 있는 것을 유추해 보았는데, 이것에 대과가 없다고 하면 사료A
의 「官」도 관청 일반이 아니라 內省이라고 하는 특정의 관청을 지칭하는
것으로 결론짓는 것이 가능하다. 마거는 왕실·왕궁과 內省을 합쳐서 32
所를 분배하고, 나머지를 庾信 이하의 고관에게 사여했다고 이해해도 좋
은 것이다.

IV. 永川 菁堤碑 貞元銘의 分析

다음은, 또 하나의 「所內」의 예인 「永川菁堤碑貞元銘」의 所內使에 대해
서 검토해보자. 그 석문을 제시하면 다음과 같다.[32] 명문은 12행으로 되

行이 「官」을 「內」로 잘못 쓴 것을 바로 「官」자로 수정한 결과가 아닐까. 사족이지만
부기해 둔다.

32) 본 석문은 趙東元,1983,『韓國金石文大系』권 3 慶尙北道編, 圓光大學校出版局 所載의
탁본 사진을 기초로, 종래의 석문을 참조하여 작성했다. 한편, 永川菁堤碑 貞元銘에
관한 주요한 연구는 다음과 같다.
鄭永鎬, 1969, 「永川 菁堤碑의 發見」, 『考古美術』102, 韓國美術史學會.
李基白, 1969, 「永川 菁堤碑 貞元銘의 考察」, 앞의 책 ; 1974, 『新羅政治社會史研究』,
一潮閣 재수록.
石上英一, 1974, 「古代における日本の稅制と新羅の稅制」, 『朝鮮史研究會論文集』11,
朝鮮史研究會, 日本.
金昌鎬, 1983, 「永川 菁堤碑 貞元十四年銘의 再檢討」, 『韓國史研究』43.
田中俊明, 1983, 「新羅の金石文-永川菁堤碑·貞元銘」, 『韓國文化』5-5.
李宇泰, 1985, 「永川 菁堤碑를 통해 본 菁堤의 築造와 修治」, 『邊太燮敎授華甲紀念史
學論叢』, 三英社.
濱田耕策, 1986, 「《新羅村落文書》研究の成果と課題-その作成年および內省の祿邑說
を中心に-」, 唐代史研究會編『律令制-中國朝鮮の法と國家』, 汲古書院, 日本.
權丙卓, 1987, 「新羅 灌漑制度 研究—永川 菁堤를 중심으로」, 『新羅文化祭學術發表會
論文集』8, 新羅文化宣揚會.

어 있고, 각 행에 1에서 12까지 번호를 붙였다. 또 내용에 따라 단락기호 (a)~(d)를 붙였다.

F. 1 貞元十四年戊寅四月十三日菁堤 ⁽ᵃ⁾

   2 治記之 謂⁽ᵇ⁾ 狀堤傷故所內使

   3 以見令賜矣弘長卅五步岸

   4 立弘至深六步三尺上排堀里

   5 十二步此如爲二月十二日元四月十三

   6 日此開中了治內之 都⁽ᶜ⁾ 合斧尺

   7 百卅六法喦一萬四千百卌人

   8 此中典大等角助役切火押喙二

   9 郡各□人爾起使內之

  10 節⁽ᵈ⁾ 所內使上干年朶

  11 史湏大舍

  12 加大□守須喙玉純朶

주지한 바와 같이 永川 菁堤碑는 菁堤의 축조와 수리 사정을 기록한 石碑이며, 新羅三山學術調査團에 의해 1968년 12월에 발견 조사된 비이다. 비석에는 전면과 후면에 각자가 있는데, 전면에 「丙辰年」의 간지가, 그리고 후면에 「貞元十四年」의 연호가 기록되어 있다. 貞元 14年은 新羅 元聖王 14년(798)에 해당하고, 丙辰年은 536년으로 추정된다. 명문의 내용에서 丙辰年에 菁堤를 築造하고, 貞元 14年에 그 파손에 따른 수리를 행한 것이 명백하다. 이와 같이 永川 菁堤碑는 菁堤라고 하는 수리시설에 관한 상이한 연차의 정보를 제공하는 사료인데, 본고에서 문제로 삼는 것은 菁

河日植, 1997, 앞의 논문.

堤의 수축을 기념해서 각기한 후자이다.

보이는 것과 같이 명문은 (a)에서 (d)까지 4단락으로 나누어진다. (a)는 명문의 題記에 해당하는 부분으로, 貞元 14年(798) 4月 13日에 菁堤의 수축을 종료하고 비문을 刻記한 것이 기재되어 있다. 以下, (b)菁堤修治의 경위, (c)工事參加人員, (d)工事擔當者로 이어진다. 798년에 실시된 菁堤 수축공사에 관한 정보가 남김없이 정연하게 기재되어 있는 것인데, 그 중에서도 간과할 수 없는 것이 이 공사가 所內使의 주도로 실시되었다는 사실이다.

즉 (b)에 의하면, 청제 파손의 보고를 받고 나서 먼저 취한 조치가 所內使에 의한 현지 조사였다.[33] 그 결과, 공사의 규모가 확정되어,[34] 2월 12일부터 4월 13일까지의 2개월에 걸친 공사가 실시되었던 것이다. (d)에는 「節所內使」라고 한 다음에 그 2인의 所內使 이름이 기재되어 있다. 주지하는 바와 같이 「節」은 지휘감독을 의미하는 이두이다.[35] 所內使는 시종일관 이 공사에 관련되어 있었던 것이며, (c)에 기재된 공사 참가자도 일부가 典大等의 관여하에 동원되고 있기는 하지만, 대부분은 所內使의 지휘하에 공사에 참가한 것으로 보아 좋을 것이다. 所內使는 『三國史記』 職官志에 보이지 않고, 공사에 맞추어 중앙으로부터 파견된 임시직이었던 것으로 생각되어지는데,[36] 「所內」가 王室・王宮을 의미하는 것은 이미 밝혔던대로이다. 따라서 字義대로 읽으면 所內使는 王室・王宮에서 림시로 파견된 사자가 되는 것이다.

---

33) (b)는 「洑堤傷(いた)むと謂う. 故に所內使をして見させ賜う」로 釋讀할 수 있다. 「洑堤가 破損되었다는 보고가 있어서 所內使에 命하여 調査시켰다」라는 의미이다.

34) 공사의 규모에 대해서는 李宇泰, 1985, 앞의 논문이 상세히 검토하고 있다.

35) 鮎貝房之進, 1972, 『雜攷 俗字攷・俗文攷・借字攷』, 國書刊行會, 日本, 370쪽.

36) 李基白, 1969, 앞의 논문, 341쪽.

이러한 사자의 파견은 결코 드문 일이 아니며, 필요에 따라 행해졌던 것은 상상하기 어렵지 않다. 菁堤碑의 전후 20년정도 시기에 한정해서 보아도 『三國史記』에는 사자 파견의 기사가 다음과 같이 발견되는 것이다.

G. ① 秋七月, 發使安撫浿江南州郡. (『三國史記』 권 9, 新羅本紀 9 宣德王 2 〔781〕년)

② 秋, 國西旱蝗, 多盜賊. 王發使安撫之. (同 권 10, 新羅本紀 10 · 元聖王 4(788)년)

③ 發使十二道, 分定諸郡邑彊境. (同 哀莊王9〔808〕년)

④ 發使修葺國內隄防. (同 憲德王 2〔810〕년)

⑤ 夏五月, 國西大水. 發使撫問經水州郡人民, 復一年租調. (同王 6〔814〕년)

또 시기는 다르지만 다음의 기사도 주목된다.

H. ① 眞平王聞之, 遣使內迎. 宿示臥婦床而寢. 中使陋焉, 返行七八里, 逢師於途. 問其所從來曰, 城中檀越家, 赴七日齋, 席罷而來矣. 中使以其語達於上. (『三國遺事』 권 4, 二惠同塵)

② 弓裔, 新羅人. 姓金氏. 考第四十七憲安王誼靖, 母憲安王嬪御, 失其姓名. 或云, 四十八景文王膺廉之子. 以五月五日生於外家. (中略)王勅中使, 抵其家殺之. (『三國史記』 권 50, 列傳 10, 弓裔)

③ 大師德高天下, 名重海東, 恨闕迎門, 遙申避席. 仍遣中使崔暎高, 飛鳳詔, 遠詣鴦廬, 請扶王道之危, 仍表國師之禮. (「地藏禪院朗圓大師悟眞塔碑」〔940년〕,『朝鮮金石總覽』上, 143쪽)

G의 각 使는 모두 王命을 받아서 파견된 임시직으로, 지방의 안무 · 진구(G-①②⑤)와 군현의 경역 확정 작업(G-③), 나아가서는 제방의 수리(G-④)를 담당했던 것이다. 그 職掌에서 보아 지방군현의 태수 · 현령

들의 협력을 얻은 것은 틀림이 없을 것이다. 임시직이기는 하지만, 어디까지나 군현제적인 지방지배의 체계에 의거한 직인 것, 그리고 菁堤碑의 所內使가 이러한 제사와 같은 시기에 파견되고 있는 점에 주의하고 싶다.

이에 대해 H에 보이는 中使는 조금 성격을 달리한다. 中使라고 하는 것은 일반적으로 왕의 밀명을 띤 비공식적인 사자를 지칭하고 있으며, 이 경우도 왕의 개인적 의사를 직접 전하기 위해서 파견된 사자로 판단된다. 3例는 眞平王代(6世紀 末~7世紀 初, H-①), 憲安王 또는 景文王代(9世紀 後半, H-②), 10世紀 初(H-③)로, 시기는 각각 다르지만 왕 개인의 의사가 직접 반영된 견사였다. G가 「表向き(公的)」의 사자라고 한다면 H는 어디까지나 「內々(私的)」의 사자, 즉 「內」와 관련된 사자로 말할 수 있다. 양자는 서로 보완해 가면서 왕의 의사 체현을 위해 노력했던 것으로 생각된다.

그럼 문제의 所內使는 어떠한가. 字義에서 보면 그것은 우선 「內々」의 사자로 파악할 수 있을 것 같지만, 실제는 「內々」와 「表向き」의 양측면을 같이 지니고 있었지는 않았을까. 기술한 바와 같이 菁堤의 수축공사는 소내사의 주도하에 실시되었다. 공사기간은 2개월에 이르고 그 기간에 동원된 인원은 1만5천명 가까이나 되었다. 그 정도 공사의 시행에는 당연히 중앙관청와 지방군현의 어떤 형태로든지의 관여, 즉 「表向き」의 지원이 필요했을 것이다. 비문에 보이는 典大等과 加太守의 존재가 그것을 말해주고 있다(후술). 菁堤의 수축공사는 결코 왕실·왕궁의 「內々」의 사업으로는 끝나지 않았던 것이다. 당연히 그것은 所內使의 성격에도 영향을 미치었을 터이며, 所內使 자체가 당초부터 「表向き」와 깊이 관련되어 있던 것이 예상되는 것이다.

F-(d)에는 이 공사를 담당한 2명의 所內使 이름이 기재되어 있다. 즉 上干年淼와 史湏大舍이다. 淼(奈麻, 11位)와 大舍(12位)가 所內使의 官位인

것에 이론을 달 여지는 없지만, 인명을 읽는 방법에 대해서는 복수의 견해가 제시되어 있다. 먼저 上干年에 대해서는, 李基白이 上干을 外位, 年을 人名으로 하는 안을 제시하였고,[37] 그것을 받아들여서 朱甫暾이 上干은 外位의 잔재이며, 마치 姓과 같이 사용된 것으로 해석하였으나,[38] 한편으로는 金昌鎬가 上干年을 이름으로 하는 안을 제시하고 있다.[39] 또 史湏에 대해서는, 李基白에 의해 史가 官職이고 湏가 이름으로 하는 案과, 史湏을 人名으로 이해하는 두 안이 제시되어 오늘에 이르고 있다.[40] 각 說은 각기 가능성이 있어, 이렇다고 할 만한 정설이 없는 상황에 있다고 얘기할 수 있다. 이에 본고에서는 上干과 史는 모두 관직이며, 게다가 그것은 內省에 설치된 관직이라고 하는 해석을 제시해 보고 싶다. 즉「上干·年·柴」, 「史·湏·大舍」로 읽어, 2人의 所內使 이름은 年과 湏이었다고 이해하는 것이다.

『三國史記』 권 39, 雜志 8, 職官中은 내성 관련의 관청에 上干의 관직이 있는 것을 전하지 않는다. 그러나 干이라면 내성 관하의 村徒典과 御龍省 관하의 麻典·肉典·滓典·席典·机槪典·楊典·瓦器典에서 찾는 것이 가능하다. 주지한 대로 新羅의 중앙관제는『三國史記』職官志가 전하는 관직 구성만으로 끝나는 것이 아니기 때문에, 이들 관청의 干이 분화하여, 그 상위에 上干의 관직이 설치되었다고 이해하는 것은 충분히 가능할 것이다. 內省 管下의 上大舍典에 上大舍·上翁이, 그리고 東宮官의 東宮衙 (752年 創置)에 上大舍·次大舍가 있는 것이 참고가 된다. 한편, 史는 執事

---

37) 李基白, 1969, 앞의 논문, 288~290쪽.

38) 韓國古代社會研究所編, 1992, 『譯注韓國古代金石文』 2, 駕洛國史蹟開發研究院, 31쪽, 註12.

39) 金昌鎬, 1983, 앞의 논문, 123쪽.

40) 李基白, 1969, 앞의 논문, 290~291쪽. 한편, 李基白은 이 2안 중에 후자의 가능성이 크다고 한다.

省 以下의 거의 모든 중앙관청에 설치된 관직이다. 그것은 內省 管下의 諸官廳도 예외가 아니며, 內司正典을 비롯한 많은 관청에서 볼 수 있다. 게다가 흥미있는 사실은 干이 배치된 상기의 거의 모든 관청에 史가 설치되어 있다는 사실이다. 예를 들면, 內省 管下의 村徒典(670年 設置)의 관직구성은 干 1人 · 宮翁 1人 · 火尺[41] 1人 · 史 2人이며, 御龍省 관하의 麻典(759년 織紡局으로 改稱)은 干 1人 · 史 8人 · 從舍知 4人으로 되어 있다[42].

職官志는 이들 干과 史의 당해 관위를 기재하고 있지 않지만, 史에 대해서는 執事省의 史가 12位 大舍부터 17位 先沮知까지여서, 그것과 동등하다고 여겨도 틀리지 않을 것이다. 湏의 官位가 大舍인 것과 모순되지 않는다. 또 干의 당해 관위에 대해서는 전혀 단서가 없고, 따라서 上干의 그것도 부명으로 할 수밖에 없지만, 상기와 같이 干은 史보다 상위의 관직으로 추정할 수 있기 때문에, 그 官位도 史와 동등하였거나 아니면 그것을 상회하고 있었다고 보아 좋을 것이다. 그리고 이 추측도, 년의 관위가 奈麻(11位)로서 湏의 大舍(12位)를 상회하고 있는 사실과 모순되지 않는다.

이상에서 年과 湏은 모두 內省 관련의 관청에 소속한 관인이었다고 판단되는 것이다.즉 所內使는 왕명을 받고 내성 관련의 관인 중에서 적당한 인물을 뽑아 파견되었던 것이다. 따라서 그것은 실질적으로는 내성에서 파견된 사자였다고 간주해도 좋다.[43] 2인이 어느 관청에 속해 있었는가

---

41) 火尺은 『三國史記』 版本에는 大尺으로 되어 있지만, 火尺의 刊誤 · 語釋이 의심된다. 武田幸男, 1984, 「中古新羅の軍事的基盤－法幢軍團とその展開－」, 西島定生博士還曆記念論叢編集委員會編 『東アジア史における國家と農民』, 山川出版社, 日本, 25쪽 註17.

42) 以下 肉典(干2인), 滓典(干1인 · 史4인), 席典(干1인 · 史2인), 机概典(干1인 · 史6인), 楊典(干1인 · 史6인), 瓦器典(干1인 · 史6인)의 관직 구성을 취한다. 유일하게 肉典만이 史를 결하고 있으나, 脫漏의 가능성을 생각할 수 있겠다(三池賢一, 1972, 앞의 논문 下, 48쪽).

43) 濱田耕策, 1986, 앞의 논문, 595쪽도 所內使를 內省에서 파견된 사자라고 하는데, 「所內」를 내성으로 이해한 다음의 판단으로, 필자의 견해와는 근거를 달리한다.

에 관해서는 그 단서조차 없으나, 굳이 들어 본다면 상기의 村徒典이었을 것이다. 村徒典은 명칭에서 촌락과의 밀접한 관련이 상정되며, 촌민의 징발에 關聯된 관청로 이해할 수 있기 때문이다.[44] 干을 長官으로 해서 실무관리로서 史 2人이 배치되어 있다. 덧붙인다면 그 설치는 文武王 10년(670)이기 때문에, 所內使가 파견된 798년까지의 사이에 干의 상위에 上干이 증치되었다고 추측하는 것은 인정될 것이다. 菁堤 수축에는 당연히 대규모의 력역 동원이 상정되는 것이며, 그것을 예상하여 村徒典에 소속한 2인의 관리를 所內使로서 현지에 파견했던 것은 아닐까.

그런데, 이렇게 추측해서 조금 미심쩍은 것은 所內使 2명이 모두 年·湏이라는 1자의 이름이라는 점이다. 신라에서는, 예를 들면 마지막 왕인 敬順王(金傅)과 같이 1자의 諱를 가진 王이 어느 정도 눈에 띠며, 왕 이외의 지배층(진골귀족층) 중에도 1자 이름의 인물이 많다. 그러나 그것은 有姓者의 例이며, 無姓者의 1字 이름과는 구별하지 않으면 안된다.[45] 그리고 無姓者의 인명표기에 한정해서 보면, 2자 이상의 인명표기가 압도적인

---

44) 木村誠, 2006, 「統一期新羅村落支配の諸相」, 『人文學報』 368, 東京都立大學, 11쪽.
45) 有姓者라고 해도 이름을 표기할 때에 姓을 생략하는 경우가 있으므로 주의가 필요하다. 예를 들면, 「甘山寺阿彌陀如來造像記」(719년)에 「奈麻聰撰奉敎」(朝鮮總督府, 1919, 『朝鮮金石總覽』 上, 36쪽)라고 있어, 造像記의 撰者를 1자 이름인 聰으로 기재하고 있다. 그러나 이에 대해서는 聰은 실은 薛聰을 의미한다고 하는 설이 있다(葛城末治, 1974, 『朝鮮金石攷』, 國書刊行會, 日本, 209~210쪽). 薛聰은 元曉의 子로, 太宗·武烈王代(654~661년) 출생했다고 전해지고 있으며(『三國遺事』 권 4, 元曉不羈), 719년에 造像記를 撰하는 것은 충분히 가능하다. 造像記의 聰이 薛聰이었을 개연성이 높다. 또 「聖住寺朗慧和尙白月葆光塔碑」(897 또는 898년 撰文)에도 「菩薩戒弟子武州都督蘇判鎰·執事侍郎寬柔·貝江·護咸雄·全州別駕英雄, 皆王孫也」(朝鮮總督府, 『金石總覽』 上, 72~73쪽)라고 있다. 이 중 鎰도 1字 名의 例로 말할 수 없지도 않지만, 다른 4명도 모두 無姓이며, 또한 「皆王孫也」라고 있으므로 姓이 생략되었다고 보아 좋다. 「高麗興寧寺證曉大師寶印塔(碑陰)」(944년 建立)에 「金鎰蘇判」(黃壽永, 『韓國金石遺文』, 105쪽)라고 있듯이, 金姓으로 보아 좋다. 따라서 이것을 1字 名의 예로 보는 것은 불가능하다.

것이다. 그러나 1字 이름의 例가 전무한 것도 아니다.

예를 들면, 『三國史記』 권 48, 向德傳 기사 중에는 "向德, 熊川州板積鄉人也. 父, 名善, 字潘吉"이라고 있어, 向德의 父名을 善으로 전하고 있다. 또 『三國遺事』 권 4, 義解 眞表傳簡의 "釋眞表, 完山州(今全州牧)萬頃縣人(或作豆乃山縣, 或作那山縣. 今萬頃, 古名亘乃山縣也.〔下略〕), 父曰眞乃末(下略)[46]"에는 眞表의 父名을 眞으로 하고 있다. 더욱이 금석문으로 눈을 돌리면 「癸酉銘阿彌陀佛三尊四面石像」(추정 673년)에는, 發願知識의 이름을 기록한 중에 「兎舍[47]」「久舍」「夫乃末」「林乃末」이라는 1字 표기의 이름이 보인다.[48] 이 석상은 원래 충청남도 연기군의 비암사에 소장되어 있던 것[49]인데, 연기군이 구백제의 지역이었던 것, 또 知識의 이름을 기록한 冒頭에 「達率身次願」으로 기재되어 있는 것이 주목된다. 달솔은 百濟 16등관위 중 제2위의 관위이며, 奈麻·大舍라는 신라의 관위와 함께 達率이 보이고 있는 것에서 석상은 百濟 멸망후 얼마되지 않은 시기에 백제유민들에 의해 조성된 것으로 추측되고 있다.[50]

---

46) 乃末은 전기한 것과 같이 新羅官位 12位의 奈麻이다.

47) 舍는 新羅官位 11位의 大舍이다.

48) 黃壽永 『韓國金石遺文』, 248쪽. 韓國古代社會硏究所編, 『譯注韓國古代金石文』 2, 182쪽. 한편, 黃壽永, 1964, 「忠南燕岐石像調査-百濟遺民에 의한 造像활동-」, 『學術院論文集』 3, 1973, 『韓國佛像의 硏究』, 재수록, 85쪽에서는, 이들 人名을 「□兎」「□久」「□夫」「林□」으로 하여 모두 2字 名으로 해석하고 있다. 또 金昌鎬, 1991, 「癸酉銘阿彌陀三尊佛碑像의 銘文」, 『新羅文化』 8, 東國大學校新羅文化硏究所, 135쪽도 「豆兎」「△久」「△夫」「林許」로 한다. 現碑를 보고 확인하는 기회를 얻는 것이 불가능하기 때문에 최종적 판단은 보류하고, 당분간은 1字 名으로 보아 論을 전개하기로 하겠다.

49) 黃壽永, 1960, 「碑岩寺所藏의 新羅在銘石像」, 『考古美術』 1-4, 韓國美術史學會, 및 1964, 위의 논문.

50) 黃壽永, 1964, 위의 논문, 103~104쪽, 韓國古代社會硏究所編, 『譯注韓國古代金石文』 2, 180쪽.

이와 같이 단편적이기는 하지만 이밖에도 1字 표기의 이름을 확인하는 것이 가능하며, 永川 菁堤碑의 所內使도 각각 年·湏의 1자 이름을 가진 인물로 보아도 문제는 없다. 그런데 위에서 본 1자 이름을 가진 인물은 모두 구백제령의 주민이었다. 이미 서술하였듯이, 「癸酉銘阿彌陀佛三尊四面石像」은 연기군지방의 백제유민의 손에 의한 것이며, 向德은 熊川州 板積鄕의 인물로 되어 있으므로 현 충청남도 공주 근방의 주민이었다.[51] 그리고 眞表도 전라북도 김제 부근의 출신인 것을 확인할 수 있다.[52] 현재까지 알려져 있는 1字 名이 모두 구백제지역 출신자의 이름인 것은 우연의 일치가 아닐 것이다. 생각하건데 1字 名은 구백제지역에서 특징적인 표기법이지는 않았을까. 이 추측에 대과가 없다고 하면, 菁堤碑에 보이는 2人의 所內使도 구백제지역 출신자였을 가능성이 있다. 그들은 구백제지역에서 왕경에 출사해 머지않아 내성에 관직을 얻어서 왕경에 거주하게 되었던 인물이었다고 해석할 수 있는 것이다. 비골품적 왕경인 혹은 비골품적 有位者集團[53]의 또 하나의 例를 여기에서 발견하는 것이 가능한 것이다.

이에 대해 所內使와 함께 (d)공사 담당자 부분에 그 이름이 기재된 「加大团」[54]·須喙·玉純·㕙」(F-12)는 조금 성격을 달리 하고 있다. 「加大团」

---

51) 木村誠, 2004, 앞의 책, 151~152쪽.

52) 『三國遺事』 권 4, 關東楓嶽鉢淵藪石記에는, 「眞表律師, 全州碧骨郡邪山村大井里人也」라고 있어, 眞表傳簡과는 所傳이 다르다. 그러나 『三國史記』 地理志는 「金堤郡, 本百濟碧骨縣, 景德王改名, 今因之」로 하며, 게다가 眞表傳簡이 전하는 萬頃縣은 그 현 전라북도 김제군의 領縣이므로, 眞表의 출신지가 김제 부근인 것은 변함이 없다. 어쨌든 眞表는 구백제령의 출신이다.

53) 木村誠, 2004, 앞의 책, 281~286쪽.

54) 「团」字에는 일찍부터 의문이 제시되어 있었다 (田中俊明, 1983, 前揭論文, 38쪽, 金昌鎬, 1983, 앞의 논문, 117쪽, 河日植, 1997, 앞의 논문, 4쪽·註6). 拓本 사진을 보는 한, 守로 읽기 어려운 것은 확실하다. 守 이외의 文字를 굳이 들면, 畜 또는 그것

는 직명으로, 加太守 즉 임시로 파견된 군태수를 지칭하며, 「須喙」는 신라 육부의 하나인 沙梁을 지칭하며, 그리고 「玉純」이 이름이고 「柰」가 官位에 상당한다.[55] 이 인명 표기를 소내사의 그것과 비교해서 무엇보다도 주목되는 것은, 加大守가 림시직임에도 불구하고 본래의 職掌이 기재되어 있지 않은 點과 玉純이 須喙(沙梁)라는 부명을 冠稱하고 있는 점이다.

먼저 후자에 대해서 생각하며, 그것은 加大守·玉純이 王京 沙梁部의 출신인 것을 나타내고 있다. 2人의 所內使에 부명이 기재되어 있지 않은 점과 비교하면, 그 의의는 명확해질 것이다. 所內使 年과 湏이 구백제지역의 출신자이며, 본래 왕경인이 아니었던 것에 대해 加大守 玉純이 문자대로 沙梁部 출신의 왕경인인 것을 명시한 것이다.

이러한 인명 표기에 있어서 部名 冠稱은 680年 전후를 경계로 해서 행하여지지 않게 되었다고 이해되어 왔다.[56] 삼국통일을 계기로 그때까지 왕경의 특권집단으로서 기능하고 있던 六部가 단순한 구획명으로 전화한

과 유사한 문자라는 생각이 들지만, 단정은 불가능하다.(金昌鎬, 1983, 前揭論文, 117쪽은 魯로 하고 있다. 또 盧在環·朴洪培, 1969, 「永川菁堤碑에 대한 小考」, 『매일신문』 1969.9.17일자와 9.19일자는 흡으로 한다고 하는데 필자는 읽어 보지 못했다.) 守로 하기에는 획수가 많은 것처럼 생각할 수 있지만, 그것들을 단순한 흠집으로 보면 守로 읽을 수 없는 깃은 아니다. 지금가지 제시된 釋文 中에서는 守의 개연성이 가장 높다고 판단된다. 한편 河日植 논문은 「加大」를 加와 大의 2文字를 합친 造字인 「餓」로 釋文하여, 그것을 이유로 守의 釋文을 부정한다. 과연 字의 크기와 間隔에서 보면 餓로 보이지 않는 것도 아니지만, 貞元銘은 石面의 屈曲을 그대로 利用해서 쓰여져 있으며, 字形도 그에 따라 大小 여러 형태이기 때문에 加와 大의 2文字로 보는 것에 장애가 되는 것은 아니다. 덧붙이면 河日植은 8行의 「切火」도 「魯」로 釋文하는데, 이것도 切과 火 2文字로 보아 좋을 것이다.

55) 李基白, 1969, 앞의 논문, 291~292쪽.
56) 李文基, 1981, 「金石文資料를 통하여 본 新羅의 六部」, 『歷史敎育論集』 2, 慶北大學校 師範大學, 104~109쪽 ; 武田幸男, 1990, 「新羅六部과 그 展開」, 碧史李佑成敎授定年退職紀念論叢刊行委員會編, 『民族史의 展開와 그 文化』上, 創作과批評社, 99~101쪽 및 121쪽.

결과인 것이라고 하는 것이다. 그러나, 이 加大守·玉純의 例를 중시하면, 8세기 말에 있어서도 인명 표기에 부명을 기재하는 것은 의연히 의미를 가지고 있었다고 하지 않으면 안된다.

실제로 8~9세기에 있어서 부명 표기는 『三國史記』와 『三國遺事』에도 散見되는 바이다.[57) 다만 이들은 문헌상의 기술이며, 실제의 인명 표기와 동일시하는 것은 주저하게 된다. 이에 대해 「新羅竅興寺鐘」(856年)의 歷名 부분은 部名 冠稱의 실례로 보는 것이 가능한 사료이다.[58)

　　I. 節縣令含梁萱榮□□□□□□
　　　　□□時都乃□□聖安法師□□
　　　　上村主三重沙干堯王□□□
　　　　第二村主沙干龍河□□□
　　　　第三村主乃干貴珍□及午
　　　　大匠大奈末罘歃温衾

모두에 「節縣令」이라고 되어 있듯이, 현령이 竅興寺鐘의 조성을 지휘한 것이며, 그 현령이 含梁萱榮이다. 다만 含梁은 舍梁을 잘못 표기한 것으로 沙梁을 의미하기 때문에,[59) 縣令의 이름은 萱榮이 되는 것이다. 아마도 萱 榮에 붙여진 部名(沙梁部)은 그가 왕경인인 것을 나타내는 것이며, 지방인인 上村主 이하의 인원과 구별하는 기능을 가지고 있었을 것이다. 部名

---

57) 예시하면 다음과 같다. 「崔致遠, 字孤雲, 或云海雲, 王京沙梁部人也」(『三國史記』 권 46, 列傳 6 崔致遠), 「孝女知恩, 韓歧部百姓連權女子也」(『三國史記』 권 48, 列傳 8 孝 女知恩), 「匠人本彼部强古乃末」(『三國遺事』 권 3, 芬皇寺藥師), 「孫順者(古今作孫舜)牟 梁里人」(『三國遺事』 권 5, 孫順埋兒 興德王代).

58) 黃壽永, 1976, 『韓國金石遺文』, 290쪽.

59) 李基白, 1969, 앞의 논문, 291쪽 註13.

冠稱의 또 하나의 사례를 덧붙이는 것이 가능한 것이고 8~9세기를 통해서 부명은 왕경인과 지방인, 나아가서는 왕경인과 비골품적 왕경인을 구별하는 기능을 유지하고 있었던 것이다.

다음에 加大守·玉純의 본래 직장이 기재되어 있지 않은 점인데, 아마도 그것은 加大守가 만약 임시로 임명된 직이기는 해도, 어디까지나 군현제라고 하는 지방지배기구를 구성하는 太守職이었기 때문일 것이다. 즉 所內使가 상설 관직이 아닌 임시의 使職인 것에 비해, 加大守는 常置된 지방관의 일익을 담당하는 직장을 소지하고 있었다고 생각되어지는 것이다. 따라서 그 임명도 당연히 종래의 지방관 파견 절차를 밟은 것으로 추측된다. 그 절차를 구체적으로 아는 것은 불가능하나, 다음의 사료는 그 일단을 엿보게 해주는 점에서 귀중하다.

J. 九月, 以子玉爲楊根縣小守. 執事史毛肖駮言, 子玉不以文籍出身, 不可委分憂
　之職. 侍中議云, 雖不以文籍出身, 曾入大唐爲學生, 不亦可用耶. 王從之. (『三
　國史記』권 10, 新羅本紀 10 元聖王5〔789〕년조)

子玉을 楊根縣의 小守에 임명함에 있어서 執事部에서 그 가부가 의론된 것을 전하는 기사이다. 찬부를 두고 執事部의 史와 侍中 사이에서 논쟁이 일어나 최종적으로는 왕의 재가로 인하여 子玉의 임명이 결정되었다. 지방관의 임명에 執事部가 큰 권한을 가지고 있던 것을 시사하는 기사이다. 더구나 그것은 菁堤碑 貞元銘의 9년 전의 일이었다. 菁堤碑의 加大守·玉純 파견에 즈음해서도 이러한 절차를 밟았다고 상정하여 큰 잘못은 없을 것이다.

이렇게 해놓고 보면, 菁堤 수축공사의 담당자는, 왕명을 받아 내성에서 파견된 2名의 所內使와 執事部에 있어서 최종적으로 인선이 결정된 加大守의 합계 3명으로 구성되어 있었다고 이해하는 것이 가능한 것이다. 이

공사가 「所內」 단독의 사업이 아니었던 것이 다시 확인되는 것이다. 그리고 이상의 내용은 이 공사에 執事部 次官인 典大等이 깊이 관계하고 있었던 것에서도 명백하게 알 수 있는 것이다.

菁堤碑 貞元銘의 段落(c)은 공사 참가자의 人數를 斧尺 136명, 法功夫 14,140명이라고 명기한 다음에,

此中典大等角助役切火押喙二郡各□人爾起使內之(F-8~9)

라고 하여, 공사에의 典大等의 참여를 시사하고 있다. 모두의 「此中」은 內譯을 나타내며, 前行에 기재된 斧尺·法功夫의 人數를 가르킨다. 또 말미의 "起使內之"는 "工事를 일으킨다"[60]라는 정도의 의미이기 때문에, 이 문장은 斧尺·法功夫의 일부가 공사의 개시에 동원되었던 것을 나타내고 있다. 문제는 그 사이에 있는 "典大等角助役切火押喙二郡各□人爾"의 해석이다.

종래 이 부분은 '典大等이 切火·押喙 2郡에서 助役을 徵發했다'라고 석독하는 것이 대세를 점하고 있는데, 「角」의 해석을 둘러싸고는 의견이 갈라진다. 당초에는 角을 用으로 역문하는 안[61]도 제시되었지만, 角인 것은 확실해서,[62] 결국, 「徵發한다」[63] 혹은 「부리다」[64] 등의 해석이 제시되어

---

60) 「起」는 文字 그대로 「일을 일으킨다」는 것을 의미하며, 「戊戌塢作碑」(추정 578년)에도 「此作起□者三百十二人功夫」(黃壽永, 1976, 『韓國金石遺文』, 37쪽)라고 되어 있다. 「使」는 使役의 助辭이다. 「內之」는 「新羅華嚴經寫經跋文」(755년)에 「周了成內之」라고 있듯이, 종결 어미의 이두이다(木村誠, 2004, 앞의 책, 272~273쪽).

61) 濱田耕策, 1986, 앞의 논문, 593쪽.

62) 河日植, 1997, 앞의 논문, 29쪽 註75.

63) 田中俊明, 1983, 앞의 논문, 40쪽.

64) 河日植, 1997, 앞의 논문, 29쪽.

왔다. 그러나 어느 안을 선택하더라도 문맥에 입각한 역독이 이루어졌다고는 말할 수 없어, 문제를 남겨놓고 있다. 각 주장에 공통하는 것은 典大等이 동원한 役夫를 「助役」으로 이해하는 점인데, 실은 이 해석에 무리가 있었던 것은 아닐까. 내 생각으로는 助役으로 읽는 한 角의 올바른 이해는 얻을 수 없다고 생각하는 것이다.

원래 角에는 「견주다」 「되다」 등의 의미가 있어, 角은 覈에 통하는 것은 다시 말할 필요도 없다. 또 角에는 角試 · 角量 등의 숙어도 있다. 菁堤碑의 角도 이것에 준해서 해석하는 것이 가능할 것이다. 즉 「角助」로 읽어서, 「헤아려서 돕는다」 또는 「돕는 것을 헤아린다」로 해석하는 것이다. 이렇게 하면 문제의 문장은,

이 중 典大等이 角助하여 切火 · 押喙 二郡의 各 □人씩[65]을 사역해서 일으켰다.

로 釋讀하는 것이 가능한 것이다. 아마도 典大等은 菁堤 수축공사의 중대성을 고려하여, 所內使와는 별도로 자신의 손으로 役夫를 동원해서 공사의 성공에 조력했던 것일 것이다. 물론 典大等이 직접 현지에 부임해서 役夫를 징발 · 사역하는 것은 불가능했을 것이기 때문에, 당연히 典大等의 분부를 받는 담당자를 파견했었을 것이다. 그것이 加大守였다고 생각하는 것이다. F-(d)에 典大等의 이름이 기재되지 않고, 단지 加大守라고 있는 것은 그 때문이다.

이상, 永川 菁堤碑 貞元銘에서 알 수 있는 菁堤 수축의 경위는 所內使의 파견에서 시작하여, 머지않아 「所內」의 뜻을 받든 典大等에 의한 조력으

---

65) 씩은 原文이 爾로, 體言에 붙을 경우 爾는 씩을 의미한다. (南豐鉉, 1991, 「新羅 華嚴經寫經 造成記에 대한 語學的 考察」, 『東洋學』 21, 檀國大東洋學研究所, 16~17쪽)

로 일이 진행되어, 所內使와 加大守의 감독하에 공사의 완성을 보기에 이르는 일련의 흐름으로서 이해하는 것이 가능한 것이다.

V. 맺음말

內省이 신라 왕실·왕궁의 일상을 지탱했던 관청인 것은 이론의 여지가 없다. 그러나 새삼 양자의 관계를 구체적으로 따지려고 하면 不明한 점이 너무나도 많은 것을 깨닫게 되는 것이다. 본고는 그러한 문제 의식에 입각해서, 문헌·목간·비문이라는 서로 다른 사료에 보이는 「所內」「官」을 단서로 왕실·왕궁과 내성이 서로 관련된 일상 세계의 일단을 해명하려고 한 것이다. 이에 3장에 걸쳐 서술해 온 것을 요약해, 그 의의를 말하면 다음과 같다.

먼저 『三國史記』 文武王 9년조의 「所內」는 왕실·왕궁을 의미하며, 「官」은 內省을 의미한다. 文武王 9(669)년, 신라는 馬阹를 고관들에게 사여함과 동시에, 왕실·왕궁과 內省에도 배분해서 일상용으로 충당시켰던 것이다. 여기에서 궁금한 것은 마거의 일상적 관리이다. 內省의 마거는 어떻든 간에, 문제인 것은 왕실·왕궁에 속한 마거가 어떻게 관리되었나 하는 것이다. 이렇다고 할 만한 실마리가 없어서 추측할 수밖에 없지만, 청제 수축의 예에 비추어 그것은 아마도 내성에 의해 관리되었을 것이다. 內省에는 白川·漢祇·蚊川·本彼의 각 苜蓿典이 있다. 목숙은 콩과의 식물로 목초에 이용되므로, 苜蓿典은 목초지를 관리하는 관청이다. 漢祇·本彼라는 6部名을 冠稱하고 있는 것과 蚊川(＝南川)이라는 地名에서 왕도 근교에 있는 목초지 시설을 관장했다고도 생각되어지지만,[66] 本彼宮 등 王宮 소속의 목초지를 관리했다고 이해하는 것도 가능할 것이다. 「所內」

와 「官」에 배분된 마거는 내성에 의해 일괄 관리되었다고 생각하고 싶다.

다음에 월성 해자 출토 2호 목간은 「所內」에서 「官」에 보낸 문서목간이며, 그 「官」은 內省을 지칭하고 있었다. 목간의 내용은 「所內」에서 부필요하게 된 사경용지의 처분을 「官」에 의뢰한 것으로, 「所內」와 「官」 사이에서 일상적으로 목간을 주고받으며 왕실·왕궁의 일상 서무가 처리되고 있던 사실이 엿보인다. 또 사경용지 처분의 의향은 「牒」을 통해서 諸官廳에 전해진 것으로, 여기에서 「所內」에서 「官」으로, 그리고 「官」에서 그 外部에 있는 諸官廳으로 연결되는 의사 전달의 경로가 밝혀진다. 환언하면 그것은, 왕실·왕궁에서 內官(內廷)을 경유하여 外官(外廷)에 이르는 의사 전달의 경로이다. 그 배후에는 왕실·왕궁을 중심으로 한 동심원적인 권력구조의 존재를 상정하는 것이 가능할 것이다.

마지막으로 「永川菁堤碑貞元銘」은 798年에 실시된 청제의 수축공사가 所內使와 加大守의 지휘·감독하에 이루어진 것을 나타내고 있다. 所內使는 왕명을 받들어 內省에서 파견된 임시의 사자이다. 內省 파견의 사자가 「所內」를 冠稱한 것은 청제가 왕실·왕궁에 속한 수리시설이었기 때문인 것 이외에 다른 이유는 없다. 청제와 그것의 혜택을 입고 있던 부근 일대는 왕실·왕궁의 소유지였을 것이다.[67] 즉 왕실·왕궁의 田莊이다. 한편, 加大守는 집사부 차관인 典大等의 녕을 받아서 파견된 지방관이다. 切火·押喙 2郡에서 役夫를 징발하기 위해서 郡太守級의 관리가 파견된 것이다. 따라서 청제 수축공사는 왕실·왕궁의 뜻을 받든 내성과 집사부가 제휴해서 수행한 것이라고 말할 수 있다. 청제 수축의 필요성은 먼저 「所內」에서 「官」으로 전해져, 그 후 집사부 典大等과의 협의를 거쳐서 공사

---

66) 三池賢一, 1972. 앞의 논문 下, 37쪽.
67) 河日植, 1997, 앞의 논문, 11~13쪽.

가 개시되었던 것이다. 앞에서 확인한 의사 전달의 경로가 충분히 활용된 것은 상상하기 어렵지 않다. 여기에서도 왕실·왕궁을 중심으로 한 동심원적인 권력 구조의 일단을 엿볼 수가 있는 것이다.

新羅 侍衛府

- 警護와 警備의 相異 -

徐榮敎*

目 次

Ⅰ. 머리말

국왕은 한 국가의 중심에 위치하는 존재이며, 그 사회를 상징한다. 국왕의 자리란 어느 지역에나 어느 시대에나 신성한 것이다. 신라인들은 국왕을 경호하기 위해 어떠한 시위구조를 갖추어 놓았을까. 『삼국사기』 직관지 무관조에 신라 시위부조직에 대한 기록이 남아있다.

지금까지 시위부가 왕권강화와 관련되어 있다는 지적이 있었다. 이기백은 진평왕 46년(624)에 시위부의 대감 6명을 둔 것에 주목하고 이 시기

---

* 중원대학교 재단

에 시위부가 처음 조직되었고, 그것은 內省 私臣을 두어 大宮·梁宮·沙梁
宮을 겸해서 관장케 한 때로부터 2년 뒤로서 일련의 王權 강화책이 발휘
될 때 이루어졌으며, 시위부의 조직화도 그러한 일련의 정책의 한 고리였
다고 보았다. 나아가 그는 진덕왕 5년(651) 專制王權을 뒷받침 해주는 執
事部가 설치된 그 해에 시위부가 3徒로 편제된 것은, 결국 군사적인 면에
서 전제왕권을 뒷받침해주기 위한 것으로 이해했다.

또한 그에 의하면 신문왕 원년(681) 김흠돌의 반란사건이 있은 직후 시
위부 장군 6명이 설치된 것은 귀족들의 위협으로부터 전제왕권을 보호하
는 시위부대를 강화하고 그 격을 높이려는 뜻을 나타낸 것이라 한다.[1] 그
야말로 시위부의 성립과정은 왕권의 강화 내지 전제화 과정과 궤를 같이
하고 있다는 것이다. 이러한 관점은 신형식과 이문기에 의해 그대로 재현
되었다.

신형식은 시위부의 군관직 설치를 전제왕권 구축을 위한 정치적 조치
로 간주했다. 이문기는 여기서 한걸음 더 나아가 신문왕 원년(681) 김흠
돌 반란진압 후 두어진 시위부 장군 6인의 상한 관등이 아찬인 점에 주목
하고 그것은 진골귀족의 시위부 침투를 배제한 조치로 이해하였다. 그것
은 장군직 진골귀족임명의 독점규정을 폐지한 조치이며. 시위부 장군직
을 6두품에게 개방함으로써 전제왕권의 무력적 기반을 삼게 한 것이라
한다. 왕권에 직접적인 무력도발에 대한 대응책으로서 시위부를 진골세
력 저지기관으로 국왕의 私兵的 성격으로 개편했다는 것이다.[2]

중고에서 중대로 이행하는 과정에서 신라의 왕권이 강화되어온 것은

---

1) 李基白·李基東, 1982, 『韓國史講座』(古代編), 일조각, 340쪽.
2) 李文基, 1986, 「新羅 侍衛府의 成立과 性格」, 『歷史敎育論集』9, 33 ; 1997, 『新羅兵制
   史研究』 일조각, 165쪽 註 230.
   申瀅植, 1990, 「新羅 中代 專制王權의 特質」, 『統一新羅史研究』, 삼지원, 173쪽 참조.

사실이며, 시위부의 직제가 개편되어 온 것도 확실하다. 그리고 시위부의 직제 개편을 왕권강화와 연결하는 것도 이해되며, 이문기의 지적대로 시위부가 그 성격상 왕권과 밀착될 수밖에 없다.

하대에 가서도 국왕의 왕권강화는 끊임없이 시도되었으며, 그를 경호하든 시위부의 직제도 지속적으로 개편되었을 것이다. 왕권강화의 시도와 국왕경호조직의 개편은 중고 이전에도 이후에도 계속되었을 것이다. 왕권강화는 시위부 규모자체의 팽창과 비례할 수도 있다.[3]

자신의 권력이 축소되는 것을 원하거나 의도하는 왕은 없으며, 자신의 신변에 대한 위협을 그대로 방치하려고 하는 왕도 없다. 하지만 지금까지 국왕을 시위하는 경호조직과 국왕의 무력적 기반인 직속 병력을 구분하지 않은 것 같다. 경호와 경비는 구분되는 개념이다.

본문에서 먼저 시위부 각 군관의 명령범위와 통솔인원 제한에 대하여 생각해 보았다. 다음으로 시위부조직이 3개로 나누어져 있는 이유에 대하여 살펴보았다. 마지막으로 경호와 경비가 어떻게 구분되는 개념인지 검토해 보았다. 시위부를 정치적으로 바라본 시각에서 벗어나 그것의 고유한 기능과 역할에 주목했다.

II. 관등규정과 조직체계

국왕의 신변과 직결되는 시위부의 개편과 정비는 지속되었다. 『삼국사기』 직관지 무관조에 시위부를 소개하는 기록을 보자.

---

3) 李文基, 1997, 앞의 책, 165쪽.

시위부에는 3도가 있다. 진덕왕 5년에 장군 6명을 두었고, 신문왕 원년에 감을 파하고 장군 6명을 두었는데 관위는 급찬에서 아찬에 이르는 자가 임영되었다. 대감은 6명인데 관위가 나마에서 아찬에 이르는 자가 임명되었다. 대두는 15명인데 관위가 사지에서 사찬에 이르는 자가 임명되었다. 항은 36명인데 사지에서 나마에 이르는 자가 임명되었다. 졸은 117명인데 선저지에서 대사에 이르는 자가 임명되었다.[4]

위의 기록을 통해 우리는 시위부의 편제와 연혁·군관들의 정원·관등 규정 등을 알 수 있으며, 이러한 시위부의 모습은 그것이 제도적으로 완성된 빨라도 681년 이후의 실태를 보여주고 있다.[5] 시위부에 관한 최초의 기록은 『삼국사기』 권4, 진평왕 46년(624) 조에 보인다.

봄 정월에 시위부에 대감 6명을 두었다.(春正月 置侍衛府大監六員)

624년 1월에 시위부대감 6인을 설치했다는 기록이다. 이기백은 이를 근거로 시위부가 이 시기에 처음 조직된 것으로 보고 있다. 대감 6인을 둠으로서 시위부가 보다 조직화 군사조직이 되었다는 것이다.[6] 사실 위의 기록을 그대로 해석한다면 기존에 시위부에 대감 6인의 자리를 만든 것이 된다. 시위부라는 정확한 명칭을 사용하지는 않았더라도 이전에도 국왕을 시위하는 조직은 있었다고 생각된다. 신라 국가가 성립한 이후 왕을 시위하는 기능을 가진 조직은 이미 존재했다.[7]

---

4) "侍衛府 有三徒 眞德王五年置 將軍六人 神文王元年 罷監置將軍 位自級湌至阿湌爲之 大監六人 位自奈麻至阿湌爲之 隊頭十五人 位自舍知至沙湌爲之 項三十六人 位自舍知至大奈麻爲之 卒百十七人 位自先沮知至大舍爲之"

5) 李文基, 1997, 앞의 책, 150쪽.

6) 李基白·李基東, 1982, 앞의 책, 340쪽.

681년 8월 8일 김흠돌의 반란을 경험한 신문왕은 시위부를 개편했다. 『삼국사기』 권8, 신문왕 원년 조를 보자.

시위감을 파하고 장군 6명을 두었다.(罷侍衛監 置將軍六人)

井上씨는 진평왕 46년에 설치된 侍衛府의 大監과 侍衛監을 동일한 것으로 보고, 신문왕대 이 기록을 대감의 상위에 장군을 설치한 것으로 이해했다.[8]

한편 이기백은 『삼국사기』 권40, 직관지 武官 조에 "監을 파하고 將軍을 두었다"라는 기사에 주목하고 여기서 파했다고 한 監이 전기(『삼국사기』 권4, 진평왕 46년(624) 조-필자)의 大監을 말하는 것인지, 혹은 大監을 설치하기 전부터 있었던 監(侍衛監)을 말하는 것인지 잘 알지 못하겠다고 한다.[9]

여기에 대해 監이 大監을 지칭하는 것이 아니며 그것은 곧 侍衛監이라는 지적이 있다. 그 근거로 대감이 『삼국사기』 무관 조에 시위부의 대감으로 남아 있는 사실을 들고 있다.[10] 시위감이라는 관직을 폐지하고 그 자리에 장군직이 설치된 것으로 보고 있는 지적은 타당하다. 신문왕 이전에 시위부의 최고 책임자는 侍衛監이었고, 김흠돌의 반란을 진압한 신문왕은 시위감을 파하고 장군 6인을 두었던 것 확실하다.

시위부의 조직은 대체로 681년 將軍 6인의 설치로 최종 완성된 것으로

---

7) 진평왕 이전에도 국왕의 친위적인 군사력이 존재했을 개연성이 크다는 지적이 있었다.(李文基, 1997, 앞의 책, 151쪽)
8) 井上秀雄, 1974, 「新羅兵制考」, 『新羅史基礎研究』, 157쪽.
9) 李基白·李基東, 1982, 앞의 책, 340쪽.
10) 李文基, 1997, 앞의 책, 158쪽.

볼 수 있다.[11] 將軍의 관등은 6위 阿湌에서 9위 級湌까지, 大監은 6위 阿湌에서 10위 奈麻까지, 隊頭는 8위 沙湌에서 13위 舍知까지, 項은 10위 大奈麻에서 13위 舍知까지, 卒은 12위 大舍에서 17위 先沮知까지였다. 각 관직의 상위 순위를 보자면 장군과 대감은 6위 아찬으로 같고 대두는 8위 급찬, 項은 10위 奈麻, 卒은 12위 大舍이다.

시위부에 최고 대사의 관위까지 진급할 수 있는 4두품 출신이 있다면, 그는 원칙상 중간책임자 대두까지 진급할 수 있다. 또 최고 대나마의 관등을 가질 수 있는 5두품 출신이라면, 그는 대감까지 진급할 수 있다. 6두품은 시위부 장군까지 가능하다. 앞서 언급한 바와 같이 시위부 장군은 6위 아찬에서 9위 급찬까지 임명될 수 있는 직책이다. 『삼국사기』 무관조에서 6停 · 9誓幢의 將軍 36명은 모두 진골귀족만이 임명될 수 있다는 규정이 있다. 유일하게 시위부 장군이 6두품에게도 개방되어 있다.

무관조의 기록을 바탕으로 하여 명령이 하달되는 시위부의 조직차트(Organization Charter) 만들어 보자.

```
      ┌─ 將軍 2 ─大監 2─隊頭 5─項 12─卒 39
三徒 ─┼─ 將軍 2 ─大監 2─隊頭 5─項 12─卒 39
      └─ 將軍 2 ─大監 2─隊頭 5─項 12─卒 39
```

각 徒는 상위관등이 동일한 將軍과 大監이 최고지휘부를 형성하고 있다. 그 아래에 撻頭-項-卒은 상위 관등이 각각 8위 10위 12위로서 상하 관계가 비교적 분명한 직선형으로 신속하고 일관된 지휘 명령체계를 가지고 있다.

---

11) 李文基, 1997, 앞의 책, 48쪽.

시위부의 각 도는 직계제적 조직이다. 그것은 위에서 아래로 하나의 직선적인 명령지휘체계를 띄는 것을 말한다. 직계제적 조직의 최대 장점은 조직에 의한 명령수행능력이 다른 어떠한 조직보다도 빠르다는 점이다. 각 단위 조직 간의 계층이 명확하게 구분되어 상명하복의 철저한 명령체계가 주축을 이루고 있다.

직계제 조직의 또 하나의 장점은 책임 소재가 명확하다는 점이다. 각 계급간의 정확한 명령권과 책임의 한계가 규정되기 때문에 실수에 대해서는 철저한 책임추궁이 가능하다. 책임에 대한 한계가 명확해야만 징계나 보상과 같은 문제가 발생했을 때 이를 효과적으로 처리할 수 있다.

각 도는 5개의 隊로 나누어져 있다. 대두는 자신에 소속된 항과 졸 이외는 명령권에 제한을 받았던 것으로 생각된다. 계급에 따라 내리는 명령에 실리는 힘이 다르다. 하지만 높은 계급에 있는 사람이라고 해도 자기가 내리는 명령에는 일정한 한계가 따르는 법이다.

지휘자는 자신이 명령을 내릴 수 있는 범위가 사전에 한정되어 있어야 하며, 명령을 실행에 옮길 수 있는 부하의 숫자도 그러하다. 혼선을 방지할 수 있는 장치이다. 가령 특정 대두의 명령을 받은 항이나 졸이 다른 대두의 명령을 중복적으로 받는다면 그들은 어느 한 가지도 제대로 이행할 수 없다.

똑같은 원리로 항과 졸은 자신의 직속상관인 특정 대두의 명령만 따르도록 되어있었을 것이다. 이는 자기에게 명령을 내리도록 지시되어 있지 않은 지휘관이 내리는 명령에 대해서는 이를 거부할 수도 있다는 것을 의미한다.

대를 통솔하는 대두는 徒 조직의 허리 역할을 하고 있으며, 조직운영전반이 대두에 의해 직접 관리되고 있다고 볼 수 있다. 그는 각 徒의 최고책임자 장군과 대감의 중간보조자로서 책임자이다. 항—졸 등의 하부조직은 장군의 관리를 받기보다 중간단계에 있는 대두의 지휘감독을 받고 있었다.

각 대두 밑에는 51명(항12+졸39=51)의 항과 졸이 있다. 따라서 각 대두는 대략 10명 정도의 부하를 관리하고 있다. 사람이 얼굴을 맞대고 인간적인 관리까지 제대로 할 수 있는 범위가 10명 정도임을 뜻하는 것은 아닐까. 주지하다시피 경호 책임자가 직접 챙기고 관리할 수 있는 경호원의 숫자는 통상적으로 10명에서 최대 15명까지이다. 1명의 대두가 수십 명의 부하를 모두 관리하는 것은 실제적으로 불가능하다.

한 사람의 책임자가 부하가 많다고 해서 반드시 일을 잘 할 수 있음을 뜻하는 것은 결코 아니다. 숫자가 많으면 관리의 손길이 미치지 않은 인력이 생기게 마련이다. 국가의 최고 지위자 국왕을 경호하는 조직은 잘 관리될 수 있는 정예요원만이 필요하다. 한 치의 오차도 허용되지 않는 경호업무의 성격상 그렇다는 것이다.

대두는 2~3명의 항을 거느리고 있고, 각 항은 또한 그러하다. 항은 아마도 2~3명의 卒과 함께 현장에 투입되었을 것으로 생각된다. 물론 항은 그가 실질적으로 명령을 내리거나 의사결정을 내릴 수 있는 권한을 가지고 있었다고 생각되지는 않는다. 그는 근무 시 卒들의 입장에서 업무수행이 제대로 이루어지도록 만드는 역할을 한 것으로 추측된다. 다시 말해 항은 대두의 지시상황을 현장에서 직접 챙기고 실행하는 경험 많은 선임이었을 것으로 보인다.

Ⅲ. 시위부 3徒 편제의 의미

시위부는 3개 조직으로 구성되었다. 핵심은 3도의 조직편제가 무엇을 의미하는 것인가에 있다. 여기에 대하여 井上씨는 3도를 중국의 최고사령관을 모방한 관직으로 이해한 바 있다. 그는 여기에 대하여 더 이상 상세한 검토는 하지 않았다.[12] 하지만 3도는 이병도의 지적대로 3개의 부대를 가리키는 것으로 보인다.

이병도는 "3도의 도는 두레(集團)의 뜻으로, 3도는 3부대(三部隊)를 말하는 것이니, 장군은 각 2인, 大監도 각 2인, 隊頭는 각 5인, 項은 각 12인, 卒은 각 39인 이었다"라고 한다. 3도는 각각 장군2-대감2-대두5-항12-졸39로 이루어진 3개의 부대라는 것이다.[13] 『삼국사기』 권40 직관 하 武官 조를 보면 진덕여왕 5년(651)에 시위부가 3도로 편성되었음을 전하고 있다.

侍衛府 有三徒 眞德王五年置

기록을 본다면 651년에 최초로 시위부가 3개의 부대로 정비되었다. 하지만 『삼국사기』 권4, 진평왕 46년(624) 기사(春正月 置侍衛府大監六員)를 보면 시위부에 대감 6인을 설치했음을 알 수 있다. 이것은 3개의 조직으로 나누어질 수 있는 숫자다. 진평왕 이전부터 시위부가 3개의 조직임을 암시하는 것은 아닐까. 다시 말하지만 『삼국사기』 무관조에 보이는 신라의 시위부는 장군이 6명이며, 대감도 6명이다. 隊頭·項·卒까지 합하여 모두 180명이다. 어떻든 6내지 180은 모두 3으로 나누어질 수 있다.

이기백은 3도 편제에 대하여 "필시 소속군대의 수가 늘어난 때문에 취해진 조치일 것으로 생각 한다"라고 하고 있다. 시위부의 수가 늘어남에 따라 그것을 3개로 나누었다는 것이다. 나아가 그는 이 해(진덕왕 5년)가

---

12) 井上秀雄, 1974, 앞의 논문, 154쪽.
13) 李丙燾, 1983, 『譯註三國史記』 下, 을유문화사, 281쪽.

전제왕권을 뒷받침하는 관부인 집사부가 설치된 시기임을 지적하고, 시위부의 편제도 같은 맥락에서 보았다.[14)]

진덕여왕 즉위 이후 김춘추의 권력이 증대한 것은 사실이며, 진덕여왕대 시위부의 구성원이 증가했을 가능성은 있다. 647년(선덕여왕 16) 상대등 비담을 의장으로 하는 화백에서 선덕여왕의 폐위가 결정되자 이에 불복하는 김춘추와 김유신이 군사를 일으켰다.[15)] 진골귀족 보수 연합세력과 김유신 김춘추 일파의 무력충돌이 일어나 10일간의 시가전이 벌어졌다. 김유신의 경산사단의 개입으로 이 비담 등의 군대를 진압했지만 이 혼란의 와중에서 선덕여왕은 돌연히 사망하고 말았다.

진덕왕 5년에 시위감과 隊頭-項-卒의 군관직이 설치되었다는 지적이 있었다.[16)] 『삼국사기』 무관 조에 보이는 시위부의 조직은 진덕왕대 완성된 것으로 추측하고 있는 것이다. 진덕왕 5년 시위부의 개편에는 당시의 막후 실력자인 김춘추 · 김유신 일파의 지원이 개재되어 있었을 것이며, 구성원 증가로 인한 시위부의 3도 편제에 이들의 영향력 하에 있는 군사력이 시위부의 병졸집단으로 편입되었을 가능성이 있다. 나아가 선덕여왕 11년(642) 김유신이 고구려에 억류된 김춘추를 구출하기 위해 국왕의 용인하에 소모했던 死士 · 勇士와 같은 성격의 존재들이 이때 편입되었을 수도 있다.[17)] 반란을 진압하고 실권을 장악한 김춘추 · 김유신 일파가 시위부조직을 확대개편하지 않을 수 없었을 것이다.

하지만 3도 편제(侍衛府 有三徒 眞德王五年置) 그 자체가 시위부의 구성원 증가를 반영하는 결정적인 증거로 볼 수는 없다. '3도'란 시위부의 규

---

14) 李基白 · 李基東, 1982, 앞의 책, 340쪽.

15) 井上秀雄, 1974, 「新羅政治體制の變遷過程」, 앞의 책, 441쪽.

16) 李文基, 1997, 앞의 책, 159쪽.

17) 李文基, 위의 책, 161쪽.

모가 늘어나면 조직이 1개씩 증설되면서 3개가 되었다는 것을 의미한다고 단정할 수 없다. 오히려 '3도'는 경호조직의 중요한 기본 골격일 수도 있다.

한편 시위부 졸이 군관의 대우를 받았을 가능성은 있다. 나아가 시위부의 졸을 휘하에 병졸을 거느린 군관으로 볼 수도 있다. 정확한 규모는 알 수 없으나 총 117명의 시위부 卒이 수십명의 병졸들을 통솔했다고 가정하면 시위부의 병력은 수천으로 늘어난다.[18] 『구당서』 권199, 신라전을 보자.

> 왕이 거주하는 곳을 금성이라 한다. 주변 둘레가 7~8리이고 위병 3천으로 사자대를 만들어 지켰다.(王之所居日金城 周七八里 衛兵三千人 設獅子隊)

위의 기록은 어느 시기에 신라를 방문한 당나라 사신이 남긴 것으로 생각된다. 국왕이 거주하는 곳은 금성이며, 그 둘레는 7내지 8리가 되며, 3천명의 衛兵(경계병)으로 구성된 사자대를 들고 있다. 위의 기록에 보이는 金城은 국왕의 宮城이 아니며 王都로 보아야 하며, 하대에 시위부가 강화되고 그 기능까지 확대되어 왕도 수비나 치안업무에까지 핵심적인 역할을 수행하게 되었을 수도 있다.[19]

물론 그들의 업무가 성벽 경비에 한정되는 것을 아니었을 것이다. 왕궁의 수많은 문을 지키는 것도 그들의 업무에 포함되는 것이었을 것이다. 궁성의 여러 문들을 지키는 위병들의 존재는 雁鴨池에서 출토된 木簡에서도 확인된다.

---

18) 李文基, 1997, 위의 책, 170쪽.
19) 李文基, 1997, 위의 책, 172~173쪽

表 ・ □隅宮北門廷 阿□ 閻宮門廷 □□

裏 ・ 大門□□ 開義門廷 金差□

(18×4.5×0.5 資料430/431, 李成市의 釋文에 의함)

宮北門, 閻宮門, 大門, 開義門 이란 명칭이 보인다. 門의 명칭이 보이고, 그 아래에 小字로 4-7자로 기재되어 있다. 李成市에 의하면 이렇게 門名을 열거하고 그 아래에 인명을 열거하고, 그 員數를 합계하는 형식의 목간은 日本에서 많이 출토되고 있다고 한다. 그 예로 奈良의 平城宮터 목간 중에서 兵衛가 西宮으로 일컬어지는 구획에 있는 門으로 출근한 당일의 食料請求를 위한 목간을 들고 있다.[20]

・東三門 額田 林 神 各務 漆部 奏   北門 日下部 北府 服□ 縣 大伴

東三門, 北門 등에 출근한 兵衛의 氏(우지)를 기재하고 있다.[21] 이들 목간의 용도는 문을 경비하는 兵衛의 食料를 어딘가에 청구하는 것을 목적으로 하는 기록으로 여겨지며,[22] 이로부터 율령의 규정에 의한 門의 警備와 병위의 근무형태를 구체적으로 엿볼 수 있다.[23]

이성시는 안압지 목간은 일본 平城宮 목간과 동일 형식을 가지고 있으며, 아마도 같은 용도였다고 봐도 틀림이 없을 것으로 보고, 신라에도 병

---

20) 李成市, 2000, 「韓國木簡연구의 현황과 咸安城山山城出土의 木簡」, 『韓國古代史研究』 19, 83쪽.
21) 平川 南, 1996, 「古代における人名の表記—最近の木簡から發して」, 『國史學』 161.
22) 森 公章, 1995, 「二條大路木簡と門の警備」, 『文化財論集』 Ⅱ, (奈良國立文化財研究所 創立40周年記念論文集), 同朋舍.
23) 李成市, 앞의 논문, 83쪽(이성시는 문의 警護란 표현을 쓰고 있다. 이는 아마 警備의 오자일 것이다)

위의 근무형태와 문의 경비방법에 관한 상세한 규정이 있었음을 추정할
수 있다고 한다.[24]

『삼국사기』에도 王宮北門에 관한 기록이 보인다. 이것이 안압지 목간에
보이는 宮北門이라고 단정할 수는 없다. 그래도 이와 관련하여 주목할 필
요는 있다. 궁(月城)의 북문과 안압지(東宮)는 지척이다.

(神文王 三年) 五月七日 遺伊飡文穎 · 愷元抵基宅 冊爲夫人 其日卯時 遺波珍
飡大常 · 孫文 · 阿飡坐耶 · 吉叔等 各與妻娘及梁 · 沙梁二部嫗各三十人迎來
夫人乘車 左右侍從 官人及娘嫗甚盛 至王宮北門 下車入內(『삼국사기』 권 8,
신문왕 3년 조).

위의 기록은 683년 5월 7일 신문왕이 신하들을 시켜 자신의 신부 신목
왕후을 친정집에서 왕궁으로 데려오는 장면이다. 신목왕후는 궁에 이르
자 수레에서 내려 왕궁으로 걸어 들어갔다. 이때 그녀는 宮北門을 통과했
다. 왕궁인 月城 남쪽 성벽을 따라 文川이 흐르고 있다. 때문에 남쪽보다
북쪽에 궁궐의 정문이 있었을 가능성이 매우 높다. 지금도 月城 북쪽 성
벽에는 여러 문이 존재했던 흔적이 보이며, 어떻든 각 문에는 그것을 지
키는 위병들이 배치되어 있었던 것이 확실하다.

『十당서』 권199, 신라전의 사자대는 3,000명이다. 金城=王城을 지키는
衛兵이 3,000은 1,000명씩 3으로 나누어지는 점에서 시위부와 같다. 그렇
다고 시위부의 3도가 시위졸 예하에 병졸이 두어지는 대대적인 병력증강
을 의미한다고 할 수 있을까.

시위부는 국왕을 그림자처럼 수행하는 조직이다. 즉 그들은 국왕의 바
로 곁에 포진하여 신변을 책임지던 경호원들인 것이다. 그들의 근무지는

---

24) 李成市, 위의 논문, 83쪽.

왕이 거처하는 궁성이며 그것도 가장 깊은 內庭이다. 넓지도 않은 내정에 수많은 병사들이 주둔할 수는 없다.

이기백이 "시위부에 소속된 兵員의 수가 장군 이하 卒까지 합하여 180명을 지나지 않았지만 그 중요성은 매우 크다"라고 한데서 알 수 있듯이 그는 시위부가 증가했다고 해도 180을 넘지 않았다고 보았다. 『삼국사기』 무관 조의 시위부에 대한 기록을 그대로 인정하고 있는 이기백의 견해는 정당하다.

그렇다면 왜 3개의 조직이 필요한 것일까. 필자는 왕궁의 경비나 국왕에 대한 경호가 365일 24시간 지속되어야 하는 업무인 점에 주목하고 싶다. 왕이 수행해야 했던 수많은 의례적 행사와 그리고 수많은 만찬과 접견하는 수많은 사람들을 생각해 보라.

현장에서 항시 긴장하고 있어야 하는 경호원들에게 그 업무는 많은 스트레스와 중압감을 주지 않을 수 없다. 근무시간에 한 순간도 쉴 수 없는 업무는 시간을 기준으로 경호조직을 나누는 것을 강요할 수 밖에 없다. 쉬지 않으면 다시 근무를 할 수 없다. 3도의 조직은 3교대를 의미한다고 보고 싶다. 徒는 교대제 근무를 위해 사용하는 단위였다.

물론 그것은 위병(경비병)들에게도 해당된다. 경비와 경호의 공통점이 그것이다. 신라의 위병 3,000명도 각각 1,000명씩 돌아가면서 근무를 했을 것이다. 고려 태조대 궁의 경비를 맡았던 三軍이 祐天軍에 1,000명·天武軍에 1,000명·杆天軍에 1,000으로 모두 3,000명이었다는 것은 이와 관련하여 주목된다.

신라의 궁성을 경비하는데 1,000의 병력이 교대로 24시간 동원되었다는 것은 수적으로 너무 과다한 것일까. 그들은 맡은 성벽의 일정구역을 책임져야 했으며, 밖에서 왕성으로 들어가는 여러 문은 물론 왕궁 내에서 內庭으로 향하는 많은 문의 경비도 했을 것이다. 안압지 목간에서도 알 수 있듯이 왕성과는 별도로 문무왕대(674년) 이후 늘어난 궁성의 규모에 대해서도 고려해야 한다. 목간자료에서 알 수 있듯이 태자가 거처하는 東宮(안압지)에도 경비하는 위병도 있었다.

물론 경비업무란 宮城區內를 몇 개의 구역으로 나누어 각기 경비 전담 구역을 담당하는 것이다. 그렇게 하지 않으면 근무하기 편한 구역으로 위병들이 집중되어 사고의 위협이 있는 별도의 사각지대가 만들어지기 때문이다. 이 같은 문제를 미연에 방지하기 위해 구역별로 전담반을 구성하여 구역에 대해서는 전적인 책임을 지도록 했을 것이다.

기록 그대로 金城은 王都가 아니며 신라 국왕이 거하는 宮城이다. 사자대가 시위부와 함께 宮城에 있었다. 하지만 사자대가 시위부 휘하에 있었다고 볼 수 있는 증거가 없으며, 시위부=사자대로 볼 수도 없다. 경비는 고정된 공간의 개념이다. 움직이는 국왕을 시위하는 경호업무와 확연히 차이를 보인다. 그래도 경비원과 경호원 양자 모두 기계가 아니라 살아있는 인간이기에 정상적인 근무를 위해 3교대로 쉬어야 했다.

IV. 侍衛府와 禁軍 - 警護와 警備

시위부라는 경호조직이 국왕의 무력적 권력기반이었을까. 진덕여왕의 死後 김춘추가 和白을 누르고 왕위에 즉위할 수 있었던 데에는 시위부의 군사력이 일정한 역할을 수행했다고[25] 볼 수 있을까.

가령 681년 8월 신문왕이 김흠돌의 반란을 진압할 당시 시위부가 주도적인 역할을 한 구체적인 증거는 없다. 오히려 신문왕은 궁정 외부에 배

---

25) 李文基, 1997, 앞의 논문, 161쪽.

치된 군사력으로 비담의 반란을 진압했다. 이는 '是以追集兵衆(이 때문에 병사들을 끌어 모았다.)' 라든지 '所集兵馬(소집병마)' 했다[26]는 기록에서 확인된다. 김춘추가 즉위할 당시에도 김유신은 신라의 중추 사단인 대당을 장악하고 있었을 가능성이 높으며, 최소한 앞서 경산에 주둔했던 사단(하주정)이 그의 무력적 기반으로 있었을 것이다. 김흠돌의 반란 진압시 시위부의 병력이 이용되지 않았으며, 오히려 시위부가 반란에 가담했다고 보는 견해가 있다.[27] 측근이 연루된 기록상 흔적은 보인다.

> …… 흉악하고 간사한 자들을 불러들이고 궁중의 近竪들과 서로 결탁하여 화가 안팍으로 통하게 하였으며 나쁜 무리들이 서로 도와 날짜와 기한을 정하여 반란을 일으키려고 하였다.(『삼국사기』 권 8, 신문왕 원년)

궁중의 近竪들이 반란에 연루된 것을 알 수 있다. 국왕 측근에서 竪는 심부름을 하는 소년 또는 宦官의 뜻이 될 수 있다. 하지만 경호원의 뜻은 명백히 아니다. 만일 그들이 경호원이었다면 신문왕은 살아남지 못했을 것이다. 경호원의 逆心 만큼 국왕에게 치명적인 것은 없다. 신문왕의 신속한 병력동원은 중대의 신라국왕이 왕경부근의 군부대를 장악하고 있었다는 것을 보여주는 단적인 사례가 될 것이다.

幢停체제가 무너진 하대에 국왕직속의 사병적 무력기반이 존재가 보인다. 경문왕의 禁軍이 그것이다. 『삼국사기』 권11, 경문왕 14년(874) 기사를 보자.

---

26) 『삼국사기』 권 8, 신라본기 8, 신문왕 원년 8월 16일.
27) 李文基, 1997, 앞의 논문, 162쪽.

이찬 근종이 역모를 하여 대궐을 침범했다. (왕이) 금군을 내어 (근종의 군사를) 격파했다. 근종과 따르는 무리들이 야밤도주하자 추격하여 잡아 거열형에 처했다.(伊湌近宗 謀逆犯闕 出禁軍擊破之 近宗與其黨夜出城 追獲之車裂)

이찬 근종이 군사를 이끌고 대궐을 범하자 경문왕이 금군을 출동시켜 이를 격파했다. 근종의 범궐은 불시에 이루어진 것이다. 금군이 궁중에 주둔하지 않았다면 이와 같은 즉각적인 반격이 이루어지지 못했을 것이다. 이기백의 지적대로 금군은 곧 경문왕의 族兵(私兵)이다.[28]

금군으로 기록된 군사력은 곧 시위부였으며, 이 군사력은 당대의 상황에서 미루어 보자면 국왕직속의 군사력을 재편한 것으로 볼 수도 있다. 또한 하대의 국가적인 公兵조직이 유명무실해지고, 진골귀족의 사병이 보편화된 상황에서 시위부는 족병 등 국왕의 사병을 재편한 군사조직으로 존재하였을 가능성도 배제할 수 없다.[29]

그렇다면 시위부가 바로 금군으로 재편되었을까. 금군이 경문왕대에 국왕직속의 사병적 기반으로 존재했던 것은 확실하며, 국왕을 경호하는 시위부가 하대에 가서 재편된 것도 충분히 상정할 수 있다. 그러나 근종의 반란군을 격파한 금군이 곧 시위부라고 하는 것은 검토의 여지가 있다. 다시 말해 시위부의 기능이 확대되어 금군이 되었다고 단정 할 수 없다. 국왕을 따라다니며 경호하는 업무와 왕궁을 외부침입자로부터 방어하는 군사적 경비 업무는 질적으로 다르기 때문이다. 국왕직속 경비대와 경호실 시위부를 구분할 필요가 있다. 경문왕대에도 시위부의 역할을 하는 경호조직은 엄연히 존재한 것은 충분히 상정할 수 있으며, 금군이 범

---

28) 李基白, 1997, 「新羅私兵考」, 『新羅政治社會史硏究』, 일조각, 260~261쪽.
29) 李文基, 1997, 앞의 논문, 172쪽.

궐한 근종의 군대와 맞서 싸우고 추격하여 소탕하는 와중에도 경호조직은 별도로 경문왕을 굳건히 지키고 있었을 것이다.

국왕의 국왕직속 무력기반강화는 바로 국왕의 시위·경호 강화에 도움이 된다. 국왕의 군대가 없이 이루어지는 소수 경호원의 시위는 불안하다. 외부의 반란은 국왕직속 군대로 막아내야 하기 때문이다. 그러나 국왕의 직속군대가 아무리 많다고 해도 전문적인 경호원 없이는 궁정내부에서 逆心을 품은 자들의 비수로부터 국왕을 보호 할 수 없다. 그것은 너무나 짧은 순간에 일어날 수 있는 일이다.

고려 태조대 국왕직속 군대 내부의 반란은 이것을 단적으로 보여주고 있다. 馬軍과 3천명으로 구성된 三軍(祐天軍·天武軍·杆天軍)은 태조의 친위군이었다.[30] 그러나 이와는 별도로 衛士 곧 內軍이 존재했다.[31] 삼군과 마군의 일부는 外宮에 주둔했지만, 위사는 內宮에 배치된 內軍이었다. 삼군과 위사는 근무위치가 달랐던 것이다 그 만큼 삼군 내에서 위사는 각별한 존재였다. 한마디로 위사는 태조가 거처하던 內庭(禁苑)에서 같이 근무하던 부대였다.[32] 태조 즉위 원년(918)에 반란을 일으킨 馬軍將軍 桓宣吉은 정예병을 거느리고 숙위 임무까지 수행하면서도 금원에 배치된 위사들의 실태를 정확히 파악할 수 없었다.[33] 이점 경호조직인 위사가 국왕의 직속군대인 馬軍·三軍과 얼마나 격절된 집단이었는지를 말해주고 있다.

---

30) 또한 홍승기는 "환선길이 거느리고 있는 馬軍과 이들을 물리친 衛士가 기본적으로 동일한 궁성 내에서 국왕시위의 임무를 담당하고 있었으나, 전자는 外庭에 후자는 내정에서 각기 역할을 수행한 차이가 있다"라고 지적한 바 있다(洪承基, 1991,「高麗 太祖 王建의 執權」,『震檀學報』71·72 ; 2001『高麗政治史硏究』, 일조각. 홍승기의 이러한 지적에 대하여 송인주는 "국왕 측근 군사력의 至近거리 정도를 통해 친위군의 차이를 변별하려고 했다는 점에서 주목된다"라고 한 바 있다.(宋寅州, 1997,『高麗時代 禁軍硏究』, 경북대 박사학위논문, 26쪽)

31) 宋寅州, 위의 논문, 26쪽.

32) 金洛珍, 2002,「高麗初期의 內軍과 禁軍」,『歷史學報』176, 12·70~74쪽.

경호와 경비의 개념은 상당히 다르다. 모든 병사들이 경호업무를 수행할 수 있다고 보아서는 안 된다. 경호는 신변보호(Body Guard)라는 어떤 특수목적의 업무를 별도로 수행하는 역할을 말한다. 경호업무는 일반적 군 조직을 가지고서는 제대로 된 업무수행을 사실상 할 수 없다. 국왕 경호는 그의 사회적 지위만큼이나 업무내용이 복잡하고 항상 우발적 상황을 전제에 두고 있기 때문에 정상적인 조직체계를 가지고 이 분야의 일을 할 수 없다. 특수한 교육을 받지 않으면 그것은 불가능하다.

국왕의 외출할 때 경호대상자에게 직접 가해지는 공격행위가 아닌 군중의 소란 화재 등과 같이 우연히 발생한 사태라 하더라도 교육을 받은 경호원은 그 상황자체로 판단하면 안 된다. 그는 그 상황이 위해 자객이 공격여건을 조성하기 위한 술책이라는 것을 염두에 두어야 한다. 궁궐을 침범한 역도의 군대와 국왕의 금군 사이의 전투가 벌어지는 혼란 상황도 마찬가지다.

우발 상황은 심각한 비상사태로 발전할 수 있으며, 충격적 상황에 대한 심리적 공포가 인간의 기본욕구인 자기 자신을 보호하려는 보호본능이 발생함에 따라 순간적으로 자세를 낮춰서 시위의 본분을 망각할 수도 있다. 그러므로 그들은 자기 본원의 임무를 망각하지 않기 위한 평소의 반복 숙달 훈련과 심리적 훈련을 받지 않으면 안 된다.[34]

경호원은 일반 군사들과 훈련내용이 상당히 다르며, 그들이 배치된 위치, 업무, 조직의 성질도 다를 수밖에 없다. 경호조직인 시위부는 국왕의

---

33) 金洛珍, 위의 논문, 73쪽.

34) 국왕이 거행하는 수많은 의례적 행사와 근친왕족·고위층 인사와의 접촉을 염두에 두고 생각해보자. 그들은 의례의 절차에 대한 완벽한 숙지를 해야 하는 것은 물론이고. 인사예절, 접객예절, 일상 업무 시 예절, 지시 받는 법, 보고하는 법을 배워야 한다.

무력기반이 될 수 없다.

V. 맺음말 - 신문왕대 侍衛府와 九誓幢

본 논문은 한마디로 요약하면 다음과 같다. 살아움직이는 왕을 시위하는 경호업무와 고정된 왕궁을 지키는 경비업무는 확연히 다른 개념이다.

그는 가장 불행한 신라의 왕들 중에 하나였다. 통일의 영주인 아버지 문무왕이 돌아간 직후인 681년 8월 8일 가장 믿을 수 있는 장인이 반란을 일으켰다. 기댈 수 있는 모든 것을 잃은 신문왕은 조상신 앞에서 처음 맺어진 여인과 이혼을 해야 했으며, 처의 아버지와 그의 친구들을 형장으로 보내야 했다. 영혼의 깊은 상흔 위로 不信이란 저주가 내려앉았다. 배신에 대한 분노는 그를 믿지 못하는 황폐한 인간으로 만들어 버렸다.

그는 자신의 몸을 지켜낼 시위부의 조직을 개편했다. 將軍2 —大監2—隊頭5—項12—卒39로 이루어진 3개(三徒)의 조직이었다. 물론 그들은 24시간 3교대 근무를 했다. 경호원은 기계가 아니라 살아있는 인간이기에 지속적인 근무를 위해 3교대로 쉬고 먹고, 자신의 장비와 옷을 관리해야 했다. 각 관직의 상위 순위를 보자면 장군과 대감은 6위 아찬으로 같고 대두는 8위 급찬, 項은 10위 奈麻, 卒은 12위 大舍이다. 6停·9誓幢의 將軍 36명은 모두 진골귀족만이 임명될 수 있었다. 유일하게 시위부 장군만이 6두품에게도 개방되어 있다. 물론 6두품만을 염두에 둔 관등 규정으로만 볼 수 없다. 보다 젊은 진골귀족 출신도 고려했을 것이다.

조직은 將軍과 大監이 지휘부를 형성하고 그 아래에 隊頭-項-卒은 상위 관등이 각각 8위 10위 12위로서 상하관계가 비교적 분명한 직선형의 신속하고 일관된 지휘명령체계를 가지고 있다. 직계제적 조직의 최대 장점은 명령수행능력이 빠르고, 책임 소재가 명확하다. 정확한 명령권과 책임의 한계가 규정되기 때문에 실수에 대해서는 철저한 책임추궁이 가능하다.

경호조직 각 도(徒)는 5개의 隊로 나누어졌고, 항과 졸은 최고 책임자 장군의 관리를 받기보다 중간단계에 있는 대두의 지휘감독을 받고 있었다. 각 대에는 10명의 항과 졸이 있었다. 대의 장인 隊頭는 특히 자신에 소속된 항과 졸 이외는 명령권에 제한을 받았던 것으로 생각된다. 지휘자는 자신이 명령을 내릴 수 있는 범위가 사전에 한정되어 있어야 하며 명령을 실행할 수 있는 부하의 숫자도 마찬가지다. 그래야 혼선을 방지할 수 있다. 똑같은 원리로 항과 졸은 자신의 직속상관인 특정 대두의 명령만 따르도록 되어있었다. 직속상관 외의 명령은 거부할 수도 있다는 것을 의미한다.

隊頭는 徒 조직의 허리 역할을 하고 있었다. 장군과 대감의 중간보조자로서 책임자였다. 도의 5명 대두 밑에는 51명 (항12+졸39=51)의 항과 졸이 있었고, 1인 당 대략 10명 정도의 부하를 관리했다. 사람이 얼굴을 맞대고 인간 관리를 여유 있게 할 수 있는 숫자이다.

숫자가 많으면 관리의 손길이 미치지 않은 인력이 생기게 마련이다. 국왕 경호 조직은 관리될 수 있는 정예요원만이 필요하다. 한 치의 오차도 허용되지 않는 업무의 성격상 그렇다. 1인의 대두는 2~3명의 항을 거느리고 있고, 각 항은 또한 2~3명의 졸과 함께 현장에 투입된다는 것을 의미한다. 항은 그가 실질적으로 명령을 내리거나 의사결정을 내릴 수 있는 권한을 가지고 있었다고 생각되지는 않는다. 그는 근무 시 卒들의 입장에서 업무수행이 제대로 이루어지도록 만드는 역할을 한 것으로 추측된다. 다시 말해 항은 대두의 지시상황을 현장에서 챙기는 경험 많은 선임이었을 것으로 보인다.

신변을 지키기 위한 시위부라는 경호조직을 보완 개편하는 것으로만은 부족했다. 신문왕은 자신의 자리를 지켜낼 수 있는 무력적 기반이 될 수 있는 실제 병력이 필요함을 절감하고 있었다.681년 김흠돌의 반란획책이 적발되었을 때 그는 왕경주변의 군대를 불러들인 바 있다.

왕경에 부대가 없는 것은 아니었다. 6정의 하나인 大幢은 신라를 대표하는 부대였다. 전통적으로 유력한 진골귀족들은 전쟁시 대당의 장군이나 군관으로 참여했다. 너무나 유서 깊은 대당은 영향력 있는 귀족들의 손길이 닿는 곳이었다. 반란의 주동자 김흠돌은 661년과 668년에 대당의 장군을 2번 역임한 바 있으며, 반란에 연루된 전 상대등 김군관은 신라의 국방을 총괄하는 병부령 자리에 있었다.

왕경에 배치된 부대, 무력장치가 있다고 하더라도 유력한 진골귀족의 입김이 미친다면 효과적이지 못하다. 후대의 사건이지만 저명한 사례가 있다. 하대 애장왕(800~809)대 실권을 장악한 왕의 숙부 김언승은 병부령 자격으로[35] 왕경에 있는 무력장치를 장악 한 것 같으며, 그 병력을 이끌고 왕궁으로 쳐들어가 왕과 그를 시위하는 왕제를 죽이고 정권을 장악했다.(809년 여름) 왕에게는 동생이 이끄는 소수의 시위병력 밖에 없었다. 국왕의 신변을 보호하는 시위부가 아무리 치밀한 경호를 펼친다고 해도 반란군의 대규모 난입은 막을 수 없다.

신문왕에게 자신의 무력장치(부대)가 필요했다. 기회는 우연히 찾아왔다. 681년 10월이었다.[36] 장인 김흠돌의 반란이 어느 정도 수습된 직후였다. 당나라에서 조문사절이 찾아왔다. 돌아간 문무왕의 영혼을 위로하고 새로 왕위에 오른 신문왕을 책봉하기 위해서였다.

---

35) 김언승은 조부 원성왕 재위시(796년) 이찬으로 병부령 자리에 올랐고, 그 자격으로 어린조카 애장왕이 즉위하자 섭정이 되었다. 809년 조카를 시해하고 즉위할 때까지 상대등으로서 병부령을 겸직했을 가능성이 높다.

하지만 그들은 신문왕에게 은근한 협박을 했다. 신문왕의 조부 태종무열왕의 김춘추의 '태종'이란 칭호를 개칭하라는 것이었다. "신라가 소국으로서 聖考 唐太宗과 같은 위대한 천자의 칭호를 쓰고 있는 것은 무례하며, 있을 수 없는 일이다!" 여기에 대하여 신문왕은 단호한 입장을 취했다. "신라는 비록 작은 나라지만 성스러운 신하 김유신을 얻어 삼국을 통일했으므로 태종(무열왕)이라고 한 것이오!"[37]

676년 나당전쟁이 휴전된 이후 무열왕의 추존명을 개칭하라는 당나라의 통보는 약자인 신라의 입장에서 엄청난 압력이었다. 당시 신라를 재침할 수 있는 빌미가 될 수 있었다. 사실 당나라의 고종은 678년에 신라를 재침하려고 했었지만, 티벳고원에 위치한 토번제국과의 전쟁 때문에 차후로 미루어졌다.[38]

태종무열왕의 추존명 개칭을 거부하면 당과 전쟁을 각오해야 했다. 그렇다고 해서 당의 압력에 굴복한다는 것도 내부의 정치적인 부담을 주었다. 조부의 추존명 개칭은 무열왕가의 카리스마적 존재를 부정하는 것이고, 전쟁터에서 국왕의 이름으로 죽어간 자들의 충절의 의미를 감퇴시켜 살아있는 자들에게 이전된다. 외압보다는 내부의 충성도 약화가 신문왕에게 더 두려웠다.

사실 통일신라사회에서 태종무열왕과 문무왕의 위상은 대단한 것이었다. 중대를 타도하고 정권을 장악한 선덕왕은 물론이고 왕통이 전혀 다른 원성왕도 오묘에서 두 왕을 제외시키지 못했다. 무열왕을 오묘에서 제외한다는 것은 120년이 지난 하대의 왕들에게 있어서도 대단한 정치적인

---

36) "신라왕 김법민이 죽어서 그 아들로서 왕위를 잇게 했다"(『구당서』 권 5, 고종본기 하 개요 원년(681) 10월)

37) 『삼국유사』 권 1, 기이 1, 태공춘추공.

38) 『구당서』 권 85, 장문관.

부담이었다.

태종칭호의 개칭은 무열왕가의 간판을 내리는 것을 의미했다. 신문왕은 당과의 조공외교를 과감하게 단절하여 반당적 입장을 분명히 했다. 681년 이후 신문왕은 반당적인 깃발을 쳐들었다. 당에 비하여 약소국이었던 신라는 그 내부의 단결을 튼튼히 하기 위하여 선명한 목표 내세우는 것이 중요했다. 그것은 선명하면 선명할수록 좋다. 비장감이 더해지면 더 좋다. 국력의 차이가 있어 비장감은 더 생긴다.

무력의 뒷받침 없는 구호는 무의미하다. 신문왕은 683년부터 그가 세상을 떠는 날까지 군비확장에 박차를 가한다.

1. 신문왕 3년(683)　　－　고구려인들로 황금서당 창설, 말갈인들로 흑금서당 창설.
2. 신문왕 6년(686)　　－　금마저(김제)에서 추방된 고구려인(보덕성민)들로 벽금서당과 적금서당 창설
　　　　　　　　　　　이와 별도로 적금무당 창설
3. 신문왕 7년(687)　　－　백제잔민들로 청금서당 창설
　　　　　　　　　　　이와 별도로 황금무당 창설
4. 신문왕 9년(689)　　－　개지극당 창설
5. 신문왕 10년(690)　　－　3변수(한산주, 우두주, 하서주) 3개 부대 창설

무엇보다 왕경에 배치될 구서당 5개부대(황금서당, 흑금서당, 벽금서당, 적금서당, 청금서당)의 창설은 신라사 최대 규모의 군부대 창설이었다. 구서당 5개 부대에 배치된 군관수를 합산하면 신라주력군단 6정 6개 사단보다 많다. 이는 당과 일전을 불사하겠다는 신라지배층의 의지가 없이는 불가능하다.[39]

9서당은 신라왕경의 전통적인 귀족들이 장악하고 있던 大幢과 다른 조

직이었다. 9서당 9개 부대 가운데 6개(672년에 백제인들을 모아 창설된 백금서당을 포함하여)는 비신라인이었다.

그들은 망국으로 뿌리가 뽑힌 자들로 신라왕경으로 옮겨와 국가의 급양을 받을 수밖에 없었던 그들은 국왕에 전적으로 의존했다. 결과적으로 왕경에 주둔한 9서당의 병력 2/3는 신라귀족들과 전혀 인연이 없는 자들이었다.

이기백은 구서당의 질서정연한 군관구성과 이민족이 그 병력에서 차지하는 비중이 매우 높은 점을 주목하고, 구서당은 중앙군으로서 통일 후 왕권을 보위하고, 중대 왕권의 전제지향적 성격을 반영하고 있다고 한

九誓幢軍官組織表

軍官職名 \ 部隊名	綠衿誓幢 진평 5 (583) 신라인	紫衿誓幢 진평 47 (625) 신라인	白衿誓幢 문무 12 (672) 백제인	緋衿誓幢 -長槍幢- 문무 12 (672) 신라인	黃衿誓幢 신문 3 (683) 고구려인	黑衿誓幢 신문3 (683) 말갈인	碧衿誓幢 신문6 (686) 보덕성민	赤衿誓幢 신문6 (686) 보덕성민	靑衿誓幢 신문8 (688) 백제殘民	官 等 規 定
將 軍	2	2	2	2	2	2	2	2	2	眞骨角干-級湌
大官大監	4	4	4	4	4	4	4	4	4	眞骨6-13 次品6-11
隊大監 (領馬兵)	3	3	3	-	3	3	3	3	3	6-13
隊大監 (領步兵)	2	2	2	4	2	2	2	2	2	6-13
弟 監	4	4	4	4	4	4	4	4	4	10-13
監 舍 知	1	1	1	1	1	1	1	1	1	12-13
少監 (屬大官)	13	13	13	13	13	13	13	13	13	12-17
少監 (領騎兵)	6	6	6	3	6	6	6	6	6	12-17
少監 (領步兵)	4	4	4	8	4	4	4	4	4	12-17
火尺 (屬大官)	10	10	13	10	13	13	13	13	13	12-17
火尺 (領騎兵)	6	6	6	-	6	6	6	6	6	12-17
火尺 (領步兵)	4	4	4	8	4	4	4	4	4	12-17
軍 師 幢 主	1	1	1	1	1	1	1	1	1	7-11
大 匠 尺 幢 主	1	1	1	1	1	1	1	1	1	7-11
步 騎 幢 主	4	4	4	-	4	4	4	4	4	8-13
著 衿 騎 幢 主	18	18	18	-	18	18	18	18	18	8-13
黑衣長槍末步幢主	24	20	-	-	20	20	20	20	20	6-13
軍 師 監	2	2	2	2	2	2	2	2	2	11-13
大 匠 尺 監	1	1	1	1	1	1	1	1	1	10-13
步 騎 監	4	4	4	-	4	4	4	4	4	11-13
著 衿 監	18	18	18	-	18	18	18	18	18	11-17

---

39) 서영교, 2006, 『羅唐戰爭史 硏究』, 아세아문화사. 294~310쪽.

다.[40] 그의 견해는 이방인으로 구성된 군대는 군주의 신민들과 상호제휴가 불가능하며 대립한다고 하는 베버(Max Weber)의 견해를 방불케 한다. 베버는 고대 이스라엘의 다윗왕의 친위병을 비롯하여 프랑스 부르봉 왕조의 스위스 친위병에 이르기까지 전제군주들은 외국인을 선호하였고, 거의 모든 급진적 '전제주의(專制主義)'는 이와 같은 바탕 위에서 성립했다고 주장했다.[41]

한편 결과적으로 보았을 때 나당전쟁 후 당의 재침은 결코 없었다. 나당전쟁 이후를 평화기로 보아도 좋을 것이다. 하지만 그것은 결과를 놓고 본 것이다. 전후 평화란 적국이 완전히 절멸되었을 때 있을 법한 일이다. 세계제국 당나라는 여전히 건재해 있었으며, 당 고종 당시 최전성기를 구가하고 있었다. 약자인 신라인들의 입장에서는 아슬아슬한 것이었다. 불안한 신라인들의 마음을 달래주기 위해 679년 사천왕사가 완성되었다. 681년 신라조정에 당이 가한 압력으로 상당기간 동안 신라전체가 떨었고, 두려워했다.[42]

나당전쟁의 餘震期 완성된 중앙군단 9서당은 외침에 대한 방비이자 동시에 국왕의 중요한 무력장치가 되었다. 나아가 구서당의 병력 일부가 차출되어 궁궐을 경비하는 사자대(獅子隊)와 같은 역할을 했을 가능성이 있다.

---

40) 李基白, 1977, 앞의 논문, 271~272쪽.

41) Max Weber, 1968, *Economy and Society*, Vol. 3, Bedminster Press, New York. pp.1018~1020.

42) 서영교, 앞의 책, 335~336쪽.

唐『李訓夫人王氏墓誌』的新考察
－ 兼論墓誌中所及大雲寺新羅和上 －

拜根興[*]

目　次

　　《碑林集刊》第 10 卷（2004 年號）刊發了西安碑林博物館劉蓮芳女士撰寫的《唐〈李訓夫人王氏墓誌〉考釋》一父[1]，對 2000 年出土於陝西省眉縣常興鎮磚場，現收藏于碑林博物館的唐《李訓夫人王氏墓誌》作了較爲詳細的介紹，爲唐史研究者提供了新的資料，其初創之功實不可沒. 然而, 仔細探討該墓誌, 其蘊含的東西仍然不少, 其中涉及到墓主王氏的祖父——武則天時期大將王孝傑, 以及天寶年間活動于唐都長安周圍的新羅和上. 本文試作考析, 並就教于諸師友方家.

Ⅰ.　關於王孝傑及其後裔

　　關於王孝傑其人事蹟, 《舊唐書》卷 93, 《新唐書》卷 111 均立有傳, 《資治通鑑》卷

205, 卷 206 亦有記載. 其事蹟諸史書記載大同小異. 不過, 和當時其他著名將領傳記相比, 特別是對其家世等方面的記載, 王氏的傳記明顯簡略.

據《舊唐書》卷 93《王孝傑傳》, 《新唐書》卷 111《王孝傑傳》載：王孝傑籍貫爲京兆新豐人, 唐高宗末年隨工部尙書劉審禮討伐吐蕃, 在大非川戰役中被吐蕃俘獲, 後因長相酷似吐蕃贊普的父親, 故而受到吐蕃上下的特別禮敬，數年間生活於吐蕃, 最後因其他機緣返回唐境. 武周長壽元年（692）, 武則天任命王孝傑爲武威軍總管, 與左武衞大將軍阿史那忠節率軍討伐吐蕃, 因王孝傑在吐蕃數載, 深得吐蕃內情, 最終完成收復龜茲, 于闐, 疏勒, 碎葉四鎭重任, 成爲武周時期開疆拓土的重要功臣之一. 武則天對王孝傑大加讚賞, 云：

"昔貞觀中具俊得此蕃城, 其後西陲不守, 並陷吐蕃. 今既盡複於舊, 邊境自然無事. 孝傑建斯功效, 竭此款誠, 遂能裹足徒行, 身與士卒齊力. 如此忠肯, 深是可嘉", 授予王孝傑左衞大將軍, 不久遷拜夏官尙書, 同鳳閣鸞台三品, 封淸源男. 證聖初年, 王孝傑 "坐與吐蕃戰敗免官".

萬歲通天元年（696）, 武周東北邊境形勢緊張, 營州城傍契丹首領松漠都督李盡忠, 與其妻兄歸誠州刺史孫萬榮, 因不堪忍受武周邊防官吏之凌辱, 奮而率部起兵反叛. 武則天先後派遣多名將領前往鎭壓, 但均未能奏效. 這樣, 武則天 "複詔孝傑白衣爲淸邊道總管", 率領十八萬軍兵前往討伐. 武周軍至 "東峽石穀遇賊, 道隘, 虜甚衆, 孝傑率精銳之士爲先鋒, 且戰且前, 及出谷, 布方陣以悍賊"2). 由於後軍總管蘇宏暉臨陣逃遁, 王孝傑失去援助, 在契丹優勢兵力的進攻下, 這次武周軍隊也未能避免全軍覆沒的命運, 王孝傑墜崖谷而死. 武則天追贈王孝傑爲夏官尙書, 封耿國公, 拜其子王無擇爲朝散大夫. 王無擇開元中官至左驍衞將軍. 就是說, 王孝傑的兒子爲王無擇, 其因父親的緣故拜爲朝散大夫, 開元年間成爲一員武將.

但是, 《李訓夫人王氏墓誌》(以下簡稱《墓誌》)雲王氏"祖孝傑, 皇兵部尙書, 英靈誕中, 鐘鼎傳業. 父默, 襲琅琊公". 可以看出, 墓誌中提到上述大名鼎鼎的唐、武周名將王孝傑, 而且王孝傑還曾被封爲琅琊公. 同時, 孝傑之子王默 "不仕少歿, 弓裘未就，詩禮雲終". 就是說, 王默只是繼承了王孝傑的琅琊公封爵, 並未擔當任何官職, 而且年紀輕輕就病逝；墓主王氏 "自幼偏罰, 育於外氏, 天生婦德, 無忝家風, 自然母儀, 有爲人範", 即從小就被寄養在外家, 直至出嫁. 王氏的丈夫李訓, "與聖皇帝十葉孫也."即李氏家族應當是李唐王室後裔. 直到天寶年間, 李氏家族仍然擁有 "別業". 依據墓誌記載推測, 似乎李氏家族別業

---

2) 上文中未注出處者, 均采自《舊唐書》卷 93《王孝傑傳》.

規模還不是太小. 王氏本人"閑閑內則, 動必合儀；蕭蕭閫門, 禮不逾節."即她的行爲很符合當時社會對婦女的規範要求. 因墓誌記載李訓開元二十二年（733）死於鴻臚寺丞之官舍, 證明李氏生前最顯赫的官職當爲鴻臚寺丞；據史載, 鴻臚寺置卿一人, 從三品；少卿二人, 從四品上；丞二人, 從六品上. 鴻臚寺丞 "掌判寺事"[3] , 屬中級官員. 故墓誌題名"唐故鴻臚寺丞李府君夫人琅琊王氏墓誌銘並序".

這裏存在以下幾個問題：其一, 上述文獻史料記載王孝傑爲京兆新豐人, 而墓誌並不認同這一點. 其二, 文獻史料載王孝傑先是被封爲清源男, 死後追贈耿國公, 而墓誌記爲琅琊公. 其三, 文獻史料記載王孝傑的兒子爲王無擇, 王孝傑死後被拜爲朝散大夫, 開元年間官至左驍衛將軍, 而墓誌卻記載王孝傑的兒子爲王默, 繼襲王孝傑琅琊公封號, 沒有官任經歷, 並很年輕就死亡. 如何解釋文獻史料與新出土的墓誌金石資料之間的差異或不同？新發現的這方墓誌的價值到底如何？

首先, 從墓誌記載看, 墓主王氏天寶九載（750）遷化, 終年 65 歲, 其出生時間應爲垂拱元年（685）. 王孝傑 697 年 3 月戰死於遼東東峽石穀, 按照上述年齡推算, 此時墓主王氏應是十二歲, 應該是懂事的年齡. 就是說, 王氏理應對其家族淵源, 即到底是出自京兆新豐, 還是山東琅琊（也有可能是說其地望）有一定的認識. 同時, 作爲大名鼎鼎的大將軍王孝傑, 他的孫女王氏對其祖父的情況也應該有所記憶. 其次, 上述文獻史料記載王孝傑的兒子爲王無擇, 開元年間曾官至左驍衛將軍；而墓誌載王氏的父親王默並無官任, 只是承繼父親王孝傑琅琊公封號, 並在王氏出生不久就捐棄人世. 一般來說, 在相距時間並不遠, 一些當事人可能仍然健在的情況下, 攀附或造假的可能性似乎不大. 問題是王氏從小就長在外家, 即"自幼偏罰, 育於外氏", 從墓誌銘看似乎和王氏本宗已沒有任何關係. 王氏天寶十三載被安葬於"眉城三畤原", 她與京城長安、東京洛陽可能的王氏本宗親戚來往似乎並不多. 墓誌撰寫者爲墓主王氏的長子李俊, 曾在唐右羽林軍中任長上果毅, 如此, 李俊對其母親的出自和家庭瞭解到底有多少, 實在令人懷疑. 再者, 新、舊唐書的編纂雖然在該墓誌之後, 但其完全是按照唐朝國史和實錄等政府文獻編寫的. 如果是一個普通官員, 政府檔中可能出現的錯誤似乎還有情可原, 但王孝傑曲折傳奇的經歷, 悲愴慘烈爲國捐軀, 假若當時連他的出身和後代都沒有記錄或者記錄錯誤, 這是無論如何都說不過去的. 那麼, 如何解釋文獻史料與新發現金石墓誌間的差異？筆者以爲, 一種可能是王孝傑有兩個或兩個以上的兒子, 王無擇爲嗣子, 不僅被拜爲朝散大夫, 而且還可能繼承王孝傑的耿國公封號, 而其他兒子則沒

---

[3]（唐）李林甫等撰, 陳仲夫點校《唐六典》第 506 頁, 中華書局 2005 年版.

有在正史中出現. 與此相關聯, 另一種可能王默是爲王孝傑庶子, 王孝傑生前及亡後, 除過所謂的"襲琅琊公", 加之早亡, 與王氏本宗並沒有更深的聯繫. 第三種可能是, 基於第二種可能之緣故, 加之王氏父親早逝, 她從小就寄養在舅家, 她對祖父王孝傑似乎瞭解得並不多. 王氏長子李侹操刀行文的墓誌, 由於上述原因, 他對外曾祖父王孝傑家族的瞭解可能會更少. 雖然從墓誌銘文看, 其敍事親情流溢、文采斐然, 似乎並非出自一軍人武將之手, 但在當時全社會重文風氣大氛圍之下, 這並沒有什麼特殊之處. 如此, 墓誌文中出現和現存文獻史料相抵牾的記載也就很好理解了.

墓誌文中載墓主夫君李訓"開廿二載, 李公無憂卒於鴻臚丞之官舍". 王氏"守楚白之清規，修梁寡之至行, 育遺孤于別產, 收失路於異性. 複理敗業, 再葺荒居, 兒女並成, 婚官皆畢. 非夫人之至德, 其孰砥如此乎."案：王氏天寶九年（750）年去世, 終 65 歲, 其夫開元二十二年（734）別世時王氏也已四十九歲了. 而按照當時一般正常的婚育年齡（不包括再婚等）, 此時兒女至少已經二三十歲以上, 故文中的"育遺孤"、"理敗業"明顯是縊美之辭. 當然, 這也符合兒子爲母親撰寫墓誌, 不可避免地存在拔高修飾之人之常情.

另外, 墓誌文中紀年方式很值得注意. 志文中出現 "開廿二載"、"開廿八載", "天寶初"、"天八載"、"天九載"、"十三載"紀年。首先，將唐玄宗的年號開元、天寶，簡寫爲 "開"、"天", 據筆者查閱《唐代墓誌彙編續集》, 發現天寶 013、天寶 021 等墓誌也採用這種寫法. 從掌握的史料看, 未見唐朝官方有詔令或特製要求如此紀年, 這種紀年在現存墓誌中也不普遍, 因此, 筆者認爲這可能反映了特定區域、特定時期的一種時尚, 也可能是墓誌撰寫人行文習慣所致. 其次, 眾所周知, 天寶二年起改年爲 "載", 志文中開元紀年也用 "載", 而其他墓誌中將開元某年寫作開元某載者也不少, 而且這種寫法一般都是出現在天寶中後期的墓誌銘上, 應當是當時人習慣了寫 "載", 故將開元年號也用 "載" 表示了.

總之，除過《舊唐書》、《新唐書》有王孝傑傳記外, 現在可以看到的《全唐文》、《唐文拾遺》、《唐文續拾》, 以及近年來出現的《唐代墓誌彙編·續編》、《全唐文補遺》、《隋唐五代墓誌彙編》等書中, 並未發現王孝傑其人墓誌銘方面的資料, 而王孝傑家族關聯的間接資料亦很少見, 王氏後裔金石墓誌史料也只有這方《李訓夫人王氏墓誌》, 故這方墓誌對著名王孝傑的研究提供了新的史料. 對墓主王氏身世的探討, 由於墓誌文記載不多, 故只能依據現有史料加以論考；至於這方墓誌, 應該慎重研究. 當然, 由於史料所限, 上述說法論點, 只是筆者根據現有史料所作的一些推證, 相信會經得起時間的驗證的.

Ⅱ. 大雲寺及新羅和上

墓誌銘中提到墓主王氏，"天寶初，有大雲寺新羅和上者，崇啓道門. 夫人禮謁至誠，廻向便爲上足，一心齋戒，十載住持. 契不二之門，以寂滅爲樂；窮歸一之義，明色即是空. 體性如如，喜怒不幹於顏色；心神杳杳，憎愛無雜於言懷. 豈可不以爲如蓮花不著水，居然有道者也. "顯然，上述史料可提供以下資訊：其一，大雲寺新羅和上天寶初才來到寺院，也就是說，其來寺院的時間在天寶五年前後. 更因爲王氏天寶九年去世，墓誌銘中有 "十載住持" 句，雖然此處的 "十載" 極可能是虛指，但可推定新羅和上來寺時間在天寶元年或二載間. 其二，新羅和上在大雲寺期間，王氏對其禮敬有加，而且矢志不移，十載如一日，當然，從另一側面可證明新羅和上在大雲寺駐錫時間不短. 其三，新羅和上此後的蹤跡，墓誌銘沒有涉及，現有史料也缺載. 其四，此新羅和上能和信眾熟練交流，並受到相當的禮遇，可見其能靈活自如運用唐朝語言，精通佛典，應該是一位入唐時間較長，佛教修養扎實，在當時有一定名望的新羅僧侶.

關於大雲寺的起源，最早可追溯到武則天臨朝稱制之時. 載初元年（690），"有沙門十人僞撰《大雲經》，表上之，盛言神皇受命之事. 制頒于天下，令諸州各置大雲寺，總度僧千人." 4) 對此，一些在朝大臣提出異議，岑長倩就是其中的一位. 史載云："和州浮屠上《大雲經》，著革命事，後喜，始詔天下立大雲寺. 長倩爭不可，由是與諸武忤，罷爲武威道行軍大總管，征吐蕃. 未至，召還，下獄. 來俊臣脅誣長倩與輔元、歐陽通數十族謀反，斬於市，五子同賜死，發暴先墓. 睿宗立，追複官爵，備禮改葬." 5) 《唐會要》則明確記云："天授元年十月二十九日，兩京及天下諸州，各置大雲寺一所." 6) 就是說，武則天爲改朝換代尋找理論支撐點，《大雲經》頗受推崇，而兩京及諸州所建的大雲寺，就是爲了供奉收藏所謂的《大雲經》7) 的.

既然詔令兩京及全國各州各建大雲經寺一所，那麼西京大雲寺的位置如何？據宋人宋敏求《長安志》載："大雲經寺，本名光明寺. 隋開皇四年，文帝爲沙門法經所立. 時有延興寺僧曇延，因隋文賜以蠟燭自然發焰，隋文奇之，將改所住寺爲光明寺. 曇延請更立寺以廣其教. 時此寺未制名，因以名焉. 武太后初，此寺沙門宣政進大雲經，經中有女主之符，因

---

4) 《舊唐書》卷 6 《則天皇後本紀》.
5) 《新唐書》卷 102 《岑長倩傳》.
6) 《唐會要》卷 48 《寺》.
7) 關於武則天與《大雲經》相關問題，可參日本學者矢吹慶輝《大雲經與武周革命》一文，收入《三階教之研究》，岩波書店 1927 年版.

改爲大雲經寺. 遂令天下每州置一大雲經寺. 此寺當中寶閣崇百尺, 時人謂之七寶台寺”.

元人駱天驤《類編長安志》卷五 8) 有幾乎相同的記載, 該寺位於京師長安西市之南的懷遠

坊. 關於東都洛陽大雲經寺的位置, 據徐松《唐兩京城坊考》記載：“大雲寺, 本後魏淨土寺.

隋大業四年, 自故城徙建陽門內. 貞觀三年（620）, 複徙此坊. 天壽（按：應爲‘天授’）二

年改爲大雲, 會昌中廢.” 9) 對此, 西北大學李健超教授對“天寶初, 有大雲寺新羅和上者”提

出疑問, 即“不知此大雲寺是西京, 還是如《唐會要》所載, 天授年間各州所置？但《唐會要》

已載開元二十六年（738）, 大雲寺並改爲開元寺, 何以天寶初仍有大雲寺呢？如果王氏墓

誌所載之大雲寺是岐州的, 則關中西部當時亦有新羅和尙？待考. 10) ”看來, 關於岐州開元

末以後是否還有大雲寺, 還存在一定的疑問. 爲了說明此問題, 有必要對岐州關聯事項作一

探討. 岐州建州最早可追溯到北魏孝文帝在位期間. 隋開皇在岐州設置岐陽宮, 大業三年罷

州設立扶風郡；唐高祖武德元年再設岐州, 直到肅宗至德元年才改爲鳳翔郡 11) . 岐州位居

關中左輔, 初唐時代常常是王子兼領之州, 如高宗之子李賢、李素節, 睿宗長子李憲、岐王

李隆範等人, 都做過岐州刺史. 據《佛祖統記》卷 40 載：“至德元載, ……, 詔沙門元皎, 於

鳳翔開元寺建藥師道場, 忽會中生李樹四十九莖, 皎等表賀, 敕答曰：瑞李滋繁, 國興之兆,

生處伽藍之內, 亦知覺樹之榮, 感此殊祥, 與師同慶.” 12) 如上所述, 至德元年改岐州爲鳳翔

郡，就是說, 這裏的鳳翔其實就是岐州. 也就是說, 岐州治所所在有開元寺存在. 至於此開

元寺和墓誌中提到的大雲寺是何關係：是岐州既有開元寺, 也有大雲寺？還是當時不同階層

人們對同一寺院, 不同時期稱呼, 依據自己的佛學理解習慣, 做出因人而異的界定？因無其

他史料佐證, 無從進一步辨析.

　　同時, 對於岐州大雲寺的位置, 也未見有史料記載, 檢索地方誌資料, 也沒有這方面的

內容. 只是從上述武周政權新立詔旨看, 岐州別立或者將已有寺院改爲大雲寺都是可能的,

但筆者認爲大雲寺改名開元寺可能性更大. 至於開元二十六年詔令改大雲寺爲開元寺, 從

此後大雲寺的存在情況看, 當時詔敕執行的並不徹底. 檢索大正新修《大藏經》, 其中《宋

高僧傳》中記載開元二十六年以後還存在的大雲寺就有如下：

---

8)（元）駱天驤撰, 黃永年點校《類編長安志》卷 5, 中華書局 1990 年版.

9)（清）徐松撰, 張穆校補《唐兩京城坊考》, 中華書局 1985 年版.

10)（清）徐松撰, 李建超增訂《增訂唐兩京城坊考》, 三秦出版社 2006 年版.

11)（唐）李吉甫《元和郡縣誌》卷 2, 中華書局 1983 年版.

12)（宋）贊甯《宋高僧傳》卷 24《唐鳳翔府開元寺元皎傳》中也有相類似的記載.

《宋高僧傳》所見開元 26 年以後仍然存在的大雲寺

關聯僧侶	寺院所在州縣	存在年代	史料來源	備　註
神暄	江西婺州	元和年間（806～819）	《宋高僧傳》卷 20	
幽玄	浙江會稽	元和二年（807）	《宋高僧傳》卷 27	唐洪州寶曆寺幽玄傳
鴻楚	溫州	大順年間	《宋高僧傳》卷 25	梁溫州大雲寺鴻楚傳
疊真	徐州	天寶年間？	《宋高僧傳》卷 10	唐亳州安國院釋疊真傳
辨才	襄陽	天寶初年	《宋高僧傳》卷 16	唐朔方龍興寺辨才傳
嚴峻	荆州	天寶初年	《宋高僧傳》卷 14	唐洪州大明寺嚴峻傳
明覺	杭州	元和年間	《宋高僧傳》卷 11	唐天目山千頃院明覺傳

上述統計來看，當時大雲寺仍然部分存在，特別是在南方地域．是否南方地域執行上述詔敕不力，或者因其他特定原因，進而導致眾多的大雲寺依然存在？這是應當認真探討的問題．

《墓誌》中提到的新羅和上，他的來龍去脈如何？也就是說，遙遠異域的新羅僧侶，基於什麼原因在這裏，筆者只統計了《宋高僧傳》的材料，相信同類關聯僧傳、史書的記載應當還會不少．單從來到大唐，並駐留大雲寺，最終成爲四方信眾們信賴崇敬的和上 13) 呢！據史書記載，唐朝建立之後，朝鮮半島三國高句麗、新羅、百濟紛紛遣使到長安，和唐朝建立關係，唐亦想通過和朝鮮半島三國建立關係，重新構築中國的天下秩序．從武德到貞觀前期，唐對朝鮮半島維持等距離交涉關係．然而，隨著貞觀十六年（642）朝鮮半島一系列事件的發生，特別是高句麗莫離支淵蓋蘇文當道，殺害高句麗王，頻繁進攻新羅，違背唐朝天下秩序理念，最終導致唐太宗親征高句麗．唐高宗即位後，逐漸形成新的對朝鮮半島的政策，660 年唐朝聯合新羅滅亡百濟，668 年，高句麗也爲唐羅聯軍滅亡．此後，唐羅間展開了長達七年的戰爭．七世紀最後二十年，唐與朝鮮半島新主人新羅維持若即若離之關係 14) ．但是，八世紀初葉，隨著渤海國的建立，唐羅關係再一次密切起來，這表現在官方使者冊封、朝貢往來的頻度加大，入唐佛教僧侶人數的增多，民間人員來往的頻繁等．

筆者依據韓國史書《三國史記》一書，統計此一時期唐與新羅各種交往，其中新羅聖德王在位（703～737）的三十餘年間，派遣入唐使者四十次；孝成王在位（737～742）數年，遣使入唐兩次，唐遣冊封等使入新羅三次；景德王在位（742～765）二十餘年，派遣入唐使者

---

13) 當然，"和上" 和我們通常所說的 "和尚" 是有區別的。具體來說，上、尚二字古代雖通用，而古代將佛教僧侶稱爲和尚，而和上、大和上則指修道高深的師僧．單從稱呼上來講，這位新羅僧侶的修行和品德，在當時應該是值得稱道的.（日）真人元開著　汪向榮校注《唐大和上東征傳》第 33 頁，中華書局 2000 年版．

14) 以上論述可參拜根興《七世紀中葉唐與新羅關係研究》，中國社會科學出版社 2003 年版．

十一次, 唐遣使入新羅冊封等一次. 而雙方文化交流主要體現在新羅僧侶東來學習佛教, 以及留學生在唐國子監、太學、四門館修業等 15) . 同時, 我們現在瞭解的均是正史或相關史書記載的入唐僧侶, 而現在沒有發現但以後可能出現的史料當不會少. 總的來說, 入唐的新羅僧侶主要可分爲三個層次：其一, 入唐後專心佛典, 在唐朝高僧大德的指導下學習, 有的人參與例如玄奘、義淨等人主持譯經等活動；其二, 入唐後又繼續西上, 和唐朝僧侶一起歷經艱險, 赴印度取經, 如慧超等人；其三, 人數衆多在唐游方巡禮的新羅僧侶. 有的人學成後返回新羅, 有的人沒有返回故鄉, 終老于唐土 16) . 上述墓誌銘中提到的新羅和上, 可能正是新羅聖德王、孝成王、景德王在位期間 17) 入唐的僧侶之一。檢索開元、天寶年間入唐, 在長安寺院求法巡禮的新羅僧侶人數不少, 但同在長安、岐州兩地可能駐留的新羅僧侶, 其可選人物並不多. 中韓佛教交流研究專家陳景富教授作有 "中韓佛教交流傳法、求法僧人一覽表"18) , 筆者採擷此一時期入唐新羅關聯僧侶, 列表如下：

名稱	入唐時間	在長安或者岐州時間	史料來源
無著	716 年前	長安西明寺	《開元釋教錄》
不可思議	716	師從善無畏, 在長安、洛陽	《胎金血脈圖》
弘印	735 年前	善無畏的法嗣	《金胎兩法相承》,《胎金兩界血脈》
無相	726	在長安, 成都	《宋高僧傳》卷 19
均亮	735	在長安會昌寺	《大唐青龍寺三朝供奉大德行狀》
玄超	735 年前	在長安保壽寺	《大唐青龍寺三朝供奉大德行狀》
無漏	742～756	安史之亂前後	《宋高僧傳》卷 21

上述諸人均有長期駐留長安的經歷, 是否是他們中間有人曾前往岐州, 在那裏修行並普度衆生, 度過一段美好的時光？他們是否就是墓誌銘中出現的 "新羅和上"？ 或者另有新羅高僧大德, 因時間的流逝, 他們並未留美名於後世, 但在當地卻是家喻戶曉的聞人名家, 不得而知！《唐李訓夫人王氏墓誌》中 "新羅和上" 的出現, 爲研究者提供了新的資料. 我們

---

15) 關於新羅僧侶、留學生入唐修禪、學習情況, 可參嚴耕望《新羅留唐學生與僧徒》, 收入氏著《唐史研究叢稿》, 香港新亞研究所 1969. 陳景富《中韓關係一千年》, 宗教文化出版社 1999 年版.
16) 參拜根興《入唐求法：鑄造新羅僧侶佛教人生的輝煌》,《陝西師範大學學報》2008 年第 3 期.
17) 新羅聖德王（702～737）, 孝成王（737～742）, 景德王（742～765）, 相當於唐中宗、唐睿宗、唐玄宗、唐肅宗、唐代宗在位之時.
18) 陳景富《心語無說》, 三秦出版社 2005 年版.

期待西安周圍更多和新羅僧侶關聯的金石墓誌資料出土，在解答我們的疑惑的同時，將他們的事蹟公諸於世，讓更多的人瞭解他們爲唐與新羅文化交流所作出的貢獻.

附錄：唐故鴻臚寺丞李府君夫人琅琊王氏墓誌銘並序

　　夫人，琅琊王氏之令淑也. 祖孝傑，皇兵部尙書，英靈誕中，鐘鼎傳業. 父默，襲琅琊公，不仕少歿，弓裘未就，詩禮雲終. 夫人自幼偏罰，育於外氏，天生婦德，無忝家風，自然母儀，有爲人範，將適隴西李公. 公諱訓，與聖皇帝十葉孫也. 閑閑內則，動必合儀；蕭蕭閨門，禮不逾節. 開廿二載，李公無憂卒於鴻臚丞之官舍. 夫人守楚白之清規，修梁寡之至行，育遺孤于別產，收失路於異性. 複理敗業，再葺荒居，兒女並成，婚宦皆畢. 非夫人之至德，其孰砥如此乎. 開廿八載，長子伾，從仕西京，徙居東洛，夫人就養，因家歧雍焉. 後有次子侶，仕麟游縣尉，小子銑，任龍棲別將. 雖縣府卑職，而祿養及時，文武不墜，是夫人之母師也. 天寶初，有大雲寺新羅和上者，崇啓道門. 夫人禮謁至誠，廻向便爲上足，一心齋戒，十載住持. 契不二之門，以寂滅爲樂；窮歸一之義，明色即是空. 體性如如，喜怒不幹於顏色；心神杳杳，憎愛無雜於言懷. 豈可不以爲如蓮花不著水，居然有道者也. 天八載遘疾，天九載九月九日遷化于李氏岐山南之別業，時春秋六十有五. 孤子伾等，屠心泣血，不滅性于終年；叩地號天，而安厝於遠日. 以十三載五月廿五日權葬於眉城北三畤原下，禮也. 立節立家，頗謂貞孝行已；成名成道，豈非榮樂終身. 摧感五情，敬爲銘曰：

　　弈弈名家，俄俄令德. 即笄既饎，有典有則. 容止可觀，威儀不忒. 春秋盛日，雙露移天. 承家不墜，立志彌堅. 其行也孝，其性也賢. 悟道歸真，契玄虛室. 無人無我，惟精惟一. 卓矣平生，大哉終畢. 宅兆既葡，蒿裏將之. 墳孤清渭，塋獨荒郿. 其往如慕，其返如疑. 人事已空，聲名未滅. 幽明忽異，心哀傷絕.’叩地長辭，號天永訣.

　　嗣子前右羽林長上果毅倣文並書.

研究余滴：新羅誓幢和上碑の字
-薛仲業の來日をめぐって-

濱田耕策*

I. はじめに

　私は昨年度から4年計画で文部科学省の科学研究費補助金交付を受けて、「朝鮮古代中世金石資料の形態と銘の歴史・文化学的調査と研究」を遂行している。本年度は2年目を　迎えており、私には既知の韓国金石資料の再調査と新たな調査を進めている。

　ここまでの成果の1つとして勤務校の紀要である『史淵』第146輯（2009年3月）にこれまで何度も見学している聖徳大王神鐘についてその銘文の日本語訳を「現代日本語訳『新羅聖徳大王神鐘之銘』」の題名で発表している。そ

＊ 日本 九州大學 大學院 人文科學研究院 教授

の他にも韓国に出張した機会に可能な限りに金石資料を見学・調査し、これまで紹介されている銘文を確認し、誤認された文字に気付くことも毎回のことと言っても過言ではない。

　金石文研究はこれまで公表されている釈文に依拠するのみで研究することは危険であり、金石資料を実見し、併せて拓本資料をも実見すること、また、金石資料の実見が不可能であれば拓本資料を調査することは不可欠な作業であることを確信している。

　そこで、ここでは李基東先生のこれまでの作品にも触れることになる「新羅誓幢和上碑」について、簡単ではあるが知見を述べることにしたい。と言うのも、この碑は新羅における華厳宗開祖である元暁法師の行跡を銘記する碑でありながらも、これまでにも元暁研究ではおおく活用されてきたようではない。仏教史學には明るくない私ではあるが、この碑が一層盛んに研究されることを望みたい。

　さて、李基東論文①は歴史学の視角から、発見当初からこの碑の史学的価値の一つとして評価される元暁の子の薛聡とまたその子、即ち元暁の孫となる薛仲業の系譜、及び『続日本紀』にこの薛仲業が大暦14年（779年）7月に日本に使行し、翌年2月に帰国したこと、その交流の友誼が『三国史記』にも記録されているが、この二つの正史の記録を立証すること等に、新たな研究の視角を喚起しているのである。

　私はここで僅かではあるが、李基東先生の研究方向に参加して、これまでの先生から受けた数多くの學恩に感謝するものである。

II.「新羅誓幢和上碑」の発見について

　本碑は大正3年（**1914**）5月9日に慶尚北道慶州郡内東面暗谷里止淵（現在・慶州市暗谷洞）の渓流中に転落した3片の碑石が発見されたと伝わる。この情報はまず日本の山口県立大学図書館に所蔵される寺内文庫所蔵の『朝鮮金石説明書』から得られる。同文庫には朝鮮総督府の罫紙2枚になる「朝鮮金石文調査経過概報」があり、これによって総督府が『朝鮮金石総覧』を編纂する一過程が知られる。

　『朝鮮金石説明書』は 28 帖の毛筆書きで 56 点の金石資料について、各々に「名称、所在、建立・鋳造の年時、簡単な解説、備考」を記した書類である。

　さて、この『朝鮮金石説明書』は『朝鮮総督府月報』第 4 巻第 9 號（大正 3 年〔1914〕9 月）の「雑録」に「朝鮮金石文の陳列」として掲載された 55 点の金石文の解説の原稿ともなったことが知られる②。

　「雑録」によれば同年「七月十日特に五十五點を選ひて第二會議室に陳列し総督の閲覧を受け十二日午前まて引續き特志家の観覧に供したり其の目録及説明の概要左の如し」とあり、寺内文庫所蔵の『朝鮮金石説明書』が当時の総督であった寺内正毅に提供された「其の目録及説明の概要」であったことが知らされる。ここで『朝鮮金石説明書』から高仙寺誓幢和上碑銘の説明を引用すれば以下であるが、これが大正 3 年 5 月に発見されたことから、最初の同碑銘についての解説文なのである。

　「○慶州　高仙寺誓幢和上塔碑銘／所在　慶尚北道慶州郡内東面暗谷里止淵／年時　推定新羅恵恭王ノ時（一千百三十四年ヨリ一千百四十九年ノ間）／慶尚北道慶州ノ東北三里暗谷里ニ在リ碑身ノ断石三片ニシテ下半部ニ當ル文ニ拠レバ高仙寺誓幢和上ノ塔碑ニシテ唐太暦年間ニ立テタルモノト推定セラルルモ高仙寺及誓幢和上ノ名ハ史ニ載セス／備考／大正三年五月九日發見／此碑石ハ止淵ト稱スル地ノ渓流中ニ轉落セシモノニシテ寺址ハ未タ詳ナラス／文中和上ノ孫仲業カ日本ニ使シタルコトヲ記セリ」

　（上記の「唐太暦年間」は『朝鮮総督府月報』では「唐代宗太暦年間」とあり、また「史ニ載セス」は「未た詳にせす」とある）

　ところで、この碑の 3 片は現在では韓国国立中央博物館の書芸室に展示されているが、もう一つの碑片が 54 年後の 1968 年 9 月に慶州市東川洞の東泉寺址と伝わる地点に近い農家から発見され、東国大学校博物館に収蔵された。眞に不思議な縁である。すぐにも黄壽永先生によってこの結縁は学界に紹介された③。黄先生は 1914 年に発見された 3 片の旧碑片とこの新碑片の銘文を文脈的に結合されたが、金相鉉氏がこれを継承して研究を進めた④。黄先生は、また、碑文が元曉大師の事跡を十分に銘記せず、また「高仙寺塔」が 7 世紀後半であり、さらに元曉大師の示寂後の埋葬等の儀礼からも塔碑との名付けは適切ではなく、「新羅誓幢和上碑」と呼称すべきと説き、金相鉉氏がこれを支持している。

Ⅲ. 釈文について

　ここでは、私が釈文した範囲内で、 学界に紹介できる2〜3の点について紹介したい。

〔1〕「大暦之末」
　金相鉉氏は早期の釈文である小田幹治郎⑤や葛城末治⑥と『朝鮮金石総覧』⑦や許興植氏⑧の釈文と対照し、また黄先生と齊藤忠氏⑨の釈文をも参照して、それらを対校して、新たに釈文を提供されている。その結果では48字の対校を提示されている。

　私は天理大学において拓本調査したが⑩、『朝鮮金石総覧』の釈字の多数を訂正するまでには至らなかったが、金相鉉氏が未釈の碑字をも釈字していることに特に注意したいが、必ずしも同意出来ない釈文である。

　そこで、私が新たに釈文した文字は多くはないが、第1行にあるこの碑を「鑴」刻した人物はこれまで「音里火三千幢主級湌」の「高金□」と釈字されたが、その人名は「高　全聖」と推釈されること、また11行下4字の「萬形水分」は「万形水分」、14行の下方の「女人三禮」は「女人三礼」の釈字を提示できる。ただ、この2字は正字ではなく、「万」と「礼」の常用字である。

　また、20行の下方は薛仲業が日本に使行し、その友誼を記録する部分であるが、この碑の発見以来、一貫して釈字される「大暦之春」は「大暦之末」と釈字でき得ることである。

　この「大暦之」の3文字は明らかに釈字されるが、次ぎの「春」字は完成形ではない。この字の下部半分は碑面が崩れており、上部に残る字形から判断すれば「末」字に釈字することも十分に可能である。

「大暦之末」とは大暦14年（779）に相当し、この年は日本では寶亀10年（779）に相当する。この年秋7月とは薛仲業が正使の金蘭蓀とともに日本へ使行し、大宰府に到着している。この時、正使の金蘭蓀は日本の遣唐使の帰国の保護を求めて新羅に派遣されていた下道朝臣長人とその遣唐使の海上真人三狩と「唐客」の高鶴林等を随伴しており、この一行は新羅、唐、日本の使節からなる国際的な一行となっていた。

　正使の金蘭蓀は耽羅（済州島）に漂着していた日本の遣唐使の海上真人三狩ほか、これを護送していた唐使の高鶴林をも伴っていたことから、日本政府は正使の金蘭蓀が上表文を持参していないことを責めながらも、翌年寶亀11年（780）春正月には唐使とともに光仁天皇に拝賀している。唐では前年の大暦14年5月4日に代宗は崩御しており、長子の徳宗が2日後には即位したが、年号は踰年称元法により翌年の正月丁卯朔、即ち、780年1月1日に「建中」と改元している。薛仲業が正使の金蘭蓀等とともに日本へ出航した779年7月頃は「大暦14年」ではあるが、代宗が崩御して間もなくであり、そのニュースは未だ新羅には届いてはいないであろう頃である。また、正使の金蘭蓀等が光仁天皇に拝賀し、2月には新羅に帰国したのは翌年の「建中元年」であるから、正使の金蘭蓀に随行した薛仲業の日本行はまさに「大暦之末」の表記が適切である。

　「新羅誓幢和上碑」が建立された年代はこれまで「大暦」の年号からその年代に相当して漠然と「恵恭王の時」とされてきたが、新碑片が発見され、そこに「貞元年中」（785〜804）や809年に即位する金彦昇（後の憲徳王）が「角」「干金彦昇公」と銘記されており、金彦昇が角干の官位を受けたのは『三国史記』の憲徳王即位本紀によれば「哀荘王元年」（800年）のことであったから、「新羅誓幢和上碑」の建立は800年から809年の間であると黄先生、金相鉉両氏が説いている⑪。私もこれに従うが、そうであれば、新羅では唐における大暦14年が大暦の末年であったこと、翌780年が「建中元年」となる改元のことは知られていたことは疑いない。780年の改元後から809年の憲徳王即位までの間にも新羅の宣徳王や哀荘王を冊封する唐からの使節や新羅から唐に即位を告げる遣唐使が往来していたのである。正使の金蘭蓀に随って薛仲業が日本に使行した年は建中と改元される直前の「大暦14年」のこと、即ち「大暦之末」であったことは新羅では既知のことであろう。これを「大暦之春」と文学的に表現して、使行の年を曖昧にする必要も無かろう。「春」に執着すれば、金蘭蓀と薛仲業等が拝賀した「春正月」と日本を離れた「春」の「2月」も「建中」元年のことであったことからも、ここは「大暦之末」と釈字してよいであろう。

〔2〕　「奉」「使滄溟」

　「大暦之春」の後には「大師之孫翰林字仲業□使滄溟□□日本」と続くが、この初めの□は「奉」と釈読することが出来る。即ち「奉使滄溟」とは「使を滄溟に奉る」と読んで、大海に漕ぎ出して使いすること、即ち日本に使行することの表現である。この□はこれまで釈字されていないが、拓本では文字の上部が「大」字のように読みとれるから、後の「使」と連なる「奉」の字である蓋然性は高い。これに続いて文脈は「□□日本」とあるが、「□□」の釈字は困難である。第一字の□については拓本では少ない字画が見られるが、文字を読むほどではない。ただ、ここは「日本に聘問す」などの文字が推測される。この８世紀後半頃の新羅の対日本姿勢は対等に外交を進める意識であったからである。

　さて、碑は「彼国上宰因□語知如是　大師賢孫相歡之甚傾」と続く。この文脈は『三国史記』巻46の薛聰伝のなかに「世傳、日本國眞人贈新羅使薛判官詩序云。嘗覧元曉居士所著金剛三昧論。深恨不見其人。聞新羅國使薛。即是居士之抱孫。雖不見其祖。而喜遇其孫。乃作詩贈之」の文脈と軌を一にするものである。即ち、碑は「彼国（日本）の上宰が（元曉）大師の賢孫（薛仲業）と相歡すること甚だ傾蓋（親しくなる）或いは傾慕（したう）」などの文意であろう。「彼國上宰」とは李基東先生が結果的にはその論文で確認されたように大海真人三船とする説が既に堀池春峰氏⑫や後述する横田健一氏⑬から提出されている。

　ただ、正使の金蘭蓀や薛仲業の日本への使行は、日本の遣唐使の帰国の保護を求めて新羅に派遣された下道朝臣長人とその遣唐使の海上真人三狩や「唐客」の高鶴林等と同行する国際的な構成の一行であった。この一行には日本の朝廷における外交儀礼の遂行に至るまでは友誼に満ちていたものと推測される。日本の遣唐使の海上真人三狩等やこれに随伴する高鶴林らが唐からの帰途の海上で不幸にも済州島に漂着すると、新羅政府はこれを救護し、一行の保護を新羅政府に求めて金城（慶州）に来たっていた下道朝臣長人らとともに、この一行を金蘭蓀や薛仲業等が日本へ護送したのである。唐の高鶴林は「唐客」ではなく、「判官」であったのだが、このことは『三国史記』巻43金庾信伝中の金巖伝には「大暦十四年己未。受命聘日本國。其國王知其賢。欲勒留之。會大唐使臣高鶴林來。相見甚懽。倭人認巖為大國所知。故不敢留乃還」とあって、『続日本紀』に正使の金蘭蓀の一行には副使の金巖がいたと言う記録が立証する。ただ、『続日本紀』は高鶴林を初めには「唐客」と記し、唐の政府派遣の「使臣」であるとは記していないことは新羅、日本の対唐認識と姿勢の異相をも表してもいる。

　さて、この一行のなかに既に薛仲業と対話することができる「日本國真人」の候補には日本の遣唐使である「海上真人三狩」がいる。また、この一行を大宰府にまで同行した下道朝臣長人や大宰府における迎接準備のために派遣された「内蔵忌寸全成」等がいた。淡海真人三船が薛仲業と対話することができるのは薛仲業と正使の金蘭蓀の一行や唐の高鶴林等が平城京に入京して以後のことである。

　堀池氏の推定説とは別に横田健一氏は元曉の孫の薛仲業に邂逅できた感激を詠った「日本國真人」が仏教の知識に豊であり、詩才のある人物としては、鑑真の伝記である『唐大和上東征伝』を著わした「真人元開」即ち、淡海真人三船であることを指摘している。

　横田氏は、新羅から薛仲業に同行していた唐の高鶴林が淡海真人三船が著した『唐大和上東征伝』に接して、既に示寂している鑑真和上に邂逅出来ない不幸の感慨を詠った漢詩を紹介しており、いよいよ淡海真人三船と薛仲業らの一行に交歓が進んだことは首肯されよう。

IV. おわりに

　私が李基東先生から厚誼を受けた初めは、大邱の啓明大学校に留学した**1978**年の初夏以来のことである。今から既に**30**年前のことである。当時の大邱には今と変わらず韓国古代史の研究者が賑やかであった。慶北大学校には先生を訪ねて大学博物館などを見学することがあった。

　また、先生がソウルの東国大学校に移られてからも、中区筆洞の大学まで何度か訪問し、この碑を蔵する博物館前を待ち合わせ場所としていた。ソウル中心地から交通至便な地点に大学が立地することから、金浦空港に向かうまでに時間の余裕があれば東大前の地下鉄駅からあの急な坂道を上ったものである。

　ここで、今回、東国大学校博物館に保存される「新羅誓幢和上碑」について小品であるが、研究余滴をもって先生の記念事業に参加できるのも「縁」であろう。同博物館ではこの碑の新碑片をまず調査された黄壽永先生にも李基東先生の紹介により挨拶することができた。また、この碑を仏教史学の方向から研究される金相鉉先生との「縁」も李基東先生の紹介で始まり今にも続いている。

　二人の先生とは大学近くの上品な店で食事した記憶は鮮明である。私がソウルでは第一に気に入っている韓国料理店はまさにその店である。私には「真人」の詩才はないが、李基東先生とこれからも食と酒の席を持たせて頂きたいと願っている。先生には私の拙い韓国語を我慢してもらうことにはなるが。

　拓本調査によるこの小品には隔靴掻痒の感が残るであろう。李基東先生は碑文の「淡海之□溟東相府」を「淡海三船が溟東（日本）の相府に出入りする」とする興味深い解釈を提出されているが⑭、この検討をも含めて、金相鉉先生とともに東大博物館、国立中央博物館でこの「新羅誓幢和上碑」を釈文し、歴史を討論できることを宿題としつつ、李基東先生から頂いた数多いご厚誼を回想し、先生のご健勝を祈念してこの拙い小品を結びたい。

註 ________________

① 李基東「薛仲業引 淡海三船税 交歓―統一期新羅人 日本引税 庚鉢旋 嘘七税一断面―」（『歴史学報』第 134・135 合輯、1992 年 9 月。日本語訳は佐藤長門訳「薛仲業と淡海三船の交歓―統一期新羅と日本との文化的交渉の一断面―」〔『国史学』第 151 号、1993 年 5 月〕）

② 『朝鮮金石説明書』には「高麗期」の項に「○會寧　雲淵刻字」と「朝鮮期」の項に「○」京城　坤輿圖」を紹介するが、この 2 点は『朝鮮総督府月報』に紹介されていない。また『朝鮮総督府月報』に紹介する「四二　春川文殊院重修碑記」は『朝鮮金石説明書』には紹介されていない。

③ 黄壽永「新羅誓幢和上碑税新片」（『考古美術』第 108 號、1970 年 12 月）

④ 金相鉉「新羅誓幢和上税再検討」（『蕉雨黄壽永博士古稀紀念美術史學論叢』民族社、1988 年 6 月、通文館）

⑤ 小田幹治郎「新羅の名僧元曉の碑」（『朝鮮彙報』朝鮮総督府、1920 年 4 月號）

⑥ 葛城末治「新羅誓幢和上塔碑に就いて」（『青丘学叢』第 5 號、1931 年 8 月。後に、葛城『朝鮮金石攷』〔初版は 1935 年刊行。1974 年 5 月に国書刊行会復刻〕に収載）

⑦ 朝鮮総督府、1919 年 3 月初版。1971 年 11 月に国書刊行会より復刻。

⑧ 許興植『韓国金石全文』（亜細亜文化社、1984 年 2 月）

⑨ 齊藤　忠『古代朝鮮・日本金石文資料集成』（吉川弘文館、1983 年 7 月）

⑩ 天理大学図書館蔵の拓本は「慶州高仙寺幢和上塔碑」とあり、「今西春秋図書」の印が 押
　されており、初めは今西龍氏の旧蔵であろう。また、拓本の鮮明な写真は『朝鮮金石総覧』
　と黄壽永編著『韓国金石遺文』（一志社、1976 年 4 月）と『開校 7 7 周年祈念　所蔵名品
　百選』（東国大学校博物館、1983 年 5 月）に載る。

⑪ 前掲註③の黄論文と④の金論文。また、郭丞勳「新羅哀荘王代誓幢和上碑税 建立引 益意義」
　（『国史館論叢』第 74 輯、国史編纂委員会、1997 年 8 月）はこの碑の建立の背景に、王
　族内と仏教界それぞれに元曉の「和諍」思想に社会的矛盾の解消を期待する傾向があった
　と説く。

⑫ 堀池春峰「華厳経講説よりみた良弁と審詳」（『南都仏教』第 31 號、1973 年 12 月。後に堀
　池『南都仏教史の研究』上〔東大寺篇〕〔法藏館、1980 年 9 月〕に収載）。また、佐伯有
　清『三国史記倭人伝』（岩波書店、1988 年 3 月）では碑に言う「上宰因□」の「因□」は
　人名である可能性に触れて、これを「石上」の音写ならば、「石上朝臣宅嗣」かとも推測
　しているが、音写とは理解できない。

⑬ 横田健一「八世紀末葉における日本・新羅・唐三国の外交交渉に関する一挿話」（『古代史
　の研究』第 2 號、関西大学古代史研究会、1980 年 11 月）

⑭ 前掲註①の李先生論文

張保皐의 復活, 그 實像과 虛像

권덕영*

Ⅰ. 머리말

최근 한국에서는 장보고에 대한 관심이 최고조에 달하고 있다. 그러한 데는 여러 가지 이유가 있겠으나, 무엇보다도 갈수록 치열해지는 국제무역과 정부의 이른바 세계화 정책 추진과정에서 장보고의 해상 무역활동이 국제무역과 세계화 정책에 적절한 모델이 될 수 있다는 사회 분위기 때문인 듯하다. 그러한 분위기 속에서 장보고에 대한 연구와 관심이 크게 증가한 결과, 21세기에 들어와 장보고는 화려하게 復活하였다.

* 부산외국어대학교 역사관광학과 부교수

잘 알려져 있듯이, 장보고는 신라 중앙귀족들과의 갈등 와중에 피살됨으로써 그의 존재는 역사의 무대에서 사라졌다. 그렇다고 하여 그의 피살이 '장보고 역사'의 끝을 의미하는 것은 아니었다. 장보고는 후대인들에 의해 끊임없이 언급되고 재발견되었기 때문이다. 나라가 어지러울 때 장보고는 仁義로써 나라를 구한 강직한 武人의 이미지로 나타났고, 왕위를 둘러싼 반란이 빈번히 일어날 때는 그것을 경계하는 의미에서 반역자의 이미지로 나타났다. 그리고 산업화에 따른 해외무역이 강조될 때는 국제무역인으로서 되살아났다.

그런데 역사의 '復活'은 역사적 사실의 再生이 아니라 사실의 '재해석' 혹은 '재인식'이므로 반드시 역사적 사실과 일치하는 것은 아니다. 일찍이 에드워드 카(Edward H. Carr)는 역사를 "과거와 현재의 끊임없는 대화"로 정의하였다. 그러나 엄밀히 말하면, 과거와 현재의 직접적인 대화는 불가능하다. 과거는 이미 없어지고 과거가 투영된 기록과 유물만 남아있기 때문이다. 따라서 역사는 과거와 현재의 대화가 아니라 과거에 대한 현재의 일방적인 독백일 수밖에 없다. 다시 말하면, 대부분의 역사는 진정한 과거 그 자체가 아니라 과거와의 대화라는 명분 아래 후대인들이 만들어낸 事象에 불과하다. 그래서 포스트모더니스트(post-modernist)들은 역사를 사실과 거짓이 뒤섞여 만들어진 허구적 산물이라고도 한다.

장보고의 '부활'도 마찬가지이다. 오늘날 역사 속에 되살아난 장보고는 상당 부분이 허상에 불과할 수도 있다. 그럼에도 많은 사람들은 과거와 현재의 상호 작용을 통하여 도출했다는 장보고의 역사를 공정하고 객관적인 것으로 믿고 있다. 뿐만 아니라 대부분의 연구자들은 이러한 문제의식 없이 장보고의 '부활' 곧 장보고에 대한 재해석과 재인식에만 매달려 논문과 저서를 양산해온 감이 없지 않다.[1]

앞에서 말했듯이, 현재까지의 장보고 연구는 장보고를 부활시켰다고 할 정도의 수준에 다다랐다. 이런 시점에서 부활한 장보고가 과연 얼마나 실상에 가까운지 그리고 얼마만큼의 허상을 담고 있는지를 한번쯤 점검해볼 필요가 있다. 그럼에도 과문한 탓인지 모르겠으나, 아직까지 이러한 관점에서 장보고를 탐구한 연구는 찾아보기 힘들다. 본고는 바로 그러한 문제의식에서, 오늘날 화려하게 '부활'한 장보고의 실상과 허상을 냉철하게 따져볼 필요성과 목적에서 구상된 것이다. 이에 우선 장보고 부활의 중심적인 역할을 한 사람이 누구이며, 어떤 과정을 거쳐 어떻게 장보고가 역사화 되었는지 살펴보고, 부활한 장보고의 한계와 문제점을 찾아보고자 한다.

II. 장보고 부활의 주역

일찍이 프랑스의 역사가 랑글로아(Langlois)와 세뇨보(Seignobos)는 "사료 없이 역사 없다(No document, no history)"라는 말을 남겼다. 이는 역사에서 가장 기본적인 것이 사료이고, 사료를 통해서만 비로소 역사가 존재할 수 있다는 의미이다. 장보고의 역사도 예외가 아니어서, 그에 관한 사료가 없었다면 장보고의 역사 역시 존재할 수 없다. 이런 점에서 장보고 부활의 주역으로 우선 들 수 있는 사람은 당나라의 杜牧(803~852)이다.

두목은 안사의 난 이후 기울어져가는 당 왕실이 개혁과 좌절을 거듭하던 9세기 전반에 살았던 저명한 문인이다. 杜氏 가문은 당대의 거대 문벌

---

1) 장보고에 대한 연구 성과는 권덕영, 2005, 「張保皐 研究의 現況과 課題」, 『장보고연구논총』 Ⅳ, 해군사관학교 해군해양연구소, 233~294쪽 참조.

로, 덕종·순종·헌종 3조에 걸쳐 재상을 역임했고 또 『通典』을 지은 杜佑가 활동하던 때가 극성기였다. 두목은 바로 두우의 손자이다.

어린 나이에 할아버지와 아버지를 여의고 빈한한 생활을 하던 두목은 828년에 진사로 급제하여 홍문관교서랑, 江西團練巡官, 회남절도사 막부 장서기, 감찰어사, 황주자사, 지주자사, 목주자사, 사훈원외랑 겸 사관수찬, 考功郎中, 知制誥, 中書舍人 등을 역임하였다. 두목이 관직생활을 하던 문종, 무종대는 牛僧孺와 李德裕가 붕당을 형성해 대립한 이른바 牛李黨爭이 한창이었다. 그런데 두목은 우승유의 묘지명을 맡아 지을 정도로 牛黨 인사들과 가깝게 지내면서도 어느 당파에 적극적으로 가담하지 않았으므로 牛李黨人 모두로부터 정치적 후원을 받지 못했다.[2] 이에 그는 대부분의 관직기간 동안 지방을 전전하지 않을 수 없었다. 이런 점에서 두목은 관리로서는 성공적이지 못했다고 하겠다. 그럼에도 그의 시문만큼은 사대부들 사이에 이름이 높았다. 특히 그의 詩는 웅건함과 미려함을 함께 갖춘 것으로 평가되었다. 만년에 두목은 벼슬을 그만두고 조부 두우가 거처하던 樊川別墅를 손질해 머물며 자신이 지은 평생의 시문을 정리해두었는데, 사후 외조카 裵延翰이 그것을 『樊川集』 20권으로 간행하였다.[3]

그런데 『번천집』 제6권에 「張保皐 鄭年傳」이 수록되어 있다. 두목은 여기에서 장보고의 출신과 중국에서의 활동, 신라 귀국과 청해진 설치, 신라 왕실의 분규와 평정, 장보고의 정치적 출세 등을 시간적 흐름에 따라 서술하였다. 두목이 「장보고 정년전」을 짓게 된 것은 그의 揚州 체류 경

---

2) 楊栩生, 2005, 「牛李黨爭中的杜牧其人」, 『綿陽師範學院學報』 24권 3기, 48~53쪽.
　　譚勤, 2006, 「論杜牧与牛李黨爭的關系」, 『文教資料』 10월, 29~30쪽.
3) 杜牧의 생애에 관해서는 趙懷德, 1981, 「杜牧生平評述」, 『陝西師範大學學報』(哲學社會科學版) 제2기, 109~116쪽 참조.

험과 유관하거니와,[4] 두목은 거기서 장보고의 넓은 도량과 친구 정년과의 우정 그리고 의협심을 강조하며 그의 인간됨을 극찬하였다. 이러한 「장보고 정년전」은 『신당서』와 『삼국사기』에도 그대로 전재되어, 후대 장보고 연구의 기본 자료가 되었다. 김부식이 『삼국사기』 史論에서, 장보고의 의용이 있었더라도 중국의 서적이 아니었던들 알려지지 않았을 것이라 했듯이,[5] 두목이 장보고의 전기를 짓지 않았다면 오늘날의 장보고 역사는 존재하지 않을 것이다. 이런 점에서 두목은 장보고 부활의 기초를 제공했다고 할 수 있다.

다음으로 들 수 있는 사람은 일본의 천태종 승려 圓仁(794~864)이다. 원인은 일본 下野國 都賀郡의 壬生氏 집안에서 태어나, 어려서 아버지를 잃고 9세에 大慈寺 廣智和尙을 좇아 불교에 입문하였고, 15세에 比叡山에 올라가 最澄 문하에 들어갔다. 그후 원인은 東大寺에서 구족계를 받고 스승 最澄이 입적하자 비예산의 교사가 되어 법륭사와 사천왕사 등에서 법화경과 인왕경을 강술하였다. 그러던 중 838년에 請益僧의 자격으로 承和 견당사를 따라 입당하여 오대산과 장안 등지를 순례하고 약 10년 만에 일본에 돌아갔다.[6] 이에 일본 조정에서는 그를 傳燈大法師와 內供奉十禪師에 임명하고 이어서 天台座主로 삼았다. 864년에 71세의 나이로 입적하자 왕실은 그에게 慈覺大師라는 시호를 내려주었다.[7]

---

4) 金文經, 1995, 「唐·日에 비친 張保皐」, 『東洋史學研究』 50, 147~148쪽.
   李基東, 1985, 「張保皐와 그의 海上王國」, 『張保皐의 新研究』 완도문화원 ; 1997, 『新羅社會史研究』, 일조각, 217쪽.
5) 『三國史記』 권 43, 열전 金庾信(下).
6) 원인의 귀국은 당 무종의 불교탄압 때문이었다. 이 점에 관해서는 權悳永, 1994, 「唐 武宗의 廢佛과 新羅 求法僧의 動向」, 『정신문화연구』 17-1(통권 54), 97~101쪽 참조.
7) 『日本三代實錄』 권 8, 貞觀 6년(864) 정월 14일조의 圓仁 입적 기사 다음에 그의 생애가 자세하게 정리되어 있다.

원인은 입당 구법을 통해 습득한 교리와 교의를 일본에 전하고, 100여 편의 저서를 찬술하였다. 그 중에서도 『入唐求法巡禮行記』는 9세기 동아시아의 정치, 사회, 문화, 사상 등을 총체적으로 보여주는 획기적인 저작이다. 잘 알고 있듯이 『입당구법순례행기』는 원인이 견당사 선박을 타고 일본을 출발한 838년 6월 13일부터 일본에 돌아와 大宰府에서 입경 준비를 하던 847년 12월 14일까지의 행적을 꼼꼼히 기록한 자신의 재당 구법 일기이다. 원인은 그 일기에서 당을 왕복하던 도중에 겪었던 일에서부터 중국 각지를 순례하는 동안에 견문한 것들을 예리하고도 흥미진진하게 서술하였다.

특히 그는 당나라 순례 과정에서 여러 가지 도움을 받은 신라인과 그들의 생활상에 관하여 많은 지면을 할애하였다. 그 중에서 장보고에 대한 이야기도 곳곳에 등장한다. 자신이 장기간 체류했던 赤山 法花院과 장보고와의 관계, 청해진 병마사 崔暈의 활동을 통한 장보고의 해상활동과 막강한 영향력, 순례 도중에 직접 목도한 장보고의 交關船, 현지 신라인들로부터 전해들은 장보고의 정변 등이 상세하게 소개되어 있다. 두목의 『번천집』도 그렇지만, 원인의 『입당구법순례행기』 역시 장보고에 대한 생생한 증언들을 싣고 있다. 이런 점에서 원인의 일기는 장보고 연구의 1급 사료라 할 수 있다. 따라서 원인 또한 장보고 부활에 큰 역할을 한 인물이라 평가해야 마땅하다.

두목과 원인이 장보고 부활의 기초 자료를 제공한 사람이라면, 에드윈 라이샤워(Edwin O. Reischauer, 1910~1990)는 수백년 동안 묻혀 있던 장보고를 역사의 수면 위로 끌어낸 사람이라 할 수 있다. 라이샤워는 1910년에 일본 도쿄에서 태어났다. 당시 그의 아버지는 미국 장로교 소속 선사교로 일본에서 교육사업에 종사하였으므로, 그는 부모와 함께 일본에서 청소년기를 보내게 되었다. 17세가 되던 해 그는 미국에 들어가, 오블린대학에서 학부과정을 마치고 1939년에 하버드대학에서 동아시아 언어학을 주제로 박사학위를 받았다. 그후 하버드대학에서 잠시 교편을 잡다가 2차 세계대전이 치열하던 1942년부터 미 육군성과 군사정보부에서 일했고, 전쟁이 끝난 후에는 국무부 동아시아국에 잠시 근무하기도 했다. 1946년에 다시 하버드대학으로 돌아가 일본사와 동아시아 언어학을 강의하였는데, 1961년에서 1966년 사이에는 駐日 미국대사로서 소원해졌던 미·일 양국관계 개선에 크게 기여하였다.

이처럼 라이샤워는 일본에서 태어나 일본에서 자랐으므로 일본의 문화와 관습에 익숙하였고 언어 또한 능통하였다. 이러한 성장환경 때문인지 모르겠으나, 그는 당시 미국의 대표적인 知日派 인물로 알려졌다. 일본에 대한 그의 관심과 애정은 『일본, 민족 이야기 Japan, the Story of a Nation』, 『일본인 The Japanese』, 『1907년~1982년의 일본사회 Japan society 1907~1982』, 『원인의 당나라 여행 Ennin's Travels in Tang China』 같은 저술에 잘 나타나 있다.

그런데 라이샤워는 『원인의 당나라 여행』에서 장보고를 일약 세계적인 인물로 부각시켰다. 이 책은 1955년에 원인의 『입당구법순례행기』를 영어로 번역한 『원인의 일기 Ennin's Diary-The Record of a Pilgrimage to China in Search of Law』와 동시에 출간된 자매편이라 할 수 있다. 『원인의 당나라 여행』은 원인의 일기에 기록된 여러 사건들 가운데 유사한 사례들을 모아 당시 중국의 다양한 생활상을 재현한 것으로, 전체 아홉 章으로 구성되어 있다. 그 가운데 제 8장에서 장보고와 당에 거주하던 신라인들의 다양한 활동을 상세하게 논급하였다. 그러면서도 장보고를 하나의 小節로 독립시켜 그의 생애와 활동 그리고 역사적 의의를 곡진하게 서술하였다. 라이샤워는 거기서 장보고를 전설적인 모험가(fabulous adventurer)이고 무역왕(merchant prince)이라 칭했으며, 장보고가 이룩한 해상상업제국의 몰락은 신라의 제해권 상실을 의미할 뿐더러 동아시아 해상무역의 주도권이 중국으로 넘어가는 계기가 되었다고 서술하였다.[8] 세계적인 동양학자 라이샤워의 장보고에 대한 긍정적 평가는 많은 사람들이 장보고를 주목하는 계기가 되었다. 아울러 장보고 부활의 단초가 되었다.

사실 라이샤워는 처음부터 장보고에 관심을 가졌던 것이 아니다. 그는 원인의 『입당구법순례행기』를 번역하는 과정에서 부수적으로 장보고를 주목하게 된 것이다. 다시 말하면 라이샤워에게 있어서 장보고는 원인 연구의 부산물에 불과하였다. 그러던 것을 명실상부한 '신라인 장보고'로서의 위상을 확고하게 구축한 사람은 金文經이다.

김문경은 1931년 경남 양산에서 태어났다. 그는 연세대학교에서 박사학위를 취득한 후 단국대학교를 거쳐 숭실대학교에서 인문대학장과 대학원장 등을 역임하였다. 그의 박사학위 논문이 『唐 高句麗 遺民과 新羅僑民』이었던 데서 알 수 있듯이, 김문경은 당나라에서 활동하던 고대 한국인의 활동을 주로 연구하였다. 그러다보니 자연히 장보고도 그의 연구범위에 포함될 수밖에 없었다. 특히 그는 1990년대 이후 장보고 연구에 주력하여, 장보고에 관한 수십 편의 논문을 발표하고 저서를 출간하였다.[9] 그러한 연구 결과 장보고는 역사에서 제자리를 찾게 되고 또 정당한 평가를 받을 수 있게 되었다. 이런 점에서 김문경을 우리나라 장보고 연구의 대표주자라 해도 지나친 말이 아닐 듯싶다.

김문경이 주로 학술적인 입장에서 장보고를 연구했다면, 崔仁浩는 소설을 통하여 장보고의 대중화에 기여하였다. 잘 아는 바와 같이 최인호는

---

8) Edwin O. Reischauer, 1955, *Ennin's Travels in T'ang China*, New York, Ronald Press Company, pp.287~294.

9) 권덕영, 2005, 앞의 논문, 273~294쪽의 '張保皐硏究 論著目錄' 참조.

수십년 동안 대중적 인기를 누리고 있는 소설가이다. 1945년 서울에서 태어난 최인호는 연세대학교 영문학과를 졸업하였다. 서울고등학교 재학시절에 이미 한국일보 신춘문예 소설부문에 입선할 정도로 文才가 있던 그는 지금까지 수많은 소설을 발표하였다. 그 중에서 2003년에 발표한 『해신』은 장보고의 일생을 다룬 역사소설이다.

『해신』의 문학성에 대해서는 필자가 언급할 능력이 없다.[10] 다만 최인호는 이 소설에서 장보고를 화려하게 부활시키려했다는 점에 주목하고 싶다. 그는 『해신』에서 장보고를 인본주의자, 세계인(cosmopolitan), 종교개혁가, 위대한 무역왕, 심지어 바다의 神으로까지 추앙하였다. 비록 이 소설은 작가의 바람만큼 독자들에게 다가가지 못했으나, 『해신』을 원작으로 한 드라마 '해신'을 통해 어느 정도 목적을 달성했다고 생각된다.[11] 어쨌든 최인호는 장보고를 일반 대중에게 알리는데 기여했다는 점에서 장보고 부활에 一助했다고 하겠다.

이들 외에도 많은 사람과 단체들이 장보고 부활 작업에 참여하였다. 그러나 여기서는 그들을 일일이 거론하지 않겠다. 어쨌든 두목과 원인은 장보고 부활의 기반을 마련하였고, 라이샤워·김문경·최인호는 그것의 실행에 앞장섰다는 점에서 이들을 장보고 부활의 주역이라 해도 지나친 말이 아닐 듯싶나.

---

10) 『해신』의 문학성에 대해서는 최영호, 2005, 「소설 해신(海神)의 독창성 연구」, 『장보고연구논총』 Ⅳ, 해군사관학교 해군해양연구소, 109~164쪽 참조.
11) 권덕영, 2006, 「역사와 역사소설 그리고 사극-장보고와 '해신'을 중심으로」, 『역사와 현실』 60, 158~169쪽.

Ⅲ. 다시 태어난 장보고

장보고는 길지 않은 그의 생애 동안 당나라 군중소장, 신라 청해진 대사, 동아시아 국제무역업자, 신무왕 즉위 공신, 모반자 등 다양한 인생역정을 겪었다. 그 결과 각종 자료에서는 장보고에 대한 역사상이 여러 가지 형태로 나타났다. 반역자 혹은 해적의 우두머리와 같은 惡人, 의리와 신의를 지닌 강직한 武人, 해상무역에 종사한 商人, 바다의 신 혹은 억울한 원혼의 이미지 등이 그것이다.[12]

사실 19세기까지만 해도 장보고는 역적 혹은 충신이라는 유교적 명분론에 따른 평가랄까 역사상이 주류를 이루었다. 그러나 개항 이후 일제시대를 거치면서 한국사회는 점차 서구 자본주의를 모델로 한 산업화가 진행됨에 따라 종전의 유교적 명분론으로 粉飾된 장보고는 보다 현실적인 인물로 다시 태어났다. 그것의 최종적인 기착점은 9세기 동아시아 해상무역을 장악한 '貿易王' 장보고이다.

장보고의 여러 이미지 중에서 그의 해상활동을 주목한 것은 20세기 초부터였다. 1920년대 몇몇 일본인 학자들은 일본 승려 원인을 연구하는 과정에서 장보고의 해상활동을 언급하기 시작하였다. 岡田正之와 今西龍이 대표적이다. 그들은 『입당구법순례행기』를 비롯한 장보고 관련 사료를 종합하여, 원인이 당나라를 왕래하던 시기에 장보고는 중국의 산동반도와 일본의 博多津을 왕래하며 해상무역에 종사하였고 또 그것을 통해 富와 권력을 얻었다고 하였다.[13]

---

12) 권덕영, 2004, 「張保皐 이미지의 史的 考察」, 『장보고연구논총』 Ⅲ, 해군사관학교 해군해양연구소, 179~211쪽.

13) 岡田正之, 1923, 「慈覺大師の入唐行記に就いて(4)」, 『東洋學報』 13-1, 1~27쪽

해상활동과 결합된 장보고의 새로운 이미지는 이후에 더욱 발전하여 명실상부한 '무역왕'으로 점차 굳어져갔다. 1929년에 최남선은 장보고를 '東方海王' 혹은 '海上王'이라 지칭하고, 그를 국제무역상으로 크게 활동한 "朝鮮史上에 짝이 없는 事業家인 동시에 아무만도 못하지 아니한 偉人"이라 칭송하였다.[14] 그리고 金庠基는 장보고를 '海上의 覇者'로서 무역과 교통에서 비약적인 역할을 수행했다고 평가하였다.[15]

일제시대 일본과 한국의 근대역사가들에 의하여 새롭게 조명된 장보고의 역사상은 광복 후 곧바로 중·고등학교의 국사교과서와 각종 개설서 그리고 연구논문에 반영되었다. 국사 교과서의 경우, 미군정기 문교부가 진단학회에 의뢰해 펴낸 『國史敎本』에서부터 최근 제7차 교육과정개편 결과 편찬된 중학교와 고등학교 『국사』에 이르기까지, 비록 정도의 차이는 있지만 일관되게 장보고의 해상활동과 국제무역을 강조하였다.[16] 특히 1990년대 중반 이후의 교과서에서는 장보고에 대한 서술이 대폭 늘어났고 또 그의 해상 무역활동을 강조하는 경향이 두드러졌다.

한편 최근 현직 교사들이 『살아있는 한국사 교과서(1)』(2002, 휴머니스트)라는 이른바 대안 교과서를 제작하였다. 이 책에서는 남북국시대를 총 다섯 章으로 나누고, 그 중 제4장을 "장보고와 신라의 명암"이라 하여 상보고의 해상활동과 국제무역을 상세히 서술하였다. 그리고 2002년 북

今西龍, 1927, 「慈覺大師入唐求法巡禮行記를 讀みて」 ; 1970, 『新羅史研究』, 國書刊行會, 291~367쪽.

14) 崔南善, 1929, 「一千年前의 東方海王 新羅 淸海鎭大使 張保皐」, 『怪奇』 제1호·제2호, 5월·12월 ; 2003, 『六堂 崔南善全集』 6 재수록.

15) 金庠基, 1934, 「古代의 貿易形態와 羅末의 海上發展에 就하야(1)-淸海鎭大使 張保皐를 主로 하야」, 『震檀學報』 1 ; 1948, 『東方文化交流史論攷』, 을유문화사, 25~31쪽.

16) 개항 이후 현재까지 역사서에 나타난 장보고 인식과 서술에 관해서는 張得振·崔根泳, 2002, 『장보고 관련 서술의 종합적 검토』, 해상왕장보고기념사업회 참조.

한에서 간행한 고등중학교용 『조선력사』(3) 제 4장 2절 후기신라는 모두 3개의 小節로 이루어졌는데, 그 가운데 한 파트가 "청해진과 장보고"이다. 여기서는 장보고가 설치·운영한 청해진을 '동방무역의 중심지'라 하여 그의 해상무역활동을 강조하였다.

해상무역가로서의 장보고에 대한 인식은 한국사 개설서와 총서류도 마찬가지이다. 광복 직후 최남선이 지은 일련의 『朝鮮歷史』 시리즈에서부터[17] 한영우의 『다시 찾는 우리역사』(1998, 경세원)에 이르기까지, 그리고 진단학회에서 편찬한 『韓國史』(1964, 을유문화사)에서부터 국사편찬위원회의 신편 『한국사』(1998)에 이르기까지 장보고를 9세기에 동아시아 국제무역을 주도한 인물로 묘사하였다.

장보고에 대한 연구 논문 역시 그의 해상활동을 밝히는데 주력하였다. 장보고 연구사를 되돌아보면, 1980년대의 관련 유적에 대한 발굴조사를 기반으로 하여 1990년대에 들어와 장보고 연구가 획기적으로 발전하였음을 알 수 있다. 그렇게 될 수 있었던 요인으로는 정부의 적극적인 관심과 지원, 한국과 중국의 국교수립, 장보고 연구기관과 연구회의 활성화 등을 들 수 있다.

1993년에 들어선 이른바 문민정부는 해양개발과 활용의 필요성을 절감하고 정부 부처 내에 해양수산부를 신설하였다. 그리고 세계화를 국가 정책수행의 지표로 내걸고 한국인의 해외진출과 한국사회의 국제화를 독려하였다. 이어서 들어선 '국민의 정부' 역시 이전 정부를 계승하여 해양개발과 세계화 그리고 해외무역에 주력하는 한편, 국제정치와 해외무역의 필요성에서 중국과의 우호증진을 도모하였다. 그런데 우리 역사 속에서

---

17) 『朝鮮歷史』 시리즈는 『新版 朝鮮歷史』(1946, 동명사), 『國民朝鮮歷史』(1947, 동명사), 『쉽고 빠른 朝鮮歷史』(1947, 동명사)를 말한다.

해양활동, 세계화, 해외무역, 대중국 관계개선이라는 과제를 모두 성공적으로 수행한 사람은 장보고가 유일하다. 이에 정부에서는 '장보고 영웅화사업'을 실천에 옮겼다.[18]

장보고에 대한 정부의 관심과 지원 아래 장보고 연구단체가 속속 등장하였다. 장보고대사 해양경영사연구회, 한국해양대학교 장보고연구소, 해군사관학교 해군해양연구소, 재단법인 해상왕장보고기념사업회 등이 그것이다. 이 가운데 1990년대 전반기에는 장보고대사 해양경영사연구회가 장보고 연구를 주도하였고, 후반기부터 지금까지는 해상왕장보고기념사업회가 중심이 되어 왔다. 특히 1999년에 종전의 해양수산부 산하 장보고기획단을 이어받아 설립된 해상왕장보고기념사업회는 학술, 문화, 교육, 홍보사업 등 다양한 방법으로 장보고를 선양, 연구하였다.[19]

그 결과 1993년 이후 장보고 관련 연구논문과 저서가 급증하였다. 1920년대 이후 2004년까지의 장보고 관련 논문 230여 편 가운데 약 80%가 이 시기에 발표되었다는 것은 그러한 사실을 단적으로 보여준다.[20] 이들 연구들은 다양한 분야를 포괄하고 있는데, 그것을 내용별로 분류하면 대략 다섯 분야로 나눌 수 있다. 즉 장보고에 대한 기초자료 조사와 연구, 장보고에 대한 종합적 전기, 장보고의 해상무역과 교통 및 문화교류, 9세

---

18) 황일도, 2001, 「시대를 앞선 '아시아 경영자' 장보고」, 『주간동아』 제290호, 54쪽. 한편 김대중 전 대통령은 취임 직후인 1998년 5월 30일 '세계 해양의 해' 기념식 연설 「21세기 신해양시대를 열며」에서, 장보고가 동아시아 바다를 제패해 해상왕국을 이룩하였음을 강조하고 '제2의 장보고 시대'를 열자고 제안하였다(1999, 『金大中大統領演說文集』 1, 대통령비서실, 277쪽). 정부는 대통령의 그러한 의지를 실천하기 위해 1998년 10월 해양수산부 내에 '해상왕장보고기획단'을 만들고, 본격적으로 장보고 연구와 선양작업을 추진하였다.

19) 해상왕장보고기념사업회의 활동과 성과 등에 관해서는 기념사업회 홈페이지 (http://www.changpogo.or.kr) 참조.

20) 권덕영, 2005, 앞의 논문, 233~294쪽.

기 국내외 정치상황과 장보고의 활동, 장보고에 대한 인식과 활용방안 등이 그것이다. 그러면서도 그러한 연구들이 궁극적으로 추구하고자 한 것은 1955년에 라이샤워가 제시한 '무역왕' 장보고의 입체적 복원이었다.

장보고의 부활 징후랄까 여파는 소설을 비롯한 다양한 분야에서도 나타났다. 지금까지 장보고를 소재로 한 소설은 모두 8종이 발표되었다.[21] 그 중에서 6종이 1990년 이후의 작품이다. 이러한 현상은 당시 장보고 부활의 사회분위기와 무관하지 않을 것이다. 특히 박광서는 1990년에 발표한 『소설 장보고』를 2001년에 고쳐 써 『천년의 대상 장보고』라는 제목으로 다시 출판하였다. 그런데 여기서 그는 이전 자신의 소설에서 별로 드러내지 못했던 장보고의 이미지를 동아시아 해상무역을 장악한 大商人으로 그리고 해양제국 건설자로 부각시켰다. 이는 1990년대 중반 이후에 '무역왕'으로 부활한 장보고를 소설 속에 그대로 반영한 것이라 할 수 있다.

심지어 최인호는 소설 『해신』에서 장보고를 '바다의 신'으로 부활시키려 하였다. 역사학의 관점에서 보면, 소설을 통한 최인호의 장보고 부활 시도는 분명 무모한 것임에 틀림없다. 그럼에도 최인호는 드라마와 다큐멘터리 같은 영상물을 동원해 자신의 목적을 어느 정도 달성하였다. 사실 최인호의 『해신』을 원작으로 한 드라마 '해신'은 사극으로서 성공한 작

---

21) 정한숙이 1959년 4월부터 1961년 6월까지 경향신문에 연재한 『바다의 왕자 張保皐』를 필두로, 송지영의 『大海濤 張保皐傳(1·2)』(1987, 호암출판사), 박광서의 『소설 장보고(상·하)』(1990, 외길사), 유현종의 『海王』(1992, 우석), 조영도의 『巨商 장보고(1·2)』(1995, 태학당), 조세호의 『해상왕 장보고(상·중·하)』(1999, 태학당), 박광서의 『천년의 대상 장보고(1·2·3)』(2001, 행림출판), 최인호의 『해신(1·2·3)』(2003, 열림원) 등이 그것이다.
한편 최영호는 앞의 논문(2002, 30쪽)에서 이춘희의 『장보고』(1992, 윤진문화사), 강태희의 『장보고』(1994, 윤진문화사), 이영호의 『장보고』(1994, 견지사)를 장보고 소설 속에 포함시켰다. 그러나 위의 책은 소설이라기보다 청소년들을 위한 위인전기의 성격을 띤 책이므로 본고에서는 이것들을 장보고 관련 소설에서 제외하였다.

품이라 할 수 없다. 그러나 이 드라마는 시청률 30%를 꾸준히 유지하며 '해신' 장보고를 국민의 머리 속에 각인시켰다. 그리고 2003년 새해 벽두에 대표적인 공영방송인 한국방송(KBS) 제 1TV에서 5부작으로 제작해 전국에 방송한 '최인호의 다큐로망 해신 장보고'[22] 역시 장보고를 해신으로 부활시키는데 나름대로 역할을 하였다.

이와 함께 장보고의 출생지로 여겨지는 전남 완도군에서는 최근 장보고 기념관을 세우고 높이 31.7m, 무게 50t 국모의 거대한 동상을 제작해 건립하였으며, 청해진 본영으로 추정되는 將島를 정비하고 매년 장보고 축제를 거행하고 있다. 뿐만 아니라 서울의 코엑스(COEX) 동쪽 문 앞 광장에 장보고 해상활동을 상징하는 조형물을 세워 장보고를 국제무역인의 표상으로 기념하고 있다.

한국에서의 장보고 붐은 중국에까지 영향을 미쳤다. 장보고가 세운 적산 법화원 정비사업이 대표적이다. 잘 알려진 바와 같이, 적산 법화원은 당 會昌 廢佛 와중에서 훼철된 이후 방치되어 왔다. 그러던 것을 1990년에 일본인들이 圓仁 추모사업의 일환으로 山東省 榮成市 石島鎭 西車村 적산 기슭에 새로 건립하였다. 그후 한국인들이 적극 참여하여 법화원 경내에 장보고기념탑과 각종 기념비를 세워 장보고의 업적을 선양하였고, 최근에는 중국의 赤山그룹에서 엄청난 규모의 자금을 투자해 적산 일대 수만 평에 걸쳐 경내를 확장하고 여러 불당과 장보고기념관을 건립하였다.[23] 사실 중국인들이 법화원을 확장, 정비한 것은 한국에서의 장보고

---

22) '최인호의 다큐로망 해신 장보고'는 한국방송공사 창사 30주년 기념 특집기획으로 제작한 작품으로, 2003년 1월 4일부터 5부로 나누어 방영되었다. 제1부는 신라명신의 비밀, 제2부는 붉은 바다의 신화, 제3부는 청해진의 야망, 제4부는 대해를 넘어, 제5부는 역사는 흐른다로 구성되어 있다.

23) 권덕영, 2001, 「在唐 新羅人社會와 赤山 法花院」, 『史學研究』 52, 67~77쪽.
于英蘭·丁鳳熙, 2004, 「"海上王"張保皐及其研究現況」, 『當代韓國』 제1기, 34~35쪽.

붐을 타고 유적지를 참관하려는 관광객 유치라는 현실적인 목적이 있었다. 경위야 어찌되었건 적산 법화원이 오늘날과 같이 거대 사찰로 재정비된 것은 한국에서의 장보고 부활 운동의 영향이었다고 하겠다.

이상에서와 같이 장보고는 우리 사회에서 화려하게 부활하였다. 20세기의 개막과 더불어 장보고는 종전의 충신과 역적이라는 유교적 명분론을 떠나 보다 실용적인 관점에서, 동아시아 해상무역을 주도한 유일한 한국인으로 부각되었다. 특히 1990년대 중반 이후 정부의 적극적인 관심과 지원으로 장보고 연구가 활성화되었고, 각종 소설과 영상물 그리고 조형물들이 제작되었으며, 관련 유적지가 정비되었다. 그 결과 오늘날 장보고는 단순히 뛰어난 국제무역상인의 이미지를 넘어 위대한 글로벌 CEO로 자리매김하였다. 심지어 그를 바다의 神으로 추앙하려는 움직임까지 일고 있다. 결국 장보고는 동아시아를 제패한 위대한 무역상인으로, 그리고 세계를 경영한 최고경영자의 표상으로 우리 앞에 되살아났다고 하겠다.

IV. 장보고 부활의 한계

사람들은 종종 역사는 '발견된(discovered)' 것이 아니라 '발명된(invented)' 것이라고 말한다. 사료가 극히 제한된 한국고대사에서 특히 그 말을 실감할 때가 많다. 장보고의 역사도 예외가 아니다.

전술하였듯이 오늘날 장보고는 9세기 동아시아를 제패한 국제무역상인이었고 나아가 글로벌 CEO로 평가되고 있다. 역사적 인물에 대한 평가는 철저한 사료검증과 객관적 사료해석에 기초한 종합적 판단에 따라야 한다. 그럼에도 장보고에 대한 역사적 평가는 그런 과정을 소홀히 한 채, 막연한 선입견에 의지한 측면이 많다.

그러한 데는 사실고증을 본연의 책무로 삼는 역사학자들의 책임이 크다. 모든 학문이 그러하겠지만, 역사학에서도 기초 자료의 수집과 정리는 매우 중요하다. 그런데 장보고 연구에 있어서는 다른 분야에 비하여 이상하리만큼 기초연구가 튼튼하지 못하다. 비록 최근에 들어와 장보고 관련 문헌자료집과 유적지에 대한 발굴보고서가 출간되기는 하였으나, 그렇게 만족스러운 수준은 아니다.

뿐만 아니라 장보고에 대한 기본적인 문제 역시 소홀히 취급하였다. 일반적으로 장보고를 莞島 출신이라 하고, 청해진의 본영을 완도 장좌리의 將島로 비정하고 있다. 그러나 엄밀히 따지면, 장보고가 과연 완도에서 태어났는지 그리고 장도가 청해진의 본영이었는지 분명하지 않다. 그럼에도 이러한 문제에 대한 진지한 논의가 이루어지지 않았다. 그리고 청해진의 조직체계와 운영방법이 어떠했으며, 장보고가 활용했다는 인적 네트워크의 실체가 어떠했는가에 대한 구체적인 연구도 없는 실정이다.

물론 이러한 기본적인 문제가 해결되지 않은 것은 장보고에 대한 자료가 극히 제한되어 있기 때문이기는 하다. 그렇지만 연구자들이 고고학·민속학·종교학 등의 연구 성과와 방법론을 종합적으로 고려하여 그러한 문제를 심각하게 고민한다면 해결이 전혀 불가능한 일은 아니라 여겨진다. 그러나 지금까지 그러한 문제를 소홀히 다루어왔다.

부실한 장보고 연구에도 불구하고 최근에 장보고 선양 붐을 타고 성급하게 그의 영웅화 작업이 시도되었다. 그 결과 장보고를 지나치게 과대포장하려는 경향이 일어나지 않을 수 없었다. 장보고의 성공적이 해상무역은 당시 재당 신라인들과 밀접하게 관련되어 있었음은 사실이다. 그렇다고 하여 장보고가 모든 재당 신라인들을 네트워크로 형성하여 자신의 무역활동에 활용한 것은 아니었다. 그럼에도 불구하고 대부분의 연구에서는 구체적인 사례나 실증적인 뒷받침이 없이, 장보고가 당나라 황해연안의 在唐 신라인사회를 일사 분란한 조직체로서 장악하고 활용한 듯이 인식하고 있다.

심지어 장보고 선단이 멀리 아라비아까지 진출하여 그들과 직접 무역한 것처럼 이해하여, 장보고의 활동범위를 황해와 동중국해는 물론 남중국해와 인도양까지 확대시키고 있다. 뿐만 아니라 신라 하대 禪宗의 발달과 장보고의 해상활동을 직접적으로 관련시켜 신라 불교사를 이해하기도 하고, 한국에서의 청자 제작의 시초를 장보고의 해상무역과 관련시키기도 한다.[24] 나아가 9세기 동아시아의 크고 작은 정치변동을 모두 장보고의 활동과 관련시켜 해석하려는 경향도 있다.

사실 장보고가 실질적으로 황해일대를 장악하고 해상무역을 독점한 것은 청해진 설치를 전후한 십 수년에 불과하다. 그처럼 짧은 기간 동안에 장보고가 동아시아의 경제와 문화 그리고 사회변화까지를 주도할 수 없었음은 자명하다. 그럼에도 지금까지의 많은 연구자들은 장보고를 9세기의 정치 · 경제 · 문화 · 사회변화를 해명하는 만능열쇠(master key)로 활용하고 있다. 다시 말하면 '9세기 동아시아의 역사는 모두 장보고로 통한다' 라고 할 정도로 장보고가 과장, 강조되고 있다. 거듭 말하거니와, 역사는 어디까지나 실증을 기초로 하는 학문이다. 장보고에 대한 연구와 인식 역시 예외가 아니다. 그럼에도 최근의 장보고 연구와 그에 기초한

---

24) 신라 하대 불교 발전과 청자제작을 장보고와 관련시킨 대표적인 논저 몇 개를 소개하면 아래와 같다.

조영록 외, 2004, 『장보고 선단과 해양불교』, 해상왕장보고기념사업회.

김수태 · 조범환, 2006, 『전라도지역의 선종산문과 장보고 집단』, 해상왕장보고기념사업회.

吉岡完祐, 1993, 「高麗靑瓷의 出現」, 『장보고 해양경영사연구』, 이진, 229~322쪽.

강봉룡, 2002, 「해남 화원 · 산이면 일대 靑磁窯群의 계통과 조성 주체세력」, 『전남사학』 19, 549~570쪽.

장보고의 '부활 작업'은 이러한 역사적 고증을 소홀히 하였다.

또 하나의 문제랄까 한계는 장보고를 한국이라는 좁은 울타리 속에 가두어두고 있다는 점이다. 오늘날 장보고에 대한 인식에 다소의 과장이 있다고 하더라도 장보고는 당시의 世界라 할 수 있는 당·신라·일본을 아우르던 이른바 세계인 혹은 국제인이었음은 분명한 사실이다. 다시 말하면, 장보고는 신라인들만이 아니라 동아시아 삼국인들이 주목하던 국제적 인물이었다. 그럼에도 오늘날 화려하게 부활한 장보고는 한국의 범위를 벗어나지 못하고 있다.

물론 중국과 일본에도 장보고 연구자가 있고 또 장보고의 위대성을 인식하는 사람들이 있다. 전술하였듯이, 일본의 경우는 비교적 일찍부터 장보고를 주목해왔다. 그러나 대부분이 장보고를 자국 승려 圓仁 연구의 부산물 정도로 인식하는 태생적인 한계를 가지고 있다. 그 결과 '해상무역왕' 장보고에 초점을 맞춘 연구와 관심이 저조할 수밖에 없게 되었다. 중국인들의 장보고에 대한 관심은 더욱 낮다.[25] 중국과 일본의 사정이 이럴진대, 서양의 경우는 말할 필요도 없다. 그럼에도 우리는 9세기에 '세계인'으로 활동하던 장보고를 세계화시키지 못하고 '우리'만의 장보고로 만들어 한국 속에 가두어두고 있다. 이 점 역시 장보고 부활의 또 다른 한계라 하겠다.

이러한 한계를 극복하기 위해서는 무엇보다도 장보고를 세계에 널리 알릴 필요가 있다. 이를 위해서는 장보고의 연구 성과를 영어, 일본어, 중국어는 물론이고 세계 각국어로 번역하여 외국인들에게 배포하는 것이 급선

---

25) 2007년 2월에 亞細亞海洋史學會가 해상왕장보고기념사업회에 제출한 『張保皐大使의 活動과 그 時代에 關한 文化史的 硏究』라는 연구결과보고서 속에 일본과 중국의 장보고 연구 성과가 잘 소개되어 있다. 일본의 연구 성과는 井上直樹가, 중국의 연구는 拜根興이 각각 정리하였다.

무이다. 그러나 아쉽게도 지금까지 그러한 노력이 전혀 이루어지지 않았다.

몇 년 전 한국해양전략연구소(KIMS)에서 "장보고의 해상활동과 그 유산"이라는 제목으로 장보고 연구 특집호를 간행한 적이 있다. 거기에는 필자를 포함한 7명의 연구자가 참여하였는데, 장보고의 영문표기가 공교롭게도 모두 다르게 되어 있었다.[26] 이처럼 장보고에 대한 영문표기조차도 통일되어 있지 않은 현실을 감안하면, 지금까지 우리가 장보고를 해외에 홍보하는 일에 얼마나 무관심했는지를 알 수 있다. 물론 이러한 역할은 해상왕장보고기념사업회와 같은 단체가 중심이 되어야 하겠지만, 개인 연구자들도 자신의 논문을 해외 학술지에 게재하려는 노력이 필요하다. 어쨌든 장보고에 대한 외국인들의 관심을 제고시켜 그들의 연구를 유도하고 아울러 국내 연구자들의 연구업적들을 외국어로 번역하여 세계 각국인들에게 장보고를 알리려는 적극적인 자세가 요망된다. 아울러 북한 학자들의 장보고 연구를 유도할 필요도 있다.

마지막으로 거론할 수 있는 것은 장보고 부활의 목적의식이 희박하다는 점이다. 역사는 단순한 옛날 이야기여서는 안 된다. 과거의 사건을 현재의 눈으로 해석하여 미래의 방향이랄까 유용성을 제시할 수 있어야만 진정한 역사라 할 수 있다. 전술하였듯이 20세기 초부터 많은 사람들이 장보고에 대한 '새로운' 연구에 매달려 왔다. 그 결과 오늘날 장보고는 화려하게 부활하였다. 그럼에도 그들은 왜 장보고를 부활시켜야 하는지에 대하여 심각하게 고민하지 않았다.

이런 점에서 장보고의 현대적 의의뿐만 아니라 미래의 활용에 대한 보

---

26) 한국해양전략연구소 편, 2002, 『STRATEGY21』 vol. 4-2(통권 8호).
　　필자는 장보고의 영문표기를 Chang Po-go라 하였으나, 신복룡은 Chang Bo-go, 전덕재와 김창석은 Jang Bo-go, 서영교는 Chang Bo-Go, 조범환은 Chang Po-Go, 고경석은 Changpogo, 장학근은 Chang Bo Ko로 표기하였다.

다 체계적이고 구체적인 연구가 요망된다. 장보고가 단지 역사 속의 장보고여서는 의미가 없다. 9세기 장보고가 이룩한 상업제국의 건설과 운영 그리고 대외무역의 방식을 현대에 적용하는 방안을 찾아야 한다. 그런 점에서 최근 장보고의 해양경영과 무역방식 그리고 국제무역의 성공비결 등을 찾아 현대 무역과 해양 정책에 반영하려는 움직임은 시사하는 바가 적지 않다.[27] 그러나 지금까지 대부분의 연구들은 구체성을 결여하거나 추상적인 구호로 거친 감이 있다. 따라서 역사 속의 장보고를 모델로 하여 장보고의 해양경영방식을 현대사회에 적용할 수 있는 보다 구체적이고 현실성 있는 모델을 개발할 필요가 있다.

V. 맺음말

　역사 속에는 많은 인물들이 등장한다. 왕과 재상에서부터 장군과 병졸, 승려와 학자, 양민과 노비에 이르기까지 실로 다양한 사람들이 우리 역사 속에서 明滅을 거듭하였다. 이들 가운데 대부분은 거의 잊혀지다시피 하였으나, 일부 선택받은 사람들은 후대인들에게 지속적으로 膾炙되고 연구되어 왔다. 장보고는 바로 후자에 속하는 대표적인 인물이다.

---

27) 김호성 외, 1999, 『장보고 그랜드디자인-21세기 한국의 국가발전전략』, 집문당.
　황상석, 1999, 『장보고를 알면 세계가 보인다 : 10만 국제무역상 양성을 제창하며』, 한눈.
　최민자, 2003, 『세계인 장보고와 지구촌 경영』, 범한.
　한창수, 2004, 『천년 전의 글로벌CEO, 해상왕 장보고』, 삼성경제연구소.
　방희석 외, 2006, 『장보고 CEO정신 재조명과 동북아물류 글로벌네트워크화 연구』, 해상왕장보고기념사업회.
　정필수, 2007, 『물류, 장보고와 징기스칸에게서 배워라』, 경희대학교 출판국.

장보고에 대한 관심은 그와 동시대를 살았던 사람들에서부터 고려와 조선시대를 거쳐 오늘날에 이르기까지 지속되고 있다. 특히 최근 한국의 세계화 정책과 보다 절실해지는 국제무역의 중요성으로 인하여 장보고에 대한 사회적 관심이 고조되었다. 이에 따라 장보고는 종전의 유교적 명분론에 입각한 역적 혹은 충신이 아니라 동아시아 국제무역을 장악한 무역왕 혹은 글로벌 CEO라는 보다 현실적인 인물로 다시 태어났다.

장보고가 화려하게 부활할 수 있었던 데는, 그들이 의도했든 그렇지 않았든, 몇몇 사람의 역할에 힘입은 바 컸다. 당나라 문인 杜牧과 일본 승려 圓仁은 장보고 관련 정보를 정리해 후세에 전함으로써 부활의 기초를 제공하였고, 미국의 동양학자 라이샤워는 장보고를 '무역왕'으로 자리매김함으로써 부활의 계기를 마련하였다. 그리고 역사학자 金文經은 장보고의 해상무역활동을 구체화시켰으며, 소설가 崔仁浩는 장보고를 대중에게 알리는데 기여하였다.

장보고 부활 작업은 다양한 형태로 진행되었다. 20세기 초반부터 시작된 학술 연구는 물론 소설과 영상물 그리고 조형물을 통해 '무역왕' 장보고의 이미지를 되살렸다. 그리고 장보고 관련 유적지 개발하고 장보고기념사업회와 기념관 등을 건립하여 부활한 장보고 이미지의 지속화를 꾀하였다. 어쨌든 오늘날 장보고는 동아시아를 제패한 위대한 무역상인, 나아가 세계 경영을 도모한 최고경영자의 표상으로 되살아났다.

그럼에도 장보고의 부활에는 몇가지 한계랄까 문제가 있다. 우선 역사 고증이 철저하지 못한 결과 장보고가 과대 포장된 측면이 있다. 다음은 '세계인' 장보고를 한국이라는 좁은 울타리 속에 가두어 둠으로써 그의 진면목을 널리 공유하지 못하였다. 마지막으로는 장보고 부활의 미래지향적 목적의식이 희박하였다. 따라서 추후의 장보고 부활 작업에는 이러한 한계를 극복하려는 노력이 뒤따라야 할 것이다.

통일신라시대 織物類의 생산과 대외 교역

김지은*

目　次

Ⅰ. 머리말

고대사회에서 교역은 국가 간의 공식적인 사절이 왕래하면서 이루어진 公貿易과, 개인적으로 이루어진 私貿易으로 대별된다. 공무역은 貢物과 回賜品을 주고 받는 형식으로 이루어졌는데 新羅는 당에 朝貢使를 파견하면서 '表文'과 '貢物'을 갖추고 이에 대해 唐은 勅書와 册封, 회사품을 내리는 조공관계가 이루어졌다. 특히 신라와 발해, 일본의 견당사들은 경제적·문화적 욕구가 강하여 공물과 회사품의 교환, 당의 官市 개설을 통한 교역, 互市를 통한 공무역을 행하면서 당문화의 수입과 자국문화를 당나

---

* 동국대학교 국사학과

라로 전파하는 역할을 수행하였다.[1] 조선술과 항해술의 비약적인 발전으로 8~9세기 들어 唐, 日本과의 교역활동은 더욱 활발해졌다.

통일신라시대의 대외교역은 지금까지 다양한 측면에서 연구가 진행되어 왔다. 8~9세기 동아시아 무역의 형태 및 교역물품의 상세한 내역과 재당신라인의 활동과 신라방 및 신라소의 기능, 청해진의 설치과정과 신무왕 옹립에 따르는 장보고와 신라조정과의 관계, 장보고 선단의 교역규모, 청해진 몰락 이후의 동아시아 교역체제의 변화, 일본에서의 신라·발해간의 경쟁적인 무역활동, 8~9세기 동아시아 삼국간에 이루어진 교역의 변천양상 등이 밝혀진 바 있다.

한 시대의 무역구조를 살펴볼 때 교역대상이 되는 상품은 필수적인 연구과제가 된다. 고대사회에서 하나의 물품이 교역 대상으로 취급된 데는 각각의 시대에 따른 어떤 목적과 의미가 있었기 때문이었을 것이다. 그런데 貿易品을 중심으로 貿易樣相을 다룬 논문은 그다지 많지 않다. 신라상인들이 동아시아 해상무역권에서 중심적인 역할을 담당했던 것과 南海무역을 통해 중국에 반입된 것까지 포함하여 신라와 일본에 중계한 것을 중점적으로 다룬 연구가 있다.[2] 또 현재까지 조공관계를 수행하는 과정에서 수반되었던 물품들을 총체적으로 파악하여 시기별로 구별한 연구도 있다.[3] 하지만 자신의 논지를 전개하는 가운데 공무역에서 수반된 물품들을 나열하여 정리하면서 부분적으로 언급되었을 뿐이다. 더욱이 개별

---

1) 전해종, 1970, 「中國과 韓國」, 『韓中關係史研究』, 일조각.
　권덕영, 1997, 「견당사의 활동」, 『고대한중외교사』, 일조각.
2) 이용범, 1969, 「삼국사기에 보이는 이슬람 상인의 무역품」, 『이홍직박사회갑기념한국사학논집』, 이홍직박사회갑기념한국사학논총간행위원회.
　이용범, 1976, 「해외무역의 발전」, 『한국사』 3, 국사편찬위원회.
　노덕호, 1983, 「나말신라인의 해상무역에 관한 연구」, 『사총』 27, 고대사학회.
3) 박남수, 1996, 『신라수공업사 연구』, 신서원.

적인 물품을 통해서 전체적인 유통상황을 살펴보기에는 아직 미흡한 점이 많다고 할 수 있다.

최근에는 고려青瓷의 기원을 중국 越州窯를 모방한 이른바 해무리굽청자에서 찾는 연구가 이루어지면서 청자를 통한 고대 동아시아의 무역루트가 모색되고 있다. 즉 주로 한반도 서남해안에서 수습된 대접의 형태와 굽의 모양이 해무리굽계청자로서 중국 절강성의 월주요산 청자 대접과 같은 계통이라고 간주하여 한국 초기청자의 해무리굽이 9세기 전반에 출현했을 가능성을 제시하였다.[4] 또 한반도에서 청자의 출현시기를 9세기로 보면서 그 高價의 상품적 가치를 인지한 장보고의 무역품 속에 포함되었을 것으로 짐작하기도 하였다.[5] 한편 9세기 청자제작을 뒷받침할 근거가 없고 중국 浙江지방의 吳越國으로부터 匠人들이 왕래함에 따라 이들로부터 청자제작기술을 배우기 시작한 고려 陶器匠人들에 의해 비로소 제작된 것으로 추정하여 9세기 청자제작설을 부인하거나[6] 혹은 해무리굽碗과 玉璧底碗의 형식적인 관계에 기초하여 10세기 중반설을 제시하기도 하였다.[7] 이와 같이 物品 하나만을 가지고도 다양한 측면에서 연구가 진행되고 있음을 알 수 있다. 특히 고대사회에서 교역된 물품들은 그 나름대로의 시대적 의미가 있었을 것으로 생각되므로 당시에 교역된 물품을 중심으로 살펴보는 것도 의미가 있을 것으로 보인다.

특히 唐과 日本과의 국제관계 속에서 큰 비중을 차지하는 신라의 교역

---

4) 吉岡完祐, 1979, 「高麗青瓷の發生に關する考察」, 崇田대학교 석사학위논문 ; 1993, 「高麗青瓷의 출현」, 『장보고 해양경영사연구』, 이진출판사.
5) 김창석, 2001, 「장보고 집단의 교역활동과 청자」, 『STRATEGY21』 winter vol.4-2.
6) 尹龍二, 1993, 『한국도자사연구』, 문예출판사.
7) 이희관, 2003, 「한국 初期青磁에 있어서 해무리굽碗 문제의 재검토」, 『미술사학연구』 237, 한국미술사학회.

품은 織物類였다. 이 직물류는 의류학 전공자들에 의해서 흥덕왕 9년 (834)에 반포된 사치 금지 교서[8]를 대상으로 개별직물들의 성분분석 및 각 섬유의 특징을 고찰하는 등 직물이나 복식과 관련하여 심도 있는 논의가 진행되어 왔다.[9] 이에 따라 일본 正倉院 소장의 직물이 주로 의류학 전공자들의 중요한 논문소재로 다루어지면서 이것과 흥덕왕대 사치금지 교서에 보이는 물품과의 對比的인 연구가 이루어지고 있는 실정이다.[10]

한편 역사학계에서는 그동안 대외관계 속에서 교역된 물품들을 시기별로 구분하는 등 자신의 논지를 전개하는 데 활용하기도 하였다. 織物類만을 다룬 논문은 일본인 학자에 의한 專論이 있지만[11] 국내에서는 김동욱이 처음으로 정창원 보물과 복식에 대해서 언급한 바 있다.[12] 최근에는 발해와 일본과의 교역관계를 직물을 중심으로 살펴본다거나[13] 발해의 수

---

8) 『三國史記』 권 33, 雜志 2, 色服·車騎·器用·屋舍.

9) 김동욱, 1971, 「흥덕왕 복식금제의 연구」, 『동양학』 1, 단국대 동양학연구소.
박옥련·이영주, 1995, 「당·신라·나라시대 복식의 비교연구」, 『경성대학교논문집』 16.
김인숙·이진영, 1997, 「興德王 服飾禁制에 나타난 半臂와 배당의 考證研究」, 『경희대학교논문집』 26.
이춘계·朴舜智, 1993, 「명칭으로 본 모직물의 발달」, 『복식』 21, 한국복식학회. : 1994, 「고대부터 고려까지의 모피물에 관한 고찰」, 『복식』 22, 한국복식학회.
민길자, 2000, 『한국 전통직물사 연구』, 한림원.
박선희, 2003, 『한국고대복식-그 원형과 정체-』, 지식산업사 外 다수.

10) 曺圭和, 1976, 「正倉院의 高麗錦」, 『대한가정학회지』 14-1, 대한가정학회.
이춘계, 1995, 『정창원의 복식과 그 제작국』, 일신사.

11) 關根眞隆, 1964, 『奈良朝服飾の研究』, 吉川弘文館, 東京.

12) 金東旭, 1988, 「正倉院 보물의 位相」, 『신라문화제학술발표회논문집』 9.

13) 전현실, 유송옥, 2000, 「渤海와 新羅의 服飾 比較 研究」, 『복식』 50-6, 한국복식학회.
전현실, 강순제, 2003, 「遣日本渤海使의 交流 品目에 나타난 服飾 연구 -일본 사료를 중심으로-」, 『복식』 53-6.

입 衣料에 대해 주변국과의 관계를 중심으로 입수한 횟수, 입수한 시기, 분량, 재질의 분석을 통해 이 衣料들이 갖는 사회적 의미를 양국간의 정치와 경제적 교류의 관점에서 이해한다거나[14] 모직물을 고려시대를 중심으로 대외관계 속에서 파악하기도 하였다.[15]

이상에서 살펴보았듯이 대외교역물품으로서 선호된 織物類에 대해서 여러 편의 연구성과가 나왔으나, 개별적인 성격과 의미에 대한 문제까지는 천착하지 못한 느낌이 든다. 사실 이러한 점에 대해서까지 규명할 수 있다면 고대사회에서 물품을 통해서 본 동아시아의 교역형태를 밝히는 데 큰 도움이 될 것으로 생각된다. 본 논문에서는 교역물품 가운데 가장 많은 수를 차지했던 織物類를 중심으로 통일신라 대외교역의 현황을 알아보려고 한다.

II. 직물의 생산, 특히 綿과 白氎布

한반도에서는 일찍부터 삼베, 모시, 명주 등 다양한 직물이 만들어져서 널리 이용되고 있었음은 잘 알려진 사실이다. 주지하듯이 신라에서의 직물생산은 이미 1세기 초엽부터 상당한 수준에 도달해 있었던 것으로 보인다. 『魏略』의 염사착설화에서 변한포 1만 5천필을 낙랑에게 주었다는

전현실, 강순제, 2005, 「對唐 · 對日本과의 交流關係를 통해 본 渤海의 服飾文化研究 - 교류시 품목을 중심으로」, 『복식』 55-4.

조효숙 · 이은진 · 전현실, 2007, 「백제 무령왕릉 출토 직물 연구」, 『복식』 57-8.

전현실, 2004, 「對外交流에서 나타난 渤海의 衣料 고찰 -對唐 · 對日 관계를 중심으로-」, 『선사와 고대』 21, 한국고대학회.

14) 전현실, 2008, 「발해 수입 衣料 연구」, 『동북아역사논총』 22, 동북아역사재단.

15) 張慶姫, 1998, 「高麗時代 毛織製作과 對外交涉」, 『白山學報』 50, 백산학회.

것이나[16] 한가위 길쌈놀이의 기원으로 알려진 『三國史記』 유리이사금조의 嘉俳기사는[17] 1세기 초엽에 사로국을 포함한 변진 지역에서 베(布), 麻布 등의 생산이 공동으로 이루어지고 있었음을 보여준다.

당시에 생산된 직물은 자가 수요 및 조세, 공물용으로만 사용된 것이 아니라 교환수단의 역할도 겸했으리라고 짐작된다. 7세기 중엽의 신라에서는 해마다 풍년이 들어 곡식 값이 떨어지는 관계로 수도 경주 도성 안의 시장물가가 布 1필 값이 벼로 30섬 또는 50섬이나 되었다[18]는 기록은 布가 농민들의 가내수공업으로 직조되어 상품으로 활발하게 유통되었음을 암시한다. 織物類는 신라 수공업의 높은 기술력을 보여주는 것으로 唐과의 조공관계를 수반하는 과정에서 국왕의 헌상물로 기능하거나 교역물품 가운데 가장 중요한 품목이었다.[19]

표-1 세기별 직물 명칭

	織 物 名
5~6세기	絹, 帛, 細布類
7세기	金總布, 錦, 金帛, 綾, 雜彩類, 30升布, 40升布, 唐絹
8세기	朝霞紬, 魚霞紬, 花氈, 色毛氈, 五色氍氀
9세기	大花魚牙錦, 小花魚牙錦, 朝霞錦, 30升紵衫段, 40升白氎布, 綺新羅組

표-1(박남수, 1996, 앞의 책, 72쪽)에서 보듯이 직물 명칭이 시대에 따라 다르게 나타나는 것은 신라의 織造기술이 점차 발달하고 수공업의 생산방식도 향상되고 있다는 것을 보여준다. 신라는 이미 7세기에 30升布

---

16) 『三國志』 권 30, 魏書 30, 東夷傳 韓.
17) 『三國史記』 권 1, 新羅本紀 1, 儒理尼師今.
18) 『三國遺事』 권 1 紀異 1, 太宗春秋公.
19) 박남수, 1996, 앞의 책, 109쪽.

나 40升布와 같은 섬세한 직물을 생산할 수 있을 만큼 고도의 기술력이 있었다. 30이나 40과 같은 수치는 직물의 섬세한 정도를 나타내는 것으로 짐작된다.[20]

  신라에서 직조된 織物類가 현존하고 있다. 1974년 5~6세기 왕릉으로 추정되는 天馬塚에서 일련의 섬유물 조각이 출토되었으며[21] 金冠塚[22]과 皇南大塚[23]에서도 직물조각이 출토된 바 있다. 또 慶山 林堂洞 고분군 가운데 5~6세기에 해당하는 고분에서 출토된 직물과 섬유류 26점의 특성이 조사된 바 있다.[24] 여기서 보라색을 띠는 자주색의 직물로 보이는 것은 진골 이상의 신분만이 사용할 수 있었던 자주색의 실체를 보여주는 희귀한 예라 할 수 있다. 또한 충진용으로 사용되었던 것으로 추정되는 眞綿(풀솜) 3점도 함께 발견되었다.[25] 이는 고대문헌에 기록되어 있는 絲 布, 綿은 眞綿을 방적하여 짠 견직물로서 6세기 초에 복식의 충진용으로 진면을 사용했음을 실증하는 중요한 유물이라 하겠다.[26]

---

20) "우리나라 북도에는 한필 포가 밥그릇에 들어가는 것이 있으니 이것이 바로 40승포의 종류이다.(我國北道, 有入鉢布卽此類)"『星湖僿說』권 6, 萬物門에서 후대의 자료이지만 손끝에서 만들어진 40승포가 얼마나 정교한가를 짐작할 수 있다.

21) 문화공보부 문화재관리국, 1974,『천마총』, 242~246쪽.
    섬유질의 분석결과 平織과 1/2綾織의 직조법이 있었고 이들 베를 浸染에 의해 염색하거나 夾纈에 의해 날염하여 염색하였다고 한다.(金相溶,「遺物을 通하여 본 古代 纖維技術 -경주 황남동 155호 고분출토 섬유물의 분석고찰-」,『직물검사』2-2, 1974.) 이것은 신라의 직조기법과 수준 높은 염색법이 있었음을 알 수 있다.

22) 조선총독부, 1928,『慶州金冠塚と其遺寶(도판)』, 도판77·94·95.

23) 문화재관리국 문화재연구소,『皇南大塚Ⅱ』남분 발굴조사보고서, 도면97.

24) 嶺南大學校 博物館 學術調査報告, 2003,『慶山林堂洞遺蹟(Ⅶ)』, 43·46·69·73· 75·135쪽.

25) 박윤미, 2008,「신라 5~6세기 임당고분군 직물의 특성」,『복식』58-1, 14쪽 재인용.

26) 5B1호분 주곽 과대(도면번호 24-1)의 진면은 錦과 평견직물 사이에 있는데 겉감에는 錦을 그리고 안감으로는 평견직물을 사용하고 중간에 진면을 넣어서 충진용으로 사용한 것으로 보인다. 眞綿은 방적을 하면 絹絲가 되어 錦紬를 제직하는 것이

통일신라시대 생산된 물품이 교역되었음을 알려주는 자료는 752년이라고 기록되어 있는 『買新羅物解』라고 할 수 있다. 이 문서는 관품 5위 이상의 일본귀족들이 신라로부터 물품을 구입하기 위해 그들이 필요로 하는 물품의 내용을 기록하여 일본 대장성에 제출한 구입허가신청서이다. 이에 대한 자세한 연구는 일인학자들에 의해 이루어진 바 있다.[27] 일본 奈良의 正倉院에 소장되어 있던 鳥毛立女屛風을 수리하던 중 여기에 덧붙인 속종이에서 모두 30건의 고문서가 발견되면서 세상에 알려지게 되었다. 문서의 작성일자는 天平勝寶 4년(752) 6월 15일자를 최초로 하여 16, 17일 그리고 20일자로부터 26까지 연속으로 기재되어 있다. 이 문건에 기록된 물품들은 직물, 향료, 안료, 염료, 금속, 기물 등 매우 다양하다. 그러므로 당시 신라사회에서도 이 문서에 기재된 물품들이 널리 유통되고 있음을 알 수 있다.

우리나라 고대문헌에 綿에 대한 기록은 많지가 않다.[28] 그런데 신라사회에서 생산된 물품이 일본의 大宰府에서 교환되면서 일본에서 그 값으

되며 錦紬는 누에의 필라맨트사로 직조한 평견직물과는 달리 마치 무명과 같은 느낌이 드는 독특한 직물이라고 한다.(박윤미, 2008, 위의 논문, 14쪽).

27) 東野治之, 1974, 「鳥毛立女屛風下貼文書の研究 －買新羅物解の基礎的考察」, 『史林』 57-6.

東野治之, 1977, 「正倉院氈の墨書と新羅の對外交易」, 『正倉院文書と簡の究』, 塙書房.

皆川完一, 1994, 「買新羅物解拾遺」, 『正倉院文書研究』 2, 正倉院文書研究會, 吉川弘文館.

池田溫, 1995, 「天寶後期の唐・羅・日關係をめぐつて」, 『春史卞麟錫敎授還曆紀念唐史論叢』, 唐史論叢編纂委員會.

28) "馬韓人知田蠶 作緜布……"(『後漢書』 권 85, 東夷列傳 75, 馬韓)

"十四年 夏 遣使倭國 送白綿十匹"(『三國史記』 권 25, 百濟本紀 3, 腆支王)

"甲具馬一匹 綾五匹 絹細布各十匹 綿十五稱 王其領之"(『三國史記』 권 6, 新羅本紀 8, 文武王 上)

"懸牛馬皮綿衣"(『三國史記』 권 5, 新羅本紀 5, 太宗王)

"鞍坐子用綿紬絁布皮"(『三國史記』 권 33, 雜志 2, 車騎)

로 상정하였던 것의 대부분이 綿이었다는 점을 주목하고 싶다. 그런만큼 綿에 대해서 좀 더 살펴볼 필요가 있다. 다음 표-2는 비교적 문서의 원형이 남아 있는 『買新羅物解』의 내용 중 新羅物을 구입하면서 그 구입댓가로 지불한 것을 발췌한 것인데(李成市, 1999, 『동아시아의 왕권과 교역』, 청년사) 이를 보면 주로 綿, 絲, 絁 등이었음을 확인할 수 있다.

표-2. 『買新羅物解』의 관련기사

	근 거	구입년도
直物 綿六百十斤	『續修後集』43卷, 古25四四	천평승보4년육월십오일
價綿壹伯捌□□□此中黑綿貳拾斤	尊, 古25四五	천평승보4년유월십오일
以前物等價綿(壹伯斤)	『續修後集』43卷, 古3五七九, 古25四五	천평승보4년육월십육일
以前念物并價等顯注如件謹解	尊, 古25四七	천평승보4년육월십칠일
□□□□中東絁二匹 糸百斤綿百五十斤	『續修後集』43卷, 古3五七九 −八0−	천평승보4년육월이십일일
商綿二百斤	『千古遺響』所收	천평승보4년육월이십일일
□價綿肆伯伍拾斤 絲壹伯貳拾斤	『千古遺響』所收	천평승보4년육월이십이일
儲價物綿伍伯斤 絲參拾斤	尊, 古25四八−五0	천평승보4년육월이십삼일
價直物 絹壹拾參匹 糸壹伯貳拾斤 綿壹伯□拾斤	尊, 古25五0	천평승보4년□
□□□□種 價物□□拾匹 綿陸伯伍拾斤	『續修後集』43卷, 古3五七八, 五八〇, 五八一	천평승보4년육월이십사일
絁卄四 糸一百五斤 綿六百卄斤	『千古遺響』所收	천평승보4년육월□□
價絲壹伯斤(?) 綿□伯□拾斤	『屏風第五扇』	천평승보4년육월이십육일
價庸綿參伯斤	『千古遺響』所收	천평승보4년칠월팔일
合八種 直綿四百斤	尊, 古25五一	천평승보4년육월

新羅物에 대해서 일본 측은 주로 原料에 해당하는 것을 지불했는데 그 중 가장 많은 양을 차지하는 것이 綿이다. 그런데 한국측 기록에는 나오지 않지만 일본측 기록에 의하면 신라는 경덕왕 11년(752) 왕자 韓阿湌

金泰廉 이하 700여 명의 사절단이 7척의 배로 일본에 파견되었다고 한다.[29] 당시의 사절단은 신라와 일본의 관계가 악화된 743년 이후 거의 10여 년만에 신라에서 일본으로 파견된 사절단으로 신라 중대를 통해서 일본에 파견된 사절단 중 최대 규모였다. 이 가운데 일부는 신라상인이 포함되어 있었다고 짐작된다. 752년 파견된 김태렴 일행의 사절단과 역시 752년으로 밝혀져 있는 『매신라물해』의 내용과의 직접적 관련성을 나타내주는 단서는 없지만 당시의 정황에서 兩者는 서로 무관하지 않았을 것으로 보인다.

표-2 에서 볼 수 있듯이 신라상인들이 가지고 간 新羅物들이 일본 대재부에서 일본관인들에 의해 구입되고 그 댓가로 지급된 것이 다량의 綿[30]이었는데 이 면은 신라상인들에 의해 다시 신라국내로 반입되었을 것으로 상정할 수 있다. 정창원에는 신라와 일본의 교역을 입증해 주는 毛氈이 2점 있고 두 장의 布記에는 각각 묵서가 있는데 분석 결과 신라에서 '염물을 糸 또는 綿으로 얻을 수 있도록'[31]한 것으로 당시 綿은 신라물에 대한 댓가로 중요한 것이었다. 이로써 신라인들의 綿에 대한 욕구가 강했음을 알 수 있다.

綿은 신라와 일본과의 교역결제수단으로 사용되었을 뿐 아니라 발해가 일본으로부터 입수한 衣料제품으로도 널리 사용되었는데, 그 수량은 막

---

29) "大宰府奏新羅王子韓阿湌金泰廉 貢調使大使金暄及送王子使金弼言等七百餘人乘船七艘來泊"(『續日本紀』 권 18, 孝謙天皇 天平勝寶 4년[752] 윤3월)

30) "左右大臣太宰綿各二萬屯 大納言諱弓削御淨朝臣淸人 各一萬屯 從二位文室眞人淨三六千屯…爲買新羅交關物也"(『續日本紀』 권 29, 神護景雲[768] 甲子)

31) 이성시는 2점의 布記를 신라 귀족이 모전을 내놓고 그에 대한 염물의 획득을 지시한 내용이라고 상세히 분석했다. 즉 "紫草娘宅紫稱毛一 念物糸內綿內得追亏今綿十五斤小 長七尺廣三尺四寸"는 자초랑택이(대가로) 자색의 색전을 1장 염물을 糸나(혹은) 綿으로 얻을 수 있도록 綿15 근소는 색전의 대가로 얻었고 마지막은 색전의 크기를 표시하는 것으로 밝혔다.(이성시, 1999, 앞의 책, 41~64쪽)

대한 것이었다. 『延喜式』 賜蕃客例에 의하면 당시 일본 遣唐使가 唐 조정에 증정한 조공품목에는 絁, 絲, 綿, 布와 같은 섬유 제품이 포함되어 있다.[32] 이것들은 당 황제에게 증여하는 물품이었는데, 실제로 관례적인 조공품으로도 이용되었고 발해와 일본과의 교류 과정에서도 같은 衣料들이 기록되어 있다.[33]

발해가 증정받은 眞綿 들은 「正倉院 編年文書」에서도[34] 다량 확인되는데 분량이나 횟수면에서도 발해가 입수한 衣料 목록 가운데 가장 많은 수에 해당한다. 이것은 당시 발해가 綿을 생산할 수 있었음에도 불구하고 기후적 조건으로 생산량이 충분하지 않았기 때문에 부족한 양을 충족하기 위해 적극적으로 일본으로부터 衣料를 입수했을 것으로 볼 수 있다. 발해는 일본으로부터는 견직물을 직조하기 위한 재료인 綿(풀솜)이나 絹絲를, 唐과 五代로부터는 이미 직조가 마무리된 견직물을 대량 입수하고 있었다.[35]

綿은 방적을 하면 絹絲가 되어 錦紬를 製織하는 것이 되며[36] 견직물의

---

32) "大唐皇銀大五百兩 織絁美濃絁各二百疋 細絁黃絁各三百疋 黃絲五百絇 細屯綿一千屯 別途彩帛二百疋 疊綿二百帖 屯綿二百屯 紵布卅端 望陁布 百端 木綿一百帖……"(『延喜式』 권 30, 大藏省 賜蕃客例) 일본조정에서 파견된 견당사를 통해 당 조정에 전한 품목이다. 하지만 『延喜式』이 싱립한 延喜(901~922년)-延長(923~930)의 시기는 이미 견당사 파견이 정지된 시기이므로 이 내용은 이전에 정해졌던 式條를 답습한 것이고 일본에 내항한 당 사절을 통해 당의 황제에 증여된 것이다.(東野治之, 1992, 「遣唐使の文化的 役割」, 『遣唐使と正倉院』, 東京 岩波書店, 39쪽)

33) "渤海王絹卅疋 絁卅疋 絲二百絇 綿三百屯 並以白布裹束 大使絹十疋 絁卅疋 絲五十絇 綿一百屯 副使絁卅疋 絲卅絇 綿七千屯 判官各絁十五疋 絲卅絇 綿十五屯 錄事 各絁十疋 綿卅屯 譯語史生及首領各絁五疋 綿卅屯"(『延喜式』 권 30, 大藏省 賜蕃客例)

34) 일본의 고문서집인 『大日本古文書』가운데 한 종류로 정창원 문서를 중심으로 한 奈良시대 및 그 이전의 문서를 정리한 것이다.

35) 전현실, 2008, 「발해 수입 衣料 연구」, 『동북아역사논총』 22, 동북아역사재단, 294~297쪽.

36) 주 26) 참조.

효과를 낼 수 있다. 따라서 신라사회는 국내로 들여온 綿을 가지고 신라 궁중수공업장이나 진골귀족의 가산공방에서 일련의 생산과정을 거쳐 다시 朝霞紬나 魚霞紬와 같은 섬세하고도 아름다운 직물로 재가공했을 것으로 짐작된다. 신라는 일본과의 교역을 통해 주로 原料製品들을 많이 구입하여 신라국내의 뛰어난 수공업생산기술력을 기반으로 보다 더 정교하고 아름다운 직물을 재가공하여 중국과 일본으로 수출하였다고 생각된다.

한편 신라는 경문왕 9년(869) 40升 白氎布를 唐에 보낸 바 있다.[37] 40승 백첩포는 고도의 섬세한 기술을 토대로 하여야만 직조가 가능한 직물로 동아시아에서 신라에서만 가능하였다.[38] 그렇다면 백첩포가 과연 어떤 직물인지 알아보자. 우선 사전적 의미[39]에서 모직물과 木棉으로 된 직물로 이해하는 두 경우가 있고 疊과 氎은 동일한 개념으로 사용할 수 있다. 그런데 그동안 주로 毛織物로만 이해하였고[40] 이러한 경향은 이후에도 '氎'字가 있을 경우 모두 모직물로 이해하는 결과를 초래하였다. 그렇지만 풀솜으로 만든 포를 氎布라 하고[41] 高昌지역에서는 백첩자라고 하였는

---

37) 『三國史記』 권 11, 新羅本紀 11, 景文王 9년.

38) 민길자, 2000, 앞의 책, 29쪽.

39) 諸橋轍次, 『大漢和辭典』 권 6, 17020쪽, 大修館書店. 「毛織物」항이다. 白氎布는 棉(木棉·草綿) 열매의 纖維(綿絲)로 제직된 布이며 棉(植物)이 중국에 移植되었던 것은 六朝以後이므로 그 이전의 중국인이 西域의 棉實을 보고 혹은 野蠶의 繭로 생각하고 혹은 毛의 일종이라고 보았을 것이다. 주로 후자의 이유로 인해 毛旁의 字를 써서 白氎이라고 기록하였을 것이다.

40) "다음은 毛織物인데 상당히 많이 사용되었는 바 그 가운데 白氎布라는 것은……." (李如星, 1947, 『朝鮮服飾考』, 白楊堂, 301쪽) ; "白氎布는 毛織物의 일종으로서…… 白疊布는 아마도 白氎布의 誤書이거나 그렇지 않으면 氎자를 疊자로 略해 쓴 것이 아닌가 한다."(유희경, 1980, 『한국복식사연구』, 이화여자대학교 출판부, 122쪽). : 그밖의 북한학자들도 『삼국사기』와 『고려사』의 번역에서 白疊布 혹은 白氎布를 모두 모직물로 해석하고 있다.

41) "劫波育 或言劫貝者 訛也 正言迦波羅 高昌名氎 可以爲布 罽賓以南 大者成樹 以北形小 狀如土葵 有殼 剖以出華如柳絮 可縫以爲布也"(玄應, 『一切經音義』 권 1, 「大方等大集

데 이것을 가지고 포를 짜서 물물교환에 이용하거나[42] 백첩은 木綿으로
짠 것이며 중국에서 생산된 것이 아니라[43]는 사료를 근거로 백첩포를 면
직물로 보는 견해도 제시되었다.[44] 兩者의 이해문제는 대학 직물관련 학
과에서 논의가 이루어지고 있는 실정인데, 어쨌든 통일신라시대에는 면
직물로 사용된 것으로 생각된다.

　고구려도 아름다운 백첩포를 만들었고[45] 신라는 9세기에 백첩포를 당
에 예물로 보냈으며, 고려에서도 혜종 2년(945) 백첩포를 後晉에 보낸 바
있다.[46] 백첩포는 당시 중국의 서북 변경인 高昌의 주요상품으로 唐이 고
창지역을 점령한 뒤 군수품으로 받기 시작하면서 중국에 널리 알려졌다
고 한다.[47] 당시 중국은 백첩포를 귀한 물품으로 생각하였고, 신라인의
뛰어난 기술로 재직된 백첩포를 당나라에 보냈을 터이다.

　이상에서 白疊布 또는 白氎布는 唐代까지 중국에서는 생산되지 않았던
것에 비해서 신라는 9세기에 이미 백첩포라는 아름다운 면직물을 생산할
수 있었고 그 당시 다량의 고운 솜들을 서역에서 수입된 것으로 보기도

經」 권 15, 音義)

42) "高昌多草木　草實如蠒, 蠒中絲如細纑　名爲白疊子. 國人多取織以爲布　布甚軟白　交市用
　　焉"(『梁書』 권 54, 西北諸戎傳 高昌傳)

43) "其帛絮細布千鈞　文采千匹　榻布皮革千石"(『史記』 권 129, 貨殖列傳)의 榻布에 대해 안
　　사고는 거칠고 두터운 포이며 白疊과는 다르다고 했고, 『漢書音義』는 "榻布 白疊也"
　　『廣志』는 "疊 毛織也"『史記正義』에서는 "白疊 木綿所織 非中國有也"라고 했다.

44) 백첩포가 면직물일 가능성은 민길자에 의해 제시되었고 박선희의 심화된 연구가
　　있다.(민길자, 2000, 앞의 책, 43~45쪽. 및 박선희, 2002, 앞의 책, 190~217쪽) 특
　　히 고구려와 통일신라시대 중국, 인도, 동남아시아, 중앙아시아 등의 면직물을 지
　　칭한 것으로 이해하여 문익점이 우리나라에 목화를 전래하기 이전에 이미 면직물
　　이 만들어졌다고 한다.

45) 『翰苑』 권 30, 蕃夷部, 高驪記云.

46) 『高麗史』 권 2, 惠宗 2년.

47) 박선희, 2002, 앞의 책, 196쪽.

하지만 통일신라는 일본과의 교역을 통해서 신라물품의 교환 수단으로서 많은 綿을 가져온 것이다. 국내로 들여온 다량의 綿들은 신라 內省 산하의 수공업관청과 귀족들의 가산공방에서 재가공되어 우수한 품질의 '白氎布'라는 직물로 다시 재직되었고 이러한 물품은 중국에서는 생산되지 않았으므로 唐에 예물로 보내지기도 했을 것으로 짐작된다.

Ⅲ. 모직물의 생산과 源谷羊典

목축을 하던 유목민족과는 달리 전통적으로 농업 위주인 우리나라에서는 毛織物의 사용이 견직물이나 삼베, 모시, 목면들보다 그다지 보편적인 것은 아니었다. 특히 신라는 남부지방에 위치한 지리적 이유로 모직물의 선호도는 높지 않았을 터이지만 궁중수공업 관청속에 皮典, 打典, 皮打典, 鞦典, 鞜典 등이 있었던[48] 것으로 보아 세분화된 가공공정을 거쳐서 가죽 직물을 사용했을 것으로 짐작된다.

우리나라에서 모직물의 일종인 罽[49]에 대한 구체적인 기록은 "부여에서 외국에 나갈 때 비단옷과 자수를 놓은 의복이나 모직물인 罽로 옷을 입었다"[50] 라고 하는 것이 처음이다. 罽는 꿩과의 鶡雉의 털로 짠 푸른빛의 모직물로[51] 『爾雅』釋詁「氂 罽也」의 註에「毛氂所以爲罽」의 疏에「罽者

---

48) 『三國史記』 권 39, 雜志 8, 職官(中).

49) 顔師古는 "罽 織毛, 若今氍及氀毼之類"(『漢書』 권 1, 高帝紀)라 하고, "木土衣綺繡 狗馬被績罽 以金銀飾腰"(『漢書』 권 65, 東方朔傳)이며 그 註에 "罽織毛也 則 氀毼之屬"라고 하여 모직물을 말하는 것이다.

50) "出國則尙繪繡錦罽"(『三國志』 권 30, 烏丸鮮卑, 東夷傳, 夫餘). ; "……其出使乃衣錦罽……"(『晋書』 권 97, 列傳 東夷, 夫餘國)

51) '輕毛鶡雞'에 대해 郭璞은 "山海經曰 鶡雞似雉而大 靑角 有毛角 鬪敵死乃止."(『後漢

織毛爲之若今之毛罷也』라 하였으니 오늘날 라샤(raxa) 계통의 모직물에 해당되는 것으로 생각된다.[52]

지리적으로 북방지역에 위치한 부여는 남쪽지역의 한인들이 모직물을 귀하게 여기지 않은 것과 대비된다. 중국에서도 이러한 경향이 나타나 주로 중국의 서북 지구에서 많은 품종의 모직물이 생산되었는데 당시 모직물은 북방민족이 거주하는 지역에서만 특수하게 발달되었던 물품이었다.[53]

통일신라시대에도 罽를 착용한 기록이 있다. 신라는 통일전쟁을 수행하면서 시대적 요청에 따라 통일 이전에 창설된 부대가 존속되거나 새로운 부대가 창설되는 등 兵制에도 큰 변화가 있었다. 특히 태종무열왕 원년(654)에 罽衿幢이 창설되었는데,[54] 그 명칭으로 보아 부대의 휘장에 그물처럼 무늬를 새긴 부대로 이해되기도 하지만[55] 모직으로 제작된 직물을 부대의 휘장으로 사용했을 것으로 생각된다. 또 북방경비를 위해 태종무열왕 원년과 문무왕 12년(672)에 설치했던 二罽幢[56]도 동일하게 衿色으

書』 권 86, 南蠻西南夷列傳)라 했다.

52) 김동욱, 1979, 『한국복식사연구』, 아세아문화사, 101쪽.
『三國史記』 권 33, 雜志 2, 色服條에 罽繡羅, 罽繡錦, 罽繡, 罽羅 등 다양한 罽직물이 보인다.

53) 중국도 이른 시기부터 모직물은 발달하지만 罽의 기록은 東漢때 '氈罽'를 세금으로 부과하게 된다거나 "楝之日…東漢光武末…置永昌郡統之 賦其鹽布氈罽以利中土"(『新唐書』 권 120, 列傳 45, 張楝之傳), 흉노에서 韓邪라고 부르는 사람이 혼자서 수도에 들어올 때 산처럼 많은 모직물을 가지고 왔다.(『太平御覽』 권 708, 漢 宣帝 甘露 2年)라고 하여 貢賦와 새외민족과의 교섭으로 그 존재가 비로써 확인된다.(張慶嬉, 앞의 논문, 118쪽)

54) "罽衿幢 太宗王元年置 衿色罽"(『三國史記』 권 40, 雜志 9, 職官 下, 武官)

55) 이인철, 1993, 『신라정치제도사연구』, 일지사, 350쪽.

56) "二罽幢 或云外罽 一日漢山州罽幢 太宗王元年置 二日牛首州罽幢 文武王十二年置 衿色 皆罽"(『三國史記』 권 40, 雜志 9 職官 下)

로 罽를 사용하며 이후 흥덕왕대는 각 신분에 따라 罽의 사용을 제한하고,[57] 고려시대에는 罽錦이라는 명칭이 보이거나[58] 罽屏[59]을 송나라에 보내기도 하였다.

신라사회에서는 7세기 대부터 모직물의 한 종류인 罽를 사용한 듯한데 그 원료는 꼭 양털이 아니라 당시 널리 사육되고 있던 가축의 털을 원료로 했을 가능성이 있다. 신라시대의 목축업은 노동편성의 중요한 부문이었다. 군마의 조달, 피혁의 제조, 모직의 생산은 반드시 목축업을 전제로 해야 한다. 『三國史記』에는 문무왕 9년(669), 馬阹를 무려 174곳을 설치하였는데 所內 22곳, 官에 10개소가 속하고 庾信태대각간에게 6곳, 仁問태각간에게 5곳, 이찬 5인에게 각 두 곳, 파진찬 6인과 대아찬 12인에게 각 한 곳씩 사여하였고, 이하 74개소는 편의에 따라 사여한 바 있다.[60] 이를 통해서 당시 목마가 성하였음을 알 수 있고 司牧府, 白川苜蓿典, 漢祇苜蓿典, 蚊川苜蓿典 등은 직 간접적으로 목축업과 관계되는 것으로 짐작된다.

따라서 7세기 통일전쟁을 수행하는 과정에서 설치된 罽衿幢과 二罽幢은 신라사회에서 널리 사육되던 가축의 털을 원료로 해서 모직물을 제작하여 부대의 휘장으로 이용했던 것으로 보인다. 고려시대에는 모직물을 생산했던 罽匠을 잡직서에 소속시켰던[61] 것으로 보아 국가에서 전문적으로 그 생산에 주력하였음을 알 수 있다.

다음으로 신라에서 일본으로 교역된 물품 가운데 花氈이 있다. 우리나라에서 보이는 최초의 기록은 백제에서 일본에 䶱氈을 보냈다는 기록이

---

57) 『三國史記』 권 33, 雜志 2. 色服 · 車騎 · 器用 · 屋舍.

58) 『高麗史』 권 2, 世家 2, 惠宗 乙巳 2년(945).

59) 『高麗史』 권 9, 世家 9, 文宗 庚申 34년(1080).

60) 『三國史記』 권 6, 新羅本紀 6, 文武王(上).

61) "祿俸 諸衙門工匠別賜"(『高麗史』 권 80, 志 34 食貨 3)

며[62] 이후 흥덕왕대 사치 금지 교서[63]에도 보인다. 毛氈은 양이나 산양의 털을 겹쳐서 수분, 증기, 압력, 마찰 등을 가하여 축융시킨 펠트로서[64] 주로 깔개로 사용했다. 752년 신라와 일본과의 교역관계를 알 수 있는 『買新羅物解』에 각종물품과 함께 毛氈이 포함되어 있고, 현재 정창원에는 '紫草娘宅 行卷韓舍…'라는 하찰 첩포기가 부착되어 있어 신라에서 생산된 것임을 알려주는 花氈이 소장되어 있다.[65] 자초랑택은 毛氈의 제조업자 家號라고 할 수 있으므로 신라의 자초랑택이라는 진골귀족의 가산공방에서 생산된 고급모직물이 일본에 전해진 것으로 볼 수 있다. 이를 통해 8세기 진골귀족들이 확대된 경제기반을 배경으로 생산과 교역활동을 전개하고 있었음이 충분히 짐작된다.

신라에서 8세기 중엽까지는 가죽 모피류로서 鹿皮, 豹皮, 鞍皮 등이 주로 이용되고 이후에는 勒鞦와 靴氈, 緋氈, 花氈, □裁氈 등의 모직물이 대외 수출품으로 활용된 듯 하다.[66] 이렇게 시기별로 신라에서 사용되었던 가죽 모피류가 차이가 나는 것은 이전시기에는 신라 내성 산하의 궁중수공업장에서 생산된 물품이고 8세기 중엽에 이르러서는 진골귀족의 가산공방에서도 생산되었기 때문으로 보인다.[67] 특히 이 시기에는 모피류인

---

62) "但奉好錦二匹氎氈 一領."(『日本書紀』 권 19, 欽明天皇 15년(554)).

63) 『三國史記』 권 33, 雜志 2. 色服 · 車騎 · 器用 · 屋舍.

64) 奈良國立博物館, 1998, 『正倉院展』, 奈良 : 奈良國立博物館, 61쪽.

65) 첩포기에 대한 자세한 분석은 이성시의 책이 참고 된다.(李成市, 1999, 앞의 책)

66) 8세기 중엽을 기준으로 이전시기를 1기로 하여 鹿皮, 豹皮, 鞍皮 등이 이후 2기에는 勒鞦와 모피류인 靴氈, 緋氈, 花氈, □裁氈 등이 대외수출품이었다고 구분하였다.(박남수, 2007, 「통일신라의 대일교역과 애장왕대 '교빙결호'」, 『사학연구』 88호, 한국사학회, 439~440쪽)

67) 8세기 중반을 중심으로 볼 때 직물류의 경우 7세기 후반부터 8세기 전반까지의 1기 교역물품이 제2기의 물품보다 훨씬 화려하고 다양하다고 하며 이러한 물품상의 특성은 전자의 경우는 신라왕실에서 생산된 물품이 일본 국왕과 왕실에 증여된 것이었고 후자는 일본 관료층을 수요자로 하여 신라궁중수공업품보다는 진골귀족 등

氈의 선호도가 높아져 대외수출품으로 활용되고 있음을 알 수 있고 고려시대에는 최고급 물품으로서 대외교섭의 핵심품목이기도 했다.[68]

신라에서 생산된 모직물은 조공과 사무역을 통해서 唐과 日本으로 전해졌다. 신라산 모직물에 대한 평판은 당에도 전해져 蘇鶚의 『杜陽雜編』이나 『三國遺事』 등에 다음과 같은 내용이 전한다.

① 때때로 신라에서 氍毹를 바쳤다. 교묘하고 아름답게 만들어서 또한 당대의 최고였다. 사방천지가 되는 칸마다 춤추고 노래하며 악기를 연주하는 모습, 여러 나라의 산천의 모습이 들어 있고 홀연히 미풍이 불어오며 벌과 나비가 움직이고 제비와 참새가 날아 춤춘다. 이를 굽어보면 실제와 흡사하여 진위를 구별할 수 없다.(蘇鶚, 『杜陽雜編』)

② 工에게 명하여 五色氍毹를 만들게 하고 또 沈檀木과 明珠, 美玉에 조각하여 산모양을 만들도록 하였는데 높이가 1장 남짓이었다.… 이를 만불산이라 이름하였는데… 완성하자 사신을 보내어 중국의 황제에게 바쳤다. 代宗(762~779)이 이를 보고 신라의 기술은 하늘이 만든 것이지 인간이 만든 것이 아니로다' 라고 감탄하였다.(『三國遺事』 권 3, 塔像 3, 四佛山 掘佛山 萬佛山)

③ 合織絨并 氈貳拾捌床

佛物織絨一床 法物高麗織絨一床

通物卄六 床之中三床織絨 六吉氈 一七惡氈(「大安寺伽藍緣起并流記資財帳」 747년)

위의 사료 ①은 8세기 중엽 신라에서 모전을 제조하는 기술수준이 당에도 알려질 정도로 뛰어났던 사실을 보여준다. 氍毹는 화려한 깔개로 궁중

일반 수공업장에서 생산된 것으로 이해한다.(박남수, 2007, 위의 논문, 437쪽)

68) 張慶姬, 1998, 앞의 논문, 116쪽.

수공업장에서 직조되었지만 진골귀족들의 宅에서도 왕실에 버금가는 가산공방이 갖춰져 있었으므로 宅의 공방에서도 생산되고 있었다.[69] 사료 ②는 『삼국유사』에 왕이 명하여 五色氍毹를 만들게 했다는 기록인데 이것도 역시 오늘날 毛의 축융으로 된 펠트(felt)의 種類로 보여 毛織物에 五色이 영롱한 染色을 하여 화려하게 썼던 사실도 비추어 알 수 있다. 사료 ③은 織絨(양모를 압축하지 않고 직조해서 만든 물건으로 추정된다)와 함께 惡氈이 나온다. 이러한 품질의 구별은 수입품과 일본산 羚羊제품의 차이가 아닌가 한다.[70] 여하튼 신라에서 제조된 毛氈이 신라인에 의해 일본에 반입되었고 신라의 특산품으로 인식되고 있었던[71] 당시의 상황을 짐작하기에 충분하다고 생각한다.

신라는 이미 삼국시대부터 서역과의 교류가 이루어졌다. 4~5세기경 지중해 연안에서 제작된 유리제품과 타쉬켄트, 사마르칸트 지방에서 산출되던 瑟瑟과 于闐 일대의 玉 등이 서역 상인들에 의해 신라에까지 도입되었다. 대외교역이 활발해지면서 신라는 보다 품질이 우수한 양모제품을 접할 수 있게 되었을 것이다. 처음에는 주로 西域産 모직물을 구입하여 사용했겠지만 만약 자체생산이 이루어진다면 수익을 극대화할 수 있었다. 주로 페르시아산, 서역의 제품들이 우선적으로 신라사회내에 수입되어 귀족들의 선호대상이 되었을 것이다. 하지만 진골귀족들의 수요를 충족할 수 있을 만큼 항상 완제품을 수입한다는 것은 실제로 어려운 일이었을 것이므로 原材料의 수입을 시도했을 가능성이 크다.

시기를 확정지을 수는 없으나 신라는 통일기에 들어와 서역으로부터 羊毛를 수입하여 수공업장에서 氈을 생산했던 것으로 짐작된다. 어쩌면

---

69) 이성시, 1999, 앞의 책, 82쪽.
70) 原田淑人, 1955, 「多胡碑に見える '給羊' の新解釋」, 『考古學雜誌』 40-4.
71) 이성시, 1999, 앞의 책, 86쪽.

신라에 와 있던 이슬람 사람들에 의해 만들어졌을 가능성도 부인하기 어렵지만[72] 동아시아의 국제적인 정세로 미루어볼 때 모직제작의 새로운 기술이 신라에 유입되었거나 아니면 그 간 견직물을 직조하면서 발달된 자체의 기술이 모직제작을 가능하게 한 것인지도 모르겠다.[73] 이렇게 생산된 모직물은 앞의 자료 ①, ②, ③으로 볼 때 중국이나 일본으로 수출되었다. 한편 수입된 양털은 다른 식물성 原料와는 다르게 많은 불순물이 부착되어 있으므로 일단 깨끗하게 공정하는 과정이 필수적이었다. 이와 같은 사실은 다음의 기사를 통해서 짐작할 수 있다.

신라는 흥덕왕 4년(829) 源谷羊典을 설치하였다.[74] 일반적으로 『三國史記』 職官志에 보이는 관청들은 대부분 경덕왕 이전에 설치되었다가 경덕왕의 한화정책으로 中國式 명칭으로 바뀌었다가, 혜공왕 때 다시 옛 이름으로 복고된 것들이다. 하지만 源谷羊典은 興德王代 새롭게 설치된 관부로서 흥덕왕 3년(828) 청해진을 설치한[75] 직후인 점이 주목된다. 源谷羊典은 그 명칭으로 보아 아마도 양이나 양털과 관련된 官府라고 생각된다. 大舍 一人과 看翁 一人을 두고 주로 모직물의 원료가 되는 양모를 손질해서 가공하는 일을 수행했을 것으로 짐작된다. 당시 신라 내성 산하 모직물 담당 관청인 毛典[76]이 있었지만 신라는 羊毛무역의 중요성에도 착안하여 별도로 源谷羊典을 설치한 것으로 볼 수 있다. 이와 같은 관부가 설치되었던

---

72) 그들이 거주했던 메소포타미아 유프라테스강 유역은 일찍이 羊 사육의 발생지였으며 양모를 이용한 기도용 깔개를 비롯한 모직물의 직조가 생활속에서 행해졌으므로 그들은 外地에서 직조기술을 이용해 생활수단으로 삼았을 가능성도 있다.(윤양로, 1994, 『고대 모직물에 관한 연구』, 성신여자대학교 박사학위논문, 95~96쪽)

73) 9세기에는 絹織의 직조기술을 모직에 응용했을 것이라는 견해를 제시했다.(박남수, 1996, 앞의 책, 72쪽)

74) "源谷羊典 興德王四年置 大舍一人 看翁一人"(『三國史記』 권 39, 雜志 8, 職官 中)

75) 『三國史記』 권 10, 新羅本紀 10, 興德王 3년.

배경에는 당시 대외무역이 매우 활발하였던 것에 기인한다고 생각된다.

잘 알려져 있듯이 흥덕왕은 828년 唐의 軍中小將을 지낸 장보고로 하여금 청해진을 설치하여 서해안의 해적을 소탕하도록 했다. 『新唐書』 新羅傳[77])에 唐 文宗 太和年間(827~835)에 해상에서 신라인을 약탈하여 매매하는 일이 없어졌다고 한 것으로 미루어 장보고의 활동이 큰 성공을 거둔 것을 충분히 짐작할 수 있다. 장보고가 해적 소탕과 더불어 대규모 무역활동에 뛰어든 것은 주지의 사실이다. 그는 휘하의 병마사를 遣唐賣物使라는 이름으로 당에 파견하고 일본에 대해서는 廻易使라는 명칭으로 활발한 무역활동을 전개하였다. 견당매물사라는 이름으로 볼 때 揚州 지방의 현지 신라상인들을 통하여 신라에서 생산된 각종 수공업물품을 파는 한편 서역이나 아라비아산 등 희귀 사치품과 선진물물을 사들여 이를 국내에 들여오거나 혹은 일본 귀족들에게 파는 방식이었을 것이다.[78]) 또 그는 아라비아산 원료품이나 일본의 원료제품을 신라의 수공업장에 제공한 후 완제품으로 생산된 물품은 국내에서 사용한다거나 혹은 당이나 일본에 수출하였을 것으로 보인다.[79])

이 시기에 중국의 동남해안의 揚州와 廣州 등지에는 페르시아인(波斯人)과 아라비아인(大食人) 그리고 인도인 등이 南海貿易路를 통해 내왕하면서 동서문물교류를 주도하고 있었다. 이 지역에는 胡商의 점포가 많았으며 이슬람, 페르시아 이외에도 崑崙, 獅子國 등의 무역품이 다수 집결되어 있

---

76) "毛典 改爲聚毳房 後復故"(『三國史記』 권 39, 雜志 8, 職官 中) 聚毳房이라는 관청은 『說文』에 "毳, 獸細毛也"라 하여 가는 짐승의 털(毛)을 모아서(聚) 모직물로 만드는 관청임을 알 수 있다.

77) "自大和後 海上無鬻新羅人者"(『新唐書』 권 220, 列傳 145, 東夷 新羅傳)

78) 박남수, 2006, 「8~9세기 한·중·일 교역과 장보고의 경제적 기반」, 『대외문물교류』 4, 해상왕장보고연구회, 153쪽.

79) 박남수도 이와 같은 점을 지적한 바 있다.(박남수, 2006, 위의 논문, 153쪽)

었다. 특히 揚州는 '揚一益二'라는 말이 있을 정도로 매우 부유하고 번성한 도시로 중국의 남과 북을 연결하는 대운하의 최대 요충지이며 남북으로 유통되던 물자들이 끊임없이 드나드는 상업과 교역의 도시였다.[80]

앞에서 보았듯이 장보고가 파견한 무역상은 재당신라인 조직을 활용하여 揚州 등지에 빈번하게 출입하면서 중개무역을 활발히 전개했다. 흥덕왕대 대외무역이 성행했다는 사실은 흥덕왕릉비문의 비편에 '貿易之人'이라는 표현이 있는 것으로 보더라도 잘 알 수 있다. 동시대 중국·일본 사람들이 증언하듯 당시의 무역은 매우 성행했다. 그 결과 신라왕경에는 異國의 진귀한 물품들이 넘쳐나고 귀족들의 사치는 만연하였다. 흥덕왕이 재위 9년(834) 사치 금지 교서를 내려 외국산 사치품의 사용을 엄격히 제한한 것도 그 때문이었다. 『삼국사기』 권 33 잡지 2 器用條를 보면 모직품의 사용을 금지하였는데[81] 이것은 당시 모직물이 널리 사용되었음을 반영해 주고 있다. 신라사회는 신분에 따른 차별이 있었을 뿐 毛氈 이외에도 大唐毯, 絁氈, 氍毹 등 여러 종류의 모직물이 사용되었다. '大唐毯'은 신라 국내산 毯의 존재를 전제로 한 표현이므로 '大唐'이 붙지 않은 모직물은 완전히 新羅産이라고 할 수 있고, 이를 통해 신라에서 다양한 모직물이 생산된 사실을 알 수 있다.[82] 이를 통해 신라의 양모 가공기술이 높았음을 충분히 짐작할 수 있다.

모직은 동물의 털을 제작원료로 이용하는데 그 중 가장 뛰어난 양털을 공급하는 羊이 삼국시대까지는 사육되지 않은 듯 하다.[83] 『新唐書』 新羅傳에 의하면 신라에는 羊이 없었다고 한다.[84] 그런데 『新唐書』의 기록들

---

80) 李廷先, 1992, 『唐代揚州史考』, 江蘇古籍出版社, 373~374쪽.

　翁俊雄, 2001, 『唐代區域經濟研究』, 首都師範大學出版社, 190쪽.

81) 『三國史記』 권 33, 雜志 2, 器用.

82) 이성시, 1999, 앞의 책, 80쪽.

은 혜공왕대 신라에 사신으로 온 顧愔이 저술한 『新羅國記』[85]에 나오는
내용들을 많이 의존하여 기술되었으므로[86] 신라에서는 혜공왕대 당시만
해도 羊이 존재하지 않았던 것으로 볼 수 있다. 이는 모직물을 제작하기
위해서 양털을 수입하지 않을 수 없었던 것을 의미한다.

그런데 어느 시기부터인가 신라에서도 양을 사육했을 가능성이 있음을
보여주는 자료가 있다. 즉 『種種藥帳』에 나오는 신라의 양기름(新羅羊脂)
이라든지, 『日本紀略』에 신라인 이장행 일행이 여러 마리의 양을 가져왔
다는 것,[87] 그리고 안압지 발굴 조사 때 山羊의 뼈가 출토된 점[88]을 들 수
있다. 후대의 일이지만 고려 초기에 모직물을 제작하는 기술수준은 거란
이나 여진의 기술자들이 고려에 유입되면서 더욱 발달하게 된 듯하다.[89]
즉 고려 숙종 8년(1103) 여진으로부터 장인들을 받아들였는데 그 중 氈匠
과 같이 특수한 기술을 가진 기술자가 투항해 오면 집과 토지를 주고 장
인으로서 우대해 주었다.[90] 또 遼와 金나라로부터 羊을 선사받았다는 기
록도 있어[91] 고려시대의 모직물은 최고급품으로 대외교섭의 핵심품목이

---

83) "唯無駝騾驢羊鵝鴨等"(『北史』 권 94, 列傳 82, 百濟)

84) "畜無羊少驢贏多馬"(『新唐書』 권 220, 列傳 145, 東夷 新羅傳)

85) 『新羅國記』는 혜공왕 4년(768)에 혜공왕과 그의 모후를 책봉하는 임무를 띠고 신라
　　에 온 歸崇敬의 종사관이었던 顧愔의 견문록이다.

86) 『新唐書』에는 일상사회상에 관한 기사가 현저히 높은데 이는 신라에 사신으로 온
　　顧愔이 실제로 견문한 사실을 기술한 『新羅國記』에 의존한 때문인 것으로 짐작되며
　　當代의 신라를 직접 실견한 사정에 토대한 것이므로 사료적 가치가 대단히 높다고
　　여겨진다.

87) "新羅人李長行等進 殺羉羊二 白羊四 山羊一 鵞一"(『日本紀略』 前篇 14 弘仁 11년 五
　　月 甲辰)

88) 문화재관리국, 1978, 『안압지발굴조사보고서』, 330쪽. 출토된 동물뼈 중 山羊으로
　　보이는 것이 있다.

89) "高麗工技至巧 其絶藝 悉歸於公 如幞頭所 將作監 乃其所也"(『高麗圖經』 권 19, 工技)

되었으며, 조선시대에도 중앙관부 소속의 工匠 즉 毛衣匠, 毛冠匠, 氈匠 등을 두고 전문적으로 모직물을 취급하기도 했다.[92] 이는 신라시대의 직조기술이 후대에까지 전승되었음을 암시하는 자료라고 볼 수 있다.

IV. 맺음말

고대사회에서 교역된 물품들은 그 나름대로의 시대적 의미가 있었을 것으로 생각된다. 그러므로 한 시대의 무역구조를 살펴볼 때 교역대상이 된 물품은 당연히 필수적인 연구과제가 되어야 한다. 본고에서는 대외교역물품 가운데 가장 많은 수량을 차지하였던 織物類를 중심으로 통일신라시대의 생산과 교역 현황을 알아보았다.

織物類는 고대사회에서 교역된 물품 가운데 가장 중요한 품목이었는데 唐과의 조공관계에서 국왕의 獻上物로 기능하였으며 신라 수공업의 높은 기술력도 보여준다. 신라는 이미 7세기에 30升布나 40升布와 같은 섬세한 직물을 생산할 수 있을 만큼 고도의 기술력을 가지고 있었다.

통일신라시대 생산된 물품이 일본과 교역되었음을 알려주는 자료가 752년에 작성된 것으로 기록되어 있는 『買新羅物解』이다. 이 문서는 9년간의 공백 끝에 752년 일본에 파견된 김태렴의 사절단 일행과 무관하지만은 않을 것으로 생각된다. 일본에서 新羅物을 구입하는 댓가로 지불한

---

90) "女眞氈工 古舍毛等 六人 來投 賜田廬 以充編戶"(『高麗史』 권 11, 世家 11, 肅宗 6년 4월)

91) 『契丹國志』 권 21, 外國貢進禮物 新羅. 顯宗 6년(1015)
　　"金 遣大府少監梁彬 來賜羊二千頭"(『高麗史節要』 권 11, 毅宗 8년(1154) 6月)
　　"金 遣大理卿紇石烈 來賜羊"(『高麗史節要』 권 12, 明宗 13년(1183) 6月)

92) 『經國大典』 工典 京工匠 · 外工匠

것은 대부분이 綿이었다. 신라사회는 국내로 들여온 면을 가지고 궁중수공업장이나 진골귀족들의 가산공방에서 일련의 직조과정을 거쳐 다시 朝霞紬나 魚霞紬와 같은 섬세하고도 아름다운 직물로 재가공했을 터이다.

9세기 후반 경문왕대에 이르러서는 綿을 원료로 하여 더욱 섬세한 직물인 40升 白氎布를 직조하였다. 백첩포는 그동안 모직물로만 알려져 있었으나 통일신라시대는 면직물로 사용되었던 것으로 보인다. 이는 동아시아지역 가운데 신라에서만 직조가 가능하였던 매우 섬세하고 아름다운 직물로서 중국에서는 서북변경 高昌지역에서 공납하는 등 귀한 물품으로 인식하였으므로 신라의 특산품인 白氎布가 唐에서 환영받았던 듯하다.

綿은 신라와 일본과의 교역결제수단으로 사용되었을 뿐 아니라 발해가 일본으로부터 입수한 衣料제품으로도 그 수량이 실로 막대하였다. 발해는 綿의 생산능력을 갖고 있었음에도 불구하고 기후적 조건으로 수요에 비해 공급량이 크게 부족했으므로 일본으로부터 적극적으로 衣料를 입수했던 것으로 보인다.

신라는 흥덕왕 3년(828) 청해진을 설치하면서 장보고에 의한 동아시아 무역이 활발히 이루어졌다. 신라사회는 본디 양을 사육하는 전통이 없어 양털이 모직제작의 주 원료는 아니었으나 대외교역이 활발해지면서 羊毛의 중요성을 인시하고 서역이나 아라비아지방으로부터 原材料를 수입하여 그동안 자체의 발달된 수공업기술력을 바탕으로 完製品을 생산하고자 하였다. 즉 신라는 829년 源谷羊典을 설치하여 고급모직물의 생산에 拍車를 가하기 위한 시스템을 갖추게 되었다고 생각된다. 물론 당시 신라 내성 산하에 모직물 담당관청인 毛典이 있었지만 신라는 특히 羊毛무역의 중요성에 착안하여 별도로 源谷羊典을 설치한 것이 아닐까 짐작된다. 이러한 현상들은 신라의 직물생산이 기존의 면직물 일색에서 탈피하여 모직물이 추가된 것으로 볼 수 있다.

韓國과 日本 古代의 歌舞 狛犬과 新羅狛에 대한 考察

전덕재*

目 次

Ⅰ. 머리말

고대 일본의 雅樂 가운데 舞樂은 左舞(左方樂)와 右舞(右方樂)로 구성되었다. 선자는 숭국계통의 부악으로서 흔히 唐樂이라고 부르고, 후자는 한국계통의 무악으로서 흔히 高麗樂으로 부른다. 高麗樂은 삼국시대부터 일본에 전래된 백제악, 신라악, 고구려악, 그리고 발해악을 기초로 하여 성립된 것이다. 현재까지 38개의 고려악곡이 전하는데, 이 가운데 고구려계통은 狛鉾와 狛犬, 高麗龍, 退·進宿德, 阿夜岐理, 長保樂, 桔槔 등이고, 백제계통은 王仁庭과 進曾利古이다. 蘇志摩利와 納蘇利, 啄木은 신라에서,

* 경주대 교양과정부 교수

新靺鞨은 발해에서 전래된 악곡이었다. 仁和樂과 延喜樂, 常雄樂, 胡蝶樂은 일본에서 자체 제작한 것이고, 酣醉樂과 胡德樂은 본래 橫笛(唐樂)이었으나 高麗笛으로 연주하도록 고친 渡物의 高麗樂이었다. 新鳥蘇, 古鳥蘇, 歸德侯, 崑崙八仙, 地久, 埴破, 俱倫甲序, 志岐傳, 都鬱, 頑徐, 石川樂, 新河浦, 作物, 葦波, 鞨切, 林歌, 登天樂, 白濱 등의 고려악곡은 한국에서 전래되었으나 그 계통을 알 수 없는 것들이다. 다만 고려악 가운데 진·퇴숙덕, 소지마리와 납소리, 길고, 장보악, 그리고 歸德侯와 崑崙八仙, 地久 등은 서역에서 전래된 것이었음이 확인된다.[1]

한편 일본 平安時代의 唐樂과 散樂의 공연 모습을 그린 『信西古樂圖』에[2] 新羅狛이란 舞樂의 공연모습이 전한다. 당악과 고려악 어느 것에도 포함되지 않았으므로 신라박을 雅樂으로 분류하기 힘들다. 명칭 자체에서 신라에서 전래된 舞樂임을 쉬이 짐작할 수 있다. 여기서 '狛'은 이리와 비슷하며 머리에 뿔이 난 동물을 가리킨다. 고려악 가운데 狛과 비슷한 동물이 등장하는 舞樂이 바로 狛犬이다. 狛犬의 '狛'은 일본에서 고구려를 지칭하는 고마(コマ)로 읽는다. 따라서 狛犬을 글자 그대로 풀이하면 '고구려 개'가 된다. 이리와 개는 모습이 비슷하기 때문에 명칭상에서 두 舞樂이 밀접하게 연관되었음을 유추해볼 수 있다. 그런데 『信西古樂圖』에

---

1) 고려악 전반에 관해서는 전덕재, 2008, 「고대 일본의 高麗樂에 대한 기초 연구」, 『동북아역사논총』 20이 참조된다.

2) 『信西古樂圖』는 일본인 藤原通憲(1106~1159)의 그림책으로 알려졌다. 信西는 藤原通憲의 僧名이다. 『信西古樂圖』의 원화는 당에서 전래되었다고 보는 설, 平安時代 초기의 작품이라는 설, 平安時代 말기의 묘사라는 설이 있다고 한다(박전열, 1996, 「日本 散樂의 연구」, 『한국연극학』 18, 연극학회, 188쪽). 여기에 林邑樂에 관한 내용이 보이는데, 이것은 736년에 임읍국의 승려 佛哲이 일본에 전한 것으로 알려졌다. 『신서고악도』가 당의 산악백희를 묘사한 것이라면, 임읍악을 여기에 소개하였다는 것은 상식적으로 이해하기 어려운 측면이라 하겠다. 원화는 평안시대 초기 또는 말기의 唐樂과 散樂 공연 모습을 그린 것으로 봄이 합리적일 듯싶다.

전하는 신라박의 모습은 개가 아니라 사자의 그것과 유사하다. 이럼에도 불구하고 일본인들은 신라에서 전래된 일종의 사자춤을 狛犬과 밀접하게 연관시켜서 이렇게 명명하였다고 추정된다.

일본인들이 사자와 박견을 邪惡한 惡鬼를 물리칠 수 있는 靈獸로 인식하였기 때문에 그것들의 조각상을 제작하여 神社나 寺院에 배치하였다. 일찍이 인도와 중국, 한국에서 사자를 불법을 수호하는 靈獸로 믿어 佛像이나 佛塔에 배치하였다. 이러한 관행이 일본에 전해져 사자상을 신사 등에 배치하였다고 이해할 수 있다. 그러나 신사 등에 박견을 세우는 전통은 유일하게 일본에서만 발견될 뿐이다. 이와 관련하여 고려악 狛犬의 존재가 주목을 끈다. 왜냐하면 일본인들이 사자와 마찬가지로 舞樂 狛犬에 등장하는 개를 惡鬼를 물리칠 수 있는 靈獸로 인식하였음을 전제하기 때문이다. 나아가 일본에 전래되기 이전 고구려 歌舞로서의 박견의 성격 역시 그러하였다고 추정해볼 수 있을 것이다. 중국과 한국에서 사자를 辟邪의 기능을 지닌 靈獸로 인식하여 陵墓에 배치하였다. 이와 같은 사자의 이미지는 중국이나 한국에서 널리 공연된 사자춤 역시 驅儺舞의 성격을 지녔음을 시사해주는 측면으로 유의된다. 신라에서 일본에 전래된 사자춤의 일종인 新羅狛의 성격 역시 마찬가지였을 것으로 짐작된다.

본고는 고구려와 신라에서 각기 전래된 狛犬·新羅狛의 성격 및 그것들의 유래를 밝히기 위하여 준비된 것이다. 특히 본고에서는 박견과 신라박이 모두 驅儺舞的인 성격을 지녔고, 그것들이 일본에 전해져 널리 공연되었을 뿐만 아니라 辟邪의 기능을 지닌 박견과 사자의 이미지 때문에 古代 일본인들이 그것들의 조각상을 鎭座 또는 鎭獸로서 제작하여 宮中이나 神社, 寺院에 설치하였음을 밝히는 데에 초점을 맞추려고 한다. 이와 더불어 본고에서는 박견과 신라박의 유래를 밝히기 위하여 獅子舞의 전래과정을 추적하고, 나아가 漢代에서 唐代까지 무덤에 넣은 鎭墓獸와 그것과 관련이 깊은 辟邪伎를 집중적으로 검토할 것이다. 박견과 신라박 자료가 영세하기 때문에 논지의 전개과정에서 무리한 추론이 많을 수밖에 없었다. 이점 너그러이 양해해주기 바란다. 본고가 향후 古代에 일본에 전래된 高麗樂 및 삼국시대 歌舞에 대한 이해의 진전에 조금이나마 도움이 되기를 바라며, 본고에서 부족한 점은 차후에 보완할 것을 약속하는 바이다. 많은 질정을 바란다.

II. 舞樂 狛犬과 新羅狛의 內容

일본 古代 舞樂인 狛犬과 新羅狛은 曲名 자체에서 고구려와 신라에서 전래된 것임을 짐작할 수 있다. 狛犬에 관한 기록은 『倭名類聚抄』를 비롯한 辭書類와[3] 『龍鳴抄』,[4] 『敎訓抄』,[5] 『體源抄』,[6] 『樂家錄』 등의[7] 樂書에 전한다. 가장 이른 시기에 편찬된 辭書가 『倭名類聚抄』인데, 10권본과 20권본

---

3) 이밖에 『色葉字類抄』, 『伊呂波字類抄』(10권), 『拾芥抄』 등의 辭書에도 狛犬이 보인다.

4) 『龍鳴抄』는 太神基政(1075~1138)이 長承 2년(1133)에 편찬한 橫笛書로서 『龍吟抄』라고 부르기도 한다.

5) 『敎訓抄』는 狛近眞(1177~1242)이 天福 원년(1233)에 완성한 樂書로서 唐樂과 高麗樂의 由來, 口傳, 연주법, 故事, 例話 및 舞樂, 管絃, 打物 등의 구전을 기록하였다. 특히 狛近眞이 左方舞(唐樂)의 家였기 때문에 그것에 대하여 비교적 상세하게 기술한 편이라고 한다.

6) 일본 3대 악서의 하나인 『體源抄』는 豊原統秋(1450~1524)가 永正 9년(1512)에 완성한 것이다. 13권 20책으로 구성되었고, 古書를 광범하게 인용하면서 家業인 笙 및 雅樂에 관한 것 이외에 神道, 佛法, 軍事, 文藝 등에 대해서까지 두루 수록하였다.

7) 『樂歌錄』은 安倍季尙(1612~1708)이 元祿 3년(1690)에 편찬한 악서로서 安倍가 神樂, 篳篥의 家系이기 때문에 神樂, 人長(神樂을 진행하는 역할을 하는 자)에 대하여 상세하게 수록하였다. 본서는 신악으로부터 雜篇에 이르기까지 50卷, 1803章으로 구성되었다. 악곡의 기원, 故事, 악기의 製法, 奏法, 舞樂, 系圖, 律呂, 式典, 逸話 등에 이르는 모든 雅樂에 관계된 사항을 총망라하여 정리하였다.

이 있다. 10권본은 편찬자인 源順이 序文에서 延長, 즉 醍醐天皇 第四公主 (皇女: 勤子內親王)의 뜻을 받들어 편찬하였다고 전한다. 이에 근거하여 10권본은 承平 2년(931)에서 同 5년(934) 사이에 원순이 찬술한 것으로 이해하고 있다. 20권본에 대하여 원순 자신이 增補하였다는 설과 후인이 증보하였다는 설이 나뉘어져 있는데, 전자였을 경우에 그것은 天祿 원년 (970) 이후 數年 사이에 증보된 것으로 보기도 한다. 20권본은 10권의 내용을 약간 세분화하여 통합한 것이지만, 다만 音樂과 職官, 國郡, 鄕藥의 각 부는 완전히 증보한 것에 해당한다.[8] 狛犬을 비롯한 高麗樂의 곡명은 20권본 가운데 완전히 증보한 부분인 4권 音樂部 曲調類에 전하고 있다. 문헌 가운데 10세기 후반에 편찬되었다고 추정되는 『倭名類聚抄』 20권본에 狛犬이 처음 전하지만, 그것은 훨씬 이전 시기에 한반도에서 전래된 舞樂이었다. 실제로 나라시대에 박견이 널리 공연된 모습은 다른 자료를 통하여 살필 수 있다.

먼저 延曆 20년(801) 11月 3日付 『多度神宮寺伽藍緣起流記資材帳』의 「樂具」 가운데 '高麗犬一頭 高麗冒子貳頭〈並白〉'가 보인다. 狛犬을 '高麗犬'이라고도 불렀다. 이것은 801년 이전에 박견(고려견)이 일본에 널리 공연되었음을 알려주는 증거인 셈이다. 한편 寶龜 11년(780) 『西大寺資材流記帳』의 「高麗樂器 一具」 가운데 '大師子一頭〈頂在白木角形〉'라는 기사가 보인다.[9] 뒤에서 살펴볼 예정이지만, 神社나 寺院에 세운 狛犬의 형상은 일반적으로 머리에 뿔이 하나 있는 것이고, 반면에 사자의 모습은 뿔이 없는 것이다. 박견이 고려악의 하나였으므로 여기서 말하는, 즉 뿔이 있는 大師子는 狛犬의 공연에 사용된 樂具로 봄이 자연스럽

---

8) (財)古代學協會·古代學硏究所編, 1994, 『平安時代史事典(下卷)』, 角川書店, 2771쪽.

9) 김상현, 2003, 「日本에 전해진 高句麗樂과 그 의복-正倉院의 狛樂用具와 西大寺資材帳의 高麗樂을 중심으로-」, 『고구려연구』 15, 22쪽.

다.[10) 박견을 8세기 후반 이전에도 공연하였음을 알려준다. 貞觀 13년 (871) 8月 17日付 『安祥寺伽藍緣起資材帳』의 「樂具」 가운데 '狛犬頭二面 同皮二面 同尾二支'가 보여 고대 일본에서 여러 사찰에서 박견을 널리 공연하였음을 알려주기까지 한다.[11)

박견의 구체적인 공연 모습은 狛近眞이 1233년에 편찬한 『敎訓抄』 권 5 에 전하고 있다.

相搏節 때에 연주한다. 춤을 추기에 앞서 먼저 亂聲〈大亂聲〉을 분다. 打毬할 때에 右方은 이것을 勝負樂으로 사용하였다. 이로 인하여 매번 공을 취하여 출발하였다. 춤을 추는 사람이 2인이고, 儺(고삐)을 사용하는 사람이 2인이 다[右近將 이하, 府生 이상이 사용한다].

춤을 추려고 할 때에 횃불을 입에 물고 들어간다. 음악에 破·急·亂聲이 있 다.[12) 박견이 나오면 난성을 분다. 엎드리면 파를 분다. 때에 벌떡 일어나 달 리며 춤을 추면 急을 분다. 횃불을 집어 삼키고 춤을 추며 들어가 종료한다 [이상은 多資忠日이 기록한 것이다].

古譜에 이르기를, 난성을 불고 시작하는 곡이다. 개가 나와서 엎드릴 때에 序를 분다.[13) 다음에 大眞人이 출현하고, 얼마 후에 개가 따라 가서 대진인

---

10) 小野正敏等編, 2007, 『歷史考古學大辭典』, 吉川弘文館, 492쪽.

11) 『御堂關白記』 長和 2년(1013) 8월 1일조와 寬仁 원년(1017) 9월 17일조에 犬舞를 공 연하였다는 내용이 전한다. 그리고 『中右記』에 寬治 2년(1088) 7월 27일에 박견을 여러 舞樂과 함께 공연한 사실이 전하기도 한다.(神宮司廳, 1979, 『古事類苑』第一册 樂舞部九, 吉川弘文館, 585쪽)

12) 樂曲은 序, 破, 急으로써 一具를 이룬다. 序는 第一樂章에 해당하는데, 無拍節인 것 과 도중에 拍節을 수반하는 것이 있다. 破는 破碎의 뜻으로서 대부분 無拍節인 序의 악장을 잇고, 小拍節로 구성되었다. 急은 최종 악장으로서 破보다 拍節이 빠르다. 亂聲은 舞樂 曲種 명칭으로 橫笛과 太鼓, 鉦鼓가 合奏한다.

13) 여기서 序吹는 樂章의 序로 대표되는 것처럼 拍節없이 緩急으로 연주하는 奏法을 말 한다.

을 깨물 때에 난성을 분다. 파를 불고 들어간다고 하였다고 한다. 지금 생각하건대, 序는 破여야 한다. 破는 또는 急이여야 한다[이상의 상황은 제4권 注에 있다].

박견은 相搏節과 打毬할 때에 주로 공연되었음을 알려준다. 첫 번째 자료에서 狛犬의 탈을 쓰고 춤을 추는 사람이 2명, 고삐를 들고 공연하는 사람이 2명이었다고 하였다. 이러한 사실은 『安祥寺伽藍緣起資材帳』에서 狛犬의 머리와 가죽이 2面, 꼬리가 2개였다고 전하는 것을 통해서도 증명할 수 있다. 종래에 『多度神宮寺伽藍緣起流記資材帳』에서 高麗冒子 2頭가 있다고 언급한 내용을 근거로 蘇芳菲와 마찬가지로 박견 역시 새끼가 어미를 따라 다니며 공연하였을 가능성이 높다고 추정하였는데,[14] 여기서 말하는 2인의 舞人도 이와 관련이 깊지 않을까 한다. 『西宮記』臨時 8 臨時樂, 「醍醐天皇御記」延喜 21年(921) 10月 18日條에 雅樂寮의 樂官인 船木氏가 鷹飼의 裝束을 하고 放鷹樂을 공연하자, 新羅琴師 船良實이 犬飼의 裝束을 하고 춤을 추었다고 전하고 있다.[15] 이때에 개는 따라 나오지 않았다고 하였는데, 이에서 狛犬의 고삐를 잡은 사람의 裝束이 犬飼의 그것이었음을 추론해볼 수 있다.

그런데 두 번째와 세 번째 자료는 狛犬 공연 때에 반드시 두 마리가 아니라 한 마리가 공연하는 경우도 있었음을 알려준다. 실제로 『西大寺資材流記帳』에 大師子 1頭가 있었다고 전하고 있다. 공연 주체에 따라 박견이 2마리 또는 1마리였음을 유추케 해준다. 두 번째와 세 번째 자료에 전하는 공연 모습에도 약간 차이가 발견된다. 전자는 박견이 횃불을 들고 공

---

14) 坂元義宗, 1995 「狛犬の原像について」, 『日本古代國家の研究』上, 愚文出版社, 452쪽.
15) "雅樂屬船木氏有著鷹飼裝束 臂鷁獨舞放鷹樂 新羅琴師船良實 著犬飼裝束不隨犬"(『西宮記』臨時 8 臨時樂, 「醍醐天皇御記」延喜 21년 10월 18일)

연하는 모습이고, 후자는 박견이 大眞人, 즉 道士를 깨무는 내용이다. 세 번째에서 古譜에 이와 같은 모습이 전한다고 하였으므로 후자가 이른 시기에 널리 공연되었다고 추정된다.

狛犬의 모습은 蘇芳菲를 통하여 엿볼 수 있다. 『續敎訓抄』에서 소방비의 춤추는 모습은 박견의 그것과 비슷하였다고 전한다.[16] 『敎訓抄』 권 4에 소방비의 공연 모습이 자세하게 전한다.

이 곡은 5월의 節會에 御輿 御前에서 춤을 춘다. 이것은 弘仁(810~823) 초부터 시작되었으며, 競馬의 行幸에도 이것을 연주한다. 右方의 狛龍〈小馬形을 탄다〉을 番舞로 한다.[17] 소방비의 몸은 사자 모습이고, 머리는 개의 그것과 같다〈입이 뾰족하고 얼굴은 길다〉. 中實(동물의 탈을 쓰고 공연하는 사람)의 裝束은 左의 乘尻〈騎手〉의 裝束과 같다〈木冒子, 踏懸〈襲裝束의 舞人이 다리에 걸치는 장식〉, 絲鞋〈악곡을 연주하는 사람이 신는 신〉가 있다. 새끼 두 마리가 있는데, 裝束은 개와 같다〈假面, 帽子가 있고 신은 신지 않았다〉. 이것의 中實은 樂所의[18] 末者가 담당한다. 새끼들은 각각 (어미를) 따라 나온다. 乘尻 앞에서 參向한다. 當曲을 연주한다. 御車로 가서 행차를 뒤따른다. 춤추는 모습은 먼저 몸을 떨고 왼쪽으로 걷고, 오른쪽으로 걷는다. 다음에 절을 두 번 한다. 무릎을 꿇고 기어가다가 어가 앞에서 일어선다. 御車의 御所에 모여 끝마친 후에 다시 앞에서와 같이 걸어갔다. 還列(歸還)할 때, 즉 세 번의 박자를

---

16) "續敎訓抄日 蘇芳菲之舞 似狛犬之貌 競馬行幸奏之云云"(『樂歌錄』 권 37 舞 蘇芳菲之舞形)

17) 狛龍은 高麗龍 또는 高麗禮龍이라고도 부르며, 구체적인 유래나 그 모습은 전해지지 않는다. 다만 舞人이 小馬形을 타고 공연하였으며, 주로 五月節 때 천황의 어가가 출입할 적에 소방비의 番舞로 그 앞에서 공연하였다고 알려졌다.〔件舞五月節 興出入之間 於御前奏之 乘小馬形二人舞之〈冠蠻繪著 右舞人中蕂舞之〉(『敎訓抄』 권 5 高麗樂曲物語 狛龍)〕

18) 樂所는 衛府의 官人이 雅樂을 연주하던 곳을 말한다. 村上天皇 天曆 2년(948)경에 桂芳坊에 설치되었으며, 樂舞의 傳習, 연주를 담당하는 곳이었다.

더 하였다.

古記에 이르기를 이 춤은 弘仁(810~823) 초로부터 시작하였다. 競馬의 行幸에 이것을 연주한다. 이 춤의 모습은 사자와 같다. 머리에 뿔이 하나 있고, 머리 색깔은 金色이다. 그 몸의 색깔 역시 마찬가지이다. 詠者 2인의 假面은 약간 돌출한 듯하며, 색깔은 희다. 紺色의 모자를 쓴다. 개와 같이 기어 다닌다.

여기서 소방비의 몸은 사자, 머리는 개의 그것과 같다고 하였다. 그리고 古記에서 머리에 뿔이 있다고 하였다. 특히 입이 뾰

〈그림 1〉『신서고악도』 추가별기에 전하는 소방비

족하고 얼굴은 길다고 하였는데, 이와 같은 소방비의 모습은 『신서고악도』의 追加別記에 묘사되어 있다.[19] 追加別記는 책의 끝부분에 추가로 첨가한 8가지 舞樂을 말한다. 본문의 그림과 畵風이 달라 일반적으로 本文에 소개한 것보다 후대에 공연한 모습을 반영한 것으로 이해되고 있다. 〈그림1〉에서 보듯이, 그 모습은 어미 한 마리가 가운데에 있고, 새끼 한 마리가 뒤에서 어미를 따르고, 한 마리기 앞에서 어미를 뒤돌이보는 것이다. 中實 두 사람이 어미의 탈을 쓰고 있고, 중실 1인이 각기 새끼의 탈을 쓰고 있다. 어미의 이마에 Y자형의 뿔이 하나 있고, 입이 뾰족하며 얼굴이 긴 편이다. 새끼들은 신을 신지 않았고, 이마에도 뿔이 보이지 않는다. 소방비의 머리는 개, 몸체는 털이 없는 사자의 그것과 비슷하다.

일본에 神社나 寺院에 狛犬과 獅子像을 배치하였다. 일반적으로 박견은 입을 다물고 머리에 뿔이 있는 모습이었다. 『신서고악도』의 추가별기에

---

19) 坂元義宗, 1995, 앞의 논문, 436쪽.

전하는 소방비의 모습에서 뿔이 있는 박견을 쉬이 연상할 수 있다. 그런데 여기서 한 가지 주의할 사항이 있다. 1322년 경에 편찬된 『속교훈초』에서 박견과 소방비의 춤추는 모습이 비슷하다고 전하고, 또 『신서고악도』의 추가별기도 헤이안시대 이후의 공연 모습을 전한 것으로 이해된다는 점이다.[20] 더구나 古記에서 弘仁(810~823) 초부터 이와 같은 소방비의 춤이 시작되었다고 하였다. 그러면 그 이전 시기 소방비는 어떠한 모습이었을까.

『신서고악도』의 본문에 또 다른 소방비의 그림이 전한다. 소방비의 탈은 몸은 사자, 얼굴은 개의 그것과 비슷한 모습이다. 다만 개의 얼굴은 추가별기 소방비의 그림에 묘사된 개의 그것과 차이가 있다. 뿔도 없고, 입은 뾰족하지도 않고 긴 편도 아니다. 소방비 옆에 이것과 마주보고 있는 작은 동물이 그려져 있는데, 어미와 새끼의 관계로 추정된다. 그런데 새끼의 이마에 뿔이 묘사되어 있다. 어미 한 마리와 새끼 한 마리가 소방비를 공연하는 모습을 묘사한 것으로 추정된다. 소방비의 모습은 추가별기에 전하는 것과 분명하게 차이가 있다. 소방비 역시 공연 주체에 따라 그 모습을 달리하였음을 엿볼 수 있다. 752년 東大寺 大佛開眼供養 때에 소방비와 더불어 2명의 새끼가 함께 나와서 춤을

〈그림 2〉 『신서고악도』 본문에 전하는 소방비

---

20) 追加別記는 平安時代 이후의 舞樂 공연 모습을 추가로 첨가한 것으로 보인다. 이에 관해서는 신명숙, 2001, 「신서고악도에 나오는 신라 사자무에 관한 연구」, 『체육사학회지』 8, 3~4쪽이 참조된다. 다만 여기서 신명숙선생은 소방비를 사자춤으로 분류하였다

추었음을 『正倉院寶物銘文集成』
167의 '素方皮 衫'과 168의 '蘇芳
皮兒布衫 二領'이라는 기록을 통하
여 살필 수 있다.[21] 이때 소방비의
모습이 본문, 또는 추가별기의 그
것에 가까웠는지에 대해서 알 수
없다. 그러나 대체로 추가별기에
묘사된 소방비의 공연은 弘仁 초
부터 시작되었다고 이해하고 있으
므로 후자의 그것과 비슷하였다고
보기 어렵다. 본문에 묘사된 소방
비의 모습은 나라시대부터 널리

〈그림 3〉 『신서고악도』에 전하는 신라박

공연된 소방비의 그것을 전한 것으로 봄이 자연스러운데,[22] 이에서 소방
비의 모습이 후대에 점차 狛犬의 그것과 비슷한 모습으로 변화되었음을
추론할 수 있다. 이 때문에 『속교훈초』에서 소방비의 춤이 박견의 그것과
유사하였다고 기술하였을 것이다.

　狛犬은 고대 일본 高麗樂의 하나였으나 新羅狛은 그렇지 않다. 이것은
오직 『신서고악도』에만 전하고 있다. 『信西古樂圖』의 맨 앞부분에 腰鼓,
揩鼓, 揭鼓, 華簫, 奚婁, 簫, 箏, 橫笛, 五絃, 尺八, 琵琶, 答笙, 箜篌, 方磬
등 14악기의 연주모습을, 계속해서 舞樂 唐樂인 按摩, 皇帝破陣樂, 蘇合香,
秦王破陣樂, 打毬樂, 柳花苑, 採桑老, 返鼻胡童, 弄槍, 胡飮酒, 防鷹樂, 案弓
子, 拔頭, 還城樂, 蘇莫子의 공연 모습과 蘇芳菲, 新羅狛, 사자춤을 소개하

---

21) 坂元義宗, 1995, 앞의 논문, 452쪽.
22) 소방비의 새끼는 공연할 때마다 1마리 또는 2마리로 약간씩 달랐던 것으로 보인다.

였다. 특히 사자춤을 그린 부분에 사자의 고삐를 잡은 1명과 2명의 舞童
을 함께 그렸으며, 그 다음에 10여 명으로 구성된 악대를 그려 넣었다. 그
뒤에 羅陵王, 林邑樂(14명으로 구성된 악대), 迦陵頻과 新羅樂 入壺舞, 猿
樂通金輪, 飮刀子舞, 四人重立, 吐焰舞, 抑格倒立, 神娃登繩弄玉, 弄劍, 三童
重立, 抑肩倒立, 弄玉, 臥劒上舞, 入馬腹舞 등의 散樂 공연 장면을 소개하
였다. 마지막으로 畵風이 다른 8가지의 唐樂 공연 모습을 그렸는데, 곡명
을 표시하지 않았으나 대체로 團亂旋, 太平樂, 倍臚, 胡飮酒, 蘇莫者, 二舞,
採桑老, 太平樂, 蘇芳菲 등으로 이해되고 있다. 여기에 소개된 舞樂 가운
데 唐樂에 포함되지 않았으면서도 소개된 것이 바로 新羅狛이다.

　新羅狛은 한 사람이 어떤 짐승탈을 쓰고 있는 모습이다. 특이한 점은
양 손과 양 발에도 짐승의 머리를 표현하였다는 사실이다. 결과적으로 신
라박은 한 사람이 5頭를 가진 짐승의 탈을 쓰고 춤을 추는 것이라고 정의
할 수 있다. '狛'은 이리와 비슷하며 머리에 뿔이 난 동물을 가리킨다. 그
런데 『신서고악도』의 신라박 그림의 머리나 몸은 사자의 그것과 비슷하
다. 그리고 머리에 뿔도 보이지 않는다. 이에서 신라에서 전래된 사자춤
의 일종을 일본에서 '新羅狛'이라고 명명하였다고 볼 수 있다. 『신서고악
도』에 신라박은 소방비와 사자춤 사이에 위치하였다. 소방비의 머리는 개
의 그것에 가깝지만, 그 몸은 사자의 그것과 유사하였으므로 소방비도 사
자춤의 일종이라고 볼 수도 있다. 실제로 앞에서 인용한 자료의 古記에서
소방비의 춤이 사자의 그것과 같다고 하였다. 신라박을 소방비와 사자춤
사이에 그렸는데, 이것은 일본인들이 신라박도 사자춤의 일종으로 인식
하였음을 엿보게 해주는 측면이다. 신라박이 唐樂에 속하지 않았으면서
도 이처럼 사자춤의 일종으로 인식되었기 때문에 『신서고악도』에 소개한
것으로 추정된다. 그렇다면 일본인들이 신라에서 전래된 사자춤의 일종
을 '新羅狛'이라고 명명한 이유는 무엇이었을까.

新羅狛이란 곡명에서 狛犬을 쉽게 연상할 수 있다. 여기서 물론 狛犬의 '狛'은 상상의 동물 '狛'을 가리키는 것이 아니라, 고마(고マ), 즉 고구려를 가리키는 뜻이다. 다시 말하여 狛犬은 '고구려의 개'로 풀이할 수 있다. 그런데 흥미로운 사실은 박견을 공연할 때에 종종 사자탈을 사용하기도 하였다는 점이다. 앞에서 寶龜 11년(780) 『西大寺資材流記帳』의 「高麗樂器 一具」 가운데 이마에 뿔이 있는 大師子 1頭가 있는데, 그것이 바로 박견의 탈을 가리킨다고 언급하였다. 박견을 사자와 비슷한 모습으로 표현하였음을 알려준다. 『正倉院寶物銘文集成』에 天平勝寶 4년(753) 4月 9日 付의 「東寺狛樂師師(子?)布衫」(214), 「東寺狛樂 師子二人」(224)의 銘文이 있다고 전한다. 752년 東大寺 大佛開眼供養에서 공연한 師子舞와 관련된 銘文이다. 여기서 狛樂은 高麗樂을 가리키므로 당시에 사자무가 고려악에 포함되었음을 알려주는 것이다. 그런데 『倭名類聚抄』를 비롯한 辭書類나 『敎訓抄』를 비롯한 樂書類에 사자무가 고려악의 하나였다는 언급은 보이지 않는다. 이마에 뿔이 있는 사자탈의 존재를 염두에 둔다면, 752년에 공연한 사자무 역시 박견과 관련이 깊지 않을까 한다. 본래 사자의 모습에 가까운 소방비가 후대에 점차 박견의 그것과 비슷한 모습으로 변화되었음을 앞에서 살폈다. 그런데 이에서 狛犬의 경우는 역으로 사자의 그것에 비슷한 모습으로 변화되었음을 유추할 수 있다. 박견의 본래 모습을 간직하고 공연하는 전통도 계속 이어졌음은 앞에서 살핀 바와 같다.

신라에서 전래된 사자춤의 일종을 신라박이라고 명명한 배경과 관련하여 狛犬을 공연할 때에 사용한 탈의 일부가 사자의 그것과 비슷한 모습으로 변화된 사실이 주목을 끈다. 본래 박견은 『신서고악도』 추가별기에 보이는 소방비의 모습과 비슷한 개의 탈을 쓰고 춤을 추는 舞樂이었지만, 일부 공연에서 사자탈을 쓰고 공연하던 전통이 생기게 되면서 신라에서 전래된 사자춤의 일종을 개와 비슷한 종류의 동물인 '狛'과 연관시켜서

‘新羅의 狛’이라고 불렀다
는 추정이 가능하기 때문이
다. 본래 박견과 사자상은
약간 달랐다. 그러나 후대
에 갈수록 둘 다 모두 사자
의 모습으로 조각하고, 입
의 모양만을 啊形과 吽形만
으로 구분하는 경우가 흔하
였으며, 그것들을 모두 박

〈그림 4〉 南殿(紫宸殿) 賢聖障子의 뜸犬 · 獅子圖

견(고마이누)이라고 부르는 관행이 일반화되기까지 되었다.[23] 이와 같은
추세를 염두에 둔다면, 고대 일본에서도 박견과 사자를 명확하게 구분하
여 인식하지 않았던 것도 크게 이상한 일이 아닐 것이다. 따라서 신라에
서 전래된 사자춤을 마치 고구려에서 전래된 狛犬과 유사한 舞樂으로 이
해하여 新羅狛이라고 명명한 사실도 합리적으로 이해할 수 있지 않을까
한다.

Ⅲ. 狛犬 · 新羅狛의 性格과 그 由來

　고대부터 일본인들은 박견과 더불어 사자상을 宮中이나 神社, 寺院에
배치하였는데, 기존의 연구에 따르면, 玉座의 左右를 守護裝飾하는 鎭子彫
刻像으로서 처음 만들어지고, 나아가 障子의 그림에도 묘사되기에 이르렀

---

23) 狛犬의 모습과 그 변천에 관해서는 上杉千鄕, 2008, 『日本全國 獅子 · 狛犬ものがた
　　り』, 戎光陽出版이 참조된다.

으며,[24] 마침내 宮中에서 나와 神社나 寺院에 그것들을 배치하는 데에까지 발전하였다고 한다. 이때 박견과 사자는 신사나 사원을 수호하는 靈獸로 인식되었다.[25] 헤이안시대의 『類聚雜要抄』에 '左獅子 於黃色 口開 右胡麻犬於白色 不開口 有角'이라고 기술되어 있다. 신사와 사원에 박견과 사자를 짝을 이루어 세울 때에 오른쪽에 사자를, 왼쪽에 호마견을 배치하되, 그 모습은 전자는 황색에 입을 벌린 형상으로, 후자는 흰색에 입을 다물고 이마에 뿔이 있는 형상으로 조각하였다는 것으로 해석된다. 여기서 胡麻는 고려 또는 狛의 일본 음인 '고마(コマ)'를 音借한 표기로 볼 수 있다. 호마견은 고마견, 즉 狛犬의 音借인 셈이다.

중국이나 한국에서 獅子를 佛法을 守護하는 猛獸로 인식하여 佛像이나 佛塔에 널리 배치하였다. 그와 같은 관행이 일본에도 전래되어 신사나 사원 등에 사자를 배치하였다고 볼 수 있다. 그런데 문제는 중국과 한국에서 狛犬을 불상이나 탑, 그리고 사원 등에 배치한 전통은 찾을 수 없다는 점이다. 狛犬을 특별한 靈力을 지닌 靈獸로서 惡鬼를 물리칠 수 있는 守護神으로 믿고 사원이나 신사에 배치한 것은 일본에서만 볼 수 있는 전통인 것이다. 다만 박견을 악귀를 물리치는 靈獸로 인식하는 전통이 한국에서 유래하였음을 알려주는 존재가 바로 고구려에서 전래된 舞樂 狛犬이다.

종래에 平安中期에 天皇이 行幸할 때에 사자와 박견이 짝을 이루어 공연되었고, 그러한 전통이 박견과 사자상을 조각하여 宮中을 수호하는 鎭座로서 사용하기에 이르렀다고 이해하였다.[26] 狛犬像의 유래를 舞樂 狛犬

---

24) 『禁秘抄』 南殿(紫宸殿)條에 '북쪽의 障子는 賢聖障子라고 부른다. ……御帳 사이의 門扉에 師子와 狛犬을 그렸다'라고 전한다. 天皇의 자리가 남쪽으로 향해 있는데, 그 배후의 북쪽 障子에는 중국의 충신, 공신 등 소위 賢聖한 사람들을 그리고, 그 중앙에 帝德을 칭송하는 거북이를 묘사하였는데, 이것을 賢聖障子라고 불렀다.
25) 木村春太郎, 1922, 「狛犬の由來に就いて」, 『史學雜誌』 33-6.
　　井上井, 1974, 「狛犬」, 『神道考古學講座』 4권(神道歷史期), 雄山閣.

의 이미지에서 찾은 것이다. 고대 일본에서 御駕가 행차할 때에 사자와 박견을 공연한 것은 이들 춤이 惡鬼를 물리치는 내용과 관련이 깊었기 때문이었을 것이다. 이러한 측면은 狛犬과 사자춤의 성격을 이해하는 데에 커다란 참고가 될 뿐만 아니라 狛犬과 新羅狛의 유래를 추적할 때에도 유용한 정보가 된다고 볼 수 있다. 실제로 사자춤이 驅儺舞의 성격을 지녔음이 확인된다.

본래 중국의 중원지방에서는 사자가 살지 않는다. 한나라 때 張騫 일행이 서역과 통한 이후에 서역의 여러 나라에서 獅子를 獻上하였고, 그 후 비로소 중국에 사자의 존재가 널리 알려졌다. 그런데 이때 사자춤이 함께 중원에 전래된 것은 아니었다. 890년 전후에 段安節이 지은 『樂府雜錄』에 五方獅子는 龜茲에서 長安으로 전래되었고, 사자춤을 출 때 사용되는 伴奏 樂器는 華篥, 笛, 拍板, 四色鼓, 拍鼓, 羯鼓, 鸡婁鼓 등 구자의 악기가 주류를 이루었다고 전하며, 또한 최초 당나라 장안에서 사자춤을 공연할 때에 獅子郎은 모두 龜茲人이었다고 한다.[27) 吐魯番 阿斯塔那墓에서 2인이 사자탈을 쓴 모습의 獅子泥俑이 발견되었다.[28) 서역에서 사자춤을 널리 추었음을 알려주는 증거의 하나다. 이러한 이유 때문에 唐代에 오방사자무는 龜茲部에 편제하였던 것이다. 대체로 사자춤은 페르시아나 중앙아시아에서 구자를 경유하여 중원에 전해진 것으로 이해한다.

구자의 음악과 악기가 중원에 전해진 것은 前秦時代에 呂光이 龜茲國을 정복한 것에서 찾고 있다.[29) 사자춤 역시 이때나 그 이후에 중원에 전해졌을 것이며, 실제로 南北朝시대에 사자춤을 추었음을 알려주는 자료가

---

26) 坂元義宗, 1995, 앞의 논문, 428~432쪽.

27) 王嶸, 1999, 『西域文化的回聲』, 新疆青少年出版社, 80쪽.

28) 穆舜英主篇, 1994, 『中國新疆古代藝術』, 新疆美術撮影出版社, 156쪽.

29) 趙維平, 2002, 「琵琶的歷史」, 『韓國音樂史學報』29.

발견된다. 『樂府詩集』 권 51 淸商曲辭에 502~549년 동안 재위한 武帝와 周捨(469~524)가 지은 「上雲樂」이란 시가 실려 있는데, 이 가운데 주사의 작품인 「老胡文康辭」에 상운악이란 가무희의 연출 모습을 묘사한 내용이 전한다. 이 가무의 주인공은 늙은 胡人인 文康인데, 그는 많은 종자들을 거느리고, 또 봉황과 사자도 데리고 다닌다고 한다. 시 구절 가운데 '봉황새는 늙은 오랑캐 집안의 닭이요(鳳凰是老胡家鷄), 사자는 늙은 오랑캐 집안의 개라네(獅子是老胡家狗)' 라는 구절이 보이는데, 문강이 봉황과 사자탈을 쓴 舞人과 함께 춤을 추는 장면을 묘사한 것과 관련되리라고 추정된다. 참고로 상운악의 핵심 내용은 胡人 文康이 梁나라 天子의 聖德을 전해 듣고 멀리 중국을 찾아와 종자들을 거느리고 胡舞를 추고 奇樂을 연주하며 祝壽를 기원하는 것이라고 한다.[30]

　　북위의 楊衒之가 지은 『洛陽伽藍記』를 보면, 북위에서 매년 4월 4일 洛陽 長秋寺에서 불상을 밖으로 옮기는 행사가 있었는데, 이때에 '辟邪와 師子가 (춤을 추면서) 그 앞을 인도하며, 呑刀와 吐火같은 기예를 한편에서 요란하게 펼치고, 綵幢과 上索 같은 특이하고 괴상한 재주를 연출하였으며, 기이한 재주와 특이한 의복이 도시에서 으뜸이었다' 고 전한다.[31] 북위시대에 불교행사에서 사자탈을 쓰고 춤을 추면서 행렬을 인도하였음을 알려준다. 남북조시대에 사자춤이 서역에서 전해져 공연되었음을 알

---

30) 김학주, 2001(증보판), 『중국 고대의 가무희』, 명문당, 167~177쪽.

31) "長秋寺劉騰所立也. 騰初爲長秋令卿 因以爲名. …… 四月四日此像常出 辟邪師子 導引其前 呑刀吐火 騰驤一面 綵幢上索 詭譎不常 奇伎異服 冠於都市"(『洛陽伽藍記』 권 1 城內 長秋寺)
　　　김학주, 위의 책, 194쪽에서 辟邪師子를 '사악함을 물리치는 사자' 로 번역하였고, 임영애, 2007, 「중국 고분 속 鎭墓獸의 양상과 불교적 변형」, 『미술사논단』 25, 48~49쪽에서도 이와 같이 해석하였다. 그러나 여기서 벽사와 사자는 별개의 동물을 가리키는 표현으로 보는 것이 옳다.

려주는 또 하나의 자료다. 唐代에 사자무를 공연한 모습은 李白이 지은 「上雲樂」이란 시에 전하고 있다. 여기에 '오색의 사자와(五色師子) 九彩의 봉황은(九苞鳳凰) 늙은 오랑캐의 개와 닭 같은 것(是老胡鷄犬), 궁정 안을 돌면서 춤추고 나서는데(鳴舞飛帝鄕), 너풀너풀 너울너울(淋灕颯沓), 나아 갔다 물러갔다 자연스런 절도 있네(進退成行)'라는 구절이 보인다. 白居易가 지은 「西凉伎」란 시에도 가면 쓴 胡人과 가짜 사자가 등장하여 춤을 추는 장면이 묘사되어 있다.[32]

五方獅子에서 5방은 각 방위, 즉 東西南北中을 가리키며, 각 사자의 탈은 각 방위의 색인 靑, 白, 赤, 玄, 黃色을 띠었다. 그러면 남북조시대에도 5방 색의 탈을 쓰고 사자무를 공연하였을까?『南齊書』권 26 열전 7에 王敬則이 五色獅子를 타는 꿈을 꾸었다고 전한다.[33] 南齊代에 각 방위 색에 해당하는 靑, 白, 赤, 玄, 黃色의 사자탈을 쓰고 춤을 추었음을 이를 통해서 유추해볼 수 있다. 이러한 추정은 고대 일본에 전래된 伎樂의 내용을 통해서도 보완할 수 있다.『日本書紀』권 22 推古天皇 23년(612) 是歲條에 백제인 味摩之가 귀화하여 吳나라에서 배운 伎樂의 춤을 전해주었다는 내용이 전한다.[34] 기악은 가면무용극의 일종으로서 治道, 獅子, 吳公 등 다양한 유형의 가면을 쓴 舞人이 등장한다. 이때 사자는 기악의 행렬 앞부분에서 악마를 퇴치하는 역할을 수행하였다고 한다.[35] 그런데『法隆寺伽

---

32) 이상의 내용은 김학주, 2001, 앞의 책, 219~227쪽을 참조하여 정리한 것이다.

33) "王敬則 晉陵南沙人也 …… 年長兩腋下生乳 各長數寸 夢騎五色獅子"(『南齊書』권 26, 列傳 7, 王敬則)

34) "是歲 …… 又百濟人味摩之歸化曰 學于吳 得伎樂儛. 則安置櫻井 而集少年 令習伎樂儛. 於是 眞野首弟子 · 新漢濟文 二人習之傳其儛 此今大市首 · 辟田首等祖也"(『日本書紀』권 22, 推古天皇 23년 是歲)

35) 植木行宣, 1981, 「東洋的樂舞の傳來」,『日本藝能史』1(原始 · 古代), 法政大學 出版局, 234쪽.
河竹繁俊著, 이응수 역, 2001,『일본연극사』상, 도서출판 청우.

藍緣起并流記資財帳』의「法分雜物四種」가운데 하나인 伎樂面壹十壹具에 '師子貳頭〈五色毛 在袴四腰〉'가 보인다. 사자의 탈이 오색이었고, 다리가 4개이므로 두 사람이 탈을 쓰고 춤을 추었음을 알려주는 자료이다. 7세기 전반에 미마지가 일본으로 귀화하였으므로 그가 기악을 배운 吳나라는 중국 南朝의 어느 나라를 가리킨다고 봄이 합리적일 것이다. 남북조시대에 오색의 사자탈을 쓰고 춤을 추는 전통이 있었음을 기악의 전래를 통해서도 엿볼 수 있다. 현재 남북조시대의 문헌에 오방사자무에 대한 기록이 전하지 않는다. 수·당대에 오색사자무가 오방사자무로 발전하였을 개연성을 생각하게 한다.

사자탈의 5색과 5방색이 상징하는 것은 무엇일까? 일본의 伎樂에서 사자는 악귀를 쫓는 역할을 수행하였다. 北魏 洛陽의 長秋寺 불교행사에 등장하는 벽사와 사자 역시 마찬가지였을 것이다. 그것들이 惡鬼를 쫓는 靈獸로 인식되었기 漢代부터 陵墓의 石獸나 鎭墓獸로도 널리 제작되었는데, 後漢代에 御使中丞을 지낸 宗資(?~187)의 묘 앞에 세운 石獸 髆上에 '一日 天祿(鹿) 二日辟邪'라고 기록되어 있어 후한대에 이미 천록과 벽사를 무덤 앞에 鎭墓의 기능을 하는 石獸로 세웠음을 알게 해준다.[36] 漢代에 천록과 벽사 이외에 사자를 진묘수로 세우는 경우도 있었다. 산동성 가상현 동남쪽에 위치한 武氏祠堂石闕에 석사자 한 쌍이 조각되어 있는 것이 대표적 사례이다.[37]

南北朝時代에 이르러 陵墓에 天祿·辟邪와 아울러 麒麟도 石獸로 세웠

---

36) "集古錄 漢宗資墓 天祿辟邪字 在墓石獸髆上 一日天祿 一日辟邪 篆書 墓在今鄧州 南陽界中"(『續禮通考』권 99, 石獸)
　　윤무병, 1978, 「무녕왕릉 석수의 연구」, 『백제연구』 7, 22~23쪽.
37) 이밖에 四川省 鴉安縣 高頤墓에 석사자 1쌍이 있었다고 한다.(권강미, 2006, 「통일신라시대 사자상의 수용과 전개」, 『신라의 사자』, 국립경주박물관, 212쪽)

음이 확인된다. 당시 南朝 陵墓의 석각은 3종 6건으로 구성되었는데, 3종
은 石獸와 石柱, 石碑를 말하고, 6건은 그것들이 각각 쌍으로 세워져 있는
것을 말한다. 석수 가운데 뿔이 2개인 것은 천록이고, 뿔이 하나인 것은
기린이라고 보며, 일반적으로 王·侯의 무덤 앞에는 뿔이 없는 辟邪를 세
웠다고 한다. 물론 兩角, 獨角을 가진 石獸를 麒麟, 뿔이 없는 石獸를 辟邪
로 이해하는 견해도 제기되었다. 반면에 北朝에서는 묘지명과 함께 남조
능묘의 석수에 해당하는 진묘수를 무덤 안에 넣는 것이 일반적이었다고
한다.[38]

　그런데 6세기 이후 北朝時代부터 鎭墓獸를 사자의 모습으로 제작하기
시작하였음이 주목을 끈다. 종래의 연구에 따르면, 대체로 6세기 북위시
대 이전까지 뿔과 날개가 있는 말이나 호랑이의 모습에 가까운 神獸를 鎭
墓獸로 조각하였다가 6세기 이후 북위에서 사자의 모습을 본 떠 진묘수를
만드는 관행이 일반화되었다는 것이다. 나아가 그러한 변화는 바로 불상
을 비롯한 불교조각품에 불법의 수호자인 사자가 함께 조각되는 것에서
찾았다.[39] 이러한 추세에 짝하여 唐代에 天祿이나 天馬와 더불어 실제 모
습에 가까운 獅子를 陵墓의 石獸로 배치하는 사례가 많아졌다고 한다.[40]

　이처럼 북위시대에 불교의 영향을 받아 벽사와 마찬가지로 사자가 악
마를 퇴치하는 靈獸로 인식되었기 때문에 사자춤 역시 儺禮戱와 관련하여
널리 수용되었을 것으로 짐작된다. 이에서 오색의 사자탈을 쓰고 사자무
를 추거나 5방의 색을 띤 사자탈을 쓰고 오방사자무를 공연할 때, 사자가

---

38) 南北朝 陵墓의 石獸에 대해서는 박한제, 2003, 『강남의 낭만과 비극』, 사계절,
　　195~204쪽 ; 권오영, 2006, 「무령왕릉 출토 진묘수의 계보와 사상적 배경」, 『무령
　　왕릉 학술대회』, 국립공주박물관, 72~83쪽이 참조된다.
39) 임영애, 2007, 「중국 고분 속 鎭墓獸의 양상과 불교적 변형」, 『미술사논단』 25.
40) 권강미, 2006, 앞의 논문, 212쪽.
　　권오영, 2006, 앞의 논문, 82~83쪽.

각 방위의 악귀를 퇴치한다는 의미가 거기에 담겨 있음을 유추해볼 수 있지 않을까 한다. 『樂學軌範』에 조선시대에 儺禮에서 五方處容이 5방위를 상징하는 靑, 赤, 黃, 白, 黑色의 의상에 처용가면을 쓰고 사방의 잡귀를 물리치는 춤을 추었다고 전하는 점이 크게 참고된다.[41]

고구려와 신라에서도 불탑이나 불상 앞에 사자상을 세워 두었다. 신라의 분황사탑에 사자상을 안치한 것은 널리 알려진 사실이다. 고구려의 장천 1호분 벽화에 사자좌 위에 앉아 있는 부처 앞에 예불하는 사람의 그림이 묘사되어 있는데, 바로 사자좌 좌우에 혀를 내밀고 꼬리는 위로 들어 올린 사자의 모습이 보인다.[42] 고구려에서도 5세기대에 불상이나 불탑에 사자상을 배치하였음을 짐작케 해준다. 물론 사자가 단순하게 불법을 수호하는 상징으로만 이해된 것은 아니다. 당나라의 능묘제도가 도입된 통일신라시대에 괘릉 앞이나 성덕왕릉 또는 흥덕왕릉 주위에 사자장을 배치하였음이 확인되기 때문이다. 이때 사자상은 辟邪의 기능을 가진 石獸로서의 성격을 지녔음은 물론이다. 이와 같은 사자의 이미지는 사자춤의 그것에도 그대로 반영되었을 것이다.

于勒이 지은 加耶琴 12곡 가운데 師子伎가 있다.[43] 이것을 지명으로 보는 견해도 있지만,[44] 대체로 사자춤을 가리키는 것으로 이해한다. 진흥왕

---

41) 전경욱, 2004, 『한국의 전통연희』, 학고재, 411쪽.

42) 국립경주박물관, 2006, 『신라의 사자』, 10~11쪽.
   한편 전호태, 2000, 『고구려 고분벽화 연구』, 사계절, 417쪽 〈표10 고구려 벽화고분 편년 시안〉을 보면, 전호태, 강현숙, 東潮선생과 조선유적유물도감에서는 장천1호분을 5세기 중엽에 축조된 것으로 편년하였고, 이전복선생은 4세기 중반~5세기 중반, 유훤당과 박진욱선생은 5세기 후반으로 편년하였다고 전한다.

43) "羅古記云 加耶國嘉實王見唐之樂器而造之. 王以謂諸國方言各異聲音 豈可一哉. 乃命樂師省熱縣人于勒造十二曲. …… 于勒所製十二曲 一曰下加羅都 二曰上加羅都 三曰寶伎 四曰達己 五曰思勿 六曰勿慧 七曰下奇物 八曰師子伎 九曰居烈 十曰沙八兮 十一曰爾赦 十二曰上奇物. 泥文所製三曲 一曰烏 二曰鼠 三曰鶉"(『三國史記』雜志 1, 樂)

대에 우륵이 신라에 망명하였으므로 사자기가 이미 6세기 중반에 신라에 전해졌다고 볼 수 있다. 물론 가야는 고구려 또는 백제에서 사자춤을 수용하였다고 보이므로 두 나라에서도 6세기 중반에 사자춤이 널리 공연되었을 것으로 추정된다. 한편 통일신라시대에 사자춤이 널리 공연된 사정은 최치원이 사자춤을 감상하고 지은 『鄕樂雜詠』 5首 가운데 하나인 「狻猊」라는 시를 통하여 살필 수 있다.[45]

　신라인들의 사자에 대한 인식과 관련하여 于山國(울릉도)이 지세가 험한 것을 믿고 항복하지 않자, 異斯夫가 나무로 사자를 만들어 위협하여 항복시켰다는 『三國史記』 新羅本紀第4 智證王 13년(512)條의 기록이 주목된다.[46] 당시에 울릉도 사람들이 사자를 직접 보았을 가능성은 적다. 그럼에도 불구하고 그들은 사자가 猛獸로서 사람들에게 위협적인 존재임을 알았던 것이다. 실제로 사자를 보지 못한 사람들이 그 이미지만으로도 상당히 위협감을 느꼈음은 미지의 맹수에 대한 신비화와 아울러 사자가 모든 악귀를 물리칠 수 있는 辟邪의 靈獸로 이미지화되었음을 의미하는 것으로 받아들여진다.[47] 이러한 이미지는 사자춤에도 그대로 반영되었을 것이다. 후대의 경우이긴 하지만, 북청사자놀이에서 사자가 집안 곳곳을 돌면서 귀신을 쫓는 의식이 중시되었다. 또한 고려시대에 이색이 지은

---

44) 田中俊明, 1992, 『大加耶聯盟の興亡と任那-加倻琴だけが殘つた-』, 吉川弘文館, 109 쪽에서 師子伎를 옛 지명이 三岐(또는 三支)인 경남 합천군 대병면으로 비정하였다.

45) "崔致遠詩有鄕樂雜詠五首 今錄于此. …… 狻猊 遠涉流沙萬里來 毛衣破盡着塵埃 搖頭掉尾馴仁德 雄氣寧同百獸才"(『三國史記』 雜志 1 樂)

46) "于山國歸服 歲以土宜爲貢. 于山國在溟州正東海島 或名鬱陵島. 地方一百里 恃嶮不服. 伊湌異斯夫爲何瑟羅州軍主 謂于山人愚悍 難以威來 可以計服. 乃多造木偶師子 分載戰船 抵其國海岸. 誑告曰 汝若不服 則放此猛獸踏殺之. 國人恐懼 則降"(『三國史記』 新羅本紀 4 智證王 13년 여름 6월)

47) 원종세·이덕경, 1991, 「사자춤에 나타난 象徵性」, 『논문집』 15, 건국대학교 교육연구소, 50~51쪽.

「驅儺行」이란 시에 '오방귀 춤추며 白澤(사자)이 뛰놀며'라는 구절이 보이는데, 나례희에 사자춤이 포함되었음을 알려준다.[48] 후대의 사례를 감안하건대, 신라시대의 사자춤 역시 儺禮戲와 직접 연관되었다고 보아도 좋을 것이다.

신라에서 오색사자무와 오방사자무를 추었다는 직접적인 기록은 전하지 않는다. 그러나 고려시대에 나례희에서 五方鬼와 함께 사자가 춤을 추는 나례희가 공연되었으므로 신라에서도 5방사자무 또는 5색사자무가 공연되었을 가능성을 완전히 배제할 수 없을 것이다. 그러한 전통은 삼국시대까지 소급이 가능한데, 백제인 미마지가 일본에 전해준 伎樂에 오색의 사자가 등장한다는 점이 참고된다. 결과적으로 사자춤은 서역에서 유행하여 龜玆를 통하여 중원지방에 전해졌고, 중국에서 그것이 儺禮와 밀접하게 연관되어 더욱 더 발전하였으며, 나아가 중국의 사자춤이 삼국과 통일신라에 전래되어 널리 공연되었다고 정리할 수 있다.

나례희와 관련이 깊은 사자춤의 일종이 신라에서 일본에 전래되었고, 그것을 일본인들은 新羅狛이라고 불렀다. 天皇의 御駕가 行幸할 때에 박견과 더불어 사자춤을 공연하였음이 확인되는데, 이때 공연된 사자춤 역시 驅儺舞의 성격을 지녔다고 봄이 합리적일 것이다. 신라박을 천황이 行幸할 때에 공연한 것은 아니었지만, 중국이나 한국, 일본에서 사자춤이 驅儺舞와 관련이 깊었으므로 신라박 역시 마찬가지였다고 말할 수 있지 않을까 한다. 박견과 더불어 사자를 신사나 사원의 수호신으로 믿고, 그들 경내에 조각상을 배치한 배경으로서 이와 같은 성격을 지닌 사자춤의 존재를 충분히 염두에 두지 않을 수 없을 것이다. 물론 중국이나 한국에서 사자가 불법을 수호하거나 또는 악귀를 물리치는 鎭獸로서 널리 인식

---

48) 전경욱, 2004, 앞의 책, 442~443쪽 · 186~187쪽.

된 점도 크게 작용하였을 것으로 믿어 의심치 않는다.

사자춤은 서역의 龜茲를 거쳐 중국과 한국에 전래되고, 다시 일본까지 전래되었다. 반면에 狛犬이 중국에서 고구려를 거쳐 일본에 전래된 舞樂이었음을 직접적으로 알려주는 자료는 전해지지 않는다. 앞에서 일본의 高麗樂 狛犬이 惡鬼를 물리치는 내용이었다고 추정하였다. 그것의 유래를 추적하고자 할 때, 무엇보다도 먼저 이점을 유의할 필요가 있을 것이다. 우리의 토종개로 삽살개가 있다. 여기서 삽은 없앤다 또는 쫓는다는 뜻이고, 살은 귀신 또는 액운을 뜻한다. 그러므로 삽살개는 '귀신(액운)을 쫓는(없애는) 개'라는 뜻으로 풀이할 수 있다. 그래서 '삽살개 있는 곳에는 귀신도 얼씬 못한다'라는 이야기가 생기기까지 하였다.[49] 도둑이나 귀신을 驅逐할 용도로 그린 民畵 가운데 개 그림, 즉 神狗圖가 있다. 칠흑같이 어두운 밤, 귀신을 물리치기 위하여 네 개의 눈, 2개 이상의 귀를 가진 모습으로 묘사하였다고 한다.[50] 외부 사람을 알아보고 적대적 행동을 하는 개의 특성을 주목하여 개를 집을 지키고 잡귀와 액운을 물리치는 동물로 인식하였던 것이다.[51]

그런데 중국에서도 개를 祥瑞를 불러오거나 惡鬼를 물리치는 靈驗한 능력을 지닌 동물로 인식하였음이 확인된다. 예를 들어 『廣博物志』에 '흰색에 새 대가리와 같은 모습을 가진 개는 사람으로 하여금 재물을 얻게 하고, 흰색에 검은 색의 꼬리를 가진 개는 사람으로 하여금 대대로 수레를 타게 하고, 검은 색에 흰색의 귀를 가진 개는 주인이 그것을 기르면 부귀를 누리게 하고, 검은 색에 앞다리가 흰색인 개는 자손을 번창하게 하고,

---

49) 하지홍 · 임인호, 1993, 『한국의 토종개』, 대원사, 53~54쪽.

50) 윤열수, 1995, 『민화이야기』, 디자인하우스, 142쪽.

51) 천진기, 2002, 『한국 띠동물의 상징체계 연구』, 중앙대학교 대학원 박사학위논문, 234쪽.

황색에 흰색의 꼬리를 가진 개는 대대로 벼슬살이를 하게 한다'라고 전하고,[52] 또 『本章綱目』에 '術家들은 개를 地厭으로 삼았다. 一切의 邪魅와 妖術을 물리칠 수 있기 때문이다'고 하였다.[53] 이와 같은 중국과 조선시대의 개에 대한 인식을 염두에 둔다면, 고구려에서도 개를 악귀를 물리치는 靈獸로 인식하였을 가능성이 높다. 이러한 인식이 狛犬을 주인공으로 하는 驅儺舞를 만드는 하나의 배경이 되었을 것이다.

그러나 여기서 한 가지 유의할 사항은 고대 일본에 전래된 狛犬이 머리에 뿔이 하나 있는 모습이라는 점에 관해서이다. 일본에 전래되기 이전 고구려의 박견 역시 이와 같은 모습이었을 것이기 때문이다. 그렇다면 이제 이마에 뿔이 있는 狛犬의 모습은 어디에서 유래하였을까 하는 점이 문제로 제기된다. 중국에서 辟邪의 기능을 지닌 개와 관련된 가무의 존재를 찾을 수 없다. 다만 辟邪의 기능을 지니면서도 뿔을 가진 동물 歌舞戱가 발견된다. 辟邪伎가 바로 그것이다. 『魏書』 권 109 志 14 樂 5에 '(魏 道武帝) 天興 6년(403) 겨울에 太學에 命을 내려, 鼓吹를 총괄하여 정리하고 잡기를 增修케 하여, 五兵, 角觝, 麒麟, 鳳凰, 仙人, 長蛇, 白象, 白虎 및 여러 畏獸, 魚龍, 辟邪, 鹿馬仙車, 高絙百尺, 長趫, 緣橦, 跳丸, 五案을 만들어 百戱를 갖추었다'고 하였다. 북위에서 백희 가운데 하나로 辟邪伎를 정비하였음을 알려준다. 또한 宋나라 陳暘이 편찬한 『樂書』에도 雜樂의 하나로 벽사기를 소개하였다.[54] 이밖에 『隋書』 권 13 音樂志上에 三朝 때, 즉 설날 아침 궁중의 연회에서 공연하던 음악과 잡기의 순서가 기록되어 있는

---

52) "白犬烏頭 令人得財 白犬黑尾 令人世世乘車 黑犬白耳 犬主畜之 令人富貴 黑犬白前兩足 宜子孫 黑犬白尾 令人世世衣冠〈褋五行書〉"(『廣博物志』 권 47, 鳥獸 2, 獸下) 『廣博物志』는 明나라 董斯張이 편찬한 책으로서 모두 50권으로 구성되었다.

53) 時珍日 術家以犬爲地厭 能禳辟一切邪魅妖術(『本章綱目』 권 50 上, 獸 1) 『本章綱目』은 明나라 때에 李時珍이 편찬한 것으로서 52권으로 구성되었다.

54) 『樂書』 권 187, 樂圖論 俗部 雜樂에 辟邪伎를 비롯한 다양한 百戱歌舞를 소개하였다.

데, 41번째로 辟邪伎를 공연하였다고 하였다.

李白이 지은 '設辟邪伎鼓吹雉子班曲辭'란 제목의 시가 전한다. 王琦는 『李太白集注』 권 4에서 辟邪伎는 辟邪라고 불리는 동물이 춤을 추는 것이라고 설명하였다.[55] 벽사기는 상상의 동물인 辟邪가 춤을 추는 내용의 가무희였던 것이다. 漢代에 벽사를 많이 만들었는데, 그 실물이 臺灣의

〈그림 5〉 漢代 玉 邪
(臺灣 고궁박물원)

〈그림 6〉 杜樓村 漢墓 출
土 鎭墓高

<그림 7> 東郊石橋 16號墓 出土 後漢時代 辟邪形挿座

고궁박물관에 소장되어 있다. 머리를 쳐들고 입을 벌려 포효하고 있는 모습으로 몸통은 날개가 있는 사자의 모습이다. 河南省 洛陽市 漢魏洛陽城 東郊石橋 16號墓 出土 後漢時代 辟邪形挿座(灰陶)에서도 이와 비슷한 형상의 벽사를 발견할 수 있다.[56] 後漢代에 皇后의 步搖簪에 공작, 벽사, 천록 등을 장식하였는데,[57] 종래에 벽사의 모양을 날개가 있는 사자의 모습이

---

55) "辟邪伎者 盖假爲辟邪獸之形而舞者也"(『李太白集注』 권 4 樂府 37首)

56) 大阪市立美術館·讀賣新聞大阪支社, 1999, 『よみがえる漢王朝-2000年の時をこえて-』, 讀賣新聞社, 109쪽.

57) "皇后謁廟服 …… 假結步搖簪珥 步搖以黃金 爲山題 貫白珠爲桂枝 相繆一爵(孔雀) 九華 熊 虎 赤羆 天鹿 辟邪 南山豐大特(牛)六獸 所謂副笄六珈者 皇后謁廟 … 步搖以黃金爲山題 貫白珠爲桂枝 相繆一爵九華熊虎赤爲天鹿辟邪南山豐大特六獸

라고 이해한 견해가 제기되었다.[58] 步搖簪에 장식한 벽사의 모습 역시 옥
각의 벽사와 비슷하였던 것이다. 고궁박물원 소장의 玉辟邪는 머리에 뿔
이 없는 형상이지만, 河南省 偃師城 杜樓村 漢墓 출토 鎭墓獸는 옥벽사와
비슷하나 머리에 兩角이 있는 것이 특징이다.[59] 漢代에 벽사를 만들 때에
머리에 뿔을 표현하는 경우도 있음을 알려준다. 실제로 후대에 사람들은
벽사가 뿔이 두 개였다고 이해하였음이 확인된다. 『漢書』 권 96上 西域傳
大月氏國條에 그 나라에 桃拔과 사자, 犀牛가 있다고 기술한 다음, 그 注
에 다음과 같이 기록하였다.

　孟康이 말하기를 '桃拔은 一名 符拔이라고도 부르며, 사슴과 비슷하며 꼬리
　가 길다. 뿔이 하나인 것은 혹은 天鹿이라고 하고, 뿔이 두 개인 것은 辟邪
　라고 한다.

　맹강은 曹魏時代의 인물이다. 당시에 천록은 뿔이 하나, 벽사는 뿔이 2
개인 동물로 인식하였음을 알려준다. 맹강의 인식은 후에 커다란 영향을
끼쳤다.[60] 唐代에 白居易가 貘에 대해서 코끼리의 코, 犀牛의 눈, 소의 꼬
리, 호랑이의 발을 가진 동물로서 辟邪의 모습과 비슷하다고 언급하였

詩所謂副笄六珈者 諸爵獸皆翡翠爲毛羽 金題白珠璫 繞以翡翠爲華云"(『後漢書』 권
40, 輿服志 30 輿服下)

58) 黃能馥·陳娟娟, 2004, 『中國服飾史』, 上海人民出版社, 187쪽.

59) 鄭州市文物硏究所, 2003, 『中國古代鎭墓神物』, 文物出版社, 55쪽.
　이와 비슷하면서도 뿔이 없는 前漢時代 진묘수가 陝西省 西安馬呼陀制鍋廣西漢墓에
　서도 출토되었다(鄭州市文物硏究所, 위의 책, 57쪽)

60) 근래에 천록의 원형을 서역에 서식하는 角羚(antelope, 영양의 일종으로 뿔이 2
　개), 벽사는 뿔이 하나인 서역의 犀牛에서 찾을 수 있고, 한대에 전자는 鎭宅의 용
　도로, 후자는 鎭墓의 용도로 널리 활용되었다고 주장한 견해가 제기되었다.(林海
　村, 1998, 『漢唐西域與中國文明』, 文物出版社, 98~99쪽) 이를 따른다면, 전자는 뿔
　이 2개, 후자는 뿔이 하나라고 볼 수도 있다.

<그림 8> 『三才圖會』에 전하는 貘像

다.[61] 唐代에 벽사를 어떻게 이해하였는가를 알려주는 하나의 자료이다.

벽사는 글자 그대로 '邪惡한 惡鬼를 퇴치하는 동물'이라는 뜻으로 풀이된다. 이러한 이유 때문에 鎭座나 鎭墓獸로 널리 만들어졌던 것이다. 나아가 그 동물을 주인공으로 하는 가무희를 제작하였는데, 그것이 바로 辟邪伎이다. 南朝에서 뿔이 없는 벽사를 제작하기도 하였지만, 그러나 曹魏時代에 孟康이 辟邪가 뿔이 2개라고 언급하였고, 魏晋南北朝와 隋·唐代의 무덤에서 뿔이 있는 鎭墓獸가 많이 출토되었음을 참고하건대,[62] 鎭墓獸와 관련이 깊은 辟邪 머리에 뿔을 하나 또는 두 개 표현하는 것이 일반적이었을 것이다. 辟邪伎에서 공연하는 辟邪 동물의 모습 역시 뿔이 있는 형상이었지 않았을까 여겨진다.

벽사기가 고구려에 전래되었음을 알려주는 자료는 전하지 않는다. 그런데 驅儺舞의 성격을 지닌 가무희로서 고구려에 狛犬이 있었다. 佛像臺座의 좌우에 사자를 묘사한 장천1호분 벽화와 사자가 앞에서 행렬을 인도하는 내용의 伎樂이 南朝에서 백제에 전래된 사실을 참조하건대, 5~6세기대에 불교행사에서 辟邪와 師子가 악귀를 물리치면서 가두행렬을 앞에서 인도하는 내용의 北魏 儀禮를 고구려에서 수용하였을 가능성을 충분히

---

61) "貘者 象鼻 犀目 牛尾 虎足, 生南方山谷中 寢其皮辟溫, 圖其形辟邪"(白居易, 「貘屏讚并序」, 『文苑英華』 권 784, 圖畫)

62) 鄭州市文物研究所, 2003, 앞의 책에서 戰國時代에서 唐代까지 중국의 여러 무덤에서 출토된 鎭墓獸들을 정리하였다. 여기에 소개된 魏晋南北朝와 隋·唐代의 獸·魚·禽型, 多獸同體型, 人獸同體型 鎭墓獸 150여종 가운데 뿔이 있는 것이 무려 120여 종에 달하였다.

고려해볼 수 있지 않을까 한다. 벽
사와 박견 모두 머리에 뿔이 있다
는 점, 그것들이 모두 사악한 악귀
를 퇴치하는 靈獸로 인식된 점, 박
견과 벽사를 주인공으로 하는 驅
儺舞가 널리 공연된 점 등을 통하
여 이러한 추정을 보완할 수 있다.
필자의 추론에 커다란 잘못이 없
다면, 고구려에서 벽사의 존재를

〈그림 9〉 국립중앙박물관 소장 짐승무늬얼굴
수막새

충분히 인지하고 있었고,(63) 그것을 고대 일본의 狛犬과 비슷한 모습으로
묘사하였다고 추론해볼 수 있을 것이다.(64)

　벽사라는 동물을 鎭墓獸로 만드는 중국의 전통이 辟邪伎라는 가무희
를 제작하는 데에까지 발전하고, 이것이 고구려에 전래되어 舞樂 狛犬
의 원류를 형성하였다고 보인다. 그리고 다시 그것이 일본에 전래되어
高麗樂의 하나로 정착되었을 것이다. 나아가 고구려의 박견이 중국의
벽사와 비슷한 성격을 지녔기 때문에 고구려에서 전래된 舞樂 狛犬이
천황이 行幸할 때에 사자와 짝을 이루어 공연되었다고 추정되며, 이와
같은 박견의 이미지 때문에 古代 일본인들이 사자와 더불어 그것의 조

---

63) 고구려의 기와 가운데 짐승무늬얼굴을 표현한 기와들이 여럿 발견된다. 그 가운데
　집안의 통구 무덤 근처에서 발견된 국립중앙박물관 소장의 짐승무늬얼굴 수막새는
　눈을 부릅뜨고 이빨이 튀어 나올 정도로 입을 크게 벌린 모습이다. 고구려에서 벽
　사동물에 대하여 충분히 인지하고 있음을 입증해주는 증거의 하나로 주목된다.
64) 鄭州市文物硏究所, 2003, 앞의 책, 134쪽에 山西省博物館 所藏의 개 모양 진묘수,
　陝西省 陽師專 7호묘 출토 개 모양 진수묘를 소개하였다. 唐代의 것으로서 귀를 쫑
　긋 세우고 있는 모습인데, 이것은 마치 뿔을 두 개 표현한 것처럼 느껴진다. 개 모
　양의 진묘수는 고구려 박견의 원류를 추적할 때에 크게 참고가 되지 않을까 한다.

각상을 鎭座 또는 鎭獸로서 제작하여 宮中이나 神社, 寺院에 설치하였지 않았을까 한다.

IV. 맺음말

지금까지 본문에서 狛犬·新羅狛의 가무로서의 성격 및 그 由來에 대하여 검토하였다. 본문에서 검토한 내용을 간략하게 정리하는 것으로서 맺음말에 대신하고자 한다.

박견은 고대 일본 舞樂 高麗樂의 하나였기 때문에 여러 辭書類와 樂書類에 그에 관한 내용이 전하는 반면에 新羅狛은 오직 『信西古樂圖』에만 전하고 있다. 신라박이 신라에서 전래된 사자춤의 일종이었기 때문에 다른 사자춤과 더불어 여기에 소개한 것으로 보인다. 고구려에서 전래된 高麗樂 狛犬은 개의 탈을 쓴 舞人이 횃불을 들고 춤을 추거나 그가 大眞人을 깨무는 내용의 舞樂이었다. 『信西古樂圖』 追加別記에 머리에 뿔이 있으며, 입이 뾰족하고 긴 얼굴의 蘇芳菲가 전하는데, 박견 역시 이와 비슷한 형상이었을 것이다. 그런데 『신서고악도』 본문에 머리는 개, 몸은 사자의 모습인 또 다른 소방비가 전하여서 소방비의 형상이 사자에서 점차 박견과 비슷한 것으로 변화되었음을 추론할 수 있다. 이와 반대로 일부 자료에서 박견의 탈을 사자의 탈이라고 기재한 경우가 발견되어 박견의 모습이 점차 사자의 그것과 유사한 형상으로 변화되었음을 엿볼 수 있다. 이러하였기 때문에 신라에서 전래된 일종의 사자춤을 狛犬과 연관시켜 이리와 비슷하며 머리에 뿔이 난 동물의 이름을 넣어 ‘新羅狛’이라고 명명한 것으로 추정된다.

고대 일본에서 사자와 박견의 조각상을 鎭護獸로서 神社나 寺院에 배치하였다. 이와 같은 사자와 박견의 이미지는 舞樂 사자춤과 박견에 등장하는 사자·박견의 이미지에서 비롯되었다. 사자춤은 서역을 거쳐 중국과 한국에 전래되었다. 北魏의 불교행사에서 辟邪와 사자가 가두행렬을 引導하였다. 이때 벽사와 마찬가지로 사자 역시 惡鬼를 물리치는 역할을 수행하였다. 백제인 味摩之가 일본에 전해준 伎樂에 등장하는 사자도 그와 비슷한 역할을 수행하였다. 南北朝와 唐代에 五色獅子舞와 五方獅子舞가 널리 공연되었다. 여기서 五色이나 五方獅子는 각 방위의 악귀를 물리치는 靈獸로서의 성격을 지녔음은 물론이다. 사자를 이와 같이 인식하였기 때문에 자연히 사자춤은 驅儺舞的인 성격을 지니게 되어 민간에서 널리 공연되었다고 볼 수 있다. 구나무적인 성격의 사자무가 삼국과 통일신라에 전래되어 널리 공연되었을 뿐만 아니라 그러한 성격을 지닌 사자춤의 일종인 新羅狛이 일본에도 전래되었음이 확인된다.

일찍이 인도와 중국, 한국에서 사자를 佛法을 守護하는 靈獸로 인식하여 佛像이나 佛塔에 사자상을 배치하였다. 한편 중국에서 이른 시기부터 사자를 능묘를 鎭護하는 靈獸로 인식하하여 그 조각상을 거기에 배치하였고, 통일신라에서도 그러한 전통을 수용하였다. 그러나 박견을 鎭護獸로서 神社나 寺院에 배치한 전통은 일본에서만 발견된다. 일본인들이 박견을 惡鬼를 물리치는 靈獸로 인식하였음을 반영하는 것이다. 나아가 고구려에서도 박견을 그렇게 인식하였다는 추론이 가능할 것이다. 벽사의 기능을 지니면서도 개가 등장하는 가무희를 중국에서 찾을 수 없다. 다만 박견과 마찬가지로 辟邪의 기능을 지니면서 머리에 뿔이 달린 동물이 등장하는 가무희가 존재하였다. 그것이 바로 辟邪伎이다.

漢代에서 唐代까지 뿔이 달린 辟邪와 天祿을 陵墓의 石獸나 鎭墓獸로 많이 제작하였다. 辟邪伎는 邪惡한 惡鬼를 물리치는 상상상의 동물인 辟邪가 등장하여 춤을 추는 歌舞戲였는데, 北魏時代에 불교행사에서 벽사와 사자가 나란히 앞장서서 街頭行列을 引導하기도 하였다. 5세기대에 조영된 장천1호분의 벽화에서 사자를 불상에 배치한 그림을 발견할 수 있다. 이러한 사실과 7세기 무렵에 사자가 행렬을 인도하는 伎樂을 백제에서 수용한 측면을 참조하건대, 5~6세기에 벽사와 사자가 가두행렬을 인도하는 北魏의 불교의례를 고구려에서 수용하였을 가능성을 한번 상정해볼 수 있지 않을까 한다. 이를 통해서 고구려인들이 뿔이 달린 辟邪의 모습을 고대 일본의 狛犬과 비슷한 모습으로 형상화하였고, 그것이 등장하는 舞樂의 이름을 狛犬이라고 명명하였다는 추정이 가능할 것이다. 중국의 辟邪伎를 기초로 하여 성립된 고구려의 舞樂 狛犬이 일본에 전래되어 널리 공연되었고, 결과적으로 고대 일본인들이 舞樂에 등장하는 박견의 이와 같은 이미지를 鎭座 또는 鎭獸로서 제작하여 宮中이나 神社, 寺院에 설치하였다고 정리할 수 있지 않을까 한다.

　이상이 본고에서 검토한 내용의 요지이다. 본고에서 고대 일본 伎樂의 사자춤 및 현재까지 傳受된 일본의 사자춤에 대하여 구체적으로 검토하지 못하였다. 그리고 正倉院이나 여러 사찰에 전하는 사자 가면을 박견의 그것과 비교하여 검토하지 못하였다. 차후에 이러한 문제들을 더 체계적으로 검토하여 본고의 논지를 보강할 계획이다. 한편 고려악 박견과 관련된 史料에는 音調나 拍子, 服裝, 伴奏樂器 등과 관련된 내용이 함께 전한다. 이에 대한 필자의 식견이 부족하여 박견에 대한 심층적인 접근을 할 수 없었다. 본 연구의 이와 같은 한계는 국악을 전공하는 연구자 및 服飾史를 전공하는 연구자와의 공동 연구를 통하여 극복되리라고 여겨진다. 고대 일본의 가무이면서 한국에서 전래된 박견·신라박의 성격과 그 유래를 추적한 본고의 연구결과는 향후 동아시아 삼국의 문화 전파와 교류 양상을 살필 때에 매우 유용하게 활용될 것으로 기대된다. 아울러 본고를 토대로 음악사학자나 고대사 연구자들 사이의 공동연구가 활성화되어 한국의 고대 음악 문화에 대한 이해를 크게 진전시키기를 기대해마지 않는다.

발해 온돌의 유래와 특징*

송기호**

Ⅰ. 머리말

온돌은 한국 전통문화를 상징한다. 온돌은 구들이라고도 하는데, 온돌은 '데운 돌', 구들은 '구운 돌'이란 말에서 유래된 것으로 생각된다. 전동시대에는 주로 堗 또는 埃로 표기했는데, 중국에서 炕이란 단어를 사용했던 것과 대비된다. 온돌에는 두 가지 형식이 있으니, 고대에 사용되었던 것과 현재 사용하는 것이 그것이다. 전자는 방의 일부분에만 시설되어 있어서 '쪽구들'이라 부를 수 있고, 후자는 방 전체에 시설되어 있어서 '온구들'이라 부를 수 있다.

---

* 이 논문은 2008년 10월 16일 규장각 국제심포지엄에서 발표된 원고를 일부 수정 · 보완한 것이다.

** 서울대학교 국사학과 교수

중국에서 온돌이 발생한 것으로 설명한 건축학 영어 논문이 근래에 발표된 적이 있는데,[1] 이 논문에서는 고구려가 중국사라는 전제 아래 논지를 전개하고 있다. 그러나 단지 현재의 중국 땅에서 발생했다고 해서 그것이 중국의 발명품이 될 수는 없다.

전세계적으로 온돌과 같은 난방 장치가 발명된 곳으로는 네 곳이 알려져 있다. 첫째는 로마시대에 사용되었던 하이퍼코스트(hypocaust)이다. 그러나 이 장치는 목욕탕 난방에 주로 사용되었고, 그것도 로마의 멸망과 더불어 쇠퇴해버렸다. 둘째는 외바이칼(Zabaikal) 지역과 몽골에서 발굴된 北匈奴의 주거 난방 시설이다. 이것도 흉노 이후에는 전통이 끊기고 말았다. 셋째는 근래에 알려진 아메리카 대륙의 난방시설이다. 알래스카의 알류산 열도에서 아막낙(Amaknak) 다리 건설 과정에서 발견된 유적에서 쪽구들과 유사한 시설이 발견되었는데,[2] 아직은 더 많은 증거가 필요하고, 설령 쪽구들이라 해도 이 전통이 그 뒤로 아메리카 인디언들에게 전승되었는지 알 수 없다. 넷째는 만주와 연해주 및 두만강 일대이다. 이곳에서 발생한 쪽구들은 한반도와 만주로 퍼져나가 오늘날 한국의 온돌 문화로 발전했다.

온돌의 역사는 국내 학계에서 그간 고고학과 건축사의 전유물이 되어왔을 뿐이지 역사학의 연구 대상이 되지 못했다. 온돌이 너무나 일상적인 것이어서 문헌 기록으로 남아 있는 것이 거의 없는 데 기인한다. 그렇지만, 고고학에서는 주로 발굴 사례를 정리하고 유형을 분류하는 데에 머물면서 자료의 해석을 통해서 역사적 의미를 끌어내는 데까지 나아가지 못

---

1) Qinghua Guo, 2002, 「The Chinese Domestic Architectural Heating System[Kang]: Origins, Applications and Techniques」, 『Architectural History』 Vol.45.
2) Heather Pringle, 2007, 「The Battle Over Amaknak Bridge」 『Archaeology』 vol.60 no.3, Archaeological Institute of America.

하는 한계가 있다. 또 건축사에서는 이와 반대로 발굴 현장의 자료를 체계적으로 파악하지 못하는 약점을 지니고 있다. 이러한 한계와 약점을 극복한다면, 역사학에서도 이들 분야와 다른 나름의 성과를 낼 수 있을 것이다.

北沃沮, 高句麗, 渤海의 쪽구들에 대해서는 이미 연구 결과를 발표한 적이 있다.[3] 이 글은 이러한 연구를 토대로 하면서 발해 쪽구들의 유래에 초점을 맞추어 재검토하려고 한다. 먼저, 두만강 및 연해주 일대에 한정해서 보면, 현지의 토착 쪽구들 전통이 발해에까지 계승되었을 가능성이 있음을 밝히고자 한다. 그렇지만 발해 전체의 쪽구들 분포 상황으로 볼 때에는 고구려로부터 전래된 것이 주류였음을 아울러 확인하고자 한다. 그 다음으로는 발굴보고 사례를 정리해서 고구려의 경우와 비교하여 발해 쪽구들의 특징을 찾아내 보겠다.

지금까지 발해의 고구려 계승성에 대해서는 두 편의 글을 발표한 적이 있다.[4] 이 글은 이 주제에 대한 세 번째 글에 해당한다.

II. 발해 쪽구들의 유래

이 연구는 고고학 자료에 의존하지 않을 수 없다. 고대 쪽구들과 관련된 문헌 기록은 『舊唐書』와 『新唐書』 高麗傳의 것이 유일하다.

---

3) 송기호, 2006, 『한국 고대의 온돌: 북옥저, 고구려, 발해』 서울대학교출판부.
   이 발표문은 주로 이 책에 의존했으므로, 새로운 전거만 주석으로 달겠다.
4) 송기호, 2005, 4. 5.~7, 「발해의 고구려 계승성」 하버드대학 한국연구소 고구려학술
   회의 발표문.
   송기호, 2008, 「渤海의 高句麗 繼承性 補論」, 『東아시아속의 渤海와 日本』, 한일문화
   교류기금·동북아역사재단 편, 경인문화사.

그 풍속에 가난한 사람이 많은데, 겨울에 기다란 구덩이를 만들고 그 아래에 불을 때서 따뜻하게 한다.[5]

이 설명은 고구려 말기인 7세기 전반의 상황에 해당한다. 반면에 유적에서 발굴되는 쪽구들은 이보다도 1천년 이상 앞서는 초기 철기시대까지 올라간다.

그런데, 이 글에서 '가난한 사람이 많다는 사실' 과 '쪽구들을 사용한다는 사실' 이 상호 연결된 것인지 아니면 서로 독립된 문장인지 명확하지 않다. 문장의 흐름으로 보거나 고고학 자료의 분포 상황으로 보건대, 양자는 연계되어 있는 것으로 보는 것이 자연스럽다. 고구려 벽화에 쪽구들이 전혀 보이지 않고, 고려시대의 상황을 전하는 『高麗圖經』에서도 지배층이 아니라 서민들이 애용한 것으로 설명하고 있는 것도 이런 추론을 뒷받침해준다.

『舊唐書』보다 1세기 정도 앞서는 기록이 『水經注』에 나타나는데, 중국의 土垠縣 觀雞寺에도 온돌 장치가 있었다고 한다.

관계수 동쪽에 관계사가 있는데, 절 안에 아주 높고 넓은 큰 집을 지어 승려 1천명을 수용할 수 있었다. 아래는 모두 돌로 쌓았고, 위는 미장을 했다. 건물 기초에는 소통 공간이 있어서 마치 나무줄기와 가지가 뻗어 있는 것 같은데, 기초 측면의 실외에는 4면에 모두 아궁이가 있어서 불을 때면 뜨거운 기운이 안으로 흘러 건물 전체가 따뜻해진다. 대개 이곳 기후는 무척 추워서 서리 기운이 맹렬하다.[6]

---

5) "其俗貧窶者多, 冬月皆作長坑, 下燃熅火以取暖"(『舊唐書』 권 199상, 高麗傳)

6) "(觀雞)水東有觀雞寺, 寺內起大堂〈案起, 近刻訛作有〉, 甚高廣, 可容千僧. 下悉結石爲之, 上加塗塈. 基內疏通, 枝經脈散, 基側室外, 四出爨火, 炎勢內流, 一堂盡溫. 盖以此土寒嚴, 霜氣肅猛"(『水經注』 권 14, 鮑丘水 觀雞寺)

토은현은 현재의 북경 동남방에 해당한다. 거리상으로 볼 때에 이곳의 온돌 장치도 앞에 열거한 몇 지역처럼 독립 발생한 것으로 여겨지지만, 여기서 다루려는 쪽구들과는 무관한 것으로 판단된다. 따라서 두 唐書의 기록을 제외하면, 고구려와 발해 쪽구들에 대해서는 전적으로 고고학 자료에 의존해야만 한다.

발해국은 고구려 유민과 말갈인이 주축이 된 나라이다. 따라서 발해 유적에서 보편적으로 나타나는 쪽구들은 고구려 아니면 말갈로부터 유입되었을 것으로 가정할 수 있다.

먼저, 말갈로부터 전래되었을 가능성부터 검토해보겠다. 만주와 연해주 및 아무르강 유역에서 다수의 말갈 주거지들이 발굴되었다.[7] 발해 건국 이전 말갈 주거지들은 모두가 쪽구들 시설이 없는데, 아무르 강가의 시카치 알란 성터 1, 2호 주거지, 연해주의 아우로프카 성터 10호 주거지에서만 쪽구들의 존재가 보고되었다.

그런데 시카치 알란 성터의 쪽구들은 ㄷ자형에 2고래 또는 3고래로 되어 있다. 이런 구조는 발해 또는 더 늦은 女眞시기에 와서야 일반적으로 등장하고, 이 지역이 발해 영역 밖이었던 점도 감안하면, 이 주거지는 말갈 주거지가 아니라 이보다 훨씬 늦은 여진시기의 것으로 보는 것이 타당할 것이나. 처음에 발살 수거지로 판단되었다가 나중에 여진시기의 것으로 판명된 것으로는 이밖에도 볼쇼이 두랄 계곡 유적, 샤프카 산 유적 등 여럿이 있다. 따라서 시카치 알란 성터 쪽구들은 말갈보다 늦은 시기의 것으로 판단된다.

다만, 발해 영역 안에 속하는 아우로프카 성터 10호 주거지 문제는 좀 더 검토할 필요가 있다. 이곳의 쪽구들은 ㄱ자형, 외고래이다. 이보다 상

---

7) 송기호, 앞의 책, 102~104쪽 부표 참조 바람.

층에서 발견된 발해 말기의 주거지에서는 ㄱ자형, 그 고래의 쪽구들이 달려 있다. 뒤에 설명하듯이 ㄱ자형, 외고래는 발해 또는 그 이전 시기에 비정할 수 있게 해준다.

10호 주거지에서는 말갈 토기와 함께 올가 문화, 폴체 문화 및 크로우노프카 문화 토기도 소량 발굴되었다. 이 때문에 이 주거지의 연대는 발해 건국 이전으로 판단하고 있다. 이를 인정한다면, 발해 건국 이전에 속하는 말갈인의 유일한 쪽구들 사례가 된다. 드물게는 이곳 말갈인처럼 올가 문화, 크로우노프카 문화와 접촉하면서 쪽구들을 받아들였던 경우도 있었다. 그러나 이것은 극히 이례적인 것이다.

이를 제외한다면, 현재까지 발굴된 25곳 62기의 말갈 주거지에서는 쪽구들이 전혀 발견되지 않았다. 말갈인들이 발해로 편입되기 전에는 쪽구들을 채용하지 않은 것이다. 사실 말갈인들이 쪽구들을 적극적으로 수용하게 된 계기는 발해의 건국이었다. 심지어 발해가 건국되어 여기에 편입된 말갈인들이 쪽구들을 계속 받아들이지 않은 사례도 있다. 그런 예로서 白山의 永安 유적을 들 수 있다. 발해시대 白山靺鞨人이 남긴 것으로 추정되는 6기의 주거지가 발굴되었는데, 모두 쪽구들이 없었다.

이것은 연해주 불로치카 유적에서 보이는 바와 같이 올가 문화 주인공들이 쪽구들을 받아들인 것과 대비된다. 이곳에서는 3년간에 걸쳐 모두 21기의 주거지가 발굴되었다.[8] 후기 신석기시대인 자이사노프카 문화 주거지 3기를 제외하면, 크로우노프카 문화에 속하는 것이 5기, 올가 문화

---

8) 국립문화재연구소 · 러시아과학원 시베리아지부 고고학민족학연구소, 2004, 『연해주 불로치까 유적 I –제4차 한 · 러공동발굴조사–』.
국립문화재연구소 · 러시아과학원 시베리아지부 고고학민족학연구소, 2005, 『연해주 불로 치까 유적 II –제5차 한 · 러공동발굴조사–』.
국립문화재연구소 · 러시아과학원 시베리아지부 고고학민족학연구소, 2006, 『연해주 불로치까 유적 III –제6차 한 · 러공동발굴조사–』.

에 속하는 것이 15기이다. 이를 표로 정리하면 다음과 같다.

〈표 1〉 불로치카 주거지 표

자이사노프카 문화		크로우노프카 문화		올가 문화	
유적 번호	온돌 유무	유적 번호	온돌 유무	유적 번호	온돌 유무
9호	×	1호	×	2호	0
10호	×	8호	×	3호	0
13호	×	14호	0	4호	0
		15-나호	0	5호	0
		19-나호	0	6호	0
				7호	0
				11호	0
				12호	0
				15-가호	0
				16호	0?
				17호	0
				18호	0
				19-가호	0
				20호	0
				21호	0

이를 보면 불로치카에 거주했던 올가인들은 크로우노프카 문화로부터 쪽구들을 적극적으로 수용했던 것을 알 수 있다. 크로우노프카 문화에서는 쪽구들이 없는 주거지가 있는 반면에, 올가 문화에서는 모든 주거지에서 쪽구들이 발견되기 때문이다. 그런데, 탄소연대 측정치로 보면, 이곳의 올가 문화 주거지들은 5~6세기로 편년되어 말갈인과 공존했을 가능성이 제기되었다.[9] 그런데도 쪽구들의 수용 여부에서는 올가인과 말갈인이 대조적이었다. 아마 이들의 생활양식이 크게 달랐던 데에 기인한 듯하다.

---

9) 위의 책 III, 291쪽.

따라서 발해인들이 말갈로부터 쪽구들을 받아들였을 가능성은 극히 희박하지만, 올가인들로부터 전수받았을 여지는 남아 있다. 그러나 올가 문화의 분포 범위는 연해주 일대에 한정되어 좁고, 발해 사회에서의 이들 역할이 미미했던 점을 볼 때에 발해 쪽구들의 확산 주체는 아니었을 것이다. 발해 쪽구들은 만주와 북한, 연해주 일대에 광범하게 퍼져 있었기 때문이다.

團結-크로우노프카 문화로부터 직접 전수받았을 가능성은 없는지도 검토해보아야 한다. 이 문화는 두만강 일대 및 그 북쪽에 걸쳐 있었다. 최근 조사 자료에 따르면, 초기철기에 속하는 크로우노프카 문화, 올가 문화가 말갈문화와 상호 공존하면서 뒷시기까지 계속되었을 가능성이 높아지고 있다. 단결-크로우노프카 문화의 주인공인 北沃沮人이 말갈인과 서로 다른 생업 경제를 영위하면서 상호 공존했던 듯하다. 이렇게 되면서 북옥저인이 일부 살아남아 그 전통을 발해로 직접 전수했을 가능성이 있다. 그러한 사례로서 '추가 노지(추가 화덕)' 문제를 들 수 있다.

중국의 東寧 小地營 유적이나 러시아의 콘스탄티노프카 취락지에서는 쪽구들과 함께 추가 노지의 존재가 확인된다. 방 안 일부 장소에 쪽구들과 그에 딸린 화덕을 시설하는 것이 일반적인데, 추가 노지란 여기에 더하여 방 한가운데에 독립적으로 시설된 화덕을 가리킨다. 이런 형태는 단결-크로우노프카 문화에서 많이 보이고, 그 영향을 받은 한반도 남부의 일부 유적에서도 보인다. 반면에 현재까지 고구려 유적에서는 이런 형태가 확인되지 않는다. 더구나 소지영 유적이나 콘스탄티노프카 유적은 단결-크로우노프카 문화유적의 분포 범위에 속한다. 따라서 단결-크로우노프카 문화의 전통이 그 지역에서는 발해까지 살아남았을 가능성을 배제할 수 없다.

북옥저 문화가 발해로 전수되었을 가능성은 크라스키노 발굴 결과에서도 확인된다. 이곳에서 크로우노쪽카 문화 유물이 확인된 것으로 보아 이

문화 단계에도 사람들이 살았던 것으로 보인다.[10] 그런데 크로우노프카 문화의 흔적이 발해 층위에서도 극소수 나타나는 것으로 보아서, 그 문화의 명맥이 발해 때까지 전승되었을 것으로 추정된다. 크로우노프카 문화 유적에서 발견되는 유형의 어망추가 출토되었고,[11] 또 크로우노프카 토기에 특징적인 그루터기 모양의 손잡이가 발해 토기에서도 보인다. 그렇지만 이곳에서 쪽구들이 발해 중기에 등장한다는 발굴 결과는 다른 곳에서 유입된 사실을 반영한다.

이상으로 보건대, 북옥저인의 활동지 내지 그 외곽인 연해주 일대에서는 북옥저인의 쪽구들 명맥이 직접적으로 또는 올가인을 통해서 발해로 계승되었을 여지가 있다. 그렇지만 발해 영역 전체로 볼 때에 쪽구들의 확산은 이러한 계승보다는 외부로부터의 유입이 더 큰 동인이 되었다. 뒤에 보다시피 발해 쪽구들은 주로 중앙으로부터 지방으로 전파된 것이지, 지방에서 중앙으로 올라온 것은 아니었다. 지배층의 문화가 피지배층으로 확산된 것이었다. 따라서 발해 쪽구들은 고구려 유민들이 소개했을 개연성이 가장 크다.

이를 위해서는 쪽구들의 발생과 확산 과정을 살펴볼 필요가 있다. 쪽구들은 단결-크로우노프카 문화에서 처음 발생한 뒤에 한반도 전역으로 전파되었다. 한반도 북부에서는 고구려가 이를 발전시켰고, 뒤이어 일어난 발해는 고구려의 쪽구들을 받아들였던 것이다. 이런 사실을 증명해주는 몇 가지 유적 사례가 있다.

우선, 연해주 지역의 고고학 편년을 살펴볼 필요가 있다. 연해주에서는 초기철기시대에 해당하는 얀콥스키 문화, 크로우노프카 문화, 올가 문화

---

10) 동북아역사재단 · 러시아극동역사고고민속학연구소, 2007, 『2006년도 러시아 연해주 크라스키노 성 발굴보고서』. 93쪽.
11) 위의 책, 72쪽.

가 차례로 등장하고, 그 뒤로 말갈문화, 발해문화가 일어났다. 이 가운데 크로우노프카 문화와 발해문화에서만 쪽구들이 발견되고, 그 중간의 문화들에서는 약간의 사례만 지역적으로 한정되어 발견될 뿐 거의 공백에 가깝다. 크로우노프카 문화 내지 올가 문화가 직접 발해 문화와 잇닿았을 가능성이 있음을 앞서 언급했지만, 그것이 쪽구들 전파의 대세는 아니었다. 이것은 크로우노프카 문화의 주인공들이 쪽구들을 발명했으나, 곧바로 발해인에게 전수해주지 못한 것을 의미한다.

크로우노프카 문화의 쪽구들은 고구려 내지로 전파되었다. 이것은 고구려 초기의 도읍지였던 桓仁의 五女山城 발굴을 통해서 확인할 수 있다. 이 유적은 5개 문화층으로 구분되는데, 제1기와 제2기는 선사문화에 속하고, 제3기는 고구려 건국 전후에 해당하고, 제4기는 고구려 중기인 4세기 말~5세기 초에 해당하며, 제5기는 金나라 때에 속한다. 그런데 제3기에서는 쪽구들이 전혀 발견되지 않고, 제4기와 제5기에 이르러서야 쪽구들이 등장한다. 이것은 고구려 중반에 다른 곳으로부터 이곳으로 쪽구들이 유입된 것을 의미한다. 이것은 또한 고구려 중심부에서 쪽구들이 발생한 것이 아니라는 사실도 반영한다. 그 다른 곳이란 다름 아니라 고구려 동북방에 자리잡고 있던 단결-크로우노프카 문화였다.

고구려는 이렇게 북옥저인으로부터 쪽구들을 받아들였고, 멸망 후에는 그 전통이 다시 북방으로 이동하여 발해 땅에서 되살아났다. 고구려 영역 밖이었던 발해 上京城 궁전지에서 쪽구들이 발견되는 것은 이 때문이다. 이렇게 발해 중앙의 지배층에서 채택한 쪽구들은 지방으로 퍼져나갔다. 연해주에서 발해시대에 쪽구들이 새로 등장하는 것은 발해 중앙으로부터 다시 전파해들어온 것이다.

먼저, 상경성 북쪽 지역의 사례이다. 최근에 발굴보고서가 출간된 중국 흑룡강성 海林의 河口 유적 및 振興 유적이 있다. 이곳은 발해 상경성에서

牡丹江을 따라 북상한 하류 지역에 해당한다. 두 유적은 각각 5개의 문화로 구분된다. 제1기는 신석기시대, 제2기는 부근의 滾兎嶺문화 및 단결문화와 동시대에 해당한다. 제3기와 제4기는 후한 말기에서 발해 건국 이전까지에 해당하고, 제5기는 발해시기에 해당한다. 그런데 이 지역에서는 제5기에 와서 처음으로 쪽구들이 출현한다. 제2기문화는 단결문화의 영향을 받았으면서도 쪽구들은 등장하지 않는다. 이것은 발해 때에 와서 비로소 다른 지역으로부터 쪽구들이 이곳에 유입된 것을 의미한다. 그 전수자는 바로 발해 중앙부였다. 즉 발해 중앙에서 지방으로 쪽구들이 확산된 것이다.

다음으로, 연해주 지역이다. 이곳의 주민은 거의 대부분이 말갈족이었는데, 발해가 건국된 뒤에 이들에게도 쪽구들이 소개되었다. 이곳에 파견된 고구려계 관리들이 촉매 역할을 하였을 것이다. 연해주에서 발견되는 발해 쪽구들 주거지는 대체로 이렇게 해서 형성된 것이다. 이들도 발해 중앙으로부터 쪽구들을 받아들였던 것이다.

그러한 구체적인 사례로서 크라스키노 성터 34구역을 들 수 있다.[12] 이곳에서는 발해시대에 속하는 4개 문화층이 확인되었고, 그 아래에는 이보다 이른 시기의 제5층이 있다. 그런데 최상층인 제1층에서 제3층까지 발굴된 1~4호 수거지에서는 쪽구들이 딸린 반면에, 제4층에서 발굴된 5호 주거지 및 발해 이전에 속하는 제5층에서 발굴된 6호 주거지에서는 쪽구들이 없었다. 크라스키노 성터에서도 아주 한정된 범위에서 발굴된 것이라서 일반화하기에는 성급하겠지만, 발해가 건국된 직후인 초기에는 쪽구들이 사용되지 않다가 중기부터 비로소 도입되었던 것을 알 수 있다.

---

12) 위의 책, 60~68쪽.
　　고구려연구재단 · 러시아극동역사고고민속학연구소, 2006, 『2005년도 러시아 연해주 크라스키노성 발굴 보고서』 26~32쪽.

Ⅲ. 발해 쪽구들의 특징

발해는 고구려 쪽구들을 계승했으면서, 나름대로 이를 발전시킨 점도 발견된다. 이제부터는 발해 쪽구들을 고구려의 경우와 비교하면서 그 특징들을 살펴보겠다.

지금까지 발해의 생활유적은 40곳에서 모두 170기가 발굴되었고, 이 가운데 62기에 쪽구들이 시설되어 있었다(표 2, 3 참조).[13] 고구려의 생활유적은 22곳에서 178기가 발굴되었고, 이 가운데 76기에 쪽구들이 시설되어 있었다. 이 숫자만 보면, 발굴된 주거지 수나 쪽구들 수에서 발해와 고구려의 사례는 상호 비교하기에 부족함이 없다.

쪽구들은 진흙만으로 만든 것도 극히 일부가 있지만 대부분은 돌과 진흙으로 만들었다. 따라서 재료만으로는 특징적인 모습이 드러나지 않는다. 발굴된 전체 주거지에서 쪽구들 주거지가 차지하는 비율도 시대에 따라 크게 차이가 나지 않는다. 이것은 시간적 흐름에 따라 보급률이 높아졌을 것이란 기대감을 깨는 것이다. 아마 발생 초기부터 쪽구들은 이미 보편적으로 확산되었던 것 같다.

쪽구들의 구조에서 시대별 특징을 반영하는 것은 평면 형태와 고래수이다. 따라서 이를 표로 정리하면 다음과 〈표 4〉와 같다.

쪽구들의 구조는 시대가 내려오면서 점점 복잡해진다. 평면 형태는 발생기에 ㄱ자형이 대세를 이루다가 점차 비율이 줄어들면서 3개 벽면을

---

13) 〈표2〉 및 〈표3〉에서 자세한 내역을 알 수 없는 10여기(A6), 31기(A13), 20여기 일부(B9 Ⅰ區 서북부)는 1기로 계산했다. 또 명확하지 않아 ?로 표시된 것도 포함시켰다.

<표 4> 발해, 고구려 쪽구들의 구조 비교14)

		발해(62기)	고구려(76기)
형 태	一	10 (16%)	25 (33%)
	ㄱ	24 (39%)	39 (51%)
	ㄷ	8 (13%)	4 (5%)
고래 수	1	8 (13%)	48 (63%)
	2	34 (55%)	9 (12%)
	3	4 (6%)	9 (12%)

따라 시설되는 ㄷ자형으로 대체되어 간다. 고래 수는 외고래에서 시작하여 2고래, 3고래로 늘어나게 된다.

이런 변화 추세를 보면서 <표 4>를 들여다 볼 필요가 있다. 평면 형태 면에서 고구려와 발해는 ㄱ자형이 주류를 이루어 큰 변화는 없지만, 점차 一자형과 ㄱ자형이 줄어들고 ㄷ자형이 늘어나는 추세를 엿볼 수 있다. ㄷ자형은 발해 멸망 이후에 대세를 이루게 되므로, 그 漸移 과정에 있는 것이다. 고래 수에서는 고구려의 경우에 외고래가 대다수를 차지하다가 발해에 와서는 2고래로 대세가 바뀌었다. 따라서 발해 쪽구들은 구조면에서 고구려 쪽구들을 발전시켜 그 다음 시대로 넘겨주는 역할을 했다.

다음으로 쪽구들의 분포 상황과 사용 계층 문제이다. 쪽구들이 시설된 생활유적은 고구려와 발해의 경우에 그 분포면에서 서로 다른 모습이 보인다. 발해에서는 궁궐 유적이 다수 포함되어 있지만, 고구려에서는 도성 유적보다는 兵營 유적이 다수 포함된 것이다. 발해 유적에서는 쪽구들이 전국에 걸쳐 골고루 분포해 있고, 上京城, 西古城, 八連城 등의 궁궐 유적

---

14) 고래수가 변하거나 두 가지 이상으로 되어 있는 것, 예를 들어 2→3의 경우 2와 3으로 중복 계산했다. 다만, 1~2고래(A33)는 내용이 부정확하여 산정에서 제외했다.

에서도 확인된다. 반면에 고구려 유적에서는 중심지보다는 변두리, 평지보다는 山上에서 발견된다. 특히 지배자들이 거처하는 궁궐 유적에서는 아직 쪽구들이 확인되지 않았다. 이것은 근래에 발굴된 국내성 유적에서 쪽구들의 존재가 전혀 확인되지 않은 사실로도 뒷받침된다.

이 현상은 쪽구들의 유입 경로와 사용 계층을 상징적으로 알려준다. 북옥저인의 거주지는 고구려 동북방 변경에 해당한다. 여기서부터 서서히 고구려 중심지를 향하여 쪽구들이 확산되었던 것이다. 위에 인용했듯이, 문헌기록도 고구려에서 신분이 낮고 가난한 사람들이 쪽구들을 애용했던 것을 증언해준다. 그러한 사람들에 더하여 변방의 산 위에 거처하는 병사들도 이를 즐겨 사용했다고 할 수 있다. 이처럼 고구려에서는 지배층보다는 피지배층이 주된 사용 계층이었다.

그런데 발해가 건국된 뒤에는 상황이 달라졌다. 건국의 주체를 이루는 고구려 유민들이 쪽구들을 채택했기에 도성 유적에서부터 등장한다. 따라서 발해 때에는 중앙에서 지방으로, 지배층에서 피지배층으로 확산되는 모습이 나타났다. 이 때문에 고구려와 발해의 쪽구들이 분포면에서 다른 양상을 보이게 된 것이다.

여기서 하나 더 고려할 사항이 있다. 曲자형 평면을 가진 건물이 상경성, 서고성, 팔련성의 발해 궁전지에서 특징적으로 나타난다. '곡자형 평면'이란, 건물 뒤쪽에 일정 거리를 두고 두 개의 굴뚝이 서 있고, 건물과 굴뚝을 잇는 고래가 이어져 있기에 평면 형태가 曲자처럼 생겨서 붙인 것이다. 그런데 이와 유사한 건물 배치가 集安 東臺子 유적에서도 보인다. 이것은 고구려의 대표적인 건물지로 알려져 왔으나, 아주 오래전에 간략히 보고되어 그 실체가 모호하다.

쪽구들이 딸린 고구려 평지유적은 집안의 동대자 유적과 평양의 정릉사지를 손꼽을 수 있다. 이들은 각기 사당과 陵寺의 성격을 띤 유적이다.[15] 고구려에서는 하층민이 쪽구들을 이용했지만, 상층부에서는 이러한 廟寺 건물에서 쪽구들이 채택되었던 듯하다. 그렇게 본다면 고구려 때에 사당 건물에 사용되었던 쪽구들이 발해 건국 뒤에 왕실 건물지로 계승된 것으로 여겨진다. 곡자형 평면만 보면 동대자 유적과 발해 궁전지 건물이 서로 통하기 때문이다.

발해의 곡자형 건물에서 또 하나 의문 사항이 있다. 최근에 발간된 서고성 발굴 보고서에 따르면, 건물 본채와 뒤쪽의 굴뚝 시설이 서로 연결되지 않는 현상이 보여서, 과연 난방시설과 관계된 것인지 의문을 제기하였다.[16] 본채에는 쪽구들 시설이 나타나지 않고, 건물 뒤쪽에 고래 및 굴뚝같은 시설만 있는 것이다. 그러나 이것은 곡자형 건물로 사용하다가 용도가 변경되어 건물 내부에서 난방시설이 제거됨에 따라 나타난 현상으로 보는 편이 타당할 것이다.

Ⅳ. 맺음말

온돌 시설은 추위에 적응하기 위해서 북옥저인들이 고안해낸 것이다. 그렇다고 한다면 쪽구들이 북방으로 확산되어 가는 것이 자연스런 추세였을 터인데, 오히려 남쪽 한반도로 전파해 내려오는 길을 택했다. 이것은 북방에 적대세력이 있어서 북옥저인들이 이들에게 밀려 내려왔고, 그에 따라 쪽구들도 남하하게 되었던 것 같다. 북옥저인의 쪽구들이 한반도

---

15) 金吉植, 2008, 「百濟 始祖 仇台廟와 陵山里寺址-仇台廟에서 廟寺로-」, 『한국고고학보』 69.

16) 吉林省文物考古研究所·延邊朝鮮族自治州文化局·延邊朝鮮族自治州博物館·和龍市博物館 編著, 2007, 『西古城』, 文物出版社, 325쪽.

남부까지 퍼져 내려간 것은 이 때문일 것이다.

　그 결과 고대 쪽구들의 분포는 한민족의 역사 범위와 일치하게 되었다. 북쪽으로는 북옥저와 발해의 영역 밖을 벗어나지 않고, 서쪽으로는 고구려 영역 밖을 벗어나지 않는다. 남쪽으로는 한반도 전체에 고루 분포하고 있다. 일본에서도 쪽구들이 발견되는데, 이들은 모두 한반도에서 건너간 이주민의 유적에 해당한다. 예를 들어 7세기 전반에 해당하는 穴太 유적의 쪽구들은 백제계 사람들이 사용했던 것이다.

　그런데, 발해가 멸망한 뒤에는 북방에서 그 외연이 크게 확장되었다. 발해 때에 말갈인들이 쪽구들을 받아들였고, 멸망 후에는 이들이 여진인이 되어 발전시켜 나갔던 것이다. 이것은 만주족으로까지 계승되어 현재의 캉(炕)에 이르게 된다. 중국의 심양 고궁이나 자금성에서 쪽구들 시설

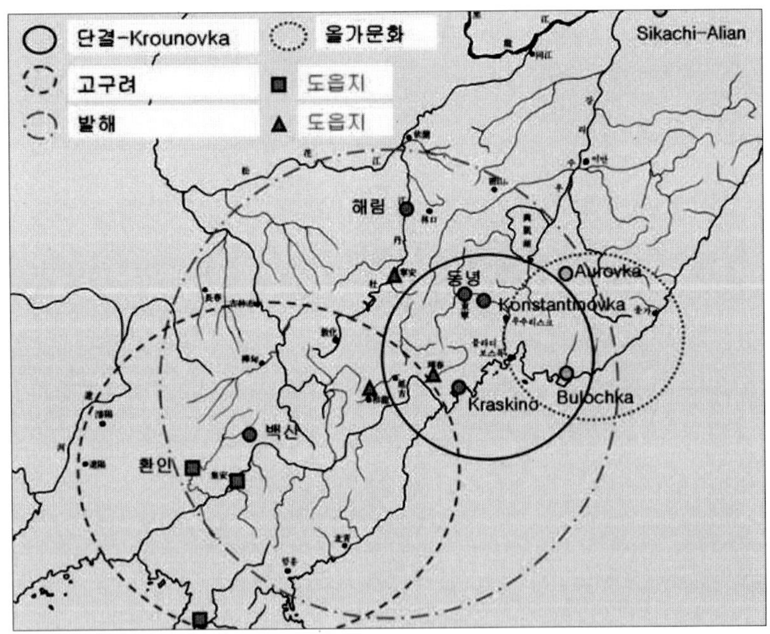

쪽구들 분포 개념도

이 발견되는 것은 이 때문이다.

이와 함께 몽골의 친톨고이 유적에서도 쪽구들이 발견되어 주목된다.[17] 그곳에는 쪽구들의 문화가 없기에 이것은 발해 멸망 후 契丹人들이 강제 이주시킨 발해 유민들이 남긴 유적으로 추정된다. 따라서 발해인의 쪽구들은 몽골까지도 확산시키는 계기를 만들어 주었다.

〈표 2〉 발해 주거지, 절터 및 쪽구들

번호	유적명	주거지명	쪽구들			비 고
			유무	형태	고래수	
A1	寧安 上京城址	제1궁전지	×			
		제2궁전지	×			
		제3궁전지	×			
		제4궁전지	0	一	2	曲자형 평면
		제4궁전 西殿址	0	ㄱ	2	曲자형 평면
		제5궁전지	×			
		제5궁전 西殿址	×			
		2(舊1)호절터	×			
		6(舊2)호절터	×			
		4(舊3)호절터	×			
		5(舊4)호절터	×			
		西區 寢殿址	0	一?,ㄱ	1,2	曲자형 평면
		宮城 서구 퇴적장	0	一?	1?	
		皇城 관청지1차	×			
		皇城 관청지2차	×			
		1호절터	×			금당지
		9호절터	×			금당지
		3호문지F1(북)	0	一?	2	문지기 사용
		3호문지F2(남)	?			
A2	海林 渡口유적	F2	0	ㄱ	2	
		F3	?			
		F4	?			
		F5	?			
A3	海林 河口유적	F1003	0	ㄷ	3→2	
		F2001	?			

---

17) 오치르, 2008.7. 2.~3, 「몽골과 동아시아의 교류(10~11세기)」, 『발해와 동아시아』, 동북아역사재단 국제학술회의 발표논문집.

번호	유적명	주거지명	쪽구들			비 고
			유무	형태	고래수	
		F2002	O	ㄱ	3	
		F2005	?			
		F2015	?			
		F2018	O	?	?	
A4	海林 振興유적	F1	?			
		F8	O	ㄱ?	1	
		F16	?			
		F17	O	?	?	
A5	海林 木蘭集東유적	F1	O	ㄷ	2	
A6	海林 鷹嘴峰 3호유적	10여기	O	ㄷ	주로2	
A7	海林 細鱗河유적	8기	×			
A8	海林 興農성지	F1	?			
		F3	O	ㄱ	2	
		F4	?			
A9	東寧 團結유적上層2기	F8	?			
		F10	O	ㄱ	2	
		F11	?			
		F14	O	ㄱ	2	
A10	東寧 小地營유적	F1	O	一	1	추가 노지
		F2	O	一	1	추가 노지
		F3	?			
A11	蛟河 七道河村건축지		×			
A12	琿春 八連城(半拉城)	제1궁전지	×			
		제2궁전지	O	?	?	曲자형 평면
		제3궁전지	×			
		제4궁전지	×			
		제5궁전지	×			
		제6궁전지	×			
		제7궁전지	×			
		제8궁전지	×			
		제1폐사지	×			
		제2폐사지	×			
		제3폐사지	×			
A13	琿春 亭岩山城병영지	31기	O	ㄷ?	3	
A14	琿春 甩彎子유적	F1	×			
A15	琿春 東六洞유적	F2	×			
A16	汪淸 紅云村절터		×			
A17	和龍 西古城	제1궁전지	×			
		제2궁전지	O?	?	?	曲자형 평면
		제2궁전지 東配殿	×			
		제2궁전지 西配殿	×			
		제3궁전지	O?	?	?	曲자형 평면
		제4궁전지	O	一,ㄱ	2	曲자형 평면 유사

번호	유적명	주거지명	쪽구들			비 고
			유무	형태	고래수	
		제5궁전지	×			
		내성 1호 房址	0	ㄱ	2	曲자형 평면 유사
A18	和龍 龍海유적	제1건축지	?			
		제2건축지	0	?	?	
A19	撫松 新安고성	3기	×			
A20	白山(渾江) 永安유적	F1	×			
		F2	×			
		F3	×			
		F4	×			
		F5	×			
		F6	×			
A21	集安 民主유적		0	?	?	
A22	集安 國內城	門球場F2	×			
A23	크라스키노 성터	사원	×			
		1호	0	ㄷ	2	
		2호	0	ㄷ	2	
		3호	0	?	?	
		4호	0	?	?	
		5호	×			
		초석 건물지	×			
A24	포시에트 동굴 유적		0	一?	1	
A25	콘스탄티노프카 취락지	4호	0	ㄱ	1	추가 노지
A26	스타로레첸스코예 취락지	1호	0	一	2	
A27	코르사코프카 취락지	1호	0	?	2	
A28	코프이토 절터 집자리	1호	×			
A29	고르바트카 성터	1호	?			
		2호	?			
		3호	×			
		4호	0	?	?	
		5호	?			
		6호	?			
		7호	?			
		8호	×			
		9호	?			
		10호	?			
A30	니콜라예프카I 성터	1호	×			
		2호	×			
A31	니콜라예프카II 성터	1호	×			
		2호	×			
		3호	×			
		4호	×			
		5호	×			
		6호	×			
번호		주거지명	유무	형태	고래수	비 고

번호	유적명	주거지명	쪽구들			비 고
			유무	형태	고래수	
		7호	×			
		8호	×			
		1a호	×			
		2a호	×			
		3a호	×			
A32	아우로프카 성터	2호	0	ㄱ	2	
		3호	0	ㄱ	2	
		4호	0	ㄱ	2	
		5호	0	ㄱ	2	
A33	노보고르데예프카 성터	1호	?			
		2호	×			
		3호	×			
		4호	×			
		5호	×			
		6호	?			
		2a호	×			
		1a호	0	ㄷ	1~2	
		3a호	0	ㄱ		
		4a호	0	―		
		5a호	0	?		
		6a호	0	?		
		7a호	0	ㄷ		
		18호	0	ㄱ	2	
A34	노보고르데예프카 성터 밖 북쪽 취락지	1호	0	ㄱ	2	
A35	노보고르데예프카 취락지	1호	×			
		2호	?			
		3호	0	?	?	
		4호	0	?	?	
		5호	0	?	?	
A36	마리야노프카 성터	1호	×			
		2호	?			
		3호	×			
		I-1호	×			
		II-4호	×			
A37	신포 오매리 절골유적	절골1호	0	ㄱ	2	
		절골2호	0	ㄷ	2→1	
A38	신포 금산건물지	1호	0	ㄱ	2	
		2호, 8각형 건물지	×			
A39	신포 청해토성(북청토성) 건물지	북쪽1호	0	?	2	
		북쪽2호	0	?	2	
		북쪽3호	0	?	2	

번호	유적명	주거지명	쪽구들			비 고
			유무	형태	고래수	
		북쪽4호	0	?	2	
		북쪽5호	0	?	2	
		2북문에서 남쪽90m지점	?			관청지
		서문 동쪽 건축지	0	?	?	관청지
		정미소 부근	0	ㄱ	2	관청지
		토성동북모서리	0	ㄱ	2	살림집
		동남쪽 관청터부근	?	?	3	병영터
		토성동북쪽	0			살림집
A40	김책시 성상리토성	관청지	0	ㄱ	2	

〈표 3〉 고구려 주거지, 절터 및 쪽구들

번호	유적명	편호	쪽구들			비 고
			유무	형태	고래수	
B1	集安 國內城	체육장F1	×			
		체육장F2	×			
		체육장F3	×			
		체육장F4	×			
		門球場F1	×			
B2	集安 東台子유적	F1(동)	0	ㄱ	1	曲자형 평면
		F2(서)	0	ㄱ	2	
		F3	×			
		F4	?			
B3	集安 民主遺址	院落1호F1	×			
		院落1호F2	×			
		院落2호F1	×			
		院落2호F2	×			
		院落2호F3	×			
		院落2호F4	×			
		院落2호F5	×			
B4	集安 丸都山城	1호	×			
		2호	×			
		3호	×			
		4호	×			
		5호	×			
		6호	×			
		7호	×			
		8호	×			
		9호	×			
		10호	×			
		11호	×			

번호	유적명	편호	쪽구들			비 고
			유무	형태	고래수	
B5	桓仁 五女山城	J2(이하 中期)	×			
		J3	×			
		F13	0	ㄱ	3	兵營
		F14	0	ㄱ	3	兵營
		F15	0	ㄱ	3	兵營
		F16	0	ㄱ	3	兵營
		F17	0	ㄱ	3	兵營
		F19	0	ㄱ	?	兵營
		F20	0	?	?	兵營
		F21	0	?	?	兵營
		F22	0	?	?	兵營
		F23	0	?	?	兵營
		F24	?			兵營
		F25	0	ㄱ	1	兵營
		F26	0	ㄱ	1	兵營
		F27	0	?	1?	兵營
		F28	0	ㄱ	3	兵營
		F29	0	ㄱ	1	兵營
		F30	0	?	1?	兵營
		F31	0	ㄱ	1	兵營
		F32	0	ㄱ	1	兵營
		F33	0	ㄱ	1	兵營
		F37	0	ㄱ	1?	兵營
		F38	0	ㄱ	1	초소
		F39	0	ㄱ?	1	초소
		F63	0	ㄱ	1→2	초소
		F70	0	一	2, 3	초소
		F71	0	一	3	초소
		F72	0	一, ㄱ	2, 3	초소
		F4	?			
		F11	0	?	?	
		F42	0	?	2	
		F51	?			
		F52	0	ㄱ	1	
		F54	×			
		F65	0	ㄱ	1	
		F66	?			
B6	通化 万發撥子 유적	4기 모두	0	ㄷ	2	
B7	新賓 黑溝山城	F1	×			
		F2	×			
		F3	×			
		F4	0	?	?	
		F5	×			

번호	유적명	편호	쪽구들			비 고
			유무	형태	고래수	
		F6	×			
B8	撫順 高尒山城	중앙주거지	0	ㄱ	1	
		E지점주거지	?			
		西門內주거지	0	一?	1	
		소형 건축군	0	ㄱ	?	
B9	瀋陽 石台子산성	F1	0	一?	1?	
		2기	?			
		20여기(I區 서북부) 일부	0	?	?	
		III區 과수원	0	?	?	
		3기(IV區 西南高地) 모두	0	ㄱ		
		02SSIIIF1	0	一(U)	1	
B10	평양 대성산성	주작봉 장대터	×			
		주작봉 창고지	×			
		국사봉 장대터	×			
B11	평양 안학궁지	남궁1호궁전	×			
		남궁2호궁전	×			
		남궁3호궁전	×			
		중궁1호궁전	?			
		중궁1호앞채	×			
		중궁1호뒤채	×			
		중궁2호궁전	×			
		북궁1호궁전	×			
		북궁2호궁전	×			
		북궁3호궁전	×			
		북궁4호궁저	?			
		북궁5호궁전	?			
		북궁6호궁전	×			
		북궁7호궁전	×			
		동궁1호궁전	×			
		동궁2호궁전	×			
		동궁3호궁전	×			
		동궁4호궁전	×			
		동궁5호궁전	×			
		동궁6호궁전	×			
		서궁1호궁전	×			
		서궁2호궁전	×			
		서궁3호궁전	×			
		서궁4호궁전	×			
B12	평양 장안성	내성 북벽 안쪽	?			
B13	평양 청암리절터	8각형건물지	×			8각탑지
		8각건물 북쪽	×			금당지

번호	유적명	편호	쪽구들			비 고
			유무	형태	고래수	
		8각건물 동쪽	×			금당지
		8각건물 서쪽	×			금당지
B14	평양 상오리절터	8각형건물지	×			8각탑지
		8각건물 동쪽	×			금당지
		8각건물 서쪽	×			금당지
B15	평양 정릉사지	1구역1호	×			8각탑지
		1구역2호	×			
		1구역3호	×			
		1구역4호	×			회랑 중문지
		1구역5호	×			장경각지
		1구역6호	×			중금당지
		1구역7호	×			종루
		1구역8호	×			강당
		1구역9호	×			강당 부속건물
		1구역10호	0	ㅡ	1	
		2구역1호	0	ㄱ	1	

제4장 중세 사회로의 전환

李居仁의 蓮花夫人事跡과 金周元

金相鉉*

Ⅰ. 머리말

강릉지방에 전하고 있는 蓮花夫人설화[1]는 그 연원이 신라시대로 올라
간다. 이 설화는 지금까지도 구전되고 있지만, 이미 고려시대 문헌에 수
록됨으로서 그 자료적 가치는 설화 그 이상이다. 흔히 고대사 관련 자료
가 그러하듯, 이 자료 또한 설화와 역사가 혼재하고 있기 때문이다. 연화
부인설화는 신라 溟州歌의 배경설화일 뿐만 아니라, 江陵金氏 시조의 배
경설화가 되기도 한다. 이 때문에 이 설화는 일찍부터 국문학계의 주목을

―――――――――――
* 동국대학교 사학과 교수

받아 왔고, 그 연구 성과 또한 적은 편이 아니다.[2] 그리고 金周元의 어머니가 곧 연화부인이라는 점에 주목하면, 이 자료는 신라 원성왕의 즉위 및 溟州郡王의 문제와도 무관하지 않을 것 같지만, 이 방면 연구자 중에 이 자료를 활용한 경우는 거의 없는 것 같다.[3] 물론 대부분의 연구자들은 『신증동국여지승람』 소재 養魚池설화는 활용하고 있다. 이 설화도 연화부인설화로부터 變異된 것이기에 관련이 없는 것은 아니지만, 심한 변이로 인해 고대설화로서의 성격을 크게 상실하고 있음에 유의할 필요가 있다. 이 때문에 영어지설화보다 100여 년이나 먼저 편찬되었던 李居仁의 『古記』를 활용할 필요가 있다. 일찍이 『강릉김씨족보』를 활용하여 김주원 세계의 성립과 변천을 살핀 연구가[4] 있었고, 그 후에도 족보의 자료를 조금씩 원용하는 경우도[5] 있었다. 그러나 최근 『강릉김씨족보』의 김주원계

---

1) 필자는 본고에서 연화부인 관련 기록을 '사적' 혹은 '설화' 등으로 표현하는데, 이 기록은 설화와 역사가 혼재한다고 보기 때문이다. 비록 '설화' 라고 하더라도 완전한 허구는 아니고, '사적' 이라고 하더라도 완전한 역사는 아니라는 점에 유의하고자 한다.

2) 진동혁, 1974, 「명주가고」, 『군자어문학』, 세종대 국어국문학과.
김선풍, 1977, 「명주가 연구」, 『논문집』 5, 관동대학.
장정룡, 1991, 「명주가 배경설화 연구」, 『현산김종훈박사화갑기념논총』, 집문당.
박혜숙, 1993, 「명주가와 관련된 몇 가지 문제」, 『인제논총』 9권 2호, 인제대학교.
정규식, 2008, 「연화부인의 장르적 성격 고찰」, 『강원민속학』 22, 강원도민속학회.

3) 김정숙, 1984, 「김주원세계의 성립과 그 변천」, 『백산학보』 28, 백산학회.
이명식, 1984, 「신라 하대 김주원의 정치적 입장」, 『대구사학』 26, 대구사학회.
김수태, 1985, 「신라 선덕왕·원성왕의 왕위계승」, 『동아연구』 6.
권영오, 1995, 「신라 원성왕의 즉위 과정」, 『부대사학』 19, 부산대학교 사학회.
김창겸, 1997, 「신라 명주군왕고」, 『성대사림』 12·13, 성균관대학교 사학과.
김경애, 2006, 「신라 원성왕의 즉위와 하대 왕실의 성립」, 『한국고대사연구』 41, 한국고대사학회.
金興三, 2008, 「신라말 굴산문 범일과 김주원계 관련설의 비판적 검토」, 『한국고대사연구』 50, 한국고대사학회.

4) 김정숙, 위의 논문.

5) 김창겸, 앞의 논문.

관련 기사를 비판적으로 검토하여 역사적 사실과 부합되지 않는 부분이 많음을 지적한 경우도 있다.[6] 그러나 『강릉김씨족보』 족보의 신빙성 여부를 논의하기 위해서도 이거인의 이 자료는 참고할 필요가 있다. 현제 이거인의 『고기』는 전하지 않지만, 여기에 수록되어 있던 연화부인사적은 許筠의 『惺所覆瓿稿』 중의 鼈淵寺古跡記에 인용되어 있다. 이에 본고에서는 고려 말 李居仁 所述의 蓮花夫人事跡을 소개하고, 이 기록의 설화적 성격과 그 역사적 배경, 그리고 金周元과의 관련성을 검토하고자 한다.

II. 李居仁 所述 蓮花夫人事跡

① 蘭坡 李居仁(?~1402)에 관한 『고려사』의 기록은 禑王(1374~1388) 때부터 보인다. 즉 그는 禑王 초에 密直副使를, 동왕 8년(1382)에 慶尙道都巡問使를, 그리고 공양왕 3년(1391)에는 慶尙道都觀察使를 제수 받아 활약했다. 조선조에서도 判開城府事를 지낸 그는 뒤에 淸城伯에 봉해졌다. 이거인은 至正年間(1341~1367)에 강릉부사를 부임했는데, 강릉김씨 17세손인 繼貂의 外孫이었던 그는 外家의 역사에 관심을 가져 江陵金氏王族圖와 『古記』를 남겼다. 그는 萬世祠에 보관되어 있던 溟州郡王 金周元의 世系를 보고 김알지로부터 신라 및 고려에 이르는 강릉김씨의 世系圖를 작성했는데, 이것이 江陵金氏王族圖였다. 江陵府司에 보관되어 전하던 江陵金氏王族圖는 1565년 『강릉김씨족보』를 편찬할 때 활용되기도 했지만, 임진왜란 때에 소실되었다.[7]

---

6) 金興三, 앞의 논문.
7) 車長燮, 1997, 「조선시대 족보의 편찬과 의의」, 『조선시대사학보』 2, 38~39쪽.

이거인이 쓴 『古記』는 지금 전하지 않지만, 許筠(1569~1618)의 鼈淵寺古跡記[8]와 『강릉김씨파보』에 그 일부가 인용되었다. 허균이 인용한 기록은 다음과 같다.

신라 때 溟州는 東原京이었으므로 留後官은 반드시 王子 및 宗戚·將相·大臣으로 하여금 맡게 하고 凡事에 그 예하 郡縣에는 편의대로 黜陟하게 하였다. 王弟 無月郎이란 사람이 있어 어린 나이로 그 직을 맡았는데, 업무는 보좌관의 말을 좇아 대신 다스리게 하고, 자기는 花郎徒를 이끌고 산수 간에서 놀았다.

하루는 혼자 소위 蓮花峰에 올랐더니 한 처녀가 있었는데 용모가 매우 뛰어났으며 石池에서 옷을 빨고 있었다. 郎은 기뻐하여 그 여자를 유혹하였더니, 처녀가 말했다.

"저는 士族 출신이라, 예를 갖추지 않고 혼인할 수는 없습니다. 낭께서 만약 미혼이시라면 혼약을 행할 수 있으니, 六禮를 갖추어 맞이하셔도 늦지 않을 것입니다. 저는 이미 낭에게 몸을 허락하였으니, 다른 데로 시집가지 않을 것을 맹서합니다."

낭은 이를 허락하고, 이후에 안부를 묻고 선물 보내기를 끊이지 않았다. 임기가 차서 낭이 鷄林으로 돌아가 반 년 동안 소식이 없자, 그 처녀의 아버지는 그녀를 장차 北坪 집안 총각에게 시집보내기로 하여 이미 날까지 받아놓았다. 여자는 감히 부모에게 아뢰지 못하고 마음속으로 몰래 걱정하다가 자살하기로 결심했다. 하루는 연못에 가서 옛날의 맹서를 생각하고, 기르던 연못 속의 황금 잉어에게 말했다.

"옛날에 잉어 한 쌍이 서신을 전했다는 이야기가 있다. 너는 나로부터 양육을 받은 적이 많았으니 낭이 계신 곳에 나의 뜻을 전할 수 없겠느냐?"

그러자 갑자기 1자 반쯤 되는 황금 잉어가 못에서 튀어 올라와 입을 딱 벌리

___

8) 許筠, 鼈淵寺古跡記, 『惺所覆瓿藁』 권 7.

는데, 승낙하는 것 같았다. 여자는 이를 이상스럽게 여기고, 옷소매를 찢어 글을 썼다.

"저는 감히 혼약을 위배하지 않을 것이나, 부모님의 명령을 장차 어길 수 없게 되었습니다. 낭께서 만약 맹약을 버리지 않고 달려서 아무 날까지 도착하시면 그대로 가능하지만, 그렇지 못하면 저는 마땅히 자살하여 낭을 따르겠습니다."

이를 잉어의 입 속에 넣은 뒤에 큰 냇물에 던졌더니, 잉어는 유유히 사라졌다. 다음 날 새벽 무월랑은 관리를 闕川에 보내어 고기를 잡아오게 했다. 관리가 횟 거리 생선을 찾다보니 금빛 나는 1자짜리 잉어가 갈대 사이에 있었다. 관리가 잉어를 붙잡아 낭에게 보였다. 잉어는 펄쩍 뛰면서 재빨리 움직여 마치 호소할 것이 있는 듯했고, 잠시 후 거품을 한 되쯤 토했다. 그 속에 흰 편지가 들어 있기에 이상히 여겨 읽어 보니 여자가 손수 쓴 것이었다. 낭은 즉시 그 편지와 잉어를 가지고 왕에게 아뢰었다. 왕은 크게 놀라면서 잉어를 궁중의 연못에 놓아주고 빨리 대신 한 사람에게 명하여 채색 비단을 갖추게 하고 낭과 함께 동원경으로 말을 달려가게 했다. 밤낮을 가리지 않고 달려서 기약한 날짜에 도착했다. 留後 이하 여러 관리와 고을 노인들이 모두 장막에 모였는데 잔치가 무척이나 성대하였다. 문을 지키는 관리가 낭이 오는 것을 괴상히 여기고, 무월랑이 왔다고 소리쳐 전하였다. 留後官이 나와 맞이함에 대신이 따라왔다. 드디어 사연을 갖추어 주인에게 알리었다. 북평의 신랑은 이미 도착하였으나, 대신이 사람을 시켜 멈추게 했다. 여자는 하루 전부터 병을 핑계 삼아 머리도 빗지 않고 세수도 하지 않았으며 어머니가 강요해도 듣지 않아 꾸지람과 가르침이 한창 더했다. 낭이 왔다는 소리를 듣고는 벌떡 일어나 화장하고 옷을 갈아입고 나감에 양가의 혼인은 잘 성사되었다. 온 부중의 사람들은 모두 놀라며 신기하게 여겼다.

부인이 아들 둘을 낳았는데, 장남은 곧 周元公이고 차남은 敬信王이었다. 바야흐로 신라의 왕이 죽으매 후사가 없자 나라 사람들은 모두 주원을 촉망했다. 그러나 그날 크게 비가 내려 알천에 갑자기 물이 불었다. 알천 북쪽에 있던 주원이 3일 동안이나 건너지 못하자, 國相은 하늘의 뜻이라고 하면서 마침내 경신을 들어 세웠다. 이로써 주원은 마땅히 즉위해야 했음에도 즉위하지 못하고, 강릉 땅에 封해져서 주변의 여섯 읍을 받아 溟原郡王이 되었다. 부인은 주원에게 가서 봉양을 받았는데, 그 집을 절로 만들었으며, 왕은 1년에 한 번씩 와서 뵈었다. 四代에 이르러 나라(溟州郡國)가 없어지고 溟州가 되면서 신라도 망했다.[9]

이상은 이거인 所述의 연화부인사적이다. 이 글은 漢岡 鄭逑(1543~1620)가 선조 29년 병신(1596)에 강원도 平昌郡의 首吏로부터 얻은 『古記』 중에 포함되어 있던 것 중의 하나였다. 鄭逑(1543~1620)는 1594년에 강원도 관찰사가 되었고, 그는 1596년 봄에 여러 고을을 순행할 때 옛 牒을 두루 찾기도 했는데, 마침 平昌郡에서 『古記』를 습득할 수 있었다. 정

9) "新羅時 溟州爲東原京 故留後官必以王子若宗戚將相大臣爲之 而凡事便宜行黜陟 所其
隷郡縣 有王弟無月郎者 幼年來領其任 留務聽佐貳者代理 而率花郎徒 游戲於山水間 一
日燭登於所謂蓮花峰 有處子貌甚殊 浣衣於石池 郎悅而挑之 處子曰 妾士族也 不可以奔
郎若未婚 可行婚約 而六禮迎之未晚矣 妾已許身於郎 誓不他從也 郎許之 自足問遺不絶
瓜滿 郎歸鷄林 半載無耗 其父將嫁諸北坪家人子 已卜日矣 夫人不敢白父母而心竊憂 以
死自定 一日 臨池想舊誓 語池中所養金鯉曰 古有雙鯉衿書之言 儞受吾養多矣 不可致吾
意郎所否 忽有尺半金鯉 跳出池側 口呀呷似有諾者 夫人異之 裂衫袖書曰 妾不敢背約
而父母之命 將不得違 郎若不棄盟好 趁某日至 則猶可及已 不然則妾當自盡以從郎也 納
之魚口中 持以投大川 鯉悠然而逝 其翌曉 無月郎送吏於關川捉魚 官索膾魚 有金尺鯉在
葦間 官以似郎 鯉挑擲振 迅若有訴者 俄吐沫涎升許 中有素書 異而讀之乃夫人手迹 郎卽
携書及鯉 告于王 王大異之 放鯉于宮池 趣命一員大臣具彩帛 偕郎馳往東京 卽倍日并行
僅及其期 至則留後以下諸官州父老皆會 帟幕盤筵甚盛 守門吏忄怪郎來 傳呌曰 無月郎
至矣 留後官出迓 則大臣從焉 遂告以具主人 北坪郎已至 大昌急人止之 夫人先一日稱疾
不梳洗 母抑之不聽 譴誨方至 聞郎之來 倏起理粧 改服以出 克諧秦晉之好 一府人皆驚
以爲神也 夫人生二男 長卽周元公 季卽敬信王也 方羅王之殂 無嗣 國人皆屬望周元 其
日大雨水 關川卒漲 周元在川北 不得渡三日 國相曰天也 遂立敬信 以周元之當立不立 封
于江陵 環六邑以奉之 爲溟原郡王 夫人就養于周元 以其家爲招提 王一年一來省焉 四代
國除爲溟州 而新羅已焉"

구는 『古記』를 가져다 허균에게 직접 보여주었고, 허균이 본 『古記』에는 李居仁이 쓴 글이 매우 많았는데, 그 중에서도 연화부인사적이 매우 자세했다고 한다.[10]

② 安鼎福(1712~1791)의 『동사강목』과 李萬運의 『증보문헌비고』[11]에도 『고기』를 인용했다. 두 문헌에 인용된 내용은 동일한데, 그것은 다음과 같다. 비록 간단하지만, 허균의 별연사고적기에 인용된 이야기와 다른 것은 보이지 않는다.

> 『고기』에 이렇게 말했다. 주원과 경신은 同母兄弟이다. 어머니는 溟州 사람으로 처음 蓮花峯 밑에 살았으므로 蓮花夫人이라 호칭하였는데, 주원이 명주에 봉해지자 부인은 주원에게 봉양을 받았다. 왕은 1년에 한 차례씩 와서 문안하였으며, 4代 만에 국호를 없애고 州로 만들었다.[12]

안정복 등은 허균의 『성소부부고』를 참고했을 수도 있고, 이거인의 『고기』를 직접 보았을 수도 있다. 안정복은 연화부인이 주원의 어머니며 경신과 同母라는 『고기』의 설을 誤錄으로 보고 이를 취하지는 않았지만, 18세기 후반에도 연화부인에 관한 이야기가 전해지고 있었음은 알 수 있다.

③ 『강릉김씨파보』에도 平昌郡의 『고기』를 인용했는데, 이것도 이거인이 기록한 김씨의 族係였다고 한다. 그 내용은 다음과 같다. 평창군 고기

---

10) "歲丙申春 寒岡鄭先生以方伯巡到平昌郡　郡在東原京時屬于府　故郡人至今有言府之事者　先生詢問故牒 得古記於其首吏來示　余乃知府事 李居仁所述文甚多　其中載蓮花夫人事甚詳"(許筠, 鼈淵寺古跡記, 『惺所覆瓿藁』 권 7)

11) 『증보문헌비고』 권 14, 역대 국제 2.

12) "古記云 周元敬信同母兄弟　母溟州人 始居蓮花峯下 號蓮花夫人　及周元封於溟州 夫人養於周元 王歲一來省 四代國除爲州"(『東史綱目』, 附錄 上卷 考異)

의 기록은 이렇다.

> 신라 진평왕 때의 무월랑이 강릉에 부임했다. 그때 蓮花女가 있었는데, 서로 보고 마음이 맞았다. 낭의 임기가 끝나 조정으로 돌아가게 되었을 때 그녀에게 말했다. "만약 숙세의 인연이 있다면 당연히 부부가 될 것이다." 그녀의 집은 大川 남쪽에 있었고, 집에는 깊은 연못이 있어서 그녀는 항상 물고기에게 먹이를 주는데, 그중에 한 쌍의 神魚가 수면에 있었다. 그녀의 부모가 결혼을 시키려고 하자, 그녀는 신어에게 말하기를, 나의 편지를 무월랑에게 전해주기를 원한다고 하자, 신어는 마치 응답하는 것 같은 소리를 낸 후 3일 동안 보이지 않았다. 신어는 동해를 통하여 신라에 이르러 무월랑에게 잡혔다. 그 신어가 토해낸 편지를 얻어 본 무월랑도 편지를 써서 그 고기에게 주었고, 마침내 그녀를 맞이하여 부부가 되었다.…… 그녀의 본래 집은 지금 대천 남쪽의 別淵寺에 있었다. 신라 명주 때에 蓮花寺를 창건하였다. 주원이 부득이 (명주군왕)에 취임하여 명주는 내 어머니의 本鄕이라고 하면서 천북리의 사람들을 거느리고 함께 귀향하였다. 이로써 명주는 주원공의 外鄕임을 알 수 있다.[13]

『강릉김씨파보』의 편찬자는 이 기록을 설명하여, 鄭相公이 병신년의 순행시에 平昌郡에 이르러 마을 사람으로부터 『古記』를 얻었고, 그 정상공은 西川 鄭崑壽(1538~1602)일 것이라고 했다. 그리고 『고기』를 前朝 명종 7년(1177)에 강릉부사 이거인이 김씨의 계보를 기록한 것이라고 했다.[14]

---

13) "平昌郡古記云 新羅眞平王時 有無月郎爲江陵仕臣 其時有蓮花女 見而兩心相照 郎政滿 還朝 謂其女曰 若有宿緣 當作夫婦 女家在大川南 宅有深淵 女常以飯食魚 其中神魚一雙 在水上 女之父母欲定婚嫁 女與神魚曰 願傳吾信書於無月郎 魚如有應聲 三日不現 潛通 東海到新羅 無月郎之捕魚 所郎得神魚 魚吐信書 郎作書與魚 遂迎其女 爲夫婦云云 …… 又云其女本宅 今大川南別淵寺是也 新羅溟州時 創立蓮花寺 周元不得就位日 溟州我母 之本鄕 率川北里人 同歸作主 以是知溟州公之外鄕也"(『강릉김씨파보』(春), 遺事. ; 金 善豊, 1977, 「명주가 연구」, 『논문집』 5, 관동대학, 32 · 41쪽에서 재인용)

정곤수는 1583년에 강원도관찰사를 역임한 바 있다. 그러나 평창군을 순행했다는 병신년(1596)은 그가 좌찬성을 역임하고 있을 때다. 따라서 1596년에 평창군에서 『고기』를 얻었던 정상공은 정곤수가 아니라 허균이 밝힌 것과 같이 漢岡 鄭逑임에 분명하다. 그리고 고려 명종 7년(1177)에 이거인이 『고기』를 편찬했다고 한 것도 오류였는데, 이거인은 려말 선초의 인물임이 분명하기 때문이다. 『고기』에는 빠진 글자가 많아서 보충하여 보관한다고 한 것으로 미루어 보면, 보충으로 인한 윤색이나 변이가 있었음을 알 수 있다.

허균의 별연사고적기에 인용된 『고기』나 『강릉김씨파보』에 인용된 『고기』가 다 같이 이거인이 쓴 것이라면 두 기록은 당연히 같아야 한다. 설화의 전체 줄거리는 두 기록이 다르지 않다. 주인공이 연화부인과 무월랑이며, 물고기가 편지를 전한다는 내용 등이 그렇다. 그러나 『강릉김씨파보』의 기록은 매우 간략할 뿐만 아니라, 표현도 상당히 달라졌다. 별연사고적에서 雙鯉라고 한 물고기가 『강릉김씨파보』에서는 神魚一雙이라고 표현한 것 등이 다르다. 이런 점을 감안하면, 역시 허균의 별연사고적기에 인용된 기록이 이거인이 쓴 글의 원형에 비교적 가깝다고 하겠다.

『강릉김씨파보』에서 인용한 『고기』에 의하면, 연화부인과 무월랑의 이야기는 진평왕 때의 일이라고 했다. 그러나 별연사고적기에 인용된 『고기』에는 없는 기록이다. 비록 이거인의 『고기』에 무월랑이 진평왕 때의 인물로 기록되어 있었다고 하더라도 이것은 명백한 오류다. 『강릉김씨파보』의 편찬자도 신라 진평왕 때의 일로 기록하고 있는 『고기』의 오류를 지적하여 경덕왕 때에 비로소 명주라고 했으니, 진평왕은 경덕왕의 잘못

---

14) "鄭相公 丙申巡到平昌 得古記於村人 乃前朝明宗七年 江陵府使李居仁 記金氏族係者也 字多欠缺 補而藏之 按鄭相公 是西川崑壽也"

일 것이라고 했다.

④ 『고려사』樂志의 溟州歌에 관한 기록과 『신증동국여지승람』에 전하는 養魚池[15]에 관한 기록은 그 내용이 완전히 같다. 『고려사』의 명주가에 관한 기록을 인용하면 다음과 같다.

세상에 전하는 바는 이렇다. 한 書生이 遊學하면서 명주에 왔다가 姿色이 아름다운 良家의 처녀를 보았는데, 제법 글을 알았다. 서생이 매양 詩로서 집적거리니, 그녀가 "여자는 망령되게 남을 따르지 않습니다. 서생이 과거에 뽑히기를 기다려서 부모의 명령이 있다면 이루어질 것입니다."라고 하였다. 서생은 곧 서울로 돌아가서 과거 공부를 하였다.

그녀의 집에서 사위를 보려고 하였다. 그녀는 평소에 못에 고기를 길렀는데, 고기들이 그 여자의 기침소리를 들으면 반드시 몰려와서 먹이를 먹었다. 그녀는 고기에게 먹이를 주면서 말했다. "내가 너희들을 기른 지가 오래이니, 나의 뜻을 알 것이다."그리고 비단[帛]에 쓴 편지를 던졌더니, 큰 물고기 한 마리가 뛰어올라 그 편지를 물고 유유히 사라져 버렸다. 서생이 서울에 있으면서, 하루는 부모에게 드릴 찬을 마련하기 위하여 고기를 사 가지고 돌아왔다. 그리하여 고기 배를 가르다가 비단에 적은 편지를 발견하여 놀라고 이상하게 여겨 곧 비단 편지와 자기 아버지의 편지를 가지고 곧장 그녀의 집으로 갔는데, 사위가 벌써 그 집 문간에 와 있었다. 서생이 편지를 그 집에 보이니, 그 부모도 이상하게 여기며, "이것은 정성이 (고기를) 감동하게 한 것이고 사람의 힘으로써는 될 일이 아니다"라고 하면서, 그 사위를 보내고 서생을 맞이하였다.[16]

『고려사』는 1451년(문종 1)에 김종서 등이 편찬했고, 『신증동국여지승

---

15) 『신증동국여지승람』 권 44, 강릉대도호부 고적.
16) 『고려사』 권 71, 志 25, 악 2.

람」은 1484년(성종 17)에 김종직 등이 편찬한 것이다. 두 문헌에 수록된 명주가와 養魚池 기록이 글자 하나 틀리지 않는 동일한 내용이란 점에 유의하면, 후자가 전자를 그대로 轉載했을 가능성이 있다. 물론 「고려사」의 경우, 명주가를 고구려의 노래로 분류했고, 서생이 편지를 그녀의 집에 보여주면서 노래한 것이 이 명주가라고 밝힌 것은 다르다.

「신증동국여지승람」 고적조 양어지의 기록만으로는 이 이야기가 언제 누구에 관한 것인지 알 수 없지만, 「고려사」의 경우, 명주가를 고구려의 俗樂으로 분류하고 있어서 주목된다. 「증보문헌비고」에서는 「고려사」 악지에서 고구려 속악에 분류한 溟州歌를 蓮花夫人의 일이라고 하면서, 명주는 신라 때에 두었으니 고구려 때의 일이 아니기에 명주가는 마땅히 신라 樂府에 속한다[17]고 했다. 정약용은 "명주곡과 연화부인의 일은 조금도 관련이 없고 부회된 것이다"라고 했다.[18] 그러나 그 내용으로 볼 때 溟州歌는 蓮花夫人과 관련된 것임이 분명하다.

이거인의 「고기」 편찬 시기를 정확하게 알 수는 없다. 그가 강릉부사로 있으면서 江陵金氏王族圖를 작성했던 至正年間(1341~1367)에 「고기」도 편찬했을 가능성이 많다. 아무튼 「고려사」의 명주가 및 「동국여지승람」의 양어지 기록은 「고기」보다 약 100여년 후에 이루어진 것이다. 더구나 이들 기록은 당시 강릉지방에 전하고 있던 구전설화를 채록한 것이었다. 따라서 「고기」에 비해 더 많은 설화의 변이가 있었을 것은 당연하다. 「여지승람」의 양어지 기록이 당시 강릉지방에 전해지고 있던 설화를 채록한 것임은 일찍이 허균이 지적한 바 있다. 다음이 그것이다.

---

17) 「증보문헌비고」 권 14, 역대 국제 2.
18) 「雜纂集」 권 23, 文獻備考刊誤 권 7, 輿地考.

江陵府의 남쪽에 큰 내가 있고 그 내의 남쪽에 鼈淵寺가 있으며, 그 절의 뒤쪽 언덕은 蓮花峰이다. 노인들이 전하기를, 周元公의 어머니 蓮花夫人이 여기에 살았으므로 이것을 따서 봉우리의 이름을 삼았으며 절은 곧 그 옛집이라고 한다. 절 앞에는 石池가 있는데 이름을 養魚池라고 한다. 노인들은 또 이렇게 말했다. 溟州 때에 한 書生이 있었는데 이곳으로 공부하러 왔다가 처녀와 혼약을 했다. 그 부모는 알지 못하고 장차 시집을 보내려 하니 여자가 편지를 못 속에 던지자, 1자쯤 되는 잉어가 그것을 물어다가 서생에게 전하여, 그 인연을 이루었다고 한다. 『輿地勝覽』을 기록한 이가 이를 믿어 古迹條에 실어 놓았다. 그 箋에는 혹은 그 사람을 東原君 咸傳霖이라 한다고 했다. 나는 속으로 이를 의심하였다. 봉우리가 이미 부인의 이름을 취하여 명칭을 삼았으니, 절은 부인의 집이 될 것이 분명하다. 절이 신라 시절에 건축되었으니, 府는 오히려 東原京이었을 터인데, 어떻게 溟州라고 했을까? 절 안에 어찌 사람이 처녀를 거느리고 살 수 있었을까? 하물며 咸公은 國初의 공신으로 원래 府에 적을 둔 사람인데, 어찌 고려 초의 명주 시절까지 소급하여 그를 보았다고 하며, 이곳에 공부하러 왔다고 하는 것인가? 그 이야기가 거짓임을 알 수 있는 단서가 한 둘이 아니지만, 거짓이 거짓으로 유전하여 왔는데도 널리 典故를 살펴 그 미혹된 것을 타파하지 못함이 한스러웠다.[19]

蘭溪 咸傳霖(1360~1410)은 조선왕조의 개국공신으로 본관은 강릉이다. 1392년 溟城君에 봉해졌다가 1403년에 東原君으로 改封되었다. 따라서 함부림이 조선 초의 공신이기에 명주로 공부하러 간 서생일 수 없다는 허

---

19) "江凌府之南有大川 川之南有鼈淵寺 寺之後岡爲蓮花峰 故老傳周元公之母蓮花夫人居
于此 故以名峰 而寺卽其故宅也 寺之前有石池 名曰養魚 故老又言溟州時 有書生游學
于此 與室女有約 其父母不知而將嫁之 女以書投池中 尺鯉致于生 得諧其緣 志輿地者
信之 載諸古迹 箋曰 或云咸東原傳霖也 余竊疑之 峰旣以夫人名名之 則寺之爲夫人家
明矣 寺構於新羅 則府尙爲東原京 安得曰溟州 而寺之中安有人率室女而居者乎 況咸公
國初功臣 原係府籍人 亦安能及見麗初溟州時 而稱之曰游學到此耶 其誣罔之端不一 而
訛以傳訛 恨不得博攷掌故 以破其惑也"(許筠, 「鼈淵寺古跡記」, 『惺所覆瓿藁』 권 7)

균의 지적은 옳다. 양어지설화는 이야기의 주인공이 막연히 어떤 서생으로 변이됨으로서 빚어진 억측일 뿐이기 때문이다. 허균은 이거인의 연화부인 기록을 보고서야 비로소 養魚池의 고사를 의문의 여지없이 알게 된 것이 마치 구름을 헤치고 해를 본 듯했다고 감격하면서, 이를 기록해서 강릉부의 掌故로 삼는다고 했다. 『고려사』에 전하는 명주가의 배경설화와 별연사고적기에 인용된 연화부인설화를 비교한 바 있는 박혜숙에 의하면, 전자는 후자가 보여주는 구체적인 역사적 사실이 이미 다 탈락되고 가장 기본적인 모티프만이 잔존해 있다고 했다. 이 때문에 『고려사』 악지에 수록된 명주가의 배경설화보다는 별연사고적기에 수록된 설화가 근원사실에 가까울 것이라고 한다. 결국 이 견해는 허균의 판단과도 통한다고 하겠다.

Ⅲ. 연화부인설화와 金周元

[1] 이 설화가 비록 신라 진평왕 때에 형성된 것은 아니라고 하더라도, 그 연원이 신라시대에 닿아 있음은 화랑 무월랑, 명주군왕 김주원, 원성왕 김경신 등의 인명과, 閼川 등의 지명, 그리고 원성왕의 즉위와 김주원의 퇴거 등의 사건 등으로 알 수 있다. 명주가의 가사가 俚語로 되어 있었다는[20] 점도 역시 그렇다.

남녀의 이별과 재회를 줄거리로 하는 이 설화는 잉어가 전한 편지로 해서 재회가 가능하게 되었음이 강조되고 있다. 기르던 연못 속의 황금 잉

---

20) 『고려사』 樂志에 고려는 신라·백제·고구려의 음악을 함께 사용하여 악보로 엮었고, 그 가사는 모두 俚語로 되어 있다고 했다. (『고려사』 권 71, 志 25, 악 2)

어에게, 낭이 계신 곳으로 가서 자신의 소식 전해 줄 것을 부탁하면서 옷
소매를 찢어서 쓴 편지를 황금 잉어의 입 속에 넣고 연못에 풀어주었는
데, 그 잉어는 다음날 새벽 關川에서 잡혀 무관랑 앞에 놓이게 되자, 잉어
가 거품을 토하면서 처녀의 편지가 전해지게 되었다는 것이다. 처녀가 기
르던 잉어가 은혜를 갚았다는 내용으로 보면 이 설화도 잉어 보은설화의
일종이기도 하다. 원성왕(785~798) 때의 沙彌 妙正이 밥찌꺼기를 먹여 기
른 우물의 자라로부터 如意珠를 전해 받았다는 설화[21]와 眞聖女王
(887~897) 때의 居陁知가 용을 도와주고 그 보답을 받게 되었다는 설화
[22] 등도 그 유형이 같은 일종의 보은설화라고 할 수 있다. 그러데 그 보은
의 특징이 서신을 전함에 있었는데, 옛날에 잉어 한 쌍이 서신을 전했다
는 이야기를 상기시키면서 이 점을 강조하고 있다. 편지를 鯉魚라고도 하
는데, 당나라 사람들은 편지를 보낼 때 한 쌍의 잉어 형태로 접기 때문에
서찰을 잉어라고 했던 것이다. 결국 이 설화는 鯉魚가 곧 서신의 의미로
쓰이고 있듯이, 옛날에 잉어 한 쌍이 서신을 전했다는 중국의 고사를 그
배경으로 하고 있는 것은 쉽게 알 수 있다.

② 어린 나이에 동원경(명주)의 留後官이 되었다는 無月郎이 화랑도를
이끌고 산수 간에서 놀았다는, 牽花郎徒 游戲於山水間 운운의 기록은 화랑
과 관련하여 주목할 필요가 있다. 留後란 절도사나 관찰사가 임지를 떠났
을 때 그 대리를 보는 벼슬로 당나라 開元(713~741) 이후에 생겨난 제도
였다. 그리고 무월랑은 화랑과 관련된 주목할 만한 자료임에 분명하다.
물론 무월랑에 대한 또 다른 자료가 없다는 점을 간과해서는 안 되겠지

---

21) 『삼국유사』 권 2, 元聖大王.
22) 『삼국유사』 권 2, 眞聖女大王 居陁知.

만, 무월랑이 화랑이었을 가능성은 있다. 그가 화랑도를 이끌고 산수 간에 놀았다는 것은 화랑도의 풍류적 성격과 부합한다. 『강릉김씨족보』에 의하면, 무월랑은 곧 惟靖이라고 한다. 유정의 配는 大溟州妃蓮花夫人이라 했기 때문이다. 『증보문헌비고』에도 周元의 아버지가 角干惟靖이라고 했다.[23] 『삼국사기』에 의하면, 유정은 경덕왕 3년(744) 정월에 이찬으로 중시가 되었다가 이듬해 5월에 관직에서 물러났다.

계림의 무월랑이 관리를 閼川에 보내어 고기를 잡아오게 했다는 알천은 김주원의 집이 알천 북쪽에 있었다는 『삼국사기』의 기록과도 부합한다. 김주원이 왕위에 오르려 하던 날 크게 비가 내려 알천 물이 갑자기 불어, 건너지 못했다는 내용도 『삼국사기』나 『삼국유사』와 같은데, 그러나 주원이 알천의 북쪽에 있으면서 건너지 못한 지가 3일이나 됨에 김경신이 즉위했다는 3일이라는 기간은 이 기록에만 나타나는 자료이다.

연화부인은 그의 집을 절로 만들어 鼇淵寺로 했다고 하는데, 신라사회에서 자신의 집을 희사하여 절로 삼은 예는 가끔 있었다. 그리고 연화부인은 天寶 17년(758)에 오빠인 言寂法師와 언니인 繼烏夫人(즉, 照文皇太后)과 함께 갈항사의 두 탑을 세우기도 했음에 주목하면, 자신의 집을 희사하여 절로 삼았다는 것은 신빙해도 좋을 것이다.

③ 『삼국사기』에 의하면, 김주원은 선덕왕의 族子, 김경신을 선덕왕의 아우라고 했다. 따라서 이들은 擬制的으로라도 근친간이었을 것이라고 보는 견해도 있다.[24] 그런데 『고기』에는 연화부인이 두 아들을 낳았는데, 장남이 김주원이고 차남이 김경신이라고 했다. 그리고 경신이 즉위하여

---

23) 『증보문헌비고』 권 47, 帝系考 8.
24) 徐毅植, 1996, 통일신라기의 開府와 진골의 受封, 『역사교육』 15, 역사교육연구회, 99쪽.

원성왕이 되고 주원은 溟原郡王(즉 명주군왕)이 되었는데, 주원이 연화부인을 봉양함에 원성왕은 1년에 한 번씩 명주로 가서 어머니를 뵈었다는 것이다. 그런데 주원과 경신은 연화부인이 낳은 형제간이었다는 기록은 종래의 어떤 문헌에서도 볼 수 없었던 것이기에 주목할 만하지만 쉽게 신빙하기는 어렵다. 『삼국사기』와 『삼국유사』에는 이들 두 사람의 인척 관계에 대하여 침묵하고 있다.

김경신, 즉 원성왕의 아버지는 孝讓이었다. 『삼국사기』에 의하면, 원성왕은 즉위 후에 돌아간 아버지 일길찬 효양을 明德大王으로 추봉했다고 했다.[25] 물론 『삼국유사』에는 大角干 孝讓이 祖宗의 萬波息笛을 간직했다가 원성왕에게 전했다고 하여[26] 원성왕 즉위 후에도 효양이 생존했던 것으로 기록하고 있다. 『삼국유사』 王曆에서도 원성왕의 부는 孝讓 대아간이라고 했다. 이처럼 『삼국사기』와 『삼국유사』에는 원성왕의 아버지가 효양이라고 했으니, 김주원의 아버지로 알려지고 있는 惟靖과는 다른 인물임이 분명하다. 그렇다면 주원과 경신이 연화부인의 同母兄弟라고 한 『고기』의 기록은 일고의 가치도 없는 것인지, 아니면 또 다른 역사의 비밀이 숨어 있는지는 속단하기 어렵다.

여러 자료들을 연결해서 검토해 보면, 김주원과 김경신, 이들 두 사람이 이종형제였던 사실은 분명하다. 『삼국사기』에 의하면, 원성왕의 어머니는 朴氏 繼烏夫人인데 즉위년(785) 2월에 昭文太后로 삼았다고 했다.[27] 그리고 『삼국유사』 왕력에 의하면, 원성왕의 어머니 知烏夫人 즉 昭文王后는 昌近伊干의 딸이라고 했다.[28] 그리고 원성왕대에 새겨진 葛項寺石塔記에는 다음과 같이 주목할 만한 사실을 전해주고 있다.

---

25) 『삼국사기』 권 10, 원성왕 즉위년.
26) 『삼국유사』 권 2, 원성대왕.
27) 『삼국사기』 권 10, 원성왕 즉위년 2월.

두 탑은 天寶 17년 무술(758)에 세우시니라. 남자 형제와 여자 형제 모두 3인이 業으로 이루시니라. 남자 형제는 零妙寺의 言寂法師이며, 큰누이는 照文皇太后이시며, 작은누이는 敬信大王의 姨母이시다.[29]

경신대왕은 곧 원성왕이고, 그리고 照文皇太后는 昭文太后이다. 이 기록에 의하면, 言寂法師와 照文皇太后와 敬信大王의 姨母 등 세 사람은 娚姉妹였음을 확인할 수 있다. 원성왕의 어머니 照文皇太后와 왕의 이모는 자매간임을 확인할 수 있다. 그리고 이들 자매는 朴昌近의 딸이었다. 『강릉김씨세보』에 의하면, 김주원의 아버지 惟正이 명주로 벼슬을 갔을 때 혼인하였는데, 그 부인이 朴氏 蓮花夫人이며 昌近 伊己(즉 伊干)의 딸로 元聖王 어머니인 昭文太后의 同母兄弟라고 했다. 이처럼 『삼국사기』 기록과 『삼국유사』 왕력의 기록, 그리고 갈항사석탑기와 『강릉김씨세보』의 기록은 서로 모순 없이 유기적으로 관련되고 있다. 따라서 원성왕과 김주원은 姨從四寸이 되는 것이다.[30] 물론 두 사람은 연화부인이 낳은 형제간이었다는 「고기」의 내용과 일치하는 것은 아니라도 이들 두 사람이 가까운 혈연관계에 얽혀 있었던 것은 사실이다.

④ 『삼국유사』에는 주원이 명주로 물러가고 경신은 왕이 되었다고 했다. 그러면서도 주원이 명주로 물러나게 된 이유에 대해서는 침묵했다.

이에 비해 『동국여지승람』에는 주원이 미칠지도 모르는 화를 두려워하여
명주로 물러난 것이라고 다음과 같이 기록했다.

> (주원은) 太宗王의 손자이다. 당초에 宣德王이 죽고 후사가 없으므로 여러 신
> 하들은 貞懿太后의 敎旨를 받들어 주원을 왕으로 세우려 하였다. 그러나 왕족
> 上大長等 敬信이 衆人을 위협하고 먼저 궁에 들어가서 왕이 되었다. 주원은 화
> 를 두려워하여 명주로 물러가고 서울에 가지 않았다. 2년 후에 주원을 溟州郡
> 王으로 봉했다.[31]

이처럼 『동국여지승람』에는 주원이 명주로 물러난 것은 언제 미칠지
모르는 화를 피하기 위함이었다고 했다. 물론 『江陵金氏世譜』의 기록은
다음과 같이 약간 다르다.

> 비가 그치고 주원이 궁중으로 들어가 臨喪함에 원성왕이 각간(주원)에게 왕
> 위를 내어주었으나, 각간은 굳이 사양하며 받지 않으면서 이는 天命에 관한 것
> 으로 마땅하지 않다고 말했다. 또 그는 新王의 핍박을 두려워하여 어머니를 모
> 시고 그를 따르는 朴·崔·咸·郭의 무리들과 함께 명주로 물러나 살면서 조정
> 의 부름에 응하지 않았다. 원성왕은 2년 정묘에 각간이 사양한 덕을 생각하여
> 명주·익령·을해·삼척·울진 등을 식읍으로 주고 명주군왕에 봉했다.[32]

그런데 주원이 물러간 곳이 왜 하필이면 명주였던가 하는 의문은 여전
히 남는다. 물론 주원이 명주로 가고자 했던 것은 그곳에 外家가 있었기
때문이었다는 견해도 있었다. 즉 그의 아버지 유정이 이 지방의 토착세력

---

31) 『신증동국여지승람』 권 44, 강릉대도호부 인물.

32) "旣而雨止 角干入臨喪 元聖讓德于角干 角干固讓不受曰 是關於天命不宜也 又恐逼於新
    王 奉母夫人 及普眷徒朴崔咸郭 退去溟州 不服朝請 越二年丁卯 元聖念角干讓之德 割
    溟州·翼嶺·乙海·三陟·蔚珍等官爲食邑 封溟州郡王"(『江陵金氏世譜』)

과 혼인하면서 세력을 확장한 명주는 김주원 세력의 연고지였다는 것이다.[33] 연화부인 관련 『고기』의 기록이 『강릉김씨족보』의 사료적 가치를 보강시켜 준다는 사실에 유의하면, 외가가 있던 명주는 김주원 세력의 연고지였다는 이 견해는 더욱 설득력을 얻게 된 셈이다.

5 남은 의문은 또 있다. 정치 투쟁에서 패배한 김주원이 어떻게 명주 군왕에 봉해질 수 있고, 그의 후손들이 중앙 정치 무대에서 그대로 활약할 수 있는지 하는 의문이다. 『고기』에 의하면, 김주원은 강릉 땅에 封해져서 주변의 여섯 읍을 받아 溟原郡王, 즉 명주군왕이 되었다고 한다. 『동국여지승람』에는 "2년 후에 주원을 명주군왕으로 봉하고 명주 속현인 三陟, 斥乙於, 蔚珍 등 고을을 떼어서 食邑으로 만들게 하였다."고 했는데, 『대동지지』에는 "溟州, 翼嶺, 三陟, 蔚珍, 斥乙於(지금의 平海)를 떼어서 식읍으로 하였다"고 했다. 그리고 명주군왕은 주원을 비롯하여 그 아들 宗基, 종기의 아들 貞茹, 정여의 아들 陽에 이르기까지 4세 37년 동안 계승되었고, 이로 인하여 자손이 江陵府를 貫鄕으로 했다고 한다.[34] 또한 김주원의 두 아들 宗基와 憲昌은 원성왕 6년(790)과 헌덕왕 6년(814)에 각각 시중이 되었다. 종기의 아들 貞茹도 헌덕왕 8년(816)에 시중이 되었고, 정여의 아들 陽도 시중겸 병부령이었다. 김주원의 후손들은 이처럼 중앙의 정치에도 적극적으로 참여하고 있었던 것이다. 왕위 쟁패에 실패한 김주원을 명주군왕에 봉하고 그 후손들이 중앙의 정치 무대에서 그대로 활동할 수 있었던 것은 대체로 몰락한 종족과 귀족, 또는 지방 세력에 대한 중앙귀족의 취약성과 타협을 반영하는 것으로 이해한다.[35] 즉 원성왕의 주

---

33) 김정숙, 앞의 논문, 157쪽.
34) 『신증동국여지승람』 권 44, 강릉대도호부 인물.
35) 신형식, 2004, 『신라통사』, 도서출판 주류성, 332쪽.

원에 대한 회유·무마라는 것이다.[36] 물론 김주원을 봉작한 이유를 왕실과 혈연적으로 가까웠기 때문이었을 것으로 보는 견해도 있다.[37] 권력투쟁이란 것이 혈연이라는 울타리도 흔히 허물지만, 그래도 원성왕이 김주원을 회유한 그 배경에는 혈연관계가 작용했을 가능성이 더 많다.

IV. 맺는말

至正年間(1341~1367)에 강릉부사를 부임했던 李居仁은 외가인 강릉김씨의 역사에 관심을 가져 江陵金氏王族圖와 『古記』을 남겼다. 비록 이 기록은 현존하지 않지만, 왕족도는 조선시대의 『강릉김씨족보』 편찬에 참고되었고, 『古記』 중의 연화부인사적은 허균의 별연사고적기에 인용되어 전한다. 특히 연화부인사적은 명주가의 배경설화 및 양어지설화의 근원이 될 뿐만 아니라, 고대설화의 형식을 유지하고 있다는 점에서 주목할 만하다. 비록 이 기록은 『삼국유사』에 비해 100여 년 후에 씌어 진 것이지만, 이 책 元聖王條의 이해에 도움이 될 수도 있고, 무월랑이라는 새로운 화랑 관련 자료이며, 동시에 명주가의 배경설화도 되기 때문이다. 무엇보다도 원성왕의 즉위와 명주군왕 김주원이 관련되어 있기에 고대사 연구 자료로 활용되어도 좋을 것이다.

---

36) 김창겸, 앞의 논문, 41쪽.
37) 徐毅植, 앞의 논문, 99쪽.

신라 경문왕에 대한 연구의
현황과 제안

김창겸*

目　　　次

Ⅰ. 머리말
Ⅱ. 즉위에 대한 연구현황
Ⅲ. 왕권 강화에 대한 연구현황
Ⅳ. 연구 한계와 새로운 제안
Ⅴ. 맺음말

I. 머리말

신라사에서 제38대 원성왕이 즉위함으로써 이른바 하대 원성왕계가 성립되었나. 830년내의 흥덕왕 사후에 선개뇐 치얼한 왕위생발선을 겪은 뒤, 제48대 경문왕이 즉위하고, 그의 자식－헌강왕, 정강왕, 진성여왕대에 걸쳐 한동안 안정기를 가졌다. 하지만 이는 오래가지 못하고 진성여왕대에 농민반란이 폭발하면서 전국은 혼란에 빠지고 신라왕조는 멸망을 향해 질주하는 모습을 보였다.

경문왕(재위 861~875)의 성은 김씨, 이름은 膺廉(혹은 疑廉)인데, 아버

---

* 한국학중앙연구원 수석연구원

지는 啓明이며, 어머니는 光和夫人이고, 할아버지는 희강왕이며, 할머니는 忠恭의 딸인 文穆夫人 金氏이다. 경문왕을 이어 자식인 헌강왕·정강왕·진성여왕과 손자인 효공왕이 왕위를 계승하여 하나의 독자적 왕통을 이루었고, 또 뒤이은 박씨왕들 역시 경문왕의 아들인 헌강왕의 딸과 혼인한 사위와 그 후손이다. 그래서 경문왕은 신라 말기의 왕위계승상 하나의 정점에 있어, 그 위상은 크며 또 존재의 의미는 중요하다.

특히 헌강왕 6년(880) 왕이 月上樓에 올라 侍中 敏恭과 대화를 나눌 때, 서울 백성의 집들이 서로 이어져 있고 노래와 음악소리가 끊이지 않았으며, 민간에서는 기와로 지붕을 덮고, 숯으로 밥을 지으니, 헌강왕이 즉위한 이래 陰陽이 조화롭고 비와 바람이 순조로워 해마다 풍년이 들어, 백성들은 먹을 것이 넉넉하고 변경은 평온하여 민간에서 즐거워한다면서, 서로 덕담을 주고받은 것에 근거하여[1] 경문왕과 헌강왕 재위기를 평화시대 또는 小康期로 평가하고 있다. 그리하여 일찍이 경문왕의 왕권강화에 대한 李基東의 탁견이[2] 발표된 후로 여러 연구가 있었다.

그럼에도 불구하고 경문왕과 그의 재위기는 어느 정도의 왕권 강화와 안정은 이루었으나, 신라사의 전체적인 흐름에서는 상당한 한계와 부정적인 특성을 안고 있다고 본다. 필자는 경문왕의 즉위와 업적을 통해, 지금까지 경문왕에 대한 연구현황을 살펴본 뒤, 향후 연구를 위해 문제점을 파악하고, 이 시기가 신라사에서 갖는 역사적 의미를 보다 적합하게 부여하는데 약간의 도움이 될 만한 연구 방향을 제시해 보고자 한다.

그 방법으로는 경문왕에 대한 기존 연구의 주요한 주제였던, 경문왕의

---

1) "因奏曰 上卽位以來 陰陽和風雨順 歲有年民足食 邊境謐靜 市井歡娛 此聖德之所致也 王欣然曰 此卿等輔佐之力也 朕何德焉"(『삼국사기』 권 11, 헌강왕 6년 9월 9일)

2) 李基東, 1978, 「羅末麗初 近侍機構와 文翰機構의 擴張」, 『歷史學報』 77 ; 1984, 『新羅 骨品制社會와 花郞徒』, 一潮閣, 231~280쪽.

즉위배경이라 할 수 있는 가계와 혼인, 지지기반과 즉위과정에 대한 연구 동향, 또 즉위 후에 경문왕이 행한 여러 정책의 방법과 내용을 통하여 왕 권강화에 대한 연구동향을 살펴본 뒤, 그리고 이들 연구가 안고 있는 문 제점이랄까 한계를 언급하면서 아울러 향후 연구를 위한 나름의 제안을 할 것이다.

II. 즉위에 대한 연구현황

1. 신분과 혼인

우선 경문왕이 즉위한 배경과 그 과정에 대한 기존의 연구를 살펴보자.

경문왕의 즉위배경은 무엇보다도 그가 전왕인 헌강왕의 사위가 되었다는 사실이다. 이것은 헌강왕의 유조에[3] 잘 나타나 있다. 즉, 헌안왕은 아들이 없고 딸이 있었지만, 왕위를 여자보다는 남자에게 물려주려는 강한 뜻이 있어서, 사위 응렴이 왕위를 계승하였다. 응렴이 왕위를 계승한 것은 그가 남자로서 헌안왕의 사위가 된 사실이 무엇보다도 중요하게 작용하였다. 그리하여 오래전부터 응렴이 헌안왕의 사위가 된 배경과 과정에 대해 많이 회자되었다.[4]

그 내용에 의하면, 응렴이 헌안왕의 사위가 된 가장 직접적인 계기는 臨海殿에서 헌안왕이 베푼 연회에 참석한 사건이다. 이 자리에서 헌안왕이 응렴에게 화랑으로서 사방을 돌아다니면서 본 일 중에 착한 일이 무엇

---

3) 『삼국사기』 권 11, 헌안왕 5년 정월 및 『삼국유사』 48경문대왕 참조.
4) 『삼국사기』 권 11, 헌안왕 4년 및 『삼국유사』 48경문대왕 참조.

인가에 대한 물음에, 응렴은 권력자와 부자와 세력가의 자제·양보·겸손의 정신을 찬양하는 세 가지 미담을 잘 대답하였다. 이 행위는 어쩌면 여러 신하들의 앞에서 왕이 행한 특별면접시험을 잘 치룬 것이다.

여기서 응렴이 연회에 참석한 것은 당시 화랑의 대표자격이었던 것 같다.[5] 그러면 응렴이 화랑이 될 수 있었던 배경은 무엇인가? 화랑의 자격에 대해서는 의견이 구구한 것이 사실이나, 대체로 화랑은 신라 골품제사회에서 진골귀족 이상의 자제라고 한다. 비록 기존의 연구자 중에는 응렴의 신분이 진골이 아니라는 견해도 있으나,[6] 잘 알다시피 응렴은 시중 계명의 아들이기에, 왕족에 속하는 진골귀족 신분이다.[7] 즉 응렴은 헌강왕의 손자이며 당시 가장 촉망받는 왕족 출신의 화랑이었다. 그리하여 헌안왕이 이미 응렴에 대한 여러 가지 정보와 지식을 가진 상태에서 그를 임해전에서 개최한 연회에 참석케 했던 것이다.

이때 나이에 대한 기록과 이해에 차이가 있다. 응렴이 화랑이 되고 임해전 잔치에 참석한 때의 나이가 얼마인지? 『삼국사기』에서는 응렴이 國仙으로서 遊學을 마치고 연회에 참석한 나이를 15세라 한 반면에, 『삼국유사』에서는 18세에 국선이 되어 四方遊學을 마친 뒤, 약관(20세)에 臨海殿에서 열린 잔치에 참석하였다고 하였다.

이에 대해 Vladimir Tikhonov(박노자)는 '진골출신인 화랑의 초사시

---

5) 그리고 최치원이 지은 숭복사비문에 응렴은 "別振玄風"이라 하여, 그가 화랑도(현풍)에서 활약한 사실이 기록되어 있다.

6) 李鍾恒, 1975, 「新羅의 下代에 있어서의 王種의 絕滅에 대하여」, 『法史學研究』 2, 8쪽. 그 근거로 첫째는 헌안왕의 특별하고 애원적인 顧命이 그것이고, 둘째로는 왕의 父인 계명이 阿飡이었고, 셋째로는 王考에 대한 추봉이 이례적으로 늦어졌다는 점과 추봉 직후와 그 뒤에 격렬한 반란이 일어났다는 점을 들었다.

7) 金昌謙, 1999, 「新羅 下代 孝恭王의 卽位와 非眞骨王의 王位繼承」, 『史學研究』 58·59 ; 2003, 『新羅 下代 王位繼承 研究』, 景仁文化社, 383~406쪽.

의 연령은 대개 15세 전후이므로, 후자의 기록이 전자보다 조금 더 신빙성이 있는 것 같다'고 하였다.[8] 이에 비해 李基東은 신라의 화랑은 15세를 전후하여 국선이 되어 18세까지 3년 정도의 수련을 마친 뒤 관직에 진출한다고 하였다.[9] 더욱이 헌안왕이 유조에서 사위 응렴은 나이가 적다고 한 표현이 있음으로 16세에 즉위한 것으로 본 입장도 있다.[10]

어쨌든 과년한 두 딸, 즉 공주를 둔 헌안왕은 마땅한 배필감으로 미리 응렴을 마음에 두고 있다가, 그가 장성하자 연회에 초대하여,[11] 여러 王族과 群臣 앞에서 공개적인 면접과 구두시험을 행하였다. 그 결과에 헌안왕은 흡족하여 사윗감으로 공포한 것이다. 이것에 대해, 金昌謙은 헌안왕이 왕족과 퇴임한 원로와 현직 고위관료를 포함한 群臣들을 초대하여 연회를 베푼 것은 이들의 화합을 강조한 행위이며, 또 이 자리에서 화랑 응렴의 능력을 시험하고 사위로 결정한 것은 정상적인 왕위계승자가 없을 경우에 다음 왕을 추대하는데 결정적인 역할을 할 군신들을 통하여 응렴을 왕위계승자로 묵시적인 결정과 동의를 구한 절차과정이었다고 해석하였다.[12]

그러면 이 자리에서 응렴의 답변은 무엇인가. 그 내용은 대단히 유교적인 덕목을 담고 있다. 그리하여 李基白은 응렴의 답에 대해 '대체로 지방호족의 실정을 말해주는 것'이라고[13] 하면서, 지방호족의 영향력 증가에

---

8) Vladimir Tikhonov, 1996, 「경문왕의 유·불·선 융화정책」, 『아시아문화』 12, 한림대학교. 48~49쪽.

9) 李基東, 1984, 「新羅 花郎徒의 社會學的 考察」, 『新羅 骨品制社會와 花郎徒』, 一潮閣, 340~341쪽.

10) 崔柄憲, 1978, 「新羅 下代社會의 動搖」, 『한국사』 3, 국사편찬위원회, 492쪽.
    權英五, 2004, 「김위홍과 진성왕대 초기 정국 운영」, 『대구사학』 76, 32쪽.

11) 全基雄, 1989, 「新羅 下代末의 政治社會와 景文王家」, 『釜山史學』 16, 6쪽.

12) 金昌謙, 2005, 「신라 헌안왕의 즉위와 그 치적」, 『신라문화』 26.

대한 중앙귀족의 우려 표시라고 한 바가 있고, 李基東은 '화랑으로서의 그의 실제 見聞을 이야기한 것이라기보다 오히려 그의 儒敎에 대한 지식을 갖고 당시 화랑도의 덕목을 윤색 부회한 것'이라 하였다.[14] 또 高明土도 응렴의 讓, 儉 그리고 恭의 덕목은 『論語』 권1 學而篇 10章에서 언급한 孔子의 공·검·양 등의 美德과 전부 통하며, 또한 응렴이 이야기한 세 가지의 美點과 『孟子』 권6 滕文公章句下 2章에서 이상적 선비(土)의 성격에 대하여 "富貴不能淫 貧賤不能移 威武不能屈"이라고 한 것과 일치한다고 보았다.[15] 한편 현답의 내용과 이른바 老子의 三寶(慈, 儉, 謙)의 사상을 반영한 老子(『道德經』) 제67장의 내용과 거의 일치된다는 견해도 있다.[16]

결국 헌안왕은 이미 마음에 두고 있었던 응렴이 자라서 청년이 되기를 기다렸다. 그리고 그기 화랑으로서 명망이 알려지자, 직접 불러서 심성과 자질을 시험하였다. 그 결과 응렴의 인품에 흡족하여 맏사위로 삼아 왕위 계승자의 지위를 부여였다.[17]

한편 응렴이 헌안왕의 사위가 되는 과정과 그 후에는 그의 가계와 아버지 계명의 영향력이 크게 작용하였다는 주장도 있다. 경문왕의 아버지는 啓明, 할아버지는 희강왕, 증조부는 憲貞, 고조부는 禮英, 5대조는 원성왕이다. 즉 부계로는 원성왕계 왕족의 후손으로, 좀더 구분하자면 원성왕계 내의 예영계 중에서 헌정계에 속한다. 그리고 경문왕의 어머니 光和夫人은 신무왕의 딸이며, 문성왕의 누이이므로, 원성왕계 내의 예영계 중에서

---

13) 李基白, 1974, 「上大等考」, 『新羅政治社會史研究』, 一潮閣. 126쪽.

14) 李基東, 1980, 「新羅 下代의 王位繼承과 政治過程」, 『歷史學報』 85, 29쪽.

15) 高明土, 1984, 『唐代東亞敎育圈的形成』, 國立臺灣中華叢書編審委員會, 308~309쪽.
　　李基東, 1988, 「花郎像의 變遷에 관한 覺書」, 『新羅文化』 5, 109~110쪽.
　　Vladimir Tikhonov, 앞의 논문, 54쪽.

16) Vladimir Tikhonov, 위의 논문, 59~60쪽.

17) 全基雄, 1989, 앞의 논문, 6쪽.

균정계에 속한다. 결국 응렴의 아버지 계명과 어머니 광화부인은 같은 원성왕계 내의 예영계로서 각각 할아버지를 헌정과 균정 형제로 하는 6촌 남매간의 근친혼으로 맺어졌다.[18]

이처럼 응렴의 아버지 계명과 어머니 광화부인이 혼인한 결과로 당시 정치세력 중에서 이른바 헌정계와 균정계의 결합이 이루어졌다, 다시 말해 흥덕왕이 후사가 없이 죽자 당시 상대등 김균정이 즉위하려 하였으나, 충공계 金明(민애왕)의 지원을 받은 헌정의 아들 金悌隆(희강왕)이 김균정을 제거하고 즉위하였다. 그리하여 균정계와 헌정계 사이에는 갈등이 생겼고, 김균정의 아들 김우징(신무왕)은 부득이 서남해안의 청해진에 있던 장보고에게로 망명가서 몸을 의탁하는 등, 즉 김우징에게 희강왕과 민애왕은 불공대천의 원수가 되었다. 836년 김균정의 살해와 희강왕의 즉위 이후 지속되던 대립과 갈등의 양상이 마침내 김계명과 광화부인의 혼인으로 화해의 분위기로 전환되는 변화의 상징성을 띠게 되었다.

그리고 문성왕은 장보고 제거 이후 왕의 장인으로 권력이 비대해진 공신 金陽을 견제하고자 848년(문성왕 10) 여름에 사직시키고, 대신 왕의 매부인 金啓明을 임명하고, 곧이어 849년 1월에 왕의 숙부 義正을 상대등에 임명하였다. 그 결과 문성왕 후반기는 왕을 중심으로 헌정계의 시중 계명이 균정계의 상대등 의정과 외척이며 공신세력인 김양과 함께 정국이 운영되는 삼두체제를 이루었다. 그러다가 857년 8월 김양이 죽자 문성왕 말기는 의정과 계명이 정국을 주도하여, 헌정계와 균정계의 연합에 의한 범예영계의 단결을 이루었고, 드디어 문성왕의 유조를 받아 헌안왕이 즉위하였다. 그런데 헌안왕의 즉위는 계명의 적극적인 후원을 받았고, 또

---

18) 경문왕의 가계는 金昌謙, 2003, 『新羅 下代 王位繼承 研究』, 景仁文化社, 60~63쪽 참조 바람.

계명의 지지로 왕권을 유지해 나갔다고 한다.[19] 심지어는 시중인 계명이 상대등인 의정과 서로 결합하여 金陽이 죽자 문성왕을 협박하여 왕위를 의정에게 계승시킨다는 유조를 내리고 죽게 하였다는 추측도 있고,[20] 또 나아가 계명이 의정의 왕위계승을 적극 지원한 것은 그 다음 왕위계승자로 자신의 아들 응렴을 염두에 두고 왕위계승권을 의정에게 약속받은 것이었다는[21] 추측까지 나왔다. 이렇게 보면 응렴이 헌안왕의 딸과 혼인한 것은 헌안왕과 계명 간에 정치적 거래의 결과였다는 것이다.[22]

응렴에게 헌안왕의 두 딸 중에서 맏공주와 혼인하도록 작용한 자는 누군인가? 『삼국사기』에는 '興輪寺僧'이라 하였으나, 『삼국유사』에는 '郎之徒上首 範教師'라 하였다. 이처럼 『삼국유사』에서는 응렴이 國仙이고, 범교사가 郎徒라는 화랑도의 관계를 구체적으로 이야기한 반면에 『삼국사기』에서는 이와 관련한 것을 기록하지 않고 오로지 王族과 '興輪寺僧'이라 하였다. 그 이유는 무엇일까? Vladimir Tikhonov는 화랑도를 賢佐忠臣良將勇卒을 배출하는 臣僚의 교육기관으로 인식하였지 왕족을 위한 교육기관으로 보지 않아, 왕이 한때 신료로서의 교육을 받았다는 사실은 王道와 臣道를 철저하게 구별하는 金富軾이 사서에서 기록될 것이 아니어서 누락시켰을 것이란 추측도 있다.[23] 그러면 『삼국사기』에서 거론한 흥륜사의 승려가 곧 낭도의 우두머리 범교사인가? 아니면 각기 다른 사람인가? 대부분의 연구자들은 동일인으로 이해하고 있다.[24] 즉 범교사는

---

19) 김창겸, 2005, 앞의 논문.
20) 尹炳喜, 1982, 「新羅 下代 均貞系의 王位繼承과 金陽」, 『歷史學報』 96, 74쪽.
21) 송은일, 2004, 「신라 하대 경문왕계의 성립」, 『전남사학』 22, 150쪽.
22) 김창겸, 1988, 「新羅 景文王代 修造役事의 政治史的 考察」, 『閔丙河敎授停年紀念史學論叢』, 55쪽 주11.
23) Vladimir Tikhonov, 1996, 앞의 논문, 48쪽.
24) 송은일, 앞의 논문, 152쪽.

흥륜사의 승이라 하였다. 그리하여 응렴과 범교사의 관계를 국선과 승려 낭도의 관계의 대표적인 예라고 하였다.[25]

그러면 응렴과 공주의 혼인문제에 대하여, 범교사가 관여하게 된 계기는 무엇일까? 『삼국사기』에는 응렴이 먼저 흥륜사 승려에게 조언을 구한 것으로 기록되어 있으나, 『삼국유사』에는 범교사가 자청에서 응렴에게 건의한 것으로 되어 있다. 즉 응렴은 당시 정치적 실세였던 계명의 결정에 복종하지 않고 왕실의 중심 사원이었던 흥륜사의 승려 범교사에게 자신의 혼인문제를 상의하고 물었던 것이다.

그러나 둘째 공주와 혼인하도록 결정한 부모의 의사를 무시하는 자식이 되면서까지 응렴이 자청하여 흥륜사 승려 범교사에게 자문을 구하지는 않았던 것같다. 부모나 자신의 의사와는 달리 맏공주와 혼인하도록 강요한 것으로 보아, 범교사가 자진하여 응렴을 찾아가서 그 뜻을 전달한 것으로 보겠다.

이를 보건대, 흥륜사에 속한 승 범교사는 응렴이 이끄는 화랑도에 소속하여 낭도들을 통솔하는 우두머리, 승려 낭도로서 참모의 역할을 한 것이라 하겠다. 범교사는 응렴에게 간청이 아니라 만약 맏공주를 취하지 않는다면 면전에서 죽겠다면서 협박을 가하고 있다. 이것은 범교사 개인의 힘으로는 불가능한 것이고 낭도 전체의 힘을 등에 업고서 응렴에게 압력을 가한 것이다. 이 요구에 대해 응렴 자신도 수용하였을 뿐만 아니라 당시 정계의 거물인 응렴의 아버지 계명도 승복하고 말았다. 이것은 응렴이 거느린 화랑집단이 계명가의 정치사회적 배후 세력으로서 가졌던 위상이 대단히 막강했음을 보여주는 것이다. 그 결과 응렴은 맏공주와 혼인하였고, 응렴은 즉위후 범교사를 大德으로 삼고 금 130兩을 하사였다. 범교사

---

25) 金煐泰, 1970, 「僧侶郎徒考」『佛敎學報』 7, 260쪽.

가 大德에 임명된 것으로 보아 화엄계통에 속하는 승려라 하겠다. 즉 승려 範敎師는 화랑 응렴을 받드는 승려낭도로서, 그리고 응렴이 왕으로 즉위한 후에는 大德에 임명되어 정치 고문의 역할을 하였던 것이다.

한편 범교사와 화랑세력들이 경문왕의 왕위계승과정에 관여할 수 있었던 것은 계명의 정치력과 함께 그의 준비된 계략이 있었기에 가능한 일이었다는 주장도 제기되었다.[26]

2. 즉위과정

경문왕의 왕위계승 배경으로 흔히 아버지 김계명의 영향력, 응렴이 거느린 화랑세력, 임해전 연회에서 보여준 응렴의 현명함 등이 언급된다. 그렇지만 경문왕이 헌안왕의 총애를 받고 유조를 통하여 즉위하는 데는 무엇보다도 헌안왕의 장녀와 혼인하여 왕의 사위라는 입장과 지위가 크게 작용하였던 것이라는 주장이 있다.[27] 사실상 헌안왕대의 시대적 상황에서 응렴과 헌안왕의 딸이 혼인한 것은 정치사적으로 대단히 중요한 의미를 갖는 사건이었다.

신무왕과 문성왕 부자의 즉위로 한동안 왕족간의 이해관계에 따라 복잡하게 전개되었던 왕위쟁탈전이 종식되고 점차 화합을 위해 노력하고 있었다. 먼저 840년 전반에[28] 희강왕의 아들로서 응렴의 아버지인 계명과 문성왕의 왕매인 광화부인의 혼인으로 헌정계와 균정계의 결합의 단

---

26) 송은일, 앞의 논문, 153쪽.

27) 全基雄, 1989, 앞의 논문, 4쪽.

28) 계명의 혼인 시기를 840년 전반으로 본 견해(李基東, 앞의 책, 169쪽 : 金昌謙, 1988, 앞의 논문, 54~55쪽)와 문성왕 즉위년(839) 이후 또는 문성왕이 김양을 딸을 차비로 맞이한 842년(문성왕 4) 3월 전후로 보는 견해도 있다.(송은일, 앞의 논문, 131쪽 주16)

초를 열었다.[29] 그리고 정계에 진출한 계명은 의정(헌안왕)과 협력하며 문성왕을 도왔다.

또 헌안왕이 문성왕의 유조를 받아 즉위하는 과정에서 계명은 헌안왕을 적극 도와주었고, 이에 대한 상호 모종의 합의가 있었을 것이며, 헌안왕은 그 보답으로 계명의 아들 응렴에게 왕위를 물려주었을 것이라는 추측도 있다.[30]

그리고 이번에는 계명의 아들인 응렴과 헌안왕의 딸 文資王后의 혼인이 이루어진 것이다. 이 또한 헌정계와 균정계의 결합을 의미하지만, 대국적으로는 예영계의 단합을 상징하는 대사건인 것이다. 더구나 문자왕후의 어머니 조명부인이 충공의 딸이기에(민애왕의 누이) 인겸계에 속하는 반면에 아버지 헌안왕은 균정의 아들이기에 예영계에 속한다. 즉 이미 헌안왕과 조명부인의 혼인으로 예영계와 인겸계가 화해한 상태였다. 이런 상황에서 응렴이 문자왕후와 혼인한 것은 자신의 조부 희강왕은 물론 민애왕계까지 포용한, 이른바 범원성왕계의 화합을 추구한 것이다.[31]

어쨌든 「숭복사비명」에 의하면, 응렴은 임해전에서 헌안왕과 왕비 및 군신 앞에서 물음에 현답으로 합격한 후 왕의 사위가 되고, 또 초고속 승진하여 높은 자리에 올라 모든 관직을 통제하고 나라의 습속을 淨化하였으며, 임금이 될 자리에 있으면서 덕을 심고 궐내에 살면서 여덟 가지의 중요한 權柄을 장악하고, 즉 宰相의 권한을 모두 집행하였다고 한다.

---

29) 문성왕의 혼인정책에서 헌정계인 계명과 왕매의 혼인을 통한 결연은 신무왕이 거사를 목적으로 내세운 명분을 합리화하는 작업임과 동시에, 그 합리화 작업은 자신의 왕권에 대한 당위성을 내세우는 결과가 되기 때문이라는 주장도 있다.(송은일, 2004, 앞의 논문, 135쪽)

30) 金昌謙, 2005, 앞의 논문, 4~23쪽.

31) 이러한 노력은 경문왕이 행한 여러 차례의 수조지사의 의도에서도 잘 보여준다.(金昌謙, 1988, 앞의 논문)

이상에서 살펴본 것과 같은 혈연과 정치사회적 배경으로 헌안왕의 사위가 된 응렴은 왕위를 계승하였다. 그러면 경문왕은 어떠한 방법과 절차를 거쳐 즉위하였는가.

『삼국사기』와 『삼국유사』의 기록을 보면 헌안왕이 죽기 직전에 사위 응렴에게 왕위를 계승하라는 유조를 내렸다. 신라에서 유조를 통한 왕위계승방법은 혈연적으로 정당한 왕위계승자가 아닌 경우에 전왕이 마지막 명령을 의미하는 유조를 더해주어 왕위계승자를 정당화시켜 주는 방법이다.[32]

『삼국사기』와 『삼국유사』의 기록을 보면 경문왕의 즉위가 순조롭게 이루어졌던 것처럼 기록되어 있으나, 사실상은 그의 즉위과정이 순조롭기만 했던 것은 아니다. 실제는 즉위시 다른 정치세력의 도전이 약간 있었다. 당시 상황을 최치원이 찬한 「숭복사비」에는 "마침 杞國의 근심이 침범하여 왕의 자리가 비어 산악이 흔들리는 것과 같았다. 비록 逐鹿之原은 아니지만 역시 集烏之原은 있었다. 그러나 어질고 유순하며 어른스럽고 인자함으로써 백성에게 추대되었다."고 하였다.

여기서 集烏之原이란 송나라 경문공이 죽은 뒤에 왕위계승 경쟁이 일어났던 것을 말하는 것으로, 즉 헌안왕이 죽은 뒤 경문왕이 즉위하는 과정에서 정치세력간에 대립이 상당히 있었음을 말한다. 이러한 사정은 경문왕이 백성들에게 추대되었다는 표현에서도 추측이 가능하다. 신라시대 왕위계승에서 국인이나 군신 또는 백성이 추대하였다는 표현은 혈통상

---

32) 특히 신라 하대에 이르러 치열한 왕위쟁탈전이 종식된 이후 문성왕이 숙부 의정(헌안왕)을 왕위계승자로 지정하는 유조를 내려 평화적인 왕위계승이 이루어진 것을 본받아 헌안왕 역시 사위 응렴(경문왕)에게, 이후에 정강왕은 진성여왕, 진성여왕은 효공왕에게 遺詔를 더해주는, 즉 非父子繼承에서 평화적인 왕위계승을 가능케 한 하나의 수단과 방법이 되었다.(金昌謙, 2005, 앞의 논문)

당연하고도 정상적인 왕위계승이 아닌 경우에 표현하는 방법이다.[33]

　사실상 경문왕의 즉위과정에서 헌안왕에게 아들이 없으니 많은 다른 왕실의 인물들이 왕위를 넘보았을 것이다. 그리하여 경문왕의 즉위과정은 순탄하지 않았고 원성왕계내 여러 왕족들의 도전이 있었다. 그럼에도 헌안왕대에 최고의 실력자였던 김계명의 힘으로 무사히 즉위할 수 있었다.[34] 이러한 저간의 사정을 확대 해석하여, 심지어 김계명은 문성왕 말년경부터 시중이 되어 실권을 장악하고 있다가 헌안왕의 사망을 계기로 하여 실력으로 아들인 경문왕을 즉위케 한 것이라 보거나,[35] 그가 거느린 낭도들의 잠재적인 군사력, 즉 화랑세력의 지원도 있었던 것으로 거론되었다.[36] 그러나 이는 잘못이다. 앞에서 보았듯이 경문왕은 분명히 헌안왕의 유조를 받아 외형상 대체로 평화적인 왕위계승을 하였다.

　한편 경문왕의 즉위는 眞骨男子王族의 소멸을 보여주는 한 사례라는 견해도 제기되었다. 헌안왕은 아들이 없어 부계에 의한 남자의 상속은 불가능해 졌다. 이 경우 신라 중고기에는 '聖骨男盡'을 이유로 선덕여왕이 즉위하였다. 만약 헌안왕도 이 원칙을 준용한다면 딸에게 왕위를 계승시켜야 한다. 하지만 신라 중대 이래 왕위의 부자계승이 확립되었고, 부자계승이 어려운 경우라 하더라도 반드시 왕위는 부계친의 남자계승이 원칙이었다. 그러나 이를 거부하고 남자계승의 원칙을 적용하여 부득이 女壻

---

33) 金昌謙, 1988, 앞의 논문, 54쪽 ; 2003, 앞의 책, 201~216쪽.

34) 金昌謙, 1988, 앞의 논문, 56쪽.
　　金昌謙, 2005, 앞의 논문.
　　全基雄, 1989, 앞의 논문, 9~10쪽.

35) 崔柄憲, 1978, 「신라 하대사회의 동요」, 『한국사』 3, 국사편찬위원회, 492쪽.

36) 李基白, 1959, 「新羅私兵考」『歷史學報』 9 ; 1974, 『新羅政治社會史研究』, 一潮閣, 260쪽.
　　全基雄, 1989, 앞의 논문, 9쪽.
　　全基雄, 1994, 「新羅 下代의 花郞勢力」『新羅文化』 10 · 11, 114~117쪽.

이면서 再從孫인 부계친의 경문왕에게 계승케 하였다.

이처럼 헌안왕은 예외적으로 여서인 경문왕에게로 왕위계승시켰다. 그리하여 신라의 골품제가 확립된 뒤로는 행해지지 않았던 왕위의 女壻繼承이 다시 등장하게 되었다. 이는 헌안왕이 左右에게 특별히 부탁하였듯이 왕위쟁탈전의 재발을 방지하고 좀더 큰 범주의 禮英系內에서나마 王統을 지속적으로 유지시키려는 정치적 배려에 의하여 나타난 하대 왕위계승에서 특수한 현상이다.[37]

Ⅲ. 왕권 강화에 대한 연구현황

경문왕은 즉위한 861년 3월에 대사면을 실시하고, 862년 정월에 伊湌 金正을 상대등으로, 阿湌 魏珍을 시중에 임명하는 인사조치를 행하고, 2월에 신궁에 친사하였다. 863년 2월 國學에 행하여 經義를 강론하게 하는 한편 숭복사를 중창하고, 만애대왕원탑을 건립하였다. 그리고 866년에는 아버지 계명을 懿恭大王, 어머니 광화부인을 光懿王太后로 봉하고, 왕자 晸을 왕태자로 책봉하여 왕위의 부자계승을 대비하며, 왕실의 권위를 과시하였다.

이러한 노력의 치적에 대해 연구자들은 경문왕대는 왕권이 상당히 강화되어 왕실의 권위가 높았던 시기로 이해하여, 경문왕의 왕권강화 방법과 노력에 대해 많은 관심과 분석이 있었다.

---

37) 金昌謙, 1999, 「신라하대 孝恭王의 즉위와 非眞骨王의 왕위계승」, 『史學研究』 58·59, 416쪽.

1. 왕족 연합과 초월화

경문왕대에 왕족 간의 타협과 연합이 이루어진 사실이 지적되었다.
그 대표적인 것으로 李基白이 신라시대 최고의 관직이었던 上大等의 성격을 살피는 과정에서 신무왕대 이후에 상대등의 위치가 안정되고 있는데, 이것은 지방세력의 대두에서 오는 위협에 대처하려는 의도로서 중앙귀족들 사이에 새로운 결합이 이루어진 것으로, 왕권이 전제적이기보다는 귀족세력과 타협하려는 경향을 나타내는 것이라고 신라 하대 정치사에 대한 대개적인 견해를 제시한 것을 들 수 있다.[38]

여기서 발전하여 경문왕 이후의 상대등이나 시중들이 왕위를 얻기 위하여 모반하거나 왕실의 적대적인 동향을 보인 사실을 찾을 수 없고 오히려 왕실의 보호와 유지에 노력하고 있었다는[39] 견해도 제기되었다. 그리하여 경문왕의 즉위를 계기로 하여 원성왕계 내의 왕위계승을 둘러싼 분규가 종식되어 갔다는 해석도 있다.[40]

한편 丁元卿은 경문왕대는 신무왕대 이후 문성왕대부터 시도되었던 각 파벌의 화합 및 타협 모색의 기운을 배경으로 하여 전대의 치열한 왕위쟁탈전에서 남은 휴유증을 제거하기 위한 한편, 좁은 의미의 친족집단의식에서 벗어나서 보다 확대된 친족집단의식을 확립하고 그 바탕에서 권력집중의 노력과 왕권강화책을 적극적으로 시도하였던 시기로 볼 수 있다고 하였다. 즉 경문왕대의 많은 願塔建立에 주목하였다. 이때의 원탑건립의 양상은 전대와는 차이가 있다고 보고, 이들 원탑의 발원내용과 참여한

---

38) 李基白, 1974, 「上大等考」, 『新羅政治社會史硏究』, 一潮閣, 123~126쪽.

39) 全基雄, 1989, 앞의 논문, 19쪽.

40) 田美姬, 1989, 「신라 경문왕 · 헌강왕대의 能官人 등용정책과 國學」, 『東亞硏究』 17, 45쪽 주1.

인물들을 분석하여 경문왕대의 원탑건립은 원탑의 일반적 특성인 親祖에 대한 冥福을 비는 祈願의 의미나 자신의 현세이익을 위한 경우 외에 친족관념의 범위가 확대되고 있는데, 이는 신라 하대의 귀족연립상태에서 왕권강화를 시도한 것이며, 또한 願塔 건립과정에서 禪門을 매개로 하여 지방세력과 연결되어 그들을 회유하거나 혹은 결합하여 중앙귀족세력에 대한 견제를 시도한 것이라는 것이다.[41]

또 修造役事를 통하여 왕권강화를 시도하였던 시기로 보기도 하였다.[42] 경문왕 초년에 오랫동안 방치되어있던 원성왕의 원찰인 鵠寺를 원성왕의 夢感을 핑계 삼고 孝의 중요성을 강조하면서 宗室과 釋門에게 공사를 맡겨 崇福寺로 중창하고 자신이 檀越이 되었다. 이것은 경문왕이 하대 왕실 친족집단의 창시자로서의 원성왕에 대한 인식을 새롭게 하고[43] 원성왕계 왕족들의 공동시조인 원성왕의 추모사업을 통해 단합을 도모하면서,[44] 자신의 즉위에 대한 정통성을 확인시키는 동시에 스스로 하대의 중시조로서 인식하여 '專制主義의 理想'을 추구하고자한 것이란 해석조차 있다.[45]

그리고 원성왕의 원찰인 숭복사의 중창과 민애왕탑의 건립을 통해 추모사업과 함께 원성왕계내 각 소가계의 분파의식을 없애고 범원성왕계라는 큰 범주에서 회유와 연합으로써 경문왕의 왕권을 안정시키려 하였다.

---

41) 丁元卿, 1982, 「新羅 景文王代의 願塔建立」, 『年報』 5 ; 1992, 『박물관연구논집』 1, 부산시립박물관, 86~104쪽.

42) 金昌謙, 1988, 앞의 논문.

43) 丁元卿, 1982, 앞의 논문, 96쪽.

44) 鵠寺의 중창작업은 경문왕의 정통성을 공고히 함은 물론, 이후 경문왕계 왕실의 권위를 높이는데 유효한 방법이었다는 해석도 있다.(장일규, 2006, 「숭복사비명과 경문왕계 왕실」, 『歷史學報』 192, 43쪽)

45) 丁元卿, 1982, 앞의 논문, 97쪽.

그리고 경문왕의 親弟 魏弘이 감독관을 맡았던 황룡사9층탑을 비롯해 朝元殿, 月上樓, 臨海殿, 正堂의 중수를 통하여 왕권을 과시하였다. 결국 경문왕 전기에는 범원성왕계를 회유·포섭하는 조상의 추숭작업을 위한 것이었는데, 후기에는 자신의 권위를 높이면서 경문왕계에 의한 집권으로 구조를 개편하였다는 것이다.[46]

이와 같은 맥락에서 경문왕대 佛事를 분석한 글도 있다. 경문왕 초년에는 김계명을 중심으로 선대부터 활동하였던 왕족의 참여를 통해 鵠寺 중창과 동화사 삼층석탑을 건립하는 등 원성왕계의 후손을 하나로 묶어 각 분파관념을 없애고 자신의 정당성을 인정받아 왕권을 강화하려고 하였다. 그러나 경문왕이 점차 새로운 측근 세력을 등용하자 이들은 반발하였고, 자연히 경문왕은 새로운 측근 세력을 양성하는데 주력하였다는 것이다.[47]

그리하여 즉위한 해부터 끊임없이 불교조형물이 건립된 경문왕대는 신라 하대의 정치적 혼란이 이 시기에 이르러 비교적 안정을 되찾아 다시 한 번 강력한 왕권을 회복하고, 문화적으로는 중대의 경덕왕대에 버금가는 다양하고 화려한 예술의 발전을 이룩한 시기로 파악하기에 이르렀다.[48]

---

46) 金昌謙, 1988, 앞의 논문.

47) 황룡사9층탑의 중수 불사는 선대부터 활동하였던 왕족을 그대로 용인하면서 새로운 측근 세력을 중용하여 왕권을 강화하려는 경문왕의 의도가 드러난 것이었으며, 새로운 측근세력을 양성하려는 왕실의 노력은 헌강왕대에도 계속되었다고 한다.(장일규, 2006, 앞의 논문, 57~59쪽)

48) 朴慶植, 1989, 「新羅 景文王代의 石造美術에 關한 硏究」, 『史學誌』 22, 85~127쪽.

2. 제도 개편과 외교 강화

응렴이 헌안왕의 질문에 행한 현답에서 보여주듯이, 응렴의 유교에 대한 상당한 지식은[49] 그가 즉위 후 개혁정치를 추진하는데, 하나의 정치적 사상으로 작용하였을 것이다.

사실 경문왕은 유학을 진흥하여 몰락되어 가는 전제주의적 중앙집권제를 뒷받침하려고 하였던 것을 부인할 여지가 없다.[50] 『삼국사기』에 의하면. 경문왕 3년 2월에 왕이 國學에 나가 博士 이하에게 經義을 강론케 하였고, 또 경문왕 5년 4월에는 당의 册封使 胡歸厚를 맞아서 왕경의 佳景을 시로 읊어 책봉사로 하여금 그 화답을 궁하게 할 정도로 뛰어났다고 한다. 아울러 「지증대사탑비」의 내용을 보면 경문왕의 유교 경전에 대한 지식 수준을, 「숭복사비」의 내용에도 경문왕의 孝인식과 儒家의 經典에 대한 깊은 이해의 수준을 잘 보여주고 있다.

이보다 적극적 입장에서 李基東은 그 당시에 만들어진 것으로 확인된 金石文資料의 분석을 통하여 경문왕은 儒學 및 漢學에 대한 조예가 매우 깊었으며, 9세기 후반의 관제개혁의 예를 들어 국왕의 文翰機構와 側近機構의 확장을 통한 개혁정치를 행하여 近親王族에 의한 국왕의 권력집중과 왕권강화를 끊임없이 시도하였다고[51] 하였다. 즉 9세기 중엽 이후 근시

---

49) 숭복사비에서는 경문왕이 즉위하기 이전부터 화랑으로 활동한 것 이외에도 주로 玉鹿에서 이름을 날렸다고 하였다. 그런데 여기서 옥록이란 敎授官을 말하는 것으로 해석하기도 하나(李基東, 1984, 앞의 책, 172쪽), 이보다는 國學에서 수학한 사실을 말하는 것이라 하겠다. 특히 당의 사신 胡歸厚의 언급처럼 경문왕은 시문에 능통하였고(「숭복사비」 참조), 유학에 조예가 깊었다.

50) Vladimir Tikhonov, 1996, 앞의 논문, 54쪽.

51) 李基東, 1978, 「羅末麗初 近侍機構와 文翰機構의 擴張」『歷史學報』77 ; 1984, 앞의 책, 231~304쪽.

기구를 확장하면서 內朝의 강화에 집착해 있던 국왕들은 진골귀족세력의 포위망 속에서 벗어나려고 했는데, 이는 바로 6두품 출신의 정치적 입장과 합치되는 점이었다. 그들은 진골귀족 만능의 골품체제에 대한 불만을 품고 있었으므로 그들이 결탁해야 할 대상은 국왕 밖에는 달리 없었다.[52] 한편 국왕의 입장에서 볼 때 6두품 출신 유학자들이 주장하는 유교정치이념은 왕권강화를 이론적으로 뒷받침해 주었다. 바로 여기에 6두품 출신 유학자를 주축으로 한 문한기관이 확장되어 간 원인을 찾을 수 있다.[53]

특히 경문왕 후반기에 들어서면서 경문왕 6년 10월 允興 형제의 반란과 8년 정월 金銳의 모반 이후 경문왕은 문한·근시기구를 설치하고 측근정치를 지향하면서 친제 위홍을 중용하고 경문왕가를 중심으로 권력집중을 시도하였다는 보다 구체적인 견해도 제기되었다.[54] 아울러 경문왕은 위홍을 통하여 신라고유사상을 강조하면서 왕실권위의 회복과 왕권강화에 주력하였다고 한다. 그리고「성주사낭혜화상비」에서 경문왕이 無染과 주고받은 대화에 근거하여 경문왕이 聖人의 정치를 하려고 노력한 것으로 이해한 견해도 있다.[55]

한편 경문왕은 能官人의 취지에서 유학적 능력이나 실무적인 행정능력이 뛰어난 6두품 신분들을 관직에 등용하려 하였고 국학의 개편과 더불어 6두품 신분을 통한 왕권강화에 노력한 것으로 보기도 한다.[56]

결국 경문왕이 유교적 지식을 토대로 왕권을 강화하려는 노력은 유학

---

52) 李基白, 1971,「新羅 六頭品 硏究」,『省谷論叢』 2 ; 1974, 앞의 책, 51~63쪽.

53) 이기동, 1996,「신라 하대의 사회변화」,『한국사』 11, 국사편찬위원회, 43~44쪽.

54) 金昌謙, 1988, 앞의 논문, 71~72쪽.

55) 金志垠, 2002,「신라 경문왕의 왕권강화정책」,『경주사학』 21, 49쪽.

56) 田美姬, 1989,「新羅 景文王·憲康王代의 '能官人' 登用政策과 國學」,『東亞硏究』 17.

지식인의 등용을 지향하고 있었으며 문한기구의 확장으로 나타났고, 이것은 당시 골품제적 지배원리의 포위망 속에서 벗어나고자 하는 6두품 신분들은 진골귀족에 반대한 것이지 국왕에게는 반대하지 않았기 때문이며, 中事省과 宣敎省을 통해 국왕측근의 관료집단을 형성하여 왕권강화에 주력하였다고 한다.[57] 또 유학에 관심을 가졌던 경문왕은 국왕에게 경의를 강하기 위해 일종의 경연관이었던 侍讀을 설치하였고, 중국제도의 영향을 받은 宰相制度의 도입, 行守制의 확대, 새로운 官階의 시행 시도, 관직명의 중국적 개정 등을 통해서도 새로운 정치운영을 모색한 흔적이 보인다는 주장도 있다.[58] 그리하여 경문왕은 제도적 변혁을 통하여 정치체제의 정비를 꾀하는 것으로서 唐制를 수용하고 경덕왕대의 개편된 官制를 복구하려는 방향이 있었다고 보기도 하였다.[59]

한편 이러한 관제의 변화와 함께 경문왕 자신과 왕실의 호칭에 대한 격상을 통하여 왕의 위상과 왕실의 권위를 제고하고자 노력하였다는 이채로운 주장도 있다. 경문왕이 직접 황제를 칭한 기록은 없으나, 890년(진성여왕 4) 건립된 「月光寺圓朗禪師塔碑」에는 그를 '皇王'으로 표현하였고, 그의 아내를 「開仙寺石燈記」에는 '文懿皇后'와 『삼국유사』 王曆에는 '文資皇后'라고, 또 왕위계승자 아들 晸을 太子, 아우 魏弘을 太弟, 누이를 '端儀長翁主'라 하여, 황제체제의 친족용어를 사용한 것에서 볼 때, 경문

---

57) 金志埝, 앞의 논문, 52쪽.

58) 李文基, 1996, 「新羅의 文翰機構와 文翰官」, 『歷史敎育論集』 21, 117~119쪽.

59) 李基東, 1984, 「羅末麗初 近侍機構와 文翰機構의 擴張」, 앞의 책, 231~280쪽. 특히 전기웅은 경문왕의 번영과 안정은 경문왕 왕실 혈통의 신성의식과 고유신앙적 요소의 강화와, 유교적 지식인층이 앞장서서 추진하였던 중국 문물과 제도의 수용을 통한 변혁의 시도라는 두 가지 경향이 조화를 이루고 보완관계를 유지할 수 있었기 때문이라 하였다.(全基雄, 1996, 「新羅 末期 政治社會의 動搖와 六頭品知識人」, 『羅末麗初의 政治社會와 文人知識層』, 혜안, 26~27쪽)

왕이 帝王의 지위를 가졌던 것을 알 수 있고, 이것은 경문왕가 왕실은 진골왕족이나 진골귀족들보다 초월화한 지위를 가졌던 것을 보여주는 것이라고 하였다.[60]

아울러 경문왕은 중국의 당 및 일본과 외교를 통해 왕권을 강화하려고 했다는 이야기도 있다. 당에 대한 빈번한 조공, 일본과 접촉, 특히 경문왕 9년 당에 사은사 파견시 많은 종류의 진귀한 방물을 보내는 등의 기사에서 외교적인 방도를 통하여 왕권 안정 및 강화를 일면 모색한 것으로, 대외적으로는 당과 외교강화 및 일본과 외교적 접촉을 통하여 강력한 왕권의 이상실현을 추구하여 가던 시기로 보기도 하였다.[61]

3. 사상종교 이용

경문왕과 그 시대를 종교사상 측면에서 분석한 연구도 있었다.

경문왕은 불교에 비교적 관심을 많이 보였다. 이미 즉위전부터 그가 이끄는 화랑의 무리에는 興輪寺의 範敎師 등 승려가 속해 있었을 뿐만 아니라, 즉위후에는 864년 感恩寺에 행차했고, 866년 皇龍寺에 행차해 燃燈을 보기도 했다. 그리고 871년에는 황룡사9층탑을 개조하였다. 이처럼 경문왕은 불교계와도 깊은 관계를 맺었으며, 이 시기에는 중앙과 지방에서 많은 불사가 이루어 졌다. 그리하여 경문왕의 불교정책에 대하여 관심을 가진 연구가 있었다.

그 중에는 전국 불교계의 정신적 중추의 역할을 담당하던 황룡사를 통

---

60) 金昌謙, 1999, 「新羅 元聖王系 王의 皇帝·皇族的 地位와 骨品 超越化」, 『白山學報』 52, 841~872쪽.
61) 丁元卿, 1982, 앞의 논문, 100쪽.
　　全美姬, 1982, 앞의 논문, 56~57쪽.

해 불교계의 정비를 이루고자 한 것이란[62] 견해가 있다. 또 지방 禪門에 대한 원탑을 건립하는 과정에서 경문왕이 왕실과 대립관계에 있으면서 선문과 밀착되어 있는 낙향귀족을 포함한 지방호족세력을 회유하고 또한 지방세력을 형성하고 있는 선사를 왕실에 봉사케 함으로써 왕실은 반기를 들 가능성이 있는 중앙귀족세력을 견제하려는 목적에서 선사들과 긴밀한 관계를 맺음으로써 왕권강화를 도모했다는 주장도 있다.[63]

그 방법으로 경문왕은 당시 여러 禪師들과의 관계를 유지하려 하였고 禪宗을 적극 이해하면서 敎宗과의 융화를 시도하였다는 주장이 있다.[64] 반면에 당시 중앙보다 지방에서의 佛事活動이 더 활발하게 이루어지는 이유를 당시 지방에서 진표계의 미륵신앙이 확산되는 것을 방지하고 그것을 수용하려고 노력하면서, 또한 황룡사를 중시하고 화엄종의 재편을 추진하였으며, 선승을 국사로 임명하여 선종불교에 대한 회유를 꾀하여 왕권의 안정을 추구한 것으로[65] 파악하기도 하였다. 이처럼 사상적인 면에서 경문왕계 왕들은 사찰의 檀越이 되어 불교를 중흥시킴은 물론 당시 불교지도자인 선사들과의 결합을 통해 유교와 더불어 피폐해진 정신세계를 충족시켜 왕권강화라는 측면을 한층 심화시키는 계기를 삼았다고 보았다.[66] 결국 이들 연구의 대체적인 결론은 경문왕이 불교계의 재정비를 통하여 왕권의 안정을 꾀하였다는 것이다.[67]

잘 알듯이 신라말에 이르러 유교사상은 불교·풍수사상 등 여러 종교

---

62) 曺凡煥, 1999, 「新羅 下代 景文王의 佛敎政策」, 『新羅文化』 16, 35~36쪽.
63) 金杜珍, 1973, 「朗慧와 그의 禪思想」, 『歷史學報』 57, 38쪽.
   丁元卿, 1982, 앞의 논문, 99~100쪽.
64) 韓基汶, 1983, 「高麗太祖의 佛敎政策」, 『大丘史學』 22, 41쪽.
65) 曺凡煥, 1999, 「新羅 下代 景文王의 佛敎政策」, 『新羅文化』 16.
66) 朴慶植, 1996, 「統一新羅石造美術研究」, 學研文化社, 379쪽.
67) 金志坂, 앞의 논문, 38쪽.

와 갈등을 일으키기 보다는 서로 융합되어 있었다.[68] 사실상 신라말의 유교는 불교외에도 노장사상 및 도교의 영향을 받았고, 선종의 새로운 지적 훈련을 받는 등 그 정신세계의 변동은 결국 3교의 융합된 관념형태라는[69] 지적은 적절하다. 사실상 경문왕이 헌안왕과의 현답을 중심으로 하여 그의 사상이 유·불뿐만 아니라 도가적 측면도 지니고 있으며, 경문왕이 주장하였던 유·불·선의 융화를 강조하면서, 유·선의 經書를 똑같이 '漢學'으로 공부하며 전제왕국의 사회질서를 확립하기 위해서 兩家의 윤리의 실천을 장려하였던 것이라는 지적은[70] 의미심장한 지적이다.

그런데 특히 경문왕의 사상적 배경에서 관심을 끄는 부분이 도가적 요소와 고유신앙이라는 면이다. 경문왕이 즉위하기 이전에 화랑으로서 四方遊學한[71] 것과 풍류에 떨쳤다는 기록에서 그가 신라 고유적 사상을 가졌던 것은 충분히 짐작되는 것이다. 이것은 최치원이 경문왕을 三敎를 융화한 사람으로 평가한 것에서도, 道家的인 면도 있었음은 사실이라 하겠다.[72] 여러 학자들의 연구에 의하면 노장사상은 6세기 초엽부터 신라에 유입되어,[73] 7~9세기 상류층에서 교양의 필수적인 일부분이 되었고, 그래서 왕족 응렴도 적어도 도가철학에 대한 기본의 지식을 가지고 있었고,

---

68) 崔英成, 1990, 『崔致遠의 思想研究』, 亞細亞文化社, 63쪽.
　　金英美, 1999, 「新羅 下代 儒佛一致論과 그 의의」, 『白山學報』 52, 897~922쪽.
69) 金哲埈, 1962, 「신라 귀족세력의 기반」, 『인문과학』 7, 서울대, 270~271쪽.
70) Vladimir Tikhonov, 1996, 앞의 논문. 43~65쪽.
71) 화랑도의 유람의 풍습은 土着信仰(山神·天神의 숭배)에 기인한 것이며, 국선의 유학의 진리탐구적 기능은 儒·仙思想이 한반도에 전파되어서 고유신앙과 융화됨에 따라서 생겼을 것이라 견해가 있다.(Vladimir Tikhonov, 1996, 앞의 논문, 51쪽 주22)
72) 응렴이 헌안왕에게 이야기한 미행은 도가적 색채를 띤 것이라 한다(Vladimir Tikhonov, 1996, 앞의 논문, 58~59쪽).
73) 정경희, 1990, 『한국고대사회문화연구』, 일지사, 203쪽.

이에 대한 깊은 조예도 있었을 가능성이 많다.[74]

　결국 경문왕은 불교계에 대해서는 교종사찰에는 많은 조영활동이 이루어졌고 선종산문에 대해서는 회유책과 통제책을 취하였으며, 유교적인 측면에서는 유학진흥책과 함께 문한기구와 근시기구를 확장시켰으며, 친제 위홍을 통해서는 경문왕가계의 신성의식과 신라 고유신앙적 요소를 고양시키면서 왕권강화에 주력하였을 것이란[75] 견해도 제기되었다.

　한편 경문왕은 범원성왕계의 연합을 추구하여 이것이 어느 정도 성공하자, 이제는 새로운 왕실로서 경문왕가의 권위를 높이고자 신성화 작업에 들어갔다. 그 중에서도 이채로운 견해가 있다. 그 핵심은 경문왕이 중국적 예제의 수용을 상징하는 '少昊金天氏 出自說'을 다시 표명함으로써 閼智에서 연원을 구하는 '天降金櫃說'을 내세웠던 기존의 왕실과 여타 김씨세력과의 차별성을 강조하고 새로운 시대의 등장을 선언하고자 했다는[76] 것이다.

　이러한 연구들은 모두가 경문왕대는 前代와는 달리 신라정치사에 있어서 안정 내지는 나아가 왕권의 강화가 있었음을 드러내고자 한 것이다.

Ⅳ. 연구 한계와 새로운 제안

　경문왕대는 신라 하대사에서 하나의 중요한 전환점이다. 그리하여 이미 경문왕과 그의 시대에 대한 많은 관심과 연구가 있었고, 앞에서 기존

---

74) Vladimir Tikhonov, 1996, 앞의 논문, 63쪽.
75) 金志炆, 앞의 논문, 31~56쪽.
76) 李文基, 1999, 「新羅 金氏王室의 少昊金天氏 出自觀念의 標榜과 變化」, 『歷史敎育論集』 23 · 24.

연구들의 주요 내용을 살펴보았다. 그 결과 우리는 지금까지 연구들이 대부분 경문왕에게 긍정적인 해석과 의미부여를 강조하고자 한 것을 알 수 있다. 그것은 신라의 멸망을 필연적인 것으로 이해하려니, 곧 뒤이어지는 진성여왕과 박씨왕대에는 총체적으로 신라사회가 대단히 혼란하였음을 강조하고자, 앞 시기인 경문왕과 헌강왕대는 나름대로 태평성대로 대비되게 본 결과라고도 하겠다.

그러나 기존의 연구를 살펴보면, 연구자간에 많은 부분에서 의견을 같이하기도 하지만, 생각을 달리하는 사항도 제법 있다. 심지어는 '강력한 전제왕권'을 추구하였다는 등 과장된 평가도 있었음을 보았다. 그렇기 때문에 기왕의 연구가 가지고 있는 한계를 살펴보고, 나아가 보다 객관적인 평가를 위해서는 다양한 방법과 각도에서 검토와 분석이 필요하다. 필자는 이러한 의도에서 약간의 제안 이랄까, 연구의 가능성을 언급해 보겠다.

앞에서 살펴보았듯이, 경문왕 연구에서 아직까지 논란이 있는 것들이 제법 있다. 우선 그의 신분에 대하여 진골인가 비진골인가부터 정리되어야겠다. 이에 대해 필자는 신라 왕위계승에서 골품제 규제는 효공왕 이전까지는 유효한 것으로 파악하였듯이,[77] 아직 신라의 骨品制가 완전히 소멸되지 않았고, 또 景文王은 아버지 啓明이 僖康王의 아들이고 어머니가 神武王의 딸로 6촌 남매간의 近親婚에 의해 출생한 禮英系 王族이므로 眞骨로 보는 것이 순리라고 생각한다.

또 경문왕의 즉위시 나이가 16세인지 21세인지도 합의를 보지 못했다. 필자는 이에 대해서는, 응렴이 화랑도에 처음 들어간 것은 15세로 보아도

---

77) 金昌謙, 1999, 「新羅 下代 孝恭王의 即位와 非眞骨王의 王位繼承」, 『史學研究』 58 · 59.

될 것 같고, 18세에 國仙이 되었고, 弱冠에 이르러 임해전의 연회에 참석하여 혼인한 뒤, 다음해 21세에 즉위한 것이라 보아도 될 것 같다는 절충안을 제기해 본다.[78]

그리고 응렴에게 헌안왕의 맏공주와 혼인할 것을 강권한 범교사가 왜 흥륜사 소속의 승려인가에 대한 것이다. 잘 알다시피 흥륜사는 신라 최초의 사원이며, 법흥왕의 발원에 의해 개창되어 진흥왕 때에 완성된 중고기 초엽의 대표적인 왕실사찰로서, 법흥왕의 원찰로서 출발하였다. 흥륜사의 승려들은 화랑과 긴밀한 모습을 모였다. 흥륜사 승려 진자사가 미시랑을 찾고 그를 측근에서 모셨으며, 흥륜사 승려 安臧은 법흥왕 갑진년에 서석곡을 찾고 진흥왕 즉위후 大書省에 발탁되었다는 기록이 있다.[79] 흥륜사는 이처럼 중고기까지 왕실과 밀접하였으나. 중대에는 침체되었으며, 하대에 다시 부각되었다. 원성왕대에는 흥륜사에서 殿塔을 도는 福會와 관련한 '金現感虎' 설화가 『삼국유사』에 전한다. 또 최근 연구에 의하면, 하대에 이르면 불교 공인 공덕을 내세워 왕실의 권위를 강조함과 동시에 새로 수용된 禪宗의 대두에 대응하기 위해 興輪寺를 중심으로 불교교단을 재정비하면서 그 위상이 강화되었다고 한다. 특히 하대에는 흥륜사 金堂 十聖이 봉안되었는데, 봉안사업은 국왕의 지원으로 이루어졌다고 한다.[80] 이처럼 흥륜사는 신라왕실에 중요한 사찰 중의 하나였으며, 아마 흥륜사의 승려들은 화랑도와 밀접한 관련이 있었고, 이들은 국선을 받들

---

78) 이 연회에 응렴의 참여가 冠禮의 성격을 지닌 것이라 하면서, 응렴의 사회진출 연령은 20세라는 주장도 있다.(Vladimir Tikhonov, 1996, 앞의 논문, 51쪽)

79) 朴南守, 2008, 「蔚州 川前里 書石銘에 나타난 眞興王의 王位繼承과 立宗葛文王」 『한국사연구』 141, 40쪽 주119.

80) 韓基汶, 2002, 「新羅 下代 興輪寺와 金堂 十聖의 性格」, 『新羅文化』 20, 171~195쪽.
　　郭丞勳, 2002, 『統一新羅時代의 政治變動과 佛敎』. 國學資料院, 194쪽.
　　최인표, 2007, 『나말려초 선종정책 연구』, 한국학술정보, 60쪽.

고 이끌어가는 역할을 하였던 것이라 하겠다. 이러한 역사적 배경에서 응렴도 화랑으로서 흥륜사 승려인 範敎師와[81] 밀접한 관계에 있었던 것으로 추측된다.

한편 경문왕의 즉위에 막강한 영향력을 행사한 것으로 보이는 아버지 계명의 시중 재임시기 및 정계활동과 사망시기에 대해 의견이 분분하다. 그 이유는 계명은 848년(문성왕 10) 시중에 임명되었으나, 862년(경문왕 2) 1월에 魏珍이 임명될 때까지 또다른 시중의 임면기사가 보이지 않는다. 그래서 계명이 862년 1월까지 시중에 재임한 것으로 볼 수도 있다. 그러나 상식적으로 생각하건데 아들이 왕으로 즉위하였는데 왕의 아버지가 그 밑에서 시중이라는 일개 관료로서 재임한다는 것은 납득하기 어렵다. 그래서 계명은 문성왕·헌안왕대에 걸쳐 14년간, 즉 헌안왕 말년(861)까지 시중직에 있었으나, 아들 응렴의 즉위로 물러나지 않을 수 없었다고 추측하였다.[82]

그런데 「숭복사비」에는 경문왕이 즉위에 앞서 八柄을 장악했다고 말하고 있어, 응렴이 즉위전에 이미 집권하여 재상의 권한을 행사한 것으로 해석된다. 그렇다면 이는 일반적으로 연구자들 사이에 응렴이 즉위시 나이가 어려 직접 집권한 것이 아니고 실권은 그의 아버지 계명이 장악하고 있었다는[83] 주장과는 차이가 있다. 이에 대한 적절한 해석이 필요하다. 즉 경문왕이 즉위한 지 1년이 지난 뒤에야 시중을 임명한 사실에 대한 적절한 해석이 있어야 한다는 것이다. 1년간 시중이 공석이었는가? 응렴이

---

81) 한편 範敎師는 단순한 인명이라기보다 자구에서 보건대 흥륜사 또는 낭도들의 규범·규율을 담당한 스승격의 승려이자 화랑이었던 것으로 보인다.

82) 李基東, 1984, 「新羅 下代의 王位繼承과 政治過程」, 앞의 책, 169쪽.
　　全基雄, 1989, 앞의 논문, 20쪽.

83) 崔柄憲, 1978, 앞의 논문, 491~492쪽.

헌안왕의 사위가 되어 즉위 전에 이미 팔병을 장악하였다는 것은 그가 태자와 같은 지위에 있어 외형상 권한을 행사한 것을 의미한다. 그러나 실제는 시중 계명이 실권을 막후에서 행사하였고, 경문왕 즉위후 비록 계명이 시중에서 물러났지만 후견인 노릇은 한동안 계속한 것으로 보인다.[84]

그러면 그 기간이 얼마나 되었을까? 金昌謙은 경문왕 5년까지를 경문왕 전기라고 하면서 '계명생존기'라고 하였다.[85] 즉 계명의 大王 추봉과 태자 책봉 등이 경문왕 6년에 이루어졌기에, 이때 경문왕의 친정체제가 시작된 것으로 보아, 직전인 경문왕 5년까지 계명이 생존했던 것으로 본 것이다. 그러나 과연 계명이 경문왕 5년에 사망했는지 문제는 좀더 고려해 볼 필요가 있다. 왜냐하면 경문왕 5년(함통 6, 865) 唐 毅宗이 보낸 胡歸厚가 도착하여 경문왕을 신라왕으로 책봉하였기 때문이다. 이에서 의례상 당으로부터 책봉을 받은 다음해(경문왕 6) 1월에야 비로소 아버지 계명을 추봉한 볼 것으로 수도 있다. 즉 계명은 실제는 이보다 앞서 졸거했을 가능성이 있다.

한편 경문왕의 왕권강화에 대한 기존 연구는 다른 시각에서의 이해가 필요하다. 더구나 신라사에서 경문왕대의 시대적 상황에 부정적인 시각도 있다. 경문왕을 이은 헌강왕대에 자신들은 태평성대라 자찬했으나, 이것은 왕경 귀족들의 생활이 사치와 퇴폐가 극해 달해 병든 도시의 타락한 모습을 보여주며,[86] 또 비록 신라가 아직 파멸이라는 큰 태풍권 내에는

---

84) 계명의 사망시기를 분명하게 언급한 기록이 없다. 그래서 경문왕의 즉위후에 한동안 후견인 노릇을 하다가 죽은 것으로 추정하고 있다. 신라시대 새로 즉위한 왕이 망부에 대한 추봉이 대체로 신왕 즉위 2년 1월에 행해지는 것인데, 김계명은 경문왕 6년(866) 1월에 의공대왕으로 추봉된 것으로 보아 그 전년에 졸거한 듯하다.(李基東, 1984, 「신라 하대의 왕위계승과 정치과정」, 앞의 책, 169쪽 주84)

85) 金昌謙, 1988, 앞의 논문.

86) 李佑成, 1969, 「三國遺事所載 處容說話의 一分析」, 『金載元博士回甲紀念論叢』, 乙酉文

들어있지 않았지만 헌강왕대의 小康은 말하자면 폭풍전야의 일시적인 고요에 지나지 않았고 지방은 신라로부터 이탈하여가는 붕괴과정을 거닐고 있어,[87] 곧 신라 멸망의 전조라는 해석 등이 그것이다.

무엇보다도 종래 연구와는 관점을 달리 하여 경문왕의 개혁정치는 오히려 그 자체에 많은 문제점을 가졌던 것으로 볼 필요도 있다. 사실상 경문왕의 개혁정치에도 문제점을 내재한 것에 대한 지적이 이미 있었다. 경문왕의 측근정치의 지향은 근본에 있어 진골 귀족의 합의제를 그 기본원리로 하는 골품제적인 정치운영 방식과는 배치되는 것이라,[88] 당시 현실을 무시한 지나친 왕권강화의 추구가 도리어 지지층의 이탈을 초래하였을 것으로 해석된다.

경문왕대에 모반사건이 세 차례나 있었는데, 이처럼 다른 귀족들의 왕위에 대한 도전이 끊임없이 계속되는 불안정한 상태에서 과감한 정치개혁을 추진할 수는 없었다는 것이다. 특히 경문왕이 아들 晸을 태자로 책봉하고 왕위계승자의 지위를 확고히 해나가자, 즉 헌안왕과 부계를 달리하는 경문왕이 즉위하고 또 부자계승을 고수하자 왕위계승에 대한 조금의 기회마저도 완전히 상실하게 된 다른 소가계의 왕족과 귀족들의 반발이 표출되었다.

그리고 설화적인 형태로 기술되어 있어 긍정적인 것으로 이해되고 있는 경문왕이 맏공주와 혼인함으로써 얻었다는 세 가지 이익이라는 것도 달리 생각해 볼 여지가 있다. 경문왕이 즉위후 둘째 공주마저 왕비로 취하는[89] 행운을 가졌다고 했으나, 이것은 오히려 왕위계승의 합리화를 꾀

化社, 116쪽.

87) 李鍾恒, 1975, 앞의 논문, 10쪽.

88) 李基東, 1980, 「新羅 下代의 王位繼承과 政治過程」, 『歷史學報』 85, 31쪽.

89) 868년(경문왕 8) 건립한 개선사석등기의 '景文大王主 文懿皇后主 大娘主'에서 大娘

하면서 다른 왕족에게 왕위계승에 대한 가능성마저 주지 않고자 헌안왕의 딸 모두와 중복 혼인한 것이다. 즉 둘째 공주를 다른 유력한 세력이 취할 경우 그 세력이 왕위계승권을 내세울 여지를 원천적으로 없애버린 것으로 해석해 볼 수도 있겠다. 그리고 이는 타가계에게 왕실과의 혼인을 통한 권력의 약간 분배와 공유마저도 허용하지 않고 왕과 태자 그리고 태제 재상인 위홍 등 경문왕 측근만이 권력을 독점함으로써 지지세력의 협소화를 낳아 왕실의 고립화를 낳았던 것이다.

또 경문왕이 왕위쟁탈전의 근본적인 원인이 되는 좁은 범위의 족벌의식을 벗어난 것도 아니었기에, 경문왕에게 있어서 유교정치사상에 대한 이해도 보다 진전된 사회의 운영원리로서가 아니라 그것을 외면한 채 시문이나 짓는 것으로써 만족하는 것이었다.[90] 즉 경문왕이 추구한 왕족의 연합과 유교정치사상에 의한 개혁정치는 한계가 있다는 지적이다.

곧 경문왕대에 시도한 개혁정치는 골품제적 정치운영의 탈피에 그 목표를 두고 있었다.[91] 그럼에도 당시 중국 당의 새로운 문물과 제도를 섭렵한 新進知識人層이 대두하여 활동하던 시대적 상황과는 너무 거리가 멀다고 할 수 있는 親弟 魏弘을 중심으로 한 측근정치를 통한 왕권강화 시도는, 일부 6두품 출신의 唐에 다녀온 儒學知識人들에게 翰林과 같은 문한직과 근시직에 진출함으로써 호기가 되었을지언정,[92] 왕실에서 멀어진

주를 경문왕의 큰딸 진성여왕(北宮長公主)이라고 해석하는 것이 일반적이나, 경문왕 3년에 혼인한 次妃(헌안왕의 둘째 공주)라는 해석이 있어 흥미롭다(金昌謙, 1994, 『新羅 下代 王位繼承 硏究』, 성균관대학교 박사학위논문, 44쪽 ; 앞의 책, 63쪽).

90) 崔柄憲, 1978, 앞의 논문, 491~494쪽.

91) 李文基, 1996, 「新羅의 文翰機構와 文翰官」, 『歷史敎育論集』 21, 126쪽.

92) "臣竊以東人西學 惟禮與樂 至使攻文以餘力 變語以正音 文則俾之修表章 陳海外之臣節 語則俾 之達情禮 奉天上之使車 職曰翰林 終身從事……"(「遣宿衛學生首領等人朝狀」, 『東文選』 권 47).

다른 많은 진골귀족들과 국내에서 성장한 대부분의 6두품 지식인은 오히려 반발하였을 것이다. 9세기 경문왕대는 물론 신라말에 육두품 출신 유학지식인들은 신진세력으로서 골품제적 특권을 유지하려한 보수적인 진골귀족들과 대립하였다는, 즉 골품제의 모순에서 6두품과 진골의 대립이라는 단순한 이해는 지양되어야 하겠다. 해외파와 국내파 등 보다 여러 형태의 인물군에 대한 다각적 해석이 필요하다. 또 6두품의 정치사회적 성장이 곧 경문왕의 왕권강화를 의미하는 것인지에 대해서도 심도있게 고려해야 할 듯하다.

경문왕대와 그 이후 시기의 정치사에서 중요한 위치에 있었던 위홍의 역할과 그에 대한 평가는 일정하지 않다. 잘 알듯이 『삼국유사』 '진성여왕거타지' 조에서 '진성여왕의 유모 鳧好夫人과 그 남편 魏弘 匝干 등 3·4 寵臣이 더불어 權勢를 잡고 政事를 휘두르니, 도적이 벌떼와 같이 일어났다.'고 하여 매우 부정적인 평가를 하였다. 그러나 최근에 위홍에 대한 언급이 있는 금석문자료가 나타나면서 그에 대한 다양한 추측이 있다. 먼저 그가 경문왕의 친아우라는 사실이 밝혀짐으로써 헌강왕·정강왕 및 진성여왕의 叔父로서 이들 왕을 잘 보좌한 당시 정치사에서 핵심인물이었을 것이란 평을 하게 되었다.

그러면서 위홍이 왜 왕위에 오르지 못했고 정치적 역할이 어떠했던가에 대한 것이 논의되었다. 신라 하대에 왕위에 오를 정당한 계승자가 없을 경우에는 상대등은 왕위계승의 제 1후보자로 간주되거나, 능히 실력으로 후계자가 될 수 있는 존재였다는 주장에 따르면,[93] 경문왕의 친제이며 정강왕 때 왕위계승 서열에서 왕의 숙부이자 상대등으로서 가장 유력한 위치에 있었던 위홍은[94] 현실적인 정치적 지위나 군사력에서 왕위계

---

93) 李基白, 1974, 「上大等考」, 앞의 책, 120쪽.

승을 주장하거나 찬탈하였을 것이나 그렇지 않았다. 오히려 위홍은 경문
왕과 그 자식들의 재위기 동안 왕정의 협조자로서 역할을 하였다. 앞에서
도 언급하였듯이 위홍은 경문왕대에는 개혁정치에 핵심인물로서 왕권강
화를 도왔다. 경문왕 11년 太弟相國으로 경문왕의 초빙을 받고 왕경에 올
라온 무염을 맞이하였고, 또 경문왕으로부터 황룡사9층탑 중수를 명받아
上宰相 伊干으로서 공사책임자가 맡았으며, 다음해 중수를 완료할 시에는
監修成塔事 守兵部令 平章事 伊干이었다. 그리고 헌강왕이 즉위하자 상대
등에 임명되어 왕정을 도왔다. 그리하여 최근에는 헌강왕이 月上樓에 올
라 太平聖代를 논하면서 이는 卿들이 보좌한 힘이라고 했는데, 가장 큰 공
은 위홍이었다는 추측도 있다.[95]

　다만 정강왕대 위홍의 정치적 위상에 대해서는 상반된 견해가 있다. 헌
강왕대와 마찬가지로 계속 지위를 가졌다는 견해와[96] 정강왕 즉위 이후
위홍은 상대등의 지위에서 물러났을 가능성이 크다는 주장이 있다.[97] 그
러면서 종실의 대신으로서 왕의 숙부로서 진성여왕 즉위 직후에 夫君 역
할을 하며 정치를 장악하거나,[98] 정국운영에 적극 협조하여 攝政의 역할
을 한듯하다고[99] 추측되고 있다.

---

94) 李培鎬, 1985, 「新羅 下代 王位繼承과 眞聖女王」, 『千寬宇先生還曆紀念 韓國史學論
　　叢』, 351쪽.

95) 權英五, 2004, 「김위홍과 진성왕대 초기 정국 운영」, 『大兵史學』 76, 47쪽.

96) 헌강왕대 왕의 숙부로 상대등이었던 김위홍은 정강왕이 즉위한 뒤에도 계속하여
　　상대등직을 수행하였으며(金昌謙, 앞의 책, 237쪽 주19), 진성여왕 즉위후 정강왕
　　때에 누렸던 세력을 만회하기 위한 위홍의 접근으로 여왕의 남편이 될 수 있었고
　　(李培鎬, 1985, 앞의 논문, 350쪽), 진성여왕은 헌강·정강왕 때처럼 훌륭한 업적을
　　보인 김위홍에게 정국운영을 믿고 맡겼다.(權英五, 2004, 앞의 논문, 54쪽)

97) 李文基, 2007, 「崔致遠 撰 9世紀 後半 佛國寺 關聯資料의 檢討」, 『新羅文化』 26,
　　254쪽.

98) 全基雄, 1989, 앞의 논문, 12쪽.

한편 경문왕의 사상종교 이용에 대해서도 생각해 볼 여지가 있다. 즉 그가 취한 정책과 태도는 오늘날 우리가 나누듯이 유교적인 면, 불교적인 면, 도교적인 면 내지 고유사상적인 면으로 구분된 것은 아니었다. 이 모두가 복합된 것이었다. 최치원조차도 「지증대사비문」에서 경문왕은 삼교를 융화한 분이라고 평가하였던 것이다. 응렴이야말로 최치원이 「鸞郎碑序」에서 말한 '우리나라에 玄妙한 道가 있으니 이를 일러 風流道라 하는데, 이 가르침의 연원은 仙史에 상세히 실려 있거니와, 근본적으로 세 교를 포함하고 있다.'고 한 것과 같은 것이다.[100] 그러므로 경문왕의 사상종교계에 대한 태도는 사상의 습합이라는 것을 고려하여 복합적이고도 종합적인 분석이 요구되는 것이라 하겠다.

아울러 경문왕과 화랑의 관계에 대해서는 그의 즉위과정에서 세력으로 작용하였을 것이라거나 그가 화랑의 생활을 하였기에 도교나 고유신앙적인 면이 강했다는 근거로 이야기되고 있다. 그렇지만 경문왕 즉위후 당시 화랑인 邀元郎·譽昕郎·桂元·叔宗郎 등이 金蘭에 유람하여 경문왕을 위해 나라를 다스리려는 뜻을 가지고 노래 3首를 지어 大矩和尙에게 보내어 3歌를 짓게 하자 경문왕이 크게 기뻐 칭찬한 것에 대한 정치적 해석이 필요하다. 즉 당시 화랑 전체를 대표하는 화랑도 지도자 4인이 모여 경문왕에 대한 지지를 결의하고 화랑세력의 결속을 다지는 대집회라고 볼 수도 있고,[101] 나아가 경문왕이 화랑의 무리를 자신의 통치와 왕권강화의 외곽 후원집단으로 이용하면서 여론을 호도하는 공작정치를 편 것으로 추측해

---

99) 金昌謙, 1999, 「新羅 下代 孝恭王의 卽位와 非眞骨王의 王位繼承」, 『史學研究』 58·59, 418쪽 주25 ; 權英五, 2004, 앞의 논문, 50쪽.

100) "國有玄妙之道 曰風流 設敎之源 備詳仙史 實乃包含三敎 接化群生 且如入則孝於家 出則忠於國 魯司寇之旨也 處無爲之事 行不言之敎 周柱史之宗也 諸惡莫作 諸善奉行 竺乾太子之化也"

101) 全基雄, 1994, 「新羅 下代의 花郎勢力」, 『新羅文化』 10·11, 117~119쪽.

도 되겠다. 그리고 경문왕이 거느렸고 지원해준 화랑이라는 것도 다른 귀족세력들의 도전을 물리칠 수 있는 자신의 물리적인 기반, 즉 사병적인 군사 기반이었던 것이라 보겠다. 그러나 경문왕의 이른바 '당나귀 귀 설화'에서 바람이 불면 '임금님 귀는 당나귀'라는 외침이 들리는 대밭을 베어내는 행위는 진실을 말하는 중의와 여론을 무시하고 탄압하는 권력의 상징으로 지나치게 화랑을 통해[102] 여론 조작과 공작정치를 편 것에 대한 비판을 의미하는 것은 아닌지?

한편 당시 진골귀족세력과 왕권의 강약의 정도에 대해서는 연구자간에 차이가 있으며, 또 경문왕의 개혁정치가 훌륭한 것이었고 성공적이었다면 그 뒤에 왜 신라 정치사회는 더욱 어려워지고 말기적인 현상을 보이게 되며, 더욱이 왕위마저도 김씨에서 박씨로 변하게 되었는지 등 생각해야 될 것들이 많이 따른다.

왕위계승을 둘러싸고 혼란을 거듭하며 제 위치를 찾지 못하였던 하대 왕실의 한계를 극복하려는 노력으로 경문왕 이후에는 상대로의 복고적 지향이라는 형태가 더욱 강화되고 있었다. 그러나 왕실의 上代志向的 인식은 당시의 광범위한 사회의식의 성장과 고대적 체질에 반발하는 각 계층의 욕구에 역행하는 것으로서 명백한 한계를 갖는 것이었다. 비록 경문왕과 헌강왕대는 어느 정도 효과를 거두어 왕경의 지배층은 번영과 태평을 구가한 듯하였으나, 진성여왕의 즉위 이후 모순은 외부로 표출되어 지식층의 반발이 일어났고, 魏弘의 죽음과 함께 국정은 혼란해지고 전국은 순식간에 반란의 물결에 휩쓸리고 말았다.[103]

---

102) 이러한 설화의 분위기는 경문왕가의 화랑적인 요소가 왕경민에게 긍정적으로 받아들여지지 않았음을 의미하는 것으로 해석될 수 있다고 한다.(全基雄, 1994, 앞의 논문, 127쪽)
103) 全基雄, 1994, 앞의 논문, 131쪽.

결국 경문왕과 헌강왕대에는 사상과 종교적인 면에서 불교와 신진지식인으로 대표되는 유학, 그리고 화랑으로 대표되는 선도라는 삼교를 적절히 포용하여 안정을 이루려는 노력이 효력을 발휘하였으나, 점차 신라 고유신앙적인 요소를 보다 중시하였고, 이러한 경향은 유조를 통한 진성여왕의 즉위에 이르러서는 다른 세력들의 이반현상을 나타나게 하였다.[104]

그리고 경문왕과 헌강왕을 중심으로 한 문한기구와 근시기구를 통한 왕권의 강화 노력은, 반면에 진골귀족과의 연합을 해이시켜 왕실의 고립화를 낳았고, 한편으로는 종래 진골중심의 체제에서 입지를 넓혀 자신들의 웅지를 펴보려던 신진 유학지식인들이 점차 한계를 절감해가고 있었다. 이러한 상황에서 詩文이나 즐기는 일개 文人으로 변한 국왕으로서는 차츰 강도를 더해가는 혼란과 위기의 국면을 극복하고 타개하기에는 한계가 있었다. 또 능관인정책을 통하여 실력있는 유학자에 대한 우대와 국학의 개편 등으로 많은 인재들이 배출되었지만, 실제 그들을 등용하는 데에는 진골세력의 반발 등으로 인하여 적지 않은 제약이 있어, 경문왕의 왕권강화에는 한계가 있었을 것이다.[105]

이와 같은 한계로 인하여 경문왕과 그의 통치에 대하여는 이미 당대인 866년 伊湌 允興과 동생 叔興·季興의 모역, 868년 伊湌 金銳·金鉉의 모반, 874년 近宗의 모역으로 표출되었다. 경문왕은 이러한 불만을 강력한

---

104) 경문왕의 부름에 응한 朗慧와 大通·智證 등이 왕실에 계속 머물지 않고 산문으로 돌아갔으며, 그 뒤에는 아예 응하지도 않았고(김두진, 「불교의 변화」『한국사』 11, 국사편찬위원회, 1996, 193쪽), 또 왕실의 선종에 대한 정책은 진성여왕 이후 대규모 민중봉기가 일어나고 후삼국이 성립하면서 더 이상 진행하기 어려운 상황에 이른 듯하다(최인표, 앞의 책, 318쪽). 그러나 이와 달리 선종산문이 지방보다는 중앙과 밀접한 관계를 가졌다는 견해가 제기되었다(曺凡煥, 2000, 『新羅禪宗研究』, 일조각). 그러므로 왕실과 선종의 관계에 대한 종합적인 연구가 필요하다.
105) 田美姬, 앞의 논문, 58쪽 주35 참조.

무력진압과 처벌로 일시 수습하였으나, 그것은 근원적인 해결책은 아니었다.

한편 당시 어려워진 사회경제적 사정에도 불구하고, 경문왕은 국학 幸行, 근시직 등용과 토목공사 등을 통해 왕권 강화를 꾀하려고 노력하였다. 계속되는 가뭄·홍수·유행병·병충해에 대한 근원적인 해결책을 찾지 못하고 겨우 사자를 파견하여 위문하거나 구제하는 고식적인 방법에 그치며, 오히려 자신의 왕으로서 권위를 높이고자 修造役事를 벌여 많은 인적·물적 자원을 동원하였다. 그러나 잦은 사찰의 중수와 원탑의 건립 등 토목공사는 국가 재정을 더욱 궁핍하게 하였다. 또 자원 조달 요구에 견디지 못한 백성들은 流亡하여 신라사회를 혼란과 파탄으로 몰아가서, 신라 멸망의 한 가지 요인이 되었다.[106]

이상에서 검토하였듯이, 경문왕의 즉위와 왕권강화를 위한 노력은 이전 시기에 있었던 왕위를 둘러싼 갈등과 대립을 극복하고 경문왕가 왕통을 성립시켜 소강의 시대를 만들었다. 그러나 이것은 서산으로 넘어가는 석양과 같은 것이었다. 경문왕의 관제개혁과 토목공사, 여론조작, 종교사상의 융합, 그리고 경문왕가라는 협소한 소가계에 의한 왕실 고착화는 다른 왕족과 귀족들의 반발을 초래하고, 유학지식인들마저 등을 돌렸다. 그리하여 경문왕은 노력에도 불구하고 하대 사회의 혼란을 수습하지 못하고 승하하였다.

이러한 개혁정치의 실패와 그에 따른 후유증은 경문왕 당대에는 물론 자식들인 헌안왕, 정강왕, 진성여왕이 재위한 시기에는 귀족들의 반란을 비롯하여 유행병의 만연, 홍수, 도적의 봉기 등에 따른 유이민의 발생과 그에 의한 골품제적 사회구조가 붕괴하는 신라사회에서 말기적 증상으로

---

106) 金昌謙, 1988, 앞의 논문, 74쪽.

표출되었다. 결국 경문왕과 그의 치적은 신라가 멸망으로 달려가는 과정에서 마지막 몸부림에 불과한 것이었다.

V. 맺음말

지금까지 기왕의 경문왕에 대한 연구 현황과 그것이 갖고 있는 한계점을 살펴보고, 또 필자의 몇몇 가지 나름대로 생각을 적어보았다. 맺음말에서는 경문왕과 그 후손들이 재위한 시기에 대한 신라사에서의 시기구분과 이 시기에 대한 호칭에 대하여 언급하는 것으로 대신하겠다.

경문왕과 그의 후손들이 재위한 시기는 신라사, 특히 신라 하대사에서 나름대로 특성있는 시기였다. 그래서 경문왕의 즉위를 기점으로 하여 신라 하대사를 시기 구분해 보기도 했다.

李光奎는 혼인집단으로 대별하여 경문왕을 기점으로 하여 후기 내물집단(37대 원성왕~47대 헌안왕)과 하대 김씨왕실집단(48대 경문왕~56대 경순왕)으로 구분하였다.[107] 한편 金昌謙은 신라 하대의 왕통의 변천과 정치세력의 변화에 근거하여 크게 네시기로 구분하였는데, 제3기를 경문왕~효공왕까지를 '景文王系期'라고 하였다.[108] 한편 李培鎔은 48대 경문

---

107) 李光奎, 1976, 「新羅王室의 婚姻體系」, 『社會科學論文集』 1, 서울대학교, 137~148쪽.

108) 하대의 제1기(37.선덕왕~43.흥덕왕), 제2기(44.희강왕~47.헌안왕), 제3기(48.경문왕~52.효공왕), 제4기(53.신덕왕~56.경순왕)로 구분하였다(金昌謙, 앞의 책, 336~340쪽). 하지만 여기서 金昌謙이 '景文王系期'라고 한 것에서 경문왕계는 단지 왕위에 오른 경문왕, 헌강왕, 정강왕, 진성여왕만으로 한정한 것이 아니라 경문왕의 아우 魏弘과 端義長翁主를 비롯해, 헌강왕의 자녀 義成王后·桂娥太后·효공왕 등 경문왕의 부계친 후손 모두를 포함하는 용어로 사용한 것임을 밝혀둔다.

왕에서 56대 경순왕까지는(53대 신덕왕은 헌강왕의 사위 자격으로 즉위) 경문왕 가계 중심의 왕위계승을 고수하였다고까지 하였다.[109]

또 시기구분과 더불어 경문왕의 즉위로 성립된 왕통을 특별히 '景文王家期' 또는 '景文王系' 왕실이라고 명명하기도 한다.[110] 그러나 과연 이 용어들이 타당한지는 좀 더 고려해 볼 필요가 있다. 경문왕과 그 자녀의 재위기만으로 한정한다면 경문왕가기도 괜찮은 용어이지만, 경문왕계라고 한다면 적어도 경문왕과 그의 아들 및 손자·손녀 등을 포함한 용어라야 하겠다.[111] 경문왕과 그의 자녀까지를 일컫는 가계를 표기하자면 차라리, 흔히 학계에서 인겸계·예영계·균정계·헌정계라 한 것 등에서 보듯이, 직접 왕위에 오르지 못한 경문왕의 아버지 啓明을 기준으로 하여, 친족상으로나 정치적 역학상 헌정계와 충공계의 혼인으로 탄생한 '啓明系'라고 할 수도 있겠다.[112]

---

109) 이배용, 1985, 앞의 글, 352~354쪽.

110) 全基雄은 경문왕과 그 자녀인 헌강왕·정강왕·진성여왕, 손자인 효공왕이 왕위를 계승한 기간(861~911)을 '景文王家期'라고(全基雄, 1994, 앞의 논문, 123쪽 주 34), 장일규는 경문왕계 왕실은 직계를 중심으로 한 왕위계승을 추구하였으므로, 헌강왕의 서자 효공왕을 제외한 헌강왕·정강왕·진성여왕을 '景文王系 王室'이라고 하였다.(장일규, 앞의 논문, 36쪽 주1)

111) 金昌謙, 앞의 책, 335~364쪽 참조.

112) 金昌謙, 2006, 「확대되는 한국고대사, 2005년 회고와 전망」, 『歷史學報』 171, 2006, 44쪽.

新羅 下代 遣唐國學留學生에 대한 재검토

曹凡煥*

目　　次

Ⅰ. 머리말

新羅 下代 僖康王 2년(837) 3월 당시 당의 국학에서 수학 중이던 견당국학유학생[1]은 모두 216명을 헤아리게 되었고,[2] 文聖王 2년(840)에는 修學年限 10년이 경과한 유학생 105명이 唐 文宗의 칙명에 의해 집단 귀국당

─────────────────

* 서강대학교 박물관

1) 신라 하대 중국에 들어가 공부한 학생을 지칭할 때 渡唐留學生 혹은 宿衛學生 및 入唐留學生 등 다양하게 사용하고 있다(註 7) 참조). 그런데 도당유학생이나 입당유학생이라고 할 경우 넓은 의미에서는 당시 당에 유학한 신라의 승려들도 포함하는 의미를 함축하고 있기 때문에 국자감에서 유학한 학생들만을 지칭하는 용어라고 볼 수는 없다. 그리고 숙위학생의 경우에는 학업보다는 숙위라는 역할이 더 강조되기 때문에 연구자들도 숙위학생이라는 용어를 많이 사용하지 않고 견당유학생 혹은 도당유

한 일까지 있었다.[3] 이는 당시 당나라에 공부하러 들어간 신라 출신 유학
생들의 숫자가 얼마나 되었는가 하는 것을 단적으로 보여준다. 당시 신라
의 유학생들은 渤海나 日本에서 파견한 유학생들과는 비교가 되지 않을
정도로 많았다.[4] 그들은 대체로 宿衛와 學習을 겸하였으며, 당나라에서
실시한 賓貢進士[5] 시험에 합격하여 비록 미관말직이지만 관직 생활을 하
는 경우도 있었다.[6] 귀국한 이후에는 신라 조정의 文翰官職이나 지방의
수령에 보임되어 활동하였다. 이렇듯 견당국학유학생들은 당의 문화를
몸소 체험하고 그것을 신라에 들여와 새로운 문화를 꽃피우는데 큰 역할
을 하였다. 따라서 신라 하대 견당국학유학생에 대하여 살펴보는 것은 곧
바로 당시의 한·중관계를 이해하는데 있어 초석이 된다고 할 수 있다.

이러한 점에 착목한 여러 학자들이 견당국학유학생에 대하여 깊은 관
심을 가지고 그들의 명단이나 신분 그리고 체당 및 귀국 이후의 활동 등
을 다각도에서 살펴보았다. 그 결과 신라 하대 견당국학유학생에 대한 실

학생이라는 용어를 사용한 것이다. 따라서 도당유학생이나 입당유학생 및 숙위학생
이라는 표현은 적절하지 않다고 생각된다. 도리어 견당국학유학생이라고 지칭할 경
우 신라 정부에 의해 파견되었고 당나라의 국자감에 들어가 공부하였던 것을 의미하
므로 적절한 용어라고 보아진다. 그리고 본고에서는 견당국학유학생을 때에 따라서
는 유학생이라 줄여 부르기도 하겠다.

2) 『唐會要』 권 36, 附學讀書.

3) 『三國史記』 권 11, 文聖王 2년.

4) 이러한 지적은 일찍부터 있어 왔다(嚴耕望, 1955, 「新羅留學生與僧徒」, 『中韓文化論
集』 1, 68쪽 참조)

5) 기왕의 연구에는 견당국학유학생들이 '賓貢科'에 급제한 것으로 설명하고 있다. 그
렇지만 당대에 빈공과를 설치하지 않았다는 최근의 견해를 감안하면 빈공과라는 표
현은 옳지 않은 것으로 이해된다. 이와 관련하여 당인핑 ; 마중가 역, 2004, 『최치원
신연구』, 한림대학교 아시아문화연구소, 131~200쪽 참조. 이에 본고에서는 당인핑
의 견해를 수용하여 '빈공진사'라는 표현을 사용하겠다.

6) 『東文選』 권 84, 「送奉使李中父還朝序」에는 빈공진사에 급제한 이후 벼슬을 제수받음
에 있어서도 卑官이나 冗官이 많았다고 한다.

체가 어느 정도 밝혀졌다.[7]

　지금까지 이루어진 견당국학유학생에 대한 연구들을 돌아보면 공통된 견해보다는 상반되거나 주장을 달리 하는 부분이 더 많아 그것에 대한 재검토가 요구된다. 그 가운데서도 견당국학유학생의 학비 지급의 주체에 대한 것과 그들의 신분에 대한 두 가지 문제가 무엇보다 논란의 핵심이 되고 있다. 학비 지급 주체와 관련하여 특히 주목되는 인물은 최치원으로, 그를 官費留學生으로 볼 것인지 아니면 私費留學生으로 파악해야 할 것인지에 대한 문제가 첨예하게 대립하고 있다. 또한 견당국학유학생의 신분에 대해서도 진골 신분으로 볼 것인지 아니면 육두품이 대다수였는지에 대해서도 의문을 남겨 두고 있는 실정이다.

　그렇지만 최근에는 이와 관련된 문제에 대해서 그리 큰 관심을 두지 않고 있다. 다만 연구자들이 본인의 논지 전개와 관련하여 유리한 쪽을 선

---

7) 견당국학유학생에 대하여 직접적으로 다룬 논문들을 시대순으로 적어보면 아래와 같다.

嚴耕望, 1955, 위의 논문.

申瀅植, 1969, 「宿衛學生考 ―羅末麗初의 知識人의 動向에 대한 一齣―」, 『歷史敎育』 11·12 ; 1976, 『韓國史論文選集』 2 ; 1984, 「羅末麗初의 宿衛學生」, 『韓國古代史의 新研究』, 一潮閣.

李基東, 1979, 「新羅下代 賓貢及第者의 出現과 羅唐文人의 交驩」, 『全海宗華甲紀念論叢』, 一潮閣 ; 1984, 『新羅骨品制社會와 花郎徒』, 一潮閣.

濱田耕策, 1980, 「新羅の國學と遣唐留學生」, 『呴沫集』 2, 學習院大學史學會 ; 2002, 「國學と遣唐留學生」, 『新羅國史の研究』, 吉川弘文館.

金世潤, 1982, 「新羅下代의 渡唐留學生에 대하여」, 『韓國史研究』 37.

申瀅植, 1985, 「羅末麗初의 遣唐留學生 재론」, 『邊太燮博士 華甲紀念 史學論叢』, 삼영사 ; 1987, 「羅末麗初 渡唐留學生研究」, 『古代韓中關係史의 研究』, 韓國史研究會 編, 三知院 ; 2004, 「나말의 사회변동과 숙위학생의 역할」, 『新羅通史』, 주류성.

崔根泳, 1992, 「9世紀 新羅의 對唐進出에 대한 一考」, 『水村 朴永錫敎授華甲紀念 韓國史學論叢』 (上).

車美姬, 2000, 「統一新羅의 官人교육과 선발」, 『崔淑卿 敎授 停年紀念 史學論叢』.

택하거나 기왕의 연구를 소개하는 정도에 그치고 있는 실정이다. 사정이 이와 같으므로 견당국학유학생에 대한 지금까지의 연구를 다시금 겸허하게 돌아볼 필요가 있다. 특히 상반되는 주장에 대하여 어떤 문제가 있는가 하는 것을 밝혀내게 되면 신라 하대 견당국학유학생들에 대하여 한층 새로운 이해가 가능할 것으로 기대된다.

이에 견당국학유학생에 대한 몇 가지 사안을 차근차근 정리해 보는 것이 무엇보다 필요하다. 첫째로 유학의 방법과 관련된 것으로 국가의 지원을 받은 官費유학생인가 아니면 부모나 집안의 경제적 지원을 등에 업고 유학을 떠난 私費유학생인가 하는 것에 대한 검토가 바로 그것이다. 둘째로 유학생의 신분에 대한 검토도 필요한데, 이러한 검토를 하게 되면 하대 유학생의 실체에 보다 접근할 수 있을 것이다. 이상과 같은 검토를 통하여 신라 하대 당나라에 유학한 국제적인 지식인의 동향을 이해하는 데 조금의 보탬이라도 되었으면 한다.

II. 사비유학생 존재 여부

신라 하대에 견당국학유학을 한 학생들의 숫자가 중대에 비하여 급격히 많아졌음은 기록을 통해서도 쉽게 찾아볼 수 있다. 그렇다면 당시 유학을 하는 데 있어 필요한 비용을 어떻게 마련하였을까 하는 의문이 제일 먼저 떠오른다. 왜냐하면 국내가 아닌 외국에서 체류하면서 공부하기 때문에 경제적인 기반이 충분히 담보되지 않으면 이루어질 수 없는 일이기 때문이다. 현재도 그렇지만 과거에는 더욱 그러하였음에 틀림이 없다.

이와 관련하여 기왕의 연구를 돌아보면, 신라 하대 견당국학유학생의 파견과 환국은 신라와 당 양국 정부의 긴밀한 연락과 협조 하에서 이루어졌으며, 신라 유학생의 학비와 체재비는 외국문제를 담당하는 당의 정부 기관에서 지급되었다고 한다. 그들은 첫째가 수학, 둘째는 숙위의 임무를 띠며 10년 동안 당에 유학하여 '宿衛學生'으로 불렸다.[8] 따라서 숙위학생 을 곧 관비유학생이라고 할 수 있는데 재당시에는 숙위의 통제를 받았 다.[9] 또한 유학생들은 당나라 정부에서 지급하는 재정적인 지원에 의존 해야 했기 때문에 숫자가 제한되어 있었다.[10]

그런데 여기서 잠시 주목할 점은 견당국학유학생들의 숙위와 관련된 것이다. 잘 알려진 바와 같이 숙위란 외국 군주의 자제를 중국의 수도에 장기간 체류케 하여 외국과의 평화적인 관계를 유지하는 방편으로 활용 한 것이다. 따라서 신라도 예외는 아니었다. 그렇지만 외국의 숙위 파견 도 오랜 기간 되풀이되다 보니, 入質이라는 본래의 기능과 의미는 희석되 고 외국의 입장에서는 의무가 아니라 권리의 일종이 되었던 것이다.[11] 결 국 숙위는 시간이 지나면서 그것의 본질이 점차 사라지고 形骸化되었던 것으로 파악된다. 숙위는 당나라 후반기에 이르러 명목상으로 존재하는

---

8) 申瀅植, 1984, 앞의 책, 442~445쪽에 잘 설명되어 있다. 그런데 金翰奎는 "숙위의 임무를 띠고 당에 파견된 이들이 모두 숙위학생이었던 것은 아니다. 또한 당에 유학 한 신라의 학생이 모두 숙위학생이었던 것도 아니다. 그러나 신라의 숙위는 스스로 국학생이 되기도 하였고 혹은 숙위학생을 관리하기도 하여, 신라의 유학생 파견과 깊은 관련하에 있었다"고 하였다.(김한규, 1999, 『한중관계사 I』, 아르케, 331~332 쪽) 조금은 애매한 설명이기는 하지만 이것을 좀 더 구체적으로 살펴보면 다음과 같 다. 즉 숙위의 임무를 띠고 당에 파견된 이들이 모두 숙위학생이었던 것은 아니다라 고 한 것은 예컨대, 신라 하대 김흔과 같은 인물을 염두에 둔 것이 아닌가 생각된다. 즉 김흔은 숙위로 당에 파견되었지만 숙위학생은 아니었다. 그리고 김흔은 같이 간 숙위학생들을 관리하기도 하였음은 충분히 짐작할 수 있다. 다만 당에 유학한 신라 의 학생이 모두 숙위학생이었던 것도 아니다라고 한 것은 사비유학생의 존재를 어느 정도 인정하고 있는 것이 아닌가 하는 생각이 든다.

9) 金世潤, 1982, 앞의 논문, 155쪽.

10) 申瀅植, 2004, 위의 논문, 517쪽.

11) 金翰奎, 1999, 앞의 책, 330쪽.

것이지 그것만이 전부는 아니었다고 할 수 있다.[12] 따라서 신라 하대에 들어서는 숙위라는 것이 점차 형식적인 것으로 변질되었다고 해도 과언이 아니다. 결국 숙위학생은 숙위보다 오히려 국자감에서 공부하는 것이 주가 되었음을 엿볼 수 있다.

이상에서 국가가 지급하는 비용으로 견당국학유학을 한 관비유학생에 대하여 살펴보았다. 그러면 국가의 지원을 받는 관비유학생이 아니라 집안의 경제력을 배경으로 중국에 유학한 사비유학생의 존재 여부에 대한 것을 살펴보기로 하자. 견당국학유학생 가운데 사비유학생의 존재를 입증하려는 연구가 있었고 그것에 대한 반론도 찾아볼 수 있어 그들의 존재에 대한 규명이 무엇보다 중요하다. 최근에도 사비유학생의 존재를 인정하고 그것을 바탕으로 하여 논지를 전개하는 연구자도 찾을 수 있다.[13]

신라 하대 사비유학생의 존재에 대하여 일찍부터 언급한 연구자들이 있었지만[14] 보다 구체적으로 검토한 연구자로는 金世潤이 주목된다. 그는 앞선 연구를 기반으로 도당유학생의 명단을 새롭게 정리하는 과정에서 사비유학생이 존재하였을 가능성을 언급하였다.[15] 그가 사비유학생의 존재를 인정하는 제일 중요한 근거는 유학 기간이다. 도당유학을 하여 10년 만기로 귀국하는 사람들을 관비유학생으로 본 반면, 10년 이상 당에 체류하거나 또 귀국하지 않고 당에서 관리생활을 하는 사람들을 사비유학생

---

12) 哀莊王代 梁悅이 당 德宗의 봉천으로의 피난에 동행하여 從難의 공으로 발탁되었다고 하는데 이러한 기록으로 보아 그는 아마도 신라 하대 이전에 당에 유학하였음을 짐작해 볼 수 있다.(『三國史記』 권 10, 신라본기 10, 哀莊王 원년)

13) 權惠永, 2002, 「羅唐 交涉史의 明暗」, 『淸溪史學』 16 · 17, 626쪽.

14) 사비유학생의 존재를 인정한 연구자는 李丙燾를 비롯하여 崔敬淑, 金世潤, 崔英成, 이현숙 등이다. 이들은 崔致遠을 예로 들어 사비유학생의 존재를 인정하였다. 이들이 최치원을 사비유학생으로 보는 이유에 대해서는 논지를 전개하는 과정에서 소개할 것이다.

15) 金世潤, 1982, 앞의 논문, 157쪽.

으로 파악하였다.[16] 두 번째로 崔致遠의 기록을 근거로 사비유학생이 실재하였음을 입증하려 하였다. 즉 최치원의 父가 당으로 유학을 떠나는 그의 아들에게 '10년 안에 급제하지 않으면 나의 자식이 아니다'라고 말한 것으로 보아 관비유학생보다는 사비유학생일 것으로 판단했다.[17] 또한 최치원이 빈공진사에 급제한 후 10년 넘게 당에 머물면서 관리를 역임하였다는 사실 역시 그가 사비유학생일 가능성이 높다는 것이다.[18]

金世潤의 이상과 같은 주장에 대하여 申瀅植의 반론을 주목할 수 있다. 그는 최치원에 대한 분석을 통해 그가 사비유학생이 아닐 가능성을 몇 가지 지적하였다. 즉 최치원이 배를 타고 입당하여 공부했다(將隨海船入唐求學)고 해서 그것이 곧 사비유학생일 수는 없다는 것이다. 도리어 최치원이 경문왕 9년(869)에 유학을 떠나는 李同 등 학생 3인 가운데 포함되었을 가능성을 지적하였다.[19] 또한 '景文王이 국학의 학생으로 뽑아 공부하도록 명하였고 憲康王은 국사로 여겨 정중히 대하였다(顧文考選國子 命學之 康王視國士禮侍之)'고 하여 그 자신이 왕명에 의하여 유학하였다고 되어 있음을 근거로 들었다. 최치원이 금석문에서 밝힌 것처럼 왕명에 의해 유학하였다고 되어 있는 것은 금석문의 형식적인 표기[20]가 아니라고

---

16) 金世潤, 1982, 앞의 논문, 157쪽.

17) 최치원을 사비유학생으로 본 국내연구자로 李丙燾 먼저 들 수 있다. 씨는 1959, 『韓國史』古代編, 을유문화사, 672쪽에서 최치원이 다른 숙위학생처럼 사신을 따라가지 않고 商船에 편승하여 입당구학하였음을 들어 사비유학생으로 파악하였다. 이후 崔敬淑은 최치원이 쓴 어느 글에서도 자신이 숙위학생으로 입당하였음을 드러낸 것도 없거니와 배를 타고 입당한 것으로 보아 사비유학생이라 하였다.(崔敬淑, 1981, 「崔致遠研究」, 『釜山史學』 5, 13~14쪽)

18) 金世潤, 1982, 위의 논문, 157쪽.

19) 申瀅植, 2004, 앞의 책, 515쪽.

20) 金世潤, 1982, 앞의 논문, 157쪽. 한편 최영성은 '國子'를 국학으로 보지 않고 '公卿大夫의 子弟'라는 뜻으로 보았다. 그래서 그는 "경문왕이 공경대부의 자제들을

보았다. 또한 최치원이 육두품 신분으로 자신에 대한 푸대접과 떳떳한 사비 유학을 숨길 리가 없다는 것이다.[21] 더 나아가 사비유학생을 관비유학생보다 양국에서 우대할 하등의 이유가 없다고 하였다.[22]

　신형식의 이러한 반론에 대하여 김세윤의 답변은 없다. 다만 이후의 연구자들 가운데 사비유학생의 존재를 인정하고 그것을 바탕으로 하여 논지를 전개하는 연구자들이 더러 있어 김세윤의 견해를 대변하고 있다고 해도 과언이 아니다.[23]

선발하여 그들에게 학문을 하도록 장려하였고, 또 헌강왕은 國士를 돌보며 예로써 대접하였으니, 학자 출신인 최치원은 이처럼 학문을 장려하고 학자를 우대하는 두 임금의 은덕에 대해 문장으로 보답하라고 당부한 것이다"라고 풀이하였다.(최영성, 2001, 『崔致遠의 哲學思想』, 아세아문화사, 32쪽의 註 11) 참조)

21) 申瀅植, 2004, 앞의 논문, 515쪽.

22) 최치원이 관비유학생이라는 견해에 동조하는 연구자도 더러 있다. 우선 장일규는 신라 하대 도당유학생은 대개 사신과 함께 입당하였고 현재까지 사비유학에 대한 분명한 사례가 없으므로 최치원이 관비로 입당하였다고 이해하고 있다.(장일규, 1992, 「新羅末 慶州崔氏 儒學者와 그 活動」, 『史學研究』 45, 23~24쪽) 씨의 다른 연구에서도 계속해서 최치원을 관비유학생으로 보고 있다. 이재운도 최치원 부친의 숭복사에의 관여 등의 활동이나 가문적 배경 그리고 도당유학이 관직획득의 목적을 위한 것이었다면, 비록 그가 쓴 어느 글에서도 자신이 숙위학생으로 입당하였음을 비추인 바는 없지만 아마도 관비로 이루어졌을 가능성이 높다고 하였다.(이재운, 1999, 『崔致遠研究』, 백산자료원, 25쪽) 씨는 더 나아가 최치원이 찬술한 낭혜화상비의 내용을 들어 최치원의 유학이 왕명에 의한 것으로 보고 그것이 관비유학생임을 입증한다고 하였다.

23) 崔英成은 최치원이 국학의 학생으로서 국비유학생이었다면 『三國史記』에서 이점을 빠뜨리지 않고 중요하게 다루었을 것이나 일언반구 언급함이 없고, 또 문집에서 역시 다른 사항에 대해서는 밝히면서도 이점에 대해서는 이상할 정도로 寂寥한 점과 아울러 상선을 타고 중국에 유학을 했다는 점으로 보더라도 사비유학생일 가능성이 크다고 하였다.(崔英成, 2001, 앞의 책, 31~33쪽) 이현숙은 최치원의 부가 그의 아들에게 10년 안에 등과할 것을 요구한 것은 기한이 유한한 관비 유학생과 같은 각오로 공부하라는 의미로서, 10년 기한이 있는 관비 유학생이라면 이를 굳이 강조할 필요가 없었을 것이라고 하여 사비유학생으로 파악하였다.(이현숙, 2004, 「나말려초 최치원과 최언위」, 『退溪學과 韓國文化』 35, 201쪽) 그리고 최치원이 어린 나

　그런데 김세윤의 주장에 대한 신형식의 반론만으로 사비유학생이 존재하지 않았다고 단정하기에는 어딘가 석연치 못한 점이 있다. 왜냐하면 최치원에 대한 기록만을 가지고 관비와 사비에 대한 구분을 하는 것은 문제 해결에 있어 초점을 흐릴 수 있기 때문이다. 도리어 유학생들에 대한 기록을 꼼꼼히 검토해 보는 것이 문제를 해결하는데 더욱 근접할 수 있지 않을까 싶다. 이를 위해 김세윤이 정리한 사비유학생의 명단부터 먼저 살펴보기로 하자.[24] 그가 정리한 견당국학유학생 명단에는 10명의 사비유학생이 나타나 있다. 金雲卿, 裵光, 崔致遠, 金文蔚, 金裝, 金穎, 金簡中과 나머지 3인인 金可紀, 朴充, 朴處士 등이 바로 그들이다. 전자의 7명을 자세히 보면 그들은 빈공진사에 합격하여 당에서 관직생활을 하다가 귀국하였다. 그들은 당에서 지급하는 녹봉을 받았기 때문에 그곳에서 생활이 가능하였다. 최치원의 경우를 보더라도 그는 율수현위에 보임되어 그 직책을 수행하는 댓가로 당조정에서 녹봉을 지급받았다.[25] 이후 그는 高騈(?~887)의 종사관이 되어 활동하였는데, 그런 만큼 그를 사비유학생으로 단정하기에는 주저되는 바가 없지 않다. 따라서 그들이 10년 이상 당에 체류하였다고 해서 사비유학생의 부류로 분류하는 것에 대해서 동의하기 어렵다.

　문제는 후자의 3인인데 먼저 金可紀부터 살펴보자. 그는 빈공진사에 급제한 이후 당의 수도 장안 근처에 위치한 종남산에 들어가 宣宗 大中 12년(858)에 황제가 보낸 中使의 入仕 권유를 뿌리친 채 隱逸의 생애를 마친 것

　이로 사비 유학을 떠날 수 있었던 배경에는 9세기 무렵 재당 신라인 사회가 발달하였던 것도 고려해야 한다고 하였다. 그러면서 최치원이 당에 거주하는 친인척의 도움을 받아 국자감에 들어갈 때까지 그곳에서 공부하였다고 보았다.

24) 金世潤, 1982, 앞의 논문, 〈표 1, 신라하대 도당유학생〉 명단 참조.

25) 曺凡煥, 2006, 「崔致遠의 在唐 活動과 歸國—특히 仕宦에 대한 검토를 중심으로—」, 『梨花史學研究』 33, 63쪽.

으로 되어 있다.[26] 그런데 그는 빈공진사에 급제한 이후 잠시 귀국하였다가 다시 당나라로 돌아가 종남산에서 생활하였다. 그가 종남산에서 은일의 생애를 마쳤다고 한 것으로 볼 때 그곳에서 혼자 생활하였을 가능성이 높다.[27] 더구나 노동을 하거나 혹은 그러한 댓가로 생활을 하였다면 가정을 이루지 않고서도 지낼 수 있었을 것이다. 따라서 중국에서 오랜 기간 지냈다고 하여 무조건 사비유학생으로 판단하는 것은 무리가 따른다.

다음으로 朴充은 張喬의 送別詩에서 그를 侍御라고 한 점, 또한 그의 留唐期間이 二紀라고 한 것으로 미루어 볼 때 빈공진사에 합격한 이후 관직 생활을 한 것으로 짐작된다.[28] 그렇다면 앞서 지적한 7명의 사람들과 거의 다를 바가 없다고 보아진다. 그러면 朴處士에 대해서는 어떻게 이해해야 할까? 그는 오랫동안 당에 머물러 있었는데 빈공진사에 급제하기 위하여 그렇게 한 것으로 짐작된다. 그렇지만 결국 급제하지 못하자 귀국하였다. 그는 당에서 생활하는 동안 어떠한 형태로든 생업에 종사하였을 것이다. 물론 어떻게 살았는지에 대해서 알 수는 없지만 여러 가지 가능성을 생각해 볼 수 있다. 제일 먼저 떠올릴 수 있는 것이 당나라 여인과 결혼하여 생활하였을 가능성이다. 외국인이 당에 들어가 그곳의 여인과 결혼하였을 경우 당나라에 머물 수 있었다.[29] 일본승 圓載의 경우 회창폐불

---

26) 李基東, 1984, 앞의 책, 288쪽의 註 32) 참조.
　　車柱環, 1991, 「羅末의 留唐學人과 道敎」, 『道敎와 韓國文化』, 아세아문화사, 17쪽에는 김가기에 대한 道藏本과 雲笈七籤本을 校合한 교정본을 소개하고 있어 크게 도움이 된다.
27) 車柱環은 김가기가 종남산에서 "철저하게 도를 닦고 그것을 실천하는 도인으로 되어 버린 것이다"라고 하였다.(車柱環, 1991, 위의 논문, 21쪽)
28) 李基東, 1984, 앞의 책, 289쪽.
29) 당시 귀화하지 않은 외국인은 토지와 노비를 합법적으로 소유할 수 없었고(中田薰, 1953, 「唐代法に於ける外國人の地位」, 『法制史論集』 3-下, 岩波書店, 1379쪽), 사사로이 중국인과 혼인할 수 없었다. 설사 비귀화인이 공인받고 중국인과 결혼했다고

사태를 당하여 환속하고 결혼까지 하였는데,[30] 이러한 사실로 비추어 보면 박처사도 당나라 여인과 결혼하였을 가능성이 높다고 할 수 있다.[31] 문제는 박처사의 경제적인 기반인데, 중국에 머물면서 어떠한 형태로든 경제 행위를 하지 않았을까 하는 생각이 든다. 그럴 경우 그를 사비유학생이라고 규정지을 수는 없을 것이다.[32]

이렇게 볼 때 신라 하대 견당국학유학생 가운데 사비유학생의 존재를 상정하는 것이 그다지 쉽지 않음을 헤아릴 수 있다. 당에 유학하여 빈공진사에 급제하고 그곳에서 관직생활을 하였을 경우 체당 기간이 10년이 넘는 것은 당연하다. 또한 빈공진사에 급제하지 못해 계속해서 체당생활을 할 경우 그러한 사람을 무엇이라 부를까 하는 것은 아직 미해결 상태이다. 결국 신라 하대 견당국학유학생 가운데 사비유학생은 거의 없었다고 보는 것이 옳지 않을까 싶다.

억측을 해서 사비유학생이 존재하였다고 할 경우 다음과 같은 문제들을 해결하지 않으면 안 될 것이다. 우선 신라 정부의 허가를 받아야 함은 당연할 것이다. 정부의 허가 없이 당에 들어가는 것은 허락되지 않았을 것이다. 그리고 최치원의 예에서 볼 수 있듯이 상선을 이용하였다고 한

하더라도, 그 사람이 본국으로 돌아가게 되면 처자식을 데리고 갈 수 없도록 규정하였다.(『唐律疏議』 권 9, 衛禁)

30) 佐伯有淸, 1999, 『悲運の遣唐僧-圓載の奇異な生涯-』, 吉川弘文館 참조.

31) 당시 재당신라인 사회가 발달해 있었기 때문에 신라인 사이에서 태어난 여인과 결혼하였을 가능성도 없지 않다. 그렇다면 재당신라인 사회 내에서 생활하면서 지냈다고 볼 수도 있을 것이다.

32) 유학생이라고 하였을 때 그 기준을 어떻게 설정해야 하는가 하는 것이 문제가 될 수 있다. 국자감에서 공부하다가 10년이 넘어 신라로 돌아가지 않고 당에 머물러 생활을 하게 될 경우 과연 학생이 신분으로 지낼 수 있었을까 하는 것이다. 개인적으로 경제적인 기반을 마련해야 했으므로 학생으로 공부에 전념하기보다는 생활인이 되었던 것이 아닌가 한다.

것에 대해서 잠시 언급하지 않을 수 없다. 잘 알려진 바와 같이 신라 하대에는 私貿易이 활발하게 전개되었다. 그것을 가능하게 하였던 것은 항해술과 상선의 발달이었다.[33] 이러한 발달은 신라나 당나라 사절의 파견에 있어 큰 변화를 가져다 주었다. 즉 신라나 중국 정부가 사신을 파견하거나 귀국시킬 때에 상선을 이용하였다는 것이다. 엔닌의 일기를 보면, 神武王의 등극을 축하하기 위해 중국의 사신들이 장보고의 배를 이용하고 있음을 알 수 있다.[34] 이러한 사실로 보면 사신들 가운데는 상선을 이용하는 경우가 허다하였음을 알 수 있다. 따라서 최치원이 상선을 이용했다고 해서 그것이 곧바로 사비유학과 관련된 것으로 해석하는 것은 문제가 있다.

한편 유학생이 신라 정부의 허락을 받아 배를 타고 중국에 들어갔다고 할 때 중국 정부에서 발급하는 公驗을 받아야 했다. 그것은 현재의 비자와 같은 것으로 그것이 없으면 중국내에서 다니는 것이 거의 불가능했다.[35] 그리고 빈공진사에 급제하기 위해서 국자감에서 공부하는 것이 통례인데 당나라 조정에서 사비유학생을 국자감에서 공부하도록 쉽사리 허락하였을까 하는 의문이 든다. 당나라에서 외국의 유학생 숫자를 정해두었으며 예외적으로 입학하는 것은 거의 허락하지 않았기 때문이다.[36] 그러므로 사비유학생이 빈공진사에 급제하기 위해 독선생을 모시고 개인적

---

33) 허일 외 공저, 2001, 『張保皐와 황해 해상무역』, 국학자료원, 338쪽 참조.
34) 엔닌 ; 金文經 역주, 2001, 『엔닌의 입당구법순례행기』, 중심, 183쪽.
35) 김택민, 2002, 「在唐新羅人이 활동과 公驗(過所)」, 『대외문물교류연구』 창간호, 205~212쪽.
36) 당에서는 국자감에 입학하고자 하는 학생들에 대하여 숫자를 정해 두었다. 그럼에도 불구하고 발해의 경우 더 많은 학생들을 그곳에 입학시키기 위한 노력을 하였는데, 그것이 쉽지 않았음은 다음의 기록을 통해서도 충분히 입증된다.
"開成 二年(837) 三月 勃海國隨賀正王子大俊明 幷入朝學生 共一十六人勅 渤海所請生得習業 宜令靑州觀察使 放六人到上都 餘十人勒還"(『唐會要』 36, 附學讀書).

으로 공부하였다고 볼 수는 더더욱 없다. 또한 중국어를 익혀야 하기 때문에 그것을 익힐 수 있는 시간도 필요하였을 것이다. 결국 견당국학유학생 가운데 사비유학생은 거의 없었다고 보는 것이 보다 이치에 합당하지 않을까 싶다.[37] 또한 사비유학으로 출발했다고 하더라도 결국 국자감에서 공부하였다면 국비유학생으로 볼 수밖에 없을 것이다.

Ⅲ. 유학생의 신분

다음으로 신라 하대 견당국학유학생과 관련하여 검토해 볼 사항은 그

    김세윤도 "숙위학생으로 파견되는 관비유학생의 수가 10명 내외로 많지 않았던 것은 신라의 사정이라기 보다는 당에서 관비유학생의 수를 엄격히 제한하였기 때문으로 생각된다"고 하였다.(김세윤, 1982, 앞의 논문, 156쪽)

37) 다만 여기서 짚고 넘어 가야 할 것은 최치원의 입당유학에 대한 것이다. 그는 12살에 중국에 들어갔다. 그런데 국자감에는 15세 이상 입학이 허락되었다고 한 것을 보면 그곳에 들어가기 전까지 그는 어디서 어떻게 공부하고 지냈을까 하는 의문이 든다. 경문왕이 그를 선발하여 당나라로 보냈다는 비문의 내용을 그대로 수용할 경우 그는 국가에서 정한 기숙사 같은 곳에서 공부하였을 가능성도 있다. 또한 견당국학유학생들을 관리하는 숙위의 처소에서 공부하였을 수도 있다. 이러한 가능성에 무게를 둔다면 어린 나이의 학생도 선발히어 국가에서 일정 기간 동안 경제적인 지원을 하였다고 볼 수 있다. 그리고 견당국학유학생의 나이가 하대에 이르러 점차 낮아졌음도 헤아려진다. 그렇지만 앞서 설명한 가능성과 달리 기숙할 수 있는 집을 구하고 그곳에서 생활하다가 15세에 국자감에 입학하였다고 볼 경우 그의 유학은 사비로 이루어졌다고 할 수 있다. 그러니까 국자감에 들어가기 전까지 신라에서 가져온 돈(?)으로 생활하고 국자감에 들어간 이후에는 홍려시에서 지급하는 경비로 생활하였을 것이다. 비록 처음에는 사비로 출발하였다고 하더라도 국자감에 들어간 이후에는 국비로 공부하였기 때문에 반민반관적인 유학생이라 할 수 있다. 그렇더라도 대세는 국비유학생으로 보는 것이 타당하리라 생각된다. 申瀅植도 "학비의 조달이 개인적으로는 전혀 고려될 수 없는 그 시대에 만약 선발과정에서 탈락해 나중에 개인자격으로 입당했다 하더라도 일단 당의 국학에 입학했을 땐 정부보조를 받지 않을 수 없었던 것이다"고 하였다.(申瀅植, 2004, 앞의 책, 514쪽)

들의 신분에 대한 것이다. 어떤 신분의 사람들이 유학을 떠났을까 하는 것이 궁금하다. 그런데 지금까지의 연구 성과를 살펴보면 대체로 두 가지 견해로 나누어져 있다. 六頭品이 대다수라는 견해[38]와 진골 귀족들이 다수를 차지하고 육두품은 예외적이라는 견해가 그것이다.[39] 과연 그런지 다시 살펴보기로 하자.

견당국학유학생들의 명단이 잘 드러나 있는 金世潤의 논문을 보면, 육두품으로 생각되는 崔氏 姓을 가진 인물이 9명이고, 梁氏가 1명, 裵氏가 1명, 王氏가 1명, 李氏 1명, 楊씨 1명, 元氏 1명, 그리고 성을 알 수 없는 1명 등으로 구성되어 있다.[40] 김씨 성과 박씨 성을 가진 이들을 제외하면 그들 전부를 육두품으로 보아도 문제가 없다. 다만 김씨 성과 박씨 성을 가진 유학생들의 신분을 어떻게 볼 것인가 하는 것이다. 김세윤은 김씨 성을 가진 19명을 거의 진골 귀족으로 파악하고 있다. 물론 그 가운데 육두품의 신분을 가진 유학생이 있었을 가능성도 배제하지 않고 있지만, 대체로는 진골 귀족으로 보고 있다. 과연 그러한 견해가 타당한가 하는 것을 다음의 기록을 통해서 살펴보기로 하자.

A. 신은 지금 前件의 학생들을 뽑아 首領으로써 수행원에 충당시키어, 賀正使 守倉部侍郎 級餐 金穎의 배편에 따라 대궐에 들어가서 학업을 익히게 하고, 겸하여 宿衛에 충당하였는데 그중 崔信之 등은 비록 材質이 美箭이 되기는 부끄러우나, 업은 良弓을 이어받았으니, 써주시면 행할 것이니 앞 길이 유리한데다 마침내 많이 배우는 것을 귀하게 여기는 자이니 어찌 또

---

38) 申瀅植이 대표적이라 할 수 있다.(申瀅植, 2004, 앞의 책, 516쪽)
39) 濱田耕策, 2002, 앞의 책, 112쪽 ; 金世潤, 1982, 앞의 논문, 160쪽.
   후자의 김세윤은 견당국학유학생들이 곧 육두품이라는 획일적인 견해에 대하여 회의적으로 보고 있다.
40) 金世潤도 이들을 전부 육두품으로 보고 있다.(金世潤, 1982, 위의 논문, 160쪽)

한 禮에 멀다 하오리까. 金鵠은 바로 전 海州縣刺史 金裝의 친아들로, 나면서부터 중국에 있어 두 대를 지냈으니, 堂構를 계승할 만하여 家聲을 떨어뜨림은 면한 것 같습니다. 신은 감히 학을 일으키는 것으로 으뜸을 삼고, 어진이를 구하는 것을 임무로 여기기에 책을 살 돈은 이미 박하나마 고루 나누어 주었으며, 글 읽을 양식은 그윽이 洪恩이 내리기를 바랍니다. 더구나 천리의 길에 있어 비용을 마련하기란 오히려 3개월 분도 힘겨운데, 십년을 살아가자면 궁한 사정을 구제하기는 오직 九天을 우러를 따름입니다.(崔致遠 撰, 「遣宿衛學生首領等入朝狀」, 『東文選』 권 47)

위의 A 기록은 신라에서 유학생을 당에 보내어 그들을 공부를 시켜줄 것과 아울러 경제적인 지원까지 요청하고 있는 내용이다. 그런데 신라 조정에서 당에 유학할 수 있도록 추천한 인물 가운데 金鵠이 보이고 있는데, 그는 海州刺史[41]를 역임한 金裝의 친아들로 중국에서 태어났다고 한다. 김곡이 중국에서 태어났다면 김장은 중국에서 혼인하였을 가능성이 매우 높다. 왜냐하면 김장이 견당국학유학생으로서 중국에서 공부하고 빈공진사에 급제하여 해주자사가 되었음을 볼 때 그는 신라 출신의 여자와 혼인하기 보다는 중국 여인과 혼인하였다고 보는 것이 타당할 것이다.[42] 비록 김장이 진골 출신이라 하더라도 당나라 여인과 혼인을 하였다면 김곡의 신분은 육두품임이나 다름이 없다. 비복 하나의 예이기는 하시만 이로 미루어 보면, 김씨 성을 가진 이들을 거의 진골로 파악하는 것에

---

41) 당나라 제도에 의하면 자사는 주의 장관이고 현의 장관은 현령이었음에 불구하고 김장을 해주현 자사라고 모순되게 기록하였다. 그리고 당대에 해주현은 존재하지 않고 대신 河南道에 해주가 있었다. 이렇게 보면 김장은 해주자사를 역임하였을 가능성이 높다.(權悳永, 2005, 『재당 신라인사회 연구』, 일조각, 139쪽)

42) 물론 재당신라인의 딸을 아내로 맞아 들였을 가능성도 없지 않다. 그렇더라도 그녀의 신분을 진골로 볼 수는 없다. 왜냐하면 진골 신분을 가진 여인이 재당신라인 사회에서 생활하였다고 볼 수는 없기 때문이다.

대해서는 무리가 있다고 보아진다. 결국 신라 하대 견당국학유학생 가운데 김씨 성을 가진 이들을 진골보다는 육두품 신분으로 보는 것이 보다 타당할 것으로 생각된다.[43]

다음으로 우리의 관심을 끄는 것은 박씨 성을 가진 유학생이다. 김세윤은 신라 하대 박씨 왕비를 근거로 들어 그들이 진골 귀족이이었을 가능성을 제시하였다.[44] 그렇지만 그가 제시한 것은 박씨 왕비가 아니라 왕모에 대한 기록을 모은 것에 불과하다. 그리고 실제로 거명된 왕들을 보면 왕비는 전부 김씨 성을 가졌다. 이렇게 보면 신라 하대 견당국학유학생들 가운데 박씨 성을 가진 이들을 진골 귀족이라고 보는 것도 쉽사리 납득할 수 없다. 그들도 결국 김씨 성을 가진 사람들과 마찬가지로 육두품이었을 가능성을 한층 높여주고 있다.[45]

견당국학유학생들의 신분을 헤아려 볼 수 있는 또 다른 자료로는 그들이 국자감의 육학 가운데 어디서 공부하였는가 하는 것이다. 이와 관련하여 권덕영은 신라 왕족들이 주류를 이루는 이른바 숙위학생 같은 경우에는 國子學이나 太學에 들어가 공부했겠으나, 6두품을 비롯한 많은 유학생들은 사문관학에 들어가 공부하였음직하다고 하였다.[46] 그렇지만 과연 그러하였을까 하는 점에 대해서 다음의 기록을 살펴보기로 하자.

---

43) 신라 하대 견당국학유학생 가운데 관등이나 관직으로 보아 진골 신분으로 추정되는 인물은 거의 찾아지지 않는다. 이러한 것도 그들이 진골이 아니었음을 반증하는 것이 아닐까 짐작되는 것이다.

44) 金世潤, 1982, 앞의 논문, 161쪽.

45) 權悳永은 신라 하대 박씨세력의 동향을 살피는 과정에서 그 숫자와 활동이 김씨에 비해 상대적으로 극히 미미했다고 하였다. 뿐만 아니라 그들의 정치·사회적 지위가 문한직을 중심으로 한 중견 관료외 지방의 소호족 정도여서 신라 왕실을 차지할 정도의 세력은 되지 못한다고 보았다.(權悳永, 2008, 「신라 하대 朴氏勢力의 동향과 '朴氏 王家'」, 『韓國古代史研究』 49 참조)

46) 權悳永, 2005, 「新羅 下代 '西學'과 그 歷史的 意味」, 『新羅文化』 26, 171쪽.

B-1. (唐) 敬宗 寶曆 元年(825) 五月 庚辰에 신라 국왕 金彦昇(헌덕왕)이 먼
     저 가 있던 太學生 崔利貞·金叔貞·朴季業 등 四人의 귀국을 요청하
     였다. 동시에 새로 金允夫·金立之·朴亮之 등 12명을 國子監에 배치
     하여 학업을 닦게 하였다.(『冊府元龜』 卷999 外臣部 44, 請求)

B-2. 신라는 당에 조공한 이래 항상 왕자를 숙위로 파견하였고, 또 학생들
     을 태학에 입학시켜 학업을 닦게 하였는 바, 그 기간은 10년 이었다.
     그의 학생들로서 그곳에 입학한 자들이 100여 명에 이르렀다. 이때 책
     살 돈은 본국(신라)에서 지급하였고, 그 외 책값이나 숙식비는 당의 鴻
     臚寺에서 공급하였으므로 유학생의 수가 끊이지 않았다.(『東史綱目』
     第 5, 眞聖女王 己酉 3年)

   위의 B-1 기록을 보면 태학생 가운데 崔利貞·金叔貞·朴季業 등 네 명
의 유학생이 보이고 있다. 태학생이라고 되어 있는 것으로 보아 그들이
태학에서 공부하는 학생들이라는 것을 금방 알아차릴 수 있다.[47] 또한 그
들은 대신하여 국자감에 들어가는 학생 가운데 朴亮之 등 12명의 학생이
있었다. 이는 육두품 신분의 소유자도 태학에서 공부하였음을 직접적으
로 보여주는 기록이라 하지 않을 수 없다. 따라서 견당국학유학생들의 주
체가 육두품이라는 것을 다시금 확인시켜 주고 있다. 더구나 B-2의 기록
을 보면, 비록 후대의 것이기는 하지만, 신라의 학생들을 대학에 입학시
켰다고 한다. 그리고 그 기한을 10년으로 하였다고 하는 것으로 볼 때 이
는 육두품의 학생들이었음을 충분히 짐작할 수 있다.
   이상에서 살펴본 바에 의하면, 김씨 성을 가졌거나 박씨 성을 가졌다고
해서 무조건 진골로 보는 것은 위험한 일이라고 생각된다. 그리고 성씨를

---

47) 장일규, 2003, 「최치원의 入唐 修學과 활동」, 『정신문화연구』 91, 117쪽. 그런데 태
    학을 곧 국학으로 보는 학자도 있다.(김한규, 1999, 앞의 책, 330쪽)

기준으로 견당국학유학생의 신분을 진골과 비진골로 나누는 것은 매우 위험한 발상이라고 할 수 있다. 사실 김씨 성을 가진 이들 가운데 李基白의 지적처럼 신분이 族降된 경우도 적지 않다.[48] 또한 박씨 성을 가진 이들도 마찬가지라고 할 수 있을 것이다. 그렇기 때문에 김씨나 박씨의 성을 가졌다고 해서 그들이 곧바로 진골 귀족이라고 할 수는 더더욱 없다.[49]

어쩌면 김씨나 박씨들 가운데 족강이나 혹은 정치적인 변동으로 말미암아 신분이 진골에서 육두품으로 바뀌게 되자 도당유학에 더 적극적이되었을 가능성도 없지 않다. 당나라에서 공부하고 돌아오면 좀 더 나은 관직을 차지할 수 있는 기회가 보장되었기 때문에 그렇게 한 것으로 볼 수 있다. 그것은 국가에서 보증하는 것이기도 하였기 때문이다. 따라서 족강된 김씨와 박씨들의 경우에는 충분히 그러하였을 가능성이 매우 높다고 판단된다.

진골 귀족은 정치적 출세가 보장되어 있었다. 그렇기 때문에 당나라에 들어가 10년 동안 그곳에 머물면서 공부하였을까 하는 의문이 든다. A의 기록을 보아도 알 수 있듯이 10년 동안의 생활이란 곤궁함 그 자체였다.[50] 따라서 그들은 이미 보장된 정치적 지위를 뒤로 하고 당나라에 들어가고자 하지는 않았을 것이기 때문이다. 이러한 점을 염두에 두면 당나

---

48) 李基白, 1971, 「新羅 六頭品 硏究」, 『省谷論叢』 2 ; 1984, 『新羅政治社會史硏究』, 一潮閣, 50~52쪽.

49) 金世潤은 사비유학생은 신라본국에 상당한 경제적 기반이 있었던·자 만이 가능하였던 것으로 보고 있는데(金世潤, 1982, 앞의 논문, 159쪽), 씨의 견해를 따를 경우 진골 귀족에 비해 경제적으로 그 아래인 육두품이 관비유학을 한 것으로 파악된다.

50) 최치원은 율수현위 시절에 대하여 넉넉한 급료에 하는 일 없이 한가로운 생활을 보낼 수 있었다고 회고한 바 있다.(崔致遠, 1972, 「桂苑筆耕序」, 『崔文昌候全集』, 성균관대학교 대동문화연구원, 287쪽) 이는 그가 6년여에 걸친 유학생활의 곤궁함을 율수현위 시절과 비긴 것으로 볼 수 있다. 이렇게 보면 견당국학유학생들의 생활이 어떠하였는가 하는 것을 충분히 짐작할 수 있을 것이다.

라에 들어가 공부한 사람들을 대체로 육두품으로 보는 것이 옳다고 생각
된다.

김세윤은 육두품을 위한 교육기관으로 國學이 있었기 때문에 육두품의
중국 유학이 적었다고 한다.[51] 그러나 실제로 국학에 입학하는 신분을 육
두품으로 볼 수 있는가 하는 것에 대해서는 의문이 많다. 왜냐하면 신라
하대의 국학 출신은 견당국학유학생들보다 상대적으로 폄하되었고 국학
도 하대의 왕위 쟁탈전 속에서 그 위상이 점차 추락하고 있었기 때문이
다.[52] 더구나 국학생 가운데 뛰어난 자들은 선발되어 견당국학유학을 하
였다는 견해를 따르면[53], 신라 하대 국학은 육두품들에게 있어 매력의 대
상이 되지 못했음을 알 수 있다. 도리어 육두품들은 중국 유학을 마치고
돌아오면 국학 출신의 학생들보다는 좀 더 나은 대우를 받을 수 있었기
때문에 그렇게 한 것으로 보아진다. 물론 국학생들 가운데 육두품도 있었
겠지만 국학에서 공부한 이후 나갈 수 있는 관직은 한정되어 있었던 것이
다. 그렇기 때문에 신라 하대에 육두품들이 견당국학유학의 주도자들이
었다고 해서 무리한 해석이라고는 생각되지 않는다.[54]

IV. 맺음말

지금까지 신라 하대 견당국학유학생들에 대하여 살펴보았다. 그 결과

---

51) 金世潤, 1982, 앞의 논문, 162쪽.
52) 정호섭, 2004, 「新羅의 國學과 學生祿邑」, 『史叢』 58, 66쪽.
53) 田美姬, 1989, 「新羅 景文王 憲康王代의 能官人 登用策과 國學」, 『東亞研究』 17, 56쪽.
　　고경석, 1997, 「신라 관인선발제도의 변화」, 『역사와 현실』 23, 104쪽.
54) 하일식도 도당유학생의 상당수는 육두품이라 하고 있다.(하일식, 2000, 「당 중심의
　　세계질서와 신라인의 자기인식」, 『역사와 현실』 37, 91쪽)

기왕의 견해에 대한 정리 및 몇 가지 새로운 것들도 알 수 있게 되었다.

신라 하대 견당국학유학생들의 대부분은 관비유학생임을 다시금 확인할 수 있었다. 당나라 정부가 개방적인 태도를 취하기는 하였지만 그만큼 통제도 뒤따랐던 것이다. 때문에 사비유학은 쉽지 않았다. 더구나 사비로 유학을 떠났다고 하더라도 國子監에서 공부하였기 때문에 결국은 당나라의 통제 아래에 있었음을 부정할 수는 없다. 더구나 최치원도 여러 가지 사정으로 미루어 볼 때 사비유학보다는 국비유학을 하였던 것으로 파악된다. 물론 사비유학생이 전혀 없었다고 단정할 수는 없다. 그렇지만 사비유학의 경우라 하더라도 신라 정부에서 파견하는 형식을 취하였을 것이다. 그리고 그러한 학생들도 결국 국자감에서 공부하였기 때문에 사비유학생이라고 단정할 수는 없다.

견당국학유학생의 신분은 거의 육두품으로 짐작해도 무리가 없다. 진골 귀족은 유학하지 않아도 출세가 보장되어 있었기 때문에 굳이 견당국학유학을 할 필요가 없었다. 반면에 육두품들 가운데서도 신분이 진골에서 육두품으로 족강된 자들은 더더욱 견당국학유학생이 되기를 바랐다. 그것은 당의 빈공진사 시험이 실시됨에 따라 그것에 합격을 하고 신라로 돌아오면 더 나은 관직이 보장되었기 때문이었다. 이는 신라의 국학에서 공부하고 독서삼품과를 통하여 관직으로 진출해도 좋은 관직을 차지할 수 없었던 것과도 밀접한 관련이 있다.

본고에서 견당국학유학생에 대하여 모든 것을 살펴보지는 못하였다. 논쟁의 핵심이 되는 부분에 대해서만 검토하였을 뿐이다. 앞으로 그들의 유학 배경이나 파견의 목적 그리고 더 나아가 견당국학유학이 가지는 역사적 의미 등은 더 추구해 볼 문제로 남겨 두었다.

崔致遠의 불교인식과 그 추이

채상식*

Ⅰ. 들어가면서

崔致遠(857~?)의 사상적인 경향을 다룬 연구는 많으나 佛敎思想만을 다룬 연구는 몇 편에 불과하다.[1] 이는 후대의 관점에서 확대 해석하여 흔히 최치원의 사상적 경향을 막연하게 儒·佛·仙의 三敎를 두루 통섭한 인물로 파악한 것과도 연관된다. 그러나 적어도 최치원의 사상적 경향에 대한 종합적인 이해를 갖기 위해서는 각각의 사상에 대한 개별적인 분석

---

* 부산대학교 사학과 교수

1) 韓鍾萬, 1989, 「孤雲의 佛敎觀」, 『孤雲 崔致遠』, 민음사.

　金福順, 1990, 「崔致遠의 佛敎關係 著述의 檢討」, 『新羅華嚴宗硏究』, 민족사.

을 선행해야 하며, 더 나아가 최치원이 생존했던 신라 말의 사상적인 흐름에 대한 심층적인 작업도 병행해야 한다고 생각한다.

최치원은 젊은 시절에는 대문장가로 활약한 인물이며, 그의 만년에는 사상가로서의 측면이 두드러진 인물이다. 그러나 그는 이미 신라 사회에 뿌리를 내리고 있던 유학의 틀 속에서 그의 사상적인 기반을 마련한 인물이며, 그가 지향한 점은 입당하여 과거 급제를 목표로 한 것으로 보아도 유학이었음은 두 말할 여지가 없다. 그렇지만 그는 유학만을 고집한 것도 아니고 또 그가 유학만을 고집할 수 있는 사상적인 여건이 만들어진 것도 아니었다. 그가 생존했던 당시 사상적인 흐름은 중심되는 위치에 있던 불교를 필두로 하여 仙道(도교)과 유학이 공존하였다고 할 수 있다. 이같은 사상적인 경향은 신라통일기 이래로 불교가 어느 정도 철학적인 세계관을 구축한 것에 비해 선도나 유학은 나름의 독자적인 철학을 구축하지 못한 것에서도 찾을 수 있다. 아마 선도나 유학도 나름의 세계관을 확립하고 있었다면 삼자 간에는 서로 대립적인 경향을 보였을 것이다. 최치원이 유학자이면서도 불교와 선도에도 깊은 사상적인 이해를 가질 수밖에 없었던 점은 바로 이러한 사상적인 연유에 기인한다고 하겠다.[2]

또 최치원은 후대의 평가처럼 대단한 문장가였을 뿐만 아니라 당시로서는 선진 지역인 唐에 유학함으로써 폭넓은 지식을 가질 수 있었기 때문에 비록 유학에 입각한 인물이었으나 불교와 선도에도 쉽게 접근할 수 있었던 것으로 생각된다. 가령 그가 당에 머물 때 중국의 도교에 깊이 접할

---

2) 최치원의 사상 경향을 두고 유불일치론으로 이해하고 고려시대에 논의되는 유불일치론의 선구가 된다는 견해도 있고(金英美, 1999, 「新羅 下代 儒佛一致論과 그 의의」, 『白山學報』 52) '儒佛交涉' 정도로 이해하는 견해도 있다(張日圭, 2002, 「崔致遠의 儒佛認識과 그 의미」, 『韓國思想史學』, 19). 과연 사상적으로 당시 유학과 불교의 수준을 대등한 위치에 둘 수 있는지는 의문이다.

수 있었던 사실은 그의 저술인 『桂苑筆耕集』에 보이는 齋詞를 통해 이미 밝혀져 있다.[3] 한편 그가 귀국한 뒤 현실 정치에 참여하여 몰락해 가는 신라를 위해 시무책을 올릴 정도였지만 그의 뜻이 받아들여지지 못하는 현실의 참담함을 맛보고서 은거한 이후의 만년은 불교에 심취할 수밖에 없었을 것이다.

본고는 최치원이 비록 유학에서 출발하였으나 그의 생애를 당시의 시대적인 상황과 연결시켜 볼 때 반드시 유학만을 고집할 수 없었던 인물이라는 점을 염두에 두고서 최치원의 생애 가운데 그가 불교에 깊은 이해를 보여 주었던 관련 자료를 검토해 보고 아울러 그의 불교인식의 경향과 그 추이가 어떠하였는지를 살펴보고자 한다.

II. 그가 남긴 불교 관련자료

1. 당 유학 시절의 불교 관련자료

崔致遠은 字를 孤雲 또는 海雲이라고 하며, 이를 호로 부르기도 하였다. 그는 신라 하대인 文聖王 19년(857)에 육두품의 후예로 왕경의 사량부에서 태어났다. 최치원은 12세란 어린 나이로 입당하였다. 입당 후 과거에 급제하기까지 중국어를 익히면서, 經史子集과 詩, 賦 등 儒學에 관한 공부에 힘을 쏟았다. 그는 18세에 禮部侍郎 裴瓚이 주관하는 과거에 급제하여 唐 僖宗 乾符 3년(876)에 江蘇省 宣州漂水縣尉를 제수받았다. 그는 이때 『中山覆簣集』[4]을 저술하기도 하였다. 그러나 최치원은 이 한직을 3년 뒤

---

3) 金洛必, 1989, 「孤雲의 道敎觀」, 『孤雲 崔致遠』, 민음사.
4) 『桂苑筆耕集』 自序 ; 『崔文昌侯全集』, 287쪽.

인 878년에 그만 두고, 보다 높은 관직을 얻을 수 있는 宏詞科에 응시하기 위하여 시험 준비를 하게 되었다.

당시 당나라는 수재와 한재가 계속되었고, 부패한 정치 현상 속에서 王仙芝의 난에 이어 黃巢의 난을 당하여 洛陽이 함락되는 등 전국이 혼란하였다. 이때 唐 僖宗은 高騈을 諸道行營兵馬都統으로 삼아 황소 일당을 토벌하였다. 최치원은 880년 여름에 배찬 하에서 함께 급제한 친우 顧雲의 추천으로 고병에 소개되어 그의 종사관이 되었다. 그는 고병의 휘하에서 서기직임을 맡아 表, 狀, 書, 啓, 徵兵, 告檄 등을 작성하였다. 그 가운데 가장 잘 알려진 것은 「檄黃巢書」로서 최치원의 명성이 세상에 크게 떨치게 된 계기가 되었다. 그가 承務郎侍御史內供奉으로 승직되어 紫金御袋를 하사받은 것도 고병의 막하에 있을 때의 일이었다.

그는 28세 되던 光啓 원년(884년)에 종사관을 그만 두고 다음 해 봄에 귀국했는데, 만당의 혼란 속에서 변방 외국인으로서 받는 차별 대우에 대한 소외감과 체념이 크게 작용한 것으로 생각된다.

이상에서 최치원이 당에서 지낸 시절에 대하여 간략히 살펴보았다. 이 시기에 그가 접한 불교에 관련된 행적이나 구체적인 내용을 알려주는 자료는 남아 있지 않다. 다만 그의 저술인 『계원필경집』에 단편적인 내용이 전할 뿐이다. 『계원필경집』의 성격상 사상적인 편린을 발견하기 힘들며, 그것마저도 불교보다 대부분 유학이나 도교에 관한 내용이 중심을 이루고 있다. 비록 몇 예에 불과하지만 불교에 관한 것은 다음과 같다.

1) 奏請僧弘鼎充管內僧正狀(『桂苑筆耕集』 권 4)
2) 謝許弘鼎充僧正狀(『桂苑筆耕集』 권 4)
3) 天王院齋詞(『桂苑筆耕集』 권 15)
4) 爲故昭義僕射齋詞 二首(『桂苑筆耕集』 권 15)

5) 求化修大雲寺疏(『桂苑筆耕集』권 16)

6) 謝借示法雲寺天王記狀(『桂苑筆耕集』권 18)

7) 題海門蘭若柳(『桂苑筆耕集』권 20)

이상의 자료는 『계원필경집』 가운데 극히 일부의 내용이긴 하지만 최치원이 유학시절(868~884)에 이해한 불교의 전모 가운데 단편적인 내용을 접할 수 있다. 그는 사상적으로 화엄·법화 사상과 선사상에 대해 이해를 가졌으며, 신앙적으로는 사리불·관음신앙에 깊은 관심을 가졌으며, 寫經 作法이나 승관제도에 대해서도 접하였던 것으로 보인다.

최치원이 유학할 당시 당의 불교에서 주목되는 점은 첫째, 불교에 대한 비판이 제기되고 있었다는 점, 둘째, 盛唐 이래 선사상이 크게 자리잡아 이른바 五家의 분립이 진행되었다는 점, 셋째, 이에 비해 화엄종은 서서히 퇴조하면서 선종에 흡수되어 가는 추세라는 점 등을 들 수 있다. 이러한 분위기에서 최치원은 특정한 불교사상에 매몰되지 않고 다양한 불교사상을 접했던 것으로 볼 수 있다.

2. 귀국 이후 관직시절 불교 관련저술

최치원이 憲康王 11년(885) 귀국하자, 왕은 그를 侍讀兼翰林學士守兵部侍郎知瑞書監事로 삼고 있다. 다음 해에 최치원은 『桂苑筆耕集』과 『中山覆簣集』·『詩賦』 3권을 합하여 헌강왕에게 올렸는데, 이 가운데 『계원필경집』만이 전한다. 최치원은 당으로부터 습득한 유교 정치사상을 신라에 펴보려고 하였지만 신라의 말기적 모순과 혼란 속에서 받아들여지지 못하고, 결국 몇 년 뒤인 890년 이후에는 중앙 관직에서 물러나 외직으로 나아갔다. 부성군태수 때인 眞聖王 7년(893)에 최치원은 賀正使로 당에 파견되었으나, 도적의 발호로 길이 막혀 가지 못하였다. 후에 뽑奉使로 당에 다녀온 일이 있다고 하나 확실한 내용은 알 수 없다.

그 뒤 최치원은 진성여왕 8년(894) 2월에 그의 정치적 식견을 담은 '時務十餘條'를 올렸는데, 당시 조정은 이를 기꺼이 받아들이고 그를 阿湌으로 삼았다. 시무책이 현존하지 않기 때문에 그 내용을 짐작하기 어렵다.

앞에서 최치원의 귀국 후 관직을 맡았던 시기의 생애를 살펴보았는데, 이 시기에 그가 남긴 불교관계 저술들을 연대순으로 정리하면 다음과 같다.

1) 885(憲康王 11年) 「海東華嚴初祖忌晨願文」 『圓宗文類』 권 22
2) 885(憲康王 11年) 「故終南山儼和尙報恩社會願文」 『圓宗文類』 권 22
3) 885(憲康王 11年) 「華嚴社會願文」 『圓宗文類』 권 22
4) 886(定康王 1年) 「華嚴經社願文」 『圓宗文類』 권 22[5]
5) 887(眞聖女王 1年) 「雙溪寺眞鑑禪師碑銘」 『四山碑銘』
6) 890(眞聖女王 4年) 「聖住寺朗慧和尙碑銘」 『四山碑銘』
7) 893(眞聖女王 7年) 「鳳巖寺智證大師碑銘」 『四山碑銘』
8) 893(眞聖女王 7年) 「大崇福寺碑銘」 『四山碑銘』
9) 895(眞聖女王 9年) 「海印寺妙吉祥塔記」[6]

위의 자료는 최치원이 당으로부터 귀국한 해인 885년부터 관직에 있을 때 저술한 것이다. 가장 중심되는 저술은 후대에 『四山碑銘』으로[7] 묶여진 3명의 禪師와 元聖王의 원찰이었던 崇福寺에 관한 글이다.

「대숭복사비명」은 최치원이 신라에 돌아온 이후, 헌강왕의 명에 의해

---

5) 저술년도에 대해 壬寅 곧 헌강왕 8년(882)이라는 기록도 있고, 『圓宗文類』에는 '景午' 곧 정강왕 원년인 丙午(886)로 되어 있다. 882년은 헌강왕이 죽지도 않았을 뿐만 아니라 최치원이 귀국 이전의 해이다. 따라서 忌諱를 한 『圓宗文類』의 기록이 맞다.
6) 黃壽永 編, 1986, 『韓國金石遺文』, 일지사, 173~175쪽.
7) 崔致遠 ; 李佑成 校譯, 1995, 『新羅 四山碑銘』, 아세아문화사.

지은 비문으로서 비문들 가운데 제일 먼저 시작한 글이다. 비문을 짓게 된 경위를 보면, 경문왕 때 원성왕의 명복을 빌기 위한 원찰로 수축한 鵠寺를 헌강왕이 교지를 내려 '大崇福寺'로 이름을 바꾸고, 동왕 11年인 885년에 최치원으로 하여금 비문을 짓도록 한 것이다. 이 비명은 다른 3개의 선종계 비문과는 달리 신라 왕실에서 세운 원찰인 화엄종 사원의 내력을 담고 있는 특징이 있다.

「쌍계사진감선사비명」은 최치원이 진성여왕의 명에 의해 동왕 원년인 887년에 지은 비명이다. 眞鑑禪師 慧昭(774~850)는 신라에 최초로 南宗禪을 전한 道義와 함께 중국에서 수학하였으므로, 선사상이 수용된 초기의 인물이다.

「성주사낭혜화상비명」도 역시 진성여왕의 명으로 동왕 4년인 890년에 최치원이 지은 비명이다. 이 비문 외에도 낭혜화상에 관한 것은 金立之가 찬한 「聖住寺碑」와 獻康王이 지은 「深妙寺碑」가 있었으나 현존하지 않는다. 이 비명은 無染國師(800~888)가 입적한 사실에서 시작하여 그에게 '大朗慧和尙'이라는 시호와 '白月葆光'이라는 탑명이 내려진 것, 그리고 탑비명을 짓게 된 동기를 서술하였으며, 이어 국사의 생애에 대하여 자세하게 밝히고 있다.

「봉암사지증대사비명」은 정강왕의 유명으로 죄지원이 진성여왕 7년인 893년에 찬술하였으나, 이 비가 건립된 것은 경명왕 8년(924)이다. 智證大師 道憲(824~882)은 慧昭와 無染과는 달리 중국에 유학하지 않고 국내에서 수학한 인물이다. 그런 이유 때문인지 최치원은 이 비문에서 신라의 불교 전래로부터 시작하여 신라불교사를 3기로 나누어 개략적으로 서술하고 있다.

이상의 『四山碑銘』 외에 몇 편의 願文과 塔記가 있다. 이들 자료는 『圓宗文類』과 『佛國寺古今創記』, 『孤雲先生續集』, 그리고 『東文選』 등에 수록

되어 있으나, 특히 불국사 관련의 기사로 인하여 큰 혼란이 야기되고 있다. 그러나 자료의 신빙성 문제를 감안할 때[8] 대체로 『원종문류』가 가장 선행된 자료로서 신빙성이 있는 것 같다. 이 자료들은 앞서 제시한 「대숭복사비명」과 함께 화엄 계통 글들이다. 이 자료들은 크게 왕실과 귀족층이 주도하여 先王의 명복을 빌기 위한 것과, 화엄 계통의 승려들이 중국 화엄종의 조사인 지엄에서 해동 화엄종의 초조인 의상으로 이어지는 역대 화엄조사들을 추복하기 위해 찬술한 것으로 나눌 수 있다.[9] 그러나 당시 화엄종단 내에서는 '社會'를 통해 의상 계열과 법장 계열로 나누어지는 등의 분열이 개재되어 있었던 것 같다.[10] 이 시기 최치원은 왕실과 연결된 화엄종단에 관련된 글을 지었기 때문에 의상이든 법장이든간에 특정 인물에 경도된 것 같지는 않다. 다만 그의 만년에 『법장화상전』을 짓게 된 것은 다른 방향에서 해석해야 할 것이다.

그리고 최치원이 관직에 있으면서 마지막으로 지은 글로 「海印寺妙吉祥塔記」가 있다. 이는 진성여왕대의 혼란 속에서 海印寺와 관련한 僧俗이 전후 7~8년간 다수 병화를 입게 되자, 해인사 別大德 僧訓이 이들의 넋을 기리기 위해 세운 탑에 최치원이 記를 쓴 것이다. 1966년에 발견된 이 기는 당시의 사회상과 특히 해인사의 승군인 緇軍에 대한 기록이 주목된다.[11]

---

8) 金福順, 1990, 앞의 책, 171~176쪽에 자료상의 의문을 잘 정리하고 있다.

9) 曺庚時, 1989, 「新羅下代 華嚴宗의 構造와 傾向」, 『釜大史學』 13, 51~55쪽.

10) 金相鉉, 1991, 『新羅華嚴思想史研究』, 민족사, 151~159쪽.

11) 李弘稙, 1968, 「羅末의 戰亂과 緇軍」, 『史叢』 12·13 ; 1971, 『韓國古代史의 研究』, 신구문화사.

3. 관직 은퇴 이후 불교 관련저술

최치원은 42세 때인 효공왕 2년(898) 경에 솔가하여 해인사에 들어갔는데, 그가 일선 정치계에서 물러난 이유에 대해서는 확실하게 알 수 없다. 일반적으로 최치원이 자신의 지식을 마음껏 펼 수 없는 신분적 제약과 당시 신라의 혼란이 은퇴를 결심하게 한 것으로 보고 있다. 이러한 이유 외에 더 절실했던 것은 신병 치료와 전란을 피하기 위한 것인지도[12] 모른다. 이는 최치원이 『법장화상전』을 초할 당시인 효공왕 8년(904) 무렵에 스스로 신병이 심했다는 표현을 통해 짐작할 수 있다. 이에 의하면 그는 계속 쑥뜸을 하고 있고, 이로 인한 냄새와 습기를 싫어하여 몸을 태우려고까지 했다는 것이다.[13]

이와 같이 은거한 최치원은 효공왕 12년(908)에 쓴 「新羅壽昌郡護國城八角燈樓記」를 끝으로 더 이상의 저술을 남기지 않았던 것으로 생각되며, 또한 그의 만년에 관한 기록을 남기지 않고 있다. 다만 그의 密贊祖業說은 현 학계에서 신빙하지 않기 때문에 언급을 피한다. 이 시기 그의 불교 관련저술을 소개하기로 한다.

1) 898(孝恭王 2년) 「新羅迦耶山海印寺結界場記」 『東文選』 권 64

2) 900(孝恭王 4년) 「新羅迦耶山海印寺善安住院壁記」 『東文選』 권 64

3) 900~904(孝恭王 4~8년) 「釋順應傳」·「釋利貞傳」 『東國輿地勝覽』 권 29

4) 900~904(孝恭王 4~8년) 「浮石尊者傳」 『三國遺事』 권 4

5) 904(孝恭王 4년) 「法藏和尙傳」 『宋板法藏和尙傳』

6) 908(孝恭王12년) 「新羅壽昌郡護國城八角燈樓記」 『東文選』 권 64

---

12) 金福順, 1990, 앞의 책, 152~153쪽에서도 이러한 견해를 밝히고 있다.

13) 崔致遠, 『法藏和尙傳』.

최치원이 관직에 있을 때와 은거했을 때의 저술 내용은 상당한 차이가 발견된다. 주로 왕명에 의해서 왕실과 관련된 저술이 중심을 이룬 관직시기에 비해, 은거한 이후는 해인사와 관련된 기문과 화엄종 승려의 전기를 주로 짓고 있다. 이러한 차이는 최치원의 불교 인식의 경향을 이해하는 데에도 중요한 기준이 된다고 생각한다.[14]

최치원이 쓴 불교관련의 기문은 해인사에 관련된 것 3개와 다른 하나로 모두 4개가 전하고 있다. 앞서 언급한 「海印寺妙吉祥塔記」와 「新羅迦耶山海印寺結界場記」, 「新羅迦耶山海印寺善安住院壁記」, 「新羅壽昌郡護國城八角燈樓記」가 그것이다.

「신라가야산해인사결계장기」는 최치원이 898년 정월에 지었다. 해인사는 진성여왕대의 전란 끝에 사찰을 중창하게 되었는데, 이 기문은 897년 가을에 90일간의 준비 끝에 땅을 넓히고 3층의 전각과 4층의 누각을 올리면서 새로이 結界를 한 것을 기념하여 쓴 것이다.

「신라가야산해인사선안주원벽기」는 최치원이 900년 12월 그믐날에 쓴 것인데, 이 기문에는 해인사의 창건과 관련하여 神琳, 順應, 利貞에 대한 내용이 나오고 있고, 900년에 중창하는 모습도 기록하고 있다. 따라서 이 기문은 해인사 창건에서부터 900년의 중창 때까지의 내력을 알 수 있는 중요한 자료이다.

「신라수창군호국성팔각등루기」는 908년에 최치원이 쓴 것인데, 대구 지역의 친신라적인 호족인 異才가 세운 등루에 대한 기문이다.[15] 이 등루

---

14) 金福順, 1990, 앞의 책, 180~181쪽에서는 최치원이 시무책을 올린 시기를 기점으로 그의 불교에 대한 이해가 변화한 것으로 파악하고 있다. 그러나 시무책을 올린 시기는 그의 관직생활의 최절정기라는 점에서 볼 때, 그가 관직에서 물러난 시기를 기점으로 보는 것이 타당할 것으로 생각한다.

15) 李文基, 1995, 「新羅末 大邱地域 豪族의 實態와 그 行方」, 『鄕土文化』 9·10.

를 세운 뒤 齋를 베풀 때 桐華寺 승려들과 善大德(禪大德)의 칭호를 가진 승려, 持念業 계통으로 추정되는 승려, 呪師로 불린 興輪寺 승려 등이 등장하고 있어, 당시 대구를 중심한 지역의 불교계 판도를 암시하고 있어 주목되는 자료이다.

다음으로 승려들의 전기는 『釋順應傳』, 『釋利貞傳』, 『浮石尊者傳』, 『法藏和尚傳』 등을 들 수 있다. 순응과 이정은 해인사 창건을 주도한 인물이다. 따라서 이들의 전기가 쓰여진 것은 해인사의 중창을 계기로 그 직후에 쓰여진 것이 아닌가 한다. 즉 해인사에서는 898년에서 900년 사이에 결계를 하고 善安住院을 건립하였는데, 이때 해인사측에서 최치원에게 기문을 부탁하면서 순응과 이정의 전기도 함께 찬술할 것을 요청한 것으로 생각된다. 그러므로 900년경에는 찬술되었을 것으로 생각된다.

『부석존자전』은 義湘의 전기인데, '浮石尊者'라고 한 칭호로 보면 해인사가 의상 계통임을 말해준다. 898년부터 시작한 해인사 중창 이후 『浮石尊者傳』도 『釋順應傳』, 『釋利貞傳』과 함께 같은 시기인 900년에서 904년 사이에 찬술되었을 것으로 추측된다. 이 전의 완본은 전하지 않고, 다만 『삼국유사』 권 4 의상전교조에 나오는 「崔侯本傳」이 그 내용의 일부로 알려져 있을 뿐이다.

『법장화상전』은 선의 말미 기록으로 보아 904년이란 저술년대를 확실히 알 수 있다. 최치원이 해인사에 은거하고 나서 몇 년 뒤에 지은 것인데, 비록 중국 화엄종 승려의 전기이긴 하지만 당대 신라인의 저술이어서 신라하대 불교계의 경향을 알려 주는 중요한 자료이다. 더욱이 원본인 宋板本이 남아 있어 사료의 가치를 더욱 높여 주고 있다.[16]

이상에서 살핀 저술 외에도 『佛國寺古今創記』과 『孤雲先生續集』에 전하

---

16) 金福順, 1990, 「'法藏和尚傳'의 再檢討」, 『新羅華嚴宗硏究』, 민족사.

고 있는 불국사 관계 저술들이 많이 있으나 「華嚴佛國寺阿彌陀佛畵像讚」
과 「華嚴佛國寺繡釋迦如來像幡贊并序」를 제외하고서는 불국사측의 의도적
인 윤색과 가탁에서 나온 것들이 아닌가 한다. 원래 유가 계통 사찰인 불
국사가 최치원이 이 두 글을 남긴 것을 계기로, 다른 불국사 관계의 원문
과 찬도 최치원이 지은 것으로 가탁하였던 것 같다.[17]

이 이외에도 최치원이 남긴 불교 관련 글은 단편적인 시가 남아 있으나
대부분 중국 시절에 지은 것으로 생각되며, 귀국 후의 불교관련 시는 별
로 남아 있지 않는 형편이다. 다만 「贈希朗和尙」 6수는 주목된다. 이 시는
희랑이 해인사를 주도하던 시기를 감안할 때 최치원이 만년에 지은 작품
으로 추정되며, 『법장화상전』과 함께 그의 만년 사상적인 경향을 말해 주
는 자료이다.

Ⅲ. 佛敎認識의 경향과 추이

일반적으로 최치원은 유학자로 알려지고 있다. 그러나 그가 남긴 많은
불교관계의 글을 보면 단순하게 그를 유학만을 고집한 인물로 보기는 힘
들다. 후대의 평가에서 그가 불교에 깊이 관여한 점을 지적하는 것도 이
러한 연유일 것이다.

최치원의 사상적 경향을 이해하려면 우선 전제가 되어야 할 점은 그가
전 생애를 통해 일관된 사상적 경향을 지닌 것은 아니라는 점이다. 무엇
보다도 그가 살아온 행적을 통해 남긴 사상적 경향은 시기별로 상당한 차
이를 보이고 있다. 불교만을 기준으로 하더라도 당 유학시절과 귀국후 왕

---

17) 金福順, 앞의 책, 173~176쪽.

명에 의해 지은 불교관련 글, 또 관직에서 물러나 은거한 이후 생각은 분명 차이가 발견되기 때문이다.

먼저 당에 유학을 하고 과거에 합격한 이후 고병의 종사관으로 활동한 시기의 특징은 무엇보다도 유학에 입각한 사상적 경향을 띠었다고 할 수 있다. 이러한 유학에 바탕하여 그는 불교에 대해서도 특정 사상에 집착했다기보다 다양한 불교의 내용을 접했던 것으로 보인다. 『계원필경집』에 '十地'와 '火宅'이라는 용어를 사용한 점으로 보아 『화엄경』과 『법화경』에 대한 이해, '演迦葉之眞宗'이라는 표현으로 보아 선사상에 대한 이해, 그리고 사리불과 관음신앙에 대한 깊은 이해, 『금광명경』 5부와 『법화경』 1부를 사경한 내용으로 보아 사경 작법에 대한 이해 등 다양한 불교를 접했던 것으로 보인다. 다시 말하면 교학 불교와 선사상에 대한 이해뿐만 아니라 신앙과 의식에 관한 내용도 이해하고 있었다고 판단된다. 그리고 당시 당의 승관직에 대해서도 어느 정도 파악하고 있었다고 할 수 있다.

최치원의 다양한 불교에 대한 이해는 그 자신이 특정한 불교에 사상적, 신앙적으로 경도되지 않았음을 말해 준다. 당시 최치원으로서는 불교뿐만 아니라 도교 등에도 지식인 또는 관직을 지향하는 문장가로서의 인식 수준을 넘어서는 것은 아니라는 생각이 든다. 이는 그가 남긴 다음의 표현에서 알 수 있다.

상고하건대 무릇 敎가 셋이로되 그 가운데 불교가 하나이다. 그것의 妙늄는 가만히 玄化를 裨補하고 精微한 말은 널리 凡俗을 깨우쳐서 勸善하는 문을 열고 집착하는 그물을 풀었다. 그런즉 중생으로 하여금 歸依케 하고 모름지기 佛像을 만들어 장엄하여 느낌이 있으면 반드시 通하고 구하면 應하지 않음이 없게 하며, 마음의 밭을 일구어 복을 심고 法海에 헤엄쳐 재앙을 씻어버리게 하였으니 不可思議한 일이 아닌가.[18]

여기서 최치원이 표현하고 있는 불교에 대한 이해 수준은 상당히 소박하다. 그는 중생을 교화하는 것이 불교의 사명이라는 가장 기본적인 관점에서 있음을 알 수 있다. 이러한 불교에 대한 이해는 유학에서 治人의 요체를 仁政에 두는 것과도 통하며, 삼교를 병행해서 이해해야 한다는 그의 삼교병행론과 무관하지 않다.

그의 삼교병행론은 유·불·도 삼교를 심도 있게 인식한 바탕 위에서 나온 것이라기보다 다분히 자기가 생활하고 있던 당의 사상적인 경향에 경도된 것은 아닌가 한다. 곧 당시 당에서는 남북조 시기의 경향을 계승하는 곧 유·불·도의 삼교가 사상적으로 대립하는 분위기가 아니라 각각 독자적인 기반을 유지하면서 공존하던 분위기였다. 이는 최치원이 중앙 정부에 弘鼎이라는 승려가 僧正에 임명된 것을 사례하여 올리는 공식 문건에서 '喜三敎之并行'이라 하여 삼교병행론을 표현한[19] 점을 미루어 보아도 짐작된다. 그만큼 삼교병행론은 당시 당에서 공식적으로 통용되던 사상적인 흐름이었다.

이상에서 최치원이 당에 체재한 시기에 이해하고 있던 불교의 수준을 삼교병행론을 통해 살펴보았다. 이 시기 그를 사상가로 보기보다는 지식인 또는 관직을 지향하는 문장가 정도로 이해하는 것이 좋겠다. 이러한 이해를 토대로 그가 귀국한 이후 관직자로 있을 때와 그 이후 불교사상의 경향을 살펴보기로 하자.

최치원이 귀국 후 재당시절 그가 영향을 받았던 삼교병행론은 이후의 그의 사상적인 경향에 많은 영향을 주었다고 생각된다.[20] 그러나 당시 신

---

18) 崔致遠, 『桂苑筆耕集』 권 16.
19) 崔致遠, 『桂苑筆耕集』 권 4, 「謝許弘鼎充僧正狀」.
20) 현 학계에서는 대부분 최치원의 사상을 삼교병행론에 초점을 맞추어 그의 일관된
    사상체계로 이해하는 형편이다. 삼교병행론의 경향은 그가 당 유학시절에 형성된

라의 사상적인 흐름 속에 상당 부분 퇴조하고 있었다고 생각한다. 이와
관련하여 그가 남긴 다음의 「鸞郞碑序」를 음미할 필요가 있다.

나라에 玄妙한 도가 있으니 風流라 한다. 그 가르침을 창설한 원류는 仙史에
자세히 실려 있으니 실은 三敎를 포함하여 群生을 接化하는 것이다. 들어와서
는 집에서 효도하고 나가서는 나라에 충성하는 것은 魯司寇의 뜻이요, 無爲로
일을 처리하고 말없이 교를 행함은 周株史의 종지이요, 악한 일을 하지 말고 선
한 일을 받들어 행하는 것은 竺乾太子의 敎化와 같은 것이다.[21]

이 자료에서 생각해야 할 점은 불교에 대한 최치원의 관점과 삼교병행
론에 대한 그의 생각이다. 불교를 惡을 행하지 않고 善을 행하는 것으로
이해하고 있는 것은 불교에 대한 소박한 그의 생각을 반영한 것이다. 또
삼교라 하더라도 모두 신라에 본래 존재한 '玄妙之道'인 風流에 포함된다
는 생각이다. 다시 말하면 유·불·도의 삼교가 융합하여 풍류도가 이루
어진 것이 아니라 풍류라는 도가 群生을 接化하는 가운데 나타나는 가르
침의 모습이 삼교 각각의 교지를 포괄한다는 것이다. 최치원은 유·불·
도의 각 영역을 인정하면서도 삼교를 병행하는 것 자체가 玄妙한 道인 風
流임을 강조한 것이다. 곧 풍류를 상위개념으로 인식한 것이다.

이러한 최치원의 견해는 재당시절의 삼교병행론과 분명 차이가 있다.
신라의 고유한 사상이자 신앙인 풍류를 강조하고 우위로 인식한 분위기
로 보아 「난랑비서」는 최치원이 귀국한 직후인 헌강왕대의 찬술이 아닌
가 한다. 어쩌면 최치원이 삼교 가운데 특히 불교와 도교에 대한 깊이 있
는 사상적 체계를 가지지 못한 채 귀국하여 당시 신라에서 강조되던 풍류

___

것일 뿐 그의 일관된 사상으로 보는 것은 단견이다.
21) 『三國史記』 권 4, 眞興王 37년.

도에[22] 그가 당 유학시절 영향을 받았던 삼교병행론을 결합한 것은 아닌
가 한다.

이러한 삼교병행론이 퇴조하는 것과 관련하여 그가 관직시절에 남긴
불교관련 저술 가운데 가장 대표적인 『四山碑銘』에 보이는 사상적 경향을
살펴보기로 하자. 그 내용 중에 불교를 중심으로 삼교에 대한 그의 표현
을 통하여 사상적인 단면을 찾아보기로 한다.[23] 우선 주목되는 내용은 삼
교 가운데 유학과 불교를 여전히 같은 맥락에서 이해하려는 면모를 보이
고 있다는 점이다.

그런데 배우는 자가 혹 말하기를 "佛陀와 孔子가 설하는 敎는 두 개의 흐름과
相異한 體로써, 둥근 구멍에 모난 나무를 끼우듯 서로 모순되어 각기 한 귀퉁이
만 지키고 있다." 내가 시험 삼아 논하건대, 詩를 설명하는 자는 文(글자)으로써
辭(말)를 해치지 말고 辭로서 志(뜻)를 해치지 말라고 하였다. 『禮記』에 이른 바
와 같이 말이 어찌 한 갈래뿐이리오. 무릇 각기 해당되는 바가 있는 것이다.
그러므로 盧山의 慧遠이 논을 지어 말하기를 "釋迦如來와 周公 · 孔子는 비록
출발은 다르나 귀착한 곳은 하나이다. 지극한 이치를 통달함에 있어 능히 둘을
겸하지 못하는 것은, 모든 物이 두 가지를 능히 용납하지 못하기 때문이다." 沈

22) 全基雄, 1989, 「新羅 下代末의 政治社會와 景文王家」, 『釜山史學』 16, 30~36쪽에서
　　는 景文王家의 왕권유지에 나타나는 정치 사상의 특징적인 현상으로 화랑 활동의
　　정치적 부상, 황룡사의 중시와 국가 의식의 고양 노력, 『三代目』의 편찬과 같은 고
　　유 사상적 요소가 증대하고 있으며, 왕실 혈통의 신성화, 여왕 즉위에 따른 종교적
　　신비적 역할의 강조 등이 나타난다고 밝히고 있다. 이는 최치원이 귀국한 직후 왕
　　실을 중심으로 한 사상적인 흐름을 이해하는 데 주목할 만한 견해라고 생각한다.
　　따라서 「난랑비서」도 최치원이 귀국한 직후 당시 신라 왕실의 사상적인 흐름을 반
　　영한 것이며, 저술 시기도 그가 중앙 관직자로 있을 때로 생각된다.
23) 이에 관한 주요 연구는 다음과 같다.
　　崔英成, 1997, 「孤雲 崔致遠의 三敎觀과 特質」, 『東洋古典研究』 9.
　　李在元, 1997, 「孤雲 崔致遠의 三敎觀合論」, 『先史와 古代』 9.

約은 이르기를 "孔子는 그 端初를 개발하였고 釋氏는 그 極致를 다하였다"고 하였으니 진실로 그 大體를 아는 이라고 이를 만하며, 비로소 지극한 도를 더불어 이야기할 만하다고 하겠다.[24]

당시 일반적으로 학자들이 불교와 유교는 흐름이 다르고 體가 달라서, 둥근 구멍에 모난 나무를 박는 것이라 하여 서로 모순되어 각기 한 모퉁이만 고집한다고 하였지만 최치원은 불교와 유교는 각각 그 해당되는 바가 있어서 서로가 모순되지 않는다는 것이다. 그러나 최치원은 귀국 직후 지은 「난랑비서」에 보이는 바와 같이 삼교를 풍류로 귀결시켰을 뿐만 아니라 풍류, 곧 玄妙之道를 우위에 두려는 생각으로 전환하였음을 이미 언급하였다.

다시 말하면 삼교가 그 근원은 같다 하더라도 사상 내용에 있어서 우열이 있다는 생각으로 바뀌기 시작했다는 사실이다. 위의 인용에서 '孔子는 端初를 열었고 釋氏는 그 極致를 다하였다'는 표현은 주목하지 않을 수 없다. 은연 중에 불교를 유학에 비해 우위로 인식하여 표현한 것은 '心法', 곧 선사상을 현묘한 것으로 인식한 다음의 인용에서도 잘 나타난다.

佛이 心法을 말함에 이르르면 玄妙하고 또 玄妙해서 이름짓고자 해도 이름지을 수 없으며, 설명하고자 해도 설명할 수가 없다. 비록 달(月)을 얻고 달을 가리킨 손가락은 잊게 된다 하더라도 마침내 바람을 잡아 묶는 것 같으며 그림자처럼 붙잡기 어렵다. 그러나 먼 곳에 오르자면 가까운 데로부터 시작하는 것이니 비유를 취한들 무슨 잘못이 있으리요. 또 孔子가 門弟子들에게 이르기를 "나는 말을 않고자 하노라, 하늘이 무슨 말을 하던가"라 하였다. 이는 淨名(維

---

24) 崔致遠, 「眞鑑禪師碑銘」.

摩居士)이 文殊에게 말없이 대함이요, 佛陀가 迦葉에게 말없이 傳함이니 수고롭게 혀를 놀리지 않고도 능히 마음을 전하는데 들어맞는 것이다. 하늘은 말을 하지 않는다고 했지만, 이것(말)을 두고서 무엇을 좇아 나아가리오.[25]

위의 자료에서 최치원이 삼교를 포함하는 최고의 경지를 '玄妙之道'로 보고, 선사상을 바로 현묘한 것으로서 인식하고 있음을 알 수 있다. 바로 이러한 최치원의 인식은 유·불이 같은 맥락으로 귀결되는 것이긴 하나 최고의 경지는 현묘한 것이며, 선사상이 이에 해당된다는 견해이다. 이로써 최치원은 그가 귀국하여 관직에 있을 시기는 삼교병행론에서 서서히 불교, 그 중에서도 선사상을 우위로 인식하는 방향으로 전환하고 있었음을 알 수 있다.

이러한 최치원의 인식은 도교(선도)에도 적용되는데, 낭혜화상을 찬탄하면서 표현한 다음의 인용은 주목된다.

거룩하도다. 先祖께서는 두 敵國을 평정하여 사람들에게 겉 服章을 바꾸게 하였고 大師는 六魔賊을 항복시켜 사람들에게 內面의 德을 닦도록 하였다. 그러므로 千乘의 임금이 兩朝에 걸쳐 절하고 섬겼으며, 사방의 백성이 만리 먼 길에 달려와서 움직이면 반드시 그들을 쉽게 부리었으며, 조용히 있을 때에도 속으로 비방하는 사람이 없었으니, 어찌 오백년에 應하여 大千世界에 몸을 드러낸 것이 아니겠으며, '처음으로 돌아간다'는 이야기 또한 마음에 차지 않으리요.
저 文成候는 漢高祖의 스승이 되어서 萬戶에 봉해지고 列侯의 位에 오른 것을 크게 자랑하여, 韓相의 자손으로는 최고의 이로 여겼으니, 비루하도다. 가령 그가 仙道를 배움에 있어 끝까지 했더라면 과연 능히 대낮에 하늘로 올라갈 수 있었겠는가. 中途에 그쳤으니 鶴 등 위의 하나의 幻像의 몸이 되었을 뿐이다.

---

25) 위와 같음.

또한 어찌 우리 大師가 처음에 凡俗을 벗어나고 중도에 大衆의 구제하고 말경에는 자기 몸을 깨끗이 한 것과 같겠는가.[26]

이상의 글에서 최치원은 선도에 비해 낭혜화상이 표방하던 선사상이 우위에 있음을 은연 중에 표현하고 있다. 이와 같이 최치원이 선사상을 가장 최고의 경지에 있는 것으로 인식하고 있었지만, 그렇다고 불교 내부의 사상적인 흐름 중에 교학을 결코 무시한다든가 의미없는 것으로 인식한 것 같지는 않다. 다음의 인용을 살펴보기로 하자.

大師는 인위적인 것으로 가득찬 속세에서 인위적이지 않은 신비한 宗旨를 폈는데, 小臣은 한정있는 적은 재주로 한량 없는 큰 행적을 기록하려 하니 약한 수레에 무거운 짐을 싣는 것이요, 짧은 줄의 두레박으로 깊은 우물을 끌어 올리는 것입니다. 혹시 돌(碑石)이 딴 소리를 한다든가 거북이 잘 돌보아 주지 않는다면, 어떻게 산이 빛이 나고 개울이 아름답게 되겠습니까. 도리어 수풀이 부끄러워하고 시냇물이 창피하게 여길 것만 남게 될 것이니, 글을 짓는 것을 피하고자 합니다. …(중략)… 다시 생각하여 보니 중국에 들어가 배우기는 그(無染)나 내가 모두 같이 하였는데, 스승이 되는 자는 누구이며, 글짓는 役을 맡은 자는 누구인가. 아마 心學하는 자는 높고 口學하는 자는 수고로운 것일까. 그러므로 옛날 군자는 배우는 것을 신중하게 하였다. 그런데 심학하는 자는 德을 세우고 구학하는 자는 말을 세우는 것이니, 저 덕이란 것도 혹 말에 의지하여야 가히 일컬어질 수 있으며, 이 말이란 것도 혹 덕에 기대어야 썩지 않고 오래도록 전할 것이다. 가히 일컬어질 수 있다면 마음이 능히 멀리 後來者에게 보일 것이며, 썩지 않고 오래도록 전한다면 말 또한 옛사람에게 부끄럽지 않으리라. 가히 할 만한 일을 가히 할 만한 때에 하는 것이니 다시 어찌 감히 글짓는 일을 굳게 사양만 하겠는가.[27]

---

26) 崔致遠, 「朗慧和尙碑銘」.

　이는 낭혜화상의 비문을 지으라는 왕의 명을 받고 사양하다가 사양만
할 것이 아니라는 생각으로 명에 따라 글을 짓는다는 내용이다. 표현 중에
心學과 口學을 비교하는 내용이 보이는데, 여기서 心學은 禪法을 뜻하며
口學은 문장, 또는 교학을 의미한다.[28] 그는 심학자는 높고 구학자는 수고
롭다는 것은 심학이 주체가 되어 구학을 활용해야 된다는 것이며, 그리고
심학은 덕을 세우고 구학은 말을 세운다는 것은 심학은 主가 되고 구학은
從이 되지만 그 각각의 역할이 있다는 것을 강조하고 있다. 또한 덕이란
것도 말을 빌어서 일컬어지는 것이요, 말이란 것도 덕에 의지해서 썩지 않
는다는 것은 심학과 구학이 서로 떠날 수 없는 관계가 있다는 것이다.

　이와 같이 심학과 구학이 서로 상관관계를 가질 때 심학은 영원성을 가
질 것이며 구학도 존립의 의의를 갖는다는 것이다. 따라서 최치원은 心
學, 즉 선사상만을 반드시 우위라고 인식한 것은 아닌 것 같다.[29] 이러한
최치원의 견해는 그가 관직에 있으면서 왕명에 의해 남긴 화엄 계통의 願
文이나 塔記에서도 잘 나타나 있다.

　어떻든 이 시기 최치원은 삼교병행론에서 서서히 불교, 그 중에서도 선
사상을 강조하는 방향으로 전환해 간다. 다만 선사상을 우위에 두려는 당
시의 경향을 좇으면서도 여전히 화엄사상에도 깊은 이해를 가진 것으로
보인다. 다시 말하면 선사상과 화엄사상을 공존하는 방향에서 인식하는

---

27) 위와 같음.

28) 金福順, 1990, 앞의 책, 178~179쪽에서는 儒敎를 口學, 佛敎를 心學으로 보고 있으
　　나, 禪師의 비명이라는 자료의 성격상 心學을 禪思想으로 보고 口學을 敎學으로 보
　　는 것이 타당할 것이다.

29) 韓鍾萬, 1989, 「孤雲의 佛敎觀」, 『孤雲崔致遠』, 103~105쪽에서는 心學만을 강조하
　　는 것으로만 파악하고 있는데, 인용한 문맥을 보면 반드시 그렇다고 할 수는 없다.
　　다만 최치원이 「朗慧和尙碑銘」보다 3년 정도 빠른 시기에 지은 「眞鑑禪師碑銘」에는
　　선사상 우위적인 견해가 지배적이라고 할 수 있다. 몇 년 사이의 변화는 충분히 예
　　상할 수 있다고 생각한다.

단계라 할 수 있다. 이와 관련하여 특히 주목되는 것은 이미 신라에 전래되어 정착하기 시작한 선종의 역사를 나름대로 정리하려는 태도와 이보다 시기는 빠르긴 하지만 거의 같은 시기에 중국 화엄종을 연 지엄과 해동 화엄종을 개창한 의상을 추모하는 글을 짓고 있다는 사실이다.

이러한 사상적 경향성을 보이던 최치원은 그가 은거한 이후에는 삼교 중에서도 불교를 가장 우위로 인식하고, 또 화엄사상에 몰입하는 경향을 보였다는 점이 가장 두드러진 특징일 것이다. 그의 만년에는 선종보다 화엄에 몰두하였으며, 그의 화엄에 대한 해박한 지식은 그가 만년에 해인사에 은거한 것이 계기가 되었을 것이다. 곧 이 시기에 최치원은 불교사상을 단순히 이해하는 단계를 뛰어넘어 불교를 신앙으로 체득하고 실천하는 단계로 접어들었다고 할 수 있다. 이 시기에 그가 지은 다음의 자료를 살펴보기로 한다.

가) 일찍이 들으니 大一山 釋氏는 金言을 원용하여 불교도에게 경계하기를 "戒를 大地가 生成 住持하는 것과 같이 하라"고 하였으니, 대개 心業을 일으키라는 뜻이다. 大經(華嚴經)에 이르기를 "世間이나 出世間이나 모든 善根은 모두 가장 좋은 곳인 尸羅의 땅에 의지하라"고 하였다. 그린즉 땅의 이름이 서로 들어맞아야 하늘의 말씀도 가히 찾을 수 있는 것이다. 국호를 尸羅라 한 것은 실로 波羅提가 법을 일으킨 곳이며, 山을 迦耶라 한 것은 釋迦文이 道를 일으킨 곳과 같다. 하물며 경내는 二室보다 훌륭하며 산봉우리는 오대산보다 높이 솟았다. …(중략)… 절은 세우기는 쉬우나 道를 밝히기는 매우 어렵다. 만일 마음에는 있으나 거두어 들이지 않는다면, 그것은 날개없이 날고자 하는 것과 같다. 몸이란 玉葉이 바람에 날리는 것과 마찬가지니 생을 어찌 보전할 수 있겠는가. 戒를 지키는 것은 달이 바다에서 나오는 것과는 달라서 (戒는) 이지러지면 반드시 둥글어지기는 어려운 것이다. 하물며 지금 象法이 장차 쇠퇴하려 하며 魔軍이 다투어 일어난다. 볼수록 날은 저

물고 갈 길은 먼데, 염려되는 것은 연기가 짙다가 불이 타오르는 것이다.[30)]

나) 王制에 "동쪽을 夷라 한다"라 하였고, 范曄은 "夷라는 것은 뿌리이다. 어질
다는 것은 好生하는 것이고, 萬物은 땅에 뿌리를 박고 나온다. 그런 까닭에
천성이 유순하면 道로 어리석음을 인도하기가 쉽다. 따라서 夷의 뜻은 平易
와 같이 말하며, 가르침과 제도하는 방향을 말한 것이다"라 하였다. …(중
략)… 더구나 詩經에 "서쪽에서 돌아보았다"는 말을 거론하고, 釋迦는 "처
음 동쪽으로 걸어갔다"고 하였으니, 마땅히 九種(東方의 種族)이 노력하여
불법에 귀의할 것이다. 이는 (이) 땅이 그렇게 하도록 되어 있고 하늘이 마
련해 준 것이다.[31)]

이상의 인용은 단적으로 말해 최치원이 신라가 불국토임을 강조하여
표현한 것이다. 특히 불교의 계를 지키는 것을 한번 이지러지면 둥글어지
기가 어려운 것으로 표현할 정도로 신앙인으로서의 태도를 보여준다. 더
욱이 위의 인용 가)의 마지막 구절인 "하물며 지금 象法이 장차 쇠퇴하려
하며 魔軍이 다투어 일어난다. 볼수록 날은 저물고 갈 길은 먼데, 염려되
는 것은 연기가 짙다가 불이 타오르는 것이다"라는 표현에서 그의 당시
사회에 대한 불안한 심정과 불교에 대한 깊은 애착을 읽을 수 있다.

이러한 그의 신앙인으로서의 자세는 결국 사상적으로 화엄사상에 깊이
몰입하는 것과 그 맥락을 같이 하는 것이었다. 이 시기에 그가 남긴 화엄
종의 조사들에 대한 전기는 이와 같은 사정을 잘 말해 준다. 한편 이러한
전기를 짓게 된 의도는 어쩌면 그가 사상적으로 심취한 화엄종의 역사를
재정립함으로써 당시 위기에 빠져 있던 화엄종의 권위를 회복하려는 것은
아닌가 한다.[32)] 이는 이 시기에 지은 전기류가 왕명이라는 타의에 의한 것

---

30) 崔致遠, 「新羅迦耶山海印寺結界場記」.
31) 崔致遠, 「新羅迦耶山海印寺善安住院壁記」.

도 아니고, 더욱이 『法藏和尙傳』을 통해 화엄종의 정통성을 강조하려는 태도에서도 짐작할 수 있다. 다만 의상의 전기를 짓기는 했지만, 중국 화엄종을 실질적으로 개창한 조사의 전기를 지은 것은 어떻게 해석할 수 있을까. 중국의 권위를 은연 중에 내세운 것으로 볼 수 있을지는 알 수 없다.

그러면 다른 전기에 비해 방대한 양으로 完本이 남아 있는 『법장화상전』을 통해 이같은 생각을 점검해 보기로 한다. 『법장화상전』(『唐大薦福寺故寺主翻經大德法藏和尙傳』)은 法藏(643~712)의 전기로서는 초기에 저술된 것이며 내용도 가장 상세하다.[33]

『법장화상전』은 서론격인 도입 부분과 전기에 해당하는 본전 부분, 그리고 후기로 되어 있다. 최치원은 도입 부분에서 "화엄의 그 圓宗을 받들어 盈數를 채워, 법장스님이 저술한 『華嚴三昧觀』[34] 「直心」 중의 十義를 본떠 다음의 말들을 배열하려 한다"라고 하면서, 법장화상의 행적을 10개 과목으로 나누어 서술하고 있다. 곧 첫째, 族姓의 광대한 마음, 둘째, 遊學의 몹시 깊은 마음, 셋째, 削髮染衣의 방편의 마음, 넷째, 강연의 견고한 마음, 다섯째, 傳譯의 間斷 없는 마음, 여섯째, 저술로 折伏케 하는 마음, 일곱째, 修身의 善巧한 마음, 여덟째, 속세를 제도하는 데 차별없는

---

32) 승전을 남긴 의도에 대해 왕권의 안정, 신라의 재건, 화엄사상을 통한 중앙집권적인 통일 원리의 제공 등 다양한 견해가 있으나, 그가 관직에서 물러나 해인사에 은거하고 있을 때 저술한 점으로 보아 확대 해석하는 것은 무리라 생각한다. 기왕의 연구성과는 곽승훈, 2005, 「신라 말기 최치원(崔致遠)의 승전(僧傳) 찬술」, 『佛敎研究』 22, 한국불교연구원을 참조바란다.

33) 『法藏和尙傳』에 대한 본격적인 연구는 다음의 논문을 대표적으로 들 수 있다.

金福順, 1987, 「崔致遠의 '法藏和尙傳' 檢討」, 『한국사연구』 57.

金福順, 1990, 앞의 논문.

韓鍾萬, 1989, 앞의 논문.

34) 法藏의 저술인 『華嚴三昧觀』은 현전하지 않는다. 다만 『華嚴三昧章』과 『發菩提心章』의 序頭에 '直心十義'가 수록되어 있어 이들이 『華嚴三昧觀』과 동일한 저술일 가능성이 있다.

마음, 아홉째, 가르침을 전함에 꺼리낌이 없는 마음, 열째, 示滅의 圓明한 마음 등이라 하고, 이어서 "깊고 자비로운 두 마음이 서로 견주어짐을 볼 수 있다"고 하였다.

이러한 법장의 행적을 최치원은 크게 세 흐름으로 나누어 인식하고 있는데, 곧 '德'과 '言', '功' 등을 세운 인물로 인식하고 있다. 이는 사상의 體·相·用 측면을 인식한 태도를 보여주는 것이며, 그가 단순한 문장가가 아니라 사상가로서 자리잡았음을 짐작케 한다. 결국 최치원은 관직에서 물러나 해인사 등지로 은거하면서 화엄사상을 중심축으로 하여 사상적 입지를 확립한 것으로 볼 수 있다.

이와 관련하여 그가 『법장화상전』을 저술한 단계에는 신앙적으로도 불교에 깊이 심취하였음을 알 수 있는데, 이는 다음의 인용을 주목하지 않을 수 없다.

天復 4년 봄 甲子에 신라국 해인사 화엄원에서 난리도 피하고 병도 수양하게 되어 두 가지 편리를 도모했다. 비록 下界에 태어났지만 다행히 높은 齋室에 의지하여 모든 봉우리와 나란히 揖하고 세상 일을 멀리 던져 버렸다. 거처하는 丈室은 샘이 가까이 있고 화창하고 따뜻한 햇빛은 환히 비치는데, 윤기는 수증기처럼 옷이 안개나 이슬 속에 노니는 듯 축축하고 자리는 연못에 가가운 듯 하였다. 그것에다 병든 몸에 쑥 뜸질하는 것을 일삼는데 거처하는 방의 문에는 水氣가 어리었고 窓은 쑥 연기가 몰려 들어왔다. 삶이 귀찮아 때로는 몸을 태워버리려는 뜻까지 있었다. 문병하는 이가 많았지만 모두 코를 가리고 누가 기꺼이 냄새를 맡겠는가. 공연히 바닷가에 냄새나는 풀이 된 것이 부끄럽지만 향을 도둑질할 수도 없고 산중에서 三嗅를 이룰 수도 없었다.
이 전기를 짓는 것을 자책하자, 수족을 상한 느낌이 더해져 글을 쓰는 데 불쾌함이 염려되었다. 갑자기 향기가 맹렬히 풍기며 남음이 있고 끊어졌다가 다시 이어지기를 두세 번하였지만, 그것이 오는 곳을 찾을 수가 없었다. 뜻밖에 嬴

君을 싣고 돌아오던 냄새가 변하여 荀슈이 앉았던 자리를 이루었다.[35]

  이 기록과 함께 『법장화상전』을 짓고 난 이후의 영험에 대해 서술하면서 이 글의 끝을 맺고 있다. 이 글에서 최치원은 건강이 그렇게 좋지 않았음을 알 수 있고, 이를 통해 그가 만년에 은거를 택한 것은 건강상의 이유가 아닌가 하는 생각이 들게 한다. 영험을 강조한 것은 건강과 관련된 것으로 보이며, 특히 그가 몸소 체험한 바를 표현한 것은 그가 신앙적으로 불교에 심취했음을 말해준다고 할 수 있다.

  한편 『법장화상전』의 십과 가운데 가장 많은 비중을 둔 내용은 제6과와 제8과라고 할 수 있는데, 제6과는 법장의 저술을 소개한 것이고 제8과는 법장의 활동 중에 보이는 神異를 정리한 것이다.[36] 이를 통해서도 최치원 자신이 만년에는 종교적인 신앙심을 강조하고 스스로도 이에 깊은 믿음을 가지고 있었음을 알 수 있다. 물론 최치원의 이러한 태도는 화엄사상에 대한 체계적인 인식과 그 맥을 같이 한다고 생각한다. 따라서 최치원이 관직에서 물러난 이후에는 그의 생활 근거지인 해인사를 중심으로 화엄사상과 그 신앙에 경도된 사상가라 할 만하다.

---

35) 崔致遠, 『法藏和尙傳』.

36) 南東信, 1993, 「羅末麗初 華嚴宗團의 대응과 '(華嚴)神衆經'의 성립」, 『外大史學』 5에서는 선종의 득세에 직면한 화엄종단이 그들의 정체성을 확립하기 위한 시도로 해인사를 중심으로 하여 『華嚴神衆經』을 성립시킨 것으로 밝히고 있다. 신이적인 성격을 지닌 『華嚴神衆經』은 최치원이 『法藏和尙傳』에서 강조한 신이적인 것과 맥이 통한다고 할 수 있다. 이러한 경향은 당시 화엄종단의 특징인 것 같으며, 고려 초의 均如에게도 연결된다.

Ⅳ. 맺음말

일반적으로 최치원은 유학자이면서 대문장가로 알려져 있다. 그러나 그가 남긴 현전하는 자료를 보면 『계원필경집』을 제외하고는 의외로 불교 관련자료가 많은 편이다. 이에 최치원의 불교인식에 대해 주목하게 되었으며, 그런 중에 불교를 이해하는 그의 태도가 변화한 것은 없었는지 궁금할 수밖에 없었다. 앞서 살핀 바를 종합하면서 맺음말로 대신한다.

최치원의 사상적 경향은 儒學으로 출발하였으나 唐에 유학함으로써 儒·佛·道 三敎에 대한 폭넓은 이해를 가지게 되었다. 이 시기 그는 어느 특정 불교사상에 집착했다기보다 다양한 내용을 접했던 것 같다. 물론 그는 불교에 신앙적으로 경도되어 있지 않았을 뿐만 아니라 그가 이해한 불교내용도 극히 초보적인 인식수준을 벗어나지 못했던 것으로 보인다. 그의 삼교병행론도 이러한 분위기에서 가능했다고 보아지며, 이는 당시 당의 사상적인 경향과도 무관하지 않았을 것이다.

그는 당시 당의 삼교병행론에 많은 영향을 받았지만, 귀국 후에 신라에서 전통적 기반을 갖고 있던 玄妙之道 곧 風流道를 이들 삼교를 포괄하는 사상체계로 인식하였다. 곧 풍류도를 상위개념으로 인식하였다. 그리고 이에서 더 나아가 당시 신라에 새로이 수용·정착해 가던 禪思想을 바로 玄妙之道로 인식하였다. 선사상을 가장 우위의 사상으로 인식한다고 해서 유학과 도교, 불교교학을 몰각한 것은 아니었다.

최치원의 이러한 사상적인 경향도 그가 관직에서 물러나 해인사로 은거한 이후는 화엄사상에 몰입하는 경향을 보였다. 그가 이 시기에 남긴 해인사 관련 기문과 화엄종 역대조사의 전기, 특히 『법장화상전』은 이러한 경향을 말해 준다. 그가 화엄사상에 사상적으로 심취하는 것과 병행하여 신앙에도 깊은 열의를 가진 점은 주목된다. 이 시기 최치원은 불교사상을 단순히 이해하는 문장가로서의 단계를 뛰어 넘어 불교를 신앙으로 체득하고 실천하는 사상가로서의 단계로 접어들었다고 할 수 있다. 그가 법장의 전기를 찬술하면서도 법장의 행적 중 특히 신이를 강조하는 태도를 보인 점은 그러한 사정을 잘 말해 준다.

그러면 최치원이 만년에 화엄사상에 몰입하고 신앙적으로 깊이 심취했을 뿐 아니라 화엄종의 정통성을 강조하기 위하여 역대조사들의 전기를 저술한 것은 어떻게 해석해야 할까. 후대의 평가에서 불교에 심취한 그의 태도를 비판하는 글도 많지만, 결국 최치원은 신라 말의 난세에서 불교라는 틀 속에 자신을 맡길 수밖에 없었던 지식인이었다고 할 수 있다. 곧 새로운 변화에 적극 동참하였다기보다 기존의 전통적인 기반을 회복하는 방향으로 그 자신을 맡겼던 인물이라 하겠다.

나말여초 전환기와 경순왕

김복순*

目　　次

Ⅰ. 머리말

경순왕은 신라 말 고려 초라는 전환기에 살면서 신라의 마지막 임금으로 고려에 귀부하였다. 그는 당시의 혼란스러운 정국에 처하여 정통 왕조의 향방을 어떻게 정하는 것이 옳은 것인가 하는 선택의 기로에 놓여 있었다. 결국 고려로의 항복이라는 치욕스러운 길을 택하게 됨으로써, 한편으로는 일신의 안위를 꾀하였다는 비판을 받기도 하고, 한편으로는 자신과 신하들, 신라문화를 보존시킨 측면에서 긍정적인 평가를 받고 있기도

* 동국대 국사학과 교수

하다. 근래 신라의 귀부과정 등 후삼국을 둘러싼 정국에 대한 연구가 잇달아 나옴으로써 경순왕에 대한 이해를 한층 높일 수 있게 되었다.

본고는 신라 말의 정국과 지식인 동향을 중심으로 나말려초의 전환기를 살펴보고, 경순왕이 즉위하게 된 배경과 고려로 귀부하는 과정을 후삼국의 정국 속에서 정리해 보고자 한다. 그리고 경순왕 귀부가 가지는 역사적 평가에 대해서도 간략히 언급해 보도록 하겠다.

II. 신라 말의 정국과 지식인 동향

나말여초의 전환기는 신라 진성여왕 3년(889) 상주지방에서 일어난 농민반란을 시점으로 해서 고려의 집권체제가 정비되는 성종 대(981~997)까지의 100여년을 말한다. 여기서는 주로 신라 하대의 정국과 지식인 동향에 한정하여 살펴보고자 한다.

9세기 신라는 왕도와 지방이 점차 분리되어 가는 징후들을 나타내었다. 그것은 왕도의 번영과 사치에 따른 지방사회의 위축을 그 이유로 보고 있다.[1]

신라왕으로서는 처용으로 대변되는 동해안 지방 세력을 왕도에 데려와 벼슬을 주고 왕정을 보좌하게 하는 등 포섭정책을 펴기도 하였지만, 결국 실패로 돌아가고 왕도와 지방은 점차 괴리되는 현상이 나타나게 되었다.[2]

특히 헌강왕이 포석정과 금강령으로 놀러 갔을 때 남산신 · 북악신이

---

1) 이기동, 2005. 8, 「9세기 신라사 이해의 기본과제 -왜 신라는 농민반란의 일격으로 쓰러졌는가?-」, 『신라문화』 26, 9쪽.
2) 이우성, 1969, 「삼국유사 소재 처용설화의 일분석 -고려 기인제도의 기원과의 관련에서-」, 『김재원박사회갑기념논총』, 89~127쪽.

나와 춤을 추었고, 지신인 地伯 級干 역시 출현하여 춤을 추었는데, 이때 산신이 "지혜로써 나라를 보살필 자는 시세를 알아서 많이 도망해 가버리고 도시는 장차 파멸이 된다"는 뜻의 智理多都波都波라는 노래를 불렀다. 지신과 산신은 나라가 장차 망할 줄 알았으므로 춤을 추어 경계하게 하였지만 국인이 깨닫지 못하고 도리어 상서가 나타났다고 하여 더욱 오락에 탐닉한 것이다.

민중의 소리라 할 수 있는 '지리다도파도파'의 현상은 신라 하대의 6두품 지식인의 동향에서 확연히 나타나는데, 낭혜화상과 최치원, 그리고 왕거인 등을 대표적인 인물로 거론할 수 있다.

낭혜화상은 진골에서 族降하여 得難인 6두품이 된 선사 무염이다. 그는 중국 유학승 출신으로 귀국 후 정강왕과 진성여왕의 國師를 지내 양조국사로 불리는 인물이다. 그는 정치의 요체를 묻는 왕에게 "능력있는 이를 관인으로 쓰라"는 能官人 정책을 자문해 준 것으로 유명한데,[3] 실행이 어려운 것을 알고 성주사에서 생을 마친 선사이다.

최치원은 당에서 귀국 후 중앙에서 개혁에 힘쓰려다가 시기하는 이들에 의해 외직으로 밀려난 6두품 문한관이다. 그는 지방의 태수 직을 맡아 민생에 힘쓰다가 마지막으로 시무10여조를 찬진하고는 결국 해인사로 은거해 버렸다.[4] 그는 많은 외교문서와 선사비명, 승전 등을 저술한 문인 유학자로, 지혜로 나라를 다스릴 수 있는 자였다.[5]

왕거인은 이름난 문인이었지만 조정에 출사할 뜻을 잃고 대야주에 숨

---

3) 전미희, 1989, 「신라 경문왕·헌강왕대의 능관인 등용정책과 국학」, 『동아연구』 17, 45~59쪽.

4) 김복순, 1987, 「최치원의 법장화상전 검토」, 『한국사연구』 57, 1~24쪽.

5) 전기웅, 1987, 「나말여초의 지방사회와 지주제군사」, 『경남사학』 4, 32~33쪽. 나말 지방세력의 등장과 관련하여 최치원은 지방대책을 시무책의 일환으로 제시하였을 것으로 추측하고 知州諸軍事로 나타났을 것으로 추정하고 있다.

어살고 있었다. 그가 갑자기 붙잡혀 와서 처형까지 당하게 되었다. 죄목은 "南無亡國 刹尼那帝 判尼判尼蘇判尼于于三阿干 鳧伊娑婆訶"라는 '여왕과 두 소판, 부호부인이 나라를 망친다'는 뜻의 비방하는 글을 거리에 붙인 장본인이라는 것이었다. 그는 너무나 분하고 원통하여 "于公이 통곡하자 3년이나 가물었고, 鄒衍이 비통함을 머금으니 5월에 서리가 내렸도다. 지금 나의 깊은 시름 돌아보매 옛일과 같은데, 하늘은 말없이 맑게 개어 푸르기만 할 뿐인가"라는 시를 써서 감옥의 벽에 붙였다. 그 날 저녁에 갑자기 구름과 안개가 덮이고 벼락이 내리치면서 우박이 쏟아졌다. 왕이 두려워 왕거인을 풀어주고 돌아가게 하였는데, 당시 신라 조정이 지식인을 대하는 현주소를 보여주는 사건인 것이다.[6]

널리 알려진 바와 같이 진성여왕은 즉위하자 곧 대사면과 주현의 조세 면제를 통해 민심을 안정시키고 이듬해에는 향가집 『삼대목』을 편찬하였다. 그러나 3년(889)에 접어들면서 국고가 고갈되자 조세를 독촉하게 되었다. 구체적으로 사신을 보내 재촉을 하자, 원종과 애노가 상주에서 반란을 일으킨 것을 계기로 전국에서 우후죽순처럼 반당들이 생겨나 이들은 점차 궁예와 왕건, 견훤으로 정리되면서, 후삼국기가 시작되었다.

궁예는 초적들의 무리를 모은 賊黨을 주요기반으로 성립된 정권으로 보고 있다. 그는 개인적으로 신라왕실에 대한 원한과 함께 고구려 계통의 유민에 영합할 필요 등에서 신라타도를 내세워 세력을 키워나갔다. 견훤은 신라 군인 출신으로 지방반란세력과 초적. 해적을 통합하면서 군사력의 우세를 가지고 세력을 확장하였다. 특히 정치와 외교에서 기민한 수단을 보인 것으로 평가되고 있다. 반면 왕건은 토착호족세력 출신으로 궁예가 쌓아 놓은 기반 위에서 출발하였으나, 새로운 질서를 향해 나아가려는

---

6) 『삼국사기』 권 11, 진성왕 2년.

의지를 표명하고 인심귀복을 위한 노력을 보여 중세를 지향하려는 모습을 나타낸 것으로 보기도 한다.[7]

후삼국기는 세력 확장을 위해 서로 간에 끊임없는 전투가 벌어지기도 하였지만, 각 국은 인심귀복을 위해 신망있는 지식인들을 초치하기도 하였다. 특히 신라 하대부터 많은 선승들의 귀국이 있었다. 그것은 중국의 會昌(841~846) 연간에 일어난 廢佛과 깊이 연관되어 있었다. 당의 무종은 20만이 넘는 승려들을 환속시켰을 뿐 아니라, 외국인 승려들을 본국에 돌아가도록 조칙을 내린 것이다. 이에 많은 중국 유학승들이 신라로 돌아오게 되었고, 이들은 거의 지방의 사원에 거주하였다. 다만 이들 가운데 명망이 높아 많은 이들이 찾는 선승들은 국왕이 국사로 임명하거나 초청하여 법문을 듣고 정치의 요체를 묻는 정도였다. 이들은 신라에서 선종이 부흥하도록 하기 위해 신라 왕실과의 관계를 중시하였으나, 점차 신라의 운명을 감지하고 왕경에 머물기 보다는 되도록 자신이 머무는 사찰로 돌아가기를 원하였다.

한편 이들은 지방에 거주하면서 지방호족들의 福田이 되어 주기도 하였다. 도선과 같은 이들은 신라 왕도만이 명당이 아니라 寺塔을 세워 좋지 않은 기운을 누르거나 보완하면 명당이 될 수 있다는 裨補寺塔說을 제기하여 전국의 많은 곳이 명당임을 역설하여 호족들이 자립할 수 있는 사상적 근거를 마련해 주었다.[8] 이른바 지방의 기운이 점차 수도를 압박할 정도로 성장해 나갈 정당성을 찾게 된 것이다.

견훤과 왕건 역시 중세적 지성이라 할 수 있는 6두품 출신의 문인들과

---

7) 김철준, 1970, 「한국 고대사회의 성격과 나말여초의 전환기에 대하여」, 『한국사시대구분론』, 45~46쪽.
8) 최병헌, 1975, 「도선의 생애와 나말여초 풍수지리설 −선종과 풍수지리설의 관계를 중심으로 하여」, 『한국사연구』 11, 142~143쪽.

새로운 사회로의 변화를 원하는 선사들을 모셔갔고, 이들은 새로운 지배이념을 제공하였다.

그러나 1000년 가까이 정통왕조로서의 영예를 지켜 온 신라에도 많은 선사들이 왕명으로 수도를 방문하여 국정을 자문하였다. 신라왕들은 최치원과 같은 문인들에게 이들의 비명을 짓게 하였다. 선사들은 지방의 사원에 거주하면서 민심순화와 인심귀복에 힘씀으로써 쓰러져가는 왕조를 지탱해 주었다.

Ⅲ. 경순왕의 즉위 배경

경순왕은 문성왕의 후손인 진골귀족으로 이찬 효종의 아들이다. 어머니는 헌강왕의 딸로 효공왕의 누이동생인 계아 태후이다. 그러나 경순왕은 태자로서 순조롭게 왕위에 오른 인물이 아니다. 엄밀히 말하자면 賊徒라 할 수 있는 견훤에 의해서 전 왕과 왕비 등이 시해되고 꼭두각시 왕으로 즉위한 것이다. 그렇다고 해서 그가 왕이 될 자격이 없는데 왕이 되었다는 것은 아니다.

본 절에서는 그의 즉위 배경과 관련된 연구사를 정리해 보고, 후삼국의 역학관계 속에서 경순왕의 즉위를 살펴보도록 하자.

경순왕의 즉위 배경에 관련된 연구사는 주로 견훤의 신라 왕도 침입사건을 어떠한 시각에서 보는가에 따라 상반된 견해가 노정되어 있다.

하나는 견훤이 신라에 대한 적대감에서 왕경을 급습하여 포석정에서 주연을 베풀고 오락을 즐기던 경애왕을 시해하고 김부를 경순왕으로 세웠다는 것이다.

또 하나는 김효종을 제치고 왕위에 오른 신덕왕 시절부터 재기를 꿈꾸던 김씨 진골세력이 군사력의 열세를 모면하기 위해 견훤세력을 끌어들여 경애왕을 시해하고 김부를 왕위에 앉힌 것으로 보는 입장이다.[9]

후자의 경우 후백제 견훤을 연구하는 측면에서 본 시각이다. 견훤의 신라 침입의 명분을 신라 왕실의 내분 즉 김씨 왕이 아닌 박씨 왕의 등장에 따른 분열과, 경애왕이 국상 김웅렴을 통해 고려와 연결하려고 한 사실을 들어, 박씨 왕인 경애왕의 정통성에 문제를 제기하고 있던 김씨 진골세력들의 불만을 이용, 친고려 정책을 펴고 있던 경애왕을 제거하기 위해 경주로 쳐들어 간 것으로 본 것이다.[10]

그러나 전자의 입장에서 후자의 견해에 대해, 나라의 명운이 위태로운 상황에서 외세를 끌어들였다는 주장에 대한 회의와 박씨와 진골 김씨의 대립은 추론에 불과하다는 점, 경순왕의 친고려 정책을 들어 반박하고 있기도 하다.[11] 또한 경애왕의 지나친 친고려정책이 후삼국의 불균형을 가져왔으므로, 견훤은 고려와 신라의 연합관계를 타파하고 후삼국의 주도권을 장악하기 위해 군사력이 약한 신라를 침입한 것으로 보고 있다.[12]

다음은 후삼국의 정치적 상황과 대외관계에 대해 살펴보도록 하겠다. 먼저 신라와 궁예와의 관계이다. 신라의 효공왕은 후사가 없었으므로, 경순왕의 아버지인 김효종이 유력한 왕위계승자였으나, 모종의 암투와 책략을 구사한 것으로 알려진 박씨 계의 신덕왕이 뒤를 이어 즉위하였다.[13] 결국 김효종은 왕위계승에서 신덕왕에게 밀렸고, 경명왕에 이어 경애왕으로까지 박씨 왕이 이어지게 되었다.

---

9) 조범환, 1991, 「신라 말 박씨왕의 등장과 그 정치적 성격」, 『역사학보』 129, 17~20쪽.

10) 신호철, 1993, 『후백제 견훤정권 연구』, 116~118쪽.

11) 김갑동, 1994, 「신라의 멸망과 경주세력의 동향」, 『신라문화』 10 · 11, 152~154쪽.

12) 음선혁, 1997, 「신라 경순왕의 즉위와 고려 귀부의 정치적 성격」, 『전남사학』 11, 121~126쪽.

13) 조범환, 1991, 앞의 논문, 17쪽.

김효종은 젊어서 화랑으로써, 그를 따르던 1천여 낭도집단을 거느렸던 효종랑이었다. 그는 효녀 지은의 일로 곡식을 모아주기도 하였는데, 진성 여왕이 이 일을 알고 곡식 500석과 집 한 채를 하사한 일이 있었다.[14] 그런데 그는 효공왕 대에 시중으로 활동한 것으로 나타나고 있어 정치적, 군사적, 경제적인 역량이 있었으며, 이는 곧 사병을 거느릴 수 있는 세력 을 가진 것임을 알려주고 있다. 왕위계승에서 밀려나기는 하였지만 김효 종에게는 아들인 김부가 있었고, 김씨계는 여전히 고위관직에 있으면서 국정을 좌우하고 있었던 것이다.

궁예는 900년 충주, 청주, 괴산 등으로까지 세력권에 넣으므로써 후백 제, 신라와 경계를 접하면서, 새로운 지배세력으로 등장하였다.

1) 궁예가 병사를 몰아 우리의 변방 읍을 침탈하며 죽령 동북쪽에 이르렀다.
   왕이 강역이 날로 줄어든다는 소식을 듣고 매우 근심하였으나, 막아낼 힘
   이 없었다. 여러 성주에게 명하여 조심하여 나가 싸우지 말고 튼튼히 지키
   도록 하였다.[15]

그는 신라 왕실 출신이었으나, 버림받아 애꾸가 되는 등 갖은 고초를 겪은 까닭에, 부석사에 있던 신라왕의 초상을 칼로 내려치기까지 하였다. 신라는 효공왕 이래 궁예와 적대관계에 있었음을 아래의 사료가 잘 보여 주고 있다.

2) 善宗이 강성함을 자만하여 병탄하려는 뜻이 있어 나라사람들로 하여금 신

---

14) 『삼국사기』 권 48, 「효녀 지은」.
   『삼국유사』 권 5, 「빈녀양모」.
15) 『삼국사기』 권 12, 효공왕 9년 8월.

라를 멸도라고 부르게 하고 무릇 신라로부터 오는 사람들은 모두 주살하였다병사를 몰아 우리의 변방 읍을 침탈하며 죽령 동북쪽에 이르렀다. 왕이 강역이 날로 줄어든다는 소식을 듣고 매우 근심하였으나, 막아낼 힘이 없었다.[16)

   3) 궁예가 태조에게 명하여 정기장군 금식 등을 거느리고 병사 3,000명을 통솔하여 상주 사화진을 공격하게 하였다. 견훤과 더불어 여러 차례 싸워 그를 이겼다. 궁예가 국토가 넓어지고 병사와 말이 점차 강성해지므로 병탄하려는 뜻으로 신라를 멸도라 부르게 하고 신라로부터 내부하는 자는 아울러 모두 죽였다.[17)

상주전투에서 승리한 궁예는 이때부터 상주를 근거지로 하여 신라를 병탄할 뜻을 갖게 되었다. 그리고 그가 택한 정책은 滅都 정책으로 불리는 반신라 정책이었다. 재미있는 사실은 궁예가 金德의 신라를 대신할 왕조가 태봉이라는 의미에서 水德을 표방하였다는 것이다.[18) 이는 궁예가 멸도정책을 통해 백성들에게 반신라적 성향을 고양시키고 수덕만세라는 연호를 채택하여 태봉이 신라를 대신할 나라라는 것을 널리 알린 것이다. 신라로서는 궁예에 대해 수성책 외에는 별다른 방도를 찾지 못하고 당하고 있었음을 알 수 있다.

   다음으로 신라와 견훤과의 관계를 보면, 그는 신라의 비장 출신으로, 자신을 "新羅西面都統 指揮兵馬制置持節都督 全武公等州軍事行全州刺史"로 칭하였다. 신라의 지방을 통치하는 지방관임을 표방한 것이다. 후에 후백제왕을 자칭했을 때나 중국이나 일본과의 외교에서 이러한 신라의 지방관 지위를 그대로 사용하였다. 925년 후당으로부터 받은 "持節都督 全武

---

16) 『삼국사기』 권 50, 궁예전.
17) 『고려사』 권 1, 태조 1.
18) 최병헌, 1978, 「고려시대의 오행적 역사관」, 『한국학보』 13, 일지사, 33~34쪽.

公等州軍事行全州刺史 海東西面都統 指揮兵馬制置"[19] 역시 신라의 지방관으로서의 명칭이었다.

그가 927년 12월, 고려에 보낸 서신에 보면, 신라에 대해 "존왕의 의를 두터히 하고 사대의 정을 깊이 하였다"고 하여 신라를 군신관계의 예로 우대하고 있음을 나타내고 있다. 견훤은 군사적인 우세에 있으면서도 신라에 대해서는 존왕의 예를 취한 것이다.[20] 이러한 점 때문에 신라에서는 견훤을 반적으로 취급하여 일체의 사절을 보내지 않은 것으로 보기도 한다.[21]

신라는 경명왕(917~923)과 경애왕(924~926)이 재위해 있는 동안 고려가 건국이 되자, 신라는 후백제의 위협에 대한 대처를 위해 신라에 관후한 태도를 보이는 고려에 대해 사신을 보내는 등 우호적 성향을 보이고 있었다. 이와 함께 후당과의 외교관계를 강화하여 위하여 사신을 파견하기도 하였다.

경명왕과 경애왕은 견훤을 반적으로 취급한 반면, 고려에 대해서는 옛 고구려 지역에서 일어난 고구려를 이은 후예로 보고 한 국가로서 대우하였기 때문에 국가적 차원에서 사신을 보냈다는 것이다.[22]

고려 역시 신라와의 관계를 관후한 친신라 정책으로 돌림으로써, 내륙 지역에서 죽령 남쪽 일원에 머물러 있던 남쪽 경계를 아직 신라의 영향력이 남아 있던 경상도 일원으로 확대하고자 하였다.

경명왕은 4년인 920년에 처음으로 고려에 사신을 보내었다. 고려를 국가로서 인정하고 친교를 원한 것이다. 경명왕은 견훤과 왕건 사이에 사신이

---

19) 『삼국사기』 권 50, 견훤전.
20) 신호철, 1993, 『후백제 견훤정권 연구』, 106~109쪽.
21) 김갑동, 1994, 앞의 논문, 154~155쪽.
22) 김갑동, 1994, 위의 논문, 155~158쪽.

왕래하는 것에 대해 불안을 느꼈을 것이며, 김효종-김부의 반대세력이 있었던 사실로 인해 더욱 힘든 상황이었을 것이다. 이에 안으로는 김씨 왕족으로부터의 왕권에 대한 도전을 봉쇄하고 견훤과 고려가 밀착하는 것을 타개하기 위해 고려 왕건에 접근하여 고려와의 동맹을 맺은 것이다.

경명왕의 고려와의 화친관계는 후백제를 자극하였고, 이에 따른 경명왕 4년 견훤의 대야성과 진례성 침입은 오히려 고려와 신라의 관계를 더욱 밀착시키는 결과를 가져오게 되었으므로, 이후 견훤의 대신라 정책은 변화를 가져올 수밖에 없는 정국으로 치닫게 된 것이다.[23]

경명왕의 뒤를 이은 경애왕 역시 왕건에게 사신을 보내는 등 친고려 정책은 지속되었다. 그러나 견훤군과 왕건군이 군사적으로 대립하게 되면서 고려 측이 밀리자, 왕건은 견훤에게 화해를 청하여 상부라 칭하고 조카 왕신을 인질로 보내었다. 견훤도 조카 진호를 고려에 보내 서로 간에 화친하게 되었다. 이에 경애왕은 크게 당황하여 고려에 사신을 보내어 견훤은 이랬다저랬다 거짓이 많으니 화친할 수 없다고 하였다. 또한 조카 진호가 죽은 사실을 안 견훤이 웅진으로 진격하여 고려를 치자, 왕건이 성문을 닫고 수비를 명하였다는 소식을 들은 경애왕은 견훤과 싸울 것을 주장하는 사신을 고려에 파견하기도 하였다.[24] 이에 더하여 927년 왕건이 후백제 용주를 치자, 경애왕이 직접 군대를 보내기까지 하였다.

이러한 경애왕의 행보는 견훤을 자극하였고, 결국 견훤을 왕경으로까

---

23) 『삼국사기』 권 12, 경명왕 4년 10월 ; 『고려사』 권 1, 태조 3년 10월 경명왕이 고려에 구원을 요청하자, 고려는 신라에 친선 사절을 파견하여 교빙하고 김율을 구원사로, 견권을 달고적 섬멸의 장군으로 파견하여 신라를 도와주었다. 이에 앞서 후백제는 고려에 사신을 보내 공작선과 지리산 죽전을 선물하여 고려의 묵인을 요구하였으나, 고려가 신라 편을 들자 이때부터 후백제와 고려는 외교적인 틈이 생긴 것으로 되어 있다.
24) 『삼국사기』 권 12, 경애왕 3년 ; 『고려사』 권 1, 태조 9년(926).

지 불러들이는 결과를 초래하였다.[25] 고려와의 동맹을 강화하여 견훤정권을 말살시키려 한 것이 오히려 견훤의 침공을 받아 목숨까지 잃고 만 것이다.

> 4) 9월에 견훤이 근품성을 공격하여 소각하고 나아가 신라 高鬱府를 습격하였으며 신라 서울 가까이까지 육박하였다. 신라왕이 연식을 보내 구원을 청하였다. 왕이 시중 공훤, 대상 손행, 정조 연주 등에게 말하기를, "신라가 우리와 친선한 지가 이미 오래 되었다. 지금 신라가 위급한 지경에 처하였으니 구원하지 않을 수 없다"라 하고 공훤 등에게 군사 1만 명을 거느리고 가서 구원하게 하였다. 이들이 채 도착하기 전에 견훤이 신라 서울로 불의에 쳐들어갔다. 그때에 신라왕은 왕비, 궁녀, 종실들과 함께 포석정에 나가 연회를 차려 즐겁게 놀고 있었는데 갑자기 적병이 왔다는 소식을 듣고 창졸간 어찌할 바를 몰랐다. 왕은 부인과 함께 달아나서 성 남쪽 별궁에 숨어 있었다. 시종한 신하들과 악공(악사)들과 궁녀들은 다 붙들렸다. 견훤은 군사들을 놓아서 약탈을 마음대로 하게하고 자신은 왕궁에 들어앉아서 측근자들로 하여금 왕을 찾아서 군사들 가운데서 협박하여 자살하게 하였으며 자기는 왕비를 강간하고 그 부하들을 시켜서 궁녀들을 간음하게 하였다. 그리고 신라왕의 외종제 김부를 왕으로 세우고 왕의 아우 효렴과 재상 영경 등을 포로로 잡아 자녀들과 각종 장인들과 병기, 보배들을 모조리 약취하여 가지고 돌아갔다.

경애왕을 제거한 견훤은 곧바로 경애왕의 이종 사촌동생인 김부를 경순왕(927~935)으로 옹립하였다. 견훤은 고려와 결탁해 온 신라의 정책 기조를 바꾸고자 경애왕과는 반대 정파인 김부를 경순왕으로 옹립한 것이다.

견훤에 의해 즉위한 경순왕은 아버지 김효종을 대신해서 찾은 왕권을

---

25) 『삼국사기』 권 12, 경애왕 4년 동11월.

유지하기 위해, 경애왕의 동생 효렴과 재상 영경을 후백제로 데려가게 하였다. 경순왕으로써는 이들이 난을 일으킬 가능성을 차단하고, 박씨 정권과 밀접하였던 세력을 배제하고자 한 것이었다. 고려와의 관계가 묵시적으로 멀어지게 된 것을 의미한다고 할 수 있다.[26]

> 5) 왕이 이 소식을 듣고 크게 노하여 사절을 시켜 조문과 제사를 치르게 하고 친히 정예 기병 5천을 거느리고 公山 桐藪(대구)에서 견훤을 맞아 큰 싸움을 진행하였는데 형세가 불리하게 되었다. 견훤의 군사가 왕을 포위하여 사태가 매우 위급하였다. 고려 대장 신숭겸과 김락이 힘을 다하여 싸우다가 희생되고 각 부대들은 패배를 당하였으며 왕은 겨우 몸만 피하였다. 견훤은 승리한 기세를 타서 大木郡(경북 안동)을 탈취하고 전야에 쌓인 곡식들을 모조리 불살라 버렸다.[27]

견훤의 침입으로 경애왕이 살해되자, 왕건은 사절을 보내고 弔祭하고, 친히 정예 기병 5,000을 이끌고 출동하여 公山에서 견훤군과 대적하다가 대패하여 장수를 잃고 겨우 살아 돌아간 것을 위의 기록이 잘 전해주고 있다. 고려로서는 신라를 확보하기 위해 크나큰 희생을 감수하고 후백제와 결전을 한 것이다.

견훤이 신라 왕도를 장악한다는 것은 고려가 신라 지역으로 확장해 나아가는데 커다란 위협이 될 것을 의미하기 때문이었다.

---

26) 조범환, 1994, 「신라 말 경순왕의 고려 귀부」, 『이기백선생 고희기념논총』 상, 409쪽.
　　조범환, 2000, 「고려 태조 왕건의 대신라정책」, 『고문화』 55, 117쪽.
27) 『고려사』 권 1, 태조 10년.

IV. 경순왕의 고려 귀부

후백제 견훤에 의해 옹립된 경순왕은 한동안 중립적인 관망의 태도를 취하고 있었던 듯하다.

후백제는 동진정책으로 상주, 안동으로 진출하고, 고려는 남진정책으로 상주, 합천, 진주로 연결되는 선을 확보하려 했으므로 이 둘의 접점인 경상북도 북부지방에서 자주 전투가 일어난 것이다. 소백산맥 너머의 신라를 누가 차지하느냐에 따라 후삼국의 판도가 정해지는 결정적 요인으로 작용하기 때문이다.

물론 신라는 국력이 극도로 쇠퇴하여 경주일원에서 겨우 연명해 가는 처지였으나, 백제와 고구려를 합한 통일왕조로서의 명분이 있었다. 실제로 신라는 큰 힘을 갖고 있지는 못하였지만, 상징적인 지위가 높아 신라·후백제·고려의 관계는 마치 왕실과 제후의 관계와 같았던 것으로 보고 있다.[28] 이러한 현실은 정통왕실 신라의 지지를 얻는 것이 인심귀복에 심대한 영향을 준다는 판단에서 고려는 신라에 대한 적극적인 회유책을 실행시킨 것이다.

고려는 신라에 대해 강·온 양면책을 구사하면서 신라가 고려에 의지해 오도록 작전을 구축해 나갔다.

우선 고려는 군사적 영향력을 점차 신라 주위로 확대해 나갔다. 경순왕 3년 고려 태조 13년인 930년 古昌(안동)전투에서 대승을 거두자, 신라 동쪽의 연해 주군 부락이 모두 고려에 항복하였다. 명주에서 흥례부(울주)

---

28) 하현강, 1974, 「고려 왕조의 성립과 호족 연합정책」, 『한국사』 4, 국사편찬위원회, 59쪽.

에 이르기까지 110개성이었다. 경상도 동해안 방면에서의 지배권 확립을 의미하는 것이었다.

한편으로는 온건책도 구사하였는데, 고려가 승전을 알려오자 사태가 고려 쪽으로 기울었음을 인식하게 된 경순왕은 회답사를 보내면서 처음으로 만나기를 청하였다. 그러나 왕건은 이듬해 2월 신라에서 다시 태수 겸용을 보내어 만나기를 청하자, 50여 기병의 군사만 거느리고 왕도를 방문하였다. 고려는 신라의 침입자가 아니라 도와주는 보호자임을 강조하려는 것으로, 왕건의 고도의 외교술이었던 것으로 평가받고 있다.[29]

이때 태조 왕건은 3개월간이나 신라 왕도에 머물면서 신라왕과 태후, 대신들에게 많은 선물을 하고 돌아갔는데,[30] 신라의 군신들이 마치 부모를 대한 것 같다는 칭송을 들었다 한다. 고립된 왕도의 재정궁핍을 어느 정도 해결해 주었을 것이므로 경순왕 역시 친고려 쪽으로 가닥을 잡은 것으로 보인다.

그러나 결국 이 사건으로 천년 왕조 신라와 고려는 그동안의 군신관계가 뒤바뀌게 되는 결정적인 계기가 된 것이다. 경순왕은 4촌 동생인 裕廉을 고려에 인질로 보내고, 태조 왕건은 경순왕에게는 금삼과 안장달린 말을 주고, 신라의 신하들에게 綵帛을, 軍民들에게는 차와 복두를, 승려들에게는 차와 향을 각각 차등있게 하사한 것은[31] 이를 일러주는 극명한 시례라 하겠다.

후백제로서는 이러한 사태를 방관할 수 없었으므로, 경순왕 7년인 933년에 혜산성, 아불진 등으로 쳐들어 왔다. 이미 기선을 장악한 고려로서는 매우 적극적으로 신라를 원조하였는데, 의성부를 지키고 있던 정남대

---

29) 김갑동, 1994, 앞의 논문, 158쪽.
30) 『고려사』 권 2, 태조 14년 5월.
31) 『고려사』 권 2, 태조 14년 8월.

장군 유금필로 하여금 장사 80명을 거느리고 가서 후백제통군 신검을 물리치고 신라 왕도에 들어가 진무하게까지 하였다.

고려의 적극적인 강·온 양면으로의 공세에도 불구하고 신라는 쉽게 후백제나 고려로 기울어지지 않은 듯하다. 그것은 932년에 후당에 사신을 파견한 경순왕의 태도로 판단해 볼 수 있다.[32]

하지만 고려에서도 이 해 11월에 왕종유를 후당에 파견하였다.[33] 신라의 사신 파견에 이어 고려도 사신을 파견하였다는 것은 신라를 견제하고자 하는 고려의 의도가 있었을 것인데, 실제 후당에서는 고려 태조만 검교태보로 삼고 고려국왕에 책봉하였던 것이다.[34] 신라는 국제적으로도 이미 고려에 우선권을 빼앗긴 것을 의식하게 되었고, 외교전에서 신라를 이긴 고려는 대내외적인 자신감을 얻고 신라를 병탄하려한 것으로 보여진다.[35]

실제 신라는 신라의 멸망이 가까워 오면서 이에 대한 대처방안들을 논의하였을 가능성이 크다. 그것은 궁예의 멸도정책에 따른 견훤과의 연합, 왕건의 즉위에 따른 친고려 정책으로 인한 견훤의 내침, 그리고 왕건의 회유와 항복권유 등의 압박에 따른 것일 것이다. 이에 신라조정에서는 532년 신라로 항복해 온 금관가야의 예가[36] 거론되었을 가능성이 크다고 생각된다. 문제는 시기를 어느 때로 잡아야 하는가의 선택이 있었을 뿐으로 생각된다. 이 선택을 해야 할 시기는 엉뚱한 곳에서 영향을 끼쳐 왔다. 후백제 견훤이 고려에 내부해 온 것이다.

---

32) 『삼국사기』 권 12, 경순왕 6년 4월.

33) 『고려사』 권 2, 태조 15년.

34) 『고려사』 권 2, 태조 16년.

35) 이종섭, 1989, 「오대의 고려에 대한 인식」, 『이화사학연구』 33, 30~31·33~37쪽.
　　조범환, 1994, 앞의 논문, 122~123쪽.

36) 『삼국사기』 권 4, 법흥왕 19년.

후백제는 고려와의 대결에서 고려 쪽으로 전체적인 대세가 기울어지는 듯이 보이자, 견훤은 고려에 타협적인 태도를 취하려 하였다. 그러나 신검 등은 고려에 대해 강경책을 견지하였기 때문에, 견훤은 제4자 금강에게 왕위를 물려주려 하였다.

6) 봄 3월에 견훤의 아들 神劍이 자기 아버지를 金山寺에 감금하고 아우 金剛은 죽여 버렸다. 처음에 견훤의 첩들이 많아 아들 10여 명을 두었는데 그 중에서 네째 아들 금강이 키가 크고 지혜가 많았으므로 견훤이 특히 그를 사랑하여 자기 자리를 그에게 전하려고 하였었다. 형들인 신검, 良劍, 龍劍 등이 그 눈치를 알고 고민에 싸여 있었다. 이때에 양검과 용검은 외방에 나가 군무에 종사하였고 신검이 홀로 자기 아버지의 곁에 있었는데 이찬 能奐이 사람을 시켜 양검, 용검과 음모를 꾸며 신검에게 반란을 일으킬 것을 권하였다.[37]

장자 신검 등이 견훤을 금산사에 유폐하고 스스로 왕위에 오른 사건이 일어나게 되면서 후백제는 내분의 와중에 휘말리게 되었다.[38] 견훤은 유폐 3개월 만인 여름 6월에 금산사를 벗어나 고려에 귀순하였다. 태조 왕건은 견훤의 귀부에 대광 만세와 장군 유금필을 비롯하여 원보인 향예, 오담, 능선, 충질 등 고려의 고위관료들을 대거 해로도 보내 견훤을 맞이하였을 뿐 아니라 그를 상부라 칭하고 궁궐을 주어 살게 하였고, 지위는 백관의 가장 높은 자리에 있게 하였다. 또 양주를 식읍으로 주어 경제적인 기반을 마련해 주었고, 金帛과 노비 각 40구, 마 10필을 하사하였고, 후백제 사람인 신강으로 하여금 견훤의 아관으로써 그를 보필하게

---

37) 『고려사』 권 2, 태조 18년.
38) 박한설, 1978, 「후삼국의 성립」, 『한국사』 3, 국사편찬위원회, 649~650쪽.

하였다.

이 사건은 신라에 매우 큰 충격을 준 것으로 생각된다.

경순왕으로서는 이제 시기를 선택해야 하는 중요한 시점에 있었다. 후백제가 완전히 항복하기 전에 대우를 받으면서 고려로 가야하는 擇時의 순간이 다가오고 있었다. 아마도 왕건은 견훤을 통해 신라 경순왕의 고려 귀부를 종용했을 가능성이 높은 것으로 보는 견해도 있다. 그것은 견훤이 왕건의 극진한 대우에 대한 보답 차원에서 경순왕의 귀부에 일정한 역할을 하지 않았을까 보고 있다.[39]

결국 견훤이 고려로 가고 나서 4개월 만인 10월에 경순왕은 김봉휴를 사신으로 보내 고려로 들어가겠다는 뜻을 전하고 준비를 하게 하였다.

오랜 숙고 끝에 내린 결정이었을 것이지만, 신라 조정 내에서는 왕자를 중심으로 한 반대파의 격렬한 반대가 있었다. 태자는 결국 개골산으로 은거하고, 막내 왕자는 화엄종 승려가 되어 해인사·법수사에 머물렀다 한다.

7) 시랑 김봉휴를 시켜 편지를 가지고 가 태조에게 항복을 청하게 하였다. 왕자는 통곡하면서 왕을 하직하고, 그 길로 개골산에 들어가 바위를 의지해 집을 삼고 삼베옷과 나물음식으로 일생을 마쳤다.[40]

8) 신라 경순왕이 나라가 약하고 형세가 외롭다고 하여 국토를 들어서 고려에 항복하기를 모의하니 왕자가 말하기를, "나라의 存亡은 반드시 天命이 있는 것입니다. 마땅히 충신. 의사와 더불어 백성의 마음을 거두고 단합하여 스스로 굳게 지키다가 힘이 다한 뒤에 그칠 일이지 어찌 1천 년의 사직으로써 하루아침에 경솔하게 남에게 넘겨 줄 수 있겠습니까" 하였다. 왕이 말하기를 "외롭고 위태함이 이와 같으니 사세를 보전할 수 없는데, 죄

---

39) 신호철, 1993, 앞의 책, 125쪽.
40) 『삼국사기』 권 12, 경순왕 9년 10월.

없는 백성들로 하여금 (싸워 죽어서) 간과 뇌수를 땅에 깔아 버리게 하는 일을 나는 차마 볼 수 없다"하고, 드디어 사자를 보내어 고려에 항복을 청하게 하였다. 왕자가 울부짖으며 임금을 하직하고, 곧 이 산에 들어가 바위에 의지하여 방을 만들고 삼베옷을 입고 풀을 먹으며 그 몸을 마쳤다고 한다.[41]

고려로의 귀부를 반대하는 태자 일파의 모습이 후대의 기록에 오히려 더 잘 그려져 있고, 이러한 모습들은 설화로 희화되어 남겨지기도 하였다. 경순왕이 고려에 귀부하고자 경주를 떠나 개경에 도착하기까지 9일이 걸렸다.[42] 경순왕의 귀부는 견훤보다 훨씬 더 대대적인 환영을 받았으며, 경순왕을 따라 온 신라의 왕족과 귀족들에게도 토지와 녹을 후히 준 것으로 되어 있다.[43]

경순왕의 고려로의 귀부 이후 고려는 크게 두 가지 정책을 실시하여 신라를 고려에 동화시켰다.

하나는 결혼을 통한 혈연관계를 맺는 것이었고, 다른 하나는 州長의 임명을 통한 신라 왕도 통제책이었다.

먼저 결혼정책부터 보면, 태조 왕건의 호족과의 결혼정책과 사성정책은 호족을 연합하여 고려로 귀부시키려는 가장 대표적인 정책들이었다. 크게 보면 경순왕 김부의 경우도 다르지 않았다고 할 수 있다. 태조는 장

---

41) 『신증동국여지승람』 권 47, 회양도호부 산천 금강산.

42) 『고려사』 권 2, 태조 18년 11월 甲午에서 癸卯까지 걸린 경순왕의 귀부길은 경주-안동-영주-죽령-단양-원주-철원-개성의 코스였을 것으로 보는데, 이는 궁예의 태봉 이래 가장 내왕이 잦은 길로서 후백제의 영향이 덜 미치는 지역인 때문으로 보고 있다.(황선영, 2007, 「경순왕의 귀부와 고려 초기 신라계 세력의 기반」, 『한국중세사연구』 14, 68쪽)

43) 『고려사』 권 2, 태조 18년.

녀 낙랑공주를 경순왕과 혼인시키고, 경순왕은 伯父 억렴의 딸을 태조에
게 출가시켰는데, 태조의 제5비인 신성왕후이다. 이렇게 신라는 고려와
혈연으로 얽히게 되었는데, 이러한 인연은 계속되어져 신성왕후에게서
태어난 안종 욱이 고려 제8대 임금인 현종의 아버지이다. 이 외에도 경순
왕 김부의 딸이 경종의 제1비인 헌숙왕후로, 김인위의 딸이 현종의 왕비
원순숙비로, 김원충의 딸이 정종 왕비인 용절덕비, 문종 왕비인 인목덕비
가 되었다.[44] 김부식 등이 고려가 신라를 계승하였다고 하는 신라계승의
식을 주장하는 가장 중요한 근거들로써 위의 내용들이 언급되고 있다.[45]

　다음으로 신라 왕도를 경주로 낮추고, 州長의 임명을 통한 통제책이다.
고려로서는 귀부에 반대한 태자세력도 있고, 신라 구도에서의 반발세력도
있을 것으로 생각하였기 때문에 이에 대한 적절한 조치가 필요하였을 것이
다. 주장 내지 호장제는 이러한 필요성에서 나온 정책으로 보인다.

　경순왕을 따라 고려로 간 신라 왕족이나 신하들이 있었던 반면에 그대
로 경주에 남은 일파도 있었다. 고려로 간 대표적인 인물은 李金書와 崔殷
含, 그리고 원성왕의 후손인 金仁允, 金因渭 등이었다. 이금서는 고려에
가서 경순왕의 사위가 되었다. 경순왕과 낙랑공주 사이에서 태어난 딸에
게 장가들어 이윤홍을 낳았는데, 그 후예가 익재 이제현으로「계림부원군
시문충이공묘지명병서」[46]에 의해 그 계보를 상세히 알 수 있다. 고려 태
조와의 관계에 있어서는 외손녀사위로서 삼한 공신이 되었다. 최은함은
최승로의 아버지로 경순왕을 따라 고려로 가서 正甫라는 관직을 받았

---

44) 박용운, 1997,「고려 전기 경주의 위상에 대한 고찰」,『경주사학』16, 351~352쪽.
45)『삼국사기』권 12, 경순왕 9년 말미의 논에 보면 "우리 태조에게는 비빈이 매우 많
　　았고, 그 자손도 역시 번창하였지만, 현종께서 신라의 외손으로서 왕위에 올랐으
　　며, 이후 왕통을 이은 자들이 모두 그의 자손이니, 어찌 음덕의 응보가 아니겠는
　　가"라고 하였다.
46)『동문선』권 126 ·『목은문고』권 16.

다.[47] 김인윤은 삼한공신이 되었다. 고려 태조는 경순왕에게 觀光順化衛國功臣의 호를 주고, 태자의 위에 있게 하였으며,[48] 경주를 식읍으로 주고 事審官으로 삼았으면서도, 그에게는 부호장 이하의 직임만을 관할하게 하였다.

한편 경주에는 무열왕의 후손을 표방한 金魏英 계가 남아 있었는데, 고려 태조는 그에게 주장의 직을 주었다.[49] 태조 때 경주에 堂大等 10명을 두었는데, 광종 대에 이를 戶長으로 부르고 8명으로 제정하였다. 당대등은 대등보다 상위의 지방 세력으로 다수의 대등 가운데 대표성을 띠는 직책이다.

그런데 태조가 김위영에게 준 주장은 경주를 총괄하는 지위로서 首戶長또는 上戶長의 존재였다. 주장을 비롯한 호장들은 재지세력으로, 개경에 거주하고 있던 사심관보다 경주에서는 더 세력이 있었을 것이므로, 경순왕이라 해도 김위영을 비롯한 호장들을 직접 통제할 수는 없었을 것으로 보고 있다.[50]

결국 고려 태조는 경순왕계와 김위영계를 서로 견제하게 함으로써 勝朝의 舊都에서 일어날지 모를 復國의 분란을 미리 막고 효과적인 지방통치를 꾀한 것이라고 하겠다. 즉 고려의 신라계승의식을 내세워주면서도, 신라를 철저히 지방 세력으로서의 경주로 격하시킨 것이다.

---

47) 『삼국유사』 권 3, 삼소관음 중생사.
48) 『고려사』 권 2, 태조 18년.
　　『고려사절요』 권 2, 태조 18년.
49) 『고려사』 권 97, 金富佾. 김위영계는 후손 김부식으로 이어지는 경주 김씨 계통이다.
50) 김갑동, 1990, 『나말여초 호족과 사회변동 연구』, 고대민족문화연구소, 222　　～223쪽.

V. 경순왕 귀부의 역사적 평가 -맺음말을 대신하여-

경순왕은 김부로 되면서 그의 묘가 경기도 연천군 백학면 고랑포리에 쓰여졌다. 그런데 곡장이 둘러져 있어 죽은 후 왕의 예로 무덤을 만들었던 것을 알 수 있다. 경주에는 그의 사당인 영당이 있었고, 김시습의 시로 보아 조선 시대까지 존재했던 것으로 보인다.

9) 敬順王影堂 : 부의 동북쪽 4리에 있다. 節日마다 州의 首席 아전이 三班을 거느리고 제사한다.[51]

10) 敬順王廟 - 淨壽院의 옛 절 빈각 안에 있는데, 한 사람의 관청 종을 놓아 해마다 부역하여 그 제사를 받들게 하고 고을 아전이 행사하는데 보기에 비참하였다 -

천명과 인심이 이미 돌아서서
왕공이 오는 날에 교외로 나갔다네.
한 몸이 나라 버리길 실로 옷벗는 것 같았는데
宗子가 망함을 슬퍼하니 대개 벌써 글렀구나
寶馬와 香車로 맞이하여 총애내리고
관광하고 순화함에 어진 왕비 맞아들였네.
하지만 옛 절에는 향과 등불 차거워
황혼에 박쥐만이 날아다님을 볼 뿐이네.[52]

경순왕 영당은 김시습이 본 경순왕 사당과 같은 것으로 생각되는데, 임진왜란 때 소실되었던 것을 인조 때 개건하여 전으로 승격시켰다. 이때 동

---

51) 『신증동국여지승람』 권 21, 경주부.
52) 『매월당집』 권 12, 遊金鰲錄.

천묘를 황남동으로 옮겨 고종 24년인 1887년에 숭혜전이라 사액받았다.

경순왕에 대한 역사적 평가는 그에 대한 연민의 정이 긍정적 평가를 가져온 반면에 부정적인 측면도 있으므로 이를 정리하여 함께 살펴 보고자 한다. 우선 긍정적인 평가부터 보도록 하겠다.

첫째 고려 태조의 긍정적 인식이다. 고려 태조 왕건은 신라를 무혈로 합병하려는 의도를 가지고 있었다. 그것은 신라 三寶와 관련된 내용으로 알 수 있는데, 경명왕 5년(921) 고려에 간 신라 사절에게 태조는 신라 삼보에 대한 내용을 묻고 있어 이미 이 무렵부터 신라의 항복을 염두에 두었던 것이 아닌가 한다.[53] 그것은 태조가 고려를 건국하고 난 이듬해에 신라 항왕인 김부로 하여금 鑴金安玉排方腰帶를 고려에 들어다 바치는 의식을 거행한 것으로 알 수 있는데, 이는 상징적인 의미로 신라가 고려에 합쳐지는 것으로 해석되고 있다. 특히 진평왕 聖帶에 관한 내용을 자세히 언급하고, 이 성대를 금에 옥을 배열하여 만든 허리띠라는 평범한 이름으로 바꾸어 명명함으로써 신라가 고려의 한 부속이 되었음을 강조하고 있기 때문이다.

이와는 달리 대규모 군사력을 동원하여 후백제를 멸망시키고 고려에 병합한 태조는 후백제인들의 반발을 매우 염려하였다. 태조는 훈요 8조에 후백제 지역 사람들이 조정에 참여하게 되면 혹 통합당한 원망을 품고 임금이 거둥하는 길을 범하여 난을 일으킬지 모르니 이를 경계하도록 당부하고 있다. 고려 태조의 신라계승의식은 후대에 경순왕에 대한 긍정적인 평가를 남기게 하였다.

둘째 김부식의 사론에 근거한 滅私愛民 식의 평가이다. 무고한 백성들을 도탄에 빠지게 할 수 없다는 데서 이러한 긍정적인 평가가 내려진 것

---

53) 『고려사』 권 2, 태조 20년 5월.

으로, 이는 조선 후기 영조 대까지 내려와 김씨 문중의 사론으로 다음과
같이 등장하고 있다.

> 11) 또 경순왕은 금궤에서 시작된(김알지) 터전을 이어받아 신라의 積德 후사
>   가 되었습니다. 백성의 어려움을 걱정하여 임금의 높은 자리도 즐겨하지
>   않았습니다. 천명이 이미 바뀐 것을 알고 모든 전쟁에서 손을 뗀 뒤 사직
>   의 보물을 덕이 있는 이에게 물려주었습니다.[54]

셋째는 경순왕이 민간신앙의 한 대상인 '김부 대왕'으로 사당에 모셔져,
민중들에게 백성들의 생명과 재산을 소중히 여긴 대왕으로 평가되고 있는
것이다. 경순왕은 死後 언제부터인가 민간신앙의 대상으로 김부 대왕이라
는 호칭으로 모셔졌다. 『삼국유사』에 김부 대왕이라는 호칭이 나오는 것으
로 보아 고려 때부터 그는 김부 대왕으로 불린 것을 알 수 있다.[55]

그런데 그를 모신 사당이 경주에만 있는 것이 아니라 경주 형산을 비롯
하여 시흥, 안산 군자봉, 인제 김부리, 전주 성황당, 충주 월악산, 원주
미륵산, 보령 옥마산 등 전국적으로 퍼져 있다는 사실이다.[56] 역사상에
나오는 수많은 장군과 대왕 가운데, 김부 대왕은 민중들에 의해 모셔진
사례로 등장된다. 민중들은 전쟁영웅인 문무왕보다는 백성들의 생명과
재산을 소중히 여긴 김부 대왕을 호국룡으로 모시게 됐다는 것이다.[57]

경순왕은 무력하였지만 나라를 제대로 다스릴 기회도 없이 천년 사직
을 넘겨준 失機의 왕인 것이다. 백성들의 안전을 보장한 지도자로 안정에

---

54) 『승정원일기』, 영조 22년(1746) 10월 14일 상소문.
55) 『삼국유사』 권 2, 김부대왕.
56) 신종원, 2008, 『한국 대왕신앙의 역사와 현장』, 일지사, 85~256쪽.
57) 신종원, 2008, 위의 책, 236쪽.

대한 욕구를 희구하는 민중의 속성이 경순왕에 대한 긍정적 평가를 만들어낸 것이다. 민중에 각인된 경순왕은 실제 그의 행적이나 역사에 관계없이 '이야기' 되면서 대왕신앙을 이룬 것이다.

다음으로 부정적인 측면에서의 평가를 보도록 하겠다.

첫째로 망국의 기로에 서있으면서도 불굴의 정신이 보이지 않는다는 점이다. 이는 고구려가 수·당과의 항쟁을 통해 보였던 투쟁으로 역사상에 빛난 것과는 달리 백성들의 안위를 앞세웠지만 국가의 존망보다는 자신과 왕실, 측근의 안위를 택했다는 비난의 소리를 면할 수 없다는 점이다. 아간 신회는 신라가 망한 뒤, 왕도가 황폐한 것을 보고 「黍離離(서리리)」의 탄식을 하면서 노래를 지은 것을 기억할 필요가 있다.

둘째로 경순왕이 백성의 어려움을 걱정하여 임금의 높은 자리도 즐겨하지 않았고 천명을 안 임금이라는 평가를 후대에서 이용한다는 점이다.

경주 김씨 여러 파의 명목상의 시조는 대부분 경순왕의 몇째 아들로 되어 있거나, 이들의 아들인 경순왕의 손자가 된다. 경순왕의 이야기는 집안의 신성한 사적이 되는 것으로 후손들에게 가르쳐 주어야 하는 것이다.

김방경은 안동부 호장의 증손인데 『고려사』열전에 경순왕의 후예로 기술되어 있다. 조선 후기에도 자신이 경순왕 후손임을 주장한 사례가 비일비재하다. 이들의 주장이 인정될 경우 이들은 양반이 될 뿐 아니라 군역에서 벗어나는 등 실질적인 이득을 보았다는 사실이다.[58] 그러나 후대의 이러한 행위는 경순왕의 긍정적인 평가를 폄하시키는 일일 뿐이다.

경순왕을 통해 역사적으로 느껴야 할 가장 중요한 대목은 진정 고려로 가면서 화려함 뒤에 숨은 그 비통함을 역사상에 잘 새겨 다시는 망국의 한을 남기지 않도록 하는 것이라고 생각된다.

---

58) 『승정원일기』, 영조 22년(1746) 10월 14일 상소문.

尙州 伏龍洞 256번지 유적 출토 新羅 蠟石製 銘文遺物

尹善泰[*]

目　次

Ⅰ. 유적의 위치와 역사적 환경

尙州 伏龍洞遺跡은 상주지역에서 처음으로 조사된 대규모 취락 유적으로 통일신라부터 조선시대까지 이어지는 지방도시의 十소와 생활상을 잘 보여준다. 특히 통일신라시기 상주의 고대도시적 면모를 복원 연구하는 데 도움을 주는 역사적 가치가 매우 큰 중요한 생활유적이다. 복룡동유적이란 상주시 복룡동일대에서 발굴된 여러 유적[1]을 통칭해서 일컫는데, 그 중 256번지 유적은 상주 복룡2지구 주택건설사업부지내 유적에 해당한다.

＊ 동국대학교 역사교육과 조교수

상주시는 지리적으로 영남의 서북부지역에 위치하며, 북서쪽으로 백두대간을 경계로 이화령을 통해 옥천·보은·영동 등 금강 수계권으로 연결되고, 상주시 화북면의 눌재를 통해 괴산·충주 등의 남한강 수계권과 통교할 수 있는 분수령에 자리하고 있다. 낙동강 수계를 따라 내륙으로는 안동·봉화까지 이를 수 있으며, 남부지역으로는 김해·부산까지 나아갈 수 있는 수륙교통의 요지에 해당한다.

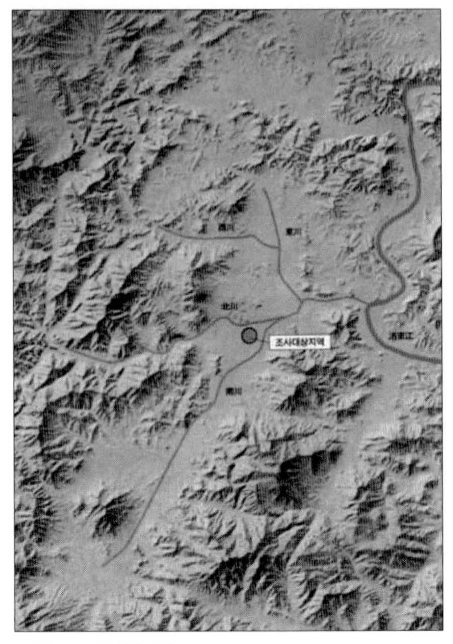

그림 1. 조사대상지역

---

1) 상주복룡동유적은 '상주 복룡2지구 주택건설사업지부내 상주 복룡동 256번지 유적' (a), '상주 복룡 3지구 주택건설사업부지내 유적' (b), '상주 복룡동 주택건설사업지구내 상주 복룡 230번지 유적' (c), '상주 제2건널 입체화 시설공사부지내 상주 복룡동 397-5번지 유적' (d), '상주중앙로(제2철길)확장구간내 유적' (e)을 모두 포함한다.

  a. 영남문화재연구원, 2005, 「상주 복룡2지구 주택건설사업부지내 유적 문화재발굴조사 약보고서」.

  b. 영남문화재연구원, 2004, 「상주 복룡3지구 주택건설사업부지내 유적 문화재발굴조사 약보고서」.

  c. 영남문화재연구원, 2005, 「상주 복룡동 주택건설사업부지내 유적 문화재발굴조사 약보고서」.

  d. 영남문화재연구원, 2006, 「尙州 伏龍洞 397-5番地 遺跡」.

  e. 영남문화재연구원, 2006, 「상주 중앙로(제2철길)확장구간내유적 문화재발굴조사 약보고서」.

상주시 복룡동 256번지 일원은 현 상주시가지의 북동편 외곽에 위치하며 북천과 남천(병성천)이 합류하는 삼각지점의 안쪽에 위치한 비옥한 복룡동의 넓은 평야지대의 중앙부에 해당한다. 상주 읍성지를 기준으로 보면 동문에서 북동쪽으로 500m 떨어져 위치하고 있다. 조사 전 이 일대는 대부분 논으로 경작되고 있었을 뿐 지상구조물이 조성되지 않아 유적의 보존 상태는 양호한 편이다.

상주는 신라 神文王 7년(687) 3월 一善州를 파하고 州(沙伐州)로 복치된다. 이 해 가을에는 沙伐州에 城을 쌓았는데, 성의 크기는 주위가 1,109步였다고 한다. 이 시기는 신라가 9州를 정비하던 때로 사벌주는 9주의 하나로서 지방행정의 중심지로 자리잡게 된다. 이후 景德王 16년에 사벌주는 尙州로 雅化되어 개명되었다.[2]

그런데 1927년에 제작된 1만분의 1 지도를 보면 신문왕 축성 당시에 정연한 도로망을 가진 시가지가 건설되었을 가능성이 높다. 지도에는 동서 및 남북으로 정연한 가로망의 흔적이 남이 있으며 시가지의 중앙부에 읍성이 위치한다. 읍성의 크기는 둘레 1,519尺 높이 9尺이며, 성내에 21개의 井과 2개의 池가 있었다. 이 읍성이 신문왕 7년에 쌓은 성과 동일한 위치의 증·개축이었는지 아닌지는 분명치 않다. 동·서·남·북으로 정연한 가로망의 흔적은 북천과 남천, 그리고 시가지의 서남부에 있는 남산에

---

2) 유적의 歷史·考古學的 環境에 대한 내용은 아래의 자료들을 참고하여 작성하였다.

　慶尙北道七百年史編纂委員會·慶尙北道, 『慶尙道七百年史−第1卷 通史』.

　경상북도 문화재연구원, 2006, 『尙州 屛風山城』.

　박태우, 1987, 「統一新羅時代의 지방도시에 대한 연구」, 『백제연구』 18.

　朴達錫, 2007, 「統一新羅時代 沙伐州의 里坊制 檢討」, 『大東考古−創刊號』.

　尙州市·尙州産業大學校附設·尙州文化財研究所, 『古代沙伐國 關聯 文化遺蹟 地表調査 報告書』.

　韓國文化財保護財團·韓國道路公社, 2002, 『尙州 佳庄里 古蹟群』.

의해 둘러싸인 범위에만 확인되었다. 1917년의 지적도를 통해 방의 크기와 남북대로의 위치, 폭을 살펴보면 사벌주의 도시계획은 남북대로를 중심으로 東·西로 각기 45坊씩 도합 90坊이 있었던 것이 되고 官衙는 시가의 북변 중앙부에 위치하였던 것으로 추측되고 있다.

상주는 醴泉郡, 高昌郡, 聞韶郡, 崇善郡, 開寧郡, 古寧郡, 化寧郡, 永同郡, 管城郡, 三年郡 등을 포함하는 광역주의 행정중심이면서, 동시에 交通關係 역시 이들 지역의 중심이었다. 洛東江의 水系는 상주까지 선박의 출입이 가능했고 신라의 수도 왕경에서 唐으로 가는 중요한 루트인 唐恩浦路에 尙州를 명기할 만큼 북방루트에서 교통의 요충이었다. 이러한 연유로 이 지역은 신라하대 지방호족의 거점이 되었다.

眞聖女王 3년(889)에 국내 여러 州郡에서 貢賦를 바치지 아니하여 왕이 使者를 보내 이를 독촉하고 이로 인해 도처에 도적이 벌떼와 같이 일어났다. 이때 元宗·哀奴 등은 沙伐州에 근거하여 반기를 들었다. 또 阿慈蓋가 '以農自活'하여 沙伐城(상주)에 웅거하여 자칭 將軍이라 칭하였다고 하며, 아자개는 甄萱의 父로도 알려져 있다. 상주지역은 이 무렵부터 신라 중앙정부의 통제에서 벗어났다.

후삼국의 성립 후 상주를 보면 904년 弓裔가 상주 등 30여 州郡을 攻取하였다. 907년에는 다시 이 지역을 견훤이 차지하며, 918년 고려 태조가 즉위한 그해 상주의 敵帥 阿慈蓋가 고려에 항복하였다. 이후 善山, 安東, 義城, 聞慶 등지에서 후백제와 전투가 일어나고 있는 것으로 보아 상주를 중심으로 한 이 지역이 전략적으로 요충지였음을 알 수 있다. 이러한 중요성으로 인해 太祖 23년에는 尙州로, 그 후에는 安東都督府로, 다시 成宗2년에는 전국에 12牧을 설치할 때 그 중의 하나였고, 14년에 전국 12州에 節度使를 두면서 歸德軍이라 불렀고, 嶺南道에 소속시켰다. 顯宗 3년에는 安東大都督府가 되고 5년에 尙州安撫使로 9년에 전국 8牧중의 하나로 尙州牧이 되었다.

II. 조사방법 및 납석제 유물 출토 유구

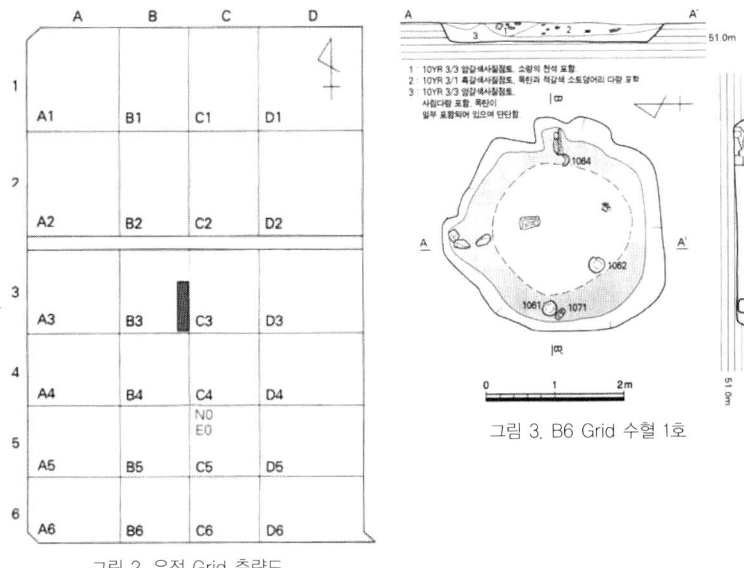

그림 2. 유적 Grid 측량도

그림 3. B6 Grid 수혈 1호

 발굴조사는 사업대상부지 31,321㎡에 대하여 30m단위의 그리드를 설치하여 유구의 확인 및 조사를 실시하였다. 대부분 표토하 30㎝내에서 유구의 굴광선이 확인되었는데 조사범위전체에 유적이 분포하고 있음이 밝혀졌다. 조사된 유구의 종류는 우물, 적심건물지, 수혈, 구상유구 등이며 일부 지점에서 청동기시대의 원형 또는 장방형의 주거지가 몇 동 확인되기도 하였으나 대부분의 유구는 통일신라, 고려·조선시대의 것이다.

 세부적으로 살펴보면 청동기시대의 주거지 5동, 통일신라시대에서 고려·조선시대의 적심건물지 32동, 우물 82기, 수혈유구 416기, 기타 주혈 및 소형수혈 483기 등 총 1,011기의 유구가 조사되었다. 유물은 유적의 성격상 대부분 생활유적과 관련된 기와, 자기, 도기 등이다. 그 수량은 토

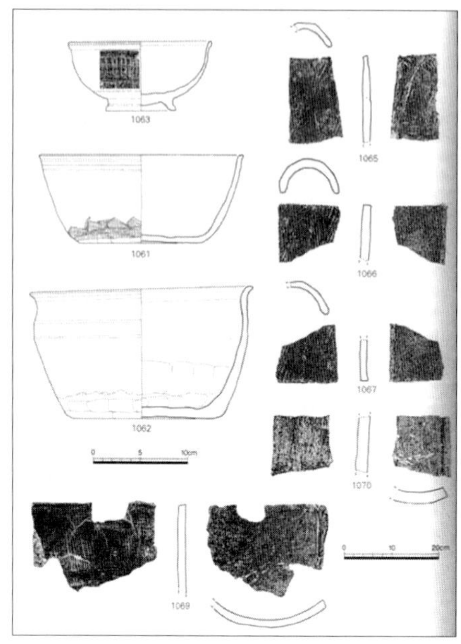

그림 4. B6 Grid 수혈 1호 출토유물(1)

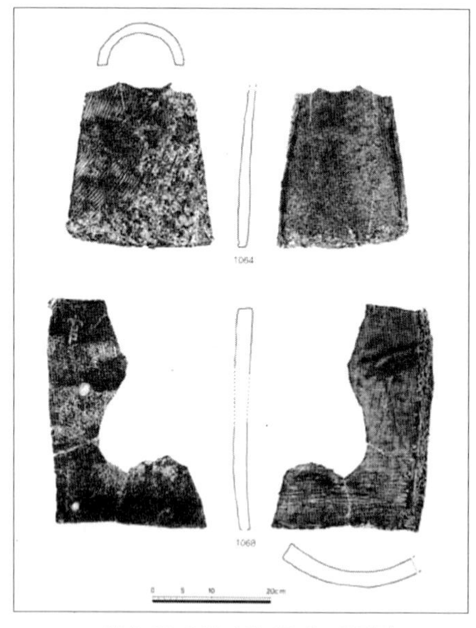

그림 5. B6 Grid 수혈 1호 출토유물(2)

기 252점, 자기 559점, 와전류 795점, 기타 191점 등 총 1,796점이 출토되었다. 출토된 유물 중 명문이 새겨진 것이 다수 확인되었는데 그 중 '沙伐州'라는 글씨가 적힌 통일신라시대의 납석제 유물이 발견되어 학계의 큰 관심을 모았다.

납석제 유물은 B6 Grid내 수혈 1號에서 출토되었다. 이 수혈 유구는 B6 Grid내 서쪽 경계 중앙부에 위치하며, 조사전 수혈내부에는 갈색사질점토가 채워져 있었으며, 전체적으로 잔존상태는 양호한 편이었다.

유구는 기반층인 황갈색 사질점토층을 파고 조성되었고, 평면 형태는 원형에 가까운 부정형이다. 규모는 길이 320㎝, 너비는 300㎝, 깊이 28㎝이며, 내부토는 크게 3개층으로 나뉘어지는데 1층은 암갈색 사질점토인데

교란층으로 보이며, 2층은 목탄 및 소토가 다량 포함된 갈색 사질점토이고, 3층은 사질성분이 많은 암갈색 사질점토이다.

유구내부의 동쪽 중앙부에는 수키와 1매와 암키와 1매가 동-서 방향으로 세워져 있고 그 위에 다시 암키와 1매가 눕혀져 있는데, 이것은 수키와와 암키와가 받치고 있는 것으로 보인다. 눕혀있는 암키와의 끝지점에 다시 수키와 1매가 세워져 있다. 이는 형태로 보면 부뚜막시설로 파악된다.

출토유물로는 수혈유구의 바닥에서 도기완 2점, 도기대접 1점, 수키와 4점, 암키와 3점, 명문이 음각된 납석제품 1점이 출토되었다. 수혈의 축조시대는 출토유물로 보아 통일신라시대의 유구로 판단된다. 출토유물은 아래와 같다.[3]

1061. 완(도면 226, 사진 182)

現高 9cm, 口徑 20.7cm, 底徑 12.8cm

구연 일부 결실되었다. 도질로 소성은 양호하다. 태토는 사립이 함유된 정선된 점토이다. 색조는 전반적으로 회색이다. 전면 회전물손질 정면하였다.

1062. 완(도면 226, 사진 182)

現高 13.1cm, 口徑 22.4cm, 底徑 15cm

구연·동체 일부 결실되었다. 도질로 소성은 보통이다. 태토는 사립이 함유된 정선된 점토이다. 색조는 전반적으로 회색이고, 속심과 구연은 회백색이다. 전면은 회전물손질 정면하였다.

---

3) 유물의 출토상황, 일련번호, 도면, 사진번호 등은 『상주 복룡동 256번지유적 Ⅱ』 (2008, 영남문화재연구원), 334~341쪽에 의거하였다.

1063. 대접(도면 226, 사진 182)

現高 7.5㎝, 復元口徑 14.9㎝, 復元底徑 7.1㎝

구연·동체는 거의 결실되었다. 도질로 소성은 양호하다. 태토는 사립이 함유된 정선된 점토이다. 색조는 전반적으로 회색이다. 전면은 회전물손질 정면하였다. 기외면에 점열문을 시문하였고, 외저면은 깍기한 흔적이 있다. 기내면에는 녹로흔이 보인다.

1064. 수키와(도면 227, 사진 183)

길이 25.9㎝, 너비 14.5㎝, 두께 1.6㎝

상단이 결실되었다. 태토는 굵은 사립이 다량 함유된 점토이다. 색조는 전반적으로 갈회색이다. 외면사선문이 타날되었다. 내면에는 포목흔·합철흔이 남아있다. 양측에 와도흔이 보인다.

1065. 수키와(도면 226, 사진 183)

길이 17.5㎝, 너비 8㎝, 두께 1.4㎝

상단일부가 잔존한다. 도질로서 소성은 양호하다. 태토는 굵은 사립이 다량 함유된 점토이다. 외면은 암회색이며 내면은 회색이다. 외면은 사선문 타날 후 물손질 정면되었다.

1066. 수키와(도면 226, 사진 183)

길이 11.3㎝, 너비 12.4㎝, 두께 1.8㎝

하단일부가 결실되었다. 도질로서 소성은 양호하다. 태토는 굵은 사립이 다량 함유된 점토이다. 외면에는 사선문이 타날되었고 내면에는 사절흔·포목흔이 남아 있다.

1067. 수키와(도면 226, 사
진 183)

길이 8.3cm, 너비 7.9cm, 두께
1.2cm

기면 일부가 잔존한다. 도질로서
소성은 양호하다. 태토는 굵은
사립이 다량 함유된 점토이다.
외면은 사선문이 타날 후 물손질
되었고, 내면에는 포목흔이 남아
있다.

1068. 암키와(도면 227, 사
진 183)

길이 36.3cm, 너비 22.4cm, 두
께 5cm

상·하단 일부가 결실되었다.
연질로서 소성은 양호하다. 태
토는 굵은 사립이 다량 함유된
점토이다. 색조는 황등색을 띤
다. 외면에는 승문이 타날되었
고, 내면에는 포목흔·사절흔
이 남아 있다. 외면 상·하단은
물손질 정면되었다. 한 면은 내
측 와도흔이 확인된다. 외면 상
단에 '官' 자가 시문되었다.

그림 6. 납석제 유물

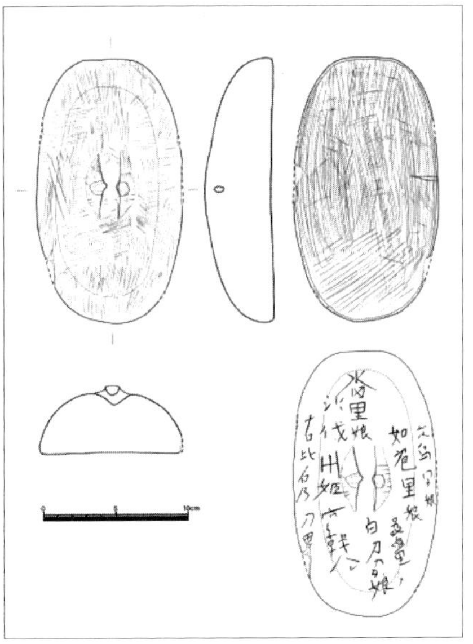

그림 7. 납석제 유물 실측도

1069. 암키와(도면 226, 사진 183)

길이 18.2㎝, 너비 23.4㎝, 두께 1.6㎝

상단 일부가 잔존한다. 도질로서 소성은 불량하다. 태토는 굵은 사립이 다량 함유된 점토이다. 외면에는 천황색을 내면에는 황등색을 띤다. 외면에는 승문 타날 후 물손질되었다. 내측에 와도흔이 확인된다.

1070. 암키와(도면 226, 사진 183)

길이 11.5㎝, 너비 11.6㎝, 두께 2.3㎝

기면 일부가 잔존한다. 도질로 소성은 양호하다. 태토는 굵은 사립질이 다량 함유된 점토질이다. 색조는 회색을 띤다. 외면에는 승문 타날되었다. 한 면에 내측 와도흔이 보인다.

1071. 납석제품(도면 228 · 229, 사진 184~187)

길이 180㎝, 너비 10㎝, 두께 4.5㎝

평면 횡타원형, 단면 반원형의 납석제품이다. 한쪽면은 납작하게 깎아 편평하게 만들고 반대편은 볼록하게 만들었다. 전체적으로 달걀을 장축으로 잘라낸 달걀 반쪽의 형태를 하고 있다. 한편 볼록한 면(윗면)의 가운데에 끈이나 수실을 꿸 수 있도록 서로 연결되는 구멍을 뚫어 고리역할을 하도록 해놓았다. 이 볼록한 윗면 전체에는 '沙伐州姬'로 판독되는 명문을 비롯해 다양한 명문이 새겨져있다. 이하 명문을 판독하고 그 내용을 구체적으로 검토해보려 한다.

Ⅲ. 납석제 유물의 銘文 판독

명문은 유물의 윗면 전체에 예리한 도구로 새겨져 있다. 명문은 새긴 깊이가 얕고, 또 명문을 새긴 뒤에 이 유물이 傳世되는 동안 가느다란 잔 금들이 명문 위에 수없이 덧새겨져 판독에 어려움이 있다. 이로 인해 탁본보다는 직접 실물을 보고 판독하는 것이 명문을 읽기에 가장 적합한 방법이라고 생각된다.

이들 명문은 글자의 크기나 書寫된 위치, 그리고 내용 등으로 볼 때, 한문의 일반적인 서사 방향, 즉 오른쪽 행에서 왼쪽 행으로 써나간 것으로 보기 어렵다. 애초 유물의 한가운데에 만들어놓은 고리로 인해 서사 공간 자체가 고리 주위 각 부분에 별개로 분리될 수밖에 없다. 또 명문의 내용으로 볼 때도 고리를 중심에 두고 그 주위에 명문이 방사선 형태로 逐次的으로 새겨진 것으로 추정된다.

그런데 전체 명문 중에 글자 크기가 가장 크고 내용적으로도 다른 명문들과 구분되는 고리 왼쪽에 새겨진 "沙伐州姬 萬(?)韓公"이 명문들 중 가장 중심이며, 또 최초로 기록된 것으로 추정된다. 한편 그 주위의 나머지 명문들은 모두 "-里娘", 즉 '里'라는 여자 인명어미와 '娘'이라는 여성용 존칭으로 끝나는 공통점이 있고, 글자 크기도 상대적으로 작아, 이 "沙伐州姬 萬(?)韓公"에 종속된 측면을 강하게 띤다. 유물의 고리를 기준으로 각 방향에 새겨져 있는 명문들을 소개하면 다음과 같다.

1. 고리 왼쪽 : "沙伐州姬 萬(?)韓公"

"沙伐州姬"는 글자 크기가 가장 크고 깊게 팠기 때문에 판독에 아무런 문제가 없다. 그 아래에 의도적으로 한 칸 띄어쓰기를 한 다음 "萬(?)韓

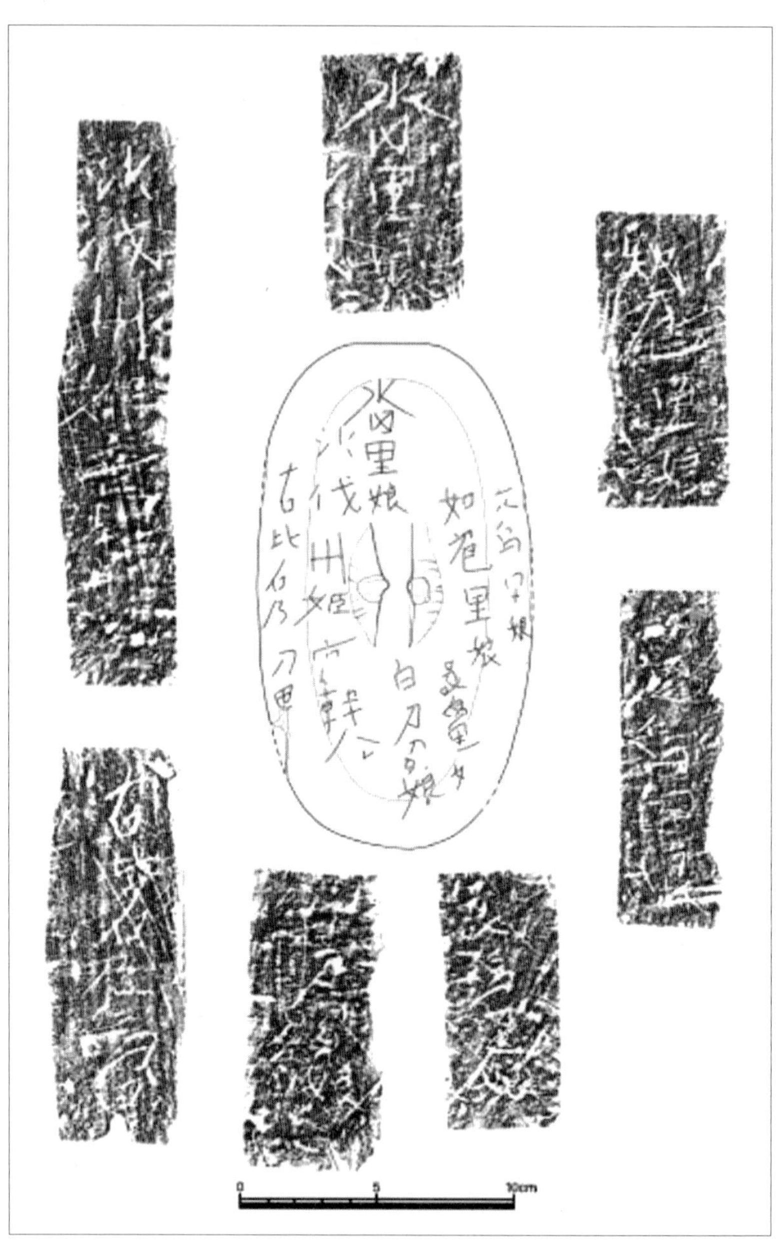

그림 8. 납석제 유물의 탁본

公”을 새겼다. “萬”자는 글자의 획이 일부 훼손되었지만, 윗부분 ‘艹’아
래에 ‘口’, 그 아래에 ‘门’의 획이 또렷해, “萬”자로 推讀하였다. 또 “公”
자는 석질이나 유물의 밑부분 둥근 곡선 부분으로 인해, 획이 얕고 글자
가 내려가면서 중심축에서 오른쪽으로 밀려나있지만, 자획상 “公”일 가
능성이 매우 높다.

명문의 “沙伐州姬”는 여성의 칭호가 분명한데, ‘沙伐州’는 유물이 출토
된 상주를 가리키는 地名이라는 점에서 단순히 인명이라기보다는 이 여
성의 別號적 성격이 강한 雅稱이 아닌가 생각된다. 한편 그 아래 “萬(?)韓
公”은 漢化된 인명(萬韓) 다음에 남성용 존칭인 “公”을 칭하고 있다. 물론
‘公’은 「봉평비」 등에 인명어미로도 사용되는 글자이지만, “萬(?)韓”이라
는 한화된 인명과는 어울리지 않는다. 따라서 신라의 貴族의 이름에 붙는
존칭형이 아닌가 생각된다. 또 “萬(?)韓公” 주위에 기록된 “-娘”으로 끝
나는 여성용 존칭과 연관지어 볼 때도 ‘公’은 인명어미가 아니라 존칭이
분명하다고 생각된다.

2. 고리 위쪽 : “畓里娘”

“畓”자는 전체 자획이 서로 조화를 이루고 있어, ‘水田’ 두 글자가 아니
라 ‘畓’ 한 글자로 판독하는 것이 옳다고 생각된다. 그런데 ‘-里’는 「甘
山寺彌勒造像記」(719년)나 「甘山寺阿彌陀造像記」(720년)의 “亡妹 觀肖里”,
그리고 「上院寺鐘銘」(725년)의 “有休大舍宅夫人 休道里” 등의 사례로 잘
알려져 있지만, 통일기 이후 신라 귀족계층의 여성들에게 널리 사용된 인
명어미이다. 특히 이 유물의 명문에는 모두 “畓里娘”처럼 ‘里’ 다음에
‘娘’이라는 여성용 미칭까지 덧붙여져 있어, 이들 명문의 “-里”가 地名이
아니라 人名이라는 것을 보다 분명히 알 수 있게 해준다.

3. 고리 아래쪽 : "白刀里(?)娘"(왼편), "另叱爲里娘"(오른편)

왼편의 "白刀里(?)娘"의 '里'자는 명문이 훼손되어 글자가 불분명하다. 혹 '島'일 가능성도 있다. 오른편 "另叱爲里娘"의 첫 번째 글자 '另'자는 신라에서 '武'의 異體字로 사용된 '另'가 매우 유사한데, 그 아래에 '叱'이 바짝 붙여져 있어 마치 '另叱'이 한 글자처럼 기록되었다. 이러한 서사방식은 '叱'이 신라의 借字表記에서 촉음 'ㅅ'을 표시하는 것으로 사용되었던 점과 관련지어 볼 필요가 있어 매우 유의된다. 그 아래 "爲"자는 윗부분에 'ㄱ'를 크게 쓰고 그 아래에 '為'의 모양으로 획이 쓰여 있어, "爲"로 판독하였다. 이 글자는 이 유물의 다른 명문들에서도 세 곳이나 확인되며, 모두 동일한 글자라고 생각된다.

4. 고리 오른쪽 : "知乃巴里娘"(왼편), "定(?)爲里娘"(오른편)

오른편 "定(?)爲里娘"은 명문이 유물의 가장자리에 새겨져 있고, 왼편의 "知乃巴里娘"보다도 글자도 작고 얕게 파여져 있다. 이러한 서사의 상태로 볼 때, 왼편의 "知乃巴里娘"이 먼저 기록되고, 그 이후에 "定(?)爲里娘"이 기록되었다고 생각된다. "乃巴"는 앞서 살펴본 '另叱'처럼 한 글자 같이 서로 바짝 붙여 서사되었다. 한편 "定"은 판독이 어렵지만, 글자 윗부분에 'ㅡ'의 부분 필획이 엿보이고, 그 아래에 '疋'의 일부 획이 남아 있어, "定(?)"으로 추독하였다. 그 다음 글자는 "另叱爲里娘"의 "爲"자와 글자의 자획과 형태가 동일하다.

5. "沙伐州姬 萬(?)韓公" 왼쪽 : "古比石乃爲里(이하훼손)"

앞서 검토한 고리 오른쪽 가장자리에 기록된 "定(?)爲里娘"과 "知乃巴里娘"의 사례와 마찬가지로 이 명문 역시 "沙伐州姬 萬(?)韓公"이 먼저 기록된 이후에 시차를 두고 새겨진 것이 분명하기 때문에 "沙伐州姬 萬(?)韓

公”명문과 구분해서 볼 필요가 있다. 이 명문의 “爲”자도 “另叱爲里娘”의 “爲”자와 글자의 자획과 형태가 동일하다. 마지막 “里”자는 ‘田’ 아래 부분이 파손되었지만, ‘田’ 아래에 ‘土’의 오른편 자획 ‘二’가 남아있어, “里”자가 분명하다고 생각된다. 한편 이 “里”자 아래는 완전히 파손되었지만 이 유물의 다른 명문들로 볼 때 ‘娘’자가 새겨져 있었을 가능성이 매우 높다고 생각된다.

6. 銘文의 의미와 유물의 용도

이상의 검토를 정리해보면, 이 유물의 명문은 “沙伐州姬 萬(?)韓公”을 맨 먼저 기록하고, 이를 중심으로 그 주위에 여섯 명의 “-里娘”들을 순차적으로 기록하였다고 생각된다. 또 “沙伐州姬 萬(?)韓公” 중에서도 “沙伐州姬”가 글자 크기가 가장 크고 명문 위치상으로도 가장 중심을 차지하고 있다. “萬(?)韓公”은 명문에서 유일한 남자이고 公이라는 존칭을 사용하고 있지만, 명문의 위치가 “沙伐州姬” 아래에 있고, 유물의 아래쪽 가장자리로 밀려나 자획의 깊이가 얕고, 자형이 똑바르지 않아 “沙伐州姬”보다 돋보이지 않는다.

이러한 명문의 내용과 명문의 서사 상태로 볼 때, 명문의 “萬(?)韓公”과 여섯 명의 “-里娘”들은 모두 “沙伐州姬”에 종속된 존재일 가능성이 매우 높다고 생각된다. 명문의 書寫者는 “沙伐州姬”에 대해 다른 “-里娘”들과 달리 직접적인 인명이 아니라 이 女性의 別號적 성격을 갖는 雅稱을 사용하였고, 또 존칭을 사용한 남성인 “萬(?)韓公”도 그 아래에 기록하여, “沙伐州姬”를 분명 돋보이게 하였다.

이처럼 유물 여러 부분에 명문이 분리되어 기록되었지만, 명문의 필체가 모두 동일하고, 내용상으로도 주종관계가 느껴져 명문 상호간에 밀접한 연관성이 엿보인다. 이와 관련하여 「開仙寺石燈記」(891년)에 기록된 “文懿皇

后主 大娘主(문의왕후님, 큰따님)"의 '娘' 자 사례가 주목된다. 이에 의거한다면 억측인지 몰라도 "沙伐州姬"와 "-里娘"들 사이는 母女關係로 볼 여지가 있다. 이 경우 "萬(?)韓公"도 "沙伐州姬"의 아들이 아닌가 생각된다. 그리고 이 명문의 서사자는 "沙伐州姬" 아래의 從者일 가능성이 있다.

이 유물은 윗면은 둥그스름하고 밑면은 평평한 타원형 석제품인데, 윗면에 끈이나 수실을 꿰어 늘어뜨려 이 유물을 들 수 있도록 한 고리가 만들어져 있다. 따라서 이 유물의 용도는 무언가를 무겁게 누르기 위한 용도나 무언가의 뚜껑으로 사용된 물품이 아닌가 생각된다. 여기에 지금까지 검토한 명문의 내용을 추가해본다면 이 유물은 특히 여성용일 가능성이 높다. 이 유물의 형태에 대한 더욱 세밀한 역사학적, 민속학적인 탐구가 필요하다고 생각된다. 또 이 유물의 명문은 신라의 여성인명에 대한 새로운 사례이며, 신라의 차자표기의 발달과정도 이해할 수 있는 매우 중요한 의의를 갖는다고 생각된다.

IV. 유적의 성격과 납석제 유물의 역사적 가치

상주지역의 고고학적 조사는 복룡동 일원의 발굴조사 이전에는 대부분 산성이나 고분유적에 집중된 관계로 고대 상주의 지방도시적 면모를 밝혀내는 데 미흡한 점이 없지 않았다. 그런데 이제 복룡동 일원의 발굴조사를 통해 통일신라의 생활유적이 다수 확인되어 역사기록에 나타난 고대 지방도시인 상주의 고고학적 물질자료를 풍부하게 얻을 수 있게 되었다.

조사구역을 비롯해 인근지역 전체에 분포한 각종 건물지유적은 상주의 도시적 발전과 확장 등을 구체적으로 알려준다. 특히 복룡동 230번지 유적에서 확인된 도로유구는 옛 상주읍성의 시가지 계획상의 동서 가로망의 방향과 일치하여 고대 지방도시 상주의 시가지 계획을 입증할 수 있는 귀중한 자료로 평가된다.

상주 복룡동 유적은 청동기시대 및 통일신라시대 이후 그 터를 이용하여 고려시대를 거쳐 조선시대까지 동일지역에 지속적으로 폐기와 건립이 반복적으로 진행되었다. 그런데 통일신라시대 이후의 유구는 확인되지만 초기철기 또는 원삼국시대의 유구는 확인되지 않았다. 이는 고대 沙伐國의 중심부는 이곳이 아니었음을 의미한다. 결국 복룡동 유적은 신문왕 7년 統一期에 들어와 새롭게 건설된, 사벌성(상주)의 핵심구역 속에 위치하며, 이로 인해 적심건물지와 우물, 다양한 기능의 수혈유구 등 생활유적만이 확인되었다고 생각된다.

또 통일신라시대에는 적심건물지군과 수혈건물지군이 구분된 공간을 점유하며 조성되고 있어 신분의 차이에 의한 공간분할도 엿볼 수 있다. 유적 내 농로 남쪽의 대·중·소형의 적심건물지가 위치한 곳은 일반 서민들과 함께 적심건물지내에서 거주할 수 있는 상위의 신분계층이 함께 생활하였던 곳으로 추정된다.

유적 내에서 출토된 통일신라시대 도기류는 인화문이 시문된 뚜껑편과 완 및 무문과 음각선문이 시문된 완·발·호류, 다치선문이 압인된 주름무늬병 등이 출토되었다. 인화문은 마제형종장연속분과 섬렬문이 시문되었는데 점렬문이 대부분을 차지한다. 인화문에서 7세기 전반에 유행한 수적형문이 나타나지 않는 점과 9~10세기에 많이 나타나는 주름무늬병과 덧줄무늬병이 출토되었다는 점에서, 8세기에 취락이 조성되기 시작하여 10세기까지 유지된 것으로 파악된다.

한편 B6 Grid 수혈 1호에서 출토된 납석제 명문유물은 그 내용상 羅末麗初 시기의 유물로 추정되며, 특히 신라 지방호족의 의식세계를 이해하는데 큰 도움을 준다.

앞서 검토한 바와 같이 이 유물의 명문에는 "沙伐州姬"를 중심으로 그의 아들 "萬(?)韓公"과 딸들인 여러 명의 "-里娘"들이 기록되어 있다. 존칭인 公이나 娘은 일반적으로 진골귀족 출신의 남성과 여성에게 사용되었지만, 중심인물인 "沙伐州姬"는 그 명칭으로 볼 때 상주 지역 출신일 가능성이 보다 높기 때문에, "沙伐州姬"나 "萬(?)韓公"은 상주 지역의 상층 지방호족 출신이 아닌가 생각된다.

이와 관련하여 『三國遺事』 後百濟 甄萱條에 인용된 견훤 집안의 家乘으로 추정되는 「李磾家記」가 주목된다. 이에 의하면, 견훤의 조상은 신라 眞興王의 아들인 「仇輪公」이며, 그 후손인 角干 酌珍의 妻 「王咬巴里」가 아자개를 낳은 것으로 기록되어 있다. 결국 「李磾家記」는 당시 상주(가은현)의 지방호족이 자신들의 혈통을 新羅 王系에 직접 잇거나, 仇輪 '公' 이나 王咬巴 '里' 처럼 중앙 진골귀족들에게 사용된 존칭이나 귀족 여성들의 作名 방식을 그대로 차용하는 형태로 자신들의 새로워진 신분적 위상을 표출하려 하였음을 알려준다. 이는 마치 신라하대 지방호족들이 중앙의 최고위인 「大等」을 在地官班으로 차용하였던 것과 같은 현상이라 할 수 있다. 필자는 상주 복룡동 출토 납석제 명문유물도 「李磾家記」와 함께 나말여초 시기에 상주 지역 지방호족 집안의 "人名 인플레이션"을 극명하게 보여주는 유물이 아닌가 생각하고 있다.

남한산성 출토 후삼국-고려 초 문자기와의 재검토

김창호*

目 次

I. 머리말

한국고고학에서 1/2가량이 기와와 자기 유적이다. 그런데도 불구하고 이에 관한 연구자는 무덤과 취락 연구자에 비해 절대적으로 부족하다. 고고학 쪽에서 기와와 자기를 전공하는 많은 연구자가 양산되어야 한다고 판단된다. 가장 급선무 가운데 하나가 기와와 자기 고고학 연구자를 기르는 작업은 장기적인 안목에서 추진되어야 한다고 생각된다.

남한산성의 명문와도 당초 9세기의 통일 신라 기와로 발표되었으나[1]

---

* 경주대학교 문화재학부

1) 심광주, 2008, 「남한산성 출토 명문화에 대한 일고찰」, 『목간과 문자』 1.

이는 후삼국~고려 초의 기와로 판단되어 본고를 쓰게 되었다. 여기에서는 먼저 유적 개요와 명문와 출토 양상을 소개하겠으며, 다음으로 후삼국~고려 초 명문와를 소개하겠으며, 마지막으로 몇가지 고찰을 하겠다.

II. 유적 개요 및 명문와 출토 양상 [2]

남한산성에서 확인된 후삼국 시대 건물지는 정면 16칸, 측면 6칸(외진주초 기준)이다. 이것은 지금까지 발견된 산성지 건물지 가운데에서는 큰 편이며, 건물지 주변에서 발굴된 많은 기와들이 불에 타서 적갈색을 띠고 있고, 소토가 층을 이루며, 벽체가 서쪽으로 무너져 있는 양상으로 미루어 이 건물의 마지막 폐기 원인은 화재로 인한 붕괴이었던 것으로 추정된다.

건물은 사방으로 외진주칸이 있고, 그 안쪽에 두터운 벽체를 갖춘 구조이며, 외진주초석들은 내진부에 비하여 약 15㎝ 정도 낮게 위치하도록 하여 한단을 낮추었다. 외진주초석의 바깥쪽에는 처마의 낙숫물이 떨어지는 지점을 따라 배수로를 조성하였다. 초석의 간격은 약 3.5m 정도이며, 할석으로 간단한 적심시설을 하고, 그 위에 길이 80㎝ 정도 크기의 가공하지 않은 자연석을 초석으로 놓았다.

건물지의 내진주 초석이 놓이는 곳에는 점토를 다져서 벽체를 조성하였다. 벽체는 바닥에 산자갈을 깔고, 그 위에 목탄을 5~10㎝ 정도 깐 후 갈색점토와 황갈색점토를 교대로 판축하여 쌓아올렸으며, 벽체의 두께는 130~150㎝ 정도이다. 판축벽체의 양쪽에는 할석이나 와편으로 마감을

---

2) 본고의 2장과 3장은 심광주, 2008, 앞의 논문에서 발췌하였다.

하여 벽체의 두께는 2m에 달할 정도로 두텁다.

무너진 벽체의 주변에서 기와층이 쌓여 있었으며, 토층조사결과 건물지 서쪽에서 5개의 기와층이 확인되어 번와를 포함한 건물의 보수공사가 수차례에 걸쳐서 이루어졌음을 알 수 있게 되었다. 또한 건물지가 놓여 있는 곳의 지하에는 암맥이 흐르면서 중심부가 높고, 남북 쪽이 낮기 때문에 전면적으로 생토 층까지 제토를 하고, 인위적으로 할석과 사질점토를 쌓아올려서 평탄화 하는 대규모 대지조성공사를 하였다. 또한 초석적심부에 대한 굴광선이 확인되지 않는 것으로 보아 치밀한 사전 계획에 따라 대지조성과 적심과 초석의 배치, 벽체 판축 등 건물의 축조가 한 치의 오차도 없이 순차적으로 이루어졌음이 밝혀졌다.

건물지 서쪽 구간에서 확인된 후삼국 시대 기와층은 위에서부터 Ⅰ층으로부터 Ⅴ층까지 구분이 가능하였다. Ⅰ층은 조선시대 하궐마당지 하부에 존재하는 인위적인 기와 매립층으로 전체적으로 완만한 U자형 이루며, 상부가 평탄한 것이 특징이다. 동서 너비 약 5m, 두께 0.3~0.8m에 걸쳐 분포하며, 후삼국 건물지의 서쪽 남단을 제외한 건물지 서쪽 전 지역에서 확인되고 있다. 기와층의 아랫면이 완만한 U자 형을 이루고, 윗면이 고른 것으로 보아건물이 있는 지역을 평탄화하기 위하여 상대적으로 레벨이 높은 건물의 동쪽부분에 쌓여있는 기와를 경사가 완만한 구상의 지형에 인위적으로 기와편들을 매립한 것으로 생각된다. 유물포함층중 기와의 양이 가장 많으며, 「末村主」, 「麻山停子」 등의 명문이 있는 기와가 많이 포함되어 있다. 간혹 토기편들이 출토되나 원래의 기형을 파악할 만한 것은 거의 없으며,경부 파상선문 대호편과 편병편 등이 수습되었다.

Ⅱ층은 소토층으로 이 층을 제거하면 구 지표에서 초석, 기단 등이 노출되는 점으로 보아 동편에 있는 대형건물지가 화재로 소실되면서 무너져 형성된 층으로 판단된다. 소토, 목탄, 황갈색사질점토, 적갈색기와편,

할석과 산돌들이 섞여 있다. 와적 규모는 너비 4~5m, 두께 0.1~0.7m 정도이며, 대형건물지를 따라 띠상으로 50m 정도 범위에 분포되어 있다. 유물포함층 기와의 양이 Ⅰ층 다음으로 많으며, 기와의 대부분은 불에 타 적갈색을 띤다. 이중에는 마치 지붕이 무너져 내린 듯 서너 매의 수키와가 겹쳐져 있는 것도 보인다. 이곳에서도 「末村主」명 기와가 다수 확인되고, 기와양상이 Ⅰ층과 동일하며 大瓦라고 할 만한 크고 두꺼운 기와들이 전혀 나오지 않는 것으로 보아 건물의 亡棄 시점에는 이 건물에 대와가 즙와되지 알 수 있게 해준다.

Ⅲ층은 대형건물지 서쪽 배수 석렬의 뒤채움으로 사용된 와적층이다. 와적층은 하궐지 쪽에서 경사면을 따라 서측 배수 석렬까지 이어져 있고, 너비는 2m 안팎이며, 완형기와는 거의 없이 후삼국기와의 잔편들로 있었다.

Ⅳ층은 Ⅲ층 이전에 조선된 배수 석렬의 뒤채움으로 추정된다. 배수로 서측 석축렬의 서쪽에서 이 배수로보다 이전시기에 축조된 또 하나의 석축이 확인되었는데 이 와적층은 이 선택된 배수로 석축의 뒷채움을 한 것으로 보인다. 이 선축된 배수구의 간격을 좁히면 후축 배수석렬(Ⅲ층)이 조성되어 건물 망기 시까지 배수석렬로 사용되었음이 확인되었다. 와적층은 너비 3m에 걸쳐 두께 0.4~0.5m로 분포하며, 하궐지 쪽에서 경사면을 따라 선축 배수석렬까지 이어져 있다. 이른바 大瓦라고 하는 크고 두꺼운 기와들이 대부분 이 곳에서 출토되었다.

Ⅴ층은 최하층으로 Ⅳ층 아래에 존재한다. 이곳은 대형건물지의 서단부로 비교적 완만하게 경사진 하궐지에서 급격하게 단이 지면서 발굴지역과 이어지는 부분인데 바로 단 직하의 풍화된 암반 위에 너비 1~2m에 걸쳐 두께 0.2m 정도로 분포한다. 대부분이 작은 편들로 이루어져 있으며, 두께나 크기로 보아 후삼국 기와의 양상을 보여주고 있다.

III. 후삼국 - 고려 초 명문와 소개

1) 「甲辰城年末村主敏亮」명 수키와1 (탁본1)

회청색의 수키와로 완형에 가깝다. 태토에는 1~3㎜ 크기의 사람이 많이 홉입되어 있으며 1㎝ 내외의 굵은 석립도 확인된다. 내면의 絲切痕이 남아 있는 것으로 보아 점토판으로 제작되었음을 알 수 있다. 절단부의 한쪽면은 내→외, 다른 한쪽은 외→내 방향으로 와도질하여 잘랐으며 파쇄면은 정면하지 않았다. 외면에는 장판고판으

길이 42㎝, 와구부 직영 22㎝, 미구부 직경 14㎝, 두께 2.2㎝

로 상단과 하단에 한 번씩 돌아가면서 찍은 명문이 있다. 명문의 내용은 「甲辰城年末村主敏亮」으로 판독된다.

2) 「甲辰城年末村主敏亮」명 수키와2 (탁본2)

회청색경질의 수키와이며 와구부의 모서리 일부가 결실되었지만 완형에 가깝다. 태토에는 1~3㎜ 크기의 사립이 많이 혼입되어 있으며, 내면에 사절훈은 관측되지 않는다. 측단부는 한쪽면은 내→외, 다른 한쪽은 외→내 방향으로 와도질을 한 후 잘라내었으며, 파쇄면을 정면하지는 않았다. 외면에는 미구를 상부로 하여 와

길이 40㎝, 와구부 직경 20㎝, 미구부 직경 10㎝, 두께 2.2㎝

구방향으로 동일한 명문이 양각으로 찍혀 있다. 명문의 내용은 「甲辰城

年末村主敏亮」으로 판된되며, 1)번 수키와와 같은 고판으로 제작된 것으로 보인다.

3)「甲辰城年末村主敏亮」명 수키와3 (탁본3)

회청색경질의 수키와이며 절반정도가 결신된 상태이나 길이는 알 수 있다. 역시 한쪽은 내→외, 다른 한쪽은 외→내 방향으로 와도질을 하여 잘라내었으며, 파쇄면을 2차 정면하지는 않았다. 태토에는 굵은 沙粒이 많이 혼입되어 있으며, 사절흔이 확인된다. 외면에는 장판고판으로 하단부를 돌아가면서 먼저 두드리고 상단부를 두드

길이 42.5cm, 둘께2cm

려서 한줄의 명문이 중간부분에서 약간씩 어긋나게 찍혀 있다.명문의 내용은「甲辰城年末村主敏亮」명으로 판독되며, 동일한 내용의 다른 명문와들과 같은 고판으로 제작된 것으로 보인다.

4)「末村主敏亮」명 수키와4 (탁본4)

적갈색 연질의 수키와이며 명문이 있는 와구부 일부만 남아있는 상태이다. 태토에는 1~2mm 크기의 셔드가 많이 혼입되어 있으며, 굵은 석립도 함께 포함되어 있다. 내면에는 사절흔이 관측되며 외면에는 종방향으로 타날된 명문이 남아있으나「末村主敏亮」부분만 선명하게 보인다.

길이 22cm, 두께 2cm

5) 「甲辰城年末村主敏亮」명 암키와1 (탁본5)

회청색경질의 암키와로 종방향으로 결
실되어 너비는 확인이 되지 않는다. 내면
에는 사절흔이 남아있으며 측단부는 내→
외 방향으로 1/2정도 와도질을 한 후 잘
라내었다. 태토에는 1~5㎜ 크기의 사립
이 많이 혼입되어 있다. 외면에는 수키와
와 동일한 고판을 사용한 것으로 보인 명

길이 36.5㎝, 두께 2.5㎝

문이 찍혀 있는데 산하 두 번씩 두드린 수키와와 달리 돌아가면서 한번
씩 두드렸음이 확인된다. 이는 암키와가 수키와에 비하여 6㎝정도 크
기가 작기 때문일 것이다. 명문의 내용은 「甲辰城年末村主敏亮」으로 판
독된다.

6) 「甲辰城年末村主敏亮」명 암키와2 (탁본6)

회청색경질의 암키와로 일부가 결실되기
는 했지만 전체적으로 완형에 가깝다. 내면
에는 포흔과 사절흔 및 절토판 접합흔이 확
인된다. 하단 내면에는 2㎝ 폭으로 와도질
정면을 하여 깍아내였다. 양측면은 모두 내
→외 방향으로 와도질을 하여 잘라내였으며
와도의 깊이가 1/3 정도로 얕고 파쇄면은 2
차정면하지 않고 그대로 두었다. 외면에는

길이 36㎝, 하단너비 26.5㎝
두께 2.5㎝

길이 33㎝ 너비 5㎝ 정도로 확인되는 장판고판으로 두드려서 찍은 명문이
확인된다. 명문의 내용은 「甲辰城年末村主敏亮」명으로 판독되며, 역시 동
일한 내용의 다른 명문와와 같은 고판을 사용한 것으로 판단된다.

7) 「麻山停子瓦草」명 수키와 (탁본7)

암갈색 연질의 수키와편으로 1/3정도가 결실된 상태이다. 태토에는 1~3㎜ 크기의 사립이 많이 혼입되어 있으며 내면에는 사절흔이 확인된다. 외면에는 상단부에서 하단부로 종방향으로 두드려서 양각으로 찍은 명문이 있다. 명문의 내용은 「麻山停子瓦草」로 판독된다. 특히 와라는 글자 양 옆에는 6줄의 횡선이 양각으로 표현되어 있어

길이 41㎝, 두께 2.2㎝

같은 명문의 다른 기와들과 동일한 고판을 사용했는지를 쉽게 확인할 수 있게 해 준다. 이 글자를 지금까지 「凡」자로 판독하여 '무릇 기초를 한다'는 뜻이라는 견해도 있지만,[3] 「瓦」자의 이체자로 보아 기와라는 의미로 이해하는 것이 더 타당하고 내용적으로 합리적일 것으로 생각된다.

8) 「麻山停子瓦草」명 암키와1 (탁본8)

회색연질의 암키와편으로 1/3정도가 결실된 상태이다. 양측단부는 내→외방향으로 1/2~1/3정도 깊이로 와도질을 한 후 잘라내었으며, 파쇄면은 2차 정면하지 않고 그대로 두었다. 외면에는 길이 34㎝, 너비 6㎝ 크기의 장판고판으로 두드려서 생긴 명문이 있다. 명문의 내용은 「麻山停子瓦草」로 판독되며 같은 내용의 수키와와 찍

길이 36㎝, 하단너비 27㎝,
두께 2.2㎝

---

3) 상명대학교 박물관, 1998, 『홍성 석성산성 -건물지발굴조사보고서-』, 192~194쪽.

힌 고판과 동일한 것으로 판단된다.

9) 「麻山停子瓦草」명 암키와2 (탁본9)

길이 37.5cm, 하단너비 26cm, 두께 2.5cm

암갈색의 연질암키와로 부분적으로 결실되었지만 전체적으로 비교적 완형에 가깝다. 태토에는 1~3㎜ 크기의 사립이 많이 혼입되어 있으나 1㎝ 크기의 굵은 석립도 포함되어 있다. 내면에는 포흔과 사절흔 및 점토판 접합흔이 남아 있으며 하단부 내면에는 와도로 정면하였다. 양측면에는 와통에 노끈으로 드리운 분할계선이 찍혀 있으며, 내→외 방향으로 1/2깊이로 와도질을 하여 잘라내었다. 외면에는 종방향으로 글자가 찍혀 있으나 선면하지 못하지만 「麻山停子瓦草」로 판독된다.

10) 「官草(?)」명 암키와1 (탁본10)

잔존너비 20cm, 두께 2.5cm

최색의 연질암키와편으로 명문이 있는 부분만 남아있다. 태토에는 사립이 많이 혼입되어 있으며 측단부는 1/2정도 깊이로 내→외 방향으로 와도질한 후 잘라낸 흔적이 있다. 외면에는 종방향으로 양각의 명문이 찍혀 있는데 좌서로 된 관자가 분명하게 보이며 다음자는 분명하지 않지만 「麻山停子瓦草」명 기와에서 보이는 「草」자와 자획이 유사하므로 「官草」였을 것으로 추정된다. 글자가 찍혀있는 주변에는 어골문이 곡선화된 형태의 문양이 찍혀있다.

11) 「官草」명 암키와2 (탁본11)

상단부가 결실된 최색 연질의 암키와이다. 내면에는 포흔과 사절흔이 깊게 남아 있으며, 측면에는 노끈을 드리운 분할게선 흔적이 남아있다. 하단부 내면은 건장치기와 물손질정면하였으며 외면에는 장판고판으로 종방향으로 타날된 명문이 양각으로 찍혀 있다. 명문은 앞의 암키와와 동일한 고판으로 판단되는데 내용은 역시 「官草」로 판단이 된다.

추정길이 36㎝, 두께 2.5㎝

12) 「天主」명 암키와 (탁본12)

암갈색 연질의 암키와편으로 명문이 있는 부분만 남아있다. 태토에는 붉은색의 shard가 만힝 혼입되어 있으며 내면에는 사절흔과 포흔이 관측된다. 측단부는 내→외면으로 깊이 1/4정도로 와도질을 하고 잘라낸 파쇄면이 남아 있으며 외면에는 횡선문의 방곽안에 '天主' 명 명문이 양각으로 타날되어 있다. 방곽의 크기는 5×4㎝

잔존너비 14㎝, 두께 2.3㎝

이다. 남한산성에서 인접한 하남시 천왕사징에서는 「天主」명 기와가 여러점 출토되었으나 이처럼 王자의 가운데 획이 위로 올라가 主자로 인식되는 경우는 찾아보기 어렵다.

13) 「天主」명 암키와 (탁본13)

암갈색 연질의 암키와편으로 명문이 있는 부분만 남아있다. 태토에는 붉은색의 shard가 많이 혼입되어 있으며 내면에는 사절흔과 표흔이 관측된다. 측단부는 와도로 완전히 정면하였다. 외면에는 황선문과 격자문이 타날되어 있으며, 5㎝, 3㎝ 크기의 방관내에 「天主」라는 글자가 찍혀 있다.

잔존너비 15㎝, 두께 1.8㎝

14) 「丁巳年」명 암키와 (탁본14)

회색연질의 암키와편이며 명문이 있는 부분 일부만 남아있다. 태토에는 1~2㎜ 크기의 사립이 다향 혼입되어 있으며 내면에는 사절흔과 포흔이 확인된다. 측면에는 내→외 방향으로 1/2이상 와도로 잘라낸 후 절단하여 와도흔과 파쇄흔이 남아있다. 외면에는 종방향으로 6㎝ 간격으로 두드린 명문이 확인되는데 「丁巳年」이라는 세글자만 확일 될 뿐 다른 내용이 더 있었는지는 알 수 없다.

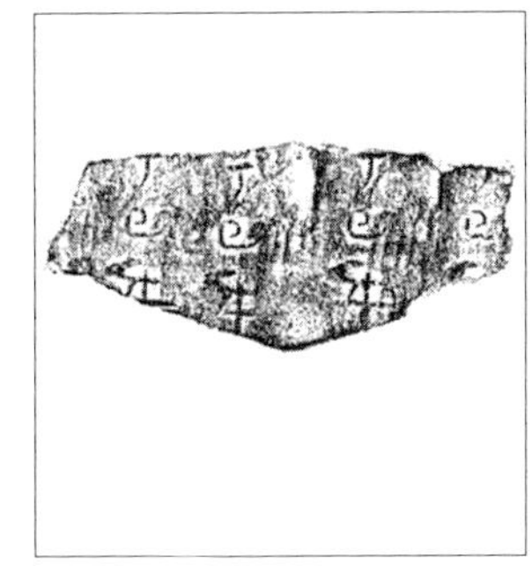

잔존크기 23㎝, 두께 2㎝

15) 「城」명 수키와 (탁본15)

회흑색 연질의 수키와편으로 명문이 있는 부분 일부만 남아있다. 태토에는 1~3㎜ 크기의 사립이 다량 혼입되어 있으며 내면에는 사절흔과 포흔이 남아있다. 외면에는 무문에 횡방향으로 「城」자 한자만이 양각으로 찍혀 있다.

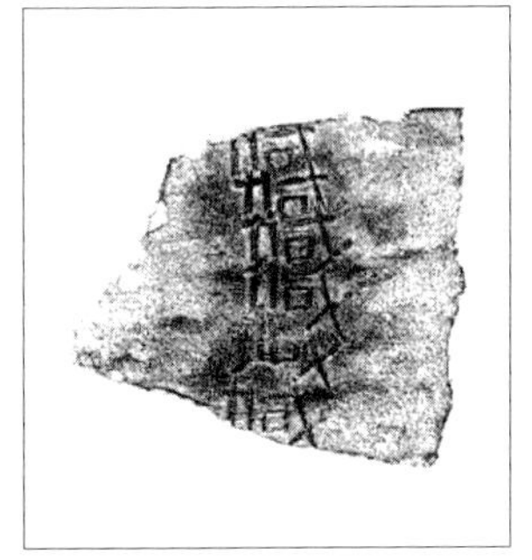

잔존크기 20㎝, 두께 2.3㎝

16) 「城」명 암키와1 (탁본16)

암회색 연질의 암키와이며 상단부의 일
부가 결실되었으나 전체적으로 거의 완형
에 가깝다. 태토에는 굵은 석립이 많이 혼
입되어 있으며, 내면에는 사절흔과 접토
판 접합흔이 관측된다. 양측단부는 와도
로 1/2이상 자른후 잘라내어 파쇄흔이 그
대로 남아있다. 하단부내면에는 와도로
깎기 정면을 하였다. 외면에는 장판고판
으로 종방향으로 타날한 문양이 찍혀 있는

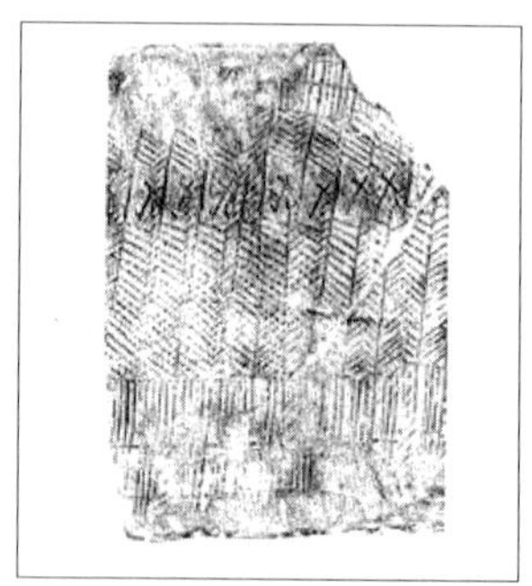

길이 41.5cm, 상단부 너비 31cm,
하단너비 28cm, 두께 2.5cm

데 어골문과 선조문이 결합된 문양 중간부분에 좌서로 찍은 「城」자명 명
문이 있다.

17) 「城」명 암키와2 (탁분17)

회백색연질의 암키와편이다. 태토에는
1~3mm 크기의 사립이 사립이 다량 혼입되
어 있으며 내면에는 포흔과 사절흔이 관측
된다. 측단부는 내→외 방향으로 1/4정도
깊이로 얕게 와도로 자른후 분할하였으며
외면에는 장판고판으로 종방향으로 타날한
명문이 찍혀 있다. 명문은 「城」자 한자이며
명문의 좌측에는 4×4cm 크기의 방곽을 十
자로 4등분 한 후 각각에 ㅌ과 ㄷ모양의 문

잔존크기 18cm, 두께 2.5cm

양을 90°회전시키면 대칭이 되도록 배치하였는데 글자라기 보다는 문야
이라고 판단된다.

18) 「△城」명 암키와 (탁본18)

회청색 경질의 암키와편으로 하단부의 일부만 남아있다. 내면에는 사절흔이 관측되며 하단부의 내면에는 와도로 정면하였다. 측단부에는 양쪽 모두 1/2~1/3깊이로 내→외 방향으로 와도로 자른 후 잘라내었다. 외면에는 선조문이 타날되어 있고 종방향으로 7㎝ 간격으로 크고 선명하게 명문이 찍혀 있으나 아쉽게도 윗부분의 글자가 일부만 보일뿐 무슨 성이었는지 성이름은 알 수 없다.

잔존크기 27㎝, 두께 2.5㎝

19) 「좀」명 암키와 (탁본19)

회백색연질의 암키와로 거의 완형에 가깝다. 태토는 매우 정선된 점토이며, 내면에는 사절흔과 포흔이 있다. 양측면은 절단후 와도로 2차정면을 하여 파쇄흔이 남아있지 않으며, 하단부에도 선조문이 타날되어 있다. 외면에는 단판의 선조문이 혼선상으로 타날되어 있으며 사단부에 6×3㎝ 정도의 타원내에 「좀」자가 도장처럼 찍혀 있다. 명문은 선조문이 타날된 이후에 찍어 바탕의 문양에 의하여 글씨가 굴곡을 이루고 있다.

길이 46.5㎝, 상단너비 35.5㎝, 하단너비 29㎝, 두께 2㎝

20) 「白」명 암키와 (탁본20)

회백색연질의 암키와로 하단부의 1/2정도가 결실된 상태이다. 태토는 매우 정선되었으며 미세한 석립이 혼입되어 있다. 기와의 내면에는 포흔과 사절흔 및 점토판접합흔이 관측된다. 특히 점토판접합흔에는 성형후 물손질 정면하였으며 상단부상단의 내면에는 와도질 정면을 하였다. 하단부의 바닥에도 선조문 고판으로 두드려서 정면하였다. 외면에는 선조문이 찍힌 단판고판으로 호선상으로 타날하였으며, 그 위에 3×3㎝ 크기의 말각방형 도장으로「白」자의 명문을 찍어놓았다.

길이 48㎝, 상단너비 34.5㎝, 두께 2㎝

21) 판독미상의 명문 수키와 (탁본21)

회청색경질의 수키와로 와구부 측면 일부가 결실된 상태이다. 태토에는 3~5㎜ 크기의 석립이 다량 혼입되어 있으며 내면에는 포흔과 거친 사절흔이 남아있다. 측면 분할은 한쪽은 내→외, 다른 한쪽은 외→내 방향으로 와도질을 한 후 잘라내었다. 외면에는 3㎝ 간격으로 장판고판으로 종방향으로 명문을 찍어 놓았으나 고판의 간격이 너무 좁고 글자의 깊이가 얕아서 글자의 판독이 어렵다.

길이 39㎝, 와구직경 20㎝, 미구직경 10㎝, 두께 2.5㎝

22) 판독미상의 명문 암키와 (탁본22)

회색연질의 암키와로 완형에 가깝다. 태토에는 1~3㎜ 크기의 사립이 다량 혼입되어 있으며 내면에는 포흔과 사절흔, 점토판접합흔 등이 관측

된다. 측면에는 노끈을 드리운 분할계선이
확인되며 양측모두 내→외 방향으로 와도
로 1/2정도 자른 후 잘라내었다. 기와 하단
의내면은 와도로 정면하였다. 외면에는 장
판고판으로 종방향으로 타날한 명문이 찍
혀 있으나 고판의 간격이 조밀하고 글자가
선명하지 않아 판독이 어렵다.

길이 32㎝, 하단너비 26㎝,
상단너비 26㎝, 두께 3㎝

Ⅳ. 몇 가지 검토

여기에 소개된 문자 기와들은 9세기의 신라 기와가 아니라 나말여초의
기와 보다 정확히 말하면 후삼국 기와에서 고려 초 기와로 판단된다. 명
문 기와 가운데에는 단 1점의 통일 신라 기와도 없다. 그러면 여기에 소
개된 명문 기와들에 대해 검토할 차례가 되었다.

신라의 암키와와 수키와는 합쳐서 편의상 평기와로 부르고 있다. 이 평
기와는 등면의 타날 기법에 따라 단판은 550년~678년까지, 679년~935
년까지는 중판이 사용되었다.[4] 이는 당시 수도였던 경수지역의 이야기이
고, 경주 이외의 지방에서는 9세기경부터 장판이 먼저 나타나 사용되고
있다. 아마도 이 장판 수법이 936년 이후에 경주 지역에 들어왔는지 아니
면 10세기경인 후삼국시대부터 경주에 들어왔는지는 불분명하다.[5]

신라 시대의 문자 기와는 경주에서도 극소수에 달하고 대개 후삼국시

---

4) 조성윤, 2003, 「신라 장판 타날문양 평기와의 경주제작여부에 대하여」, 『이화사학연
　구』 30.
5) 이에 대해서는 후고를 기다리기로 한다.

대부터 평기와에 문자를 넣는 관습이 생겼다. 이들 문자 와들은 신라와 고려, 조선의 기와 연구에 기본이 되고 있음은 재고를 요하지 않는다. 앞으로 문자 기와에 대한 체계적인 연구가 나와서 한국 기와의 편년이 수립되기를 바랄 뿐이다.

이제 본론으로 들어가서 남한산성 출토 명문 와에 대해 검토해 보기로 하자.

첫째로 가장 많이 나온 「甲辰城年末村主敏亮」에서 「甲辰」은 연간지명, 「城年」은 지명, 「末村主」는 직명, 「敏亮」은 인명으로 그 제작 시기는 후삼국시대에서 고려 초로 판단된다.

둘째로 많이 나온 「麻山停子瓦草」는 「마산정자의 기와집」이란 뜻으로 「瓦草」란 단어가 나오면 후심국시대~고려시대의 기와임이 틀림없다.

셋째로 「官草」명 기와는 「관에서 만든 기와집」이란 뜻으로 후삼국시대 기와가 분명하다. 「官」자명 기와 또한 후삼국시대가 그 중심 연대이다.

넷째로 「天主」명 기와는 지명이나 인명일 가능성 크나 확실히 해석하기는 어렵다. 앞으로의 연구가 기대된다.

다섯째로 「丁巳年」기와는 후삼국~고려 시대 기와이므로 이를 연표에서 찾으면 957년이 된다. 우리는 절대 연대를 가진 평기와 자료를 하나 더 갖게 되었다.

여섯째로 「城」명 기와는 후삼국시대기와이고, 「△城」명기와는 후삼국의 지명과 연결된 기와로 판단된다. 그 밖의 「香」과 「白」은 기와의 수급자 또는 제작자와 관련된[6] 후삼국~고려시대의 기와이다.

---

6) 이 점에 대한 고분 토기에 대해서는 岡田裕之, 2003, 「古墳時代における須惠器の生産單位について」, 『史淵』 140 참조.

V. 맺음말

지금까지 논의해 온 바를 간단히 요약하여 맺음말에 대신하고자 한다.

먼저 유적 개요에서는 유적의 현황을 소개하고 동시에 명문와의 출토 양상에 대해 간략하게 소개하였다.

다음으로 22점의 명문와를 상세하게 소개하였다.

마지막으로 22점의 명문와를 9세기의 통일 신라로 보아 온 것을 10~11세기의 후삼국~고려 초 기와로 해석하였다.

한국 고대사연구의 현단계